GRAETZ · GESCHICHTE DER JUDEN

3760586132 -1

D1619558

GESCHICHTE DER JUDEN

VON DEN ÄLTESTEN ZEITEN BIS AUF DIE GEGENWART

Aus den Quellen neu bearbeitet von

DR. H. GRAETZ

ERSTER BAND

Mit einer Biographie nebst Porträt von Dr. H. Graetz,
verfaßt von Dr. Ph. Bloch.
Zweite verbesserte und ergänzte Auflage

Bearbeitet von Dr. M. Brann

Mit einem Vorwort von Reuven Michael

GESCHICHTE DER ISRAELITEN

VON IHREN URANFÄNGEN
(um 1500)
BIS ZUM TODE DES KÖNIGS SALOMO
(um 977 vorchristlicher Zeit)

NEBST SYNCHRONISTISCHEN ZEITTAFELN

Von

DR. H. GRAETZ

MIT EINEM VORWORT VON
REUVEN MICHAEL

arani

Reprint der Ausgabe letzter Hand, Leipzig 1908

© arani-Verlag GmbH, Berlin 1998
Gesamtherstellung: Ebner Ulm
ISBN 3-7605-8673-2

VORWORT

VOM VIERTEN BIS ZUM ZEHNTEN BAND
DER „GESCHICHTE DER JUDEN"

Heinrich (Hirsch) Graetz wurde am 31. Oktober 1817 in dem
Städtchen Xions (Provinz Posen) geboren. (Seine ausführliche Biographie wird anschließend in dem Beitrag von Philipp Bloch dargestellt). Nach der ersten Teilung des Königreiches Polen war die
Provinz dem preußischen Staat einverleibt worden. Als Famulus
des Oldenburger Rabbiners Samson Raphael Hirsch wurde Graetz
durch dessen Buch „Neunzehn Briefe über Judentum" zum er-
stenmal mit der Geschichte und Religion der Juden bewußt kon-
frontiert. In seine Heimat zurückgekehrt, versuchte er in verschiedenen Gemeinden eine Anstellung zu finden, was ihm mißlang.
Nachdem er drei Jahre an der Breslauer Universität studiert hatte,
besorgte ihm Hirsch, der inzwischen Landesrabbiner im mährischen Nikolsburg geworden war, den Posten eines Direktors an
der Gemeindeschule in Lundenburg. In diesem mährischen Städtchen begann Graetz mit der Arbeit an seiner „Geschichte der
Juden".

Mit der jüdischen Geschichte hatte sich Graetz schon befaßt,
als er an seiner Dissertation „Gnostizismus und Judentum" arbeitete, mit der er sein Studium an der Breslauer Universität ab-
schloß. Diese Dissertation erschien 1846 in Buchform. Im selben
Jahr veröffentlichte die von dem Rabbiner Zacharias Frankel redi-
gierte „Zeitschrift für die religiösen Interessen des Judentums"
seine weitläufige Abhandlung „Die Konstruktion der jüdischen
Geschichte", einen Beitrag zur Philosophie der Geschichte, die er
„begrifflich konstruieren" wollte. Als er nach Berlin übersiedelte,
war der Verlag Veit u. Co. bereit, sein Manuskript zu veröffentlichen. Es erschien 1853 unter dem Titel „Geschichte der Juden
von den ältesten Zeiten bis auf die Gegenwart, aus den Quellen
neu bearbeitet". Eigenartigerweise begann Graetz sein Werk mit
dem vierten Band, der die Geschichte „vom Untergang des jüdischen Staates bis zum Abschluß des Talmuds" zum Thema hatte.

Zu seiner Rechtfertigung erklärte er im Vorwort, daß die Periode
nach der Zerstörung des zweiten Tempels, die „die Zeit der Verjüngung des jüdischen Stammes und der jüdischen Lehre" gewesen sei, bisher am stiefmütterlichsten behandelt worden wäre,
„weil sie allerdings die schwierigste und dunkelste ist." Vielleicht
ließ es ihm aber auch die Scheu vor den heiligen Urkunden, deren
literarische Kritik bei der historischen Erforschung der Antike
nicht zu umgehen gewesen wäre, geraten erscheinen, sich mit der
Urgeschichte nicht gleich am Anfang zu befassen und dadurch
eine potentielle Gegnerschaft aus dem orthodoxen Lager herauf-
zubeschwören.

Mit dem Plan einer Gesamtgeschichte des jüdischen Volkes
war ihm übrigens Markus Jost zuvorgekommen, der im Jahre
1820 begonnen hatte, eine „Geschichte der Israeliten seit der Zeit
der Maccabäer bis auf unsere Tage" zu veröffentlichen. Graetz
glaubte seinem Vorgänger einige Fehler, ja sogar „gewaltige Bök-
ke", nachweisen zu können, stimmte aber auch generell dessen
„einseitigem rationalistischen Standpunkt" nicht bei. Dagegen
hätten ihm die beiden Väter der „Wissenschaft des Judentums",
Salomon Rappaport und Jomtow Lipmann Zunz, „den Weg gezeigt, wie man die zerstreuten Atome der jüdischen Geschichte zu
einem einheitlichen Ganzen, die farbigen Steine zu einem Mosaik-
bilde gruppieren kann."[1] Dabei galt es, nicht nur die Errungenschaften der jüdischen Wissenschaft zu überprüfen, sondern auch
eine emotional-emphatische Methode der Vorstellung über das
Schicksal seines Volkes zu finden, die im krassen Gegensatz zur
betonten Objektivität von Josts Geschichtsschreibung steht. Für
die zu behandelnde Periode war ihm seine außerordentliche Bildung eine große Hilfe. Außer dem talmudischen Wissen, das er
sich in seinen Jugendjahren in den heimatlichen Talmudschulen
angeeignet hatte, erwarb er sich auch als Autodidakt sprachliche
Kenntnisse, besonders im Lateinischen und Griechischen, die es
ihm ermöglichten, neben den hebräischen Quellen auch die kir-
chenväterliche Literatur zu erforschen, ein von jüdischen Historikern stark vernachlässigtes Gebiet.

Der vierte Band der „Geschichte der Juden", mit dem Graetz
seinen großen Plan auszuführen begann, enthält den sogenannten
„dritten Zeitraum der jüdischen Geschichte", der „vom Unter-

gange des jüdischen Staates bis auf die neueste Zeit, von 70 bis 1850 nach der üblichen Zeitrechnung" reicht. Im Verlauf seiner Arbeit an den folgenden Bänden änderte er jedoch diese Einteilung, da ihm bewußt wurde, daß jene lange Periode alles andere als einheitlich war und mit Moses Mendelssohn eine neue Ära beginnt. Später fügte er deshalb einen vierten „Zeitraum" hinzu, die Periode nach Moses Mendelssohn.

Das Problem, sowohl einen für den durchschnittlichen Leser leicht verständlichen Stil zu schreiben, als auch den Fachmann zufriedenzustellen, löste er einerseits durch die zahlreichen bibliographischen Anmerkungen, hauptsächlich aber durch zusätzliche „Noten", in denen er bestimmte Themen historisch vertiefte. Auf diese Weise war er der Gefahr einer reinen Popularisierung der Geschichte, die sich im Anekdotischen erschöpft, aus dem Weg gegangen. Im vierten Band handeln diese Noten – 39 an der Zahl – u.a. von dem sogenannten Sikaricon-Gesetz (Note Nr. 3), von den Differenzen in den Auffassungen R. Akibas und R. Ismaels (Nr. 7), oder erörtern ausführlich (15 Seiten!) die Aufstände in Palästina gegen Trajan und Hadrian unter besonderer Berücksichtigung des Apokryphon Judit (Nr. 14). Dieser Band umfaßt die Periode vom Untergang des jüdischen Staates bis zum Abschluß des Talmuds. Was Graetz schon im Buchtitel versichert, die Geschichte „aus den Quellen neu bearbeitet" zu haben, beweist er dabei auf jeder Seite überzeugend. Er verfolgt die wissenschaftliche Literatur seiner Tage und versteht sie – nicht ohne eingehende Kritik – für seine Arbeit zu nutzen. In den Noten nahm er auch die Gelegenheit wahr, bestimmte historische Thesen, wenn nötig, zu widerlegen, oder auf Irrtümer und Täuschungen hinzuweisen.

Dabei artikuliert er bereits in der Einleitung seine prinzipielle Auffassung von der Geschichte des jüdischen Volkes und spricht von einem Doppelbild: „Von der einen Seite das geknechtete Juda mit dem Wanderstabe in der Hand, dem Pilgerbündel auf dem Rücken, mit verdüsterten, zum Himmel gerichteten Zügen ..., auf der anderen Seite dieselbe Figur mit dem Ernste des Denkers auf der lichten Stirn, mit der Forschermiene in den verklärten Gesichtszügen, in einem Lehrsaale, gefüllt mit einer Riesenbibliothek in allen Sprachen der Menschen und über alle

Zweige des göttlichen und menschlichen Wissens."[2] Dabei will
Graetz in der Bibliothek des jüdischen Gelehrten neben dem
„göttlichen", d.h. überlieferten Schrifttum auch „menschliche",
d.h. weltliche, wissenschaftliche Bücher finden, um so der
Zweiseitigkeit des jüdischen Schicksals gerecht zu werden, das
nicht nur eine Leidensgeschichte ist, sondern auch Zeugnis einer
bemerkenswerten und umfassenden Geistesgeschichte. „Forschen
und wandern, denken und dulden, lernen und leiden"[3] – diese
Metapher ist für ihn Quintessenz der Geschichte der Juden in
dem Zeitraum der Vertreibung. Die Quellen für seine Darstellung
fand Graetz hauptsächlich in der jüdischen Literatur. Besonderen
Wert legte er auf den Talmud, an dem »mehr denn zwanzig Geschlechter ... mit ihrer ganzen Geisteskraft, mit Aufopferung der
Lebensfreuden gearbeitet haben ... ein echtes Nationalwerk geistigen Lebens.«

Inzwischen hatte Graetz nach langem Suchen eine Anstellung gefunden, die ihn aller materiellen Sorgen enthob, um sein
großes historisches Werk fortzusetzen. 1853 verließ er Berlin und
übersiedelte nach Breslau, um an dem jüdisch-theologischen Seminar unter Leitung des Rabbiners Zacharias Frankel als Dozent
zu wirken. In dieser Zeit beendete er einen weiteren Band seiner
Geschichte, der – wiederum nicht chronologisch linear – in die
Zeit des von den Hasmonäern gegründeten Staates zurückgeht.
Dieser Band, der dritte, der zuerst 1855 erschien, hatte ein besonderes Schicksal. Nach einer zweiten (1862) und dritten (1876)
Auflage konnte Graetz noch zu Lebzeiten (1888) eine vierte „verbesserte und stark vermehrte Auflage" herausgeben. Sie umfaßte
857 Seiten und mußte daher in zwei Teilen erscheinen.

Bereits im Vorwort zur zweiten Auflage verweist Graetz auf
ein neues Kapitel, das er hinzufügen konnte, und zwar ein ganzes
Kapitel über die Entstehung des Christentums, das in der ersten
Auflage wegen „allzu skrupolöser Bedenklichkeit des Verlegers
ausgelassen war."[4] Im Vorwort zur vierten Auflage berichtet er,
daß der in dem Band behandelte Zeitraum „grundlegend für die
ganze Folgezeit geworden ist ... Ein ganz neues Gebiet wurde
innerhalb desselben abgesteckt, das unter verschiedenen Titeln figuriert, und am bündigsten die *neutestamentliche Zeitgeschichte*
benannt wurde."[5] Er verweist ferner darauf, daß inzwischen die

Hilfswissenschaften, die Chronologie, die Geographie und Archäologie von Palästina sowie die Numismatik an Bedeutung gewonnen und eine verbesserte Darstellung der Tatsachen ermöglicht hätten. Im elften Kapitel der neuen Ausgabe kann Graetz
daher nicht nur das Leben Jesu, sein Wirken und sein Verhalten
zur Judenheit untersuchen, sondern sich in einer Note kritisch mit
der Entstehungszeit der Evangelien auseinandersetzen[6], ein Thema, das bis heute zu Kontroversen unter den Historikern führt. In
diesem Zusammenhang erwähnt er auch die damals sich ausbreitende „Messianität", die sich als Unglück für das jüdische Volk
erwies: „Das in phantastischer Verschwommenheit in den Gemütern lebende messianische Gebilde … war doch etwas Neues, das
bis dahin noch nicht auf der Welt gewesen war, und diese Neu-
geburt mit der Totenmaske sollte dem judäischen Volke neue und
schmerzliche Wunden schlagen. Das Messiastum aus Nazaret war
aus dem Mutterschoß der essäischen Sekte hervorgegangen, und
da diese bereits einen Groll gegen das von pharisäischen Grund-
lehren gestaltete Leben des Volkes hatte, so erbte das Kind diesen
Groll und steigerte ihn noch … Dieses Bild des bluttriefenden Jesus mit der Dornenkrone schwebte dessen Anhängern stets vor
Augen … Sie … vergaßen mit der Zeit, daß Pilatus der Mörder ihres
Meisters war und wälzten die Blutschuld auf das Haupt des ganzen jüdischen Stammes."[7]

In dem Band, der mit dem Tod von Juda Makkabi beginnt
und die Periode des neu gegründeten Staates, die gewöhnlich die
Zeit des zweiten Tempels genannt wird, umfaßt, geht Graetz auch
auf die politische Zersplitterung des Volkes ein. In seinen Augen
hatte allerdings dieses Phänomen positive Wirkung: „Man kann …
in der Zeit noch vor Judas Tod drei ausgeprägte Parteien unterscheiden, wie denn überhaupt das Parteiwesen, welches das Symptom einer lebenskräftigen Geschichte ist, seinen Ursprung in der
Makkabäerzeit hat." Dann wird er noch deutlicher: „Die Keime
verschiedener Religionsansichten bilden sich zu Parteiungen aus,
in jedem Gemeinwesen ein Symptom von Lebensfähigkeit, indem
es durch Parteireibungen vor Stillstand und Verfall geschützt
wird."[8] Wollte er hier, wie in dem schon erwähnten Anlaß zum
Judenhaß, auf aktuelle Erscheinungen anspielen – diesmal auf das
absolutistische Regime in Preußen unter Führung Bismarcks? Zu

den während der Makkabäerzeit entstandenen Parteien zählt er die „Chassidäer", das sind die „Strengfrommen", sowie die „Hellenisten", deren Anhänger „Tempelbeamte, Priester und die aus altem Adel abstammenden Familien" waren. Er nennt sie auch „Griechlinge", die, „da das Judentum mit der Nationalität innig und unauflöslich verwachsen war, ... die erbittertsten Feinde ihrer Nation wurden."[9] Infolge des umfangreichen Materials, das sich in den 32 Jahren seit der ersten Auflage anhäufte, wuchs auch die Anzahl der Noten. 30 Noten auf 280 Seiten, die die verschiedensten Probleme dieser Periode zum Thema haben, könnten ein Buch für sich bilden. Es scheint, daß Graetz für die Geschichte des jüdischen Staates während des zweiten Tempels ein ganz spezielles Interesse entwickelte. Was ihn besonders reizen mag, ist wohl die historische Tatsache, daß sich das jüdische Volk in dieser Zeit dem Einfluß der weltumspannenden hellenistischen Kultur zu wehren verstand und politische Selbstständigkeit – zum letzten Mal – erringen konnte!

Erst fünf Jahre später konnte Graetz den nächsten Band vollenden. Seine Tätigkeit als Dozent am jüdisch-theologischen Seminar in Breslau sowie seine Mitarbeit an der „Monatsschrift für Geschichte und Wissenschaft des Judentums", die sich unter der Redaktion von Zacharias Frankel bald zum zentralen Organ der bedeutendsten Forscher der jüdischen Wissenschaften entwickelte, nahmen einen großen Teil seiner Zeit in Anspruch. Von nun an gab er die weiteren Bände in chronologischer Reihenfolge heraus. Der fünfte Band erschien im Jahre 1860. Auch er erlebte noch zwei neue, zum Teil verbesserte Auflagen. Dieser und der folgende sechste Band, der ein Jahr später erschien, enthält den großen Zeitabschnitt vom Abschluß des Talmuds zu Beginn des sechsten Jahrhunderts bis zum Tod des Maimonides im Jahre 1205. Nach Graetz war dieser Zeitraum eine „Glanzperiode" in der Geschichte des jüdischen Volkes in der Diaspora. Im Gegensatz zum sogenannten Mittelalter der europäischen Nationen, „das mit den Merkmalen der Geistesdumpfheit, der ungeschlachten Roheit und des Glaubenswahnes behaftet ist", hat das Judentum „gerade in dieser Zeit, in dieser widerlichen Umgebung die glänzendsten Gestalten von Geistesgröße, sittlicher Idealität und Glaubenslauterkeit"[10] aufzuweisen. Dieser Zeitraum war eine „*Kulturge-*

schichte", deren Träger „nicht einzelne hervorragende Geister", sondern „ein *ganzes Volk*"[11] gewesen ist.

Man muß sich die Meinungsverschiedenheiten unter den Juden seiner Zeit vor Augen halten, um Graetz' Standpunkt richtig zu beurteilen, wenn er im Gegensatz zu der aufkommenden Reformbewegung in Deutschland, insbesondere in direkter Polemik zu Abraham Geiger, ihrem geistigen Haupt, darüber hinaus feststellt, „daß die Geschichte des nachtalmudischen Zeitraums ... noch immer einen nationalen Charakter"[12] hat. Graetz bezieht sich damit auf die Tatsache, daß das jüdische Volk trotz der Divergenz, die sich in seinem geschichtlichen Bewußtsein als Verbannung darstellt, stets seine wesentliche Einheit bewahrt hat. Die jüdische Geschichte, sowohl die israelitische Geschichte der vorexilischen als auch die jüdische Geschichte der nachexilischen Epoche besteht aus zwei wesentlichen Faktoren. „Auf der einen Seite der unsterblich scheinende jüdische Stamm, als der Leib, auf der andern Seite die nicht minder unvergänglich scheinende Lehre des Judentums, als die Seele."[13] Das organische Zusammenwirken dieser beiden Faktoren bestimmt die nationale Einheit über alles Trennende in Raum und Zeit hinweg.

Graetz untersucht in diesem Band vor allem den Ursprung des Karäismus. Er sieht – trotz mancher Kritik – in ihm sogar eine Triebkraft gegen „das Festklammern am Gesetz und das Ausspinnen des Religiös-Gesetzlichen bis in die feinsten Fäden."[14] Mit dieser Bemerkung polemisiert Graetz gegen den Talmud, dem er an und für sich großen Wert beimißt, nicht aber der einseitigen und spitzfindigen Beschäftigung mit ihm. Diese Talmudexegese habe mit der Zeit die Bibel völlig vernachlässigt und sie „aus dem Volksbewußtsein verdrängt."

Bemerkenswert ist hierbei sein Vergleich mit der Spaltung innerhalb der moslemischen Religion: „Hier kämpfte die Partei, welche neben dem Koran auch die Überlieferung für notwendig hielt (Suniten) gegen eine andre, welche die letztere verwarf und das Wort des Koran allein als Norm anerkannte (Schiiten). Nach dem Beispiel der Letzteren verwarf auch Anan[15] die im Talmud gegebene Tradition."[16] In einer 19 Seiten langen Note, die in der posthumen dritten Auflage des fünften Bandes von dem Orientalisten Abraham Harkavy ergänzt ist, läßt sich Graetz im ein-

zelnen über das Entstehen und die Entwicklung des Karäismus
aus.

Mit dem „Aufblühen der jüdisch-spanischen Kultur" zu Beginn des elften Jahrhunderts erreicht nach Graetz' Auffassung die
Geschichte des jüdischen Volkes in der Diaspora ihren Höhe-
punkt. Diese Periode, die der im Jahre 1861 veröffentlichte sechste Band zum Thema hat, gipfelt in der Persönlichkeit des Maimonides und geht mit seinem Tod im Jahre 1205 ihrem Ende
entgegen. Noch einmal zieht Graetz den Vergleich mit dem christlichen Mittelalter und betont den Vorrang des parallelen jüdischen
Zeitraums: „Als das Christentum erst zaghaft an die philosophische Erkenntnis herantrat, bestand bereits eine vollendete jüdische Philosophie, und ehe noch die romanische und germanische
Poesie dem Wickelbande entwachsen war, hatte bereits die neu-
hebräische Poesie ihre Meisterschaft erreicht." Selbst die Errungenschaften der griechischen Kultur im Altertum und die der Ita-
liener an der Grenze der Neuzeit halten den Vergleich mit der
jüdischen nicht aus, denn jene blieben „auf einen kleinen Kreis
Auserwählter beschränkt, um den herum sich die Unwissenheit
und die Sittenlosigkeit behaglich ausdehnten," während innerhalb
des Judentums „der Forschergeist und der Geschmack an dichterischen Schöpfungen Gemeingut ganzer Gemeinden [wurden] und
auf deren sittliches Verhalten einen wohltätigen Einfluß [ausüb-
ten]."[17]

Die vier nächsten Bände, die in schneller Reihenfolge von
1863 bis 1868 erschienen, enthalten „die Periode des allmählichen
Verfalls". „Wenn Maimuni, der gedankenreichste Rabbiner und
der tiefreligiöse Philosoph, die Mittagshöhe in der mittelalterlich
jüdischen Geschichte bildet, so fingen mit seinem Tode alsbald die
Schatten sich zu neigen an."[18] Allerdings wurde auch in diesem
Zeitraum die nationale Einheit nicht gefährdet. Der Talmud war
dabei das verbindende Element, denn er als eine nationale Institution und nicht die jüdische Religion allein verhinderten den völligen Verfall des Judentums. Gegen eine nur spirituelle Auffassung
des Judentums hatte sich Graetz bereits in der „Konstruktion der
jüdischen Geschichte" gewandt, als er spöttisch von dem Versuch
sprach, das Judentum einem „Sublimierungsprozeß" unterwerfen
zu wollen. Obgleich Graetz der Meinung war, daß sich die ge-

schichtliche Tätigkeit der Juden im Zeitalter der Diaspora hauptsächlich auf dem Gebiet der Theorie abspielt, oder wie er es in der
„Konstruktion" ausdrückt: „Das Judentum wird Wissenschaft",
so verschloß er sich mitnichten realen Bedingungen. Er war sogar
der Meinung, daß die Wiederherstellung eines jüdischen Staates in
dieser Zeitperiode durchaus im Rahmen des Möglichen gelegen
hätte. Theoretisch sah er den Zeitpunkt dazu gekommen, als im
16. Jahrhundert ein Jakob Berab die Wiederherstellung der Or-
dination in Angriff nahm. Die Verfolgungen in Italien und
Deutschland, die messianische Sehnsucht, „die Sucht nach dem
Exzentrischen und Außerordentlichen in dieser Zeit ... alles das
wäre Anregung genug gewesen, gebildete und reiche Juden aus
dem Abendlande nach dem Morgenlande zu locken. Mit Hilfe der
mitgebrachten Kapitalien und auf Grund der synhedrialen Autorität hätte sich ein jüdisches Gemeinwesen mit staatlichem Charakter organisieren können."[19]

Eine zweite Möglichkeit, den jüdischen Staat wiederherzustellen, erwähnt Graetz im selben Band. Diesmal war es ein
jüdischer Staatsmann am türkischen Hof in Konstantinopel,
Don Joseph Nassi, der seinen Einfluß auf den türkischen Macht-
haber ausnutzte, um seinen Plan zu verwirklichen, ein autonomes
jüdisches Gemeinwesen in Palästina zu gründen. Er bekam als
Geschenk das verlassene Tiberias nebst einigen Dörfern in der
Umgebung, worauf er einen Aufruf an die Judenheit erließ, eine
jüdische Kolonie in Tiberias zu gründen. Auch dieser Plan gelangte nicht zur Ausführung. Als Grund bezeichnet Graetz unter anderem den schwachen Charakter von Joseph Nassi, der stets „An-
läufe" nimmt, dann aber wieder „erschlafft". Er war, betont
Graetz, „nicht geeignet, die geistige Blüte der Juden zu fördern; er
hatte sich durch den Verkehr mit dem türkischen Hofe Stolz und
herrisches Wesen angeeignet und konnte keinen Widerspruch ver-
tragen. Er behandelte daher die Rabbinen, die von ihm lebten, als
seine Kapläne."[20] Hier wird wieder deutlich, welches Gewicht
Graetz der Persönlichkeit seiner „Helden" beimißt. Zu Beginn
seines Werkes, im Vorwort zur ersten Auflage des vierten Bandes,
betont er bereits explizit, sein Augenmerk auf biographische Züge
wichtiger Persönlichkeiten gerichtet zu haben, „weil sie die Phy-
siognomie dieser geschichtlichen Person ausmachen, unter wel-

cher Viele sich dieselben vorzustellen gewöhnt sind. Ohnehin
waren jene Träger der Geschichte für die nachfolgenden Genera-
tionen nicht vergängliche Erscheinungen, sondern Vorbilder und
Leitsterne, an denen jeder Zug wesentlich und liebgeworden ist."[21]
Er begnügt sich aber nicht mit dem Hinweis auf gewisse Charakterzüge, sondern wertet diese subjektiv, wie z.B. für Don Joseph
Nassi. Seiner Überzeugung nach hat der Geist und die Anlage
jeder geschichtlichen Persönlichkeit entscheidenden Einfluß auf
den Fortgang der Geschichte. So sieht er in Jochanan ben Sakkai
einen „friedfertigen Charakter", der ihn bewog, sich zur Zeit des
Aufstandes gegen die Römer der Friedenspartei anzuschließen.
Allein dieser Friedfertigkeit sei es zu verdanken, daß sowohl
Vespasian als auch Titus die jüdischen Gemeinden mit Nachsicht
behandelten. Bezeichnenderweise schloß Graetz dieses Kapitel mit
folgenden Sätzen, aus denen sich der Wunsch zur Rechtfertigung
seiner biographischen Methode heraushören läßt: „R. Jochanan
ben Sakkai gehört zu denjenigen Erscheinungen in der Geschichte, deren Persönlichkeit allein das ganze Zeitalter ausfüllt und
dessen gediegenster Inhalt ist. Bei solcher Persönlichkeit ist auch
der geringste lebensgeschichtliche Zug von Interesse; aus diesem
Grunde durften auch die geringfügigsten Nachrichten über ihn
nicht unerwähnt bleiben."[22] Aus dieser Geschichtsauffassung heraus ist zu verstehen, daß Graetz auch der Persönlichkeit eines
Maimonides – nicht nur seiner weltberühmten Philosophie und
seiner kanonisierenden Tätigkeit der mündlichen Lehre – einen so
großen Platz einräumt. Ausführlich spricht er über die verschiedensten Seiten seines Charakters und behauptet, daß es nicht „das
umfangreiche und tiefe Wissen allein war, welches Maimunis
Eigentümlichkeit ausmachte, sondern seine Gesinnungstüchtig-
keit… Wenn er nach der wissenschaftlichen Seite auf der Höhe der
Zeit stand, nach der sittlichen und religiösen Seite nur Wenige
seinesgleichen hatte, so überragte er seine Zeit durch seinen scharf
ausgeprägten Charakter."[23] Aus diesem Grund sei es erklärlich,
wie Maimonides, „er ganz allein, Träger der Einheit des Judentums, Sammelpunkt für die Gemeinden in Osten und Westen"[24]
werden konnte. Ebenso mißt Graetz der Persönlichkeit eines Spinoza eine für die Existenz des Judentums ausschlaggebende Wichtigkeit bei. Seiner Meinung nach hätte dieser große Denker den

„Bestand des Judentums äußerst gefährden können … Er hatte jedoch eine Charaktereigenschaft, welche dem Judentum damals
zustatten kam. Er liebte zu sehr Frieden und Ruhe, als daß er mit
seinen kritischen Grundsätzen hätte Propaganda machen wollen.
Friedfertig und ruhig zu sein, das war für ihn das Ideal des Lebens; jedem Kampf und jeder Widerwärtigkeit auszuweichen, das
war zugleich seine Stärke und seine Schwäche."[25] Am Ende des
Kapitels über Spinoza kommt Graetz noch einmal auf dessen Cha-
raktereigenschaften zu sprechen. Er stellt bei ihm etwas „Selbst-
sches" fest, „nämlich die Rücksicht darauf, aus der Befriedigung
der Erkenntnis, aus der Seligkeit der Betrachtung, aus dem Nach-
denken über das ganze Weltganze und das Räderwerk der darin
waltenden Ursachen und Wirkungen so wenig als möglich aufge-
stört zu werden." Und zusammenfassend: „Eine Herausforderung
zur Tatkraft, zum Ringen, zum Überwinden des Widerstandes lag
weder in Spinozas Naturell noch in seiner Philosophie."[26]
    Die biographische Methode der Graetzschen Geschichts-
schreibung hat sofort mehrere Kritiker auf den Plan gebracht. Im
folgenden wird noch die Rede sein von Raphael Samson Hirsch,
der vom Patron zum heftigen Gegner wurde, sowie von seinem
Breslauer Rivalen, Abraham Geiger. Die Darstellung der jüdischen Geschichte erwies sich schwieriger als angenommen. Das
Volksleben der Juden in der Diaspora spielte sich in zahlreichen
kleinen und kleinsten Gemeinden ab, deren einheitlicher Charakter kaum zu erfassen war. Eine Historie, die sich auf verschiedenen Schauplätzen und in verschiedenen Einflußsphären abspielt,
stellt den Historiker vor kaum lösbare Probleme. Kein Niebuhr
und kein Mommsen für die römische, kein Treitschke für die deutsche Geschichte hatten ähnliche Schwierigkeiten zu überwinden.
Graetz' biographische Methode ermöglichte es ihm, in der her-
ausragenden Persönlichkeit die Eigenart des Volkes zu bündeln.
Er selbst kam einmal darauf zu sprechen in dem Kapitel über
Jehuda Halevy: „Jehuda Halevy war das verklärte Bild des sich
selbst bewußten israelitischen Volkes, das sich in seiner Vergangenheit und Zukunft gedanklich und künstlerisch darzustellen
sucht."[27]
    Obwohl in Graetz' Auffassung der jüdischen Geschichte eine
nationale Einstellung mitschwingt, so der postulierte Vorteil des

Judentums vor dem Christentum sowie dessen Einzigartigkeit unter allen Nationen, hat er dennoch nicht darauf verzichtet, Negatives zu benennen und einer Kritik zu unterziehen. Aus diesem Grund schuf er sich in gewissen jüdischen Kreisen Gegner, die ihm z.B. eine Abneigung gegen die polnischen Juden, ihre Sprache, ihre Lehrer und Rabbiner zum Vorwurf machten. So behauptet einer seiner Biographen, Joseph Meisl, er sei „von der Anerkennung einer unbedingten jüdischen Solidarität noch recht weit entfernt", und daß ihn „ein fast unüberbrückbarer Gegensatz ... von vielen Erscheinungen des jüdischen Lebens und vor allem von dem Ostjudentum trenne."[28] Tatsächlich schildert Graetz die polnischen Juden am Ausgang des Mittelalters sehr kritisch. Das geschah aber nicht aus mangelndem Verständnis oder wegen jenes Gefühls der Überheblichkeit, aus dem damals viele Juden des deutschen Sprachkreises auf die „Ostjuden" herabsahen. Man darf nicht außer acht lassen, daß Graetz selbst „Ostjude" seiner Abstammung nach war, aufgewachsen und erzogen in einer Umgebung, deren zahlreiche jüdische Gemeinden noch an ihrer alten Tradition festhielten. Jiddisch war seine Muttersprache, Talmudschulen wurden für ihn, der nie eine moderne Schule absolvierte, seine ersten Bildungsstätten. Seine Kritik gilt vor allem dem Umsichgreifen kabbalistischer Strömungen und dem Chassidismus, die er als „Afterlehre" bezeichnet, die sich „obwohl jung, für eine uralte Weisheit, obwohl unjüdisch, für die echte Lehre Israels und, obwohl auf Täuschung beruhend, für die alleinige Wahrheit ausgab. Der Ursprung der Kabbala oder Geheimlehre ... fällt mit dem maimunischen Streite der Zeit zusammen." Und weiter: „Die Zwietracht ist die Mutter dieser unheimlichen Geburt, und sie hat daher stets trennend und entzweiend gewirkt."[29] Die »Unjüdischkeit« der Kabbala beweisen die Elemente ihrer Vorstellung: Die Annnahme von idealen Potenzen, von geistigen Mittelwesen zwischen der lichterfüllten Gottheit und der getrübten Welt, von der Vorexistenz der Seele, der Seelenwanderung, der magischen Einwirkung des menschlichen Tuns auf die höhere Welt. Das alles gehöre der alexandrinisch-neuplatonischen Weltanschauung an.

Der zweite Grund seiner Verwerfung der Kabbala rührt von seiner Überzeugung als Rationalist, daß jede Geheimlehre, da der Vernunft zuwider, sich mit der jüdischen Lehre nicht vereinbaren läßt, ja ihr nachgerade schade. Gelegentlich des Auftretens der vier spanisch-jüdischen Kabbalisten Isaak ben Latif, Abraham Abulafia, Joseph Giktila und Moses de Leon äußert sich Graetz: „Sie haben das Geisteslicht, das die Kraftmänner von Saadia bis Maimuni innerhalb des Judentums helleuchtend gemacht, mit dem Düster eines wüsten Wirrwarrs verdunkelt und an die Stelle eines geläuterten Gottesglaubens phantastische, ja gotteslästerliche Wahngebilde gesetzt." Mit der Verbreitung der Kabbala gehe auch eine „Ächtung der Wissenschaft" Hand in Hand. „Die Verfinsterung der folgenden Jahrhunderte [nach Maimonides' Tod] in der Judenheit ist zum großen Teil ihr Werk. Sie haben ihre Zeit und die Nachwelt durch geflissentliches oder unabsichtliches Gauklerwerk in die Irre geführt, und die Schäden, die sie dem Judentume beigebracht, sind noch bis auf den heutigen Tag fühlbar."[30]

Offensichtlich kann Graetz seine in der „Konstruktion" vorgebrachte Behauptung, daß die jüdische Geschichte kein dunkles Mittelalter aufzuweisen habe, nicht mehr aufrecht erhalten, als er diesen Zeitabschnitt genauer zu untersuchen beginnt. Im Gegensatz zu seiner im fünften Band ausgesprochenen Meinung, muß er im neunten Band, der dem siebzehnten Jahrhundert gewidmet ist, zugeben, daß es auch für die Judenheit ein dummgläubiges Mittelalter gegeben habe, als sich die europäische Welt bereits davon verabschiedet hat.

Auch im zehnten Band, der die „letzte Stufe des inneren Verfalles" beschreibt und bis zum „Beginn der Mendelssohnschen Zeit" reicht, kommt er noch einmal auf ein jüdisches Mittelalter zu sprechen. Der eigentliche Niedergang beläuft sich für Graetz aber erst auf das Ende des sechzehnten Jahrhunderts. Nach den vorangegangenen Verfolgungen der Juden in Frankreich, England und Deutschland und der Vertreibung aus Spanien und Portugal hatte sich ein neues jüdisches Zentrum im Königreich Polen gebildet, das sich zur Zeit des Königs Sigismund I. (1506–1548) zu einer vorher nicht gekannten kulturellen Höhe aufschwang.

Erst damals zeigten die polnischen Juden besonderes Interesse für das Studium des Talmuds. Drei rabbinische Größen, Salomo Schechna, Salomo Lurja und Moses Isserles legten „den Grund zum außerordentlichen Aufschwung der jüdisch-polnischen Judenheit ... So begründete dieses rabbinische Triumvirat eine gewisse Suprematie Polens über die europäische Judenheit, die von allen Seiten zugestanden wurde.“[31] Mit der Zeit jedoch verkam dieser Aufschwung zum „einseitigen Rabbinismus“. Neben dem intensiven Talmudstudium wurden alle anderen Wissenszweige völlig vernachlässigt. Dabei übersah Graetz durchaus nicht den realen Hintergrund dieser Erscheinung. Da die jüdischen Gemeinden Polens sich einer völligen Autonomie erfreuen konnten und ihre Rabbiner eine eigene Gerichtsbarkeit nach talmudischem Recht ausübten, war für sie die Vertiefung in den Talmud und seine Auslegungen ein Gebot der Stunde. Andererseits artete das übersteigerte Eindringen in diese Literatur, die für die verschiedensten Probleme verschiedene und nicht immer eindeutige Antworten bereit hält, in Haarspalterei aus. Der so entstandene „einseitige Rabbinismus“ wird von Graetz mit erbarmungsloser Strenge verurteilt: „Der Sinn für die einfach-erhabene Größe der biblischen Lehren und Charaktere ... blieb ihnen daher verschlossen. Drehen und Verdrehen, Advokatenkniffigkeit, Witzelei und voreiliges Absprechen gegen das, was nicht in ihrem Gesichtskreise lag, wurde solchergestalt das Grundwesen des polnischen Judentums.“[32]

DER ELFTE BAND

1868 hatte Graetz den zehnten Band seiner Geschichte der Juden vollendet. Für seine weitere Arbeit blieb ihm noch die Beschreibung der Neuzeit übrig, für die er den elften Band vorgesehen hatte.

Was die Urzeit betrifft, so hatte er die Schilderung dieser Epoche aufgeschoben. Warum er auch jetzt nicht ihre Behandlung in Angriff nehmen wollte, erklärt er im Vorwort des elften Bandes: „Ich möchte nicht eher an die Schilderung dieser grundlegenden, gnadenreichen Zeit, von Mose bis Jeremia, von dem flammenden Sinai bis zu den rauchenden Trümmern Jerusalems und von der babylonischen Gefangenschaft bis zu den Kämpfen der Makkabäer herangehen, bis ich den Schauplatz dieser Begebenheiten mit eigenen Augen gesehen habe.“[33] Der Plan einer Fahrt nach Palästina ließ sich aber wegen des preußisch-französischen Krieges vorläufig nicht verwirklichen.

Mittlerweile hatte Graetz die Einteilung der Perioden der Gesamtgeschichte, für die er in der „Konstruktion" drei Zeiträume vorgesehen hatte, geändert und einen vierten hinzugefügt. Dieser beginnt mit der „Mendelssohnschen Zeit" und endet mit dem Jahre 1848. In dieser Epoche sah er „die Zeit des wachsenden Sebstbewußtseins" und in der ersten Periode „die Periode der Gährung und des Kampfes". Nachdem er in dem vorhergehenden Zeitraum die „letzte Stufe des inneren Verfalls" und in den letzten Kapiteln sogar eine „allgemeine Verwilderung der Judenheit" gesehen hatte, ist der Tenor der neuen Periode optimistisch. Mit dem Auftreten Mendelssohns beginnt die „Erhebung aus dem Staube", für ihn „eine wunderbare Erscheinung" in dieser „wunderlosen, nüchternen Epoche." Im Gegensatz zu seinem ehemaligen geistigen Führer, dem Rabbiner S.R. Hirsch, erblickt er in Mendelssohn den Urheber der „Wiedergeburt des jüdischen Stammes", während jener den bekannten Ausspruch: „Von Moses bis Moses [Maimonides] trat keiner auf wie Moses [Mendelssohn]" infrage stellte[34]. Letzten Endes aber kann Graetz keine historisch glaubwürdige Erklärung zu der „Erhebung" geben. Für ihn zeigt sich darin die Einmaligkeit des Schicksals des jüdischen Volkes. Zahlreiche Völker der Antike sind untergegangen, nur dieses uralte Volk erlebt eine derartige Renaissance. „Ein Volk ist aus der Grabesnacht erstanden, das einzige, soweit die Jahrbücher der Menschenerinnerungen Kunde geben."[35] Hier tritt eine religiöse Stimmung zutage, die in der „Konstruktion" noch nicht bemerkbar ist. Im Vorwort zur ersten Auflage des elften Bandes, das der zweiten, posthumen Auflage beigegeben ist, spricht er von dem „wunderbaren Finger Gottes", und in einem Brief an S.P. Rabbinowitz, seinen hebräischen Übersetzer, erklärt er: „Ich bin selbst überzeugt, daß in dem Geschichtsgang des jüdischen Volkes die göttliche Hand gewaltet hat."[36] Diese göttliche Vorsehung beschränkt sich nicht nur auf das Judentum, sondern betrifft auch die Nationen der Welt. Wenn er die französische Revolution erwähnt, vergißt er nicht hinzuzufügen: „Wer an eine geschichtliche Vorsehung glaubt und überzeugt ist, daß auch die Sünden, Verbrechen und Torheiten dazu dienen, die Menschen im ganzen um viele Stufen höher zu bringen, der findet an der französischen Umwälzung die volle Bestätigung dafür ... Die Revolution wurde ein Strafgericht.“ Und in bezug auf die Juden Frankreichs ist es für ihn kein Zufall, daß „die beiden europäischen Länder, welche die Juden zuerst vertrieben hatten, England und Frankreich, auch die ersten waren, die ihnen wieder Menschenrechte einräumten.“[37] Es ist bemerkenswert zu beobachten, wie Graetz nach dem Umschlagen der „Aufklärung“ und der „Wissenschaft des Judentums“ gleichsam in eine religiöse, teleologische Auffassung der Geschichte zurückfällt! Wenn allerdings Graetz den Beginn der Neuzeit „die Zeit des wachsenden Selbstbewußtseins“ nennt und von „Gährung“ und „Kampf“ spricht, so hat er durchaus die Bewegung der Aufklärung und den Kampf um die Emanzipation im Auge.

Eine der Aufklärung ideologisch konträre Bewegung verfolgt in diesem Zusammenhang dasselbe Ziel: der Chassidismus; Graetz nennt ihn »das neue Chassidäertum«. Moses Mendelssohn, »Stifter des Ordens der Aufklärer« und der Begründer des Chassidismus, Israel aus Miedziboz, genannt »der Bescht«, hätten beide unbewußt den »Bau des talmudischen Judentums unterwühlt«. Trotz der Ablehnung des Chassidismus, dem er »grassesten Wahnglauben« vorwirft und den er »eine Tochter der Finsternis« nennt, räumt er ein, daß sich auch »ernste Männer durch das Bedürfnis des Gemütes zu den Chassidäern hingezogen« fühlten. Hauptgrund für das Anwachsen der Bewegung sei jedoch ein sozialer: der feste gesellschaftliche Halt, den die Sekte ihren Anhängern bot. »Arme und Verlassene, Schwärmer und Schlaue konnten nichts besseres tun, als sich diesem Bruderbunde ... anzuschließen«. [38]

Die Erscheinung des wachsenden Selbstbewußtseins, mit der Graetz den Beginn der Neuzeit charakterisiert, bietet sich ihm hauptsächlich in der Entwicklung der Wissenschaft des Judentums, die einen großen Teil des elften Bandes ausmacht. Den Anstoß dazu gab Moses Mendelssohn mit seiner Übersetzung des Pentateuchs und dem Kommentar. Mit ihrer Hilfe konnten sich die Talmudjünger die Mittel für eine moderne Bildung aneignen. Die deutsche Sprache, die hebräische Grammatik, der Sinn für die biblische Poetik, mit der Mendelssohn seine Leser bekannt machte, waren die wissenschaftliche Voraussetzung zur Entstehung der Wissenschaft des Judentums. Dagegen mißt er einer anderen Erscheinung, der Gründung des Vereins „Für Kultur und Wissen-schaft der Juden", nur wenig Gewicht bei. Da der Verein zu der Zeit an die Öffentlichkeit trat, als der Antisemitismus zunahm, seien die Vereinsgründer von einer falschen Voraussetzung ausge-gangen. Sie hofften, „wenn die Juden sich gediegene Bildung an-eignen, sich auf Künste und Wissenschaft verlegen, statt des Han-dels Ackerbau und Handwerk treiben, ... die Söhne Teuts die Söh-ne Jakobs brüderlich umarmen würden und der Staat ihnen die Gleichstellung nicht versagen würde."[39] Den Judenhaß, der in die-sem Zeitabschnitt häufig in Erscheinung tritt, sieht Graetz diffe-renziert.

In der Schleiermacherschen Schule mit ihrer „vornehmen Verachtung des Judentums" glaubt er den Anfang einer neuen „Judengehässigkeit" zu finden, „viel schlimmer als unter den Alt-oder Tollgläubigen."[40]

Im neunzehnten Jahrhundert spürt er infolge der nationalen Hochstimmung, die sich in den deutschen Ländern nach dem Sieg der verbündeten Mächte über Napoleon ausbreitet, neues Unge-mach heraufziehen. Graetz bezeichnet jene Stimmung als „die deutsche Träumerei" und „überschwengliche Deutschtümelei".[41] Man muß sich vor Augen halten, in welcher Zeit Graetz seine Meinung über die Deutschen aussprach. Er schloß den elften Band im April 1870 ab. Das war die Zeit der größten Spannung in den Beziehungen Preußens mit Frankreich, in dessen Folge am 19. Juli 1870 der Krieg ausbrach, der ein Jahr später den Sieg Preußens und die Gründung des deutschen Reiches unter Kaiser Wilhelm I. mit sich brachte. Graetz, der, wie seine Tagebuch-aufzeichnungen und sein Briefwechsel beweisen, die politischen Vorgänge sehr aufmerksam verfolgte, war von vornherein gegen den zu erwartenden Krieg. In einem Brief an einen Freund, datiert vom 19. Juli 1870, dem Tag des Kriegsausbruchs, schreibt er: „Was sagen Sie zu dem drohenden oder vielleicht schon ausgebro-chenen Krieg? Es ist wahrhaft toll ... Wenn die Völker sich nicht aufraffen, den Haudegen das Schwert zu entziehen, so kann man keine Ruhe in Europa genießen."[42] In den Tagen der „Freiheits-kriege" gegen Napoleon sieht er in der „romantischen Schule" eine Quelle für den Judenhaß. In diesen Kreisen entstand „die Jahnsche Narrheit von den deutschen burschenschaftlichen Tu-

genden: ‚frisch, frei, fromm, fröhlich'… Die hohle Phrase, christ-
lich-deutsch (oder teutsch) tauchte seitdem auf und trieb ihren
Spuk am hellen Tage."[43] Von seinem politisch liberalen Standpunkt aus warf er den Deutschen vor, daß sie sich in den Tagen des
Wiener Kongresses gegen die reaktionären Tendenzen ihrer Herrscher nicht zu wehren wußten. Solch kontroverse Aussprüche ver-
setzten nicht nur gewisse jüdische Kreise in Unruhe, sondern riefen auch von christlicher Seite aus heftige Entgegnungen hervor.
Graetz selbst war inzwischen durch seine Aufsätze in verschiedenen Zeitschriften und durch die bereits veröffentlichten Bände
seiner „Geschichte der Juden" eine berühmte Persönlichkeit und
wurde 1870, kurz vor Ausbruch des Krieges, zum Professor an
der Breslauer Universität ernannt!

Jedoch nicht gegen die Judenfeinde allein zieht er in diesen
Kapiteln zu Felde. Er verfolgt mit Sorge die sich unter den Juden
ausbreitende Assimilation, eine Folge der „Aufklärung" in der
Generation nach Mendelssohn. Denn das von ihm befürwortete
Ziel, das Judentum mit der europäischen zeitgenössischen Kultur
in Einklang zu bringen, verstand die neue Reformbewegung nicht
zu verwirklichen. Das zeigte sich besonders in dem „Tempel-
streit", der in Hamburg eine Entzweiung in der jüdischen Gemeinde auslöste und im Jahre 1818 den „Reform-Tempel-Verein"
ins Leben rief. Der auch in anderen Gemeinden entstehenden
Reformbewegung konnte Graetz, der jeder Zersplitterung entgegentrat, nicht beistimmen und unterzog ihre Führer einer harten
Kritik. Das, dazu seine unbekümmerte Darstellung berühmter
Persönlichkeiten sowie der Spott über die Anfänge des deutschen
Nationalismus schufen ihm einerseits viele Feinde unter den
christlichen Kollegen, andererseits führten sie zu Differenzen mit
seinen jüdischen Verlegern. Eine im Jahre 1855 gegründete jüdische Buchgemeinschaft, das „Institut zur Förderung der israelitischen Literatur", hatte die Herausgabe von Graetz' Werk übernommen. Unter seinen Gründern sympathisierten viele mit der
Reformbewegung.

Als Graetz im Jahre 1869 die Redaktion der „Monatsschrift
für Geschichte und Wissenschaft des Judentums" übernahm und
in den ersten Heften Aufsätze gegen die Reformbewegung veröffentlichte, beschloß die Leitung des Instituts, ihn nicht mehr zu

unterstützen. Man wollte nicht, „daß sich das Institut zum Werkzeug für die Verbreitung einer feindlichen Behandlung des neueren Judentums hergebe."[44]

Von dieser Weigerung wurde allerdings Graetz nicht weiter betroffen. Ein Leipziger Verleger, Oskar Leiner, ließ den umstrittenen elften Band 1870 erscheinen und gab dann nach und nach sämtliche Bände in Neuauflagen heraus. Von manchen Äußerungen gegen die Deutschen rückte Graetz später selbst ab. In einem Artikel in der „Breslauer Zeitung" vom 28. Dezember 1879 erklärte er, daß er diesen Band noch vor dem Sieg und der Errichtung des Deutschen Reiches verfaßt hatte. „Vor diesen Ereignissen galt das Volk allgemein als deutscher Michel, und mein Urteil richtete sich nach den allgemeinen von deutschen Historikern und Schriftstellern ausgesprochenen Urteilen." Jetzt aber habe er „die vor 1870 wahren, jetzt aber unwahr gewordenen Urteile geändert."[45] Daraufhin erlaubte sich der Herausgeber der zweiten Auflage, die im Jahre 1900, also nach Graetz' Tod, herauskam, zahlreiche Streichungen und Änderungen unliebsamer Stellen vorzunehmen mit der Bemerkung, daß Graetz „bekanntlich zwar ein begeisteter nationaler Jude, dabei aber auch ein vortrefflicher preußischer Patriot gewesen ist."[46] Der vorliegende Reprint folgt dem Text dieser Ausgabe.

Graetz beendete den letzten Band der jüdischen Geschichte mit den Ereignissen des Revolutionsjahres 1848, das auch für die Juden „unerwartet und überwältigend ... die Stunde der Befreiung ... in Paris, Wien, Berlin, Italien und anderen Ländern" brachte. Als Schlußbemerkung fügt er hinzu: „Die Freiheit ist für sie errungen, sie selbst scheinen als Wächter derselben eingesetzt; die Erringung der Gleichheit und Brüderlichkeit steht noch bevor. Die Anerkennung der Juden als vollberechtigte Glieder ist bereits so ziemlich durchgedrungen; die Anerkennung des Judentums aber unterliegt noch schweren Kämpfen." Diese letzten Sätze wurden in die zweite Auflage nicht aufgenommen. Statt dessen übernahm der Herausgeber die letzten Abschnitte aus der „Volkstümlichen Geschichte der Juden", die Graetz selbst noch 1888 veröffentlicht hatte.

In dieser Ausgabe war die Rede von einem neuen Feind der Juden, ohne daß Graetz auch nur ahnen konnte, zu welch schreck-

lichem Finale dies führen sollte: „Ein anderer Erzfeind ist für die
Juden in den letzten Jahrzehnten aufgetaucht, nicht unter dem
Zeichen des Kreuzes, sondern unter der Maske der Rassenüber-
hebung. Ein Phrasenheld hatte in die Tagesliteratur ein zündendes
Wort hineingeworfen, daß die angeblichen Abkömmlinge von
Sem, die Juden, Araber und andere sprachverwandte Völkerschaften, Semiten genannt, an Geisteskraft, Leistungsfähigkeit, schöp-
ferischer Erfindungsgabe tiefer stünden als die Arier, die indo-
europäischen Völkerschaften ... Aus dieser verderblichen Vorspiegelung entnahmen die Judenfeinde – sie nennen sich heute
Antisemiten – die Berechtigung, die Juden zu ächten und sie allenfalls in untergeordneter Stellung als Gäste zu dulden, da die
Erde ... von Rechts wegen den Ariern gehöre."[47]

Die beiden ersten Bände

Im Jahre 1872, nach Beendigung des Krieges, konnte Graetz an
die Behandlung der ersten Perioden der Geschichte des jüdischen
Volkes herangehen, nachdem er von der lange verzögerten Palä-
stinareise zurückgekehrt war. „Ich stecke jetzt über die Ohren in
der Bibel und ergötze mich an dieser unvergleichlichen, göttlichen Literatur", schreibt er zur selben Zeit an einen Freund. Die
Reise habe ihm die Augen geöffnet. „Ich kann in Gedanken die
Helden und Propheten auf ihren Wegen verfolgen, weiß, welche
Berge sie bestiegen, welche Täler sie passiert haben müssen."[48]
Für keine Periode der langen Geschichte des jüdischen Volkes
forderte er, was ihm zum Verständnis der biblischen unentbehr-
lich schien: „Man muß die biblischen Schriften in dem Lande
lesen, wo sie ihren Ursprung haben, oder man muß den biblischen
Schauplatz mit der Bibel in der Hand bereisen." Für die Errungenschaften der neuen Archäologie hatte er kein Interesse, er wollte sich nur mit der Natur „dieses merkwürdigen Landes in Kontakt setzen, welche dieselbe geblieben ist, wie zur Zeit Abrahams,
Josuas, Davids ... und der Makkabäer."[49] Allerdings darf der biblische Text nicht kritiklos benutzt werden. „Die Kritik schärft das
Auge, und die Autopsie regelt die Kritik."[50] Stets sollte man sich
jedoch der Einmaligkeit des jüdischen Volkes bewußt sein und auf
keinen Fall die Methoden der Geschichtsforschung, die für andere

Völker gelten, auf dieses anwenden. Was den historischen Wert
der Erzählungen im Pentateuch betrifft, so kommen für ihn nur
die Kapitel in Frage, die von der Geschichte des Volkes berichten
und sich auf einen identifizierbaren Ort beziehen. „Erst mit dem
Exodus beginnt der eigentliche Geschichtsprozeß. Die in diesen
Quellenschriften überlieferten Haupttatsachen sind indes unzweifelhaft historisch."[51] Daher beginnt Graetz seine Darstellung der
Geschichte mit dem fast lyrisch anmutenden Satz: „An einem
sonnigen Frühlingstage drangen Hirtenstämme über den Jordan
in ein Ländchen ein, das nur als ein etwas ausgedehnter Küstenstrich des Mittelmeeres gelten kann, in das Land Kanaan, später
Palästina genannt."[52] Von diesem Zeitpunkt an erlauben die Quellen den Verlauf der historischen Begebenheiten treu wiederzugeben. Selbst die Aussagen der Propheten sind ein Faktum, das nicht
geleugnet werden kann. Er widmet dieser Erscheinung auch eine
besondere Note (Note 2). Die Behauptung, daß es sich bei den
Prophezeiungen um vaticinia ex eventu handelt, weist er zurück
und unternimmt es nachzuweisen, daß sich die meisten Verkün-
dungen erfüllt haben. Die Wundererzählungen im Pentateuch
stellt Graetz zwar als Wunder dar, bemüht sich jedoch, sie zu
„erklären", und zwar rational. So ist der Durchgang trockenen
Fußes durch das Rote Meer nichts anderes als die Folge einer
Naturerscheinung: Ein nordöstlicher Sturm habe in der Nacht das
Wasser südlich getrieben und das Bett trocken gelegt. Für dieses
Ereignis verfaßte er eine besondere Note unter Benutzung der
geographischen Studien, die seit der Arbeit am Suez-Kanal erschienen waren. In der von Carl Ritter verfaßten „Erdkunde"
(1817/18) fand er Aufschlüsse über das Manna. Die Mauern Jeri-
chos stürzten ein infolge des „Getöses", das die israelitischen
Krieger verursachten. All diese Ereignisse mußten den Israeliten
als Wunder erscheinen, wie überhaupt die ganze Landnahme, so
schnell wie sie vor sich ging, in den Augen der Nachwelt als ein
Wunder empfunden werden mußte. Angesichts all der Schwierigkeiten, die die Israeliten bei ihrer Ankunft in Kanaan zu überwinden hatten, mußte sich bei ihnen die Überzeugung einprägen, daß
Gott selbst mit ihren Heerscharen mitgezogen sei.

Wichtig für Graetz war der Einfluß, den die Natur des Landes auf seine Bewohner ausübt. Darüber belehrt ihn wieder Carl

Ritter, der Begründer der vergleichenden Geographie in Deutschland. In seinem Hauptwerk „Die Erdkunde im Verhältnis zur
Geschichte des Menschen" (2. Auflage 1822–1859) legt er dar,
daß die Geschichte der Menschen durch die natürlichen Bedingungen ihres Heimatlandes bedingt sei. In diesem Sinn erklärt
Graetz die geistigen Anlagen der Israeliten mittels der natürlichen
Verhältnisse Palästinas. Den Sinn für Gesetz und Ordnung lehrte
sie das Mittelmeer, während ihnen die Bodenbeschaffung des Landes, im Gegensatz zum „üppigen" Ägypten, „Selbstbeschränkung" auferlegt habe.[53] Besonders bei den Hagiographen erlaubte
er sich große Freiheit in der Interpretation. Textveränderungen
oder Identifizierungen anonymer Verfasser dienen zur Lösung von
Problemen, die der überlieferte Text nicht imstande ist zu bieten.
In das Buch Hiob mit seinen zahlreichen sprachlichen Schwierigkeiten vertiefte er sich besonders. Der Verfasser habe zur Zeit des
babylonischen Exils gelebt. Daher dienen die Gedanken dieses
Buches zur Erklärung der geistigen Welt der Exilanten. Eine der
ausführlichsten Noten untersucht den „Plan und Lehrzweck der
Chronik" (Nr. 15), die in dem Jahrhundert nach Nehemia verfaßt
sein soll. Dabei unterzieht er auch die Entstehung des Pentateuchs
einer kritischen Würdigung. Während, wie erwähnt, jüdische Gelehrte für gewöhnlich dieses heikle Problem zu umgehen suchten,
hatte es bei den christlichen Wissenschaftlern den Anschein, daß
hierzu Julius Wellhausen in den Abhandlungen das letzte Wort
gesprochen habe. Seine „Israelitische und jüdische Geschichte",
zuerst 1878 erschienen, liegt heute in der neunten Auflage unter
dem Titel „Prolegomena zur Geschichte Israels" vor. Da der zweite Band von Graetz' Geschichte schon 1875 herauskam, konnte er
seine Kritik nicht mehr in ihn einarbeiten. Er benutzte aber die
„Monatsschrift für Geschichte und Wissenschaft des Judentums"
und veröffentliche im Jahre 1886 eine umfangreiche Abhandlung
über die „allerneueste Bibelkritik Wellhausen-Renan". Diese Abhandlung fügte der Herausgeber der im Jahre 1902 erschienenen
zweiten Auflage als Note Nr. 6 unter dem Titel „Komposition
der Tora oder des Pentateuchs" hinzu, um es auch den Lesern der
„Geschichte" zu ermöglichen, von ihr Kenntnis zu nehmen.
Graetz gibt einleitend seiner Meinung Ausdruck, daß die Widerlegung der Irrtümer ganze Bände erfordern würden. Seine Ausfüh-

rung muß sich daher auf das „Allernotwendigste" beschränken. Ausgehend von der Hypothese von Astruc, die bei den „rationalistischen Exegeten" großen Beifall fand, folgt er dessen verschiedenen Nachfolgern, um zum Schluß Wellhausens Theorien eine nach der anderen zu widerlegen. Besonders heftig lehnt er dessen Hypothese betreffs des sogenannten Priesterkodex ab: „Man müßte ein doppelt so starkes Buch als das Wellhausensche schreiben, um alle seine Irrtümer zu beleuchten."[54] Er benügt sich aber nicht mit einer sachlichen Widerlegung, sondern beschuldigt Wellhausen geradezu einer antisemitischen Tendenz. Es sei ihm daran gelegen, zu beweisen, daß der Pentateuch nicht das Produkt eines „vollblütigen Volkslebens" gewesen sei, sondern einer „anämischen Sekte"[55]. Damit schwimme er in der Strömung der aktuellen deutschen Historiographie. Diese betet den Erfolg an. Es gibt aber ein Volk, das trotz seiner wiederholten Niederlagen eine weltgeschichtliche Bedeutung erlangt hat. „Das soll, das darf nicht sein."[56] Im weiteren geht Graetz den Irrtümern und Verkehrtheiten Wellhausens sowie auch von Renan nach, seine eigene Auffassung unter Beweis stellend, daß nämlich der Pentateuch „… ein einheitliches Ganzes bildet, und zwar lange, lange vor dem Exil und vor Esra abgeschlossen und veröffentlicht war."[57] Wie so manche andere Annahmen wird auch diese heute noch von Bibelforschern bestätigt, wie z.B. von einem Fachmann vom Range des Umberto Cassuto!

Als Graetz zum Ende des Jahres 1873 den ersten Band der Öffentlichkeit übergab, hatte er nach einer Forschungsarbeit von zwanzig Jahren seinen Plan, die Geschichte der Juden „von den ältesten Zeiten bis auf die Gegenwart" zu beschreiben, verwirklicht. Bei dieser Gelegenheit fügte er dem soeben vollendeten Band eine Einleitung hinzu, in der er den ganzen Verlauf der Geschichte einer Würdigung unterzieht. Die Tage, in denen er diese Einleitung verfaßte, waren, wie schon angedeutet, jene der mit „Blut und Eisen" errungenen Einheit Deutschlands. Es war die Zeit des großen nationalen Aufbruchs, zugleich aber auch der Entstehung einer neuen bürgerlichen Gesellschaft, in der die bereits emanzipierten Juden ihren Platz zu behaupten suchten. Die Möglichkeit, ihn durch Assimilation zu erringen, lehnt Graetz entschieden ab. Obgleich deutscher Bürger, dessen Muttersprache noch jiddisch war, der sich die deutsche Sprache und ihre Kultur erst aneignen mußte, wies er stolz auf die hervorragenden Eigenschaften seines Volkes hin, deren Kern eine religiös-sittliche Weltanschauung sei, die es höher schätze als Vaterland und Nationalität. Die Völker Europas sind nur Erben und nicht Erzeuger der Zivilisation, denn „zwei schöpferische Völker waren die Urheber der edlen Gesinnung, welche den Menschen aus dem Urzustande der Barbarei und der Wildheit emporgetragen haben: das hellenische und das israelitische, ein drittes gibt es nicht."[58]

Der griechische Anteil waren „die Blüten der Künste ... das Reich der Schönheit ... die olympische Gedankenklarheit"; der jüdische „der Monotheismus, das Gesetz der Gleichheit aller Menschen vor Gott, in Kürze: das, was man Humanität nennt." Die klassischen Griechen aber sind tot, das jüdische Volk hat seine Lebensaufgabe, „heilig zu sein", gestärkt und erhalten. Als ob Graetz ahnte, daß die Bezeichnung ‚Semit' von nun an als pseudo-wissenschaftliche Definition den Juden beigelegt werde, lehnte er jede Ähnlichkeit mit anderen sogenannten semitischen Stämmen ab: „Nein, das israelitische Volk hat nichts gemein mit seinen Blutsverwandten, die man Semiten nennt ... Es hat sich von ihnen geschieden und in harter Zucht von deren Verkehrtheiten entwöhnt."[59] Am Ende dieses Vorworts aber gesteht er, daß auch ein subjektiver Faktor ihn geleitet habe: Die Liebe zu seinem Volke habe seine Feder geführt. Dabei hoffe er jedoch, daß diese Liebe ihn nicht zur „Parteilichkeit und Beschönigung verleiten wird."

DIE GESAMTDARSTELLUNG DER JÜDISCHEN GESCHICHTE

1875, nach der Herausgabe des zweiten Bandes, konnte Graetz mit Befriedigung auf die Vollendung seines großangelegten Vorhabens blicken. Die zahlreichen Neuauflagen bezeugten die Beliebtheit seines Werkes. In den elf Bänden war es ihm gelungen, eine gewaltige Stoffmasse zu bewältigen und ein Werk von wissenschaftlichem Rang zu verfassen. Seine flüssige Ausdrucksweise, die das trockene Material lebendig gestaltet, der Pathos, das Sinnlich-Konkrete seines Stils, die persönliche, teilnehmende Dar-

stellung zogen den Leser an. Die große Popularität, der sich die
Bücher beim deutsch lesenden Publikum erfreuten, gab Anlaß zu
zahlreichen Übersetzungen. Zuerst erschienen nur einzelne Bände und Bearbeitungen, dann das vollständige Werk in französischer, englischer, russischer, hebräischer und jiddischer Sprache.
Zum ersten Mal wurde sich ein breites jüdisches Publikum seiner
langen Historie bewußt, aus der bisher nur vereinzelte Episoden
bekannt waren. Wenn auch das Geschichtswerk von Jost, das
Graetz vorausging, eine Gesamtgeschichte der Juden bot, so konnte es doch nicht mit Graetz' Popularität konkurrieren und wurde
auch nicht in andere Sprachen übersetzt. Für Historiker hatte
Graetz darüberhinaus viele Neuentdeckungen aufzuweisen. Im
Vorwort zur dritten Auflage des neunten Bandes, die er noch
miterleben konnte, gibt er seiner Genugtuung Ausdruck, „daß die
Kenntnis dieser Geschichte mit ihrem wunderbaren Verlauf, in
ihrer Glorie und ihrem beispiellosen Martyrium in weite Kreise
gedrungen ist", und … „hervorragende jüdisch-geschichtliche Tatsachen und ihre Träger gegenwärtig auch vielen gebildeten Laien
bekannt sind, welche früher, zur Zeit als ich vor vier Jahrzehnten
zuerst mit meiner Darstellung begonnen habe, auch universell
gebildeten Theologen nur bruchstückweise und nebelhaft bekannt
waren."[60]
   Trotz des leichtverständlichen Stils, der die trockene Materie
in eine angenehme Lektüre verwandelt, verlieren die Bücher nicht
ihren wissenschaftlichen Wert. Graetz löst dieses Problem anhand
der bibliographischen Randbemerkungen, hauptsächlich aber
durch die „Noten", die reiches Material für den Fachmann liefern.
Nicht wenige dieser Beilagen sind wegen ihres großen Umfanges
selbständige Abhandlungen über spezielle Themen, wie z.B. über
die Chronologie der Könige (27 S.), über die Fastenrolle (18 S.),
über die absetzbaren Hohenpriester der herodianischen und nach-
herodianischen Zeit (32 S.) und über Sabbatai Zewi (39 S.).
   Besondere Bemerkung verdient die 12. Note des siebenten
Bandes über die Autorschaft des Sohars, die auch heute kaum
etwas von ihrer Bedeutung eingebüßt hat. Selbst ein Spezialfor-
scher auf diesem schwierigen Gebiet wie Prof. G. Scholem muß
in seinem Standardwerk „Über die jüdische Mystik in ihren
Hauptströmen" (1957) zugeben, daß er erst nach langjährigen Stu-

dien zur Graetzschen These, die er anfänglich wie viele andere Forscher ablehnte, zurückfand. Graetz behauptete nämlich, daß der Kabbalist Moses de Leon der Verfasser des Sohars sei. Allerdings wundert sich Scholem darüber, das Graetz „in überraschend vielen Punkten außerstande war, befriedigende Beweise für diese seine Theorie zu liefern."[61] Diese Tatsache legt von seinem intuitiven Erfassen Zeugnis ab, diese für einen Historiker unerläßliche Gabe, die ihn hier – aber nicht nur hier – zu dem richtigen Resultat führte. Selbst bei Problemen, zu deren Lösung Graetz aus Mangel an genügenden Quellen auf reine Mutmaßungen angewiesen war, beweist neues Material häufig die Richtigkeit derselben. So bestätigen z.B. Funde aus der Genisa in Kairo einige seiner Annahmen betreffs der Entwicklung der religiösen Dichtung und Einzelheiten aus dem Zeitalter der Gaonen.

Es ist wichtig festzustellen, daß Graetz trotz seiner zugestandenen Subjektivität bei der Bewertung historischer Ereignisse diese einer objektiven Behandlung zu unterziehen imstande war, wie schon aus der erwähnten Forschungsarbeit über Sohar, das führende Buch für die jüdische Mystik, hervorgeht. Auch einer historischen Persönlichkeit wie Sabbatai Zewi, die er mißfällig beurteilt, widmete er im zehnten Band eine ausführliche Note, zu der noch die 16 Seiten der folgenden Note über „das apostolische Zeitalter nach Sabbatai" hinzukommen. Für seine Zeit waren diese Abhandlungen erstmalig, ihr wissenschaftlicher Wert hat bis heute nicht an Bedeutung verloren.

DIE KRITIKER

Die ersten kritischen Besprechungen erschienen kurz nach dem Erscheinen des vierten Bandes der Geschichte, mit dem Graetz sein Werk begonnen hatte. Die eine in einer liberalen, die andere in einer orthodoxen Zeitschrift, beide herausgegeben in Frankfurt am Main. Ein anonymer Kritiker veröffentlichte in der von dem Rabbiner Leopold Stein redigierten lokalen Zeitschrift „Der israelitische Volkslehrer" eine im großen und ganzen wohlwollende Besprechung, tadelte aber die seiner Meinung nach einseitige Würdigung des Talmuds. Graetz hätte dessen negative Seiten nicht außer acht lassen dürfen, nämlich daß er „jede freie Bewegung im

Judentum" gehemmt und jedes „wissenschaftliche Streben verachtet und sogar für sündhaft erklärt habe". Insbesondere nimmt
der Rezensent Anstoß daran, daß der junge Historiker hochmütig
auf diejenigen herabblicke, die einer anderen Richtung angehören,
Damit hatte er wohl Jost im Auge.

Der zweite Rezensent war kein anderer als sein ehemaliger
Gönner, Samson Raphael Hirsch, der inzwischen nach Frankfurt
berufen worden war, um dort in einer privaten orthodoxen Gemeinde den Posten eines Rabbiners einzunehmen. Er hatte, wie
viele Rabbiner seiner Zeit, eine literarische Bühne für sich und
seine Anhänger geschaffen: „Jeschurun, ein Monatsblatt zur Förderung jüdischen Geistes und jüdischen Lebens in Haus, Gemeinde und Schule". Im Jahre 1856, im zweiten Jahrgang der Monatsschrift, begann er eine Reihe von Artikeln, die sich mit Graetz'
vierten Band befassen und im Laufe von zwei Jahren in zwölf (!)
Fortsetzungen auf mehr als zweihundert Seiten erschienen, beinahe die Hälfte des kritisierten Bandes! Es war die längste Kritik,
die Graetz je erhielt. Abgesehen von den zahlreichen Einzelheiten, in denen Hirsch seinem ehemaligen Schüler Irrtümer, mitun-
ter sogar Fälschungen nachzuweisen versucht, beweisen viele
Anwürfe die prinzipiellen Gegensätze beider. Hirsch lehnt jede
historische Forschung von vornherein ab, da ja die menschlichen
Schicksale von der göttlichen Vorsehung bestimmt sind und nicht
von den Taten oder Entschlüssen bekannter Persönlichkeiten abhängen. Dem Historiker bleibt nur übrig zu prüfen, inwieweit
diese dem göttlichen Willen entsprechen. Das „äußere Geschick",
d.h. die pragmatische Geschichte des jüdischen Volkes, ist in den
Worten Gottes festgelegt, und Entwicklung oder Fortschritt kann
nur in dem sittlichen, religiösen Betragen zu finden sein. Auch die
Forderung, von den Talmudgelehrten nicht wie Graetz als Schöpfer, sondern nur als Träger der Tradition zu sprechen, geht von
derselben prinzipiellen Anschauung aus. Daher nennt Hirsch die
Geschichtsschreibung von Graetz – eigentlich von jedem Historiker – das Produkt seiner Phantasie, die ihm Geschehnisse eingibt,
die nicht geschehen, Entwicklungen, wo sich nichts entwickelt
habe.

Einige Jahre später lehnte auch Hirschs Rivale, der Rabbiner
Abraham Geiger, der ebenfalls in Frankfurt fungierte, jedoch

Führer der Reformkreise war, die Geschichtsschreibung von
Graetz ab. Seine Kritik zum fünften Band erschien im Jahre 1860
im dritten Jahrgang der von dem berühmten Bibliographen
Moritz Steinschneider redigierten „Hebräischen Bibliographie".
Erst sechs Jahre später veröffentlichte er eine ausführlichere Kritik, diesmal in seiner eigenen „Zeitschrift für Wissenschaft und
Leben". Im Gegensatz zu Hirsch vermißt er bei Graetz die Her-
vorhebung der kausalen Zusammenhänge. Graetz' Bücher enthalten seiner Meinung nach „Geschichten", aber nicht „Geschichte".
Was Hirsch als Phantasieprodukt verwirft, will Geiger stärker
hervorgehoben wissen. Insbesondere tadelt er, daß Graetz die Bände nicht in chronologischer Reihenfolge liefere. Aus diesem Grund
vermißt er einen Überblick über die Gesamtgeschichte, in der die
historischen Vorgänge ineinander greifen. Er schließt allerdings in
der Hoffnung, daß Graetz ihn künftig stärker zufriedenstellen
werde.

Zur selben Zeit, da Geiger seine erwähnte erste kurze Besprechung in der „Hebräischen Bibliographie" veröffentlichte, befaß-
te sich auch Steinschneider mit der Geschichtsschreibung von
Graetz. Er will der Behauptung von Graetz, alle Quellen selbst
geprüft zu haben, keinen Glauben schenken und wirft ihm „literarische Unehrlichkeit" vor. Auch gegenüber der Möglichkeit,
eine Gesamtgeschichte der Juden zu verfassen, war er skeptisch.
Das sei für einen einzelnen Menschen unmöglich. In einem Brief
an einen Freund schreibt er zur selben Zeit, daß die Geschichte
von Graetz hinter der von Jost weit zurückstehen wird. Ein Jahr
später urteilt er den sechsten Band ab, in dem er weniger „Geschichte", als vielmehr „Literatur" oder „literarischen Diebstahl"
zu entdecken meint. Auch in der Zeitschrift „Ben-Chananja",
deren Redakteur der Rabbiner Leopold Löw in Szegedin war,
erschien eine negative Kritik. Ihr Verfasser war Meir Wiener, Leiter der Religionsschule in Hannover, der sich mit historischen
Abhandlungen und besonders mit den im Jahre 1862 erschienenen
„Regesten zur Geschichte der Juden in Deutschland während des
Mittelalters" einen Namen gemacht hatte. Anfänglich sandte er
seine Rezension an die „Allgemeine Zeitung des Judentums", aber
der Rabbiner Ludwig Philippson, ihr Redakteur, nahm sie nicht
an, da er einer der Gründer des „Instituts zur Förderung der israe-

litischen Literatur" war, das bekanntlich die Herausgabe der „Geschichte der Juden" von Graetz übernommen hatte, und sie daher nicht in einen schlechten Ruf bringen wollte. Auch Wiener bezichtigt Graetz des Plagiats, da er sich nicht auf seine Forschungsarbeiten ausdrücklich bezogen hätte.

Später beschäftigte sich mit Graetz' Werk die hebräische Zeitschrift „Ha-Schachar", die von dem hebräischen Schriftsteller Perez Smolenskin in Wien herausgegeben wurde. Dieser behauptete, daß die jüdischen Wissenschaftler in Deutschland die Juden in Rußland von jeher mißachteten. Daher nehme auch Graetz in den elf Bänden seiner Geschichte fast gar keine Notiz von ihnen. Der Leser könne den Eindruck gewinnen, als ob es nur unter den Juden in Deutschland bedeutende Forscher und Schriftsteller gäbe, während in Rußland, wo fünfmal so viele Juden lebten, keine einzige Persönlichkeit von Rang anzutreffen sei. Die Namen von Männern, deren Ruf über die Grenzen Rußlands hinausgehen, habe Graetz absichtlich verschwiegen. Dagegen war eine andere hebräische Zeitung, „Hammagid", die in Lyck von Elieser Lippmann herausgegeben wurde, anderer Meinung. Anläßlich Graetz' 70. Geburtstag betont Jizchak Schlomo Fuchs, ein Vorkämpfer für die jüdische Nationalbewegung und die Wiedergeburt der hebräischen Sprache, das Gegenteil. Seiner Meinung nach hätte es Graetz nie unterlassen, sein Vaterland zu kritisieren, er habe auch nie versucht, die Lage der deutschen Judenheit zu verschönern. Jüdische Persönlichkeiten in andern Ländern habe er durchaus berücksichtigt.

VERSUCH EINER WÜRDIGUNG

Bei der Würdigung von Graetz' Geschichtsschreibung drängt sich die Frage auf, welchen Platz diese monumentale Historie des jüdischen Volkes innerhalb der zeitgenössischen Geschichtsschreibung einnimmt. Die Jahre, in denen er sich bemühte, seine weitgesteckte Aufgabe zu bewältigen, waren die Zeit der Blüte der deutschen Geschichtswissenschaft, wie man bisweilen das 19. Jahrhundert überhaupt als ein Jahrhundert der Geschichtsschreibung zu nennen pflegt. Die Bücher der Ranke, Treitschke und Momm-

sen waren weitverbreitet, und das Interesse an ihren Werken ging
weit über Fachkreise hinaus. In welchem Maße stand Graetz unter ihrem Einfluß? Hat er sich von dieser Welle tragen lassen? Mit
diesen Fragen haben sich Historiker wie Salo W. Baron in den
Sonderheften der „Monatsschrift" zum hundertjährigen Geburtstag von Graetz (1918, S. 5–15), L. Feuchtwanger in der Neuaus-
gabe der „Konstruktion" (Berlin 1936, S. 97ff.), Jizchak Baer
(Sefer Magnes [hebr.] Jerusalem 1938, S. 34) und andere bereits
beschäftigt. Es scheint, daß Graetz abseits des großen Aufschwun-
ges der historischen Wissenschaften seiner Zeit steht, war ja auch
sein Bildungsgang als Autodidakt und sein Stand als Wissenschaftler so verschieden von dem seiner deutschen Fachgenossen. Wenn
sie so etwas wie eine Zunft bildeten, war er nicht ihr Mitglied,
obgleich er, wie erwähnt, vom Senat der Breslauer Universität
zum außerordentlichen Professor ernannt worden war. Soweit aus
seinem Briefwechsel und seiner weiteren Tätigkeit zu entnehmen
ist, hat sich sein Freundeskreis durch das Zusammentreffen mit
christlichen Studenten und Kollegen nicht vergrößert. Seine Geringschätzung des „deutschen Michel" und ähnliche abfällige
Ausdrücke gegenüber der Kirche in seinen Schriften waren nicht
eben geeignet, ihn in diesen Kreisen beliebter zu machen. Sein
Name kam zum ersten Mal in die nichtjüdische Öffentlichkeit, als
1871 das in Leipzig erscheinende „Literarische Centralblatt für
Deutschland" eine Besprechung seiner Geschichte brachte, dessen
anonymer Verfasser seiner jüdischen Abstammung mehr Gewicht
beimaß als seiner Geschichtsauffassung. Er stellt ihn als einen
fanatischen Juden dar, der von einem „erbitterten Haß gegen das
Christentum" erfüllt ist. Insbesondere hält er ihm sein jüdisches
Nationalgefühl vor, das von einem jüdischen Patriotismus durch-
drungen sei.

Ein heftigerer und größeres Aufsehen erregender Zusammen-
stoß mit dem Judenhaß, der in Deutschland in den siebziger Jahren neue Formen annahm, stand Graetz noch bevor. 1879 veröffentlichte Heinrich von Treitschke in der Novembernummer der
von ihm mitredigierten „Preußischen Jahrbücher" einen Artikel
unter der Überschrift „Ein Wort über unser Judentum". Dabei
benutzte er seine Stellung als Wissenschaftler und Politiker, um
sein Leserpublikum vor einer vermeintlichen Gefahr zu warnen:

der jüdische Einfluß, dessen Gewicht infolge des Zustroms jüdischer Jünglinge aus dem Osten immer mehr anwächst, würde bald Deutschlands Börsen und Zeitungen beherrschen. Er spricht von dem Instinkt der Massen, aus deren Mund man die Losung vernehmen könne: „Die Juden sind unser Unglück!" Wie groß ihr Haß gegen den „Erbfeind", das Christentum, in gewissen jüdischen Kreisen ist, versucht Treitschke mit Hilfe verschiedener Stellen aus Graetz' Geschichtsbänden zu beweisen.

Dieser Artikel erregte, schon im Hinblick auf die Persönlichkeit seines Verfassers, großes Aufsehen.[62] In der deutschen Presse erschienen Artikel für und wider, von christlicher und von jüdischer Seite. Graetz selbst veröffentlichte noch im selben Jahr eine scharfe Erwiderung in der „Schlesischen Presse", in der er sich u.a. gegen den Vorwurf, die christliche Religion zu hassen, wehrt. Im Gegensatz zum „Urchristentum", das er nicht abwertet, sei es ihm nicht zu verdenken, wenn er gegen das „gefälschte" Christentum, das Christentum der „Lieblosigkeit", der „Herzenshärte" aufgetreten sei, „welches das Wort seines Meisters von hingebender Menschenliebe … verleugnet". Habe er doch aus den „unmittelbaren Martyrologien geschöpft und gewissermaßen die Aussagen aus dem röchelnden Munde der zu Tode Verblutenden aufgefangen."[63]

Treitschke konzentriert sich in seiner Antwort diesmal ausschließlich auf Graetz' national-jüdische Einstellung, für die in Deutschland kein Platz sei. Daher gäbe es nur eine Lösung der „Judenfrage": Auswanderung und Gründung eines jüdischen Staates irgendwo in der Welt. Graetz bleibt auch diesmal keine Antwort schuldig, die einen dritten Artikel Treitschkes auslöst. Wie groß das Interesse des deutschen Publikums an diesem „Historikerstreit" war, beweist die Tatsache, daß Treitschke seine Artikel in einem Sonderdruck erscheinen ließ, der 1881 die vierte Auflage erlebte! Während von seinen jüdischen Brüdern kaum einer für Graetz Partei ergriff, fand sich unter den Kollegen Treitschkes einer, der Treitschkes antisemitische Ausfälle zurückwies. Es war der angesehene Historiker Theodor Mommsen, der 1881 mit der Schrift „Auch ein Wort über unser Judentum" Treitschke entgegentrat.

Die oben beschriebene subjektive Einstellung Graetz' zur

Geschichte der Juden hatte allerdings auch einen entscheidenden
Nachteil. Da für ihn immer nur der jüdische Aspekt von
historiographischer Wichtigkeit war, verloren auf diese Weise bestimmte Ereignisse ihre historisch exakte Beurteilung. Als Beispiel dafür sei auf seine Behandlung der orientalischen Frage hinzuweisen. Während er die Ereignisse innerhalb der jüdischen Gemeinde in Damaskus, die Blutanklage, ihr Echo in der Presse und
die Reaktion von jüdischen Persönlichkeiten in allen ihm bekannten Einzelheiten behandelt, bleiben die großen politischen Vorgänge dieser stürmischen Jahre im Hintergrund[64]. Deutlicher noch
erscheinen die Nachteile seiner engagierten Wertung, wenn es um
Grundfragen der Philosophie geht. Ein besonders krasses Beispiel
ist Graetz' Einstellung zu Hegel. Ihn, wie auch andere historische
Persönlichkeiten, beurteilt er nach ihrer Einstellung zum jüdischen Volk und inwieweit sie ihm Gerechtigkeit widerfahren ließen. Er gibt zu, daß Hegel ein „tiefer Denker" gewesen sei, im
selben Atemzug aber nennt er ihn einen „großen Sophist" sowie
„Hof- und Kirchenphilosoph". Er zweifelt sogar an der Ehrlich-
keit seiner Überzeugung, daß das Christentum „die Blüte aller
Religionen und Deutschland, besonders Preußen, das Muster aller
Staaten sei und den Abschluß der Weltgeschichte bilde." Vollends
versucht er ihn lächerlich zu machen, indem er zusammenfassend
erklärt: „Ein vernünftiger Knabe muß gegenwärtig über diese hohle Weisheit, wie Hegel sich die Weltgeschichte zurecht legte, und
mit welchem Ernst und Gedankenseifenblasen bildet, lächeln."[65]
    Man kann diese, sicherlich zeitbedingten, Seitensprünge in
Kauf nehmen, wenn man bedenkt, daß Graetz mit seiner Geschichtsschreibung zwei Gefahren entgegentreten will: Der sich
in gewissen Kreisen ausbreitenden Assimilation sowie dem jüdischen Selbsthaß, einer allerdings eher psychologischen Randers-
cheinung. Die Erinnerung an eine religiös und kulturell vorbild-
hafte Vergangenheit schien ihm ein Mittel, sich der kollektiven
Identität und des subjektiven Selbstwertes bewußt zu werden.
    So zahlreich auch die Anfeindungen waren, denen Graetz
seiner Geschichtsschreibung wegen ausgesetzt war, so konnte er
doch mit Befriedigung feststellen, daß seine Bücher von einem
breiten Leserpublikum mit großem Beifall aufgenommen wurden
und seinen Verleger veranlaßten, sie in neuen Auflagen erscheinen

zu lassen. Diese Popularität dauerte auch noch lange nach seinem
Tod an. Die Tatsache, daß Graetz bei keinem der großen deutschen Historiker des 19. Jahrhunderts in die Lehre ging, hat ihren
Grund in seiner prinzipiellen Einstellung zur Historie des jüdischen Volkes. Da er auf dessen andauernde, jahrtausendlange Existenz wie auf eine beispiellose, wunderbare Erscheinung in der
Geschichte der Menschheit blickt, glaubt er, ihre völlige Erfas-
sung und authentische Darstellung keinem nichtjüdischen Historiker zutrauen zu können, der die gleiche subjektive Wertung, die
er für sich in Anspruch nahm, aufzubringen imstande wäre. Graetz
ging, wie aus seinem Tagebuch und seiner Korrespondenz hervorgeht, an den politischen Ereignissen seiner Zeit nicht urteilslos
vorüber; es fehlte ihm auch nicht an allgemeiner Bildung, um
wissenschaftlichen Errungenschaften in seinem Fachgebiet nach-
zukommen. Seine absichtlich mit der Geschichte der Juden be-
grenzte Forschung kann eine Anekdote beleuchten: Bei seinem
ersten Zusammentreffen mit Zunz, dem „Vater der Wissenschaft
des Judentums" in Berlin wurde er diesem als Historiker vorgestellt. Zunz fragte spöttisch: „Noch eine Geschichte der Juden?"
„Jawohl", antwortete Graetz, „aber diesmal eine jüdische!"

Wenn auch im Laufe von mehr als einem Jahrhundert Berich-
tigungen und Ergänzungen möglich sind, so ist dies doch von
untergeordneter Bedeutung. Noch heute gilt, was Leo Baeck im
Jahre 1957 betont hat, also etwa ein Jahrhundert, nachdem das
Werk zu erscheinen begonnen hatte: Graetz mag sich hier und da
geirrt haben, aber schließlich habe er dennoch das Eigentliche und
Entscheidende in jeder Epoche erkannt, weil er fähig gewesen sei,
das Ganze zu erfassen.

Die „Geschichte der Juden" war, ist und bleibt sowohl wegen
des Reichtums an Material als auch durch die engagierte Art der
Aufbereitung ein Standardwerk der jüdischen Geschichte, und so
stellt es auch heute noch ein unverzichtbares Handwerkszeug für
jeden dar, der sich ernsthaft mit der Geschichte der Juden beschäftigen will.

Reuven Michael
Afikim, im Mai 1996

ANMERKUNGEN

1.   Graetz, Geschichte der Juden (= GdJ) IV (Soweit nicht anders ver-
     merkt, beziehen sich die Anmerkungen auf vorliegenden Reprint der
     Ausgabe letzter Hand). (1.), Vorwort S.VIII.
2.   GdJ IV S. 1.
3.   Op.cit.
4.   GdJ (2.) III S. I.
5.   GdJ III S. 1.
6.   GdJ III Note 20, S. 755ff.
7.   Op.cit. S. 313.
8.   Op.cit. S. 64.
9.   Op.cit. S. 2ff.
10. GdJ V S. XVII.
11. Op.cit.
12. Op.cit. S. XV.
13. Op.cit. S. XIV.
14. Op.cit. S. 182.
15. Anan (8.Jh.) angeblicher Gründer des Karäertums.
16. GdJ V S. 185.
17. GdJ V S. X–XI.
18. GdJ VII S. 1.
19. GdJ IX S. 280.
20. Op.cit. S. 382.
21. GdJ. IV (1.) S. XI.
22. GdJ IV S. 26.
23. GdJ VI S. 267.
24. Op.cit. S. 264.
25. GdJ X S. 172.
26. Op.cit. S. 179.
27. GdJ VI S. 140.
28. J. Meisl, Heinrich Graetz – Eine Würdigung des Historikers und Juden.
     Berlin 1917, (= Meisl) S. 97.
29. GdJ VII S. 59f.
30. Op.cit. S. 190.
31. GdJ IX S. 424.
32. GdJ X S. 59.
33. GdJ XI S. VI.
34. S.R. Hirsch, 19 Briefe über Judentum (3) Frankfurt/M. 1901, S. 101f.
35. GdJ XI S. 419.
36. Meisl S. 179.
37. GdJ XI S. 176f.
38. Op.cit. S. 103f.
39. Op.cit. S. 410.
40. Op.cit. S. 174.
41. Op.cit. S. 308f.

42. R. Michael (Ed.) Heinrich Graetz – Tagebuch und Briefe. Tübingen 1977, (= Tgb) Nr. 91, S. 305f.
43. GdJ. XI S. 309
44. Allgemeine Zeitung des Judentums. 3. Jhg. 1869, Nr. 29, S. 387.
45. Breslauer Zeitung (28. Dez. 1879) Nr. 605 apud: GdJ XI S. VII–VIII.
46. GdJ XI S. VII.
47. GdJ XI S. 554.
48. TgB S. 328 Nr. 117.
49. GdJ I S. VIII
50. Op.cit. S. IX.
51. Op.cit. S. XII.
52. Op.cit. S. 1.
53. Op.cit. S. 83.
54. GdJ II S. 426.
55. Op.cit. S. 428.
56. Op.cit.
57. Op.cit. S. 439.
58. GdJ II (2.) S. XX.
59. Op.cit. S. XXVI.
60. GdJ IX (3.) S. V.
61. G. Scholem, Über die jüdische Mystik in ihren Hauptströmen. Frankfurt/M. 1957.
62. W. Böhlich (Ed.), Der Berliner Antisemitismusstreit. Frankfurt/M. 1965. Vgl auch: R. Michael, Graetz contra Treitschke. Bulletin des Leo Baeck Instituts IV (1961) S. 301ff.
63. „Erwiderung an Herrn von Treitschke." Schlesische Presse Nr. 859 vom 7.12.1879.
64. GdJ. XI S. 479ff.
65. Op.cit. S. 411ff.

Dr. H. Gratz
weil. Prof. an der Universität in Breslau.

Geschichte der Juden

von

den ältesten Zeiten bis auf die Gegenwart.

Aus den Quellen neu bearbeitet

von

Dr. H. Graetz,

weil. Professor an der Universität und am jüdisch-theologischen Seminar zu Breslau.

Leipzig,
Oskar Leiner.

Geschichte der Israeliten

von

ihren Uranfängen

(um 1500)

bis zum

Tode des Königs Salomo

(um 977 vorchristl. Zeit).

Nebst synchronistischen Zeittafeln.

Von

Dr. H. Graetz,

weil. Professor an der Universität und am jüdisch-theologischen Seminar zu Breslau.

Erster Band.

Mit einer Biographie nebst Porträt von Dr. H. Graetz, verfaßt von Dr. Ph. Bloch.

Zweite verbesserte und ergänzte Auflage.

Bearbeitet von Dr. M. Brann in Breslau.

Leipzig,
Oskar Leiner.

Das Recht der Übersetzung in fremde Sprachen vorbehalten.

Biographie

des

Dr. H. Graetz

verfaßt von

Dr. Ph. Bloch.

I.

Einleitung.

Mit dem Zerfall des polnischen Reiches, welches 1795 von seinen Nachbarstaaten vollends aufgelöst und aufgeteilt worden, tritt für die zahlreiche Judenschaft in jenen Gebieten, welche unter preußische und österreichische Herrschaft kamen, die entscheidende Wendung ein, durch welche dieselbe in den Kreis des modernen Kulturlebens hineingezogen wird, und welche man füglich als den Übergang aus dem Mittelalter in die Neuzeit bezeichnen kann. Preußen war es vornehmlich, das sofort nach vollzogener Okkupation daran ging, die neuen Erwerbungen zu organisieren und sie als die Provinzen „Südpreußen" und „Neuostpreußen" seinem Staatswesen anzugliedern. Von diesem Landzuwachs war jedoch endgültig nach 1815 nur dasjenige Stück, welches ehemals den Grundstock des alten Großpolens bildete, als Großherzogtum und später als Provinz Posen der preußischen Krone verblieben; aber gerade dieser Landesteil hatte für die Juden erhöhte Wichtigkeit, da auf seinem Boden zahlreiche alte und angesehene Gemeinden sich befanden, und da er überdies von der preußischen Hauptstadt nicht weit entfernt lag und derselben durch die neugewonnene Staatszusammengehörigkeit noch näher gerückt erschien. Einerseits durfte man erwarten, daß infolgedessen die wirtschaftlichen Beziehungen zu Berlin, die bis dahin schon lebhaft bestanden hatten, sich noch inniger und reger gestalten und geschäftliche Vorteile bieten würden, andererseits mißtraute man der preußischen Hauptstadt, weil die von Mendelssohn und seiner Schule ausgegangene Bewegung, welche über die Einseitigkeit des bisherigen Talmudstudiums hinausstrebend, die modernen Bildungsmittel und

Wissensgebiete der Jugend zu erschließen sich bemühte, dort ihren Mittelpunkt hatte.

Durch die straffe Organisation, welche die polnischen Gebietsteile auf preußischen Fuß stellte, hatten sämtliche Verhältnisse eine so grundstürzende Umwandlung erfahren, daß die Juden in den neuen Zuständen sich anfangs gar nicht zurecht zu finden vermochten. Gegen die staatlichen und wirtschaftlichen Mächte war nicht anzukämpfen, ihnen mußte man sich ohne weiteres anzuschmiegen suchen. Dagegen war man mit aller Kraft bestrebt, die religiöse Observanz und die überkommene Sitte im altgewohnten Geleis, rein und unberührt von fremden und verdächtigen Einflüssen, zu erhalten. Das talmudische Schrifttum sollte auch ferner Ausgangs- und Zielpunkt alles Lernens und Wissens bleiben, die religiösen Formen oder die als religiös angesehenen Lebensgewohnheiten sollten von ihrer rigorosen Strenge und Geltung nichts einbüßen. Dem Drängen und Mahnen der preußischen Regierung, durch Errichtung geeigneter Schulen für eine zeitgemäße Erziehung und Ausbildung der Jugend zu sorgen, mußte man bald durch Ausflüchte, bald durch Versprechungen auszuweichen. Auf die Dauer waren jene Einflüsse trotzdem nicht fern zu halten, Funken von dem Berliner Aufklärungsherd flogen nach der Provinz herüber und traten bald in einer Großgemeinde sichtbar zutage, und zwar in Posen, das über den talmudischen Ruhm und die altersgraue Frömmigkeit seines Ghettos stolz und eifersüchtig wachte.

In Posen wurde nämlich das Rabbinat erledigt, und man hatte im Jahre 1802 für dessen Besetzung den Bruder des verstorbenen Rabbiners, einen Stocktalmudisten alten Schlages aus dem fernen Tarnopol, Samuel ben Moses Pinchas Falkenfeld, Verfasser des בית שמואל אחרון, in Aussicht genommen. Da wagten es einige jüngere Männer, allerdings unter fingierten Namen, bei der Regierung gegen die Wahl eines „rohen Polack" Protest einzulegen, für welchen die Menge „durch die kabbalistische Fabel" eingenommen werde, „daß nach einer angeblichen Genealogie dieser Podolier zu demjenigen Stamme gehöret, aus welchem der jüdische Erlöser zu erwarten sei u. dgl. m." Die Regierung berücksichtigte den Protest und beschied die Beschwerdeführer in einem ihnen günstigen Sinne. Wegen der fingierten Namen mißglückte die Behändigung des Bescheides an die Urheber, derselbe verfehlte die eigentliche Adresse und fiel in die Hände des Vorstandes und der sogenannten Vizerabbiner, B'ne jeschibah. „Sie versammelten sogleich alle sogenannten Gelehrten und talmudischen Studenten nach Art der ehemaligen Sanhedrin, zogen sämtliche Eltern und Schwiegereltern und Verwandte derjenigen Personen herbei, von denen eine andere Denkungsart zu präsumieren war, dann forderten sie einen jeden von uns im einzelnen vor, schlossen ihn in einen fürchterlichen Zirkel der rohen Studenten ein, und schrieen ihn unter Begleitung der schrecklichsten Flüche wie folgend an: Du teuflische Seele! die du dich dem Satan anvertraut hast. Deine Gestalt zeuget auf deine Abneigung gegen unsere Gebote; dein barbierter Bart, deine Tracht (deine jüdische Tracht trägst du nur zum Schein), alles beweiset, daß du Gottloser! ein Verräter der jüdischen Geheimnisse bei Christen bist. Du liesest die deutschen Bücher; du hast auf deiner Bodenkammer Landkarten versteckt, Zeitungen und andere christliche Schriften statt heiliger Talmudbücher, bekenne also deine Sünden, daß du Mit-Konzipient der verdammten Vorstellung warst! Befolge die Buße, die wir dir auferlegen werden, liefere uns deine unreinen Bücher sogleich aus; unterzeichne dich sofort auf dieser heiligen Rabbinerwahl oder sonst usw." [1]) Die heiß umstrittene Wahl jenes streng talmudischen, dabei milden Rabbiners wurde zwar durchgesetzt, aber der neue Geist war trotz aller Anstrengungen nicht mehr einzudämmen, drang zwar langsam, aber stetig vor, bis es 1816 glückte, eine höhere jüdische Privatschule in Posen zustande zu bringen. Wohlhabende und unabhängige Väter fanden vereinzelt den Mut, ihre Kinder den Gymnasien oder höheren christlichen Schulen zuzuführen, deren es übrigens damals in der Provinz nur sehr wenige gab. 1824 griff die Regierung ein und verordnete, daß in allen existenzfähigen Judengemeinden deutsche Elementarschulen eingerichtet werden.

Die Verhältnisse gestalteten sich nun eigentümlich dahin, daß man allgemeine Bildung, die Kenntnis deutscher, französischer und englischer Klassiker als einen Vorzug und Schmuck

---

[1]) Was hier unter Anführungszeichen gegeben wird, ist der Originaleingabe wörtlich entnommen. Geheimes Staatsarchiv Berlin, General-Direktorium Südpreußen, Ortschaften Nr. 964, Vol. II.

der Persönlichkeit zu schätzen begann und dennoch das heranwachsende Geschlecht über Lesen, Schreiben und Rechnen hinaus in der Aneignung derartiger Kenntnisse nicht förderte, dasselbe vielmehr auf die Beschäftigung mit dem rabbinischen und hebräischen Schrifttum zu beschränken wünschte, daß man ferner in den Großgemeinden, wie Posen und Lissa, den Zentren des Talmudstudiums, die jungen Leute, insonders die Talmudschüler, von der Erlernung profanen Wissens geradezu abzuschrecken suchte, während häufig in den kleinen Gemeinden diesem Bildungsstreben, soweit es möglich war, Vorschub geleistet wurde. So schwer und mühsam also gerade die besseren, die aufstrebenden Kräfte jener Generation in der Provinz sich durchzuringen hatten, um ihren Weg zu finden, so wurde doch dies wiederum durch den Vorteil aufgewogen, daß dadurch ihre geistige Energie und Selbständigkeit gestählt wurde, daß sie fast durchwegs von dem Geist des Talmuds durchtränkt, mit seinem Wesen innig vertraut waren, und daß sie, von Enthusiasmus für die rabbinischen Heroen erfüllt, die Begeisterung für die Ideen des Judentums in sich einsogen und durch das Leben trugen.

Das war der Boden, auf dem Heinrich Graetz heranwuchs; derartig waren die Verhältnisse und Faktoren, von denen der Bildungsgang eines Mannes bestimmt wurde, der dazu berufen war, ein Geschichtswerk zu schaffen, monumental und volkstümlich zugleich, welches Tausende von Jahren, die entlegensten Himmelsstriche, die verschiedenartigsten Kulturgebiete umspannt, welches die geschichtliche Entwickelung des Judentums wie eine magische, verblichene und unsichtbar gewordene Schrift mit allen Hilfsmitteln der Gelehrsamkeit und des Scharfsinnes in hellem, zauberhaftem Glanz wieder hervortreten läßt und durch den begeisterten Ausdruck seiner geschichtlichen Darlegungen zu einem Erbauungsbuch im besten Sinne des Wortes für seine Glaubensgenossen geworden ist.

II.
Jugendzeit.

Heinrich Hirsch G r a e tz ist am 31. Oktober (21. Chesch= wan) 1817 zu Xions geboren, einem armseligen Städtchen im Osten der Provinz Posen, das damals 775 Seelen zählte. Er war unter seinen Geschwistern, im ganzen zwei Brüder und eine Schwester, der Erstgeborene. Von seinen Eltern hatte der Vater, Jakob Graetz, eine hochgewachsene Gestalt, sein Alter über 90 Jahre hinausgeführt, als er 1876 zu Posen starb, während seine Mutter, Vogel geb. Hirsch aus Wollstein, von kräftiger Mittelstatur mit leuchtenden grauen Augen, mit welcher der Sohn innerlich wie äußerlich große Ähnlich= keiten zeigte, schon 1848 zu Kosten, einem Städtchen in der Nähe Posens, aus dem Leben schied und ihre Jahre nur auf einige fünfzig gebracht hatte. Sie ernährten sich kümmerlich, doch schlecht und recht von einem kleinen Fleischereibetrieb. In der Hoffnung, ihre Vermögenslage zu verbessern, ver= zogen sie einige Jahre später nach dem nur wenige Meilen entfernten Zerkow. Freilich zählte dieses Städtchen zu jener Zeit ebenfalls nicht mehr als 800 Einwohner, allein der Ort enthielt eine jüdische Gemeinde von 100 Seelen, wies eine merkliche Zunahme seiner Bevölkerung auf und schien ein Aufblühen zu verheißen. Auch die Gegend ist nicht so flach und reizlos, wie sonst meist in der Provinz, das Städtchen ist von Hügel und Fluß, von Wald und Wiese umkränzt. Hier empfing der Knabe seine ersten Eindrücke, hier genoß er seinen ersten Unterricht in einer Schule, welche nur insoweit von einem richtigen „Cheder" sich unterschied, als man bereits begann, den bescheidenen Anforderungen der Regierung an eine jüdische Elementarschule sich anzupassen. Er lernte Lesen, Schreiben, Rechnen, das Übersetzen der Bibel und wurde auch, da man große Lernbegier und Begabung bei ihm wahrnahm, in die Kenntnis des Hebräischen und des Talmuds eingeführt. Als er nach zurückgelegtem 13. Lebensjahr konfirmiert wurde, in welchem Alter man damals die Knaben einem selbständigen Lebensberuf zuzuführen pflegte, waren die Eltern keinen Augenblick zweifelhaft, daß ihr Sohn seine Ausbildung fort= setzen müsse. Da wäre es nun das Nächstliegende gewesen, Posen hiefür zu wählen, wo unter Leitung des hochange=

sehenen Oberrabbiners Akiba Eger eine vielbesuchte Talmud=
schule blühte. Allein die Mittel der Eltern reichten zu seinem
Unterhalt nicht aus, und der junge Graetz war zu scheu und
zu stolz, um nach fahrender Schüler Art sich seinen Lebens=
bedarf erbitten und erbetteln zu können. Man hatte also
keine andere Wahl, als ihn nach Wollstein zu schicken, wo
seine Mutter Schwestern und Verwandte besaß, die zwar
selbst über keine großen Schätze verfügten, sich aber doch ihres
Schützlings annehmen würden.

Der Aufenthalt in Wollstein erwies sich für ihn als eine
überaus günstige Fügung. Die Stadt selbst, im Westen der
Provinz gelegen, entbehrte nicht des landschaftlichen Reizes,
dem des Knaben empfängliches Gemüt sehr zugänglich war,
sie enthielt überdies eine vorwiegend deutsche Bevölkerung
von 2258 Seelen, darunter 841 Juden.[1]) Die also gar nicht
unansehnliche, dabei wohlhabende jüdische Gemeinde hatte
stets eine Ehre darin gesucht, eine gute Talmudschule zu unter=
halten, und zeichnete sich derzeit dadurch aus, daß in ihr ein
heller, freier Geist herrschte und sie das Bildungsstreben
unter ihren Angehörigen eifrigst zu fördern beflissen war.
Der Rabbiner Samuel Samwel Munk war gegen Anfang
des Jahrhunderts aus Bojanowo nach Wollstein berufen
worden; von ihm ging die Sage, daß er deutsch zu lesen und
zu schreiben verstünde, und daß er in den Stunden, die „nicht
Tag und nicht Nacht" wären, deutsche Bücher und selbst Zei=
tungen zu lesen pflegte. Keinesfalls trat er seinen Schülern
störend in den Weg, wenn sie ihre Sehnsucht nach profanem
Wissen zu befriedigen suchten, ja sich gegenseitig hiezu an=
feuerten, indem jeder dem anderen in jugendlich ungestümem
Wetteifer den Vorrang abzulaufen trachtete.

Ende des Sommers 1831 langte Graetz in Wollstein an.
Der junge „Bachur", der sich bereits an die Ausarbeitung
eines kalendarischen Werkes, unter dem Titel חשבון עתים
„Jüdische und deutsche Zeitrechnung" in einem allerdings
mangelhaften Hebräisch gewagt hatte,[2]) besuchte die talmu=

---

[1]) Staatsarchiv Posen, Wollstein S. 13.
[2]) Das Werkchen ist fein säuberlich abgeschrieben in seinem Nachlaß
vorgefunden worden; er hatte es, wie er angiebt, am Mittwoch den 27. Elul
(15. September) 1830 in Zerkow begonnen und in Wollstein, etwa 15 Jahre
alt, vollendet.

bischen Vorträge des Rabbiners mit großem Eifer und Erfolg, so daß der letztere ihm ein reges Wohlwollen zuwandte und große Stücke auf ihn hielt, ohne jedoch seine künftige Bedeutung zu ahnen.

Indes füllten die rabbinischen Studien seinen Geist nicht aus, ein unauslöschlicher Wissensburst brach bei ihm durch, und er verschlang jedes Buch, das ihm in die Hände fiel. Das waren freilich zunächst Ritterromane, wie sie damals in Schwung waren, unter denen namentlich der heute vergessene „Raspo von Felseneck" einen tiefen Eindruck auf ihn machte. Von einem Gönner zurechtgewiesen und mit geeigneterer Lektüre versorgt, las er mit großem Wohlgefallen die erzählenden und moralischen Schriften von Campe und fiel zugleich über geschichtliche Bücher her, die ihn mächtig anzogen, studierte die kleine Weltgeschichte von Bredow, dann die große von Becker, und eine Lebensgeschichte Napoleons, wobei er kleinlaut sich gestehen mußte, das Meiste nicht verstanden zu haben. Bald begriff er die Notwendigkeit, sich die Kenntnis des Französischen und Lateinischen anzueignen. Ohne Lehrer, ohne Anleitung, ohne anderen Beirat, als den gleichgesinnter Genossen, nahm er sich die französische Grammatik von Meidinger und später die lateinische von Bröder vor, und lernte eben alles auswendig, was er darin vorfand. Er war überglücklich, als er die fremden Klassiker in ihrer eigenen Sprache zu lesen beginnen konnte. In seinem Lerneifer ließ er sich stets vom Zufall treiben; was dieser ihm in die Hand spielte, das ergriff er leidenschaftlich und sprungweise. Er stößt auf einen Euklid in irgend einer Übersetzung, sofort macht er sich ungestüm über denselben her, so schwer es ihm auch wird, einen klaren Einblick in den Begriff und die Methode der Geometrie zu erlangen. Ein polnischer Wanderrabbi, der einen von ihm verfaßten Hiobkommentar[1]) ausbietet, kommt nach Wollstein und findet dort Beifall und Ehrung; Grund genug für den eifrigen, dabei höchst ehrgeizigen Talmudschüler, monatelange für nichts anderes Interesse zu haben, als für Bibelexegese und hebräische Grammatik. Ein feines lebhaftes Naturgefühl, dessen Empfänglichkeit er sich bis ins späteste Alter bewahrt hat, überkommt ihn und er bietet alles

---

[1]) Wahrscheinlich באר איוב כן רבחובים von Simcha Arje ben Efraim Fischel, Lemberg 1833.

auf, um sich mit der heimischen Flora, wie mit dem gestirnten
Himmel vertraut zu machen. Eine wunderbar schnelle Fassungs=
gabe, ein glückliches Gedächtnis und ein weltverlorener Fleiß,
dazu eine eiserne Körperkonstitution mit unverwüstlicher Arbeits=
kraft, der es nichts schadete, daß er Essen, Trinken und
Schlafen vergaß, um auf ein vorgestecktes Ziel loszugehen,
führte ihn schließlich zum Erfolg. Trotz seiner Bedürfnis=
losigkeit hatte er immer wieder mit Mangel und Not zu kämpfen;
er war eine stolze, unabhängige und eigentlich auch unpraktische
Natur, dem ein übertriebenes Ehrgefühl selbst zu einer berech=
tigten Bitte den Mund schloß, ja der es vorzog, seine Sorgen
vor anderen zu verheimlichen und beispielsweise an manchem
Sabbath, für welchen Tag man die Talmudschüler doch gerne
reichlich versorgte, trockenes Brot zu essen und unbekümmert
um Wind und Wetter mit einem Buche in der Tasche sich ins
Freie hinauszuschleichen, um nur in seiner Hilflosigkeit nicht
entdeckt zu werden, bis endlich der eine oder andere Freund
doch dahinter kam und Wandel zu schaffen half. Er selbst,
jederzeit sanguinisch gestimmt, suchte und fand in den Büchern
seinen Trost.

Es ist geradezu erstaunlich, was Graetz alles in den 4½
Jahren seines Wollsteiner Aufenthaltes zusammengelesen
und zusammengelernt hat. Den meisten Fleiß verwandte
er auf französische Sprache und Literatur, welche damals
hoch im Kurse stand und der er mit großer Vorliebe oblag;
mit den landläufigen Werken Voltaires, Rousseaus, Féne=
lons u. a., wie mit den Dramen von Racine und Viktor Hugo,
hatte er sich völlig vertraut gemacht. Von deutschen Klassikern
fesselte ihn neben Lessing, Mendelssohn, Schiller u. a. nament=
lich Wieland, mit dem er sich eifrigst beschäftigte; auffälliger=
weise ist in seinen Tagebüchern niema's von Goethe die Rede,
als ob ihm dieser Geist, sei es durch Zufall oder aus anderen
Gründen, fremd geblieben wäre, dagegen wurde er in der
letzten Wollsteiner Zeit auf die Schriften von Börne, Heine
und Saphir aufmerksam, von denen der in ihm schlummernde
Hang zu Spott und Ironie geweckt wurde. Die schwerste
Qual hatte er mit den lateinischen Schriftstellern, doch be=
wältigte er den Cornelius Nepos, den Curtius, von Ovids
Metamorphosen und Virgils Aneide mehrere Bücher. Daß
er zugleich eine große Belesenheit im rabbinischen Schrift=

tum sich erwarb und auch das Talmudstudium nicht vernach=
lässigte, bezeugt die Auszeichnung, mit der ihn der Rabbiner
Munk zu Neujahr 5595 (Oktober 1834) überraschte, indem er
ihm den Chabertitel verlieh, mit welchem Titel in solchem
Alter nur ganz begabte und würdige Talmudjünger ausge=
zeichnet wurden.

Nun aber geriet der junge Most ins Gären und begann
die federweißen Flocken aufzutreiben. Ganz und gar Auto=
didakt, hatte er sich planlos und unmethodisch der Lektüre hin=
gegeben, wie ihn gerade der Zufall oder die Laune trieb, und
dadurch einen sehr reichen, aber ebenso buntscheckigen Wissens=
stoff in seinem Geist aufgespeichert; ein chaotisches Gemisch
unvereinbarer, disparater Ideen und Meinungen wogte durch
seinen Kopf und setzte sein ganzes Denken und Fühlen in
stürmische Wallung. „Durch die verschiedenen, sich wider=
sprechenden Meinungen, heidnische, jüdische und christliche,
epikureische, kabbalistische, maimonidi'sche und platonische,
welche alle meinen Kopf verdreht" — so schreibt er November
1835 in seinem Tagebuch — „wurde mein Glaube so wankend
gemacht, daß ich, wenn mich eine Idee von Gottheit, Ewigkeit,
Zeit und dergl. anwandelte, mich in die tiefsten Abgründe
der Unterwelt hinabwünschte". Obschon er mit seiner Stim=
mung und in seinen Gesinnungen ganz aus dem Gleichgewicht
geraten war, so verlor er doch keineswegs den Halt; das Dasein
Gottes und die Unsterblichkeit der Seele blieben die uner=
schütterlichen Pole seiner Empfindungswelt, an denen er sich
festhielt. „Wie Furien" — heißt es bald darauf weiter —
„rissen solche Gedanken dann an meinem Innern, wenn sie,
wie oft geschah, sowohl durch meine Dürftigkeit, als durch
dergleichen Lektüre auf diese Untersuchung gebracht worden
sind. Nur der heitere sternbesäte Himmel, an welchem Sonn=
abends nach Sonnenuntergang mein Auge mit Entzücken hing,
frischte das beseligende und erwärmende Gefühl auf: — Ja,
es ist ein Gott dort über dem Sternenzelte!" Dagegen wurden
ihm die alltäglichen Religionsübungen des Judentums, die
er bis dahin mit skrupulöser Gewissenhaftigkeit respektiert hatte,
wie er von frühester Jugend dazu angehalten worden, immer
mehr verleidet; obschon er sie auch ferner nicht vernachlässigte,
so stieß ihn doch die Menge der Observanzen ab, und noch
mehr die kleinliche, geistesarme und formlose Art und Weise,

mit der er sie in allen seinen Kreisen gewohnheitsmäßig geübt
sah. Weil er all dies auf den Talmud zurückführte, warf er
einen Groll auf denselben, und seine Abneigung nahm noch
mehr zu, wenn er in seinem Geiste Stil und Methode der ihm
bekannt gewordenen vorzüglichen Literaturwerke dagegen hielt
und Vergleichungen anstellte, welche nicht zum Vorteil des
rabbinischen Schriftwerkes ausfielen. Dazu kam noch ein
anderes: Bisher hatte er gedankenlos in den Tag hineingelebt
oder vielmehr hineinstudiert; nun mag ihm wohl von seinen
Eltern und Verwandten die Notwendigkeit nahe gelegt worden
sein, an einen Lebensberuf zu denken oder ein Brotstudium
zu wählen. Einer so berechtigten Forderung konnte er sich
zumal in seiner damaligen Gemütsverfassung gar nicht ver-
schließen, und brütend sann er oft über die Frage nach: was
nun? und faßte und verwarf die seltsamsten Pläne. Da trat
ein scheinbar geringfügiges Ereignis ein, welches jedoch den
heftigen Sturm in seinem Innern beschwichtigte, das zwischen
bedenklichen Klippen auf- und niederschwankende Schifflein
seines Geistes flott machte und in günstiges Fahrwasser trieb;
es war dies die Wirkung eines Büchelchens, das unter dem
Titel אגרת צפון „Neunzehn Briefe über Judentum, herausgegeben von Ben Usiel" eben damals erschienen war.

Auf religiösem Gebiet hatten bislang die Männer der
Reformpartei, welche die religiösen Gepflogenheiten und die
herkömmlichen Satzungen des traditionellen Judentums als
mit dem modernen Leben unvereinbar umgestalten und beseitigen wollten, das literarische Feld beherrscht, das nach-
wachsende Geschlecht immer stärker zu sich herübergezogen und
waren in ihrem Bestreben, die religiösen Besonderheiten möglichst zu verwischen, immer kühner und stürmischer vorgegangen.
Dagegen hatte ursprünglich die Gegenpartei, welche den alten
Glauben und Brauch der Väter unversehrt erhalten wollte,
an die veränderten Zeitverhältnisse jedes Zugeständnis verweigert, ja nicht einmal dafür gesorgt, sich mit modernen
Waffen für die Abwehr zu versehen, und als die Bewegung
immer drohender anschwoll, stand sie ratlos und unbeholfen da;
weltfremd auf dem Gesellschaftsboden des Ghettos ruhend,
eingesponnen in den talmudischen Gedankenkreis, erwies sie
sich außerstande, dem Gegner einen wirkungsvollen Wort-
führer oder einen Regenerator entgegenzustellen. Was sie so

lange schmerzlich vermißte, das schien nun mit einem Male in einem jungen Theologen erstanden zu sein. S a m s o n R a p h a e l H i r s c h , Rabbiner zu O l d e n b u r g , war in der genannten Schrift „Neunzehn Briefe" gewandt, beredt und tapfer für die volle Geltung sämtlicher Religionsgesetze eingetreten und verhieß, die alten Religionsformen mit neuem Geist zu beleben. Schon durch die Kühnheit, einen solchen Standpunkt mit allen seinen Konsequenzen unumwunden zu vertreten, wirkte diese Schrift in jüdischen Kreisen geradezu als ein sensationelles Ereignis; in Graetz' nach einem Halt suchendes Gemüt fiel sie wie ein Lichtstrahl, um ihn die Spur erkennen zu lassen, der folgend er seine Ideale finden sollte. Er selbst berichtet: „Oft sprach ich mit B. B. davon (nämlich von reli-giösen Zweifeln), denn nur vor diesem konnte ich über solche Dinge meine Meinung äußern. Dann brachte er vor, wie sehr eine Reform bei dem allmählichen Verfall der Religion notwendig sei. Ich wußte aber, daß eine Reform, das heißt Auslassung einiger mit dem Ganzen verflochtener Gesetze, das ganze Gesetz aufheben würde. Wie angenehm mußte mir also ein neues Buch sein, אגרת צפון „Neunzehn Briefe über das Judentum, a n o n y m", worin ich eine noch nie gehörte oder geahnte Idee des Judentums mit überzeugenden Argumenten fand, wie dieses die beste Religion und zum Heile der Menschen notwendig ist. Mit gierigen Blicken sog ich die Sätze darin ein, und so abtrünnig ich dem Talmud vorher gewesen, so söhnte dieses Buch mich mit ihm aus, und ich kehrte zu ihm wie zu einer untreu gehaltenen, aber treu gefundenen Geliebten zurück, nahm mir vor, ihn womöglich zu ergründen, ihn philosophisch zu lernen und, da mir viele weiß machten, ich könne ein so-genannter studierter Rabbiner werden, dessen Wahrheit und Nützlichkeit allen zu zeigen. Sogleich setzte ich mich daran, fing den ersten Folianten ברכות an — und das erste Buch Moses, mit großem Vergnügen über jedes nachdenkend, nicht wie über Altertumsmonumente, sondern wie über ein gött-liches, dem Menschen Heil bringendes Buch. Dazu kamen mir die wenigen Kenntnisse, die ich hier gesammelt, — worunter auch die Theologie, die ich jetzt erst als eine Kenntnis beachtete, Geometrie, da ich von Euklides beinahe die ersten drei Bücher gelernt, und Geschichte — gut zu statten."

Damit war aber in Wollstein seines Bleibens nicht mehr,

denn der Ort hatte ihm nichts mehr zu bieten. Der Domizil-
wechsel eines Oheims, mit dem er seine beste Stütze verlor,
die übliche Schwärmerei einer phantastischen Jugendliebelei,
der die ernüchternde Enttäuschung gefolgt war, Konflikte mit
Studiengenossen und Gönnern, welche von seinem disharmo-
nischen Seelenzustand wohl mitverschuldet und durch Zuträge-
reien verschärft worden, erleichterten ihm den Entschluß, von
dem Städtchen, das ihm wie eine zweite Heimat ans Herz
gewachsen war, sich zu trennen. Doch wohin sich wenden,
um das zu finden, was seine Seele suchte? Er verfiel auf
Prag, das derzeitige Mekka der jungen jüdischen Theologen,
„eine Stadt, durch Gelehrsamkeit, Gastfreiheit und andere Vorzüge so sehr berühmt".

III.

Lehrjahre.

So verließ denn Graetz im April 1836 Wollstein und
wandte sich zunächst nach Zerkow, um die Eltern von seinem
Vorhaben zu unterrichten und mit ihnen das Weitere zu beraten. Empfehlungsbriefe an Prager Familien wurden
herbeigeschafft, Eltern und Verwandte schossen eine kleine
Summe zusammen, Graetz besorgte seinen Paß, schnürte im
vollen Sinne des Wortes sein Ränzchen und machte sich wohl-
gemut auf den Weg. Teils zu Fuß, teils billige Fahrgelegenheit
benutzend, nahm er die Straße über Breslau, schritt fürbaß
durch das schlesische Gebirge und gelangte unweit Reinerz an
die österreichische Grenze. Hier aber trat ihm wie ein Cherub
mit feurigem Schwert der Grenzbeamte entgegen und wehrte
ihm den Eintritt nach Österreich, weil er zwar einen Paß,
aber keine 10 flor. (= 20 Mark) in bar vorzeigen konnte; über
den Barbesitz einer solchen Summe mußte man nämlich sich
ausweisen, wenn man, ohne die Post zu benutzen, Einlaß in
die Lande des kaiserlichen Doppeladlers erhalten wollte. Der
junge Wandersmann verlegte sich bestürzt aufs Parlamentieren
und berief sich auf seine Empfehlungsschreiben; vergebens, die
Grenzwacht ließ sich auf keinen Kompromiß ein. Da Graetz,

stolz und unbeugsam wie er war, zu Bitten oder Stillschweigen sich nicht verstehen mochte, machte er trotzig kehrt und ging desselben Weges und in derselben Weise, wie er gekommen war, kleinlaut wieder zurück gen Zerkow in das väterliche Haus, wo seine Eltern nicht wenig über seine Heimkehr erstaunt, aber doch zugleich erfreut waren, ihren Sohn wieder einige Zeit bei sich sehen zu können.

Das kleine Abenteuer darf als charakteristisch für das wunderliche Mißgeschick gelten, von dem Graetz im praktischen Leben, zumal am Anfang seiner Laufbahn oft empfindlich genug betroffen wurde, ohne daß er jedoch dadurch an seinem Stern je irre wurde. Seine initiative und temperamentvolle Natur verstand es wohl, mit schnellem Scharfblick die leitenden Gesichtspunkte und richtigen Ziele herauszufinden, aber es will oft scheinen, als wenn sein Geist zu weitsichtig und ungestüm gewesen, um die kleinen Mittel und Hebel zur Erreichung seiner Absichten stets gebührend zu würdigen. Vorläufig suchte er Vergessenheit für die verunglückte Reise in seinen Studien. Er vertiefte sich jetzt in das Lateinische, las den Livius, Cicero's de natura deorum, welches Buch ihm gewaltig imponierte, Virgils Äneide und Terenz' Komödien, beschäftigte sich viel mit Schrökhs Universalhistorie und mit seinem Wieland, dessen „Sympathien", „goldener Spiegel" u. a. ihn „ungemein ergötzten, erheiterten und beseligten"; nicht minder eifrige Sorgfalt widmete er dem Talmud, wie dem Hebräischen und war besonders emsig über die Exegese der „ersten Propheten" her. Sein unruhiges Gemüt, einerseits durch die Ratlosigkeit im Hinblick auf die Zukunft herabgestimmt und anderseits durch die kleinstädtische und enggeistige Umgebung zum Spott herausgefordert, entlud sich in allerlei übermütigen Streichen, wie solche im genialen Drang junger Jahre durchzubrechen pflegen. Er verspottete den Rabbiner, hänselte den Vorstand, bereitete dem Bürgermeister Verdruß, wußte aber stets heil davon zu kommen und erschreckte sogar die Eltern durch Anwandlung religiösen Freimuts. In den östlichen Gegenden ist es nämlich am Abend vor dem Rüsttag des Versöhnungstages Brauch, daß ein Mann einen lebendigen Hahn und eine Frau eine lebendige Henne mehrere Male sich um das Haupt schwingt und in einem kurzen Gebet die Strafe für die Sündenschuld möglichst auf den unglücklichen Vogel zu übertragen wünscht. Graetz hatte kurz vorher erklärt, sich diesem „Kappores"=Brauch schlechterdings nicht fügen zu wollen, man nahm indes seine Äußerung für eitel Ruhmredigkeit. Als jedoch die Abendstunde herankam und man lange vergebens mit dem komisch feierlichen Akt auf das Erscheinen des ältesten Sohnes gewartet hatte, zürnte der Vater und drohte, er werde seinem ketzerischen Kinde alle Bücher, die nicht hebräisch wären, verbrennen; die Mutter aber machte sich auf, um den verirrten Sohn überall zu suchen; sie fand ihn schließlich, liebevoll folgte er ihr nach Hause, doch zu irgend welcher Manipulation mit dem Hahn war er durchaus nicht zu bewegen, so daß derselbe ohne Schwung und ohne Verwünschung zum Schlächter wandern mußte, und erst am folgenden Tage eine rührende Versöhnung mit den Eltern stattfand. Nach dem Feste wurde Graetz von einem befreundeten Buchhändler aus Wollstein, der ihm gewöhnlich die neuen Erscheinungen des jüdischen Büchermarktes zusandte, mit den „Neunzehn Briefen des Ben Usiel" beschenkt, deren Besitz er gewünscht hatte. Die Schrift elektrisierte ihn aufs neue und gab ihm den Gedanken ein, sich dem Verfasser, der ihm inzwischen bekannt geworden war, als Schüler anzubieten.

Samson Raphael Hirsch erschien ihm nämlich als das Ideal eines jüdischen Theologen der Gegenwart und als der vertrauenswürdige Lehrer, nach dem er sich gesehnt, um von ihm irgendwelche Anleitung oder gar Aufschluß über die mannigfachen, seinen Geist beschäftigenden Fragen zu erhalten. In diesem Sinne schrieb Graetz an den Landrabbiner zu Oldenburg, wobei er aus seiner Gesinnung kein Hehl machte, sondern klar und aufrichtig seine Gemütslage und seinen Bildungsgang darlegte. Dieser Schritt hatte Erfolg.

Am 1. Februar 1837 erfolgte die förmliche Einladung von Hirsch, nach Oldenburg zu kommen, Kost und Wohnung biete er ihm in seinem eigenen Hause an, für die weiteren Bedürfnisse müßten die Eltern sorgen, nach dem Passahfeste (im Mai) erwarte er sein Eintreffen. Schon anfangs April trat Graetz die Reise an, weil er unterwegs Verwandte besuchen, auch in Berlin und Leipzig sich einige Zeit umsehen wollte.

In Berlin macht das Museum und die Gemäldegallerie einen tiefen Eindruck auf ihn. Dort lernt er den Prediger Salomon Pleßner kennen, von dem er, ein merkwürdig scharfer Beobachter, folgende zutreffende Charakteristik sich

aufzeichnet: „Auch diesen rühmlichst bekannten Mann besuchte
ich und fand einnehmende, Scharfsinn versprechende Züge, aber
vernachlässigtes Äußere und nachlässige, ungrammatische, ja
mauschelnde Sprache; und dieses wundert mich, da seine Sprache
in den Predigten doch recht gediegen und gewählt ist. Er ist
ungefähr in den Vierzigen, trägt einen Bart und scheint so recht
und echt religiös zu sein. Aber sein Tun ist wilder Art, er
spricht alles rasch aufeinander, immer hin und her laufend, die
Bücher räumend, und zerstreut."

In Leipzig besuchte er seinen Landsmann Dr. F ü r st
und berichtet:

„Ein kleiner Mann, dessen Gesicht mir von der Kindheit
noch bekannt war, kam mir entgegen. Ich überreichte ihm
den von seiner Mutter mir gegebenen Brief, worauf er gleichgültig erwiderte: Ich werde nächstens schreiben. Als ich ihm
aber das Ziel und die Veranlassung meiner Reise sagte, dann
ihm die Briefe von Hirsch zeigte, ward er anderen Sinnes
und sprach ganz freundlich mit mir. Endlich als er einsah, ich
sei kein Ignorant, vertraute er mir mehreres und erzählte mir
von seinen wissenschaftlichen Adversairen, brüstete sich, er sei
auch Gesenius' Lehrer gewesen, daß er nun mit Ewald versöhnt
sei, daß ihm die größten Gelehrten Briefe schreiben usw... Ich
sprach immer vertrauter mit ihm, und jetzt schieden wir als
Freunde, indem er mich wieder zu sich lud, wenn ich anders
über פסח da bleiben sollte..... Sollte ich nicht bleiben, so
müßte ich ihm versprechen, mit ihm künftig Briefe zu wechseln.
Es freute mich besonders, daß Fürst sich nicht taufen lassen und
für das Judentum wirken will.... Streben fürs Judentum
meint er, sei die erste Bedingnis jedes studierenden Juden,
das heißt ihm: streng wissenschaftliches, wohl auch — philo-
logisches Studium." Um die Zeit während der Reise nicht
ganz zu vergeuden, begann Graetz unterwegs Griechisch zu
lernen und benutzte die griechischen Konjugationen dazu, um
sich die öden Stunden und die Ungelegenheiten, welche bei dem
weiten Weg und seinen knappen Mitteln nicht ausbleiben
konnten, und den Kleinmut, welcher ihn infolgedessen öfters
befiel, möglichst zu vertreiben.

In einem elenden Örtchen, wo er des Sabbaths wegen
gezwungen ist, einen ganzen Tag Rast zu machen, findet er
ein neues Testament vor und liest es zum ersten Mal. Der

erste Eindruck dieser Lektüre wird folgenderweise von ihm ge=
schildert: „Trotz der vielen Seltsamkeiten und Widersprüche
sprach mich die Sanftmut in Christi Charakter an, aber es stieß
mich zugleich ab, so daß ich recht konfus wurde."

Am 8. Mai trifft er endlich in O l d e n b u r g ein, wo
sich eine neue Welt vor ihm auftut.

Hier trat ihm in Samson Raphael Hirsch eine Persönlichkeit
entgegen, zu deren geistiger Überlegenheit und sittlicher Hoheit
er mit unbedingter Verehrung aufblickt, die all den Erwartungen,
mit denen er hergekommen war, auch wirklich entspricht.
Hirsch war ein moderner Mensch mit guten, ja vornehmen
Formen, obschon er sich jedem geselligen Umgang entzog; zwar
klein von Statur, imponierte seine äußere Erscheinung durch
gemessene, würdevolle, die Vertraulichkeit ablehnende Haltung.
Mit großen Geistesgaben und seltenen Herzenseigenschaften
verband er nicht nur ein reiches theologisches Wissen, sondern
auch eine vorzügliche klassische Bildung. Weitausblickende oder
tiefe Ideen standen ihm nicht gerade zur Verfügung, aber er
sprühte von originellen Bemerkungen und anregenden Ein=
fällen, welche seinen neuen Schüler in helle Begeisterung ver=
setzten. Er war der einzige wirkliche Lehrer, von dem Graetz'
autodidaktische Natur wissenschaftliche Impulse empfing, ja
vielleicht der einzige Mann, der auf diesen spröden und selb=
ständigen Charakter eine nachhaltige Einwirkung geübt, inso=
weit die starke Eigenart seines Wesens es eben zuließ.

Bei seinem Eintreffen in Oldenburg wurde der Ankömm=
ling von Hirsch sehr wohlwollend empfangen und sogleich in dessen
Haus installiert, wo er fortab Wohnung und Verpflegung erhält.
Gleich am anderen Tage wird mit dem Unterricht begonnen,
sie beschäftigen sich des Vormittags mit dem Talmud, am
späten Nachmittag mit den Psalmen, und der Jünger fühlt sich
von dem Geist und der durchdringenden Methode, mit der die
Exegese dieser Schriftwerke behandelt wird, wunderbar an=
gezogen und angeregt, geradezu gehoben. Es kommt nun
Plan und Ordnung und Zusammenhang in seine Kenntnisse.
Hirsch nimmt sich seines Schützlings wahrhaft väterlich an, er
bemüht sich, seinen Geist zu disziplinieren, seine sittliche und
religiöse Kraft zu festigen; dabei hütet er sich, als wenn ihm
jetzt schon eine Ahnung von der ungewöhnlichen Kraft und
Begabung dieses nach Wissen und Belehrung lechzenden Jüng=

lings aufgegangen wäre, ihn von oben herab zu schulmeistern,
er behandelt ihn stets als einen bei allem Abstand doch eben-
bürtigen Jünger. Mag auch die Wirkung der Jahre dazu beigetragen haben, Graetz reifte sichtlich unter der Leitung dieses
Meisters, der an ihm seinen ersten Schüler gefunden.

Die Verwendung, die er im Hause seines Lehrers fand,
war hauptsächlich das Amt eines Famulus. Er begleitet den
Landrabbiner auf seinen Inspektionsreisen, wobei sie sich die
Stunden unterwegs mit Erörterungen über talmudische und
biblische Gegenstände verkürzen. Er sieht mit ihm die letzten
Abschnitte des „Horeb" durch, hilft ihm bei diesem Buch die
Korrektur der letzten Bogen besorgen, von dem der Jünger
ganz entzückt und ergriffen wird, u. dgl. m.

Welch vorteilhafte Meinung muß der rigorose Landrabbiner von seinem Famulus gefaßt haben, wenn er, zur Her-
stellung seiner geschwächten Gesundheit ein Bad aufsuchend,
demselben die Befugnis erteilt, während seiner Abwesenheit
in religionsgesetzlichen Fragen (שאלות) zu entscheiden! Unser
Famulus verfährt auch dabei so gewissenhaft, daß die übernommene Verantwortlichkeit ihn drückt, und er gesteht, wie er
sich das Treffen korrekter Entscheidung viel leichter vorgestellt
habe. Seine Stimmung lodert fast schwärmerisch auf, als
ihm von Hirsch ein überaus liebevolles Schreiben zukommt.
Diese enthusiastische Anhänglichkeit an den Meister erlischt
keineswegs durch den täglichen und vertrauten Verkehr mit
ihm, trotz der kritisch veranlagten, dabei sanguinischen Gemüts-
art des Jüngers auch alsdann nicht, da er nicht mehr in Zweifel
sein kann, daß es seinem Ideal an historischer Vertiefung, an
wissenschaftlichem oder vielmehr philologischem Blick gebricht.

Graetz hatte überhaupt für Freundschaft starken Trieb und
schwungvolle Empfindung. Wie er jederzeit gerne an allen
Ereignissen um ihn her lebhaften Anteil nahm, so liebte er es
schon damals, was später vielen seiner Schüler zum Heil wurde,
in die Vorkommnisse des Tages tätig einzugreifen, sobald er
glaubte, sich seinen Freunden nützlich erweisen zu können und
für ihr Wohl eine Art Vorsehung zu spielen. Als daher im
Januar 1838 aus der Heimat, mit der er natürlich einen regen
Briefwechsel unterhielt, die verspätete Kunde bei ihm eingeht,
daß der Oberrabbiner Akiba Eger in Posen verstorben war,
schreibt er ohne irgend welchen Auftrag, nur weil er von der

Sehnsucht seines Gönners nach einem größeren Wirkungskreis
Kenntnis hat, an den Posener Vorstand, um die Aufmerksamkeit
desselben auf Hirsch zu lenken, und er jubelt in heller Freude
darüber auf, daß der Vorstand von Posen bald darauf in eine
gewisse Beziehung zu Hirsch tritt; ja es hatte sich dort sogar
eine Partei zugunsten des Oldenburger Landrabbiners
gebildet, ohne indes ein greifbares Resultat zu erzielen.
Dasselbe Spiel wiederholte sich, als 1840 das Wollsteiner
Rabbinat sich erledigte, nur daß Hirsch die Begeisterung seines
Jüngers für Wollstein zu dessen großem Leidwesen nicht teilen
mochte.

Man sieht hieraus, daß Graetz sich niemals weltscheu in
Bücher vergraben hatte; wie überall, so suchte er auch in
Oldenburg Bekanntschaften anzuknüpfen, freundschaftlichen
Verkehr zu pflegen, und sein heiterer Sinn gab sich mit einem
gewissen Behagen der harmlosen Fröhlichkeit geselliger Freuden
und Anregungen hin. Dabei vernachlässigte er weder seine
Pflichten, noch seine Studien. Er erlernte daselbst das Englische
und hatte, da er in der Bibliothek des Landrabbiners syrische
Bücher vorfand, auch Syrisch zu studieren angefangen; das
erstere scheint Hirsch gefördert zu haben, nicht aber das letztere.
Hirsch begegnete seinem Jünger jederzeit mit ununterbrochen
gleichmäßiger Freundlichkeit und erwidert dessen enthusiastische, teilnehmende Gefühle mit väterlichem Wohlwollen.
Wie ein Familienglied wurde Graetz in seinem Hause gehalten und als solches auch von sämtlichen Angehörigen behandelt.

In so angeregter Weise flossen Graetz drei Jahre in der
Umgebung seines Lehrers hin. Allmählich jedoch, zumal im
vierten Jahre klingen allerlei kleine Differenzen mit der Frau
des Hauses durch, wie solche bei so enger und langjähriger
Hausgenossenschaft nicht auszubleiben pflegen und dazu beitragen, die gegenseitige Intimität bald ebben, bald fluten zu
machen. Für Graetz reichen sie bei seinem stolzen Unabhängig-
keitsgefühl schließlich hin, um den ruhigen Spiegel seines an
die Gegenwart hingegebenen Gemütes zu trüben. Die Sorge
um die Zukunft steigt beunruhigend vor ihm auf. Der Drang
ein bestimmtes Lebensziel endlich zu ergreifen, die Sehnsucht
nach seinen Eltern, welche indessen von Zerkow nach einem
etwas größeren Städtchen, Kosten, übergesiedelt waren, all

dies vereinigt sich, um ihm die Trennung von Oldenburg ratsam erscheinen zu lassen. Nach offener und friedlicher Aussprache mit seinem Lehrer entschließt er sich, die Heimreise anzutreten.

————

IV.
Aufstieg und Absturz.

————

Der Abschied aus dem Hirschschen Hause erfolgte unter rührender Herzlichkeit, und nach mehr als dreijähriger Abwesenheit wendet sich Graetz wieder der Heimat zu, nach Kosten, wo er um die Mitte August 1840 eintrifft. Von der jüngeren Generation wird er allenthalben als Schüler von Hirsch freudig begrüßt und veranlaßt, in Wollstein, Kosten und Zerkow zu predigen. Seine Predigten schlagen zwar nicht durch, aber sie bekunden hinlänglich, daß in dem Prediger ein eigener Fonds von Wissen und Geist sich birgt; seine sämtlichen Freunde kommen also darin überein, daß es sich für ihn empfehle, zu „studieren", d. h. die Universität zu absolvieren und sich den Doktorhut zu holen. Sie weisen darauf hin, daß wenigstens die kleineren Gemeinden in der Provinz, wie Wreschen, Wollstein, Kosten, mit der Anstellung, „studierter Rabbiner" teilweise vorgegangen, teilweise vorzugehen entschlossen sind. Um einige Mittel für die Universitätszeit sich zu beschaffen, versteht er sich zur Übernahme eines Hofmeisterpostens in Ostrowo, den er gegen Ende 1840 antritt.

In Ostrowo, einer kleinen Stadt im Südosten der Provinz mit einer großen jüdischen Gemeinde, welche noch tief in den alten, wenig anmutenden Lebensformen des Ghetto steckte, fühlte er sich überaus unbehaglich. Seine Position innerhalb des Hauses sagte ihm nicht zu, außerhalb fand er aber niemanden, dem er sich freundschaftlich anschließen mochte. Um Ersparnisse zu machen, hatte er sich der übrigens nicht allzu anstrengenden Hofmeisterei unterzogen; hierzu fehlte es ihm an finanziellem, wie an haushälterischem Geschick. Ja, seine verwandtschaftliche Hingebung, seine Gutmütigkeit und Unbedachtheit verwickelten ihn in so arge Geldverlegenheiten, daß die Monologe seines Tagebuches von pessimistischer Schwer-

mut überströmen und selbst das Gottvertrauen, das sonst durch
diese Blätter innig und hoffnungsvoll haucht, zu erlahmen
scheint. Trost suchte er in vielfachen, kleinen Ausflügen nach
den Nachbarstädten, in der Abfassung einer hebräischen Biographie der Mischnahlehrer unter dem Titel אבות הולדות‎[1])
und, wie es scheint, in der Lektüre der — Kirchenväter. Bei
einem derartigen Ausflug anläßlich der Verlobung eines
Jugendfreundes fiel sein Auge auf die Schwester der Braut,
ein blutjunges Mädchen, welches sein Wohlgefallen erregte und
dazu bestimmt war, auf sein Leben einstmals einen heilsamen,
entscheidenden Einfluß zu gewinnen; in seiner Verstimmung
hatte ihn der Eindruck wohltuend berührt, ohne daß er dermalen an irgend welche weitere Konsequenzen dachte. Gegen
1½ Jahre, bis zum Juli 1842, verblieb er in Ostrowo auf
seinem Posten, bis ein läppischer Zwischenfall das wenig er-
quickliche Verhältnis in nicht ganz freundlicher Weise löste.

Nun aber gings nach Breslau zur Universität zu deren
Besuch Graetz, da er keine Maturitätsprüfung abgelegt hatte,
die ministerielle Erlaubnis nachsuchte und erhielt. Im Oktober
1842 erfolgte seine Immatrikulation, und mit ehrerbietiger
Scheu und Spannung betrat er, der Autodidakt, die mysteriösen
Hörsäle der strengen Wissenschaft, um sie kopfschüttelnd über
die vernommene Weisheit meist enttäuscht und unbefriedigt
zu verlassen. Es war ein so reicher und vielseitiger Wissensstoff,
über den er schon damals verfügte, als er die Universität bezog,
wie dies sonst naturgemäß nicht der Fall zu sein pflegt; und
dieses Wissen war zwar nicht schulgemäß hergerichtet und ab-
gerundet, trotzdem aber in sich geschlossen und kristallisierte
bereits um einen festen Mittelpunkt. In der Tat hatte er
seine eigentlichen Lehrjahre schon hinter sich; auch seine Ge-
reiftheit in Anschauung und Urteil läßt sich nicht verkennen.
Die verschiedenartigsten Vorlesungen, geschichtliche, philosophische, orientalische, selbst physikalische wurden von ihm
während seiner Universitätszeit besucht, ohne daß tiefere Spuren
wahrzunehmen sind, welche sie in seinem Geiste zurückgelassen.
Selbst der Professor Bernstein, ein Orientalist von an-
sehnlichem Ruf, der ihn zu engerem Verkehr heranzog, verstand

---

[1]) Diese Biographien sind nicht gedruckt worden, und auch die Hand-
schrift war nicht aufzufinden.

es nicht, in seinem Schüler den ihm sonst eigenen ungestümen
Eifer für ein umfassendes Studium des Syrischen und Arabischen
zu entfachen; er selbst scheint nicht mehr die Absicht gehabt zu
haben, es auch in diesen Fächern zu irgend welcher Meisterschaft
zu bringen. Nur der seiner Zeit geschätzte Philosoph, Professor
Braniß, dem er ebenfalls näher trat, mag ihm allenfalls
die Bekanntschaft mit der Hegelschen Philosophie vermittelt
und das Bewußtsein eingeflößt haben, daß auch in der Welt
der Freiheit alle Entwicklung mit absoluter Gesetzmäßigkeit,
natürlich idealer Natur, sich vollzieht, daß daher die geistigen
Kräfte, welche durch Verwirklichung einer immer höheren Idee
die Geschichte der Menschheit erzeugen, wohl ihren immanenten
Gesetzen folgen, zugleich aber dabei dem Kausalnexus sich un-
bedingt fügen, und daß bei der Betrachtung geschichtlicher
Erscheinungen das Prinzip von Satz und Gegensatz
(Thesis — Antithesis — Synthesis) sich besonders förderlich
erweist.

So sehr Graetz in seine Studien sich vertiefte, er verfehlte
nicht, den Vorgängen in der Breslauer Gemeinde seine volle
Aufmerksamkeit zuzuwenden. Was zu jenen Tagen im Schoß
der Breslauer Judenschaft vorging, hatte freilich kein bloß
lokales Interesse, sondern warf seine Schatten oder seine
Strahlen weit über Schlesien hinaus und hatte sämtliche jüdische
Kreise Deutschlands mächtig ergriffen und erregt. Dort war
das orthodoxe und das reformatorische Prinzip zum ersten Male
in ganzer Wucht im Kampf ums Dasein zusammengestoßen;
heftig und wild tobte Streit und Sturm zwischen der alten
und neuen Partei, da die Orthodoxie, blind gegen die Zeitverhältnisse, jegliches Ausgleichsanerbieten starrköpfig mit
einem Non possumus beantwortete. Die Vertreter beider
Parteien, der altgläubige Salomo Tiktin einerseits und der
fortschrittliche Abraham Geiger anderseits, suchten mit rück-
sichtsloser Schärfe einander niederzuringen. Geiger siegte,
und selbst die hierdurch herbeigeführte Sprengung der Gemeinde
tat seinem Siege keinen Abbruch.

Dr. Abraham Geiger, dessen erstes Auftreten auf dem
rabbinischen Schauplatz sofort Sturm ankündigte, der den anscheinend ruhig, aber unaufhaltsam sich vollziehenden Prozeß
der neuzeitlichen religiösen Entwicklung in seinen Tiefen heftig
aufwühlte, gehörte zu den hervorragendsten Rabbinen seiner

Zeit. Rednerisch wie schriftstellerisch handhabte er das populäre Wort mit wahrer Meisterschaft; dieser Meisterschaft war es mehr eigen, das Wort in die Breite ausströmen zu lassen, als es in präzisem, schlagendem Ausdruck zusammenzuziehen. Einer der besten Kanzelredner des Judentums, verstand er es, durch schlichte Art und geistvolle Wendungen zu fesseln und anzuregen; die wenigen von ihm veröffentlichten Predigten geben nicht annähernd eine Vorstellung von der Macht, mit der sein lebendiges Wort wirkte, wiewohl dasselbe keineswegs durch die äußeren Mittel seiner Persönlichkeit besonders gehoben oder gar getragen wurde. Auch als Gelehrter hat er für die jüdische Wissenschaft Vorzügliches und Bleibendes geleistet, namentlich hat er sich um die literarhistorische Forschung, die er meisterhaft beherrschte, hochverdient gemacht; hingegen lassen die ersten Arbeiten, zumal aus der ersten Breslauer Zeit, zuweilen die volle Durchbildung des Verfassers vermissen, der es überdies liebte, auch in seinen gelehrten Arbeiten stets die reformatorische Tendenz hervorzukehren. Trotz seiner wissenschaftlichen Bedeutung fehlte ihm die Tiefe des geschichtlichen Blickes. Trotz seiner Verdienste um den modernen Gottesdienst war sein Empfinden für die Bedürfnisse und Regungen der Volksseele nicht fein und intensiv genug. Er war im Grunde ein doktrinärer Rationalist. Auch sein religiöses Programm und Ziel trat nicht klar und bestimmt hervor, zumal er gegen die radikalen Strömungen, deren Sturzwellen damals über das Judentum destruktiv hinwegrollten, eine mehr als wohlwollende Neutralität beobachtete; man gewinnt unwillkürlich den Eindruck, als ob er auf einen ethischen Deismus lossteuern wollte und nur aus Opportunitätsgründen sich von einem offenen Bekenntnis zurückhalten ließ.

Daran vor allem nahm Graetz schweren Anstoß, allmählich bildete sich bei ihm eine völlige Abneigung gegen Geiger aus! Mancherlei Scheinwerk und Flitter war bei den vielfachen Organisationen, welche Geiger in tastenden Versuchen hervorzurufen sich bemühte, wohl mitunterlaufen, vielleicht gar nicht zu vermeiden; möglich auch, daß der üble Eindruck noch durch eine Art von Selbstgefälligkeit, durch den Trieb, überall zu kleinmeistern, eine menschlich verzeihliche Schwäche, wovon Geiger nicht ganz frei war, verschärft worden. Gegen Scheinwesen und Schaumschlägerei empfand jedoch Graetz' Naturell einen so tiefen Widerwillen, daß er hierfür keine Schonung und Rücksicht kannte. Geiger ist von ihm nur ein einziges oder noch ein anderes Mal besucht worden.

Gleich nachdem sich Graetz in den Hörsälen seiner Fakultät orientiert hatte, sprach er bei den beiden rabbinischen Partei=häuptern vor, worüber sein Tagebuch folgendes berichtet: „Die Bekanntschaft des Rabbiners Tiktin habe ich gemacht. O, wie habe ich immer in Ehrfurcht dagestanden, als ich auf den ersten Blättern der רי"ף[1]) den geharnischten Namen Tiktin ansah. Wie Karl der Große in seiner eisernen Rüstung den Nahenden in gebührender Entfernung hielt, so schien mir das Ansehen jener theologischen Ritter, gehoben durch die langen Bärte und die eminenten spanischen Rohrstöcke[2]) und den talmudischen Staub. Da saß ich neben einem Abkömmling jener rabbinischen נפילים.[3]) Ach, wie gesunken sind sie. Tempora mutantur et nos mutamur in illis. Wohl ist noch die imposante Körperhöhe, noch der spanische Rohrstock vorhanden. Aber das Ensemble, das nicht mit Worten zu fassende Etwas fehlt. Neben den Rabbiner stelle ich nolens volens den Dr. Geiger, ein kleines, hageres Männchen. Weshalb er so ganz besonders freundlich gegen mich war, weiß ich nicht. Von Hirsch haben wir noch nicht gesprochen und werden wir höchst wahrscheinlich nicht sprechen. Aber, o Gott! wie weit ist es gekommen! Dr. Freund[4]) wagt es, in Gegenwart von 50 Juden, an deren Spitze ein רב sitzt, Worte, wie rabbinisch verkehrte Schlußfolgerungen aus=zusprechen. Der Cicero und Plato sollen also gegen rabbinische Verkehrtheiten gelesen werden. Ei, der Tausend!"

Als im März 1843 der starre und zähe Kämpe des alten Judentums, Salomo Tiktin, ein todwunder Löwe, der letzte eines talmudischen Löwengeschlechts, von seiner Niederlage ins Innerste getroffen, durch sein Ableben den Schauplatz räumte, stand Geiger auf der Höhe seines Ruhmes. Schon lange war keines Rabbiners Name in der ganzen deutschen Judenheit so sehr bekannt und genannt, so in aller Munde wie derjenige

---

[1]) Talmudische Werke des R. Isaak Alfassi.

[2]) Ein großer, schwerer, mit irgend welchem Zierrat am Griff geschmückter Stock wurde in Polen wie ein Emblem des Rabbinats getragen und gebraucht.

[3]) Giganten oder Heroen. Graetz spielt hier mit dem Worte.

[4]) Ein Philologe von Ruf, der in der lateinischen Lexikographie Be=deutendes geleistet.

Geigers. In Schlesien gab es keinen populäreren Rabbiner, in Breslau war sein Wort machtvoll, einflußreich und von den Gegnern gefürchtet. Sein wissenschaftliches Ansehen war allgemein anerkannt, seine Rede beherrschte die Kanzel und die Gemüter; wer es wagte, ihn anzugreifen, wurde übel zugerichtet und trug zum Schaden den Spott davon.

Da machten sich im Laufe des Jahres 1844 die ersten Anzeichen einer sich langsam vollziehenden Wendung bemerkbar. In demselben Jahre waren nicht nur die Keime zur Bildung einer neuen theologischen Richtung auf konservativer Grundlage zusammengeschossen und hatten sich unter der Führung von Zacharias Frankel zu konsolidieren begonnen; es schwirrten auch gegen Geiger und seinen Anhang einzelne, von Ironie beschwingte, spitze Pfeile heran, und ihnen folgten immer spitzere und schärfere, welche schwer zu parieren waren und an den wundesten Stellen trafen. Eine renommierte jüdische Zeitschrift „Der Orient", der von Dr. Fürst in wöchentlichen Nummern redigiert wurde, berichtete nämlich über wichtigere Vorkommnisse innerhalb der Breslauer Gemeinde, und der anonyme Korrespondent verstand es, lebhaft, prickelnd und kritisch zu schildern. Die Artikel erregten begreifliches Aufsehen, verursachten in Breslau bei ihrem fortgesetzten Erscheinen geradezu Sensation, und beide Parteien sahen zeitweise, mit entgegengesetzten Gefühlen zwar, aber mit gleicher Spannung der neuen Wochennummer des „Orient" erwartungsvoll entgegen. Die Orthodoxen jubelten, hatte sich doch endlich eine gewandte Feder gefunden, welche unerschrocken und rücksichtslos allerlei Schäden bloßlegte und durch das kühne Auftreten gegen Geiger ihrer Sache zu dienen schien. Doch wer war denn der Schütze, der sein Geschoß so sicher und elegant zu lancieren wußte? Man riet, man spähte nach ihm aus, hielt auch unter den Beflissenen der jüdischen Theologie, welche sich damals in Breslau zumeist um Geiger gesammelt hatten, gründliche Umschau, bis endlich jeder Zweifel schwand, es war ein homo novus, ein Student aus dem Posenschen — Graetz, der in stolzer Unabhängigkeit von jeder Gönnerschaft durch Erteilen von Unterricht sich kärglich durchfristete.

Das Staunen wuchs, als Graetz fast gleichzeitig mit jenen Korrespondenzen sich durch eine noch heute wertvolle Rezension des Geigerschen „Lehrbuch zur Sprache der Mischnah" auf das

vorteilhafteste in die wissenschaftliche Welt einführte.[1] Die
Besprechung des Lehrbuches, mit deren Veröffentlichung im
Literaturblatt des „Orient" Ende 1844 begonnen ward, und
die im folgenden Jahre in einer ganzen Serie von Artikeln
fortgeführt wurde, bot ihm die Handhabe, um seine eigenen
Ansichten über den Gegenstand darzulegen, und es ist dabei
reiches Wissen, Beherrschung des Stoffes, Sprachgefühl,
wissenschaftlicher Instinkt und noch dazu ein erhebliches Stil=
talent gar nicht zu verkennen. Die Kritik des Buches selbst
ist oft treffend, jedoch scharf gehalten, vielleicht nicht frei von
Animosität. Es lag eben stets im Charakter von Graetz, seine
Meinung klar und unverhohlen auszusprechen. Geiger, der
allerdings provoziert war, hat darauf auch nicht ganz objektiv
im „Israelit des 19. Jahrhunderts" in noch schärferen Artikeln
repliziert, welche auf das Persönliche hinübergreifen, an Ver=
sehen und Nebendinge sich anklammern und hierdurch dartun,
welches Gewicht dem Auftreten seines jungen Antagonisten
beigemessen wurde.

Jedenfalls hatte Graetz die Aufmerksamkeit weiterer Kreise
auf sich gezogen, und gar zu Breslau auf der Karlsstraße war
er mit einem Schlage in den Mittelpunkt des Tagesinteresses
getreten. Die Orthodoxen knüpften mit ihm an, wiewohl er
sie keinen Augenblick darüber im Ungewissen ließ, daß ihr Partei=
programm von ihm nicht gebilligt und ihre religiösen An=
schauungen nicht geteilt würden, daß er vielmehr seinem
eigenen Kopfe folge und sich nur von der unverwüstlichen
Anhänglichkeit an das positive Judentum leiten lasse; indes
hielt er sie von manchen törichten und fanatischen Schritten
zurück und gab ihnen den Rat, da Geiger trotz aller orthodoxen
Opposition mit starker Hand eine Religionsschule ins Leben
gerufen, welche auch prosperierte, die Fühlung mit dem nach=
wachsenden Geschlecht sich nicht entwinden zu lassen und eine
ähnliche Religionsschule in konservativem Geiste zu schaffen.
Der Rat schien auf fruchtbaren Boden zu fallen, und man
bedeutete den Berater, daß man die Absicht habe, ihn mit

[1] Als sein erstes literarisches Auftreten kann wohl ein Artikel bezeichnet
werden im Hauptblatt des Orients, Jahrg. 1843, S. 391 ff. über die damals
schwebende Streitfrage „Über die Heiligkeit der jüdischen Begräbnisplätze",
anonym und von Breslau 22. Nov. datiert. Das Scharmützeln gegen Geiger
beginnt im Hauptblatt des Orients, Jahrg. 1844, S. 21.

der Organisation und Leitung einer solchen Schule zu be-
trauen, vorausgesetzt, daß er bis dahin einen akademischen Grad
erlangt haben würde. Da auch bei den Rabbinatsvakanzen
bereits an ihn gedacht und von ihm gesprochen wurde, mußte
die Promotion beschleunigt werden, und in einigen Wochen an-
gestrengter Arbeit stellte er seine Dissertationsschrift fertig:
„De autoritate et vi, quam gnosis in Judaïsmum habuerit",
auf welche er April 1845 von der Universität Jena zum Doktor
promoviert wurde. Die Abhandlung wurde noch im selben
Jahr unter dem Titel: „Gnostizismus und Judentum" als
seine erste selbständige Arbeit veröffentlicht. Die eingehende
Kenntnis der patristischen Literatur, die geschichtlich individuali-
sierende Auffassung verschiedener Talmudstellen, eine glückliche
Kombinationsgabe, welche dem dunkelsten Buch der rabbinischen
Literatur, dem ספר יצירה,[1] zum ersten Male einige helle Seiten
abgewinnt, dazu eine durchsichtige Klarheit in Anordnung und
Vortrag, zeichnen die Schrift aus und zeigen schon völlig das
eigenartige Gepräge seines wissenschaftlichen Geistes; dieselbe
wurde von den verschiedensten Seiten beifällig aufgenommen,
sie hat ihm in der jüdischen Gelehrtenwelt Stellung gegeben.

Solche überraschende Erfolge schwellten die Brust des
literarischen Novizen, der sich aus sich selbst mühsam und schwer
durchgerungen, mit berechtigter Freude und glücklichen Hoffnungen. Sein Stern schien im Aufgehen. Die Flitterwochen
seines ersten Ruhmes, bei deren Erinnerung es noch im späten
Alter wie ein Sonnenstrahl über sein Gesicht zog, gedachte er
in der Nähe seiner Eltern zu verleben, und er nahm hierzu
den Weg über Krotoschin. Hier im Hause seines Freundes trat
ihm das halbwüchsige Mädchen von ehedem, dessen Bild in
seinem Gedächtnis wohl zurückgetreten, mit seinem verblassen-
den Schimmer aber doch nicht ganz erloschen war, als auf-
blühende Jungfrau entgegen; es war die Tochter des Besitzers
der bekannten hebräischen Buchdruckerei, M o n a s c h. Beide
machten einen tiefen Eindruck aufeinander. Graetz, der seine
Erwartungen von der Zukunft nunmehr als gesichert betrachten
zu dürfen meinte, machte aus seinen Gefühlen kein Hehl, und
da dieselben erwidert wurden, tauschten sie als Brautpaar das

---

[1] „Das Buch der Schöpfung", das eine halb philosophische, halb
mystische Weltanschauung entwickelt.

Gelöbnis gegenseitiger Liebe aus. Er ahnte damals nicht,
daß er ein Frauenherz gewonnen hatte, stark und befähigt,
ihm in die dunkeln Tage, die gar bald schwer über ihn herein=
brechen sollten, wie ein freundlich helles Gestirn hineinzu=
leuchten und ihm den Stützpunkt zu bieten, an dem er sich auf=
recht hielt.

Vorläufig tauchten allerlei Hoffnungen in schwankenden
Umrissen vor seinem Blicke auf und nahmen allmählich doch
festere Gestalt an; es winkte ihm endlich die Aussicht auf eine
ehrenvolle Lebensstellung, die er so heiß ersehnt und erstrebt
hatte. Eine größere Gemeinde Oberschlesiens, dermalen nach
Breslau wohl die zweitgrößte und wohlhabendste in Schlesien,
Gleiwitz, suchte für das erledigte Rabbinat einen Mann, der
mit rabbinischem Wissen ausgerüstet, auf der Höhe moderner
Bildung stehen und einem besonnenen, maßvollen Fortschritt
sich zuneigen sollte. Auf Graetz, dessen schriftstellerischer Ruf
bereits in jene Gegend gedrungen war, richtete sich das Augen=
merk aller Spruchbefugten in jener Gemeinde, er erschien als
der für diesen Posten geeignetste Kandidat, der durch Geist
und Wissen den verschiedenartigen, wenig geklärten An=
schauungen und Ansprüchen ebenso zu imponieren, wie zu ent=
sprechen verstehen würde. Sämtliche Stimmführer erklärten
sich für ihn, und es erübrigte nur noch, daß er, wobei man nicht
im mindesten am Gelingen zweifelte, durch die eine oder andere
Predigt eine Probe seiner homiletischen Befähigung ablege
und die anderen Kreise der Gemeinde an sich ziehe.

Vor den hohen Feiertagen traf bei Graetz eine hebräische
Zuschrift des Vorstandes aus Gleiwitz ein, welche in den
schmeichelhaftesten Ausdrücken abgefaßt und die Anwartschaft
auf das Rabbinat in sichere Aussicht stellend, ihn einlud, am
Versöhnungsfest 1845 (5606) in der Synagoge daselbst die
Predigten abzuhalten. Zur festgesetzten Frist, am Eingangs=
abend des heiligen Tages bestieg er die Kanzel, und das Re=
sultat war — ein ganz unerwartetes Fiasko, das um so schlimmer
wirkte, weil es das Zutrauen zu seiner rhetorischen Begabung
in seinem eigenen Innern vollends erschütterte. Er hatte sein
Memorandum total vergessen, verlor die Geistesgegenwart,
stand ratlos da und mußte nach wenigen Worten die Kanzel
verlassen. Seine Freunde und Anhänger, die unerschütterlich
zu ihm standen, boten alles auf, um ihm Gelegenheit zu geben,

die böse Scharte wieder auszuwetzen; doch glückte es ihm nur zum Teil, sich zu rehabilitieren, das verlorene Terrain war nicht mehr zurückzuerobern.

Das unverhoffte Mißgeschick war wohl, wie wir heute nachträglich gestehen müssen, dem aufstrebenden Gelehrten und seinem Lebenswerk zum Heil gewesen, so unsanft er auch hierdurch auf diejenige Bahn gedrängt wurde, für welche er mit Gaben und Kräften ausgestattet war wie kein anderer mehr. In jenen Tagen allgemeiner Gärung wurde das religiöse Leben der jüdischen Gemeinden von so entgegengesetzten, verworrenen und stürmischen Strömungen durchsetzt und aufgewühlt, daß ein Mann von dem unbezwingbaren Trieb zu wirken und zu schaffen, und wo es erforderlich schien, selbständig und selbsttätig einzugreifen, von dem angeborenen Hang, mit seiner Überzeugung nicht zurückzuhalten, und noch dazu mit der verfänglichen Gabe, seiner Meinung einen treuen, schlagenden und kaustischen Ausdruck zu geben, es wohl schwerlich fertig gebracht hätte, in dem Nachen eines rabbinischen Amtes zwischen den mannigfachen Klippen eines zumeist fanatischen Parteigetriebes glücklich hindurchzulavieren. Er hätte entweder seiner Natur und seinem Genius untreu werden, oder wenn dies nicht anging, schließlich einmal scheitern müssen; allenfalls hätte er, falls ihm ein genügendes Maß von Weltklugheit und Gewandtheit zu Gebote gestanden, in mehr oder minder heilsamen Schöpfungen oder Einrichtungen auf einem eng beschränkten Arbeitsfeld seine besten Kräfte aufgezehrt. Graetz selbst, der sich gut kannte, hatte immer davor gebangt, daß er im rabbinischen Amt nicht an seinem Platz sein würde, der Gedanke an die Pflichten und Verantwortlichkeiten eines Rabbiners machte ihm jederzeit Pein. Wenige Tage bevor er nach Gleiwitz abging, bemerkte er in seinem Tagebuch: „Unter allen Ämtern ist das Rabbinat am wenigsten für mich geschaffen, mir fehlt auf allen Seiten jene Macht der Erscheinung, des imponierenden Auftretens. Auch ist mein Wissen höchst mangelhaft, aber mein Wille ist stark, energisch. Wenn Gott mit einem solchen Werkzeug gedient ist, dann stehe ich da mit Leib und Seele; aber das Predigen!" In der Tat, das Flügelroß der Predigt, das nicht bloß der edlen Begeisterung der wenigen Auserwählten mit Lust und Feuer dient, sondern auch zahllosen Dutzendmenschen zu mehr oder minder zweifel-

haften Kunststücken vor den bewundernden Augen und Ohren
der vielköpfigen Menge den Rücken hergibt, es hat einen
Graetz im kritischen Augenblick aus dem Sattel geschleudert.
Es war ein Sturz, den er schwer und schmerzlich empfunden
hat. Er, der noch kurz vorher schriftstellerische Triumphe fast
spielend erlangt hatte, der vor keiner Schwierigkeit zurück-
zuschrecken gewohnt war, verzweifelte nun daran, daß er das
lebendige Wort in gleichem Maße wie die Spitze der Feder
je werde zwingen können. Hierzu waren ihm in der Tat auch
die äußeren Mittel versagt. Es war nicht gerade die äußere
Erscheinung, die ihm im Wege stand, denn er war von kräftiger,
untersetzter, guter Mittelgestalt, aber es fehlte seiner Stimme
bei lautem Ansatz die Modulation und die Vortragsweise, vor
allem gebrach es ihm an Fähigkeit zu irgend welcher Posierung,
in seinem Wesen lag auch nicht die leiseste Spur von dem
Komödianten, der, wie Goethe sagt, „einen Pfarrer könnt'
lehren". Dieser seiner Mängel war er sich wohl bewußt, und
so gab er es vorläufig auf, noch einmal die Probe auf seine
homiletische Beredsamkeit zu machen und von der Kanzel aus
sich eine Gemeinde zu erobern.

V.
Wanderjahre.

Mit dem eklatanten Mißerfolg in Oberschlesien waren
zugleich alle anderen derzeitigen Aussichten für ihn rettungs-
los versunken. Bald stand wiederum die Sorge um das
tägliche Brot neben seinem Stuhl, ohne daß seine Kraft bei
diesem harten Kampf wie früher durch freundliche Hoffnungs-
blicke in die Zukunft gespannt und gehoben wurde. Am
meisten nagte der Vorwurf an ihm, daß er noch ein anderes
geliebtes Wesen in seine Aussichtslosigkeit hineingerissen habe.
Da war es hoher Frauensinn, der in der reinen Hingebung
an den geliebten Mann nicht wankte, seine müde Seele durch
Trost und Zuspruch erquickte und den in seinem Gemüte
wühlenden Aufruhr stillte. Erfrischt und angeregt wurden
seine Lebensgeister wieder aufs neue durch eine Einladung

seitens Zacharias Frankels, sich einer Versammlung konservativer Richtung anzuschließen, die der letztere im September
1846[1]) nach Dresden berufen wolle, um über religiöse Tages-
fragen zu beraten und zu geschlossenem Vorgehen sich zu
einigen.

Dr. Zacharias Frankel hatte zu Dresden gleich am Anfang seiner Laufbahn eine überaus wirkungsvolle Tätigkeit
entfaltet, um den politischen Druck, der in der sächsischen
Heimat auf seinen Glaubensgenossen lastete, insonders betreffs
der Eidesleistung, zu mildern; trotzdem war er wesentlich
eine wissenschaftliche Natur. Mit einer umfassenden Kenntnis
des Talmuds ausgestattet und ihn kritisch durchdringend,
war er der erste, der den Grund zu einer modernen Erforschung
dieses Schriftwerkes legte; er hatte es sich zur Lebensaufgabe
gestellt, das klassische Studium des Talmuds zu begründen
und die Halachah nach ihrer Entwickelungsgeschichte zu verfolgen. Schon seine schriftstellerischen Erstlingswerke verrieten in der gründlichen, peinlich sorgfältigen und zuverlässigen Art ihrer Forschung den ernsten und hervorragenden
Gelehrten und sicherten ihm in der wissenschaftlichen Welt
ein hohes und unbestrittenes Ansehen.

Als die reformatorischen Bestrebungen innerhalb der
deutschen Judenschaft in immer lebhafteren Fluß gerieten
und immer größere Wellenringe zogen, als man einerseits
Rabbinerversammlungen plante, um die angestrebten Neuerungen in ein System zu bringen und zu sanktionieren, und
man anderseits aus Mißtrauen gegen die Stimmführer fürchtete,
daß durch die Beschlüsse und Kundgebungen einer derartigen
Versammlung bedenklicher Zündstoff in die Gemeinden geworfen werden würde, hielt Frankel es für geboten, seine bisherige Zurückhaltung aufzugeben und in die religiöse Bewegung mit einzugreifen. Er trat daher 1844 mit einer „Zeitschrift für die religiösen Interessen des Judentums" hervor,
welche vierteljährlich erscheinend, einen streng wissenschaftlichen Charakter tragen und zugleich die religiösen Tages-
fragen behandeln sollte. Ein Theologe von Besonnenheit,
Welterfahrung und Duldsamkeit, vertrat er den Standpunkt,

---

[1]) Ursprünglich war hierzu der 15. Oktober angesetzt; es wurde aber
von vielen Seiten der September als der geeignetste Monat bezeichnet.

daß auch im Glaubensleben die veränderten Zeitverhältniſſe
berückſichtigt werden müßten, daß aber dieſe Berückſichtigung
den hiſtoriſchen Boden nicht verlaſſen dürfe, und daß alle Neu=
ordnung aus der wiſſenſchaftlichen Erkenntnis des Weſens
und der Tradition des Judentums heraus zu erfolgen habe.
Das war nun ganz nach dem Sinne von Graetz, und er hatte
ſich kaum ein Jahr darauf öffentlich bemerkbar gemacht, als
er Beziehungen zu Frankel ſuchte, der dieſer Annäherung bereit=
willigſt entgegenkam und den jungen Gelehrten zur Mit=
arbeiterſchaft an ſeiner Quartalſchrift aufforderte. Graetz
antwortete darauf mit der Überſendung eines höchſt geiſtvollen
und anregenden Aufſatzes: „Die Septuaginta im Talmud“,
wobei die ihm eigene Weiſe, Talmud und Midraſchſtellen
untereinander und mit den Angaben und Anführungen der
Kirchenväter zu vergleichen, das hiſtoriſche Element des talmu=
diſchen Berichtes dadurch zu fixieren und Kombinationen
daran zu knüpfen, klar zutage tritt.

    In demſelben Jahr 1845 war Frankel auf der zweiten
zu Frankfurt a. M. tagenden Rabbinerverſammlung mit der
Hoffnung erſchienen, in mäßigendem und vermittelndem
Sinne auf die Beratungen und Beſchlüſſe einwirken zu können;
er gab jedoch dieſe Hoffnung auf, als die Verſammlung den
Beſchluß faßte, daß das Hebräiſche als Gebetsſprache beim
Gottesdienſt nur „ratſam“, nicht „objektiv=notwendig“ ſei.
Er trat mit Eklat aus der Rabbinerverſammlung aus und
rechtfertigte ſeinen Schritt in einer ebenſo würdigen wie
entſchiedenen Erklärung. Frankels Auftreten fand allſeitige
und lebhafte Anerkennung, es rüttelte geradezu die geſetzes=
treuen Gemüter der verſchiedenſten Schattierungen auf,
aus zahlreichen und angeſehenen Gemeinden wurde ihm
durch huldigende Dankadreſſen die volle Zuſtimmung zu ſeinem
entſchloſſenen Vorgehen ausgedrückt. In Breslau hatte Graetz
eine begeiſterte Adreſſe abgefaßt und in Umlauf geſetzt; dieſelbe
bedeckte ſich ſchnell mit Unterſchriften, und Graetz konnte ſich
dabei den malitiöſen Scherz nicht verſagen, notoriſche An=
hänger von Geiger, der den Austritt Frankels ſehr übel ver=
merkt und durch deſſen Erklärung ſich zu ſchmähendem Wort
hinreißen ließ, mit Erfolg zur Unterzeichnung heranzuziehen.

    Warum wohl Frankel damals die ihm günſtige Stimmung
und Gelegenheit nicht ſofort benutzte, um eine große gemäßigte

Partei um sich zu sammeln? Erst im folgenden Jahre 1846 unternahm er einen Versuch in dieser Richtung, indem er an die konservativen Theologen moderner Gesinnung Einladungen zu einer Zusammenkunft in Dresden ergehen ließ, vielleicht um der reformatorischen dritten Rabbinerversammlung, welche im Juli desselben Jahres zu Breslau zusammentreten sollte, ein wirksames Paroli bieten zu können. Aber selbst dieser Versuch ist von Frankel nicht mit der nötigen, sonst an ihm bemerkbaren Energie durchgeführt worden. Als Graetz im September 1846 in Dresden eintraf, fand er zu seinem Erstaunen niemanden vor. Samson Raphael Hirsch, damals Landrabbiner von Emden, hatte von vornherein abgelehnt, weil er den modernen Rabbinen die innere wie äußere Berechtigung zu Eingriffen in den religiösen Kult absprach. Rapoport in Prag hatte aus unbekannten Gründen abgesagt, ihm lagen eben nur wissenschaftliche Interessen am Herzen. Michael Sachs in Berlin war durch amtliche Abhaltungen entschuldigt. Den meisten anderen war die Zeit und der Ort zur Zusammenkunft nicht gelegen gewählt. Frankel wiederum war ein vornehmer Geist, dem es widerstrebte oder nicht gegeben war, die Werbetrommel kräftig zu rühren, durch Agitation oder Reklame Stimmung zu machen und eine Partei an sich zu locken oder gar zu fanatisieren; nur der Gerechtigkeit seiner Sache wollte er vertrauen, er verschmähte die kleinen Mittel und Kunstgriffe, um ausschließlich die Macht der Überzeugung wirken zu lassen. Es mußte naturgemäß einen tiefen Eindruck auf ihn hervorbringen, als er wahrnahm, wie Graetz der einzige war, der seinem Ruf so unbedingte Folge leistete. Beide Männer, so verschieden an Alter, Natur und Anlage, doch eins in ihren Anschauungen und Zielen, waren nun durch die persönliche Berührung einander näher getreten, und sie schlossen, wenn auch unausgesprochen, eine für das Leben vorhaltende Waffenbrüderschaft.

Graetz war jedenfalls entschlossen, von nun an bei aller Wahrung seiner Selbständigkeit seine theologische Stellung an der Seite von Frankel zu nehmen; hatte er doch erkannt, daß er in seinen religiösen Überzeugungen gerade diesem sich am meisten nähere. Der letztere hatte dasselbe seinerseits dadurch anerkannt, daß er Graetz auf seinen Wunsch die formelle Autorisation zur Ausübung rabbinischer Funktionen (הוראה התרת) erteilte.

Frankel stellte übrigens mit dem Ende 1846 die Herausgabe seiner Zeitschrift ein, um seine Kraft für künftige, bessere Zeiten aufzusparen. Zu diesem dritten und letzten Jahrgang seiner Zeitschrift hatte Graetz neben einzelnen Rezensionen noch einen seiner bedeutsamsten Aufsätze beigesteuert, welcher in mehreren Artikeln „Die Konstruktion der jüdischen Geschichte" behandelt. Frisch und lebhaft im Ausdruck, reich an schönen Gedanken, die selbst von Homileten mannigfach ausgemünzt wurden, zeichnet die Abhandlung mit klaren und scharfen Strichen die Grundlinien und Gesichtspunkte, welche für eine Gesamtdarstellung der jüdischen Geschichte maßgebend sein sollen; indes ist der Verfasser noch allzusehr in der philosophischen Schulsprache und Denkweise seiner Zeit befangen, so daß er sich verleiten läßt, die Transzendenz Gottes auf Kosten der monotheistischen Idee unverhältnismäßig in den Vordergrund zu stellen.

So bedeutendes Ansehen Graetz durch seine gelehrten Arbeiten besonders in theologischen Kreisen sich erworben hatte, er spähte vergebens überall nach einem Punkte aus, an dem er die Wurzeln einer festen, wenn auch nur bescheidenen Lebensstellung einschlagen konnte. Endlich schien sich der Horizont doch lichten zu wollen, es winkte ihm die Aussicht, den eigenen Herd begründen zu können, leider eine Fata morgana. Die orthodoxe Partei in Breslau hatte nämlich Ende 1846 ihre Aktion wieder energisch aufgenommen, erkannte den Sohn des verstorbenen Salomo Tiktin, Gedalja Tiktin, der an seine Vorfahren und Vorgänger geistig bei weitem nicht heranreichte, als ihren Rabbiner an und ging damit vor, eine Religionsschule in ihrem Sinne einzurichten; zu ihrer Organisation und Leitung ward Graetz berufen.[1]) Wohl war die Breslauer Gemeinde aufgelöst, indem die orthodoxen Elemente sich von dem Synagogenverband getrennt hatten, indessen gab es für die Separatisten kein rechtsgiltiges Bindemittel, um sich als korporative Genossenschaft zusammen-

---

[1]) Dazu bedurfte es indes einer behördlichen Genehmigung, welche nur infolge eines amtlichen Lehrerzeugnisses erteilt werden konnte. Daraufhin besuchte Graetz als Hospitant eine Zeitlang das katholische Schullehrerseminar zu Breslau und erhielt am 4. November 1847 nach abgelegter Rektoratsprüfung ein Zeugnis, welches ihm die Fähigkeit zuspricht, an einer Elementarschule zu unterrichten und eine solche als Rektor zu leiten. Es war das einzige amtliche Prüfungszeugnis, das Graetz überhaupt aufzuweisen hatte.

zuschließen. Überdies war am 23. Juli 1847 das Gesetz für die Verhältnisse der Juden in Preußen erschienen, und es war noch nicht abzusehen, wie sich die Zustände unter der Herrschaft des neuen Gesetzes gestalten würden. Einzelne wohlhabende Privatleute übernahmen daher die Verantwortlichkeit, um die verschiedenen Vertragsverhältnisse, vornehmlich betreffs der Religionsschule, zu ordnen. Da fegten die politischen Stürme des Jahres 1848 über die preußischen Lande hin. Wirtschaftliche Erschütterungen traten ein, noch schwerere wurden befürchtet, und in der Furcht davor zogen jene Privatleute ihre Bürgschaft zurück. Daraufhin erfolgte der Zusammenbruch der orthodoxen Religionsschule, in jenen Kreisen das erste Opfer der politischen Sturmflut, deren Wellenringe ihre zerstörende Wirkung bis in die entferntesten Lebensbeziehungen hinüber spielten. Graetz stand abermals auf der Straße, ohne Beschäftigung, ohne Brot.

Damals richteten sich aller Augen nach Wien, wo die Volksbewegung große Dimensionen angenommen und überraschende Erfolge errungen hatte; dort stand die Demokratie in Waffen, hatte sich der österreichischen Hauptstadt bemächtigt, und man knüpfte große Hoffnungen daran, daß das Waffenglück daselbst zugunsten der demokratischen Partei entscheiden würde. Durch Vermittlung eines Studienfreundes, des Dr. B. Friedmann,[1] der später als Rabbiner in Mannheim fungierte, in jenen Tagen aber als wirksamer Volksredner in Breslau sich hervorgetan und bei der Redaktion der demokratischen Oderzeitung mitwirkte, wurde an Graetz das sonderbare Anerbieten gestellt, als Berichterstatter für die genannte Zeitung sich nach Wien zu begeben.[2] Ratlos, wie er war, geht er, obschon mit innerem Widerstreben, auf diesen Vorschlag ein.

Auf der Reise nach Wien drängte es ihn, einen Abstecher

---

[1] Derselbe Friedmann zeichnet in Gemeinschaft mit Graetz einen Aufsatz, der 1848 in den theologischen Jahrbüchern von Bauer und Zeller, Bd. VII, S. 338 erschienen ist: „Über die angebliche Fortdauer des jüdischen Opferkultus nach der Zerstörung des zweiten Tempels". Wie weit der Anteil Friedmanns dabei reicht, ist nicht ersichtlich. Die Einleitung zeigt ganz deutlich die Art und den Stilcharakter von Graetz, der diese Arbeit als die seinige anzusehen pflegte. Es ist übrigens die einzige Veröffentlichung, die in den Jahren von 1846 bis 1851 von ihm ausgegangen war.

[2] Nach persönlichen Mitteilungen von Graetz an den Schreiber dieses.

nach Nikolsburg zu machen, um dort seinen früheren Lehrer Samson Raphael Hirsch, aufzusuchen, der indessen das Land= rabbinat von Emden mit dem in Nikolsburg vertauscht hatte. Graetz war auch nach seinem Abgang von Oldenburg mit dem Landrabbiner stets in brieflichem Verkehr und freundschaft= licher Beziehung geblieben; obgleich er den starr traditionellen Standpunkt von Hirsch nicht teilte und seiner theologischen Bedeutung nicht mehr wie vormals mit enthusiastischem Gemüt, sondern mit kritischer, nüchterner Beurteilung gegen= überstand, so war doch die Neigung und Verehrung für den ehemaligen Lehrer in ihm nicht etwa verdampft, er wollte nach langen Jahren ihn wieder sehen und sprechen. Hirsch, der ebenfalls eine entschiedene Sympathie für seinen früheren Schüler hegte, trug Bedenken, ihn nach dem dermals so heißen Boden Wiens ziehen zu lassen, und Graetz, der wenig Lust und Beruf zu politischer Berichterstattung in sich spürte, ließ sich gerne zum Bleiben bereden und nahm vorläufig mit einer untergeordneten Stellung an der Nikolsburger Religions= schule vorlieb. Im Hintergrund stand freilich die Anwartschaft auf einen Lehrerposten an einem von Hirsch projektierten Rabbinerseminar, dessen Schöpfung diesen ganz ernstlich be= schäftigte. Hirsch hatte sich lange mit dem Gedanken getragen, — der übrigens den hervorragenden Rabbinen jener Epoche, in dem Wunsch, eine theologische Schule ihrer Richtung zu bilden, fast durchwegs als Ziel vorschwebte, und als brennende Frage auf der Tagesordnung stand, — eine jüdisch=theologische Bi dungsanstalt ins Leben zu rufen. Es nahm den Anschein, daß dieser Plan in Nikolsburg, wo von jeher eine vielbesuchte Talmudschule blühte, sich um so leichter würde verwirklichen lassen, als man eben an eine schon vorhandene Institution nur anzuknüpfen, dieselbe umzugestalten und ihr neuen Geist einzuflößen brauchte. Graetz wurde sogleich von seinem Gönner veranlaßt, den im Talmud bewanderten und bisher nur dialek= tisch geschulten Jünglingen Vorlesungen über jüdische Ge= schichte zu halten. Es war natürlich, daß er zu seinen Vor= trägen für derartige Talmudschüler die Zeit der Mischnah und des Talmuds wählte, eine Geschichtsperiode, mit der er sich schon beschäftigt hatte und der er jetzt für den vorliegenden Zweck die sorgfältigsten Studien widmete.

Trotz allen Eifers, den er seinen Vorträgen und Studien

zuwandte, sah er sich in seinen eigentlichen Erwartungen enttäuscht, und das Peinliche seiner prekären Lage verschärfte
sich im Laufe der Zeit noch mehr. Die Fanatiker des Nikolsburger Ghettos hatten selbst an dem gesetzestreuen Verhalten
des Landrabbiners vielerlei auszusetzen, sein Jünger wandelte
vollends unter ihnen als eine fremde, unheimliche Erscheinung.
Denunziationen verdächtigten ihn bei den Lokalbehörden
wegen seiner demokratischen Gesinnung; damit traf ihn der
schwerste Makel, mit dem besonders ein Ausländer in dem
damaligen Österreich behaftet werden konnte, und es bedurfte
des ganzen Aufgebotes seiner Freunde, um arge Ungelegenheiten und eine sofortige Ausweisung von ihm abzuwehren.
Die Schöpfung einer Rabbinerschule, auf welche Graetz wie
auf eine letzte Karte alle seine Hoffnungen gesetzt hatte, erwies
sich immer mehr als eine leere Seifenblase; ob die Orts- und
Zeitverhältnisse dem Projekt ungünstig waren, ob Hirsch aus
anderen Gründen den Plan fallen ließ, steht dahin.[1]) In den
freundschaftlichen Beziehungen beider Männer war auch
allmählich eine leise Erkaltung eingetreten. Graetz begrüßte
es daher wie eine Erlösung aus unhaltbaren Zuständen, als
ihm aus dem im Nikolsburger Bezirk gelegenen Lundenburg, einem Städtchen in der Nähe Wiens, seitens des Vorstandes der Antrag gemacht wurde, die Organisation und
Leitung der dortigen Gemeindeschule zu übernehmen. Man
verständigte sich schnell, und am 12. September 1850 erfolgte
seine Anstellung als Dirigent und Oberlehrer der jüdischen
Schule zu Lundenburg.

Es war ein bescheidenes Amt, in dessen Dienst er sich stellte,
und ein mäßiges Einkommen, mit dem er zu rechnen hatte.

---

[1]) Graetz äußert sich darüber in seinem curriculum vitae (bei den
Akten des Kuratoriums der Kgl. Kommerzienrat Fränckelschen Stiftungen,
„den Seminarlehrer Graetz betreff.") folgendermaßen: „Im Jahre 1849
folgte ich dem Rufe, der von dem mährischen Landrabbiner an mich erging,
mich bei der Gründung eines Rabbinerseminars für die mährischen und öster-
reichisch-schlesischen Gemeinden zu beteiligen und an demselben als Lehrer
zu wirken. Doch kam dieses Institut nicht zustande; die schwankenden Verhältnisse des österreichischen Staates überhaupt und die einem ewigen Pro-
visorium anheimgefallene Stellung der Israeliten im Kaiserstaate zogen
die Verhandlungen über die Verwirklichung eines derartigen Seminars in
die Länge. Ich sah mich infolgedessen in die Notwendigkeit versetzt, pro-
visorisch die Leitung einer öffentlichen israelitischen Schule in Lundenburg
bei Wien zu übernehmen".

Allein es bot ihm doch immerhin die Möglichkeit eine häusliche
Existenz zu begründen und bis zu einem gewissen Grade seine
Individualität frei zu entfalten.

Ehe er in das Amt trat, eilte er in die alte Heimat zurück,
um die treue, der Vereinigung mit ihm geduldig entgegen-
harrende Braut, welche von fehlgeschlagenen Erwartungen
nicht entmutigt, den Glauben an ihn niemals verloren hatte,
Anfangs Oktober 1850 unter den Trauhimmel zu führen.[1])
Er hätte keinen besseren und tapfereren Kameraden finden
können, als die Gattin, die ihm nach seinem neuen Heim folgte.
Sie hat ihm durch ihr harmonisches, maßvolles und liebreiches
Wesen nicht nur das Haus geschmückt und die umwölkten Tage
aufgeheitert, sondern auch das Ungestüm seines Tempera-
ment, gemäßigt und die Neigung seines Wortes zu scharfen,
kaustischen, herausfordernd klingenden Akzenten abgemildert.
Sie verstand sich auf die Bedürfnisse seiner Seele, in der es
zuweilen wie ein Klang unbestimmter und ungestillter Sehnsucht hindurchzitterte. Es lag eben in seiner Persönlichkeit
manches Inkommensurable, das sich nicht erklären ließ. Er
war Dritten gegenüber ein bei aller Mitteilsamkeit verschlossener
Charakter, der die geheimen Regungen seines Gemütes tief
in sich verbarg, so daß er stets äußerlich durchaus ruhig und
gemessen erschien und niemand ahnte, welche Gedanken und
Erregungen in seinem Inneren unter der ruhigen Oberfläche
oftmals stürmisch durcheinanderwogten. Trotzdem bedurfte
er, um sein äußeres Gleichgewicht stets zu behaupten, einer
Aussprache, in welcher die leicht erregbare, innerlich stark
reagierende Stimmung seines schnell unter hohen Spannungs-
druck gesetzten Gemütes sich zu entladen und zu läutern pflegte.
Solchem Zwecke mögen wohl die Blätter seines Tagebuchs
gedient haben, da sie zumeist unter dem Druck eines hoch-
gespannten Affektes geschrieben sind. Mit dem Tage seiner
Verheiratung beginnen diese Aufzeichnungen immer spär-
licher zu fließen, bis sie schließlich ganz versiegen. Hatte er
doch in seiner Lebensgefährtin die sympathische Seele ge-

---

[1]) Die Trauung in Krotoschin vollzog Hirsch Fassel, Rabbiner von
Proßnitz in Mähren, mindestens hielt er dabei die Trauungsrede. Er weilte
damals in Breslau, woselbst man mit ihm wegen einer Anstellung als Rabbiner
neben Geiger verhandelte. Doch führten die Verhandlungen zu keinem
Resultat.

funden, welche ihm mit unbegrenzter Verehrung und Teilnahme ergeben war, in deren Empfindung sein Denken und Fühlen einem vollen und meist geklärten Widerhall begegnete. Und wie sein seelisches Leben, so teilte sie auch sein geistiges Streben, sie hat sich des Gatten wissenschaftliche Interessen zu eigen gemacht und ihm wie ein sorgsamer Hilfsarbeiter bei seiner gelehrten Beschäftigung die förderlichste Handreichung geleistet.

So ging denn der neue Schuldirigent am 15. Oktober 1850 in Lundenburg mit Eifer und Lust an seine Tätigkeit, dirigierte, klassifizierte, hielt feierliche Ansprachen und unterrichtete. Wie es scheint, fehlte auch der Erfolg nicht, denn er fand ermunternden Beifall. Im Schatten seiner kleinen, aber glücklichen Hütte nahm er seine literarischen Pläne und Arbeiten wieder auf, hatte er ja für seine Vorträge in Nikolsburg ein reiches Material über die talmudische Zeit gesammelt, das er nun verwerten wollte.

Es dauerte jedoch nicht lange, so mischten sich trübe Schatten in den idyllischen Zustand. Mit Hirsch war es fast zu einem Zerwürfnis gekommen. Als das junge Ehepaar in Nikolsburg bei ihm seinen Antrittsbesuch machte, verlangte dieser von der jungen Frau, daß sie, einem talmudischen Brauch zufolge, ihr schönes Haar mit einer Art Perücke, einem sogenannten Scheitel, verdecken möge, wogegen dieselbe sich mit dem ganzen Stolz einer gekränkten Frauenseele zwar höflich, doch entschieden verwahrte; auch Graetz wies das Ansinnen energisch zurück, und man schied wenig befriedigt von einander. Schwerer und lästiger drückten die dunklen Nebel, wie sie sich aus dem trüben Dunstkreis des engen und undisziplinierten Ghettolebens, zumal in einer österreichischen Kleingemeinde, zu entwickeln pflegten. Die Eifersucht der rabbinischen Lokalgröße, eines beschränkten Talmudisten, der von Graetz' Ruhm verdunkelt zu werden fürchtete und daher ab und zu seine amtliche Überlegenheit geltend machte, krähwinkelige Rivalitäten, gegen die Notabilitäten der Gemeindestube gerichtet, welche die leitenden Personen in den Angriffen auf die von ihnen begünstigten Einrichtungen und Männer treffen wollten, ließen es Graetz in ihrem verbissenen Ingrimm empfinden, daß des Lebens ungemischte Freuden keinem Sterblichen und am allerwenigsten dem Dirigenten einer israelitischen Ge-

meindeſchule in Öſterreich zuteil werden. Angebereien, nament=
lich beim Bezirksamt, welche ihn als eingefleiſchten Demo=
kraten denunzierten, machten ihm viel zu ſchaffen, gingen aber
dieſes Mal, ohne irgend welchen Schaden anzurichten, glücklich
vorüber.

Das Jahr 1851 erhöhte ſein Glücksgefühl, es ſchenkte
ihm Familienſegen, eine Tochter, welche die einzige neben
ſeinen vier Söhnen blieb, und mit der er ſtets in außerordent=
licher Innigkeit zuſammenhing. Dazu kam, daß Zacharias
Frankel in ſelbigem Jahr die theologiſche Arena wieder mit
einer „Monatsſchrift” betrat, welche abweichend von der
früheren „Zeitſchrift” in erſter Reihe wiſſenſchaftlichen Inter=
eſſen dienen ſollte, und Graetz in ehrenvollſter Weiſe zur Mit=
arbeit aufforderte. Freudig ſtellte er ſich unter dieſe Fahne
und veröffentlichte in ſchneller Folge im erſten Jahrgang der
„Monatsſchrift für Geſchichte und Wiſſenſchaft des Judentums”
(Oktober 1851 — Dezember 1852) eine ganze Reihe hiſtoriſcher
Abhandlungen: „Jüdiſchgeſchichtliche Studien”, „Rezenſion
der Rapoportſchen Enzyklopädie”, „die talmudiſche Chrono=
logie und Topographie”, „die abſetzbaren Hohepriester während
des zweiten Tempels”, welche Abhandlungen ſämtlich große
Gelehrſamkeit, klaren Überblick und gereiftes Urteil bekunden.
Es waren dies Vorarbeiten und Fundamente für die Dar=
ſtellung der Ereigniſſe vom Untergang des jüdiſchen Staates
bis zum Abſchluß des Talmuds, mit der er ſich lange ſchon
herumgetragen, und welche er nun in raſchem Fluß nieder=
ſchrieb und fertig ſtellte.

Mittlerweile mag wohl im Laufe des Jahres 1852 bei der
Behörde des Bezirksamts ein Wechſel eingetreten ſein, oder
der Wind umgeſchlagen haben, denn Graetz macht auf einmal
wider alles Erwarten die ganz überraſchende und ſchmerzliche
Wahrnehmung, daß die unermüdlichen Ränke und böswilligen
Denunziationen bei dem Bezirkshauptmann endlich doch ver=
fangen hatten. Schwere Kränkungen und Demütigungen
drohten ihm, die verſuchte Gegenwehr erwies ſich als aus=
ſichtslos, daraufhin kündigte er in Lundenburg ſein Amt.

Es trieb ihn jetzt in das preußiſche Vaterland zurück,
und er entſchloß ſich, mit ſeiner Familie nach Berlin überzu=
ſiedeln. Ihn leitete dabei die Hoffnung, dort für die Ge=
ſchichte des talmudiſchen Zeitalters, die er faſt druckreif beendet

hatte, leicht einen Verleger zu finden. Es lag auch der Gedanke nicht fern, daß er zur Ausführung seines Planes, der auf eine Gesamtgeschichte der Juden gerichtet, bereits seinem Geiste deutlich vorschwebte, einer an Bibliotheken reichen Stadt, wie Berlin, füglich gar nicht entbehren könne. In der zweiten Hälfte des September 1852 traf er in Berlin ein, woselbst ihm Dr. Michael Sachs und andere Freunde wohlwollend und dienstwillig zur Seite traten. Sachs vermittelte ihm die Bekanntschaft des vortrefflichen Dr. Veit, der den Verlag seines Buches übernahm.

Im Winterhalbjahr 1852/53 hielt er, vom Berliner Gemeindevorstand aufgefordert, neben Zunz und Sachs geschichtliche Vorlesungen für Kandidaten der jüdischen Theologie, die beifällig aufgenommen wurden. Als er um die Mitte des Februar eine dieser Vorlesungen beendet hatte, trat der mit Recht eines großen Ansehens sich erfreuende Eisenbahndirektor und Redakteur einer angesehenen Zeitschrift, des „Magazin für die Literatur des Auslands", Joseph Lehmann aus Glogau, an ihn heran und fragte im Auftrage des Kuratoriums der Fränkelschen Stiftungen zu Breslau an, ob er eventuell in das Lehrerkollegium des in Breslau zu schaffenden Rabbinerseminars einzutreten gewillt sei, man unterhandle mit dem Oberrabbiner Dr. Frankel in Dresden wegen Übernahme der Direktion, derselbe habe unter anderen Bedingungen auch die Anstellung von Graetz als Lehrer gefordert, auf welche das Kuratorium mit Freuden eingehe und seine Erklärung wünsche. Graetz machte seine Zusage von der definitiven Entschließung Frankels abhängig, die letztere erfolgte bald hernach und die schwierigen Konferenzen über die Gestaltung des Seminars nahmen ihren Anfang.

Die Schwierigkeit bestand zunächst darin, daß gar kein Muster und Schema vorlag, an das man sich bei der Einrichtung einer rabbinischen Lehranstalt in Auswahl des Lehrplans, der Pensen und Wissenszweige anlehnen konnte, daß es sich um eine Neuschöpfung handelte, für welche es an jeder Erfahrung fehlte, und welche sofort durch praktische Ausgestaltung unter den überaus eigentümlichen Verhältnissen die Bürgschaft des Erfolges in sich tragen sollte. Überdies hatte der Stifter, Kommerzienrat Jonas Fränkel, bei seiner Testierung einige Bestimmungen getroffen, deren Realisierung unter

den veränderten Zeitumständen der neuen Anstalt verhängnis=
voll werden konnten.[1]) Es war der Geist Frankels, der mit
klarer und energischer Einsicht das zu verfolgende Ziel erkannte,
der den Plan, den Wissensstoff und Lehrgehalt für die künftige
Anstalt feststellte und dadurch die Grundlagen für die jüdische
Theologie der Gegenwart schuf. Auf seinen Wunsch, für sich
und für das Kuratorium eine fachmännische Kraft jederzeit
frei zur Verfügung zu haben, ging das letztere um so bereit=
williger ein, als auch sonst ein vermittelndes Element nicht
ganz überflüssig erschien, da Frankel sich nur schweren Herzens
von Dresden trennte und geneigt war, jeden ihm berechtigt
scheinenden Anlaß zu benützen, um sein den Kuratoren gege=
benes Wort zurückziehen zu dürfen. Zu solcher Aushilfe war
nun Graetz vorläufig ausersehen.

VI.
Im Hafen des theologischen Lehramtes.

So trat denn Graetz den 1. Juli 1853 in den Dienst der
in Vorbereitung begriffenen Anstalt mit der Zusicherung,
falls Statuten und Plan die behördliche Genehmigung finden
sollten, woran übrigens nicht zu zweifeln war, als einer der
Hauptlehrer neben Frankel Verwendung zu finden. Zu
gleicher Zeit verließ sein Buch die Presse und trat vor die
Öffentlichkeit unter dem Titel „Geschichte der Juden vom
Untergang des jüdischen Staates bis zum Abschluß des Talmud".
Auf einem Nebentitelblatt war es zugleich bezeichnet als:
„Geschichte der Juden von den ältesten Zeiten bis auf die
Gegenwart. Vierter Band", damit von vornherein an=
kündigend, daß schon mehr als der Plan und Umriß zu einer
Gesamtgeschichte in seinem Geiste feststehe, und daß er eben
nur mit dem vierten Band als dem erstgeborenen Buch seiner
Geschichte zuerst herauskomme.

Es zeigte sich als ein glücklicher Wurf, daß unser Ver=

---

[1]) Vgl. Das jüdisch=theologische Seminar Fränckelsche Stiftung zu
Breslau, am Tage seines 25 jährigen Bestehens, den 10. August 1879, S. 5.

fasser mit der Darstellung der talmudischen Zeit debutiert
hatte. Es findet sein Gegenstück, insofern man beides über=
haupt miteinander vergleichen kann, nur noch in der Biographie
Raschi's, mit der Zunz, der Schöpfer der jüdischen Wissenschaft,
seine bedeutsame Wirksamkeit eröffnet hatte. Wie es dort
die Zeitgenossen enthusiasmiert haben soll, daß der von Kindheit
auf ihnen vertraute, als unentbehrlicher Berater und Gefährte
hochgehaltene Interpret für Bibel und Talmud aus dem ver=
schwimmenden Nimbus eines überirdischen Glorienscheines
heraus in die menschliche Wirklichkeit hinübertrat, so hat es
eine ähnlich elektrisierende Wirkung geübt, als die nebelhaft
dunkle Zeitepoche, in der die Grundbücher des nachbiblischen
Judentums, Mischnah und Talmud, entstanden sind, mit
einemmal unter helle Beleuchtung gestellt ward und die
rabbinischen Urheber dieser Werke, deren Namen und Sinn=
sprüche allen geläufig waren, leibhaftig vorgeführt wurden.
Diese Männer, welche man bis dahin nur für verkörperte
Lehrsätze anzusehen gewohnt war, von denen man nicht viel
weiter wußte, als daß sie sagten, fragten und zuweilen auch
klagten, welche man sich wie eine Art polnischer Wander=
rabbis oder Kabbalisten vorzustellen allenfalls geneigt war,
— sie tauchten unter der Feder unseres Historikers aus dem
wesenlosen Schein hervor; in ihren Adern pulsiert frisches
Leben und heißes Blut, deutlich heben sich die scharf=
geschnittenen Physiognomien in ihrem geistigen Gegensatz,
mit ihren charakteristischen Vorzügen und Schwächen von
einander ab. In bunter Mannigfaltigkeit stehen sie vor uns
da als echte Ritter vom Geist, antike Charaktere von glühendem
Patriotismus, von unbeugsamer Willenskraft und unver=
wüstlicher Glaubenshoffnung. Ebenso lebhaft und anschaulich
wird die geistige Atmosphäre der Zeit nach ihren Stimmungen
und Spannungen, Gärungen und Kämpfen geschildert, wie
die Ideen, Parteiungen, Meinungen und Strebungen wirr
und heftig durcheinander wogen und sieden, und wie daraus
die treibenden Kräfte hervorgehen, welche durch das Spiel
von Stoß und Gegenstoß den Ereignissen ihren geschichtlichen
Verlauf bestimmen. Den Herzschlag der Zeit will Graetz
hörbar und fühlbar machen. Darum kümmert es ihn wenig,
ob Stil und Ausdruck immer schulgerecht bleiben, er scheut in
seinen Worten nicht den schroffen Ton und in seinen Bildern

nicht die satte, starke Farbe. Ohne Rücksicht auf irgend welche
Empfindlichkeit wählt er die deutlichste, schlagendste Bezeich=
nung, um gemeinverständlich zu sein, um über seine Ansicht
keinen Zweifel aufkommen zu lassen, um die Gestalten und
Begebenheiten, wie sie in seinem Kopfe sich malen, in klarem
Umriß und am richtigen Platz auf der Bildfläche hervortreten
zu lassen. Es war begreiflich, daß das Buch bei seinem Er=
scheinen großes Aufsehen machte und sich sofort sein Publikum
eroberte, bei dem es Gunst und Beifall in reichem Maße
fand. Dagegen verhielten sich die gelehrten Fachgenossen
zum größten Teil anfangs zurückhaltend. Sie stutzten über
die neuen Momente, die, wie z. B. die christlichen Sekten=
bildungen, zur Vervollständigung des Gesamtbildes unge=
scheut herangezogen wurden, und konnten sich nicht hinein=
finden, daß moderne Schlagworte und feuilletonistische Wen=
dungen auf jene alten Verhältnisse übertragen wurden.

Wenn der Verfasser beispielsweise Nachum aus Gimso,
dem die vielen Widerwärtigkeiten seines Lebens immer zum
Guten ausgeschlagen seien, als den „Candide"[1] der tannai=
tischen Sagenwelt bezeichnet, wenn er die Details des Bar=
Kochbaschen Aufstandes, dessen Kapitel zu den schönsten und
ergreifendsten Partien seines Geschichtswerks gehören, aus
einzelnen Namen und versprengten Trümmerstücken zu rekon=
struieren sucht und sogar von zwei Verteidigungslinien, der
Esdrelonlinie und der Tur=Malkalinie spricht,[2] wenn er dem
gefeierten R. Jehudah ha=Nassi „reizbare Empfindlichkeit"
zuschreibt,[3] wenn er, den talmudischen Berichten vertrauend,
den Römern die zivilisatorische Mission in Asien abspricht und
sie namentlich für Vorderasien als Kultur zerstörend, Moral
vergiftend schildert, so waren die Kritiker und Sachkundigen
damals mit sich noch nicht im Klaren und wagten nicht zu ent=
scheiden, ob hier die Kühnheit einer genialen Originalität
durchbricht, oder nur die Unmanier einer phantastischen Effekt=
hascherei sich aufspielt, deren falscher Flitter die Probe der
Zeit nicht bestehen würde. Es kam noch hinzu, daß die religiösen
Parteien, welche unter den welterschütternden Ereignissen
von 1848 und deren Nachwirkungen wohl den öffentlichen und

---

[1] Geschichte der Juden, B. IV. (1. Auflage), S. 22.
[2] Geschichte der Juden, B. IV, (1. Auflage), S. 169.
[3] Ebenda S. 236.

lauten Streit eingestellt, aber in der Schärfe ihres Gegen=
satzes innerlich nicht nachgelassen hatten, scheel und unbe=
friedigt auf ein Buch blickten, das nur der Wahrheit dienen
wollte und für keine andere Tendenz sich verwerten ließ. Die
Anhänger der Reform warfen dem Verfasser vor, daß er den
Talmud und seine Lehrer nur zu glorifizieren wisse, hingegen
den wundesten Punkt, daß sie „die Versteinerung und Ver=
knöcherung des Judentums" verschuldet hätten, mit keiner
Silbe berühre,[1]) während die Stockorthodoxen darüber unge=
halten waren, daß er die Träger der Tradition einer ihrer
Anschauung nach unbefugten Kritik unterzieht und den tradi=
tionellen Lehrbegriff als das Produkt historischer Prozesse
nachzuweisen sich bestrebt.[2])

Darüber freilich gab es nur e i n e Stimme, daß die
jüdische Wissenschaft in Graetz einen hervorragenden, vielver=
heißenden Forscher gewonnen habe und daß dieser über eine
ganz staunenswerte Gelehrsamkeit und Originalität verfügte.
Man konnte ihm die Anerkennung nicht versagen, daß er durch
seine Beherrschung der beiden Talmude und des gesamten
Midrasch, durch seine Vertrautheit mit den Schriftwerken
der Kirchenväter, durch die geschickte Methode, beide disparate
Literaturkreise für kritische Punkte miteinander zu konfrontieren
und sich gegenseitig beleuchten zu lassen, durch die glückliche
Kombinationsgabe, etwaige über abgelegene Literaturgebiete
verstreute Notizen, die überdies häufig noch einer Reparatur
bedurften, als Ergänzungsstücke heraus zu erkennen und
aneinander zu fügen, durch den scharfsinnigen Spürsinn,
mit dem er verschollene geographische Namen und verwitterte
Bezeichnungen, welche verschüttet und vergessen in irgend
einem Winkel lagen, mit festem Blick herauszuheben, zu beleben
und zu befruchten wußte,[3]) — daß er durch solche Vorzüge
und Leistungen, welche durch die unvermeidlichen Verfehlungen
und Verstöße im einzelnen keineswegs beeinträchtigt werden,
die gelehrte Forschung wesentlich gefördert und die geschichtliche
Erkenntnis erheblich bereichert hat. Wenn ein hoher Mut
dazu gehörte, sich an eine der dunkelsten und schwierigsten

---

[1]) Der israelitische Volkslehrer von L. Stein, Jahrg. V, 1855, S. 37.
[2]) Jeschurun von S. R. Hirsch, Jahrg. II und III.
[3]) Vgl. Geschichte der Juden, Bd. IV, Note 20 (in späteren Auflagen
Note 16.)

Partien der jüdischen Geschichte heranzuwagen, für welche damals in Vorarbeiten und Spezialforschungen noch überaus wenig geschehen war, so konnten auch die Gegner „nicht umhin, einzugestehen, daß er seine Aufgabe im ganzen gut gelöst"[1]) habe.

Allerdings wurde es als ein noch höherer Mut angesehen und vielleicht auch ironisiert, daß Graetz auf dem Seitentitelblatt und in der Vorrede seines Buches, das er als v i e r t e n Band bezeichnet hatte, ohne Scheu und Schüchternheit ankündigte, er werde von demselben Standpunkt kritischer Geschichtsforschung und in gleicher Darstellungsweise eine Gesamtgeschichte der Juden liefern. Das wollte ein einzelner Mensch fertig bringen! War ihm denn wirklich die schöpferisch gestaltende Kraft des echten Historikers gegeben? Oder wollte er sich gar den historischen Lorbeer auf Kredit reichen lassen?

Die äußeren Verhältnisse gestalteten sich nun doch für ihn immerhin günstig genug, so daß die Ausführung seines kühnen Vorhabens dadurch in hohem Grade erleichtert schien. Nicht etwa daß sich eine Gemeinde oder gar ein Mäcen gefunden, um ihm die Mittel bereit zu stellen, die zur Durchführung einer Aufgabe, wie er sie sich vorgesetzt, erforderlich waren; wie noch ganz anders hätte er dieselbe gelöst, wenn er bei seiner wunderbaren Arbeitskraft in die Lage gesetzt worden wäre, die handschriftlichen Schätze der verschiedenen Bibliotheken in aller Muße zu durchmustern und zu benutzen! Eine derartige Gunst hat bis auf den heutigen Tag der jüdischen Wissenschaft noch nicht gelächelt, und es ist, als wenn unserer Glaubensgemeinschaft, die doch sonst für alle humanen Interessen ein einsichtiges Herz und eine offene Hand hat, noch immer nicht das richtige Verständnis für diese Ehrenschuld an die Vergangenheit aufgegangen wäre. Graetz war schon zufrieden, daß die drückende Sorge um das tägliche Brot von ihm genommen war, als am 10. April 1854 Statuten, Plan und Personalien des Rabbinerseminars die Bestätigung der preußischen Regierung erlangten. Wiederum siedelte er nach Breslau über, wo sein literarischer Stern zuerst aufgetaucht war und er sich einstmals vergebens bemüht hatte, festen Fuß zu fassen, um fortab als ordentlicher Lehrer an der ersten

---

[1]) Israelitischer Volkslehrer a. a. O.

jüdisch-theologischen Bildungsanstalt, die am 10. August 1854 unter der Direktion Frankels eingeweiht und eröffnet wurde und den Namen „Jüdisch-theologisches Seminar, Fränckelsche Stiftung" erhielt, eine ihm erwünschte Lebensstellung ein=zunehmen.

Es war eine providentielle Fügung, daß drei Männer von so ungewöhnlicher Bedeutung wie Frankel, als Direktor der neuen Anstalt, Graetz und Jakob Ber=nays, als ihre ordentlichen Lehrer, dazu berufen waren, die theologische Bildung des Rabbinentums in die moderne Richtung hinüberzuleiten. Jeder von ihnen hatte seine aus=geprägte Eigenart, jeder von ihnen war ein homo trium litterarum in dem Sinne, daß sie, ein jeder nach Vortritt und Maßgabe seines Spezialstudiums, das hebräisch-rabbinische, das antike und das moderne Schrifttum beherrschten, jeder von ihnen hatte sich durch ernstes und tiefes Denken zu einer konservativen Auffassung des Judentums durchgerungen. Jakob Bernays,[1]) ein Meister der klassischen Philologie von weithin reichendem Ruf, besaß unstreitig das wirkungs=vollste Lehrgeschick, das jedoch begabte Schüler hauptsächlich zu seiner Voraussetzung forderte, Frankel wirkte durch organisatorische und praktische Befähigung und übte eine Autorität, welche die Zöglinge in religiöser, wie wissenschaft=licher Richtung auf das Heilsamste beeinflußte; beide hatten jedoch das Streben, ihre wissenschaftliche Sonderart dem Schüler aufzuprägen, wohingegen Graetz auf jede Indivi=dualität achtete und seine Lehrtätigkeit besonders auf die An=regung, Befruchtung und Aufmunterung seiner Hörer zu richten pflegte. Während Frankel gern die straffe Ord=nung und minutiöse Sorgfalt des elementaren Schulwesens auf sein theologisches Seminar übertragen wollte,[2]) weil ihm am Herzen lag, tüchtige Talmudisten und praktische Rabbiner auszubilden, und Bernays wiederum den roman=tischen Schimmer einer theologischen Fakultät im Auge hatte

---

[1]) Er war ein Sohn des Hamburger Rabbiners, oder — wie er sich nannte — Chacham, Isaak Bernays.

[2]) Diese Tendenz fand ihre Berechtigung in dem Umstande, daß man unter den obwaltenden Verhältnissen für die Aufnahme in die Anstalt kein höheres Maß profaner Kenntnisse fordern konnte, als für die Sekunda eines preußischen Gymnasiums ausreichte, und Schülern vom 15. Jahr an den Eintritt gewähren wollte.

und theologische Gelehrte heranzuziehen wünschte, war Graetz
mit richtigem und gesundem Takt bemüht, zwischen beiden
Gegensätzen zu vermitteln und eine Mittelrichtung für die
Anstalt anzustreben. Obschon nun Frankel mit fester
Hand das direktoriale Steuer führte, war er doch einsichtig
und wohlwollend genug, auf klugen Rat zu hören und den
Wünschen und Anschauungen seiner Mitarbeiter Rechnung
zu tragen, so daß das Lehrerkollegium sich immerdar im besten
Einvernehmen befand, was auch auf die Jünger wohltuend
zurückwirkte.

Neben Frankel, der mit Fug und Recht, so lange er
lebte, amtlich und moralisch eine dominierende Stellung
behauptete, der im Aufblühen der Anstalt den Ruhm seines
Tagewerks sah, und da er kinderlos war, in seinen Schülern
seine Kinder erblickte und sich ihrer aller wahrhaft väterlich
annahm, war es Graetz, der seine Räume seinen Hörern
gastlich öffnete, jedem von ihnen, der bei ihm um Hilfe und
Rat nachsuchte, bereit und willig zur Verfügung stand und
namentlich zugunsten derer, die seine Sympathie besaßen
oder von deren Fähigkeit und Charakter er eine gute Meinung
gefaßt, mit der ganzen Lebhaftigkeit seines Temperaments
sich einzusetzen liebte. Durch die Dozentur an dem Breslauer
Seminar, mit dessen Interessen er sich ebenso wie Frankel
identifiziert hatte, war er endlich nach vielen Querzügen und
nach mancherlei Jahren von sorgenvoller Ungewißheit in das
erwünschte Fahrwasser gekommen, in dem er in voller Unabhängigkeit alle Segel seines geistigen Wesens aufspannen und
mit aller Kraft sich hinter die Ruder legen konnte, um geschwellt
von dem frohen, hoffnungsvollen Mut seiner sanguinischen
Art, begünstigt von Wind und Flut, dorthin zu steuern, wohin
ihn der Zug seiner Natur trieb. Jetzt fielen endlich äußere
Amtspflicht und innere Berufsneigung für ihn zusammen;
indem er den Dienst, für den er bestellt war, treu und eifrig
besorgte, förderte er zugleich das Werk, das er als Lebensziel
sich vorgesetzt und das nun in regelmäßiger, ununterbrochener
Folge seiner vollen Verwirklichung entgegenschritt.

Im Jahre 1856 erschien der dritte Band „Geschichte
der Juden von dem Tode Juda Makkabis bis zum Untergang
des jüdischen Staates", um dadurch seine Auffassung der
talmudischen Epoche, mit der er „als der am wenigsten innerlich

verstandenen" begonnen hatte, zu ergänzen und zu begründen,
und um zugleich den ganzen Boden klar und fest zu stellen,
in welchem die Wurzeln für die jüdische Geschichte des dia-
sporischen Zeitraumes liegen. Die Geschichte der Diaspora
bis auf die neueste Zeit herab wollte er nämlich zuerst erledigen,
und so war er wieder, wie er in der Vorrede zu dem darauf
folgenden Band erklärte, „in das rechte Geleis eingefahren",
als er im Jahre 1860 den fünften Band veröffentlichte:
„Geschichte der Juden vom Abschluß des Talmud (500) bis
zum Aufblühen der jüdisch-spanischen Kultur (1027)".

Nun mußte jeder Zweifel schwinden, es war dem
Judentum nach langen Jahren ein echter
Historiker erstanden.

VII.

Der Historiker.

Bei dem damaligen Stand der jüdischen Wissenschaft,
wo es für alle Seiten und Zeiten an sorgfältigen Einzelfor-
schungen noch fehlte, hielt man die Zeit noch gar nicht gekommen,
um eine Geschichte der Juden mit Aussicht auf Erfolg schreiben
zu können. Einem solchen Unternehmen schienen innere
und äußere Schwierigkeiten, schier unübersteiglich, und noch
dazu gewaltige Vorurteile entgegen zu stehen. Graetz achtete
ihrer nicht. Ohne jede Unterstützung seitens einer Behörde
oder irgend einer Körperschaft, rein und allein aus der über-
schwellenden Kraft des eigenen Genius hat er das anscheinend
unausführbare Werk vollbracht. Er hat seinen Glaubensgenossen die Geschichte geschaffen und die allgemeinen Sympathien für die Vergangenheit des Judentums geweckt. Mit
kühner Hand wagte er es, von den geschwärzten und verdunkelten Bildern die Staubkruste und das Spinngewebe
abzuheben und den abgeblaßten, verblichenen Konturen
und Formen neue Frische und strahlenden Farbenglanz wiederzugeben. Die wichtigsten Momente, auf denen das Verdienst
und die Wirkung seiner Geschichtschreibung beruht, mögen
noch besonders hervorgehoben werden.

Er hat vor allem den richtigen Stand=
punkt, von dem aus der geschichtliche Ver=
lauf des Judentums beurteilt werden
muß, zwar nicht geschaffen, aber doch zu=
erst hergerichtet und durchgeführt; er hat
allenthalben das Gesichtsfeld frei gelegt,
um die verschiedenen und vielgestaltigen
Phasen dieses Verlaufs leicht und sicher
überblicken zu können. Es gab für ihn nur einen
einzigen Vorgänger,[1] der als solcher in Betracht kommt,
Isaak Markus Jost. Derselbe war schon 1820 mit einer
„Geschichte der Israeliten seit der Zeit der Makkabäer" her=
vorgetreten und hatte sie bis 1829 in neun Bänden bis auf die
Gegenwart hinabgeführt, woraus er 1850 einen etwas ver=
besserten, schon mit Abraham beginnenden Auszug „Allge=
meine Geschichte des israelitischen Volkes" in zwei Bänden
gegeben; aber als wirklicher Pfadfinder hat er sich dabei nicht
erwiesen. Jost war ein Gelehrter, aber kein Historiker; ein
edler, verdienstvoller Mann, hat er durch seine reichen Kennt=
nisse für die Förderung der jüdischen Geschichtsschreibung
viel getan, aber er hat keine geschichtlichen Offenbarungen
empfangen, auch nicht solche durch frohes, kräftiges Auftun
seines Mundes weiter verkündet. Bei dem gänzlichen Mangel
an Vorarbeiten und Spezialforschungen war es zu jener Zeit
schon eine nicht hoch genug anzuschlagende Leistung und
ein großes Verdienst, daß Jost die mehr oder minder offen
zutage liegenden, jedoch überaus zerstreuten Daten aufgesucht
und zusammengetragen hat, daß er ihren Inhalt zu erforschen
und durch Vergleichung richtig zu stellen suchte, und dadurch
doch ein Handbuch für das Chaos von verwirrenden Einzel=
heiten und Tatsachen lieferte. Seine Geschichtsdarstellung
erscheint jedoch wie eine Art Herbarium, eine aufgespeicherte
Sammlung von Personen und Vorkommnissen, welche durch

[1] Der erste, der eine Geschichte der Juden bis auf seine Zeit, wenn
auch trümmerhaft und mit unzulänglichen Mitteln, doch im Zusammen=
hang abgefaßt hat, war der protestantische Geistliche und Diplomat Jakob
Basnage, der Historiograph der Niederlande, gest. 1723, an welchen
sich Jost angelehnt hat. Der zweite Versuch einer Darstellung der jüdischen
Geschichte ging von einer christlichen Amerikanerin aus, Hannah Adams
aus Boston, 1818, welche nur sekundäre Quellen benutzen konnte. Vgl.
über die Vorgänger von Graetz dessen Geschichte, XI. Band, 2. Aufl., S. 409 ff.

keinen höheren Pragmatismus aneinander geknüpft, nur nach
äußerlichen, oberflächlichen Gesichtspunkten klassifiziert werden.
Die Reflexion ist nüchtern und bringt nicht in die Tiefe, der
Stil trocken, umständlich und eintönig, ohne Feuer und Kraft.
Von einer lebendigen Vergegenwärtigung der Vergangenheit
ist nichts zu spüren. Voller Verehrung für das Römertum,
von christlichen Anschauungen durchsetzt, ist er unbewußt in
der innerlichen Scheu befangen, nicht auf der Höhe des Zeit-
bewußtseins zu stehen und fürchtet, des Mangels an Objektivität geziehen zu werden, wenn er dem Judentum und dem
Rabbinismus vollauf gerecht werden soll; daraus fließt seine
Verkennung der Pharisäer und ihrer Nachfolger, der Rabbinen,
wie seine schiefe, fast karikaturenhafte Behandlung des Talmud
und des dazu gehörigen Schrifttums. Er fühlte, daß schon die
bloße historische Betrachtung des Judentums zu dessen Glori-
fizierung wurde, aber er wollte um keinen Preis als Apologet
desselben gelten.[1]) Von derartigen Bedenken und Rücksichten
war Graetz durchaus frei, irgendwelche Furcht oder Scheu
hat zur Bildung seines Urteils und seiner Anschauung niemals mitgewirkt, und hat ihn ebenso wenig gehindert, unbekümmert ob er bei Freund oder Feind damit anstößt, sich in
seinem vollen Empfinden auszusprechen. Er war der erste
moderne Schriftsteller, der bei der Würdigung der jüdischen
Vergangenheit mit dem Standpunkt der christlichen Anschauung ganz und gar gebrochen hat, er hat es zuerst versucht,
die Entwickelung des Judentums, wie es ja bei jeder anderen
Erscheinung geschieht, aus sich selbst heraus zu begreifen und
von diesem Gesichtspunkt aus, ohne Schönfärberei zu treiben,
Licht und Schatten gleichmäßig darzulegen. Es war erst kurze
Zeit, daß Graetz in Berlin sich aufhielt, als er im Hause von
Michael Sachs mit Zunz zusammentraf. Der Hausherr
stellte die beiden Männer, die sich persönlich noch nicht kannten,
einander vor und bemerkte zum Lobe von Graetz, daß derselbe
eben im Begriff sei, eine jüdische Geschichte zu veröffentlichen. „Wieder eine Geschichte der Juden?" fragte Zunz

---

[1]) In seinem letzten Geschichtswerk „Geschichte des Judentums und
seiner Sekten" (3 Bände, 1857 bis 1859) hat Jost seinen alten Ton nicht beibehalten, sondern sich mehr auf den von Graetz eingenommenen Standpunkt
gestellt.

spitz.[1]) „Allerdings" replizierte Graetz scharf „aber dieses Mal eine jüdische Geschichte!" In der Tat war Graetz der erste, welcher der jüdischen Geschichte das ihr gebührende Recht wiederzugewinnen suchte und den Standpunkt der jüdischen Anschauung geltend machte. Die christliche Anschauung erblickt nämlich die Vollendung und den Abschluß der Lehre Moses und der prophetischen Verkündigungen in dem Glauben an die Messianität des Gottmenschen und an die Wunder, die von seiner Geburt, seinem Tod und seiner Auferstehung berichtet werden; nur was auf diesem dogmatischen Glaubensboden wurzelt, könne sich zum richtigen Gottesbegriff, zu wahrer Sittlichkeit erheben und die Fortbildung der Zivilisation fördern. Das Judentum habe demnach, indem es das Christentum aus sich herausgesetzt, seine religiöse Mission erschöpft, und mit dem fast gleichzeitigen Zusammenbruch seiner nationalen Selbständigkeit sei seine geistige Bedeutung und sein geschichtliches Leben erloschen; was sich darüber hinaus fortspinnt, sei nichts weiter als Verkümmerung und Entartung, Thoravergötterung und religiöser Formalismus.

Dieser von bewußter oder unbewußter Befangenheit getrübten Auffassung will Graetz eine wahrheitsgetreue Darstellung der Tatsachen, frei von jeder Tendenz, Geflissentlichkeit und Schönmalerei gegenüberstellen; es bedarf nach seiner Meinung nur einer objektiven, vorurteilslosen Geschichtsbetrachtung, um die durch Not und Druck immer wieder hindurchbrechende Lebenskraft und den fortwirkenden Geistestrieb des Judentums zu erkennen, wie es unabhängig von seiner nationalen Existenz, getragen von der Macht seiner Innerlichkeit und Idealität, den Ausbau seines monotheistischen Lehrbegriffs und sittlichen Gedankens fortsetzt, wie es trotz seiner unsäglichen Leiden Denker und Dichter, selbst Staatsmänner erzeugt, wie es, obwohl entwurzelt und zersplittert, an den Kulturaufgaben der Menschheit eifrig und erfolgreich mitgearbeitet hat. Der Standpunkt solcher Geschichtsbetrachtung ist von Graetz energisch aufgenommen

---

[1]) Zunz hielt nicht nur jede Geschichtsdarstellung des Judentums damals für verfrüht, er hatte bei seiner Äußerung wohl ein 1846 erschienenes Machwerk „Geschichte der Israeliten" von Dr. J. H. Dessauer, im Auge; in der zwar sehr verblümten Anspielung auf dieses unbedeutende Buch lag wahrscheinlich der verletzende Stachel.

und konsequent durchgeführt worden und damit der Boden bereitet, um die verschiedenen Seiten des Judentums in ihrer Fülle und Reichhaltigkeit zu Bewußtsein und Verständnis zu bringen.

Graetz hat ferner nicht nur neue Quellen erschlossen, er hat den bereits erschlossenen nicht selten neue Gesichtspunkte und überraschende Aufklärungen abgewonnen. Er verstand es besonders, jüdischen Berichten, die fast verblaßt schienen oder gar unglaubwürdig klangen, durch Aufspürung schwer erkennbarer Parallelen und Belege bei nichtjüdischen Schriftstellern den farbenfrischen Hintergrund oder die lebensvolle Wirklichkeit oder doch den tatsächlichen Kern zu rekonstruieren, und suchte bald mit mehr bald mit weniger Glück überall Mittelglieder und Ergänzungsstücke heraus zu finden und einzufügen. Als er mit dem Mut der Begeisterung an das kühne Werk ging, war die jüdische Geschichte zumeist noch ein weites, unübersehbares Trümmerfeld, über welches flammende Ereignisse ihre Lava ergossen, der Staub der Jahrtausende sich niedergeschlagen hatte. Nur einzelne Schöpfungen ragten aus der weiten unwegsamen Öde der trostlosen Verwüstung spärlich hervor; sonst gab es weder Steg noch Spur, um sich in diesem Labyrinth von Trümmern, Schutt und Gestrüpp zurecht zu finden. Allerdings hatten die großen Schöpfer der jüdischen Wissenschaft, Zunz und Rapoport, welche noch immer nicht, ihrem außerordentlichen Verdienst entsprechend, nach Gebühr von unseren Glaubensgenossen gewürdigt sind, bereits ihre trefflichen, grundlegenden Vorarbeiten gefördert; weite Strecken waren wohl von ihnen erfolgreich aufgeschlossen und fruchtbar gemacht worden, dieselben glichen jedoch nur kleinen oder größeren Inseln in dem wüsten Schuttmeer, sie boten keinen Überblick über das Ganze, reichten nur selten über das literarische Gebiet hinaus und führten nicht zu den das Gesamtgebiet beherrschenden Knotenpunkten. Hierin hat sich Graetz vornehmlich als Pfadfinder betätigt. Welche Zeit er auch behandelt, wie sehr er den Einzelheiten auf den Grund zu gehen sucht, sein Blick bleibt unverwandt auf das Ganze gerichtet, allenthalben will er durch das wild wuchernde Buschwerk einen Weg schlagen, oder aus den umher verstreuten Splitterstücken und ihren Bruchflächen die Adern und Linien erkennen, an denen sich die wesentliche Richtung und der Verlauf des historischen Prozesses verfolgen läßt. Durch die Energie, mit der er große Gedankenmassen fast spielend zu bewältigen und zu gruppieren versteht, durch die Klarheit, mit der er in seinen gelehrten Exkursen das Für und Wider disparater Berichte, Belege und Indizien einander gegenüberstellt, um dann mit geschickter Hand den leitenden Faden aus dem verknäuelten Durcheinander herauszugreifen und festzuhalten, durch die Entschiedenheit, mit der er, auch auf die Gefahr zu irren, zu allen Ereignissen und Persönlichkeiten scharf Stellung nimmt und seiner Stellungnahme einen unumwundenen, kräftigen Ausdruck gibt, ist es ihm gelungen, in das öde und wirre Chaos des geschichtlichen Stoffes Licht und Übersichtlichkeit, Ordnung und System zu bringen. Man vergleiche einmal die Betrachtungen, welche er als „Einleitung" einzelnen Teilen seines Werkes, wie dem 4., 5., 7. vorausgeschickt, um den glücklichen Blick zu würdigen, mit dem er die treibenden Ideen und die orientierenden Punkte herauszuheben und zu fixieren versteht; es ist dies nicht bloß in großen und allgemeinen Zügen hingeworfen, es wird auch im einzelnen ausgeführt.

Um doch das eine oder andere Beispiel dafür beizubringen, wie unser Historiker auf solche Weise die geschichtliche Forschung gehoben und auch bereichert hat, sei auf das Kapitel von Gaon Saadiah (Bd. 5) hingewiesen, der von Rapoport ans Licht gezogen worden, über den Geiger dann wertvolle Aufschlüsse gegeben, dessen epochemachende Bedeutung und schriftstellerische Tätigkeit erst von Graetz in das volle Licht gerückt wurde. — Chasdai Creskas ist in seinem hochbedeutsamen Einfluß auf philosophischem und sozialem Gebiet erst von Graetz wieder erkannt (Bd. 8) und gewürdigt worden. — Der große Religionsdisput von Tortosa, über den eine gute jüdische Quelle berichtet, ist doch erst durch eine scharfsinnige Konfrontation dieser Quelle mit christlichen Mitteilungen in seinem geschichtlichen Zusammenhang und seiner politischen Tendenz (Bd. 8) klar gestellt worden. — Aus dem sagenhaften Zwielicht,

das die Schwärmer David Reubeni uud Salomo Molcho
umspielte, und dem man keinen größeren Glauben als etwa
einer Halluzination und Phantasterei beizulegen geneigt war,
hat Graetz (Bd. 9) die abenteuerliche Wirklichkeit herausge=
funden. Er besaß eben einen merkwürdigen Instinkt für die
Realität von Tatsachen, so verwunderlich sie auch erschienen,
und dazu eine seltene Sagazität, um einen entstellten Text
auf seinen tatsächlichen Inhalt zu verstehen und zu emendieren.

Solche Eigenschaften hatten ihn be=
fähigt, die talmudische Denk= und Aus=
drucksweise erfolgreich in die moderne
Empfindung und Anschauung zu über=
tragen und eine musterhafte Anleitung
zu geben, wie man die Schriften der tal=
mudischen Zeit als wertvolle Geschichts=
quellen kritisch zu verwerten und auszu=
nutzen habe. Die nichtjüdischen Gelehrten und Unge=
lehrten waren schnell fertig damit, was so häufig auf diesem
Schriftgebiet unverständlich oder befremdlich lautet, als tal=
mudische Unwissenheit oder rabbinischen Aberwitz zu erklären,
und die Männer der jüdischen Aufklärungsperiode schwankten
zum mindesten, ob sie nicht solcher Verurteilung beipflichten
müßten. Graetz wies nun nachdrücklich darauf hin, daß gerade
in den historischen Relationen meist eine heillose Verwüstung
des Textes eingerissen sei, welcher repariert werden müsse.
Ebenso liege zuweilen bald eine pragmatische, bald eine tenden=
ziöse Ausgestaltung der geschichtlichen Überlieferung vor,
oder es haben legendäre Schichten um einen tatsächlichen
Kern sich abgelagert, der eben herauszuschälen sei; ganz abge=
sehen davon, daß die plastische Ausdrucksweise der Rabbinen
einem fremden Anschauungskreis entlehnt, durch moderne
Begriffe ausgelöst werden müßte.

Um auch hiefür eine Probe beizubringen, so wird in
einer altrabbinischen Chronik Seder olam rabbah berichtet,
daß von dem Krieg des Vespasian bis zum Kriege des Titus
(שמוש) 22 Jahre abliegen. Ist es schon unhistorisch und unbe=
rechtigt, zwischen einem Krieg des Vespasian und einem solchen
des Titus zu scheiden, so bleibt die Zeitangabe von 22 Jahren
schlechterdings unbegreiflich; dieselbe unverständliche Scheidung
zwischen einem Krieg des Vespasian und des Titus wiederholt

sich auch in der Mischnah zum Schluß des Traktats Sotah.
Graetz änderte nur einen einzigen Buchstaben ט in ק und
liest statt טיטוס (Titus) vielmehr קיטוס (Kitus) = Quietus.
Damit hat er einen p a l ä s t i n e n s i s c h e n Aufstand
unter Lucius Quietus entdeckt, über den freilich nichts näheres
zu erfahren ist, dessen Existenz aber außer Zweifel steht; merkwürdigerweise ist diese ebenso einfache, wie geistvolle Konjektur
durch eine handschriftliche Lesart bestätigt worden.[1] — Nicht
minder seltsam klingt eine Erzählung (Sabbath 17a): „Man
steckte ein Schwert ins Lehrhaus und sagte: wer will, darf
hineingehen, aber niemand darf herausgehen usw." Graetz
löst dieses Rätsel: eine terroristische Synode, in dem ersten
Jahr der Revolution gegen Nero von den Schammaiten in
Szene gesetzt,[2] wie er überhaupt den Gegensatz zwischen der
Schule Hillels und Schammais nicht bloß als einen theore-
tischen, sondern als einen politischen erfaßt und in den verbissenen Zeloten die extremen Schammaiten wieder erkannt hat.
„Ein anerkennenswertes Verdienst hat sich Graetz durch Auf-
deckung dieser bis dahin von niemand recht gewürdigten Tatsache (der terroristischen Synedrialsitzung) erworben, welche
an sich sehr bedeutsam erscheint und noch mehr Beachtung
fordert wegen anderer sich daran knüpfenden Ergebnisse . . .
Jedenfalls ist ein zweites Verdienst des Herrn Graetz, nämlich
die Benützung der Megillath Taanith als Geschichtsquelle
und die Ermittelung der Angaben derselben, wenn auch manches
noch zweifelhaft bleibt, von gleich großer Bedeutung," so urteilt
der Historiker[3] Jost, gewiß ein spruchbefugter Richter in diesen
Dingen.

Wo soviel Licht ausstrahlt, kann es auch an Schatten
nicht fehlen. Die Kehrseite seiner hohen Vorzüge zeigt sich
darin, daß er seine Subjektivität zuweilen stark vorwalten
läßt, daß er bei seinen Hypothesen allzusehr nach klarer, scharfer
Bestimmtheit strebt, während die Ereignisse häufig ineinander
fließen, die Charaktere oft vielleicht wechselnden, widersprechenden Stimmungen und Motiven nachgeben, die Texte möglicherweise von ihren Verfassern eine uns gar nicht mehr verständliche,

---

1) Vgl. Band 4, zweite Auflage, Not. 14.
2) B. 3, zweite Auflage, Not. 26.
3) Jost, Gesch. des Judentums und seiner Sekten. Abt. 1, S. 437,
Anm. 3.

unberechenbare, selbst irrationelle Wendung erhalten haben.
Es kann überhaupt doch nicht Wunder nehmen, wenn bei
einem geschichtlichen Riesenwerk von zwölf umfangreichen
Bänden, — wo stets durch das Unterholz kleinlicher Einzel=
berichte der zu einer pragmatischen Betrachtung des Geschehens
führende Pfad aufgefunden wird, neue Tatsachen oder doch
neue Gruppierungen ermittelt werden — einzelne Inkorrekt=
heiten, menschliche Versehen und Verstöße mitunterlaufen.
Derartige Mängel und Schwächen verschwinden vor dem Reich=
tum des Dargebotenen, vor der Größe der Leistung. Per=
spektive, lebendige Charakteristik, scharfe Zeichnung, leuchtendes
Kolorit verdankt die jüdische Geschichte einzig und allein seiner
phantasievollen Feder; er hat dadurch neue Probleme angeregt,
**hat die historischen Typen geschaffen, er
hat gleichsam das ganze Kartennetz für
die jüdische Geschichte vorgezeichnet.** Als
sein höchstes, von keinem anderen bisher erreichtes Verdienst
muß jedoch gerühmt werden, daß er durch sein gemeinfaßliches,
hinreißendes Wort sich in allen Schichten seiner Glaubens=
genossen Eingang verschafft[1]), in ihnen das Bewußtsein einer

---

[1]) Graetz hat mit großem Geschick, um den Fluß der Erzählung nicht
durch trockne, gelehrte Exkurse zu unterbrechen, jeden Band seines Werkes
in zwei Teile geschieden, gleichsam in einen exoterischen Teil, für alle zu=
gänglich, und in einen esoterischen, für den Fachmann bestimmt. Der letztere
Teil befindet sich am Schluß als Beigabe und enthält den gelehrten Noten=
apparat, in welchem über die Methode, über die mehr oder minder zwingenden
Schlußfolgerungen und Voraussetzungen, die zu den in der Geschichtsdar=
stellung vorgetragenen Resultaten geführt haben, Rechenschaft gegeben
wird, in welchem alles niedergelegt ist, was der Verfasser als Gelehrter, an
neuen Tatsachen, Daten und Gruppierungen gefunden und gefördert hat.
In diesen Noten, die in gewissem Sinne die Werkstatt darstellen, um den
vom Verfasser selbst herbeigeschafften wissenschaftlichen Rohstoff zu den für
den Geschichtsaufbau geeigneten Werkstücken zu verarbeiten, ist ein ebenso
reiches, wie neues Material nicht bloß aus handschriftlichen Funden, sondern
oft aus ganz unvermuteten, scharfsinnig aufgespürten und entlegenen Quellen
zusammengetragen. Eine staunenswerte Fülle von Gelehrsamkeit wird
aufgespeichert und für die wissenschaftliche Forschung nutzbar gemacht und
all dies meist so gründlich durchgearbeitet und so klar durchleuchtet, daß dieser
Teil schon für sich allein eine wissenschaftliche Leistung ersten Ranges bedeutet.
Diese Noten werden von dem unvergeßlichen David Kaufmann s. A. sehr
treffend den Kellern einer Zettelbank verglichen, in denen das kostbare Edel=
metall und der reiche Barvorrat gelagert wird, um die in Umlauf befindlichen
Scheine und Wechsel jederzeit zum vollen Wert einlösen zu können. In
gleicher Weise sollen die Noten für die Ausführungen des Textes die erforder=
lichen Garantien bieten und ihre Zuverlässigkeit auch dort sichern, wo sie auf
bisher unbekannte Forschungen hinweisen.

troß aller Verfolgungen und Erniedrigungen ruhmvollen
Vergangenheit wieder angeregt und den Glauben an die geistige
Zukunft Israels neu geweckt hat. Mit der Energie und Glut
seines Temperamentes hatte er gleichsam das eigene Dasein
in die Vergangenheit seines Stammes getaucht, hatte er sich
in die geheimsten Regungen der jüdischen Volksseele versenkt.
„Wie ein vertrauter Bekannter und Genosse wandelt er"
unter den Rabbinen, Philosophen und Dichtern, deren Physiog=
nomien er zeichnet; man merkt es ihm an, wie bei bevorstehen=
den Stürmen Furcht und Hoffnung, bei hereinbrechenden
Katastrophen Angst und Qual durch seine Brust wogt und
wühlt, und man wird von diesen Gefühlen mitergriffen. Er
zittert beispielsweise bei dem Gedanken an die Schmach und
das Unheil, das die Verirrung des Pseudomessias Sabbathai
Zewi über Juda heraufbeschwören wird, und tröstet sich mit
der Fülle des Lichtes, das gleichzeitig aus jüdischem Quell
in Spinoza über die Welt heraufzieht, indem er beide, wie es
seine mit Vorliebe geübte Weise ist, Menschen und Ereignisse
durch ihren Gegensatz sich gegenseitig beleuchten zu lassen,
als grellen Kontrast einander gegenüberstellt; beide aus dem=
selben spekulativen, das Unendliche suchenden Trieb des Juden=
tums hervorgegangen, beide schließlich von ihrem jüdischen
Ursprung sich lösend, der erstere, von dem mystischen Irrlicht
verlockt, in dem moralischen Sumpf schwindelhafter Ver=
worfenheit versinkend, der letztere, von philosophischem Geist
getragen, zur wetterlosen aber kalten Höhe eines idealen
Weisen sich emporschwingend.[1]) Seiner schöpferischen und
zugleich warmblütigen Gestaltungskraft ist es gelungen, in
die kalte Atmosphäre stumpfer Gleichgültigkeit, welche sich
immer erstarrender über die Gemüter der jüdischen Glaubens=
welt ausbreitete, den warmen erlösenden Frühlingshauch
zu leiten und das allgemeine Interesse für den Geist und die
Geschichte des Judentums neu zu beleben. Der populärste
Schriftsteller innerhalb der jüdischen Wissenschaft, konnte er
den für einen jüdischen Autor beispiellosen Erfolg verzeichnen,
daß sein so bändereiches Werk, welches nur auf gelehrte Leser
berechnet schien, in verhältnismäßig kurzer Zeit es auf drei Auf=
lagen, ja in einigen Teilen sogar zu einer vierten Auflage

---

[1]) Band 10, cap. 6 und 7.

gebracht hat; dasselbe ist überhaupt Gemeingut der gesamten Glaubensgenossenschaft geworden und wurde in alle Weltsprachen übersetzt, ins Französische, ins Englische, ins Russische, und last not least, ins Hebräische[1]).

Die einzige Förderung, die Graetz dabei erfahren, ging von einem Literaturverein aus, den Dr. Ludwig Philippson, der genialste und fruchtbarste Journalist des Rabbinertums und dazu ein ungewöhnliches, erfolgreiches Organisationstalent, 1855 unter dem Namen „Institut zur Förderung der israelitischen Literatur" ins Leben gerufen. Für einen durchaus mäßigen Jahresbeitrag wurden mehrere sehr gute Bücher alljährlich geliefert, unter welchen allerdings meist ein Geschichtsband von Graetz die pièce de résistance bildete. Dadurch war seiner Geschichte von vornherein eine große Verbreitung gesichert, anderseits aber wurde auch das „Institut" so wirksam durch die Graetzschen Bücher getragen, daß dasselbe, als Graetz den letzten (elften) Band wegen Differenzen mit Philippson aus diesem Verlag zurückzog, sich nicht lange mehr halten konnte. Dahingegen hat es dem Historiker an zahlreichen Anfeindungen, Eifersüchteleien und Nörgeleien nicht gefehlt. Man benützte ihn allenthalben und sekretierte ihn am liebsten. In der ersten Zeit namentlich mäkelte und meisterte man an seiner Arbeit herum, als wenn jeglicher Banause, der in seinem beschränkten Kreise als kenntnisreicher Talmudist

---

[1]) Die französischen, englischen und hebräischen Übersetzungen seiner Geschichte hat Graetz zumeist selbst überwacht und die Aushängebogen zum größten Teil durchgesehen. Die französische Übersetzung wurde von seinem Freunde M. Heß, einem sozialistischen Schriftsteller, dem Verfasser von „Rom und Jerusalem", angefertigt. Der dritte Band wurde zuerst übersetzt und erschien unter dem Titel „Sinai und Golgatha" (Paris 1867). Darauf folgte der sechste mit der Bezeichnung „Les Juifs d'Espagne". Der Krieg von 1870 hatte die deutschen und französischen Juden einander überaus entfremdet, so daß die Fortsetzung des Werkes abgebrochen wurde und erst in den achtziger Jahren wieder aufgenommen werden konnte. Bei der englischen Übersetzung wurde mit dem vierten Band begonnen (New-York 1873). Übersetzer war James K. Gutheim auf Veranlassung der zweiten American Jewish Publication Society. Als Graetz im Jahre 1887 London besuchte, wurde die englische Übersetzung des ganzen Werkes von dort aus in Angriff genommen und durchgeführt. Sowohl die französische wie die englische Übersetzung bildeten zugleich eine Umarbeitung des deutschen Originals, indem Graetz nicht bloß die Resultate der neuesten Forschungen hineingeflochten, sondern auch der Geschichte der Juden desjenigen Landes, in dessen Sprache die Übersetzung erfolgte, eine besondere Berücksichtigung zuwandte. Die hebräische Übersetzung wurde zuerst von Kaplan und dann von Rabbinowicz besorgt.

angesehen wurde, nur die Feder anzusetzen brauchte, um
solch eine Geschichte viel besser zu schreiben und richtiger zu
gestalten. Als man später jedoch anerkennen mußte, geschah
es meist nur mit halber Stimme und mit sauersüßer Miene.
Die jungen Theologen beider extremer Richtungen nach rechts
wie nach links konnten sich nicht genug tun, ihm im einzelnen
allerlei Verstöße und Irrtümer nachzuweisen, ohne zu ahnen,
daß sie ihn dabei größtenteils mit seinem eigenen Fett beträu-
felten, und ohne zu begreifen, daß ein solches Monumental-
werk sich der kleinen Flecken und Verbildungen gar nicht erwehren könne. Mit seinem einstigen Lehrer Samson Raphael
Hirsch war es darüber zu einem vollständigen Bruch gekommen.
Doch ließ sich seine arbeitsfrische, lebensfrohe Natur von alle-
dem nichts anfechten, auch der durchschlagende Erfolg seiner
Schriften wurde dadurch nicht im mindesten aufgehalten.
Mit besonderer Genugtuung erfüllte ihn die Auszeichnung,
als er im Dezember 1869 von der preußischen Regierung
zum Honorarprofessor an der Breslauer Universität ernannt
wurde; der schwache Punkt seines Lebens, gegen den seine
hämischen Gegner ihre Pfeile mit Vorliebe richteten, der
Mangel an einem zunftmäßigen Stufengang der gelehrten
Laufbahn, ward durch diese behördliche Anerkennung wesentlich
ausgeglichen und saniert.

Mit dem Erscheinen des elften Bandes im Jahre 1870
hatte er die jüdische Geschichte von der Erhebung der Makkabäer
bis dicht auf die Gegenwart — 1848 — durch neun Bände hindurch in ununterbrochener Aufeinanderfolge hinabgeführt. Es
galt jetzt, um das Werk zu vervollständigen und abzuschließen,
die Uranfänge des Judentums, die biblische und vormakkabäische
Zeit zur Darstellung zu bringen. Graetz hatte dieser Partie
die angelegentlichste Sorgfalt gewidmet und auf ihre Darstellung großen Wert gelegt, weil er die Behandlung gerade
dieser Geschichtsperioden für eine der schwierigsten Aufgaben
hielt. Sie war natürlich nicht ohne bibelexegetische und text-
kritische Forschungen zu lösen, für solche jedoch glaubte sich
Graetz besonders befähigt und berufen, wie er ihnen sein ganzes
Leben hindurch mit besonderer Vorliebe obgelegen. Ehe er
jedoch an die Geschichtserzählung von Israel und Altjuda
herantrat, drängte es ihn, das heilige Land Israels, das er so
oft mit seiner Seele suchte, auch mit eigenen Augen zu schauen

Es war wohl ebenso sehr der Drang der Sehnsucht, wie ein künstlerischer Trieb, der ihn unwiderstehlich nach Palästina zog, um den weihevollen Stätten, welche die Unterlage und die Zeugen jener altehrwürdigen Begebenheiten gewesen, für die Schilderung dieser Begebenheiten die lokale Farbe und Stimmung abzulauschen. Schon 1865 hatte er eine Palästina= fahrt geplant, aber erst im März 1872 konnte er, als sich zwei Freunde ihm anschlossen, den Plan ausführen. Da er dabei nur auf seine engen Privatmittel angewiesen war, auch auf seine Reisegefährten Rücksicht zu nehmen hatte, so konnte ihn wohl die dabei gewonnene wissenschaftliche Ausbeute nicht recht befriedigen, er hatte indes gefunden, was zu suchen er eigentlich ausgezogen war; hatte er doch Eindruck, Schwung und Begeisterung heimgebracht. In schnellem Fluge veröffent= lichte er nun von 1874 ab hintereinander die zwei beziehungs= weise drei [1]) ersten Teile über die biblische und vormakkabäische Zeitepoche und schloß 1876 die Kette seiner Geschichtsdarstellung ab, indem er die ersten Glieder anfügend das Ganze krönte. Das Wort, mit dem er kühn hervorgetreten, als er 1854 mit dem vierten Band seine historische Laufbahn eröffnete, „eine Geschichte der Juden von den ältesten Zeiten bis auf die Gegenwart nach den Quellen neu zu bearbeiten", war jetzt glänzend eingelöst. Ein Werk war vollendet, das großartig in seiner Konzeption, klar und durchsichtig in seiner Ausführung, fesselnd und anziehend in seiner Darlegung, den Weg zum Herzen seiner Glaubensgemeinde nicht verfehlt hat, über das die Gegenwart bisher noch nicht hinausgekommen ist, das der jüdischen Geschichtschreibung die bleibenden orientierenden Grundlagen geschaffen hat. Durch die mancherlei kleinen Schlacken und Verfehlungen, wie sie ja jeder menschlichen Arbeit anhaften, wird an dem Gesamteindruck nichts geändert; mögen auch vielfach im einzelnen die Tatsachen durch Er= schließung ungeahnter, verborgener Quellen korrigiert und be= reichert werden, auf die allgemeinen Gesichtspunkte, die pragmatischen Anschauungen, die bewegenden Ideen, wie er sie aus den schwer zu verfolgenden Zuflüssen und Abflüssen im Stromlauf der jüdischen Geschichte erkannt und fixiert hat,

---

[1]) Der zweite Band hatte einen solchen Umfang genommen, daß er ihn in zwei Abteilungen zerlegen mußte, von denen jede die stattliche Zahl von fast 500 Seiten umfaßt.

wird man immer wieder zurückkommen müssen. Graetz' Geschichte der Juden, so voluminös auch ihr Umfang ist, wird dem eisernen Bestand der jüdischen Literatur einverleibt bleiben.

———

VIII.
Der Exeget.

Die zwei oder vielmehr drei ersten Teile des Geschichtswerkes greifen bereits in die bibelexegetischen Studien über und zeigten daher in ihren Vorzügen und Schwächen alle Merkmale seiner bibelkritischen Exegese. Es schien fast, als wenn Graetz nur die Fertigstellung der nachmakkabäischen, bis an die Gegenwart herangerückten Geschichte des Judentums abwarten wollte, um alsdann die zweite Phase seiner schriftstellerischen Tätigkeit mit voller Kraft aufzunehmen. Diese zweite Phase seiner literarischen Wirksamkeit, die er sich ebenfalls als Lebensziel gestellt, galt der Exegese und der Kritik der biblischen Schriften, sie beginnt 1871 und hat ihn seitdem unaufhörlich beschäftigt, bis ihm der unvermutete Tod die bibelkritische Feder aus der Hand nahm. Man müßte diese Phase eigentlich schon von 1869 ab datieren, denn als Zacharias Frankel, um sich in seine Forschungen über den sogenannten Jerusalemitischen Talmud zu vertiefen, die Redaktion der „Monatsschrift" 1869 an Graetz zur Fortführung übergab, eröffnete der letztere seine Redaktion sofort mit einem Artikel über „Die Ebioniten des alten Testamentes", veröffentlichte in den nächsten Jahren eine Reihe von Aufsätzen über alttestamentliche Schriftauslegung und hebräische Sprachforschung, welche man teilweise als Vorarbeiten für die Geschichte der biblischen Zeit betrachten darf, und setzte diese Studien unablässig fast durch alle Jahrgänge bis 1887 fort, in welchem Jahre er zu seinem Leidwesen sich genötigt sah, das Erscheinen der Monatsschrift einzustellen.

Bei dem geringen Umfang des biblischen Schrifttums, in welchem uns all das vorliegt, was sich von der altisraelitischen Literatur gerettet hat, bei dem mangelhaften Besitz an hebräischem Sprachgut, über den wir infolgedessen zu verfügen haben, bleibt selbst demjenigen Ausleger, der sich treu und sklavisch an das Wort und die Überlieferung hält, immer noch ein überaus weiter Spielraum für individuelles Ermessen und subjektiv-

Hypothefen, für welche nicht der bündige Beweis die Über=
zeugung schafft, sondern der Wille und das Gemüt; um wieviel
mehr wird eine Persönlichkeit von so starker Subjektivität,
von so scharfer Feinhörigkeit und kühner Kombination, wie
Graetz, leicht zu Resultaten kommen, die einen schneidenden
Gegensatz zu allen landläufigen Begriffen bilden, ohne daß
sie in jedem und allem stets auf eine objektive, sichere Basis
gestellt werden können. In der Tat sind seine Ergebnisse und
Erläuterungen, die von einem leidenschaftlichen Streben nach
voller Klarheit und Folgerichtigkeit beherrscht werden, oft von
einer verblüffenden Originalität. Jedenfalls aber hat er allerlei
neue Fragen in Fluß gebracht, viele fruchtbare Anregungen
gegeben und manchen schönen Triumph auf diesem strittigen
Boden davon getragen. Mit solcher Kühnheit wird die Exegese
zweier hagiographischer Bücher behandelt, welche 1871 un=
mittelbar aufeinander folgten, und mit denen er zuerst vor
die Öffentlichkeit trat: Koheleth (oder der salomonische Pre=
diger, übersetzt und kritisch erläutert), dessen Entstehung bis
in die Regierungszeit des Herodes hinabgerückt wird, und
Schir ha=Schirim (oder das salomonische Hohelied, übersetzt
und kritisch erläutert), dessen Verfasser er der syrisch=maze=
donischen Zeit zuweist. So sonderbar die Hypothesen betreffs
der Abfassungszeit der beiden Bücher und manche andere Auf=
fassungen den Leser berühren und stutzig machen, weil sie sich
von allen bisher begangenen Heerstraßen überaus weit ent=
fernen, man muß gestehen, daß diese Hypothese über die
Ursprungsperiode von Kohelet viel Bestrickendes für sich hat,
man muß jedenfalls anerkennen, daß gut und geschmackvoll
übersetzt worden, daß sehr instruktive Bemerkungen und Hin=
weise gegeben werden, daß die alten Übersetzungen eingehend
und aufmerksam herangezogen und benutzt sind. Im Kom=
mentar zu Koheleth, welcher überhaupt denjenigen zum Hohe=
lied an Wert übertrifft, finden sich zugleich interessante Auf=
schlüsse über die griechische Übersetzung. Ein wirkliches und
bleibendes Verdienst hat sich Graetz als Exeget darin erworben,
daß er stets auf Analogien aus der Mischnah und dem Talmud
zurückzugreifen und namentlich den bibelkritischen Stoff, den
die talmudische Literatur bietet, auszubeuten sucht, wobei er
neues Material beibringt und alles in scharfsinniger Weise für
die Fragen der höheren Kritik fruchtbar macht.

Zwei Voraussetzungen sind es insonders, von denen er bei seiner Auslegung sich leiten läßt, und welche in seinem ganzen Wesen tief begründet sind. Zunächst neigte er zu der Annahme, daß bei den biblischen Schriften allenthalben ein historischer Hintergrund durchschimmern müsse und selbst allgemeine Bezeichnungen und Reflexionen ihren individuellen, tatsächlichen Charakter nicht verleugnen können, der eben herausgehört und erkannt werden muß. Alsdann war er der Ansicht, daß ein Widersinn, eine Unbegreiflichkeit im biblischen Wortlaut nicht durch Verrenkung des Wortes oder Satzes, nicht durch eine weit hergeholte Analogie aus einem entfernten, obschon verwandtschaftlichen Idiom wirklich gelöst werden könne, sondern daß hier der Text zu Schaden gekommen sei und der ursprüngliche Wortlaut durch eine Konjektur aus der Tiefe des Zusammenhanges oder nach einer talmudischen Parallele oder mit Hilfe der alten Übersetzungen konstruiert und annähernd wieder hergestellt werden müsse; denn daran sei nicht zu zweifeln, daß die Katastrophen und die Jahrhunderte, vielleicht auch die Abschreiber in ihrer Unzulänglichkeit, an der Urgestalt des biblischen Textes, bevor derselbe mit aller Sorgfalt festgelegt werden konnte, gezerrt und gelöscht haben, ja daß selbst noch später allerlei Irrungen mituntergelaufen sein mögen. Nach diesen Grundsätzen hat Graetz auch die Psalmen bearbeitet, von denen er 1881 eine deutsche Übersetzung herausgab, worauf dann 1882 bis 1883 ein „kritischer Kommentar zu den Psalmen nebst Text und Übersetzung, 2 Bände" folgte. Der Kommentar ist großartig angelegt, bietet eine Fülle von Gelehrsamkeit und enthält neben vielem Vortrefflichen doch auch viele abenteuerliche Kombinationen und vage, wenn auch geistreiche Hypothesen. Ein wegen seiner Gelehrsamkeit, wie wegen seiner Besonnenheit gleich hochgeschätzter Orientalist, Justus Olshausen, der den alttestamentlichen Text zu linguistischen Zwecken kritisch zu läutern suchte, äußerte sich über den Psalmenkommentar in einem Schreiben an den Verfasser folgendermaßen: [1]) „Zwar wird Ihr kritischer Kommentar wegen der Kühnheit Ihrer Kritik bei der großen Zahl der Exegeten großen Anstoß erregen, die als Exegeten selber überkühn, aber schwache Kritiker sind. Für mich hat, wie Sie

---

[1]) Abgedruckt in Rippners: Zum siebzigsten Geburtstag des Professors Dr. H. Graetz, S. 31.

wissen, die Kühnheit in der Kritik nichts Erschreckendes, wo
sie mit Sprach= und Sachkenntnis, mit Scharfsinn und vor
allem mit gesundem Menschenverstand verbunden auftritt.
Gewiß werde ich Ihnen nicht in jedem Falle zustimmen können,
wo Sie vielleicht mit allzu großer Zuversicht das Richtige ge=
troffen zu haben meinen; allein das hindert mich nicht an=
zuerkennen, daß Ihr Buch durch eine Fülle vortrefflicher
Emendationen eine wesentliche Bereicherung der biblischen
Literatur ist." Mancher glückliche Griff ist Graetz offenbar
gelungen, und es fehlte ihm auch nicht an Zustimmung; im
allgemeinen jedoch wurden seine Resultate so entschieden ab=
gelehnt, daß wohl von einer späteren Zeit sicherlich eine Nach=
prüfung zu erwarten steht, welche den Weizen von der Spreu
sondern wird. Er selbst ließ sich in seinem exegetischen Vor=
gehen durch nichts beirren; entschlossen, aller Schwierigkeiten
im alttestamentlichen Wortlaut mit allen ihm zur Verfügung
stehenden Mitteln Herr zu werden, glaubte er sich berechtigt,
auf dem Gebiet der Textkritik, worauf sich schließlich seine Aus=
legung hauptsächlich konzentrierte, sich mit immer größerer
Freiheit zu bewegen und durch kühne Konjekturen, in deren
Auffindung sein nachfühlender Geist unerschöpflich war, den
schadhaften Bibeltext, wenn auch nicht gerade auf seine ur=
sprüngliche Gestalt, so doch auf die ursprüngliche Tendenz des
Schriftsinnes annähernd zurückzuführen. Wiewohl er sonst
stets darauf bedacht war, den Anschluß und die Fühlung mit
der Überlieferung zu behalten, und eine destruktive Tendenz
ihm überaus fern lag, trieb ihn hierbei sein konstruktiver Eifer
so weit fort, daß er schließlich den Boden des Schriftwortes
und der realen Wirklichkeit immer mehr unter sich verlor und
seinen Scharfsinn meist in dem blendenden Feuerwerk raketen=
artig aufblitzender Emendationen versprühen ließ. In dieser
Richtung bewegen sich seine exegetischen Studien zum Pro=
pheten Jeremiah (Monatsschrift 1883, Jahrg. 32), zu den
Salomonischen Sprüchen (Monatsschrift 1884, Jahrg. 33) und
der schöne Aufsatz zur Bibelexegese (Monatsschrift 1886,
Jahrg. 35). Ja, er ging sogar in seinen letzten Lebensjahren
an die Ausführung eines weit ausschauenden, umfassenden
Planes, den er schon lange mit sich umhergetragen und mit
dessen Verwirklichung er das Tagewerk seines Lebens als ab=
geschlossen betrachten wollte: die Textgestalt sämtlicher biblischer

Bücher sollte kritisch gesichtet und restauriert werden. Aber auf diesem Arbeitsfelde leuchtete ihm kein so glücklicher Stern und war ihm kein so glänzender, siegreicher Erfolg beschieden wie auf historischem Gebiet, wo er bahnbrechend durchgegriffen hatte. Trotzdem dürfen seine exegetischen und kritischen Leistungen in ihrem Wert und ihrer Wirkung nicht etwa unterschätzt werden. Die exegetischen Schriften und Aufsätze sind reich an neuen Gesichtspunkten und interessanten Anregungen, sie haben immerhin für die Bibelkritik zahlreiche Keime fruchtbarer Förderung ausgestreut und für die Entwicklung der Bibelexegese tiefe und bleibende Spuren zurückgelassen. Schon diese Arbeiten, für sich allein originell und bedeutend genug, um sonst ein ganzes Gelehrtenleben auszufüllen, würden hinreichen, um dem Verfasser einen ehrenvollen Namen und einen hervorragenden Platz in der Geschichte der jüdischen Wissenschaft zu sichern.

IX.
Die letzten Lebensjahre.

Die steigende Anerkennung und Verehrung, deren sich Graetz aus den Kreisen seiner zahlreichen Leser und Bewunderer, aus der wachsenden Zahl seiner aufblühenden Schüler und Freunde zu erfreuen hatte, war nicht ganz ohne Trübung geblieben. 1879 wurde der leicht entzündliche Judenhaß in Deutschland als antisemitische Bewegung wieder entfesselt, um ein sicher wirkendes politisches Agitationsmittel zur Verfügung zu haben. Heinrich von Treitschke, ein mehr patriotisch erglühter, als Wort und Wahrheit sorgsam wägender Historiker, ein Publizist von eindringlich rednerischem Pathos und glänzender Stilbegabung, trat bald als Rufer im Streit dabei hervor. Er skandalisierte sich über den Geist der Überhebung, der neuerdings in jüdischen Kreisen erwacht sein und eine Gefahr für das deutsche Reich bedeuten sollte, und exemplifizierte dabei auf Graetz, der in seiner Polemik gegen das Christentum angeblich kein Maß halte und über die deutsche Nation in seiner Geschichte sich ganz respektlos äußere. [1] Graetz erwiderte und Treitschke widmete ihm einen Artikel, [2] in welchem er seine

[1] Preußische Jahrbücher 1879, Bd. 44, S. 572 ff.
[2] A. a. O., S. 660.

Behauptung unter Beweis zu stellen suchte, wobei er die angeführten Stellen meistenteils aus dem Zusammenhang löste und es an Sophismen nicht fehlen ließ. Die Führer der jüdischen Intelligenz in Berlin mochten die Tragweite dieser Bewegung unterschätzt haben, keinesfalls waren sie über die Mittel sich klar, um der immer höher anschwellenden Flut zu begegnen; die Ausfälle Treitschkes wollte man jedoch nicht unerwidert lassen, weil man in ihnen mehr als bloß die Auslassungen eines Professors zu vermuten Grund hatte. Daraufhin ließ der als nationalökonomischer Schriftsteller bekannte, als lauterer und edler Charakter hochgeschätzte H. B. Oppenheim sich verleiten, auf die herausfordernden Inkriminationen Treitschkes ohne weitere Prüfung Graetz', dessen Schriften er eingestandenermaßen gar nicht recht gelesen hatte, über Bord zu werfen und ihn „als einen taktlosen und zelotisch einseitigen Mann, dessen große Gelehrsamkeit durch die Absurdität seiner Nutzanwendungen um ihren ganzen Segen gebracht wird", abzutun.[1] Diese eigentümliche Verteidigungsweise des Judentums hatte einen geradezu tragikomischen Eindruck gemacht und hatte zwar niemanden tief aufgeregt, aber sie erwies sich als symptomatisch für die Gesinnung und Denkweise der geistigen Notabilitäten der damaligen Berliner Judenschaft.

Eine Verkennung und Unterschätzung der Bedeutung, die Graetz als Historiker unstreitig gewonnen hatte, trat dann auch in bedauerlichem Maße zu Tage, als bei der Bildung der vom deutsch-israelitischen Gemeindebund ins Leben gerufenen historischen Kommission zur Herausgabe von Quellen der Geschichte der Juden in Deutschland (1885) gerade Graetz übergangen und völlig ignoriert wurde. Den verdientesten Historiker, den das Judentum zur Zeit aufzuweisen hatte, durfte man nicht schlechtweg ausschließen; man durfte nicht vergessen, daß Graetz auf diesem Arbeitsfeld jedenfalls am meisten heimisch war, und daß er besser und genauer als jeder andere alle Probleme und Desiderien, die in Betracht kamen, kannte. Wenn auch die Kommission aus hochangesehenen Gelehrten zusammengesetzt war, so gab es in ihr doch keinen, der die für diese Zwecke unentbehrliche Kenntnis des jüdischen Schrifttums in dem Maße und in dem Umfange wie Graetz besaß, und keinen, der die Beherrschung dieses Arbeitsgebietes durch

---

[1] Die Gegenwart von Lindau, 1880, Bd. 17, S. 18 ff.

namhafte Arbeiten so nachweisen konnte, wie Graetz. Die Er=
gebnisse der durch die Kommission veranlaßten Arbeiten stehen
denn auch in keinem Verhältnis zu den großen Erwartungen,
die man anfangs an sie geknüpft hatte.

Was von Berlin aus oder anderwärts an Rücksichtslosigkeit
gegen Graetz gesündigt wurde, griff ihm keineswegs tief ins
Herz und wurde vollends durch London ausgeglichen, als er
von dort im Sommer 1887 die ehrenvolle Einladung erhielt,
die englisch=jüdische Ausstellung historischer Sehenswürdig=
keiten mit einer Vorlesung zu eröffnen. Die Ehrungen, die
ihm in der englischen Hauptstadt bereitet wurden, die Menschen,
die er kennen lernte, die Eindrücke, die er empfing, all dies
hat seine Seele wohltuend erfrischt und hoffnungsvoll gestimmt,
gehörte zu seinen schönsten und glücklichsten Erlebnissen und
bestärkte ihn in der schon früher öfters von ihm ausgesprochenen
Hoffnung, daß von England und Amerika dem Judentum
neues Heil erblühen werde. Als er am 31. Oktober 1887
das siebzigste Lebensjahr erreicht hatte, beeilten sich nicht bloß
seine Schüler und Freunde, ihm den Jubeltag zu einer groß=
artigen Ovation zu gestalten, aus allen Erdteilen und Himmels=
strichen liefen Huldigungen ein, eine überwältigende Flut
von Adressen, Ehrengaben, Glückwünschen und Gedichten aus
den verschiedensten Ländern bewies, wie allgemein seine
Würdigung und Verehrung in der gesamten gebildeten Juden=
schaft durchgegriffen hatte. Als eine besonders erfreuliche
Überraschung hat es ihn mit stolzer Genugtuung erfüllt, als
die spanische Akademie zu Madrid ihn, den Juden, der in
seiner Geschichtsdarstellung mit der spanischen Nation gar nicht
glimpflich ins Gericht gegangen war, am 27. Oktober 1888 zu
ihrem Ehrenmitglied in der historischen Abteilung ernannte.

Wunderbar war bis zuletzt die Frische und Elastizität
seines Körpers und Geistes, an welcher die Jahre fast spurlos
vorüberzugehen schienen und ebenso erstaunlich seine unver=
wüstliche, außerordentliche Arbeitskraft, wie seine schrift=
stellerische Fruchtbarkeit. Selbst als er bereits seine volle
Kraft auf die exegetischen Arbeiten konzentriert hatte, ermüdete
er nicht, die überall zerstreuten, in allen Kultursprachen auf=
tauchenden Forschungen, welche der jüdischen Wissenschaft
galten oder irgend welche, sei es noch so entfernte, Beziehungen
zu ihr aufwiesen, mit gespannter Aufmerksamkeit zu verfolgen,

dieselben auf ihre Resultate sorgfältig zu prüfen und die ge=
wonnenen Ergebnisse immerdar zur Bereicherung und Be=
richtigung einer neuen Auflage seiner Geschichte zu verwerten
oder, wenn es ihm genügend wichtig dünkte, in einem
besonderen Aufsatze niederzulegen. Denn außer seinen ge=
schichtlichen und exegetischen Werken, welche schon durch ihre
stattliche Zahl wie durch ihren äußeren Umfang überaus
bedeutsam erscheinen, hat er nebenhin zahllose Abhandlungen
und Programmarbeiten über die verschiedensten Themata ver=
öffentlicht. Unter den Aufsätzen gibt es wahre Perlen, Muster
von stilistischer Klarheit und gründlicher Gelehrsamkeit, in
manchen kommen allerdings gewagte Behauptungen zum
Vorschein; als eine derartige Aufstellung, an der er stets fest=
hielt, sei hier beispielsweise aufgeführt, daß die Massorah von
den Karäern herrühre und aus ihrem Schrifttum zu uns her=
übergedrungen sei; eine Hypothese, über welche man sich mehr
emphatisch entrüstet hatte, als daß man sie durchschlagend
widerlegte, und für welche manches verdächtige Anzeichen
spricht. Von seinen Programmschriften seien als besonders
wertvoll hervorgehoben: „Die westgothische Gesetzgebung in
betreff der Juden" zum Jahresbericht des jüdisch=theologischen
Seminars 1858, „Frank und die Frankisten" zu 1868, „Das
Königreich Messena und seine jüdische Bevölkerung" zu 1879.
In der Monatsschrift für Geschichte und Wissenschaft des Juden=
tums, deren Redaktion er, wie bereits angegeben, von 1869
bis Ende 1887 führte, stammt der größte Teil der darin ent=
haltenen Aufsätze von seiner Feder her.

Er verstand es eben merkwürdig, seine Zeit ganz und gar
auszukaufen. Jeder Morgen fand ihn schon um 5 Uhr vor
seinem Schreibtisch, und bis 9 Uhr beschäftigte er sich ununter=
brochen mit schriftstellerischen Arbeiten; nach 9 Uhr pflegte er
seine Vorlesungen aufzunehmen. Er unterhielt eine aus=
gedehnte Korrespondenz, fand für alles Muße und gab sich
gern den harmlosen Freuden heiterer Geselligkeit hin. Freilich
suchte er erst spät sein Nachtlager auf und bedurfte überhaupt
nur wenig Schlaf. Die kerngesunde, fast unbezähmbare Kraft
seines Nervensystems gebot über eine körperliche Konstitution,
welche die materielle Grundlage für eine außergewöhnliche
Leistungsfähigkeit in vollstem Maße in sich barg. Von Statur
mittelgroß, die Haltung etwas vornüber geneigt, besaß er eine

gute Muskulatur, welche fettarm und mager, aber sehnig und
von einem starken Knochenbau getragen war. Der Kopf, obschon im Gesicht durch Pockennarben etwas beeinträchtigt,
machte einen aparten und bedeutenden Eindruck. Die brett-
artige Stirne trat kantig hervor, über ihr lag nicht gerade dicht
jedoch auch nicht spärlich, weiches, kastanienbraunes Haar, das
später ergraute. Die graubraunen Augen lugten scharf und
spähend aus und verrieten Lebensfreude, eine schmalflügelige,
scharf und spitz ausgeprägte und nicht eben kleine Nase gab dem
ovalen, starkknochigen Gesicht einen charakteristischen, fühler-
artig forschenden Ausdruck, um seine Lippen schien es zumeist
wie Wehmut zu spielen, zuweilen aber lagerte über denselben
eine Wolke von Spott, Ironie und Angriffslust, als wenn jeden
Augenblick sarkastische Worte heraussprühen wollten. In der
Tat brachen manchmal spitze Sarkasmen über das Gehege
seiner Zähne hervor, im allgemeinen indes blieb die mündliche
Unterhaltung weit hinter den Erwartungen zurück, welche seine
Feder erregt hatte. Zu glücklicher Stunde war er in jüngeren
Jahren für den häuslich vertrauten Kreis voll scherzhafter Worte
und lustiger Einfälle, immer aber beseelte ihn eine unbesieg-
bare Lebenslust und ein glücklicher Optimismus. Inniger
Familiensinn beherrschte ihn. Gegen seine Frau bewies er
jederzeit eine Zartheit und Aufmerksamkeit, als ständen sie in
den Flitterwochen, gegen seine Tochter übte er eine vollendete
Ritterlichkeit, gegen seine Söhne war er von hingebender Nachsicht und Opferfähigkeit, sein Verhalten dem greisen Vater
gegenüber erinnerte geradezu an die talmudisch-antike Pietät.
Mit großer Vorliebe pflegte er seine freundschaftlichen Verhältnisse. Für einen Freund, wie überhaupt für jede Sache,
die seine Sympathie besaß, war er jederzeit bereit, voll und ganz
einzustehen. Aus Palästina hatte er, von den dortigen Übel-
ständen tief bewegt, den Plan zur Erziehung jüdischer Waisen
in Jerusalem auf deutscher Grundlage mitgebracht; zusammen
mit seinen Reisegenossen stiftete er einen Verein und bot alles
auf, um hierfür einen festen, wenn auch kleinen Grundfonds
zu beschaffen. Zu diesem Zwecke unternahm er allerlei Reisen,
hielt, so sehr ihm derartiges anfangs widerstrebte, in vielen
Städten Vorträge und ging sogar auf eine Einladung nach
Galizien, wo er allerdings mit großem Jubel empfangen und
mit schmeichelhaften Huldigungen überhäuft wurde. Von

solchem Erfolge gehoben, ruhte er nicht eher, bis diesem Verein der noch heute segensreich wirkt, eine gesicherte, wenn auch bescheidene Unterlage bereitet war.

Rüstig und frisch, wie er sich fühlte, hatte er in seinen letzten Lebensjahren sich noch eine große Aufgabe gestellt, in der er das Fazit seiner bibelkritischen und exegetischen Studien ziehen wollte, für deren Ausführung er von der Gegenwart keinen Dank erwartete, sondern auf die Anerkennung einer späteren Zukunft rechnete. Alle sonstigen Nebenbeschäftigungen ließ er aus diesem Grunde zurücktreten, er stellte sogar 1888 die Herausgabe der „Monatsschrift" ein, da keiner seiner Schüler damals die Redaktion zu übernehmen geneigt war, und ging mit seinem gewohnten Eifer und Ungestüm ans Werk. Um die Resultate seiner langjährigen biblischen Textforderungen in klarer Übersicht zu geben, wollte er einen Abdruck der ganzen hebräischen Bibel mit emendiertem Wortlaut und mit kurzen, die Emendationen des Textes begründenden Anmerkungen veranstalten. 1891 hatte er sämtliche Vorarbeiten hierzu beendet und ging mit dem Druck vor. Wie sehr ihm dieses Lebenswerk am Herzen lag, geht aus dem Prospekt hervor, in dem er sich gegen seine sonstige Gewohnheit mit der Bitte an seine Freunde wandte, sein Bemühen zu unterstützen. „Auf der Neige meines Lebens" — so heißt es daselbst — „habe ich das mühevolle Werk unternommen, die Emendationen des Textes der heiligen Schrift ü b e r s i c h t l i c h zusammenzustellen, deren Zulässigkeit und Berechtigung nicht nur, sondern auch deren Notwendigkeit der Ihnen gleichzeitig zugehende P r o s p e k t auseinandersetzt . . . . . Ich ersuche Sie, mein Bemühen zu unterstützen . . . . damit das von mir übernommene Risiko nicht meine Verhältnisse allzusehr übersteige". Dieser Prospekt erschien im Juli 1891 und war das letzte, was seine rastlose Feder dem Druck übergab. Wiewohl die vorgerückten Jahre ihm eigentliche Beschwerden nicht verursachten, er sich für gesund hielt und sich jedenfalls durchaus kräftig fühlte, war er dennoch vom Alter, ihm unbewußt, ins Innerste getroffen worden; denn sein Herz war schwer angegriffen und erregte die Besorgnis der Ärzte. Wie alljährlich war er, um kleine körperliche Indispositionen zu beseitigen, nach Karlsbad gegangen und hatte vor, von dort einen Abstecher nach München zu machen, um den ältesten seiner Söhne, der eine außerordentliche Professur der Physik

an der Münchener Universität inne hatte, zu besuchen und
dann mit dessen Familie noch einige Zeit im Bade Reichenhall
der Ruhe zu pflegen. Kurz vor der geplanten Abreise nach
München befiel ihn in Karlsbad, wo er sich nicht schonte, eine
tiefe Ohnmacht, so daß die Ärzte seine Frau dringend zur Rückreise nach Breslau mahnten. Er jedoch hielt diese Vorsicht
für übertrieben, erklärte sich wohl schießlich zur Heimkehr bereit,
nur die Reise nach München wollte er nicht aufgeben. Daselbst
angekommen, wurde er in der Behausung seines Sohnes am
Abend vom 6. auf den 7. September von einer heftigen Kolik
angefallen. Dieselbe wurde vom Arzt durch Opium beruhigt,
so daß er bald hernach zu Schlaf kam. Als seine Frau früh
am Morgen sein Befinden beobachten wollte, fand sie ihn
leblos im Bette vor, ein Herzschlag hatte in der Nacht zum
7. September 1891 seinem arbeitsvollen und erfolgreichen
Leben ein immer noch allzu frühes Ziel gesetzt. Die Leiche
wurde nach Breslau übergeführt und drei Tage später auf dem
dortigen Friedhofe unter zahlreicher Beteiligung seiner Schüler
und allgemeiner Teilnahme zur letzten Ruhe bestattet.

Die Gattin, welche nur noch dem Andenken ihres hoch-
gefeierten Mannes lebte [1]), hat es als eine Ehrenschuld angesehen, sein letztes Lebenswerk, das im Manuskript fast fertig
vorlag, von dem erst einige wenige Bogen durch die Presse
gegangen waren, zu Ende zu führen. Professor W. Bacher
zu Budapest, ein Schüler von Graetz, der sich durch seine
Editionen und Studien zur Geschichte der hebräischen Grammatik und Exegese einen angesehenen Namen erworben, hatte
die Redaktion übernommen; derselbe war überdies gezwungen,
ein beträchtliches Stück aus den Propheten, welches durch einen
unglücklichen Zufall abhanden gekommen war, aus anderweitigen Notizen zu ergänzen. Ein solcher Unstern waltete über

---

[1]) Marie, geb. Monasch aus Krotoschin, verstarb am Abend des 31. Mai
1900. Eine stattliche, schlanke Figur, mit angenehmem Äußeren und von
gemessenem, zurückhaltenden Wesen, verband sie Freundlichkeit und Takt
und verstand es, auch dem freundschaftlichen Verkehr einen gewissen feierlichen Anstrich zu geben. Über dem Verhältnis zu ihrem Gatten schwebte
bis zum letzten Tage eine Art bräutlichen Schimmers. Infolge des Alters
hatten in der letzten Zeit ihre körperlichen und geistigen Kräfte nachzulassen
begonnen. Da war es rührend zu sehen, wie ihre Züge, sobald die Rede
auf ihren verstorbenen Gatten kam oder es sich um dessen Schriften handelte,
sich alsdann belebten, sie an der Unterhaltung oder Verhandlung vollen Anteil
nahm und ihre Geisteskräfte nichts zu wünschen ließen.

diesem textkritischen Bibelwerk, auf welches der verewigte Ver=
faffer gar hohen Wert gelegt; ohne daß er wie sonst während
des Druckes beständig die nachbessernde Hand anlegen konnte,
mußte das Buch als ein unvollständiges, weil nachgelassenes,
erscheinen unter dem Titel: Emendationes in plerosque Sacrae
Scripturae Veteris Testamenti libros secundum veterum
versiones nec non auxiliis criticis caeteris adhibitis. Ex relicto
defuncti auctoris manuscripto edidit Guil. Bacher. 3 Th.
Breslau 1892 bis 1894. Der hebräische Wortlaut der Bibel
wird freilich kühn und subjektiv behandelt, immerhin bleibt erst
einer spätern Zukunft die richtige Würdigung vorbehalten, wie
weit die kritische Sichtung des Bibeltextes durch seine For=
schungen auch wirklich gefördert worden; denn darüber kann
kein Zweifel bestehen, Graetz war ebenso wie auf historischem,
auch auf exegetischem Gebiete ein Meister, dessen Anregungen
selbst dort, wo er irrt, immer noch wertvoll bleiben.

Einst wird die Zeit kommen, wo man uns um das Große
und Herrliche beneiden wird, dessen wir uns von Angesicht zu
Angesicht erfreuen durften. Man wird freilich nicht an den
Schmerz und die Trauer denken, womit wir es unvermutet
und unvermittelt aus unserer Mitte haben scheiden sehen. Noch
weniger wird man die Selbstvorwürfe ahnen, die sich nach=
träglich bei uns eingestellt, daß wir häufig ein schärferes Auge
für die kleinen Schwächen und Unzulänglichkeiten hatten,
welche jeder menschlichen Existenz anhaften, als daß wir ein
williges und verständnisvolles Ohr für die Anregungen, In=
tuitionen und Aufschlüsse zeigten, die uns jederzeit wie aus
einem immer stärker sprudelnden Quell zur Verfügung standen.
Die schönsten Blüten jedoch, die sein Geist getragen, die besten
Früchte, die sein Leben gereift, sind in seinen Schriften nieder=
gelegt, jedem zugänglich und jedem verständlich, der lesen
will. Ein Prophet in seiner Art, hat er den Schleier der
jüdischen Vergangenheit gelüftet und ihrer Stimme für alle
Zukunft lebendigen Klang und neue Frische wiedergegeben.
Indem er ohne Menschenfurcht und ohne Lohnsucht nur der
historischen Gerechtigkeit und Wahrheit zu dienen strebte, hat
er den Ruhm Zions verkündet und wie mit einer Wünschelrute
den Quellengrund aufgeschlossen, aus dem für die Bekenner
des einzig=einigen Gottes stets Trost und Labung, Hoffnung
und Erhebung in reicher Fülle hervorströmen wird.

Geschichte der Israeliten

von

ihren Uranfängen (um 1500)

bis zum

Tode des Königs Salomo (um 977 vorchristl. Zeit).

———

Vorwort.

Öfter bin ich privatim und öffentlich deswegen zur Rede gestellt worden, daß ich „die Geschichte der Juden von den ä l t e s t e n Zeiten bis auf die Gegenwart" nicht mit dem Anfang, sondern mit der nach-makkabäischen Zeit, oder typographisch gesprochen, daß ich statt mit dem ersten Bande zu beginnen, mit dem dritten begonnen habe. Die-jenigen, welche diese Frage oder Verwunderung naiv oder hämisch ge-äußert haben, wußten nicht oder stellten sich unwissend, wie außerordent-lich schwierig die Bearbeitung gerade der Geschichtsperiode ist, deren Hauptquellen in der biblischen Literatur liegen. Diese Schwierigkeit besteht nicht etwa in der Armut, sondern in der Überfülle der Vorarbeiten. Es gibt nicht einen einzigen Punkt in diesen Quellenschriften, der seit Hunderten von Jahren nicht hundertfach monographisch oder im Zu-sammenhange behandelt worden wäre. Natürlich, diese gehören zur Domäne der Theologie, und für sie hat jedes in der Bibel vorkommende Wort eine exzeptionelle Wichtigkeit. Dieser erdrückende Stoff, nieder-gelegt in Geschichtskompendien, ausführlichen Darstellungen, biblischen Enzyklopädien, isagogischen und archäologischen Handbüchern, ist aber eher imstande irre zu führen, als zu orientieren. Der Historiker, welcher sich diesen Führern anvertrauen wollte, würde förmlich vom Schwindel ergriffen werden und jeden Halt verlieren.

Sicherer ist es jedenfalls, dieses literarische Tohuwa-Bohu zu ignorieren und sich ein eigenes Urteil aus den Quellenschriften selbst zu bilden. Allein auch dieser Weg führt nicht ohne weiteres zum Ziele. Es genügt dazu nicht, mit historischem Takt begabt zu sein und philo-logische Vertrautheit mit der hebräischen Sprache und Literatur zu be-sitzen. Denn obwohl diese Quellenschriften in ihrer Totalität seit Jahr-tausenden offen da liegen, ist doch Verschiedenartiges und Entgegen-gesetztes daraus herausgelesen worden. Je nach dem Standpunkt der Forscher hat der eine die biblische Geschichte sublimiert und verhimmelt, in jedem Buchstaben eine Heilswahrheit gefunden und der andere sie als „Judengeschichte" in den Staub gezogen. Das Bild, welches der Supranaturalismus von dieser Geschichtsperiode entworfen hat, ist so

grundverschieden von dem, welches der Rationalismus in allerlei
Formen davon gezeichnet hat, daß, wenn dieselben Eigennamen nicht
in beiden Darstellungen herausklängen, ein Leser schwerlich darauf
kommen könnte, daß beide von einem und demselben Volke sprechen.

Es gehört notwendigerweise zur Bildung eines selbständigen Urteils
und zum richtigen Verständnis der Quellenschriften etwas, was der
historische Takt und die gründlichste hebräische Philologie nicht ersetzen
können. Man muß die biblischen Schriften in dem Lande lesen, wo sie
ihren Ursprung haben, oder man muß den biblischen Schauplatz mit
der Bibel in der Hand bereisen. Es stand bei mir seit der Zeit meiner
ersten schriftstellerischen Tätigkeit auf diesem Gebiete fest, daß der
Schlüssel zu manchem Rätselhaften und Unverstandenen in der biblischen
Literatur in ihrer Heimat zu suchen sei; es wäre daher meinerseits eine
Vermessenheit gewesen, die Geschichte des Landes zu schreiben, ohne
es zu kennen und mich damit zu begnügen, es nur aus Büchern zu
kennen. Erst im Frühjahr 1872 ist es mir vergönnt worden, in Gesellschaft zweier lieben Freunde das Land der Väter mit eigenen Augen
zu sehen und zu erforschen, und diese Palästinafahrt hat mir den Mut
gegeben, an die Ausarbeitung der Urgeschichte zu gehen. Diese lege
ich hiermit meinen Lesern vor.

Ich habe zwar auf meinem Ausfluge nach dem heiligen Lande
keine antiken Schätze entdeckt, war auch, da ich auf eigene Mittel angewiesen, nicht imstande, weitläufige Nachgrabungen zu halten, um die
ursprüngliche Lage aller zweifelhaften Lokalitäten zu fixieren. Mein
Sinn war auch gar nicht darauf gerichtet, sondern lediglich darauf, mich
mit der Natur dieses merkwürdigen Landes, welches dieselbe geblieben
ist, wie zur Zeit Abrahams, Josuas, Davids, Jesaias, Esras und der
Makkabäer, in Kontakt zu setzen. Die Bergkegel, die sich um diese
schlängelnden Täler, das Meer, der im Frühjahr rauschende Jordan,
die Schneehäupter des Hermon und Libanon, die tropische Glut am
toten Meer, der liebliche Talgrund an der Jordanquelle und am Fuße
des Hermon, der klare Spiegel des Tiberiassees mit seinem heißen
Sprudel, die wunderbare Durchsichtigkeit der Luft, die regelmäßigen
Regenniederschläge sind heute noch so wie vor Jahrtausenden. Sie
allein geben den zuverlässigsten Kommentar zur Bibel und den Schlüssel
zum Verständnis der Dunkelheiten in der biblischen Geschichte und in
der eigenartigen biblischen Poesie. Verändert ist zwar das Land wo
einst Milch und Honig floß; das Auge erblickt überall außerordentliche
Verödung. Die Bergkegel sind größtenteils kahl geworden; die Ro-
mantik der Löwen, Panther, Hyänen und Bären ist mit dem Wald-

dickicht verschwunden; die Palmenhaine sind nicht mehr anzutreffen, nur hier und da vereinzelte Überbleibsel; die Hafenplätze sind versandet; Fahrstraßen gibt es nirgends mehr, kaum Wegespuren für den Reiter. Die Felder sind zum größten Teil unangebaut. Aber da, wo die menschliche Hand den Boden bearbeitet, erscheint eine außerordentliche Fruchtbarkeit. Die Täler, auch die nicht angebauten, sind mit mannshohen wilden Pflanzen bedeckt und erscheinen wie saftige Wiesen und blumenreiche Auen. Olivenbäume sind noch zahlreich vorhanden, wenn auch nicht in dichten Hainen zusammengedrängt. Hier und da stößt man auf Gärten von goldglänzenden, würzigen Orangen und saftigen Feigen. Es sind Zeugen von der ehemaligen Fülle und Schönheit des Landes, als noch die Berge mit Walddickicht bedeckt waren und die Einwohner in die Täler Saaten streuten und die Berglehnen mit Weinstöcken bepflanzten. Aus der Verödung heraus kann man doch die ursprüngliche Beschaffenheit des Landes erkennen und finden, daß dort in der Tat einst Milch und Honig floß.

So außerordentlich wichtig, ja, so unerläßlich die Autopsie des Landes für das Verständnis der biblischen Quellenschriften ist, so reicht sie allein doch nicht dafür aus. Viele Touristen, Engländer, Amerikaner, Franzosen, — Teutsche wenig, — haben in den letzten Dezennien Palästina zum Zwecke historischer oder archäologischer Forschung nach allen Richtungen hin bereist und haben doch die biblische Geschichte wenig gefördert. Bei mehreren ist es auf ihre Unkenntnis der Ursprache zurückzuführen, sie mußten sich mit Übersetzungen behelfen, und die, welche von der Septuaginta oder Vulgata stammen, sind durchaus unzuverlässig. Aber selbst diejenigen touristischen Forscher, die hebräischphilologische Kenntnisse mitbrachten, haben ein falsches Bild von den geschichtlichen Vorgängen der Urzeit entworfen, weil sie entweder nicht verstanden oder aus kirchlicher Befangenheit sich gescheut haben, textuelle und historische Kritik zu üben. Der Mangel an kritischem Sinn oder Mut hat ihr Auge verschleiert und ihr Beobachtungsfeld umnebelt. Nur beides vereint, B e o b a c h t u n g des Schauplatzes der Geschichte und K r i t i k der Quellen geben das richtige Augenmaß für die Dimensionsverhältnisse und den Pragmatismus der geschichtlichen Bewegung. Die Kritik schärft das Auge und die Autopsie regelt die Kritik.

Das Mißtrauen gegen die kritische Behandlung der biblischen Quellen ist auch ungerechtfertigt. Sie haben es durchaus nicht nötig, eine eximierte Stellung zu beanspruchen oder hinter derselben Schutz zu suchen. Weit entfernt zu verlieren, gewinnt die biblische Geschichte durch die kritische Behandlung, wie an Gewißheit, so auch an Großartig-

keit und Wunderhaftigkeit. Wendet man auf sie dasselbe Verfahren an,
wie auf die Geschichtsforschung anderer Völker, so wird die Superklugheit
nicht mehr so rückhaltslos wagen, das israelitische Volk als eine ver-
kommene semitische Rasse verächtlich zu behandeln, oder seine Geschichte
wegwerfend als eine „Judengeschichte" zu bezeichnen, oder die Lehre
dieses Volkes als die „Religion einer Horde" von oben herab zu be-
lächeln.   Durch die kritische Behandlung tritt die Eigenart des Volkes,
seiner Lehre, seiner Geschichte und seiner Poesie bedeutend und impo-
sant hervor und erklärt befriedigend diese Erscheinung, die in den
universal-historischen Bildungsprozeß so tief eingreifen konnte.   Die
junge Wissenschaft der Völkerpsychologie, welche allen Reichtum und
Glanz auf die arische Rasse häuft und alle Armut und Schmach auf die
semitische Volkswirtschaft wirft, müßte ihren Ton herabstimmen, wenn
ihr die Geschichte des israelitischen Volkes, von der Theologie eman-
zipiert und nach allgemein historischen Gesetzen behandelt, als Phänomen
entgegentritt, auf welche die Hypothesen nicht passen.   Manche Vertreter
dieser Wissenschaft scheinen nämlich diese Geschichte nur aus den Jugend-
erinnerungen des Religionsunterrichtes zu kennen, als eine Märchen-
welt, gut genug für das Kindesalter und seine Wundersucht.   Sonst
würden sie die Israeliten nicht zu den Semiten zählen oder der semitischen Rasse nicht eine so krasse Stupidität aufbürden.

Die durch Autopsie unterstützte und geregelte Kritik gibt nämlich
den Wertmesser für die in den biblischen Quellenschriften enthaltenen
historischen Relationen, streift von der Urgeschichte den märchenhaften
Charakter ab und verleiht ihr die Würde geschichtlicher Tatsächlichkeit.
Mehr aus Taktgefühl als aus sicherer Erkenntnis hat M. v. Niebuhr
das richtige Urteil ausgesprochen, daß sich die israelitischen Geschichts-
quellen vor allen anderen durch W a h r h a f t i g k e i t und R i c h -
t i g k e i t auszeichnen (Geschichte Assurs und Babels, S. 5).   Durch
die Umschau auf dem Schauplatz der Geschichte erkennt man auf Schritt
und Tritt das Zutreffende dieses Urteils.   Da, wo in den Quellen die
geschichtlichen Fakta l o k a l i n d i v i d u a l i s i e r t sind, erkennt
man an Ort und Stelle nicht bloß die A n s c h a u l i c h k e i t der Schilderung, sondern auch die T r e u e der Ü b e r l i e f e r u n g.   Man
kann so ziemlich in Gedanken den geschichtlichen Vorgängen folgen.
Die Untersuchung, ob die Quellen, welche die Fakta überliefern, einer
älteren oder jüngeren Zeit angehören, ist daher beinahe gleichgültig.
Diese Unterscheidung hat nur Wert für die Beurteilung der Zustände
und Gesetze, oder des B l e i b e n d e n , aber nicht für die Schätzung
der Ereignisse und ihrer Verkettung, oder des F l i e ß e n d e n in der

Geschichte. Hier kommt es lediglich auf die Treue und Zuverlässigkeit der Überlieferung an, und diese wird durch die Bestimmtheit der Lokalität verbürgt. Die Relationen in den Büchern Josua, Richter, Samuel und Könige, soweit in ihnen topographische Bestimmtheit angetroffen wird, erweisen sich eben dadurch als echt historisch, mögen die Schriften früher oder später redigiert worden sein. Freilich die Reden, welche die historischen Persönlichkeiten bei gewissen Gelegenheiten halten, können ebensowenig auf stenographische Treue Anspruch machen, wie die oratorisch zugespitzten Monologe oder Dialoge, welche griechische und lateinische Historiker den Helden der Geschichte in den Mund legen. Das gesprochene Wort, wenn es nicht augenblicklich festgehalten wird, kann seiner Natur nach nicht in seiner Ursprünglichkeit überliefert werden; es erleidet im Verlaufe der Zeit Veränderungen, wird verbessert oder verschönert und erhält öfter eine tendenziöse Spitze. Ebenso verhält es sich mit Zahlenangaben. Wenn die Zahlen auch an Ort und Stelle und im Augenblick des Ereignisses genau aufgenommen sind — was nicht immer möglich ist — so behält sie das Gedächtnis nicht, vermehrt oder vermindert sie. Daher variieren die Zahlenangaben in den verschiedenen Quellen, welche eine und dieselbe Tatsache überliefern. Sicherer sind schon die chronologischen Angaben, soweit sie nicht den Charakter runder Zahlen haben. (Vgl. die Note Chronologie.) Zahlen können aber auch durch Abschreiber entstellt sein; in solchem Falle ist es Sache der Kritik, das Ursprüngliche und Richtige zu ermitteln.

Für das Materielle der Geschichte dagegen gewährt die topographische Bestimmtheit eine so sichere Bürgschaft, daß sie für die Kritik ein Korrektiv bietet. Erzählungen nämlich, in denen die Lokalität unbestimmt gehalten oder ganz verwischt ist, können nicht oder wollen gar nicht als historische Tatsachen gelten, sondern haben lediglich einen didaktischen Zweck oder gehen auf eine Tendenz aus. Die Chronik bietet öfter Gelegenheit, diese Scheidung zu machen. Soweit ihre Relationen bei der Begebenheit einen Ort individualisieren, sind sie historisch, wenn sie aber einen solchen vermissen lassen, sind sie didaktisch oder tendenziös. Dieselbe Bewandtnis hat es auch mit den mit der Chronik zusammenhängenden Büchern Esra und Nehemia und auch noch mit dem ersten Makkabäerbuche. Was den Pentateuch betrifft, so haben nur diejenigen Partien darin, welche die Geschichte des Volkes Israel betreffen, für dessen Urgeschichte historische Wichtigkeit. Die Partie der Genesis von der Weltschöpfung bis zum Auftreten der Terachiden gehört nicht zur israelitischen Geschichte und hat nur als

kosmogonische und ethnogenealogische Anschauung Bedeutung. Selbst
der übrige Teil der Genesis, der die Familiengeschichte der Abrahamiden
zum Inhalt hat, liefert keinen Stoff für die eigentliche Geschichte, sondern bildet nur die Vorgeschichte des Volkes. Erst mit dem Exodus beginnt der eigentliche Geschichtsprozeß. Die in diesen Quellenschriften
überlieferten Haupttatsachen sind indes unzweifelhaft historisch, weil
sie auch anderweitig von Schriften, die unabhängig vom Tetrateuch
sind, beurkundet werden. Die prophetische oder psalmistische Poesie
hat sie vielfach verklärt. Der Aufenthalt des Volkes in Ägypten und
sein Notstand in diesem Lande sowie die Befreiung und der Durchzug
durch das Meer (oder den See) bilden den Grundton der ganzen hebräischen Literatur. Die Offenbarung am Sinaï ist durch das Deborahlied
beurkundet, das kaum zwei Jahrhunderte nach dem Auszug gedichtet
ist. Die Bundestafeln waren ein uraltes sichtbares Denkmal, welches
sich bis zur ersten Tempelzerstörung erhalten hat. Die vierzigjährige
Wüstenwanderung betont auch der Prophet Amos. Dieser kann entweder als zweite von Exodus und Numeri unabhängige Quelle angesehen werden, oder er bezeugt, wenn er diese Quellen vor sich hatte, sie
als so alt und echt, daß ein Zweifel dagegen gar nicht aufkommen kann.
Das Manna gibt auch die pessimistische Kritik zu. Alle diese Hauptfakta
bis zur Eroberung des transjordanischen Gebietes lassen sich durchaus
nicht anzweifeln, und sie genügen, den historischen Anfang zu konstatieren. Die Bestandteile der Gesetze zu zerlegen hat noch zu keinem
sicheren Resultat geführt. Die Formeln: Jehovismus, Elohismus,
Deuteronomismus oder Mosaismus, Prophetismus, Levitismus, womit die Kritik innerhalb der protestantischen Theologie operiert, sind
Schlagwörter ohne Inhalt geworden; für die historische Rekonstruktion
sind sie unbrauchbar, ebenso wie die Hypothesen, die überall Tendenzen
oder Interpolationen wittern. Für die Anfänge der Geschichte genügt
es, daß die H a u p t f a k t a der Kritik standhalten. Ihr Verlauf vom
Einzug in Kanaan bis zur Kulminierung unter David und Salomo und
von da bis zur rückläufigen Bewegung entwickelt sich aus den gegebenen
Verhältnissen so naturgemäß, daß man ihn nach dem Gesetz der geschichtlichen Bewegung fast ebenso a priori konstruieren könnte. Nur
das Eingreifen des Prophetismus in die Geschichte bildet eine Anomalie;
aber auch die Prophetie ist ein Faktum, das nicht abgeleugnet werden
kann (vgl. Note 2). Sie muß in den Geschichtsprozeß eingereiht werden.

An der prophetischen Literatur hat die Geschichte des israelitischen
Volkes eine beurkundete Quelle, wie sonst keine Geschichte irgendeines
Volkes. Von der Zeit an, wo die großen Propheten auftraten, bis zum

Untergang des judäischen Reiches und noch darüber hinaus, von A m o s bis J e r e m i a und E z e c h i e l, geben die prophetischen Reden nicht bloß die Tatsachen aus der noch vibrierenden Aktualität und die treuesten Zeitbilder, sondern auch die Stimmungen, wie sie in jeder Zeit geherrscht haben, anschaulich wieder: die Zuckungen des Schmerzes und der Freude, Furcht und Hoffnung, Übermut und Niedergeschlagenheit, Partei- bestrebungen und Parteistichwörter. Gerade von der Zeit an, wo die offizielle Geschichtsquelle, das zweite Buch der Könige, nur kurze No- tizen, gewissermaßen nur die Konturen bietet, liefern die prophetischen Reden das lebensvolle Gemälde und den reichen Inhalt dazu. Gelingt es noch, den historischen Hintergrund derjenigen Psalmen, welche An- haltspunkte dazu bieten, besonders der K ö n i g s p s a l m e n, zu er- mitteln, so geben auch diese ein treues Geschichtsbild aus der unmittel- baren Gegenwart.

Von diesem Gesichtspunkte aus und nach diesem Verfahren habe ich die Urgeschichte des israelitischen Volkes darzustellen versucht. Man- ches Neue oder Abweichende von der bisherigen Darstellungsweise hat sich daraus ergeben. In den kurzen Anmerkungen unter dem Texte und in größeren Noten am Ende glaube ich, meine abweichende Auf- fassung begründet zu haben. Meine Beobachtungen in Palästina haben mir öfter Gelegenheit gegeben, Irrtümer zu berichtigen. Ich gestehe übrigens, daß mich die Liebe zu dem Volke, dem ich durch Geburt und Überzeugung angehöre, bei der Ausarbeitung geleitet hat; ich hoffe aber, daß der Leser finden wird, daß diese Liebe mich nicht zu Parteilich- keit und Beschönigung verleitet hat.

Breslau, im Dezember 1873.

Graetz.

Inhalt.

Erster Zeitraum. Die vorexilische biblische Zeit.
Erste Epoche, die Anfänge.

Erstes Kapitel.

Zweites Kapitel.

Drittes Kapitel.

Viertes Kapitel.

Fünftes Kapitel.

Sechstes Kapitel.

Zehntes Kapitel.

**Zustände und Wandlungen, Gesetz und Sitte, Kunst und
Literatur.** Anbau und Fruchtbarkeit des Landes. Handelsstraßen. Münzwesen. Zeiteinteilung. Bevölkerungsklassen,
die Eingebornen, die Halbsklaven und die Fremdlinge; die
Königin von Saba. Das israelitische Recht der Gleichheit,
die Asylstädte, die Gerichtsbarkeit. Gesetze der Milde und
der Keuschheit. Die Ehe. Stellung der Frauen. Entwickelung
der Musik und der Dichtkunst. Rätselpoesie, nationale Poesie.
Entwickelung der Prosa. Die beiden Flugschriften. Salomos
letzte Jahre. Jerobeams Empörung. Salomos Tod . . . . 300—332

Einleitung.

Die Anfänge eines Volkes sollen hier erzählt werden, das aus uralter Zeit stammt und die zähe Ausdauer hat, noch immer zu leben, das, seitdem es vor mehr denn drei Jahrtausenden auf den Schauplatz der Geschichte getreten ist, nicht davon weichen mag. Dieses Volk ist daher zugleich alt und jung; in seinen Zügen sind die Linien grauen Altertums nicht zu verwischen, und doch sind diese Züge so frisch und jugendlich, als wäre es erst jüngst geboren. Lebte ein solcher steinalter Volksstamm, der sich in ununterbrochener Reihenfolge der Geschlechter bis auf die Gegenwart erhalten, und unbekümmert um andere und unverkümmert von anderen, sich von der Barbarei des Urzustandes losgewunden, sonst aber nichts Besonderes geleistet und keinen Einfluß auf die übrige Welt ausgeübt hätte, lebte ein solcher Stamm in einem entlegenen Winkel der Erde, so würde er als eine außerordentliche Seltenheit aufgesucht und erforscht werden. Ein Stück Altertum aus urdenklicher Vorzeit, das Zeuge der Gründung und des Zerfalles der ältesten Weltreiche war, und das noch in die unmittelbare Gegenwart hineinragt, verdiente allerdings volle Aufmerksamkeit. Nun hat aber das Volk, dessen Urgeschichte hier erzählt werden soll, das h e b r ä i s c h e oder i s r a e l i t i s c h e, nicht in umfriedeter Einsamkeit und beschaulicher Weltflucht sein Dasein zugebracht, sondern es wurde zu allen Zeiten in den Strudel der weltgeschichtlichen Sturmflut hineingerissen, hat gekämpft und gelitten, ist in seinem mehr denn dreitausendjährigen Bestande oft hin und her gestoßen und verwundet worden, es trägt viele Ehrenwunden, und die Krone des Märthyrertums versagt ihm niemand — und lebt noch. Es hat auch manches geleistet, was ihm nur wenige Pessimisten und Böswillige absprechen. Und hätte es auch nur den gesitteten Teil der Menschen von dem Wahne des wüsten Götzentums und von dessen Folgen, der sittlichen und gesellschaftlichen Fäulnis, geheilt, so verdiente es schon deswegen eine besondere Beachtung. Es hat aber noch viel mehr für das Menschengeschlecht geleistet.

Welchen Ursprung hat denn die Höhe der Gesittung, deren sich die Kulturvölker der Gegenwart rühmen? Sie sind nicht selbst die Erzeuger dieser Gesittung, sondern die glücklichen Erben, die mit der Hinterlassenschaft aus dem Altertume gewuchert und sie vermehrt haben. Zwei schöpferische Völker waren die Urheber der edlen Gesittung, die den Menschen aus dem Urzustande der Barbarei und der Wildheit emporgetragen haben: das hellenische und das israelitische; ein drittes gibt es nicht. Das lateinische Volk hat nur eine strenge Polizeiordnung und eine ausgebildete Kriegskunst geschaffen und überliefert; nur zuletzt in seiner Greisenzeit hat es noch dazu den Dienst des Käfers verrichtet, der den vorgefundenen Blütenstaub dem empfänglichen Fruchtboden zuträgt. Schöpfer und Gründer der höheren Kultur waren die Griechen und Hebräer ganz allein.

Nehmet den romanischen, germanischen und slawischen Völkern der Gegenwart diesseits und jenseits des Ozeans das, was sie von dem hellenischen und israelitischen Volke empfangen haben, so würde ihnen viel, sehr viel fehlen. Doch man kann diesen Gedanken nicht vollenden; man kann diesen Völkern nämlich das Entlehnte gar nicht mehr nehmen und aus ihrem Wesen ausscheiden. Es ist so tief in Blut und Saft ihres Organismus eingedrungen, daß es einen Teil ihrer selbst bildet und sie dadurch zu seinem Träger und Fortpflanzer geworden sind. Es war die Leiter, auf der diese Völker die Höhe erklommen haben, oder richtiger: es bildete den elektrischen Strom, der die in ihnen schlummernden Kräfte entbunden hat. Das Griechentum und das Israelitentum oder — um ohne Zimperlichkeit zu sprechen — das Judentum, beide haben eine ideale Atmosphäre geschaffen, ohne welche Kulturvölker gar nicht denkbar sind. Wie gering auch die Dosis war, welche die Wandervölker nach dem Untergange der sogenannten alten Welt aus der Idealfülle dieser beiden Quellen vermittelst der Römer empfangen haben, wie verdorben auch die Gefäße waren, die ihnen diesen Lebenssaft zugeführt haben, die spärliche Einsickerung hat doch Wunder an ihnen getan und allmählich eine durchgreifende Umwandlung in ihrem Wesen hervorgebracht. Zur Zeit der wilden Kreuzzüge haben dieselben Völker aus denselben Quellen, allerdings verdünnt und geschwächt, neue Erfrischung erhalten. Erst als diese Quellen, welche von den Mönchen, Derwischen und Klausnern jeder Art verschüttet worden waren und verschüttet bleiben sollten, von neuem geöffnet und in Fluß gebracht waren, begann die Neuzeit, und weder Loyola, noch die Inquisition, weder die verknöcherte Buchstabengläubigkeit, noch der sich selbst vergötternde Despotismus vermochten den Segen zu hemmen, den die

b*

griechischen und hebräischen Humanisten zunächst für Europa gebracht
haben.

Der Anteil, den das Griechentum an der Wiedergeburt der Kulturvölker gehabt hat, daß es nämlich die Blüten der Künste und die Früchte
der Erkenntnis ausgestreut, daß es das Reich der Schönheit eröffnet und
olympische Gedankenklarheit darüber ausgegossen, daß sich diese ideale
Seele in seiner Gesamtliteratur verkörpert hat, und daß aus dieser
Literatur und den Überbleibseln seiner Kunstideale noch immer eine
verjüngende Kraft strömt, wird volltönig und neidlos zugestanden.
Die klassischen Griechen sind tot, und gegen Verstorbene ist die Nachwelt
gerecht. Mißgunst und Haß verstummen am Grabe eines großen
Toten; seine Verdienste werden in der Regel sogar noch überschätzt.
Anders verhält es sich mit dem anderen schöpferischen Volke, mit dem
hebräischen. Gerade weil es noch lebt, werden seine Verdienste um die
Gesittung nicht allgemein anerkannt, oder es wird daran gemäkelt, es
wird ein anderer Name dafür untergeschoben, um den Urheber in den
Schatten zu stellen oder gar zu beseitigen. Wenn die Billigdenkenden
ihm auch einräumen, daß es die monotheistische Idee und eine höhere
Moral ins Völkerleben eingeführt hat, so würdigen nur sehr wenige die
große Tragweite der gemachten Zugeständnisse. Man macht sich nicht
klar, warum das eine schöpferische Volk mit der ganzen Fülle seiner Begabung gestorben ist, und warum das andere, so oft dem Tode nahe,
noch immer auf Erden wandelt und sich einigemal verjüngen konnte.

Wie anmutig auch die Götterlehre der Griechen, wie belebend ihre
Weisheit, wie süß ihre Kunstschöpfungen waren, sie bewährten sich nicht
in den Tagen der Drangsale, als die mazedonischen Phalangen und die
römischen Legionen ihnen statt der heiteren die ernste Seite des Lebens
zeigten. Da verzweifelten sie an ihrem lichten Olymp, und ihre Weisheit
wurde zur Torheit; sie gab ihnen höchstens den Mut zum Selbstmorde.
Wie der einzelne Mensch, so bewährt sich auch ein Volk nur im Unglücke.
Die Griechen besaßen aber nicht die Standhaftigkeit, das Unglück zu
überdauern und sich selbst treu zu bleiben. Weder die olympischen
Spiele noch die großen Erinnerungen schlangen ein gemeinsames Band
um sie; ebenso wenig fachte ihre Weisheit Trost und Hoffnung in
ihrem Herzen an. Sobald das Exil über sie verhängt wurde, sei es in
der Fremde, sei es in ihrem eigenen Lande, wurden sie sich selbst entfremdet und gingen in einem Gemisch barbarischer Völkerschaften unter.
Woher kam dieser vollständige Untergang? Daß die Römer, das mächtigste Volk des Altertums, ebenso wie die ihnen vorangegangenen
mächtigen Völker dem Tode verfielen, lag daran, daß sie sich auf das

Schwert stützten; denn auch bei Völkern tritt das Vergeltungsgesetz ein: Wer dem Schwerte vertraut, verfällt dem Schwerte. Warum hat aber der Tod auch die Griechen hinweggerafft, sie, die doch neben dem Kriegshandwerk auch ideale Zwecke verfolgten? Sie hatten keine bestimmte, selbstbewußte Lebensaufgabe.

Das hebräische Volk hatte aber eine Lebensaufgabe, und diese hat es geeint und im grausigsten Unglück gestärkt und erhalten. Auch ein Volk, das seinen Beruf kennt, weil es sein Leben nicht träumerisch und tastend zubringt, ist in sich gefestigt und stark. Die Aufgabe des israelitischen Volkes war darauf gerichtet, an sich selbst zu arbeiten, die Selbstsucht und die tierische Gier zu überwinden und zu regeln, Hingebungsfähigkeit zu erlangen oder, mit der Sprache der Propheten zu reden, „die Vorhaut seines Herzens zu beschneiden", mit einem Worte, heilig zu sein. Die Heiligkeit bedeutete für dieses Volk zunächst Enthaltsamkeit von tierischer Gemeinheit und von geschlechtlichen Verirrungen. Die Heiligkeit legte ihm Selbstbeschränkung und Pflichten auf, erhielt aber auch Leib und Seele gesund. Die Weltgeschichte hat die Probe darauf gemacht. Sämtliche Völker, die sich durch Unzucht befleckt und durch Gewalt verhärtet haben, sind dem Tode verfallen. Nenne man diese Lebensaufgabe des israelitischen Volkes höhere Moral — das Wort deckt zwar den Begriff nicht, aber man kann sich darüber verständigen. Wichtiger ist es zu betonen, daß das israelitische Volk seine Aufgabe darin erkannt hat, mit dieser höheren Moral Ernst zu machen. Mitten in eine lasterhafte, geschlechtlich unflätige Welt hineingestellt, sollte es einen Gegensatz gegen sie bilden und die Fahne sittlicher Lauterkeit aufpflanzen.

Die Lebensanschauung der alten Völker hing aber mit der Anschauung vom Göttlichen aufs engste zusammen; sie bedingten einander. War die verkehrte Sittenlehre die Tochter der verkehrten Götterlehre oder ihre Mutter? Wie auch ihr Verhältnis von Ursache und Wirkung gewesen sein mag, es änderte nichts an den verderblichen Folgen. Die Vielgötterei an sich, mag sie poetisch noch so sehr verklärt worden sein, nährte Zwiespältigkeit, Leidenschaftlichkeit und Haß. Im Rate vieler Götter kann der Streit nicht fehlen, sie müssen in Gegensatz und Feindschaft zueinander geraten. Wenn die von den Menschen göttlich verehrten Wesen auch nur in eine Zweizahl auseinandergehen, so entsteht für sie ein feindlicher Gegensatz: ein Gott der Schöpfung und ein Gott der Zerstörung, oder ein Gott des Lichtes und ein Gott der Finsternis. Die schöpferische Gottheit wird noch dazu in zwei Geschlechter zerlegt, und damit besitzt sie alle Schwächen der Geschlechtlichkeit. Man sagt zwar:

die Menschen haben die Götter in ihrem Ebenbilde geschaffen; aber die
einmal fest ausgeprägte Mythologie bedingte denn doch das sittliche
Verhalten der Götterverehrer; diese wurden ebenso lasterhaft wie
die Vorbilder, die sie verehrten. Da trat das Volk Israel mit einem
Gegensatz auf und verkündete einen Gott, der mit sich eins ist und sich
nicht verändert, einen heiligen Gott, der von den Menschen Heiligkeit
fordert, einen Schöpfer des Himmels und der Erde, des Lichtes und
der Finsternis, der zwar hoch und erhaben, aber doch den Menschen
nahe ist und ganz besonders sich der Armen und Bedrängten annimmt,
einen Gott des Eifers zwar (nicht einen Gott der Rache), dem das sittliche Verhalten der Menschen nicht gleichgültig ist, aber auch einen Gott
der Barmherzigkeit, der alle Menschen mit Liebe umfaßt, weil sie seiner
Hände Werk sind, einen Gott, dem das Böse ein Greuel ist, einen Gott
der Gerechtigkeit, einen Vater der Waisen, einen Annehmer der Witwen.
Das war ein weltwichtiges Wort, das tief in die Herzen der Menschen
drang und die schönen und starken Götter später in den Staub schleuderte.

Weltwichtig wurde dieser Kerngedanke erst durch die sittliche Gesinnung, die aus ihm abgeleitet wurde. Es ist wahrlich nicht gleichgültig für das moralische Handeln der Menschen im kleinen oder großen,
ob sie die Erde, den Schauplatz ihrer Tätigkeit, von einer in sich einheitlichen Macht oder von mehreren einander feindlichen Mächten beherrscht
glauben. Die eine Vorstellung verbürgt ihnen in allem Einklang und
Frieden und sänftigt sie, die andere zeigt ihnen in allem Zerrissenheit
und Zwietracht und macht sie verwildert. Die Gottesebenbildlichkeit
des Menschen, im Gegensatz zu der lästerlichen Menschenähnlichkeit
Gottes, dieser Folgegedanke aus der Einheitslehre, prägt dem Menschen
Achtung vor sich selbst und Achtung vor seinesgleichen ein und stellt das
Leben auch des Geringsten unter religiösen und sittlichen Schutz. Ist
das Aussetzen von Neugeborenen durch die Hand ihrer Eltern ein Verbrechen? Bei den alten Völkern, selbst bei den Griechen, galt es keineswegs als ein solches. Die Berge hallten öfter von dem Wimmern
weiblicher Kinder wieder, oder die Flüsse trieben Leichen solcher Wesen,
welche die Eltern ohne Gewissensbisse hineinwarfen, sobald sie ihnen
lästig geworden waren. Die Menschen des Altertums empfanden
keinen Schmerz beim Anblick eines solchen Kindermordes, und noch
weniger hat ein Gerichtshof eine solche Untat geahndet. Einen Sklaven
getötet zu haben, machte so wenig Aufsehen, wie ein Wild erlegt zu
haben. Warum empfinden die gesitteten Menschen der Gegenwart
schon bei dem Gedanken an solche Untaten einen Schauder? Weil das
israelitische Volk das Gesetz: „Du sollst nicht töten, denn im Ebenbilde

Gottes ist der Mensch erschaffen!" in die Welt hinausgerufen hat; auch nicht ein junges Leben, auch nicht einen der Dienstbarkeit Verfallenen sollst du töten. Man hat behauptet, daß die Einsicht der Menschen Riesenfortschritte gemacht, daß aber die moralische Gesittung der Menschen weit, weit hinter ihr zurückgeblieben sei und seit urdenklichen Zeiten nur um ein weniges zugenommen habe. Man muß aber bedenken, daß die Roheit der Menschen erst viel später abgenommen hat, als ihre Unwissenheit. Das schlummernde Gewissen, der unwillkürliche Abscheu vor einer Reihe von Lastern ist erst sehr spät geweckt worden, und das israelitische Volk war einer der Wecker. Der Gedanke und die Gesinnung, daß alle Menschen vor dem Gesetze, wie vor Gott gleich seien, daß der Fremde wie der Einheimische behandelt werden soll, ist ebenfalls aus dem Gedanken der Gottesebenbildlichkeit des Menschen hervorgegangen und ist vom israelitischen Volke als ein Staatsgrundgesetz aufgestellt worden. Es war die erste Anerkennung eines Teiles der Menschenrechte. Die alten Völker dagegen, auch die Tonangeber der Zivilisation, haben dieses gegenwärtig als selbstverständlich anerkannte Recht[1]) durchaus nicht anerkannt. Wenn die Fremden, die in ihr Gebiet verschlagen wurden, nicht mehr geopfert wurden, so wurden sie doch unter drückende Ausnahmegesetze, nur um eine Stufe höher als die Sklaven gestellt. Diese Lieblosigkeit gegen Fremde hat sich zur Schmach der Völker auch noch nach dem Untergang der alten Welt erhalten. Die Milde gegen Sklaven und selbst die erste Anregung zu ihrer Emanzipation ist vom israelitischen Volke ausgegangen.

Noch weniger kannten die alten Völker die keusche Selbstheiligung der Menschen. Sie waren in Unzucht und fleischliche Verirrungen versunken. Die jüdischen Sibyllinendichter haben die alten Völker, als sie noch auf der Höhe ihrer Macht standen, oft und nachdrücklich genug gewarnt, daß sie durch die unnatürliche Selbstbefleckung, durch ihre Lieblosigkeit, durch ihre verkehrte Götterlehre und die daraus erwachsene Sittenlehre dem Tode entgegengehen würden. Sie verspotteten die mahnende Stimme, sie fuhren fort, sich selbst zu schwächen und gingen unter. Ihre Kunst und ihre Weisheit vermochten sie nicht vom Tode zu retten. Das israelitische Volk hat also einzig und allein die Erlösung gebracht, indem es die Selbstheiligung, die Gleichheit aller Menschen, die Ebenbürtigkeit der Fremden mit den Eingeborenen und das, was man Humanität nennt, verkündet hat. Es ist nicht überflüssig,

---

[1]) So konnte der Verfasser vor einem Menschenalter schreiben. Er konnte damals nicht ahnen, wie heute der ausländische Jude von dem inländischen Nichtjuden ungefähr angesehen werden würde.

zu erinnern, daß der Grundstein der Gesittung: „Du sollst deinen
Nächsten wie dich selbst lieben" von diesem Volke gelegt wurde. Wer
hat die Armen aus dem Staube, die Notleidenden, die Verwaisten und
Hilflosen aus dem Aschenhaufen erhoben? Das israelitische Volk. Wer
hat den ewigen Frieden, „daß ein Volk gegen das andere nicht mehr
das Schwert zücken, daß sie nicht mehr die Kriegskunst erlernen werden"
als heiliges Ideal für die Zukunft aufgestellt? Israels Propheten.
Man hat dieses Volk ein wandelndes Geheimnis genannt, man sollte es
vielmehr eine wandelnde Offenbarung nennen. Es hat das Geheimnis
für das Leben geoffenbart, es hat die Kunst aller Künste gelehrt. Es
hat gelehrt, wie ein Volk sich vor dem Untergang bewahren kann.

Es ist nicht wahr, daß dieses Volk die Entsagung, die Selbstkasteiung,
eine düstere, schwermütige Lebensanschauung eingeführt, die mönchische
Asketik angebahnt und das blühende Leben mit einem Leichentuch bedeckt habe. Ganz im Gegenteil. Sämtliche Völker des Altertums,
mit Ausnahme der Israeliten, haben auf den Tod ein Hauptgewicht
gelegt, haben Totenopfer gebracht und sich dabei einer andächtigen,
trüben Stimmung hingegeben. Das waren ihre Mysterien, die, wie
jede Übertriebenheit, in ihr Gegenteil, in die Ausgelassenheit der Orgien,
umschlugen. Ihre Götter selbst standen mit dem Tode in Verbindung,
sie galten nicht als Erlöser von ihm, sondern als seine Opfer; auch sie
mußten eine Todesfahrt antreten, und hier und da wurde der Sarg
oder das Grab oder die Schädelstätte eines Gottes gezeigt. Das
israelitische Wesen, das in Gott „die Quelle des Lebens" verehrte, legte gerade auf das Leben so viel Gewicht, daß es alles, was
an den Tod erinnert, aus dem Kreis des Heiligen verbannt wissen wollte,
und über das, was im Grabe und jenseits desselben eintreten wird, hat
es so wenig gegrübelt, daß ihm auch entgegengesetzt der Vorwurf gemacht wurde, es habe lediglich dem irdischen Leben gefrönt. Und es
ist wahr. Seine Propheten haben kein höheres Ideal gekannt, als daß
„die Erde voll von lauterer Gotteserkenntnis werde, so wie das Meer
sein Bette bedeckt." Es schätzte das Leben hoch, freilich ein sittliches,
würdiges und heiliges Leben. Erst nach langem, unglücklichem Geschichtsgange hat sich von außen her die düstere asketische Lebensanschauung in seine Mitte eingeschlichen, hat einen düsteren, lebensfeindlichen
Orden erzeugt, der allgemach auch die reine Freude als Sünde gestempelt
und die Erde als ein Jammertal angesehen und zum Teil auch dazu gemacht hat. Nein, das israelitische Volk hat nichts gemein mit seinen
Blutsverwandten, die man Semiten nennt, weder mit ihrer sich
selbst zerfleischenden Raserei zu Ehren des einen, noch mit ihrem fleisch-

lichen Taumel zu Ehren des anderen Gottes. Es hat sich von ihnen geschieden und in einer harten Zucht von ihren Verkehrtheiten entwöhnt.
Man verkennt es auch vollständig, wenn man überklug seine Eigenart
aus dem Wesen der Semiten erklären will, so wie man es verkennt, wenn
man es nach dem Verhalten der beiden aus seinem Schoße geborenen
Töchter beurteilt; diese sind Mischehen eingegangen und haben viel
von ihrem angestammten Wesen abgestreift.

Gewiß, das israelitische Volk hat auch seine großen Fehler, es hat
viel gesündigt und ist auch infolge seiner Sünden hart genug gezüchtigt
worden. Die Geschichte soll eben diese Fehler, ihren Ursprung, ihre
folgenreiche Verkettung und die daraus entstandenen Verirrungen auf-
decken. Manche Fehler waren allerdings angenommen, gewissermaßen
aus der Umgebung eingeschleppt, aber es zeigte auch eigene und ursprüngliche Gebrechen, und auch Mängel in der Charakteranlage. Warum sollte es auch vollkommener als alle übrigen Volksorganismen sein,
von denen noch keiner nach allen Seiten hin Vollkommenheiten gezeigt
hat? Die, welche eifrig bemüht sind, die Fehler und Mängel des israelitischen Volkes mit dem Vergrößerungsglase zu suchen, erweisen ihm
unüberlegt eine große Ehre, indem sie von ihm mehr als von jedem
anderen Volke verlangen.

Manche der ihm vorgeworfenen Mangelhaftigkeiten sind ungerecht.
Man macht ihm zum Vorwurf, daß es keine gute Staatsverfassung gehabt oder ausgebaut habe. Dieser Tadel ist aus Unklarheit entsprungen.
Eine Staatsverfassung ist tatsächlich nur nach dem Erfolge zu beurteilen
oder nach der Dauer, die sie dem Gemeinwesen verliehen. Nun hat
sich das israelitische Gemeinwesen eben so lange behauptet wie die
meisten Großstaaten der alten Welt, länger noch als der babylonische,
persische, griechische und mazedonische Staat, schlecht gerechnet mehr
als sechs Jahrhunderte in seinem ersten Gange, den zweiten Gang nicht
dazugezählt. Nur zwei oder drei Staaten haben sich länger behauptet,
der ägyptische, römische und byzantinische. Zieht man bei diesen die
Jahrhunderte der Greisenhaftigkeit, des Siechtums und des allmählichen
Zerfalles ab, so wird ihre Dauer bedeutend vermindert. Macht man
dem israelitischen Staate zum Vorwurf, daß er sich auf der Höhe, die
er unter David und Salomo eingenommen, nicht behauptet hat, und
daß er öfter unterjocht wurde? Er teilte dieses Geschick mit manchen
Großstaaten. Oder legt man es als Mangel aus, daß es sich in zwei
Reiche zerspalten und die Einheit nicht wieder gewinnen konnte?
Griechenland hat es niemals zu einem Einheitsstaate gebracht, sondern
war vom Anfang bis zu Ende in mindestens zwei feindliche Hälften

getrennt, und auch das römische Reich zerspaltete sich in zwei gegensätz-
liche Staaten.

Indessen die Bitterkeit des Tadels ist eigentlich gegen die Staats-
theorie des israelitischen Volkes gerichtet. Man bezeichnet sie als
träumerisch, chimärisch, utopisch. Allerdings ist es richtig, daß die
Staatsverfassung, die das Gesetzbuch des Volkes aufstellt, utopisch ist,
wie jedes Ideal, das, weil es die Verwirklichung erst in einer besseren
Zukunft anstrebt, so lange unausführbar erscheint, als diese nicht eingetreten ist. Man verurteilt also das Ideal, wenn man die Theorie der
israelitischen Verfassung geringschätzt. Denn sie hat zuerst, wie schon
gesagt, die Menschenrechte festgestellt, hat zuerst den Bau des Staates
auf demokratischer Grundlage errichtet, hat nicht bloß sämtliche eingeborene Bürger, sondern auch die Fremden gleichgestellt und die Kasten-,
Standes- und Klassenunterschiede aufgehoben. Sie hat selbst die
Sklaven gegen die Launen und die Roheit ihrer Herren in Schutz genommen. Sie hat als Staatsgrundsatz ausgesprochen, daß es „keine
Armen im Lande geben soll" und hat der Anhäufung des Reichtums
und dem Laster des Luxus auf der einen Seite und der Anhäufung
des Elends und dem Laster der Armut auf der anderen entgegenge-
arbeitet. Durch das System des Erlaß- und Jobeljahres hat sie die
Verjährung der veräußerten Freiheit und des veräußerten Grund-
besitzes verhüten wollen. Kurz diese Verfassungstheorie hat das ideale
Ziel angestrebt, die Übel, an denen noch heute die Kulturstaaten der
Gegenwart kränkeln, nicht um sich greifen zu lassen. Will man das Ideal
verspotten, so tue man es, aber man bedenke wohl, daß es das Salz ist,
welches die Gesellschaft vor Fäulnis schützt.

Allerdings liegt eine Mangelhaftigkeit in der Charakteranlage des
israelitischen Volkes auch darin, daß es keine Riesenbauten und keine
architektonischen Kunstwerke hinterlassen hat. Es mag keine Fähigkeit
für die Baukunst besessen haben; allein dieser Mangel kann auch in dem
Umstande gelegen haben, daß es von seinem Gleichheitsideale aus seine
Könige nicht so hoch gestellt hat, um ihnen Riesenpaläste und Pyramiden-
gräber zu erbauen. Es hat die Hütte des Armen höher gestellt. Es
hat auch seinem Gotte nicht Tempel erbaut — den Salomonischen
Tempel haben Phönizier errichtet — weil es das Herz zum Tempel
Gottes machen wollte. Es hat Götter weder gemeißelt, noch gemalt,
weil die Gottheit ihm nicht Gegenstand des anmutigen Spieles, sondern
andächtiger, ernster Verehrung war.

Das israelitische Volk hat es allerdings nicht zu einem künstlerischen
Epos und noch weniger zur Gattung des Trauer- und Lustspiels ge-

bracht; es mag ein Mangel in der Anlage gewesen sein, aber dieser
Mangel hängt damit zusammen, daß es eine entschiedene Abneigung
gegen mythologische Göttergeburten und Göttergeschichten und ebenso
gegen Spiel, Schaustellung und Schaulust hatte. Es hat aber dafür
zwei andere poetische Gattungen geschaffen, welche die ganze Fülle
seines idealen Lebens abspiegeln, den Psalm und die poetisch
gegliederte Beredsamkeit der Propheten. Beide
haben das gemein, daß ihr Grundzug die Wahrheit ist, nicht die Er-
dichtung, daß die Poesie dadurch vom bloßen Spiel und Reiz für die
Phantasie zum Mittel für sittliche Hoheit erhoben wird. In dieser
Literatur waltet, wenn auch nicht das Drama, so doch dramatische Lebendigkeit, und wenn auch nicht der komische Spott, so doch jene Ironie,
welche von der idealen Höhe stolz auf alles Scheinwesen herabblickt.
Die israelitischen Propheten und Psalmisten haben auch eine schöne
poetische Form ausgeprägt, aber sie haben den Inhalt und die Wahrheit
nicht der Form zu Liebe geopfert. Das israelitische Volk hat auch eine
eigene Geschichtsform geschaffen, die den Vorzug hat, daß sie das Un-
würdige und Unsittliche an den Helden, den Königen und Völkern nicht
verschweigt, vertuscht oder beschönigt, sondern die Vorgänge stets der
Wahrheit gemäß erzählt.

Diese eigenartige hebräische Literatur, dergleichen kein Volk auf
Erden aufzuweisen hat — höchstens Nachahmungen — hat eben wegen
ihres Vorzugs moralische Eroberungen gemacht. Die bildsamen Völker
konnten der Innigkeit und Wahrhaftigkeit, die in ihr weht, nicht wider-
stehen. Wenn die griechische Literatur das Reich der Kunst und der Erkenntnis verklärt hat, so hat die hebräische das Reich der Heiligkeit und
Sittlichkeit idealisiert. Sie hat aber noch den Vorzug vor jener, daß
sie stets einen lebendigen Träger behalten hat, der sie auch unter den
ungünstigsten Zeitlagen gepflegt hat. Die Geschichte eines solchen
Volkes verdient allerdings einige Beachtung.

Äußerlich und oberflächlich betrachtet, kann der Geschichtsverlauf
von dem Einzug der Israeliten in Kanaan bis tief in die Königsepoche
hinein leicht irre führen. Denn die augenfälligen Vorgänge haben
lediglich einen politischen Charakter. Einfälle, Streifzüge, Kriege und
Siege nehmen den ganzen Vordergrund der Geschichte ein; auf dem
Schauplatz bewegen sich Volksführer, Helden, Könige und Feldherren;
Bündnisse werden geschlossen und gelöst. Eine geistige Regsamkeit ist
kaum im Hintergrunde wahrnehmbar. Die Richterhelden, welche zuerst den Geschichtsstoff liefern, Ehud, Gideon, sein Sohn Abimelech,
und ganz besonders Jephtah und Simson, tragen so wenig israelitische

Züge, daß man sie eben so gut für Kanaaniter oder Philister oder Moabiter halten könnte. Man hat daher von Simson behauptet, er sei nach dem Bilde des thrischen Herakles geschaffen. Die meisten Könige, ihre Söhne und ihr Hof bewegten sich so ungebunden, als hätte es kein Gesetz gegeben, das ihrer despotischen Willkür eine Schranke setzte, als wüßten sie nicht einmal etwas von dem Zehnworte des Sinaï. Das Volk selbst ist jahrhundertelang in wüstem Götzentum befangen und unterscheidet sich wenig von der es umgebenden heidnischen Welt. War es wirklich von Hause aus nichts Besonderes? Hat es eine geraume Zeit hindurch gleichen Schritt mit seinen semitischen Stammesbrüdern gehalten, und erst später, viel später, in einer bestimmbaren Zeit seine Eigenart und den Gegensatz gegen die es umgebende Welt ausgeprägt? Hat der Sinaï nicht an seiner Wiege geflammt, sondern ist er erst später in die Geschichte hineingetragen worden? Zweifler haben es behauptet, aber die Überbleibsel der israelitischen Poesie aus uralter Zeit strafen sie Lügen. Mehrere Jahrhunderte vor der Entstehung des Königtums, in der ersten Zeit der Richterhelden, in den Tagen der Deborah, „der Mutter in Israel", besang ein Dichter schon die großartige Erscheinung der Offenbarung am Sinaï, schilderte dieser schon das „Volk Gottes" als wesentlich verschieden von seiner Umgebung und führte schon dessen Schwäche auf die Ursache zurück, daß es sich fremde Götter erwählt und von seinem andersgearteten Ursprunge abgefallen sei. Wenn man auch der Geschichtserzählung nicht trauen will, so muß man durchaus der Poesie glauben. Sie ist eine untrügliche Augenzeugin. Man kann nicht daran zweifeln, daß die geistige Geburt des Volkes Israel mit seiner leiblichen zugleich begonnen hat, daß der Sinai die Geburtsstätte der einen, wie Ägypten die der anderen war, und daß die Bundeslade mit den hochheiligen Zehnworten von seiner Kindheit an seine stete Begleiterin gewesen ist. Der Kern seiner gegensätzlichen Überzeugung von Gott und seiner sittlichen Aufgabe, die Grundlehre, die in steinerne Tafeln eingegraben war, ist uralt und gleichaltrig mit dem Träger. Auserwählte des Volkes, die mit dem werktätigen Tun und Treiben des Gesamtvolkes nichts zu tun hatten, bildeten die Cherubim, das geistige Heiligtum vom Sinaï zu beschützen. Dieses Heiligtum hat nur scheinbar die religiöse Form, ist nur scheinbar theokratisch; sein Grundwesen ist das Sittengesetz. Gott ist der Ursprung der Lehre, aber nicht ihr Zweck. Dies ist vielmehr der einzelne Mensch und das Gemeinwesen mit ihren berechtigten Ansprüchen. Gott ist in dieser Lehre der heilige Wille, der das Sittliche und Gute bestimmt, das heilige Vorbild, das den Weg dazu zeigt, aber nicht der Zweck, um dessentwillen es geschehen soll, damit ihm dadurch etwas zugute käme. Die israelitische Lehre ist daher keineswegs eine Glaubenslehre, sondern eine Pflichtenlehre für die sittliche Tat und die sittliche Gesinnung; sie ist auch eine Heilslehre, aber ohne mystischen Beigeschmack. Man hat sie die „Religion des Geistes" genannt; sie ist es insofern, als sie das Göttliche rein geistig darstellt, von ihm jede sittliche Beschränkung fernhält und ihm nur Krafttätigkeit und einen heiligen Willen beilegt.

Allerdings war diese Religion oder diese Heilslehre zu hoch, um vom ganzen Volke in seiner Kindheit schon begriffen werden zu können. Das Ideal, welches ihm Bedeutung und Lebensdauer gewähren sollte, blieb ihm selbst lange ein Rätsel. Erst seine Propheten haben ihm das Rätsel lösen müssen. Es verstrich eine geraume Zeit, auch nachdem die Propheten mit Feuerzungen gesprochen hatten, bis das Volk Hüter der am Sinai vernommenen Lehre geworden ist und ihr einen Tempel im eigenen Herzen erbaut hat. Sobald aber diese Reife eingetreten war, sobald „sein Herz von Stein in ein Herz von Fleisch" umgewandelt war, sobald das Prophetentum die Mittlerschaft des Priestertums überwunden hatte, konnten die Propheten vom Schauplatz abtreten, sie waren überflüssig geworden; das Volk hatte selbst volles Verständnis für sein Wesen und seinen Beruf erlangt.

Die Geschichte veranschaulicht, wie diese doppelte Umwandlung vor sich gegangen ist, wie eine winzige Scheichfamilie zu einem Volksansatze gewachsen, wie dieses Völkchen zu einer Horde erniedrigt und diese Horde zu einem künftigen Gottesvolke erzogen wurde, indem ihm die Lehre der Selbstheiligung und Selbstbeherrschung in Verbindung mit dem erhabenen Gottesbegriff als Seele eingehaucht wurde. Diese Volksseele ist ebenfalls wie der Volksleib gewachsen, hat sich ausgebildet, in Gesetze ausgeprägt und sich, wenn auch der Zeit und ihrem Wechsel nicht unterworfen, doch der Zeitlage angepaßt. Die Umwandlung vollzog sich unter harten Kämpfen. Innere und äußere Hindernisse mußten überwunden, Verirrungen wieder gut gemacht, Rückfälle geheilt werden, bis der Volksleib ein gefügiges Organ für die Volksseele wurde. Das Verborgene mußte offenbar, das Dunkle erhellt, die unbestimmte Ahnung zur Klarheit des Bewußtseins gebracht werden, damit das von den Propheten in der weiten Ferne geschaute Israel (das sie nachdrücklich von dem mit Mängeln behafteten Israel in der Wirklichkeit unterschieden haben) „zum Lichte für die Völker" werden könnte. Gewiß, es gibt kein zweites Volk auf dem Erdenrunde oder in der Zeiten Fluß, das gleich dem israelitischen eine bestimmte Lehre mit sich herumgetragen hätte. Dieses Volk war aber nicht bloß in ihrem Besitze, son-

dern hatte auch das volle Bewußtsein, daß es nur um dieser Lehre willen
bestehe, daß es selbst bloß Mittel und Organ für sie sei, daß es nur durch
den Beruf, sie als Heilswahrheit zu verkünden, Bedeutung habe, daß
es diese Heilswahrheit nicht mit Gewalt und Zwang, sondern durch
das Beispiel und die eigene Betätigung und Verwirklichung der von
ihr aufgestellten Ideale verkünden solle. An den Griechen hat erst die
tiefere Geschichtserkenntnis ergründet, daß sie die Aufgabe hatten, das
ideale Leben der Kunst und des Wissens zur Anschauung zu bringen;
sie selbst hatten nicht das Bewußtsein davon. Das griechische Volk lebte
daher nur für die Gegenwart, nicht für die Zukunft, und lebte nur für
sich, nicht für andere. Nicht so das israelitische Volk. Ihm ist nicht nur
seine Aufgabe aufgegangen, sondern auch die Erkenntnis klar geworden,
daß sie s e i n e Aufgabe sei, daß es nur durch sie etwas bedeute, ohne
sie aber nichts sei „ein Tropfen im Eimer, ein Stäubchen an der Wage".
Seine Gottesmänner haben es nur deswegen als das auserwählte Volk
bezeichnet. Sie haben damit keineswegs in ihm Dünkel erwecken und
nähren wollen. Haben sie es denn als ein besseres, als ein vorzüg-
licheres, als ein edleres Volk betrachtet? Nein! Dieselben Gottesmänner haben es wiederholentlich ob seiner Ungefügigkeit, Halsstarrigkeit und Schlechtigkeit nur allzu herb getadelt.[1]) Die Ausgewähltheit
sollte ihm lediglich eine größere und schwerere Verantwortlichkeit, ein
volleres Maß von Pflichten auflegen. Es sollte sich als „K n e c h t
G o t t e s", als Vollstrecker seiner Lehre, als Heilsbote einer höheren
sittlichen Weltordnung betrachten, es sollte dafür ein Märthyrertum bestehen, und es hat es ruhmreich und mit Bewußtsein bestanden. Seitdem ihm seine Aufgabe, als Träger einer eigenen, religiös-sittlichen
Weltanschauung, klar geworden ist, hat es diese über alles geschätzt,
höher als Vaterland und Nationalität, höher selbst als das Leben.
Und weil es sich selbst als Opfer dargebracht hat, erlangte es Lebensdauer und Unsterblichkeit. Es war das erste Volk, das den Mut einer
Meinung hatte und für seine innere Überzeugung die Lebensgüter eingesetzt hat. Es war das erste Volk, welches bewiesen hat, daß eine

---

[1]) Weil Uneingeweihte so oft dem israelitischen Volke Hochmut ob seiner
Auserwähltheit vorwerfen, so seien hier einige Stellen zusammengetragen, in
denen die Propheten ihm e i n e n i n n e r e n V o r z u g a b s p r e c h e n.
Deuteron. 9, 4—5. „Nicht wegen deines Verdienstes und deiner Herzens-
gradheit sollst du das Land in Besitz nehmen." Amos 9, 7: „Ihr seid mir
nur eben so viel wie die Äthiopier." In demselben Sinne ist auch Amos 6,
1—2 zu nehmen. Jesaia 42, 19: „Wer ist so blind, wie mein Knecht, so
taub wie mein Bote, den ich ausgesendet?"

förderſame Wahrheit nur durch Blutzeugen beſiegelt werden kann.
Die Überzeugungstreue gab ihm dieſe Standhaftigkeit und Ausdauer.
Sein Kern kann nicht gar zu ſchlecht geweſen ſein, da es der zerſtörenden
Gewalt von beinahe vier Jahrtauſenden und einer ganzen Welt von
Feinden hat trotzen können.

Die Geſchichte des israelitiſchen Volkes in ſeinen Anfängen hat
daher einen durchaus abweichenden Charakter. Zweierlei Faktoren beſtimmen ihren Auf- und Niedergang, ein k ö r p e r h a f t e r und ein
g e i ſ t i g e r, oder ein p o l i t i ſ c h e r und ein r e l i g i ö s - ſ i t t -
l i c h e r. Zuerſt vertreten die Volksführer, die Richterhelden und die
Könige im allgemeinen die eine und die Leviten und Propheten die
andere Richtung. Je mehr aber die Überzeugung von der eigenartigen
Lehre Gemeingut des Volkes wird, deſto mehr nähern ſich beide Strömungen und fließen zuletzt zuſammen. Anfangs iſt die politiſche Strömung ſtärker und verdeckt die andere ſo ſehr, daß von ihr lediglich vereinzelte ſchwache Spuren und auch dieſe nur für das geſchärfte Auge
ſichtbar werden. Bis tief in die Königsepoche hinein kommt nur der
politiſche Charakter der israelitiſchen Geſchichte zum Vorſchein. Daher
der trügeriſche Schein, daß dieſer ihr ausſchließlicher Faktor ſei. Plötzlich ſcheint die geiſtige Strömung hervorzuſprudeln, gewaltig und
ſchäumend wie ein Bergquell, der ſich unterirdiſch und dem Auge verdeckt allmählich angeſammelt hat, deſſen Daſein aber doch nicht erſt mit
dem Durchbruch des Felſenſchoßes beginnt. Das Auftreten der künſt-
leriſchen Propheten und Pſalmiſten von A m o s bis J e ſ a i a gleicht
in ſeiner Gewaltigkeit und ſeiner Befruchtungskraft vollſtändig dem
Ausbruch eines Bergſtromes. Die Propheten und Pſalmiſten, die
große, ſtets wahre Gedanken in künſtleriſcher, feſſelnder Form ausge-
ſtreut haben und die edelſte Blüte des israelitiſchen Volkstums bilden,
hätten aber nicht auftreten und wirken können, wenn nicht günſtige
Vorbedingungen vorhanden geweſen wären. Entſtanden ſind ſie aus
dem vorher geiſtig befruchteten Boden und verſtanden wurden ſie nur,
weil ſie mit ihrer ſittlich-hohen Lebensanſchauung nicht etwas Neues
und dem Volke Fremdes verkündet, ſondern lediglich das Alte und Bekannte ſchwunghaft und dichteriſch verklärt und mit Eifer, Opferfreudigkeit und Mannhaftigkeit gepredigt haben. Ihre gewaltige Kraft ſcheint
in der nachjeſajaniſchen Zeit abzunehmen, aber auch nur gleich dem
Bergſtrom, der mit ſeiner Verflachung in der Ebene klarer und durch-
ſichtiger wird und mehr Nutzen gewährt.

Auch wer nicht an Wunder glaubt, muß das Wunderähnliche im
Geſchichtsverlaufe des israelitiſchen Volkes zugeben. Er zeigt nicht

bloß wie bei anderen Völkern den Wechsel von Wachsen, Blühen und
Welken, sondern auch die außerordentliche Erscheinung, daß auf das
Welken abermals ein neues Grünen und Blühen folgte, und daß sich
dieser Auf= und Niedergang dreimal wiederholt. Die Geschichte von der
Kristallisierung der israelitischen Familiengruppen zu einem Volke und
dem Einzug in das Land Kanaan bis zur Entstehung des Königtums
bildet die erste Epoche, das W a c h s t u m. Die zweite Epoche, die der
B l ü t e , bildet die Regierungszeit der beiden Könige David und
Salomo, die das israelitische Volk zu einem Staate erster Größe er=
hoben haben. Kurz war die Blütezeit, und es folgte darauf allmähliche
Kraftabnahme und zuletzt der Untergang des Volkstums. Aber es er=
stand wieder, wuchs allmählich unter Perser= und Griechenherrschaft,
entfaltete wieder durch die Makkabäer prangende Blüte, um durch die
Römer wieder unterzugehen. Aber es ist nur scheinbar untergegangen,
um unter einer anderen Gestalt wieder eine Auferstehung zu erleben.
Doch diese Wandlung gehört nicht mehr zur älteren Geschichte des
israelitischen Volkes. Nicht minder wunderbar ist die Erscheinung, daß
dieses Volk sein erstes Wachstum zweimal in der Fremde in scheinbarer
Erstorbenheit begonnen hat; das erste Mal in Ä g y p t e n , das
zweite Mal in B a b y l o n i e n und, wenn man will, sogar das dritte
Mal im R ö m e r = u n d P a r t h e r r e i c h e . Einer der israelitischen
Propheten stellt das Wachstum der israelitischen Nation in Ägypten
unter dem Bilde eines auf dem Felde verlassenen, mit Blut und Schmutz
bedeckten weiblichen Kindes dar, das sich trotz seiner Verlassenheit und
seinem Elend zu einer blühenden Jungfrau entwickelt hat. Ihr Wachs=
tum in Babylonien stellt ein anderer Prophet unter dem Bilde einer
aller ihrer Kinder beraubten, unglücklichen, trauernden Witwe dar, die
durch das plötzliche Zusammenströmen ihrer zahlreichen Kinder aus
allen Enden und Winkeln getröstet wird und sich mit ihnen verjüngt.
Auch für die dritte Verjüngung des jüdischen Stammes ist ein treffendes
Gleichnis aufgestellt worden. Gleichnisse hinken zwar: aber sie geben
doch eine annähernde Vorstellung von einer Erscheinung, die über das
Alltägliche hinausgeht. Eine außergewöhnliche Erscheinung ist jedenfalls
dieses Volk, das aus dem grauen Altertum stammt und noch jugendliche
Frische zeigt, das viele Wandlungen durchgemacht hat und doch stets
sich selbst treu geblieben ist.

Erster Zeitraum.
Die vorexilische biblische Zeit.

Erste Epoche.
Die Anfänge.

Erstes Kapitel.
Die Vorgeschichte.

Die Urbewohner Kanaans. Die riesigen Anakiten und Rephaïm. Die Phöni-
zier. Die Ansprüche der Israeliten auf Kanaan. Die Erzväter. Die
Erblehre. Wanderung nach Ägypten. Stammkristallisation. Licht- und
Schattenseiten der Ägypter. Mose. Aharon und Mirjam. Prophetentum.
Moses Berufung zur Befreiung. Widerstand. Auszug aus Ägypten.
Durchgang durch den See des roten Meeres. Wanderung durch die
Wüste. Gesetzgebung auf einem der Berge des Sinaï. Das Zehnwort.
Rückfall. Zugeständnisse. Kreuz- und Querzüge. Siege über Völker-
schaften jenseits des Jordans. Anfänge der hebräischen Poesie. Moses Tod.

An einem sonnigen Frühlingstage drangen Hirtenstämme über
den Jordan in ein Ländchen ein, das nur als ein etwas aus-
gedehnter Küstenstrich des Mittelmeeres gelten kann, in das Land
K a n a a n , später P a l ä s t i n a genannt. Dieser Übergang über den
Jordan und der Einzug in dieses Ländchen sollte für das Menschengeschlecht ein höchst wichtiger Akt werden; der Boden, auf dem diese
Hirtenstämme festen Fuß faßten, wurde dadurch für eine geraume
Zeit ein wichtiger Schauplatz, das Land erhielt durch die nachhaltigen
Folgen dieses ersten Schrittes den Namen „das heilige Land". Die
entfernten Völker hatten keine Ahnung davon, daß der Einzug
h e b r ä i s c h e r o d e r i s r a e l i t i s c h e r Stämme in das Land Kanaan
auch für sie von so folgenreicher Bedeutung sein werde, und selbst
die dort angesiedelten Stämme waren weit davon entfernt, in diesem
Einzuge ein für sie verhängnisvolles Ereignis zu erblicken. Es war
damals eine sich öfter wiederholende Erscheinung, daß Hirtenstämme
mit ihren Herden in dieses weidenreiche Land kamen. Es war eine

Zeit der vielleicht ersten Völkerwanderung; das Ländchen bot damals
noch Raum und Weideplätze genug für neue Ankömmlinge.

Zwar gab es schon zur Zeit der Einwanderung der Hebräer oder
Israeliten in diesem Ländchen Stämme und Völkerschaften von verschiedener Abstammung und Beschäftigung. Aber sie alle zusammen
waren nicht so zahlreich, um den ganzen Landesboden auszufüllen.
Noch immer waren Strecken unbewohnt, auf denen neue Hirtenstämme neben den alten friedlich ihre Herden weiden konnten. Zunächst waren die Urbewohner des Landes, ein riesiges Geschlecht
mit hochragendem Oberkörper und Hals, A n a k i t e'n und R e p h a ï m
genannt. Die Sage gab sie für Nachkommen und letzte Überbleibsel
jener gigantischen Stürmer aus, die als eine zügellose frauenraubende
Sippe in vordenklichen Zeiten in ihrem Übermut und mit ihrer
Reckenhaftigkeit einen Sturm gegen den Himmel unternommen hätten.
Dafür wären sie mit schmählichem Untergange bestraft worden. Sie
seien samt ihren Schwertern von ihren Höhen in die Tiefe der Unterwelt gestürzt worden, „noch tiefer als das Meer mit seinen Bewohnern".
Davon hätten sie den Namen „d i e G e s t ü r z t e n" (Nephilim) oder
R e p h a ï m erhalten[1]). Deren angebliche Nachkommen, die hoch-
stämmigen Urbewohner des Landes, welche von einigen Völkerschaften d i e S c h r e c k l i c h e n (Emim) genannt wurden, haben sich
indessen trotz ihrer ungeschlachten Gestalt nicht behaupten können; sie
wurden meistens von später eingewanderten, minder stämmigen und
minder plumpen Völkerschaften vertilgt und hausten nur noch im
Ostjordanlande und im Süden und Südwesten des Westjordanlandes.

Dieser Überrest der A n a k i t e n flößte noch den israelitischen
Kundschaftern einen solchen Schrecken ein, daß sie verzagten und das
ganze Volk zaghaft machten, so daß sie daran verzweifelten, das Land
je einnehmen zu können. Ein Sprichwort war im Umlaufe: „Wer
kann vor den Anakiten bestehen?"   „Wir kamen uns," sagten die

---

[1]) Über die reckenhaften, himmelstürmenden Giganten נפילים, auch רפאים,
עֵנקים und גבורים genannt, s. Genes. 6, 4—5; Numeri 13, 32. 33; Ezechiel 32, 27,
wo statt נפלים מערלים zu lesen ist: נפילים ערלים [Statt מערלים schlägt der Verf.
in seinem variae lectiones מעולם vor]; Hiob 26, 5 מתחת מים ושבניהם, wo
מים so viel ist wie ימים Meere. Der Sprachstamm רפא, wovon die Bezeichnung רפאים und ילידי הרפה oder הרפא herkommt, scheint in der alten
Sprache „stürzen" bedeutet zu haben, also רפאים gleich נפילים „die Gestürzten".
Denn nur dieser Name wird von den gezüchtigten Giganten in der Tiefe
des Schattenreiches gebraucht, niemals ענקים, vgl. außer der Stelle in Hiob,
Jesaia 14, 9; 26, 14. 19; Psalm 88, 11; Spr. 2, 18; 9, 18; in 21, 16 wird gar
ein קהל רפאים eine ganze Versammlung von in die Unterwelt gestürzten
Giganten genannt.

Kundschafter, „bei ihrem Anblick wie Heuschrecken vor, und als solche erschienen wir auch ihnen"[1]). Sie hatten sich getäuscht. •Diese Riesen erlagen später den israelitischen Zwergen.

Eine andere Welle von Einwohnern, die sich in dem Lande zwischen dem Mittelmeere und dem Jordan angesiedelt hatten, waren die Kanaaniter, welche die Griechen Phönizier nannten, von den vielen Palmenbäumen (φοῖνιξ), die sie in deren Gebiet antrafen. Diese Völkerschaft war, wie sie selbst erzählte, vom persischen oder roten Meere eingewandert[2]). In der neuen Heimat scheinen die Kanaaniter dieselbe Beschäftigung fortgesetzt zu haben, die sie an dem roten oder persischen Meere getrieben hatten. Ihre Hauptbeschäftigung war Schiff= fahrt und Handel zunächst nach den nahegelegenen Inseln und Küsten, nach Cypern, Ägypten, Afrika und von da immer weiter bis nach Griechenland und später noch weiter bis nach Italien, Südfrankreich, Spanien, also vom Euphrat und Tigris bis zu den Mündungen der Weichsel. Die Ortslage, die sie sich gewählt hatten, war ihnen für ihre immer kühneren Fahrten außerordentlich günstig. Das große Welt= meer, das bei den Säulen des Herkules einen Durchbruch machte und als Mittelmeer Europa von Afrika trennt, machte an dem Fuße des schneebedeckten Libanon und seiner Ausläufer Halt, es konnte nicht weiter vordringen und bildet daher hier eine Art Binnensee. Bequeme Anfuhrten gestalteten sich von selbst zu Hafenplätzen, wobei die Menschen= hand nur wenig nachzuhelfen brauchte. An diesem Meeresgestade erbauten sich die Kanaaniter auf einem Felsenvorsprung, der ins Meer hineinragte und besonders zum Fischfang geeignet war, die Stadt

[1]) Numeri 13, 33; Deuteronomium 9, 2.

[2]) Herodot I, 1. VII, 98 ff. Strabo I, 24. Unter θάλασσα ἐρυθρά oder ἐρυθρεία, rotes Meer, verstanden die Alten nicht bloß das Meer zwischen Ägypten und Arabien, sondern auch den persischen Meerbusen, vielleicht auch das ganze Meer, welches von dem einen zum anderen führt. Der Ursprung der Benennung ist heutigen Tages noch ebenso schwankend, wie zur Zeit der Griechen (vgl. Strabo XVI, 20 und Ebers, durch Gosen zum Sinai S. 518 f.); sie wird meistens von der roten Farbe des Meeres oder des benachbarten Bodens abgeleitet. Es scheint aber, daß das Meer von den daran wohnenden Idumäern (אדום) seinen Namen hat. Die Griechen hörten den Namen von den Phöniziern, und diese nannten es ים אדום, das idumäische Meer, über= setzten aber den Griechen אדום als „rot". Ob auch Phönike (purpurrot) ursprünglich אדם bedeutet (Bunsen, Ägypten IV, 292)? Die Idumäer be= herrschten das rote Meer in der vorsalomonischen Zeit. Auch am persischen Meerbusen wohnten idumäische Kolonien, die רעמה, Ῥέγμα, Ῥῆγμα, und die דדן Genesis 10, 7, verglichen mit Jeremia 49, 8, Ez. 25, 13. [Über die Gleichung Kanaaniter = Phönizer vgl. v. Gutschmid, kl. Schriften II, 36 ff. Pietschmann, Gesch. d. Phönizier S. 98. 108. 126.]

S i d o n (Zidon), später auf einer kleinen Felseninsel unweit der Küste
die berühmt gewordene Hafenstadt T y r u s (Zor), nördlich von Sidon
A r a d u s (Arwad) und südlich von Thrus A k k o (Ake). Die Bäume
vom Libanon und Antilibanon (Hermon) in der Nähe lieferten hochstämmige Zedern und feste Zypressen für ihre Schiffe. Was aber die
Kanaaniter so recht zum ersten Handelsvolke der Welt zu machen geeignet
war, das war der Umstand, daß sich an den Küsten Purpurschnecken
verschiedener Gattung (Tolaat, Schani) fanden, aus deren Blute der
glänzendste Purpur, der weit und breit gesucht war, hergestellt wurde.
Der schöne weiße Sand am B e l u s f l u s s e unweit Akko lieferte
feines Glas[1]), einen in der alten Welt ebenfalls gesuchten Artikel —
der Reichtum des Landes lag im Sande an der Meeresküste[2]). Vermöge des ausgebreiteten Handels war in Kanaan frühzeitig eine
bequeme Art zu schreiben Bedürfnis. Die schwerfällige und dunkle
ägyptische Schrift mit ihren Hieroglyphen von Figuren und Zeichen,
die Verschiedenes bedeuteten und zu Mißverständnissen Anlaß gaben,
war für ein auf Nutzen und Berechnung ausgehendes Handelsvolk
nicht wohl zu gebrauchen. So erfanden die Kanaaniter die Buchstabenschrift des phönizischen Alphabets, welches Muster für die alten
und neuen Völker wurde[3]). Auch ein bequemeres Schreibmaterial
erfanden die Kanaaniter der Stadt B y b l o s (Gebal) aus Bastsstreifen,
wovon Bücher überhaupt im Altertum B y b l e n und B i b l i e n
genannt wurden. Kurz, der schmale Streifen Landes zwischen dem
Meere und dem Libanon mit seinen Ausläufern wurde einer der
wichtigsten Punkte auf dem Erdenrund, von wo aus die entferntesten
Völker durch das Friedenswerk des Handels anfingen in Verbindung
gebracht und aus der Trägheit aufgerüttelt zu werden. Die kanaanitischen
Phönizier, und nicht die plumpen Ägypter oder die phantastischen Inder,
waren die ersten Anreger der Gesittung.

Die Kanaaniter hatten sich nicht bloß in dem fruchtbaren und
so äußerst günstigen Landstrich zwischen Küste und Hochgebirge angesiedelt, sondern hausten auch an verschiedenen Punkten des ganzen

---

[1]) Plinius, historia naturalis V, 17, XXXVI, 65; Tacitus, historiae 5, 7.
[2]) Den Vers Deuter. 33, 19 שפוני טמוני חול deutet der Talmud [Megilla 6ᵃ
und Sifre] taktvoll auf den Glassand am Belus und die Purpurschnecke im
Küstensande von der tyrischen Leiter bis Khaifa.
[3]) Nach dem jetzigen Stand der Untersuchung herrscht Einstimmigkeit
darüber, daß die Phönizier die Buchstabenschrift verbreitet haben. Zweifelhaft bleibt, ob die Assyrer oder die Ägypter die Erfinder gewesen sind,
vgl. Schlottmanns Artikel „Schrift und Schriftzeichen" bei Riehm-Bäthgen,
HWB. d. bibl. Altert. II, 1449f.].

Landes, das eben deswegen „das Land Kanaan" genannt wurde. Überall, wo es fruchtbare Täler, Oasen und wehrhafte Höhen gab, hatten sie zur Zeit des Einzugs der Israeliten bereits festen Fuß gefaßt, bis zu dem schönen Tiefthal von Sodom und Gomorrha, das einst wie ein „Garten Gottes" war, und später durch ein schreckliches Naturereignis in das tote Meer verwandelt wurde. Sie zerfielen in verschiedene Stämme und kleine Völkerschaften, die aus unbekannten Umständen verschiedene Namen führten. Sieben solcher kanaanitischer Stämme werden namhaft gemacht. Die **Emoriter** oder Amoräer im Süden und jenseits des Jordans galten als hochstämmig und kräftig. Man sagte von ihnen: „Sie waren hoch wie die Zedern und stark wie die Eichen"[1]).

Ein anderer weniger mächtiger Stamm waren die **Chittiter** oder die **Söhne Chet**, welche mit den Ägyptern vielfache Kriege geführt haben sollen[2]). Die **Chiwwiter** hausten auf dem Hermon und auch in der Mitte des Landes, die **Pherisiter** in der Ebene von Jesreël. Von geringerer Bedeutung waren die **Jebusiter**, welche die Gegend inne hatten, wo später die Hauptstadt Jerusalem entstand, und noch geringer erscheinen die **Girgaschiter**, deren Wohnsitze sich nicht genau bestimmen lassen. Alle diese Namen wären unbekannt geblieben, wenn die Israeliten nicht in dieses Land eingezogen wären. Durch sie sollte es ein Schauplatz für weitgreifende Ereignisse werden.

Die Israeliten zogen aber keineswegs ein, um friedlich neben

---

[1]) Amos 2, 9.

[2]) Wenn die Ägyptologen richtig lesen, so führte schon der ägyptische König Sethos der XIX. Dynastie Kriege mit den Cheta (Bunsen, Ägyptens Stelle IV, 176ff). Brugsch, Histoire d'Egypte S. 132 f. Als Könige der Cheta werden genannt: Sepalulu, sein Sohn Ma=ur=schar und dessen zwei Söhne Ma=uth=nur und Chetasar (das. S. 147 f.). Mit diesem letztern führte Sesostris der Große oder Ramses II. (Miamun) Krieg und schloß mit ihm ein Bündnis. Indessen ist es sehr zweifelhaft, ob darunter die Söhne Chet zu verstehen sind. Vgl. Note 4 und die eingehende Untersuchung von Paul Buhère in der Revue archéologique, Jahrg. 1864, S. 333 f. Les Kheta-u des textes hieroglyphiques, les Khatti des inscriptions cunéiformes et les Héthéens des livres bibliques. Auch diese Untersuchung widerlegt die Identifizierung der Cheta mit den חתי [vgl. hierzu jetzt Ebers, Ägypten und die Bücher Moses I, 285 ff. Schrader, Keilschr. und das A. Test., 3. Aufl., S. 188 f. u. 195 f. Meyer, Gesch. d. Altert. I, S. 213 ff.]. — Die kanaanitischen Völkerschaften zu lokalisieren und ihre Benennung von ihrem Aufenthalte abzuleiten, ist eine vergebliche Mühe. Die Bewohner von Sichem werden bald Chiwwi (Genesis 34, 2) bald Emori genannt (das. 48, 22); ebenso die Gibeoniten (Josua 9, 7. 11, 19, vgl. II. Samuel 21, 2).

andern Hirten die Weideplätze für ihre Herden zu benutzen, sondern machten höhere Ansprüche. Sie verlangten das ganze Land Kanaan für sich als Eigentum. Welche Rechte machten sie dafür geltend? Zunächst betrachteten sie das Land als ihr Erbeigentum. Die Gräber ihrer Ahnen waren in diesem Lande. Ihr erster Stammvater A b r a h a m, der aus der Euphratgegend, aus Aram, eingewandert war, hatte nach vielen Zügen durch das Land ein Erbbegräbnis für seine Familie in Hebron, die D o p p e l h ö h l e, samt Feld und Bäumen erworben. Dort wurden zuerst seine Frau S a r a, dann er selbst und später auch sein Sohn, der zweite Erzvater J s a a k, beigesetzt. Der dritte Erzvater, J a k o b, hatte nach vielen Prüfungen und Wanderungen bei S i c h e m eine Stätte erworben und diese wichtige Stadt, gewissermaßen den Mittelpunkt des Ganzen, infolge eines Friedensbruches durch den Raub und die Entehrung seiner Tochter „mit seinem Schwerte und seinem Bogen" den chiwwitischen Sichemiten entrissen[1]. Dieser Erzvater verließ nur widerwillig das als Eigentum angesehene Land infolge einer Hungersnot, um nach der Kornkammer Ägypten auszuwandern[2], und auf seinem Totenbette machte er es seinen Kindern letztwillig zur Pflicht, seine Gebeine im Erbbegräbnis der Doppelhöhle beizusetzen. Aber nicht bloß die Gräber der Urväter waren in diesem Lande, sondern auch Altäre, welche alle drei Stammväter an verschiedenen Plätzen dem von ihnen anerkannten Gotte geweiht und mit seinem Namen benannt hatten. Infolge dieser Erwerbungen glaubten die Israeliten ein volles Recht auf den Alleinbesitz des Landes zu haben.

Sie beriefen sich aber noch auf höhere Ansprüche, die mit dem erbrechtlichen Besitz im Zusammenhang standen. Die Erzväter hatten ihnen als heiliges Vermächtnis hinterlassen, der von ihnen zuerst erkannte Gott habe ihnen wiederholentlich und unzweideutig, wenn auch in Traumgesichten, das Land als ihr ausschließliches Eigentum verheißen, nicht als Gnadengeschenk, sondern als Mittel, um darin eine höhere Gesittung zu entfalten. Diese Gesittung sollte zunächst in der reineren Erkenntnis eines einzigen Gottes bestehen, der grundver-

---

[1] Genesis 48, 22.
[2] Solche Einwanderungen nach Ägypten kamen nicht selten vor. Auf dem Grabmal des Chnuhotep ist ein Bild von Einwanderern zu sehen, welche von dem ägyptischen Statthalter empfangen werden. Die Inschrift gibt den Kommentar dazu, daß eine Familie von 37 Personen, Männern, Frauen, Kindern samt Tieren und zwar vor dem A a m um Aufnahme bat (bei Brugsch das., S. 63 f. Auch das Bild ist daselbst mitgeteilt). Die A a m sollen mit den בני עמון identisch sein.

schieden war von dem Gotte oder den Göttern, welche die Völker der
Erde damals unter Bildern und verkehrten Vorstellungen verehrten.
Diese reinere Gotteserkenntnis sollte die Betätigung von Recht und
Gerechtigkeit in allen Lebensbeziehungen und gegen jedermann im
Gegensatz zu der allgemein unter den Völkern der Erde herrschenden
Ungerechtigkeit zur Folge haben[1]). Diese höhere Gesittung werde von
Gott verlangt; es sei „der Weg Gottes", auf dem die Menschen
wandeln sollten. Diese höhere Gotteserkenntnis und diese Gesittung
sollten die Erzväter als ein Vermächtnis in ihrer Familie heimisch
machen, es sollte eine Erblehre[2]) sein. Es ist ihnen auch in Aussicht
gestellt worden, daß durch ihre Nachkommen, als treue Hüter dieser
Lehre, alle Völker der Erde gesegnet und zur Teilnahme an dieser
Gesittung herangezogen werden würden[3]). Zu diesem Zwecke sei
ihnen eben das Land Kanaan als Geschenk verheißen worden, weil
es die Beschaffenheit habe, für die Erblehre ganz besonders zweckdienlich zu sein. Es ist zugleich von allen Seiten durch Meer, Wüste und
hohes Gebirge vom Weltverkehr abgeschlossen und wie durch Mauern

---

[1]) Diese Anschauung ist deutlich niedergelegt in Genesis 18, 19.

[2]) Deuteronomium 33, 4.

[3]) Genesis das. David Fr. Strauß muß trotz seines Nihilismus und
seiner Antipathie gegen das Judentum bekennen, daß der Monotheismus
die Pflanzschule für Zucht und Sittlichkeit wurde (Der alte und der
neue Glaube, S. 105). Wenn er aber an einer anderen Stelle (S. 103) den
Monotheismus der Israeliten ursprünglich und wesentlich die Religion
einer Horde nennt, so beweist er auch mit dieser Behauptung, daß die Logik
nicht seine treue Begleiterin ist. Alle Völker haben mit dem Urzustande des
Hordenlebens begonnen, alle haben mit anderen gekämpft und mußten sich
untereinander gegen außen zur Einheit und zum „Selbstgefühl" abschließen.
Demnach hätte der Monotheismus älter als das Vielgötzentum sein müssen.
Strauß verkennt das Judentum, weil er den Dualismus nicht überwinden
kann, den Heinrich Heine zuerst so klar und wahr formuliert hat. Für
hellenische Naturen ist Kunst und Wissenschaft, kurz das ästhetische Moment
das Höchste, das Unsittliche und Gemeine soll aus ästhetischen Rücksichten
gemieden werden. Für Positionen „außer Dienst" ist allerdings die Verschönerung des Daseins, ein süßes Nichtstun, wichtig. Allein es gibt doch
auch ein Leben „im Dienste", und dieses ist ohne Stoßen und Drängen unvermeidlich. Vermag die Ästhetik den sich aufbäumenden Egoismus und Ani-
malismus zu bändigen? Nur die „Pflicht" und das „Gesetz" vermag es.
Die Idee der Pflicht und des ethischen Gesetzes hat das Judentum in
die Geschichte eingeführt, und zwar nur im Zusammenhange mit dem
Monotheismus. Dieser selbst ist, wie jeder fruchtbare Gedanke, Produkt
eines einzelnen Gehirns, mag dieses Abraham oder sonst jemandem angehört
haben. Das Judentum als Erblehre entwickelte sich aus diesem Prinzip
und stellt die Ethik über die Ästhetik. Freilich, wenn man den Schulbegriff

vereinsamt, um fremden Einflüssen unzugänglich zu bleiben, welche
die Nachkommen von diesem „Wege Gottes" ablenken könnten, und
zugleich ist es offen genug, damit diese Erblehre auch zu den Völkern
der Erde dringen könne. Das Land der Verheißung ist fruchtbar genug,
um die Bewohner ernähren zu können, aber nicht üppig genug, um
sie in Trägheit einzuwiegen und schlaff zu machen.

Daher empfanden die Israeliten auch in der Fremde eine un-
auslöschliche Sehnsucht nach diesem Lande, ihre Augen waren stets
darauf gerichtet. Ihre Ahnen hatten es ihnen nachdrücklich eingeschärft,
daß, wenn auch einige Geschlechter in einem Lande, das nicht ihnen
gehöre, weilen würden, doch gewiß eine Zeit kommen werde, in der sie
wieder in das Land, wo die Gräber der Erzväter waren, und wo sie
Altäre geweiht hatten, zurückkehren würden. Diese Verheißung war
mit ihnen als eine verwirklichbare Hoffnung eng verwachsen und ebenso
die Überzeugung, daß sie für diese Besitznahme des Landes zu der
Gegenleistung verpflichtet seien, den Gott ihrer Väter allein zu verehren und in Gerechtigkeit vor ihm zu wandeln.

Worin diese Verehrung und diese Gerechtigkeit bestehen sollten,
dafür gab es noch keine nähere Anleitung; sie konnten sie auch entbehren. Das Leben der Erzväter war den Nachkommen, wie es in
der Erinnerung überliefert wurde, eine genügende Auslegung der
Familienlehre. Besonders galt ihnen Abraham als Musterbild der Vor-
trefflichkeit. Sie verehrten in ihm nicht einen Helden, welcher staunenswerte Taten zuwege gebracht und sich bis zu einem Gotte oder Halb-
gotte erhoben hatte, wie die Überlieferung der übrigen Völker von
ihren Stammvätern lautete. Nicht als ein Krieger und Eroberer,
sondern als ein opferfähiger, Gott ergebener Mann, der in aller Schlichtheit und Einfalt edel dachte und edel handelte, lebte er in den Erinnerungen seiner Nachkommen. Sie hatten die Vorstellung von
Abraham, dem Hebräer, daß er, obwohl von götzendienerischen
Eltern im Lande Aram, jenseits des Euphrat geboren und in götzen-
dienerischer Umgebung erzogen, doch der Stimme gehorchte, die ihm
einen anderen Gott offenbarte und ihm Lostrennung von seiner Umgebung eingab. Bei Streitigkeiten bestand er nicht rechthaberisch auf

von Religion, als „Erkenntnis und Verehrung Gottes und Glaube an eine
zukünftige Welt" annimmt, oder sie quasi-philosophisch formuliert als bedrücken-
des Gefühl der Abhängigkeit, dann kommt die Religion des Judentums dabei
zu kurz, oder vielmehr der Maßstab paßt gar nicht für sie. Für sie liegt der
Schwerpunkt in der „Heiligkeit des Lebens", in der vollen Betätigung
der ethischen Anforderungen, die in Gesetze formuliert sind und Pflichten
auferlegen.

seinem Anspruch), sondern leistete auf sein Recht Verzicht, um in Frieden
zu leben. Er war so gastfreundlich, daß er den Wanderern, die in seine
Nähe kamen, entgegenlief und eine Freude daran fand, sie bewirten
zu können. Für die Sünder in Sodom und den Nachbarstädten, die
wegen ihrer Härte und Unmenschlichkeit die Strafe des Himmels auf
sich gezogen hatten, flehte er vermittelnd, daß sie um weniger Gerechter
willen verschont werden möchten. Diese und andere Züge der Fried=
fertigkeit, Uneigennützigkeit, Opferwilligkeit und Gottergebenheit lebten
bei seinen Nachkommen fort, und ebenso das Bewußtsein, daß diese
Gesinnung dem Gott ihrer Väter genehm sei. Um dieser Tugenden
willen habe Gott ihn, wie seinen Sohn und Enkel, die ihm ähnlich
waren, beschützt und gesegnet. Daß Gott die Tugendhaften, Gerechten
und Schwachen ganz besonders beschütze, dafür bot ihnen besonders
das Leben des Erzvaters Jakob, dem auch der Name Israel bei=
gelegt wurde, ein lehrhaftes Beispiel. Sein Leben war kurz und
mühselig, aber der Gott der Väter hatte ihn aus allen Nöten erlöst.
Solche Erinnerungen hatten die Söhne Israels von ihren Vätern,
und diese Familientradition diente ihnen als Ergänzung und Aus=
legung ihrer Erblehre.

Das Anwachsen der Söhne Israels zu einem zusammenhängenden
Volksstamme ist unter ungewöhnlichen Umständen erfolgt, und ihre
Anfänge glichen nur wenig denen anderer Völker. Sonst waren die
Völker, wenigstens die der alten Welt, sobald sie ihre Vereinzelung
aufgegeben und sich zusammengeschlossen und gruppiert hatten, mit
dem Boden ihres Wachstums eng verknüpft und fühlten sich eins mit
ihm. Aus ihm schöpften sie meistens ihre Vorstellungen, ihre Sprachen
und ihre Götter. Die Berge, die Flüsse, die Luft, das Klima, die Ver=
änderungen darin bildeten nicht bloß ihren Charakter, sondern auch ihre
Geistesrichtung und ihre Götterlehre. Sie liebten den Boden, auf dem
sie zu einem einheitlichen Ganzen zusammengewachsen waren, wie
einen Teil ihres Selbst, verteidigten ihn gegen Angriffe und fühlten
eine tiefe Wunde, wenn sie ihn verlassen mußten. Nicht so das israeli=
tische Volk. Sein Ursprung entstand in einer fremden Umgebung,
und es konnte kaum auf diesem andern Boden Wurzel fassen. So
dunkel auch dieser Ursprung ist, so ist doch so viel gewiß, daß einer seiner
Stammgründer infolge einer Hungersnot im Lande Kanaan mit seiner
Familie und seinen Herden nach Ägypten wanderte, sei es auf Ver=
wendung eines seiner Söhne, Joseph, der als Sklave dahin ver=
kauft wurde und eine hohe Stellung am Hofe eines der ägyptischen
Könige eingenommen hatte, sei es, weil die Ägypter einen Wider=

willen gegen Schafhirten empfanden und sie nicht in ihrer nächsten
Nähe dulden mochten, sie aber nicht entbehren konnten und es daher
gern sahen, wenn Hirtenstämme sich in ihrer Nähe ansiedelten. Den
eingewanderten Söhnen Israels wurde das von Ägyptern wenig
bevölkerte Land G o s e n[1]) oder Land R a a m s e s als Wohnplatz eingeräumt. Es lag am östlichen Nilarme zwischen diesem und der großen
Sandwüste im Osten. Hier waren weite Weideplätze für ihre Herden,
und da die Gegend noch wenig bewohnt war, so konnten sie weit und
breit nomadisieren. Auch andere Stämme sprachverwandten Ursprungs
mit den Söhnen Israels, s e m i t i s c h e Stämme, siedelten sich hier
an; der Landstrich wurde daher als das ägyptische Arabien angesehen.
Nach und nach nahmen die Israeliten, je größer ihre Zahl wurde, eine
seßhafte Lebensart an, verlegten sich auf Ackerbau, gruben Kanäle
vom östlichen Nilarme, bewässerten damit ihre Felder und lernten von
den Ägyptern Handwerke und wohl auch die in diesem Lande heimischen
Künste.

Haben sie je einen Versuch gemacht, in das Land der Verheißung
zurückzukehren? Eine Andeutung liegt vor, daß ein Anlauf dazu
wohl gemacht wurde, aber einen ungünstigen Ausgang nahm[2]). So
blieben sie eine lange Zeit in Ägypten im Kreise Gosen. Die Familien
erweiterten sich zu Stämmen, und diese hatten durch die Erinnerung
an ihre gemeinsamen Vorfahren einen Zusammenhang untereinander.
Sie zerfielen in z w ö l f, d r e i z e h n oder v i e r z e h n Stämme[3]).
Als der älteste Stamm galt der R ë u b e n i t i s c h e, und ein solcher
pflegte sonst immer die Führerschaft über die übrigen zu haben; aber
es scheint, daß die Bruderstämme sich den Rëubeniten nicht unter-
ordnen mochten. Sie trauten ihnen nicht Charakterfestigkeit und
Selbstbeherrschung zu und rechtfertigten deren Ausschluß mit der
Überlieferung, der Stammvater Israel selbst habe ihnen Erstgeburts-

---

[1]) Über die Lage des Landes Gosen s. Ebers a. a. O. S. 448 f. Es
scheint, daß der gelehrte Ägyptologe zu viel bewiesen hat. Seine Entzifferung
mancher Städtenamen im Lande Gosen ist nicht überzeugend. In der ägyptischen Sprache soll der Name von Gosen Kesem oder Kosem gelautet haben,
das. S. 505 [Vgl. den Artikel „Gosen" bei Riehm-Bäthgen].

[2]) I. Chronik 7, 20—21.

[3]) Meistens wird eine Zwölfzahl der Stämme angegeben und die
Josephiden, Ephraim und Manasse werden als zwei, Levi aber nicht mit
gezählt. Manasse selbst zerfiel in zwei Stämme, den diesseitigen und jenseitigen; demnach gab es 13 Stämme und mit Levi 14. Es scheint, daß die
Opferzahl 13 am Hüttenfeste, Numeri 29, 13, sich auf die dreizehn Stämme
bezieht; Levi als Priesterstamm ist davon ausgeschlossen.

recht und Führerschaft entzogen, weil ihr Vater u n b e s t ä n d i g
w i e W a s s e r, das Ehebett seines Vaters geschändet habe[1]). Die
Reübeniten waren und blieben stets Hirten, sowie ein anderer Stamm,
die G a d i t e n, und noch der Halbstamm M a n a s s e (G i l e a d),
mit dem jene eine gewisse Gemeinschaft hatten. Selbst über diese
Hirtenstämme vermochten die Reübeniten sich nicht zu erheben. Auch
der nächstälteste Stamm, S i m e o n, blieb stets untergeordnet und
galt nur als Anhängsel zum Stamm J e h u d a (J u d a). Diesem
Stamme, obwohl er später der mächtigste und angesehenste war, scheint
in den ersten Anfängen des israelitischen Volkstums ebensowenig die
Führerschaft gehört zu haben, er scheint vielmehr dem Stamme Joseph
untergeordnet gewesen zu sein. Dieser Stamm ging in zwei Äste auseinander: E p h r a i m und M a n a s s e und der letztere wieder in
zwei Zweige: M a c h i r und G i l e a d. Wahrscheinlich erbten die
Josephiden diese Überordnung von ihrem Stammstifter J o s e p h,
der, in hohem Ansehen am Hofe eines ägyptischen Königs, allen Söhnen
Israels Schutz verliehen hatte. Nach seinem Tode mag ohne weiteres
die ihm freiwillig zuerkannte Führerschaft auf seinen Sohn Ephraim
und infolgedessen auf dessen Stamm übergegangen sein. Vermöge
dieser Würde wurden die Josephiden oder Ephraimiten schlechtweg
J s r a e l genannt, weil sie den Mittelpunkt sämtlicher Glieder bildeten.
Die übrigen Stämme hatten keinerlei hervorragende Stellung, sondern
waren stets untergeordnet. B e n j a m i n, J s s a s c h a r und
Z e b u l o n waren enger an die Josephiden angeschlossen, D a n,
A s c h e r und N a p h t a l i lebten vereinzelt ohne Anschluß an die
übrigen Stämme. Eine eigenartige Stellung nahm der Stamm
L e v i ein. Er erscheint bald allen Bruderstämmen als Leiter über-
geordnet, bald wieder als Schützling untergeordnet. An Zahl stand
er den übrigen bedeutend nach.

Die Lebensweise aller dieser Stämme im Lande Gosen war
einfach. Die Ältesten der Familie (Zekenim) waren ihre Häuptlinge,
die bei wichtigen Anlässen zur Beratung zusammenkamen. Ein sie
alle überragendes Oberhaupt hatten sie nicht, und den ägyptischen
Königen waren sie ebensowenig unterworfen. So gewöhnten sie sich
an eine republikanische Freiheit, in der jedes Stammglied seine Selbstständigkeit bewahren konnte, ohne in Abhängigkeit und Leibeigenschaft
zu geraten.

Obgleich sie mit den Urägyptern nicht vermischt waren, diese vielmehr einen Widerwillen gegen Schafhirten hatten, vielleicht weil sie

---

[1]) Genesis 49, 2—3; I. Chronik 5, 1.

in früherer Zeit von solchen Hirten (Hyksos?) bedrängt worden waren, so konnte es ihnen doch nicht an Berührungen und Verkehr mit ihnen fehlen. Einzelne Glieder oder Stammteile gaben das Hirtentum auf und trieben Ackerbau oder Gewerbe und kamen solchergestalt mit den Städtern in Berührung. Ganz besonders scheinen die Ephraimiten in eine engere gesellschaftliche Beziehung zu den Urbewohnern getreten zu sein. Diese Annäherung der Israeliten an sie war von der einen Seite von günstigem Einflusse.

Die Ägypter hatten bereits eine tausendjährige Geschichte hinter sich und einen hohen Grad von Kultur erreicht. Ihre Könige oder Pharaonen hatten bereits volkreiche Städte erbaut und riesige Baudenkmäler, Tempel, Pyramiden und Grabkammern errichtet, im Süden, im Oberlande um die Hauptstadt Theben (No-Ammon), und im Norden, in der Nilniederung, um die Stadt Memphis (Moph). Ihre Krieger hatten schon viele Feldzüge mitgemacht, Siege errungen, Völkerschaften unterworfen und dadurch ein nationales Selbstgefühl errungen. Ihre Priester hatten manche Fertigkeiten und Künste, welche die Eigentümlichkeit des Landes notwendig machte, bis zu einer gewissen Vollkommenheit erhoben, zunächst solche, welche mit dem Boden, dem Regenmangel des Landes und den Überschwemmungen des Nil in Verbindung standen, dann solche, welche die eigenen Vorstellungen der Ägypter von ihren Göttern und Leben und Tod erfinden ließen, und endlich solche, welche die Eitelkeit ihrer Könige gebieterisch verlangte, „damit ihre Gräber, ihre Häuser für immer, ihre Wohnungen für Geschlecht und Geschlecht dauern sollen, die sie auf Erden mit ihrem Namen benannt haben." Die Bau- und Wasserleitungskunst und, was damit zusammenhing, die Meßkunde, ferner die Heilkunde und das Einbalsamierungsgeheimnis, welches die Verstorbenen für die Ewigkeit erhalten sollte, Fertigkeiten für Gegenstände der Prachtliebe ihrer Könige in Gold, Silber und Stein, Bildhauerkunst und Anwendung der Farben, und eine Zeitrechnung, welche die regelmäßigen Überschwemmungen des Nils an die Hand gaben, in Verbindung mit Sternkunde[1]). Alle diese Kenntnisse und

---

[1]) Vgl. über die Ausbildung der Kunst und Wissenschaft bei den Ägyptern nach den Denkmälern, Brugsch a. a. O. S. 60 f. Brugsch selbst, der ein Bewunderer der Ägypter ist, muß zugeben, daß die von den Priestern gepflegte Astronomie nicht auf wissenschaftlichen Prinzipien, sondern auf praktischen Beobachtungen beruhte. — Nur in der Poesie haben die Ägypter nichts geleistet, weil sie das Ideale nicht kannten. Bis jetzt ist nur der Name eines einzigen Dichters bekannt geworden, Namens Penta-ur, welcher die Siege Ramses II. (Sesostris) besungen hat. Es ist eine langweilige, gemein-prosaische Lobhudelei

Künste hatten die Priester, die zugleich die Ratgeber und Leiter der Könige waren und sich des Besitzes einer hohen Weisheit rühmten, im Laufe von mehr als einem Jahrtausend ausgebildet. Auch die für die Menschheit so wichtige Schreibkunst hatten die ägyptischen Priester erfunden und vervollkommnet, zunächst auf Stein und Metall, um das Andenken und den Ruhm der Könige dauernd zu machen, dann auf Bast der Papyrusstaude, zuerst mit plumpen Figuren und dann mit sinnreichen.

Von allen diesen Fertigkeiten, Künsten und Kenntnissen scheinen sich die Israeliten in Gosen manches angeeignet zu haben, ganz besonders scheint der mittellose, von Herdenzucht und Besitztum überhaupt nicht eingeengte Stamm Levi von den ägyptischen Priestern die Schriftkunde erlernt zu haben. Er galt daher unter den übrigen Stämmen als Träger einer gewissen Bildung, als **Priesterklasse**. Die Leviten genossen schon in Ägypten einen Vorzug[1]) wegen ihres priesterlichen Charakters. Aus andern Stämmen erlernten manche andere Künste. Später waren zwei Israeliten berühmt, weil sie Gold, Silber, Stein und Holz zu bearbeiten und zu verschönern, Feinweberei, Stickerei und Färberei zu verfertigen verstanden, B e z a l e l aus dem Stamme Jehuda und O h o l i a b aus dem Stamme Dan. Der Aufenthalt der Israeliten in Ägypten ist nach dieser Seite hin von großer Bedeutung gewesen. Er hat sie, oder doch einen Teil von ihnen, aus dem niedern Stande des Naturlebens zur ersten Stufe der Kultur erhoben. Aber was sie auf der einen Seite gewannen, verloren sie auf der andern Seite und wären beinahe gleich den Ägyptern trotz aller Künste und Kenntnisse in einen noch schlimmeren Zustand verfallen, in den der künstlichen Vertierung.

Bei keinem Volke, das die erste Stufe des Fetischdienstes überschritten hat, war das Götzentum in so scheußlicher Gestalt ausgeprägt

auf den König-Gott (Übersetzung bei Brugsch das. S. 40 f.). Die Ägypter hatten auch Lobgesänge auf die Götter und Elegien (Maneros), alle ohne Spur von Poesie. Es bleibt nur noch die Literatur der Sentenzen, von denen Brugsch, (das. S. 29), Lauth und andere Proben mitgeteilt haben. Es sind hausbackene Lebensregeln und triviale Bemerkungen. Der Inhalt ihrer pompösen Inschriften auf den Riesenbauten sind inhaltsleere, kindische Redensarten, wie selbst Bunsen, ihr Bewunderer, zugeben muß (IV, S. 112 f.). [Ein wesentlich anderes Bild von der literarischen Tätigkeit der Ägypter erhalten wir auf Grund der neuen Entdeckungen, vgl. E b e r s' Artikel „Ägypten" bei Riehm-Bäthgen I, 41 ff.]

1) Vgl. I. Samuel 2, 27—28. Der Vers ist kategorisch, nicht interrogativ zu nehmen, wie der Zusammenhang zeigt.

und hatte einen ſo unheilvollen Einfluß auf die Sitten, wie bei dem
ägyptiſchen. Es hatte durch Verſchmelzung und Vereinigung der verſchiedenen Gaugötter ein ganzes Syſtem der Vielgötterei aufgeſtellt;
acht Götter der erſten Ordnung, zwölf der zweiten und ſieben der
dritten Ordnung. Die Ägypter beſaßen ſelbſtverſtändlich neben Göttern
auch Göttinen. Dieſe Götter und Göttinnen ſtellten ſie ſich in leiblicher
Geſtalt vor. Sämtliche Götter wurden mit einem vom Kinne herab-
hängenden Barte abgebildet. Allerdings teilten ſie dieſe Verkehrtheiten mit vielen Völkern des Altertums, auch mit Griechen und Römern.
Was aber die Götterlehre der Ägypter ſo häßlich und verabſcheuens-
würdig machte, war, daß ſie die Weſen, zu denen ſie beteten, und von
denen ſie Hilfe erwarteten, tief unter die Menſchen ſtellten. Sie gaben
ihren Göttern Tiergeſtalten und verehrten niedrige Tiere als göttliche
Mächte. Ammon, ihr höchſter Gott, wurde von ihnen mit Widder-
hörnern dargeſtellt, die Göttin Pecht (Pacht) mit einem Katzenkopfe
und Hathor (Athyr), „die Göttin der Ausgelaſſenheit"[1]), mit einem
Kuhkopfe. Oſiris, der in ganz Ägypten verehrt wurde, war mit
einem ſcheußlichen, das Schamgefühl verletzenden Bilde (Phallus
erectus), und die allgemein verehrte Iſis wurde öfter mit einer
Kuhmaske dargeſtellt. Das an Tieren arme Nilland legte zuerſt viel
Wert auf deren Erhaltung, und dann zollte es ihnen göttliche Verehrung, dem ſchwarzen Stiere Apis in Memphis, dem weißen Stiere
Menns (Mneuis) in Heliopolis, den geilen Böcken, den Hunden und
ganz beſonders den Katzen, auch Vögeln, Schlangen und ſogar Mäuſen.
Die Tötung des göttlichen Stieres oder einer Katze wurde ſchwerer
geahndet als der Tod eines Menſchen.

Dieſes häßliche Götzentum trafen die Israeliten in Ägypten an
und ſahen es täglich vor Augen. Die Folgen dieſer Verirrung waren
ſchlimm genug. Die Menſchen, die Tiere als Götter verehren, müſſen
bis zum Tiere herabſinken, und wie Tiere wurde das Volk auch von
den Königen und den höheren Ständen, der Prieſter- und Kriegerkaſte,
behandelt. Keine Achtung vor dem Menſchen, keine Anerkennung der
Freiheit der Eingeborenen, geſchweige der Fremden. Die Pharaonen
rühmten ſich, von den Göttern abzuſtammen und wurden als ſolche ſchon
im Leben vergöttert. Ihnen gehörte das ganze Land und die ganze
Bevölkerung. Wenn ſie den Ackerbauern einen Teil des Bodens zum
Anbau überließen, ſo war das ein Akt der Gnade. Es gab eigentlich
kein Volk in Ägypten, ſondern nur Leibeigene. Der König zwang

---

[1]) Dümichen, Bauurkunden der Tempelanlagen von Dendera, S. 12.

Hunderttausende zur Fronarbeit für die Riesenbauten der Tempel und der Pyramiden schwere Lasten von Quadersteinen aus den Brüchen zu hauen und sie auf weiten Wegen bis zum Bauplatz zu befördern und dort auf Befehl der Baukundigen zusammenzufügen oder berges= hoch aufzutürmen[1]). Die ägyptischen Priester waren der Könige und ihrer Götter würdig. Wenn die Pharaonen das Leben der Bevölkerung mit schwerer Arbeit noch so sehr verbitterten, so erklärten sie die Priester doch für Halbgötter. Unter dieser Last der Arbeit büßte die Bevölkerung alles Menschenwürdige ein und vertierte. Sie gewöhnte sich daran, in niederem Sklaventum zu verharren und machte nie den Versuch, das schwere Joch abzuschütteln.

Das häßliche Götzentum der Ägypter führte zu einer noch häß= licheren Verirrung. Der Begriff „Keuschheit" war ihnen völlig fremd geworden. Da sie die Tiere als göttliche Wesen über sich stellten, so war die Unzucht mit Tieren eine tägliche Erscheinung, die weder Strafe noch Entehrung nach sich zog. Ägyptische Frauen pflegten sich vor dem Apis, wenn er auf der Weide war, schamlos zu entblößen. Die Götter wurden in unzüchtiger Stellung abgebildet. Brauchten die Menschen besser als die Götter zu sein? Was Wunder, wenn in dem Gebiete von Mendes die Weiber vor aller Augen sich den Böcken preisgaben[2]). Alljährlich wanderten, wohl zur Zeit der Weinlese nach der Stadt Bubastis, in der Nähe von Gosen, Hunderttausende von Männern und Weibern zur Wallfahrt zum Feste der Göttin Pacht, der Beschützerin der gemeinen Liebe. In allen Städten, wo sie vorüberkamen, be= trugen sich die Weiber ausgelassen und entblößten sich auf die aller= unanständigste Weise. In Bubastis angekommen, überließen sie sich bacchantischer Ausgelassenheit und Unkeuschheit. In Oberägypten wurde ein ähnliches Fest gefeiert[3]).

Nichts ist so ansteckend und verführerisch, wie Torheit und Laster. Die Israeliten, besonders die im näheren Verkehr mit den Ägyptern standen, nahmen allmählich götzendienerische Verkehrtheiten und zügel= lose Verirrungen an[4]). Dazu kam noch ein schwerer Druck von außen. Lange Zeiten waren die Israeliten im Lande Gosen frei, da sie nur

[1]) Cheops oder Chufu, der Erbauer der größten Pyramide bei Gizeh, hat alle drei Monate 100000 Menschen zur Zwangsarbeit daran ausgehoben, und ihr Bau dauerte zwanzig Jahre.

[2]) Herodot II, 46; Strabo XVII, 4, p. 816. Damit zu vergleichen Leviticus, 18, 2 f.

[3]) Herodot II, 60; vgl. Ebers a. a. O. S. 482 f.

[4]) Ezechiel 20, 7—8; 23, 3—8.

als Nomaden angesehen waren, die zu kommen und zu gehen pflegten. Als aber Jahrzehnte und ein Jahrhundert vergangen waren und sie noch immer blieben und sich noch dazu vermehrten, mißgönnten ihnen die Räte eines Königs die Freiheit, welche die Ägypter selbst nicht besaßen. Auch eine gewisse Furcht beherrschte den Hof, daß die so zahlreich herangewachsenen Hirtenstämme in Gosen eine kriegerische Haltung gegen Ägypten annehmen könnten. Um dem vorzubeugen, wurden die Israeliten ebenfalls für Leibeigene oder Sklaven erklärt und gezwungen, Frondienste zu leisten. Einer der Könige, der den Namen Ramesses [1]) führte, ließ zwei neue Städte bauen, Pithom (Patumos) und Raamses, nach seinem Namen, und zu diesen Bauten wurden die arbeitskräftigen israelitischen Männer und Jünglinge verwendet. Sie mußten das Baumaterial herbeischaffen und schwere Lasten tragen, wenn sie auch unter der ungewohnten schweren Arbeit erlagen. Die Schwachen und Säumigen wurden mit der Stachelgeißel dazu angetrieben. Es war darauf angelegt, sie ihrer Freiheit zu berauben und zugleich zu vermindern. Die ägyptischen Aufseher hatten den gemessenen Befehl, mit äußerster Strenge und Grausamkeit zu verfahren. Um die Verminderung rascher herbeizuführen, erließ der König noch dazu den Befehl, daß die israelitischen Knaben im Nil oder in einem der Kanäle ertränkt werden sollten; nur die Mädchen sollten am Leben bleiben. So wurde für die Israeliten das Land Gosen, wo sie früher frei gelebt hatten, ein Sklavenhaus,

---

[1]) Es wird jetzt allgemein angenommen, daß der auf ägyptischen Denkmälern Ramessu Miamun oder Ramses II., von den klassischen Historikern Sesostris, genannte König die Knechtung der Israeliten durchgeführt hat (Lepsius, Chronologie der Ägypter I, S. 134 f.; Königsbuch S. 117 f.; Brugsch a. a. O. S. 156 f.). Die Beweisführung ist aber durchaus nicht zwingender Natur. Aus dem Umstande, daß es in der Bibel heißt, daß Pharao von den Israeliten Pithom und Raamses bauen ließ, und es in dem Heldengedicht des ägyptischen Dichters Penta-ur von den Kriegstaten des Ramses II. heißt: „Seine Majestät kam in der Stadt des Ramses-Miamun an und ruhte sich in den doppelten Pylonen aus" (Brugsch daf. S. 145, de Rougé, Recueil de travaux relatifs à la philologie égyptienne etc.), soll folgen, daß dieser Ramses die Stadt gleichen Namens erbaut habe. Sie kann aber ebensogut von Ramses I. erbaut worden sein. [Über die einschlägigen Fragen vgl. jetzt die Literatur-Angaben bei Maspero, hist. des peuples de l'Orient classique II, 473 ff. und Spiegelberg, der Aufenthalt Israels in Ägypten, S. 51. S. ferner Miketta, der Pharao des Auszuges (Freib. i. Br. 1903), der Tutmosis II. (1515—1401) und seine Vorgänger als Bedrückungspharaonen (a. a. O. S. 32) und Amenophis II. (1461—1436) als Exoduspharao setzt (a. a. O. S. 117).]

ein eiserner Schmelzofen, worin sie geprüft werden sollten, ob sie an ihrer Erblehre festhalten oder die Götter der Fremde annehmen würden.

Der größte Teil der Stämme bestand diese Prüfung nicht. Wohl dämmerte in ihnen das Bewußtsein vom Gotte ihrer Väter, der den Götzen Ägyptens so sehr unähnlich sei. Aber dieses Bewußtsein schwand mit jedem Tage mehr. Die Nachahmungssucht, der schwere Druck und das tägliche Elend machte sie stumpf und löschte in ihrem Innern den letzten Funken des hellen Lichtes ihrer Erblehre aus. Die Arbeiter in ihrem Sklavendienste wußten mit einem unsichtbaren Gotte, der bloß in ihrer Erinnerung lebte, nichts anzufangen. Sie erhoben daher gleich den Ägyptern, ihren Herren, ihre Augen zu den sichtbaren Göttern, welche doch ihren Peinigern sich so gnädig erwiesen und ihnen Glück spendeten. Sie richteten ihr Flehen zum Stiergott Apis, den sie A b b i r[1]) nannten, und opferten den Böcken[2]). Die eben zur Jungfrau herangewachsene Tochter Israels gab sich der Schändung preis und buhlte mit den Ägyptern[3]). Sie dachten wohl unter dem Bilde des grasfressenden Tieres den Gott ihrer Väter zu verehren; was vermag nicht die Geistesverirrung, wenn sie einmal auf falsche Fährte geleitet ist, zusammenzureimen? Die Israeliten wären in grobsinnlichem Götzendienste und in ägyptischer Lasterhaftigkeit untergegangen wie viele andere Völkerschaften, die mit dem Lande Cham in Berührung gekommen waren, wenn nicht zwei Brüder und ihre Schwester von einem höhern Geiste erweckt und getrieben, sie aus der Stumpfheit und Versumpfung gezogen hätten. Es waren M o s e , A h a r o n und M i r j a m[4]).

Worin bestand die Größe dieses geschwisterlichen Dreigestirns, welche geistigen Mächte haben in ihnen gewaltet, um ein Erlösungswerk anzubahnen, das nicht bloß für ihr Volk und nicht bloß für ihre Zeit befreiend und erhebend wirkte? Von welcher Art war ihre Persönlichkeit und ihr Lebensgang, und wodurch sind sie zu einer so erhabenen Sendschaft berufen worden? Die geschichtlichen Erinnerungen haben von Mose nur wenig, von seinem Bruder und seiner Schwester fast gar keine persönlichen Züge erhalten, durch die wir nach menschlicher Erkenntnis begreifen könnten, auf welche Weise sich ihre stufenmäßige Erhebung von der Dämmerung des Kindesalters bis zur durch-

---

[1]) S. Note 1.
[2]) Leviticus 17, 7; vgl. auch 16, 5 ff.
[3]) Ezechiel 23, 2—8.
[4]) Micha 6, 4 wird M i r j a m neben M o s e und A h a r o n genannt, welche Gott dem Volke gesendet hat, es aus Ägypten zu befreien.

dringenden Geistesklarheit der Vorschau gesteigert hat, und wodurch
sie einer so hohen Aufgabe würdig wurden. Die israelitischen Jahrbücher, von der Vorstellung beherrscht, daß alle Kreatur, auch der
erhabenste Mensch, gegenüber dem großen weltbeherrschenden Wesen,
Staub und Asche ist, vermeiden geflissentlich jede von Bewunderung
eingegebene Schilderung wirkungsreicher Persönlichkeiten, weil sie
leicht zur Menschenvergötterung und zu eben solchen Verirrungen
führt wie das plumpe Götzentum. Von Mose, dem größten Propheten,
dem Gottesmanne, dem Bildner und Erzieher eines Volkes, das
abwechselnd in Hoheit und Niedrigkeit Jahrtausende überdauern, den
Untergang ganzer Völker sehen und selbst aufrecht und lebenskräftig
fortbestehen sollte, von Mose hat die Erinnerung nur verblaßte Züge
und selbst diese nur zufällig erhalten; aber dadurch sind sie um so
sicherer beglaubigt.

Die prophetischen Geschwister gehörten dem Stamme an, der
vermöge seiner, die übrigen überragenden Kenntnisse als Priesterstamm galt. A m r a m , der Vater, und J o c h e b e d , die Mutter,
waren beide aus dem Stamme Levi, aus der Familie K e h a t. Ohne
Zweifel hat dieser Stamm oder wenigstens diese Familie treuer die
Erinnerung an die Erzväter und an die Erblehre von dem Gotte der
Väter bewahrt und sich von dem ägyptischen Götzentum und den
ägyptischen Gräueln fern gehalten[1]. Aharon, der ältere Bruder, Mose
und Mirjam, sind also in einer sittlich und religiös reineren Luft geboren und aufgewachsen. Von Mose erzählt die geschichtliche Urkunde,
die Mutter habe den Neugeborenen drei Monate geheim gehalten,
ehe sie ihn, laut Befehl des Königs, dem Tode in den Fluten des Nil
ausgesetzt, habe ihn dann aber aus Furcht vor den Schergen des Königs
in einen Kasten gelegt und diesen im Schilf verborgen. Dort habe ihn
eine Königstochter beim Baden gefunden, und sich, weil er schön war,
seiner erbarmt und ihn wie ihr eigenes Kind[2] erzogen. Es ist wohl

[1] Vgl. I. Samuel 2, 27.

[2] Man führt den Namen Mose auf das ägyptische Wort mes, mesu,
zurück, welches Kind bedeuten soll, Gesenius Thesaurus s. v., Lepsius Chronol. 3, 26, Brugsch a. a. O. S. 157. Der Name ist jedenfalls ägyptisch und
ebenso der Name Pinechas, ägypt. Pa-nechesi (Brugsch a. a. O. S. 173)
und wahrscheinlich auch der Name Aharon. Es ist in letzter Zeit viel über
Mose und sein Vorkommen in ägyptischen Inschriften geschrieben worden;
vergl. Zeitschrift d. dtsch. morgenl. Ges., Jg. 1869, S. 30 f., Jg. 1871, S. 139,
Lauth, Moses=Osarsyph. Es sind lauter vage Vermutungen, die kein historisches Material geben; noch dazu basieren sie auf Manethos sagenhaften
Angaben. [Vgl. jetzt Jeremias, das A. T. im Lichte des alten Orients
(Lpzg. 1904), S. 253.]

lein Zweifel, daß der junge Mose den pharaonischen Hof in Memphis
oder Tanis (Zoan) gekannt hat. Gewecten Geistes, wie er jedenfalls
war, erlernte er wohl die Kenntnisse, die in Ägypten heimisch waren.
Vermöge seiner körperlichen Anmut und geistigen Begabung konnte
er die Herzen gewinnen. Mehr aber noch als körperliche und geistige
Vorzüge zierten ihn Sanftmut und Bescheidenheit. „Mose war der
sanftmütigste Mensch, mehr als irgend einer auf dem Erdboden",
das ist das einzige Lob, welches die geschichtlichen Nachrichten ihm
spenden. Nicht Heldentum und kriegerische Großtaten rühmen sie
an ihm, sondern seine Selbstlosigkeit und Opferfreudigkeit. Vermöge
der überkommenen Lehre von dem Gotte Abrahams, der die Gerechtigkeit liebe, mußte ihm das wüste Götzentum des Tierdienstes, das er
vor Augen hatte als ein Gräuel erscheinen, und die gesellschaftlichen
und sittlichen Gebrechen, die dadurch wucherten, ihn anwidern. Die
schamlose Unzucht, die Knechtung eines ganzen Volkes durch König und
Priester, die Ungleichheit der Stände, die Herabwürdigung des Menschen
zum Tiere oder noch unter das Tier, den Knechtsinn — alles das erkannte
er in seiner ganzen Verderblichkeit. Und an diesem Schmutze hatten
seine Stammesgenossen sich bereits besudelt.

Für sie hatte er vom Anbeginn an ein tiefes Mitgefühl, nicht weil
sie seine Stammesgenossen waren, sondern weil sie erniedrigt und verachtet waren, und weil der Hochmut der Mächtigen sie ungestraft mißhandeln durfte. Mose war ein Todfeind jeder Ungerechtigkeit. Es
schnitt ihm ins Herz, daß die Söhne Israels zur Knechtschaft verurteilt
und täglich den Mißhandlungen der niedrigsten Ägypter ausgesetzt
waren. Als er einst einen solchen Ägypter ungerechterweise einen
Hebräer schlagen sah, übermannte ihn der Eifer, und er züchtigte den
Frevler. Aus Furcht vor Entdeckung floh er aus Ägypten nach der
Wüste, die sich nördlich und östlich vom roten Meere weithin ausdehnt.
In einer Oase, wo ein Zweigstamm der M i d i a n i t e n , die
K e n i t e n , wohnte, in der Gegend des Gebirges Sinaï machte er
Halt. Auch hier, wie in Ägypten, stieß er auf Unrecht und Gewalttat,
und auch hier trat er mit Eifer entgegen und leistete den Schwachen
seinen Beistand. Hirtenmädchen, die von rohen Hirten gewalttätig
von der Trinkquelle für ihre Herden verjagt worden waren, sprang
Mose bei und rettete sie vor fernerer Mißhandlung. Dadurch kam
er in Verbindung mit dem dankbaren Vater der Hirtenmädchen, dem
Stammältesten oder Priester der Midianiten, und heiratete dessen
Tochter Z i p p o r a . Seine Beschäftigung im Lande Midian war
das Hirtenleben; er suchte für die Herden seines Schwiegervaters

Rëuel fruchtbare Strecken auf der Weſtſeite[1]) der Wüſte Sinaï auf, zwiſchen dem roten Meere und dem Hochgebirge. Hier in der Abge= ſchiedenheit und Einſamkeit kam der prophetiſche Geiſt über ihn.

Was bedeutet der prophetiſche Geiſt? Bis jetzt haben ſelbſt die= jenigen, welche tiefer in die Geheimniſſe des großen Weltalls und des, zwar kleinen, aber das Große umfaſſenden Alls der Seele eingedrungen ſind, nur eine Ahnung davon, aber keine deutliche Kunde. Das Seelen= leben des Menſchen enthält Dunkelheiten, die ſelbſt für den ſcharf= ſichtigſten Forſcherblick unzugänglich bleiben. Aber abzuleugnen iſt es nicht, daß der menſchliche Geiſt auch ohne Hilfe ſeiner Sinnesorgane einen Fernblick in die rätſelhafte Verkettung der Dinge und in das Geſamtſpiel der Kräfte werfen kann. Vermittelſt einer noch un= erſchloſſenen Seelenkraft entdecken die Menſchen Wahrheiten, die nicht im Bereiche der Sinne liegen. Die Sinnesorgane vermögen nur die gefundenen Wahrheiten zu beſtätigen, allenfalls zu berichtigen, aber nicht zu entdecken. Vermöge der, durch die rätſelhafte Seelen= kraft entdeckten Wahrheiten, die ſich im Laufe der Jahrtauſende ver= mehren, lernten die Menſchen die Natur erkennen, beherrſchen und deren Kräfte ſich untertänig machen. Was der einſame Forſcher durch einen ihm allein aufflammenden Lichtblick entdeckt, wird Gemeingut des ganzen Geſchlechtes und eine alltägliche Wahrheit. Dieſe Tat= ſachen beſtätigen, daß das Seelenvermögen noch Eigenſchaften beſitzt, welche über die Sinneswahrnehmungen und die geſchärfte Urteilskraft hinausgehen, welche die Schleier der dunklen Zukunft zu lüften, höhere Wahrheiten für das ſittliche Verhalten der Menſchen zu entdecken und ſelbſt etwas von dem geheimnisvollen Weſen, welches das Weltall und das Spiel der Kräfte gefügt hat und erhält, zu erſchauen vermögen. Allerdings, eine dem Alltagstreiben und der Selbſtſucht ergebene Seele vermag das wohl nicht. Sollte aber eine von der Selbſtſucht unberührte, von den Lüſten und Leidenſchaften ungetrübte, von den Schlacken des Alltagslebens und der Gemeinheit unbefleckte Seele, die ſich lediglich in die Gottheit und die Sehnſucht nach ſittlicher Veredelung vertieft und ganz darin aufgeht, nicht eine Offenbarung religiöſer und ſittlicher Wahrheiten erſchauen können? Im Verlauf der israelitiſchen Geſchichte, Jahrhunderte hintereinander, traten fleckenloſe Männer auf, welche unbezweifelt einen Fernblick in die Zukunft taten und Offenbarungen über Gott und die Lebensheiligkeit erſchaut und mitgeteilt haben. Das iſt eine geſchichtliche Tatſache, die jede Prüfung aushält. Eine

---

[1]) Exodus 3, 3. אחר המדבר bedeutet weſtlich, im Gegenſatz zu קדם öſtlich, wie oft אחור dem קדם entgegengeſetzt iſt.

Reihe von Propheten hat die zukünftigen Geschicke des israelitischen Volkes und die anderer Völker geweissagt, und ihre Verkündigung hat sich durch Erfüllung bewährt[1]). Sie haben sämtlich den ersten in der Reihe, welcher einer Offenbarung gewürdigt wurde, den Sohn Amrams, weit über sich gestellt und anerkannt, daß seine Verkündigungen klarer, selbstbewußter und selbstgewisser als die ihrigen gewesen seien. Sie haben Mose nicht bloß als den ersten, sondern auch als den größten Propheten anerkannt. Ihren prophetischen Geist betrachteten sie lediglich als Ausstrahlung von seinem Geiste. Wenn je die Seele eines Sterblichen mit dem lichten Blicke prophetischer Vorschau begabt war, so war es die lautere, selbstlose und hehre Moses.

Freilich die Art und Weise, wie ein Prophet gewisse Wahrheiten und Lehren oder die Zukunft erschaut, ist eben so geheimnisvoll wie die Seelenkraft selbst, die als Organ dazu dient. Es macht die Sache nicht deutlicher, wenn gesagt wird, daß die Offenbarung an den Propheten in einem außergewöhnlichen Gesichte oder im Weben des Traumes herantritt, oder zu ihm in einer Rätselsprache und in Bildern spricht[2]). Nur die Wirkung der auf sie eindringenden Offenbarung haben die Propheten geschildert. Sie fühlten sich von einer unsichtbaren Macht ergriffen, empfanden ein Schmerzgefühl, es brannte in ihrem Innern wie glühendes Feuer und hämmerte wie mit einem Hammer, welcher Felsen zerschmettern soll[3]). Ein unbekanntes Etwas drängte sie zu schauen und zu sprechen, legte ihnen das Wort auf die Zunge, versetzte sie in Angst und flößte ihnen zugleich Gefahr trotzenden Mut ein[4]). Sie hatten das volle Bewußtsein, daß das, was sie sprechen sollten, nicht aus ihrem eigenen Gedankenborn fließe, sondern von einem Anderen, Höheren, dem Gotteshauche oder Gottesgeiste, eingegeben sei[5]). Die Offenbarung, die sie zu verkünden hatten, kam ihnen selbst fremd vor, das Wort, das ihnen über die Lippen strömte, fühlten sie als eine Eingebung, „e s s p r a c h i n i h n e n", machte den Schüchternen beherzt, den Jüngling altersreif, den Stotternden beredt. Fleckenlosigkeit des Wandels, Selbstlosigkeit der Gesinnung und Gottdurchdrungenheit waren die Vorbedingungen für den Prophetenberuf, völlige Hingebung und Feuereifer für die Sache, die sie vertraten, die hervorstechenden Züge der Tätigkeit der Propheten.

---

1) S. Note 2.
2) Numeri 12, 6—8.
3) Jeremia 23, 25—29.
4) Das. 20, 7—9.
5) Numeri 16, 28; Ezechiel 13, 2 f.

Die Gnadengabe des prophetischen Geistes, die über gemeinen Betrug der Vorspiegelung und Selbsttäuschung erhaben ist, ist tatsächlich in einer langen Reihe außerordentlicher Persönlichkeiten vorgekommen. Die menschliche Sprache, die noch zu arm ist, diese Höhe des Menschengeistes auch nur annähernd begreiflich zu machen, muß sich mit Bezeichnungen behelfen, die zu Mißverständnissen Anlaß geben und doch den Begriff nicht klar machen können. Sie konnte sich nur notbehilflich so ausdrücken: „Von Angesicht zu Angesicht schaute Mose Gott." Um den Unterschied zwischen seiner prophetischen Weise und der seiner Nachfolger zu charakterisieren, mußte sich die Schilderung einer mehr verneinenden Ausdrucksweise bedienen: Während die übrigen Propheten nur im Traume und in dunkeln Gesichten die Kunde von Gott erhielten, kam diese Mose von Mund zu Mund zu in einer „deutlichen Erscheinung, und nicht in Rätseln". Die geistige und sittliche Vorbedingung zum Prophetenberufe waren auch bei keinem späteren Propheten in so vollkommenem Einklang vorhanden, wie beim Sohne Amrams, seine Schaukraft so tief durchdringend, daß ihm das Wesen der Dinge und der verschlungene Zusammenhang, den sie mit Gott haben, nicht verborgen blieb. Die prophetische Begabung hatte wohl höhere und niedere Grade, und auch Mose besaß sie nicht von Anfang an in ihrer ganzen Fülle; sie mußte auch bei ihm geschärft und ausgebildet werden.

In der Wüste Sinai, erzählt die Quelle, am Fuße des Horeb, wo er die Herden seines Schwiegervaters weidete, wurde er zuerst einer geistigen Schau gewürdigt, die sein ganzes Wesen erschütterte. Er sah einen brennenden Dornstrauch, welcher dem Feuer widerstand, und hörte eine Stimme aus ihm, welche ihm eine neue Offenbarung über das Wesen Gottes verkündete und ihm zugleich einen Auftrag erteilte. Das von den Erzvätern verehrte göttliche Wesen wurde von ihnen und ihren Nachkommen mit einem Worte bezeichnet, das die sprachverwandten Völker auch ihren Göttern beilegten, mit dem Worte El oder Elohim oder Schaddaï (Macht, Mächte, Spender). Infolge dieser Namensgleichheit verwechselten die geknechteten Israeliten in Ägypten den Gott ihrer Erblehre mit den Ungöttern ihrer Peiniger. Den tiefen Abstand zwischen dem wahren Gott und den Götzen konnten sie nicht ermessen. Mose ward aber zuerst die Kunde von einem andern Namen des Gottes Israels, der ihn von diesen scharf unterscheiden und dessen eigenstes Wesen offenbaren sollte. Gott sollte fortan von den Israeliten mit dem Namen J h w h (J e h o v a h) benannt werden, der das Leben und Sein be-

zeichnet. Mit diesem Namen sollten sie ihn in der Zukunft anrufen
und bei diesem schwören[1]). Die Stimme aus dem Dornstrauch
verkündete Mose ferner, daß er berufen sei, die geknechteten Stämme
Israels aus dem Sklavenhause zu befreien und sie in das Land der
Verheißung zu führen, und endlich, daß das befreite Volk in dieser
Wüste, auf diesem Berge Lehre und Gesetz von dem Gotte seiner Väter
unter dem Namen Jhwh empfangen sollte. Noch nicht an eine so

[1]) Exodus 3, 14—15. זה שמי לעלם וזה זכרי וגי׳ bedeutet eigentlich, daß
Gott nur mit diesem Namen angerufen werden will, und daß nur bei diesem
geschworen werden soll: הזכר שם oder בשם bedeutet schwören beim
Namen. Was Ebers behauptet, daß in den theologischen Schriften der
Ägypter etwas Ähnliches vorkäme, nämlich die Bezeichnung von Gott: Anuk
pu Anuk, „ich bin, der ich bin" (a. a. O. S. 528, Note 65), der Gott, der
zugleich sein eigener Vater und Sohn, der das Heute, das Gestern und
Morgen ist, sticht so sehr gegen die mythologischen Absurditäten der Ägypter
ab, daß es unglaublich klingt. Es kommt auch darauf an, aus welcher Zeit
diese und ähnliche metaphysisch klingende Phrasen stammen, ob sie nicht den
Juden oder Hellenen entlehnt sind, selbst zugegeben, daß die Ägyptologen
die Hieroglyphen richtig entziffert haben, was nicht immer vorauszusetzen ist.
— Was den Monotheismus des Judentums betrifft, so wird selbst von ernsten
Forschern gegenwärtig damit ein doppeltes Spiel getrieben. Entweder er
wird als etwas Niedriges, die Kultur Hemmendes bezeichnet, der nur aus
dem beschränkten Gesichtskreise der Semiten oder Juden entstehen konnte,
als „Religion einer Horde", oder als Produkt eines der Phantasie oder
der Poesie baren Volksstammes, das den Reichtum der Mythologie nicht kannte,
oder er wird als ein Plagiat von höher zivilisierten Völkern ausgegeben.
Eines schließt das Andere aus, und doch werden beide Behauptungen mit
vielem Aplomb und großer Zuversicht nebeneinander gesetzt. Es steckt Mißgunst
und Rassenantipathie dahinter und ist Männern der Wissenschaft unwürdig.
Suum cuique. Wenn etwas gewiß ist, so ist es die Tatsache, daß das Judentum den Monotheismus mit seinen Konsequenzen eingeführt hat. Falsch ist
auch die Schlußfolgerung, daß, weil die Israeliten lange Polytheisten waren,
der monotheistische Gottesbegriff erst einen Läuterungsprozeß durchgemacht
habe, bis ihn erst die Propheten rein gefaßt hätten. Denn der Polytheis-
mus herrschte offiziell auch noch nach dem Auftreten der großen Propheten
bis zur Zeit des babylonischen Exils und noch darüber hinaus. Die Wahrheit ist, daß der lautere Monotheismus nur von einem besonderen Kreise
gekannt und bekannt wurde, während der Geist des Volkes entweder ganz
polytheistisch oder eklektisch im Dunkel darüber war. Zum strengen Monotheismus gehört der Gottesname Jhwh. Auch darüber sind entgegengesetzte
Behauptungen aufgestellt worden, die eine, daß dieser Name, als der höhere,
erst später von den Israeliten erkannt worden (daher die Hypothese, daß
die jehovistischen Partien im Pentateuch und anderen biblischen Schriften
jünger seien) und die andere, daß er aus der semitischen Mythologie entlehnt
sei und dem 'Ιαώ oder ἁβρὸς 'Ιαώ, dem Dionysos ('Υας, Εὔας, Εὔιος, 'Ιήιος)
und auch dem Saturn (Typhon) entspreche. Dergleichen mythologische Ety-

außerordentliche Erscheinung gewöhnt, verhüllte Mose sein Angesicht und hörte in demutsvoller Scheu die bald zutraulichen und bald zürnenden Worte an. Gegen die Übernahme der schwierigen und gefahrvollen Aufgabe, die Befreiung der Geknechteten zu erwirken, sträubte sich seine demutsvolle Selbsterkenntnis. „Wer bin ich, daß ich vor Pharao hintreten und Israel befreien soll?" Seine geringe Sprachgewandtheit erschien ihm ein Hindernis für die Aufgabe an einem Hofe, für den Sprachglätte und Beredsamkeit erforderlich wären. Indessen beruhigte ihn die Stimme aus dem Dornbusch über seine Bedenklichkeiten und verkündete ihm, daß der ägyptische König, wenn auch lange widerstrebend, durch harte Züchtigung und Plagen zuletzt dahin gebracht werden würde, die Israeliten freiwillig aus der Knechtschaft zu entlassen. Erschüttert und gehoben, demutsvoll und zuversichtlich, kehrte Mose nach diesem Gesichte zu seiner Herde und an seinen Herd zurück. Er war ein anderer geworden; er fühlte sich von Gottes Geiste getrieben.

Auch dem Aharon, welcher in Ägypten geblieben war, gebot eine Offenbarung, sich zu seinem Bruder zum Berge Horeb zu begeben und, mit ihm vereint, sich für das Werk der Befreiung vorzubereiten. Schwieriger noch als den Sinn Pharaos zur Milde zu stimmen, schien ihnen die Aufgabe, den Knechtssinn des Volkes für die eigene Befreiung empfänglich zu machen. Beide Brüder machten sich daher auf Hindernisse und hartnäckigen Widerstand gefaßt. Obwohl beide schon an Jahren vorgerückt waren, schreckten sie doch nicht vor der Größe des Unternehmens zurück; sie bewaffneten sich mit prophetischem Mute und vertrauten auf den Beistand des Gottes ihrer Väter. Zuerst wandten sie sich an die Vertreter der Familien und Stämme, an die Ältesten des Volkes, und eröffneten ihnen, daß ihnen die Kunde zugekommen sei, daß Gott sich des Elends der Israeliten erbarme, ihre Befreiung verheißen habe und sie ins Land der Väter zurückführen wolle. Diese Ältesten liehen der frohen Kunde ein offenes Ohr und machten wohl Versuche, die Stammesglieder mit dem Gedanken der

mologien und Analogien sollten doch nicht mehr ernst aufgestellt werden. Für das höhere Alter und den israelitischen Ursprung des Namens Jhwh spricht entschieden das alte Debora-Lied. Die Jehovisten- und Elohistenhypothese, worin die Anhänger selbst weit auseinander gehen, sollte endlich aus der biblischen Kritik und Jsagogik schwinden, da sich damit doch keine Gewißheit erzielen läßt. [Vgl. hierzu Barth, Babel und israelitisches Religionswesen (Berlin 1902) S. 15ff. und die erschöpfenden Ausführungen James Robertsons, die alte Religion Israels vor dem 8. Jahrhundert. Dtsche. Übers. von v. Orelli (Stuttgart 1905) S. 190ff.]

Erlösung vertraut zu machen. Aber der an die Sklaverei bereits gewöhnte Troß hörte die Worte mit stumpfem Sinne an. Die schwere Arbeit hatte ihn feige und ungläubig gemacht. Nicht einmal von der Verehrung der ägyptischen Tiergötzen mochten sie lassen[1]. An dieser Stumpfheit scheiterte jede Beredsamkeit. „Besser ist es für uns, den Ägyptern als Leibeigene untertänig zu sein, als in der Wüste zu sterben"[2], war die scheinbar kluge Antwort des Volkes.

Unentmutigt traten die beiden Brüder vor den ägyptischen König und verlangten im Namen des Gottes, der sie gesendet, die Entlassung ihrer Stammesgenossen aus dem Sklavendienste, da sie freiwillig ins Land gekommen wären und ihr unverjährbares Recht auf Freiheit behalten hätten. Wenn die Israeliten anfangs ungern aus dem Land ziehen mochten, um nicht einer ungewissen Zukunft entgegen zu gehen, so wollte sie Pharao noch weniger ziehen lassen. Einige hunderttausend Sklaven mehr, welche für ihn Felder und Bauten bestellten, frei zu geben im Namen eines Gottes, den er nicht kannte, und eines Rechtes, das er nicht achtete, schon dieses Ansinnen betrachtete er als Frechheit. Er ließ fortan die Arbeit der israelitischen Leibeigenen verdoppeln, damit sie auch nicht in müßigem Spiele den Freiheitsgedanken nachhängen könnten. Statt freudigen Entgegenkommens sahen sich Mose und Aharon von den Israeliten mit Vorwürfen überhäuft, daß durch ihre Schuld das Elend sich für die Unglücklichen nur noch steigerte. Wenn die beiden prophetischen Sendboten sich je der Hoffnung überlassen hatten, daß die Befreiung leicht vonstatten gehen würde, so hätte sie die Enttäuschung von jedem weiteren Schritte zurückschrecken müssen. Alle Beredsamkeit, die Aharon aufbot, welcher der Sprecher vor Pharao und wohl auch vor dem Volke war, scheiterte an dessen Halsstarrigkeit.

Erst als das Land und der König selbst von einer Reihe außergewöhnlicher Erscheinungen und Plagen heimgesucht worden war, und dieser sich des Gedankens nicht erwehren konnte, daß der ihm unbekannte Gott sie über ihn wegen seiner Hartnäckigkeit verhängt habe, entschloß er sich zur Nachgiebigkeit. Ein späterer Sänger schilderte diese Plagen, welche Ägypten trafen, in lebhafter Kürze:

> „Er verwandelte in Blut ihre Flüsse,
> Und ihr Wasser konnten sie nicht trinken,
> Er sandte Wild gegen sie, das sie anfiel,
> Und Wasserungetüme, die sie aufrieben.

[1] Ezechiel 20, 7—8.
[2] Exodus 14, 12.

Er gab ihren Ertrag dem Nager, ihren Erwerb den Heuschrecken hin,
Vernichtete ihre Weinstöcke durch Hagel,
Ihre Sykomoren durch Kristalleis,
Überlieferte dem Blitze ihr Rind
Und ihre Herden den Pfeilen;
Sandte gegen sie seine Zornesgluten,
Die Entfesselung schädlicher Boten,
Bahnte seinem Grimme einen Weg,
Entzog dem Tod nicht ihre Seele,
Ihr Leben überlieferte er der Pest,
Tötete jeden Erstgeborenen in Ägypten,
Die Erstlinge ihrer Manneskraft im Lande Cham[1]).“

Infolge gehäufter Schläge drängte der ägyptische König die
Israeliten zum Abzuge mit einer Eile, als fürchtete er, jede Zögerung
könnte ihm und seinem Lande den Untergang bringen. Kaum blieb den
Israeliten Zeit, sich mit Mundvorrat für die weite und beschwerliche
Reise zu versehen. Es war eine denkwürdige Stunde, die Morgen-
stunde des fünfzehnten Nissan (März), an dem ein geknechtetes Volk
ohne blutige Tat seine Freiheit erlangt hat[2]). Es war das erste Volk,

[1]) Pf. 78, 44 ff.

[2]) Es wird noch allen Ernstes von besonnenen Forschern behauptet, daß
die Israeliten wegen eines häßlichen Aussatzes von dem König Amenophis
aus Ägypten verwiesen, zuerst in den Steinbrüchen geplagt, zuletzt nach Syrien
verdrängt wurden. Diese Fabel stammt zumeist von Manetho. Seine
Dynastienfolge mag richtig sein, seine Relation von den Hirtenvölkern oder
Hyksos, welche Ägypten viele hundert Jahre unterjocht hätten, ist schon
zweifelhaft, mag er darunter die Israeliten oder andere semitische Völker
verstanden haben; aber entschieden ersonnen ist seine Erzählung von der
Ausweisung der aussätzigen Juden. Schon der eine Umstand, daß er sowohl
die Hyksos als die Aussätzigen aus Ägypten nach Hierosolyma (Jerusalem)
ziehen läßt (Josephus contra Apionem I, 14. 26) stempelt die Relation zur
Fabel, da Jerusalem damals noch nicht existierte, oder als Burg Jebus den
Jebusitern gehörte. Der national-ägyptische Priester Manetho wollte entschieden damit die Juden, welche zu seiner Zeit am Hofe der Ptolemäer eine
Rolle zu spielen anfingen, durch die Erinnerung an ihren Aussatz, ihre feindliche Haltung gegen Ägypten und ihre endliche Austreibung verächtlich und
verhaßt machen, was Josephus richtig herausgelesen hat. Die Ägypter, in
ihrer Nationalität gekränkt, rächten sich an den Fremden durch lügenhafte
Märchen über deren Urgeschichte. Erzählten sie doch dem Hekatäus aus
Abdera, daß nicht bloß die Juden sondern auch Griechen und andere Fremde
aus Ägypten vertrieben wurden, weil die Götter dem Lande gezürnt, daß
es Fremde beherbergt habe und daher eine schreckliche Pest über das Land
verhängt hätten (Diodor 34, 1). Sonderbar klingen Lepsius' Beweise für
den Aussatz der Israeliten bei dem Auszuge, weil im Pentateuch Gesetze
über den Aussatz vorgeschrieben sind, weil Mirjam vom Aussatz befallen war

welchem der hohe Wert der Freiheit kund geworden ist, und es hat seitdem dieses unschätzbare Kleinod, diese Grundbedingung aller Menschenwürde, wie seinen Augapfel bewahrt. Ein Gedenktag wurde für dieses hochwichtige Ereignis des Auszuges aus Ägypten eingesetzt, damit es für alle Zeiten den kommenden Geschlechtern in Erinnerung bleiben sollte. Man begann die Flucht der Jahre nach dem Auszuge aus Ägypten zu bestimmen.

So zogen Tausende von Israeliten mit gegürteten Lenden, mit ihren Stäben in der Hand, mit ihren Kleinen auf den Eselsrücken und mit ihren Herden aus ihren Dörfern und Zelten und sammelten sich um

und dergleichen (Chronologie d. Ägypt. S. 325). Aller Aufwand von Scharfsinn und Gelehrsamkeit, die Lepsius, Bunsen und andere aufgeboten haben, um Manethos Relation von dem Aussatze historisch zu machen, hat keine Beweiskraft. Auf dieser Fabel Manethos von der Vertreibung der Aussätzigen, d. h. der Israeliten, aus Ägypten, beruht die Fixierung des Auszuges um das Jahr 1314 oder zwischen 1314—21, welche Bunsen (Ägypten III, 94. IV, 83 f.) und Lepsius (das. S. 172 f.) zuerst aufgestellt haben, und die gegenwärtig allgemein angenommen wird. Das ganze Gebäude der Beweisführung ruht aber auf schwachem Grunde. Die Ägypter hatten in ihrer Zeitrechnung auch eine Sothis oder Siriusperiode von 1400 Jahren. Die letzte geschichtliche begann nach einer Angabe des Censorinus 1322 der vorchristl. Zeit, und zwar nach einem Zitat von Theon (welches Larcher zu Herodot II, S. 556 zuerst mitgeteilt hat), während der Regierung des Königs Menophres. Nun haben die Ägyptologen herausgebracht, daß in dieser Zeit ein König Menephtes oder Menephta der XIX. Dynastie regiert hat. Das ist zwar nicht ganz rechenfest, denn bei mehreren Dynastien fehlt die genaue Bestimmung der Jahre und ist nur durch Hypothesen ergänzt; vgl. Note 19. Gesetzt aber auch, daß Menephta 1322 regiert hätte, und daß Theons Menophres in Menephtes emendiert werden darf, was einige nicht zugeben, woher weiß man, daß der Exodus unter diesem Könige stattgefunden hat? Weil Manetho angibt, der König, welcher die Aussätzigen vertrieben, habe Amenophis geheißen? Die Hypothese strengt sich darum an, Amenophis mit Menophres und Menephta und die Israeliten mit den Aussätzigen bei Manetho zu identifizieren. Es liegt zu viel Konjektural-Chronologie in diesem Datum, als daß es zuverlässige Gewißheit geben sollte. Bisher haben die ägyptischen Denkmäler des neuen Reiches keine Spur von dem Aufenthalte der Israeliten gezeigt, und noch weniger von ihrer Ausweisung. Denn Lauths Entzifferung von den Apuriu und ihrer Identität mit den Hebräern ist zweifelhaft [vgl. hierzu jetzt Miketta, a. a. O. S. 50 ff.]. Woher hatte also Manetho im dritten Jahrhundert seine Nachricht über die Israeliten aus einer Zeit mehr als ein Jahrtausend vorher? Kurz, der Pharao des Auszuges Menephta und das Datum, beides ist noch unsicher. Dazu kommt noch, daß die israelitische Chronologie bezüglich des Exodus damit durchaus nicht stimmt, wie sehr auch Lepsius sich bemühte, die Konkordanz herzustellen (das. S. 359 f.), vgl. noch Rösch in Herzogs Realenzykl. S. 447 und Note 19 Ende [vgl. meine Bemerkung zu S. 16, Anm.]

die Stadt R a a m ſ e s. Auch viel Miſchvolk, das mit und unter ihnen
gewohnt hatte, stamm= und ſprachverwandte Hirtenſtämme, ſchloß
ſich ihnen an und trat mit ihnen die Reiſe an.   Sie alle ſcharten ſich um
den Propheten Moſe und hingen an ſeinem Munde; er war ihr König,
obwohl Herrſchſucht ſeinem Sinne fern lag, und er der erſte Verkünder
der völligen Gleichheit aller Menſchen wurde.   Das Amt, das ihm
beim Auszuge oblag, war mit noch größeren Schwierigkeiten verknüpft,
als ſeine Botſchaft in Ägypten an den König und an das israelitiſche
Volk.   Dieſe Tauſende von ſoeben entfeſſelten Sklaven, von denen
nur wenige Verſtändnis für die große Aufgabe hatten, die ihnen zu=
gedacht war, die ſtumpfen Sinnes nur heute, der Geißel ihrer Peiniger
entrückt, ihrem Führer folgten, um morgen bei der erſten Prüfung ihn
im Stiche zu laſſen, dieſe ſollte er durch die Wüſte in das Land der
Verheißung führen, für ſie ſorgen, ſie erziehen!   Aus einer Horde
ſollte er ein Volk bilden, ihm Wohnſitze erobern, ihm eine geſetzliche
Ordnung geben und es für ein edles Leben empfänglich machen.   Bei
der Schwierigkeit der Aufgabe konnte er nur auf den Beiſtand des
Stammes Levi, der ihm ſinnesverwandt war, mit Zuverläſſigkeit
rechnen.   Die Leviten dienten ihm auch als Gehilfen ſeines ſchweren
Erziehungsamtes.

    Während die Ägypter ihre, plötzlich von der Peſt hinweggerafften
Toten begruben, verließen die Israeliten Ägypten nach mehrhundert=
jährigem Aufenthalte[1], das vierte Geſchlecht der zuerſt Eingewanderten.

[1] Die Dauer des Aufenthaltes in Ägypten iſt zweifelhaft.   Einmal iſt
angegeben (Exod. 12, 40), er habe 430 Jahre gedauert, und an einer anderen
Stelle (Genesis 15, 13) 400 Jahre, eine runde Summe und zwar 4 Geſchlechter
(daſ. v. 16).   Dieſe vier Geſchlechter ließen ſich an den Nachkommen Levis
berechnen, wenn je das Alter des Vaters bei der Geburt des Sohnes an=
gegeben wäre (Exod. 6, 16 f.), nämlich L e v i, alt geworden 137 Jahre,
K e h a t 133, Amram 137, M o ſ e 80 Jahre (daſ. 7, 7).   Drei Geſchlechter
geben in der Regel 100 Jahre, nimmt man hier das Doppelte an, 200 Jahre,
und dazu Moſes Alter 80 Jahre, ſo geben dieſe zuſammen doch nur 280 Jahre.
Ter Widerſpruch iſt ſchon früh erkannt worden.   Der griechiſche Überſetzer
des Exodus hat daher den Zuſatz, der Aufenthalt der Israeliten in Ägypten
und im Lande Kanaan dauerte 430 Jahre.   Ebenſo gleicht der Talmud
den Widerſpruch aus, daß der Anfang der 430 Jahre nicht von dem Exodus,
ſondern von der Geburt Iſaaks an zu berechnen ſei.   Das Seder Olam Rabba
(um 170 nachchriſtl. Zeit) läßt den Aufenthalt der Israeliten in Ägypten
nur 210 Jahre (רד"ו) dauern.   Lepſius hat dieſe Zahl annähernd richtig ge=
funden, namentlich daß der Exodus 2448 aerae Mundi = 1314 b. vorchriſtl.
Zeit ſtattgefunden habe (a. a. O. S. 360 f.).   Unrichtig iſt nur die Annahme,
mit der er (daſ. S. 362 f.) beweiſen will, daß Hillel ha=Naſi II., der Be=
gründer des feſten jüdiſchen Kalenders, weil er Zeitgenoſſe des Mathematikers

Sie rückten gegen die Wüste S ch u r oder E t h a m aus, welche Ägypten von Kanaan trennt, auf demselben Wege, auf dem der letzte Erzvater nach dem Nillande gezogen war. Auf diesem Wege hätten sie in wenigen Tagereisen die Grenzen Kanaans erreichen können. Aber diesen kurzen Weg ließ sie Mose nicht einschlagen, weil mit Recht zu befürchten war, daß die Einwohner Kanaans an der Küste des Mittelmeeres ihnen mit Waffengewalt den Einzug verwehren, und daß die von der vieljährigen Knechtschaft feige gewordenen Stämme beim Anblick der Gefahr die Flucht ergreifen und nach Ägypten zurückkehren würden. Auch sollten sie zuerst zum Berge Sinaï geführt werden, um eine neue Lehre und neue Gesetze zu vernehmen, für deren Betätigung sie die Freiheit erlangt hatten. Als sie bereits einige Tagemärsche gemacht hatten, forderte sie Mose auf, den Rückweg einzuschlagen. Ihrem Führer blindlings folgend, traten sie den Rückweg an und lagerten zwischen der Stadt Migdol (Magdalon) und einem Wasserarme des roten Meeres, vor der Stadt Pi-ha-Chirot (Heroopolis)[1], gegenüber einem Götzenbilde des in dieser Stadt besonders verehrten Typhon (Baal Zephon), dem die ägyptische Götterlehre die Herrschaft über die Wüste übertrug.

Sobald Pharao von diesem Rückzuge und von dem Lagerplatze der Israeliten Kunde erhalten hatte, faßte er den Entschluß, die ihm entführten Sklaven wieder einzufangen. Er hatte es schon bereut, daß er in einem Augenblick der Schwäche eingewilligt hatte, sie zu ent=lassen. Nun bot sich ihm Gelegenheit, sie wieder behalten zu können. Sie schienen sich ihm selbst auszuliefern, oder der Götze Typhon schien ihnen den Weg durch die Wüste verschlossen zu haben, um ihnen die Flucht abzuschneiden und sie dem Lande zu erhalten. Sofort bot er ein Heer mit Streitwagen und Rossen auf, um sie desto schneller ein=zuholen. Als die Israeliten von Ferne das Heranrücken der Ägypter erblickten, gerieten sie in Verzweiflung. Jeder Ausweg war ihnen

Theon von Alexandrien, des Vaters der gelehrten und unglücklichen Hypatia, gewesen, gleich diesem die Ära des Menephta gekannt und daher die biblische Chronologie danach bestimmt und den Auszug aus Ägypten 2448 **Mundi** angesetzt hätte (vgl. o. S. 28). Die chronologische Berechnung, welche darauf beruht, daß der Auszug 2448 (ח"מב ם') nach der Schöpfung stattgefunden habe, ist aber älter als Hillel II.; sie wird schon von einem talmudischen Autor des dritten Jahrhunderts als bekannt vorausgesetzt (**Pesikta Rabbati** c. 9). Die Berechnung von der Dauer des Aufenthaltes in Ägypten unterliegt übrigens einer Kontroverse älterer Autoritäten und hätte nach der einen 210, nach einer anderen 215 Jahre (**Pirke di Rabbi Eliëser** c. 48) betragen [vgl. jetzt Miketta, a. a. O. S. 16 ff].

[1] S. Note 3.

abgeschnitten. Vor ihnen der Wasserarm oder See und hinter ihnen
der Feind, der sie im Augenblick erreichen und sie unfehlbar wieder in
harte Sklaverei bringen würde. Klagend und murrend sprachen
einige zu Mose: „Gibt es keine Gräber in Ägypten, daß du uns heraus-
geführt, um in der Wüste zu sterben?" Unerwartet bot sich ihnen indessen
ein Ausweg dar, den sie als ein Wunder betrachten mußten. Ein
Sturmwind von Nord-Ost hatte in der Nacht das Wasser des Sees
südlich getrieben und das Bett zum großen Teil in den höheren Stellen
trocken gelegt[1]). Schnell benützte der Führer diesen Rettungsweg; er
trieb die Verzagten an, dem jenseitigen Ufer zuzueilen. Er hatte ihnen
mit prophetischem Blick verkündet, daß sie die Ägypter nimmer zu
Gesicht bekommen würden. Schnell war der kurze Weg durch den See
zurückgelegt, trocknen Fußes konnten sie ihn durchschreiten, während in
den tiefer gelegenen Stellen Wasser war, das, durch den Sturm ge-
peitscht, ihnen rechts und links wie zwei Mauern erschien.

Während dieser Zeit jagten die Ägypter ihnen nach, um sie zur
Sklaverei zurückzuführen; aber in dem tiefen Sande konnten sie mit
Wagen und Roß nicht schnell genug vorwärts kommen. Ein dichter
Nebel, „eine Wolkensäule", verschleierte ihnen den Blick, bequemere
Stellen aufzusuchen. Dadurch geriet die verfolgende Schar in Verwirrung, die Räder lösten sich von den Kriegswagen los und hinderten
ihre Schnelligkeit. Als sie endlich gegen Tagesanbruch das westliche
Ufer des Sees erreichte, die Israeliten am jenseitigen Ufer erblickte
und ihnen auf demselben trocken gelegten Wege nacheilen wollte, hörte
plötzlich der Sturm auf. Rasch ergossen sich die auf beiden Seiten
aufgetürmten Wogen in die trocken gelegten Stellen und bedeckten
Wagen, Roß und Mannschaft im Wellengrabe. Das Wasser trieb
einige Leichen an das Ufer, wo die Israeliten einen Augenblick weilten;
sie sahen sich befreit. Es war eine wunderbare Errettung, die vor
ihren Augen vorging und auch die Stumpfsinnigen zu hellerem Blicke
und zur Zuversicht für die Zukunft erweckte. Sie vertrauten an diesem
Tage fest auf Gott und seinen Sendboten Mose. Aus voller Brust
entrang sich ihnen ein begeistertes Loblied auf ihren wunderbaren
Erretter. Die Männer sangen im Chor:

> „Lobsingen will ich dem Herrn,
> Denn groß, ja groß ist er,
> Roß und Reiter schleuderte er ins Meer[2])".

[1]) Vgl. Note 3 von dem Durchzuge durch das Meer.
[2]) Das., vgl. Hosea 2, 17.

Mirjam an der Spitze der Frauen wiederholte im Chore mit Handpauken und Tänzen denselben Lobgesang.

Das großartige Schauspiel, das die Israeliten erlebt hatten, prägte sich so fest ihrem Gedächtnisse ein, daß ein Geschlecht es dem anderen überlieferte. In verschiedenen Tonarten feierten die heiligen Sänger dieses wunderbare Ereignis:

„Sie sahen deine Schritte,
„„Die Schritte Gottes meines Königs in Hoheit!""
Voran schritten Sänger,
Hinterher Saitenspieler,
Und in der Mitte
Paukenschlagende Jungfrauen.
In Chören priesen sie Gott, den Herrn,
Die aus der Quelle Israels entsprungen[1]).

* * *

Die Wagen Pharaos und sein Heer
Stürzte er ins Meer,
Die besten seiner Führer
Versanken ins Schilfmeer,
Fluten deckten sie zu,
Sie fuhren in die Tiefen wie Stein.
Mit deinem Hauche türmte sich das Gewässer,
Die Fluten standen wie eine Mauer,
Es erstarrten die Tiefen inmitten des Meeres.
Der Feind sprach:
„„Ich will sie verfolgen, erreichen, Beute teilen,
Meine Seele will ich mit Rache an ihnen sättigen,
Mein Schwert zücken,
Meine Hand soll sie vernichten.""
Da bliesest du mit deinem Winde,
Es bedeckte sie das Meer,
Sie versanken gleich Blei in den mächtigen Fluten[2]).

Die Befreiung aus Ägypten, der Durchgang durch den See und der plötzliche Untergang des verfolgenden, racheschnaubenden Feindes waren drei selbsterlebte Tatsachen, die nimmermehr aus dem Gedächtnisse der Israeliten schwanden. Sie flößten ihnen in verzweifelten Lagen und Nöten stets Hoffnung und Mut ein. Der Gott, der sie aus Ägypten befreit, der das Gewässer in trocknes Land verwandelt, der ihren grimmigen Feind vernichtet, werde sie nimmer verlassen, „werde immer über sie herrschen."[3]) Wenngleich diese vertrauensvolle, gott-

---

[1]) Psf. 68, 25—27.
[2]) Exodus 15, 4—10.
[3]) Das ist der Sinn des Schlußverses im Liede am Meere, Exodus 15, 18.

ergebene, mutige Stimmung bei den meiſten nicht lange vorhielt,
ſondern bei dem erſten Hindernis wieder verflog, ſo haftete ſie doch bei
einem Kreiſe der E r w e c t e n , und dieſe bewährten ſie bei ſpäteren
Prüfungen.

Befreit von den Banden der Knechtſchaft und von der Furcht vor
ihrem langjährigen Peiniger, konnten die Stämme ihren Weg ruhig
fortſetzen.   Sie hatten bis zum Sinaï, dem vorläufigen Ziele ihrer
Wanderung, noch mehrere Tagereiſen zu machen.   Obwohl die Gegend,
die ſie durchſtreifen mußten, die ſinaitiſche Halbinſel zwiſchen dem
Meerbuſen von Suez und dem von Ailat (Akaba), größtenteils Sand=
wüſte iſt (Wüſte Schur, Sin und Sinaï), ſo mangelt es doch in
ihr nicht an Oaſen, Waſſer und Weideplätzen für Hirten.   Dem
Führer Moſe, welcher früher in dieſer Gegend die Herden ſeines
Schwiegervaters Reuel geweidet hatte (oben S. 20), war ſie nicht
unbekannt.   Der hohe Sinaïgebirgsſtock mit ſeinen Ausläufern ſendet im
Frühjahre Waſſer in Fülle aus den Felſen, und dieſes ſammelt ſich in
kleinen Bächen und läuft der Niederung des roten Meeres zu.   In
einem dieſer fruchtbaren Täler, Elim (Wadh Gharundel)[1], fanden ſie
viele Quellen und Dattelbäume mit Früchten.   Je mehr ſie ſich ſüd=
öſtlich dem Sinaï näherten, deſto reichlicher fanden ſie Waſſer.   Aller=
dings mangelte es auch hin und wieder oder war nicht trinkbar, dann
murrten die Kleingläubigen und ſprachen zu Moſe: „Warum haſt Du
uns aus Agypten geführt, um uns, unſere Kinder und unſer Vieh in
Durſt umkommen zu laſſen?“   Aber Moſe wußte durch eine höhere
Eingebung ſtets Rat, die Unzufriedenen zu beſchwichtigen.   Er zeigte
ihnen ein Süßholz, wodurch ſie das bittere Waſſer verſüßen konnten,
oder er ſchlug den Felſen, woraus dann eine reiche Waſſerquelle hervor=
ſprudelte.   Auch an Brot hatten ſie keinen Mangel, es wurde ihnen
durch M a n n a erſetzt.   Sie fanden dieſes in ſo reichem Maße und
nährten ſich davon ſo lange Zeit, daß ſie es als ein Wunder anſehen
mußten.   Denn einzig und allein auf dieſer Halbinſel träufeln von den
hohen Tamariskenbäumen, welche hier zahlreich in Tälern und auch
auf den Vorbergen des Sinaï wachſen, Tropfen von honigſüßem Ge=
ſchmacke, die von der Morgenkühle zu runden Körperchen, groß wie
Erbſen oder Korianderſamen, erſtarren, an der Sonne aber zerflließen[2].

[1] S. Note 4.
[2] Vergleiche über das Manna in der Sinaïhalbinſel mit dem Nachweiſe,
daß es nur hier bei der Häufigkeit der **Tamarix mannifera** vorkommt,
die höchſt belehrende Abhandlung von Carl Ritter, Erdkunde, der Sinaï-G'ebel
B. I, S. 665 f. Ehrenberg nimmt an, daß das Manna durch die Schildlaus

Mose kündigte ihnen an, daß sie am frühen Morgen diese süßen Körperchen, welche auf dem Tau wie Reif glänzten, finden würden, und er bedeutete ihnen, sie zu sammeln. Als die Israeliten zuerst dieses Himmelsbrot erstaunt erblickten, nannten sie es M a n n a (Gabe); da sie nicht wußten, was es eigentlich war. Von dieser Speise nährten sie sich, bis sie in die von Menschen bewohnte Gegend kamen, wo sie Nahrungsmittel eintauschen konnten. Nur am Sabbat fiel es nicht, wie erzählt wird. Das Manna sollte ihnen die Belehrung geben, daß „der Mensch nicht bloß vom Brote allein, sondern durch jeden Ausspruch Gottes leben kann"[1]).

Auch von einem feindlichen Anfall wurden sie in den Flitterwochen ihrer Befreiung errettet. Ein halb arabischer Stamm, welcher das kriegerische Schwarmleben liebte und von dem südlichen Arabien bis zum Lande Kanaan umherschweifte, hier und da eine seßhafte Lebensweise annahm, die A m a l e k i t e r (Thamudäer?)[2]) fielen die Schwachen und Müden der israelitischen Scharen an, beraubten und töteten mehrere von ihnen in der Gegend von Rephidim, auf den Vorbergen des Sinaï. Der Kampf gegen diese Schwarmstämme mußte aufgenommen werden, wenn die Israeliten zu ihrem Ziele gelangen sollten, sonst wären sie in ihrer Wüstenwanderung durch die Gegend, wo die Amalekiter öfter Streifzüge machten, stets beunruhigt worden. Aber die soeben der ägyptischen Sklaverei Entkommenen waren nicht für kriegerische Abwehr vorbereitet. Mose ließ daher diejenigen aus den Stämmen auswählen, die Mut hatten und mit Waffen umzugehen wußten. Unter diesen befand sich ein Jüngling aus dem Stamme Ephraim, der schon in der Jugend kriegerische Tüchtigkeit zeigte und der beständige Begleiter Moses war: J o s u a , d e r S o h n N u n s , dem später die Aufgabe zufallen sollte, die der Gottesmann unvollendet lassen mußte. Mit einer auserwählten Schar zog Josua gegen die Amalekiter, und Mose stand auf einem hohen Berge, um von hier Gott um Sieg anzuflehen und den Kämpfenden Mut einzuflößen. Lange schwankte der Sieg, endlich gelang es Josua, die Feinde teils aufzureiben, teils in die Flucht zu schlagen. Dieser Anfall der Amalekiter, der den unkriegerischen Stämmen der

Coccus manniferus entstehe, was andere Beobachter in Abrede stellen. Nach einigen Ägyptologen sollen die Tropfen schon den Ägyptern unter demselben Namen Mannu bekannt gewesen sein (Ebers, Durch Gosen S. 226).

1) Deuteron. 8, 3.

2) Palmer, the desert of the Exodus, S. 51, identifiziert die Amalekiter mit den im Koran erwähnten תמודיר, welche aus Jemen vor einer drohenden Flut ausgewandert sein sollen und in der Sinaihalbinsel umherstreiften.

Israeliten bei ihrem ersten Eintritt ins freie Leben leicht hätte den Untergang bereiten können, blieb ihnen in steter Erinnerung. Eine unversöhnliche Feindschaft entspann sich daraus zwischen diesen beiden Völkerschaften, die später öfters in Berührung kamen. Amalek war der erste Erbfeind Israels. Von den übrigen Stämmen dagegen, die in der Sinaihalbinsel hausten, wurden die Israeliten nicht beunruhigt. Mit einem von ihnen, den Keniten, traten sie in eine Art Bundesverhältnis und zogen Vorteile von ihm. Selbst die Midianiter, ein Schwarmvolk gleich den Amalekitern und auf der Sinaihalbinsel umherstreifend, störten die Ruhe der Israeliten nicht. Wenn Mose auch mit seinem hellen Geiste und seinem göttlich prophetischen Blicke seinen Sinn stets auf das Höchste und Ewige gerichtet hatte, vernachlässigte er doch auch das Zeitliche des augenblicklichen Bedürfnisses zum Frommen des ihm anvertrauten Volkes nicht.

Vor feindlichen Überfällen gesichert und durch wunderbare Erlebnisse gehoben, schienen die Stämme vorbereitet, das höchste Gut zu empfangen, um dessentwillen sie den Umweg durch die Wüste bis zum Berge Sinai gemacht hatten. Von Rephidim (Wady Feiran?), das schon hoch lag, wurden sie noch höher zu dem hochragenden Gebirge geführt, dessen Spitzen bis zu den Wolken ragen und teilweise mit ewigem Schnee bedeckt sind. Von der flachen Küste der beiden Arme des roten Meeres türmen sich Gebirgsmassen auf Gebirgsmassen, Ketten von Porphyr und Granit bis zur Höhe von fast 9000 Fuß[1]), mit Kuppen und Spitzen von phantastischer Form und riesiger Gestalt, wild, gewaltig, das Gemüt mit Schauer erfüllend. Der kühne Bergsteiger, der eine der höchsten Spitzen dieses Gebirgsstockes erklimmt, genießt von da aus einen freien Fernblick, wie er sonst dem Menschen nicht beschieden ist. Strecken zweier Erdteile, Asien und Afrika, liegen vor ihm ausgedehnt, das Mittelmeer mit seinen Buchten, und auch die Inseln, die schon zum dritten Erdteil gehören, erblickt sein Auge. Rings herum laufen strahlenförmig von diesem Hochgebirge Täler aus, die es für Menschen bewohnbar machen. Auf den Höhen selbst sind Hochtäler ausgebreitet, die Raum für Menschenmassen bieten und eine gartenähnliche Fruchtbarkeit haben.

Auf eines dieser Hochtäler des Sinai[2]), das sich nicht mehr ermitteln läßt, führte Mose die Israeliten im dritten Monat nach dem

---

[1]) Vgl. Note 4.

[1]) Bis 1854 war die Ansicht vorherrschend, daß eine der zwei höchsten Kuppen des Gebirges, die von den Arabern G'ebel Musa genannte oder die südlich davon gelegene G'ebel Katherin der Berg des Gesetzes sei. Lepsius,

Auszug aus Ägypten und wies ihnen Lagerplätze an. Dann bereitete er sie auf eine überwältigende Erscheinung vor, die sich ihrem Auge und Ohr öffnen werde. Weihen und Enthaltsamkeit sollten sie würdig und empfänglich für erhabene Eindrücke und für einen großen Beruf machen. Mit gespannter Erwartung und bangen Herzens sahen sie dem dritten Tage entgegen. Eine um die nächste Bergspitze gezogene Mauer hielt das Volk ab, sich dem Berge zu nähern. Am Morgen des dritten Tages lagerte eine dichte Wolke auf der Bergspitze, Blitze schossen und flammten und verwandelten die Berge in eine Feuersglut, Donnerschläge erdröhnten, wälzten sich von Bergwand zu Bergwand und weckten die Echos. Die ganze Natur schien im Aufruhr und der Weltuntergang nahe. Bebend und im ganzen Wesen erschüttert, sahen groß und klein dieses erhabene, furchtbare Schauspiel. Aber so erhaben es auch war, so übertraf es doch nicht an Hoheit die Worte, welche die Zitternden vernommen haben, zu denen der Wolkenrauch des Sinai, die Blitzesflammen und Donnerstimmen nur als Einleitung dienten.

Unter dem mächtigen Eindruck des flammenden und bis in seine Tiefen erschütterten Berges führte Mose das Volk aus dem Lager an den Fuß eines Berges, er selbst bestieg ihn, und nun schlugen vernehmbare Worte an das Ohr der Versammelten, die, so einfach in ihrem Gehalte und für jedermann verständlich, die Grundlage der Menschengesittung bilden. Zehn Worte erschallten von der Bergspitze, und das Volk war fest überzeugt, daß sie ihm von Gott offenbart wurden. Der Gott, welchen Israel fortan bekennen solle, sei der, den sie durch wunderbare Leitung selbst erkannt, und dessen Macht auf die Menschengeschicke sie erlebt haben, der sie aus Ägypten geführt, nicht ein Gott der Einbildungskraft, nicht ein Abbild von Naturmächten, nicht eine Ausgeburt des Menschenwitzes. Der unsichtbare Gott darf unter

welcher dies Gebirge besuchte, stellte dagegen die Hypothese auf, daß der nicht weit von der Küste des roten Meeres gelegene Berg Serbal der Sinai oder Horeb sei. (Reise von Theben nach der Halbinsel des Sinai 1845. Vgl. Note 4.) Hitzigs Hypothese, daß der Serbal ein uralter heiliger Berg gewesen sei, dem Schiwa geweiht, auf dem die palästinensischen Philister Gottesdienst gehabt hätten, ist Träumerei. — Die Inschriften, die man häufig in diesem Gebirge findet, namentlich in dem davon genannten Wady Mukatteb und auf dem Gebel Mukatteb sind jüngeren Ursprungs. Über die von Cosmas Judicopleustes im 6. Jahrh. zuerst entdeckten sinaitischen Inschriften vgl. E. F. F. Beer, Inscriptiones veteres litteris et lingua hucusque incognitis ad montem Sinai magno numero servatae 1840; Tuch, Ein und zwanzig Inschriften Zeitschr. d. D. M. G. 1849, S. 129 f., M. A. Levy in derselben Zeitschr. 1860, S. 363 f. Blau, über die nabatäischen Inschriften das. 1862, S. 331 sq.

keinem Bilde vorgeſtellt werden. Gegenüber der Bilderverehrung der
Ägypter, an welche die Israeliten ſich gewöhnt hatten, wurde dieſes
Verbot nachdrucksvoll und deutlich auseinandergeſetzt. Überhaupt ſoll
der Name des Gottes Israels (Jhwh) dem Eiteln und Nichtigen nicht
beigelegt werden[1]). Denn mit ihm verglichen iſt alles, was ſonſt als
Gottheit verehrt wird, eitel und nichtig. Den Sabbat zu weihen, am
ſiebenten Tage ſich jeder Arbeit zu enthalten, war wohl eine uralte
Sitte; ſie wurde auf dem Sinaï beſonders eingeſchärft. Es war auch
nicht unwichtig, der Barbarei jener Zeit gegenüber zu verkünden, daß
den Erzeugern des Lebens Ehre gebühre. Wie viele Völker hatten
nicht im Altertume die Sitte, die altgewordenen Eltern zu töten, oder
ſie den wilden Tieren auszuſetzen! Die Mutter ſtand bei ſämtlichen
Völkerſchaften des Altertums in Verachtung, und war nach dem Tode
des Vaters dem älteſten Sohne untertan. Auf dem Sinaï erſcholl die
Stimme: Der Sohn, auch als Haupt der Familie, ſoll die Mutter
ebenſo wie den Vater ehren. Das Menſchenleben wurde im Altertume
überhaupt wenig geachtet, darum verkündete die Stimme vom Sinaï:
„Du ſollſt nicht morden". Als Erklärung dazu wurde anderweitig
hinzugefügt, der Menſch ſei im Ebenbilde Gottes erſchaffen, darum
ſei ſein Leben unverletzlich. Die alte Welt kränkelte an dem allgemeinen Gebrechen der Unkeuſchheit und Unzucht, die Götter ſelbſt
wurden als unzüchtig dargeſtellt. Die Völker merkten nicht, daß ſie
durch die Überreizung eines natürlichen Gefühls Selbſtſchwächung
und durch dieſe Selbſtſchwächung ihren Untergang herbeizogen. Die
Stimme vom Sinaï ertönte: „Du ſollſt nicht unzüchtig ſein"[2]). Auch

---

[1]) Der Sinn von לא תשא את שם ה' לשוא iſt dunkel. „Gott fluchen"
bedeutet es gewiß nicht, weil jede Analogie fehlt: „einen Meineid bei Gott
ſchwören", bedeutet es ebenſowenig, und noch weniger die vulgäre Auffaſſung:
vergeblich den Namen Gottes ausſprechen. נשא mit על konſtruiert bedeutet:
„auf jemand hintragen, jemandem etwas beilegen". Pſ. 15, 3.
וחרפה לא נשא על קרבו, er legte nicht ſeinem Nächſten Schmach bei. Wie
öfter wird auch hier die Präpoſition על in ל erleichtert. In dieſem Sinne
iſt Pſ. 24, 4. nach dem Keri aufzufaſſen: אשר לא נשא לשוא נפשי, der mein
Weſen, meine Bedeutung, nicht dem Eiteln, den Götzen beilegt
(שוא hat hier die Bedeutung wie Jeremia 18, 15 (לשוא יקטרו , das
Nichtige, die Götzen als Gott anerkennen; נפשי ſteht für שמי. In dieſem
Sinne iſt wohl auch im Dekalog לא תשא את שם ה' zu nehmen. Die Ausführung des Gedankens iſt Exodus 23, 13: ושם אלהים אחרים לא תזכירו.

[2]) נאף wird im Hebräiſchen vorwaltend vom Ehebruch gebraucht, doch
wird es auch hin und wieder für Unzucht im allgemeinen angewendet. Im
Dekalog iſt gewiß jede Unzucht mit Blutsverwandten, auch Päderaſtie und
Sodomiterei verſtanden, da es ſonſt deutlicher hätte bezeichnet werden müſſen.

das Eigentum sollte unverletzlich sein, und Diebstahl wurde zum Verbrechen gestempelt, ebenso ein falsches Zeugnis. Und nicht bloß die böse Tat, sondern auch die schlechte Gesinnung hat die Stimme vom Sinai verdammt: „Du sollst nicht gelüsten nach dem Weibe und dem Eigentum eines andern"[1].

Was bedeutet die damals mehr denn zweitausend Jahre zählende Geschichte der Inder, Ägypter und anderer Völker mit ihrer Weisheit, ihren Riesenbauten, den Pyramiden und Kolossen, neben diesem Augenblick am Sinai? Hier war für die Ewigkeit gesorgt. Hier der Grundstein für das Reich der Sittlichkeit und Menschenwürde gelegt. Es war die Geburtsstunde eines eigenartigen Volkes, wie es bis dahin keines gegeben. Die einfachen und doch tiefen Wahrheiten von einem bildlosen geistigen Gotte, einem Erlöser, der sich der Gedrückten und Geknechteten annimmt, von der Pflicht der Hochachtung vor den Eltern, der Achtung des Menschenlebens, der Keuschheit und des Eigentums, der Wahrhaftigkeit der Menschen gegeneinander und der lauteren Gesinnung sind am Sinai zuerst und für alle Zeiten offenbart worden. Es ist dabei zugleich eine neue Entdeckung in dem Innern des Menschen gemacht worden: die Entdeckung des Gewissens.

Wohl hatten die Völker des Altertums bereits Gesetze und haben später immer und immer neue dazu gehäuft. Aber es waren Gesetze der Unterdrücker, die den Unterdrückten als Joch aufgelegt wurden, Gesetze der Starken zu ihrem eigenen Nutzen, um die Masse der Schwachen in Zaum und Knechtschaft zu erhalten. Am Sinai sind zuerst Gesetze der Gleichheit offenbart worden, und sie sind als Gärungsstoff unter die Völker geworfen worden[2]. Der Bann der Klassen- und

---

[1] Strauß selbst, so sehr er auch aus altprotestantischer Gewohnheit das Judentum unterschätzt, kann nicht umhin, den Schluß des Dekalogs zu bewundern (Der alte und neue Glaube, S. 234): „Ganz über das Rechtsgebiet hinaus und ins Innere der Gesinnung hinein greifen die beiden merkwürdigen Anhangsgebote, die das Gelüstenlassen nach dem Weibe oder Gute des Nächsten untersagen." Strauß erkennt öfter die höhere Ethik des Judentums an, die er weder im Christentum, noch in seinem Schoßkinde, dem Ariertum, finden kann, so z. B. die höhere sittliche Weihe der Ehe (S. 254); aber seine Voreingenommenheit läßt ihn nicht dazu kommen, ihm volle Gerechtigkeit widerfahren zu lassen.

[2] Den Gegensatz der dekalogischen Lehre und der heidnischen Anschauung von Gott hat Strabo in den kurzen Worten auseinandergesetzt (Geographica XVI, 35.): „Mose lehrte, daß die Ägypter nicht richtig denken, wenn sie die Gottheit dem Tiere und dem Hausvieh gleich gestalten, auch nicht die Lybier, auch nicht viel besser die Griechen, wenn sie dieselben menschenähnlich bilden. Denn nirgends sei Gott, welcher das All umfaßt und die Erde und das

Kastenunterschiede war damit gebrochen. Es war ein Ausbau und eine Erweiterung der Lehre, die Abraham verkündet worden war. Als zitternde Sklaven sind die Israeliten an den Sinaï geführt worden, als heiliges Gottesvolk, als Priestervolk, als Volk der Geradheit (Jeschurun) kehrten sie in ihre Zelte zurück. Durch Betätigung der empfangenen Zehnworte sollten sie Lehrer des Menschengeschlechts werden, damit dieses durch sie gesegnet werde. Die Völker der Erde hatten keine Ahnung davon, daß in einem Winkel der Erde ein Völkchen ein schweres Lehramt für sie übernommen hatte.

Die Tatsache von der überwältigenden Erscheinung am Gebirgsstock des Sinaï blieb in der Mitte der Israeliten unvergeßlich und begeisterte sie von Geschlecht zu Geschlecht zu hochgestimmten Liedern; es war ein würdiger Stoff für die Poesie:

„Herr, als Du zogst vor deinem Volke,
„Als du einschrittest in die Wüste,
„Da erbebte die Erde,
„Und die Himmel zerflossen,
„Berge zerrannen vor dem Herrn,
„Der Sinaï vor dem Gott Israels"[1]).

In einer andern Tonart feierte denselben Vorgang ein anderes Lied:

„Der Herr kam von Sinaï
„Erglänzte vom Seïr seinem Volke.
. . . .
„Sie waren niedergeschmettert zu deinen Füßen,
„Empfingen von deinen Worten
„Die Lehre, die uns Mose befohlen,
„Das Erbe für Jakobs Gemeinde[2])."

Ein anderer Sänger kämpfte mit der Sprache, um das Erhabene der Erscheinung am Sinaï zur Anschauung zu bringen:

„Gott kam von Taiman,
„Der Heilige vom Berge Paran,
„Den Himmel bedeckte sein Glanz,
„Und seines Ruhmes war voll die Erde.

Meer . . . Wer, der Verstand hat, darf sich erdreisten, ein irgend einem der Dinge gleiches Abbild dieses Wesens zu erdichten? Man müsse vielmehr alles Bildnismachen unterlassen . . . und die Gottheit verehren ohne Bildnis." In dieser objektiven Wiedergabe Strabos steckt stille Bewunderung. Strabo gehörte noch der vorchristlichen Zeit an und bildete sich in Alexandrien; der alexandrinisch-jüdische Einfluß auf ihn ist unverkennbar.

[1]) Richter, 5, 4—5. Psalm 68, 8—9.
[2]) Deuteronomium 33, 2—4.

„Mondlicht war wie Tageshelle,
„Zwei Steinsäulen in seiner Hand[1]).

. . . .

„Er stand und erschütterte die Erde,
„Sah und sprengte die Völker,
„Es barsten ewige Berge,
„Es sanken uralte Höhen.

. . . .

„Es erzittern die Zelte des Landes Midian.
„Zürnt der Herr den Bergen[2])?
„Ist sein Zorn gegen die Flüsse,
„Sein Unwille gegen das Meer?"

Ein Psalmensänger verherrlicht die Gesetzgebung am Sinaï und beschreibt einen Teil der Zehnworte:

„Als (Gott) zog gegen das Land Ägypten,
„Da hörte ich eine Sprache,
„Die ich nicht kannte:
„„Ich habe seine Schulter der Last entledigt,
„„Seine Hände dürfen von der Arbeit lassen.
„„In der Not riefest du,
„„Und ich erlöse dich,
„„Ich sprach mit dir in des Donners Dunkel.
„„So höre, mein Volk,
„„Ich will dich warnen.
„„Es soll in deiner Mitte kein fremder Gott sein,
„„Du sollst einen Gott der Fremde nicht anbeten.
„„Ich bin dein Gott,
„„Der dich aus Ägypten hinaufgeführt[3]).

Die Lehren, welche das Volk am Sinaï vernommen hatte, sollten aber nicht mit der vorüberrauschenden Luftwelle wieder verfliegen. Darum sollten sie in Stein eingegraben werden, um für alle Zeiten in Erinnerung zu bleiben. Zu diesem Zwecke wurden die Zehnworte (Dekalog) in zwei steinerne Tafeln oder Platten auf beiden Seiten

---

[1]) Habakuk 3, 3—8. קרנים in V. 4 ist dunkel. Die syrische Version gibt es wieder durch בקריתא דאידוהי; das Wort קריתא bedeutet auch „Säule". Sie übersetzt also: mit den Säulen seiner Hand. Im Arabischen bedeutet קרן unter anderem auch eine Steinsäule. Nimmt man dazu, daß קרן auch im Hebräischen Fels bedeutet, so kann קרנים im Dual dichterisch für שתי לחות, die beiden steinernen Tafeln oder Säulen, gesetzt sein.

[2]) Statt des tautologischen בנהרים muß das erste Mal dafür בהרים gelesen werden.

[3]) Psalm 81, 6—11.

eingegraben. Lange haben sich die beiden Tafeln erhalten[1]). Sie
hießen „Tafeln der Warnung oder der Gesetze". Sie
wurden später in eine Art Lade gelegt, und diese Lade bildete den
Mittelpunkt eines Zeltes, welches der Sammelplatz wurde, so oft Mose
die Ältesten der Familie zusammenberief; sie galten als sichtbare Zeichen
des Bündnisses, welches Gott am Sinaï mit dem Volke geschlossen,
daß dieses sein Eigentum sei und keinen anderen Gott anerkennen möge,
als den, von dem die Lehre stammt. Daher wurden sowohl die Lade,
wie die Tafeln näher durch die Beifügung: Bundeslade und
Bundestafeln bezeichnet[2]). Wohl hatten sämtliche Völker
ihre eigenen Heiligtümer, die sie über die Maßen verehrten; aber
ihren Mittelpunkt bildete stets ein Götterbild, öfter ein sehr häßliches —,
ein Fetisch oder ein Naturgegenstand, eine Quelle oder ein Baum.
Die Israeliten dagegen hatten ein Heiligtum ganz anderer Art, eine
Lehre, welche die Erhabenheit Gottes über alle Kreatur und das Gesetz
der Sittlichkeit verkündete.

Für diese hohen religiösen und sittlichen Wahrheiten, welche die
Grundzüge einer neuen sittlichen Ordnung und zugleich die Grundlage
für das israelitische Volkstum bildeten, wurde eine nähere Erläuterung
gegeben, oder sie wurden in bestimmte Gesetze gefaßt, die im Einzel-
leben oder in dem der Gesamtheit verwirklicht werden sollten. Die
Lehre, daß Gott die Israeliten aus Ägypten erlöst, wurde als Lehre
der Gleichheit aller in der Gemeinschaft erläutert.
Es sollte unter ihnen keinen Herrn und keinen Sklaven geben. Niemand
durfte auf ewige Zeiten sich zum Sklaven verkaufen oder dazu verkauft
werden. Hatte jemand seine Freiheit verwirkt, so sollte er nur sechs Jahre
dienen und im siebenten freigelassen werden. Verächter von Eltern
und vorsätzliche Mörder sollten mit dem Tode bestraft werden, und
das Heiligtum sollte ihnen keinen Schutz gewähren, falls sie sich dahin
geflüchtet hätten. Selbst der Mord an einem nichtisraelitischen Sklaven
sollte geahndet werden, und wenn ein solcher von seinem Herrn mißhandelt wurde, so sollte er dadurch seine Freiheit erlangen. Gesetze

---

[1]) I. Könige 8, 9. Davon bildete sich der Ausdruck לוח לב die Tafel
des Herzens, Sprüche 3, 3. Auch in Jeremia 31, 32 muß es gelautet
haben ועל לוח לבם אכתבנה.

[2]) Neben der Bezeichnung לוחות הברית kommt auch die לוחות העדת
vor, auch schlechtweg העדת für die Tafeln. עדת stammt vom Verbum עוד
im Hiphil, das auch Warnen, Belehren bedeutet. Es erhielt aber noch
eine andere Bedeutung, weil das Volk sich zum Zelte der Tafeln versammelte,
und dieses אהל מועד genannt wurde. Dieses Zelt wurde daher auch אהל
העדת und משכן העדת genannt, vom Verbalstamme יעד.

bestimmten den Schadenersatz für verletztes Eigentum, selbst wenn die Beschädigung nicht beabsichtigt war und nicht geradezu veranlaßt wurde. Schändung der Jungfrauenehre sollte dadurch verhütet werden, daß der Verführer die Verführte ehelichen oder dem Vater ein Sühnegeld zahlen mußte.

Ganz besonders zarte Rücksichten empfahl das Gesetz auf Witwen und Waisen, daß sie nicht mißhandelt werden sollten. Selbst Fremdlinge, die sich den Stämmen anschließen wollten, sollten den Schutz der Gesetze genießen. Die Israeliten sollten stets eingedenk sein, daß sie Fremdlinge in Ägypten gewesen seien und gegen solche nicht die Härte ausüben dürften, die gegen sie ausgeübt worden war. Eine Sammlung solcher Gesetze, welche von Gerechtigkeit und Menschenliebe durchzogen sind und von Opferwesen nur wenig enthalten, galt als uraltes G e s e t z b u c h , von Mose niedergeschrieben. Es wurde das Bundesbuch (Sepher ha-Berit)[1]) genannt, wie die Bundestafeln, weil das Bündnis mit Gott nur auf der Bedingung beruhte, daß die Gesetze betätigt werden sollten. Dieses Bundesbuch war wahrscheinlich den Leviten anvertraut, dem Stamme, der schrift- und lesekundig war.

Die Aufgabe, die den Israeliten am Sinaï zufiel, war zu erhaben, zu ideal und ihren bisherigen Lebensgewohnheiten und Anschauungen zu sehr entgegen, als daß sie sofort Verständnis dafür hätten haben können. Ist es doch noch heutigen Tages schwer für die gebildeten wie für die ungebildeten Völker, sich einen unsichtbaren Gott, ohne alle und jede sinnliche und menschliche, faßbare Gestalt vorzustellen! Die Apisanbeter von Ägypten aus konnten um so weniger ihr Vertrauen auf ein geistiges Wesen setzen. Höchstens sahen sie Mose als einen verkörperten Gott an, wie die Ägypter ihre Könige und Priester als sichtbare Götter zu verehren pflegten. Als daher Mose eine längere Zeit sich aus ihrer Mitte entfernt hatte und diese auf dem Sinaï zubrachte, fühlten sich die Stumpfsten unter den Israeliten vollständig gottverlassen in einer Wüste, deren Ausgang ihnen unbekannt war. Ungestüm verlangten sie eine sichtbare Göttergestalt, und Aharon, der in Moses Abwesenheit als die erste Persönlichkeit galt, war schwach genug, ihrem ungestümen Drängen nachzugeben und ein Stierbild anfertigen zu lassen. Dieses Abbild des A p i s oder Menis, das g o l d e n e K a l b , umtanzten die Stumpfsinnigen als eine Gottheit. Es waren allerdings nur einige Tausende, die Mose, als er vom Berge herniedergestiegen war, durch die ihm anhänglichen Leviten mit dem

[1]) Exodus 24, 7.

Tode beſtrafen ließ. Nur mit äußerſter Strenge konnte das Götzentum aus der Mitte der Israeliten vertilgt werden.

Aber die Folgen dieſes erſten Abfalls waren damit nicht aufgehoben. Um ähnlichen Rückfällen des Volkes vorzubeugen und ſeiner Schwäche entgegen zu kommen, wurde ihm eine Art Zugeſtändnis gemacht, daß es ſich die Gottheit, wenn auch nicht unter einem Bilde, doch unter etwas, das in die Sinne fällt, vorſtellen könne. Es hatte am Sinaï Blitzſtrahlen mit flammendem Feuer geſehen, und die Zehnworte aus einer flammenden Wolke vernommen. Dieſe Vorſtellung ſollte von jetzt an ihm die Gottheit, die ſich am Berge geoffenbart hat, vergegenwärtigen. Ein tragbarer Altar ſollte ſtets brennendes Feuer enthalten, das niemals erlöſchen ſollte[1]). Dieſes Altarfeuer ſollte auf den Zügen den Stämmen vorangetragen werden und nicht die Gottheit ſelbſt, ſondern deren Offenbarung auf dem Sinaï, vergegenwärtigen und verſinnlichen. Die grobſinnliche Vorſtellung wurde dadurch gemildert. Noch ein anderes Zugeſtändnis wurde dem niedrigen Sinne des Volkes gemacht. Urſprünglich ſollten gar keine Opfer gebracht werden[2]). Im Gegenſatz zu der Anſchauung der götzendienieriſchen Völker und der eingewurzelten Gewohnheit, daß die Götter Opferfleiſch brauchten, ſollten die Israeliten ſich mit dem Gedanken vertraut machen, daß die erhabene Gottheit, deren Dienſt ſie geweiht waren, der Opfer nicht bedürfe:

„Ich mag nicht aus deinem Hauſe Stiere,
„Aus deinen Ställen Böcke nehmen.
„Mir gehört alles Tier des Waldes,
„Ich kenne alle Vögel der Berge.
„Wenn ich hungerte, ſagte ichs Dir nicht,
„Mir gehört der Erdkreis und ſeine Fülle.
„Sollte ich etwa das Fleiſch der Rinder verzehren,
„Oder das Blut der Böcke trinken[3])?"

.	.	.	.	.	.	.	.	.	.

„Opfer und Gaben verlangſt Du nicht,
„Feuer- und Sündopfer haſt Du nicht gefordert[4])."

.	.	.	.	.	.	.	.	.	.

„Denn Hingebung verlange ich und nicht Opfer,
„Und Gotterkennen iſt vorzüglicher, denn Ganzopfer[5])."

[1]) Leviticus 6, 6. Die Erinnerung an das Feuer des Sinaï iſt angedeutet Numeri 28, 6.
[2]) Vgl. Jeremia 7, 22—23; Amos 5, 25.
[3]) Pſalm 50, 9—13.
[4]) Daſ. 40, 7, vgl. 51, 18.
[5]) Hoſea 6, 6; vgl. 8, 13.

. . . .
„Der Libanon hätte nicht genug Wild,
„Und sein Getier reichte nicht zu Opfern hin[1])."

Die Religion des Geistes, welche am Sinaï verkündet worden,
sollte keinerlei Opfermittel als Ausdruck der Gottesverehrung haben,
sondern lediglich sittliches, heiliges Leben betätigen helfen. Aber auf
dieser Höhe stand das Volk nicht, es sollte erst dazu erhoben und erzogen
werden. Da die Völker des Altertums nur das Opfer als Gnaden-
mittel kannten, so sollte auch Israel diese Form des Gottesdienstes
beibehalten. Sie wurden aber vereinfacht. Zu einem Altar gehörte
ein Heiligtum. Dieses durfte kein Bildnis haben, sondern lediglich
einen Leuchter und einen Tisch mit zwölf Broden, symbolisch für die
zwölf Stämme, einen Altar, und eine Stätte für die Bundeslade
(das Allerheiligste).

Zum Altar, Heiligtum und Opferwesen gehörte eine Priester-
schaft. Auch dieser überkommene Brauch wurde beibehalten. Er
wurde selbstverständlich dem Stamme Levi, als dem treuesten und
gebildetsten, übertragen, der schon in Ägypten priesterlichen Dienst
verrichtete. Nur sollten die Priester nicht wie die ägyptischen durch
Besitz zur Selbstsucht und Entartung geführt werden und die Gottesverehrung zu ihrem Vorteil ausbeuten. Die israelitischen Priester
oder die Leviten sollten keinerlei Landbesitz haben, sondern lediglich
von den Spenden leben, welche die Laien ihnen nach Vorschrift verabreichen würden. Es war aber althergebrachte Sitte, die sich noch aus
der Patriarchenzeit erhalten hatte, daß die Erstgeborenen der Familie
Opfer darbrachten. Dieses Familienpriestertum konnte nicht mit
einem Male abgeschafft werden; es erhielt sich neben dem levitischen
Priestertum. Solchergestalt kam in die reine Lehre der sinaïtischen
Offenbarung ein Element hinein, welches nicht damit im Einklang stand,
sie vielmehr durchkreuzte. Der auf das Sinnliche gerichtete Geist des
Volkes machte solche Zugeständnisse erforderlich als Übergangsstufen
zu einer besseren Erkenntnis. Die Erkenntnis aber, daß das Opferwesen nur eine untergeordnete Bedeutung haben sollte, blieb dem
besseren Teil des Volkes stets in mehr oder minder klarem Bewußtsein.

Fast ein Jahr brachten die Israeliten am Sinaï zu, eine folgenreiche Zeit. Im Frühjahr des zweiten Jahres nach dem Auszug aus
Ägypten zogen sie dem Lande ihrer Verheißung entgegen. Als Führer
in der Wüste, welche von Süd nach Nord bis zur Grenze des Landes
Kanaan führt, wo es nur selten Oasen gibt, diente ihnen der Stamm-

[1]) Jesaja 40, 16.

häuptling der Keniten, Hobab, Moses Schwager. Er kannte alle
Wege und Stege und konnte ihnen Ruheplätze für das Lager angeben[1]).
Nur die in der Wüste heimischen Nomaden besaßen die Vertrautheit
mit Straßen und Wasserquellen auf der Halbinsel. Wahrscheinlich
haben die Israeliten vom Sinaï die Richtung nach Ost und Nordost
zum östlichen Meerbusen des roten Meeres (von Ailat) eingeschlagen,
weil sie auf geradem Wege in der großen Sandwüste mit vielen Bergrücken auf wenig Wasser, aber desto mehr beschwerliche Wege gestoßen
wären. An einem wasserreichen Platze, in Chazerot (Aïn-Hudhera),
in einem schönen Talkessel, wo eine immerwährende Quelle sprudelt
und eine fruchtbare Oase bildet[2]), weilten sie längere Zeit. Dieser Weg
führte sie bis an die Südspitze des Meerbusens von Ailat, von wo aus
zwei Wege, ein westlicher und ein östlicher, nach dem Lande Kanaan
führten. Ersterer führt fast auf geradem Wege zum toten Meere in
einer Talebene (Arabah) zwischen einer langgestreckten Bergkette von
mehr als 2000 Fuß Höhe rechts und einem niederen Höhenzuge links.
Das hohe Gebirge, das mit wunderlich gestalteten und gezackten Stein-
gebilden von Porphyr und Sandstein, etwa 30 Stunden lang, sich vom
Meerbusen bis zum toten Meere hinzieht und 6 bis 8 Stunden breit ist,
führte damals den Namen das Gebirge Seïr, dessen höchste Spitze,
der Berg Hor (4000 Fuß über dem Meeresspiegel, Gebel Harun),
mit seinen zwei Kuppen einem Wartturm und Wegweiser gleicht.
Bei einem Durchbruch des westlichen Höhenzuges wendeten die
Israeliten sich westlich, lenkten in die Trift oder Wüste Paran ein
und gelangten im vierten Monat auf einem Wege von nur elf Tage-
märschen nach der damals bekannten Stadt Kadesch (Meribat-
Kadesch, Kadesch-Barnea, auch Aïn Mischpat genannt[3]).

Von hier aus sandte Mose Kundschafter in das Land Kanaan,
um wahre Kunde über seine Beschaffenheit zu erhalten und zu erfahren, ob es fruchtbar oder unfruchtbar sei, ob sich Bäume darin be-
fänden, ob die Bewohner stark oder schwach seien, ob sie in Hirten-
dörfern oder festen Städten wohnten. Die Kundschafter hatten vereinzelt an verschiedenen Punkten des Landes Beobachtungen angestellt
und waren bis in die Gegend, wo das Hermongebirge jäh in die Tiefe
abfällt, gedrungen[4]). Die Kunde lautete nicht günstig. Sie priesen
zwar die Fruchtbarkeit des Landes und zeigten Riesentrauben, die sie

---

[1]) Numeri 10, 31; I. Samuel 15, 6.
[2]) S. Note 4.
[3]) Dieselbe Note.
[4]) Numeri 13, 21 vgl. mit Richter 18, 28.

abgepflückt, aber die Bewohner des Landes schilderten sie als un=
besiegbar. Beim Eindringen vom Süden aus würde das Volk zunächst
auf die Amalekiter stoßen und dann auf Emoriter im Gebirge, auf
Kanaaniter am Jordan und an der Küste, und außerdem gäbe es noch
Riesengeschlechter, und alle die Völkerschaften stützten sich auf feste
Städte. Der Bericht der Kundschafter konnte nicht verfehlen, einen
entmutigenden Eindruck auf das Volk im ganzen zu machen. Einige
machten Mose und Aharon Vorwürfe, daß sie das Volk aus Ägypten
geführt, um es dem Schwerte zu überliefern, andere schlugen vor,
sich einen Führer zu wählen, der sie nach Ägypten zurückführen sollte.
Zwei der Kundschafter, welche Gottvertrauen und Mut zeigten, J o s u a
und K a l e b , wären beinahe durch Steinwürfe getötet worden. Es
kostete Mose viele Mühe, die Aufregung zu beschwichtigen. Darauf
gab er Befehl, den Rückzug anzutreten. Mit diesem feigen Geschlechte
war nichts anzufangen; es sollte ein neues Geschlecht in der Wüste
herangezogen werden, welches, durch Gottvertrauen erstarkt, den Ge=
fahren mutig ins Auge zu schauen lernen sollte. Als der Rückzug an=
getreten werden sollte, besannen sich viele und wollten lieber den
Durchzug ertrotzen, als wieder auf lange Zeit in der Wüste umher=
wandern. Sie bestiegen die nächste Höhe von Kadesch aus, um mit
Waffengewalt vorzudringen, wurden aber von den Amalekitern und
Kanaanitern wie von Bienen verfolgt oder aufgerieben. Einige Zeit
blieben die Israeliten noch in Kadesch[1]) mit der Bundeslade, dann
zogen sie wieder in die Arabah ein, zwischen die Felswände des Ge=
birges Seïr. Hier knüpften sie Verbindung mit den stammverwandten
I d u m ä e r n oder den B e n e E s a u an und erhielten von ihnen
für Geld oder Viehtausch Speise und Wasser[2]). Sie waren von jetzt
an vor Mangel geschützt.

Achtunddreißig Jahre brachten sie in dieser Gegend zu, führten
ein Nomadenleben, suchten Weideplätze für die Herden auf und wander=
ten von Kadesch bis zum Meerbusen von Ailat hin und her. In dieser
Gegend und während dieser Zeit entfaltete Mose seine Erziehungs=
tätigkeit. Das alte Geschlecht starb nach und nach aus, und das jüngere
wurde von ihm und den ihm beistehenden Männern unter seiner Ober=
leitung zu einer gottvertrauenden, ausdauernden, mutigen Gemeinde
herangebildet. Er teilte ihnen nach und nach Gesetze mit und sorgte
dafür, daß sie in ihr Inneres aufgenommen wurden. Mose umgab
sich mit einem Senate, bestehend aus den Häuptern der siebzig Familien.

[1]) Folgt aus Deuteron. 1, 46.
[2]) Folgt aus Deuteron. 2, 28—29.

Diese s i e b z i g Ä l t e s t e n, das Musterbild für spätere Institutionen, sollten ihm die Last der öffentlichen Geschäfte erleichtern und an allen wichtigen Beratungen und Ausführungen Teil nehmen. Sodann setzte er, auf Anraten seines Verwandten Jethro, höhere und niedere Richter ein, über je tausend, hundert und zehn Familien. Ihre Wahl überließ er dem Volke, das seine besten Männer selbst aussuchen und ihm empfehlen sollte. Den Richtern schärfte er ein, gerecht zu richten nicht bloß in Streitigkeiten zwischen Stammesgenossen, sondern auch zwischen Israeliten und Fremdlingen. Sie sollten das Ansehen der Person nicht achten, den Geringen und den Angesehenen gleich behandeln, sich von Bestechung fern halten und furchtlos nach strengem Rechte urteilen, „denn das Recht ist Gottes". Er selbst, die Quelle des Rechts, wache darüber[1]).

Nächstenliebe, brüderliche Gemeinschaft, Standesgleichheit, Milde und Gerechtigkeit, das waren die Ideale, welche Mose dem von ihm erzogenen jungen Geschlechte vor Augen stellte, die einst verwirklicht werden sollten. Es war eine schöne Zeit, in der solche Lehren und Gesetze einem Volke als die innerste Seele seines Wesens eingehaucht wurden. Die Jugendzeit der israelitischen Volksbildung war mit Idealen verklärt. Es war der Brautstand der jungfräulichen Tochter Israels, als sie ihrem angetrauten Gotte in Liebe durch ein Land folgte, das keine Saat kannte[2]). Es war eine reiche Gnadenzeit, welche der Poesie Stoff zur Verherrlichung bot:

> „Gott versorgte das Volk in der Wüste,
> „Umgab und erzog es,
> „Bewahrte es wie den Augapfel,
> „Wie ein Adler überwacht sein Nest,
> „Über seinen Jungen schwebt,
> „Seine Flügel ausbreitet,
> „Sie nimmt und auf seinen Schwingen fortträgt.
> „So hat Gott allein es geleitet,
> „Und kein fremder Gott war neben ihm"[3]).

Endlich sollte den Wanderungen ein Ende gemacht werden. Das alte Geschlecht war ausgestorben, und das jüngere schien dem Führer Mose gefügiger und mutiger zur Erreichung des Zieles. Beinahe vierzig Jahre hatten die Stämme seit dem Auszuge aus Ägypten in

---

[1]) Deuteron. 1, 13—17; Leviticus 19, 15; Exodus 23, 6—9.
[2]) Jeremia 2, 2.
[3]) Deuteron. 32, 10—12 das Verbum רמצאהו geben die LXX gut wieder durch αὐτάρκησε, gleich ירבצראהו, und רבוננהו durch ἐπαίδευσεν.

der Wüste zugebracht[1]). Ein längeres Verweilen darin hätte sie
an das Wanderleben gewöhnt und zu Schwarmstämmen gleich den
Midianitern und Amalekitern herabgedrückt. Von Kadesch aus scheinen
sie zum zweiten Male einen Versuch gemacht zu haben, nordwärts
auf der alten Karawanenstraße vorzudringen. Aber auch dieser zweite
Versuch mißlang; ein kanaanitischer König von A r a d zog ihnen entgegen; es entspann sich ein Kampf, wobei die Israeliten unterlagen
und Gefangene in den Händen der Sieger zurücklassen mußten. Aber
ein Teil der Israeliten vom Stamme Juda scheint mit Hilfe der Simeoniten und Keniten die Niederlage dem Feinde vergolten zu haben.
Sie griffen ihn mit Waffen an, besiegten ihn bei Z e p h a t (Horma),
nahmen mehrere Städte ein und besetzten sie[2]). Die übrigen Stämme
waren darauf vorbereitet, auf einem Umwege von Osten her in das
Land einzuziehen. Dieser Umweg konnte verkürzt werden, wenn die
auf den Höhen des Gebirgszuges S e ï r, in der Arabah und jenseits
derselben wohnenden Jdumäer ihnen den Durchzug durch ihr Gebiet
gestatten wollten. Zu diesem Zwecke sandte Mose Boten an den
idumäischen König, wohl nach der bedeutenden Stadt T a i m a n.
Er war einer günstigen Antwort gewärtig, weil die Israeliten sich als
stammesverwandt mit den Jdumäern betrachteten und bisher in dem
Wüstenzuge freundlich mit ihnen verkehrt hatten. Sie fiel aber ungünstig aus. Die Jdumäer mochten befürchten, daß sie von dem Wohnsitze suchenden Volke aus ihrem Gebiet verdrängt werden könnten,
und zogen mit Waffen aus, um den Durchzug zu verhindern. So
mußten die Stämme einen weiten Umweg machen, abermals durch
die Arabah bis Ailat ziehen und von da aus östlich vom Gebirgszuge
S e ï r das idumäische Gebiet umgehen, um von jenseits des Jordan
sich dem Lande Kanaan zu nähern[3]). Nördlich von den Jdumäern

---

[1]) Die vierzigjährige Wanderung ist auch durch den ältesten der schriftstellerisch tätigen Propheten, durch Amos bezeugt 2, 10; 5, 25.

[2]) S. Note 10.

[3]) Wenn die Station פונן (Numeri 33, 42—43) identisch sein sollte mit
dem späteren Φαινών, dessen Lage aus Eusebius' Onomasticon bekannt ist,
zwischen Zoar und Petra, so wäre ungefähr die Route gefunden, welche die
Israeliten im vierzigsten Jahre vom Meerbusen von Ailat bis zum Arnon eingeschlagen haben. Eusebius sagt (ed. Legarde p. 299 [ed. Klostermann S. 168!])
αὕτη δέ ἐστι Φαινὼν ἔνθα τὰ μέταλλα τοῦ χαλκοῦ (Ergänzung aus Hieronymus'
Übersetzung: nunc viculus . . . . ubi aeris metalla damnatorum suppliciis
effodiuntur) μεταξὺ κειμένη Πέτρας πόλεως καὶ Ζωόρων. Über die Tatsache,
daß in Phainon oder Phanun oder Phena Metallminen waren, da noch zur
Zeit Diokletians christliche Märtyrer in diese Gruben zur Strafe geschickt werden,
vgl. Ritter, Sinaihalbinsel I, S. 126, wo die Belege zusammengestellt sind.

wohnten die Moabiter, eine ebenfalls mit den Israeliten ſtamm-
verwandte Völkerſchaft. Auch an dieſe ſchickte Moſe eine Geſandtſchaft,
um freien Durchzug bittend, aber auch dieſe verweigerten ihn[1]). So
waren ſie genötigt, da ſie weder mit den Idumäern, noch mit den
Moabitern Krieg führen ſollten, auch das Gebiet Moabs zu umgehen.

und Movers, Phönizier I, S. 20, der damit die Sage von Phineus und
ſeinen in der Erde Schoß eingekerkerten und gezüchtigten Söhnen und den
Städten Phinion in Thrazien und Bithynien in Verbindung bringt. Daß
Phunon oder Phinon ein idumäiſcher Ort war, folgt aus dem Verzeichnis
der idumäiſchen Stämme (Geneſis 36, 4) אלוף פינון. Denn die daſelbſt
aufgezählten Stämme bezeichnen Lokalitäten, wie in אלוף גתם, Gatham die
wichtige Station Wady Getum (Gatum, Jthum) wiederzuerkennen iſt, welche
von dem Meerbuſen Ailat-Akaba und dem Gebirgspaß teils nach Oſten und teils
nach Weſten liegen, und welche die Israeliten auf ihren Zügen öfter betreten
haben müſſen. Vgl. Ritter daſ. S. 96, 306 und an anderen Stellen. Phunon oder Phinon, die Bergwerksſtadt in Idumäa, muß nun an der Oſtſeite
des Gebirges Seïr gelegen haben, da die Idumäer ihnen den Durchgang
durch das Gebirge von der Arabah aus nicht geſtatten mochten. Haben ſie ja auch
Tophel an derſelben Seite berührt (Deuteron. 1, 1): בין תפל, das man in dem
noch vorhandenen Tafileh, Tufileh wiedererkannt hat. Haben Phunon und
Tophel an der Oſtſeite des idumäiſchen Gebirges gelegen, ſo iſt die Angabe
Euſebius', daß das in Deuteron. daſ. erwähnte די זהב in der Nähe von Phainon
lag und den Namen von den Goldgruben hat, nicht ſo ſehr zu verwerfen;
Euſebius ſchreibt (Onom. daſ. p. 269 f. [ed. Klostermann S. 114] unter Art. κατὰ
τὰ χρύσεα): λέγεται δὲ ἐν Φαινὼν χαλκοῦ μετάλλοις τὸ παλαιὸν παρακεῖσθαι ὄρη
χρυσοῦ μετάλλων. Denn Di-Zahab mit Dhahab zu identifizieren, das weit-
ab ſüdlich an der Weſtgrenze des ailaniſchen Meerbuſens gelegen hat, iſt
durchaus unſtatthaft. So weit ſüdlich ſind die Israeliten gewiß nicht gekommen, es lag außerhalb der Route vom Sinaï zur Arabah; ſie hätten
denn von Aïn-Hudhera durch das Wady Dhahab ſich mehrere Meilen ſüdlich
wenden müſſen (gegen Ritters und anderer Annahme). Andererſeits wiſſen
wir, daß in Idumäa Gold gegraben wurde, denn von der Stadt בצר, dem
idumäiſchen Bostra, jetzt el-Buseireh, hat im Hebräiſchen das Wort die
Bedeutung Gold erhalten (Hiob 22, 24—25; 36, 19 בצר für בצר [vgl. auch
Hoffmann in der Ztſchr. f. Aſſyrologie 1887, S. 48]; falſch iſt Ableitung
von בצר „brechen", dieſe Bedeutung hat das Verbum keineswegs). Der
erſte Vers Deuteron. gibt alſo die Stationen näher an, wo Moſe die in den
vorangegangenen Büchern enthaltenen Worte geſprochen (אלה הדברים im
Gegenſatz zu der Erklärung, welche Moſe im Lande Moab gegeben hat. V. 5):
Jene Worte ſind geſprochen worden im allgemeinen במדבר und בערבה in
der Arabah, ſpeziell מול סוף d. h. in der Nähe des ailaniſchen Meerbuſens,
בין פארן, d. h. Kadeſch in der Wüſte Paran, בין תופל, eben Tufileh,
ferner in לבן wohl identiſch mit לבנה (Numeri 33, 20—21), in חצרות, das
bekannt iſt (ſ. Note 4) und endlich די זהב d. h. in der Nähe der idumäiſchen
Goldgruben. Mit Di-Zahab iſt wohl identiſch והב בסופה [Num. 21, 14],
wo die LXX. haben: Ζωόβ und vielleicht auch דנהבה (Geneſis 36, 32).

[1]) Richter, 11, 17—18, auch Deuteron. 2, 5 f., fehlt Numeri 21, 4 ff.

Östlich von den Moabitern wohnten die Ammoniter, ebenfalls Stamm=
verwandte. Auch ihr Gebiet sollten sie nicht gewaltsam betreten und
waren genötigt einen großen Bogen zu machen, um am Saume der
östlichen Wüste und des bewohnten Landes sich dem Quellgebiet des
Flusses A r n o n zu nähern, welcher östlich in das tote Meer abfließt.

In dieser Gegend war kurz vorher eine große Veränderung vor=
gegangen, die den wandernden Stämmen zugute kam. Ein
emoritischer König S i c h o n hatte, wahrscheinlich vom Lande Kanaan,
von jenseits des Jordans aus, einen Kriegszug gegen Ammon unter=
nommen und ihm das fruchtbare Land an den Abhängen des lang=
gestreckten Landrückens am toten Meere und am Jordan entrissen.
Die durch Wasserreichtum blühende Stadt H e s b o n wurde Haupt=
stadt des neuen emoritischen Gebietes. Dieses erstreckte sich von den
Ufern des Arnon bis zu dem in einem abschüssigen Schluchtenbette[1]) sich
in den Jordan stürzenden Jabbok und umfaßte auch die Jordansaue.
Es war ein fruchtbarer und weidenreicher Landstrich. Infolge dieser
Niederlage wurden die Stämme Ammon und Moab voneinander
getrennt, die Ammoniter nach Osten verdrängt, und die Moabiter selbst
fühlten sich bedroht. An Sichon, den neuen Herrscher dieses Gebietes,
richtete Mose eine Friedensbotschaft, den Israeliten freien Durchzug
durch das Land zu gestatten, um zum Jordan gelangen und von da in
das Land der Verheißung eindringen zu können. Auch Sichon ver=
weigerte ihn und zog den Stämmen mit Waffen an den Saum der
Wüste entgegen, wo sie lagerten. Mit Jugendmut nahm das heran=
gewachsene Geschlecht, ganz anders geartet als die Väter, unter seinem
Führer den Kampf auf und schlug die emoritische Schar samt ihrem
Könige bei J a h a z.

Dieser Sieg war von großer Tragweite für die Israeliten nicht
bloß in der damaligen Lage, sondern auch für die Folgezeiten. Zunächst
nahmen sie das ganze Gebiet ein, verteilten sich darin und machten
damit ihrem Wanderleben ein Ende. Dann flößte ihnen der Sieg den
Mut und die Zuversicht ein, jeden Widerstand bei der Besetzung des ihnen
verheißenen Landes zu überwinden. Die Völkerschaften, die von der
Niederlage des mächtigen Sichon erfahren hatten, zitterten vor den
israelitischen Wanderstämmen:

> „Es hörten die Völker und zitterten,
> „Schrecken ergriff die Bewohner des Philisterlandes.
> „Damals waren Edoms Stämme entsetzt,
> „Moabs Fürsten ergriff Beben.

[1]) S. Note 12.

„Es verzagten alle Bewohner Kanaans.
    „Es überfiel sie Furcht und Bangen,
    „Bei der Größe deines Armes
    „Erstarrten sie gleich einem Steine[1]).“

Der erste Sieg verlockte zu neuen; sie faßten den Entschluß, das eroberte Gebiet nicht bloß zu behalten, sondern auch es auszudehnen. Jenseits des Jabbok war ein kleines von Emoritern besetztes Gemeinwesen, Jaëser. Auch dieses nahmen sie ein. Weiter im Osten hatte ein König Og das waldreiche Gebirge und die fruchtbaren Ebenen von Basan inne[2]). Auch dieser wurde besiegt und sein Land den Stämmen überlassen. Og gehörte zum Rest der Riesengeschlechter (v. S. 2ff.), man zeigte sein Grabmal, in Basaltsteinen ausgehauen, in einer Ausdehnung von neun Armlängen. Der Sieg über ihn bei Edreï öffnete den Stämmen den Weg nach Nordosten, wo reiches Weideland war. Frei konnten sich nun die Israeliten auf einem ausgedehnten Raume bewegen; sie waren nicht mehr in die Schranken eingeengt, die ein wüstes Land und die Engherzigkeit der Angesessenen ihnen gezogen hatten. So plötzlich aus großer Not zu sicherem Dasein emporgehoben, erzeugte ihr rascher Aufschwung hier edle und dort häßliche Leidenschaften.

Das geschwächte Moab sah seine Existenz durch die siegreichen Israeliten, seine neuen Nachbarn, bedroht; es hatte um so mehr Grund zur Furcht, als es ihnen unfreundlich den Durchzug verwehrt hatte. Der moabitische König Balak fühlte sich aber zu schwach, mit Waffen gegen die Israeliten anzukämpfen; er ließ darum einen midianitischen oder idumäischen Zauberer Bileam, Sohn Beors, kommen, von dem der Volksglaube wähnte, daß er durch Verwünschungen einem ganzen Volke, wie einem einzelnen Menschen Unglück und Untergang bringen könne. Auf die höchsten Spitzen des moabitischen Gebirgsrückens führte der König der Moabiter den Zauberer Bileam, um ihm einen Überblick über die Lagerstätten der Israeliten zu öffnen, damit er sie sämtlich mit dem Fluche seines Mundes treffen könne. Aber hingerissen von dem großartigen Anblick, verwandelte sich im Munde Bileams der Fluch zum Segen[3]); er wurde inne, daß „nicht Zauberspruch Jakob und nicht Orakelsprüche Israel schaden könne, es sei ein Volk, das die Zukunft auf seinen Schultern trage.“ Bileam riet[4]) aber

---

[1]) Exodus 15, 14—16.
[2]) S. Note 12.
[3]) Bileams Auftreten wird auch vom Propheten Micha bezeugt 6, 5.
[4]) In Numeri 31, 15—17 ist deutlich darauf hingewiesen, daß Bileam die Verführung zur Unzucht geraten hat, wie es der Talmud richtig auf-

dem König von Moab, einen anderen Zauber anzuwenden, der den
Israeliten verderblich werden könne, Verführung durch unkeusche Tempel-
dirnen zu unzüchtigem Leben. Diesen Wink befolgte Balak. Aber nicht
moabitische Mädchen und Frauen gebrauchte er zur Verführung, weil
die Israeliten gegen diese Mißtrauen gehegt hätten, sondern m i d i a -
n i t i s c h e. Mit den Wanderstämmen der Midianiter standen die
Israeliten in ihrer Wüstenwanderung in gutem Einvernehmen; jene
kamen unbeargwöhnt in die Lagerstätten und Zelte der Israeliten.
Auf Bileams Rat und Balaks Aufforderung kamen viele Midianiter
zu den Zelten der Israeliten und brachten ihre Weiber und Töchter
mit. Zur Feier ihrer götzendienerischen Feste an einem Wallfahrtsorte
B a a l - P e o r luden sie die israelitischen Männer und Jünglinge
ein. Dabei war es Brauch, daß die Weiber in einem Zelte ihre Keuschheit opferten und für den Erlös den Götzen Opfer brachten. Nicht
wenige Israeliten ließen sich durch diese Anreizung zur Unzucht und
zur Teilnahme an dem Opfermahle verführen, zwei Sünden, die den
Grundbau der am Sinaï geoffenbarten Lehre angetastet haben würden,
wenn sie noch mehr um sich gegriffen hätten. Es war ein so tiefer
Abfall, daß er sich dem Gedächtnisse des Volkes zur Warnung einprägte:

„Wie Trauben in der Wüste
„Fand ich Israel,
„Wie Frühfeigen im Lenze
„Sah ich eure Väter.
„So wie sie nach Baal-Peor kamen,
„Da weihten sie sich der Schandgöttin
„Und wurden verworfen durch Liebesbrunst[1]).“

Das Schlimme dabei war, daß keiner unter den Israeliten den
Mut hatte, auf Moses Befehl dem Unwesen zu steuern. Nur P i n e h a s,
Aharons Enkel, wurde vom Eifer ergriffen. Beim Anblick einer Midia-
niterin, welche ein simeonitischer Stammeshäuptling vor den Augen
aller in ein Zelt führte, erstach er beide und wendete die Pest ab. Das
Volk kam dadurch zur Besinnung ob der begangenen Untaten. Es
entspann sich infolgedessen ein Krieg. Scharen wurden ausgesendet,
die Midianiter, die sich zur Überlistung und Verführung gebrauchen

gefaßt hat und auch der Verf. der Apokalypse 2, 14: διδαχὴ Βαλὰμ ὃς
ἐδίδασκεν τῷ Βαλὰκ βαλεῖν σκάνδαλον ἐνώπιον τῶν υἱῶν Ἰσραὴλ φαγεῖν
εἰδωλόθυτα καὶ πορνεῦσαι. Die Tatsache ist noch belegt durch Hosea 9, 10;
im ganzen Verlaufe der Erzählung Numeri K. 25 und 31 ist von M i d i a n
und M i d i a n i t e r n die Rede. Numeri 25, 1 heißt es dagegen בנות מואב; es
müssen also auch hier die Töchter M i d i a n s darunter verstanden werden.

[1]) Hosea das.

ließen, zu verfolgen. Die Midianiter wurden beſiegt und ihre An=
führer getötet, auch der böſe Ratgeber Bileam. Dadurch wurde die
Freundſchaft mit den Midianitern für lange Zeit gebrochen.

Auf der andern Seite hatte der Umſchwung infolge der uner=
warteten und folgenreichen Siege bei Jahaz und Edreï Lieder erzeugt,
die erſte Spur einer Begabung, ohne welche ein Volk eine hohe Stufe
der Geſittung nicht erſteigen kann. Zunächſt waren es K r i e g s = und
S i e g e s l i e d e r, welche die hebräiſche Muſe geſungen hat. Die
Dichter derſelben (Moſchlim) fanden von Anfang an ſo viel Beachtung,
daß ihre Erzeugniſſe in einer Sammlung (Rolle der Kriege Gottes)[1])
aufbewahrt wurden. Es haben ſich von dieſen Liedern nur drei in
bruchſtücklicher Geſtalt erhalten. Das am wenigſten verſtändliche
ſchilderte wahrſcheinlich die Züge der Stämme bis zum Augenblicke,
wo ſie ſichere Lagerſtätten fanden. Das zweite iſt ein B r u n n e n =
l i e d, als ſie zum erſten Male im ehemaligen Ammoniterlande Brunnen
gruben und damit zu verſtehen gaben, daß ſie feſten Beſitz davon zu
nehmen beabſichtigten. Alle Älteſten der Familien waren mit ihren
Stäben beim Graben zugegen, und davon erhielt der Platz den Namen
F ü r ſ t e n b r u n n e n (Beer-Elim)[2]). Das dritte Lied iſt beim
Wiederaufbau des zerſtörten Hesbon, der Sichonſtadt, gedichtet worden.
Die junge hebräiſche Poeſie zeigt zwar in ihren Anfängen noch keine
Tiefe und Glätte, aber ſie hat ſchon zwei Eigenheiten, die ſie ſpäter
bis zur äußerſten Feinheit ausgebaut hat. Von Seiten der Form hat
ſie ſchon das G l e i c h m a ß d e r V e r s g l i e d e r (parallelismus
membrorum). Ju zwei oder drei Versteilen wird derſelbe Gedanken=
gang mit paſſendem Wechſel wiederholt. Von Seiten des Inhalts
ſchlägt die junge hebräiſche Muſe ſchon einen ironiſchen Ton an, der ein

---

[1]) Numeri 21, 14. Ob dieſes Buch identiſch iſt mit ספר הישר Joſua
10, 13 und II. Samuel 1, 18 läßt ſich nicht zur Gewißheit erheben. — Der
Vers in Numeri iſt übrigens das Bruchſtück eires größeren Liedes, das unter=
gegangen iſt; das Prädikat fehlt vor את והב בסופה. Die LXX haben zwar
das fehlende Verbum, τὴν Ζωὸβ ἐφλόγισε, aber dieſes iſt eine Überſetzung
von בסופה oder סופה, ſie laſen שרף. Eher iſt zu ergänzen „ונעבר wir
zogen vorbei". Wahrſcheinlich wurden die Stationen aufgezählt, welche
die Stämme berührten, und die Plätze, an denen ſie vorübergegangen ſind,
weil ſie ſie nicht angreifen durften. Man muß alſo ergänzen ונעבר את והב
בסופה ואת הנחלים ארנון (vgl. o. S., 48 Anmerk.)

[2]) Daſ. 21, 17—18 iſt nicht ein ſpielendes Schäferlied, wie Ewald meint,
ſondern ein Brunnenlied, beim Graben des Brunnens geſungen, welches
eine Wichtigkeit für alle hatte. Man grub Ziſternen nur in Territorien,
die man als Eigentum betrachten konnte, wie aus der Geſchichte von Abra=
ham und Iſaak bekannt iſt. Beer-Elim, Jeſaja 15, 8.

Erzeugnis der Doppelbetrachtungen war, der Betrachtung des Ideals
und der ihm so wenig entsprechenden Wirklichkeit.

> „Wehe dir Arnon[1]),
> „Wehe dir Moab!
> „Untergegangen ist das Volk des Khemosch (Götzen),
> „Er selbst hat seine Söhne als Flüchtige
> „Und seine Töchter als Gefangene
> „Dem König der Emoriter Sichon überliefert.“

Sollten die Israeliten ihr Ziel erreichen, das Land der Ver=
heißung in Besitz zu nehmen, so durften sie nicht länger in dem frucht=
baren Gefilde zwischen Arnon und Jabbok verweilen, es mußten
Anstalten getroffen werden, über den Jordan zu setzen. Dabei zeigte
sich der Übelstand, welcher die Eroberung der Besitzungen von Sichon
und Og nach sich gezogen hatte. Die Stämme Gad und Reuben und
ein Teil des Stammes Manasse erklärten mit einem Male, daß sie
in dem eroberten Lande bleiben wollten, weil es weidenreich und
günstig für ihre zahlreichen Vieh= und Kamelherden sei. Es klang,
als wollten sie sich vom gemeinsamen Verbande lossagen und eine
selbständige Existenz als Wanderstämme führen. Es war ein neuer
Schmerz für Mose. Er machte ihnen wegen ihrer Absonderung bittere
Vorwürfe, mußte ihnen aber doch nachgeben, daß sie das eroberte Land
behalten sollten; nur mußten sie versprechen, daß ihre kriegstüchtigen
Männer zur Hilfe der Bruderstämme über den Jordan ziehen würden.
So entstand ein eigener Landesteil, der der d r i t t h a l b S t ä m m e
oder der j e n s e i t i g e (Eber ha-Jarden, Peraea), der gar nicht
in Aussicht genommen war. Sein Besitz hatte mehr nachteilige als
vorteilhafte Folgen für den Verlauf der Geschichte. Der Jordan
bildete eine Scheidegrenze zwischen den diesseitigen und jenseitigen
Stämmen, und ihre Kraft war dadurch geteilt. Die dritthalb Stämme
waren Angriffen von angesiedelten Völkerschaften und von Wander=
stämmen ausgesetzt, und ihre diesseitigen Bruderstämme konnten ihnen
nicht immer zur Zeit der Gefahr rasche Hilfe zukommen lassen. Die
Sonderexistenz der Gaditen, Reubeniten und Manassiten hemmte
auch die innere Entwickelung; den Einflüssen fremder Elemente war
dadurch mehr Spielraum gewährt.

Die übrigen Stämme waren schon gerüstet, über den Jordan
zu setzen, als der große Führer Mose aus dem Leben schied. Wenn
sämtliche Israeliten seinen Tod dreißig Tage beweinten, so haben

---

[1]) Das. 21, 27—29 ist wohl auch ein fragmentarisches Lied. Die syrische
Übersetzung hat in V. 29 passend: וי לך ארנון וי לך מואב.

sie nicht zuviel getan, denn sein Verlust war unersetzlich. Sie fühlten
sich mit Recht verwaist. Keiner unter allen Gesetzgebern, Staaten-
stiftern und Volksbildnern kann mit Mose in Vergleich kommen. Er
hat nicht bloß aus einer Sklavenhorde in der allerungünstigsten Lage
ein Volk geschaffen, sondern ihm auch das Siegel der Unvergänglichkeit
aufgedrückt. Er hat dem Volksleibe eine unsterbliche Seele eingehaucht.
Er hat seinem Blicke Ideale gezeigt, denen es nachstreben, und an deren
Verwirklichung oder Nichtverwirklichung sein Wohl oder Wehe geknüpft sein sollte, Mose konnte von sich sagen, daß er das Volk getragen
habe, „wie ein Wärter ein Kind", und selten wurde er unmutig und
ungeduldig. Seine Sanftmut auf der einen und seine Selbstlosigkeit
auf der anderen Seite, zwei hervorstechende Eigenschaften neben
seinem klaren Seherblick, haben ihn befähigt, Organ der Gottheit zu
werden. Er durfte vor dem ganzen Volke sich rühmen, daß er auch
nicht eine Kleinigkeit von irgend jemanden angenommen, und daß er
niemandem etwas zuleide getan habe. Neidlos wünschte er, daß
sämtliche Israeliten gleich ihm Propheten würden, daß Gott seinen
Geist auf sie gäbe. Mose war daher für die spätere Zeit das unerreich-
bare Ideal eines Propheten; die Erinnerung daran, daß an der Wiege
des israelitischen Volkes so ein leuchtendes Vorbild stand, gab den
folgenden Geschlechtern eine nicht geringe Anregung. Selbst Moses
Tod wirkte belehrend. Im Lande Moab, im Tale, gegenüber dem den
dortigen Bewohnern heiligen Berge Peor, wurde er still begraben,
und niemand kennt sein Grab bis auf den heutigen Tag. Die Israeliten
sollten nicht Vergötterung mit ihm treiben, wie die Völker es mit ihren
Königen und großen oder für groß gehaltenen Männern und Religions-
stiftern zu tun pflegten. Mit Trauer im Herzen um den Tod des
geliebten Führers, der sie nicht ins verheißene Land einführen sollte,
mit den großen Erinnerungen an die Erlösung aus Ägypten, an den
Durchgang durch das Meer, an die Offenbarung am Sinaï, und mutig
gestimmt infolge der Siege über die Könige Sichon, Og und die
Midianiter, überschritten die Stämme an einem sonnigen Frühlingstage den Jordan, geführt von Mose's treuem Jünger Josua.

Zweites Kapitel.

Die Einnahme des Landes Kanaan.

Josuas Nachfolge. Übergang über den Jordan. Wichtige Eroberung von Jericho. Die Gibeoniten. Koalition kanaanitischer Städte gegen die Israeliten. Sieg bei Gibeon. Besitznahme des Landes. Vereinzelung der Stämme und ihre Anteile. Der Stamm Levi, die Bundeslade zu Schilo. Beschaffenheit des Landes Kanaan-Israel. Klima und Fruchtbarkeit. Geistige Anregung, Naturpoesie. Überbleibsel der kanaanitischen Völkerschaften. Josuas Tod.

Keinerlei Widerstand fanden die Israeliten beim Übergang über den Jordan und bei ihrem weiteren Vorrücken. Der Schrecken hatte die Stämme und Völkerschaften, die im Besitz des Landes waren, gelähmt. Auch einigte sie keinerlei Band zu einem einigen Ganzen, um mit großen Massen den Eindringlingen entgegenzutreten. Es gab zwar, wie erzählt wird, einunddreißig Könige im Lande Kanaan, außer denen, welche an dem Küstenstrich des Mittelmeeres wohnten; aber es waren eigentlich nur Stadtkönige, welche je eine Stadt mit ihrem Gebiete beherrschten, und diese hatten keinen Zusammenhang untereinander. Ruhig ließen sie die Israeliten in G i l g a l , zwischen dem Jordan und Jericho, ein großes Lager errichten und rührten sich nicht. Die feste Stadt J e r i c h o selbst, welche voraussichtlich zuerst an die Reihe kommen sollte, erobert zu werden, hatte von den Nachbarstädten keinerlei Hilfe zu erwarten, und war auf sich selbst angewiesen. Die israelitischen Stämme dagegen waren geeint, eroberungslustig und kriegsgeübt, und hatten einen Führer, der sich schon früher im Kriege bewährt hatte.

J o s u a , Sohn Nuns vom Stamme Ephraim, galt als berechtigter Fortsetzer des großen Propheten, da dieser ihm die Hand aufgelegt und von seinem Geiste ihm mitgeteilt hatte. Prophet war er durchaus nicht, die Quellen selbst stellen ihn keineswegs als solchen dar. Er hatte mehr Sinn und Verständnis für die Wirklichkeit, für das augenblicklich Nützliche und Notwendige als für die ideale Zukunft. Josua besaß Mut und Feldherrngeschicklichkeit, die er schon in der Jugend gegen die Amalekiter bei Rephidim bewährt hatte. Als Mose vor seinem Hinscheiden Gott angefleht hatte, einen Mann über die Gemeinde zu stellen, der sie aus- und einführen möge, damit sie nicht wie eine Herde ohne Hirten sei, ist ihm Josua zum Nachfolger bestellt worden. Er fand daher bereitwilligen Gehorsam. Allerdings genoß er den Vorteil, dem Stamme Ephraim, dem angesehensten unter den Stämmen, anzugehören. Sonst hätten sich seine hochmütigen und aufsässigen Stammesgenossen ihm nicht so gefügig gezeigt. Da aber diese sich unterordneten, so leisteten die übrigen Stämme ohne weiteres Gehorsam. Führer und Volk, welche bereits namhafte Siege errungen hatten, waren voll Mut und lebten der festen Zuversicht, daß Gott ihre Züge begünstigen und ihren Waffen Sieg verleihen werde. Daher zogen sie voll jugendlicher Kraft und Siegeshoffnung in den Krieg.

Die Reihe der Eroberungen traf zuerst J e r i ch o. Diese Stadt lag am Gebirge in einer äußerst fruchtbaren Gegend, in der nicht bloß hochstämmige Palmen sondern auch die seltene Balsamstaude gediehen. Ein Fluß ergießt sich in der Nähe in den Jordan; außerdem ist die Gegend quellenreich. Durch die Nähe des toten Meeres hat das Klima von Jericho den größten Teil des Jahres einen hohen Wärmegrad, und die Früchte reifen daselbst früher als weiter landeinwärts. Es war daher von Wichtigkeit, sich zunächst in den Besitz dieser Stadt zu setzen. Jericho war aber stärker befestigt, weil die Einwohner, zu wenig auf Gegenwehr vertrauend, nur hinter den Mauern sich sicher fühlten. Die Mauern stürzten jedoch zusammen, wie erzählt wird, bei dem weithin tönenden Getöse, welches die israelitischen Krieger erhoben. Diese drangen ohne großen Widerstand in die Stadt ein und machten die durch unzüchtige Lebensweise erschlaffte Bevölkerung nieder. Der leichte Sieg über Jericho machte die israelitischen Krieger tollkühn. Zur Eroberung der zwei bis drei Stunden nördlich davon gelegenen Festung Aï, die nur wenige Bewohner zählte, glaubten sie, sei eine kleine Schaar genügend. Daher sandte Josua nur eine geringe Anzahl Krieger gegen sie. Sie wurden indessen bei dem ersten Angriff in die Flucht geschlagen und ließen Gefallene zurück. Die Niederlage verbreitete ebenso sehr Schrecken unter den Israeliten, wie sie den Einwohnern Mut einflößte. Die Israeliten fühlten sich im Augenblick von Gott, der sie bisher so wunderbar geleitet, plötzlich verlassen. Erst durch das Aufgebot der ganzen Mannschaft und mit Anwendung einer Kriegslist gelang es Josua, Aï einzunehmen. Auch das nahe gelegene B e t h e l, das, wie es scheint, den Einwohnern von Aï Hilfe gesandt hatte, wurde gleich darauf von ephraimitischen Kriegern durch List

eingenommen[1]). Da die zwei festen Städte im Gebirge eingenommen
waren, so wurden die Bewohner der Nachbarstädte und Dörfer noch
zaghafter, warteten den Angriff gar nicht ab, sondern entflohen nach
Norden, Westen und Süden und gaben ihr Gebiet preis; ein Teil
von ihnen soll bis nach Afrika gewandert sein[2]). Das verlassene Gebiet besetzten die Eroberer ganz oder teilweise. Die Chiwwiten im
Landstrich Gibeon oder die Gibeoniten unterwarfen sich
freiwillig Josua und dem Volke, räumten ihre Plätze den Israeliten
zum Mitbesitz ein und verlangten zum Entgelt dafür weiter nichts,
als verschont und geduldet zu werden. Unter dieser Bedingung ging
Josua im Verein mit den Ältesten ein Bündnis mit ihnen ein, das nach
damaliger Weise beschworen wurde. So kam fast die ganze Gebirgs-
landschaft vom Rande der großen Ebene bis nahe an die spätere Hauptstadt Jerusalem in die Gewalt der Israeliten. Dieser Gürtel trennte
die Urbewohner im Norden von denen im Süden, so daß sie außer
Stande waren, einander Hilfe zu leisten. Desto enger verbündeten
sich die südlichen Kanaaniter unter einander; die Furcht, daß ihr Land
unfehlbar eine Beute der Eindringlinge werden könnte, überwand ihre
gegenseitige Eifersüchtelei und Fehdelust, verband sie untereinander
und flößte ihnen Mut zum Angriff ein. Fünf sogenannte Könige oder
Beherrscher von Stadtgebieten, die von Jebus (Jerusalem),
Hebron, Jarmuth, Lachisch und Eglon schlossen ein

---

[1]) Richter, 1, 22—25; Josua 12, 16; angespielt ist darauf auch Josua
8, 17. Der Bericht über die Einnahme von Ai erscheint deswegen so ver-
worren, weil die Relation von der Eroberung Bethels mit der von Ai zu-
sammengeflossen ist.

[2]) Die Einnahme der Städte im Gebirge Ephraim und ganz besonders des
wichtigen Sichem wird weder im Buche Josua, noch im Buche der Richter
erzählt. Wie sind die Israeliten in deren Besitz gekommen? Hier fügt sich die
Andeutung in Jesaia 17, 9 gut ein: ביום ההוא יהיו ערי מעזו כעזובת
החרש והאמיר אשר עזבו מפני בני ישראל. LXX geben diesen so unver-
ständlichen Vers folgendermaßen wieder: ἔσονται αἱ πόλεις ἐγκαταλελειμμέναι
ὃν τρόπον κατέλιπον οἱ Ἀμορραῖοι καὶ οἱ Εὐαῖοι ἀπὸ προσώπου τῶν
υἱῶν Ἰσραήλ, d. h. die Bewohner, die חורי und אמורי, sind entflohen vor den
Israeliten. — Man weiß nicht, was von Prokops Nachricht zu halten ist (de
bello Vandalico II, 10), daß sich in der numidischen Stadt Tigisis zwei
Marmorsäulen befunden hätten, welche in phönizischer Sprache die Inschrift
enthielten: ἡμεῖς ἐσμὲν οἱ φυγόντες ἀπὸ προσώπου Ἰησοῦ τοῦ λῃστοῦ υἱοῦ
Ναυῆ. Auch Suidas (s. v. Χαναάν) hat diese Nachricht und gibt die Inschrift folgendermaßen; Ἡμεῖς ἐσμὲν Χαναναῖοι οὓς ἐδίωξεν Ἰησοῦς ὁ λῃστής.
Auch die talmudische Literatur hat eine Nachricht, daß die Girgasiter vor
Josua nach Afrika ausgewandert seien (jerus. Schebiit VI, p. 36 c.); גרגשר
פנה והלך לו לאפריקי, die auch im Midrasch tradiert wird.

Bündnis, gemeinsam die Gibeoniten zu bekämpfen, weil diese sich unterworfen und dadurch der weiteren Eroberung freie Bahn gemacht hatten. Die Gibeoniten flehten infolgedessen Josua um Schutz an, und dieser führte seine sieggewohnten Krieger gegen die verbündeten Fünfstädte und schlug sie bei Gibeon so nachhaltig, daß sie meilenweit westlich und südlich flohen. Auf ihrer Flucht wurden sie von Hagelsteinen zerschmettert. Es muß ein außerordentlicher Siegestag bei Gibeon gewesen sein, da er noch ein halbes Jahrtausend in Erinnerung geblieben ist[1]). Ein Lied hat ihn verewigt:

> „Josua sprach:
> „O Sonne bleibe bei Gibeon stehen,
> „O Mond, im Tale Ajalon!
> „Da hielt die Sonne still,
> „Und der Mond blieb stehen,
> „Bis das Volk seine Feinde gezüchtigt."

Der unerwartete glückliche Übergang über den Jordan und die rasch aufeinanderfolgenden Siege waren neue Wunder, die den alten zugezählt werden konnten. Sie boten der Dichtkunst reichen Stoff zur Verherrlichung nicht der Großtaten des Volkes, sondern der Wundertaten Gottes:

> „Als Israel aus Ägypten zog
>
> „Sah das Meer und entfloh,
> „Der Jordan wich zurück,
> „Berge hüpften gleich Widdern,
> „Höhen gleich jungen Herden.
> „Was ist dir, o Meer,
> „Daß du entfliehst?
> „Dir, o Jordan,
> „Daß du zurückweichst?
> „Vor dem Herrn erzittert die Erde,
> „Vor dem Gotte Jakobs[2]).
>
> „Sonne und Mond blieben in ihrem Zelte stehn,
> „Sie (Israeliten) wandelten bei deiner Pfeile Licht,
> „Beim Blitzstrahl deiner Speere,
> „Mit Dräuen beschrittest du das Land,
> „Im Zorn zertratst du die Völker.
> „Du zogst aus zur Hilfe deines Volkes
> „Zur Hilfe deines Gesalbten"[3]).

[1]) Josua 10, 12, vgl. Jesaia 28, 21.
[2]) Psalm 114, 1. 3—7.
[3]) Habakuk 3, 11 ff.

Infolge dieses Sieges bei Gibeon war der Weg nach dem Süden geebnet, und die Israeliten konnten sich auch nach dieser Seite hin ausbreiten. Doch manche feste Städte im Süden konnten sie nicht erobern oder nicht behaupten[1]).

Sobald die Hauptarbeit getan und die Mitte des Landes unterworfen war, hörte die Gesamttätigkeit der Stämme auf, wahrscheinlich durch den Vorgang des Stammes Joseph veranlaßt. Dieser Stamm, der sich in zwei Unterstämme Ephraim und Manasse abzweigte, beanspruchte einen gewissen Vorrang, der sich, wie schon angedeutet, aus seiner Stellung während seines Aufenthaltes in Ägypten herleitete und noch mehr bestärkt wurde durch den Umstand, daß der Hauptführer Josua ihm angehörte. Der Stamm Joseph beanspruchte demnach den besten Teil des Landes, das Mittelgebirge, das außerordentlich quellenreich und fruchtbar ist. Die Gegend nördlich und südlich von S i c h e m , welche eine Mannigfaltigkeit von Höhen und Tälern bietet, nahm der Stamm Ephraim in Besitz[2]). Sichem, die uralte Stadt der Chiwwiter, wurde ihr Hauptort und verdiente wegen ihrer Lage im Tale zwischen zwei Bergen (Garizim und Ebal), welche ihr von allen Seiten Gewässer zuführen, Hauptstadt des ganzen Landes zu sein. Die Stammzweige Ephraim und Manasse begnügten sich aber nicht mit dem schönen und fruchtbaren Landstrich (der nach dem ersteren das Gebirge Ephraim genannt wurde), sondern beanspruchten, in Erwartung, daß der aus ihrer Mitte hervorgegangene Führer ihnen nichts versagen werde, einen noch größern Anteil. Sie machten geltend, daß der ihnen zugewiesene Landanteil für die große Zahl ihrer Familien nicht ausreichte. Sie verlangten demgemäß nicht bloß die schöne und fruchtbare Ebene, die sich mehrere Stunden nördlich vom Gebirge Ephraim ausdehnt, sondern auch noch darüber hinaus das Land um den hochragenden Berg T h a b o r[3]). Sie fanden aber Josua strenger, als sie sich ihn gedacht hatten. Er erwiderte ihnen in halbspöttischem Tone, wenn sie so zahl=

[1]) Das Verzeichnis der 31 Könige in Josua c. 12 will nicht etwa angeben, daß auch deren Städte eingenommen wurden, da nicht bloß im B. der Richter, sondern auch in Josua 17, 11—12 ausdrücklich erzählt wird, daß manche Städte, deren Könige im Katalog genannt werden, nicht erobert wurden.

[2]) Genesis 48, 22.

[3]) Die wichtige Stelle Josua 17, 14—18 ist mißverstanden worden. Unter dem Berge (ההר) mit dem Walde dort im Lande der פרזי und רפאים kann nur der T h a b o r verstanden sein; dann ist es auch verständlich, daß die Josephiden den Widerstand der Bewohner in Bethschean und in der Ebene Jesreël geltend machten.

reich ſeien, ſollten ſie doch das nördlich gelegene Gebirge Thabor im
Lande der Pheriſiter und Rephaïm einnehmen und den Wald lichten.
Als die Joſephiden darauf entgegneten, das Gebirge ſei wegen der
eiſernen Streitwagen der Völkerſchaften in der Ebene unzugänglich,
wiederholte er mit Nachdruck, wenn ſie ſo zahlreich ſeien, könnten ſie
troß der eiſernen Kriegswagen die Einwohner beſiegen. Der Stamm
Ephraim und Manaſſe, mit der Behauptung des Erworbenen beſchäftigt,
mochte ſich aber auf neue Kriege nicht einlaſſen; ſie hätten gewünſcht,
daß die anderen Stämme weitere Eroberungen für ſie im Norden
gemacht hätten. Da ſie aber in ihren ſelbſtſüchtigen Anſprüchen nicht
einmal bei Joſua Unterſtüßung fanden, beteiligten ſie ſich bei den ge-
meinſamen Unternehmungen nicht mehr; ſie durften mit dem Erhaltenen wohl zufrieden ſein.

Ihre Losſagung von der Gemeinſchaft war die Loſung für die
übrigen Stämme, dasſelbe zu tun und zunächſt für eignen Landbeſiß
zu ſorgen. Vier Stämme richteten ihr Augenmerk auf den Norden und
vier auf den Süden und Weſten. Was die Joſephiden nicht gewagt
hatten, das unternahmen kühn die vier Stämme Iſſaſchar, Zebulon, Aſcher und Naphtali. Sie ſtiegen in die Ebene Jeẞréël
hinunter, ſiedelten ſich zum Teil dort an, zum Teil drangen ſie
nördlich von dort hinauf bis zum Hochlande, das ſich am Fuße des
Hochgebirges ausdehnt. Kämpfe mit den Bewohnern der Ebene zu
führen, waren dieſe Stämme noch weniger als die Joſephiden gerüſtet,
weil ſie gegen Streitwagen, die ſich leicht hierhin und dorthin bewegen
ließen, nicht hätten aufkommen können. Der Stamm Iſſaſchar war
ſchon zufrieden, Weideplätze in der großen Ebene gefunden zu haben,
und trachtete für den Augenblick nicht nach dem Besiß feſter Pläße. Er
ſcheint ſich den Kanaanitern der Gegend unterworfen zu haben, da ihm
die Ruhe behagte und das Land fruchtbar war; er begnügte ſich, wenn
auch mit ſchweren Opfern, geduldet zu werden[1]). Sein Zwillings-
ſtamm Zebulon, weniger nach Ruhe lüſtern, ſcheint ſich im Hochlande
nördlich vom Thabor feſte Wohnſiße erkämpft zu haben. Den übrigen
beiden Stämmen, Aſcher und Naphtali, ſcheint es am ſchwerſten geworden zu ſein, feſten Fuß zu faſſen. Denn hier war die kanaanitiſche
Bevölkerung kriegeriſcher und feſter geeint. Es gab hier eine Art Hauptſtadt Chazor, deren König Jabin über mehrere Gebiete herrſchte.
Dieſer rief die verbündeten Städte zur Wehr, um die eindringenden
Iẞraeliten aufzureiben. Die Stämme Aſcher und Naphtali waren nicht
imſtande, dieſer Gegenwehr die Spiße zu bieten. Sie ſcheinen daher

[1]) Genesis 49, 14—15.

eilig Josua gebeten zu haben, ihnen kriegerischen Beistand zuzuführen.
Noch herrschte so viel Gemeingeist unter den Stämmen, daß Josua sie
bereit fand, den bedrängten Brüdern im Norden zu Hilfe zu eilen. Mit den
Kriegern, die er ihnen zuführte, und den Stämmen Ascher und Naphtali
überfiel Josua die verbündeten Kanaaniter unter ihrem König Jabin
am See Merom unversehens, schlug sie und trieb die Überbleibsel
in die Flucht. Diese zerstreuten sich teils nördlich bis Sidon, teils süd=
westlich bis zum Hermongebirge[1]). Es war der zweite große Sieg, den
er über die verbündeten Feinde davontrug. Die Schlacht am See
Merom ermöglichte es den beiden Stämmen, sich fest anzusiedeln, und
zwar zwischen dem obern Jordanlaufe östlich und dem Mittelmeere west=
lich. Ascher und Naphtali waren die am meisten nach Norden geschobenen
Stämme, gewissermaßen die Markenwächter, und zwar der erstere im
Westen, und der letztere im Osten auf dem Hochgefilde.

Zur selben Zeit errangen vier andere Stämme Wohnsitze im
Süden, und zwar durch eigene Anstrengung, ohne Mithilfe des Ge=
samtvolkes. Der winzige Stamm Benjamin erhielt wahrscheinlich von
den Josephiden, die mit ihm enger verbunden waren, einen schmalen,
nicht sehr fruchtbaren Landstrich an ihrer Südgrenze und fast nur das
Gebiet der Gibeoniten mit einigen Anhängseln östlich und westlich. Die
Benjaminiten hatten also eine fremde chivvitische Bevölkerung in ihrer
Mitte. Weiter nach Süden vorzudringen war ebenso schwer, wie im
Norden durch die große Ebene. Denn in der Mitte des Landes auf dem
Gebirge hausten die Jebusiter, eine kriegerische und starke Be=
völkerung, deren Gebiet durch eine unzugängliche Felsenburg geschützt
war[2]). In der Ebene im Westen nach dem Meere zu hatten die Be=
wohner ebenfalls eiserne Kriegswagen, gegen welche anzukämpfen die
Israeliten in der ersten Zeit ihres Einzuges nicht wagen konnten. Und
doch blieb den noch übrigen Stämmen nichts übrig, als sich im Süden
und im Westen umzusehen und sich dort anzusiedeln. Unter diesen
Stämmen war Jehuda oder Juda einer der zahlreichsten und
mächtigsten, und zu ihm hielt sich, wie ein Vasallenstamm zu einem
herrschenden, der Stamm Simeon.

---

[1]) Die Relation Josua K. 11, von dem Kriege gegen Jabin in Chazor
kann nur auf die angegebene Weise erklärt werden. Denn sowohl Josua 17,
11—12, wie Richter 1, 27 ist erzählt, daß die Ebene Jezreël nicht einge=
nommen wurde. Folglich kann Josua nicht mit dem ganzen Heerbann
den Durchzug durch sie gemacht haben, sonst wäre auch sie erobert
worden. Der Norden dagegen, das spätere Galiläa, ist faktisch erobert worden.

[2]) Jebus, das spätere Jerusalem, wurde erst unter David erobert.
(II. Sam. c. 5).

Die Jehudäer mochten sich gekränkt gefühlt haben, daß der beste Teil des Landes den Josephiden eingeräumt oder von ihnen besetzt worden war. Grollend scheinen sie sich von den übrigen Stämmen gesondert und ein entferntes Gebiet aufgesucht zu haben. Ganz im Süden an der Grenze der Wüste hatten sich bereits zur Zeit der Wüstenwanderung Stammverwandte und Bundesgenossen, die Keniter, angesiedelt[1]). Mit ihrer Hilfe dachten die übrigen Jehudäer leichter Wohnplätze erlangen zu können.

Ohne mit den Jebusiten Krieg anzufangen, vielleicht gar in friedlicher Vereinbarung und infolge eines Bündnisses, umgingen sie das Gebiet der späteren Hauptstadt Jerusalem. Im Süden davon gelang es ihnen mit Hilfe von Simeon einzelne Städte zu erobern. Zuerst nahmen sie die alte Stadt Hebron ein, bei deren Eroberung Kaleb tätig war; sie wurde Hauptort des Stammes. Kirjath Sefer oder Debir wurde von Othniël, Kalebs Halbbruder, eingenommen. Einzelne Führer eroberten andere Städte[2]). Einen schweren Kampf hatten die Jehudäer gegen einen Stadtkönig Adoni-Besek zu bestehen[3]). Im ganzen aber scheint der Stamm Jehuda sich anfangs mit den Urbewohnern ins Einvernehmen gesetzt und friedlich neben ihnen angesiedelt zu haben. Das Gebiet war ausgedehnt, mehr zum Weideplatz als zum Ackerbau geeignet. Die neuen Ankömmlinge und die alten Bewohner brauchten daher nicht einander zu verdrängen, oder auf Tod und Leben miteinander zu kämpfen. In dem weiten Gebiete, welches der Negeb Jehuda genannt wurde und in mehrere kleine Kreise zerfiel, blieben Kanaaniter und Amalekiter[4]) wohnen. Es waren auch dort noch kleinere Stämme angesiedelt; Keniter und Kenisiter, mit welchen die Jehudäer ein innigeres Freundschaftsbündnis geschlossen hatten. Auch mit den Ismaeliten, welche an der südlichen Grenze des Landes zwischen dem Gebirge Paran und dem Meere angesiedelt waren, standen die Jehudäer in gutem Einvernehmen[5]). Der Stamm Simeon hatte gar keinen selbständigen Besitz, nicht eine einzige Stadt, die er sein eigen hätte nennen können. Er ging vollständig im Stamme Juda auf und stand in seinem Gefolge. Simeoniten wohnten mit den Jehudäern gemeinschaftlich in den Städten, ohne jedoch eine Stimme bei den Beratungen zu haben.

---

[1]) Vgl. Note 10.
[2]) So ist wohl I. Chronik 2, 42—55 zu verstehen.
[3]) Richter, 1, 3—8.
[4]) Folgt daraus, daß Saul sie noch bekämpfen mußte. (I. Sam. o. 15).
[5]) Vgl. Note 4. Abigail, Davids Verwandte, war an einen Ismaeliten verheiratet (I. Chr. 2, 17 [vgl. jedoch II. Sam. 17, 25]).

Am stiefmütterlichsten wurde der Stamm D a n bedacht, er schwebte gewissermaßen in der Luft. Die Zahl seiner Familien scheint klein gewesen zu sein, da nur der Name einer einzigen in Erinnerung geblieben ist, die S c h u c h a m i t e n oder C h u s c h a m i t e n [1]). Dan hatte nicht einmal einen Patronatsstamm, der ihm Schutz gewährt hätte, wie die Stämme Issaschar und Simeon. Die Daniten scheinen aber in der Gefolgschaft des Stammes Ephraim gestanden zu haben; aber selbstisch, wie dieser war, hatte er ihnen ein unsicheres und schwer zu behauptendes Gebiet überlassen, im Südwesten seines Anteils, oder richtiger einen kleinen Teil vom benjaminitischen Kreise. Sie sollten die Niederung oder die Ebene Saron bis zum Meere erobern und sich dort ansiedeln. Aber die Emoriter verhinderten Dans Ansiedlung in dieser Gegend und drängten ihn, sich auf das Gebirge zurückzuziehen, und hier gestatteten ihm die Ephraimiten und die benachbarten Benjaminiten keine festen Wohnplätze[2]). So mußte Dan lange ein Lagerleben führen; westlich von Kirjat Jearim hat ein Landstrich davon den Namen erhalten, d a s L a g e r D a n [3]). Wegen dieser Einschränkung in enge Grenzen mußte ein Teil der Daniten später auswandern, um weit im Norden Wohnsitze aufzusuchen.

Die Eroberung des größten Teiles des Landes war so rasch vor sich gegangen, daß sie den Mitlebenden und der Nachwelt als ein neues Wunder erscheinen mußte. Kaum ein halbes Jahrhundert vorher waren die Israeliten an der Grenze zurückgeschreckt bei der Nachricht der Kundschafter, daß die Bewohner des Landes zu stark wären, um besiegt zu werden. Nun waren diese so gefürchteten Völkerschaften vor den Israeliten in solchen Schrecken geraten, daß sie größtenteils widerstandslos ihre Besitzungen aufgaben und da, wo sie sich zur Wehr gesetzt hatten, niedergeworfen wurden. Die Überzeugung prägte sich daher dem Volke ein, daß Gott selbst vor den Scharen der israelitischen Krieger einhergezogen war und ihre Gegner in Verwirrung gesetzt und zerstreut hat. Die Poesie faßte die weitläufige Eroberung und Besitznahme in einem schönen Liede zusammen:

"Gott, mit unsern Ohren haben wirs vernommen,
"Unsere Vorfahren habens uns erzählt,
"Daß du Wunder getan in ihren Tagen,
"In den Tagen der Vorzeit,

[1]) Genesis 46, 23; Numeri 26, 42 [vgl. I. Chr. 7, 12].
[2]) Richter, 1, 34—35; vgl. 18, 1 ff., Josua 19, 40 ff.
[3]) Richter 18, 12; 13, 25.

„Daß du mit deiner Hand Völker vertrieben und entwurzelt,
„Nationen übel zerschmettert und ausgewiesen.
„Denn nicht mit ihrem Schwerte haben sie das Land erobert,
„Ihr Arm hat ihnen nicht geholfen,
„Sondern deine Rechte und dein Arm,
„Und daß ihnen das Licht deines Antlitzes freundlich war[1]).

So kümmerlich und stiefmütterlich auch einige Stämme bedacht waren, wie Simeon und Dan, so hatten sie doch einigen Landbesitz als Stützpunkt für die Existenz und für die fernere Ausbreitung erhalten. Nur der Stamm Levi war vollständig leer an Besitzungen ausgegangen. Moses Anordnung war treu ausgeführt worden. Die Leviten, der geborene Priesterstamm, sollten nicht in der Landwirtschaft aufgehen, nicht nach Erweiterung der Besitztümer trachten, nicht, wie die ägyptischen Priester, dem Volke unter dem Vorwande religiöser Interessen die Ländereien entziehen und eine reiche Kaste bilden, sondern sie sollten arm bleiben und sich mit dem begnügen, was die Boden= und Viehbesitzer ihnen zuwenden würden. Ihr Augenmerk sollte einzig und allein auf das Heiligtum und auf das Gesetz gerichtet sein.

„Sie sollen die Gesetze auslegen für Jakob
„Und die Lehre für Israel;
„Sie sollen Weihrauch vor Gott legen
„Und Brandopfer auf den Altar[2]).

Der Mittelpunkt des Gottesdienstes und der Leviten war unter Josua die Lagerstätte G i l g a l zwischen dem Jordan und Jericho. Hier wurde das Bundeszelt mit der Bundeslade aufgestellt und auch Opfer dargebracht. Zwölf Steine standen in Gilgal, die aus dem Jordan genommen waren; sie sollten zugleich den Übergang über den Jordan und die Zusammengehörigkeit der zwölf Stämme lebendig erhalten[3]). So lange die Eroberung und Besitznahme des Landes nicht vollendet war, zogen sich Josua und die Krieger dorthin zurück. Auch die Leviten und mit ihnen der Hohepriester E l e a s a r , Aharons Sohn, wohnten eine Zeitlang in Gilgal. Daher galt diese Lagerstätte noch in viel späterer Zeit als geheiligter Ort[4]), wohin von den Nachbarstämmen Wallfahrten veranstaltet wurden. Aber für die Dauer konnte Gilgal nicht als

---

[1]) Psalm 44.   Die schiefe Erklärung des Einganges dieses Ps. liegt in dem Mißverständnis des Wortes ותזנם (v. 3).   Liest man dafür ותסגם, so ist das Proömium durchweg symmetrisch.
[2]) Deuteronom. 33, 10.
[3]) Josua, 4, 2—19 ff.   Es sind die פסילים in Gilgal, Richter, 3, 19. 26.
[4]) Samuel hielt Volksversammlungen in Gilgal; vgl. noch Amos 4, 4; 5, 5. Hosea 4 15; 12, 12.

Sammelpunkt dienen; es lag in einer wenig fruchtbaren Gegend und außerhalb jedes Verkehrs. Sobald sich daher die Zustände befestigt hatten und die jenseitigen Krieger in die Heimat entlassen waren, mußte eine andere Stätte für das Heiligtum ausgesucht werden. Daß sie im Stamme Ephraim liegen müsse, verstand sich bei der damaligen Lage von selbst. Auch Josua hatte seinen Sitz innerhalb dieses Stammes in Timnat-Cheres, welches die dankbaren Ephraimiten ihm über- lassen hatten. Die Wahl des Platzes für das Heiligtum fiel sonderbarer- weise auf eine Stadt, die sich durch nichts Besonderes auszeichnete, auf Schiloh (Schilo, Tilo, Salem); denn an Höhen und Bergen ist der ephraimitische Landstrich so reich, daß es leicht gewesen wäre, eine geeignetere Stätte dafür zu ermitteln. Selbst der Berg Gerisim bei dem Vororte Sichem, der sich ganz besonders als Mittelpunkt eignet, wurde übergangen. Merkwürdigerweise wurde auch die Stadt Bethel nicht dafür bestimmt, obwohl sie bereits im Anfange eingenommen war (o. S. 56) und sich Erinnerungen aus alter Zeit an sie knüpften.

Als die Bundeslade nach Schilo gebracht war, verstand es sich von selbst, daß hier auch ein Altar errichtet werden mußte. Hier war ein Sammelplatz[1]), wenn auch nicht für sämtliche Stämme, so doch für Ephraim, Manasse und Benjamin. Der Hohepriester aus dem Hause Aharons, Pinehas, und seine Nachfolger nahmen ihren Wohnsitz in

---

[1]) Außer den K.K. 18—22 in Josua, wo öfter von Schilo als Kultus- stätte und Sammelplatz die Rede ist, haben LXX, noch das. 24, 1 und 25 die L.-A. Σηλώ statt שכם. In der Tat paßt die in B. 26 erwähnte Tat- sache besser zu Schilo als zu Sichem, da hier kein Heiligtum war. In B. 25 hat diese Version noch den Zusatz: ἐν Σηλώ ἐνώπιον τῆς σκηνῆς τοῦ Θεοῦ d. h. לפני אהל ה', was auf Sichem gar nicht paßt. Bekanntlich hat der griechische Vertent von Samuel konsequent Σηλωώμ statt שלה (auch zu Pf. 78, 66; der Alexandrinus auch hin und wieder so in Josua). Diese Schreib- weise führt darauf, daß die Stadt neben שלה auch שלם genannt wurde, da ohnehin שלה eine Abkürzung für שלוה ist. Kann da nicht Pf. 76, 3 שָׁלֵם Schilo sein? Ohnehin führt der Gedankengang ganz darauf. Denn Je- rusalem nach hergebrachter Erklärung kann es unmöglich bedeuten; denn dann müßte סוכו der Tempel sein, aber dieser war nicht eine Hütte oder ein Zelt. Desto besser paßt der Ausdruck auf den Zelttempel in Schilo. Dieser Vers ist also antithetisch aufzufassen. „Seine Hütte war in Scha- lem (Schilo), aber sein Wohnsitz ist in Zion" (מעונה), wie der Tempel auch sonst genannt wird, als Gegensatz zur Hütte). Ist שָׁלֵם Schilo, so kann es dasselbe bedeuten in Genesis 33, 18, וירבא יעקב שלם עיר שכם „in die Stadt Schilo, die Sichem gehörte". Man braucht sich also nicht exe- getisch abzumartern, um dieses zu erklären. Ebenso kann Melchisedek מלך שלם (das. 14, 18) König von Schilo gewesen sein. [Vgl. hierzu Dillmann, Genesis, S. 242 f., 370 f.]

Schilo[1]). Höchst wahrscheinlich hielten sich auch viele Leviten hier auf, während sich andere zerstreut unter den übrigen Stämmen und in andern Städten ansiedelten und im ganzen ein Wanderleben führten.

Durch die Ansiedlung der Israeliten erhielt das Land Kanaan fortan nicht nur einen anderen Namen, sondern auch einen andern Charakter. Es war ein heiliger Boden, das Erbe Gottes, geworden. Es sollte dazu beitragen, daß das Volk seinen Beruf der Heiligkeit erfüllen könne. Das Ausland, in welchem diese Aufgabe, Treue dem einzigen, geistigen Gott zu wahren und seine Lehre zu betätigen, nicht gelöst werden könne, galt ihm gegenüber als unheilig[2]). Dem heiligen Lande wurde Empfindung beigelegt, als empfände es das gottgefällige oder gottvergessene Verhalten des Volkes mit. Drei Freveltaten, welche als die grauenhaftesten galten, Mord, Unzucht und Götzentum, duldete es nicht. Wegen solcher Missetaten habe das Land seine Urbewohner verworfen, sie gewissermaßen ausgespieen, und werde auch das israelitische Volk mit solchen Lastern nicht ertragen[3]). Diese Vorstellungen wurden durch die Eigentümlichkeit des Landes besonders genährt. Es galt den israelitischen Bewohnern als ein eigenartiges Erdgebilde, das mit keinem anderen verglichen werden könne.

In der Tat hat das Land Israel, wie es seit dem Einzuge genannt wird, auffallende Eigenheiten, wie kein Land sonst auf dem Erdball, soweit ihn die Forschung untersucht hat. In einer kurzen Strecke von etwa dreißig geographischen Meilen Länge und etwa zwölf Meilen Breite — wenn man die jenseitige Jordangegend dazu rechnet — sind Gegensätze zusammengedrängt, die ihm einen wunderbaren Charakter verleihen. Die ewigen Schneehäupter des Hochgebirges des Libanon und Hermon im Norden blicken über eine Reihe von Bergkuppen und Tälern hinweg bis zur Sandwüste im Süden, wo afrikanische Gluthitze allen Pflanzenwuchs versengt. In enger Nachbarschaft gediehen hier nebeneinander Baumgattungen, die sonst einander fliehen, die schlanke Palme, die nur bei hohen Wärmegraden emporschießt, und die Eiche, die eine solche Hitze nicht ertragen kann. Wenn die Südhitze das Blut des Menschen in Wallung setzt und ihn zu heftigen Leidenschaften hinreißt, so macht ihn der von den Schneefeldern im Norden hinabwehende Wind wieder kühl, besonnen und überlegt. Von Wasser ist das Land von

---

[1]) Folgt aus I. Samuel 1, 1, 9 ff.

[2]) Vgl. I. Samuel 26, 19; II. Sam. 20, 19. Zacharia 2, 16. Josua 5, 15. 22, 19.

[3]) Leviticus 18, 24—28; 20, 22—23. Numeri 35, 33. Jeremia 3, 1. 9. Psalm 106, 38.

zwei Seiten eingerahmt, im Westen vom mittelländischen Meer, das an
seinem Küstensaume Hafenstätten für Schiffe bildet, und im Osten von
einem langgestreckten Strom, dem Jordan, der, aus dem Schoße der
Hermonhöhe geboren, in beinahe schnurgerader Richtung von Norden
nach Süden läuft und fast in seinem Anfangs- und Endpunkte von zwei
großen Binnenseen scharf abgezeichnet ist. Im Norden fließt er durch
den H a r f e n s e e (Kinneret-, Genesaret-, Tiberiassee) nicht weit von
seinem Ursprunge, und im Süden verliert sich das Jordanwasser in dem
wunderbaren S a l z s e e. Auch diese beiden Seen bilden einen Gegensatz. Der Harfensee (g a l i l ä i s c h e s M e e r, etwa 3 Meilen lang
und 1 1/2 breit), der seinen Namen von seiner äußern Harfengestalt hat,
enthält Süßwasser; in seiner Tiefe tummeln sich Fische verschiedener
Gattung; an seinen fruchtbaren Ufern gedeihen Palmen, Feigen,
Weinstöcke und andere Fruchtbäume. Der hohe Wärmegrad zeitigt
in seiner Nähe die Früchte um einen Monat früher als auf den Höhen.
Der Salzsee oder das Meer der tiefen Mulde (Arabah, 10 Meilen lang,
2 1/2 breit) hat eine entgegengesetzte Wirkung und führt mit Recht den
Namen d a s t o t e M e e r, weil Wirbeltiere in seinem Gewässer nicht
leben können. Das viele Salz, das er enthält, verbunden mit Bitter-
erde und Asphaltklumpen, tötet alles Lebendige in seinen Fluten. Auch
die Luft ist dort von Salz geschwängert und der Erdboden in der Nähe
ringsum mit Salzgruben angefüllt, eine schaurige Wüste. Der oval gestaltete Bergkessel, der das tote Meer umgibt, dessen Wände sich stellenweise mehr als 1300 Fuß über den Wasserspiegel erheben, und der
pflanzenlos und öde ist, gibt der ganzen Umgebung ein düsteres Aussehen. Und doch finden sich an seinen Ufern, zwischen Wasserspiegel und
Bergwand, Oasen, die an Fruchtbarkeit den gesegnetsten Flecken der
Erde nicht nachstehen und die seltenen B a l s a m p f l a n z e n nähren.
Fruchtbar ist die Oase von E n - G e d d i, an dem Westrande gegen
die Mitte, welche zwei kleine Flüsse durchströmen, die nur selten versiegen[1]). Fast noch herrlicher prangt die Oase am Südostwinkel des
toten Meeres, wo die Stadt Z o a r lag, die von ihren Palmenwäldern
ganz besonders die Palmenstadt (T h a m a r a) benannt wurde.
Mehrere Winterflüsse (Nachal, Wady) durchströmen die etwa 1 1/2 Meilen
lange Oase und befruchten sie, während die Hitze in der Nähe des toten

---

[1]) Sämtliche Touristen, die diese Gegend besucht haben, bewundern die
Fruchtbarkeit von En-Geddi (jetzt Ain Gibi). Eusebius bemerkt in Onomasticon
(Ed. Lagarde, p. 257 [ed. Klostermann p. 86, 16]), daß zu seiner Zeit dort ein
Dorf bestanden habe und fährt fort: ὅθεν τὸ ὁποβάλσαμον. [Vgl. B u h l a. a. O.
S. 164 f.] Auch im Talmud (Tr. Sabbat fol. 26 a) ist eine Tradition erhalten,
daß man Balsam gesammelt hat von En-Geddi bis Betharamta; vgl Note 18.

Meeres die Pflanzenkeime ſchnell entwickelt. Auch hier gedieh einſt die Balſamſtaude[1]). Anderthalb Stunden im Nordoſten entfernt vom toten Meere wuchs der berühmte **Balſam von Gilead** bei der Stadt **Betharam (Bet-Haran)**[2]). Und an demſelben Meere ſind einige Stunden weit Salzſümpfe, die ungeſunde Ausdünſtungen verbreiten. Beide Seen aber, der Salzſee und der Harfenſee, haben die gemeinſame Erſcheinung, daß an ihren Ufern heiße Quellen entſpringen, die, mit Schwefel geſchwängert, für Krankheiten von einem gewiſſen Charakter Heilung gewähren (Lascha, Kallirrhoe im Oſten des toten Meeres; Chamat-Dor oder Ammaus am Kinneret-See).

Das tote Meer erinnerte die Iſraeliten ſtets an ein ſchweres Straf-gericht Gottes. Sein Bette war früher eine furchtbare Tiefebene, ſchön „wie ein Garten Gottes." Aber die Einwohner der dort gelegenen Städte Sodom, Gomorrha, Adma und Zeboïm waren von unmenſch-licher Härte. In ihrer Fülle und ihrem Überfluß hatten ſie kein Gefühl für Notleidende; Fremde durften ſich in ihren Mauern nicht blicken laſſen, ohne Mißhandlungen ausgeſetzt zu ſein. Auch unnatürliche Un-zucht kam in ihrer Mitte vor. Das Wehklagen derer, welche von der Grauſamkeit der Einwohner der Hauptſtadt Sodom und der Nachbar-ſtädte gelitten hatten, ſtieg zum Himmel empor. Und plötzlich erſchütterte ein Erdbeben, einige Jahrhunderte vor dem Einzug der Iſraeliten, die ſchöne Tiefebene. Feuer und Schwefel ergoſſen ſich herab, und ſämt-liche Häuſer und Bewohner waren von der Erdoberfläche verſchwunden. An deren Stelle trat die Salzflut, und die ganze Gegend war durch Rauchdunſt verdunkelt. Das war das Ende der übermütigen Frevler von Sodom und Gomorrha, das den Iſraeliten ſtets als warnendes Beiſpiel vorſchwebte und vorgehalten wurde.

Die Lage des Landes in der Übergangsſtufe von dem gemäßigten Erdgürtel zum heißen (vom 31° 10' — 33° 20' nördlicher Breite und 34° 35' — 36° 0' öſtlicher Länge von Greenwich) verleiht ihm eine

---

[1]) Über die Fruchtbarkeit dieſer Oaſe, welche Ghor es-Safieh heißt, vgl. Triſtram, Land of Israel p. 343 [Buhl S. 41]. Über die Lage von Zoar: Frankel-Graetz, Monatsſchr. Jahrg. 1872, S. 387 ff. Euſebius' Onomaſticon (s. v. Βαλά = Ζοορ): φύεταί γε παρ' αὐτῇ τὸ βάλσαμον καὶ ὁ φοῖνιξ. [S. jedoch Buhl S. 271, 274].

[2]) Aus der angeführten Talmudſtelle geht hervor, daß in Betharamta ebenfalls Balſam geſammelt wurde. Betharamta iſt identiſch mit dem bib-liſchen בית הרם oder בית הרן, Euſebius' Onomaſticon (p. 234.) [Βηθαράμ . . ,] τοῦ Βηθραμφθὰ παρὰ Ἀσσυρίοις. Es iſt die unter Herodes Livias genannte Stadt. Nur von hier kann der Balſam von Gilead gekommen ſein. Jetzt heißt es Tell-er-râme [Buhl S. 264]. Vgl. Note 18.

gewisse Regelmäßigkeit, welche nur ihm eigen ist. Die Länge der Tage und Nächte beträgt regelmäßig je zwölf Stunden, und nur in den heißesten Sommermonaten sind die Tage und in den kältesten Wintermonaten die Nächte um zwei Stunden länger. Der Übergang von Tag zu Nacht und umgekehrt ist nur von sehr kurzer Dauer. Der Abend folgt plötzlich auf die Tageshelle, und der Anbruch des Tages folgt ebenso rasch auf das nächtliche Dunkel. Auch die Jahreszeiten folgen mit seltener Regelmäßigkeit aufeinander. Es gibt eigentlich nur zwei Jahreszeiten, eine t r o c k e n e und eine f e u c h t e. Im Beginne des Herbstes treffen Regenniederschläge, F r ü h r e g e n, mit einer solchen Regelmäßigkeit ein, daß, wenn sie ausbleiben, die Bevölkerung in Sorge wegen Unfruchtbarkeit gerät. Regentage wechseln dann einige Monate mit Sonnentagen ab, die Niederschläge werden von Blitz und Donner angekündigt und begleitet, kristallisieren sich auch zuweilen zu Schneeflocken und Hagel. Zu Ende der feuchten Zeit pflegt der Regen wie zum Abschiede reicher zu fallen; es ist der S p ä t r e g e n, der zuweilen den Mangel des Frühregens im Herbste ersetzt. Diese ordnungsmäßige Aufeinanderfolge der Niederschläge wird durch zwei Haupterzeuger, die „Väter des Regens" bewirkt: das L i b a n o n g e b i r g e im Norden und das M i t t e l m e e r im Westen. Der von der Sonnenhitze während des Sommers schmelzende Schnee des Libanon erfüllt die Atmosphäre im Herbst mit Feuchtigkeit und erzeugt die Wolken, und die im Herbste gesteigerte Luftströmung auf dem Meere treibt sie nach Süden: Der Nordwind erzeugt den Regen[1]. In der trockenen Jahreszeit oder im Sommer, der von April bis Oktober anhält, ist der Himmel wolkenleer; kein Regentropfen erquickt die Erde oder erfrischt die Menschen. Aber weder verschmachten die Lebewesen vor Gluthitze, noch verdorren die Pflanzen davon. Der reichliche Tau, der sich in der Nacht bildet, ersetzt den Regen vollständig und kühlt die Nächte ab, und der Nordwestwind, der den Sommer hindurch vom Meere weht, macht die Hitze des Tages erträglich. Nur selten stürmt der Glutwind aus Osten (Kadim, Salaphot), welcher heißen Staub in alle Poren des Körpers und der Kleidung eindringen macht. Aber auch dieser Wind hat hier nicht die tödliche Wirkung des Samum in Afrika.

Ein großer Segen für das Land Israel sind seine Berge. Es ist vorherrschend ein Gebirgsland. Zwei langgestreckte majestätische Gebirgsketten, durch ein Tieftal voneinander getrennt, ragen im Norden wie zwei mächtige Riesen mit weißen Häuptern empor: der Libanon, dessen höchste Spitze über 10 000 Fuß hoch (Dhor-el Khebib) in die

[1]) Sprüche 25, 23.

Schneeregion hinein reicht, und der Hermon (Antilibanon), dessen höchste Spitze (Scheich) 9300 Fuß hoch ist. Der Libanon hat nie zum Lande Israel gehört, er war stets im Besitze der Phönizier und Aramäer und ihrer Erben. Aber die berühmten Zederwälder dieses Gebirges sind von den Israeliten benutzt worden und noch mehr die Erhabenheit seiner Bergkuppen und der Geruch seiner Bäume von der israelitischen Poesie. Näher lag den Israeliten der Hermon und dessen glänzendes Schneehaupt. Er wird mehr als 20 Meilen weit, wenn er nicht von Vorbergen verdeckt ist, mit Bewunderung geschaut. Bis an den Fuß seines jähen Abhanges im Süden reichte die Grenze des Landes Israel.

Die Ausläufer beider Bergketten bildeten die Berge Israels im Norden (Berge Naphtali, später galiläische Berge), deren höchste Spitze die Höhe von 4000 Fuß erreicht. Diese Höhen fallen allmählich ab bis zur großen fruchtbaren Ebene (Jesreél), welche nur etwa 500 Fuß über dem Meeresspiegel liegt. In diese Ebene ragen indessen Höhenzüge hinein und teilen sie in kleinere Ebenen: der weniger hohe als wegen seiner abgerundeten Gestalt berühmte Berg Thabor (1865 F.), der, weil wenig durch Vorberge verdeckt, weit sichtbar ist; ferner der Berg Moreh (jetzt Ed-Dachi, 1830 F.)[1], der sich an den Thabor anzulehnen scheint, und endlich der nicht weit davon mehr nach Osten hinstreichende Bergzug Gilboa (2000 F.). Westlich von der großen Ebene zieht sich der langgestreckte stets mit Bäumen bekränzte Karmel (1720 F.) hin, eine Bergwand dicht am Meere. Die große Ebene Jesreél, welche sich wie ein unregelmäßiges Dreieck ausnimmt (etwa 7 Stunden lang von Norden nach Süden und 2—5 breit von Osten nach Westen) teilt mit ihren Grenzbergzügen, dem Karmel auf der einen und dem Gilboa auf der andern Seite, das Land gewissermaßen in zwei ungleiche Teile, in die kleinere Nordhälfte (später Galiläa genannt) und die größere Südhälfte. Südlich von dieser Ebene erhebt sich das Land wieder, indem sich im Nordosten die Höhe Gilboa mit den von Nordwesten streifenden Zügen des Karmel zusammenschließt; dieses Hochland erhebt sich allmählich und bringt es zu einigen Kuppen, die über 2000 Fuß emporragen; es wurde das Gebirge Ephraim genannt. Von Jerusalem an bis Hebron südwärts steigt der Boden wieder zu Höhen von 3000 F. an; es ist das Gebirge Juda. Dann fällt er allmählich ab, so daß die ehemalige Grenzstadt Beerseba schon niedrig liegt (700 F.). Von hier an beginnt wieder eine Hochebene (der Berg Paran), der aber nicht

---

[1] Vgl. darüber Frankel-Graetz Monatsschr., Jahrg. 1872, S. 529 ff. [und Riehm-Bäthgen s. v. S. 1031].

mehr zum eigentlichen Lande Israel gehörte[1]). Sowohl das Gebirge Ephraim als auch das Gebirge Juda dachen sich von Osten nach Westen ab. Hier erstreckt sich eine Ebene vom Gebirgssaum bis zum Mittelmeer, die von Norden nach Süden, vom Karmel bis zur Südsteppe, sich immer mehr erweitert, die Saronebene und die Niederung (Schephela) genannt. Im Osten fällt das Gebirge nach dem Jordan zu ab. Einige Kuppen des Gebirges Ephraim und Juda erlangten eine besondere Bedeutung: die beiden Berge zur Seite von Sichem, der Gerisim, der „Berg des Segens" (2650 F.), und der Ebal, der „Berg des Fluches" (2700 F.); Bethel im Osten (2400 F.) und Mizpeh (2650 F.), einige Stunden von der späteren Hauptstadt, endlich der Berg Zion (2610 F.) und der Ölberg (2720 F.).

Durch dieses eigentümliche Gebilde des Landes entsteht eine Mannichfaltigkeit, welche nicht bloß auf die Erzeugnisse des Bodens einwirkt, sondern auch auf die Charakterbildung der Menschen Einfluß übt. Von Norden nach Süden ist das Land in drei Gürtel eingeteilt. Der breite Gebirgsgürtel nimmt die Mitte ein, die Niederung (Schephelah) den Westen bis zum Meere und die Auen (Khikhar, Arabot) den Osten bis zum Jordan. Indessen ist diese Dreiteilung nur in der Mitte und nach Süden zu bedeutend, im Norden dagegen nimmt sie bis zur Unmerklichkeit ab. In der Niederung ist das Klima mild, im Gebirge in der Regenzeit rauh und in der heißen Jahreszeit gemäßigt, in der Jordansaue während des größten Teils des Jahres heiß.

Der Hermon fällt gegen Süden plötzlich von hohen Felsblöcken von Kalkstein in ein Tieftal ab, „die Tiefspalte des Libanon"[2]). Dieses Tal war ehemals eines der fruchtbarsten des ganzen Landes, auch mit Waldungen geschmückt und bietet noch gegenwärtig einen malerischen Anblick dar. Wegen seiner Fruchtbarkeit wurde dieser Fleck, woraus die Gewässer des Jordans sich sammeln, von den Kanaanitern als Heiligtum verehrt und ihrem Glücksgotte (Baal-Gad, Baal-Hermon) geweiht, und auch noch in späterer Zeit war hier dem griechischen Waldgotte Pan ein Tempel gewidmet (Paneas, jetzt Banias). Aus Felsen und Schluchten entspringen und rauschen hier Quellen, die den Ursprung des Jordans bilden, und stürzen sich über Felsblöcke als Wasserfälle hinab. Hier ist „das Land des Jordan und Hermon, wo eine Wasserflut der andern zuruft", von wo aus auf einem niedrigen Berge ein Psalm-

---

[1]) Vgl. Note 4.
[2]) Josua 11, 17. 12, 7.

dichter seine Seele in Trauer über die Zerstörung und Schändung der
Heiligtümer ergoß[1]).

Wie der Libanon Ausläufer nach dem Westen des Jordan, so sendet
der Hermon solche nach dem Osten dieses Flusses aus, und diese bilden
die Höhen jenseits des Jordan, die sich zuerst östlich vom Harfensee zu
einer Tafellandschaft verflachen, dann sich plötzlich wieder zu hohen Bergrücken von mehr denn 3000 Fuß erheben. In gleichem Laufe mit dem
Jordan streift ein schmaler Gebirgszug, nur durch zwei Schluchten unterbrochen, bis zum toten Meere und noch weiter südlich an der Ostseite desselben hinab, der Berg oder das Gebirge G i l e a d. Durch dieses Gebirge ist das jenseitige Jordanland ebenfalls in drei verschieden geartete
Landschaftsgürtel geteilt, in gleicher Linie mit dem Jordan.   Die
Jordanau (ha-Emek)[2]) zwischen dem Fluß und dem Gebirge, die stellenweise nur eine Stunde breit ist, erstreckt sich in der Länge zwanzig Meilen
von Norden nach Süden. Den zweiten Gürtel bildet das Gebirgsland
Gilead, ebenfalls schmal (etwa 1¼ Meilen breit). Nur im Nordosten
ist das Gebirge breiter oder erhebt sich nach einer Abflachung wieder zu
einem scheinbar selbständigen Gebirge, dem Gebirge B a s c h a n, das
viele und dichte Eichenwaldungen trug und noch jetzt hin und wieder
trägt. Im Osten des Gebirges dehnt sich der dritte Gürtel aus, eine
flache, weidenreiche Landschaft (Mischor), die sich weiter östlich in die
Wüste verliert. Das Nordende des Gebirgszuges Gilead wird durch eine
tiefe Schlucht von der noch nördlicher gelegenen Landschaft getrennt,
deren Wände stellenweise eine Höhe von 100 Fuß erreichen. In dieser
Schlucht rauscht ein Fluß, nachdem er mehrere Nebenflüsse aufgenommen
hat, in den Jordan; es ist der J a r m u k (Hieromax). Vor seiner
Mündung sprudeln heiße Quellen in sein Gewässer. Weiter südlich
wird das Gebirge Gilead wieder durch eine tiefe Schlucht, in welcher sich
der J a b b o k f l u ß in den Jordan ergießt, gespalten. Noch weiter
südlich gegen die Mitte des toten Meeres ist abermals eine Schlucht im
Gebirge, und in dieser strömt der A r n o n in das tote Meer. Er bildet
die Südgrenze des israelitischen Besitztums jenseits des Jordans oder
des Gebiets der dritthalb Stämme. Die Verteilung dieser Landstriche
war ursprünglich derart getroffen worden, daß der schwächere Stamm

---

[1]) Pf. 42, 7. מארץ ירדן וחרמונים kann nur das Tieftal am Fuße
des Hermon (bei Banias) sein.   Daß חרמונים nicht der Hermon minor ist,
ist gegenwärtig anerkannt, aber der Plural weist nicht auf zwei Kuppen hin,
sondern das ים ist dittographiert vom folgenden מהר מצער, worunter das
Kastell oder der Πανεῖον ὄρος zu verstehen ist.

[2]) Josua 13, 27; vgl. Note 12.

Rëuben den Süden einnehmen sollte, vom Flusse Arnon bis Hesbon, der
ehemaligen Hauptstadt des Königs Sichon, allenfalls noch dazu die nörd=
lich davon gelegene Stadt E l e a l e , beide nebst der Stadt S i b m a h
berühmt wegen ihres edlen Weines. Der Vorort der Rëubeniten war
B e z e r [1]). Das Los des Stammes Gad lag nördlich davon von Hesbon
bis zum Jabbok, das halbe Gebirge Gilead und die ganze jenseitige
Jordanau bis zum Harfensee umfassend. Sein Vorort war R a m o t=
G i l e a d , auf einer beträchtlichen Höhe gelegen. Doch machte allmäh=
lich die Stadt M a c h a n a ï m in der Jordanau unweit der Mündung
des Jabbok in den Jordan ihr den Rang streitig und wurde eine Zeitlang
Hauptstadt [2]). Die Manassiten oder Gileaditen nahmen das nördliche
halbe Gebirge Gilead und das Gebirge B a s c h a n mit den fruchtbaren
Hochtälern ein [3]).

Flüsse im eigentlichen Sinne, die das ganze Jahr hindurch in ihrem
Bette Wasser enthalten, besitzt das Land nicht oder nur einen einzigen,
den Jordan, und auch dieser ist nicht schiffbar. Er entspringt aus drei
Quellen an den Abhängen des Hermon, fließt anfangs träge, ehe er sich
in den kleinen Meromsee ergießt, der seinen Namen von seiner Lage auf
einer Hochebene erhalten hat, spaltet sich in kleine Arme, und erst beim
Herausfließen aus diesem See sammelt er sich in einem engen Basalt=
bette und strömt in den Harfensee. Von hier fließt er breiter heraus,
sprudelt über Felsklippen, stürzt über Anschwellungen in raschem Laufe
hinab, mündet in das tote Meer und verliert sich darin. Eben wegen
seines raschen Laufes über Klippen ist der Jordan nicht schiffbar. Er
gewährt nur den Tiefebenen an seinen beiden Ufern, doch mehr dem
östlichen, Fruchtbarkeit im Frühjahr, wenn der geschmolzene Schnee vom
Hermon ihm Wasserfülle zuführt. Die übrigen Gewässer sind eigentlich
keine Flüsse, da sie im heißen Sommer trocken liegen, selbst der Jarmuk
und der Jabbok. Solche Winterflüsse (Nachal) gewähren nichtsdesto=
weniger dem Landstrich, durch den sie fließen, Fruchtbarkeit; die Acker=
felder (Nachal) liegen an solchen Winterflüssen. Die Fruchtbarkeit wird
auch durch die kleinen Quellen gefördert, welche den Bergen entströmen,
aber sich nicht zu einem Flusse sammeln können. Solche Quellen gibt

---

[1]) S. Note 5.
[2]) S. Note 12.
[3]) Die Losteile der drei Stämme Josua 13, 15 ff. Doch ist die Ein=
teilung nicht von Dauer gewesen. Denn in Numeri 32, 34 ff. ist von
einigen Städten, die zu Rëuben gehörten, angegeben, die Gabiten hätten sie
erbaut: Aroër, Atarot, Dibbon. Das letztere wird geradezu דיבון גד
genannt (Num. 33, 45 f.). Über den Weinbau von Hesbon und Sibma
Jesaia 16, 8 f.

es viele im Lande, und nicht wenig Städte sind nach ihnen (Ain) benannt. Die Gegenden, welche keine Quellen haben, versorgen sich mit Trinkwasser durch den Regen, welcher in Zisternen, die in Felsen gehöhlt sind, gesammelt wird.

Durch die Bildung des Bodens und die reiche Bewässerung vom Hochgebirge des Libanon und Hermon (Antilibanon) mit ihren Ausläufern, von den Quellen und dem zweimal reichlich fallenden Regen ist das Land größtenteils mit reicher Fruchtbarkeit gesegnet. Es war und ist zum Teil noch, so weit die Menschenhand sich rührt, ein Land, worin „Milch und Honig fließt", ein schönes Land „von Wasserbächen und Quellen, Seen, Tälern und Bergen, ein Land von Weizen, Gerste, Weinstöcken, Feigen, Granaten, ein Land von Olivenöl und Dattelhonig, ein Land, das nicht durch die Anhäufung von Vorräten vor Not geschützt zu werden braucht, dem nichts fehlt, dessen Steine Eisen und dessen Berge Erz gewähren"[1]). Ganz besonders sind die Ebenen außerordentlich fruchtbar und liefern dem Fleiße zwei Ernten im Jahre. Aber auch das nördlich von der Ebene Jezreël gelegene Land ist ergiebig; dort gab es in alter Zeit so viel Ölbäume, daß man davon sagte: „man taucht in Öl seinen Fuß"[2]). Das Mittelland südlich von der großen Ebene, die Besitzung von Ephraim und Manasse, belohnte die Mühe mit reichem Ertrage. Überall sprudeln Quellen aus dem Gestein, sammeln sich und erreichen die Kraft, Mühlen zu treiben und selbstverständlich den Boden zu bewässern. Das Land der Söhne Josephs war ein gottgesegnetes:

„Von der Frucht des Himmels von oben
„Und der Flut, die unten liegt,
„Von der Frucht der Reife der Sonne
„Und der Frucht des Triebes des Mondes"[3]).

An den Berglehnen prangten einst blühende Gärten und Weinberge mit schwellenden Trauben, und die Berge waren von Wäldern beschattet[4]),

---

[1]) Deuteronom. 8, 7 ff.
[2]) Das. 33, 24.
[3]) Das. 33, 13—16.
[4]) Gegenwärtig sind die meisten Berge Palästinas kahl, der Thabor und Karmel sind nur spärlich mit Wald bedeckt, und selbst die beiden Libanon sind stark gelichtet. In der biblischen Zeit war es aber anders. Die Propheten und Psalmisten gebrauchen sehr oft Bilder von Wäldern. Waldtiere במות יער oder בהמות יער חרתו sind stehende Ausdrücke, und ebenso במות יער, Waldhöhen. Mehrere Plätze hatten ihren Namen von Wäldern: גיא החרשים, bei der Stadt Ziph gab es חרש, einen Wald. Kahle Berge hatten einen eigenen Namen שפי, Plur. שפים, vollständig הר נשפה (Jesaia 13, 2) oder הרי נשף (Jeremia 13, 16).

und zwar von Terebinten, Eichen und Taxusbäumen, und diese beförderten wiederum die Fruchtbarkeit in den Tälern. An besonders geeigneten Stätten ragten Palmen hervor, welche süße Früchte lieferten und oft ihren Saft auf den Boden ergossen. Nur nach Süden zu vermindert sich die Fruchtbarkeit, weil hier meistens kahle Kalkhügel sind und die Talgründe abnehmen. Doch waren auch hier Weideplätze für Herden. Ganz im Süden, südlich von Hebron, hat die Landschaft einen Wüstencharakter. Hier sind sandige Strecken und kahle Felsen vorherrschend; der aus der großen Wüste herüberwehende Glutwind trocknet die Atmosphäre aus und hemmt die Fruchtbarkeit. Diese Gegend verdient den Namen, den sie führt, N é g e b , die trockene, sandige Landschaft. Hier gibt es nur einzelne fruchtbare Oasen, wo sich Wasser findet, das gegen die sengende Hitze einen Kampf führt. An solchen wasserreichen Stellen ist aber das Wachstum um so üppiger. Freilich durfte die Hand nicht müßig dabei sein, nur der Schweiß der Arbeit entlockte ehemals dem Boden die Frucht, der Trägheit gewährte er nichts. „Am Felde eines trägen Mannes ging ich vorüber und an dem Weinberg eines Unbesonnenen, und siehe da, er war ganz und gar in Unkraut aufgeschossen, die Oberfläche war mit Dornen bedeckt, und das Steingehege war zerstört"[1].

Das Klima des Landes ist durch die Berge und die ununterbrochene Luftströmung von den Höhen und dem Meere durchaus gesund und erzeugt einen kräftigen Menschenschlag. Es gibt keine faulen Sümpfe, welche die Atmosphäre vergiften. Krankheiten sind selten, wenn nicht durch äußere Verletzung herbeigeführt. Seuchen wüten ebenso selten und kommen gegenwärtig auch nur durch Einschleppung von außen vor.

Noch mehr bot das Land Speise und Gesundheit für die Seele. Es ist zwar äußerst winzig im Vergleich mit den weiten Länderstrecken der alten Welt, mit Ägypten, Indien, Assyrien. Von gewissen Punkten auf Bergspitzen in der Mitte des Landes kann man nach Ost und West die Grenzen mit einem Blicke überschauen, die Wellen des Mittelmeeres mit den Gestaden auf der einen und den Spiegel des toten Meeres mit dem Jordan und dem Gileadgebirge auf der andern Seite. Vom Hermon aus reicht der Blick noch weiter. Aber wie erhebend ist dieser Blick für die Seele! Von vielen Punkten aus kann das Auge die schönsten und erhabensten Landschaftsbilder erblicken. Die Luft ist den größten Teil des Jahres so rein und durchsichtig, daß sie die weiten Zwischenräume zwischen Auge und Landschaft aufhebt und die entfernten Punkte näher rückt. In diesem Lande zeigt sich für die empfindende und denkende

[1] Sprüche 24, 30 ff.

Seele der Finger Gottes: „Thabor und Hermon lobſingen ſeinem
Namen." Schön geformte Bergkuppen oder wellenförmige Bergrücken
wechſeln mit grünen Tälern ab und ſind durch Waſſerſpiegel belebt. Sie
erdrücken nicht die Seele wie die himmelanragenden Rieſenkoloſſe,
beängſtigen ſie nicht durch phantaſtiſch zerriſſene wilde Zerklüftung,
ſondern tragen ſie ſanft und milde über das Niedere empor und flößen
ihr die wohltuende Empfindung des Lieblichen, Heimiſchen, Traulichen
ein. Schlummert der Keim poetiſcher Begabung in der Bruſt des Be-
ſchauenden, ſo kann er durch den Anblick der Schönheit und Mannichfaltigkeit der Landſchaft zur Entfaltung geweckt werden. Die echte,
warme, tiefſinnige Naturpoeſie iſt auch nur auf dieſem Boden entſtanden.
Griechen und Römer kannten ſie nicht; denn ſie wurzelt zugleich in der
tieferen Erkenntnis der göttlichen Erhabenheit. Die jüngeren Völker,
Zöglinge des Volkes Iſrael, haben ſie erſt von ihm gelernt. Jene in
ihrer Einfachheit und Wahrheit unvergleichlichen Verſe konnten nur
einem Dichtergemüte entſtrömen, das die Lügengötter, ſei es in Tiergeſtalten, ſei es in menſchlichen Gebilden als ſolche erkannte und die
Gottheit in rein geiſtiger Wirkſamkeit vorausſetzte:

„Er entfeſſelt Quellen in Tälern,
„Daß ſie zwiſchen den Bergen fließen,
„Des Feldes Getier tränken,
„Des Waldeſels Durſt löſchen.
„Er tränkt die Berge aus ſeinen Höhen,
„Mit der Frucht ſeiner Taten ſättigt ſich die Erde.
„Auf ihnen niſten des Himmels Vögel,
„Laſſen ihre Stimmen aus dem Gezweige ertönen.
„Er läßt Gräſer für das Vieh wachſen
„Und Kräuter für den Dienſt der Menſchen,
„Um der Erde Brot zu entlocken
„Und Wein, der das Menſchenherz erfreut,
„Und Öl, das Antlitz hell zu machen,
„Und Brot, das den Menſchen erhält.
„Es ſättigen ſich die Bäume Gottes,
„Des Libanons Zedern,
„Die er eingepflanzt,
„Wo Vögel niſten,
„Und der Storch auf Zypreſſen ſein Haus hat;
„Die hohen Berge für die Gemſen,
„Die Felſen, Zuflucht für die Bergſpringer.
„Er ſchuf den Mond für die Feſteszeiten,
„Er kennt der Sonne Untergang.
„Macht er Finſternis und entſteht die Nacht,
„Da regt ſich des Waldes Wild,
„Die jungen Löwen die nach Nahrung brüllen
„Und von Gott ihre Speiſe verlangen.

„Leuchtet die Sonne auf,
„So ziehen sie sich zurück
„Und kauern in ihren Höhlen.
„Dann zieht der Mensch zu seiner Arbeit
„Und zu seinem Betrieb bis zum Abend.
„Wie groß sind deine Werke, o Gott!
„Alles hast du mit Weisheit geschaffen
„Voll ist die Erde von deiner Schöpfung"[1]).

Solche Verse konnte nur ein Sohn des Landes Israel aus tiefster Brust holen, die zugleich von hohem Gottesbewußtsein erfüllt war.

Der Blick, welcher von jedem hohen Punkte aus weithin frei schweifen kann und einen ausgedehnten Gesichtskreis nach allen Seiten hin umspannt, hat auf die einfachste Weise den hohen Gedanken der Unendlichkeit erzeugt, der anderweitig nur auf künstlichem Wege in das Denkvermögen eingeführt werden konnte. Kinderseelen konnten sich auf diesem Schauplatze mit dem Begriffe der Hoheit und Unendlichkeit Gottes vertraut machen. In seinem noch jungen Geschichtsgange hatte das Volk Israel den Finger Gottes erkannt. Dieselbe mächtige Hand erkannte es auch in dem ewigen Wogen der unendlich scheinenden Meeresfläche, in dem regelmäßigen Wiederkehren und Verschwinden der befruchtenden Wolken, in dem Tau, der von den Bergen in die Täler rieselte, in den alltäglichen Wundern, die ein beschränkter Horizont dem Auge verhüllt, ein freier dagegen tiefer erfassen läßt.

„Der die Berge gebildet und den Wind geschaffen . . .
„Der den Morgen in Dunkel wandelt,
„Auf die Höhen der Erde tritt,
„Er ist zugleich der Gott Israels"[2]).

Der so spät erkannte und doch für den Erdengang des Menschen so erhebende Gedanke, daß der allgewaltige und ordnende Geist, der in der Natur waltet, auch die G e s c h i c h t e leitet, daß der Gott der starren Naturgesetze auch derselbe ist, der sich in dem Auf= und Niedergang der Völker und der sittlichen Gesetze kund gibt, dieser Gedanke ist ein Erzeugnis des Volksstammes, dessen Auge durch seine Geschichte und seinen weiten Gesichtskreis einen geschärften Blick für das Außerordentliche und Wunderbare erlangte.

„Ich erhebe mein Auge zu den Höhen,
„Woher wird mir Hilfe kommen?
„Meine Hilfe kommt von Gott,
„Dem Schöpfer des Himmels und der Erde"[3]).

[1]) Psalm 104.
[2]) Amos 4, 13.
[3]) Psalm 121.

Diese so einfache Gedankenverbindung konnte nur von diesem Volke und in diesem Lande so klar gefaßt und ausgesprochen werden. Die Tiefe und Innigkeit des religiösen Gefühls war eine Folge dieses Gedankens; sie beruhte auf s e l b s t e r l e b t e r A n s c h a u u n g, auf dem Zusammenwirken der Sinne und des Geistes, und brauchte nicht von außen der Seele zugeführt zu werden. Die Religion des Geistes ist, so wie die echte Naturpoesie, dem Boden des heiligen Landes entsprossen.

Auch der Begriff des Gesetzes und der unverbrüchlichen Ordnung ist, einmal angeregt, den israelitischen Bewohnern dieses Landes zum hellen Bewußtsein und zur Lebensnorm aufgegangen. Unaufhörlich spült das Mittelmeer seine Wasserfluten an das niedrige Sandgestade; peitscht es gar der Sturm, so überfluten die hohen Wellen die Sanddünen und bedrohen den schmalen Landstreifen mit einer neuen Sintflut. Aber der Sand ist eine Grenze fürs Meer, eine ewige Schranke, die es nicht überschreitet. „Es brausen seine Gewässer, es toben seine Wellen und können sie nicht überfluten"[1]. Das Meer rauschte dem lauschenden Ohre dasselbe zu, was der flammende Sinaï offenbart hatte: „D u s o l l s t n i c h t." Die allzüuppige Natur Ägyptens lehrt die Menschen zunächst Überschreitung, Geilheit, ungehemmtes Nachgeben an die sinnlichen Regungen, an die Zügellosigkeit, die der König und die Priester im Volke nur zu bändigen suchten, wenn ihre eigenen Gelüste davon durchkreuzt werden konnten. Die glühende Sonne und der ungedämmt alles überschwemmende Nil, der wuchernde Lotos, der geile Stier oder Bock waren den Ägyptern nicht bloß Symbole, sondern Anreizungen zur Ausschweifung und Maßlosigkeit. Der Phalluskultus, welcher das Widrigste zur Schau stellte und der religiösen Verehrung weihte, gleichviel ob er in Ägypten oder in Indien entstanden ist, und der auch von den Griechen gehegt wurde, ist ein Erzeugnis des Bodens. Die Bodenbeschaffenheit des israelitischen Landes dagegen predigte Selbstbeschränkung, Maß und Ordnung im Tun und Lassen und unterstützte die sinaitische Lehre von der Heilighaltung der Schranke (Chok) und von der Übernahme der Pflicht. Das tote Meer, welches die frevelhaften sodomitischen Städte bedeckte, war ein Erinnerungszeichen für Übertretung der Schranken und Pflichtvergessenheit.

Das jenseitige Jordanland, Gilead, die ehemaligen Besitzungen der Emoriter und der Könige Sichon und Og, welche die Stämme Rëuben, Gad und Halbmanasse eingenommen und behalten hatten, bot zwar ähnliche Erscheinungen wie das diesseitige. Auch von s e i n e n Berg-

[1] Jeremia 5, 22.

spitzen kann das Auge weite Strecken überblicken. Mose überschaute vor
seinem Tode von der Spitze des P i s g a h aus das ganze jenseitige
Land bis zum Fuße des Hermon, dann das ganze diesseitige Gebirgsland bis zum Norden, die ganze Mitte und den Süden bis nach Zoar, der
Palmenstadt im Südostwinkel des toten Meeres. Aber das wellen-
bewegte rauschende Meer kann man vom jenseitigen Lande nicht sehen,
höchstens einen blauen Streifen davon. Hier hatte die Poesie nicht genügende Anregung wie im diesseitigen Lande. Gilead hat, soweit die
Kunde reicht, keinen Dichter erzeugt und zur Reihe der Propheten nur
einen einzigen gestellt, der rauh und wild war wie die Bergformen und
die rauschenden Schluchten dieser Landschaft. Der Jordan bildete nicht
bloß eine natürliche sondern auch eine geistige Grenzscheide. Das diesseitige Land Israel hatte auch noch einen anderen Vorsprung vor
Gilead. Dort hatten die Stämme bei der Eroberung bereits feste Städte
und Städtewesen, die erste Grundlage zu bürgerlicher Gesittung, angetroffen, während in Gilead nur wenige Städte und noch dazu weit voneinander getrennt angelegt waren; im Süden A r o ë r und H e s b o n ,
in der Mitte R a m o t h G i l e a d (Ramoth Mizpah), J a ë s e r und
M a c h a n a ï m. Dazu kamen später J a b e s c h = G i l e a d und wenige
andere. Im diesseitigen Land gab es dagegen eine lange Reihe von
befestigten Städten, von Hazor und Kadesch im Norden bis Hebron im
Süden. Die diesseitigen Stämme näherten sich daher immer mehr der
Gesittung des Städtewesens, während die jenseitigen in der Einfachheit
und Einfältigkeit des Hirtenlebens verharrten. Transjordanische
Manassiten führten ein Nomadenleben bis zum Ende ihres Bestandes
und trieben ihre Herden in die Täler des starren und schwarzen
Hauran-Gebirges, wo die K e d a r e n e r in Lavatälern hausten.

Indessen war das diesseitige Land keineswegs durchweg eingenommen und den Stämmen zugeteilt. Im Gegenteil, ganze Strecken,
und zwar wichtige, waren noch in der Gewalt der Urbewohner verblieben. Es läßt sich nicht mehr ermitteln, wie viel Josua selbst Schuld
daran trug, daß die Eroberung unvollendet geblieben ist. Sein Alter
blieb nicht so frisch wie das seines Meisters Mose. Der Führerstab scheint
im Alter seinen Händen entfallen zu sein[1]. Aber entschieden war es
der Stamm Ephraim und der Stamm Manasse in seinem Gefolge,
welche den kriegerischen Aufschwung hemmten. Da sie sich in den Besitz
der fruchtbarsten Strecken gesetzt hatten und auf ihren Lorbeeren aus-
ruhten, waren auch die übrigen Stämme nur auf Besitz und Ruhe bedacht und steckten das Schwert in die Scheide. Nach dem ersten Ungestüm

[1]) Eine Andeutung dafür gibt Josua 13, 1.

der Eroberung scheint keine gemeinsame Unternehmung mehr zustande
gekommen zu sein. Jeder Stamm und jede Stammgruppe war auf sich
selbst angewiesen. Den vereinzelten Stämmen war es daher schwer,
gegenüber den kanaanitischen Urbewohnern sich abzurunden. Nur dem
Stamm Ephraim gelang es, sein Gebiet von fremden Elementen zu
befreien, bis auf die wichtige Stadt G a z e r (Geser), auf die er ebenfalls Anspruch hatte, in der sich aber Kanaaniter mehrere Jahrhunderte
hindurch behaupteten[1]).

Dagegen blieb der ganze Küstenstrich, die zum Teil fruchtbare, zum
Teil sandige Niederung (Schefelah), von Gaza oder vom Fluß Aghptens (Rhinokolura) bis Akko ununterbrochen. Es scheint nicht einmal der
Versuch gemacht worden zu sein, dieses Gebiet zu erobern, weil seine
Urbewohner bereits in der Kriegskunst fortgeschritten waren und Kriegswagen mit eisernen Beschlägen besaßen[2]) und die Israeliten dagegen
nicht aufkommen konnten. Dieses Gestadeland, sowie der noch nörd-
lichere Küstenstrich von Akko bis Thrus und Sidon, das eigentliche Phöni-
zierland, sind auch später niemals dem Lande Israel einverleibt worden.
Auch die schöne Ebene Jesreël blieb anfangs im Besitz der Urbewohner,
weil auch diese mit eisernen Streitwagen Krieg führten. Obwohl drei
Stämme, Manasse, Issaschar und Ascher, Ansprüche darauf machten,

---

[1]) Josua 16, 10; Richter 1, 29; I. Könige 9, 15—17. Zur ersten
Stelle hatte der griechische Übersetzer einen beachtenswerten Zusatz, zum
Teil nach Könige das. „Die Kanaaniter wohnten in Ephraim bis auf diesen
Tag, bis Pharao hinaufzog, es (Gazer) einnahm, es in Feuer verbrannte
und die Stadt seiner Tochter zum Geschenk gab". — Die Lage von Gazer
ist noch nicht ermittelt. Nach Josua 16, 3 muß es in einer Breitenlinie
mit Bethoron gelegen haben. Es existierte noch zur Zeit der Makkabäer.
Juda verfolgte Hyrkanus' Heer von Adasa 30 Stadien = ³/₄ M. von Bethoron den Weg einer Tagereise bis nach Gazer (I. Makkab. 7, 45). Wenn
im Onomasticon angegeben ist, daß noch zu Eusebius' Zeit ein Dorf *Γαζαρά*
existierte, 4 röm. Meilen von *Nikopolis* entfernt, so muß darin ein Fehler
stecken. Denn Nikopolis (Emmaus = גמזו) lag nicht weit von Bethoron,
dagegen Gazer beinahe eine Tagereise. Es muß daher statt *Nikopolis*
gelesen werden Diospolis, d. h. Lydda; diese Stadt war eben nicht weit
entfernt von Gazer. Die Straße, die jetzt von Jaffa durch Lydda führt,
muß früher durch Gazer gegangen sein. Daher legte Pharao Gewicht darauf,
es zu besitzen, und Salomo, es wieder aufzubauen. Es kann aber unmöglich
identisch sein mit Jasur unweit Jaffa, wie van der Velde annimmt. [Vgl.
jetzt Buhl S. 195.]

[2]) Der griech. Vertent hat Richter 1, 18 statt: וילכד יהודה את עזה
die Negation *καὶ οὐκ ἐκληρονόμησεν Ἰούδας τὴν Γάζαν κ. τ. λ.* In der Tat
muß ursprüglich so der Passus gelautet haben, sonst stünde damit der folgende
Vers im Widerspruch: כי לא [יכול] להוריש את ישבי העמק. Auch aus
Josua 13, 3 geht hervor, daß die philistäische Pentapolis nicht erobert wurde.

gelang es ihnen doch nicht, diese Gegend den Pheristern und Rephaïm zu entreißen. Lange Zeit blieben daher die wichtige Schlüsselstadt Bet= schean und die alten Städte Jibleam, Taanach, Megiddo in der Ebene, Dor und Endor im Gebirge heidnische Städte[1]). In der Ebene Jesreël wurde, wie schon erwähnt (o. S. 60), der Stamm Issaschar nur geduldet und blieb den Urbewohnern untertänig. Ascher selbst hatte anfangs kein abgerundetes Gebiet, sondern wohnte zerstreut unter den Phöniziern[2]). Seine Hauptstadt war Mischal am Gebirge Karmel und am Meer, wo später die Hafenstadt Haifa (Khaifa, Hefa) entstand[3]), aber die Ascheriten konnten es nie dahin bringen, die nahe daran gelegene wichtige Hafenstadt Akko zu erobern. Der Stamm Naphtali mit dem Vororte Kadesch war ebenfalls von kanaanitischer Völkerschaft umgeben[4]). Der Stamm Zebulon hatte ursprünglich seine Wohnsitze vom Berge Thabor[5]) nordwärts, und auch er war von kana= anitischer Bevölkerung umgeben. Später erst brachte es die Tapferkeit der Zebuloniten dahin, daß sie sich bis an die Küste ausdehnen konnten. Der Stamm Dan, der am stiefmütterlichsten behandelte (o. S. 63), war von Emoritern von allen Seiten umringt und hatte nur wenig eigenes Gebiet, kaum einen eigenen Hauptort (etwa Eltheke). Die von den übrigen völlig getrennten Stämme Juda und Simeon wohnten noch mehr untermischt unter fremden Völkerschaften und zwar unter solchen, die das Hirtenleben mit dem der Wegelagerer vertauschten. Wie schon erwähnt, bildeten die Jebusiter, welche so mächtig waren, daß nicht einmal der Versuch gemacht wurde, sie anzugreifen, eine Scheide= wand zwischen diesen beiden südlichen Stämmen und den nördlichen. Erst mit der Eroberung des starken Jebus (später Jerusalem) konnten die voneinander getrennten Stämme einander die Hand reichen.

Wenn Josua in seinen alten Tagen mit Freude erfüllt war, daß die Verheißung Gottes an die Erzväter in Erfüllung gegangen war, so war diese Freude nicht ungetrübt. Wie öfter im Leben der einzelnen und Völker verwirklichte sich auch diesmal die Hoffnung ganz anders, als sie geträumt war. Das Land gehörte allerdings den Söhnen Israels; aber es gehörte ihnen kaum halb, und der errungene Besitz konnte bei kraftvoller Verbindung der zurückgebliebenen Urbewohner ihnen wieder entrissen, und sie wieder in die Heimatlosigkeit zurückgetrieben werden.

[1]) Josua 17, 11—13; 16—18. Richter 1, 27—28.
[2]) Der Ausdruck Richter 1, 31—32: וישב האשרי בקרב הכנעני ist wohl zu beachten. Er will sagen: die Kanaaniter blieben die Hauptbevölkerung.
[3]) S. Note 5.
[4]) Richter 1, 33.
[5]) S. Note 5.

Das Unvollendete ſeines Werkes mußte Joſua in ſeinen letzten Stunden mit Beſorgnis erfüllt haben. Dieſe Beſorgnis war um ſo begründeter, als er keinem fähigen Führer die Nachfolge in ſeinem Amte übergeben konnte, wenigſtens keinem ſolchen, dem ſich die Stämme, beſonders das herrſchſüchtige Ephraim, unterwerfen mochten. Als er ſtarb, hinterließ er das Volk verwaiſt, und es hatte nicht einmal das Gefühl der Verwaiſung. Es betrauerte den zweiten Führer nicht wie den erſten nach ſeinem Tode. Nur eines hatte Joſua dem Volke hinterlaſſen, die Hoffnung und die Ausſicht, daß es einſt das ganze Land im Norden von Thyrus und Sidon bis zum Süden, dem Südende des toten Meeres und der Palmenſtadt Zoar, und bis zum Schichor (Rhinokolura) an der Grenze Aghptens als ſein ungeſchmälertes Eigentum erlangen werde. Hoffnungen, an die ſich Völker mit Zähigkeit anklammern, erfüllen ſich in der Regel. Aber ſchwere Kämpfe ſtanden bevor, ehe dieſes Ideal des ungeteilten Beſitzes Wirklichkeit werden konnte.

———————

Drittes Kapitel.

Die Nachbarn.

Die Phönizier, Aramäer, Philister und Jdumäer; ihre Sitten und ihre Mythologie.
Die Moabiter und Ammoniter. Anschluß der Jsraeliten an die Nachbarn und Nachahmung derselben. Zersplitterung der Stämme, Mangel
an Einheit und infolgedessen Schwäche. Die Retter des Augenblicks.

Als sollte die Prüfung der Söhne Jsraels, die in Ägypten begonnen hatte, noch weiter fortgesetzt werden, oder erst recht in ernster
Weise anfangen, war der neue Schauplatz ihrer Tätigkeit von so verschiedenartigen Völkerschaften umgeben, daß sie, um deren Einwirkungen
nicht zu unterliegen, entweder, wie es andere Völker zu tun pflegten,
eine Wüstenei rings um ihr Land hätten anlegen, oder schon in ihrer
Jugend gegen Anfechtungen hätten gestählt und gehärtet sein müssen.
Phönizier und Kanaaniter in vielfachen Abstufungen der Kultur, Aramäer,
Philister, Jdumäer, Moabiter, Ammoniter, Amalekiter, Araber und
Halbaraber waren Jsraels Nachbarn. Jede dieser Völkerschaften hatte
ihre eigenen Sitten, Gewohnheiten und gottesdienstlichen Gebräuche.

Mit allen diesen und noch anderen, weniger bedeutenden Nachbarn kamen die einen oder die anderen Stämme in nähere Berührung.
Das Gesetz der Anziehung und Assimilierung, das auch auf geistigem
Gebiete herrscht, machte sich auch bei ihnen geltend, und die Geschichte
des israelitischen Volkes bietet eine geraume Zeit hindurch das wunderbare Schauspiel, daß es durch seine Umgebung seine innere und äußere
Selbständigkeit verloren, um sie dann wieder zu gewinnen, und daß es
diesen Verlust und Gewinn noch einigemal wiederholte und dann seine
Eigenheit desto zäher festhielt und ausprägte.

Am häufigsten war der Verkehr der Jsraeliten mit den Phöniziern,
zu denen besonders die Nordstämme, Ascher, Zebulon und Jssaschar in
nachbarlichem Verhältnisse standen. Die phönizischen Kanaaniter und
besonders die Sidonier hatten bereits einen bedeutenden Vorsprung
vor den auf fremdem Boden unter den mißlichsten Verhältnissen heran-

gewachsenen und in der Wüste umhergewanderten Israeliten. Die
Bewohner der Stadt Sidon, die edelste Gruppe unter den Phöniziern,
hatten beim Einzug des israelitischen Volkes bereits eine hohe Stufe der
Kultur erreicht. Zu den weiten und kühnen Fahrten auf dem offenen
Meere, welche sie zu allererst gewagt haben, mußten sie die Schiffsbaukunst
vervollkommnen und sich auch auf andere dazugehörende mechanische
Fertigkeiten verlegen. Tempel und Paläste bauten sie; wenn auch
nicht in so riesigen Verhältnissen wie die Ägypter, für eigene und fremde
Bedürfnisse. Purpurfärberei aus dem Blute der Purpurschnecken verstanden nur die Phönizier, ebenso wie die Glasfabrikation aus dem
weißen Sande des Belusflusses bei Akko. Sie verstanden Metalle aus
den Bergwerken zu heben und zu schmelzen, zierliche Schmucksachen an-
zufertigen, Hals-, Ohr- und Fingerringe, die zugleich als Amulette
dienten, und die sie auf den Märkten fremder Plätze feilboten. Sidonische Schleier, auf denen die Bilder ihrer Götterlehre eingewebt waren,
wurden gesucht. Die Rechenkunst, wenn auch nicht von den Phöniziern
erfunden, war bei ihnen heimisch. Während die Ägypter sich bis zu
ihrem Untergange mit der unbeholfenen hieroglyphischen Silbenschrift
abgequält haben, bedienten sich die Phönizier der ausgebildeten und
bequemen Laut- und Buchstabenschrift, gleichviel, ob sie deren Erfinder
waren, oder sie einem anderen semitischen Volke entlehnt hatten[1]).
Das sidonische Kanaan hatte bereits eine feste Staatsverfassung, einen
König an der Spitze des Landes[2]), und geordnete Verhältnisse. Es
hatte schon Kolonien angelegt, wenn auch damals noch nicht die größte
derselben, Karthago, so doch bedeutende auf den nahegelegenen
Inseln Cypern und Kreta. Durch häufigen friedlichen Verkehr mit vielen
Völkern hatte sich ihr Gesichtskreis erweitert und ihre Sprache bereichert.
Die kanaanitische Sprache hatte entschiedene Ähnlichkeit mit der von den
Israeliten gesprochenen oder der hebräischen und war nur mundartig
davon verschieden[3]). Allein die hebräische Sprache hat sich als Gefäß

[1]) Vgl. Wuttke, Geschichte der Schrift I. S. 720 ff. [Vgl. Riehm-
Bäthgen S. 1448 ff.].

[2]) Vaihinger in Herzogs Realenzyklop. XI. 616, nach Sanchuniathon
IX. 2 [jetzt Guthe 3. Aufl., Bd. XVIII, S. 281 ff.]

[3]) Vgl. die umfassende Schrift: Paul Schröder, die phönizische Sprache,
1869. Doch scheint das Phönizische wie das Arabische ursprünglich den Artikel
אל in Gebrauch gehabt zu haben, was Schröder nicht berücksichtigt hat. Dieser
Artikel erscheint nicht bloß bei Eigennamen kanaanitischer Städte: אלהולד
neben הולד, ferner אלהתקא, אלעלבא und anderen, sondern auch bei Gattungs-
namen אלגבריש neben גבריש, ferner אלגמרים oder אלמרים, wo die Vorsilbe
אל sicherlich Artikel ist, den die Phönizier dem Worte angehängt haben. Das
griechische τό ἤλεκτρον, „Bernstein" ist ohne Zweifel אלקטרן oder אלעטרן,

eines umfassenden Geistes zu einer Höhe und Feinheit erhoben, welche
sie den edelsten Völkerzungen ebenbürtig machte. Im Vergleich mit ihr
erscheint das Phönizische, soweit es aus Trümmern bekannt geworden ist,
als eine Sprache der Bauern, der Handelsleute und Soldaten. Wie das
israelitische Volk den Boden Kanaans zu einem heiligen Lande gemacht
hat, so hat es die Sprache Kanaans zu einer heiligen Sprache geadelt.

Die phönizische Kultur, welche die Sidonier gepflegt haben, war
aber nicht durch alle Wohnsitze der Kanaaniter verbreitet, weil bei den
übrigen Völkerschaften die Grundbedingung, der Weltverkehr, fehlte. Indessen hatten auch diese manches vor den Israeliten voraus; sie kannten
bereits die mechanischen Künste und Handwerke, sie verstanden Städte
zu bauen und Festungen anzulegen, was den Israeliten bei ihrem Einzuge völlig fremd war. Nur nach der religiösen und sittlichen Seite
waren sämtliche Kanaaniter, auch die Sidonier, noch auf der niederen
Stufe halbroher Naturmenschen, nur um etwas gehobener als die
Ägypter. Sie verehrten zwar nicht so viele Götzen wie diese und wählten
sie nicht aus der niedrigen Tierwelt; aber auf die größere oder geringere
Zahl der Götter kommt es hierbei wenig an. Sobald die göttlich verehrten Wesen nur die Zahl E i n s übersteigen und einen mythologischen
Ursprung haben, führen sie zur Verwirrung des Denkens und zur Verderbnis der Sittlichkeit. Die Kanaaniter verehrten zunächst ein Götter-
paar, Mann und Weib, unter dem Namen B a a l und A s t a r t e, die
in einigen Städten und Kolonien auch den Namen A d o n i s und
B a a l t i (Beltis) führten. Der Baal sollte die Sonne und die Astarte
den Mond bezeichnen, aber nicht als lautere Lichtwesen im ätherischen
Himmelsraume, sondern als erzeugende Naturkräfte, wie sie die Erde,
die Tiere und die Menschen zur Fruchtbarkeit anregen und reizen.
Außerdem verehrten die Kanaaniter noch sieben Götter, nach der Zahl
der damals bekannten sieben Planeten, welche sie K a b i r e n (Mächtige)
nannten und noch dazu einen achten Gott unter dem Namen A s m u n
(Esmun, Aschmun), der als Heilgott betrachtet und unter dem Bilde
einer S c h l a n g e dargestellt wurde. Es gab außerdem noch andere
phönizische Götter, die sämtlich im Vergleich zu den ägyptischen anständig
auftraten.

das D u f t V e r b r e i t e n d e, und davon stammt erst ὁ ἤλεκτρος, ein der Farbe
des Bernsteins ähnliches Metall, das im Syrischen auch אלקטרן heißt. Dagegen kommt der Artikel ה im Phönizischen nur spärlich und nicht immer
sicher vor (Schröder, die phönizische Sprache, S. 161 f.). — Beachtenswert ist
auch, daß das Phönizische den Begriff „sein" esse, durch כון ausdrückt, wie
das Arabische, während das Hebräische dafür היה (gleich חיה) gebraucht und
ebenso das Aramäische.

Die gottesdienſtlichen Gebräuche für dieſe erträumten Gottheiten
waren aber höchſt unſauber. Dabei ſpielte das weibliche Geſchlecht eine
Hauptrolle. Der Segen der Fruchtbarkeit an Feldfrüchten, Herden und
Kindern war der Inbegriff aller ihrer religiöſen Vorſtellungen. Altäre
und Tempel waren auf Anhöhen unter Bäumen errichtet; der Granat-
baum mit ſeinen körnerreichen Früchten war der Aſtarte geweiht. Bei
jedem Heiligtum des Baal war ein ſpitzzulaufender Stein, Steinſäulen
(Mazeba), der Sonne geweiht (Chammanim), welche das befruchtende
Organ verſinnbildlichen ſollten[1]). Am Ende des Herbſtes war ein
Trauerfeſt, das in grobſinnlichen Ausſchweifungen endete. Weiber
ſuchten den verſchwundenen Adonis oder Baal — die Kraft der erzeugen-
den Sonne und den Samen — unter ſiebentägiger Trauer und fanden
ihn, d. h. ſein Bild aus Holz, rauften ſich dabei das Haar aus oder
ſchnitten es ab und ſchlugen ſich an die Bruſt. Die Prieſter zerfleiſchten
ihre Arme und ihren Leib mit Meſſern und Spießen unter dem raſenden
Schall von Trauermuſik. Nach dem Trauerfeſt riefen alle mit lauter
Stimme: „A d o n i s   l e b t!" und in dieſer wahnſinnigen Freude
opferten Jungfrauen ſchamlos ihre Ehre um Opfergeld für die Göttin
Baalti[2]). Es gab beſtimmte Tempelbuhlerinnen, welche das Jahr hindurch entweder im Tempel ſelbſt oder entfernt davon auf Straßen
weilten, und dieſe wurden G e w e i h t e (Kedeſchot) genannt. Zu
Ehren der Aſtarte entmannten ſich Jünglinge und Männer in wilder
Raſerei und ſtecten ſich in Frauengewänder[3]), um es dem Gotte nach-
zutun, der zugleich als Baal und Aſtarte gedacht wurde. Dieſe Entmannten, die bettelnd für das Heiligtum oder richtiger für die Prieſter
umherzogen, galten ebenfalls für heilig (Kedeſchim). Das war der
Kultus der Phönizier, in deren Nachbarſchaft die Israeliten wohnten,
das war das tägliche Treiben, das ſie vor Augen hatten.

Nördlich und öſtlich von Phönizien, an den Gebirgsſtöcen des
Libanon und Antilibanon, ihren nördlichen Ausläufern und ihren Tief-
tälern wohnten damals oder trafen gleichzeitig mit den Israeliten die
A r a m ä e r ein. Sie waren zur Zeit der erſten Völkerwanderung von
Armenien, aus der Gegend des Fluſſes Kir (Kyros), zuerſt in die Nie-

---

[1]) Movers, Phönizier I. S. 673. [Vgl. jetzt Pietſchmann a. a. O.
S. 223. 229.] Der Phalluskultus war auch bei den Ägyptern und Griechen
heimiſch. Das Scheußlichſte war, daß Weiber an den Bacchusfeſten Phallus-
bilder in Prozeſſion trugen. Im Hebr. wurden ſie genannt צלמי זכר
Ezech. 16, 17 und wohl auch זכרון Jeſaia 57, 8 und הזמורה Ezech. 8, 17:
 והנם שלחים את הזמורה אל אפם, Tikkun Soferim ſtatt אפי.

[2]) Movers daſ. S. 205.

[3]) Daſ. S. 679 ff.

derung zwischen Euphrat und Tigris niedergestiegen, welche von ihnen
den Namen G e f i l d e A r a m s oder A r a m d e s D o p p e l =
f l u s s e s (Aram-Naharaïm, Mesopotamien) genannt wurde. Ein
Teil von ihnen wanderte weiter und siedelte sich auf den Höhen im Norden
Kanaans an, und diese Gegend hieß seitdem schlechtweg A r a m [1]).
Die Aramäer waren stammverwandt mit den Israeliten, und die alte
Erinnerung nennt den Stammvater Abraham einen A r a m ä e r.
Nichtsdestoweniger war die Sprache der Aramäer, obwohl desselben
Ursprungs, in Wurzeln und Formen von der hebräischen so verschieden,
daß sie von den Israeliten nicht verstanden wurde [2]). Die aramäische
Sprache war voller Härten und schwerfällig. Auch die Aramäer bauten
feste Städte, von denen einige sich bis auf den heutigen Tag erhalten
haben, D a m a s k u s in einer paradiesischen Gegend und H a m a t am
Orontesflusse. Von ihren staatlichen Einrichtungen ist wenig bekannt; in
späterer Zeit hatten sie Könige und zerfielen in drei Gruppen. A r a m
Z o b a am Euphrat (mit der Hauptstadt Thapsakus (?)[3]), A r a m
C h a m a t und Aram D a m a s k u s. — Von den Sitten der Aramäer
ist noch wenig bekannt. Ihre Mythologie war der der Phönizier ähnlich.
Ihre höchste Gottheit scheint den Namen H a d a t (Adad) geführt zu
haben, was die Sonne bedeuten soll [4]). Er wurde wohl auch H a d a d =
M e l e ch (oder Adramelech) benannt [5]) oder auch kurzweg M o l o ch.

---

[1]) Die landläufige Etymologie, daß ארם das Hochland bedeutet und
dagegen נהרים das Tiefland, ist noch keineswegs gesichert, da auch das meso-
potamische Flachland Aram genannt wurde. Weit eher kam der Name
von Armenien herkommen, wie einige Gelehrte annehmen. [Vgl. Nöldeke in
ZDMG XXV, 113 ff. Meyer, Gesch. d. Altert. I², S. 213.)]

[2]) Jesaia 36, 11 und Parallelst. II. Könige, 18, 26, vergl. Genesis 31,
47: hebräisch גלעד, aramäisch יגר שהדותא.

[3]) Die aramäische Stadt בטח II. Sam. 8, 8 oder טבחת I. Chronik 18,
8 ist nicht zu enträtseln. Man muß wohl dafür תפסח lesen, Thapsakus am
Euphrat, welches tatsächlich Hauptstadt der euphratanischen Aramäer war.
Das dabei genannte ברותה, das auch Ezech. 47, 16 vorkommt, und zwar
östlicher als חמת, kann recht gut Birta sein, die alte Stadt am Euphrat,
welche die Griechen Zeugma nannten, d. h. Brücke, Übergang und also
צברתא = ברותה "ברותה" mit abgeschliffenem Gattural. [Vgl.
d. Art. Berotha u. Betach bei Riehm=Bäthgen S. 204. 210].

[4]) Macrobius Saturnalia I, 23: Deo enim, quem Assyrici summum
maxime colunt, A d a d nomen dederunt. Ejusdem nominis interpretatio:
unus, unus. Sed subjungunt eidem deum nomine A d a r g a t i s; simulacrum
Adad insigne cernitur inclinatis radiis. — Die Auslegung unus, unus ist
eine Spielerei, von חד חד, חד. [Vgl. Riehm=Bäthgen S. 108 f.]

[5]) Das Vorkommen von הדדעזר und הדרעזר in Samuel und Chronik beruht
nicht auf Kopistenfehlern, sondern stammt von der Verwandtschaft des ר in

Ihr Kultus war wahrscheinlich nicht keuscher als der phönizische. Kinder-
opfer zur Zeit einer Bedrängnis, einer Dürre oder eines Krieges für
den Chijun (Chaiwan, Kronos) und überhaupt Menschenopfer waren
wohl bei den Aramäern, wie bei allen diesen mit den Hebräern sprachverwandten Stämmen und überhaupt den alten Völkern im Gebrauch.
Mit ihnen kam zunächst der Stamm Naphtali in unmittelbare
Berührung.

Ein naher Verkehr fand besonders zwischen den südlichen Stämmen
und den P h i l i s t e r n statt. Dieses Volk, von dem man nicht weiß,
ob es semitischen oder pelasgischen Ursprungs war, weil es in manchen
Punkten von den Morgenländern (Semiten) verschieden war, stammte
von der Insel K r e t a und zwar aus der Stadt K a p h t o r (Kydonia)[1].
Entweder Eingeborene der Insel oder kanaanitische Kolonisten, welche
zuerst auf der Insel Kreta ansässig waren, hatten sich später am Küstenstrich des Mittelmeeres von der Hafenstadt Joppe südwärts bis zur
Wüste angesiedelt. Die Philister scheinen erst nach und nach diese Gegend
bevölkert zu haben, hatten aber zur Zeit des Einzuges der Israeliten
ohne Zweifel da schon festen Fuß gefaßt[2]. Sie legten drei Hafenstädte
an dem Gestade an; G a z a (Azza)[3] im Süden, A s k a l o n in der
Mitte und A s c h d o d (Azotus) im Norden und außer diesen noch zwei
größere Binnenstädte G a t h und E k r o n. Dieses waren die philistäischen fünf Städte (Pentapolis), welche, so gering auch ihr Gebiet war
— höchstens bis zur Grenze Ägyptens — doch eine große Rührigkeit
entfalteten und eine bedeutende Macht erlangten. Von den Philistern
erhielt das ganze Land bei den Ägyptern und Griechen den Namen
P a l ä s t i n a. Wahrscheinlich trieben sie gleich den Phöniziern Schiffahrt
und Handel zunächst nach Ägypten und wohl auch nach den benachbarten

der Aussprache ds (ר) mit dem ר, das auch weich gesprochen wurde gleich
dem slavischen rz, so daß ז, ד und ר verwandte Lispellaute sind, vgl. Frankel-
Graetz, Monatsschr., Jahrg. 1872. S. 280 f. Folglich ist אדרמלך, II. Könige
17, 31; 19, 37, die Gottheit der Separwaim, nichts anderes als הדרמלך ==
אדרמלך. Nach den Assyriologen soll Abramelech identisch sein mit dem Gotte
San oder Sansi, dem Sonnengotte. [Vgl. Meyer I² 178 u. Riehm-Bäthgen S. 287]

[1] S. Note 6.

[2] Auf Denkmälern der ältern ägyptischen Dynastien sollen schon die
Porusata oder **Pulost** vorkommen, und diese werden von den Ägyptologen mit den Philistern identifiziert.

[3] Am wahrscheinlichsten ist noch die Ansicht Toussaints, daß die bei
Herodot zweimal vorkommende Stadt Kadytis identisch ist mit Gaza, wenn
man die Stelle III, 5 genau erwägt. Zu Herodots Zeit war sie nicht
weniger bevölkert als Sardes, die Hauptstadt Lydiens.

Wir freuen uns, daß Sie sich für ein Buch aus unserem Verlag entschieden haben. Die in unserer Verlagskooperation vertretenen Verlage bieten Ihnen ein breites Themenspektrum: vom wissenschaftlichen Fachbuch bis zum humorvollen Berliner Schimpfwörterbuch.

Falls Sie regelmäßig über unsere Produktion informiert werden möchten, senden Sie uns bitte diese Karte ausgefüllt zurück.

arani / Haude & Spener / Morgenbuch /
Wissenschaftsverlag Volker Spiess

Absender: _____

_____

_____

Ich interessiere mich besonders für

☐ Architektur [21]
☐ Medien/Kommunikation [11]
☐ Judaica [75]
☐ Köpfe des 20. Jahrhunderts / Biographien [85]
☐ Kunst [31]

☐ Literaturgeschichte [21]
☐ Politik und Zeitgeschichte [65]
☐ Sonderpädagogik [51]
☐ Wirtschafts- und Sozialgeschichte [66]

☐ Berlin-Literatur [72]
☐ Reiseführer Brandenburg & mehr [74]
☐ Märkischer Dichtergarten [86]

Bitte
freimachen

An die
Verlagsgemeinschaft
Volker Spiess / Haude & Spener
Postfach 61 04 94

10928 Berlin

Inseln und machten den Sidoniern Konkurrenz. Denn eine Gemein=
schaft zwischen beiden Völkern bestand nicht, eher noch eine Art Feind=
seligkeit. Die Philister waren außerdem kriegerisch und eroberungssüch=
tig, während die Phönizier friedlich waren. Da ihr Küstengebiet schmal
war, so waren sie darauf angewiesen, sich nach Osten auszudehnen. Ihre
geringe Bevölkerung scheinen sie durch Söldnerscharen von den Inseln
verstärkt zu haben. — Die Religionsanschauung der Philister war wesent=
lich dieselbe, wie die sämtlicher kanaanitischer und überhaupt der uralten
Völker. Auch sie verehrten die erzeugende Naturkraft unter dem Namen
D a g o n , der als eine halb Mensch= und halb Fischgestalt dargestellt
wurde. Die Priester des Dagon betraten nicht die Schwelle des Tempels
dieses Götzen, der in Aschdod stand, sondern hüpften über dieselbe[1]).
Die weibliche Ergänzung Dagons war selbstverständlich A s t a r t e ,
führte aber auch den Namen T i r a t a (Tirghata, A t e r g a t i s , ver=
stümmelt D e r k e t o)[2]) in der Bedeutung von P f o r t e , S p a l t e ,
worin jedenfalls etwas Unzüchtiges lag. Auch die Göttin Tirata hatte
Menschen= und Fischgestalt, die letztere als Symbol der Fruchtbarkeit;
ihr Tempel stand nicht weit von Askalon. Auch einen Heilgott verehrten
sie, dessen Tempel und Orakel in Ekron war, unter dem Namen B a a l =
Z e b u b (Belsebub). Die Religion der Philister lief ebenfalls auf Ver=
irrung und Unzucht hinaus. Unter ihnen gab es viele Wahrsager, T a g e =
w ä h l e r oder W o l k e n s c h a u e r (Meonenim) genannt, welche die
Zukunft aus gewissen Zeichen verkündeten[3]).

In der östlichen Nachbarschaft der Philister waren Oasen von einem
kleinen Stamme der Geschuriten[4]) bewohnt, wahrscheinlich einem
Zweige der Ismaeliten, von dessen Eigenheit wenig bekannt ist. Noch
weiter östlich hausten die A m a l e k i t e r in der Gegend der Stadt Kadesch[5]),
die den Israeliten auf dem Wüstenzuge Unbill zugefügt hatten (o. S. 33).
Es war ein wanderndes und räuberisches Völkchen, das stets feindlichen
Sinnes gegen die Israeliten war. Die Sitten der Amalekiter, wie über=
haupt der Stämme, die zwischen der philistäischen Küste und dem toten
Meer in der Nachbarschaft Ägyptens ansässig waren, sind völlig unbe=
kannt. Ihre Götzen — ebenfalls männlich und weiblich dargestellt —

---

[1]) I. Samuel 5, 5; Zephania 1, 9.

[2]) Vgl. über die lichtvolle Etymologie von **Atergatis** und **Derketo**,
eigentlich תרעתא, Movers a. a. O. S. 524 f. [S. jedoch Riehm=Bäthgen
S. 148].

[3]) Jesaia 2, 6.

[4]) Vgl. Note 17.

[5]) S. Note 4 und Note 10.

ſollen U r o t a l und A l i l a t [1]) (Lilit?) geheißen haben; mit ihrer
Anbetung war wohl nicht minder ein unzüchtiger Kultus verknüpft.

Weniger kamen die Israeliten mit den J d u m ä e r n (Edomitern)
in Berührung. Das Gebiet der letzteren erſtreckte ſich von dem Gebirge
Seïr bis zum Meerbuſen des roten Meeres. Auf dieſem mögen ſie frühzeitig Schiffahrt und Handel nach Arabien betrieben haben. Ihr Gebirge
enthielt Erze und auch Gold, und ſie verſtanden es, es auszubeuten [2]).
Die Jdumäer galten im Altertum als erfahren und weiſe; ihre Hauptſtadt war T a m a n. Sie hatten frühzeitig Könige, die, wie es ſcheint,
durch Wahl zur Herrſchaft berufen wurden [3]). Ihre Gottheit führte denſelben Namen, wie die der Aramäer, nämlich H a d a d [4]), ein Name,
nach dem ſich auch einige ihrer Könige benannten. Von ihren Sitten iſt
wenig bekannt, ſie waren wahrſcheinlich denen der Israeliten, mit denen
ſie ſtammverwandt waren, ähnlich.

Nördlich von den Jdumäern und öſtlich vom toten Meer wohnten
die M o a b i t e r und A m m o n i t e r, die Nachbarn der Stämme
Gad und Rëuben. Auch ſie trieben einen unzüchtigen Götzendienſt für
den Baal auf dem Berge Peor (ſ. o. S. 51): bei den Ammonitern führte
Baal den Namen M i l k o m oder M a l k o m. Neben dieſen hatten ſie
beide gemeinſchaftlich noch einen Götzen K h e m o ſ ch, deſſen Weſen
und Bedeutung noch unbekannt ſind. Wie die Göttin der Moabiter und
Ammoniter genannt wurde, iſt nicht bekannt [5]). Es war ſchwer für die

[1]) Herodot III, 8.

[2]) Vgl. o. S. 48 Anmerk.

[3]) Folgt aus Geneſis 36, 31—39.

[4]) Folgt aus Joſ. und I. Könige 11, 14 f.

[5]) Daß die Bene-Ammon und Bene-Moab auch eine Göttin verehrt
haben müſſen, iſt vorauszuſetzen, obwohl in der bibliſchen Literatur ſich nichts
darüber findet. Im November 1872 erhielt Prof. Schlottmann in Halle die
Kopie einer weiblichen Figur, welche eine Göttin darzuſtellen ſcheint. Der
Fund ſoll bei Elal (Eleale) gemacht worden ſein. Der Buchhändler Sha-
pira in Jeruſalem erhielt ſie zum Geſchenk von ſeinem Gaſtfreund, dem
Scheich der Beni-Abuan von Hesbon. Die Figur, 63 Zentimeter hoch, iſt
aus gebranntem Ton verfertigt, hat auf der Bruſt die phöniziſchen Buchſtaben אל und auf dem Rücken 28 ſolcher Buchſtaben, die noch nicht entziffert ſind. Die weibliche Figur iſt ganz nackt, zeigt die pudenda in Geſtalt einer Spalte, einen Arm an die Seite geſtützt, den andern an den
Bauch angelegt und Brüſte. Um den Kopf iſt eine auf beiden Seiten
herabhängende Wulſt gelegt. Der linke Fuß iſt gehoben. Vgl. darüber
Zeitſchr. d. d. m. Geſellſchaft, Jahrg. 1872 S. 786 f., wo die Figur abgebildet iſt. Wenn der Fund ächt und kein Schwindel iſt — da die Beduinen
ſeit der Auffindung der Meſaſäule bei Dibban ſich förmlich auf Auffinden von
Altertümern verlegt haben — ſo ſtellt dieſe weibliche Figur wahrſcheinlich die
Göttin תרעתא, die Pforte, Spalte Atergatis, Derketo (vergl. v. S.) dar.
[Vgl. jetzt Buhl in Herzogs Realenzyklop. 3, XIII, 202.]

israelitischen Stämme, sich in dieser Nachbarschaft ihre politische Selbständigkeit und noch schwerer ihre geistige Eigentümlichkeit zu bewahren,
zwischen Absonderung und Annäherung das Gleichgewicht zu behaupten,
und mit diesen sprach- und zum Teil stammverwandten Völkern zu verkehren, ohne sich durch diesen Verkehr zu beflecken.

Denn so viele Nachbarn, so viele Feinde hatten die Israeliten von
Anfang an. Wußten die Nachbarvölker auch nichts davon, daß die von
Israel getragene neue Lehre darauf ausging, ihre Götter zu stürzen,
ihre Altäre zu zerstören, ihre Spitzsäulen zu zertrümmern, ihre Astarten-
haine umzuhauen und ihren ganzen Götzenplunder in nichts aufzu-
lösen, hatten sie überhaupt auch keine Ahnung von dem schroffen Gegen-
satze zwischen ihrem Wesen und dem innersten Streben der neueinge-
drungenen Bevölkerung, so haßten sie doch die Eindringlinge, welche
mit dem Schwerte in der Hand den größten Teil des Landes besetzt
hatten. Was blieb den israelitischen Stämmen diesen offenen oder versteckten Feindseligkeiten gegenüber zu tun übrig? Sie mußten entweder
einen Vernichtungskrieg gegen die Nachbarn führen, oder sich mit ihnen
auf freundnachbarlichen Fuß stellen. Kriegerisches Vorgehen war nicht
möglich, weil es nach Josuas Tode an einem Führer, an Einheit, auch
an Kriegsgeschicklichkeit[1]) und an Kriegslust mangelte. So steckten die
Eroberer nach und nach das Schwert in die Scheide und suchten freundlichen Verkehr mit den Nachbarn. Die Kanaaniter und Phönizier verlangten für den Augenblick nichts mehr. Sie, die überhaupt mehr
friedliche als kriegerische Zwecke verfolgten[2]), begnügten sich damit, daß
die Karawanenstraßen offen blieben, auf denen ihr Zwischenhandel ungestört betrieben werden konnte. Die in der Mitte des Landes wohnenden
kanaanitischen Überbleibsel fühlten sich zu schwach zu einem Kampfe
gegen die Israeliten, weil auch sie vereinzelt und zerstückelt waren und
auf Hilfe von einem auswärtigen Stamme nicht rechnen konnten. Diese
schwache Seite der Kanaaniter zeigte sich bei der Eroberung von Laïsch
(oder Laïschim, Leschem). Der am ungünstigsten bedachte Stamm Dan
war nicht lange nach Josuas Tode in der schlimmen Lage, einen Teil
seiner Bevölkerung von sich weisen zu müssen, um genügenden Raum
für die Zurückgebliebenen zu behalten. Die zur Auswanderung Verur-
teilten — 600 Krieger mit Weib und Kind — wanderten nach Norden
bis zum Fuße des Berges Hermon, bekämpften die dort wohnenden
Sidonier, ohne daß diese von ihren Stammesgenossen Hilfe erhielten und
besetzten das außerordentlich fruchtbare Gebiet. Um das Andenken an

[1]) Vgl. Richter 3, 2; 5, 8.
[2]) Vgl. das. 18, 7.

ihren Stamm zu erhalten, nannten die ausgewanderten Daniten die neuerbaute Stadt D a n[1]). Die Sidonier dachten auch später nicht daran einen Rachezug gegen die erobernden Daniten zu unternehmen. Nur die Idumäer, Philister und Moabiter handelten einmütig, wenn es galt, die israelitischen Nachbarn zu schädigen und zu unterdrücken.

Fast noch mehr Bedürfnis nach ruhigen und friedlichen Zuständen empfanden die israelitischen Stämme, wenn sie sich der mühseligen Wanderung durch die Wüste erinnerten. Diesem Bedürfnisse brachten sie große Opfer, und nicht selten gaben sie aus Fremdenliebe das Interesse der Bruderstämme preis. Um den freundlichen Verkehr mit den Nachbarn zu unterhalten und gewissermaßen Gewähr für die Zukunft zu bieten, gingen sie Ehebündnisse mit ihnen ein, d. h. Väter gaben ihre Töchter kanaanitischen Männern und Frauen und führten für ihre Söhne kanaanitische Mädchen ins Zelt. Solche Mischehen kamen wohl meistens unter den Grenzstämmen vor, die einen friedlichen Verkehr als Grundbedingung für ihren Fortbestand betrachteten, unter den Stämmen Ascher, Naphtali, Zebulon und besonders unter dem fast in Untertänigkeit lebenden Stamme Issaschar, ferner unter den Daniten, dem Stamme Jehuda[2]) und noch mehr unter den jenseitigen Stämmen, welche mit den stammverwandten Moabitern und Ammonitern regen Verkehr hatten. Eine Verschwägerung mit den Heiden galt damals noch nicht als verpönt. Seltener kamen Fälle von Mischehen wohl unter den abgerundeten Stämmen vor, unter Ephraim, Manasse und Benjamin, und am seltensten unter dem Stamm Levi, der überhaupt in sich abgeschlossen lebte. Von der Verschwägerung mit den benachbarten Heiden bis zur Teilnahme an ihrem götzendienerischen Kultus war nur ein Schritt. Die Eingeborenen hatten bereits Opferstätten und Wallfahrtsplätze, an die sich dem einfältigen Verstande zusagende Mythen knüpften. Größere Berge und liebliche Täler am Fuße derselben im Gebiete der Israeliten hatten bereits einen geheiligten Charakter. Der Berg K a r m e l galt von jeher für heilig, und heidnische Priester verkündeten auf ihm Orakel[3]). Der T h a b o r wurde ebenfalls verehrt[4]). Am Fuße des Hermon war eine Kultusstätte, welche dem B a a l g a d

[1]) Josua 19, 47; Richter 18, 27—29.
[2]) Richter 3, 6: Man erinnere sich, daß Simson ohne Skrupel philistäische Frauen nahm, ferner, daß der judäische Feldherr Amasa von einem heidnischen Vater stammte (II. Samuel, 17, 25, I. Chronik 2, 17). David heiratete die Tochter des Königs Talmaï von Geschur, und gar erst Salomo!
[3]) Die Stellen über die heidnische Heiligkeit des Karmel sind zusammengetragen bei K. v. Raumer, Palästina S. 45.
[4]) Movers a. a. O. S. 27, 671.

oder Baal hermon geweiht war.[1]) Die Stadt Bethel war wegen
eines dort befindlichen einst heruntergefallenen Meteorsteines (**Baityle**)
ein Wallfahrtsort. An solchen geweihten Stätten mögen sich anfangs nur
die Fremden, die sich den Israeliten beim Auszuge aus Ägypten angeschlossen hatten, und einfältige Israeliten beteiligt haben. Dem Landvolk,
welches für den Gegensatz der heidnischen Lügengötter und der israelitischen
Gotteslehre kein rechtes Verständnis hatte und noch an den Erinnerungen
an die ägyptischen Verkehrtheiten festhielt, kostete es keine Überwindung,
an den Opfermahlen der Heiden teilzunehmen. Nach und nach drang die
Beteiligung an dem Götzenkultus auch in weitere Kreise ein, zumal die
Phönizier den Israeliten durch ihre Überlegenheit in Künsten und Fertigkeiten imponierten. Nachahmungssüchtig waren die Israeliten von jeher,
und indem sie es jenen an Kulturformen gleichtun wollten, nahmen sie
auch die götzendienerischen Gebräuche an, die damit verbunden
waren. Der Kultus der Nachbarvölker schmeichelte überhaupt den Sinnen
mehr als zuviel, er sagte der Natur der noch in der Jugendzeit begriffenen
Menschen zu. Der israelitische Kultus dagegen hatte noch keine festen
Formen angenommen. Das Heiligtum zu Schilo, bei dem Aharoniden
und Leviten fungierten, war den entfernt wohnenden Stämmen zu ent-
legen, und außerdem lag es im Stamme Ephraim, der bei den übrigen
Stämmen durch seine Selbstsucht und Anmaßung wenig beliebt war.
In jener Zeit und auch noch später galt das Opfer als Hauptausdruck des
Gottesdienstes und des Verkehrs mit dem göttlichen Wesen. Wer also
das Bedürfnis darnach fühlte, mußte sich einen Privataltar anlegen oder
sich einem bestehenden Heiligtume anschließen. Und die sinaitische Lehre
hatte noch keinen sichtbaren Vertreter und Lehrer, der eine andere
Art des Gottesdienstes hätte lehren können. Die Leviten, die unter
sämtlichen Stämmen wohnen und lehren sollten, erhielten keine An-
siedlungsplätze in den Städten und waren, da ihnen Grundbesitz versagt
war, arm und wenig angesehen. Ein Levite, Jonathan, ein Enkel
des großen Führers Mose, war durch Not dahin gebracht, sich um Nahrung und Kleidung als Priester bei einem neuerrichteten Götzenkultus
zu vermieten. Viele Umstände, die Gewohnheit, die Nachahmungssucht,
der Sinnenreiz verführten die Israeliten zum Anschluß an die Götzen
der Nachbarn, dagegen war zu einem lauteren Gottesdienst im Sinne
des sinaitischen Gesetzes wenig Anregung vorhanden.

Es ist daher gar nicht auffallend, daß die Höhen im israelitischen
Lande sich mit Altären füllten, und daß bei ihnen Spitzsäulen (**Mazze-
bot**) angebracht wurden. Die nördlichen Stämme verehrten entweder

[1]) Vgl. o. S. 71.

die phöniziſchen Götzen Baal-Adonis und Aſtarte oder die ähnlichen der
Aramäer; die jenſeitigen Stämme nahmen den Kultus der Götzen
Khemoſch und Milkom der Moabiter und Ammoniter an. Die mittleren
wandten ſich dem Dagon und der Tirata der Philiſter zu[1]). In manchen
Orten wurde der Heilgott unter dem Bilde einer ehernen Schlange und
mit der Benennung N e ch u ſ ch t a n verehrt[2]). Hausgötter, Menſchen-
geſtalten wie Mumien, unter dem Namen T e r a p h i m[3]) waren überall anzutreffen und als Orakelverkünder befragt. Der Gott Israels war
zwar geduldet, aber er mußte ſich gefallen laſſen, in einem Bilde dargeſtellt zu werden. Es war eine Begriffsverwirrung, wie zu allen
Zeiten, wenn überkommene alte Vorſtellungen mit neuen ſich durch-
kreuzen und trüben und die Unverträglichkeit beider miteinander noch
nicht erkannt iſt. So ſehr waren die Israeliten in den Götzenkultus ver-
ſtrickt, daß ſich einzelne wie die heidniſchen Nachbarn, nach den kanaanitiſchen Göttern Baal und Aſtarte (Boſchet) nannten: J e r u b a a l
oder J e r u b o ſ ch e t, J ſ ch b a a l oder J ſ ch b o ſ ch e t, M e r i -
b a a l oder M e p h i b o ſ ch e t[4]).

Ebenſo wie das geläuterte Gottesbewußtſein wurde die Sittlichkeit der Israeliten durch den Anſchluß an die Nachbarn getrübt. Es
werden Züge von Roheit erzählt, die Zeugnis dafür ablegen. Es war
ein Akt der Gewalttätigkeit, als die auswandernden Daniten im Vor-
beigehen ein Götzenbild, auf welches ein Ephraimite eine Summe
Geldes verwendet hatte, ohne weiteres offen mit ſich nahmen und ſamt
dem Prieſter Jonathan ſich aneigneten. Eine noch ſchandbarere Handlung fiel in der benjaminitiſchen Stadt G i b e a vor. Genau iſt der Vorgang zwar nicht überliefert, aber die Schandtat muß ſo empörend geweſen ſein, daß ſie als abſchreckendes Beiſpiel der Unmenſchlichkeit noch
in ſpäterer Zeit in Erinnerung geblieben iſt[5]).

[1]) Richter 2, 11—13; 10, 6.
[2]) II. Könige 18, 4.
[3]) Über die Geſtalt der Teraphim ſ. I. Samuel 19, 13 f. Die Figuren,
welche die Herren Weſer und Duisberg in den Gräbern von Medaba im
Lande Moab gefunden und die Prof. Schlottmann in der Zeitſchrift d. d.
m. Geſellſchaft Jahrgang 1872, S. 788 und 796 beſprochen hat, ſind wohl
Teraphim. Die Mumienform iſt unverkennbar. Es ſind Figuren mit Kopf,
Augen, Naſe, Mund, Hals und eingewickeltem Rumpf. Beide Figuren haben
auf der Bruſt phöniziſche Buchſtaben in vertikaler Richtung ה und ח

מ　　מ

ע

א

Prof. Schlottmann lieſt אמה und עמך. [Vgl. Riehm-Bäthgen, S. 1673 ff.]
[4]) Richter 6, 32 f. vgl. mit II. Samuel 11, 21; daſ. II, 2, 8 f. mit
I. Chronik 9, 39 und II. Sam. 9, 6 f. mit Chronik daſ. 9, 40.
[5]) Hoſea 9, 9; 10, 9. Vgl. darüber weiter unten Kap. 10.

Die alten Erinnerungen an die wunderbaren Vorgänge in Ägypten, in der Wüste und beim Einzug in das Land waren zwar nicht vergessen und bildeten das unsichtbare Band, welches die Stämme in ihrer Getrenntheit und trotz ihrer Teilnahme an dem Götzendienst umschlang. Der Vater erzählte sie dem Sohne, und dieser überlieferte sie weiter. In Drangsalszeiten klammerten sich einzelne oder Stämme an diese Erinnerungen: „Wo sind die Wunder Gottes, von denen uns unsere Väter erzählt haben, daß er uns aus Ägypten in dieses Land gebracht hat[1]?" Der Vorgang am flammenden Sinaï: „als die Erde erschüttert wurde und Berge zerflossen vor dem Herrn und der Sinaï vor dem Gotte Israels," blieb in den Gemütern derer, die nicht der stumpfen Menge angehört hatten, stets lebendig[2]. Es fehlte auch nicht an warnenden Stimmen, die auf jene Gnadenzeit hinwiesen und das götzendienerische Leben mit scharfem Tone rügten. Höchst wahrscheinlich waren es Leviten, die Hüter der Bundestafeln und des Gesetzes, die Diener des Heiligtums in Schilo, die von Zeit zu Zeit bei passenden Anlässen und namentlich in Unglückszeiten in Volksversammlungen ihre Stimme gegen das verkehrte Treiben erhoben. So trat einst ein solcher „Bote Gottes", der seinen Aufenthalt in Gilgal hatte, in einer Versammlung in Bochim[3] bei Bethel auf und rügte die Versammlung, daß sie das Bündnis mit Gott gelöst und dafür ein Bündnis mit Heiden geschlossen hätten, deren Götter ihnen zur Falle dienen würden[4].

[1] Richter 6, 13.

[2] Das. 5, 5.

[3] Die kurze Erzählung Richter 2, 1—5 ist von Wichtigkeit für diese Zeit. Zunächst die Lokalität. Hinter ויעל מלאך ה' מן הגלגל אל הבכים ist eine Lücke; sie ist in der Masora angedeutet: פסקא באמצע פסוק (eine solche masoretische Bemerkung setzt immer eine Lücke voraus). Die Ergänzung derselben gibt der griechische Vertext: ἐπὶ τὸν Κλαυθμῶνα κ. ἐπὶ Βαιθὴλ κ. ἐπὶ τὸν οἶκον Ἰσραήλ. Sie gibt zwar keinen Sinn; denn was soll das heißen: er zog hinauf, auf oder nach הבכים (Κλαυθμῶν) nach Bethel und zum Hause Israels? Allein sie läßt ahnen, daß es ursprünglich so gelautet hat: ויעל מלאך ה' אל הבכים (אשר) על (אצל) בית־אל אל בית ישראל. Bochim lag also bei Bethel und ist identisch mit אלון בכות, dessen Lage angegeben ist (Genesis 35, 8): unterhalb Bethel, מתחת לבית אל. Die Identifizierung von Allon Bachuth mit תמר דבורה ist ein Schnitzer; abgesehen von der Verschiedenheit von אלון und תמר, lag Deborahs Palme nicht nahe bei Bethel, sondern zwischen Bethel und Rama. — Da in der Stelle angegeben ist, der מלאך ה' sei von Gilgal nach Bochim bei Bethel hinaufgezogen, so kann nicht ein Engel darunter verstanden sein. Denn ein solcher wird in der Bibel nicht als Wanderer aufgeführt. Es ist vielmehr darunter, sowie in Richter 6, 8 ein איש נביא, ein Prophet, zu verstehen, der in der Parallelrelation Richter 6, 11a auch מלאך ה' genannt wird.

[4] Die Worte Richter 2, 1—4 erinnern auffallend an Exodus 34, 12—15.

Allein wenn es auch einem levitiſchen Redner für den Augenblick gelang, durch das Aufrollen der glänzenden Vergangenheit und den Hinweis auf die traurige Gegenwart einer Verſammlung zu Gemüte zu
führen, daß der Treubruch gegen den Gott Iſraels die Unglücksfälle
veranlaßt habe, und die Verſammelten ſich aufgerüttelt fühlten, ſo war
dieſe Stimmung nicht von Dauer. Die Hinneigung zum innigen Anſchluß an die Nachbarn und zur Nachahmung ihrer Sitten war zu ſtark,
als daß ſie ſo bald hätte überwunden werden können.

In Schilo ſelbſt, dem Mittelpunkte des ureigenen Kultus, wo die
Bundeslade aufbewahrt war, war keinerlei Veranſtaltung getroffen,
die Form des Gottesdienſtes dem Geiſte der Lehre entſprechend zu
machen und damit Belehrung des Volkes zu verknüpfen. Der Ausdruck
der göttlichen Verehrung beſtand auch hier im Opferweſen, nur daß
nicht dem Baal oder der Aſtarte, ſondern dem Gott Iſraels zu Ehren
das Blut geſprengt und die Riten verrichtet wurden[1]). Die Bundeslade
mit den darin aufbewahrten ſteinernen Tafeln wurde nicht wegen ihres
belehrenden Inhaltes hochgeachtet, ſondern als ein Zaubermittel angeſehen, das imſtande ſei, die Feinde zu überwältigen[2]). Die Nachfolger
Aharons wurden nicht befragt, welchen Weg das Volk gehen ſollte, ſondern welchen Ausgang eine Unternehmung haben werde. Mit einem
beſonderen Gewande (E p h o d) und dem Bruſtſchild bekleidet, worin
glänzende Edelſteine als U r i m und T h u m i m angebracht waren,
ſollte der Hoheprieſter bei wichtigen Unternehmungen durch Ja oder
Nein den Ausſchlag geben und die Zukunft verkünden[3]), wie die Teraphim oder die Bauchredner. Nach der Ernte, zur Zeit der Weinleſe,
pflegten die zunächſt wohnenden Iſraeliten ſich in Schilo zu verſammeln
und auch ihre Frauen, Söhne und Töchter mitzubringen[4]). Es war ein
alljährlich wiederkehrendes Volksfeſt (Chag), das ſchon auf israelitiſcher
Unterlage beruhte, indem auch das weibliche Geſchlecht des Heiligtums
und des öffentlichen Gottesdienſtes teilhaftig ſein ſollte. Wie wurde
dieſes Feſt begangen? Die Beſucher des Heiligtums warfen ſich vor
dem Altar nieder, um in ſtummer Haltung ihre Verehrung zu bekunden.
Jeder Familienvater brachte ein Opfer, gab den Prieſtern einzelne

---

[1]) I. Samuel 1, 3 f.

[2]) Richter 20, 27. Hier ſind die Worte ביריבים ההם wohl zu beachten:
damals, zur Zeit des Krieges, war die Bundeslade in Bethel, ſonſt in
Schilo. Vgl. noch I. Samuel 4, 3—4; 14, 18. II, 11, 11 und andere
Stellen.

[3]) Richter daſ. I. Samuel 2, 28; 14, 41; 23, 10 und 28, 6 und öfter.

[4]) Richter 21, 19. I. Samuel 1, 3 f.

Teile davon und verzehrte das übrige im Familienkreise, von dem jedoch nur Reine, diejenigen, welche körperlich nicht befleckt waren und einen Leichnam nicht berührt hatten, genießen durften. Junge Mädchen pflegten bei dieser Gelegenheit auf ebenem Plan bei Schilo zwischen den Weinbergen zu tanzen. Von einem innerlichen Gottesdienst findet sich in dieser Zeit keine Spur. Der Hauch der Poesie hatte den Raum des Zelttempels noch nicht durchweht.

So zog ein Übelstand den andern nach sich. Die Selbstsucht der Ephraimiten hatte auch die übrigen Stämme genötigt, nur an sich zu denken, und so hatte sich der volkstümliche Zusammenhang gelockert. Diese Selbstzucht machte eine Gesamtführerschaft zur Unmöglichkeit. Weil kein Stamm auf den Beistand der übrigen zur Zeit der Not rechnen konnte, waren sie sämtlich darauf angewiesen, sich mit den benachbarten heidnischen Stämmen auf guten Fuß zu setzen, sich mit ihnen zu verschwägern, sich an deren götzendienerischem Wesen zu beteiligen und ihre Sitten und Unsitten anzunehmen. Die Entfremdung im Innern war eine Folge der äußeren Zersplitterung. Aber selbst die sich selbstverleugnende Schmiegsamkeit war nicht imstande, behagliche Ruhe und erträgliche Selbständigkeit herbeizuführen.

Die feindlichen Nachbarn, sobald sie sich mächtig fühlten, ließen es die Israeliten stets empfinden, daß sie nur als Eindringlinge angesehen wurden, deren Vernichtung oder wenigstens Demütigung sie als Ziel verfolgten. Es traten, bald nachdem Josua die Augen geschlossen hatte, traurige Zeiten ein. Ein Stamm nach dem anderen wurde angegriffen, geschädigt, gedemütigt und bis zur Knechtung erniedrigt. Es traten allerdings, wenn die Not am höchsten war, Männer voll Eifer und Mut vor den Riß und verrichteten Heldentaten. Diese Helden oder Volksretter (Schoftim) oder Richter, wie sie gewöhnlich genannt werden, vereinigten wohl in der Zeit der Drangsale einige Stämme zu gemeinsamem Handeln. Aber das ganze Volk zusammenzubringen vermochten sie nicht, und nicht einmal die für die Zeit der Gefahr geeinigten Stämme zusammenzuhalten, überhaupt eine dauernde Ordnung zu schaffen, dadurch die feindlichen Nachbarn in die Schranken zu weisen und sie unschädlich zu machen. Noch weniger waren diese Volksretter und zeitweiligen Führer imstande, das fremde Unwesen des Götzendienstes und der Unsittlichkeit zu bannen und für die ureigene Lehre Anhänger zu werben, weil sie selbst von den Verkehrtheiten angesteckt waren und von der sinaitischen Lehre nur eine dunkle Kunde hatten.

———

Viertes Kapitel.

Die Richterzeit und die Richterhelden.

Feindseligkeit der Idumäer, der Retter Othniel. Eglon, der Moabiterkönig, Ehud. Jabin, der Kanaaniterkönig, sein Feldherr Sisera, die prophetische Richterin Deborah und Barak. Sieg am Thabor. Beginnende Blüte der hebräischen Poesie. Leiden durch die räuberischen Wandervölker, der Held Gideon-Jerubaal, wichtiger Sieg in der Ebene Jezreel. Beginnender Wohlstand. Abimelech und seine Fehde mit den Sichemiten. Jair, der Gileadite. Die Feindseligkeit der Ammoniter und Philister zugleich; Jephtah und Simson. Die sebulonischen Richterhelden.

Das erste Nachbarvolk, welches nicht lange nach der Besitznahme des Landes den Israeliten Feindseligkeit zeigte, waren die Idumäer. Dieses Volk hatte zwar seinen Hauptstützpunkt im Osten des Gebirges Seïr (s. o. S. 47) und fand sich keineswegs durch die Ansiedlung der Stämme Jehuda und Simeon westlich vom toten Meere beengt. Aber es wollte sich auch nach dieser Seite hin ausdehnen, brauchte Leibeigene für seine Metallminen oder fürchtete die Nebenbuhlerschaft eines Grenzvolkes. Ein idumäischer[1] König Khuschan mit dem Beinamen Rischataïm machte einen Angriff auf die Stämme Jehuda und Simeon, die, der Viehzucht ergeben, gar nicht darauf vorbereitet waren. Leicht war es, sie zu unterjochen, da sie von den übrigen Stämmen durch eine Scheidewand vollständig abgeschnitten waren (o. S. 62). Aber selbst wenn diese hätte weggeräumt werden können, wer weiß, ob die Bruderstämme ihnen Hilfe geboten hätten? Worin die Unterjochung von seiten der Idumäer bestand, läßt sich nicht mehr ermitteln, gewiß wurden die Jehudäer und Simeoniten zu Halbsklaven gemacht und mußten alljährlich den fremden Herren Huldigungsgeschenke (Minchah) von den Herden oder sonstigem Eigentum bringen und durften selbst Söhne und Töchter ihnen nicht vorenthalten. Als diese Unterjochung mehrere (acht) Jahre gedauert hatte, ermannte sich Othniël, Sohn des Kenas, der jüngere Bruder und Schwiegersohn des Kaleb, des tätigen Eroberers des Gebietes von Hebron. Er sammelte eine Schar

[1] S. Note 7.

mutiger Männer, zog zum Kampfe aus und besiegte Khuschan und seine
Raubscharen.   Othniel war der erste Volksretter.   Seine Heldentat
reichte allerdings nicht weit, er befreite lediglich die beiden Südstämme
vom Joche; auf die übrigen Stämme hatte sein Sieg nicht den geringsten Einfluß, kaum drang die Kunde von seiner Tat über das Gebirge Juda hinaus.   Aber für diese Stämme war sie von großem Erfolge.
Sie blieben lange Zeit unangefochten von ihren schlimmen Nachbarn.
Es läßt sich denken, daß Othniel durch seinen Heldenmut ein beliebter
Volksmann geworden ist.   Doch ist von ihm weiter nichts bekannt als
sein Sieg über Khuschan.

Eine Zeitlang später (es heißt vierzig Jahre) wurden andere
Stämme von einem anderen Volke unterjocht, von den M o a b i t e r n.
Diese konnten es nicht verschmerzen, daß sich zwei Stämme in ihrer
Nähe angesiedelt hatten, und lebten in steter Furcht, sie könnten von
ihnen ihres Landes beraubt werden.   Ein kräftiger König E g l o n,
damals an ihrer Spitze, griff die nomadisierenden Stämme Gad und
Reuben an, die einem kräftigen Angriff nicht Widerstand leisten konnten
und daher in Abhängigkeit gerieten.   Eglon begnügte sich aber nicht
mit der Unterjochung der jenseitigen Stämme, sondern überschritt den
Jordan, um auch die diesseitigen mit Krieg zu überziehen.   Weil er
aber bei diesen eine größere Widerstandskraft und Gegenwehr fürchtete,
verbündete er sich mit den beiden erbittertsten Feinden der Israeliten,
mit den Ammonitern und Amalekitern.   Beim Überschreiten des Jordan
stießen die Verbündeten zunächst auf die Stämme Benjamin und
Ephraim.   Diese scheinen sich zur Wehr gesetzt zu haben.   Unter den
Benjaminiten gab es geschickte Schleuderer, die auch mit der linken Hand
Steine gegen die Feinde zu schleudern vermochten, ohne zu fehlen[1]).
Aber auch sie unterlagen der Übermacht der Feinde, weil die übrigen
Stämme sie im Stiche ließen.   Auch sie wurden unterjocht und wurden
von den Siegern mit Schmach behandelt.   Auch sie mußten dem moabitischen Könige alljährlich Huldigungsgeschenke überbringen.   Sie er-
trugen die Demütigung längere Zeit (achtzehn Jahre).   Moabiter
wurden in das diesseitige Land als Besatzung der Städte gelegt.   Aus
der Palmenstadt (Zoar) verjagte Eglon die Israeliten und besetzte sie
mit Moabitern[2]).   Endlich entstand in dem winzigen Stamm Benjamin

[1]) Richter 20, 16; I. Chronik 12, 2.

[1]) Vgl. Frankel-Graetz, Monatsschrift, Jahrg. 1872, S 138 f., daß
unter וירשו את עיר התמרים [Richter 3, 13] nicht Jericho, sondern Zoar
verstanden sein kann.   ירש bedeutet austreiben und mit einer anderen
Bevölkerung besetzen.   Vgl. Jerem. 49, 1 מדוע ירש מלכם את גד ועמו
בעריו ישב.

ein Volksretter, E h u d aus der Familie G e r a , wahrſcheinlich aus
der Stadt Geba[1]). Er wagte aber nicht, die Leidensgenoſſen zu offenem
Kampfe gegen die Moabiter aufzurufen; erſt mußte ihr König beſeitigt
werden. Ehud ließ ſich zu dieſem Zwecke als Abgeordneter des Volkes
zur Überbringung der Huldigungsgeſchenke zu Eglon ſenden, oder es
lag ihm, als dem Gliede einer vornehmen Familie, dieſes Geſchäft ob.
In der Hauptſtadt Moabs angekommen, erbat er ſich von Eglon eine
geheime Unterredung, ſtieß ihm dabei aber unverſehens ein kurzes
Meſſer in den Leib, verſchloß die Tür des Gemaches hinter ſich und entfloh. Ehe die Diener Eglons und die Moabiter deſſen Tod gewahr
wurden, hatte Ehud den Jordan überſchritten. Dann erſt rief er die
Benjaminiten und Ephraimiten zum Kampfe auf, ſorgte dafür, daß
die Furten des Jordans beſetzt wurden, um den Moabitern, welche diesſeits in den Städten hauſten, die Flucht abzuſchneiden und beſiegte ſie
dieſſeits des Jordan, wie es heißt, 10 000 Mann tapferer Krieger. Seit
der Zeit hatten wenigſtens die dieſſeitigen Stämme lange Ruhe vor
Moab.

Dafür begannen Reibungen auf einer andern Seite, die im erſten
Augenblick kleinlich waren, aber mit der Zeit eine größere Tragweite
erhielten. Die Philiſter, auf Vergrößerung ihres Gebietes angewieſen,
begannen Angriffe auf das Gebiet der Nachbarſtämme, wohl Dan und
Benjamin, zu machen. Eine Streifſchar von 600 Mann überfiel die
an der Grenze gelegenen Städte und Dörfer, plünderte nach damaliger
Gewohnheit die Bewohner und führte Gefangene fort. Dieſer Schar
gegenüber ſetzte ſich ein Held S c h a m g a r , Sohn Anats, zur Wehr,
ſchlug ſie mit einem „Ochſenziemer", wie die Nachricht lautet, und wies
ſie aus dem Gebiete Israels. Von dieſem Richterhelden iſt weiter
nichts als eben dieſe Tat bekannt, nicht einmal, aus welchem Stamme
er war.

Indeſſen ſind in dem Jahrhundert nach Joſuas Tode Veränderungen
vorgegangen, von denen jedoch nur Spuren bekannt ſind. Die Nordſtämme, die vom Gebirge Naphtali bis zur Ebene Jesreël angeſiedelt
waren, hatten durch günſtige Umſtände mehr Selbſtändigkeit und Erweiterung ihres Gebietes durchgeſetzt. Auch der Stamm Dan ſcheint
die Emoriter in der Saronebene verdrängt und ſich dem Meere bis

---

[1]) שמעי בן גרא wie אהוד בן גרא waren nicht Söhne Geras ſondern
aus der benjaminitiſchen Familie dieſes Namens, Geneſis 46, 21; I. Chronik 8,
3; אחוד (daſ. V. 6) iſt übrigens gleich אביהוד wie איעזר [Num. 26, 30] aus
אביעזר [Richter 6, 11. 8, 2] entſtanden iſt. Ehud iſt alſo identiſch mit dem
benjaminitiſchen Abihud oder Achud = אחוד in der Chronik daſ. S. Note 5.

Japho (Joppe) genähert zu haben[1]). Der Stamm Isaschar war mehr
erstarkt und scheint sich von der Untertänigkeit der ihn umgebenden
Kanaaniter teilweise wenigstens frei gemacht zu haben. Es bestand
überhaupt bereits ein größerer Zusammenhang zwischen den Stämmen;
sie verkehrten miteinander, allerdings mit Ausschluß des südlichsten
Stammes Juda und seines Gefolges, deren vereinzelte Stellung auch
in dieser Zeit noch fortdauerte. Eine größere Wohlhabenheit hatte sich
entwickelt. Die Vornehmen kleideten sich in farbige Gewänder mit künstlichen Stickereien[2]), ritten auf weißen Eselinnen und hatten schon reiche
Sättel zum Reiten[3]). Das städtische Leben hatte schon eine feste Grundlage. Aber die Erstarkung der israelitischen Stämme war selbstverständlich den Kanaanitern widerwärtig, ihre Verkehrsstraßen führten durch
israelitisches Gebiet, und wenn diese ihnen verlegt wurden, so stockte der
Zwischenhandel.

Um diese Machtvergrößerung der Israeliten abzuwenden, scheinen
mehrere kanaanitische Könige ein Bündnis zu deren Bekämpfung geschlossen zu haben[4]). An der Spitze der Verbündeten stand ein König
von Chazor, namens J a b i n , der durch seinen kriegerischen Feldherrn
S i s e r a die Übermacht erlangt zu haben scheint. Sisera konnte Streitwagen mit eisernen Beschlägen ins Feld rücken lassen, welche unter den
nur mit Schleudern oder Bogen bewaffneten Israeliten Schrecken verbreiteten. Jabin und sein Feldherr brachten neue Drangsale über die
Nordstämme, besonders über die um den Thabor und in der Ebene
wohnenden. Die Städte, durch welche die Verkehrsstraßen führten,
wurden ihnen entrissen und überhaupt die Wege verlegt[5]). Auch der
Waffen scheinen sie die Feinde beraubt zu haben[6]). Von seinem Wohnsitze C h a r o s c h e t h a - G o j i m bedrängte Sisera die Nachbarstämme
so grausam, daß sie in Verzweiflung gerieten. Am meisten litten die
Stämme Naphtali und Sebulon, welche in der Nähe von Chazor wohnten.
Die Not war um so größer, als die Stammführer selbst ratlos und durch
den Schrecken gelähmt waren.[7]) „Kein Haupt, kein Führer in Israel,"

---

[1]) Dieses folgt aus dem Deborahliede Richter 5, 17.: „Warum schleift
Dan Schiffe?" Dan wohnte also an der Küste. Dagegen heißt es das. 1, 34:
Die Emoriter ließen Dan nicht in die Ebene hinuntersteigen.

[2]) Folgt aus dem Deborahliede, V. 30.

[3]) Folgt aus dem Deborahliede, V. 10.

[4]) Beachtenswert dafür ist der Vers 19 im Deborahliede: Es kamen
Könige, Könige Kanaans, und kämpften."

[5]) Deborahlied, V. 6.

[6]) Das. V. 8.

[7]) Das. V. 7.

das war die laute und stumme Klage derer, die nicht in den Tag hinein-
lebten. Zum ersten Male wurde dieser Mangel an einer Führerschaft
mit der ganzen Tiefe nationalen Schmerzes empfunden. Die tiefe
Schmerzempfindung eines Volkes führt öfter die Heilung der Wunde
herbei.

Es gab keinen Führer und keinen starken Mann in Israel, aber
eine starke Frau, stark nicht durch mannweibliche Bluttaten, nicht durch
das Blendwerk mystischer Berufung, sondern durch das sanfte Säuseln
dichterischer Gehobenheit. Deborah, „die Frau eines sonst unbekannten Mannes Lapidot, die da wohnte an der Grenze der
Stämme Ephraim und Benjamin, zwischen Bethel und Rama," mehr
wissen wir von ihren Lebensumständen nicht. Aber daß sie „die
Mutter Israels" genannt und so hoch verehrt wurde, bezeichnet
sie als eine außergewöhnliche Erscheinung. Lieder sang sie, aber nicht
zu müßigem Spiele, sondern mit so hinreißender Begeisterung und so
gewaltiger Kraft, daß sie Feiglinge in Helden zu verwandeln vermochte.
Deborah war eine Dichterin, und die Begabung der Poesie war in ihrem
Busen zur prophetischen Vorschau gesteigert. Von ihren Liedern hat
sich kaum eine Spur erhalten; aber es läßt sich voraussetzen, daß sie
religiös-nationalen Inhalts waren. In ihrer Brust lebten die großen
Taten der Vergangenheit, die wunderbare Leitung Israels von Ägypten
bis zum Einzuge ins Land Kanaan. Diese mochte sie in schön gesetzten
Weisen verlebendigt und daran die Hoffnung und die prophetische
Vorausverkündigung geknüpft haben, daß Gott sein Volk in der Drang-
salszeit nicht verlassen werde. Unter einer Palme sitzend, die später
ihren Namen erhielt, unter der „Palme Deborahs"[1] sang sie ihre
begeisterten Lieder.

Der Ruf ihrer hoffnungerweckenden Gesänge drang weithin durch
das Land bis zu den Nordstämmen, und da diese, besonders Sebulon
und Naphtali, sich von Männern verlassen sahen, so sandten sie Boten
an Deborah, sich in ihre Mitte zu begeben und durch ihre Lieder den
Mut gegen die Bedränger anzufachen. Ihr Bescheid lautete, daß ein
Mann aus Kedesch-Naphtali, Barak, Sohn Abinoams, sich zu ihr
verfügen möge. Diesem eröffnete sie im Namen Gottes, er möge die

---

[1] Daß תמר דבורה nicht identisch sein kann mit אלון בכות [Gen. 35, 8]
ist oben (S. 96) nachgewiesen. Eher kann es mit בעל תמר identisch sein
(Richter 20, 33) da dieses in der Nähe von Bethel, (das. B. 18, 26, 31)
und in der Nähe von Gibea (Gibeat-Saul) vorausgesetzt wird, und Gibea
nicht weit von Rama war, also zwischen Bethel und Rama lag, wie eben
Thomer-Deborah.

kriegsfähige Mannschaft der beiden Stämme auf dem Berge Thabor versammeln; dort werde die Macht des Königs Jabin und seines Feldherrn Sisera gebrochen werden. Barak mochte aber nicht ohne sie die gefahrvolle Gegenwehr gegen so zahlreiche und kriegstüchtige Feinde unternehmen. Er verlangte, daß Deborah mit ihm hinaufziehen und durch ihre Lieder die Mannschaft zum Kampfe ermutigen möge: „Wenn du mit mir gehst, so gehe ich, wenn du es aber unterläßt, so gehe ich nicht"[1]). Deborah erwiderte ihm: „Wohl werde ich mit dir gehen, aber wisse, daß du auf diesem Wege keinen Ruhm haben wirst, denn in die Hand eines Weibes wird Gott Sisera überliefern." Darauf zog Deborah mit ihm. Wie es scheint, schloß sich ihr zum Kampfe ein Teil der Ephraimiten an, die am Berge Amalek bei Pirathon wohnten[2]), und auch ein Teil der Benjaminiten. Die Anwesenheit der prophetischen Dichterin inmitten der Nordstämme erweckte in ihrer Brust Begeisterung und das Gefühl der Hingebung. Die Naphtaliten und Sebuloniten waren bereit, ihr Leben zur Erkämpfung der Freiheit hinzugeben. Zehntausend Männer und Jünglinge sammelten sich unter Leitung Baraks und Deborahs auf dem Berge Thabor. Es ergingen auch Botschaften an die übrigen Stämme, sich ihnen anzuschließen. Aber nur wenige folgten dem Rufe. Von Halb-Manasse (Machir) stellten sich einige Volksführer ein und von Isaschar ebenfalls einige Häupter. Dagegen hielten sich die Stämme Ascher und Dan fern und noch mehr die jenseitigen Stämme. Selbst eine Stadt in der Nähe des Kampfplatzes, Meros[3]), versagte die Hilfe des Zuzuges.

Auf dem mit Wald bedeckten Berge Thabor[4]) war der Sammelpunkt der israelitischen todesmutigen Schar. Bei ihr weilten Barak und Deborah, jener ihr kriegerischer Anführer und diese ihre geistige Leiterin. Mit Zuversicht sahen sie einem Siege entgegen. Sisera hatte, sobald er Kunde von dem Ansammeln israelitischer Streiter erhalten,

---

[1]) Die griechische Übersetzung hat zu Richter 4, 8 noch den sonderbaren Zusatz: ὅτι οὐκ οἶδα τὴν ἡμέραν, ἐν ᾗ εὐοδοῖ τὸν ἄγγελον κύριος μετ' ἐμοῦ. „Denn ich kenne nicht den Tag, an welchem der Herr seinen Engel mit mir führen wird."

[2]) Folgt aus dem Deborahliede, V. 14 verglichen mit Richter 12, 15.

[3]) Vielleicht מראן oder מראן שמרון [Jos. 12, 20], das spätere Simonias, einige Stunden westlich von Thabor. מרוז [Richter 5, 23] kommt sonst nicht vor.

[4]) Auf diesen Krieg am Thabor spielt vielleicht der Vers im Segen Moses an, Deuteron. 33, 18. 19. „Von Sebulon sprach er: freue dich, Sebulon, bei deinem Auszuge (zum Kriege). Stämme werden sie zum Berge (Thabor) einladen: עמים הר יקראו und werden dort aufrichtige Opfer bringen." Zu זבחי צדק vgl. Ps. 4, 6; 51, 21.

seine Schar und seine Kriegswagen ihnen entgegengeführt, und einige
kanaanitische Könige hatten ihre Scharen damit vereinigt. Sisera war
ebenso zuversichtlich, daß seine bewährten Krieger und überlegenen
Kriegsmittel über die Ungeübten den Sieg davon tragen würden. Er
hatte in der Ebene Jesreël bei Taanach an dem Wasser bei Megiddo sein
Heer vereinigt. Einige Zeit mögen die beiden Scharen sich in der Entfernung gehalten haben. Als Deborah dem israelitischen Führer eines
Tages eröffnete, daß eben dieser Tag günstig für die Aufnahme des
Treffens sei, eilte Barak mit seiner Schar vom Berge Thabor hinunter
und dem Feinde entgegen. Als es zum Handgemenge kommen sollte,
trat plötzlich ein Ereignis ein, welches die kanaanitischen Streiter in
Schrecken versetzte. Ein starkes Gewitter mit einem Wolkenbruche oder
etwas Ähnliches machte die Rosse scheu, brachte die Streitwagen und
Krieger in Verwirrung und trieb sie in die Hand der Israeliten oder in
wilde Flucht. Der Fluß Kischon in der Nähe schwoll plötzlich an, und
die Fliehenden fanden den Tod in den reißenden Fluten. Sisera
selbst entfloh zu Fuß, und Barak eilte hinter ihm her. Es war ein entscheidender Sieg. Sisera, der so sehr gefürchtete Feldherr des Königs
Jabin, fand einen unerwarteten Tod. Er hatte auf seiner Flucht einen
Vorsprung gewonnen, war keuchend und Schutz suchend in das Zelt
eines Keniten Cheber eingetreten, der auf friedlichem Fuße mit den
Kanaanitern und zugleich mit den Israeliten stand. Er hielt sich hier
für geborgen, stillte seinen lechzenden Durst und schlief vor Müdigkeit
ein. Es erfolgte kein Erwachen darauf. Im Schlafe trieb Jaël, die
Frau des Keniten, dem kanaanitischen Feldherrn einen Zeltpflock mit
dem Hammer in die Stirn, und als Barak, ihn suchend, in die Nähe des
Zeltes kam, rief sie ihm entgegen: „Komm, so werde ich dir den Mann
zeigen, den du suchest.“ Die israelitischen Streiter, durch den Erfolg
mutig gemacht, scheinen aus der Verteidigung zum Angriff übergegangen zu sein und den König Jabin bekriegt zu haben. Aus bedrückten
Untertanen wurden sie Meister über die nördlichen Kanaaniter.

Dieser so unerwartete, so entscheidende Sieg, der erste seit den
Tagen Josuas, hatte auch nach einer anderen Seite hin günstige Folgen.
Diejenigen, welche Beteiligte oder Zeugen der Vorgänge waren, wie
durch den Zauber aus dem Munde eines Weibes die Mutlosigkeit in
Todesverachtung umschlug, und die Ermannung zum Siege führte,
fanden sich wie von einem geistigen Hauche angeweht. Sie fühlten sich
wieder als Glieder einer Gesamtheit, die eine gemeinsame Vergangenheit vereinte, und die einer gemeinsamen Zukunft entgegengehen sollte.
Das Hochgefühl, ein Volk Gottes zu sein, ist erst durch diese Erhebung

und diesen Sieg unter Deborah und Barak in das Bewußtsein der
Israeliten eingezogen und zu klarer Überzeugung geworden und hat
erst dadurch in scharfer Fassung Ausdruck gefunden. Sobald in einer
Gesamtheit ein dunkles Gefühl sich zu klarem Worte ringt und zur
Selbsterkenntnis führt, wird es zur mächtigen Triebkraft und leistet
Staunenswertes, offenbart, was in der Charakteranlage verborgen
ruhte, und verwirklicht ihr innerstes Wesen.

Eine nicht geringe Wirkung der Vorgänge, die sich an die Unter=
drücker Jabin und Sisera und an die Retter Deborah und Barak knüpfen,
war die Entfaltung einer echten Poesie, die schon dem Stempel naher
Vollendung an sich trägt. Ein Dichter[1]), wahrscheinlich von levitischer
Abkunft, besang die Erhebung des Gottesvolkes und den Sieg mit allen
Nebenumständen in so anschaulicher Weise, mit so dramatischer Lebendig=
keit und in so einfach schöner Form, daß noch spätere Hörer und Leser
gegenwärtige Zeugen der Ereignisse zu sein glauben könnten. Ehe noch
bei den übrigen Völkern, selbst bei dem Musenvolke der Griechen, die
Anfänge der Poesie auftauchten, noch mehrere Jahrhunderte vor Homer,
zeigt das sogenannte Deborahlied eine hohe Entwickelungsstufe der=
selben, die eine lange Reihe vorangegangener Stufen ahnen lassen.
In echt israelitischem Geiste feiert dieses Siegeslied nicht die Führer
und nicht die Krieger ob ihrer Heldentaten, sondern Gott als den Urheber
des Sieges; es wendet sich an die Könige und Großen Kanaans, daß
sie, Zeugen dieser Vorgänge, dem Gotte Israels Ehre und Preis geben
mögen:

> „Höret, o Könige,
> „Lauschet, ihr Fürsten,
> „Ich singe dem Herrn,
> „Preise den Gott Israels."

Das Lied erinnert dann an Gottes Allgewalt über die Natur, wie er
sie in Aufruhr versetzte, die Erde erzittern, den Himmel in Wolken=
brüchen sich ergießen, die Berge und ganz besonders den Sinaï zer=
fließen machte, als er sein Volk befreite, ihm voranzog und ihm den

---

[1]) Man sollte doch aufhören, das Deborahlied der Deborah selbst zu vindi=
zieren. Wie könnte sie sich selbst „Mutter in Israel" nennen! Man hat eine
Verbalform in diesem Liede (Richter 5, 7) verkannt, und daher entstand der
hartnäckige Irrtum. Man hat שׁמַּקְתִּי als erste Person angesehen, während es
die zweite Person feminini nach alter Bildung statt שׁמַּקְתְּ ist. Deborah
spricht nicht in diesem Liede, sondern der Richter redet sie an: „Bis du auf=
standest, Deborah, aufstandest als Mutter in Israel." [Doch halten z. B.
Oettli in Strack=Zöcklers kurzgef. Handkommentar u. Kleinert bei Riehm=
Bäthgen S. 305 an Deborahs Autorschaft fest.]

Weg zur Besitznahme des Landes bahnte. Ebenso hat Gott in dem
Kampfe gegen Sisera durch eine gewaltige Naturaufregung seinem
Volke den Sieg verliehen[1]):

> „Vom Himmel kämpften
> „Die Sterne in ihren Bahnen,
> „Kämpften gegen Sisera,
> „Der Fluß Kischon raffte sie hin . . ."

Das Lied schildert die Schwäche und Gesunkenheit des Volkes und
Landes in der vorangegangenen Zeit unter den früheren Richtern:

> „Die Straßen hatten aufgehört,
> „Und die Wanderer mußten Umwege suchen."

Ganz besonders gebrach es an mutigen Führern in Israel.

> „Bis du aufstandest, Deborah,
> „Aufstandest als Mutter in Israel."

Der Dichter benutzt die Gelegenheit, um die Ursache des Verfalls dem
Volke vor Augen zu führen:

> „Es wählte neue Götter,
> „Darum wurden seine Städte bekriegt.
> „Wurden wohl Bogen und Speere gesehen
> „Unter vierzigtausend in Israel?[2])"

Das Lied schildert dann die außergewöhnliche Erhebung von Häuptern
und fordert auf, den Herrn dafür zu preisen. Das Volk selbst rief Barak
und Deborah zur Führerschaft auf:

> „Erwache, erwache, Deborah,
> „Erwache, erwache, singe Lieder!
> „Auf, Barak und mache Gefangene,
> „Sohn Abinoams!"

Es erzählt, welche Stämme und Stammesgruppen sich dem Kampfe
angeschlossen und verhöhnt zugleich die andern, die sich aus Selbstsucht
fern gehalten haben, zuerst Reuben:

---

[1]) B. 4—5 im Deborahliede hängen mit B. 20—21 zusammen, daß
Gott dieses Mal wie früher beim Erscheinen auf Sinai außerordentliche
Naturerscheinungen zugunsten seines Volkes eintreten ließ. Zu B. 4 muß
ergänzt werden לפני עמך „vor deinem Volke," wie der Psalmist von Ps. 68,
8 den B. verstanden hat, der ihn benützte, und ebenso Habakuk 3, 3 f. נחל
קדומים (B. 21) gibt keinen Sinn; ist vielleicht קדם ים „im Osten des
Meeres" zu lesen? Auch תדרכי נפשי עז (das.) ist noch nicht befriedigend
erklärt.

[2]) Es ist ein unberechtigter Einfall von Ewald und anderen יבחר אלהים
חדשים durch „man wählte neue Richter" zu erklären. Hätte der Dichter
diesen Gedanken beabsichtigt, so hätte er ein unzweideutiges Wort für
„Richter" gewählt. Sämtliche alte Versionen verstanden darunter „Götter".
Ebenso Deuteron. 32, 17 באו מקרב חדשים . . . . אלהים.

„Warum weiltest du (Ruben) zwischen den Hürden,
„Zu hören das Blöken der Herde?

„Gilead (Gad)[1]) blieb jenseits des Jordan,
„Und Dan, warum schleifte[2]) es Schiffe!
„Asher wohnte am Hafen des Meeres
„Und blieb an seinen Buchten.
„Sebulon, ein Stamm,
„Der seine Seele dem Tode preisgab,
„Und Naphtali, auf den Höhen der Gefilde."

An die Verwünschung der Stadt Meros (Meron?), die sich ebenfalls ferngehalten, knüpft das Lied das Lob der den Israeliten fern-
stehenden Keniterin J a ë l und malt förmlich ihre Tat oder Untat an
Sisera:

„Gepriesen sei unter den Weibern Jaël,
„Die Frau des Keniters Cheber,
„Unter den Frauen im Zelte gepriesen.
„Um Wasser bat er,
„Sie reichte ihm Milch,
„Ihre Linke nach dem Zeltpflock
„Streckte sie aus
„Und ihre Rechte nach dem Hammer der Arbeiter.
„Und sie hämmerte den Sisera
„Und durchlöcherte[3]) sein Haupt,
„Durchbohrte und spaltete ihm die Stirn.
„Vor ihren Füßen, krümmte er sich, fiel, lag.
„Wo er sich krümmte,
„Da lag er bewältigt."

Das Lied schildert darauf die Empfindungen der Mutter Siseras, wie
sie in banger Erwartung ihres Sohnes ihre Augen anstrengt, ihn mit
Beute reich beladen zurückkehren zu sehen. Schon dieser eine dramatische,
lebendige Zug beurkundet in seiner Einfachheit das Siegel eines
Künstlers:

---

[1]) Merkwürdigerweise hat die griechische Übersetzung גד statt גלעד in
Vers 17 [Swete hat im Text Γαλαάδ].

[2]) Das. Vers 17 ורדן למה יגור אניות kann unmöglich den Sinn haben,
„weilen auf Schiffen," weil גור nur „zeitweilig sich aufhalten" bedeutet
und nie den Akkusativ regiert (eine scheinbare Ausnahme muß anders erklärt werden). Die syrische Version hat dafür נאר, hat es also abgeleitet
von גרר „wälzen, schleifen" d. h. die Schiffe an das Gestade
ziehen. Es müßte also eigentlich יגור vokalisiert werden.

[3]) Statt מחקה Vers 25 b ist zu lesen מחצה, da מחק nur „aus-
löschen" bedeutet; das Lied ist reich an palilogischen Parallelismen. וחלפה
ist transponiert für וחלפה von חלף bohren, stechen, spalten.

„Hinter der Fenſterbrüſtung
„Lugte aus und jammerte die Mutter Siſeras,
„Hinter dem Gitter:
„„Warum ſäumt ſein Wagen zu kommen,
„„Warum zaudern ſeiner Wagen Räder?““
„Die Klügſte ihrer Fürſtinnen erwiderte ihr,
„Sie ſelbſt erwidert ſich auf ihre Worte:
„„Fürwahr, ſie werden gefunden haben und geteilt die Beute,
„„Ein Haufen, zwei Haufen[1]) auf den Kopf eines Kriegers.
„„Beute von farbigen Gewändern für Siſera,
„„Beute von farbigen Gewändern mit Stickereien,
„„Farbiges mit Doppelſtickerei für meinen Hals erbeutet““[2]).

Anſtatt zu ſchildern, welche Enttäuſchung auf dieſe Erwartung folgte,
was ſich eigentlich von ſelbſt verſteht, läßt das Lied ſie mehr ahnen und
ſchließt:

„So mögen alle deine Feinde untergehen,
„O Herr!
„Und deine[3]) Freunde mögen ſein wie der Aufgang
„Der Sonne in ihrer Kraft.“

Wie der Inhalt, ſo iſt auch die Form des Liedes in angemeſſener
Gliederung künſtleriſch angelegt. Es zerfällt in gleichgemeſſene größere
Gruppen (Strophen), die ſich wieder in kleinere abgliedern, welche die
Gedankenbilder wie in einem Rahmen abrunden und abſchließen. Die
Grundform der hebräiſchen Poeſie, das gedoppelte Gleichmaß der Versteile
(Parallelismus), fehlt in dieſem Liede nicht, aber ſie iſt noch gefälliger
und anmutiger geſtaltet durch ſcheinbare Wiederholungen, durch die
Zutat eines paſſenden Wortes, welches doch wieder etwas Neues bietet.

[1]) So alt auch die Erklärung von רחם רחמתים Vers 30 „ein Mädchen,
zwei Mädchen“ iſt, die von den neuen Auslegern wiederholt iſt, ſo abge-
ſchmackt iſt ſie. 1. Man findet keine Parallele, daß רחם „Schoß“ auf
Mädchen oder Frau übertragen wird. 2. Man kann auch nicht im Hebräiſchen den Dual von zwei nicht zuſammengehörenden Subſtantiven [aber
unmittelbar nachher רקמתים!] gebrauchen. 3. Gefangenſchaft von Mädchen
verurſacht keine Verzögerung. Es iſt offenbar transponiert für חמור
חמרתים (Richter 15, 16). Die Peſchito überſetzt es mit כורדניא, ſie las
alſo חמור. Wenn jeder Krieger zwei Haufen zuſammenleſen und tragen
ſoll, dann wird der Rückmarſch verzögert.
[2]) לצוארי שלל iſt ſehr dunkel. Die griechiſche Überſetzung hat לצואריו,
was aber nicht paßt. Denn Siſera wird doch nicht bunte Gewänder getragen haben? Wohl aber die Frauen. Die Mutter Siſeras erwartet für
ſich glänzende Gewänder als Mitgebrachtes. Es empfiehlt ſich daher zu
leſen לצוארי. Über den Parallelismus in dieſem Liede vgl. Frankel-Graetz
Monatsſchr. Jahrg. 1873, S. 290 f.
[3]) Die Peſchito hat hier richtig die zweite Perſon ורחמיך, alſo ואהביך.

Das Lied ist so angelegt, daß daraus zu erkennen ist, daß es zur Gesang-
begleitung gedichtet wurde. Wahrscheinlich ist es mehr als einmal in
Volksversammlungen und vielleicht gar in der Nähe des Heiligtumes
von Schilo gesungen worden. Es hat auch den Ansatz zu einem an das
Volk gerichteten Psalm:

> „Häupter erhöhen sich in in Israel,
> „Preiset dafür den Herrn[1]).

Zum Ruhme Gottes, des Lenkers der Schlachten, des Sieg-
verleihers, ist es gedichtet, nicht zur Verherrlichung der Krieger, nicht
einmal Baraks und Deborahs. Der Dichter rückte beide in den Hintergrund, wie auch der spätere Geschichtschreiber dieses Sieges nicht bei
ihnen verweilt. Nach geschehener Tat verschwinden sie vom Schauplatz,
und die gespannte Wißbegierde, zu erfahren, ob und wie sie noch später
zum Wohle des geretteten Volkes gewirkt haben, wird nicht befriedigt.
Wahrscheinlich sind infolge der überraschenden Vorgänge bessere Zustände in Israel eingetreten; es wird angegeben, daß das Land vierzig
Jahre vor erneuten Angriffen Ruhe hatte.

Allein Israel war noch lange nicht vor Überfällen und feindlichen
Schritten gesichert. Die gewaltigen Stöße der unruhigen Nachbarn
wiederholten sich noch von Zeit zu Zeit, und das Volk war nicht stark oder
nicht geeint genug, sie unmöglich zu machen oder wenigstens sie abzu-
schwächen. Das Wandervolk der Midianiter, das bald in der
Sinaihalbinsel, bald im jenseitigen Jordanlande hauste, verbunden mit
Amalekitern und Mischstämmen, welche mit dem Namen Morgenländer
(Bene Kedem) genannt wurden[2]), machten die Mitte des Landes zum
Zielpunkte regelmäßiger Plünderungen. Sie überschritten eine Reihe
von Jahren (sieben) hintereinander zur Zeit der Ernte den Jordan mit
ihren Zelten, Kamelen und Herden „wie Heuschrecken in Menge",
plünderten die Tennen, führten die Herden von Kleinvieh, Rindern
und Eseln fort und ließen das Land ausgeleert und verarmt zurück.
Ihre Zahl war so groß, daß kein Stamm den Mut hatte, sie abzuwehren.
Am meisten war die reich gesegnete Ebene Jesreël mit ihrem Nachbar-
gebiete in Nord und Süd der Plünderung ausgesetzt. Um auch nur
dürftig Lebensmittel zu retten, versteckten sie die Besitzer in Höhlen,
Schlupfwinkeln und Löchern. In Felsenkellern mußte die geringe
Weizenernte ausgedroschen werden. Die zunächst betroffenen Stämme
wendeten sich in der Not flehend an den Gott ihrer Väter und versammel-

---

[1]) Zweimal wiederholt V. 2 und 9.

[2]) Die בני קדם sind identisch mit בני קדר, die in Hauran hausten.
Vgl. Jeremia 49, 28.

ten sich vielleicht in Schilo. Bei einer solchen Gelegenheit warf ihnen
ein Gottesmann, wahrscheinlich ein Levite, ihre Untreue gegen diesen
Gott vor und wies darauf hin, daß ihr Unglück eine Strafe für ihren
Abfall und für ihre Anhänglichkeit an die Götzen der Emoriter sei.
Diese Mahnung scheint nur auf einen einzigen Zuhörer einen aufrüttelnden
Eindruck gemacht zu haben, auf den Manassiten Jerubaal, auch
Gideon genannt. Von tiefem Schmerz über die Gesunkenheit und
das Elend Israels ergriffen und gewillt, die Befreiung herbeizuführen,
begann er damit, die erste Ursache des Verfalls, den Baalsdienst, zu
beseitigen.

Jerubaal oder Jeruboschet, ein Sohn des Manassiten
Joasch in der Stadt Ophra aus der Familie Abiëser (J-Eser), war
im Baalkultus erzogen und hatte seinen Namen von diesem Götzen oder
der weiblichen Vorstellung der kanaanitischen Mythologie, der Boschet
(Astarte), entlehnt. In seiner Vaterstadt bestand ein Baalsaltar, dem
heilige Bäume geweiht waren[1]). Diese anerzogene und angewöhnte
falsch-religiöse Verehrung schüttelte Jerubaal mit einem Male ab. Er
muß eine kräftige, anziehende Persönlichkeit gewesen sein. Die Feinde
selbst rühmten von ihm, er sei schön wie ein Königssohn gewesen[2]). In
einer Nacht zerstörte er mit Hilfe von Sklaven den Baalsaltar, hieb die
Astartenbäume um und erbaute einen anderen Altar im Namen des
israelitischen Gottes, der Gottglück (Jhwh-Schalom) genannt
wurde. Wie erstaunt waren die Bewohner von Ophra, als sie des
Morgens die Veränderung gewahrten! Beinahe wäre Jerubaal als
Heiligtumsschänder vom Volke gesteinigt worden[3]). Indessen fand er
doch Anhänger für seine Überzeugung. Mit diesen gedachte er die
plündernden Midianiter und ihre Hilfsvölker anzugreifen. Aber bange
Bedenklichkeiten beschlichen sein Herz, zunächst die, daß Gott sein Volk
aufgegeben haben müsse, da er es den Midianitern preisgegeben hatte.
Dann fürchtete er, daß sein Aufruf zur Rettung des Vaterlandes kein

---

[1]) Auch der Stier, von dem Richter, 6, 25 zuerst die Rede ist, scheint
dem Baal geweiht gewesen zu sein, dieser sollte zugleich mit dem Altar
vernichtet werden. Dagegen sollte פר השני = פר שני, ein anderer
Stier, der nicht geweiht war, zum Opfer dienen. Ewalds Erklärung von שני
„annuus" alt, ist ebenso absurd, wie die eines anderen Auslegers, daß
es „fett" bedeute.

[2]) Richter 8, 18.

[3]) Daß die Deutung des Namens ירבעל „Baal mag mit ihm streiten"
zu den eigentümlichen, deutenden Etymologien gehört, ist bekannt. Jerubaal war vielmehr sein Hauptname. Weit eher könnte Gideon ein historischer Name sein, von גרע „umhauen, zerstören," weil er den Altar
und die Haine des Baal zerstört hat.

Gehör finden werde, indem seine Familie die schwächste im Stamm Manasse und er selbst der Jüngste in seiner Familie war. Über alle diese Bedenken wurde er indessen durch eine Stimme, die er vernahm, beruhigt.

Ermutigt sandte Gideon Boten zu den nahegelegenen Stämmen Manasse, Ascher, Sebulon und Naphtali mit der Aufforderung, mit ihm gemeinschaftlich den verheerenden Feind aus dem Lande zu treiben, und diese stellten ihm mehr oder weniger Mannschaft. Nur den Stamm Ephraim rief er nicht zur Teilnahme auf, überzeugt, daß die stolzen und herrschsüchtigen Ephraimiten ihm, dem unangesehenen Manassiten, nur mit Hohn begegnen würden. Mit den angesammelten Streitern zog er den Midianitern entgegen, als sie abermals einen Einfall in das Land gemacht, über den Jordan gezogen waren, geplündert und die Wider-setzlichen niedergemacht hatten. Zwei Brüder Gideons, die gleich ihm schön waren, wurden von den midianitischen Königen Sebach und Zalmuna am Berge Thabor umgebracht[1]). In der Ebene Jezreël, am nordwestlichen Fuße eines Bergrückens, der dem Gilboa nördlich und dem Thabor südlich gegenüber liegt, M o r e h genannt[2]), schlugen sie ihr Lager auf; Gideon und seine Scharen lagerten bei E n d o r, im Norden des Bergrückens. Kaum eine Stunde Weges trennte die beiden Lager voneinander. Je näher aber die Stunde der Entscheidung rückte, desto ängstlicher wurde die israelitische Streitmannschaft, und Gideon mochte mit Recht fürchten, daß die Ängstlichen weit eher schaden als nützen könnten. Daher ließ er bekannt machen, daß die Ängstlichen sich vom Berge Gilboa[3]) vor dem Beginne des Treffens entfernen möchten.

---

[1]) Richter 8, 18.

[2]) Vgl. über diesen Berg, jetzt ed-Duhy genannt, Frankel-Graetz, Monatsschr. Jahrg. 1872, S. 582 f. Übrigens folgt aus Ps. 83, 11, daß die Schlacht bei En-Dor stattgefunden hat. Denn נשמדו בעין דור das. kann sich nicht auf den Krieg gegen Sisera und Jabin, sondern nur auf den gegen Midian (das. V. 10) beziehen. Statt עין חרד (Richter 7, 1) muß man daher lesen עין-דור. [S. jedoch Buhl S. 106] Gideon lagerte in En-Dor und die Feinde lagen nördlich in der Ebene vom Hügel (ed-Duhy) [So auch Bertheau z. St. Vgl. jedoch Buhl S. 103] entfernt. Auch aus Richter 8, 18 folgt, daß die Feinde nördlich lagen, am Thabor. Auf diese Weise ist der Krieg vollständig erklärt. Der Süden, auch der Gilboa, waren vom Feinde frei; daher konnte Gideon ungehindert hinaufziehen.

[3]) Es ist bereits von andern bemerkt, daß man Richter 7, 3 statt מהר הגלעד lesen müsse מהר הגלבע; das Verbum ויצפר ist dunkel. Vielleicht ist dafür ויפרץ zu lesen, im Sinne von durchbrechen, wie Genesis 38, 29; Micha 2, 13 [Anderer ähnlicher Vorschlag in den Kittelschen Bibel-Ausg. z. St.].

Viele machten sofort Gebrauch von der Erlaubnis und eilten davon.
Die Zurückgebliebenen unterwarf Gideon einer Prüfung; er wollte
nur die schnell Entschlossenen in den Kampf führen[1]). Er entließ die
Langsamen, welche die Probe nicht bestanden, und behielt nur dreihundert Streiter. Mit diesen, die er in drei Abteilungen den schlafenden
Feind umringen ließ, griff er mit Hörnerklang, geschwungenen Brand-
fackeln und dem Kriegsgeschrei „Für Gott und Gideon" das
midianitische Lager an, und dieses, auf einen nahestehenden Angriff nicht
vorbereitet, geriet in Verwirrung. Die schlaftrunkenen Midianiter
rannten gegeneinander und ergriffen die Flucht, um den Jordan zwischen
sich und den sie verfolgenden Israeliten zu haben. Die früher ent-
lassenen israelitischen Wehrmänner, welche den Ausgang der Schlacht
in der Nähe des Gilboa abgewartet hatten, faßten jetzt Mut, auch ihrerseits den fliehenden Feind zu verfolgen. Auch die Ephraimiten ermannten sich endlich und griffen zu den Waffen und schnitten den Midianitern den Übergang über den Jordan ab. Ihnen gelang es, zwei
midianitische Fürsten, O r e b und S e e b, auf der Flucht zu Gefangenen
zu machen, deren Köpfe sie als Trophäen Gideon überbrachten. Der
„T a g M i d i a n s", an dem es einer Handvoll israelitischer Streiter
gelungen war, eine Überzahl von Feinden zu zerschmettern, blieb viele
Jahrhunderte im Andenken des Volkes[2]).

Um die Wiederholung der räuberischen Einfälle von diesen
Schwarmstämmen zu vereiteln, verfolgte sie Gideon über den Jordan,
ohne sich und seinen müden, hungrigen und durstigen Scharen auch nur
eine kurze Rast zu gönnen. Den midianitischen Königen, S e b a ch und
Z a l m u n a, mit einem Rest des Heeres war es nämlich gelungen, an
einer unbewachten Stelle über den Jordan zu setzen, und sie hatten dabei
israelitische Gefangene mitgeschleppt. Gideon setzte ihnen über den
Fluß nach. Für seine hungrigen Krieger verlangte er von den israelitischen Bewohnern der jenseitigen Stadt S u k k o t h Brot, erhielt aber
nur eine höhnische Antwort. Dieselbe Teilnahmlosigkeit zeigten die
Einwohner der Stadt P e n u e l und gaben ihm statt Brot ein Stichel-
wort. Ohne sich aufzuhalten, setzte Gideon indessen den fliehenden
Midianitern nach, die in nördlicher Richtung dem Haurangebirge zu-
geeilt waren. Es war ein mühsamer und nicht gefahrloser Weg von
mehreren Tagereisen; denn diese Gegend war die Heimat der Schwarm-
völker, die zu Hunderttausenden zählten. Aber der Schrecken, der vor
Gideon einherging, war sein Bundesgenosse, und er errang abermals

---

[1]) Richter, 7, 6 ist המים statt בירדם zu lesen.
[2]) Jesaia 9, 3; 10, 26.

einen Sieg im Gebirge Hauran in der Nähe von N o b a ch oder
K e n a t h [1]). Die Midianiter waren durch diese Schläge so gedemütigt,
daß sie nicht mehr ihr Haupt erheben konnten[2]).

Mit reicher Beute kehrten Gideon und die israelitischen Streiter
aus dem Kriege zurück; denn die midianitischen Könige trugen goldene
Schmucksachen und Purpur, und selbst ihre Kamele waren mit Schnüren
von edlem Metall behangen. Zaghaft und vereinzelt war Gideon ausgezogen und kehrte als ein siegreicher, gefürchteter Held zurück. Die
Einwohner von Penuel und Sukkoth züchtigte er gebührendermaßen für
ihre Teilnahmlosigkeit und Hartherzigkeit[3]). Die beiden midianitischen
Könige brachte er im Triumphe nach Ophra zum Staunen derer, welche
noch kurz vorher vor ihnen gezittert hatten. Gideon war der ruhmreichste
und am meisten bewunderte Richter-Held. Auch die heidnische Bevölkerung
des Landes, die nicht minder durch die Raubzüge der Midianiter gelitten hatte, erfreute sich durch ihn der Freiheit. Die dankbaren Stämme,
die er von so großen Trangsalen befreit hatte, trugen ihm in über-
triebener Bewunderung die Königswürde an, die erblich auf seine Nachkommen übergehen sollte. Sein gewinnendes Äußere hatte gewiß
Anteil an der Schwärmerei des Volkes für ihn. Bescheiden lehnte indessen
Gideon die Krone ab: „Ich mag nicht über euch herrschen, auch soll mein
Sohn nicht über euch herrschen, Gott soll euer König sein", antwortete
er. Indessen hatte er doch, wie ein König viele Weiber[4]) und scheint

---

[1]) Durch die Angabe Richter 8, 11, daß Gideon die Midianiter מקדם
לבח ויגבהה geschlagen hat, ist die Lokalität ihrer Flucht und ihrer Heimat
bestimmt. Nobach ist identisch mit קנת (Numeri 32, 42), und die Lage
dieser Stadt, bei Josephus, auf Münzen, bei Plinius, Eusebius und in Konzil-
protokollen Κάναϑα genannt (s. Ritter II, S. 937 f.), ist bekannt [s. auch
Buhl S. 252]; sie heißt jetzt Kanuath oder Kanawa, einige Stunden
nördlich von dem 6000 Fuß hohen Berg el-Klub (Kuleib) im südlichen
Hauran. Ist vielleicht נבח, der „Beller", identisch mit el-Klub, dem
Hündchen? Gideon hat die Feinde also noch östlich von Kanath verfolgt,
also im Osten des Hauran: dort war der Sitz der בני קדם oder קדר בני.
Dadurch ist es verständlich, daß Gideon die Straße der שכוני באהלים zog,
d. h. der skenitischen Araber, wo später die Ghasaniden oder Ghesniden
wohnten. Daß Gideon in der Verfolgung eine nördliche Richtung eingeschlagen
hat, und nicht eine südliche, dafür spricht auch, daß er zuerst Sukkoth und
dann erst Penuël berührte (8, 5—9). Dieses lag nördlicher als jenes
(Genesis 32, 31—32; 33, 17). — נבח ist also nicht identisch mit נפח, das
im südlichen Peräa lag und ebensowenig mit קרקר Καρκαρία im Onomasticon,
weil dieses nicht weit von Petra, also ganz im Süden lag.

[2]) Richter, 8, 28.
[3]) Das. 8, 14—25.
[4]) Richter 8, 30.

ſeine Geburtsſtadt Ophra zum Mittelpunkt der Stämme gemacht zu
haben. Er errichtete dort bei dem Altar, den er im Namen des Gottes
Israel errichtet hatte (o. S. 110), eine Art Kultusſtätte mit einem
goldenen E p h o d , wobei wahrſcheinlich ein Prieſter aus dem Stamme
Levi den Dienſt verrichten ſollte[1]). Die Nachbarſtädte wallfahrteten
zum Heiligtum von Ophra, welches dadurch, daß es mehr in der Mitte
des Landes lag, den Vorzug vor Schilo hatte. Dadurch gab Gideon aber
zugleich dem Stolz der Ephraimiten Anſtoß. Dieſe fühlten ſich überhaupt
verletzt dadurch, daß er ſich erlaubt hatte, ohne ſie zu ſiegen. Anfangs
noch vollauf mit der Verfolgung des Feindes beſchäftigt, mochte Gideon
keine Spaltung veranlaſſen und gab ihnen gute Worte: „Die Nachleſe
Ephraims iſt beſſer als die Hauptleſe Abiëſers." Als er aber mit Sieg
und Ruhm gekrönt war und einen großen Teil der Nachbarſtämme hinter
ſich hatte, mag es wohl den Hochmut der Ephraimiten nicht geduldig
ertragen haben. Es entſtand daher ſeit der Zeit eine Spannung zwiſchen
Gideon und den Ephraimiten oder zwiſchen den früher vereinten Stämmen Ephraim und Manaſſe, und ſie brach nach dem Tode des Helden
von Ophra in frevelhafte Tätlichkeit aus. Es heißt, Gideon ſei in ſehr
hohem Alter geſtorben; was er aber nach den großen Siegen geleiſtet,
iſt nicht bekannt geworden.

Nach ſeinem Tode verſtand es ſich von ſelbſt, daß einer ſeiner zahlreichen Söhne — er ſoll von mehreren Frauen ſiebzig Söhne und Enkel
hinterlaſſen haben — mindeſtens Oberhaupt des dankbaren Stammes
Manaſſe und wohl auch der nördlichen Nachbarſtämme wurde. Es war
tatſächlich ein Königtum, das dem Hauſe Gideons zuerkannt wurde,
wenn auch der Name und die Attribute fehlen mochten. Es war überhaupt ſeit dieſem Richter-Helden eine Veränderung eingetreten. Infolge der außerordentlich reichen Beute an Gold und wertvollen Stoffen,
welche die israelitiſchen Streiter den Midianitern abgenommen hatten,
war mehr Wohlſtand in das Land eingezogen, der ſelbſtverſtändlich zunächſt den Städten zugute kam. Das ſtädtiſche Weſen und die Prachtliebe nahmen immer mehr zu. Die Verbindung mit den handeltreiben-
den Phöniziern war eine Folge der Veränderung. Größere israelitiſche
Städte wurden Marktplätze für phöniziſche Handelsartikel und Frei-
ſtädte für fremde Anſiedler. Damit dieſe Fremden Sicherheit für ihre
Perſon und ihr Eigentum genießen und unbehelligt in Karawanenzügen
auf den Verkehrsſtraßen des Landes Israel ziehen konnten, wurden

---

[1]) Richter 8, 27. Vergl. o. S. 96; ein Ephod diente dazu, die Zukunft
zu verkünden, und dazu gehörte ſtets ein Levite. Das war eine Konkurrenz
mit Schilo, wo die Ahroniden Träger des Ephod waren, vgl. I. Samuel 2, 28.

Bündnisse geschlossen und unter den Schutz einer Gottheit gestellt, welche die Bundesbrüchigen bestrafen möge. Diese Bundesgottheit hatte den Namen Baal-Berith oder El-Berith[1]); ihr war ein eigener Tempel geweiht.

Da Ophra durch Gideons Söhne und ihren Einfluß der Stadt Sichem den Rang abzulaufen drohte, so sannen die Ephraimiten darauf, Zwietracht unter Gideons Nachkommenschaft zu streuen, um dadurch ihren Vorrang zu behaupten. Unter seinen Söhnen befand sich einer, welcher Ehrgeiz mit Gewissenlosigkeit verband, Abimelech, der von einer sichemitischen Frau geboren war. Sei es, daß dieser von selbst darauf kam, seine älteren Brüder zu stürzen und die Führerschaft an sich zu reißen, oder daß die Sichemiten ihn dazu reizten[2]), genug, sie verstanden einander und unterstützten sich gegenseitig, um Gideons ältere Söhne zu verdrängen. Die Sichemiten wählten Abimelech zum Anführer. Er warb eine Schar Soldtruppen, wozu ihm die Sichemiten Geld aus ihrem gemeinsamen Schatze gaben, wählte dazu gewissen- und gesinnungslose Menschen, und mit diesen führte er eine Fehde gegen seine Brüder. Es scheint sich ein förmlicher Bruderkrieg entsponnen zu haben, dessen Einzelheiten nicht mehr bekannt sind. Abimelech blieb Sieger und ließ, wie erzählt wird, Gideons ganze Nachkommenschaft, siebzig Söhne (und Enkel) auf einem einzigen Felsen hinrichten. Den Sieger mit den blutgetränkten Händen erkannten die Sichemiten als Oberhaupt an. Nur ein einziger von Gideons Söhnen, namens Jotam, rettete sich, entfloh aus Ophra, bestieg den Berg Gerisim bei Sichem und hielt den Bewohnern dieser Stadt ihre Undankbarkeit gegen das Haus Gideons in schneidenden Worten vor. In sinniger Rätselsprache rüttelte Jotam ihr Gewissen auf und verkündete ihnen ihr Geschick:

Die Bäume suchten einst einen Herrscher und forderten nacheinander die fruchttragenden Bäume, den Ölbaum, den Feigenbaum und den Weinstock auf, sie zu regieren. Sie lehnten aber sämtlich die Ehre ab, weil sie sich zu gut dafür hielten. In der Not um einen Herrscher wandten sich die Bäume dann an eine stachliche Heckenpflanze (Atad), daß sie die Regierung übernehmen möge. Diese tats mit Freuden,

---

[1]) Aus Richter 9, 33 ergibt sich, daß nicht bloß in Sichem, sondern auch in andern Städten ein בעל ברית verehrt wurde. Daß unter diesem Baal der Schutz eines Städtebundes gestellt war, ist eine falsche Hypothese. Nur zum Schutz von Fremden diente er; daher wurden Gaal und seine Brüder, welche Nichtisraeliten waren, von Abimelech nicht gezüchtigt, sondern lediglich aus der Stadt gewiesen.

[2]) Folgt aus Richter 9, 18. 24.

stellte aber ihre Bedingung: „Wenn ihr es ernst damit meint, so will
ich euch schützen, wenn aber nicht, so wird das von mir ausgehende
Feuer euch alle, selbst die Bäume des Libanon, in Rauch aufgehen
lassen"[1].   Jotam fuhr dann fort, die Nutzanwendung zu machen:
„Wenn ihr im Ernst den Abimelech, den niedrigsten der Söhne meines
Vaters, zum König gewählt habt, aus Dankbarkeit, weil mein Vater
euch von den Midianitern gerettet hat — eine wunderliche Dankbarkeit,
da ihr seine Söhne habt umbringen lassen! —so möget ihr aneinander
Freude finden. Wenn es euch aber nicht ernst mit der Wahl ist, so werdet
ihr und Abimelech einander aufreiben". Nachdem Jotam von einem
Felsen des Gerisim den Bewohnern Sichems diese Worte zugerufen,
entfloh er weit bis nach Beera (Beerot) zum Stamme Benjamin.

Die Freundschaft zwischen den Sichemiten und Abimelech dauerte
in der Tat nicht lange, nur drei Jahre, weil es ihnen eben nicht ernst
mit der Wahl war. Sie dachten gar nicht daran, sich unter einen König
zu beugen. Sie wollten vielmehr nur das Haus Gideons aufreiben, um
die Obmacht wieder an sich zu reißen. Abimelech aber wollte ernstlich
regieren und den Sichemiten ihre anmaßende Freiheit nicht lassen. Als
traute er den Sichemiten nicht, wohnte er nicht unter ihnen, sondern
wahrscheinlich in A r u m a[2]. So kam es zu Reibungen zwischen ihnen.
Zunächst machten die Sichemiten die Verkehrsstraßen, die durch ihre
Stadt führten, unsicher, lauerten den Karawanen auf, die vorüber-
zogen, und raubten deren Waren. Um ihnen das Handwerk zu legen,
setzte Abimelech einen seiner treuen Bandenführer, S e b u l , zum
Aufseher über Sichem, damit er die Stadt im Zaum halte[3]. Das erbitterte die Sichemiten noch mehr. Doch mochten sie immer noch nicht
offen gegen ihn auftreten. In Sichem waren aber Ausländer eingezogen, Gaal, Sohn Ebeds, mit seinen Verwandten, die hier unter dem
Schutze der Bündnisse ungestört wohnen durften[4]. Dieser Fremdling,

[1] Die Fabel ist durchaus echt und paßt nur für die Situation bei der
Wahl Abimelechs.

[2] S. weiter unten.

[3] In Vers 9, 25 ist zum Schluß zu ergänzen: וירד לאבימלך [וישם את
זבל פקיד על שכם].

[4] Gaal und seine Brüder waren entschieden Ausländer und nicht
Israeliten. Dafür sprechen nicht bloß die unisraelitisch klingenden Namen גַּעַל
und עֶבֶד, (die L.-A. Ἰωβήλ kann nur ein Korruptel sein [Alex. hat wiederholt
dafür Ἀβέδ], sondern ganz besonders Vers 26: ויבא געל ... ויעברו בשכם,
was sonst nicht verständlich ist. Es wird aber verständlich, wenn man ויבא
בארץ „er kam ins Land", dazu ergänzt. Ferner spricht dafür, daß Gaal,
der Urheber der Empörung, lediglich aus Sichem ausgewiesen und nicht
am Leben bestraft wurde — eben weil er ein Ausländer war und unter dem
Schutze des בַּעַל בְּרִית stand.

der sich in das Vertrauen der Sichemiten gesetzt hatte, reizte sie noch
mehr zur Auflehnung gegen Abimelech. Im Rausche bei der Weinlese
sangen sie Spottlieder auf ihren Herrscher. Gaal sprach: „Wer ist denn
dieser Abimelech, daß wir ihm untertänig sein sollen? Ist er doch nur
der Sohn Jerubaals! Und sein Statthalter Sebul war untertänig den
Leuten des Chamor, des Vaters von Sichem, und warum sollten wir
ihm untertänig sein[1])?" „Wenn mir dieses Volk übergeben würde,
so würde ich schon den Abimelech beseitigen und zu ihm sprechen: „Ver-
größere nur noch mehr deine Schar und ziehe zum Kriege aus[2])."
Die Spottreden der Zecher während der Weinlese auf Abimelech wurden
selbstverständlich dem Sebul hinterbracht, und er beeilte sich, seinem
Herrn Kunde davon zu geben und ihm zu raten, einen plötzlichen Angriff auf Sichem zu machen. Abimelech sammelte demgemäß seine
Scharen, teilte sie in vier Gruppen, um die Stadt von vier Seiten zugleich anzugreifen, rückte des Nachts in die Nähe, und bei Tagesanbruch
stürzten die Abteilungen zu gleicher Zeit von den Bergen auf das dazwischen im Tale liegende Sichem. Gaal und die Sichemiten trauten
ihren Augen nicht, als sie Abimelechs Scharen herannahen sahen.
Höhnisch sprach Sebul zu Gaal: „Wo bleibt nun deine Ruhmredigkeit,
mit der du sprachest:" „„Wer ist denn dieser Abimelech, daß wir ihm
untertänig sein sollten?"" „Sieh, das sind die Leute, die du so sehr verachtet hast, ziehe doch aus und kämpfe gegen sie!" Um nicht hinter seinem
Worte zurückzubleiben, mußte sich Gaal an die Spitze der Unzufriedenen
stellen und der feindlichen Schar entgegenrücken. Die Sichemiten wurden
geworfen, mußten fliehend sich in die Stadt zurückziehen und viele
Leichen zurücklassen. Sebul benützte den Schrecken in der Stadt, um
Gaal und seine Verwandten zu vertreiben. Die Sichemiten strengten
sich zwar zum zweiten Male auch ohne ihren Verführer Gaal zum
Kampfe an; er dauerte einen ganzen Tag. Abimelech siegte indessen

---

[1]) Vers 9, 28 ist sehr dunkel, namentlich wenn עבדו als Imperativ verstanden wird. Die griechische Version las dafür עַבְדָה δοῦλος αὐτοῦ σὺν τοῖς
ἀνδράσιν Ἐμμώρ κτλ., was noch weniger Sinn gibt. Besser stimmt die
syrische Version וַזֻבֻל דִשׁנֵי פוּקַדֻנֵה פָּלַח לַאנֵשׁיֵ חֲמוֹר. Sie las עָבַד. Sebul
war untertänig den Leuten des Chamor d. h. den Chiwwiten. So erhält
der Vers einen leidlichen Sinn. Schwierig ist nur die Frage וּמֻי שׁכם, und
es wird nicht durch die L.-A. der Septuaginta gebessert υἱὸς Συχέμ; es könnte
den Sinn haben: was bedeutet Abimelech gegenüber der Stadt Sichem?

[2]) Man braucht sich mit Ewald gar nicht so anzustrengen, um einen Sinn
in Vers 29 zu finden und braucht nicht unsinnige Emendationen לִגֻבַל statt
לַאבִימֶלֶךְ zu machen. LXX lasen καὶ ἐρῶ πρὸς αὐτόν, also וָאֹמֵר לַאבִימֶלֶךְ
statt וַיֹּאמֶר [so auch Oettli und bei Kittel].

abermals, nahm die Stadt ein, zerstörte sie und ließ sie später mit
Salz besäen, damit sie nimmermehr erbaut werden sollte. Der Haß
Abimelechs gegen seine ehemaligen Verbündeten und Helfershelfer
steigerte sich zur Grausamkeit. Als sich flüchtige Sichemiten und andere
Ephraimiten in einer Nachbarstadt M i g d a l = S i c h e m[1]) zum
Widerstand gesammelt hatten, belagerte er auch sie, schaffte Holz vom
nahegelegenen Berge Zalmon, ließ damit Feuer anlegen und die Einwohner, an 1000 Männer und Weiber, im Rauch ersticken. Möglich, daß
er noch andere ephraimitische Städte, die gegen ihn waren, auf ähnliche
Weise gezüchtigt hat. Er fand sein Ende bei der Belagerung der ephraimitischen Stadt T h e b e z, etwa vier Stunden nordöstlich von Sichem,
auf dem Wege nach Beth=Schean. Auch hier wollte Abimelech die Einwohner der Stadt, in welche sich die Kämpfer geflüchtet, durch Feuer-
anlegen an die Türme umkommen lassen, als eine Frau ihm einen
Mühlstein auf den Kopf warf, der ihm den Schädel zerschmetterte. Um
nicht dem Spotte ausgesetzt zu sein, daß ein Weib ihn getötet, befahl
er seinem Waffenträger, ihn zu erstechen. Es war eine wilde, leiden-
schaftliche Zeit, die Regierungszeit des Abimelech. Er kann nicht zu den
Richter=Helden gezählt werden; er mag wohl die Feinde Israels von
den Grenzen abgeschreckt haben; aber er hat das, was sein Vater geschaffen hatte, durch Herrschsucht und Grausamkeit wieder zerstört, und
die beiden Zwillingsstämme Manasse und Ephraim zuerst entzweit und
dann geschwächt.

Nach Abimelechs Tode übernahm die Führerschaft sein Vetter
T h o l a[2]), Sohn Puas (oder Puwas) aus dem Stamme I s a s c h a r,
der seinen Wohnsitz auf dem Gebirge Ephraim, in Schamir, hatte. Was
dieser Thola im Kriege oder Frieden geleistet hat, ist nicht bekannt und
läßt sich auch nicht vermutungsweise ergänzen. Die Geschichtsquelle fügt
nur noch hinzu, daß Thola dreiundzwanzig Jahre die Israeliten, d. h.
die Nordstämme, richtete oder ihnen bei drohenden Gefahren beistand.
Während die diesseitigen Stämme seit dem Tode Gideons Rückschritte
machten, dehnten sich die jenseitigen, namentlich die Manassiten oder
Gileaditen, immer mehr aus. Sie benutzten besser die Vorteile, welche
Gideon ihnen an die Hand gegeben hatte. Auch sie hatten durch die Ein-

---

[1]) מגדל־שכם ist eine Stadt wie מגדל־גד (Jos. 15, 37), מגדל־אל (Jos. 19, 38)
und andere dieses Namens. Was צרח dabei bedeutet, ist nicht klar. Gleich
arx, castellum kann es unmöglich sein, da es nach I. Sam. 13, 6 eher ein
u n t e r i r d i s c h e r Gang zu sein scheint.

[2]) Richter 10, 1. Sämtliche Versionen faßten בן דודו, als Sohn des
Oheims von Abimelech auf. Es war also eine Art Continuum. Über den
Namen vgl. Genesis 46, 13. Numeri 26, 23.

fälle der Midianiten gelitten, die östlich von ihnen im Hochgebirge des
Hauran ihren Wohnsitz hatten und im Frühjahr regelmäßig gerade die
Weiden und Getreidefelder des manassitischen Gebietes heimsuchten.
Von diesem unersättlichen Feinde hatte sie Gideon befreit und ihnen den
Weg zu weiterem Vordringen geöffnet. Von ihrer Hauptstadt Golan[1])
aus zogen die jenseitigen Manassiten in östlicher Richtung und unterwarfen
das ganze Gebiet, welches bis zum Hochgebirge des Hauran reicht. An
ihrer Spitze stand der Gileadite Jaïr, Sohn Segubs, der dreißig
Söhne hatte, welche in vornehmer Weise auf Eselsfüllen zu reiten
pflegten. In dem von Jaïr und den Manassiten eroberten Gebiet,
welches von Argob bis tief in das Haurangebirge reichte, lagen sechzig
feste Städte, auf Basaltfelsen erbaut. Diese nach und nach zu erobern,
kostete viele Anstrengung; die jenseitigen Manassiten unter Jaïr müssen
demnach harte Kämpfe gegen die Bewohner zu bestehen gehabt haben.
Diese Städte führten seit der Zeit den Namen Chawwot=Jaïr.
Auch über diesen Richter=Helden ist die Quelle wortkarg und berichtet
weiter nichts von ihm, als daß er nur ein Jahr weniger, als sein Vorgänger den Israeliten, d. h. den jenseitigen Manassiten, vorstand.

Rätselhaft ist es, daß die Erstarkung dieses Halbstammes im jenseitigen Lande den südlich wohnenden Stämmen Gad und Reuben
von geringem Nutzen war, und daß gerade sie zu Ende der Richterperiode
öfter Bedrängnissen von seiten der Nachbarn ausgesetzt waren. Zu
gleicher Zeit erfolgte ein Stoß von zwei Seiten, der den bisherigen
Zustand der Zersplitterung in seiner Unhaltbarkeit empfindlich erkennen
ließ. Der Stoß kam von der einen Seite von den Ammonitern und
von der anderen Seite von den Philistern[2]) und wirkte so lähmend und an
so vielen Punkten zugleich, daß, wenn kein gewaltiger Gegenstoß erfolgt
wäre, sämtliche Stämme davon zermalmt worden wären. Die Ammoniter hatten sich nach und nach von ihrer gewaltigen Niederlage erholt
und im Osten des Moabiterlandes wieder eine starke Mutterstadt angelegt. Diese Stadt Rabbah oder Rabbat Ammon lag in
einer fruchtbaren Gegend, geschützt von einigen Hügeln. Im Südosten

[1]) S. Note 12.
[2]) Richter 10, 7 ist angegeben, Gott habe die Israeliten preisgegeben in
die Hand der Philister und Ammoniter, d. h. also zu gleicher Zeit. Darauf wird zuerst der Kampf mit den Ammonitern und von Kap. 13 an Simsons
Kampf gegen die Philister erzählt. Schwierig ist in 10, 8 בשנה ההיא; die
griechische Version hat dafür ἐν καιρῷ τούτῳ und die syrische משנה ההוא. Es
scheint in diesem Verse eine Lücke zu sein, und zwar muß das Subjekt בני עמון
wiederholt gewesen sein. Vaihingers Emendation dieser Stelle ist unannehmbar (Herzog, Realenzykl. XI, 574).

der Stadt befindet sich ein großer Teich, der einen kleinen Fluß mit
Wasser speist[1]). Die Ammoniter hatten wieder einen kriegerischen König,
der sie in das Feld führte und ihr Gebiet vergrößerte. Sei es, daß die
Ammoniter ihre Stammverwandten, die Moabiter, in Untertänigkeit
gebracht hatten oder mit ihnen im Bündnis standen, genug, sie fühlten
sich von dieser Seite sicher und richteten ihre Angriffe auf das Gebiet
der israelitischen Stämme Reuben und Gad. Sie machten das Eigen-
tumsrecht daran geltend, weil es einst vor mehr denn drei Jahrhunderten
ihnen gehört hatte (o. S. 49). Den unvollständigen Rechtsansprüchen
gab das Schwert Nachdruck. Die Ammoniter scheinen die Israeliten
zuerst aus den ungeschützten Städten vertrieben zu haben, dann überzogen sie die festeren Städte mit Krieg. Sie drangen nordwärts bis
in das Gebiet von Halbmanasse oder Gilead vor und bedrohten die hochgelegene Feste Mizpah. Auch diesseits des Jordans machten sie glückliche Streifzüge in das Gebiet der Stämme Ephraim, Benjamin und
Juda von der östlichen Seite aus[2]). Von der entgegengesetzten Seite
begannen die Philister mit vielem Eifer und Nachdruck die Stämme in
ihrer Nachbarschaft zu bedrängen und sie sich untertänig zu machen.
Zunächst ward der Stamm Dan davon betroffen, aber auch die Stämme
Benjamin und Juda blieben nicht davon verschont[3]). Dennoch war diese
Demütigung und Schmach nicht imstande, sämtliche Stämme zu kräftiger Gegenwehr zu vereinigen. Die jenseitigen Stämme hatten sich
an Ephraim mit der Bitte gewendet, ihnen mit seiner Mannschaft zu
Hilfe zu kommen; aber entweder aus Selbstsucht oder aus Schwäche,
weil der Vorort Sichem und andere ephraimitische Städte durch Abimelech aufgerieben worden waren, hielt sich dieser Stamm, wie oft, von
der Beteiligung am Kampfe fern[4]).

In dieser drangvollen Zeit traten zu gleicher Zeit zwei Retter auf,
welche die Feinde zu Paaren trieben und für den Augenblick Hilfe
brachten. Beide, Jephtah und Simson, hatten einige gemeinsame Charakterzüge, und zwar von ganz fremdartigem Gepräge. Sie erscheinen wie halb verwilderte Gesellen, wie Abenteurer, welche gegen
Ordnung und Zucht anrennen, und gebrauchten ihre Kraft ebenso zum
Bösen wie zum Guten. Sie entwickelten beide eine außergewöhnliche
Kühnheit. So weit haben Jephtah und Simson Ähnlichkeit miteinander.
Aber ihre Unähnlichkeit ist doch größer. Jephtah war ein Krieger, der

---

1) Vgl. Ritter II, 11—18 f.
2) Folgt aus Richter 10, 9 ff.
3) Folgt aus Richter 15, 9 ff.
4) Folgt aus Richter 12, 1—3.

dem Feinde die Stirn bot und ihn durch kriegerische Mittel besiegte. Simson dagegen, obwohl mit außergewöhnlicher Kraft und Tollkühnheit begabt, führte, soweit wir Kunde von ihm haben, nicht einen förmlichen Krieg, sondern übermannte die Feinde durch List und plötzliche Überfälle.

Jephtah, ein Gileadite vom Stamm Manasse, war von seinen Stammesgenossen aus dem Lande gewiesen worden. Es heißt, er sei nicht aus einer anständigen Ehe geboren, sondern der Sohn einer Buhlerin gewesen. In der Heimat ungerecht behandelt, begab er sich nach einem bisher unbekannt gebliebenen Lande Tob und begann hier eine Art Räuberleben zu führen. Kühne Genossen, welche menschliche Ordnung und Satzung gering achteten, schlossen sich ihm an und nahmen ihn zum Führer. Mit ihnen vereint, brandschatzte Jephtah schwache Städte und Stämme, überfiel wohl auch Karawanen, kurz trieb dasselbe Handwerk wie die damaligen Wanderstämme, Midianiten, Ismaeliten und Kedarener. Als aber die gileaditischen Stämme in Bedrängnis von seiten der Ammoniter geraten waren, erinnerten sie sich des ausgestoßenen Sohnes ihres Stammes, von dessen kühnen Taten und Untaten sie Kunde erhalten hatten. Einige Älteste begaben sich zu ihm nach dem Lande Tob und baten ihn dringend, ihnen mit seiner Schar zu Hilfe zu kommen und die Feinde aus ihrem Gebiet zu treiben. Stolz abweisend antwortete Jephtah zuerst: „Ihr hasset mich doch und habet mich aus meinem Vaterhause vertrieben! Warum kommet ihr jetzt zu mir, da es euch schlecht geht?"

Die gileaditischen Ältesten ließen sich aber nicht abweisen, baten ihn immer dringender um Beistand und versprachen ihm, wenn er Sieger über die Feinde geworden sein werde, ihn als Oberhaupt für Gilead anzuerkennen. Daraufhin entschloß sich Jephtah mit ihnen zurückzukehren; sie mußten aber ihr Versprechen vor dem Altar ihres Vorortes Mizpeh-Gilead beschwören, so wenig vertraute Jephtah ihrer Dankbarkeit und Treue. Dann schickte er eine förmliche Gesandtschaft an die Ammoniter mit der Forderung, ihren Kriegszug gegen das israelitische Gebiet einzustellen, und als sie diese zurückwiesen und sich auf ihre alten Rechtsansprüche beriefen, durchzog er das ganze gileaditische und manassitische Gebiet, um Krieger anzuwerben. Jephtah verstand es, kühne Jünglinge anzuziehen und anzuführen. Mit ihnen zog er gegen die Ammoniter, schlug sie und verfolgte sie bis Minnith unweit Hesbon und bis Abel der Weinberge unweit ihrer Hauptstadt Rabbah und nahm ihnen zwanzig Städte ab. Für den Augenblick waren die Ammoniter gedemütigt. Als Jephtah diesen entschei-

denden Sieg errungen hatte, fingen die Ephraimiten Händel mit ihm
an; sie nahmen es ihm, wie früher dem Helden Gideon, übel, daß er
ohne sie gesiegt hatte. Es entspann sich daraus ein Bürgerkrieg, weil
Jephtah nicht so schmiegsam gegen die stolzen Ephraimiten war, wie
der Richter von Ophra. Die Ephraimiten überschritten den Jordan bei
der Stadt Zaphon¹) und nahmen eine kriegerische Haltung an, in der
Absicht, die Gileaditen in ein Untertanenverhältnis zu bringen. Jephtah
züchtigte aber ihre Anmaßung; er schlug sie und versperrte ihnen den
Rückzug durch die Furten des Jordan. Hier standen Wachtposten, welche
die ephraimitischen Flüchtlinge niedermachten. Verhehlten diese ihre
ephraimitische Abkunft, so mußten sie ein Wort (Schibbólet) aussprechen,
das von den diesseitigen Israeliten anders ausgesprochen wurde (Sibbó-
let), und daran wurden sie erkannt²). Jephtah, der imstande gewesen
wäre, die jenseitigen Stämme zu kräftigen, stand nicht lange (6 Jahre)
an ihrer Spitze und hinterließ keinen Sohn. Er hatte überhaupt nur
eine einzige Tochter, und an diese hat sich eine tiefrührende Sage ge-
heftet. Ihr Vater hatte gelobt, das, was ihm bei seiner Rückkehr als
Sieger zuerst entgegenkommen würde, als Opfer darzubringen, und
als er sich der Stadt Mizpah näherte, erblickte er zu seinem Schrecken
seine Tochter, die ihm tanzend und saitenspielend entgegenkam, um
den Sieger zu bewillkommnen. Sollte er sein Gelübde erfüllen und
sein einziges Kind als Opfer schlachten? Er schwankte gebrochenen Herzens zwischen Liebe und Pflicht. Die beherzte Tochter selbst ermutigte
ihn, sein gesprochenes Wort gegen Gott zu lösen, der ihm Sieg gegen
die Ammoniter verliehen. Nur bat sie sich zwei Monate aus, um mit
ihren Freundinnen auf den Bergen Gileads ihre Jungfräulichkeit zu be-
weinen. Nach Verlauf der begehrten Frist vollzog der Vater sein leicht-
sinniges Gelübde. Der Erzähler aber hat mit gewandter Kunst einen
verhüllenden Schleier um den Ausgang dieser tragischen Geschichte
gezogen und es ungewiß gelassen, ob Jephtah seine Tochter wirklich geopfert oder sie nur in lebenslänglichem Jungfrauenstande gelassen hat.
Die gileaditischen Mädchen pflegten alljährlich auf den Bergen einen
Trauergesang anzustimmen. Diese Trauer soll der Tochter Jephtahs
gegolten haben.

¹) Die Richt. 12, 1 genannte Stadt ist dieselbe, die in Josua 13, 27 vorkommt; sie lag in der östlichen Jordanaue. Wahrscheinlich ist die Identifizierung
derselben mit der zur Zeit der Griechen genannten Stadt Ἀμαϑοῦς, jetzt
A m a t e h unweit des Wady Ragib, nach dem jerusal. Talmud (Schebiith IX, 2.)
צפון זו עמתו. [S. jedoch Buhl S. 259.] Dann lag Zaphon gerade dem
Gebiete Ephraims gegenüber, unweit des Jordan.

²) Der letzte Halbvers 12, 4 ist dunkel.

Während der Held von Gilead die Ammoniter kriegerisch besiegte, schlug sich der diesseitige Held S i m s o n mit den Philistern herum. Simson aus dem Stamm Dan war ein Wildling, der tollkühn und todesverachtend den Gefahren geradezu entgegenlief und nur den Eingebungen seines stürmischen Innern folgte. Sein lang herabwallendes Haupthaar, das nie geschoren wurde, verlieh ihm ein wildes Aussehen und erschreckte die Feinde durch seinen bloßen Anblick. Er wird als so handfest und kräftig geschildert, daß er, obwohl nicht von riesiger Körpergestalt, imstande gewesen sei, dicke Stricke wie Wergfäden zu zerreißen, e'nen Löwen mit der Hand zu erlegen, die Torflügel von Gaza bis auf die Spitze des Berges von Hebron, eine Strecke von mehr denn zwölf Wegstunden, zu tragen und durch Rütteln an den Säulen eines geräumigen Tempels diesen wankend zu machen. Aber seine Stärke lag lediglich in seinem lang gewachsenen Haar. Solange er dieses hatte, fürchteten sich die Feinde, ihm nahe zu kommen. Seine Feinde, denen er arg mitspielte, waren die seines Volkes, die Philister, welche von ihren Städten längs der Meeresküste öfter Einfälle in das Land Israel machten. Ganz besonders litt der Stamm Dan, dessen unmittelbare Grenznachbarn die Philister waren, durch deren Gewalttätigkeiten. Sie mißgönnten ihm den Besitz des Küstenstriches bei Joppe, der früher ihnen gehört hatte. Dan fühlte die Schmach der Unterjochung, vermochte aber, allein gelassen, nichts Nachhaltiges zu unternehmen. Der Stammverband unterstützte nicht einmal Simson und vereinigte sich nicht mit ihm zu kriegerischen Angriffen, wie die Gileaditen mit Jephtah. Die Judäer fürchteten sich noch mehr vor den Philistern[1]. Ganz vereinzelt stand Simson wohl nicht; er muß Genossen gehabt haben, die ihn in seiner Feindseligkeit gegen die Philister unterstützten; aber es waren auch nur einzelne. Daher mußte Simson zur List seine Zuflucht nehmen und konnte nur durch schlaue Überfälle dem Feinde Schaden zufügen. Dieses Verfahren wird von der sittlichen Höhe des prophetischen Geistes getadelt:

„Dan wird sich seines Volkes annehmen
„Gleich einem der (übrigen) Richter Israels.
„Dan wird aber sein, wie eine Schlange am Wege,
„Wie ein Basilisk an der Straße,
„Der der Rosse Fersen beißt,
„Und der Reiter fällt rücklings.
„Nur auf deinen Beistand hoffe ich, o Gott[2]!"

[1] Richter 15, 9 f.
[2] Vgl. Note 7.

Geſchichtlich Zuverläſſiges von Simſons Taten, und wie er ſich
ſeines Volkes angenommen hat, iſt nicht überliefert. Die Erzählung
über ihn iſt ſagenhaft ausgeſchmückt. Sie ſchildert, daß Simſon anfangs
in ein freundliches Verhältnis zu den Philiſtern trat, eine Philiſterin
aus Thimnah heiratete und auf dem Wege dahin einen Löwen erlegte,
in deſſen Leichnam ſich ein Bienenſchwarm eingeniſtet und Honig ab-
geſetzt hatte, von dem er und ſeine Eltern genoſſen. Bei ſeinem Hoch-
zeitsſchmauſe gab er dem Brauche gemäß den Tiſchgenoſſen ein Rätſel
auf, das ſich auf Löwen und Honig bezog. Dadurch fiel es dieſen ſchwer,
es zu erraten, und ſie mußten Strafgeld für die verlorene Wette zahlen.
Sie ſteckten ſich aber hinter Simſons Braut und ließen ihm durch ſie die
Löſung entlocken. Dadurch entſpann ſich Feindſeligkeit zwiſchen Simſon
und den Philiſtern. Um die verlorene Wette zu zahlen, begab ſich Simſon ſtehenden Fußes vom Hochzeitsſchmaus hinweg nach Askalon, erſchlug dort dreißig Mann, zog ihnen die Kleider aus und gab ſie laut
der Wette den Tiſchgenoſſen. Im Unmut verließ er auch die philiſtäiſche
Braut, die das Rätſel ſeinen Genoſſen verraten hatte, und begab ſich
in ſein Vaterhaus. Ihr Vater gab ſie darauf einem anderen Manne
zum Weibe. Das war für Simſon wieder ein Vorwand zu Feindſeligkeiten gegen die Philiſter; er brannte ihr reifes Getreide durch mehrere
hundert Schakale ab, denen er je zweien zuſammen brennende Fackeln
zwiſchen die Schwänze gebunden hat, und die wild in die Getreidefelder
und Olivengärten liefen. Die beſchädigten Philiſter rächten ſich dafür an
dem Vater der thimnitiſchen Frau. Dieſe Untat gab Simſon abermals
Gelegenheit, ſcheinbar als Rächer für den Tod ſeiner ihm einſt angelobten
Frau und ihres Vaters aufzutreten und die Philiſter zu züchtigen. Er
erſchlug ſehr viele von ihnen, wahrſcheinlich aus dem Hinterhalte.
Dann begab ſich Simſon in die Felſenkluft von Etam[1]), das im Gebiete
des Stammes Juda lag. Hier ſuchten ihn die Philiſter auf, und da ſie
ihn nicht fangen konnten, verwüſteten ſie die Gefilde Judas. Dreitauſend Judäer begaben ſich hierauf zu Simſon, machten ihm Vor-
würfe, daß er ihnen die Philiſter auf den Hals geſchickt habe, und trafen
Vorkehrung, ihn zu feſſeln, um ihn ſeinen Feinden zu überliefern.
Simſon ließ ſich ruhig von ſeinen Volksgenoſſen binden und zu den
Philiſtern führen. Kaum erblickten dieſe ihren Feind, ſo jauchzten ſie.
Er aber zerriß die feſten Stricke wie Flachswerg, ergriff einen Eſels-
knochen und ſchlug damit tauſend Philiſter tot.

[1]) Das Etam Richt. 15, 11 kann unmöglich identiſch ſein mit dem ſüdlich von Bethlehem unweit der Salomonsteiche gelegenen, ſondern muß in
der Nähe von Thimna oder Askalon geweſen ſein; und לחי oder רמת לחי
kann nicht weit entfernt davon gelegen haben.

Eine andere Sage erzählt von Simsons Heldentaten neue Züge.
In Gaza habe er eine Buhlerin besucht und die Philister, welche sich vor
ihm fürchteten, wollten seinen Schlaf benutzen, ihn zu fesseln. Zum
Schrecken der ausgestellten Wächter zerbrach er die Pforten der Stadt
und trug sie mit dem Riegel bis Hebron. Sein Ende schildert dieselbe
Sage in heldentümlich-tragischer Färbung. Er liebte wieder ein phili-
stäisches Weib, namens Delila, die ihn an die Philister verriet, indem
sie ihm das Geständnis entlockte, daß seine Kraft an sein Haupthaar
gebunden sei. Darauf schnitt sie ihm die sieben Locken seines Hauptes
ab; dadurch wurde er schwach, und die Philister konnten ihn binden
und nahmen schwere Rache an ihrem Feinde und an dem Zerstörer
ihres Landes. Sie blendeten ihn, brachten ihn nach Gaza und ließen
ihn im Gefängnis den Mühlstein drehen. Als einst sämtliche vornehme
Philister sich in dem Tempel des Dagon versammelten, um sich an dem
Anblick des gedemütigten und geblendeten danitischen Helden zu weiden,
rüttelte er an den Säulen, worauf der Tempel ruhte, so lange, bis er sie
zum Wanken brachte. Der Tempel stürzte ein und begrub unter seinen
Trümmern viele Tausend Philister und Simson mit, so daß er im Tode
mehr Philister umgebracht hat, als im Leben.　　Simson mit seinem
Wesen und seinem listigen Kampfe gegen die Philister war den späteren
Geschlechtern unverständlich geworden. Von dem Umstande seines langen
Haarwuchses entnahm die Sage den Zug, daß Simson ein Nasiräer
gewesen sei, der sein Haar geweiht hätte. In dieser sagenhaften Aus-
schmückung ist das Bild des danitischen Helden und Richters in entstellter
Gestalt auf die Nachwelt gekommen. Zwanzig Jahre soll er für Israel
gekämpft haben, aber eine Besserung der Zustände hat er nicht herbei-
geführt. Die Philister behielten nach seinem Tode noch lange Zeit die
Oberhand über die israelitischen Nachbarstämme Dan, Benjamin und
wohl auch Juda und Ephraim. Die Hand der Philister lastete mit der
Zeit immer schwerer auf Israel.

Gleichzeitig mit Simson traten nacheinander drei Retter auf, zwei
im Stamme Sebulon und einer im Stamme Ephraim; aber ihre Leistungen waren so gering, daß sie sich dem Gedächtnisse nicht eingeprägt
haben. Von den beiden sebulonitischen Richter-Helden sind nur die
Namen und ihr Gebiet oder die Stadt, in der sie begraben wurden,
nebst der Zahl ihrer Amtsjahre bekannt: Ibzan aus Betlehem
im sebulonitischen Gebiet und Elon aus der Stadt Ajalon. Von
Ibzan ist nur die Nachricht erhalten, daß er dreißig Söhne und Töchter
hatte und vom ephraimitischen Richter-Helden Abbon, Sohn Hillels,
aus der Stadt Piraton, daß er eine noch stärkere Nachkommenschaft,

vierzig Söhne und dreißig Enkel hinterließ, die in vornehmer Weise auf jungen Eselsfüllen zu reiten pflegten. Gegen welche Feinde diese drei Richter gekämpft haben, ist nicht angedeutet. Allein aus dem Umstande, daß die Sebuloniten, die früher von der Meeresküste entfernt wohnten, später ihren Wohnsitz bis an das Gestade ausgedehnt haben, läßt sich schließen, daß sie die Kanaaniter von dort verdrängt haben. Die Hafenstadt Akko ist zwar nicht in israelitischen Besitz gekommen, sondern verblieb in den Händen der Phönizier; aber von Akko südlich bis zum Karmel gehörte der Küstenstrich seit der Zeit zum Stamme Sebulon[1]).

[1]) Daß der Küstenstrich von Karmel bis Akko erst. zu Ascher gehört hat, wird allgemein zugegeben, folgt auch aus Josua und ist deutlich genug im Deborahliede [v. 17] angegeben. ‏אשר ישב לחוף ימים ועל מפרציו ישכון‎. Sebulon dagegen hatte seinen Anteil an und bei dem Thabor (vgl. Note 5). Und doch heißt es im Segen Jakobs [Gen. 49, 13] in derselben Ausdrucksweise wie im Liede der Deborah von Ascher: ‏זבולון לחוף ימים ישכן והוא לחוף אניות וירכתו על צידן‎. Also besaß Sebulon das Gestadeland bis Akko. Ähnlich heißt es im Segen Moses (Deuteron. 33, 19), daß sie, Sebulon und sogar Isaschar, den Reichtum des Meeres saugen: ‏כי שפע ימים יינקו‎. Josephus setzt daher mit Recht Sebulons Anteil vom Genesaret bis zum Karmel und dem Meere (Altert. V, 1, 22): Ζαβουλωνῖται δὲ τὴν μέχρι Γεννησαρίτιδος καθήκουσαν δὲ περὶ Κάρμηλον καὶ θάλασσαν ἔλαχον. Wie ging das zu? die Geographen sind irre daran geworden. Das Sachverhältnis ist nur so denkbar, daß zur Zeit Deborahs Ascher noch die Küste besaß, daß sie aber später in den Besitz Sebulons kam.

Fünftes Kapitel

Die Übergangszeit vom Heldentum zum Königtum. Eli und Samuel.

Bedeutung der Richter-Helden. Veränderte Stimmung. Das Heiligtum zu Schilo. Eli und seine Söhne. Niederlage gegen die Philister. Gefangennahme der Bundeslade. Zerstörung Schilos und des Heiligtums. Flucht der Aharoniden und Leviten. Tod Elis. Die Bundeslade im Philisterland und in Kirjath Jearim. Wiedererwachen des Prophetentums. Samuel aus Rama. Wiedererwachte Hoffnung. Anlehnung an Samuel. Der Propheten- oder Sängerorden. Umkehr des Volkes. Der Stamm Juda in die Geschichte hineingezogen. Wiederholte Einfälle der Philister. Versammlung in Mizpah. Samuels Tätigkeit. Entstehung einer Kultusstätte in Nob. Angriffe auf die Stämme von zwei Seiten. Machtzunahme der Philister und der Ammoniter. Dringendes Verlangen der Stämme nach einem König und Samuels Verhalten dazu.

(1100(?) bis um 1067 vorchristl. Zeit.)

Die Richter-Helden waren weder imstande gewesen, die feindlichen Nachbarn von den Grenzen des israelitischen Landes dauernd fernzuhalten, noch überhaupt sichere Zustände zu schaffen. Selbst die bedeutendsten unter ihnen, Barak mit seiner Begeisterung, Gideon und Jephtah mit ihrer kriegerischen Tapferkeit, obwohl sie auch einige Stämme um sich geeinigt hatten, vermochten nicht eine Volkseinheit zu schaffen oder wiederherzustellen, der gegenüber die Nachbarn von selbst ihre Angriffe hätten einstellen müssen. Die Richter-Helden hatten überhaupt nur eine augenblickliche Bedeutung, nur so lange sie die Feinde zurückschlugen, die Gefahren abwendeten und eine gewisse Sicherheit der Existenz schufen. Eine Herrschaft hatten sie nicht, nicht einmal über diejenigen Stämme, denen ihr Heldenmut Hilfe und Befreiung brachte. Wohl mögen sie während ihrer Lebenszeit auch Streitigkeiten zwischen den Stämmen geschlichtet und überhaupt auch das Richteramt ausgeübt haben, aber nur wenn sich die streitenden Parteien an sie gewendet und sich ihren Aussprüchen freiwillig unterworfen hatten. Eine obrigkeitliche Gewalt und eine Gehorsam er-

zwingende Autorität hatten die Richter-Helden nicht. Die Vereinzelung
und Zersplitterung der Stämme dauerte daher trotz ihrer zeitweiligen
Siege fort, und die Schwäche im Innern nahm eher zu als ab. Simsons
Schlangenbisse und Basiliskenstiche haben die Philister nicht abgeschreckt,
die Stämme in ihrem Bereich als Untertanen oder richtiger als ihre
Sklaven zu betrachten und zu mißhandeln, und eben so wenig haben
Jephtahs Siege über die Ammoniter diese so weit heruntergebracht,
daß sie ihre Ansprüche auf die Oststämme Reuben, Gad und Halb-
manasse aufgegeben hätten. Der Zustand nach dem Tode Simsons und
Jephtahs muß noch trostloser geworden sein.

Aber gerade dieser hohe Grad der Schwäche führte, als er empfunden
wurde, zu allmählicher Genesung und Erstarkung. Einzelne Stammes-
führer müssen dadurch zur Einsicht gekommen sein, daß das Anklammern
an die Nachbarvölker und die Annahme der götzendienerischen Bräuche
sie nicht gefördert, sie vielmehr bis zur Ohnmacht geschwächt hatten.
Die Erinnerung an den Gott ihrer Väter — ganz anders geartet als die
Naturgötter mit ihrer Unzüchtigkeit — muß wieder einmal lebendig geworden sein und das Gewissen aufgerüttelt haben. Sobald diese Erinnerung so recht wach wurde, wurden die Erweckten auch an das diesem
Gotte geweihte Zeltheiligtum in Schilo erinnert und suchten es auf.
Schilo wurde daher am Ende der Richterzeit mehr Sammelpunkt, als
früher. Hier befanden sich Leviten, welche noch Hüter der von Mose
überlieferten Lehre waren, und sie mögen es in Volksberatungen, die
wegen der Not der Zeit gehalten wurden, den Versammelten zum Bewußtsein gebracht haben, daß der Abfall vom Gotte Israels und die Verehrung des Baal sie in solches Elend gebracht habe. Eine solche Rede
eines Priesters oder Leviten, die nur in dieser Zeit gehalten worden sein
kann, hat sich noch erhalten. Im Namen Gottes sprach einer zu der
versammelten Volksmenge, vielleicht in Schilo: „Fürwahr aus Ägypten
habe ich euch erlöst", spricht Gott, „und von Moabitern, Ammonitern,
Philistern, Sidoniern, Amalekitern und Midianitern, die euch bedrängt
haben, habe ich euch errettet, als ihr zu mir geflehet habt. Aber immer
wieder habt ihr mich verlassen und fremden Göttern gedient, darum
mag ich euch nicht mehr durch einen Helden retten. Gehet und rufet
die Götter an, die ihr erwählt habt, mögen die euch in der Zeit der Not
retten"[1]).

---

[2]) Richter 10, 10—15. Diese Ermahnung kann unmöglich vor der Zeit
Jephtahs ausgesprochen worden sein, da darin von der Errettung von den
Ammonitern und den Philistern die Rede ist, was erst zur Zeit Jephtahs
und Simsons geschehen ist. Sie paßt auch nicht auf die Zeit Samuels, dem

In Schilo lebte in dieser Drangsalzeit ein Priester, der seiner Ahnen, Aharon und Pinehas, würdig war, der erste Aharonide seit längerer Zeit, dessen Namen der Nachwelt nicht vorenthalten wurde. Er wird schlechthin E l i genannt, ohne weitern Zusatz, ohne Angabe des Namens seines Vaters; nur das einzige Ehrenbeiwort wird ihm beigelegt, daß er ein Priester in Schilo war. Eli wird uns als ein ehrwürdiger Greis geschildert, der nur Worte der Sanftmut auf den Lippen hatte, der nicht imstande war, eine harte Rüge auszusprechen, nicht einmal gegen seine nicht würdigen Söhne. Ein solcher Greis mußte schon durch seine sittliche Haltung und sein heiliges Leben wohltätig wirken und warme Anhänger für die Lehre, die er vertrat, gewinnen. Und wenn immer mehr Verzagte aus den Stämmen Ephraim, Benjamin, wohl auch Dan und denen jenseits des Jordans mit ihren Klagen nach Schilo kamen, jene über die Leiden von Seiten der Philister und diese über die Mißhandlung von Seiten der Ammoniter seufzten, so hatte Eli Gelegenheit, sie auf den stets hilfreichen Gott Israels zu verweisen und sie zu ermahnen, von dem Wesen der fremden Götter zu lassen. Dadurch erweckte er eine gehobene Stimmung. So manche der Ältesten der Stämme wendeten sich von dem Baal zu ihrem ureignen Gotte[1]), und ihre Stammesglieder folgten ihnen in der Regel nach.

Kriegerisch war Eli wohl nicht. Er war vielmehr seiner ganzen Natur nach ein friedlicher Richter. Sein gewöhnlicher Aufenthalt war, so oft er sich öffentlich zeigte, an dem Eingange zum Zelttempel in Schilo auf einem Throne sitzend, nicht an der Spitze einer Schar. Die israelitischen Priester und Leviten waren nicht gewöhnt mit Schwert und Lanze auszuziehen. Nichtsdestoweniger wird Eli unter die Richter und Retter Israels gezählt. Seine Tätigkeit kann nur darin bestanden haben, daß er israelitische Heereshaufen, wenn sie sich an ihn um Rat und Auskunft vermöge des Ephod gewendet hatten, mit Hinweisung auf den Gott ihrer Väter ermutigt hat, sich gegen die philistäischen Feinde, welche wiederholentlich Einfälle ins Land machten, zur Wehr zu setzen.

In Israel wäre vielleicht, wie bei vielen andern Völkern auf die Herrschaft der Helden (Heroenzeitalter) eine Priesterregierung gefolgt, wenn Elis Ansehen auf seine Nachkommen übergegangen wäre. Die

eine ähnliche Anrede in den Mund gelegt wird (I. Samuel 12, 6 f.) Man muß sie daher in die Zeit nach jenen beiden Richtern setzen, d. h. in die Zeit Elis. Der Eingang ויאמר ה׳ ist zu verstehen gleich Richter 6, 8: וישלח ה׳ איש נביא.

1) Richter 10, 15; auch auf diese Zeit zu beziehen.

Verhältniſſe geſtalteten ſich aber anders, als zu erwarten war. Eli hatte
zwei Söhne, C h o f n i und P i n e h a s , welche nicht in ſeinen Wegen
wandelten. Das Vergehen, das ihnen zunächſt zur Laſt gelegt wird,
war Mißachtung des Heiligtums und Überhebung. Durch ihre Sklaven
ließen ſie ihr Teil vom Opferfleiſch eintreiben, ehe noch der Altar bedacht
worden war. Auch Gewalt ließen ſie den Opferern durch ihre Sklaven
antun, wenn jene ſich nicht willfährig beim Verabreichen der Opfergaben
zeigten. Chofni und Pinehas hätten ſich, ſo wird erzählt, als die Herren
des Heiligtums in Schilo geberdet und das Volk als ihre Untertanen
behandelt. Ein noch ſchwerer wiegendes Verbrechen wird den Söhnen
Elis zugeſchrieben; ſie ſollen mit den Weibern, welche den niedern
Dienſt beim Heiligtum zu verſehen pflegten, ſträflichen Verkehr gepflogen haben. Dieſes unheilige Benehmen der Söhne Elis verſcheuchte
die Beſucher des Zelttempels[1]). Eli hatte Kunde von ihrem Treiben[2]),
rügte es auch, aber nicht nachdrücklich genug, oder vielmehr er entfernte
die Unwürdigen nicht vom Heiligtume[3]). Er ſtand bereits in hohem
Alter und war überhaupt eine milde Natur. Als darauf das Volk und
ihn ſelbſt ein hartes Unglück traf, ſo glaubte man, daß es eine Strafe
des Himmels ſei wegen der Vergehen der Söhne Elis und der ſchwäch-
lichen Nachſicht des Vaters gegen ſie.

Die Philiſter hatten nämlich noch immer die Oberhand über die
Stämme in ihrer Nachbarſchaft, über Ephraim, Dan und Benjamin,
und machten zu wiederholten Malen Einfälle und Plünderungszüge in
das Land. Die Israeliten der zunächſt betroffenen Stämme waren
indeſſen ſchon ſo weit kriegsgeübt, daß ſie dem Feinde nicht in regelloſen
Haufen Widerſtand zu leiſten ſuchten, ſondern ihm in einer regelmäßigen
S c h l a c h t o r d n u n g entgegentraten[4]). Der Kampfplatz war wahrſcheinlich in der Ebene Saron am Fuße eines Gebirges. Auf einem
Hügel E b e n h a = E ſ e r lagerten die Israeliten und in der Ebene bei
A p h e k die Philiſter. Da dieſe eiſerne Streitwagen in den Krieg
führen konnten, ſo waren ſie den Israeliten überlegen, und es ſollen
von dieſen in der Schlacht 4000 gefallen ſein. Indeſſen ergriff das
israelitiſche Lager doch nicht die Flucht, ſondern behauptete ſeinen

---

[1]) Dieſer Umſtand liegt in I. Samuel, 2, 24.
[2]) Daſ. 2, 23—24; 3, 13.
[3]) Dieſer Gedanke liegt in daſ. 3, 13. ילא כהה בם‎, das mehr ſagen
muß, als das bloße οὐκ νουθέτειν, da er ſie doch tatſächlich ermahnt hat.
[4]) Es iſt beachtenswert, daß bei der Erzählung von dem Treffen unter
Eli daſ. 4, 2 f. das Subſtant. מערכה‎ und das Verb. ערך‎ gebraucht wird,
was die Bedeutung von Aufſtellen von Parallelgliedern der Streiter hat
und der τάξις entſpricht.

Standort. Auf Anraten der Ältesten wurde die Bundeslade von Schilo geholt, in der Voraussetzung, daß schon ihre Anwesenheit Sieg verleihen würde. Die Söhne Elis wurden mit ihrer Begleitung betraut. Nichtsdestoweniger fiel das zweite Treffen unglücklich aus, noch unglücklicher als das erste. Die israelitische Schar stob in wilder Flucht auseinander, die Bundeslade wurde von den Philistern erbeutet, und ihre Begleiter, Chofni und Pinehas, fanden den Tod. Die Philister verfolgten die flüchtigen Israeliten und verbreiteten Schrecken in dem ganzen Umkreise. Keuchend vor Angst, traf ein Unglücksbote in Schilo ein und verkündete dem erwartungsvollen Volke und dem Hohenpriester Eli, der am Tore auf günstige Nachricht harrte, die Unglücksbotschaft: "Geflohen sind die Israeliten vor den Philistern, eine große Niederlage war unter den Israeliten, auch deine beiden Söhne sind gefallen, und die Bundeslade ist in Gefangenschaft geraten". Die Nachricht von der Gefangenschaft der Bundeslade erschreckte den Greis noch mehr als der Tod seiner Söhne; er fiel von seinem Sitze am Tore und war tot.

Mehrere Umstände trafen zusammen, diese tragische Zeit dem Gedächtnisse einzuprägen. Elis Schwiegertochter, Pinehas Frau, war gerade in Kindesnöten, als ihr Schlag auf Schlag der Tod ihres Gatten, die Gefangenschaft der Bundeslade und auch der plötzliche Tod ihres Schwiegervaters verkündet wurden. Diesem übermannenden Schmerz erlag sie und nannte in der Todesstunde ihren Neugeborenen J-Kabod „Hin ist die Ehre Israels"!

Allerdings war für den Augenblick alle Ehre dahin. Die siegreichen Philister begnügten sich nicht mehr mit Beutezügen durch das Land, sondern drangen von West nach Ost durch die ganze Breite des Landes bis Schilo. Hier zerstörten sie mit der Stadt auch den Zelttempel, der noch ein Zeuge aus der gnadenreichen mosaischen Zeit war. Ein später lebender Dichter schilderte diese Unglückszeit noch mit beklommenem Herzen:

> „Er (Gott) verließ den Tempel Schilos,
> „Das Zelt, in dem er unter Menschen weilte,
> „Gab seine Zierde (Bundeslade) der Gefangenschaft,
> „Seinen Ruhm in die Hand des Feindes hin,
> „Überlieferte dem Schrecken sein Volk
> „Und grollte seinem Erbe.
> „Seine Jünglinge verkohlten im Feuer,
> „Und seine Jungfrauen konnten nicht trauern,
> „Seine Priester fielen durchs Schwert,
> „Und seine Witwen weinten nicht[1]."

[1] Psalm 78, 60—65. Die Schilderung des Unglücks darin ist zu lebhaft, als daß er in eine sehr späte Zeit, etwa gar in die Makkabäer-

Die Kraft und der Mut des Volkes waren durch diese Niederlage völlig gebrochen. Gerade die Stämme, die bisher noch einigermaßen den übrigen als Vorkämpfer dienten, waren gelähmt. Der Stamm Ephraim hatte damals am meisten, wenn auch nicht unverdient[1]), gelitten. Durch den Untergang des Heiligtums, das unter Eli angefangen hatte Sammelort zu werden, schien auch jede Vereinigung abgeschnitten, namentlich mit den nördlichen Stämmen, die dem unglücklichen Ausgang des ernsten Kampfes mit den Philistern ferngeblieben waren.   .

Die Philister glaubten nicht anders, als mit der Gefangennahme der Bundeslade, des vermeintlichen Schutzmittels der Israeliten, und mit der Zerstörung des Heiligtums auch den Schutzgott des israelitischen Volkes überwunden zu haben. Bald aber wurden sie unangenehm aus dieser Täuschung geweckt. Sobald sie die Bundeslade in die nächstgelegene Stadt Aschdod gebracht hatten, wimmelte es im Philisterlande von Feldmäusen, welche die Saaten zerstörten. Die Einwohner dieser Stadt litten noch besonders an einer häßlichen Krankheit an einem geheimen Körperteile. Außerdem soll auch ihr Götzenbild Dagon, in dessen Tempel die Bundeslade als Siegeszeichen aufgestellt war, wiederholentlich von seinem Gestelle auf den Boden gefallen sein. Ob dieser Plagen verzweifelt, sandten die Aschdoditen die Bundeslade nach der nächsten Stadt G a t h; aber auch diese wurde zur selben Zeit von derselben Plage heimgesucht und ebenso die Stadt E k r o n, wohin die Bundeslade später gebracht wurde. In der Angst beschlossen die philistäischen Fürsten auf den Rat der Priester und Zauberer die erbeutete Bundeslade nach ihrer Heimat zurückzusenden und zugleich Sühnegeschenke, goldene Abbildungen der Mäuse und der Geschwüre, mitzugeben[2]).

epoche versetzt werden könnte. Sein Schluß enthält einen Panegyrikus auf den Stamm Juda und die Davidische Dynastie und zugleich gegensätzlich einen scharfen Tadel gegen den Stamm Ephraim, d. h. das Zehnstämmereich. Der Pf. setzt also das Vorhandensein beider Reiche voraus. Außerdem reflektiert V. 69 noch den Bestand des Salomonischen Tempels mit der Hinzufügung, daß er gleich der Erde festbegründet ist, d. h. nimmer untergehen werde. Wenn auch ähnliche historische Psalmen aus der Exilszeit stammen mögen, dieser muß älter sein, vielleicht aus der Zeit P e k a ch s, als das Haus Davids gestürzt werden sollte, und eine Partei in Jerusalem selbst die Hand dazu bot. Jedenfalls ist der hier geschilderte Untergang Schilos und des Zelttempels historisch. Die Zerstörung Schilos ist auch in Jeremia 7, 12 vorausgesetzt und wird daselbst 26, 6 zitiert. Übrigens muß in diesem Pf. V. 63 הוללו aktiv genommen werden, entsprechend dem Parallelgliede in folgendem Vers תהבכינה; so richtig griechisch ἐπένϑησαν.

[1]) Pf. 78, 67.
[2]) Die Erzählung von den Plagen der Philister beruht ohne Zweifel auf einem Faktum. In Herodot findet man Belege genug dafür, daß die

Sieben Monate war die Bundeslade bei den Philistern geblieben; dann legten sie sie auf einen Wagen, mit zwei jungen Kühen bespannt, und taten auch die Weihegeschenke hinzu. Dabei soll das Wunder geschehen sein, daß die Kühe von selbst die Richtung nach dem israelitischen Lande einschlugen, geradeswegs bis an die erste Grenzstadt Bet-Schemesch gingen und dort still hielten. Die Einwohner dieser Stadt waren gerade mit der Weizenernte beschäftigt, als sie unerwartet das Heiligtum auf dem Wagen sich nähern sahen. Es war ein freudiger Anblick für sie. Leviten, die im Orte anwesend waren, hoben sie vom Wagen und setzten sie auf einen großen Stein, der später noch als Wahrzeichen gezeigt wurde. Allein auch unter den Einwohnern von Bet-Schemesch brach eine Pest aus, die viele hinraffte, und sie schrieben diese Plage der Anwesenheit der Bundeslade zu, weil sie von ihnen nicht mit der gebührenden Scheu betrachtet und behandelt worden sei. Sie beschlossen daher, sie nach der benachbarten benjaminitischen Stadt Kirjat Jearim übersiedeln zu lassen. Die Einwohner dieser Stadt nahmen sie, die zugleich verehrt und gemieden wurde, gern auf, stellten sie auf einen Hügel, der zum Hause eines Abinadab gehörte, auf und bestellten dessen Sohn Eleasar[1]) zu ihrem Hüter. Die Bundeslade rückte dem Orte näher, wo sie eine dauernde Stätte finden sollte.

Für den Augenblick war sie gewissermaßen verwaist; denn zu einem Mittelpunkt des Kultus scheint sich die Waldstadt, oder der in ihrer Nähe gelegene Hügel nicht geeignet zu haben, vielleicht deswegen nicht, weil darauf früher der Baal verehrt wurde; davon hatte sie auch den Namen Kirjat-Baal (die Baal-Stadt) auch schlechthin Baal[2]).

alten Völker ähnliche Plagen als Strafen einer beleidigten Gottheit betrachteten, und, um sie abzuwenden, deren Tempel Sühnegelder und Weihgeschenke zusandten. Die Erzählung vom Dagon dagegen scheint auf einer gottesdienstlichen Sitte zu beruhen. Der Text ist nicht ganz korrekt. In I. Samuel 5, 6 muß vor את אשדוד ואת גבולה ergänzt werden ועכברים השחיתו, wie es auch LXX zum Teil haben. Ebenso muß in Vers 6, 1, der zu kurz gehalten ist, etwas fehlen, das sich durch LXX ergänzen läßt: καὶ ἐξέζεσεν ἡ γῆ αὐτῶν μύας: ותשרץ ארצם עכברים, sonst wäre es auffallend, daß von Mäusen die Rede ist, die vorher nicht erwähnt wurden. In Vers 6, 18 muß gelesen werden: מעיר מבצר ועד כפר הפרזי ועד מגדל נצרים והאבן הגדלה אשר וגו׳. Den völligen Gegensatz zu einer festen Stadt bildet ein Hirtenturm II. Könige 17, 9; 18, 8.

[1]) Ob nicht אלעזר in I. Samuel 7, 1 identisch ist mit עזא oder עזה in II. Sam. 6, 3. 7? Man erwäge, daß עזיה auch עזריה genannt wird.

[2]) Josua 15, 9. 60; 18, 14; II. Samuel, 6, 2, wo man מבעל יהודה (statt מבעלי) lesen muß. Die Stadt hatte früher zu Benjamin gehört, wurde aber später von Juda annektiert; der Hügel scheint aber bei Benjamin ver-

Denn gerade die Unfälle, die Verlaſſenheit, die Zerſtörung des
Heiligtums von Schilo, welche Trauer in den Gemütern erzeugten,
hatten zugleich eine Wendung zum Beſſeren angeregt. Diejenigen,
welche nicht ganz ſtumpf waren, mochten doch erkannt haben, daß die
bisherige religiöſe und politiſche Zerfahrenheit die Urſache des Unglücks war. Die Leviten, die der Zerſtörung Schilos entkommen waren,
und ſich hier und da niedergelaſſen hatten, haben wohl nicht verfehlt,
die Gemüter für den ureigenen Gott empfänglich zu machen. Vielleicht
hat auch die Zurückſendung der Bundeslade aus dem Philiſterlande eine
ſeeliſche Wirkung ausgeübt und die Hoffnung auf beſſere Zeiten rege
gemacht. Immer größere Kreiſe des Volkes ſehnten ſich nach Jhwh,
dem Gotte Israels[1]). Es fehlte nur ein ganzer Mann mit Ernſt und
Eifer, welcher dem verblendeten Volke den rechten Weg hätte zeigen
können, um die von Trauer Gebeugten zum Beſſeren zu leiten. Und
gerade zur rechten Zeit trat ein ſolcher Mann auf, der einen Wendepunkt
in der israelitiſchen Geſchichte herbeiführte.

Elkanas Sohn, Samuel, war der ganze Mann, welcher
die ſeit lange auseinandergegangenen Fugen des israelitiſchen Gemein-
weſens wieder vereinte und dem Verfall und der inneren Verderbnis
ſteuerte. Seine Größe erhellt aus dem Umſtande, daß er als der zweite
nach Moſe nicht bloß in der zeitlichen Nacheinanderfolge, ſondern auch
in der prophetiſchen Bedeutung gezählt wird[2]). Samuel war eine hehre
Perſönlichkeit, ein gefeſtigter Charakter von ernſter Strenge gegen ſich
und andere. Inmitten des Volkes lebend und in ſtetem Verkehr mit
ihm, übertraf er ſeine Zeitgenoſſen an Gottinnigkeit, an Geſinnungs-
hoheit und an Selbſtloſigkeit. Mehr noch als durch dieſe Züge überragte
er ſeine Genoſſen durch die prophetiſche Begabung. Durch die Wolken,
mit welchen die Zukunft verhüllt iſt, drang ſein geiſtiges Auge; er verkündete ſeine Schaugeſichte, und was er verkündete, traf ein.

Samuel ſtammte aus einer der angeſehenſten levitiſchen Familien,
von jenem Korach, welcher gegen Moſe eine feindſelige Zuſammenrot-
tung angeregt hatte. Doch war ſeine Familie in den Stamm Ephraim
aufgenommen und ſo ſehr mit demſelben verſchmolzen, daß ſie als

---

blieben zu ſein. Jetzt heißt der Ort, wo Kirjat Jearim ſtand, Abu-Goſch,
von einem Räuberhauptmann dieſes Namens auch Kiriat-Enab. Der Hügel
iſt noch mit einigen Waldbäumen bewachſen [vgl. Buhl S. 166].

[1]) Der Ausdruck וינהו אחרי ה׳ kann nur dieſe Empfindung und die
Regung zum Beſſern bezeichnen, obwohl das Wort etymologiſch nicht erklärbar
iſt, und die Verſionen kein Hilfsmittel zur Erklärung bieten.

[2]) Jeremia 15, 1; Pſ. 99, 6.

e p h r a i m i t i f c h e (Ephrati) galt[1]). Es läßt fich denken, daß eine fo bedeutende Perfönlichkeit, die eine Umgeftaltung in der Gefinnung und in der politifchen Lage des Volkes hervorgebracht hat, im Volksmunde verklärt wurde. Wie die meiften innerlich lebenden großen Männer verdankte Samuel die Fülle feines Gemütslebens feiner Mutter A n n a (Channa). Ein verklärender Zug hat diefe Mutter nach dem Bilde der Rahel gefchaffen. Wie Jakob zwei Frauen hatte, von denen gerade die am innigften geliebte kinderlos blieb, fo auch Samuels Vater E l k a n a; von der einen, P e n i n n a, wurden ihm mehrere Kinder geboren, während Anna, die zweite, die fein ganzes Herz befaß, lange kinderlos blieb. So oft fie mit ihrem Gatten das Heiligtum zu Schilo befuchte, flehte fie daher inbrünftig zu Gott, er möge ihr einen Sohn fchenken, den fie ihm oder dem Heiligtum lebenslänglich zu weihen verfprach. Sie betete aber ftets fo leife mit kaum bemerkbarer Lippenbewegung, daß der Hohepriefter Eli, als er fie einft in diefer Stellung fah, fie als eine Trunkene betrachtete und fie darüber zurechtwies. Annas Gebet wurde erhört; fie gebar Samuel, und als er entwöhnt war, brachte fie ihn ins Heiligtum nach Schilo und übergab ihn dem Hohepriefter, daß er lebenslänglich im Zelttempel den heiligen Dienft verrichte. Während Weiheopfer für ihn gebracht wurden, erwachte das Kind, das bis dahin fchlafend in den Armen der Mutter lag, als hätte es eine Ahnung davon gehabt, was mit ihm im Heiligtum vorging[2]). Im Gegenfatz zu den Söhnen Elis, die das Heiligtum gering gefchätzt, zeigte Samuel fchon in zarter Jugend tiefe Verehrung für dasfelbe[3]).

So wurde Samuel ein dienftuender Levite im Heiligtum zu Schilo. Er pflegte feine Pforten täglich zu öffnen, beim Opferdienft behilflich zu fein und brachte auch die Nächte im Raume des Zelttempels zu. Noch jung, erwachte in ihm, ihm felbft unbewußt, die prophetifche Begabung. In tiefem Schlafe glaubte er aus dem inneren Raume des

---

[1]) An der levitifchen Abftammung Samuels ift nicht zu zweifeln, obwohl fie im Buche Sam. nicht angegeben ift. In I. Chronik 6, 8—13 und 18—23 find zwei Genealogien von Samuel und den mit ihm verwandten Korachiden aufgeführt, die den Stempel der Echtheit an fich tragen und einander ergänzen und berichtigen. In Numeri 26, 11 ift mit Rückficht auf die Bedeutung der Korachiden ausdrücklich angegeben, daß fie nicht mit ihrem Vater untergegangen find.

[2]) Das ift der richtige Sinn von I. Samuel 1, 24, ורהנצר נצר „das Kind erwachte," Niphal von צור. Die Ausleger haben diefe Form verkannt und eine abgefchmackte Tautologie daraus gemacht. Die griech. V. machte daraus τὸ παιδάριον μετ᾽ αὐτῶν = כמם? [Vgl. Kloftermann z. St.]

[3]) Diefer Zug ift auch angedeutet daf. 2, 12—21.

Heiligtums, damals als die Bundeslade noch dastand, seinen Namen rufen gehört zu haben. In der Meinung, daß der Hohepriester Eli ihn gerufen habe, eilte er zu dessen Lager und fand sich getäuscht. Denselben Ruf: „Samuel, Samuel!" vernahm er zum zweiten und zum dritten Male und begab sich immer wieder zu Eli, bis dieser ihn bedeutete, er möge, wenn er zum vierten Male gerufen würde, antworten: „Sprich, Herr, dein Knecht hört!" Als die rufende Stimme sich zum vierten Male vernehmen ließ, und Samuel die ihm eingegebene Antwort erteilt hatte, hörte er eine zusammenhängende Rede, die ihm den traurigen Ausgang des Hauses Eli verkündete, weil dessen Söhne das Heiligtum Gottes so sehr geringschätzten. Das war das erste prophetische Gesicht Samuels. Nicht lange darauf erfolgten die Unfälle, die Niederlage des israelitischen Heeres gegen die Philister, die Gefangennahme der Bundeslade, der Tod Elis und seiner beiden Söhne und die Zerstörung Schilos. Samuels Dienst hörte mit der Zerstörung des Heiligtums auf, und er kehrte in sein Vaterhaus Rama zurück[1]), ohne Zweifel tief betrübt und gebeugt.

Das Unglück, das über das Volk hereingebrochen war, und namentlich der Untergang Schilos muß einen betäubenden Eindruck auf seinen noch in der Jugend mit dem Höchsten ringenden Geist gemacht haben. In dem levitischen Kreise, in dem er aufgewachsen war, stand die Überzeugung fest, daß das erlittene Unglück eine Folge des Abfalls vom Gotte Israels sei. „Kein Zelttempel mehr", das war soviel, als wenn Gott sein Volk aufgegeben hätte. Allmählich scheint sich Samuel indessen mit dem Unabwendbaren vertraut gemacht zu haben und auf eine andere Gedankenreihe gekommen zu sein. Kein Heiligtum, kein Opfer! Ist denn das Opfer zur reinen Gottesverehrung und zum heiligen Wandel so unerläßlich? Diesen Gedanken hat er in seinem Innern zur Reife gebracht und hat später bei passender Gelegenheit gepredigt, daß die Opfer einen nur untergeordneten Wert haben, und daß das Fett der Widder Gottes Wohlgefallen nicht erwerben könne. Worin

---

[2]) Daß auch Elkana in Rama weilte, wie sein Sohn Samuel, ist oft genug angegeben, I. Sam. 1, 19; 2, 11. Dieses Rama lag in der Landschaft Zuph בארץ צוף daf. 9, 5—6. Wenn anfangs angegeben ist, Elkana stamme מן הרמתים צופים, so erkennt man darin צוף wieder. Weil Rama in Samuels Zeit eine Rolle spielt, wird es von den übrigen Lokalitäten gleichen Namens ausgezeichnet durch diesen Beisatz. Die L.-A. הרמתים, die nur einmal vorkommt (nur LXX haben für הרמה öfter Ἀραμαθαίμ) kann nicht in Ordnung sein. Über die Lage von Rama im Lande Benjamin (nicht bei Bethlehem) vergl. Frankel-Graetz, Monatsschr. Jahrg. 1872, S. 65 f. Der Name hat sich noch bis jetzt erhalten in er-Râm (אל ראם = הרמה [S. jedoch Buhl S. 170 vgl. 172].

denn solle die Gottesverehrung bestehen? In dem strengen Gehorsam
gegen das, was Gott angeordnet hat[1]). Welches ist aber der Wille Gottes?
Samuel war während seines Aufenthaltes in Schilo nicht bloß mit dem
Inhalte der dort in der Bundeslade aufbewahrten steinernen Tafeln,
sondern auch mit dem Gesetzbuche bekannt geworden, das von Mose
stammte. Mit diesem hatte sich sein Geist erfüllt. In diesen heiligen
Urkunden waren Recht und Gerechtigkeit, Milde und Gleichheit der
Israeliten ohne Klassenrang und Kastenunterordnung als Gebote
Gottes vorgeschrieben, aber nichts oder nur wenig von Opfern. Samuel,
der um viele Jahrhunderte dem Ursprung des israelitischen Volkes und
der israelitischen Lehre näher stand, als die späteren Propheten, war
wie diese von der Tatsache überzeugt, daß Gott die Befreiung der
Israeliten nicht vollzogen habe, damit sie ihm und keinem anderen
opfern, sondern damit sie seine Gesetze betätigen sollten. Der Inhalt
dieser Urkunden oder das G e s e t z, das sei der Wille Gottes, dem sich
die Israeliten in Gehorsam fügen sollten. Dieses Gesetz wurde in
Samuels Innern lebendig, er fühlte sich als sein Organ und betrachtete
es als seine Aufgabe, es dem Volke als Richtschnur einzuprägen[2]).

Samuels Lebensaufgabe war durch diese Betrachtung gefunden:
Belehrung und Erziehung des Volkes zum Gesetze Gottes und Ent-
wöhnung desselben von den heidnischen Unsitten und verkehrten Vorstellungen, die ihm im Verlaufe der Jahrhunderte zur eigenen Natur
geworden waren. Die Mittel, deren er sich bediente, um dieses große
Ziel zu erreichen, sind nicht bekannt geworden. Zunächst war es wohl
das lebendige Wort. Samuel besaß eindringende Beredsamkeit; aber
mit trockenen Worten konnte er die Gemüter nicht erwecken. Selbst die
Vertreter des Volkes, die zu Beratungen zusammenkamen, Reden zu
wechseln und Gegenrede anzuhören pflegten, und also Sinn und Verständnis für rednerische Auseinandersetzungen haben mochten, waren
schwerlich durch Predigten, wenn auch für noch so überzeugende Wahrheiten, zur Gesinnungsänderung zu gewinnen, und um so weniger die
Geistesarmen, die hinter ihnen standen. Hingerissen mußte das Volk

---

[1]) Der geringe Wert, den Samuel auf das Opfer gelegt hat, ist ausgedrückt in I. Sam. 15, 22—23 und auch in dem Umstande, daß er zur
Zeit großer Gefahr, wo sonst viele Opfer gebracht zu werden pflegten, nur
ein junges Lämmchen opferte, das. 7, 9.

[2]) Psalm 99, 6. Darin ist hervorgehoben, daß Mose und Aharon unter
den Priestern und Samuel unter den Leviten (בקראי שמו) Gottes War-
nungen und das Gesetz, das er ihnen (oder dem Volke) gegeben, treu
befolgt haben: שמרו עדותיו וחק (אשר) נתן למו (לעבדי) [v. 7]. Das ist
der Hauptsatz des Verses, das Vorangehende ist als Relativsatz zu nehmen.

werden, immer wieder, wenn es ſich von ſeinen Lebensgewohnheiten
losmachen und ſeine bisherige Gedankenloſigkeit einſehen ſollte.

Die alten Völker ohne Ausnahme, die Griechen mit einbegriffen,
waren wunderſüchtig. Das Weiſeſte, Ratſamſte und Nützlichſte, das
ihnen geboten war, wurde von ihnen erſt dann angenommen und befolgt, wenn es als der Wille der Gottheit beurkundet war und durch
Zeichen und Wunder ihre Einbildungskraft frappierte. Jede Unternehmung, Krieg oder Frieden, Auswanderung oder Anſiedlung, mußte
erſt durch die Stimme eines Orakels oder andere Zeichen gutgeheißen
werden, wenn ein Entſchluß gefaßt werden ſollte. Wenn alſo Samuel
das Volk oder die Älteſten für eine neue innere und äußere Umgeſtal-
tung oder für die Rückkehr zu Gott gewinnen wollte, ſo mußte er es
nicht nur hinreißen, ſondern auch im Namen Gottes ſprechen. Nun war
Samuel ein Prophet, er hatte von Zeit zu Zeit phrophetiſche Träume
und Geſichte, die ihm offenbarten, daß die in ſeinem Innern gewonnenen Überzeugungen nicht bloß Eingebungen ſeines eigenen Herzens
oder Geiſtes, ſondern von einem höheren Weſen gebilligt oder vielmehr
eingehaucht ſeien. Dieſe phrophetiſchen Offenbarungen, die eine Belehrung oder eine Willensanregung zum Inhalte hatten, waren zugleich mit Enthüllung der nächſten Zukunft verbunden und hatten den
Charakter von Vorausverkündigungen und Weisſagungen.

Selbſt ergriffen von den ihm zugekommenen prophetiſchen Geſich-
ten, teilte ſie Samuel den Zuhörern mit, zunächſt wohl in ſeiner Vater-
ſtadt Rama. Solche Mitteilungen, die Außergewöhnliches, über den
engen Geſichtskreis Hinausgehendes verkündeten, ſcheint er in gebundener Rede, in Verſen und Gliederungen mit poetiſchen Bildern und
Gleichniſſen geäußert zu haben[1]). Der Gedankeninhalt und die poetiſche
Form ſeiner prophetiſchen Rede und der Schwung der Begeiſterung,
mit dem er ſie vortrug, konnten auf die Zuhörer den Eindruck nicht verfehlen. Der Ruf war Samuel noch vor ſeiner Rückkehr ins väterliche
Haus vorangegangen, daß er in Schilo wiederholentlich prophetiſcher
Offenbarungen gewürdigt worden ſei, und daß dieſe ſich auch bewährt
hätten[2]). Bald verbreitete ſich in der Nachbarſchaft von Rama und in
immer weiteren Kreiſen, daß ein Prophet in Israel erſtanden ſei, daß
der Geiſt Gottes, der auf Moſe geruht und ihn in Ägypten und in der
Wüſte zur Befreiung und Leitung des Volkes getrieben hatte, nunmehr
auf dem Sohne Elkanas ruhe. In der Zwiſchenzeit, in der langen

------

[1]) Folgt aus I. Samuel, 15, 22—23. 33.
[2]) Das iſt wohl der Sinn von I. Samuel 3, 19—21, wobei der Zuſatz
in der griechiſchen Verſion zu beachten iſt.

Reihe der Jahrhunderte, hat es keinen Propheten im vollen Sinne gegeben[1]). Die Tatsache, daß Gott einen zweiten Mose erweckt habe, fachte die Hoffnung an, daß eine bessere Zeit im Anzuge sei. Samuels nächstes Augenmerk war darauf gerichtet, das Volk vom Götzendienste des Baal und der Astarte zu entwöhnen und es von der Leichtgläubigkeit an die Orakel der Teraphim zu heilen.

Die Geneigtheit eines Teiles des Volkes, von seiner bisherigen Verkehrtheit zu lassen und sich dem Gotte Israels zuzuwenden, kam Samuels Bestrebungen entgegen. Seine hinreißenden Reden, die sich in dem Punkte zuspitzten, daß die Götter der Heiden nichtig seien, die nicht helfen und nicht retten können, daß es eine Torheit und zugleich ein Verbrechen sei, die trügerischen Orakel der Teraphim zu befragen und dem Gaukelspiel der Wahrsager zu folgen, und endlich, daß Gott sein Volk nimmermehr verlassen werde, das er sich auserkoren[2]), diese Reden fanden einen immer mächtigeren Widerhall in den Herzen derer, die sie vernommen oder davon gehört hatten. Samuel wartete nicht ab, bis das Volk zu ihm kam, um ihn sprechen zu hören, sondern suchte es auf. Er reiste im Lande umher, veranstaltete Volksversammlungen und verkündete der Menge, was ihm der Geist Gottes eingegeben hatte. Und das Volk erwärmte sich an seinen prophetischen Reden, erwachte aus seiner Betäubung, in die es das Unglück durch die Philister gestürzt hatte, faßte Vertrauen zu seinem Gotte und zu sich selbst und fing an sich zu bessern. Es hatte den rechten Mann gefunden, dessen Leitung es in der drangsalsvollen Zeit folgen konnte. Das Priestertum hatte nicht vermocht, es vor Unglück und Knechtschaft zu schützen. Daher setzte es seine Hoffnung auf das Prophetentum, das in Samuel so würdig und voll vertreten war. Die Blicke des Volkes waren auf ihn gerichtet.

Samuel stand aber nicht allein, sonst hätte er die günstige Umwandlung nicht herbeiführen können. Er hatte vielmehr einen Kreis von Gehilfen, auf die er zählen konnte. Die Leviten, die ihre Heimat in Schilo hatten, waren bei der Zerstörung dieser Stadt und des Heiligtums flüchtig geworden und hatten ihren Halt verloren. Sie waren gewöhnt, den Altar zu umkreisen und im Heiligtum zu dienen; eine andere Tätigkeit kannten sie nicht. Was sollten sie in der Vereinzelung beginnen? Eine andere Kultusstätte, der sie sich hätten zuwenden können, war noch nicht gegründet. So schlossen sich einzelne Leviten an Samuel an, dessen Bedeutung sie in Schilo erkannt hatten, und er

---

[1]) I. Samuel 3, 1.
[2]) Vgl. das. 12, 21—22; 15, 23.

wußte sie für seine Pläne zu verwenden. Nach und nach waren ihrer
soviele, daß sie eine Art Orden (Chebel) oder eine levitische Gemeinde
(Kehilla) bildeten[1]).

Wie dieser Orden oder dieser Verein organisiert war, und wie er
auftrat und handelte, ist nicht überliefert. Eine Schule, deren Mitglieder
von Samuel erzogen und herangebildet worden wären, war es sicherlich nicht, denn zu einer solchen Bildungsanstalt fehlte damals jede Vorbedingung. Fertige Jünglinge und Männer waren es viel eher, die
sich getrieben fühlten, sich an einen bedeutenden Meister anzuschließen.
Sie verstanden das Saitenspiel, wußten Handpauke, Harfe und Laute
zu handhaben. Das zündende Wort, in dichterischer Form und in prophetischer Vorschau vorgetragen, hat ohne Zweifel den musikalischen
Weisen als Unterlage gedient. Beide vereint, haben auf die Zuhörer
eine so begeisternde Wirkung hervorgebracht, daß sie davon ergriffen, in
Verzückung gerieten und sich wie umgewandelt fühlten[2]). Diese Prophetenjünger, an deren Spitze Samuel stand, die von dem Geist Gottes
getrieben waren, haben zur Umstimmung und Umwandlung des Volkes
wesentlich beigetragen.

Noch ein anderer Umstand diente damals zur Erhebung des Volkes
aus seiner Stumpfheit. Während der ganzen Dauer der Richterepoche
hatte der Stamm Juda nicht den geringsten Anteil an den öffentlichen
und geschichtlichen Vorgängen genommen. In die Triften und Wüste-
neien seines Gebietes entrückt, war er für die übrigen Stämme so gut
wie gar nicht vorhanden. Das Loblied auf die Helden Barak und Deborah nennt den Stamm Juda gar nicht, weder lobend, noch tadelnd.
Er hat unter dem Namen J a k o b in seiner Abgeschiedenheit eine eigene
Existenz geführt, unberührt von den Leiden und Freuden, von den
Kämpfen und Siegen der übrigen Stämme diesseits und jenseits.
Unter Kenitern, Idumäern und Jebusitern wohnend, mögen die Judäer
auch ihre Kämpfe gehabt haben; aber davon ist auch nicht eine schattenhafte Erinnerung geblieben. Ihr Vasallenstamm Simeon teilte mit
ihnen die Abgeschiedenheit und die etwaigen Geschicke. Die Jebusiter,
welche die Gegend zwischen dem Gebirge Ephraim und dem Gebirge
Juda inne hatten, bildeten die Scheidewand zwischen diesen Stämmen
und ihren nördlich wohnenden Brüdern. Erst die wiederholten Angriffe

---

[1]) I. Sam. 10, 5. 10. 19, 20. חבל נביאים ist eine innige Verbindung und Vereinigung von Propheten (von חבל, Band.) Vgl. Zacharia
11 7. 14: חבלים gleich אחוה. להקת נביאים ist eine Transmutation für
קהלת.

[2]) I. Sam. das. und besonders 19, 19—24.

der Philister auf das israelitische Gebiet, von denen sie auch gelitten
haben mögen, scheinen die beiden Stämme aufgerüttelt und aus ihrer
Zurückgezogenheit herausgedrängt zu haben[1]). Um sich dieses hartnäckigen Feindes, der auf ihren Nacken das Joch der Knechtschaft hat
legen wollen, zu erwehren, mögen die Judäer ihre Hand den Bruderstämmen entgegengestreckt haben. Die veränderte Stellung des Stammes Juda zu den Nachbarn hat den Anschluß erst ermöglicht. Denn
gerade in dieser Zeit, als Samuel die Augen des Volkes auf sich gezogen
hatte, bestand Frieden zwischen den Emoritern und Israel[2]). Wahrscheinlich hat die gemeinsame Furcht, von den mächtig gewordenen
Philistern unterjocht zu werden, einen Friedensschluß zuwege gebracht.
Der Stamm Juda rückte seit der Zeit immer näher nach dem Norden
zu bis Bethlehem, schon ganz nahe an die Stadt Jebus, während er
früher nur bis Hebron angesiedelt war.

Welche Umstände diese L a g e auch herbeigeführt haben mögen,
sicher ist es, daß in Samuels Tagen der Eintritt des Stammes Juda
mit seinem Vasallenstamm Simeon in die gemeinsame Geschichtstätig-
keit erfolgt ist. Jakob und Israel, in den vielen Jahrhunderten seit dem
Einzug ins Land voneinander getrennt, waren nun vereinigt, und
Samuel hat wohl diese Vereinigung herbeigeführt. Mit Judas oder
Jakobs Eintritt in die Geschichte kam ein neues, kräftigeres, gewissermaßen verjüngendes Element hinzu. Der Stamm Juda hatte in dem
von ihm in Besitz genommenen Gebiete wenig Städte und kein ent-
wickeltes Städteleben vorgefunden. Die einzige namhafte Stadt war
Hebron; sonst gab es nur Gehöfte für Herdenbesitzer. Die Verfeine-
rung und Entartung, die von Phönizien ausgegangen war, blieb den
Judäern und Simeoniten fern. Der Kultus des Baal und der Astarte
mit seinem unzüchtigen und grobsinnlichen Wesen hatte keinen Eingang
bei ihnen gefunden. Sie blieben größtenteils, was sie beim Einzug ins
Land gewesen waren, einfache Hirten, die ihre Freiheit liebten und verteidigten, von Kriegsruhm und Ehrgeiz aber frei waren. Die einfachen
Sitten aus der Patriarchenzeit haben sich daher in Juda länger erhalten.

Wohl hatten auch judäische Familien jede für sich eine eigene
Opferstätte[3]); im Hauptorte Hebron bestand gewiß eine solche; aber die
Opferweise war hier einfach geblieben und wurde im Namen des Gottes
Israels geübt. Eine gemeinsame Opferstätte scheint an der Südgrenze
des Stammes in B e e r s e b a gewesen zu sein, an der auch der Stamm

[1]) Vgl. Note 7.
[2]) I. Samuel 7, 14.
[3]) Vgl. I. Samuel 20, 6.

Simeon Anteil hatte[1]). Beerſeba galt als ein durch ſein Alter geheiligter
Ort, in welchem ſchon die Erzväter Abraham und Iſaak einen Altar erbaut hatten[2]). Noch viele Jahrhunderte ſpäter, ſelbſt als bereits bedeutende Kultusplätze errichtet waren, blieb es ein Wallfahrtsort[3]). So
ganz ohne heidniſche Beimiſchung waren wohl die Gottesverehrung
und die Sitten des Hauſes Jakob auch nicht geblieben; denn es war
nicht bloß von götzendieneriſchen Völkerſchaften umgeben, ſondern
wohnte mitten unter ihnen und vermiſchte ſich auch durch Ehebündniſſe
mit ihnen. Aber weil die Judäer ſo lange ſozuſagen in Bauerneinfalt
lebten, blieben ſie frei von den häßlichen götzendieneriſchen Auswüchſen.
Die Vereinigung des Hauſes Jakob mit dem Hauſe Israel war daher
nach der politiſchen und religiöſen Seite von großer Tragweite für die
Zukunft.

Freilich ohne Samuels gebietende und tatkräftige Perſönlichkeit
hätte dieſe politiſche Erſtarkung und religiöſe Erhebung und Umwandlung
doch nicht gefördert werden können. Der Sohn Elkanas, obwohl kein
Kriegsheld, wurde als die ſtarke Säule betrachtet, von der beide Häuſer
geſtützt wurden. Mehrere Jahre hat Samuel, unterſtützt von dem
Prophetenorden der Leviten, ſeine Tätigkeit mit Eifer und Tatkraft
fortgeſetzt. Er galt in den Augen des Volkes als Führer.

Als die Philiſter zu wiederholten Malen einen Kriegszug gegen
Israel vorbereiteten, verſammelten ſich die Älteſten des Volkes und begaben ſich zu Samuel nach Rama mit der Bitte, daß er die Gefahr abwenden möge. Er zeigte ſich ſelbſtverſtändlich bereit, das Volk anzuführen;
aber er knüpfte eine Hauptbedingung daran, daß es ſich von dem fremden
Götzentume reinigen, die Baal- und Aſtartealtäre umſtoßen und mit
ganzem Herzen zum Gotte ſeiner Väter zurückkehren möge, dann werde
Gott es unfehlbar von den Philiſtern retten. Willig gingen die Stämme,
die durch ihre Älteſten bei Samuel vertreten und von den Philiſtern
zunächſt bedroht waren, darauf ein, die Stämme B e n j a m i n ,
E p h r a i m , D a n und wohl auch J u d a . Darauf verſammelte
ſich die kriegeriſche Mannſchaft auf Samuels Befehl in M i z p a h[4]),
einer Stadt, die nicht weit von Rama auf einem 500 Fuß über die Ebene
ragenden Bergrücken lag und einen weiten Überblick über die ganze
Gegend gewährte, ſo daß die Annäherung des Feindes aus weiter

---

[1]) Joſua 15, 28 und 19, 2.
[2]) Geneſis 21, 33; 26, 23—25.
[3]) Amos 5, 5.
[4]) Jetzt Nabi-Samwil genannt, von der falſchen Vorausſetzung, daß
dieſes das Rama Samuels geweſen ſei.

Ferne beobachtet werden konnte. Hier wendete sich Samuel in inbrün=
stigem Gebete zu Gott und brachte ein junges Lämmchen zum Opfer.
Obwohl er das Opferwesen niedrig stellte, hielt er es doch nicht für ganz
entbehrlich. Indessen rückten die Philister heran, und die israelitische
Mannschaft verzagte. Samuel aber beruhigte sie. Ein starkes Unwetter,
von Donner und Blitz begleitet, verbreitete Entsetzen unter den Philistern
und sie wandten sich zur Flucht in ihr Gebiet. Beim Anblick dieser Flucht
eilte die israelitische Schar von Mizpah in die Ebene und verfolgte sie
bis in die Niederung von Beth=Jaschan[1]).

Dieser Sieg in der Nähe von Eben ha=Eser, wo die Philister
viele Jahre vorher die israelitische Schar aufgerieben und die Bundes=
lade erbeutet hatten, war von nachhaltiger Wirkung. Er hob den Mut
der Israeliten und beugte den der Philister. Diese versuchten zwar
noch mehreremal Einfälle ins Land zu machen, aber sie wurden stets
unter Samuels Anführung oder Anfeuerung zurückgeworfen. Die
Philister mußten die israelitischen Städte, die sie den Israeliten früher
entrissen hatten, wieder herausgeben[2]).

Ein Jahrzehnt mochte das Volk wieder die Behaglichkeit des Frie=
dens genossen haben, und Samuel sorgte dafür, daß das Glück nicht
wieder verderbe, was das Unglück gefördert hatte. Den Zusammen=
hang der Stämme, der ihnen Stärke verlieh, zu erhalten, war wohl sein
ernstes Bestreben. Jahr für Jahr ließ er die Ältesten des Volkes zu=
sammenkommen, setzte ihnen ihre Pflichten auseinander, erinnerte sie
an die Unglückstage, die sich das Volk durch Gottvergessenheit, Ver=
mischung mit den Götzendienern und Nachahmung ihrer Unsitten zuge=
zogen hatte, und warnte sie vor Rückfällen[3]). Solche Zusammenkünfte

---

[1]) I. Samuel 7, 3—12. In Vers 12 hat die syrische Übersetzung statt חשן
die L.=A. ישן, nämlich בית מצפיא לבית ישן. Auch die griech. Vers. muß
dieselbe L.=A. vor sich gehabt haben, denn sie übersetzt den Eigennamen
appellativ durch παλαιά, alt, d. h. ישן. Der Syrer hat auch Vers 11 für
das unverständliche בית כר die L.=A. בית רשן. Jaschan קדמא לתחת מן בית רשן
oder Bet=Jaschan muß also westlich von Mizpah, und zwar am Fuße des
Gebirges nach der Schephela zu, in der Richtung nach Philistäa gelegen
haben. אבן העזר lag also zwischen Mizpah und Jaschan, und auch das Aphek
in der Niederung (I. Sam. 4, 1) lag in der Nähe von Eben ha=Eser.

[2]) Das. 7, 14 klingt ein wenig schwerfällig. Die LXX haben einige
Zusätze, welche die Konstruktion gefügiger machen. מעקרון ועד גת will
nicht etwa sagen, daß diese Städte ausgeliefert worden wären, sondern
lediglich die Städte, welche zwischen diesen lagen. In Vers 13 will כל ימי
שמואל aussagen, so lange Samuel persönlich regierte, ehe er sich im Alter
durch seine Söhne vertreten ließ.

[3]) Vgl. Note 7.

hielt Samuel abwechſelnd in drei Städten, die nach dem Untergang
Schilos Bedeutung erlangt hatten, in B e t h e l , das durch die Erinnerung an Jakob wichtig ſchien, in G i l g a l , das eine Zeitlang unter
Joſua Mittelpunkt geweſen war, und in M i z p a h , wo zuletzt der
Sieg über die Philiſter erfleht worden war. In ſeinem Wohnorte R a m a
fanden noch häufigere Zuſammenkünfte der verſchiedenen Stämme
ſtatt, deren Älteſte ihn aufſuchten, um ihn über wichtige Angelegenheiten zu Rate zu ziehen. Vermöge ſeiner prophetiſchen Stellung wurde
Samuel in ſeinem Wohnorte auch von ſtreitenden Parteien aufgeſucht,
damit er Recht ſpreche und Entſcheidungen treffe. Er wurde als
Oberrichter anerkannt. In Rama, ſowie in den drei Städten beſtand je
ein Altar zum Opfern. Denn noch immer galt das Opferweſen als eine
unerläßliche Zeremonie, ſich Gott zu nähern. Aber Samuel ließ es
nicht beim Opfern allein bewenden. Mit Hilfe der Leviten führte er
Pſalmen, Geſangchöre und Saitenſpiel ein, die eine gehobene Stimmung erzeugten. Durch ihn kam ein neues Element in den iſraelitiſchen Gottesdienſt, der Lobpſalm mit Geſang. Samuel ſelbſt, der
Stammvater der ſpäter berühmt gewordenen korachidiſchen Pſalm-
dichter, hat ohne Zweifel zuerſt Lobgeſänge für den Gottesdienſt gedichtet. Sein Enkel H e m a n galt im nachfolgenden Geſchlechte neben
A ß a p h und J e d u t h u n als pſalmiſtiſcher Dichter und Tonkünſtler[1]).
Die lieblichen Zwillingsſchweſtern, die einander ergänzen, die Dichtkunſt
und die Tonkunſt, wurden durch Samuel in den Dienſt des Kultus genommen; dieſer wurde dadurch feierlich erhaben und wirkte nachhaltig
und veredelnd auf die Gemüter. Wie die Dichtkunſt überhaupt im
iſraelitiſchen Volke zu einer Zeit gehegt wurde, ehe die übrigen Völker
der Erde, ſo weit die Kunde reicht, ſelbſt ehe noch die Jonier, die es
unter den alten Völkern am weiteſten darin gebracht haben, eine Ahnung
davon hatten, daß die Schönheit und der Wohllaut der Sprache durch
rhythmiſche Verſe in der Seele eine angenehme Wirkung hervorbringe
und als Mittel zur Veredlung der Menſchen dienen könne, ſo erhielt ſie
auch in Iſraels Mitte eine würdige Stellung und einen Ehrenplatz.
So eng verbunden war durch Samuels Beiſpiel die Dichtkunſt mit dem
Prophetentume, daß für den Dichter und den Propheten eine und dieſelbe Benennung aufkam. Beide wurden als S e h e r (Roêh, Choſêh,
Nabi) bezeichnet, und D i c h t e n und W e i s ſ a g e n (hitnabbeh) war
ſo ziemlich gleichbedeutend[2]). Zwei Propheten, die ſich unter Samuel
und nach ſeinem Beiſpiel ausgebildet haben, N a t h a n und G a d ,

---

[1]) I. Chronik 6, 7; 15, 17; 25, 1 ff.
[2]) I. Chronik 25, 2—5; I. Samuel, 10, 5—11; 19, 20—24.

gehörten dem von ihm angeführten Chore an. So hatte die Lehre, welche Mose dem Volke übergeben zu einer Zeit, als es deren tiefen Gehalt noch nicht begreifen konnte, das Mittel gefunden, durch den Geist auf den Geist zu wirken und die Menge dafür empfänglich zu machen. Sie wurde erst dadurch tatsächlich, was sie ihrem Ursprunge nach sein sollte, eine **Religion des Geistes**, deren Aufgabe es war, das Gemüt zu läutern und die Gesinnung zu veredeln.

Durch die Verwendung der Levitenchöre und der Psalmengesänge wurde das Opferwesen von selbst herabgedrückt. Die Priester, die Söhne Aharons, die, von dem falschen Beispiel der Nachbarvölker verleitet, sich als die Mittler zwischen Gott und den Menschen vermöge der Opfer betrachteten, wurden durch Samuel in eine wenig geachtete Stellung verwiesen, gewissermaßen in den Schatten gestellt. Ein Enkel Elis, **Achitub**, ein älterer Bruder dessen, welcher bei der Nachricht von der Gefangennahme der Bundeslade durch eine Schmerzensgeburt in die Welt gekommen war, hatte sich bei der Zerstörung Schilos durch die Flucht nach einem Städtchen **Nob** in der Nähe Jerusalems gerettet. Er hatte auch die Hohenpriestergewänder mit dahin gebracht und das **Ephod** nicht vergessen, vermöge dessen die Priester die Zukunft zu verkünden pflegten[1]). Sämtliche Glieder des Hauses Aharon sammelten sich dann in Nob, so daß es eine Priesterstadt wurde[2]). Hier scheint Achitub einen Altar errichtet und selbst eine Art Zelttempel nach dem Muster des in Schilo zerstörten aufgestellt zu haben[3]). Sogar eine Bundeslade scheint in Nob angefertigt worden zu sein, zum Ersatz für die von den Philistern erbeutete, ohne Rücksicht darauf, daß der Hauptinhalt, **die steinernen Tafeln des Bundes**, mangelte. Allein dem Volke kam es nicht darauf an; es sah mehr auf das Äußere, auf das Gefäß, als auf den Inhalt; jenes wurde als wundertätiges Schutzmittel betrachtet.

Samuel kümmerte sich weder um die Aharoniden in Nob, noch um ihr Heiligtum und um ihre nachgeäffte Bundeslade, gleich als hätte er das Priestertum beim Volke in Vergessenheit bringen wollen. Der

---

[1]) I. Samuel 14, 3; 21, 2.

[2]) Das. 22, 19.

[3]) I. Sam. 21, 2—8. 14, 18. LXX haben statt ארון ἐφούδ, weil es dem Übersetzer auffällig war, daß die Bundeslade, die doch in Kirjat-Jearim stand, sich in Sauls Lager befinden konnte. Es ist aber ein harmonistischer Zug; die späteren Komentt. deuten ebenfalls hier ארון in Ephod und Urim-we-Tumim um. Die syr. Übers. hat aber hier ארון. Auch eine talmudische Autorität nimmt an, daß es zwei Bundesladen gegeben habe (Schekalim fol. 49 c): שני ארונות היו.

Gegensatz zwischen dem aharonidischen Priestertume und dem Levitentum, der später offen hervortrat, stammt schon aus Samuels Zeit.

Indessen so bedeutend und erfolgreich auch die Umwandlung war, welche Samuels reichbegabte Persönlichkeit und sein Eifer bewirkt hatten, war dennoch der Zustand des Volkes weit entfernt davon, an Vollkommenheit auch nur anzustreifen. Das Haus Jakob, d. h. die Stämme Juda und Simeon, waren allerdings in den Gesamtverband hineingezogen; aber die Stämme im äußersten Norden beteiligten sich wenig an den wechselvollen Vorgängen, die in der Mitte des Landes vorfielen. Denn Samuels Einfluß erstreckte sich eben nur auf diese Mitte, auf die Stämme des Südens. Wenn vielleicht auch der Stamm Manasse im Gefolge von Ephraim zum Verbande gehörte, so blieben doch jedenfalls die Stämme Sebulon und Jsaschar und noch mehr die nördlichsten, Ascher und Naphtali, davon ausgeschlossen, und ebenso die jenseitigen Stämme. Wohl mag die Kunde von Samuels eifervoller Tätigkeit und von der Erhebung ihrer Bruderstämme auch zu ihnen gedrungen sein, aber sie taten keinen Schritt, sich dabei zu beteiligen, noch suchten sie Samuel auf. Es ist zwar außerordentlich auffällig, aber es ist Tatsache, daß Samuels Tätigkeit nicht die Gesamtheit der Stämme umfaßte. Manche Umstände mögen die Gesamtvereinigung verhindert haben; aber eben dadurch, daß die Hindernisse nicht überwunden werden konnten, erscheint Samuels Tätigkeit doch nur als eine mangelhafte Halbheit. Er hatte sein Augenmerk nur auf die Mitte und den Süden gerichtet. Bei zunehmendem Alter sandte er seine beiden Söhne, J o ë l und A b i j a, gewissermaßen als Statthalter und Richter, den einen nach B e e r s e b a im judäischen Süden und den anderen nach B e t h e l [1]), den Norden dagegen ließ er unvertreten. Samuels Persönlichkeit und Gesinnung war es zuwider, irgend einen Zwang auszuüben. Er mochte nur diejenigen leiten, die sich ihm freiwillig zur Verfügung stellten. Eine Herrschaft, die ihren Bestand und ihre Kraft in der Gewalt hat, war ihm ein Gräuel. Aber diese Milde zog nachteilige Folgen herbei.

Samuel konnte bei zunehmendem Alter nicht mehr die Tatkraft entwickeln wie in der Jugend und im reifen Mannesalter. Seine Söhne waren nicht beliebt, sie wurden beschuldigt, daß sie ihr Amt durch Annahme von Geschenken mißbrauchten. Andere tatkräftige Männer

---

[1]) Josephus hat bei diesem Punkte einen beachtenswerten Zusatz (Altert. VI, 3, 1): προςέταξε δὲ τὸν μὲν ἐν Βεϑήλοις . . . τὸν δ'ἕτερον ἐν Βαρσουβαί. Man müßte demnach in I. Samuel 8, 2 ergänzen: האחד בבית אל והאחד בבאר שבע.

waren in dem Kreise, von dem Samuel umgeben war, nicht vorhanden.
Das Band, das das Volk zusammenhielt, lockerte sich allmählich, da der
Prophet nicht mehr so oft mit den Ältesten in Berührung kommen
konnte. Hatten die Feinde Israels Fühlung von der körperlichen
Schwäche des prophetischen Leiters und von der von neuem drohenden
Zerfahrenheit der Stämme? Sie begannen abermals sich zu rühren,
um von neuem den Stämmen das Joch der Knechtschaft aufzulegen.
Die Philister hatten zu Samuels Zeit das Königstum eingeführt, oder
es war ihnen von dem Beherrscher einer der Fünfstädte aufgezwungen
worden. Die Stadt G a t h war Hauptort und Sitz des Königs geworden[1]). Sie wurden durch das Königstum geeinter und stärker. Der
Ehrgeiz des neuen philistäischen Königs richtete sich auf Eroberungen
in weiter Ausdehnung. Er scheint sogar gegen die Phönizier glückliche
Kriege geführt und selbst die Stadt Sidon zerstört zu haben. Infolgedessen retteten sich die Sidonier auf Schiffen und erbauten auf einen
tief bis ins Meer hinausragenden Felsen eine neue Stadt, welche sie
T h r u s (Zor), die Felsenstadt, nannten[2]). Sie war für Feinde, die
nicht über starke Kriegsschiffe zu verfügen hatten, unzugänglich. Die
Philister waren indessen doch durch die Zerstörung von Sidon Herren
des ganzen Küstenlandes von Gaza bis Sidon über Akko hinaus ge-

---

[1]) Noch zu Simsons Zeit werden nur die fünf סרני פלשתים genannt,
aber noch kein König. In Sauls Zeit dagegen wird Achisch, Sohn des
מעוך von Gath, als König der Philister, aufgeführt (I. Samuel 27, 2).
Maoch scheint demnach ihr erster König gewesen zu sein. In Samuels Zeit
muß demnach das Königtum in Philistäa eingeführt worden sein.

[2]) Trogus Pompejus nach Justins Auszug hat eine interessante historische
Notiz erhalten (XVIII 3): Post multos deinde annos a rege Ascaloniorum
expugnati (Phoenices, Sidonii), navibus appulsi Tyron urbem ante
annum Trojanae cladis condiderunt. Der König der Askalonier,
d. h. der Philister, hat demnach die Phönizier besiegt und Sidon zerstört. Die
Zeit ist zwar unbestimmbar angegeben; denn man weiß nicht, in welches
Jahr Trogus Pompejus den Untergang Trojas gesetzt hat, da es nicht
weniger als 17 trojanische Epochen gibt. Da Trogus aber von einem
König der Askalonier und von der Erbauung Thrus' spricht, so kann
das Faktum nur in Samuels Zeit fallen. Denn vorher hatten die Philister
keinen König, und später konnte Thrus nicht erbaut sein, da zu Davids Zeit
schon Hiram König von Thrus war. Sanchoniathon nennt Hirams Vater
Bartophas als ersten König von Thrus. Pragmatisch fügen sich die
Fakta passend zusammen; die Obmacht der Philister über die Phönizier
und ihre nachdrucksvollen Kriege gegen die Israeliten zu Ende von Samuels
Zeit stehen im Zusammenhange [vgl. Pietschmann, Gesch. der Phönizier,
S. 61 ff.].

worden. Es lag ihnen also nahe, auch das Binnenland zu erobern, und es schien ihnen leicht, mit ihrer angewachsenen Macht das Land Israel vollständig zu unterwerfen. Es begannen daher von neuem blutige Kriege zwischen ihnen und den Israeliten.

Auch die Ammoniter, die durch Jephtah gedemütigt worden waren, erhoben sich wieder unter einem kriegerischen König Nachasch, der sein Gebiet zu erweitern trachtete. Dieser König machte Einfälle in die Wohnsitze der Stämme Gad und Halbmanasse. Außerstande, sich zu verteidigen, sandten sie Abgeordnete an Samuel mit der Bitte, ihnen kräftigen Beistand zu verschaffen, und sprachen ein Wort aus, welches den Propheten aufs tiefste verletzte, aber die allgemeine Stimmung ausdrückte. Sie verlangten, daß an die Spitze des israelitischen Gemeinwesens ein König gestellt werde [1]), der die Befugnis habe, alle Glieder des Volkes mit Gewalt zu einem einheitlichen und kräftigen Vorgehen zu nötigen, in den Krieg zu führen und Siege zu erringen. Ein König in Israel! Samuel war beim Anhören dieses Wortes entsetzt. Ein ganzes Volk soll von den Launen und der Willkür eines einzelnen abhängen! Die Gleichheit aller Glieder des Volkes vor Gott und dem Gesetze, die freie Selbständigkeit jeder Familiengruppe unter ihrem patriarchalischem Oberhaupte waren so sehr Lebensgewohnheit geworden, daß eine Änderung dieses Zustandes gar nicht faßbar war und das Allerunglücklichste in sich zu bergen schien. In jener Zeit galt ein König noch dazu als eine Verkörperung oder als ein eingeborener Sohn Gottes, dem das Volk im ganzen und einzelnen mit allem, was er haben und sein mochte, zu Eigentum gehörte, der frei darüber schalten und walten konnte, der selbst über das Leben der Untertanen und ihre heiligsten Gefühle verfügen und sie zum Opfer verlangen durfte. Ihm allein schuldeten alle nicht bloß Gehorsam, sondern auch kriechende Unterwürfigkeit; sich gegen ihn ein Vergehen zu schulden kommen zu lassen, müßte ebenso schwer geahndet werden, wie eine Lästerung gegen Gott. Einen König über Israel zu setzen, kam also dem Verlangen gleich, an die Stelle des Gottes Israel einen sterblichen Menschen zu setzen. Der König stände über der Lehre Gottes, über dem Gesetze, sein Wille allein wäre maßgebend. Kurz die ganze Ordnung und der Gedankenkreis, die im Volke Israel herrschten, und auf denen sein Gemeinwesen gebaut war, hätten umgekehrt werden müssen, und Israel mußte damit allen Völkern

---

[1]) In I. Samuel 12, 12 ist ausdrücklich angegeben, daß die Israeliten infolge des Krieges mit Nachasch, dem Ammoniterkönig, einen König verlangt haben. Es müssen demnach die jenseitigen Stämme zuerst diesen Wunsch ausgesprochen haben. Vgl. S. 149.

der Erde gleich werden, die nur ein Spielball in der Hand ihrer Könige waren.

Der Prophet Samuel, in welchem die sinaitische Lehre von der Gleichheit aller Menschen und von der auf Freiheit beruhenden Sittlichkeit lebendig war, und der die ganze unheilvolle Tragweite der Forderung erkannte, fuhr dabei wie aus einem bedrückenden Traume auf. In einer effektvollen Schilderung führte er den Ältesten die unausbleiblichen Folgen des Königtums vor, daß die freiwillige Unterwerfung der Menge unter den Willen eines Einzigen zuletzt zu selbstmörderischer Knechtschaft führen müsse. „Der König wird euch eure Söhne nehmen zur Gefolgschaft seiner Würde, zum Ehrengeleite zu Roß oder als Vorrenner zu Fuß, auch seine Äcker werden sie bestellen müssen und seinen Waffenvorrat anfertigen. Eure Töchter werden Leckerbissen für seine Tafel bereiten müssen. Eure besten Felder wird er nehmen, um sie seinen Söhnen[1]) zu geben, und vom Ertrag des Bodens wird er den zehnten Teil nehmen, um damit seine Hofdiener und Verschnittenen zu lohnen. Eure schönsten Sklaven, Sklavinnen und Rinder wird er noch dazu nehmen und von euren Kleinvieherden wird er sich den zehnten Teil geben lassen, und ihr alle werdet Sklaven sein. Dann werdet ihr vor Gott über euern König klagen, aber Gott wird euch nicht erhören"[2]).

Aber so eindringlich auch Samuels Warnung war, die Ältesten blieben dabei, daß sie nur ein König von der Not der Zeit befreien könne.

Als zu den Drangsalen von den Ammonitern jenseit des Jordans noch neue hinzukamen, welche die diesseitigen Stämme näher angingen[3]),

---

[1]) I. Samuel 8, 9—19. In Vers 14 muß wohl statt לעבדריו gelesen werden לבניו, da von den עבדים erst im folgenden Verse in Verbindung mit לסריסיו die Rede ist.

[2]) Die Geschichtlichkeit der Warnungsrede Samuels ist nicht anzuzweifeln. Denn das abschreckende Bild von Königtum kann nur vor Davids Regierung gezeichnet worden sein. Später selbst unter den schlimmsten Königen Judas wurde das Königtum von den Propheten niemals so gebrandmarkt, wenn auch die Könige bitter getadelt wurden. Das Davidische Königtum wurde vielmehr von ihnen als ein von Gott eingesetztes und ihm wohlgefälliges Institut respektiert.

[3]) Es ist bereits darauf hingewiesen (o. S. 148), daß die Angriffe von seiten der Ammoniter die erste Veranlassung zur Forderung einer Königswahl gewesen sein müssen. In 9, 16 dagegen ist angegeben, daß der zu wählende König Israel von den Philistern befreien solle. Daraus geht hervor, daß die Invasionen der Philister Veranlassung zur Wahl gegeben haben. Man braucht aber nicht die Zuflucht zu zwei verschiedenen Relationen zu nehmen. Die erste Forderung kann recht gut infolge der Ammo-

drangen auch diese auf Einsetzung eines Königs. Die Philister machten
wiederholte Einfälle und fanden diesmal geringen oder keinen Widerstand. Samuels Stimme vermochte die Stämme nicht mehr zu vereinter
Gegenwehr zusammenzubringen, oder die israelitischen Krieger hatten
im Kampf gegen die Philister Unglück. Diese siegten und führten diesmal ihre Obmacht und die Unterjochung nachdrücklicher und härter durch.
Sie begnügten sich nicht mehr mit Losreißung der Grenzstädte, sondern
dehnten ihre Herrschaft durch die ganze Breite des Landes fast bis zum
Jordan und über das Gebirge Ephraim und Juda aus. In einigen
Städten setzten sie Steuervögte (Nezib) ein für Abgabenlieferung von
Vieh und Getreide, die ohne Zweifel mit Härte den Zehnten, oder wie der
Steuersatz sonst war, erpreßten. Zur Unterstützung der Vögte wurde ihnen
bewaffnete Mannschaft zugesellt, welche die Ungefügigen zu züchtigen
hatten[1]. Bei dieser Lage der Dinge wurde der Wunsch, einen König zu
besitzen, der tatkräftiger, als der Prophet es vermochte, die Befreiung
erwirken und erhalten könnte, immer lauter und dringender. Die
Ältesten Israels verlangten mit einem gewissen Ungestüm von Samuel
einen König und ließen sich nicht abweisen. Samuel selbst, so sehr er
sich anfangs gegen die Zumutung sträubte, mußte auf den Wunsch eingehen. Der prophetische Geist verkündete ihm, sich dem einmütigen
Willen der Volksvertreter zu fügen und einen König auszusuchen und
zu salben. Die neue Regierungsform, die dem Gang der israelitischen
Geschichte eine andere Wendung bringen sollte, war eine Notwendigkeit
geworden. Der sicher urteilende Verstand in Samuel verwarf sie, aber
die Prophetie in ihm mußte sie zugeben. Das israelitische Königstum
ist unter Schmerzen zur Welt gekommen. Die Liebe hat es nicht geboren, der Zwang war sein Vater. Es hat deswegen keinen naturge-
mäßen Platz in dem Fugenbau des israelitischen Gemeinwesens finden
können, und wurde von den höher gestimmten Geistern stets als ein
störendes Element mit Mißtrauen angesehen.

untersehden von den jenseitigen Stämmen ausgegangen sein. Der Angriff
der Philister hat dieser Forderung Nachdruck gegeben, sie ist zugleich auch
von den diesseitigen Stämmen ausgesprochen worden. Der neugewählte
König hatte in der Tat zugleich gegen beide Völkerschaften zu kämpfen.
Nur darf man die feindliche Haltung der Ammoniter nicht mit dem Kulmi-
nationspunkte beginnen lassen, mit der Bedrohung der Einwohner von
Jabesch-Gilead (11, 2). Ehe die Ammoniter so weit nördlich über den
Jabbok hinaus vordrangen, mußten sie die Gaditen unterworfen haben, und
dazu gehörte Zeit. Der Hilferuf gegen die Ammoniter kann also im ersten
Stadium des Krieges erfolgt sein.
    [1] I. Samuel, 10, 5; 13, 4.

Sechstes Kapitel

Saul.

Einführung des Königtums. Saul, sein Stand und sein Charakter. Seine geheime Wahl zu Mizpah. Gedemütigter Stand des Volkes durch die Philister. Jonathan reizt die Philister, Kriegserklärung. Versammlung in Gilgal. Kampf bei Michmas, Niederlage der Philister. Strenger Ernst Sauls. Sieg über die Ammoniter. Erneute Wahl Sauls zum König. Sein Hof und seine Beamten. Die Trabantenschar und eine stehende Truppe. Sieg über die Amalekiter. Zerwürfnis zwischen Saul und Samuel. Sauls Fehden gegen die Nachbarvölker. Kampf gegen die Gibeoniten. Kultusstätte in Gibeon. Kampf gegen die Philister im Terebintentale. Goliath und David. Bekanntschaft Sauls mit David. Sauls Unmut bis zur Raserei gesteigert, seine Eifersucht gegen David und Verfolgung desselben. Letzte Schlacht Sauls gegen die Philister. Niederlage und Tod.

(Um 1067—1055.)

Der König, der durch das ungestüme Drängen des Volkes und die widerstrebende Zustimmung des Propheten an die Spitze des Volkes gestellt wurde, hat noch mehr als die von Samuel vorgebrachten Gegengründe bewiesen, daß das Königtum nicht geeignet war, den von ihm erwarteten Segen zu bringen. Es hat einen einfachen, vortrefflichen Menschen, der bis zur Übernahme der Herrschaft keine Ahnung von Ehrgeiz und Herrschsucht hatte, dahin gebracht, daß er selbst vor Grausamkeit und Unmenschlichkeit nicht zurückschreckte, um sich in seiner Würde zu behaupten. Die hohe Stellung und die eingebildete gebieterische Pflicht, sie aufrecht erhalten zu müssen, unterdrückten die angeborenen Tugenden seines Herzens. Durch prophetische Leitung war Vorsorge getroffen, daß der König nicht dem abschreckenden Bilde gleiche, das Samuel von ihm entworfen hatte, daß er in Selbstüberhebung sich nicht über Gesetz und Schranke hinwegsetzen, und daß er stets seines Ursprunges eingedenk bleiben sollte. Nicht aus dem hochmütigen Stamme Ephraim erkor Samuel den König, damit er nicht jenem Abimelech gleiche, der aus Überhebung und Ehrgeiz seine eigenen Brüder tötete

und die schönsten Städte verwüstete, sondern aus dem geringsten der
Stämme, aus Benjamin. Seine Familie — M a t r i genannt — war
eine der geringsten im Stamme Benjamin[1]). Sein Vater K i s ch zeichnete
sich durch nichts Besonderes aus; er war ein einfacher Landmann; man
konnte später nichts mehr an ihm rühmen, als daß er ein wackerer Mann
war[2]).

In dieser Familie Matri gab es einen tatkräftigen Mann, der wohl
imstande gewesen wäre, das Königtum stark zu machen und die Feinde
Israels zu überwältigen. Es war A b n e r , Sohn Ners; er war aber
ehrgeizig und rücksichtslos, und ein solcher sollte das Volk nicht beherr=
schen, weil er voraussichtlich sich selbst zum Mittelpunkt gemacht hätte.
Abner wurde daher nicht von Samuel erwählt, sondern sein Vetter
S a u l , der sich am Pflug und bei dem Wachstum der Herden seines
Vaters behaglich fühlte, keinen weiteren Gesichtskreis kannte, als den
der Stadt oder des Dorfes, wo er geboren war, und kaum eine Ahnung
davon hatte, daß es Menschen gebe, denen das Herrschen über andere
süß vorkommen könne. Saul war von geradezu bäuerlicher Verschämt=
heit und Menschenscheu. Obwohl er bereits in reifem Mannesalter
stand[3]) und schon Vater eines erwachsenen Sohnes war, lebte er noch
immer in Abhängigkeit von seinem Vater Kisch, wie es im patriarcha=
lischen Zeitalter Sitte war, daß der Sohn erst mit dem Ableben des
Vaters seine Selbständigkeit erlangte. Diese Umstände und Eigenschaften
Sauls schienen ein sicheres Unterpfand gegen Überhebung und Übermut
von seiten des ersten Königs in Israel zu sein. Es war vorauszusetzen,
daß er dem Propheten, der ihn aus niedrigem Stande zur höchsten
Staffel erhoben, folgsam sein und ihn stets als Organ der göttlichen
Lehre und des göttlichen Gesetzes und als laut redendes Gewissen be=
trachten würde. Das unerwartete Ereignis von der ersten Wahl eines
unbekannten Landmannes aus Gibea zum König von Israel hat, wie
sich denken läßt, viel von sich reden gemacht, und man erzählte sich den
Vorgang auf verschiedene Weise. Eine Nachricht lautet: Dem Vater
Sauls seien Eselinnen abhanden gekommen, und er habe seinen Sohn
in Begleitung eines Sklaven abgesandt, um sie zu suchen. Drei Tage
wanderte dieser im Gebirge Ephraim[4]) umher, ohne sie zu finden.

[1]) I. Samuel 9, 21.
[2]) Das. 9, 1.
[3]) Über Alter und Regierungsdauer Sauls, s. Note 19 die Chronologie.
[4]) Die Orte, welche Saul beim Aufsuchen der Eselinnen passierte, sind
schwer zu fixieren, da feste Anhaltspunkte fehlen. Soviel ist indessen gewiß,
daß der Passus ויעבר בהר אפרים (B. 4) keine Spezialisierung einer Ört=
lichkeit, sondern eine Einleitung zum folgenden bildet: Er bewegte sich nur

Schon war er im Begriffe unverrichteter Sache heimzukehren, als ihm der ihn begleitende Sklave zuredete, den Propheten Samuel aufzusuchen, der alles wisse und dessen Vorausverkündigungen unfehlbar einträfen. Saul scheute sich anfangs den Propheten aufzusuchen, weil er nicht imstande war, ihm ein Geschenk anzubieten. Als ihn aber der Sklave darüber beruhigte, begab er sich zu Samuel. Dieser jedoch hatte ihn bereits erwartet und war ihm sogar entgegengegangen. Denn der prophetische Geist hatte ihm verkündet, der Mann aus Benjamin, der am darauffolgenden Tage bei ihm eintreffen werde, solle zum König erwählt werden und werde Israel von der Not seitens der Philister erretten. Auf Sauls Frage, wo das Haus des Sehers sei, antwortete der ihm entgegengekommene Samuel: „Ich bin es selbst." Dann beruhigte er ihn über die verlorenen Eselinnen, lud ihn zum Opfermahle ein und setzte ihm einen Teil der Mahlzeit vor, der für ihn im voraus bestimmt gewesen war, und flüsterte ihm zu, daß ihm die Königswürde zugedacht sei. Aus Bescheidenheit habe aber Saul diesen Gedanken zurückgewiesen: „Ich bin nur aus dem kleinsten Stamme, und meine Familie ist die geringste in Benjamin," sagte er. Samuel habe ihn nichtsdestoweniger den ganzen Tag mit Auszeichnung behandelt, ihn noch über Nacht bei sich behalten und ihn erst bei Tagesanbruch aus der Stadt begleitet und ihm Vorzeichen verkündet, aus deren Eintreffen ihm klar werden werde, daß er zum Könige berufen sei. Diese Zeichen seien auch buchstäblich eingetroffen, und besonders eines davon habe auf Saul einen gewaltigen Eindruck gemacht.

Er sei nämlich, so wird weiter erzählt, mit dem Chor der Prophetenjünger zusammengetroffen, die in Verzückung unter Saitenspiel erhebende Lieder gesungen. Davon sei er so ergriffen worden, daß er selbst in Verzückung geraten sei, mitgesungen und sich wie verwandelt ge-

auf dem Terrain des Gebirges Ephraim; dadurch ist das Gebirge Juda, von Jerusalem südlich, wohin einige Rama verlegen wollen, ausgeschlossen. Sauls Wanderungen gingen wohl in die Kreuz und Quere. Daher sind die Punkte, die er berührt hat, unbestimmbar. Darum ist es auch schwierig zu fixieren, welche Richtung er eingeschlagen hat, um vom Orte der Zusammenkunft mit Samuel nach Gibea zu gelangen. Allenfalls gibt das „Grab Rahels" einen Anhaltspunkt, das unstreitig in der Gegend des benjaminitischen Rama gelegen hat. — צלצח I. Samuel 10, 2 ist kein Ort, sondern ein verschriebenes Verbum (LXX ἁλλόμενοι d. h. צלחים). — Merkwürdig ist es, daß die syr. Version, die hier auch nicht Zelzach liest, zu II. S. 24, 14 statt צלצ, wo Kischs Familiengrabmal angegeben ist, צלצח hat. Dagegen ist schwer anzugeben, wo גבעת אלהים אשר שם נציבי (נציב) פלשתים 10, 5 zu suchen ist, wenn man nicht dafür גבעת בנימין lesen will. S. Frankel-Graetz, Monatsschr. Jahrg. 1872, S. 67, 433 f.

fühlt habe. Wie immer auch die erste Bekanntschaft Samuels mit dem
schüchternen Sohne Kischs erfolgt sein möge — denn ihre erste Unterredung
war jedenfalls geheim und kann von dritten Personen nicht erlauscht
worden sein — so viel ist gewiß, daß Sauls Zusammentreffen mit dem
greisen Propheten und mit dem psalmensingenden Chore in seinem
Leben entscheidend war. Es hat einen tiefen Eindruck auf ihn gemacht
und eine innere Umwandlung in ihm hervorgebracht. Er sah seit der
Zeit die Dinge und Verhältnisse nicht mehr mit dem stumpfen Blick
eines Dorfbewohners an, sondern fühlte sich berufen, für die Befreiung seines hartbedrückten Volkes einzutreten. Der Mut erwachte
in ihm mit der Erkenntnis der Aufgabe, die ihm zugedacht war, sich den
Feinden Israels unverzagt entgegenzuwerfen. Bei seiner Rückkehr ins
Vaterhaus, als seine Verwandten von seinem Zusammentreffen mit
dem Propheten erfuhren, waren sie auf das, was ihm dieser heimlich mitgeteilt haben mochte, nicht wenig gespannt. Es war ihnen nicht unbekannt, daß Samuel den Ältesten verheißen hatte, irgend jemanden
als König an die Spitze des Volkes zu stellen. Sie mochten auch an
Sauls Stimmung und Haltung erkannt haben, daß eine Veränderung
mit ihm vorgegangen sei, und daß Samuels Gespräch mit ihm nicht unwichtig gewesen sein könne. Der ehrgeizige Abner suchte ganz besonders
zu erforschen, was ihm der Prophet mitgeteilt hatte. Aber Saul hüllte
sich in tiefes Schweigen.

Indessen mußte Samuel, seinem Versprechen gemäß, das Volk mit
dem Manne bekannt machen, den er im Geheimen als den Geeignetsten
zum König ausersehen hatte. Er berief zu diesem Zwecke eine Versammlung der Ältesten nach dem hochgelegenen Orte Mizpah. Wahrscheinlich kamen meistens Benjaminiten zusammen. Saul hatte sich mit
der Familie Kisch ebenfalls dort eingefunden. Vor der Wahlhandlung
legte der Prophet den Versammelten noch einmal aus Herz, daß sie
zwar mit ihrem Wunsche, einem König zu gehorchen, eine Untreue gegen
Gott begingen, der Israel so oft errettet habe, daß er aber nichtsdestoweniger vom prophetischen Geiste beauftragt sei, zur Wahl zu schreiten.
Er schlug vor, das Los entscheiden zu lassen, und dieses fiel auf Saul.
Doch konnte man ihn anfangs nicht finden, weil er sich in einem Versteck
gehalten hatte. Als man ihn endlich auffand und der Versammlung
vorführte, war diese von seiner Gestalt betroffen. Er war groß gewachsen, überragte alle Anwesenden um eine ganze Kopfeslänge, war
wohlgestaltet und schön und mochte wohl auch durch seine innere Aufregung einen gewinnenden Eindruck gemacht haben. „Sehet ihr,"
sprach Samuel, „das ist der Mann, den Gott zum König erwählt hat;

seinesgleichen gibt es im ganzen Volke nicht." Die meisten Anwesenden, von der feierlichen Handlung und Sauls Gestalt hingerissen, riefen einstimmig: „Es lebe der König!" Darauf salbte wohl der Prophet den neuernannten König mit geweihtem Öl, wodurch er als unverletzlich gelten sollte[1]. Das Bestreichen mit Salböl war nämlich ein Symbol unantastbarer Heiligkeit. Freudig erregt waren die Ältesten, daß endlich ihr innigster Wunsch, einen König als Führer zu haben, verwirklicht war. Sie versprachen sich davon glückliche Tage. Samuel hat bei dieser Gelegenheit, wie erzählt wird, die Gerechtsame des Königs den Versammelten auseinandergesetzt, sie auch in einer Rolle aufgezeichnet und die Rolle an einem heiligen Ort niedergelegt. Von dem Inhalt dieser Gerechtsame ist indessen keine Kunde vorhanden, es wird im Verlauf der Geschichte keinerlei Rücksicht darauf genommen.

Es war ein entscheidender Augenblick im Leben des israelitischen Volkes, diese Wahl eines Königs, er bestimmte über dessen ganze Zukunft. In die freudige und feierliche Stimmung mischte sich indessen ein Mißton. Einige Unzufriedene, wahrscheinlich Ephraimiten, welche gehofft haben mochten, daß der König aus ihrer Mitte gewählt werden würde, äußerten ihre Enttäuschung laut: „Was wird uns dieser viel helfen!" Während alle übrigen Ältesten dem erwählten König der allgemeinen Sitte gemäß Huldigungsgeschenke überbrachten und ein Teil von ihnen, die Mutigen, ihm nach Gibea folgte, um ihm bei der Unternehmung gegen die Feinde Israels beizustehen, hielten sich die Unzufriedenen fern von ihm und versagten ihm die Anerkennung. Saul stellte sich indessen, als ob er gegen die Äußerungen der Unzufriedenen taub wäre.

Sauls Mut muß seit seiner Wahl bedeutend gewachsen sein, oder er muß sich durch die unerwartete Erhebung so sicher von Gott geleitet gefühlt haben, daß er nun auch das Wagnis ins Auge fassen konnte, dem mächtigen Feinde entgegenzutreten und das zerrüttete Gemeinwesen in Ordnung zu bringen. Die Lage des Volkes beim Antritt seiner Würde war sehr traurig und niederbeugend, fast noch schlimmer als zur Zeit der Richter. Die siegreichen Philister hatten allen ohne Ausnahme Waffen, Bogen, Pfeile und Schwerter abgenommen und auch keine Schmiede im Lande gelassen, die neue Waffen hätten anfertigen können. Um die Pflugscharen und andere zum Ackerbau nötige Werkzeuge zu

---

[1] Bei der Erzählung von der Wahlhandlung ist zwar nicht angegeben, daß Saul gesalbt wurde, sondern schon bei der ersten Begegnung I. Sam. 10, 1. Da aber Saul öfter als Gottgesalbter bezeichnet wird, so muß die Salbung wohl öffentlich vorgenommen worden sein. Vgl. weiter unten.

holen, mußten die Israeliten sich ins Philisterland begeben. Selbst der
neu erwählte König hatte kein Schwert, dieses Symbol des Königs-
tums bei allen Völkern und in allen Zeiten. Sogar seine Wahl ist
höchstwahrscheinlich so heimlich betrieben worden, daß die Philister nichts
davon merken konnten. Die philistäischen Steuervögte sogen das Mark
des Landes aus und waren zugleich angewiesen, jede Regung zum
Aufstande zu unterdrücken. So gedemütigt waren die Israeliten, daß
ein Teil von ihnen mit den Philistern ziehen mußte, um ihre Brüder
zu unterjochen. Sie wurden selbst von den Feinden mit Verachtung,
behandelt[1]). Nur ein Wunder hätte Rettung bringen können. Und
dieses Wunder wurde durch Saul, seinen Sohn und seine Verwandten
bewirkt.

Sein ältester Sohn Jonathan wäre noch würdiger für die
Königswahl gewesen, als sein Vater. Bescheiden und selbstlos fast noch
mehr als sein Vater, mutig bis zur Todesverachtung, verband er mit
diesen Eigenschaften eine herzgewinnende Freundlichkeit und Milde, ein
warmes treues Herz für Freundschaft; er war eher gar zu weich und
nachgiebig. Dieser Vorzug wäre freilich an einem Regenten, der einer
gewissen Festigkeit und Härte nicht entraten konnte, ein großer Fehler
gewesen. Sonst war Jonathan eine ideale Persönlichkeit mit einem
schwärmerischen Wesen, das wohltuend anmutet. Eine wahrhafte Natur
und ein Feind von allen Winkelzügen, sagte er seine Meinung gerade
heraus, auf die Gefahr hin, sich mißliebig zu machen und seine Stellung
und selbst sein Leben zu verwirken. Alle diese Vorzüge machten ihn
zum Liebling des Volkes, sobald sie nur erkannt wurden. Sauls Vetter
Abner war ganz andern Schlages, ein Haudegen von unbeugsamer
Festigkeit, dabei aber auch mit einer gewissen Schlauheit begabt. Auch
er leistete dem unerfahrenen König und dem Volke in seiner Not wesentliche Dienste. Von diesen und andern Treuen aus seiner Familie und
aus dem Stamme Benjamin umgeben, der stolz darauf war, durch ihn
zur Bedeutung gelangt zu sein, nahm Saul den zuerst ungleichen Kampf
mit den Philistern auf[2]).

[1]) I. Samuel 14, 11.
[2]) Der wirre Knäuel in der Relation von Sauls ersten Kriegstaten,
den die Ausleger und Historiker nicht zu entwirren vermochten, kann nur
durch die Annahme gelöst werden, daß der Krieg gegen die Philister
(Kap. 13—15) chronologisch dem Kriege gegen die Ammoniter
voranging (Kap. 11—12). Wie ist es auch anders denkbar! In der Relation über den Philisterkrieg ist angegeben, daß die Israeliten keine Waffen
hatten und nur 600 sich um Saul scharten, und in der andern Relation
wird ein förmlicher Kriegszug gegen die Ammoniter geschildert mit Waffen

Den Reigen eröffnete Jonathan. In der Stadt G e b a oder
G i b e a t = B e n j a m i n weilte einer der philiſtäiſchen Steuervögte
von einem Kriegerhaufen umgeben, der den Befehlen Nachdruck gab.
Dieſen Poſten überfiel Jonathan und tötete die Mannſchaft. Das war
die erſte Kriegserklärung, ſie geſchah auf Sauls Befehl oder wurde von
ihm gutgeheißen. Der König ließ darauf durch Hörnerſchall im ganzen
Lande Benjamin bekannt machen, daß der blutige Tanz mit den
Philiſtern begonnen habe[1]). Viele vernahmen dieſe Botſchaft mit
Freuden, andere mit Trauer und Schrecken. Die Mutigen rotteten ſich
zuſammen, um zu ihrem Könige zu ſtehen und mit ihm entweder die

und 330,000 Kriegern. Mag die Zahl auch um vieles übertrieben ſein,
immerhin aber muß die Zahl größer geweſen ſein, als im Kriege gegen die
Philiſter. Dieſe Unvereinbarkeit hat die Ausleger zu dem verbrauchten
Auskunftsmittel greifen laſſen, daß zwei verſchiedene Relationen über die
Anfänge der Geſchichte Sauls zuſammengeſetzt worden wären. Es iſt aber
damit nichts gewonnen und die Schwierigkeit bleibt dieſelbe. Außerdem iſt
angegeben, daß Samuel ſogleich bei ſeiner erſten Unterredung Saul aufgefordert hat, ſich nach Gilgal zu begeben und dort auf ſeine Ankunft
zu warten (10, 8). Dann wird erzählt, daß Saul im Beginne des Phi-
liſterkrieges ſich dahin begab, das Volk ihm nachzog, auch Samuel
dort eintraf und Saul wegen ſeinen eigenmächtigen Handlungen tadelte.
Dieſes alles iſt unvereinbar, wenn zwiſchen Sauls Wahl und den Philiſter-
krieg der ammonitiſche Feldzug fallen ſoll. Alle dieſe chronologiſchen und
ſachlichen Wirrniſſe laſſen ſich einfacher dadurch löſen, daß der Philiſter-
krieg dem ammonitiſchen voranging und bald nach der Wahl erfolgte.
Im Beginn jenes Krieges war das Volk hilflos und unbewaffnet, durch
den Sieg bei Michmas wuchs ihm der Mut, und es hatte Waffen genug,
ſpäter gegen Ammon zu ziehen. Der Erzähler dieſes Stückes verfolgt
aber den didaktiſchen Zweck (vgl. Note 8), in der Geſchichte Sauls zuerſt
die göttliche Berufung und die Freude darüber und dann die Verwerfung Sauls und die Trauer darüber darzuſtellen. Hätte er den Phi-
liſterkrieg vorangeſtellt, ſo hätte er gleich nach der Wahl ſchon Sauls Verwerfung (Kap. 13—14) erzählen müſſen. Darum ſtellte er die Relation
über den ammonitiſchen Krieg voran, wobei ſich beſonders die Freude über
die Wahl äußerte. Durch dieſe Betrachtungsweiſe iſt alles in Ordnung.
Übrigens gehört 13, 1—2 nicht zur folgenden Relation, ſondern ſchließt ſich
an 12, 25 an, und dieſer Schluß wird durch 14, 32 erläutert. — Kaum
braucht man das ſcheinbare Datum des Ammoniterkrieges, als wenn er
(nach LXX) einen Monat nach der Wahl erfolgt wäre (καὶ ἐγενήθη ὡς μετὰ
μῆνα 11, 1) zu widerlegen: es iſt aus einem fehlerhaften Text entſprungen
‏ויהי כמחרש‎ ſtatt ‏ויהי כבמחריש‎. Daß aber Ewald, dem der richtige Text
vorliegt, noch behaupten kann, ‏כמחרש‎ ſei die beſſere L.-A., gehört zu ſeinen
Abſonderlichkeiten, über die mit ihm nicht zu rechten iſt. Jeder Hebraiſt weiß,
daß die Form ‏כמחרש‎ „nach einem Monat“ ein grammatiſches Monſtrum iſt.

[1]) I. Sam. 13, 3—4.

Schmach von Israel abzutun oder zu sterben. Die Feigen flohen auf
das andere Ufer des Jordan oder verkrochen sich in Höhlen, Felsklüften
oder unterirdischen Gängen. Ein banges Gefühl über den Ausgang
des Kampfes beschlich die Gemüter. Der Sammelpunkt der Israeliten
war Gilgal, die vom Philisterlande am weitesten abgelegene Stadt.
Diesen Sammelpunkt hatte der Prophet Samuel bestimmt und hatte
Saul bedeutet, sich ebenfalls dahin zu begeben und dort auf seine Ankunft sieben Tage zu warten und seine weiteren Anordnungen abzuwarten[1]). Hier in Gilgal war wohl auch der Chor der saitenspielenden
Propheten, die durch Psalmen und Gesänge den israelitischen Kriegern
Kampfesmut und Hingebung für die Errettung des Vaterlandes ein-
hauchen sollten.

Indessen rüsteten sich die Philister zu einem Vernichtungskriege
gegen Israel. Die Kunde von dem Angriffe Jonathans auf einen ihrer
Posten hatte sie in Harnisch gebracht, sie waren mehr überrascht als erschreckt darüber. Wie konnten die feigen Israeliten ohne Waffen es
nur wagen, die Philister, ihre Herren, anzugreifen! Diese Anmaßung
sollten sie schwer büßen. Eine zahlreiche Kriegsschar, von Reiterei unterstützt, zog durch die Täler des südlichen Ephraimgebirges durch die ganze
Breite des Landes bis Michmas. Von diesem Lagerplatze aus verbreiteten sich Streifscharen in drei Richtungen nach Nordost, West und
Südwest des Landes Benjamin, um dieses Gebiet in eine Wüste zu verwandeln, Häuser und Bauten zu zerstören und Wasserquellen zu ver-
schütten[2]). Das Schmählichste dabei war, daß Israeliten gezwungen
wurden, den Philistern zur Bekämpfung ihrer Brüder Beistand zu
leisten. Es war ein verhängnisvoller Augenblick für das Volk Israel.

Während die Philister allmählich bis Michmas vordrangen, weilte
Saul mit den Mutigen seines Stammes, die sich um ihn gesammelt
hatten, in Gilgal in gespannter Ungeduld, daß der Prophet Samuel bei
ihm eintreffe, ihm prophetische Weisung gebe und die israelitischen
Krieger mit Kampfeslust erfülle. Aber Tag auf Tag verging, ohne daß
sich Samuel blicken ließ. Jede Stunde der Untätigkeit schien die günstige
Entscheidung zu vereiteln. Saul mußte fürchten, daß die feindliche Schar
von dem Gebirge ins Tal hinabsteigen, Gilgal angreifen und das Häuflein der Israeliten, das ohne Waffen war, aufreiben oder in wilde Flucht

---

[1]) I. Sam. 10, 8; 13, 7—15.
[2]) Das. 13, 17—18. Die Gebiete, welche dort genannt werden, lagen
sämtlich im benjaminitischen Anteil. Die Philister hatten es also zunächst
auf diesen Stamm abgesehen. Die übrigen Stämme hatten sich also nicht
offen gegen sie erklärt.

treiben werde. Schon hatte sich eine Anzahl der um ihn versammelten
Schar aus dem Staube gemacht[1]), da sie in Samuels Abwesenheit ein
ungünstiges Zeichen erblickte. In dieser Ungeduld entschloß sich Saul,
am siebenten Tage auf eigene Hand zu handeln. Auf herkömmliche
Weise brachte er zuerst ein Opfer dar, um die Gottheit für den glücklichen
Ausgang des Kampfes günstig zu stimmen. Als er eben mit der Opfer=
handlung beschäftigt war, erschien Samuel plötzlich und fuhr den König
hart an, daß er sich von der Ungeduld habe hinreißen lassen. War die
Frist der sieben Tage, die ihm Samuel vorgeschrieben hatte, nur eine
Probe, um sich die Überzeugung zu verschaffen, ob der von ihm gewählte
König seinen Anordnungen Folge leisten werde? Oder hatte er eine
andere Absicht dabei? Wollte er etwa das Opfer nicht auf die hergebrachte
Weise vollziehen lassen? Genug, er behandelte Sauls Übertretung mit
solchem Ernst, daß er sich von Gilgal entfernte und Saul im Stiche ließ —
ein harter Schlag für diesen, da er auf des Propheten Beistand in dieser
gefahrvollen Unternehmung viel gebaut hatte.

Nach Samuels Entfernung von Gilgal war auch für Saul dort
keines Bleibens mehr. Er begab sich mit den Überbleibseln der treu=
gebliebenen Mannschaft nach Geba[2]), wahrscheinlich auf einem südlichen
Wege, da der nördliche Teil von den Philistern besetzt war. In Geba
musterte er seine Mannschaft und zählte nicht mehr als sechshundert.
Es ist nicht zu verwundern, daß Saul und Jonathan beim Anblick dieser
geringfügigen Schar, die noch dazu waffenlos war und gegen ein stark=
gerüstetes feindliches Heer kämpfen sollte, in Trauer gerieten[3]). Nur
Saul und Jonathan waren an diesem Tage jeder mit einem Schwerte
versehen[4]). Das waren traurige Flitterwochen des jungen Königtums!
Am schmerzlichsten war es für Saul, daß er durch Samuels Abwendung
von ihm des Organs beraubt war, das ihm und dem Volke im Namen
Gottes Weisungen hätte erteilen können. Denn bei allen Völkern des
Altertums wurde kein wichtiger Schritt getan, ohne daß man sich vorher
durch Zeichen vergewisserte, daß das Unternehmen einen guten Ausgang
haben werde. Da Saul den Propheten nicht an seiner Seite hatte, so

---

[1]) I. Sam. 13, 8—11.

[2]) Im hebräischen Texte ist im Vers 13, 15 eine Lücke hinter ויעל
(שמואל) מן הגלגל die durch die griechische Version ergänzt werden kann.
Der Ortsname גבעת בנימן gehört zu einem andern Satze: αὐτῶν (τὸ κατάλειμμα
τοῦ λαοῦ) παραγενομένων ἐκ Γαλγάλων εἰς Γαβαὰ Βενιαμείν, d. h. המה באו
מן הגלגל אל גבעת בנימן.

[3]) Auch das. Vers 16 hat diese Version einen bezeichnenden Zusatz
hinter ישבים בגבע בנימין nämlich καὶ ἔκλαιον, d. h. ויבכו.

[4]) Das. 13, 22.

mußte er sich nach einem Ersatze umsehen, der im Namen Gottes sprechen
sollte. Er ließ aus Nob den Enkel des Hohenpriesters Eli, namens
Achija[1]), kommen, den Sohn Achitubs, der im Besitze des aus der
Zerstörung Schilohs geretteten Ephod war (v. S. 145). Da das
Prophetentum ihn im Stiche gelassen hatte, sollte ihm das Priestertum
die Stimme Gottes vernehmen lassen. Er zog es wieder aus dem
Dunkel hervor, in das es Samuels lichtvolle Erscheinung gebracht
hatte. Achija hatte auch die zum Ersatze angefertigte Bundeslade nach
Geba gebracht.

Eine günstige Entscheidung führte indessen abermals Jonathan herbei.
Geba, wo Saul mit seiner ganzen Mannschaft lag, ist kaum eine Stunde
von Michmas entfernt, wo das philistäische Lager war. Zwischen beiden
läuft ein Tal; aber der Weg, der von einem Orte zum andern führt, ist
für Krieger unbenützbar, denn das Tal ist von steilen, fast senkrechten
Felswänden und Abhängen begrenzt, und diese verengen es östlich fast
zu einer Schlucht von kaum zehn Schritt Breite. Auf der westlichen
Seite, wo das Tal oder der Paß breiter ist, hatten die Philister einen
Wachtposten aufgestellt[2]). Nur auf Umwegen hätten die Philister und
Israeliten zum Treffen sich einander nähern können. Da unternahm
es Jonathan mit dem ihn begleitenden Waffenträger eines Tages, gerade
an der engsten Stelle des Passes, an der steilen, spitzulaufenden Felswand an der Seite von Michmas, auf Händen und Füßen hinaufzu-
klettern. Ein Fehltritt hätte ihnen einen jähen Sturz in die Tiefe und
den Tod gebracht. Sie kamen aber glücklich auf der Spitze an. Als die
Philister sie erblickten, waren sie nicht wenig erstaunt, wie sie den Weg
an dieser steilen Felswand zu ihrem Lager hatten finden können. In
der Täuschung, daß noch mehr israelitische Kämpfer ihnen nachkletterten,
riefen sie spöttisch: „Siehe da! die Hebräer kriechen aus den Löchern,
wo sie sich versteckt hatten; steigt nur weiter hinauf, wir wollen mit
euch Bekanntschaft machen!" Das war ein verabredetes Zeichen zwischen

---

[1]) I. Sam. 14, 3. 18. 37.
[2]) Das. 13, 23; 14, 4—5. Das Engtal zwischen Geba und Michmas
heißt in dieser Relation מעבר oder מעברות, bestimmter מעבר מכמש, in
Jesaia 10, 29 מעברה. Ewald hat es natürlich eben so mißverstanden, wie
der griechische Vertent, wenn er aus מעבר macht מעבר. In Vers 14, 4—5
werden die spitzulaufenden Felswände geschildert, welche den schmalen
Engpaß begrenzen, nicht wie Robinson annimmt (II, S. 328), die zwei
kegelförmigen Hügel, welche westlich im Tale liegen. Das Wort מצוק, das
dabei gebraucht ist, läßt zweifelhaft, ob es ein Nomen oder ein Verbum ist.
Jedenfalls will es die engen Felswände bezeichnen, und שן ist die
zackenartige Spitze dieser Felswände.

Jonathan und seinem Waffenträger, wenn sie eine solche Aufforderung vernehmen würden, weiter vorzugehen und mutig den Angriff zu wagen. Bald hörten die Philister, welche die tollkühnen Kletterer zuerst erblickten, auf zu spotten; denn mit Felsstücken und Schleudersteinen [1]) — die Benjaminiten waren im Schleudertreffen besonders gewandt — wurden beim ersten Angriff zwanzig erschlagen, und Jonathan und sein Waffenträger gingen immer weiter vor und schleuderten Felsstücke auf die Philister. Diese, vor dem plötzlichen Angriff von einer Seite, wo das Aufsteigen ihnen ganz unmöglich schien, entsetzt, glaubten von überirdischen Wesen angegriffen zu sein, gerieten in Verwirrung und begannen einander anzugreifen oder lösten ihre Reihen in wilder Flucht auf [2]). Kaum bemerkte Saul von einer hohen Warte aus diese zunehmend fluchtartige Bewegung der Feinde, so eilte er mit seinen sechshundert Mutigen auf den Kampfplatz und vollendete die Niederlage der Philister. Alsbald kehrten die Israeliten, die von den Philistern gezwungen worden waren, gegen ihre Brüder zu kämpfen, die Waffen gegen ihre Träger [3]). Auch diejenigen, die sich im Gebirge Ephraim in Klüften und Grotten versteckt gehalten hatten, ermannten sich beim Anblick der Flucht der Philister und vermehrten die Zahl der Angreifer. Sauls Schar, anfangs nur aus sechshundert bestehend, wuchs dadurch zu Zehntausend [4]). Und in jeder Stadt auf dem Gebirge Ephraim, durch welche die Philister ihre Flucht nahmen, wurden sie von den Bewohnern angefallen und einzeln überwältigt. Obwohl müde und erschöpft, verfolgte Sauls anwachsende Schar die fliehenden Feinde von Michmas über Bethawen über Berg und Tal bis Ajalon, beinahe acht Wegstunden [5]).

An weiterer Verfolgung hinderte sie ein gering scheinender Vorfall, der aber damals eine außerordentliche Wichtigkeit hatte. Saul hatte seiner Mannschaft eingeschärft, nicht einmal durch die Einnahme der

---

[1]) Die griechische Version hat 14, 14 statt צמד שדה בבחצר מענה בְּבַחֲצִי *ἐν βολίσι καὶ κόχλαξι τοῦ πεδίου*, auch die syrische hat פסולא ארך wie Steine.

[2]) In Vers 15 ist das Wort ויהי חרדה במחנה und ותרגז הארץ וגו' schwierig. Es scheint damit angedeutet, daß ein Erdbeben stattgefunden hat. Noch schwieriger ist המצב והמשחית חרדו וגו'. Denn die Streifzügler (משחית) waren doch vom Lager entfernt.

[3]) In Vers 21 haben die LXX *ἀνεστράφησαν καὶ αὐτοί*. d. h. הֵמָּה גם העברי.

[4]) In Vers 23 hat die griechische Version einen Zusatz: *καὶ πᾶς ὁ λαὸς ἦν μετὰ Σαούλ ὡς δέκα χιλιάδες ἀνδρῶν. καὶ ἦν ὁ πόλεμος διεσπαρμένος εἰς ὅλην πόλιν ἐν τῷ ὄρει Ἐφραΐμ* d. h. ותהי המלחמה נפוצת בכל עיר בהר אפרים.

[5]) I. Sam. 14, 24—31.

geringsten Labung und Erfrischung die Verfolgung des Feindes zu
verzögern, und noch dazu eine Verwünschung gegen denjenigen ausgesprochen, der auch nur das Mindeste kosten würde. Jonathan, der
immer voran war, hatte von dieser Verwünschung nichts vernommen.
Erschöpft, wie er vom langen Kampfe und Verfolgen war, konnte er
sich nicht enthalten, seinen Stab in Waldhonig einzutauchen und sich
damit zu laben. Als er auf das strenge Verbot seines Vaters aufmerksam gemacht wurde, bemerkte er offen: „Mein Vater hat wahrlich
das Land dadurch nicht glücklich gemacht; denn hätte das Volk von dem
vorgefundenen Mundvorrat der Feinde genossen, so hätte es deren
Niederlage noch nachdrücklicher machen können." Als die Nacht hereingebrochen war, und Saul, um die Verfolgung die Nacht hindurch fortzusetzen, den Priester Achija, der ihm stets zur Seite war, Gott befragen
hieß, erteilte dieser keine Antwort. Daraus schloß Saul, daß einer aus
dem Volke eine Sünde begangen haben müsse und suchte zu erfahren,
wer der Schuldige sei. Er fügte hinzu, daß selbst wenn es sein Sohn
Jonathan wäre, er zum Opfer fallen sollte. Das Volk, welches wohl
wußte, daß Jonathan in der Tat die Verwünschung seines Vaters nicht
geachtet hatte, mochte ihn nicht verraten, weil er sein Liebling geworden
war. Darauf ließ Saul losen, und das Los entschied, daß die Schuld
nur an ihm oder seinem Sohne liegen könne. Saul nahm die Ange-
legenheit so ernst, daß er schwur, er werde, auch wenn es ihn selbst treffen
sollte, sich gern dem Tode weihen. Als das Los dann Jonathan traf,
und dieser eingestand, ein wenig Honig genossen zu haben, schwur Saul
abermals, daß er umkommen müsse. Allein das Volk lehnte sich kräftig
dagegen auf. „Wie", rief die Mannschaft, „Jonathan soll getötet
werden, dem das Volk den großen Sieg verdankt? Nicht ein Haar darf
ihm gekrümmt werden!" Das Volk gab ein Sühnopfer für Jonathan
und erlöste ihn vom Tode, den sein Vater sonst unfehlbar seinem Schwure
gemäß über ihn verhängt hätte.

Durch diesen Zwischenfall wurde die Verfolgung der Philister von
Ajalon westwärts eingestellt. Trauererfüllt und zähneknirschend über
die erlittene Niederlage, zogen die Überbleibsel der philistäischen Mannschaft in ihr Gebiet ein, mit dem festen Entschlusse, die Schmach eines
Tages zu rächen. Und groß war der Jubel der Israeliten über den unerwartet erfochtenen Sieg. Der Tag von Michmas hatte sie wieder zu
Männern gereift. Die Schmach der Feigheit war von ihnen abgewendet, sie hatten auch wieder Waffen und fühlten sich stark zum Kampfe
unter einem Könige, dessen Willenskraft sie kennen gelernt hatten.
Saul kehrte in seinen Wohnort Gibea zurück, bescheiden und demütig,

wie er ausgezogen war. Er pflügte nach wie vor den Acker seines
Vaters[1]). Der Stolz auf seine Würde hatte ihn noch nicht
verblendet.

Inzwischen hatten die Feindseligkeiten der Ammoniter gegen die
jenseitigen Stämme, die zuerst den Wunsch angeregt hatten, das Königstum einzuführen, zugenommen. Alle Eroberungen Jephtahs waren
wieder verloren gegangen, die Gaditen und Manassiten waren nicht
imstande gewesen, sie zu behaupten. Nahasch, der König der Ammoniter, war bis über den Jabbok hinaus, den Grenzfluß zwischen dem
Stamm Gad und Halbmanasse vorgerückt, und belagerte die Stadt
J a b e s c h = G i l e a d, welche befestigt war. Die Einwohner konnten
sich nicht lange halten und unterhandelten schon mit Nahasch wegen
ihrer Unterwerfung. Da der Ammoniter von der Schwäche der diesseitigen Stämme Kunde hatte und überzeugt zu sein glaubte, daß von
diesen keinerlei Störung seiner Eroberungen erfolgen werde, stellte er
den Gileaditen in Jabesch eine harte, unmenschliche Bedingung. Zur
Schmach Israels sollten sich alle Männer das rechte Auge blenden lassen;
dann wollte er sie in Gnaden als unterworfene Bundesgenossen aufnehmen. Was sollten die Gileaditen beginnen? Sie baten sich eine
Frist von sieben Tagen aus, um Boten zu ihren Stammesgenossen zu
senden. Wenn von diesen keine Hilfe erfolgte, würden sie sich der grau-
samen Blendung des rechten Auges unterwerfen. Nahasch konnte diese
Frist gewähren, in der festen Überzeugung, daß die diesseitigen Stämme,
die er noch immer unter dem Joche der Philister wähnte, nicht imstande
sein würden, gegen ihn zu ziehen.

Als Saul eines Tages hinter seinem Rinderpaar vom Felde heim-
kehrte, fand er die Bewohner von Gibea in großer Aufregung und in
Tränen. Verwundert darüber, fragte er nach dem Grunde der Trauer.
Da erzählten ihm die Boten aus Jabesch-Gilead, was den Bewohnern
ihrer Stadt bevorstand, wenn nicht eilige Hilfe einträfe. Ergrimmt
über diese schnöde Bedingung des Ammoniterkönigs und über den
Schimpf, der ganz Israel angetan werden sollte, war Saul sofort entschlossen, den Gileaditen von Jabesch Hilfe zu bringen. Zum ersten
Male machte er von seiner königlichen Gewalt Gebrauch. Er forderte
ganz Israel zur Beteiligung an dem Zuge gegen die Ammoniter auf;
Samuel gab seinerseits der Aufforderung Nachdruck und erklärte, daß
er mitziehen werde.[2]) Das Rinderpaar, mit welchem Saul vom Felde

[1]) I. Sam. 11, 5.
[2]) Folgt aus I. Sam. 1, 7.

heimgekehrt war, zerstückelte er und übergab allen Boten, die er zu den
benachbarten Stämmen sandte, ein Stück davon mit der Drohung, so
werde es denen ergehen, welche sich ihm und Samuel nicht anschließen
sollten. Die unerbittliche Strenge in der Ausführung seiner Befehle
hatte das Volk bereits kennen gelernt. Man wußte, daß er selbst gegen
seinen eigenen Sohn ohne Schonung war. Darum fanden sich die
kriegsfähigen Männer auf seine Aufforderung ungesäumt am Sammel-
platze ein. Die Zerfahrenheit der Richterzeit war überwunden. Es
blieb nicht mehr jedem überlassen zu tun, was in seinen Augen recht
schien; ein starker Wille herrschte. Eine bedeutende israelitische Krieger-
schar zog über den Jordan, und Saul ließ sie in drei Abteilungen gegen
das Belagerungsheer des Nachasch vor Jabesch-Gilead vorgehen. Vom
Süden, Norden und Westen angegriffen, wandten sich die Ammoniter
in die Flucht nach verschiedenen Seiten, und nicht zwei von ihnen blieben
zusammen. Die Stadt Jabesch war gerettet und bewahrte für die ihr
gebrachte rasche und nachdrückliche Rettung Saul und seinem Hause
treue Dankbarkeit. Aber auch das ganze Land war ihm zu Dank verpflichtet, denn er hatte die Ammoniter in ihre alten Grenzen zurückgewiesen und die israelitischen Bewohner auf lange Zeit hinaus von
deren Joch befreit.

Bei seiner Rückkehr über den Jordan wurde Saul wegen seines
zweiten Sieges über die Feinde mit lauter Freude begrüßt. Der Rausch
des Volkes äußerte sich in einer ungebührlichen Forderung. Es verlangte den Tod derer, die ihre Unzufriedenheit mit Sauls Wahl kundgegeben hatten. Aber Saul besaß Besonnenheit genug, sie zurückzu-
weisen. „An diesem Tage, an dem Gott Israel einen Sieg verliehen
hat," sprach er, „soll niemand umkommen." Samuel, welcher Zeuge
dieses Freudenrausches war, hielt es für geraten, treu seinem prophetischen Berufe, den König und das Volk zu ermahnen, daß sich ihre Sieges-
freude nicht in Übermut verwandele, und daß sie das Königtum nicht
als Endzweck sondern als Mittel betrachten mögen. Er berief daher eine
große Volksversammlung nach Gilgal, um das Königtum neuerdings
und von den Vertretern der übrigen Stämme, welche wegen der Not
der Zeit in Mizpah nicht hatten erscheinen können, anerkennen zu lassen.
Zugleich wollte er König und Volk auf ihre Pflichten aufmerksam
machen.

Die Versammlung in Gilgal war außerordentlich zahlreich[1]). Auch

---

[1]) I. Sam. 11, 15 heißt es ויֵלְכוּ כל העם, das ganze Volk, zahlreicher
als früher in Mizpah.

von den jenseitigen Stämmen waren wohl die Ältesten in Gilgal ein=
getroffen. Samuel salbte[1]) Saul zum zweiten Male zum König, das
Volk huldigte ihm nochmals und es wurden Freudenopfer dargebracht.
Inmitten dieser Freude hielt Samuel eine Rede, die Zeugnis für seine
Geisteshoheit und seine prophetische Größe ablegt. Vorübergehend er=
innerte er das Volk an die Dienste, die er ihm geleistet und an seine
Uneigennützigkeit: „Zeuget gegen mich vor Gott und seinem Gesalbten,
wessen Rind oder wessen Esel ich genommen, wen ich bedrückt, wen ich
gekränkt und von wem ich Lösegeld angenommen habe, ich will es
wieder erstatten dem, der sich beklagen könnte." Laut rief ihm das Volk
zu: „Du hast niemandem etwas zuleide getan." Darauf erinnerte er es
an die Wohltaten Gottes bis zu jener Stunde und rollte die Vergangen=
heit vor ihnen auf. Obwohl Gott Jakobs Söhne aus Ägypten befreit,
habe das Volk ihn bald vergessen, darum habe er es durch Sisera, die
Philister und die Moabiter züchtigen lassen. Sobald es sich wieder zu
ihm wandte, habe er ihm Helden erweckt, die es vom Drucke befreiten:
Jerubaal, Barak, Jephtah und Simson[2]). „Nichtsdestoweniger habt
ihr einen König an eure Spitze verlangt, als der Ammoniterkönig
Nachasch euch befehdete, obwohl Gott euer König sein und bleiben soll.
Nun habt ihr den König, den ihr gewünscht, und den Gott bestätigt hat.
Wenn ihr samt eurem Könige Gott nachfolgen werdet, so werdet ihr
Glück haben[3]). So ihr aber Gott zuwiderhandeln solltet, so wird seine
Hand euch und euren König treffen."

Ein erschreckendes Gewitter mit einem Schauerregen entlud sich
plötzlich zu ungewöhnlicher Zeit während des heißesten Monats der
Weizenernte, als die Versammlung in Gilgal auf Samuels Rede
lauschte. Die Versammelten gerieten deswegen in Angst, Samuel aber
beruhigte sie. Gott zürne ihnen nicht ob ihrer Untreue, daß sie einen
König gewünscht hätten. Er werde sein Volk nicht verlassen um seines
eigenen Namens willen. Nur mögen sie sich nicht wieder dem Götzen=
tume zuwenden, das nichtig sei, nicht helfen und nicht retten könne.
Zum Schluß erbot er sich, das Volk und den König stets auf den guten

[1]) Die griechische Version hat in demselben Verse einen Zusatz: καὶ
ἔχρισε Σαμουήλ ἐκεῖ τὸν Σαοὺλ εἰς βασιλέα. Dagegen fehlt bei ihr die not=
wendige Ergänzung dazu aus dem hebräischen Text: וימליכו שם את שאול.
Man muß also eine zweimalige Salbung annehmen, die eine, gewisser=
maßen improvisiert, vor einem Bruchteil des Volkes in Mizpah, und die
andere offiziell vor dem ganzen Volke in Gilgal.

[2]) Vgl. Note 7.

[3]) In Sam. 12, 14 fehlt der Nachsatz: אז ייטב לכם.

und geraden Weg zu leiten und nicht aufzuhören, für ihr Glück Gott anzuflehen.

Die beiden erfolgreichen Siege Sauls und die große Versammlung in Gilgal, welche ihm die Huldigung der meisten Stämme gebracht hatten, befestigten seine Stellung und das Königtum überhaupt für die Dauer. So sehr auch Samuel die Zeit der Richter pries und verherrlichte, das Volk fühlte doch, daß der König es besser zu schützen vermochte, als es die Richterhelden getan hatten. Es opferte gern die republikanische Freiheit um den Preis der Einheit und der dadurch erlangten Kraft. Saul, der sich nicht verhehlen konnte, daß die Philister ihre Niederlage bei Michmas nicht geduldig ertragen, sondern stets versuchen würden, ihr Herrentum über Israel wieder herzustellen, traf Vorkehrungen für die Zukunft. Mutige Jünglinge und Männer, wo immer er sie gewahrte, zog er an sich. Nach und nach brachte er dreitausend solcher todesverachtender Männer und Jünglinge zusammen. Zweitausend davon stellte er in Michmas und auf dem Berge von Bethel auf und tausend lagerten mit Jonathan in Gibeat-Benjamin[1]. Sie bildeten die Kerntruppe für den Heerbann. Auffallend ist es, daß er an der Grenze des Philisterlandes nicht eine stehende Schar unterhalten hat. Diese stete Rüstung auf dem Kriegsfuße erheischte natürlich einen Feldherrn. Saul ernannte dazu seinen Vetter A b n e r[2], der nicht wenig zu den Siegen beigetragen hatte. Noch andere Veränderungen brachte das Königtum mit sich. Saul brauchte zur Ausführung seiner Befehle zuverlässige Männer, die nur ihn allein im Auge behalten, nur s e i n Interesse fördern, ihm mehr ergeben sein sollten, als dem Volke, er brauchte eine B e a m t e n = oder D i e n e r k l a s s e[3]. Zunächst wurden Kriegsoberste gewählt, die über je Tausend und Hundert befehligten, dann Räte und Freunde, die an seiner Tafel zu speisen pflegten. Eine eigene Dienerklasse waren die L ä u f e r o d e r T r a b a n t e n (Razim), gehorsame Vollstrecker der königlichen Befehle, zugleich Polizeidiener und Scharfrichter, eine bewaffnete Mannschaft. Diese und ihr Oberster kannten nur die Persönlichkeit des Königs, und auf dessen Wink würden sie im Volke mit ruhigem Gewissen ein Blutbad angerichtet haben. Der Anführer der Trabanten Sauls war D o ë g, ein Idumäer von Geburt, der sich Israel angeschlossen hatte und die reli-

---

[1] I. Sam. 13, 2 und als Ergänzung dazu 14, 52. Von diesen 3000 ist auch die Rede das. 24, 3; 26, 2.

[2] Das. 14, 50.

[3] Diese werden in der Erzählung נברי שאול, die Diener, richtiger die Beamten Sauls genannt.

giösen Bräuche mitmachte[1]). Durch den Aufenthalt der stehenden
Truppen und der Beamten wurde Gibea, welches bis dahin nur eine
kleine Stadt oder vielleicht ein Dorf war, zur Residenz erhoben, worin
öfter Fremde verkehrten. Sie erhielt zum Unterschiede von anderen
Orten desselben Namens, die auf einem Hügel lagen, die besondere Benennung Gibeat = Saul[2]).

Samuel, welcher die zur Erhöhung der königlichen Macht eingeführten Veränderungen mit Kopfschütteln bemerkt haben mochte, setzte
sein freundliches Verhältnis mit dem von ihm gesalbten König noch
immer fort. Er mochte sie als notwendige Folgen der königlichen Würde
betrachtet und geduldet haben. Er lebte noch immer in der Hoffnung,
daß Saul sich seinen prophetischen Anleitungen in allem fügen werde.
In der Tat zeigte sich auch Saul anfangs gefügig. Als ihm Samuel im
Namen Gottes auftrug, einen Vernichtungskrieg gegen die Amalekiter
zu unternehmen, war er sogleich dazu bereit und bot den Heerbann auf,
der sich zahlreich in einer südjudäischen Stadt Telaïm oder Telem
versammelte. Die Amalekiter waren erbitterte Erbfeinde des israelitischen Volkes, sie hatten ihm bei der Wanderung durch die Wüste, als
es müde und erschöpft war, aufgelauert und es bekämpft (o. S. 33).
Auch beim Einzug ins Land hatten sie den Stämmen den Weg versperrt
und eine bedeutende Niederlage unter ihnen angerichtet (o. S. 45).
Auch sonst hatte Amalek mit den Feinden Israels sich verbunden, um
es zu schwächen. Ihr König Agag scheint in Sauls Zeit dem Stamme
Juda viel Unbill zugefügt zu haben. „Sein Schwert hatte Weiber
kinderlos gemacht"[3]). Und gerade die Erhaltung und Erstarkung des
Stammes Juda lag dem Propheten Samuel besonders am Herzen.
Dieser neugewonnene Volksteil konnte, wenn ungeschwächt, dem Ganzen Stärke und Frische verleihen. Es war aber keine geringe Aufgabe,
einen Zug gegen die Amalekiter zu unternehmen. Ihr König Agag
galt als Kriegsheld und flößte ringsumher Schrecken ein[4]). Die Amalekiter standen im Rufe großer Tapferkeit und Macht. Dennoch zauderte

---

[1]) I. Sam. 22, 17—18 werden die רצים und Doëg genannt: 21, 8 wird
er אביר הרעים אשר לשאול genannt, man muß dafür lesen: אביר הרצים,
wodurch die Verlegenheit der Ausleger beseitigt ist, welche über den Hirten-
aufseher nicht hinwegkommen konnten, oder sich von der falschen L.-A.
der LXX (21, 7) leiten ließen: νέων τὰς ἡμιόνους d. h. פרדים.

[2]) Vgl. Frankel-Graetz, Monatsschrift, Jahrg. 1872, S. 433 f.

[3]) I. Sam. 15, 33; vgl. das. 14, 48.

[4]) An Numeri 24, 7 in dem Bileamsspruche wird prophetisch vom
König von Israel ausgesagt: וירם מאגג מלכו : „er wird noch höher,
mächtiger als Agag sein". Das. 20 wird Amalek: ראשית גוים genannt.

Saul nicht einen Augenblick, den gefahrvollen Kriegszug anzutreten. Die Amalekiter mußten von der iſraelitiſchen Schar erſt durch Wüſten- und Höhenzüge aufgeſucht werden. Unter und neben ihnen wohnten die Keniter[1]), ein midianitiſcher Stamm, der zu Iſrael und beſonders zu dem Stamme Juda in freundſchaftlichem Verhältnis ſtand, aber auch als Nachbarvolk mit den Amalekitern befreundet war. Als Saul mit ſeiner Schar ſich dem Gebiete der Amalekiter näherte, forderte er daher die Keniter auf, ſich von Amalek zu trennen, weil er, eingedenk der Dienſte, die dieſer Volksſtamm den Iſraeliten früher geleiſtet hatte, ihnen nicht gerne Leid zufügen mochte. Darauf ſagten ſich die Keniter von den Amalekitern los; es war vielleicht eine verräteriſche Tat der Untreue. Dadurch wurden dieſe geſchwächt. Den Kampf ſelbſt ſcheint Saul mit Geſchicklichkeit und Tapferkeit geführt und den Feind in einen Hinterhalt gelockt zu haben. Dadurch gelang es ihm, ihn nachdrücklich zu beſiegen. Er nahm die Hauptſtadt (vielleicht Kadeſch?) ein, tötete Männer, Weiber und Kinder und nahm den gefürchteten König Agag gefangen. Nur ein Überreſt rettete ſich durch die Flucht in die benach- barte große Wüſte[2]), welche nach Ägypten führt. Reiche Beute fanden die iſraelitiſchen Krieger im Lande der Amalekiter, welche dieſe auf ihren Raubzügen den wandernden Handelskarawanen auf dem Wege vom Euphrat nach Ägypten abgenommen hatten. Außerdem beſaßen die Amalekiter zahlreiche Herden von Kleinvieh, Rindern und Kamelen[3]). Dieſe Reichtümer ſollten nach Samuels Anordnung nicht benutzt, ſon- dern vernichtet werden, es ſollte ſelbſt die Spur von Amalek im Gedächt- niſſe vertilgt werden. Die Krieger mochten aber die reiche Beute nicht der Zerſtörung preisgeben, ſondern wollten ſie als Lohn für ihre An- ſtrengung in die Heimat bringen. Saul, ſonſt ſo ſtrenge, ließ die Erbeu- tung ſtillſchweigend zu und übertrat damit des Propheten Anordnung. Er mag daran gedacht haben, vermittelſt der reichen Beute den Wohl- ſtand des Volkes, welches durch die Philiſterfehden ſo ſehr verarmt war, zu heben.

---

[1]) Vgl. Note 10.

[2]) Folgt daraus, daß nach I. Samuel 30, 1 f. die Amalekiter ſpäter noch Ziklag überfallen haben.

[3]) Daſ. 15, 9; in den Worten משנים Speiſen oder Speiſevorräte = משמנים und in כרים Weinberge = כרמים zu finden, konnte nur dem taktloſen griechiſchen Überſetzer einfallen. Was ſollten die Iſraeliten mit den Weinbergen und den Speiſen anfangen? Konnten ſie ſie mitſchleppen? Statt משנים muß man leſen גמלים [Andere ſchlagen השֵׁמָנִים ſtatt המשנים vor], und כרים ſind und bleiben „Fettwidder".

Auf diesen Sieg über die gefürchteten Amalekiter war Saul nicht wenig stolz. Was bedeuteten seine früheren Waffentaten bei Michmas und Jabesch-Gilead im Vergleiche zu der gegen Amalek? Den Schrecken erregenden König Agag führte er in Fesseln als lebendes Siegeszeichen gefangen fort. Das Kriegsglück berauschte ihn, und seine bisherige Demut wich von ihm. Auf seiner Heimkehr errichtete er in der Oase Karmel ein Denkmal seines Sieges, wohl aus einem zugehauenen hohen Felsen in Form eines Wegweisers bestehend, schwerlich mit Inschriften versehen. Inzwischen hatte Samuel ein prophetisches Gesicht, daß der König seinen Auftrag nicht vollkommen ausgeführt habe, und daß er deswegen von Gott verlassen sei. Er sollte diese Weisung dem siegesstolzen Saul verkünden; aber es wurde ihm schwer, den prophetischen Befehl zu vollziehen. Eine ganze Nacht rang er im Gebete. Endlich entschloß er sich, Saul entgegen zu gehen. Aber als er unterwegs vernahm, daß Saul vom Hochmut so weit beherrscht war, daß er sich ein Denkmal setzte, statt in Demut zu bekennen, daß Gott allein ihm den Sieg verliehen habe, da war es ihm nicht möglich, mit ihm zusammenzutreffen. Er wandte sich um und begab sich nach Gilgal. Auch Saul zog bei der Nachricht von seiner Reise ihm dahin nach[1]) mit dem gefangenen und gefesselten König und der Beute. Die Ältesten Benjamins und der Nachbarstämme fanden sich ebenfalls in Gilgal ein, um den königlichen Sieger zu begrüßen. Sie wurden aber halb und halb Zeugen eines Zerwürfnisses, welches schlimme Zeiten ahnen ließ.

Als wenn nichts vorgefallen wäre, suchte der König den Propheten auf mit den Worten: „Ich habe Gottes Befehle vollzogen." Darauf fuhr ihn Samuel hart an: „Was bedeutet denn das Blöken der Herde, das ich höre?" „Das Volk wars," antwortete Saul, „welches die besten Schaf- und Rinderherden schonte, um sie in Gilgal auf dem Altare zu opfern." Bei diesen Worten konnte der Prophet seinen Unwillen nicht mehr zurückhalten. Er erwiderte in geflügelten Worten:

Hat Gott ebensoviel Wohlgefallen
„An Opfern und Mahlen, wie an Gehorsam?
„Sieh! Gehorsam ist besser denn Opfer,
„Lauschen mehr wert als der Widder Fett!
„Denn die Sünde der Zauberei stammt aus Ungehorsam
„Und das Vergehen mit Seraphim aus Widerstreben."[2])

---

[1]) Die griechische Version ist in 15, 12 sehr verdorben, die Namen Saul und Samuel sind hier verwechselt; denn nach diesem Texte müßte Samuel sich ein Denkmal gesetzt haben. Zwischen Vers 12 und 13 ist wohl eine Lücke die aussagte, daß auch Saul nach Gilgal gezogen sei.

[2]) Aus ואון תרפים הפצר das. 15, 23 macht Ewald Götzen und Teufel. Offenbar ist dies ein Parallelismus zu חטאת קסם מרי. Man

„Weil du Gottes Wort verachtet, ſo hat Gott dich verworfen, König über Israel zu ſein." Saul, von dieſen verletzenden Worten und der ernſten und finſteren Haltung des Propheten gedemütigt, geſtand ein, gefehlt zu haben, und bat Samuel dringend, ihn zum Altar zu begleiten, wo er ſich vor Gott niederwerfen und ſich zu demütigen beabſichtigte. „Ich kehre nicht mehr mit dir um," antwortete der Prophet kurz und ſchickte ſich an Gilgal zu verlaſſen. Da klammerte der König ſich an deſſen Gewand, um ihn zurückzuhalten, ſo feſt, daß er es zerriß. Samuel bemerkte dazu: „Das iſt das Zeichen! Gott hat die Königswürde von dir geriſſen und wird ſie einem Beſſeren übergeben, und ſelbſt wenn Israel dadurch zerriſſen werden ſollte[1]), wird er es nicht bereuen, denn er iſt nicht ein Menſch zu bereuen." Noch einmal bat Saul flehentlich den Propheten: „Ehre mich wenigſtens vor den Älteſten meines Stammes und Israels und kehre um." Da beſann ſich Samuel und begleitete ihn zum Altar, wo ſich der König vor Gott demütigte. Samuel befahl darauf, den gefeſſelten[2]) König Agag vorzuführen. Feige jammerte der Amalekiterkönig: „O, wie bitter, bitter iſt der Tod"[3]). Samuel erwiderte auf ſeinen Ausruf:

     „So wie dein Schwert Frauen ihrer Kinder beraubt hat,

     „So ſoll deine Mutter kriegeriſcher Männer beraubt ſein"[4]).

Samuel befahl darauf, den Amalekiterkönig auseinanderzureißen[5]).

muß demnach leſen הַפְצֵר תְּרָפִים וְאָוֶן, die Sünde, die Teraphim zu befragen (die damals allgemein verbreitet war) iſt nur eine Folge des Widerſtandes gegen Gottes Gebot [Nach Symmachus wäre רְצוֹן תְּרָפִים anzunehmen].

[1]) Vers 15, 29 hat die griechiſche Verſion eine plauſible L.-A. für וְגַם נֵצַח יִשְׂרָאֵל, das keinen Sinn gibt: καὶ διαιρεθήσεται Ἰσραὴλ εἰς δύο d. h. (אם) וְגַם הֵחָצָה יִשְׂרָאֵל.

[2]) Sonderbar, obwohl die Parallele מְצָדַיִת בְּרִיחָה Hiob 38, 31 es vor Augen legt, daß מַעֲדַנּוֹת „Feſſeln" bedeutet (transponiert von צֵד = מַצֵּנֹדוֹת), ſo bleiben die Ausleger noch immer dabei, daß Samuel 15, 32 וַיֵּלֶךְ אֵלָיו אֲגַג מַעֲדַנּוֹת fröhlichen Sinnes bedeute! Es iſt aber nichts anders als gleich בְּמַצֵּנֹדוֹת: in Feſſeln.

[3]) Was lieſt Ewald nicht aus dem Halbvers 15, 32 heraus! Daß Agag, wie von einem hohen Sinne umwandelt, mit Luſt und Freude ausgerufen: „Fürwahr verſchwunden iſt das Bittere des Todes!" Die ſyriſche und griechiſche Verſion haben aber das Verbum סָר gar nicht, ſondern שְׁרִירָאִית מְרִיר מוֹתָא, εἰ οὕτως πικρὸς ὁ θάνατος. Statt סָר muß man noch einmal מַר leſen: אָכֵן מַר מָר הַמָּוֶת.

[4]) Vers 15, 33 תִּשְׁכַּל מִנָּשִׁים אִמֶּךָ „mehr als Frauen," gibt keinen Sinn; es iſt aber ein antithetiſcher Parallelismus:

     כַּאֲשֶׁר שִׁכְּלָה נָשִׁים חַרְבֶּךָ

     כֵּן תִּשְׁכַּל מֵאֲנָשִׁים אִמֶּךָ.

[5]) Daſ. Statt וַיְשַׁסֵּף, deſſen Stamm weiter nicht vorkommt, iſt יְשַׁסַּע zu leſen in der Bedeutung „entzweireißen". Ewald, der fromme Exeget,

Die in Gilgal anwesenden Ältesten mögen von der scharfen Unterredung zwischen dem König und dem Propheten nichts vernommen
haben; aber daß eine Spannung zwischen den beiden Führern des Volkes ausgebrochen war, konnte ihnen nicht verborgen bleiben. Tiefbe-
trübt, daß das Königtum mit dem die Lehre vertretenden Prophetentum unverträglich sei, verließ Samuel Gilgal, um nach seiner Heimat
Rama zurückzukehren. Traurig verließ auch Saul diese Stadt, um nach
Gibea zurückzukehren. Seit der Szene in Gilgal mieden der König und
der Prophet einander. Der Sieg, den Saul über Amalek errungen, wurde
für ihn eine Niederlage; sein Stolz war gedemütigt. Die Verkündigung,
daß er von Gott aufgegeben sei, warf einen finsteren Schatten in seine
Seele. Der Trübsinn, der später bei ihm in Raserei ausartete, hatte
seine ersten Anfänge in den Drohworten, die ihm Samuel zugerufen
hatte: „Einem Besseren wird Gott das Königtum über Israel verleihen."
Sie haben Saul stets fürchterlich in den Ohren geklungen. So sehr er
sich gegen die Übernahme der Herrschaft gesträubt hatte, eben so sehr
widerstrebte es ihm, sie aus den Händen zu geben. Dabei fühlte er seine
Hilflosigkeit. Was sollte er gegen den strengen Propheten beginnen?
Sollte er ihn seine Gewalt empfinden lassen und ihn umbringen? Wenn
nicht die Dankbarkeit, so mußte ihm doch die Klugheit einen solchen
blutigen Schritt widerraten. Denn dadurch würde er nur das beschleunigt
haben, was er so sehr befürchtete, die Empörung des Volkes gegen ihn.
Samuel, das wußte Saul, war der Liebling des Volkes, ebenso sehr
geliebt wie verehrt. Ein Gewaltstreich gegen ihn würde die Menge
wider ihn zum Äußersten aufstacheln. Dem Propheten Gottes gegenüber war der König ohnmächtig und ratlos. Und nun gar zu wissen,
daß Samuel mit dem Plane umging, einen anderen aus Israel zum
König zu salben und ihn eines Tages als den Würdigeren dem Volke
vorzustellen, dieser Gedanke mußte Sauls Innerstes tief zerrütten.

Um sich zu betäuben, führte er neue Kriege. Es gab der Feinde
genug an den Grenzen des israelitischen Landes, welche bekämpft
werden konnten. Er führte Fehden gegen die Moabiter, Ammoniter
und andere Völkerschaften[1]). Es mögen nur geringe Fehden gewesen

---

hat die Stelle verkannt, wenn er es so darstellt, als sei Agag geopfert
worden als hätte Samuel noch Menschenopfer dargebracht. Ein Opfer
wurde aber nicht zerrissen. Samuel, der das Opferwesen so entschieden
geringstellte, sollte gar Menschenopfer gebracht haben!

[1]) I. Sam. 14, 47; die L.-A. במלכי צובה kann nicht richtig sein; denn so
weit nach Norden bis Aram kann Saul nicht vorgedrungen sein; es ist überhaupt ungewiß, ob die Nordstämme sich ihm untergeordnet haben.

sein, aber sie brachten Zerstreuung und Vergessenheit des nagenden
Gedankens. Kehrte Saul von diesen Fehden als Sieger zurück und
wurde er vom Volke umjauchzt, so gewährte es ihm für den Augenblick
Befriedigung. Er konnte sich doch in diesem Augenblick als König fühlen
und sich schmeicheln, daß das Volk, vor die Entscheidung gestellt, zwischen
ihm und einem Neuling zu wählen, nicht so vergeßlich und undankbar
sein werde, ihn aufzugeben. Noch einen anderen Weg schlug Saul ein,
um seine Bedeutung und seine Persönlichkeit in den Gemütern des
Volkes festwurzeln zu lassen. Im Inneren des Landes wohnten noch
immer mitten unter den Israeliten kanaanitische Familien und kleine
Stämme, die bei der Eroberung des Landes nicht verdrängt worden
waren und bisher hatten nicht verdrängt werden können (o. S. 81 f.).
Diese hatten Israel zur Verehrung der falschen Götter und zu götzendienerischen Unsitten verleitet, und die Entfremdung hatte, wie Samuel
ermahnend bemerkte, die Schwäche und Abhängigkeit herbeigeführt.
Saul gedachte sich also ganz besonders um das Volk und die Lehre
Israels verdient zu machen, wenn es die götzendienerischen Nachbarn
aufhebe oder aus dem Lande jagte. So begann er für Israel zu
eifern[1], d. h. das Fremde, Unisraelitische und die Fremden, Nichtisraeliten, zu beseitigen. Stark genug war er gegen diese Gruppen, die
meistens zerstreut inmitten der Israeliten wohnten und keinen Zusammenhang untereinander hatten. Er ging in seinem Eifer sehr weit. Zu den
geduldeten Fremden gehörten zunächst die Gibeoniten, die sich
freiwillig den einziehenden Israeliten unterworfen hatten, und denen
Josua und die Ältesten Duldung und ruhiges Dasein zugeschworen
hatten (o. S. 57). Saul achtete den Schwur nicht und richtete ein
Blutbad unter ihnen an, dem nur wenige entgingen[2]. Die Stadt
Gibeon scheint Saul in Besitz genommen und sie seinen Verwandten
zugeteilt zu haben[3]. Zugleich mit den fremden kanaanitischen Völker-

---

[1] Die Stelle Sam. II. 21, 2 בקנאתו לבני ישראל ויהודה ist beachtenswert; sie erklärt die Tatsache, warum Saul so sehr gegen die Gibeoniten
gewütet hat. Es ergibt sich daraus auch, daß er nicht bloß die Gibeoniten
verfolgt hat.   [2] Das. 21, 1—6.

[3] Die Genealogie eines Teiles der Benjaminiten, die in der Chronik
zweimal aufgeführt wird (I. 8, 29—40 und 9, 35—44, mit Varianten)
scheint historisch zu sein. Als der älteste Besitzer von Gibeon ist daselbst 9,
35 angegeben Jeiel אבי גבעון יעיאל (der Name fehlt in der Parallelstelle).
Dieser Jeiel wird als Vater Kischs, des Vaters Sauls, Ners und
anderer Söhne aufgeführt. Daraus folgt, daß יעיאל identisch ist mit אביאל,
dem Vater Kischs (I. Samuel 9, 1). In der Chronik 8, 33; 9, 39 ist jedenfalls eine Lücke statt ונר הוליד את קיש anzunehmen, nämlich ונר הוליד את

schaften verfolgte Saul auch die mit dem götzendienerischen Wesen in
Verbindung stehenden G e h e i m k ü n s t l e r. Wo Totenbeschwörer,
Zeichendeuter oder sonst geheimtuende Gaukler ihr Handwerk trieben,
wurden sie aufgegriffen und hingerichtet[1]). Freilich ganz vertilgen
konnte er dieses Geschlecht nicht; denn so lange der Wahnglaube nicht
aus den Köpfen gebannt ist, so lange nicht die klare Überzeugung durchgedrungen ist, daß dergleichen geheime Künste auf Täuschung oder
Selbsttäuschung beruhen, fehlt es auch nicht an solchen, welche ihn nähren
und ausbeuten. Solange die Menschen an Hexen glauben, gibt es auch
Hexen, so sehr auch mit Feuer und Schwert gegen sie gewütet wird.
Saul war selbst nicht frei von dem Glauben an die Kunst der Totenbeschwörer, und sein nachdrückliches Verfolgungssystem gegen sie sollte
ihn lediglich als Eiferer für die Lehre erscheinen lassen, die solche Künste
nicht geduldet wissen wollte. Der ihm grollende Prophet Samuel
sollte ihm nicht den Vorwurf machen können, daß er nicht im „Wege
Gottes" gewandelt sei. Selbstverständlich baute Saul an verschiedenen
Stellen Altäre, um seinen frommen Sinn offen zu bekunden[2]).

Wenn so Saul einerseits gewissermaßen um die Anhänglichkeit und
Gunst des Volkes eifrig warb und sich durch seinen nationalen und
religiösen Übereifer als strengen Vollstrecker der von Gott gegebenen
Gesetze bewähren wollte, so suchte er anderseits dem Volke eine demutsvolle Scheu vor dem Königstum einzuflößen, den König als ein besonderes, höheres Wesen darzustellen, unnahbar für die Menge, durch
äußeren Abglanz hervorstechend. Saul setz e eine goldene Krone auf
sein Haupt, die er auch im Kriege nicht ablegte[3]). Der goldene Reif
sollte seine Hoheit und Überragung über das Volk zu erkennen geben.
Seine Zeitgenossen, welche ihn noch als Ackersmann gekannt hatten
und ihn als ihresgleichen zu behandeln geneigt waren, sollten seine
Vergangenheit vergessen und sich daran gewöhnen, zu ihm, als einem
Gottgesalbten, der die heilige Krone trägt, staunend hinaufzublicken.

אבנר וקיש הוליד את שאול. Der Besitz von Gibeon wird also erst auf
Sauls Großvater zurückgeführt. Da anderweitig dagegen angegeben wird,
daß Sauls Vater, also wahrscheinlich auch Großvater in Gibea gewohnt
haben (die Angabe II. Samuel 21, 14 von צלע, als Begräbnisort Kischs
bedarf ohnehin noch der kritischen Erforschung), so scheinen Sauls Verwandte,
d. h. Kischs Brüder und Neffen, sich in Gibeon niedergelassen zu haben,
und diese Ansiedlung muß mit dem Gemetzel gegen die Gibeoniten zu-
sammenhängen.

[1]) I. Sam. 28, 3. 9.
[2]) I. Sam. 14, 35.
[3]) II. Sam. 1, 10.

Wer sich dem König nahte, mußte sich vor ihm mit dem Gesicht zur Erde niederwerfen. Schwert und Krone sollten seinem künftigen Neben= buhler, den Samuel aufzustellen gedroht hatte, den Mut sinken machen, ihm gegenüberzutreten. Auch von einem anderen Vorzuge des Königs, nach Anschauung jener Zeit, daß der König mehrere Weiber besitzen und einen Harem unterhalten müsse, machte er Gebrauch. Zu seiner ersten Frau A ch i n o a m, die er noch in seinem Bauernstande heimgeführt hatte, nahm er noch mehrere[1]), darunter die schöne, mutige R i z p a[2]). Seinen Hof umgab Saul mit einigem Glanz. Von der reichen Beute, die er den überwundenen Feinden und besonders den Amalekitern abgenommen hatte, kam Reichtum in das verarmte Land. Wenn es Ziel der Staatsverbände ist, durch gemeinschaftliches Wirken Wohlstand zu schaffen und zu verbreiten, so hat das Königtum von jeher dieses Ziel am besten gefördert, und Saul hat es zu seiner Zeit für das israe= litische Gemeinwesen. Die Wohlhabenheit hatte so sehr zugenommen, daß die Töchter Israels feines, weißes ägyptisches Gewebe anzogen, es mit Purpurstreifen verzierten und goldenen Schmuck dazu anlegten[3]). Wenn die Töchter Israels einen solchen Aufwand machen konnten, wie erst Sauls Frauen und seine beiden Töchter M e r a b und M i ch a l! Sie ahmten gewiß die Tracht der Königstöchter jener Zeit nach, die aus einem langen himmelblauen Purpurgewand bestand[4]). In den Fehden, die Saul anhaltend gegen die äußeren Feinde führte, in dem Eifer, den er zeigte, die fremden Elemente im Inneren zu bannen, und in der Entfaltung von Hoheit und Glanz, mit dem er sich umgab, mochte er das Drohwort sich aus dem Sinn geschlagen haben, das ihm der Prophet so grell ins Ohr gerufen hatte. Allein ehe er sichs versah, stand das Wort als Gespenst vor seinen Augen, nahm Fleisch und Seele an, schlich sich zu ihm in Gestalt eines schönen Jünglings und bezauberte ihn selbst. Den Nebenbuhler, den er fürchtete, und den er unmöglich machen wollte, mußte er selbst hegen und pflegen, ihn neben sich auf den Thron erheben und ihn zur Nebenbuhlerschaft gewissermaßen befördern. Das Verhäng= nis, das ihn ereilen sollte, mußte er selbst heraufbeschwören.

---

[1]) Folgt aus II. Samuel 12, 8.

[2]) Das. 3, 7; 21, 8.

[3]) II. Samuel 1, 24. Das Wort עדנים das. ist weder f o r m e l l, noch e t y m o l o g i s ch, noch endlich der p o e t i s ch e n S y m m e t r i e nach zu erklären. Man muß also dafür lesen סדינים (der Wechsel von ס und צ kommt auch anderweitig vor: אפס [Jef. 41, 24] = אפס). Nun ist סדין gleich dem griechischen σινδών, feines Gewebe aus S i n d = Jndien oder ein ägyptischer feiner Stoff.

[4]) Das. 13, 18.

Saul hatte nämlich am häufigsten Reibungen mit den Philistern. Sie konnten es nicht verschmerzen, daß er sie besiegt und um die Obmacht über Israel und vielleicht auch über die Kanaaniter gebracht hatte. Wenn sie gegen Israel auch nicht große Kriege führen konnten, so machten sie doch öfter Streifzüge in das Land, plünderten die vollen Tennen zur Zeit der Ernte oder schleppten aus den benachbarten Dörfern und Städten Gefangene hinweg. Saul zog aber dann jedesmal mit seiner Kerntruppe heran und verjagte und züchtigte sie. Eine gründliche und entschiedene Niederwerfung der Philister konnte er indessen nicht unternehmen; dazu waren sie doch noch zu mächtig. Aber auch die Philister wagten lange nicht einen Krieg im großen gegen das unter einem siegreichen König erstarkte Israel zu unternehmen. Endlich kam es doch noch einmal zu einem entscheidenden Vorgehen. Die Philister, die ihre Hauptstadt vom Meere entfernt nach dem Binnenlande zu, nach G a t h , verlegt hatten, zogen eine große Schar zusammen, fielen in das Gebiet von Juda ein und lagerten zwischen S o c h o und A s e k a auf einem Berge. Saul rüstete ebenfalls eine Schar aus, zog den Feinden entgegen und schlug das Lager ebenfalls auf einem Berge gegenüber dem Terebintentale (Emek-Elah) auf. Die Taltiefe trennte beide Scharen. Einige Zeit standen die feindlichen Schlachtreihen einander gegenüber, als fürchteten beide den ersten, folgenreichen Schritt zu tun.

Es war aber damals auch in diesem Landstrich in seltenen Fällen Kriegsgebrauch, daß aus jedem Lager ein oder mehrere Krieger aus den Reihen traten, miteinander Mann gegen Mann bis zur Erschöpfung oder bis zum Tode rangen. Derjenige Krieger, welcher den Gegner überwunden hatte, verschaffte damit seinem Heere oder dem Volke den Sieg, und das gegnerische Heer, dessen Zweikämpfer erlegen war, mußte sich für besiegt erklären und sich freiwillig den Bedingungen des Stärkeren unterwerfen. Ein solcher Zweikampf galt als eine Art Gottesgericht, welches jedenfalls den Vorzug hatte, daß es viel Blutvergießen verhinderte. Diesen Kriegsgebrauch wollten damals die Philister zur Entscheidung anwenden; sie stellten einen aus ihrer Mitte als Zweikämpfer auf und forderten das israelitische Heer heraus, aus seinen Reihen einen Gegner zu wählen, und diese beiden sollten miteinander den Streit auskämpfen. Der philistäische Zweikämpfer, namens Goliath aus G a t h , gehörte dem Überrest jenes Riesengeschlechtes der Anakiten oder Rephaïm an, die in früheren Zeiten mit ihrem ungeschlachten Wesen viel Schrecken verbreitet hatten (o. S. 2). Von diesen Riesen hatten sich im Philisterlande noch am längsten Überbleibsel er-

halten[1]), als letzte Zeugen einer untergegangenen Welt. Goliath war einer
dieser Rephaïm oder Söhne der Rapha; er hatte die Höhe von sechs
Ellen und darüber, trug einen ehernen Helm, einen Schuppenpanzer von
5000 Sekel Gewicht, seine Schenkel waren geschützt durch eherne Bein-
schienen, einen Speer trug er auf der Schulter, dessen Schaft wie ein
Webebalken stark war, und sein Schwert hatte das Gewicht von 6000
Sekel. Die Sage hat wahrscheinlich Goliaths Rüstung übertrieben. Sein
Bruder L a ch m i war von eben so riesiger Gestalt und trug einen
ebenso dicken Speer[2]). Noch andere drei anakitische Riesen lebten da-
mals in derselben Stadt, einer, der an jeder Hand einen Finger und an
jedem Fuß eine Zehe mehr hatte; ein zweiter namens J i s b i, dessen
Rüstung ebenso schwer wie die Goliaths wog und noch ein dritter,
S i p a ï, der sich durch Reckenhaftigkeit auszeichnete[3]).

Um die Entscheidung durch den Zweikampf herbeizuführen, pflegte
der sich zum Kampf anbietende Held das gegnerische Heer, Volk und auch
dessen Gott mit Schmähreden zu überhäufen, daß das Volk feige und
sein Gott ohnmächtig sei. Diese schmähende Herausforderung sollte in
dem feindlichen Lager einen Zweikämpfer aufstacheln, die Fehde anzunehmen. So tat es auch Goliath; er überbot sich an Schmähungen auf
Israel und dessen Gott, um einen Zweikämpfer aus dem jenseitigen
Lager herauszufordern. Aber niemand mochte es mit diesem schwerbewaffneten und von allen Seiten gedeckten Riesen aufnehmen. Keiner
mochte die Unabhängigkeit des Volkes aufs Spiel setzen und von dem
zweifelhaften Ausgang des Zweikampfes abhängig machen. Der
König Saul hätte es gern gesehen, wenn sich aus seinem Heere ein
Zweikämpfer gestellt hätte, er verhieß dem Sieger reiche Geschenke,
dessen Vaterhause Befreiung von Abgaben und Kriegsdiensten und
ihm sogar die Hand einer seiner Töchter. Aber selbst um diesen Preis
wagte niemand aus dem israelitischen Heere Goliath entgegenzutreten.
Da fand sich wie zufällig ein Hirtenjüngling, aus der dem Kampfplatze
nahen Stadt Bethlehem, ein, der die Entscheidung herbeiführte.
Dieser bethlehemitische Hirte hat unmittelbar und mittelbar einen
Umschwung in der Geschichte des israelitischen Volkes und in der
Geschichte des Menschengeschlechtes herbeigeführt. David, damals nur
den Einwohnern des Dorfs oder Städtchens Bethlehem bekannt, ist seitdem ein klangvoller Name fast auf dem ganzen Erdenrund geworden.

---

[1]) Vgl. Josua 11, 22. Jeremia 47, 5; wo statt ‏שארית עמקים‎, die
griechische Version hat καταλοιποι Ἐνακιμ = ‏שארית ענקים‎ zu lesen.
[1]) S. Note 9.
[2]) II. Samuel 21, 15—22; I. Chronik 20, 5 f. vgl. dieselbe Note.

Samuel hatte nach seinem Zerwürfnis mit Saul den prophetischen Auftrag empfangen, sich nach Bethlehem zu begeben und dort unter den acht Söhnen des greisen Isaï einen zum zukünftigen König in Israel an Sauls Statt zu wählen und zu salben. Heimlich hatte er sich dahin begeben; denn er fürchtete Sauls Nachstellung. Bei einem Opfermahle ließ er sich von Isaï seine Söhne vorführen. Der Älteste, E l i a b, fesselte Samuel durch seine hohe, stattliche Gestalt, aber der prophetische Geist verkündete ihm, nicht mehr, wie bei Saul, auf Körpergröße zu sehen, sondern auf das, was nicht in die Augen fällt, auf die innere Größe. Diese fand Samuel bei keinem der ihm nach und nach vorgestellten sieben Söhne Isaïs. Endlich wurde auf des Propheten Geheiß der Jüngste von der Trift geholt, wo er die Herden weidete. Sobald sich dieser mit seinen schönen, fesselnden Augen, mit seiner frischen Gesichtsfarbe und anmutigen Gestalt zeigte, erkannte ihn Samuel als den rechten, von Gott erkorenen, künftigen König; es war David. Inmitten seiner Brüder salbte ihn Samuel zum König über Israel. Dieser einfache Akt von bedeutender Tragweite wurde selbstverständlich im engsten Kreise vollzogen und von Samuel, dem Vater und den Brüdern geheim gehalten.

Isaï, Davids Vater, stammte keineswegs aus der vornehmsten judäischen Familie, gehörte vielmehr, so wie sämtliche Einwohner Bethlehems, einer der geringsten an[1]. Sein jünster Sohn hat zuerst über diese Familie Glanz gebracht. Bei seiner Salbung stand David im Jünglingsalter; er war etwa achtzehn Jahre alt[2] und hatte bis dahin noch wenig erfahren und noch weniger geleistet. Die schönen Triften rings um Bethlehem waren bis dahin seine Welt gewesen. Aber in dem Jüngling waren Anlagen verborgen, die nur angeregt zu werden brauchten, um zu bewirken, daß er geistig alle seine Zeitgenossen überragte, wie Saul sie körperlich überragte.

David hatte zunächst Anlage für Dichtkunst und Saitenspiel und mag bei seinen Herden manches Lied den Echos der Berge zugerufen haben. Aber der tief dichterische Zug seiner Seele machte ihn nicht zum Träumer; er besaß vielmehr einen richtigen Blick für die augenblicklichen Lagen und Umstände und die Besonnenheit und Klugheit, sie zu benutzen. Zudem hatte er ein gewinnendes, bestechendes, man möchte

---

[1] Folgt aus Micha 5, 1: ואתה בית לחם אפרתה צעיר להיות באלפי יהודה; die Angabe in I. Chronik 2, 10 ff. und Ruth, Ende, daß die Isaïten unmittelbar von Nachschon, dem Stammfürsten der Jehudäer, deßendierten, ist eine Glorifikation des Hauses David.

[2] Vgl. Note 19, Chronologie.

sagen bestrickendes Wesen, das seine Umgebung ihm unwillkürlich untertänig machte; er war zum Herrscher geboren. Sein seelenvolles Auge
übte einen Zauber aus, der ihm treue Freunde warb und seine
erbitterten Feinde entwaffnete. Indessen waren alle diese geistigen
Anlagen und Vorzüge, wie gesagt, verborgen in ihm, als ihn Samuel
heimlich salbte. Aber diese Salbung und Wahl weckte sie im Nu aus dem
Schlummer; „der Geist Gottes kam über ihn von diesem Tage an,"
nach der Sprache jener Zeit. Eine höhere Stimmung, das Bewußtsein
der eigenen Kraft, Mut und Unternehmungsgeist erfüllten sein Wesen.
Ein Augenblick hatte genügt, den Jüngling in einen Mann zu verwandeln. Heimlich, wie er gekommen war, kehrte Samuel nach Rama
zurück; aber den von ihm gesalbten Jüngling ließ er nicht aus den Augen;
er zog ihn in den Kreis seiner Prophetenjünger. Hier erhielt seine dichterische Anlage die Ausbildung, hier konnte sich David im Saitenspiel
vervollkommnen. Aber noch mehr als dieses lernte er in Samuels
Umgebung, Gotteserkenntnis. Sein Geist wurde von Gott erfüllt und
erhielt die innerliche Weihe, jedes Tun und Lassen auf Gott zu beziehen,
sich von ihm geleitet zu fühlen, sich ihm hinzugeben. Die Gemütsruhe
und Gottergebenheit, die David auch in den gefahrvollsten Lagen und
bei Kränkungen bewahrte, Kränkungen, die Menschen gewöhnlichen
Schlages in verbitterte Stimmung oder Verzweiflung zu versetzen
pflegen, hat er in Samuels Nähe erlernt: „Gott ist mit mir, vor wem
sollte ich mich fürchten; was könnte mir ein Mensch tun?" Diese tief-
innerliche Frömmigkeit, welche in den Psalmen einen so mächtigen
Widerhall gefunden hat, dieses höchste Gottvertrauen hat Samuels
Einfluß in ihm geweckt und bestärkt.

Ab und zu kehrte er von Rama nach Bethlehem, von Samuels
Levitenorden zu den Herden seines Vaters zurück[1]). Der höhere
Mut, den er infolge seiner Salbung und in der Nähe Samuels gewonnen hatte, verließ ihn auch beim Weiden seiner Herden auf Bethlehems Fluren nicht. Einst überfiel ein Löwe seine Herde, und auch ein
Bär trottete drohend dazu, um Beute zu erhaschen. David jagte dem
Löwen die Beute ab, tötete ihn und den Bären zugleich[2]). Er wartete
treu die Herde seines Vaters, beschützte sie und übte sich in der Ausdauer,
um später das Volk zu warten und zu schützen. Als der Krieg gegen
die Philister unweit Bethlehem ausbrach, hatte David keine Ruhe bei
der Herde und war froh, daß ihn sein Vater mit einer Botschaft an seine

---

[1]) S. Note 8.
[2]) Aus dem Passus I. Samuel 17, 34 braucht man nicht eine besondere
Regel zu machen: statt ואת הדוב las das Targum ואף.

Brüder, die im Heerbann dienten, betraute, um sich ins Lager begeben zu können[1]). Im Lager angekommen drang er bis zur Linie vor, wo die beiden Reihen einander kampfdrohend gegenüberstanden, und vernahm mit Entsetzen Goliaths schmähungsvolle Herausforderung von Volk und Gott. Schüchtern gab er den Umstehenden zu verstehen, daß er es wohl wagen würde, dem verworfenen Philister, der das Heer des lebendigen Gottes so sehr schmähte, entgegenzutreten, und so drang es zu des Königs Ohren, daß ein Jüngling sich zum Zweikampfe angeboten habe. Vor Saul geführt, mußte dieser über den kecken Jüngling lächeln: „Wie willst du gegen den Philister kämpfen, du, der Jüngling, gegen einen von Jugend auf erfahrenen, riesigen Kriegsmann?" „Der Herr, der mich im Kampf mit dem Löwen und Bären gerettet, wird mir auch im Streit gegen den Philister beistehen," war Davids Antwort. Halb überwunden, halb spöttisch gestattete ihm Saul den Zweikampf und bot ihm seine eigene Rüstung an. Aber er verschmähte sie, weil er nicht daran gewöhnt war, und zog, lediglich mit spitzen und glatten Steinen aus dem Tale bewaffnet, gegen Goliath. Der erste Stein, aus der Schleuder mit geübter Hand geworfen, traf von Ferne den schwerbewaffneten und schwerfälligen Riesen; er fiel zu Boden. Eilends stürzte sich David auf ihn, riß ihm das Schwert aus der Scheide und hieb ihm damit das Haupt ab. Die Philister, die vom Berge aus den Fall ihres Zweikämpfers, den sie für unbesiegbar gehalten hatten, erblickten, erklärten sich für besiegt und versuchten nicht mehr den Krieg fortzusetzen. Sie entflohen vielmehr westwärts ihren festen Städten zu, nach Gath und Ekron. Die israelitische Schar dagegen, von dem Siege Davids hingerissen, verfolgte den fliehenden Feind bis hart an die Tore der Städte und machte reiche Beute.

Mit dem blutigen Haupte in der Hand wurde der junge Sieger vor Saul geführt, dem er bis dahin völlig unbekannt war, und dieser vernahm zum ersten Male den Namen David, Sohn Isaïs, aus Bethlehem[2]). Er hatte nicht eine schattenhafte Ahnung davon, daß dieser Jüngling, dem er die Bewunderung nicht versagen konnte, der so sehr von ihm gefürchtete Nebenbuhler sein könnte. Er empfand nur die Freude über den großen Sieg[3]). Sein Sohn Jonathan mit seiner offenen, weichen, selbstlosen Seele war von dem jungen Sieger wie bezaubert. In seine Seele zog eine Liebe und Anhänglichkeit zu ihm ein, stärker als die Liebe zu einem Weibe. Bald erscholl Davids Name in den Ge-

---

1) Folgt aus I. Sam. 17, 28.
2) S. Note 8.
3) I. Sam. 19, 5.

marken aller Stämme; der Sieg, den er bei E p h e s = D a m i m oder im Terebinthentale durch seine Kühnheit und Geschicklichkeit und durch sein Gottvertrauen errungen hatte, ging von Mund zu Mund. Die Philister besannen sich lange, ehe sie wieder das Land mit Krieg überzogen. Goliaths Schwert wurde als Siegeszeichen in der Priesterstadt Nob im Zelttempel aufbewahrt[1]). David kehrte aber, als wenn nichts vorgefallen wäre, in sein Vaterhaus zurück, und brachte nur als Erinnerungszeichen an seine Tat Goliaths Schädel und Rüstung mit.

Lange blieb er nicht im Vaterhause, denn das Verhängnis über Saul begann sich zu vollziehen, und David war als Werkzeug dazu auserkoren. Der Schatten des Unmutes, der des Königs Seele seit seinem Zerwürfnis mit dem Propheten zu verdüstern begonnen hatte, verdichtete sich immer mehr. Vielleicht wurmte es ihn, daß er, der Kriegsheld, der über Ammoniter und Amalekiter so entschieden gesiegt hatte, die Philister nicht bekämpfen konnte, und ein Jüngling die Entscheidung herbeigeführt hatte. Es mochte ihm ein Zeichen sein, daß er von Gott verlassen sei. Seine Verstimmung ging in Schwermut, sein Schwermut in Trübsinn über, und zuweilen zeigten sich Anzeichen rasenden Wahnsinns bei ihm. „Ein böser Geist ist über den König gekommen," so raunten seine Diener einander zu. Nur Saitenspiel vermochte ihn zu erheitern, es erinnerte ihn an die besseren Tage, als er durch den Chor der Leviten plötzlich höhergestimmt, sich als ein anderer Mann gefühlt hatte. Darum rieten ihm seine vertrauten Diener, einen kunstgeübten Saitenspieler und Dichter an seinen Hof zu ziehen und empfahlen ihm den Sohn Isaïs, der schön, tapfer, ein Saitenspieler und beredt sei. Saul ging darauf ein und erbat sich von dem greisen Isaï, er möge seinem Sohn David von Zeit zu Zeit gestatten, von Bethlehem nach seiner nur wenige Stunden entfernten Residenzstadt Gibea zu ziehen, um ihn mit der Harfe und anmutiger Rede zu erheitern[2]). David kam und bezauberte den König durch sein ganzes Wesen und sein Spiel. So oft er in Trübsinn verfiel, brauchte David nur die Laute zu rühren, und die Schwermut wich plötzlich von ihm. Saul fühlte sich von David gefesselt, begann ihn wie einen Sohn zu lieben und bat endlich dessen Vater, ihn ganz und gar an seinem Hofe zu lassen. Er machte ihn dann zu seinem Waffenträger, um ihn stets bei sich zu haben und sich durch ihn erheitern zu lassen. Das war die erste Stufe zu Davids Erhöhung.

---

[1]) I. Sam. 21, 10. Wenn es das. 17, 54 heißt: David habe Goliaths Schädel nach Jerusalem gebracht, so bezieht sich dieses auf die spätere Zeit, als David Jerusalem zur Hauptstadt gemacht hatte.

[2]) Über dieses und das Folgende vgl. Note 8.

Aber nicht der König allein fühlte sich von ihm gefesselt, David übte auf die ganze Umgebung Sauls eine Anziehungskraft aus. Alle Herzen flogen ihm zu. Am meisten aber liebte ihn Jonathan; seine Liebe zu dem hochbegabten Jüngling von Bethlehem ging in Schwärmerei über, er liebte ihn mehr als den eigenen Vater, mehr als sich selbst. Er schenkte David sein Prachtkleid und seine Waffen und schloß mit ihm ein Freundschaftsbündnis, das auch auf ihre beiderseitigen Nachkommen übergehen sollte. Auch Sauls zweite Tochter M i ch a l trug eine geheime Neigung für David im Herzen. An Sauls Hofe lernte David das Waffenhandwerk kennen und vertauschte die Laute mit dem Schwerte. Da es ihm nicht an Mut gebrach, so zeichnete er sich bald bei den kleinen Fehden aus, an denen er teilgenommen hatte, und ließ einen geschickten und überlegten Krieger ahnen. Alsbald machte ihn Saul zum Anführer einer Streifschar, um Einfälle in feindliches Gebiet zu machen oder sie von seiten der Feinde zu verhindern. Auch aus solchen Zügen kehrte David glücklich und siegreich zurück.

Als David einst den Philistern einen empfindlichen Verlust beigebracht und dadurch Jubel in dem israelitischen Gebiet erzeugt hatte, zogen ihm aus den Städten, die er auf der Rückkehr berührte, Frauen und Jungfrauen mit Gesang, Handpauken und Klangbecken entgegen, führten Tänze auf und begrüßten ihn mit Freudenrausch als Sieger: „Saul hat Tausende geschlagen, David aber Zehntausende!" In Sauls Residenz selbst mag er mit demselben Jubel empfangen worden sein. Diese Ehrenbezeugungen, die dem jungen Kriegshelden so volltönig und so schwärmerisch entgegengebracht wurden, öffneten endlich Saul die Augen. Also der Bessere, welchen Gott zum König über Israel erwählen wird, womit Samuel ihn bedroht hatte, der Nebenbuhler, den er so sehr fürchtete, der ihm aber bisher nur als Traumbild erschienen war, er lebt, er steht leibhaftig vor seinen Augen, er ist der Liebling des Volkes und sein eigener, er beherrscht alle Herzen! Es war eine tieferschütternde Entdeckung für Saul. „Mir geben sie nur Tausende, ihm aber Zehntausende, sie stellen ihn schon über mich, was fehlt ihm noch, um König zu werden?" Der Jubelruf der singenden und tanzenden Frauenchöre gellte ihm seit der Zeit in den Ohren und erweckte das Drohwort des Propheten: „Verworfen bist du von Gott."

Bei dieser Entdeckung verwandelte sich Sauls Liebe zu David sofort in Haß[1]) und erfüllte ihn mit Wahnsinn. Saul muß starken Geistes ge-

---

[1]) Das Wort זין oder זין in I. Sam. 18, 9, das weiter nicht vorkommt, ist nichts anderes als איב Vers 29.

weſen ſein, daß er nicht von des Wahnſinns Nacht vollſtändig verdunkelt
wurde, ſondern ſich ſtets wieder zur Beſonnenheit aufraffen konnte.

Schon am Tage nach Davids Rückkehr vom Siegeszuge geriet Saul
in Raſerei und ſchleuderte zweimal ſeinen Speer gegen David, der nur
durch ein geſchicktes Ausweichen dem Tode entging. Auch dieſer fehl-
geſchlagene Wurf erſchien Saul, ſo wie ihn der Wahnſinn verließ, als
ein Zeichen, daß Gott ſelbſt ſeinen Feind beſchütze. Von der Zeit an
verlegte er ſich auf Liſt, um ſeinen Nebenbuhler zu beſeitigen, weil er
es nicht wagte, an den Liebling des Volkes Hand anzulegen. Äußerlich zeichnete er David aus, er machte ihn zum Anführer der Kerntruppe
(Mishma'at) von Tauſend, gab ihm den Auftrag, Fehden von größerer
Tragweite und größeren Gefahren zu führen, und bot ihm ſeine älteſte
Tochter M e r a b zur Ehe an. Eine dieſer ſcheinbaren Gunſtbezeugungen,
ſo hoffte Saul, würde doch dem Verhaßten ſicheres Verderben bringen.
Die Tochter Merab war bereits an einen vornehmen Mann, A d r i ë l
aus M e ch o l a verheiratet, der nicht gleichgültig ſein Eheweib ſich entreißen und in den Armen eines anderen ſehen, ſondern ihm, dem Frauen-
räuber, den Todesſtoß verſetzen würde, ſo ſchmeichelte ſich Saul[1]).
Sollte David der Hand des eiferſüchtigen Ehemannes entgehen, ſo
werde er durch die Hand der Philiſter fallen. Aber David wich der einen
Gefahr aus; er erklärte, daß er ſich zu gering fühle, Schwiegerſohn des
Königs zu werden. Da erfuhr Saul, daß ſeine zweite Tochter M i ch a l
(oder Melchol) heimlich David ihr Herz zugewendet hatte, und gedachte
ſeinen Anſchlag gegen ihn durch dieſe auszuführen. Er ließ durch ſeine
Vertrauten David bereden, er möge um die Hand der ihn liebenden
Michal anhalten. Sollte er darauf eingehen, ſo werde Saul ſtatt der
reichen, einer Königstochter würdigen Morgengabe, die David nicht
hätte leiſten können, einen anderen Brautpreis verlangen. Und als
David wirklich wagte, um die Königstochter anzuhalten, verlangte Saul
von ihm, daß er als Morgengabe Körperzeichen von hundert erſchlagenen
Philiſtern innerhalb einer Friſt liefern möge. David mußte alſo, um
dieſe große Zahl zu liefern, öfter Einfälle ins Philiſterland machen —
wie leicht hätte er da als Blutbräutigam zurückgebracht werden können!
Vor dieſer Gefahr ſchreckte indeſſen der Jüngling nicht zurück; ehe noch
die Friſt abgelaufen war, brachte er die doppelte Zahl der Körper-

---

[1]) Nicht müßig iſt I. Sam. 18, 19 angegeben, daß Merab zur Zeit,
als Saul ſie David geben wollte, bereits an Adriël vergeben war. Es iſt
damit angedeutet, daß Saul dadurch den Haß des Ehemannes gegen David
reizen wollte.

zeichen erschlagener Feinde mit und legte sie Saul vor. Dieser mußte
sein Versprechen halten und ihm Michal zur Frau geben.

Dieses stets zunehmende Glück Davids war geeignet, Sauls Erbitterung gegen ihn nur noch mehr zu steigern. Sein Todfeind war
nicht im Kampfe gegen die Philister gefallen, er war jetzt sein Schwiegersohn und Anführer eines Teiles seiner Kerntruppe! Er selbst hatte den,
den er so sehr haßte und fürchtete, gerade dadurch, daß er ihn stürzen
wollte, nur noch mehr erhöht und dem Throne nahegebracht. Da die
Anschläge ihm nicht gelangen, wendete Saul ein anderes Mittel an, um
ihn zu Falle zu bringen. Er erwartete nichts mehr vom Zufall, der
seinem Nebenbuhler sich stets günstig erwiesen hatte. Saul besprach heimlich mit seinen Vertrauten und auch mit Jonathan den Plan, David beiseite
zu schaffen. Aber auch dieser Plan mißlang. Saul kannte nicht die Stärke
der Anhänglichkeit seines Sohnes an David. Statt Hand an ihn zu legen,
warnte Jonathan den Freund, und riet ihm, sich zu verbergen. Er versuchte sogar den Vater umzustimmen, ihn den Wahngebilden zu entreißen und mit David zu versöhnen. Er stellte ihm vor, daß David nicht
das Geringste sich habe gegen ihn zuschulden kommen lassen, ihm vielmehr große Dienste geleistet habe. Er erinnerte seinen Vater an die
Freude, die Saul empfunden hatte, als David durch den Sieg über
Goliath Israel eine so große Hilfe gebracht; er warnte ihn davor, unschuldiges Blut zu vergießen. Die Liebe zu seinem Freunde und auch
zu seinem Vater, den er von einem Gewaltstreich zurückhalten wollte,
der ihm unfehlbar den Haß des Volkes zugezogen hätte, gab Jonathan beredte Worte in den Mund, um den Vater weich und versöhnlich
zu stimmen. Infolgedessen schwur Saul ihm bei Gott, daß er David nicht
töten werde. Jonathan hatte dafür gesorgt, daß David von seinem Versteck aus Sauls Worte vernehmen und sich selbst von der Aufrichtigkeit
der Sinnesänderung gegen ihn überzeugen konnte. David, auf Sauls
Eid vertrauend, kehrte zu ihm zurück, als wenn nichts vorgefallen wäre.
Jonathan konnte stolz darauf sein, zwei seinem Herzen gleich teure
Personen, deren Einigkeit Israel groß machen, deren Entzweiung aber
alles Unheil über das Land heraufbeschwören konnte, versöhnt zu haben.
Die Liebe trug den Sieg über den Haß davon.

Aber lange hielt die Versöhnung nicht vor. Es bedurfte nur eines
neuen Sieges, den David über die Philister errang, um den bösen Geist
in Sauls Seele abermals zu wecken. Uneingedenk seines Eides, schleuderte er abermals den Speer nach David, dem dieser wiederum nur
durch eine geschickte Wendung auswich. Nun konnte David nicht mehr
in der Nähe des Mannes bleiben, den sein Haß selbst zum Eidbruch

hinriß oder sein Wahnsinn jeder Besinnung beraubte. Er entfloh noch in derselben Nacht in sein Haus. Aber auch Saul wollte den offenen Bruch, er ließ die Maske fallen, die er bisher der Öffentlichkeit gegenüber bewahren zu müssen glaubte. Er ließ noch in derselben Nacht Davids Haus umstellen[1]), um seiner habhaft zu werden. Aber es war verhängnisvoll für Saul, daß seine eigenen Kinder sich gegen ihn verschworen und für David eintraten. Wie früher Jonathan, so ermahnte ihn diesmal Michal noch in der Nacht zu entfliehen und verhalf ihm zur Flucht. Als Sauls Boten des Morgens in Davids Haus drangen, um ihn, wenn auch mit Gewalt, zum König zu führen, ließ Michal melden, ihr Gatte sei krank, und als jener befahl, ihn im Bette zu ihm zu bringen, legte sie eine Art Mumienfigur ins Bett und ein Kissen von Ziegenhaar[2]) zu deren Häupten und deckte sie mit Kleidern zu, um die Boten glauben zu machen, der kranke David läge darin, und um diesem auf seiner Flucht durch längeres Hinziehen einen Vorsprung zu verschaffen. Während Saul seinen Zorn gegen seine Tochter, die ihn so arg getäuscht hatte, ausließ, war David bereits in dem von Gibeat-Saul nicht weit entfernten Rama bei Samuel eingetroffen.

Dem Propheten klagte der verfolgte Held sein Leid. Aber dieser riet ihm keineswegs, die Fahne des Aufstandes aufzupflanzen, das Volk, dessen Liebling er war, oder wenigstens den Stamm Juda, der sich in ihm geehrt fühlte, aufzurufen, sich um ihn zu scharen. Samuel mochte nicht Bürgerkrieg und Entzweiung des Volkes herbeiführen. Er tat weiter nichts, als daß er dem Verfolgten Schutz gewährte in einem Orte Nauath (oder Najot)[3]) nahe bei Rama, wahrscheinlich auf einer Anhöhe, wo der Altar stand, der für Flüchtlinge ein Asyl zu sein pflegte. Hier konnte David wieder die psalmensingenden Chöre der Leviten um Samuel vernehmen, mit denen er früher seine Stimme gemischt hatte. Saul war aber schon so tief gesunken, daß er das Asylrecht des Heiligtums nicht achtete. Sobald er erfuhr, daß David sich nach Rama gerettet

---

[1]) Nach der Überschrift hat David Ps. 59 bei dieser Gelegenheit gedichtet. Das ist aber nur aus dem Inhalt erraten.

[2]) כביר העזים I. Sam. 19, 16 ist gewiß nicht ein Fliegennetz, sondern gleich כר הגמל ein Kissen aus Ziegenfell. LXX lesen כבד ἧπαρ „Leber". Sie haben auch den Zusatz καὶ ἐκάλυψεν αὐτὰ ἱματίῳ.

[3]) נוית, gelesen Najot, in der griechischen Version Nauath, I. Sam. 19, 18—23; 20, 1 scheint der Ort der במה bei Rama gewesen zu sein, die nicht in Rama selbst war, das. 9, 25. Den Namen etymologisch zu erklären, ist unmöglich. Ewalds Vergleich und Erklärung von נוית als „Lehrhaus," eigentlich „Studium" ist wunderlich. Das Targum hat ebenfalls auf בית אולפנא geraten.

hatte, sandte er Boten ab, auf ihn zu fahnden. Aber diese Boten
wurden, wie erzählt wird, von dem Gesang und Saitenspiel des Chores
so ergriffen, daß sie in Verzückung gerieten und gar nicht zum König
zurückkehrten. Und ebenso erging es den anderen, die er zum zweiten
und dritten Male nach Rama oder nach Nauath abgesandt hatte. Und
als er selbst in Nauath eintraf, wurde auch er von den Gesängen und
dem Saitenspiel so berauscht, daß er in Verzückung zur Erde fiel, in
Raserei seine Kleider auszog und in diesem Zustande einen Tag und
eine Nacht verblieb. Von dieser Szene soll sich das Spottwort ge=
bildet haben: „Auch Saul unter den Propheten?"

Sobald Davids Zufluchtsort bekannt war, mußte er auch die Nähe
Samuels meiden. Aber wo sollte er sich verbergen? Überall im Lande
konnte ihn des Königs Hand erreichen. Saul scheint indessen beruhigter
aus Rama zurückgekehrt zu sein und von dem Vorfall nicht gesprochen
zu haben, als wenn alles im alten Geleise geblieben wäre. Diese ruhige
Stimmung des Vaters scheint Jonathan benutzt zu haben, um abermals
eine Versöhnung zwischen dem Vater und dem Freunde herbeizuführen.
Er kam mit David heimlich in der Nähe von Gibea zusammen, um ihn
zu besänftigen[1]). David war dieses Mal vorsichtiger, er sagte nur unter
der Bedingung zu, die Hand zum Frieden zu bieten, wenn Jonathan
alle Falten des Herzens seines Vaters durchforscht und gefunden haben
werde, daß die letzte Spur des Hasses daraus verschwunden sei. Als
indessen Jonathan nur den Versuch machte, ein günstiges Wort von
David in Gegenwart des Vaters zu sprechen, geriet dieser wieder in
Wut, nannte ihn einen verworfenen Sohn, der zur Schande seiner
Mutter mit seinem Feinde im Bunde sei und als er noch zu Davids
Gunsten zu sprechen versuchte, schleuderte Saul den Speer auch nach dem
Sohne. Jonathan gab darauf David in seinem Verstecke nach ver=
abredeten Zeichen einen Wink, sich aus dem Staube zu machen. Beide
nahmen unter Tränen Abschied voneinander.

David fühlte sich vogelfrei. Er wußte, daß Sauls Haß nicht ruhen
werde. Wohin sollte er seine Schritte lenken? Im Lande durfte er sich
nicht blicken lassen. Er faßte daher den Entschluß, seine Zuflucht bei dem
Philisterkönig Achisch zu suchen, der, so dachte er, froh sein werde, ihm
Gastfreundschaft zu gewähren, um einen gefährlichen Gegner zu ent=
waffnen und vor seinen feindlichen Einfällen sicher zu sein. Allein so
bloß, wie er entflohen war, konnte er sich vor dem Philisterkönig nicht

---

[1]) Aus I. Sam. 20, 8. ויצר אביך למה זה תביאני, scheint hervorzugehen,
daß Jonathan die Zusammenkunft für eine mögliche Aussöhnung veranlaßt
hat. Der Passus scheint im Anfang von Kap. 20 zu fehlen.

blicken laſſen, er brauchte wenigſtens eine Waffe; auch hatte er nicht
einmal Wegzehrung bei ſich. Er begab ſich darum heimlich nach der
Prieſterſtadt Nob, um ſich hier Mundvorrat und ein Schwert zu verſchaffen. Ihm, als dem Oberſten der Kerntruppe und als dem Schwiegerſohn des Königs, würde der Hohepriester nichts verſagen. Dem Heiligtum zu Nob ſtand damals ein anderer Enkel Elis vor, A ch i m e l e ch,
wahrſcheinlich ein Bruder jenes A ch i j a , welchen Saul zu Rate gezogen
hatte (o. S. 160). Dieſer gab David, was er verlangte und verkündete
ihm noch dazu, daß der Weg, den er einſchlage, gelingen werde[1]). Mit
dem Nötigen verſehen, begab ſich David nach der philiſtäiſchen Hauptſtadt Gath. Wahrſcheinlich hatte er vorher mit dem König Achiſch wegen
freundlicher Aufnahme unterhandelt, und dieſer hatte dem vermeintlich
feindlichen Schwiegerſohn Sauls einen günſtigen Empfang zugeſagt,
um ihn an ſeinen Hof zu feſſeln. Aber ſeine Leute verargten ihm die
Freundlichkeit gegen den Feind ihres Landes, dem bei ſeiner Rückkehr
von den Siegen über die Philiſter die Frauen jubelnd zugerufen hatten:
„Saul hat nur tauſend, David aber zehntauſend Philiſter geſchlagen."
David fürchtete daher die Feindſeligkeit der Diener Achiſchs, die ihm
nach dem Leben getrachtet zu haben ſcheinen[2]), und ſann auf eine Liſt,
wie er ihren Anſchlägen entgehen könnte. Er ſtellte ſich daher wahnſinnig vor ihnen, veränderte ſeine Rede, zeichnete an die Tore der Stadt
und ließ den Speichel über den Bart fließen. Wahnſinnige galten im

---

[1]) Aus I. Samuel 22, 10. 15 geht hervor, daß David ein Orakel von
Achimelech verlangt und dieſer es ihm verkündet hätte. Es war eigentlich
eine Übertretung; denn nur der König hatte das Recht, vom Hohenprieſter
eine Orakelverkündigung zu verlangen. Darum entſchuldigte ſich Achimelech
damit, daß er glaubte, für den Schwiegerſohn des Königs dasſelbe tun zu
dürfen, wie für den König ſelbſt, und daß es das erſte Mal geweſen ſei.
— אחימלך, Sohn Achitubs [I. Sam. c. 21 u. c. 22] iſt ſchwerlich identiſch
mit אחיה, Sohn Achitubs [I. Sam. 14, 3, 18].

[2]) Aus I. Sam. 21, 11—16 geht hervor, daß David auch zum erſten
Male dem König Achiſch ſelbſt willkommen war, und daß nur ſeine
Diener das erſte wie das zweite Mal übelgeſinnt gegen ihn waren. Man
muß daher V. 13 leſen וירא מאד בפני עבדי אכיש; damit ſtimmt auch
Vers 14: ויתהלל בידם oder nach der griechiſchen und ſyriſchen Überſetzung
בעיניהם, nämlich vor den Dienern ſtellte er ſich wahnſinnig; der König
Achiſch brauchte nicht getäuſcht zu werden. — Nach der Überſchrift ſoll Pſ. 34
von David bei dieſer Gelegenheit gedichtet worden ſein. Allein er gehört einer
viel ſpäteren Zeit an, da er alphabetiſches Akroſtichon hat. Auch Pſ. 56,
welchen die Überſchrift auf dieſe Lage gedichtet ſein läßt, gehört ihm nicht
an [vgl. jedoch Keßlers Bemerkung (in Strack-Zöcklers kurzgef. Komm.
VI, 1) S. 124]. Der Überſchrift zufolge בגת פלשתים אותו באחז ſcheinen
die Philiſter ſchon Hand an David gelegt zu haben.

Altertum als von Gott besessen und daher unverletzlich. Der König Achisch, dem die List nicht entgangen sein mag, sorgte selbst dafür, daß David sein Land ungefährdet verlassen konnte. „Fehlt es mir denn an Wahnsinnigen in meinem Lande, daß ihr mir diesen zuführt? Soll dieser in mein Haus einkehren?" So sprach er und entließ ihn.

Nun war David erst recht ratlos, er wußte nicht, wo er Sicherheit finden könnte. Es gibt in dem westlichen Abhange des Gebirges Juda mehrere Grotten mit Kammern und Nischen, wo Herden untergebracht zu werden pflegten und geräumig und luftig genug, um viele Menschen zu beherbergen. In einer dieser Höhlen, die bei der Stadt A d u l l a m[1]) war, suchte David einen Schlupfwinkel. Seine Eltern und Verwandten, welche Kunde von seinem Versteck erhalten hatten, begaben sich zu ihm dahin, um ihm nahe zu sein, oder um Sauls Rache zu entgehen. Nach und nach kamen noch andere Jünglinge und Männer hinzu, Unzufriedene, Bedrängte, Abenteurer, Kampflustige; sie schlossen sich David eng an und bildeten eine verzweifelte Schar, die sich seiner Führung anvertraute und ihm anfangs Schutz gewährte. Es gab unter ihnen Leute von verwegenem Mut und wilder Tatkraft, die vor keiner Gefahr zurückwichen, aber auch vor keinem Verbrechen zurückschreckten. Zunächst waren es drei Vettern Davids, Söhne, welche auffallenderweise stets nach ihrer Mutter Z e r u j a genannt wurden: J o a b, A b i s a ï und A ß a h = E l, Jünglinge mit Feuerseelen aus Bethlehem, die unter Davids Leitung Helden geworden sind. Ein anderer Verwandter Davids, E l c h a n a n, Sohn J a ï r s, ebenfalls aus Bethlehem, der später gleich David einen riesigen Zweikämpfer der Philister besiegte, schloß sich ebenfalls dem Verfolgten an. Drei Jünglinge, welche später als die tollkühnsten gefeiert wurden, J e s c h o b e a m aus der Stadt K h a m o n, E l e a s a r aus einer Stadt A c h o c h und S c h a m m a, Sohn Ages, wohl aus dem Gebirge Ephraim, suchten unter David ihre Lust nach kühnen Abenteuern zu befriedigen. B e n a h j a h u s Sohn J o j a d a, aus einer der südlichsten Städte des Gebietes Juda, aus K a b z e ë l, der später einen Löwen in seiner Höhle an einem Wintertage erlegte, noch andere kühne Taten vollbrachte und noch später eine Rolle spielte, kam ebenfalls zu David. Diese und noch andere mutige Jünglinge bildeten den Grundstock einer S c h a r, welche sämtlich „h e l d e n m ü t i g e S t r e i t e r" (Gibborim) genannt wurden[2]).

---

[1]) Über die Lage Adullams s. Note 14 [und Buhl S. 97] — Auch Pf. 142 welchen David in der Höhe Adullam gedichtet haben soll, ist nicht davidisch.

[2]) Vgl. Note 9.

Zu den Männern von wilder Kraft und Tatenluſt geſellte ſich ein Ver-
treter des ſanften Wortes, der Prophet Gad, wahrſcheinlich aus
Samuels Levitenorden, der vermittelſt prophetiſcher Ankündigungen
Davids Schritte und Züge leitete. Die Zahl der Anhänger Davids wuchs
allmählich zu vierhundert Mann an, die ſämtlich in der geräumigen
Grotte von Adullam Platz fanden.

Für den Augenblick war die Schar der Anhänger von geringem
Nutzen für ihn; denn einen Krieg mochte er mit ſeinem geſalbten Feinde
nicht führen. In ſeinen Augen blieb Saul ſtets der „Geſalbte Gottes“,
an dem ſich niemand ungeſtraft vergreifen dürfe. Auch ſein Gottvertrauen hielt ihn davon zurück, ſich ſelbſt durch das Schwert Hilfe zu verſchaffen[1]). Allenfalls dienten ihm die vierhundert zum Schutze, daß
er nicht plötzlich überfallen und unter die Füße ſeines Feindes geraten
konnte. Aber ſtets ruhig in der Höhle lagern konnten ſie doch auch nicht.
David war noch immer in einer ſehr mißlichen Lage. Ehe er ſich dieſer
entzog, gedachte er ſeine Eltern in Sicherheit zu bringen, damit ſie nicht
ſeinetwegen Sauls Zorn zum Opfer fielen. Er führte ſie in das Land
Moab und vertraute ſie dem Schutze des Königs an, mit dem er früher
wohl ſchon freundliche Verbindung angeknüpft hatte. Welchen Weg
David mit ſeiner Schar einſchlug, um nach jenſeits des Jordans und des
toten Meeres zu gelangen, ohne von Saul bemerkt zu werden, iſt ſchwer
zu beſtimmen. Wollte er im Norden des toten Meeres den Jordan
überſchreiten, ſo hätte ſeine Schar Sauls Kundſchaftern nicht entgehen
können, und das tote Meer ſüdlich durch die Wüſte zu umgehen, wäre
mit nicht geringerer Gefahr verbunden geweſen; er wäre auf feindliche
Völker geſtoßen. Sollten David und ſeine Streiter das tote Meer an
den ſeichten Stellen durchwatet haben? Noch heutigen Tages kann man
dieſes Meer an einigen Stellen, die man allerdings kennen muß, durch-
waten.

Als David und ſeine Schar in Moab anlangten, nahm ſie der
König freundlich auf und wies ihnen einen feſten Platz auf einer Höhe,
Mizpeh = Moab, an. Von hier aus knüpfte er Verbindungen
mit dem König Nachaſch von Ammon[2]) an, der, von Saul beſiegt,
gewiß deſſen vermeintlichen Feind gern begünſtigte. David ſcheint die
Abſicht gehabt zu haben, ſich dauernd im Lande Moab aufzuhalten, aber
der Prophet Gad forderte ihn auf, nicht in einem heidniſchen Lande zu

---

[1]) Folgt aus I. Samuel 25, 26—34, daß David ſich geſcheut habe
מבוא בדמים והושע ידי לו, ſich ſelbſt Hilfe zu ſchaffen und Blut ſeiner
Stammesgenoſſen zu vergießen, und auch aus 24, 13 וידי לא תהיה בך.

[2]) Folgt aus II. Samuel, 10, 2.

bleiben, sondern nach dem Lande Juda zurückzukehren[1]); denn der Aufenthalt in einem götzendienerischen Lande galt dem Anschluß an den Götzendienst gleich. Hierauf kehrte er nach dem westlichen Teile von Juda zurück und hielt sich mit seinen Mannen in einem Walde unweit Keïla auf[2]), südlich von der Höhle Abullam, seinem früheren Schlupfwinkel. Wollte David Fehden mit Saul vermeiden, so mußte er sich verborgen halten. Dennoch konnte er jeden Augenblick verraten werden, denn er mußte für sich und seine Mannschaft Lebensmittel herbeischaffen und sie gewissermaßen bei freundlichen Nachbarn erbetteln lassen. Seine Stammesgenossen, die Jehudäer, welche ihn noch mehr als das übrige Volk liebten und verehrten, gewährten ihm zwar gerne von ihrem Überfluß, um seine Mannschaft zu befriedigen. Aber war er sicher, daß sich nicht ein Schelm fände, der seinen Aufenthalt an Saul verraten würde? Er lebte daher in steter Sorge[3]). Saul befand sich indessen in noch größerer Gemütsaufregung. In seinem Wahne glaubte er, daß David auf nichts anderes als auf seinen Sturz sänne, und es steigerte noch seinen Seelenschmerz, daß sein eigener Sohn es mit seinem Feinde hielt und, wie er wähnte, sich mit ihm gegen den Vater verschworen hätte. Seine Sorge war daher einzig darauf gerichtet, Davids Aufenthalt zu erfahren und ihn mit seiner ganzen Macht zu zermalmen. Er vernachlässigte darüber die Fürsorge für sein Volk und sein Land und

---

[1]) In I. Samuel 22, 4—5 hat die syrische Version für das zweimal vorkommende מצורה, wie für Vers 3 מצפה, das Wort מצפיא, als hätte Gad David geraten, nicht in Moab zu bleiben. Dann paßt recht gut Vers 5: לא תשב במצודה (במצפה) לך ובאת לך ארץ יהודה. David klagte auch Saul an, er habe ihn vertrieben, sich dem Erbe Gottes, dem heiligen Lande, anzuschmiegen, und ihn gezwungen, ein heidnisches Land aufzusuchen, als sollte er dort fremden Göttern dienen daf. 26, 19.

[2]) I. Sam. 22, 5 יער חרת ist schwer zu ermitteln. Der Vaticanus hat dafür ἐν πόλει Σαρείκ der Alexandrinus Ἀριάθ, der Syrer חוריר. Ob nicht dafür בזיב oder אבזיב zu lesen ist? Nach Josua 15, 43—44 lagen in der Nähe der Schephela nicht weit voneinander: נצרב קעילה, אבזיב, מראשה. Der יער חרת oder חרת יער muß unweit Keïla gelegen haben, da David den Einwohnern dieser Stadt von seinem Aufenthalte aus zu Hilfe eilte. Liest man בזיב oder אבזיב, dann wäre es nahe bei Keïla, vgl. Genesis 38, 1—22. Die Lage von Keïla ist durch van de Velde (Mémoires, p. 328), so ziemlich ermittelt. Von den in Josua nebeneinander aufgeführten Stellen sind Nezib und Marescha bekannt, es finden sich noch heute Nesib und Maresa. Das letztere liegt 20 Minuten südlich von Beit-G'ibrin und das erstere eine Stunde östlich von diesem entfernt. 20 Minuten nördlich von Nesib sind Ruinen, welche die dortigen Bewohner Kilah oder Kila nennen. [Vgl. Buhl a. a. O. S. 192, 193].

[3]) Folgt aus II. Samuel 3, 13. [S. I. Sam. 25, 44].

ließ ſogar die Philiſter wieder übermütig werden, einzig und allein
damit beſchäftigt, auf David zu fahnden. Seine Tochter Michal hatte
er einem anderen Manne zum Weibe gegeben, um das Verwandt-
ſchaftsband mit David zu zerreißen[1]). Aber ihn ſelbſt konnte er nicht
erreichen, ſo oft er auch Kundſchafter ausſandte, um ſeine Spuren zu
verfolgen. Seine treuen Diener ſchalt er heftig in einer öffentlichen
Verſammlung aus, daß ſich keiner von ihnen um ſein Seelenleid be-
kümmerte, wie ſein eigener Sohn ſich mit David verſchworen habe,
keiner ſich Mühe gäbe, den Aufenthalt ſeines Feindes zu erforſchen.
Geängſtigt von der feindſelig drohenden Anrede des Königs, oder den
Eingebungen ſeines böſen Herzens folgend, verriet D o ë g , der Oberſte
von Sauls Leibwache, was er von David wußte. Er war in der Prieſterſtadt Nob zugegen geweſen, als David auf ſeiner Flucht dort eingetroffen
war und mit dem Hohenprieſter Achimelech eine Unterredung hatte.
Doëg teilte mit[2]), daß der Hoheprieſter David Wegezehrung und das
Schwert des Goliath übergeben und ihm einen Gottesſpruch verkündet
hatte. Bei dieſer Nachricht geriet Saul in wahnſinnige Wut. Er hatte
die Prieſterfamilie Elis aus dem Staube erhoben und ihnen eine Kultusſtätte geſchaffen, und nun ſollten auch ſie es mit ſeinem Feinde halten?
Er ließ Achimelech und ſämtliche Prieſter aus Nob nach Gibea kommen,
fünfundachtzig an der Zahl[3]), ſtellte mit dem Hohenprieſter ein ſtrenges
Verhör an, und ohne auf die Rechtfertigung Achimelechs, daß er doch
füglich dem Schwiegerſohne des Königs und ſeinem oberſten Beamten
nichts hätte verſagen dürfen, zu hören, befahl Saul, ſämtliche Prieſter
von Nob umzubringen. Aber die Trabanten ſcheuten ſich, Hand an die
Ahroniden zu legen, und ſo mußte Doëg, der nicht von israelitiſcher Abſtammung war, das Henkergeſchäft an Achimelech und allen ſeinen Verwandten vollſtrecken. Auch ſämtliche Bewohner von Nob ließ Saul
hinrichten und, um ein warnendes Beiſpiel zu geben, ſogar die un-
ſchuldigen Kinder umbringen und das Vieh vernichten.

Die Torheit, die Saul mit dieſem Morde begangen hat, war nicht
geringer, als das Verbrechen. Nachdem das Prophetentum ſich von
ihm abgewendet hatte, verdarb er es auch noch mit dem Prieſtertum.
Es war eine Verkehrtheit, als hätte er es darauf angelegt, von allen
Seiten gegen ſich Haß zu häufen und um Liebe für ſeinen Feind zu
werben. Ein Sohn Achimelechs, der dem Tode entgangen war, irrte

---

[1]) I. Samuel 25, 44; II. 3, 14—16.
[2]) Pſalm 52, welcher nach der Überſchrift gegen Doëg gerichtet ſein ſoll,
iſt nicht davidiſch. Vers 10 ſetzt den Beſtand des Tempels voraus.
[3]) I. Sam. 22, 18. Die griechiſche Verſion hat 305.

lange umher, bis er David fand; ihm brachte er die Kunde von der blutigen Tat Sauls. David fiel es schwer auf das Herz; er betrachtete sich als Urheber der Untat, da er sich von Achimelech Vorschub leisten ließ. Er hielt es daher für seine Pflicht, den Flüchtling E b j a t h a r seiner Zugetanheit für das ganze Leben zu versichern und ihm zu versprechen, daß er ihn wie seinen Augapfel bewahren wolle. Für den Augenblick konnte ihm aber der Priester mehr Dienste leisten, als von ihm emp= fangen. Er hatte das Ephod aus Nob gerettet, vermöge dessen die Zukunft verkündet zu werden pflegte. Er konnte damit David in seiner Ratlosigkeit Weisungen geben. Allerdings blieb auch Saul nicht ohne priesterlichen Beistand, er konnte ihn nicht entbehren. Er fand einen Ahroniden aus einer anderen Familie, der für ihn das Ephod trug und ihm auf Befragen Gottessprüche verkündete. Wie es scheint, war es ein anderer A c h i t u b (II.), dessen Sohn Z a d o k Stammhalter der Hohenpriester geworden ist. Saul scheint nach der Zerstörung Nobs in Gibeon, wo seine Verwandten ihren Wohnsitz hatten (o. S. 172), eine Kultusstädte errichtet zu haben[1]), und hier fungierte der neue Hohepriester mit seiner Familie; sie konnten hier besser daraufhin über= wacht werden, daß sie nicht ein verräterisches Einverständnis mit David unterhielten.

Die Philister, welche Sauls Heldengeist umnebelt und seinen Heldenarm gelähmt sahen, machten inzwischen wieder einmal einen räuberischen Einfall in das Gebiet des Stammes Juda, in K e ï l a. David gedachte der Stadt zu Hilfe zu eilen. Allein er war darauf an= gewiesen, doppelte Vorsicht zu gebrauchen. Er befragte daher den bei ihm zum Hohenpriester aufgestiegenen Ebjathar, ob sein Plan, die Philister anzugreifen und den bedrängten Bewohnern der Stadt zu Hilfe zu kommen, durch den Gottesspruch gutgeheißen werde, und als dieser es bejahte, rief David seine Mannschaft zum Kriege auf. Er griff daraufhin die philistäische Streifschar an, schlug sie aufs Haupt und wurde mit Freuden von den Bewohnern von Keïla aufgenommen. Nun glaubte David eine sichere Zufluchtsstätte gefunden zu haben; denn Keïla war befestigt[2]). Aber lange konnte er sich der Sicherheit nicht

---

[1]) Aus I. Könige 3, 4 folgt, daß in Gibeon eine במה גדולה war. Dazu gehörte aber ein Hoherpriester, und da wir nicht wissen, wieso צדוק בן אחיטוב mit einem Male unter David's Regierung auftaucht, (II. Sam. 8, 17), so kann er nur seine Stellung in Gibeon gehabt haben; vgl. I. Chronik 16, 39. Wer hat aber diesen großen, d. h. besuchten, Altar in Gibeon errichtet? Vor Saul war er nicht vorhanden. Folglich kann nur er ihn errichtet haben.

[2]) I. Sam. 23, 7, über die Lage f. o. S. 189. Anmerk. 2.

erfreuen; denn sobald Saul durch seine Kundschafter erfahren hatte, daß David sich in eine feste Stadt geworfen hatte, dachte er leichtes Spiel zu haben und die Stadt durch Belagerung zu zwingen, ihn auszuliefern, und bot zu diesem Zwecke seine Truppen zu einem Zuge auf[1]). Von diesem Feldzuge Sauls erhielt aber wiederum David heimliche Kunde; denn auch er hatte seine Kundschafter, und da er durch Ebjathar erfuhr, daß die Einwohner von Keïla nicht Anstand nehmen würden, in der Bedrängnis einer Belagerung ihn auszuliefern, so verließ er mit seiner Mannschaft die Stadt. Aber er hielt es nicht mehr für sicher, in Westjuda, an der Grenze des Philisterlandes, umherzuirren, sondern suchte die entgegengesetzte Gegend, Ostjuda, auf, die sogenannte W ü st e oder T r i f t J u d a , in der Nähe der Öde des toten Meeres[2]).

Auch hier mußte er in Schlupfwinkeln hausen, da Saul mit seiner Schar noch immer Jagd auf ihn machte. Endlich ließ sich David auf einer Anhöhe bei S i p h nieder, etwa eine Stunde südöstlich von Hebron entfernt. In dieser Stadt war der Sitz der vornehmen Familien des Stammes Juda, und David scheint von Siph aus mit ihnen Verbindung angeknüpft zu haben. Während Saul seine Spuren vergeblich verfolgte, weil die Judäer ihren stammesgenössischen Liebling nicht verraten mochten, fand Jonathan seinen Weg zu ihm und brachte ihm die Beruhigung, daß sein Vater selbst sich mit dem Gedanken vertraut zu machen begänne, daß er an dem Sohn Isaïs seinen Nachfolger haben werde. Schon glaubte David, sich dem Gefühl der Sicherheit überlassen zu dürfen, als sein Aufenthalt verraten wurde. Die Einwohner von Siph gaben ihn Saul an[3]), entweder um erlittene Zurücksetzung zu rächen, oder um Gewinn zu erzielen. Saul war glücklich, endlich die Spur seines bisher vergeblich gesuchten Feindes erfahren zu haben, ließ die Siphäer vorausziehen, Davids Schlupfwinkel im Auge zu behalten und folgte mit seiner Mannschaft nach. David war aber von der Bewegung seines Verfolgers besser unterrichtet. Ehe dieser noch in Siph eintraf, zog er südlich in die Trift von M a o n (ein und eine halbe Stunde weiter) und verschanzte sich auf einem Hügel, Fels der Teilung genannt[4]). Da ihm aber Saul nachzog, so verließ er die Höhe, um noch

---

[1]) I. Samuel 23, 7, statt נכר muß man wohl lesen בכר [so auch Klostermann z. St.].

[2]) I. Sam. 23, 14. Wo von המדבר schlechthin die Rede ist, ist מדבר יהודה zu verstehen, d. h. der östliche Abfall des Gebirges Juda bis zum toten Meere.

[3]) Nach der Überschrift soll Ps. 54 von David gegen die Siphäer gedichtet worden sein. Er ist aber nicht davidisch.

[4]) S. Note 10.

weiter südlich zu entfliehen. Saul ließ jedoch den Hügel von zwei Seiten umringen und war nahe daran, seiner habhaft zu werden, als ihn, zum Glück für David, die Nachricht ereilte, daß die Philister seine Entfernung von seiner Residenz benutzt hätten, um abermals einen Plünderungszug in das Land zu machen. So mußte Saul für den Augenblick die Verfolgung aufgeben, um den Philistern entgegenzuziehen. Sobald er sie zurückgeschlagen hatte, eilte er wieder in dieselbe Gegend, um David aufzusuchen; dieser hatte sich aber tiefer in die Wüste, bis an den Rand des toten Meeres bei En-Gedi zurückgezogen. Es ist eine schauerliche Gegend von hohen, öden Felsen und Klippen, die aus der Ebene jäh aufsteigen. Unten an ihrem Fuße, mehrere hundert Fuß tief, liegt am toten Meere die fruchtbare Oase, En-Gedi (o. S. 67). Aber so anmutig die Oase ist, ebenso öde ist die sie umschließende Gebirgsgegend. Nur Bergziegen und Gazellen verleihen ihr durch ihre Sprünge von Felszacke zu Felszacke einiges Leben. In den Höhlen dieser Felsen der Bergziegen (Zure ha-Jeelim)[1] mußten David und seine Mannschaft Zuflucht suchen. Saul verfolgte ihn auch auf diesen rauhen Pfaden. Dabei geriet er eines Tages allein in eine Grotte, die so geräumig war, daß er David und seine Leute, welche im Hintergrunde lagen, nicht bemerkte. Ohne auf die Stimme seiner Umgebung zu hören und ohne den günstigen Augenblick zu benutzen, um seinem Feinde den Garaus zu machen, begnügte sich David, ihm einen Zipfel seines Gewandes abzuschneiden und überzeugte ihn dadurch, daß er unschuldig von ihm verfolgt wurde. Sei es, daß Saul, von diesem Beweise der Unschuld Davids gerührt, ihm Frieden verheißen, oder daß er es aufgeben mußte, ihn auf diesem rauhen Gebirge in der Wüste En-Gedi zu erreichen, genug, er zog ab, und David konnte wieder in die bewohnte Gegend von Maon zurückkehren und sich wieder Siph nähern.

Da verrieten ihn die Siphäer zum zweiten Male, sie glaubten dieses Mal glücklicher zu sein und den Lohn für ihre Niedertracht zu empfangen. Saul zog wieder seine Schar zur Verfolgung zusammen. Ermüdet von dem beschleunigten Zuge, ruhte diese im Schatten am Fuße des Hügels aus, ehe sie die Jagd antrat. David bemerkte von Ferne das Lager, in dem Saul und seine ihn im Kreise umgebenden Leute fest schliefen. Leise schlich er sich mit Abisaï heran, ging in den Kreis und nahm, ohne auf seines Begleiters Rat zu hören und mit einem Schlage Saul zu töten, nur dessen Speer und Wassergefäß, verließ den Platz unbemerkt, wie er gekommen war, und eilte auf die Bergspitze C h a c h i l a.

---

[1] I. Sam. 24, 3.

Laut rief er hier den Namen Abners, so daß dieser und alle Schlummernden davon erwachten. Diesem Feldherrn Sauls machte er Vorwürfe,
daß er seinen Herrn so schlecht bewachte, daß er um ein Kleines nimmermehr hätte erwachen können. Saul soll hierauf abermals sein Unrecht
eingestanden und versichert haben, David niemals mehr zu verfolgen.

Nichtsdestoweniger hielt es David nicht für geraten, seine unstäte
Lebensweise in der Wüste von Siph und Maon fortzusetzen und sich noch
ferner dem Zufall auszusetzen, der Verfolgung zu entgehen. Auf
Sauls Versprechen konnte er nicht bauen. Ohnehin war seine Lage
unangenehm. Er war darauf angewiesen, von den Bewohnern der
Gegend, in der er umherstreifte, Lebensmittel für sich und die Seinigen
zu erbitten oder auch mit Drohungen zu fordern. Meistens gewährten
die Bauern und Hirten dieser Gegend dem Bandenführer David freiwillig Lebensmittel, wenn einige seiner Leute sie einforderten. Aber es
kam doch vor, daß Hartherzige ihm die Lebensmittel, die er nicht entbehren konnte, versagten, wie es N a b a l aus Karmel tat, dann mußte
er sich auf Brandschatzung verlegen. Für den zukünftigen König von
Israel war es aber eine schlechte Empfehlung, Erpressungen durch das
Schwert geübt zu haben. Auch hatte er bereits zwei Frauen, die kluge
A b i g a ï l, Nabals Witwe, die sich so hochherzig gegen ihn benahm und
ihn so sehr bewunderte, daß sie nach dem Tode ihres Mannes ihm gern
in sein Zelt folgte, und eine andere, A c h i n o a m aus dem judäischen
J e s r e ë l[1]), wahrscheinlich die Tochter eines angesehenen Mannes im
Gebiete seiner Streifereien. Er und seine Leute sehnten sich schon, des
jahrelangen Abenteuerns müde, nach einer seßhaften Lebensweise. Um
diese Änderung herbeizuführen, tat David einen Schritt, der ihm wohl
große Überwindung gekostet hat, da er auf sein bisher fleckenloses Leben
einen Schatten warf. Er knüpfte abermals Unterhandlungen mit dem
Philisterkönig Achisch an, damit dieser ihm Schutz in seinem Lande
gewähre. Achisch, der die Unterjochung des israelitischen Volkes stets
im Auge behielt und jede Gelegenheit dazu benutzte, ging darauf ein,
stellte aber Bedingungen, gegen die Davids Vaterlandsliebe sich hätte
sträuben müssen, wenn seine Lage nicht unerträglich gewesen wäre.
Diese Bedingungen waren, daß David mit Saul und seinem Vaterlande brechen und im Kriegsfall mit seiner Mannschaft zur philistäischen
Schar stoßen und gegen seine Stammesgenossen kämpfen sollte, und
daß er auch in Friedenszeiten gegen entlegene Teile des Stammes Juda
Streifzüge unternehmen und von der gemachten Beute einen Teil seinem

---

[1]) Das judäische Jesreël wird bei Jutta liegend genannt, und dieses
liegt westlich geneigt zwischen Siph und Karmel.

Lehnsherrn abgeben sollte[1]). David scheint allerdings im Sinne gehabt
zu haben, diesen Bedingungen auszuweichen, oder im gegebenen Falle
sich mit seinen Stammesgenossen gegen seine Verbündeten zu vereinigen. Aber dann mußte er krumme Wege einschlagen und seine
bisher bewahrte Gradsinnigkeit verleugnen.

Bei ihrem Einzuge in die philistäische Hauptstadt Gath haben wohl
die wilden Gestalten von Davids Mannschaft, die inzwischen auf sechshundert gewachsen war, keinen sehr angenehmen Eindruck auf die Bewohner gemacht. Die philistäischen Großen und Angesehenen waren
daher dieses Mal noch unzufriedener mit dem Bündnisse ihres Königs
mit einem Führer, der Kriegsruhm gegen die Philister erlangt hatte
und von einer Schar umgeben war, deren Tollkühnheit das Land selbst
in Gefahr bringen konnte. Der König Achisch versprach sich aber so viel
von diesem Bündnisse, daß er auf die Warnung seiner Großen nichts
gab. Allein David selbst fühlte sich unbehaglich inmitten der philistäischen
Bevölkerung und in dem Gedanken, daß deren Augen stets auf ihn
und auf seine Mannschaft gerichtet seien. Wie leicht konnte es zwischen
den Philistern und den israelitischen Tapferen zu unangenehmen
Reibungen kommen! David erbat sich daher von Achisch die Gunst, ihm
und den Seinigen eine der Feldstädte zum Wohnsitz einzuräumen[2]). Dieser
Ausweg gefiel dem philistäischen König; dadurch konnte er David in seiner
Nähe festhalten und zugleich ein feindliches Zusammentreffen seines
Volkes mit den Fremden vermeiden. Er räumte diesen daher die Stadt
S i k l a g (Ziklag) ein[3]). Sobald die Kunde verbreitet war, daß David
eine eigene Stadt zur Sicherheit eingeräumt war, schlossen sich noch mehr
kriegslustige Männer, Fremde wie Israeliten, seiner Schar an, von

[1]) Folgt aus I. Sam. 27, 10 und 28, 1; 29, 2. 8.

[2]) Folgt aus I. Sam. 27, 5—6; 29, 3—5.

[3]) Die Lage von Ziklag ist noch nicht ermittelt; nur im allgemeinen läßt
sich angeben, daß sie im Südwesten des Stammes Juda gelegen war,
südöstlich von Gaza. Sie wird zugleich als judäische und simeonitische
Stadt aufgeführt, und dadurch ist sie als eine Stadt des Negeb markiert.
Näher bestimmt sie Eusebius im Onomastikon s. v. Σικελάγ, φυλῆς Ἰούδα ἢ
Συμεών, ἐν τῷ Δαρωμά. Unter Daroma begreift Eusebius und nach ihm
Hieronymus die Gegend nördlich vom ehemaligen Gerar oder von dem
spätern Geraritica Γέραρα, ἀφ᾽ ἧς νῦν καλεῖται ἡ Γεραριτικὴ ὑπὲρ τὸ Δαρωμὰ κειμένη. Er setzt Gerar 25 röm. Meilen (5 geographische) südlich von
Eleutheropolis (Beit G'ibrin). Auch die Stadt Duma (Josua 15, 52) verlegt
das Onomastikon in Daroma, als ein noch zu seiner Zeit bestehendes Dorf,
17 röm. M., d. h. 3 2/5 Meilen südlich von Eleutheropolis: Δουμά, φυλῆς Ἰούδα
κώμη μεγίστη νῦν ἐν τῷ Δαρωμὰ ἐν ὁρίοις Ἐλευθεροπόλεως ἀπὸ σημείων ις.
Ob diese Gegend Daroma mit dem in der Geschichte der Kreuzzüge vor-

denen sich einige später ausgezeichnet haben. So Sibkhaï aus
Chuscha, der später einen der Riesen von Gath in einem Zweikampf
erlegte; ferner Eliam, Sohn Achitophels aus Gilo, dessen
Tochter Bathseba Davids Schicksalswendung herbeigeführt hat; Zelek
der Ammoniter, Nachraï, ebenfalls ein Ausländer, der später Joabs
Waffenträger wurde, zwei Keniter, Jra und Gareb, endlich ein
Chittiter Urijah, der Gatte Bathsebas. Im ganzen war David von
siebenunddreißig[1]) kühnen Helden (Gibborim) umgeben, von denen drei
von ihren Genossen selbst als die Tapfersten der Tapfern bewundert
wurden, Jeschobeam, Schamma und Eleasar (v. S. 187).
Mit diesen Kühnen und der Schar der Sechshundert unternahm David
von Ziklag aus Streifzüge, die, von der sittlichen Seite betrachtet,
weniger rühmlich waren, als von der kriegerischen.

Südlich vom Philisterlande, am Saume der Wüste, die nach
Ägypten führt, wohnte seit undenklichen Zeiten eine Völkerschaft, die
Geschuriter, deren Ursprung — ob kanaanitisch, idumäisch oder
philistäisch — unbekannt ist; jedenfalls stand sie in einem Bundes=
verhältnis zu den Philistern. Gegen diese machte David an der Spitze
seiner Kühnen und seiner Mannschaft Streifzüge, plünderte ihre Herden
von Kleinvieh, Rindern, Eseln und Kamelen und ihren sonstigen be=
weglichen Besitz. Von hier aus dehnte er seine Raubzüge weiter östlich
gegen die Kenisiter[2]) und die Überbleibsel der Amalekiter aus.
Von der Beute lieferte David den bedungenen Tribut an seinen Lehns=
herrn, den König Achisch, mit dem Vorgeben, daß sie den Stammes=
genossen im südlichen und östlichen Judäa abgenommen worden sei.
Sämtliche Gefangenen aber, selbst die Weiber, ließ er mit der Schärfe des
Schwertes töten, damit ihr Mund nicht verriete, daß er, anstatt der eigenen
Stammesgenossen, die Bundesgenossen der Philister bekriegt habe. So
verfuhr David, so lange er in Ziklag weilte, ein Jahr und vier Monate[3]).
Achisch glaubte, an David einen treuen Verbündeten zu haben, der seine

---

kommenden Darom, südlich von Gaza, identisch ist (Robinson P. II, 657 f.
Sepp II, 529), ist sehr zu bezweifeln. [S. Buhl S. 88. 196.] Auch mit
dem in der talmudischen Literatur vorkommenden דרומא, דרום ist es nicht
identisch, da darunter die Gegend von Lydda verstanden wird. Wichtig ist
die Lage von Ziklag wegen anderer geschichtlicher Namen; s. Kap. 9.

1) S. Note 9.

2) I. Sam. 27, 8 ist zwischen גשורי und עמלקי genannt גזרי; eine andere
L.=A. ist גזרי oder wie LXX. lasen Γεσιρί. Eine solche Völkerschaft ist aber
anderweitig nicht bekannt. Man muß wohl dafür lesen קנזי. Die Kenisiter
werden in der Nachbarschaft der Keniter genannt. Über גשור s. Note 17.

3) Daf. 27, 7—11; 29, 3.

Kriegstüchtigkeit und den Mut seiner Mannschaft dazu gebrauchte, seine eigenen Stammesgenossen zu schädigen, und der nach solchem Verfahren sich nimmermehr mit seinem Volke werde aussöhnen können.

In diesem Wahne, den ihm David durch seine Hinterlist beigebracht hatte, glaubte Achisch einen entscheidenden Krieg gegen Israel unternehmen zu können. Saul war in Trübsinn verfallen und hatte nach seinem Zerwürfnis mit seinem Schwiegersohn seine Kriegstüchtigkeit nicht mehr bewährt. Der beste Arm, der früher für ihn gestritten, und der erfindrischste Kopf, der für ihn überlegt hatte, waren gegen ihn gekehrt. Die heldenmütigsten Jünglinge und Männer Israels hatten sich David zur Verfügung gestellt. Achisch bot daher seine ganze Mannschaft auf, um einen entscheidenden Schlag gegen Israel zu führen. Nicht auf dem oft betretenen Wege sollten die Philister den Einfall in das israelitische Land machen, sondern von Norden aus, wo Sauls Ansehen noch nicht so befestigt war, wie im Stamme Benjamin und in den Grenzgebieten. Achisch führte sein Heer bis zur Ebene Jesreël, durch die Ebene längs der Küste des Mittelmeeres, die seit ihrem Siege über die Phönizier (v. S. 147) den Philistern gehörte. Hier war es auch leichter Kriegswagen und Reiterei anzuwenden[1]), als im Gebirge. An diesen sollten die Schleudersteine und Pfeile, in deren Handhabung die Benjaminiten so geschickt waren, abprallen. Infolge ihrer Verabredung forderte Achisch David auf, sich diesem Kriege in großem Maßstabe gegen Saul anzuschließen und mit seinen Mannen zum philistäischen Heere zu stoßen. Mit schwerem Herzen mag David den Zug angetreten haben, wenngleich ihm keine andere Wahl blieb, da er sich den Feinden seines Volkes verkauft hatte. Aber die philistäischen Großen rissen ihn aus seiner zweideutigen Lage. Laut und stürmisch verlangten sie von ihrem Könige, David und seine Mannschaft heimzusenden, weil sie der Treue des Mannes nicht trauen konnten, welchem Jubelrufe wegen der Siege über die Philister entgegen geklungen waren. Sie sprachen zu Achisch: „Womit könnte sich dieser leichter mit seinem Herrn aussöhnen, als mit unseren Köpfen?" Der philistäische König mußte auf das fast aufrührerische Verlangen seiner Fürsten David entlassen und ihn unter Versicherung seines unerschütterlichen Vertrauens auf seine Treue nach Ziklag zurücksenden. Es war ein Glück für David; er wurde dadurch der Zwitterstellung enthoben, entweder ein Verräter an seinem Volke oder ein Wortbrüchiger an Achisch zu werden.

[1]) Folgt aus II. Sam. 1, 6. Über die Lokalitäten des Krieges, vgl. Note 11.

Die Philister zogen indessen zu Hunderten und Tausenden weiter
und lagerten zuerst an dem südlichen Fuße des niedrigen Gebirgrückens,
wo einst die Midianiter gegen Gideon ihr Schlachtfeld gewählt hatten
(o. S. 111), unweit der Stadt S u n e m. Saul, der Kunde von der
Rüstung der Philister und von ihrem Zuge hatte, rief den israelitischen
Heerbann zusammen, zog in Eilmärschen ihnen entgegen und lagerte
zuerst am Fuße des Gebirges Gilboa. Dann umging er den gegenüberliegenden Bergrücken, an dessen Fuße die Philister lagerten, zog mit
seiner Schar nordwärts und lagerte am Nordwestfuß dieses Gebirges
bei E n d o r[1]), wo die Kriegswagen und die Reiterei der Philister sich
nicht so leicht hätten entfalten können. Dadurch waren auch diese genötigt, ihren Lagerplatz zu ändern und sich in die Ebene zurückzuziehen,
um das israelitische Kriegsheer von den Bergen herabzulocken.

Saul wurde beim Anblick der großen Menge des philistäischen
Heeres und besonders der Reiterei zaghaft; die trüben Tage, die er sich
selbst bereitet hatte, benahmen ihm den Mut. Er fühlte sich auch von
Gott verlassen, da er auf sein Befragen über den Ausgang des Krieges
keinen Gottesspruch, weder durch einen Priester, noch durch einen
Propheten erlangen konnte. In seiner Ratlosigkeit verlegte er sich auf
bedeutungsvolle Träume, indem er, wie damals die Art war, sich an
einem geweihten Orte, unter gewissen Gebräuchen und Fasten schlafen
legte und die in diesem aufgeregten Zustande geschauten Traumbilder
für göttliche Verkündigung ansah. Aber auch der Traumgeist blieb stumm
für ihn. In der Verzweiflung suchte er eine Bauchrednerin in Endor
auf, die sich der Verfolgung entzogen hatte und ihr Zauberwesen heimlich trieb. Es war ein sonderbares Verhängnis, daß Saul zu der Gaukelei,
die er aus dem Lande verbannt wissen wollte, selber Zuflucht nehmen
mußte. Um nicht erkannt zu werden, begab er sich des Nachts in einer
Vermummung zur Zauberin von Endor und bat sie, für ihn Samuel,
der bereits einige Zeit vorher verschieden war, aus dem Grabe zu erwecken. Man erzählte sich später eine Schauergeschichte, welche zwischen
Saul und der Zauberin vorgefallen sein soll. Sie machte ihre Be-
schwörungen, um mit ihrer eitlen Kunst von irgend jemandem unter
Samuels Gestalt tief aus der Erde schauerliche Töne, wie aus dem Grabe,
vernehmen zu lassen. Aber anstatt eines Trugbildes erschien Samuel
wirklich, in seiner greisen Gestalt, in einen langen Obermantel gehüllt,
worüber das Weib von Endor selbst in Schrecken geriet[2]). In schauer-

----

[1]) S. Note 11.

[2]) In I. Sam. 28, 13 muß man wohl lesen איש אלהים ... עלה statt
אלהים ... עלים.

licher Weise vernahm Saul aus dem Munde des dem Grabe entstiegenen
Propheten mit tiefer Erschütterung die Drohworte, daß Gott ihn verlassen habe und mit seinem Gegner David sei[1]), und daß der König
samt seinen Söhnen am folgenden Tage bei ihm im Grabe sein werde.
Vor Schrecken fiel Saul seiner ganzen Länge nach zur Erde, und noch
beim Erwachen hatte er keine Kraft, den Weg zum Lager einzuschlagen,
weil er wegen der Weihen, um Träume zu haben, nichts genossen hatte.
Sein Diener und die Zauberin mußten ihn drängen, etwas zur Stärkung
zu sich zu nehmen.

Mit trüben Ahnungen im Herzen begann Saul die Schlacht, und
sie fiel, als hätte er mit seiner Verzagtheit seine Schar angesteckt, unglücklich aus. Tapfer kämpften die Israeliten; die Schlacht dauerte
den ganzen Tag[2]); aber in der Ebene konnten sie sich gegen die Reiterei
und Kriegswagen nicht halten und suchten daher das Gebirge Gilboa
auf, und hier wurden sie von den Philistern verfolgt und aufgerieben.
Auch drei Söhne Sauls, der liebenswürdige J o n a t h a n samt
A b i n a d a b und M a l c h i s c h u a fielen. Saul selbst fand sich mit
einem Male allein, nur sein Schildträger war bei ihm, als die philistäischen
Bogenschützen auf ihn eindrangen. Fliehen mochte der König nicht und
ebensowenig zum Spott der Philister deren Gefangener werden. So
bat er seinen Begleiter, ihm den Todesstoß zu versetzen. Da dieser sich
aber scheute, an den König Hand anzulegen, so blieb Saul nichts übrig,
als sich in sein eigenes Schwert zu stürzen. So starb er eines Königs
würdig. Sein Waffenträger gab sich ebenfalls den Tod. Die Niederlage war fürchterlich. Die Blüte der israelitischen Kriegsmannschaft lag
geknickt auf dem Berge Gilboa und in der Ebene Jesreël. Nachdem die
Philister die Nacht nach dem heißen Tage ausgeruht hatten, besichtigten
sie das Schlachtfeld und beraubten die Gefallenen ihrer Kleider und
ihres Schmuckes. Hier fanden sie die Leiche Sauls und seiner drei Söhne.
Das Haupt des Königs und seine Waffen sandten sie als Trophäen nach
dem Philisterlande und bewahrten den Schädel in einem Dagontempel
und die Waffen in einem Astartetempel zum Andenken an ihren großen
Sieg über Israel auf. Dann drangen sie in die Städte in der Ebene
Jesreël und in der östlichen oberen Jordanaue und besetzten sie; die
Einwohner waren bei der Nachricht von der Niederlage am Gilboa jen-

---

[1]) Aus Vers 18 geht hervor, daß die L.-A. in Vers 16 ויהי צרך nach
der griechischen und syrischen Version in ויהי עם רעך umzuwandeln ist. [Vgl.
dazu Klostermann z. St.]

[2]) Folgt daraus, daß nach I. Sam. 31, 6 und Parallelstellen die Philister
erst am darauffolgenden Tage die Leichen plünderten.

seits des Jordans entflohen. Zu den von den Philistern eingenommenen Städten gehörte auch Betschean, ein ansehnlicher Ort in einer fruchtbaren Gegend, durch welchen die Karawanenzüge von Ost nach West zu gehen pflegten, und dessen Einwohner ebenfalls die Flucht ergriffen hatten, obwohl der Ort befestigt war. Zur Schmach der Israeliten hängten die Philister die hauptlose Leiche Sauls und die seines Sohnes Jonathan an den Mauern von Betschean auf[1]. Es scheint, daß die Philister, ihren Sieg weiter verfolgend, von dem Berge Gilboa und von Betschean südlich zogen und alle wichtigen Städte besetzten[2]. In Sauls Hauptstadt Gibeat-Saul verbreitete die Annäherung der Philister einen solchen Schrecken, daß die Wärterin von Jonathans fünfjährigem Sohne Mephiboschet (Meriboschet oder Meribaal) die Flucht ergriff und in der Eile den Knaben auf dem Gebirge fallen ließ. Durch den Sturz brach der Knabe ein Bein und mußte lebenslänglich hinken.

Traurig hinterließ Saul das Land nach seinem Tode, elender noch, als es zur Zeit seiner Wahl gewesen war. Damals, zwölf Jahre vorher, stand bloß ein kleiner Teil des Landes unter philistäischer Botmäßigkeit, die Stämme Benjamin und Dan, etwa noch ein Teil der Ephraimiten und Jehudäer. Infolge von Sauls Eifersucht auf seine Königswürde und infolge seiner Torheiten geriet jetzt dagegen die ganze Mitte des Landes, vom Norden der Ebene Jezreël bis zum Süden des Gebirges Ephraim, in schmähliche Abhängigkeit. Die Niederlage war so gewaltig und so unerwartet, daß im ersten Augenblick von keiner Seite an Widerstand gedacht wurde. Aller Mut war geschwunden. Es galt schon als eine Kühnheit, daß einige Männer aus Jabesch-Gilead jenseits des Jordans, aus Dankbarkeit für Saul, welcher ihrer Stadt Rettung gebracht hatte (o. S. 164), es wagten, die Schändung von Sauls Leiche abzuwenden. Sie drangen in der Nacht über den Jordan nach Betschean, schnitten die Leichen Sauls und Jonathans von der Mauer ab, brachten sie nach ihrer Stadt, begruben sie unter einer Terebinthe und stellten eine siebentägige Trauer um sie an. Die diesseitigen Stämme hatten nicht denselben Mut oder empfanden nicht diese Dankbarkeit für Saul, der durch sein Zerwürfnis mit David das Land unglücklich gemacht hatte. Das war das Ende des Königs, auf dessen Wahl das Volk so viel Hoffnung gesetzt hatte.

[1] S. Note 11.
[2] Dieselbe Note.

Zweite Epoche.
Die Blütezeit.

Siebentes Kapitel.
David und Jsch-Boschet.

Davids Abhängigkeit von den Philistern. Sein Trauerlied um Saul und Jonathan. Er wird König von Juda; Jsch-Boschet und Abner in Machanaïm.
Verdrängung der Philister aus dem Lande. Fehden zwischen Juda und
Benjamin. Zerwürfnis zwischen Jsch-Boschet und Abner und beider
unnatürlicher Tod. David wird König über ganz Israel. Eroberung
der Burg Zion. Entstehung und Anfang der Stadt Jerusalem. Davids
Bruch mit den Philistern. Seine Heldenschar. Überführung der Bundeslade nach Jerusalem. Provisorische Einrichtung des Kultus in der Davidsstadt. Davids Beamte und Räte. Die Gibeoniten. Vertilgung des
Hauses Saul.

(Um 1055—1035).

Auch David, auf den das Volk früher so viel Hoffnung gesetzt hatte,
schien jetzt vergessen zu sein. Was hatte er getan, während das Vaterland
blutete? Mag sein Zug gemeinschaftlich mit den Philistern bekannt
geworden sein oder nicht, auffallend mußte es allen geworden sein, daß
er in dieser traurigen Zeit, nur auf eigene Sicherheit bedacht, sich fern
von jeder Gefahr hielt, dem bedrängten Volke nicht beisprang und an
dem Bündnis mit den Philistern festhielt. Freilich war auch er in derselben Zeit in Bedrängnis; aber die Vorgänge, die ihn betrafen, wurden
erst später bekannt. Für den Augenblick mußte es denen, die Sinn für
die öffentlichen Vorfälle hatten, schmerzlich sein, daß David im Bündnis
mit den Feinden stand und während der Abwesenheit des Königs Achisch
im Kriege gegen Israel gewissermaßen dessen Grenzen beschützte.

Als David nämlich vom Zuge mit den Philistern wegen des Arg-
wohns der Großen zurückgesandt wurde, fand er seine Stadt Ziklag
verbrannt, Weiber und Kinder aber und alle, die nicht mit ausgezogen
waren, waren verschwunden. Die Amalekiter, die durch Davids Streifzüge gelitten hatten und in die Wüste geflohen waren, hatten dessen Abwesenheit benützt, um ihrerseits einen Plünderungszug zu unternehmen.

Sie überfielen den Süden des Philisterlandes (Negeb der Krethi), worin
Ziklag lag, führten alle daselbst angetroffenen Menschen in Gefangenschaft, plünderten alle Wertsachen und verbrannten die Stadt. Dann
zogen sie plündernd durch den Süden Judas bis zur Trift K h a l e b
(oder Khelub), worin M a o n lag, und schickten sich an, mit reicher Beute
beladen, in die Wüste zurückzukehren[1]). Als die Mannschaft Davids bei
ihrer Heimkehr die Ihrigen nicht vorfand und die Stadt verbrannt sah,
war ihr Schmerz so groß, daß sich ihr Unmut gegen David kehrte und
ihn mit dem Tode bedrohte, weil es ihr schien, daß er sie als Schweif des
philistäischen Heeres gewissermaßen von der Heimat weggelockt hatte.
Indessen faßte sie, durch den Gottesspruch des Priesters Ebjathar, daß sie
die amalekitische Streifschar erreichen und ihr die Gefangenen und die
Beute abjagen würden, wieder Mut. In Eilmärschen traten darauf
David und seine Mannen die Verfolgung an und erfuhren durch einen
ägyptischen Sklaven, den sie verlassen und krank am Wege fanden, den
Lagerplatz des Amalekiterhaufens und überraschten ihn an der bezeich-
neten Stelle, wie er gerade in großem Jubel zechte und tanzte ob der
gemachten Beute. Dieser Jubel wurde ihm schnell in Trauer verwandelt; denn Davids erbitterte Schar schlug ihn so gewaltig, daß die
meisten der Feinde auf dem Kampfplatze blieben und nur wenige auf
Kamelen entkamen. Alle Gefangenen und die ganze Beute fanden
Davids Leute wieder; es fehlte nichts. Außerdem erbeuteten sie noch
die Herden der Amalekiter. Siegestrunken kehrten David und seine
Mannschaft nach Ziklag zurück und begannen es wieder aufzubauen und
sich einzurichten. Von der den Amalekitern abgenommenen Beute
sandte David Ehrengaben an die Ältesten Judas und an seine Freunde
in viele Städte von Beerseba bis Hebron und auch an die Keniter
auf dem Gebirge, die ehemaligen Genossen der Amalekiter. Er be-
absichtigte damit, diesen allen Kunde von seinem Siege zu geben und
sie zugleich für sich einzunehmen.

Kaum hatte er wieder festen Fuß in Ziklag gefaßt, als ihm die
Trauerkunde zukam, daß das israelitische Heer am Gilboa eine schreckliche
Niederlage erlitten hatte, und daß auch Saul und seine Söhne gefallen
waren. Der Bote, der ihm die Kunde brachte, ein im Lande angesessener
Amalekiter, heuchelte zwar Trauer, kam mit zerrissenen Kleidern und
Erde auf dem Haupte, erwartete aber von David eine Belohnung für
seine Botschaft, indem er ihm Sauls goldene Krone und seinen Schmuck
überreichte. Auf Befragen antwortete der Amalekiter, er selbst habe

---

[1]) S. Note 10.

Saul, von ihm dringend gebeten, getötet, weil der König nicht mehr
die Kraft zu stehen gehabt hätte. Davids erste Regung bei dieser Kunde
war Trauer, tiefe Trauer über den verhängnisvollen Tod des Königs
und noch mehr um den Verlust seines Herzensfreundes Jonathan. Und
wer wäre so herzlos gewesen, dabei ruhig und kalt zu bleiben! Nach dem
Brauch zerriß David seine Kleider, als Zeichen tiefen Schmerzes. In
seinem Eifer befahl er, den Boten, welcher eine Belohnung erwartete,
zu töten, weil dieser sich gerühmt hatte, den gesalbten König getötet zu
haben[1]). Dann veranstaltete er eine öffentliche Trauer um den Tod
des Königs und seines Freundes Jonathan und um die Niederlage des
Volkes Gottes. Bei dem Trauerakt trug David ein tiefempfundenes
elegisches Lied vor, welches seinem Herzen Ehre macht und von seiner
dichterischen Begabung Zeugnis ablegt:

> „Soll, o Israel, die Herrlichkeit[2])
> „Auf deinen Höhen als Leiche liegen?
> „Wie sind die Helden gefallen!
>
> „Verratet es nicht in Gath,
> „Verkündet es nicht in Askalons Straßen,
> „Daß sich nicht freuen die Philistertöchter,
> „Daß nicht jubeln die Töchter der Unbeschnittenen!
>
> „Berge Gilboas! nicht Tau, nicht Regen auf euch,
> „Ihr Gefilde der Höhen![3])
> „Denn dort wurde besudelt der Schild der Helden,
> „Der Schild Sauls,
> „Die Waffe[4]) des mit Öl Gesalbten,

[1]) Vgl. II. Sam. 4, 10. Daraus geht hervor, daß der Amalekiter einen
Lohn erwartete. Daher ist der Bericht das. 1, 6—10 als eine Unwahrheit
und Ruhmredigkeit dieses Amalekiters und nicht als eine verschiedene historische
Relation anzusehen. Statt בַּל עַד נַפְשִׁי בִּי Vers 9 muß man lesen בַּל עַד.
[Vgl. jedoch Klostermann z. St., der mit Recht auf Job. 27, 3 hinweist.]

[2]) הַצְּבִי das. 1, 19 Abstractum pro concreto wie גְּבֵרָה für גְּבִירִים, גָּלוּת
für גֹּלִים. Das הַ ist als ein fragendes anzusehen (wegen des Schwa ist das צ
dageschiert), als Einleitung wie in Davids Trauerlied um Abner II. Sam. 3, 33:
הַצְּבִי so auch hier: הַכְּמוֹת נָבָל יָמוּת אַבְנֵר?

[3]) Weil die Ausleger שְׂדֵי תְרוּמֹת nicht verstanden, haben einige es aus
dem Texte geworfen; es ist gleich מְרוֹמֵי שָׂדֶה, Richter 5, 18, und שְׂדֵי יַעַר
Pf. 132, 6 für Kirjat-Jearim.

[4]) בְּלִי מָשִׁיחַ בַּשֶּׁמֶן ist in dieser Gestalt unerklärlich. Liest man dafür כְּלֵי
oder כְּלִי, so gibt es einen guten Sinn, der Schild der Helden, der Schild
Sauls, und die Waffe des gesalbten Königs, der Bogen Jonathans und das
Schwert Sauls sind besudelt worden (גֹּעַל in seiner Urbedeutung) vom Blute
und vom Fett der erschlagenen Israeliten; לֹא חֲשׁוּב רִיקָם und לֹא נָשִׂיג אָחוֹר
sind Relativa.

„Vom Blute der Erschlagenen,
„Vom Fett des Helden,
„Der Bogen Jonathans,
„Der nie zurückgeprallt,
„Das Schwert Sauls,
„Das nie leer eingesteckt ward.

„Saul und Jonathan,
„Die Geliebten und Beliebten in ihrem Leben,
„Auch im Tode sind sie nicht getrennt.
„Schneller denn Adler,
„Mutiger denn Löwen.

„Ihr Töchter Israels,
„Weinet um Saul!
„Er hat euch in Purpur mit feinem Gewebe[1]) gekleidet,
„Er hat goldenen Schmuck
„Auf Euer Gewand gelegt.

„Wie sind die Helden gefallen im Kriege!
„Auf deinen Höhen, Israel, als Leichen[2])!

„Weh ist mir um dich,
„Mein Bruder Jonathan!
„Süß warst du mir gar sehr,
„Wunderbar war mir deine Liebe,
„Mehr, als die Liebe zu Frauen!

„Wie sind die Helden gefallen
„Und untergegangen die Waffen des Krieges!

Das Trauerlied entlockte denen, die es hörten, Tränen des Schmerzes.

Wie aufrichtig auch Davids Trauer bei der Kunde von Sauls Tod gewesen war, ausnutzen mußte er ihn doch. Es hielt ihn nicht mehr in dem abgelegenen Winkel von Ziklag, es trieb ihn vielmehr, in den Vordergrund zu treten. Die alte Stadt H e b r o n, den Sitz des judäischen Adels, wählte er zu seinem Aufenthalte. Aber er wurde nicht von den Ältesten dahin eingeladen, sondern drängte sich gewissermaßen auf. So sehr hatte seine Beliebtheit durch seine Verbindung mit den Philistern, selbst bei seinem eigenen Stamme gelitten. Seine Schar der Sechshundert und die diesem vorstehenden tapferen Streiter (Gibborim) zogen

---

[1]) Über עדנים vgl. o. S. 174 Anmerkung 3.
[2]) Vers 25 wiederholt noch einmal den Eingang der Klage von Vers 19. Aber dann fehlt das Wort ישראל, dafür steht יהונתן, das von dem darunter befindlichen Verse hinaufgekommen zu sein scheint. Diese Strophe betrauert Jonathan allein und erwähnt dessen Verhältnis zum Dichter. So ist das ganze Gedicht durchsichtig, und man braucht nicht mit E. Meier Partien daraus auszuscheiden.

mit ihm und siedelten sich mit ihren Familien in Hebron an[1]). Diesen
Schritt selbständiger Unternehmung tat er, während die Philister noch
im Norden mit der Ausbeutung ihres Sieges beschäftigt waren. Erst
als David festen Fuß in dem damaligen Vororte des Stammes Juda
gefaßt hatte, wählten ihn, auf Anregung der Freunde, die er sich durch
seine Zuvorkommenheit erworben hatte, die Ältesten des ganzen
Stammes zum Könige. Er knüpfte sofort mit den Stämmen jenseits
des Jordans Verbindungen an, um auch diese für sich zu gewinnen.
An die diesseitigen dagegen, die noch unter der Gewalt der Philister
standen, konnte und durfte er sich nicht wenden. Er drückte den Einwohnern von Jabesch-Gilead seine Zufriedenheit und seinen Dank dafür
aus, daß sie ihre Treue gegen die Hülle des gefallenen Königs Saul
bewährt und seine Leiche der Schändung entrissen hatten. Er benach-
richtigte sie dabei gelegentlich, daß das Haus Juda ihn zu dessen Nachfolger gewählt hatte, und verhieß ihnen sein Wohlwollen wegen ihrer
treuen Anhänglichkeit an Saul. Für den Augenblick hatte seine Sendung
an die Bewohner von Jabesch-Gilead keinen Erfolg; weder diese, noch
die anderen jenseitigen Stämme dachten daran, David als König anzuerkennen. Es muß auch sie tief verletzt haben, daß er noch immer mit
den Feinden ihres Volkes im Bündnis stand, ein Vasall der Philister
war und keinen Schritt tat, das Vaterland von deren Joche zu befreien. Ein unglückseliges Verhängnis hielt ihn in den Banden der
Philister fest; seine Klugheit stand im Kampfe mit seiner Vaterlandsliebe. Diese gebot, alles aufs Spiel zu setzen, um sich von dem unheilvollen Bündnisse loszumachen, jene dagegen riet, den mächtigen Nachbar
nicht zu reizen, ihn vielmehr als Leiter zur Erklimmung einer höheren
Stufe zu benutzen. Achisch ließ David die volle Freiheit, sich als König
von Juda zu geberden und Streifzüge in die Grenzgebiete der Wüste,
wo die Wanderstämme hausten, zu machen, von deren Beute er nach
wie vor seinen Anteil erhielt; aber darüber hinaus durfte David keinen
Schritt tun. Joab, in dem ein Gewaltiges sinnender Feldherr steckte,
mußte sich die kleinliche und schmähliche Rolle gefallen lassen, die Raubzüge gegen die Geschuriter oder Kenisiter fortzusetzen[2]). Mit dem
Geschuriterkönig Talmaï hatte David damals entweder ein Bündnis
geschlossen, wodurch er dessen Tochter Maacha zur Ehe erhielt, oder er
hatte sie in einer Fehde erbeutet. Das war seine dritte Frau neben

---

[1]) II. Sam. 2, 1—3. Jn Vers 5 muß es heißen בציר חברון statt בצרי חברון;
Städte, die zu Hebron gehörten, gab es nicht, allenfalls בנות. [So in der
Tat Klostermann und bereits in Josephus' Altert.]

[2]) Folgt aus II. Sam. 3, 22.

Achinoam und Abigaïl. Der von ihr geborene Sohn hat ſpäter
Unheil über David und das ganze Volk heraufbeſchworen. Konnte
David ſeine Königswürde nicht durch Machtentfaltung erhöhen, ſo ſollte
ſie wenigſtens durch Vielweiberei glänzen. Er nahm in den ſechs Jahren,
ſo lange er in Hebron reſidierte, zu den drei Frauen noch drei andere
hinzu, Chaggit, Abital und Eglah.

Die Befreiung des Landes von den Philiſtern, an die David nicht
denken konnte, weil ihm die Hände gebunden waren, vollzog Sauls
Feldherr Abner. Es war ihm gelungen, von der großen Niederlage
am Gilboa zu entkommen, und er verlor den Mut nicht, bei dem Schiff-
bruch des Hauſes Saul was noch möglich war zu retten. Mit anderen
Flüchtlingen begab er ſich in das Oſtjordanland, wo ſie die Philiſter nicht
erreichen konnten, und wo für das Haus Saul dankbare Herzen ſchlugen.
Die Stadt Machanaïm, nordweſtlich vom Fluß Jabbok, die Grenz-
ſtadt der Stämme Gad und Halb-Manaſſe[1]), wählte Abner zum Sammelpunkt für die Anhänger des Hauſes Saul. Die Karawanenſtraße, die
jenſeits des Jordans vom roten Meere nach Damaskus führte, ging durch
dieſe Stadt. Dadurch hatte ſie einige Bedeutung erlangt. Hierher
führte Abner den überlebenden Sohn Sauls, Jſch-Boſchet (Eſch-
baal), und ſämtliche Glieder der unglücklichen königlichen Familie und
brachte es dahin, daß die jenſeitigen Stämme ihn als Nachfolger anerkannten. Nachdem Abner eine wehrhafte Schar aus den jenſeitigen
Stämmen und den Benjaminiten, die zu ihm geſtoßen waren, zuſammen-
gebracht hatte, begann er den Kampf gegen die Philiſter. Dieſe hatten
wohl in den wichtigen Städten des eroberten Gebietes nach ihrer Gewohnheit Steuervögte (Nezibim) mit Truppenbeſatzung zurückgelaſſen,
welche die Einwohner im Zaume halten ſollten. Abner verdrängte nach
und nach die Philiſter aus dem dieſſeitigen Lande; aber erſt nach vier
oder fünf Jahren gelang es ihm, das ganze Land zu befreien (1055
bis 1051). So ſchwer muß der Kampf geweſen ſein. Am ſchwierigſten
war wohl die Zurückeroberung des Stammes Benjamin, weil die
Philiſter dorthin leicht Truppen werfen konnten. Jeder Stamm, den
Abner befreite, huldigte freudig dem Sohne Sauls[2]). Abner hat Außerordentliches geleiſtet. Er hat nicht nur die Unabhängigkeit erkämpft,
ſondern auch diejenigen Stämme in das Gemeinweſen gezogen, welche
noch unter Saul ſich ungefügig gezeigt hatten. Er hat ſo recht eigentlich
das Zehnſtämmereich oder das Reich Jsrael feſt begründet und ſeine
Glieder enger aneinander gefügt. Allein nach ſeinem Siege und ſeinen

[1]) S. Note 12.
[2]) S. Note 11.

Anstrengungen war mit einem Male das Volk in zwei Reiche geteilt, das
Reich Israel und das Reich Juda, von zwei Königen beherrscht. Der
Stamm Juda, kaum durch die Tätigkeit Samuels und Sauls seiner
Sonderheit entzogen und mit den übrigen Stämmen vereint, wurde
abermals vom Ganzen getrennt. Der Sieg Abners hatte keine Freudigkeit erzeugt, weil er die Zwiespältigkeit gebracht hatte. Schnell eilte
der Griffel des Geschichtschreibers darüber hinweg und deutete ihn nur
mit wenigen Strichen an.

An eine Verschmelzung des Hauses Israel mit dem Hause Juda
war nach Lage der Sache gar nicht zu denken. Nicht nur widerstrebten
die beiden Könige David und Isch=Boschet einer freiwilligen Einigung
der Glieder, weil dann einer von ihnen auf seine Königswürde hätte
Verzicht leisten müssen, sondern vielleicht noch mehr ihr Anhang und
besonders die beiderseitigen Feldobersten Joab und Abner, die einen
hohen Grad von Eifersucht aufeinander hegten. Auch die beiderseitigen Untertanen waren einer Verschmelzung nicht geneigt; die
Jehudäer und die übrigen Stämme standen einander fremd gegenüber,
wie zwei räumlich nahe, aber im Leben und Geschichtsgange verschiedene
Völkerschaften; ihr Zusammenwirken unter Saul war nur von kurzer
Dauer gewesen. Die Jehudäer wurden von den übrigen Stämmen als
ein Bauernvolk geringschätzig angesehen. Da auf keiner Seite ein fester
Wille vorhanden war, sich um der Einheit willen freiwillig unterzuordnen, mußte das Schwert entscheiden. Bei einem Kriege zwischen
den beiden Gliedern des Volkes waren die Jehudäer im Vorteil, obwohl
sie der Zahl nach kaum dem dritten Teil der Israeliten gleichkamen.
Sie waren unter sich geeinter, während die übrigen Stämme widerstrebende Elemente enthielten. Die Ephraimiten mögen mit Unwillen
die Herrschaft des winzigen Stammes Benjamin, dem der König angehörte, geduldet haben. David hatte ferner mehr treue und kriegslustige Anhänger als Isch=Boschet; endlich war seine Heldenschar
der Sechshundert und ihre Obersten, die Gibborim, kriegserprobt
und kühn. Der israelitische König konnte ihnen keine gleiche Krieger-
schar entgegenstellen. Was aber ganz besonders ins Gewicht fiel, war
die Tatsache, daß der Stamm Juda von einem mutigen und kriegstüchtigen König geführt wurde, der vom Propheten Samuel gesalbt war
und daher als geheiligte Person galt, während Isch=Boschet nur dem
Namen nach König, keineswegs durch eine Gottesstimme bestätigt war
und persönlich wenig kriegerisch gewesen zu sein scheint. Die ganze
Macht ruhte in den Händen seines Feldherrn Abner. Isch=Boschet saß
in einem abgelegenen Winkel des jenseitigen Landes und war kaum von

allem unterrichtet, was zwischen beiden Volkshälften vorging, während
David seinen Wohnsitz in der Mitte seines Stammes hatte und von
Hebron aus alles leiten konnte.

So brach denn, als Abner sämtliche Stämme außer Juda für Jsch-
Boschet gewonnen oder zurückerobert hatte, ein Bürgerkrieg zwischen
dem Hause Israel und dem Hause Juda aus, oder zwischen dem Hause
Sauls und dem Hause Davids, der zwei Jahre dauerte (1051—1049).
Joab führte auf der einen und Abner auf der anderen Seite die streitenden Scharen an. Die Einzelheiten der geführten Fehden sind nicht
bekannt geworden, es wird nur angedeutet, daß die Israeliten, trotz
ihrer Überlegenheit an der Zahl, stets den Kürzeren zogen[1]. Wie es
scheint, haben die Jehudäer sich in dieser Zeit in den Besitz einiger Striche
gesetzt, die teils zum Stamme Benjamin, teils zum Stamme Dan
gehörten, nämlich der westlichen Seite dieser Stämme, die an das
Philisterland grenzte, mit den Städten Z a r e a und E s c h t a o l, echt
danitischen Städten, mit der Waldstadt K i r j a t = J e a r i m, wo die
Bundeslade stand, welche die Philister aus der Gefangenschaft entlassen hatten (o. S. 133), mit dem hochgelegenen M i z p a h, wo Saul
zum König gesalbt worden war (o. S. 154); und diese und noch andere
benjaminitische Städte gehörten fortan zu Juda[2]. An der Nordwest-
grenze dehnte sich infolge der Eroberungen das Gebiet Juda bis G i b e o n
aus. Um den Besitz dieser Stadt, welche einige Wichtigkeit hatte, wurden
öfter Fehden zwischen beiden Häusern geführt. Als beide Scharen schon
erschöpft waren, schlug Abner vor, den Besitz der Stadt durch einen
Zweikampf zu entscheiden, und dieser Vorschlag wurde von Joab angenommen. Infolgedessen stellten sich von beiden Seiten zwölf Zweikämpfer, gewissermaßen die zwölf Stämme vertretend, und begannen
den Kampf Mann gegen Mann. Die Jehudäer trugen auch dieses Mal
den Sieg davon. Einer der jehudäischen Zweikämpfer, A ß a h = E l,
Joabs Bruder, durch den Sieg übermütig geworden, heftete sich dem
benjaminitischen Feldherrn an die Ferse, um durch den Tod des einzigen
Mannes, welcher Jsch=Boschets Königswürde stützte, diesen in Ohnmacht
zu versetzen. Allein obwohl Aßah=El leicht zu Fuß war, wie ein „Reh
auf dem Felde", konnte er doch vor Abner nicht standhalten und wurde
von dessen Speer durchbohrt. Der Tod dieses heldenmütigen Jüng-

---

[1] II. Sam. 3, 1.

[2] צרעה und אשתאול in Josua 19, 41 und auch anderweitig, zu Dan; 15, 33
zu Juda. מצפה das. 18, 26 zu Benjamin; 15, 38 zu Juda. Über Kirjat-
Jearim vgl. o. S. 142, A. 2. תמנה eine, danitische Stadt das. 19, 43 wird
das. 15, 57 zu Juda gerechnet (die griechische Übersetzung liest beidemal Θαμναϑά).

lings erregte aber die Jehudäer noch mehr zum Kampfe. Seine Brüder Joab und Abiʃaï riefen ihre Schar zur Blutrache auf; aber auch die Benjaminiten ʃammelten ʃich um Abner, um ihren einzigen Helden nicht zu Falle kommen zu laʃʃen. Es entʃtand dadurch eine blutige Jagd zwiʃchen beiden Scharen, bis endlich Abner von einem Berge aus Joab zurief, dem Blutvergießen unter den Volksgenoʃʃen ein Ende zu machen: „Soll denn das Schwert für immer wüten? Weißt du nicht, daß zuletzt Unglück entʃtehen wird? Warum befiehlʃt du nicht deinen Leuten, von ihren Brüdern abzuʃtehen?" Auch Joab fand es zuletzt ratʃam, die Waffen ruhen zu laʃʃen, und gebot ʃeiner Schar Stillʃtand. Er und ʃeine Leute trugen die Leiche Aʃah-Els nach Betlehem, um ʃie im Erb- begräbnis beizuʃetzen, und begaben ʃich von da nach Hebron. Abner mit ʃeinen Leuten überʃchritt den Jordan und begab ʃich nach Macha- naïm[1]).

Während der eingetretenen Waffenruhe vollzog ʃich das tragiʃche Verhängnis über dem Hauʃe Sauls. Abner hatte ein lüʃternes Auge auf die ʃchöne Kebʃin Sauls, auf Rizpa, geworfen, die mit ihren beiden Söhnen auch in Machanaïm wohnte. Obwohl Jʃch-Boʃchet ʃich manches von ʃeinem Feldherrn gefallen laʃʃen mußte, da er ihn nicht miʃʃen konnte, durfte er doch deʃʃen Umarmung der Witwe ʃeines Vaters nicht dulden, weil darin die Abʃicht lag, ʃich der Königswürde zu bemächtigen. Er erteilte daher Abner eine Rüge. Dieʃer fühlte ʃich dadurch verletzt, hielt dem Schattenkönig ʃeine Undankbarkeit vor und kehrte ihm den Rücken. Jʃch-Boʃchet vermochte in ʃeiner Ohnmacht nicht gegen den hochmütigen Feldherrn mit Strenge zu verfahren. Dieʃer knüpfte darauf heimlich mit David Unterhandlungen an und ʃtellte ihm die Huldigung ʃämtlicher Stämme in Ausʃicht. Als Gegendienst mag er ʃich ausbedungen haben, daß er in ʃeinem Feldherrnamte über die iʃraelitiʃchen Stämme verbleiben ʃollte. Freudig ging David auf dieʃen Antrag ein, verlangte aber vorher als Unterpfand des Bündniʃʃes, daß ʃeine Lieblingsgattin Michal, die Saul ihm entriʃʃen und an einen Benjaminiten aus Gallim, namens Paltiël, verheiratet hatte, ihm wieder zurückgegeben würde. Jʃch-Boʃchet ʃelbʃt mag die Gerechtigkeit dieʃer Forderung anerkannt und nichts Schlimmes für ʃich darin erblickt haben. Darauf verließ Abner ʃeinen König unter dem Vorwande, Michals Trennung von ihrem Gatten durchzuʃetzen, begab ʃich in das Gebiet Benjamin und zwang Paltiël, ʃie zu entlaʃʃen. Der aber be-

---

[1]) II. Sam. 2, 12—32. Aus Vers 26 geht hervor, daß der hier ge- ʃchilderte Zweikampf und ʃeine Folgen nicht am Anfang des Bürgerkrieges ʃtattfanden, ʃondern am Ende. 3, 1 reʃümiert den ganzen Verlauf.

gleitete sie weinend eine Strecke, bis er auf ein Drohwort Abners traurig
umkehren mußte.   David hatte die Gattin seiner Jugendliebe wieder.
Abner zog darauf unter den Stämmen umher und suchte heimlich Anhänger für David zu gewinnen.   Viele Israeliten mögen im Stillen
gewünscht haben, daß der unglückselige Bürgerkrieg durch die Unterwerfung unter den judäischen König aufhören möge.   Selbst einige
Benjaminiten waren einer Vereinigung nicht abgeneigt.   Mit zwanzig
vertrauten Freunden, die für David gewonnen waren, traf Abner in
Hebron ein, immer in Heimlichkeit[1]).   David hatte dafür gesorgt, Joab
und seinen Bruder, die eifersüchtigen und mißtrauischen Söhne Zerujas,
auf einen Streifzug aus Hebron zu entfernen.   Während ihrer Abwesenheit verabredete David mündlich mit Abner und den zwanzig Partei-
gängern, auf welche Weise die Ältesten der Stämme für die Entthronung
Jsch-Boschets und die Huldigung für ihn gewonnen werden sollten.
Freudig gestimmt, dem Ziel seiner Wünsche so nahe zu sein, gab David
den gegen ihren König Verschworenen ein Gastmahl.   Schon hatte
Abner Hebron verlassen, um einen Aufruf an die Stammesältesten zu
richten, daß sie seinem Beispiele folgen und dem König von Juda
huldigen möchten, als Joab mit seinen Leuten von dem Streifzuge
zurückkehrte.   Hier erfuhr er die überraschende Neuigkeit, daß Abner,
der Feind des davidischen Hofes, aufs freundlichste empfangen und aufs
freundlichste entlassen worden war.   Hinter seinem Rücken hatte sein
König geheime Unterhandlungen gepflogen, und er selbst sollte dem
Bündnis als Opfer dienen; das schien ihm die unausbleibliche Folge zu
sein.   Schnell entschlossen, wie er war, sandte Joab dem Abner Boten
nach, als wenn der König ihm noch etwas mitzuteilen vergessen hätte.
Diese holten ihn ein und veranlaßten ihn umzukehren.   Am Tore von
Hebron lauerten ihm Joab und Abisaï auf, und Abner fiel unvermutet
und ungewarnt vom Schwert getroffen zu Boden.   Scheinbar hatten
die Söhne Zerujas nur den Tod ihres Bruders Azah-El an Abner
gerächt, im Grunde aber wollten sie einen Nebenbuhler beseitigen, der
sie in den Schatten zu drängen drohte.

David war vom Tode Abners tief betroffen.   Der Mann, der einzig
und allein imstande und bereit war, ihm auf friedlichem Wege sämtliche
Stämme zuzuführen, am Vorabend zur Verwirklichung des Planes
meuchlings ermordet!   Wird der Tod nicht ihm zur Last gelegt werden,
als wenn er den Feldherrn Jsch-Boschets und dessen einzige Stütze, ins

---

[1]) II. Sam. 3, 6—20.   Der Text dieser fast dramatischen Erzählung ist
an manchen Stellen dunkel, so Vers 8 ליהודה אשר כלב ראש, Vers 12
ארץ למי לאמר תחתיו.

Garn gelockt hätte, um ihn aus dem Wege räumen zu lassen? Werden
bei diesem Verdacht die Stämme sich noch geneigt fühlen, dem die Hand
zu bieten, der ihren Retter hinterlistig das Leben rauben ließ? David
war in einer peinlichen Lage. Um den Verdacht von sich abzuwälzen,
gab er seiner aufrichtigen Trauer um Abner einen feierlichen Ausdruck.
Er veranstaltete ein in die Augen fallendes Leichenbegängnis in Hebron
für den gefallenen Helden Israels, befahl allen seinen Hofleuten, der
Bahre in Trauerkleidung zu folgen, begleitete sie selbst, mochte am Tage
der Bestattung nichts zu sich nehmen und hauchte unter Tränen seinen
Schmerz in einem Trauerliede aus, dessen Anfang sich noch erhalten hat:

> „Mußte einem Verworfenen gleich Abner sterben?
> „Deine Hände waren nie gebunden,
> „Deine Füße nie mit Fesseln in Berührung,
> „Von Frevlerhand bist du gefallen!"

Dieses Lied machte auf die Anwesenden einen gewaltigen Eindruck,
alle brachen in Tränen aus und wurden durch den Ton, mit dem David
das Trauerlied vortrug, von der Aufrichtigkeit seines Schmerzes überzeugt. Dagegen scheute sich David, die Söhne Zerujas zur Rechenschaft
zu ziehen oder ihnen auch nur einen Vorwurf zu machen; er konnte
ihrer nicht entraten. Nur im Kreise seiner Vertrauten ließ er bittere
Anklagen gegen sie ergehen. „Wisset, ein großer Fürst in Israel ist
heute gefallen, ich bin zu schwach und noch nicht allgemein als König
gesalbt, und die Söhne Zerujas sind mir zu überlegen. Möge Gott den
Frevlern vergelten[1]).

Die Kunde von Abners heimtückischer Ermordung machte auf Isch-
Boschet einen niederbeugenden Eindruck. Da er von dem verräterischen
Einverständnis seines gefallenen Feldherrn mit David keine Ahnung
hatte, so fühlte er nur den Verlust eines vermeintlich treuen und un-
ersetzlichen Helden, der Hauptstütze seines Thrones. Das Volk war nicht
minder auf das Tiefste davon betroffen und entmutigt[2]). Wer sollte
es fortan gegen die lauernden Feinde schützen? David war noch immer
ein Verbündeter der Philister. Kaum hatte es sich von dieser Schreckens-
kunde erholt, so traf eine andere ein. Der König Isch-Boschet wurde in
seinem Bett ermordet gefunden, das Haus Sauls brach zusammen.
Zwei verworfene Brüder, benjaminitische Streifscharenführer des

---

[1]) II. Sam. 3, 21—39. Im letzten Verse ist der Passus רך ומשׂות מלך
dunkel. רך scheint die Bedeutung von „zaghaft" zu haben, wie die syrische
Version es wiedergibt רחלאנא. Vor משׂות scheint etwas zu fehlen.

[2]) Das. 4, 1.

Königs, Rechab und Baana, gedachten seine Verlassenheit zu
benutzen, um sich bei David einzuschmeicheln und von ihm zu einer hohen
Stellung befördert zu werden. Während Isch-Boschet an einem heißen
Tage mittags in seinem Hause in Machanaïm der Ruhe pflegte und nur
eine Türhüterin den Eingang zum Hause bewachte oder auch nicht bewachte — denn sie war bei einer Beschäftigung eingeschlafen — waren
Rechab und Baana ins Haus gedrungen, hatten den schlummernden
König getötet, ihm das Haupt abgeschnitten und waren damit nach Hebron
zu David geeilt[1]). Die Elenden erwarteten, daß sie für das abge-
schlagene Haupt, das sie in ihren von Blut noch warmen Händen brachten,
von David einen hohen Preis erlangen würden. Dieser aber ließ sie
seinen gerechten Zorn empfinden und bemerkte, daß er den Boten, der
ihm vom Tode Sauls Kunde gebracht und ihm damit eine Freude zu
machen geglaubt, habe umbringen lassen; um so mehr verdienten diese
Verworfenen den Tod, welche einen unschuldigen Mann in seinem
Hause und auf seinem Lager getötet hätten. Ein Wink an seine Trabanten, und Rechab und Baana hatten aufgehört zu leben. Mit abge-
hauenen Händen und Füßen ließ er sie am Teich von Hebron aufhängen.
Isch-Boschets Haupt aber ließ er im Grabe Abners beisetzen. Die überlebenden Glieder des Hauses Saul fühlten sich indessen durch den Tod
des israelitischen Königs, ihres Schutzherrn, verlassen und lebensunsicher.
Jonathans Sohn Mephiboschet flüchtete sich zu einem edlen Mann,
Machir, in die gaditische Stadt Lo-Debar[2]). Wohin Rizpa mit
ihren beiden Söhnen von Saul, mit Armoni und Mephiboschet,
geflüchtet ist, ist nicht angegeben. Schwerlich hat sie sich in Gibeat-Saul
aufgehalten.

Nach Isch-Boschets Tode mußte das Zehnstämmereich von selbst
David zufallen. Er hatte auch in diesem Anhänger aus alter Zeit, die
sich seiner Kriegstaten unter Saul gegen die Philister erinnerten und
ihn, als den durch den Propheten Samuel von Gott Erkorenen, verehrten. Andere waren bereits durch Abner für ihn gewonnen. Selbst
diejenigen, welche an Davids Bündnis mit den Feinden Israels Anstoß
nahmen, konnten sich der Betrachtung nicht entziehen, daß keine andere
Wahl übrig bliebe, als ihm zu huldigen. So kamen denn die Ältesten

---

[1]) II. Sam. 4, 5—8. Vers 6 ist im hebräischen Text unverständlich. Die
griechische Version gibt das Richtige: καὶ ἰδοὺ ἡ θυρωρὸς τοῦ οἴκου ἐκάθαιρεν
πυροὺς καὶ ἐνύσταξεν καὶ ἐκάθευδεν καὶ P. κ. B . . . διέλαθον καὶ εἰσῆλθον
εἰς τὸν οἶκον d. h. והנה השמרת תוך הבית לקחת חמים ותנם ותישן ורכב
ובענה אחיו נמבני יבואו הבית וגו'.

[2]) Vgl. Note 12.

der Stämme nach Hebron, schlossen mit ihm ein Bündnis, versprachen,
treu zu ihm zu halten und überreichten ihm Huldigungsgeschenke. Selbst
Benjaminiten huldigten ihm, wiewohl nicht wenige unter ihnen mit ver-
bissenem Ingrimm[1]). Davids Herzenswunsch war erfüllt; von einem
winzigen Stammesfürsten oder König wurde er nach so vielen Hinder-
nissen und Leiden König von ganz Israel. Die Spaltung zwischen dem
Hause Jakob und dem Hause Israel war für den Augenblick ausgeglichen, die Zeichen waren ihm günstig. Das Priestertum und Prophetentum nahmen nicht, wie gegen Saul, eine feindliche Stellung gegen
ihn ein, waren ihm vielmehr mit ganzem Herzen zugetan. Ein Nachkomme des Hauses Eli, E b j a t h a r , war in seinem Gefolge, hatte
seinen Teil an den Prüfungen, die David erlitten hatte[2]), und die Propheten hatten ihre Freude an ihm; war er doch von Samuel gesalbt
worden und gehörte zu dessen Jüngerkreise. Der Prophet Gad war
ebenfalls in seinem Gefolge, und ein anderer Prophet dieser Zeit,
N a t h a n , war gewissermaßen Davids Gewissensrat. Bei den beiden
geistlichen Mächten fand er also nur Förderung seiner Schritte, und überhaupt waren im Innern ihm die Wege geebnet. Aber nach außenhin
waren große Schwierigkeiten zu überwinden, wenn er als freier König
herrschen wollte.

Zunächst mußte David mit den Philistern brechen, wenn er Selbstständigkeit erringen und die Liebe des Volkes in vollem Maße wieder-
gewinnen wollte. Auf einen blutigen Krieg mit seinen bisherigen
Bundesgenossen mußte er sich gefaßt machen. Indessen begann er
nicht sogleich den Kampf gegen sie; sie waren noch zu mächtig. Zuerst
wollte er sich nach einer anderen Seite freie Hand schaffen. Inmitten
des benjaminitischen Stammesgebietes war eine Enklave, welche die
Jebusiter inne hatten, weil sie bei dem Einzug der Israeliten nicht
erobert werden konnte. Der hohe Hügel Z i o n war von drei Seiten
durch schmale Täler und künstliche Bollwerke unzugänglich gemacht.
Am schwierigsten war der Zugang von der Südseite, wo die Felswand
des Hügels fast steil aus der Schlucht aufsteigt. Von dieser Hügelburg
aus beherrschten die Jebusiter das umliegende Gebiet und fühlten sich
sicher. Mit den sie umgebenden Benjaminiten und Jehudäern scheinen
sie lange in einem Bundesverhältnis gelebt zu haben, da selbst Saul sie
auf ihrem Gebiet unangegriffen gelassen hat. David fand es indessen

---

[1]) Die Schilderung der vielen Tausende und Zehntausende von jedem
Stamm, die zur Huldigung Davids eingetroffen sind, I. Chronik 12, 24—41
ist Glorifikation ebenso wie das Vorhergehende.

[2]) I. Könige 2, 26.

zweckdienlich, ehe er ſich auf den Krieg gegen die Philiſter einließ, in den
Beſitz der Felſenburg Zion zu gelangen. Er forderte zuerſt die Jebuſiter
auf, ſie ihm freiwillig und friedlich abzutreten und mag ihnen dafür
Entgelt geboten haben. Sie aber lachten ihn wegen dieſer Zumutung
aus und erwiderten ihm ſpöttiſch: „Du kannſt nicht hierherkommen, es
ſei denn, daß du die Blinden und Lahmen beſeitigt haben wirſt," denn
auch dieſe allein könnten den Zugang ſtreitig machen. Daraufhin ſchickte
ſich David zur Eroberung Zions an, rief ſeine Heldenſchar zuſammen und
ſetzte einen Preis für die Tapferkeit aus. Derjenige, der von der ſteilen
Südſeite aus zuerſt die Spitze der Felſenburg erreichen würde, ſollte
Feldherr werden. Ein Wetteifer entſtand infolgedeſſen unter den
Tapfern, dieſen hohen Siegespreis zu erringen. Sie kletterten die
Felswand hinan, wurden aber ſelbſtverſtändlich von den Jebuſiten mit
einem Hagel von Felsſtücken und Pfeilen empfangen. Nichtsdeſto-
weniger gelang es Joab, dem viel daran lag, das Feldherrnamt zu er-
langen, die Spitze zu erklimmen und die Jebuſiter anzugreifen. · Mit
Hilfe der nachfolgenden Krieger war er imſtande die Burg zu erſtürmen
und die Verteidiger niederzumachen. Sobald die Jebuſiter jeden
Widerſtand vergeblich ſahen, baten ſie um Frieden, den ihnen David
auch bewilligte. Sie durften in ihrer Stadt bleiben, nur nicht in der
Burg; er geſtattete ihnen, ſich im Oſten der Stadt auf dem Hügel
Morija anzuſiedeln. Dieſe für ſo ſchwierig gehaltene und leicht aus-
geführte Eroberung, welche mit der ſpöttiſchen Bemerkung von den
Blinden und Lahmen begonnen hatte, gab zu einem geflügelten Wort
Veranlaſſung: „Blinde und Lahme (bewachen), man wird nicht ins
Haus kommen können[1])!"

Nach der Eroberung der Zionsburg verlegte David ſeine Reſidenz
von Hebron hierher, und ſie wurde fortan die D a v i d s ſ t a d t genannt.
Die ganze Stadt erhielt einen neuen Namen J e r u ſ a l e m (Jeruſcha-
laïm) — deſſen Bedeutung[2]) unbekannt iſt — und verlor ihren alten
Namen Jebus. Hier ließ jetzt David ſeine Kriegerſchar mit ihren
Familien und ſeine Hofleute ſich anſiedeln. Der Platz, wo die tapferſten
Streiter ihre Wohnungen hatten, wurde nach ihnen benannt: Haus
oder Platz der Helden (Bet ha-Gibborim)[3]). Das war der Anfang der
Stadt, die ſeit dieſer Zeit und für Jahrtauſende die h e i l i g e werden
ſollte. Die Wahl dieſes Fleckens als Hauptſtadt war unter den damaligen

---

[1]) Vgl. Note 13.
[²]) Über Alter und Bedeutung des Namens vgl. Riehm-Bälhgen s. v.
und Buhl S. 132 ff.]
[3]) Nehemia 3, 16.

Umständen ein glücklicher Griff. Allerdings eignete sich Sichem vermöge seiner Lage in der Mitte der Stämme und seiner fruchtbaren Umgegend vielleicht besser zum Mittelpunkt; allein David konnte unmöglich seinen Sitz in die ephraimitische Stadt verlegen, weil die Einwohner, eifersüchtig wie sie schon darüber waren, daß der aus dem halbbarbarischen Juda stammende König ihnen Gesetze verschreiben sollte, ihm nicht besonders wohlgesinnt waren. Er brauchte aber einen festen Rückhalt an seinem Stamme, und diesen hatte er in Jerusalem, das an der Grenzscheide von Benjamin und Juda lag und ihm bei etwaiger Unbotmäßigkeit der übrigen Stämme zum Schutze dienen konnte. Die Gegend, in welcher die neue Hauptstadt angelegt wurde, ist nicht unfruchtbar, wenn sie auch keinen Vergleich mit der Gegend von Sichem aushält. In den Tälern fließen immerwährende Quellen, die Quellen Siloa und En-Rogel im Südwesten, der Gihon im Westen, welche zur Zeit der Regenlosigkeit die Stadt und die Felder mit Wasser versehen können. An drei Seiten umgibt Jerusalem ein Hügelkranz schirmend und zierend. Im Osten ist ein hoher Hügelrücken (2724 Fuß), der Ölberg, genannt von den Olivenbäumen, die ihn bedecken. Von hier aus kann das Auge das ganze östliche Land bis zum toten Meere und darüber hinaus bis zu den Bergen Gileads überblicken. Zwischen dem Ölberg und der Stadt liegt das schöne, ziemlich breite Kidrontal in einer Tiefe von 444 Fuß, das zur Regenzeit Wasser enthält. Im Süden ist der Hügel niedriger und das Tal zwischen ihm und der Stadt schmäler; es ist das allzu berühmt gewordene Tal Hinnom (oder Ge-Hinnom) nach einem Manne oder einer Familie Hinnom genannt, das der grausigen Hölle den Namen verliehen hat (Geenna). Im Westen ist die Erhöhung noch niedriger und kaum ein Hügel zu nennen; zwischen ihr und der Stadt ist ein breiteres Tal, das Tal Rephaïm genannt, entweder weil dort Glieder des Riesengeschlechts ehemals gehaust haben, oder weil sie dort geschlagen wurden. Im Norden fällt der Hügel in eine sanfte Ebene ab. Durch diese Hügel und Täler ist Jerusalem von drei Seiten geschützt, wie durch natürliche Mauern und Gräben. Innerhalb Jerusalems in dem erhöhtem Umkreise zwischen den drei Tälern im Osten, Süden und Westen ragten drei Hügel aus der Ebene heraus, von denen der Zion im Westen der höchste war, im Norden ein niedrigerer, und ihm gegenüber der dritte, Morija, mit einer südlichen Fortsetzung, Ophel genannt[1]). Der Morija, obwohl um Vieles niedriger als der Zion, sollte ihn und die höchsten Höhen der Erde an Bedeutung überragen.

[1]) Vgl. Note 13.

Die Philister konnten nicht übersehen, daß die Wahl Davids zum
König des ganzen israelitischen Volkes das Bundesverhältnis zwischen
ihnen lockern, ihn vielmehr fortan in eine feindliche Stellung gegen sie
drängen werde. Allein sie mochten es doch nicht kündigen. Aber
die Eroberung der Stadt Jebus-Jerusalem und die Verlegung
seines Sitzes hierher sahen sie als Vorzeichen seiner Wandlung
an, und beeilten sich, ihn mit Krieg zu überziehen, ehe er noch Zeit
gewann, die wehrhafte Mannschaft sämtlicher Stämme kriegstüchtig zu
machen. Eine philistäische Schar drang von der Ebene in das Gebirge
vor und näherte sich Jerusalem. Sei es, daß David von ihrem Einfall
überrascht war oder einem Kampf vor seiner Hauptstadt ausweichen
wollte, genug er verließ sie mit seiner Mannschaft und zog sich südlich
bis A d u l l a m zurück. Durch diesen fluchtähnlichen Rückzug ermutigt
drangen die Philister durch das Tal Rephaïm bis Bethlehem, Davids
Geburtsort, vor, befestigten hier ihr Lager und sandten von hier aus
Streifscharen, um das Land Juda zu plündern. David zögerte mit
dem Angriff auf die Philister; seine Schar war wahrscheinlich zu schwach,
und er mag Zuzug von den anderen Stämmen erwartet haben. Um
indessen in der Pause vor dem entscheidenden Kampfe seine Helden zur
Kraftanstrengung anzufeuern, äußerte er den Wunsch, Wasser aus einer
Zisterne bei Bethlehem trinken zu wollen, welche im Besitz der Philister
war. Sofort machten sich die drei Haupthelden J e s c h o b e a m , E l e -
a s a r und S c h a m m a auf den Weg, drangen bis Bethlehem vor, ver-
scheuchten durch ihre Kühnheit die Philister, schöpften Wasser aus der
Zisterne und brachten es David nach Adullam. Trinken mochte David
das Wasser nicht, weil die Helden es mit Gefahr ihres Lebens gebracht
hatten. Er hatte sie nur auf die Probe stellen wollen. Endlich zog die
israelitische Schar den Philistern zum Treffen entgegen und schlug sie
bei einem Berge B a a l - P e r a z i m so entscheidend, daß dieser Sieg
dem bei Gibeon unter Josua (o. S. 58) gleichgestellt wurde. Bei der
wilden Flucht ließen die Philister ihre Götzenbilder zurück, und diese
wurden von den Israeliten verbrannt[1]). Die Philister gaben aber ihre
Absicht nicht auf, David und sein Volk zu unterjochen. Wiederholentlich
machten sie Einfälle, einmal wieder bis zum Tal Rephaïm[2]), das andere
Mal bei Ephes damim im Terebinthentale[3]), wo David den Goliath im
Zweikampf erlegt hatte. Davids Schar und einzelne Helden im Zwei-

---

[1]) S. über diesen Krieg Note 14.
[2]) II. Samuel 5, 22.
[3]) S. Note 9.

kampf taten Wunder der Tapferkeit und schlugen und verfolgten sie bis zur Stadt Geser (Gazer).

Indessen begnügte sich David nicht mit der Abwehr, sondern ging zum Angriff gegen die Philister über. In der Tat, wollte er seinem Volke wirklich vor diesem kleinen, aber mächtigen Völkchen, das auf Ausbreitung und Krieg angewiesen war, Ruhe verschaffen, so mußte er es unschädlich machen oder stets neuer Kriege gewärtig sein. Möglich, daß der erste oder zweite König von Tyrus, H i r a m , zur selben Zeit die Philister angegriffen und sie aus dem von ihnen eroberten phönizischen Gebiete (o. S. 147) an der Meeresküste hinausgewiesen hat. David wurde mit Hiram befreundet und mag, im Einverständnis mit ihm und gestärkt durch ihn, endlich gewagt haben, einen Angriffskrieg gegen die Philister zu unternehmen. Er zog mit seiner Mannschaft gegen die damalige philistäische Hauptstadt G a t h[1]), die dem judäischen Lande am nächsten lag. Selbstverständlich setzten ihm die Philister hier einen hartnäckigen Widerstand entgegen, und es entspannen sich blutige Kämpfe, bei denen die Helden Davids Gelegenheit hatten, sich auszuzeichnen. Es scheint, daß die Philister nach ihrer Art Zweikämpfe durch die Überbleibsel ihrer rephaitischen Riesen vorschlugen. Die Zeiten hatten sich aber geändert; während in Davids Jugendzeit in der israelitischen Schar sich nicht ein einziger Krieger fand, der die Herausforderung Goliaths anzunehmen wagte, fanden sich jetzt dreißig und mehr, die vor Eifer glühten, zum Zweikampf zugelassen zu werden. Einer der dreißig Helden S i b c h a ï aus Chuscha erlegte den Riesen S i p a ï aus Gath, ein anderer, E l c h a = n a n aus Bethlehem, schlug den Bruder Goliaths, namens L a c h m i , der schwerbewaffnet, wie jener, zum Kampf ausgezogen war. Davids Neffe, J o n a t h a n , erlegte einen Riesen, der je einen Finger an jeder Hand und je eine Zehe an jedem Fuße mehr als andere Menschen hatte. Einmal geriet David selbst in die höchste Gefahr, von einem dieser Riesen, J i s c h b i aus Gath, getroffen zu werden, als er von langem Kampfe erschöpft war. Schnell kam ihm aber Abisaï, Joabs Bruder, zu Hilfe, erlegte den Riesen und tötete mit seinem Speer dreihundert Philister[2]). Bei dieser Gelegenheit beschworen die Helden ihren König, sich nicht mehr dem Kampfe auszusetzen, überhaupt nicht mehr selbst in den Krieg zu ziehen, damit die „Leuchte Israels nicht erlöschen" möge[3]).

Endlich gelang es den Israeliten die Philister so nachhaltig aufs Haupt zu schlagen, daß diese ihre Hauptstadt Gath mit ihren Dörfern und

---

1) S. Note 15.
2) S. Note 9 und Note 15.
3) II. Samuel 21, 15—17.

ihrer Umgegend ihren Feinden einräumen mußten[1]). Die Rollen hatten
gewechselt. Achisch, einst Davids Lehnsherr, wurde jetzt sein Vasall.
Die Stadt, welche Isaïs Sohn zuerst als Hilfeflehenden und Närrischen
sah, mußte sich vor ihm beugen. Die Demütigung der Philister war ein
höchst wichtiger Vorgang; sie sicherte dem Volke dauernde Ruhe und
Bewegungsfreiheit. Denn außer ihnen gab es keine Feinde, die den
Israeliten so nahe auf den Fersen saßen. Weiter trieb indessen David
die Eroberung nicht; die übrigen wichtigen Städte, Gaza, Askalon,
Aschdod und Ekron, ließ er unangefochten; selbst die Stadt Gath scheint
er später dem König Achisch wiedererstattet zu haben. Er mag seine
Gründe gehabt haben, die Philister nicht bis zum Äußersten zu treiben.
Es schien ihm vielleicht richtiger, sie als Tributpflichtige zu beherrschen,
als sie zum Verzweiflungskampf zu reizen.

Der Sieg über die Philister verschaffte David in dem Volke ein
erhöhtes Gewicht und auch Ansehen bei den Nachbarvölkern. Hiram,
der König, der die Macht der Phönizier von Sidon an Thyrus gebracht
hatte, sandte Boten an David und bot ihm ein Bündnis und zugleich
Zedernholz und Baumaterialien an, um die neue Hauptstadt Jerusalem
würdig auszustatten. Er freute sich über die Unterjochung der Philister,
wohl weil auch er in deren Schwächung eine Bürgschaft dafür hatte, daß
sie nicht mehr ein lüsternes Auge auf die phönizische Küste werfen würden.
Es lag dem thyrischen König noch ganz besonders daran, an David einen
Bundesgenossen zu haben, damit die phönizischen Karawanen, die mit
ihren Waren von Phönizien nach Ägypten hin und her zogen und auch
sonst die Straßen durch das israelitische Land benutzten, Sicherheit
fänden. David nahm den Antrag willig an, und so entspann sich eine
Art Freundschaft zwischen ihm und Hiram[2]). Er benutzte Hirams Anerbieten, um die von ihm begründete Hauptstadt zu befestigen und durch
Baulichkeiten zu zieren. Die Baukunst war damals unter den Phöniziern
bereits ausgebildet. Aus dem Schiffsbau entwickelte sich bei ihnen der
Städtebau. In ihrem Heimatlande, wie in den Kolonien, die sie gegründet hatten, waren sie darauf bedacht, den Städten, die zugleich
Warenlager waren, Festigkeit zu geben, und ihr Reichtum führte sie
darauf, den Häusern auch eine gefällige Außenseite zu verschaffen. David
ließ sich von Hiram Baumaterial und Baukünstler zusenden, um Jerusalem zum Ansehen einer, mit den großen Städten der damaligen Zeit
wetteifernden Hauptstadt zu erheben. Zunächst wurde Jerusalem befestigt und zwar zuerst wahrscheinlich nur von der Nordseite, wo der

[1]) Vgl. Note 15.
[2]) II. Samuel 5, 11; I. Könige 5, 15.

Zugang leichter war. Der nicht allzu umfangreiche Zionshügel oder die Davidsstadt reichte nämlich nicht aus für die Bewohner, die sich bereits dort niedergelassen hatten, oder wenn er ausreichte, so mußte doch Bedacht auf die wachsende Bevölkerung genommen werden. Aus diesem Grunde wurde der niedrigere Hügel, der nördlich von Zion lag, zur Stadt gezogen. Zwischen dem Zion und dem nördlichen Hügel lief ein schmales Tal, das sich zuerst östlich und dann südlich bis zur Siloaquelle erstreckte, später das K ä s e m a c h e r t a l genannt. Der nördliche Hügel der Stadt erhielt den Namen M i l l o (Einfassung)[1]); er wurde im Verhältnis zur älteren Davidsstadt der z w e i t e S t a d t t e i l. Die Hügel Morija und dessen Abdachung Ophel blieben vorläufig von der Stadt ausgeschlossen und gehörten überhaupt damals nicht zu Jerusalem, da sie von den verschont gebliebenen Jebusitern bewohnt waren. David ließ sich auch einen Palast aufführen aus Zedernholz, welches aus dem Libanon herbeigeschafft war. Auch Joab und die übrigen angesehenen Männer aus Davids Umgebung erhielten geräumige und schön gebaute Häuser, wenn auch nicht aus Zedern, so doch aus Zypressen[2]).

David dachte aber daran, Jerusalem auch zum Mittelpunkt des religiösen Lebens zu machen, damit die Augen des ganzen Volkes darauf gerichtet seien. Er traf daher Anstalten, die Bundeslade aus Kirjat-Jearim, wo sie seit der Rückkehr aus der Gefangenschaft der Philister (o. S. 133) im Hause des Abinadab geblieben war, abzuholen und richtete ein Prachtzelt in der Davidsstadt ein, um sie darin aufzustellen. In späteren Zeiten erzählte man sich, David habe ein Gelübde getan, nicht eher in sein Haus zu ziehen, nicht eher sein Lager zu besteigen, und seinen Augen keinen Schlaf zu gönnen, bis er eine Stätte für die Bundeslade gefunden haben werde[3]). Mit einem großen Gefolge begab sich der König nach Kirjat-Jearim (etwa drei Stunden nordwestlich von Jerusalem). In diesem Gefolge waren viele Leviten. Auf einen neuen Wagen mit Rindern bespannt wurde die Bundeslade gesetzt und von zwei Söhnen Abinadabs geführt, von denen der eine, U z a oder

---

[1]) S. Note 13.

[2]) II. Sam. 5, 11 vor ויצר ארזים ist wie in der Parallele Chronik zu ergänzen עצי ברושים [in I. Chr. 14, 1 steht nichts von עצי ברושים].

[3]) Pf. 132, 1—5. Der folgende Vers: הנה שמענוה באפרתה מצאנוה בשדי יער stellt das Verhältnis so dar, als wenn die Bundeslade so verschollen gewesen wäre, daß man durch ein Gerücht bekannt war, sie habe einmal in Ephrata, d. h. in Ephraim oder Silo (wie Olshausen zu diesem Pf. richtig bemerkt) gestanden, und daß man sie endlich in שדי יער d. h. in קרית יערים gefunden.

Eleasar, welcher die Bundeslade bis dahin bewacht hatte (o. S. 133), neben dem Wagen einherging und der andere Achjo, die Rinder führte. Die Levitenchöre ließen Lieder unter Begleitung von vielerlei Spielinstrumenten erschallen, und David beteiligte sich dabei mit aller Kraft. Indessen kam unterwegs ein Unfall vor. Uza, der neben dem Wagen einherging, fiel plötzlich tot nieder. Dadurch erschreckt, scheute sich David die Bundeslade in Jerusalem einzuführen, weil sie über die Bewohner eben so viel Unglück bringen könnte, wie früher über die Philister und über Bet-Schemesch. Als sie aber im Hause des Mannes, bei dem sie darauf drei Monate untergebracht wurde, keinen Schaden gebracht hatte, traf David zum zweiten Male Anstalten, sie nach der Zionsburg zu bringen: aber sie sollte nicht mehr auf einem Wagen gefahren, sondern von Leviten getragen werden. In Begleitung einer großen Volksmenge unter Freudenrausch, Hörnerklang und Tanz wurde sie unter das dazu eingerichtete Zelt gebracht. Der König selbst, seiner Würde vergessend, sang und tanzte in Begeisterung vor der Bundeslade, worüber seine Frau Michal die spöttische Bemerkung machte, daß er sich gleich einem Schalk öffentlich gezeigt habe[1]).

Die neue Stadt Jerusalem wurde durch die Bundeslade zum Range einer heiligen Stadt erhoben, wie früher Schilo. Zu einer Kultusstätte gehörte selbstverständlich ein Priester oder eine Priesterschar. Es verstand sich von selbst, daß Ebjathar, der treue Begleiter Davids auf seinen Wanderungen, zum Hohenpriester für die Bundeslade auf Zion erhoben werden sollte. Es gab indessen noch einen andern Hohenpriester in Gibeon, den Saul nach der Ausrottung der Familie Eli in Gibeon eingesetzt hatte (o. S. 191). Sollte David diesen ganz verdrängen? Dann hätte er Zwietracht erzeugt. Er erkannte daher auch diesen als Hohenpriester an und ließ zwei Hohepriester zu gleicher Zeit fungieren, Ebjathar in Jerusalem und Zadok in Gibeon[2]). Es verstand sich von selbst, daß David, ein Zögling der Levitenchöre und selbst Dichter und Tonkünstler, nach dem Vorgang Samuels Psalmen mit Chören beim feierlichen Gottesdienste eingeführt wissen wollte. Er selbst dichtete Lobpsalmen für Gelegenheiten, wenn sein Herz durch Siege über die Feinde oder durch andere glückliche Erfolge sich zum Dank gegen Gott erhoben

---

[1]) II. Samuel 6, 20 הגלות נגלות bedeutet nicht „entblößen", sondern sich öffentlich zeigen. Das אפוד בד, das David dabei trug wie Samuel, kann nicht ein Kleidungsstück gewesen sein, das aufgedeckt werden konnte.

[2]) Das. 8, 17 (wo statt אחימלך בן אביתר gelesen werden muß אביתר בן אחימלך), I. Chronik 16, 39. [S. jedoch Klostermann zu II. Sam. 8, 17.]

fühlte und in dichterischen Schwung versetzt wurde. Von Davids Psalmen haben sich zwar nur äußerst wenige erhalten; aber daß er solche hinterlassen hat, folgt aus dem Umstande, daß die Nachwelt ihm den größten Teil der Psalmensammlung beigelegt hat. Er hat wohl das Muster für diese innige und erhebende Dichtungsart geschaffen. Neben dem königlichen Psalmendichter werden noch zeitgenössische Dichter und Tonkünstler genannt, Aßaph, Heman, ein Enkel Samuels, und Jeduthun. Von ihnen stammten die Aßaphiden und die Korachiden (Bene Korach), welche neben David in der Psalmenliteratur einen klangvollen Namen haben. David traf die Einrichtung, daß Aßaph und sein Chor den psalmistischen Gottesdienst bei der Bundeslade in Jerusalem leitete, und seine beiden Kunstgenossen Heman und Jeduthun dieselbe Funktion vor dem Altar in Gibeon versehen sollten[1]). Samuels Schöpfung eines geistigen Gottesdienstes erhielt durch David eine dauernde Grundlage, und obwohl auch er dem Opferwesen huldigte, so führte er doch neben diesem die auf das Gemüt wirkende und veredelnde Gottesverehrung durch Psalmen als gleichberechtigt ein. Zur Zeit, als bei den übrigen Völkern der Erde die Dichtkunst noch kaum erwacht war, bildete sie bereits in Israel einen Hauptbestandteil des Gottesdienstes.

Wie David nach der religiösen Seite der Begründer eines heiligenden Gottesdienstes war, so war er auch nach der sittlichen Seite der Schöpfer eines auf Gerechtigkeit begründeten Staatswesens. Er selbst saß zu Gerichte, hörte unermüdlich die Streitigkeiten der einzelnen oder der Stammesgruppen gegeneinander an und sprach mit parteilosem Urteil das Recht[2]). Sein Thron war nicht nur der Hochsitz zur Ausübung von Herrschaft und Gewalt, sondern auch für Handhabung von Gerechtigkeit und Billigkeit. Er galt daher für die ganze Folgezeit als idealer König, dessen Thron die Stütze des Rechts und dessen Zepter das Richtmaß für den inneren Frieden gewesen sei. Die Stadt Jerusalem wurde durch ihn zu einer idealen Stadt erhoben, in welcher die reine Gottesverehrung und die erhabene Gerechtigkeit ihre Stätte auf Erden gefunden hatten. Ein spät lebender Psalmist sang von ihr:

---

[1]) Folgt aus I. Chronik 16, 37 und 40—41. Wegen des Umstandes, daß Aßaph in Jerusalem unter Aufsicht des Königs den Gottesdienst geleitet hat, wird von ihm ausgesagt, das. 25, 2: אסף הנבא על ידי המלך. Zum Teil in Widerspruch steht damit die Angabe das. 6, 16—18, daß Heman als Chorage neben Aßaph vor der Bundeslade seit ihrer Aufstellung bis zum Tempelbau fungiert hätte.

[2]) II. Sam. 8, 15, folgt auch aus 15, 2—4.

„Jerusalem ist erbaut wie eine Stadt,
„In welcher allesamt Verbrüderung herrscht.
„Dorthin wallen die Stämme,
„Die Stämme Gottes,
„Als Versammlungsstätte für Israel,
„Um den Namen Gottes zu preisen.
„Dort standen Throne für das Recht,
„Throne des Hauses David[1]).“

Jerusalem galt als eine treue Burg, voll des Rechtes, in welcher die Gerechtigkeit weilte[2]). Wegen aller dieser Vorgänge, der Loslösung von der philistäischen Botmäßigkeit, der eingetretenen Sicherheit und der Handhabung der Gerechtigkeit wurde David, wie in seiner Jugend, wieder der Liebling des Volkes. Die treue Anhänglichkeit stellte sich von selbst ein, er brauchte sie nicht zu erzwingen[3]). Die innere Ordnung des Landes wurde von David teilweise geändert. Die Stammesverfassung ist zwar unverändert geblieben. Die Ältesten standen den Familien vor, und das Oberhaupt der ältesten Familie war zugleich Fürst des ganzen Stammes (Nassi, Bet-Ab). Diese Fürsten vertraten die Stämme bei dem König. Aber die Stammesfreiheit oder richtiger die Willkür wurde in bezug auf das Kriegswesen beschränkt. Jeder Stamm mußte bei einem Kriegsfalle eine Anzahl kriegsfähiger Männer vom zwanzigsten Jahre an zum Heerbann (Zaba) stellen. Über diese Aushebung war ein eigener höherer Beamter gesetzt, der Zähler (Sopher)[4]) oder der Listenführer, welcher in einer Rolle die kriegsfähige Mannschaft aufzeichnete, für ihr ordnungsmäßiges Eintreffen zu sorgen und die Säumigen zwangsweise auszuheben hatte. Dieses Amt hatte David einem Manne namens Schaïscha übertragen, und es ging auf seine Erben über. War der Heerbann versammelt, so befehligte ihn der Feldhauptmann (Sar ha-Zaba), mit welchem Amte Joab betraut war, während früher jeder Stammesfürst seine Stammesgenossen ins Feld zu führen pflegte. David unterhielt auch eine Schar Soldtruppen, die er aus heidnischen Kriegslustigen mietete, die Krethi, aus der Landschaft Krethi, welche zum Philisterland gehörte, und die Plethi, die Trabanten, unbekannten Ursprunges. Benajahu, Sohn Jojadas, einer der Tapferen, war ihr Anführer[5]). Diese Krethi und Plethi wurden nicht mit dem israelitischen Heerbann verschmolzen,

---

[1]) Ps. 122, 3—5.
[2]) Jesaia 1, 21.
[3]) Vgl. II. Sam. 20, 18 und weiter unten im folgenden Kapitel.
[4]) S. Note 19.
[5]) II. Samuel 8, 17 f.; 20, 23 f.

sondern bildeten im Kriege eine gesonderte Schar; auch mit der Schar
der Tapferen waren sie nicht vereinigt[1]). Einen eigenen Oberbeamten
stellte David zuerst an, um wichtige oder wichtig scheinende Vorgänge
im Lande, Verdienste um den König oder Vergehungen gegen ihn
aufzuzeichnen; er führte den Titel A u f z e i c h n e r (Maskhir)[2]). Das
Günstlingswesen ist vom Königtume unzertrennlich. Auch David hatte
seinen Günstling, auf den er sich in allen Fällen, besonders in solchen, die
nicht für jedermanns Ohr sind, verlassen konnte, namens C h u s c h a ï
A r k h i aus einer ephraimitischen Stadt Erekh[3]). Er hatte auch das
Glück, einen Ratgeber an der Seite zu haben, der in Verwickelungen
zieltreffende Ratschläge zu erteilen wußte, A c h i t o p h e l aus der
judäischen Stadt G i l o. Man sagte damals, daß seine Ratschläge so
unfehlbar gewesen wären, wie Gottessprüche aus dem Munde des Hohenpriesters[4]). Dieser kluge, allzukluge Ratgeber Davids sollte später in
seinen Lebensgang tief eingreifen.

Einmal wurde Davids richterliches Gewissen auf eine schwere Probe
gestellt. Es war eine anhaltende Hungersnot im Lande entstanden,
weil es zwei Jahre hintereinander nicht geregnet hatte. Die Not wurde
noch größer, als im Frühjahr des dritten Jahres noch immer kein Regen
gefallen war, und das Volk wandte sich an den König um Abhilfe. Ein
so großes Landesunglück galt als schwere Züchtigung von Seiten Gottes
wegen eines unentdeckt und ungeahndet gebliebenen Verbrechens.
David erforschte daher durch den Hohenpriester Ebjathar, welche öffentliche Verschuldung vorliegen möge, und der Spruch lautete: „Wegen
Saul und seiner blutigen Verfolgung der Gibeoniten" (o. S. 172).
David ließ hierauf die noch übrig gebliebenen Gibeoniten nach Jerusalem
kommen und fragte sie, welche Sühne sie verlangten, damit der Segen
des Landes wiederkehre. Sie wollten sich aber nicht mit Sühnegeld
abfinden lassen, sondern verlangten als Sühneopfer, daß sieben Nachkommen Sauls in Gibeat-Saul gehenkt werden sollten. Die Forderung
der Gibeoniten schien gerecht; denn Saul hatte allerdings den Friedens-
eid gegen sie gebrochen, und nach der Anschauung der Zeit konnte Blutschuld und noch dazu mit Eidesbruch verbunden, nur durch Blut gesühnt
werden, selbst an den Kindern um des Vergehens der Väter willen.
Hätte David die Nachkommen Sauls verschonen wollen, so würde das
Volk gegen ihn aufgebracht gewesen sein durch die Erwägung, daß er

---

[1]) S. Note 9.
[2]) S. Note 19.
[3]) Über הארכי vgl. Josua 16, 2.
[4]) II. Sam. 16, 23.

durch die Verweigerung der Sühne das Unglück vom Lande nicht ab-
wenden mochte. Anderseits setzte er sich dem Verdachte aus, daß er aus
Rache oder sonstigen selbstischen Absichten die Nachkommen Sauls der
Vertilgung weihen wollte. Mit schwerem Herzen mußte er also die
Forderung nicht nur der Gibeoniten, sondern auch des Volkes befriedigen.
Die zwei Söhne Sauls von seiner Kebsin R i z p a (v. S. 212) und
dessen Enkel von seiner Tochter M e r a b wurden aufgesucht und den
Gibeoniten überliefert, und diese hängten sie mit kalter Grausamkeit mit
eigenen Händen in Gibeat=Saul, in der Stadt, in welcher deren Vater
die Krone getragen, an Pfählen auf[1]). Verschont hat David nur den
Sohn Jonathans M e p h i b o s c h e t, eingedenk seines Eides gegen
seinen Freund, daß er sich seiner Nachkommen stets annehmen werde.
Die Leichen der sieben Gehenkten sollten am Galgen bleiben, bis der
Himmel Regen senden werde; aber dieser ließ lange auf sich warten.
Bei dieser Gelegenheit zeigte die schöne Rizpa, um derentwillen sich
Abner mit Jschboschet überworfen hatte, wessen die Mutterliebe fähig
ist. Um zu verhüten, daß die Leichen ihrer Söhne den Adlern des
Himmels und den Schakalen des Feldes zum Fraß dienten, schlug sie ihr
Lager auf dem Felsen auf, wo die Leichen waren, überwachte sie mit
gespanntem Blick, trotzte den ganzen Sommer hindurch der Tageshitze
und verscheuchte den Nachtschlummer, um die Raubtiere von den Leichen

---

[1]) Jm Nachtrag II. Samuel 21, 1—5 ist die Zeit dieser Hungersnot und
der Hinrichtung der Nachkommen Sauls nicht angegeben. Daß dieser Vorfall
indessen noch v o r Absaloms Aufstand stattfand, folgt allerdings daraus, daß
infolgedessen die Benjaminiten David bei seiner Flucht vorgeworfen haben,
daß er das Haus Sauls vertilgt habe, das. 16, 7 ff. Er scheint aber noch
viel f r ü h e r gesetzt werden zu müssen. Jn der Erzählung, wie David Jonathans Sohn, Mephiboschet, in seine Nähe zieht (das. 9, 1 ff.) ist es so dargestellt, als wenn dieser bereits dem Tode geweiht gewesen wäre. Jn Vers 7
das. beruhigt nämlich David den von jenseits des Jordans vor ihn geführten
Mephiboschet, er möge sich nicht fürchten, er werde um Jonathans
willen ihm Liebe erweisen. Das stimmt mit 21, 7: ויחמל המלך על מפיבשת
‎בן יהונתן. Es scheint also, daß erst infolge der Forderung der Gibeoniten
Mephiboschet geholt wurde, und daß ihn damals David nicht bloß verschont,
sondern auch an seine Tafel gezogen hat. Allzulange nach Davids Regierungsantritt kann Mephiboschets Aufenthalt ihm nicht unbekannt geblieben
sein. Daraus würde folgen, daß die Hinrichtung der sieben Nachkommen
Sauls zugleich mit Mephiboschets rücksichtsvoller Behandlung und der
Hungersnot in den ersten Regierungsjahren Davids in Jerusalem
stattgefunden haben. Jn I. Sam. 20, 15 ist schon darauf angespielt, daß
David Jonathans Sohn verschonen sollte, wenn Sauls Haus ganz vom Erdboden vertilgt werden sollte: בהכרית ה' את איבי דוד איש מעל פני האדמה,
d. h. bei der Hinrichtung der sieben Sauliden in Gibea.

zu verscheuchen. Als endlich im Herbste der Regen fiel, wurden die sieben
Leichen abgenommen und ihnen auf Davids Befehl die letzte Ehre erwiesen. Bei dieser Gelegenheit ließ er auch die Gebeine Sauls und
Jonathans aus Jabesch-Gilead holen und samt den Gebeinen ihrer Verwandten im Grabgewölbe der Familie Kisch in Zela (wohl unweit
Gibeat-Saul) beisetzen[1]). Es scheint, daß David bei dieser Beisetzung
jenes tief ergreifende Trauerlied um den Tod Sauls und Jonathans
wiederholen ließ, um kund zu geben, daß der Untergang des Benjaminitischen Königshauses seinem Herzen nahe ging. Er ordnete an, daß
dieses Lied überhaupt auswendig gelernt werde[2]). Jonathans überlebenden Sohn Mephiboschet, der im Hause eines angesehenen Mannes
jenseits des Jordans gelebt hatte, (o. S. 212) ließ David nach Jerusalem
kommen, in seinem Hause wohnen, zog ihn an seine Tafel und behandelte
ihn wie einen seiner eigenen Söhne. Ihm übergab er auch Sauls Felder
im Gebiete Benjamin und ließ sie von einem der Hausklaven Sauls,
namens Ziba, verwalten; ihm standen seine fünfzehn Söhne und
zwanzig Sklaven zur Seite[3]). Nichtsdestoweniger klagten die Benjaminiten David im Geheimen an, daß er das Haus Sauls vertilgt und
nur den zum Regieren unfähigen, lahmen Sohn Jonathans am Leben
gelassen habe. Als Davids Glück sich wendete, warfen die erbitterten
Benjaminiten Steine nach ihm.

[1]) II. Samuel 21, 1—14. Über צלע s. o. S. 172, Anmerk. 3.

[2]) Daf. 1, 18. Die griechische Version hat in dem Halbverse ויאמד ללמד,
את בני יהודה קשת, das unverständliche Wort קשת nicht, sondern dafür
διδάξαι τοὺς υἱοὺς Ἰούδα. Der Alexandrinus übersetzt zwar das Wort קשת
= τόξον, hat aber υἱοὶ Ἰσραήλ. Auffallend ist allerdings, warum man das
Lied gerade nur die Söhne Judas lehren sollte. Liest man ללמד את בני
יהודה וישראל, dann sind die Schwierigkeiten gehoben. David befahl, die
Söhne Judas und Israels dieses Trauerlied zu lehren, d. h. daß
diese es auswendig lernen mögen. Vgl. Deuteron. 31, 19—22.

[3]) II. Sam. 9, 1—13.

Achtes Kapitel.

David.

(Fortsetzung.)

Davids Kriege und Siege über Moabiter, Ammoniter, Aramäer und Idumäer. Machtzuwachs. Davids Siegespsalm. Die Sünde mit Bathseba und ihre Folgen. Achitophels arglistiges Sinnen wird durch Amnons Schandtat gefördert. Brudermord. Absaloms Verbannung und Joabs Einmischung. Die kluge Thekoerin. Absaloms Rückkehr und Machinationen. Davids Vorbereitung zu einem umfassenden Kriege, Anwerbung von Soldtruppen, Volkszählung, Seuche, Unzufriedenheit des Volkes und Absaloms Empörung. Davids Flucht. Seine erbitterten Feinde und hingebenden Freunde. Kriegszug des Sohnes gegen den Vater. Absaloms Niederlage und Tod. Davids Heimkehr und Eifersucht der Stämme. Schebas Aufruf zum Abfall von David. Amasa und Joab. Belagerung von Abel und Dan. Davids Plan, einen Tempel zu bauen, nicht verwirklicht. Sein letzter Psalm. Davids schwindende Lebenskraft. Adonija von der einen und Salomo von der anderen Seite als König ausgerufen. Davids Tod und Leistungen.

(Um 1035—1015.)

Als David bereits zwei Jahrzehnte[1]) regierte, wurde er in mehrfache Kriege verwickelt, die ihn von der friedlichen Beschäftigung, der Regelung der inneren Angelegenheiten und der Handhabung der

---

[1]) Der ammonitische Krieg, die daraus entstandenen aramäischen Kriege und folglich auch der Vorfall mit Bathseba, der ein Jahr nach der Besiegung der Aramäer stattfand (II. Sam. 11, 1, vgl. weiter unten), sind in die zweite Hälfte von Davids Regierung zu setzen. Denn Salomo, der bei seinem Regierungsantritt noch jung, höchstens zwanzig Jahre alt, war, wurde erst nach diesen Vorgängen geboren. Nach II. Sam. 12, 24 scheint es, als wenn er in demselben Jahre, als der Tod das erste Kind Bathsebas hingerafft hatte, geboren worden wäre. Jedenfalls liegen zwischen dem Vorfall mit Bathseba und Davids Tod kaum zwanzig Jahre. Amnons Schandtat erfolgte nicht lange nach diesem Vorfall und der Beendigung der ammonitisch-aramäischen Kriege (das. 13, 1). Amnon, als der älteste, muß nämlich schon ein erwachsener junger Mann gewesen sein, da er noch in Hebron geboren wurde; auch Absalom wird als erwachsen vorausgesetzt. Zwanzig Jahre und darüber mögen bereits seit ihrer Geburt vergangen sein; folglich hatte David mindestens 20 Regierungsjahre zurückgelegt, als diese tragischen Geschichten vorfielen. Zwischen Amnons und Absaloms Tod

Gerechtigkeit ablenkten. Diese Kriege mit entfernten Völkern, die ihm wider seinen Willen aufgedrängt wurden, haben seine Macht unerwartet vergrößert und dem Volke einen überraschenden Aufschwung gegeben. Zunächst führte David einen erbitterten Krieg gegen die **Moabiter** jenseits des toten Meeres, mit denen er früher, während seiner Wanderungen, auf freundlichem Fuße gestanden, und bei denen er gastliche Aufnahme gefunden hatte (o. S. 188). Die Veranlassung dazu ist unbekannt geblieben; eine bloße Vermutung ist es, daß der Moabiterkönig Davids Eltern, die dieser nach seinem Abzuge dort in sicherer Hut gelassen zu haben wähnte, habe umbringen lassen[1]. Wahrscheinlich haben die Moabiter, die in ihrer Nachbarschaft wohnenden Rëubeniten aus ihren Wohnsitzen verdrängt und sie mißhandelt, und David mag ihnen zu Hilfe geeilt sein. Es muß jedenfalls ein Vergeltungskrieg gewesen sein; denn nach dem Siege ließ David die Gefangenen mit einer Grausamkeit behandeln, wie keines der von ihm besiegten Völker. Gefesselt wurden sie auf dem Boden dicht neben einander gelegt, mit einem Seil gemessen und je zwei Teile getötet, und nur ein Teil verschont. Das ganze Land Moab wurde unterworfen und mußte jährlich Tribut nach Jerusalem senden. Reiche Beute brachten die israelitischen Krieger von diesem ersten entfernteren Feldzuge heim[2]. Zum entscheidenden Siege über Moab hatte einer aus Davids Heldenschar, **Benajahu, Sohn Jojadas**, beigetragen; er hatte zwei Fürsten der Moabiter getötet[3]. Als dann nach einiger Zeit **Nachasch**, der König der Ammoniter, gestorben war, und David, der mit ihm befreundet war, eine Gesandtschaft an seinen Sohn **Chanun** schickte, um ihm sein Beileid zu bezeugen, erregte diese Aufmerksamkeit Argwohn in der Hauptstadt der Ammoniter (Rabbat=Ammon). Des neuen Königs Vertraute flößten

vergingen elf Jahre. Zwei Jahre zögerte Absalom mit der Rachenahme (das. 13, 23): drei Jahre lebte er in der Verbannung in Geschur (das. Vers 38), zwei Jahre nach seiner Rückkehr in Jerusalem in Ungnade (das. 14, 28), und vier Jahre nach der Aussöhnung mit seinem Vater unternahm er die Empörung (das. 15, 7 vgl. weiter unten). Diese elf Jahre fallen also in Davids letzte 20 Regierungsjahre, also Absaloms Empörung nur wenige Jahre vor Davids Tode.

[1] Talmud Traktat Sanhedrin fol. 39 b.

[2] II. Samuel 8, 2. 3. 12. An der ersten Stelle wird der Krieg gegen Moab nach dem gegen die Philister und vor den gegen die Aramäer gesetzt. Der letztere entwickelte sich erst aus dem ammonitischen Krieg (s. Note 8); folglich ging der Krieg gegen Moab dem gegen Ammon voran.

[3] Das. 23, 20. אריאל מואב ist unstreitig dasselbe wie אילי מואב Exodus 15, 15; das ר ist nach aramäischer und wohl auch nach moabitischer Mundart eingeschoben, wie שרביט von שבט und andere Substantive.

ihm Mißtrauen ein, daß David in seinen Gesandten Auskundschafter nach Rabbat geschickt habe, um ihre Schwäche zu beobachten, sie zu bekriegen und ihr das Schicksal der moabitischen Hauptstadt zu bereiten. Chanun ließ sich so weit vom Argwohn übermannen, daß er dem israelitischen König einen Schimpf antat, der nicht ungeahndet bleiben konnte. Den Gesandten, welche nach dem Völkerrechte unverletzlich sein sollten, ließ er den Bart auf der einen Seite abscheren und ihre Kleider bis zur Scham abschneiden und jagte sie dann aus dem Lande. Die Gesandten schämten sich, in diesem Aufzuge in Jerusalem zu erscheinen, ließen David den Vorfall melden, und dieser rüstete darauf zu einem erbitterten Kriege. Der Heerbann wurde aufgeboten, die Heldenschar gürtete ihre Lenden[1]), und die Soldtruppen der Krethi und Plethi, die möglicherweise damals zuerst angeworben wurden, zogen mit ihrem Heldenführer Benajahu an der Spitze aus. Chanun, der die Kriegstüchtigkeit der Israeliten fürchtete, sah sich nach Hilfe um und mietete Aramäer, die damals vom Hermongebirge bis zum Euphrat wohnten und sich für Sold anwerben ließen. Die größte Zahl (20 000 Mann) lieferte Hadadeser, König von Zoba am Euphrat[2]). David zog nicht selbst in den Krieg, sondern überließ die Oberleitung dem umsichtigen und zuverlässigen Joab. Als dieser mit dem israelitischen Heer den Jordan überschritten hatte, fand er bereits die aramäischen Soldtruppen in der Nähe der ammonitischen Hauptstadt[3]). Rasch teilte er das Heer in zwei Haufen. Mit dem einen griff er selbst die Aramäer an, und den anderen ließ er unter dem Befehl seines Bruders Abisaï. Den Mut des Heeres entflammte er mit kurzen, aber kernigen Worten: „Laßt uns mutig für unser Volk und die Stadt unseres Gottes kämpfen, Gott mag tun, was ihm gut dünkt." Darauf schlug Joab mit Ungestüm die Aramäer in die Flucht; dadurch gerieten die Ammoniter in solchen Schrecken, daß sie das offene Feld aufgaben und hinter die Mauern ihrer Hauptstadt Schutz suchten[4]).

Es war ein glücklicher Waffentag; denn der Sieg wurde von dem israelitischen Heere ohne irgendwelche wunderbare oder wunderähnliche Dazwischenkunft, sondern lediglich durch Tapferkeit und Kriegstüchtig-

---

[1]) II. Sam. 10, 1—7. Für ואת כל הצבא הגברים (v. 7) muß gelesen werden והגברים. [Anders Klostermann z. St.]

[2]) Vgl. o. S. 87 f. und Note 8.

[3]) Die Angabe I. Chronik 19, 7, daß diese Soldtruppen bei Medaba lagerten, ist mit der Lokalität nicht zu vereinigen; denn Medaba lag 8 Stunden südlich von Rabbat-Ammon (Philadelphia). Man müßte denn ergänzen עד לפני מידבא, daß sich das aramäische Heer bis Medaba gelagert hat.

[4]) II. Samuel 10, 8—14a.

heit errungen. Joab eilte sofort nach Jerusalem[1]), um dem König
Bericht zu erstatten und einen Plan auseinanderzusetzen, wie die
Aramäer völlig aufs Haupt geschlagen werden könnten, damit sie ihre
Einmischung künftighin unterließen. Dieser Plan drang durch. Mit
dem siegreichen Heere, das vor der Hand das ammonitische Gebiet
räumte und noch verstärkt wurde, verfolgte David selbst den aramäischen
Feind jenseits des Jordans. Der König Hadadeser schickte zwar seinem
geschlagenen Heere neue Verstärkungen aus der Euphratgegend unter
der Führung eines Feldherrn S c h o b a ch zu. Als es aber bei der un-
bekannten Stadt C h a i l a m zur Schlacht kam, wurde das aramäische
Heer abermals geschlagen, und auch der Feldherr fiel im Treffen. Die
Vasallen des mächtigen H a d a d e s e r beeilten sich hierauf Frieden mit
David zu schließen, die Aramäer von R e h ô b im Norden des Hermongebirges und die von M a a ch a oder B e t = M a a ch a an der Ostseite
des Gebirges[2]). Der König von H a m a t, namens T h ô i (oder
Thou), welcher mit Hadadeser auf dem Kriegsfuße stand, sandte seinen
Sohn Joram an David mit Geschenken, um ihm zum Siege über den
gemeinsamen Feind Glück zu wünschen[3]). David verfolgte seinen Sieg
noch immer weiter bis in das Gebiet von Zoba und bis zur Hauptstadt
des Königs Hadadeser, in der Nähe des Euphrats[4]). Zum dritten Mal
wurden die Aramäer geschlagen, ihre Streitwagen und Reiter konnten
vor dem Ungestüm des israelitischen Heeres nicht standhalten. Die gefangenen Rosse wurden bis auf 1000 gelähmt und die reichen Städte
von Zoba gebrandschatzt[5]). Das umfangreiche Gebiet von Zoba, dem
mehrere Fürsten tributpflichtig waren, wurde der Auflösung zugeführt.
Einer von Hadadesers Beamten, namens R e z o n, Sohn Eljadas,
sammelte später eine Schar um sich und machte Streifzüge von der
Euphratgegend bis Damaskus[6]). Der König von Damaskus, der dem

---

1) II. Sam. 10, v. 14b.

2) Das. 10, 19.

3) Das. 8, 10.

4) Thapsakus, vgl. oben S. 87.

5) Das. 8, 3—13; die L.-A. in Vers 3: בלכתו להשיב ידו בנהר פרת ist
richtiger als die in Parall. I. Chronik 18, 3 להציב יד. Denn השיב יד
bedeutet „wiederholentlich die Hand feindlich gegen jemanden
erheben, wiederholentlich bekriegen." Das Subjekt ist David (fälschlich auf Hadadeser bezogen). David selbst hat den Krieg bis zum Euphrat
geführt, was auch aus Vers 13 folgt: ויעש דוד שם בשבו מהכותו את ארם.
Hier bezieht sich בשבו nur auf David, keineswegs auf Joab, der in diesem
Passus gar nicht genannt ist. Der Überschrift in Ps. 60 kann kein Gewicht
beigelegt werden, da der Ps. schwerlich davidisch ist.

6) I. Könige 11, 23—24.

König von Zoba beiſtand, wurde ebenfalls von David beſiegt. Die alte
Stadt Damaskus gehorchte ſeitdem dem König von Israel. In allen
beſiegten aramäiſchen Landſtrichen vom Hermon bis zum Euphrat ſetzte
David Landvögte ein, welche Tribut von den Einwohnern einzutreiben
hatten[1]). David und das Heer mußten ſelbſt von den großen Erfolgen,
die ſie errungen hatten, überraſcht geweſen ſein. Sie machten den König
und ſein Heer weit und breit berühmt und gefürchtet.

Indeſſen war der Ammoniterkönig wegen ſeiner Beſchimpfung der
iſraelitiſchen Geſandten noch nicht gezüchtigt. Infolge der Kriege gegen
die Aramäer, welche faſt ein ganzes Jahr dauerten[2]), konnte das iſraelitiſche Heer den Krieg gegen Chanun nicht wieder aufnehmen. Erſt nach
dieſen großen Erfolgen ſandte David Joab und das Heer wieder gegen
Ammon. Aus dem Kriege gegen dieſes Volk hatte ſich aber noch ein
anderer entſponnen. Die Idumäer im Süden des toten Meeres bis
zum ailanitiſchen Meerbuſen hatten ebenfalls den Ammonitern durch
Sendung von Hilfstruppen Vorſchub geleiſtet. Auch ſie mußten gedemütigt werden. Gegen die Idumäer ſandte David ſeinen zweiten
Feldherrn Abiſaï, Joabs Bruder[3]). Die Niederwerfung dieſer im Verhältniſſe zu den Aramäern geringen Völkerſchaften ſchien ſo leicht, daß
das Heer geteilt werden konnte. Joab hatte indeſſen im ammonitiſchen
Kriege lange zu kämpfen; denn die Ammoniter wagten keine offene
Feldſchlacht, ſondern verſchanzten ſich hinter den ſtarken Mauern ihrer
befeſtigten Hauptſtadt und machten von da aus Ausfälle. Mit Be-
lagerungswerkzeugen und Mauerbrechern war das iſraelitiſche Heer
nicht verſehen. Es konnte nur durch Sturmlaufen gegen die Anhöhe
der Stadt etwas ausrichten, wurde indeſſen von den Bogenſchützen auf
der Mauer öfter zurückgeworfen. Endlich gelang es Joab, einen Teil

---

[1]) II. Sam. 8, 5—6; 10, 16—19.

[2]) Daſ. 11, 6. לתשובת השנה לעת צאת המלאכים (Keri חמלכים) iſt
zu leſen המלאכים, d. h. ein Jahr nach dem Auszuge der Geſandten Davids
an den Ammoniterkönig.

[3]) Die Nachricht von Bekämpfung der Idumäer durch Abiſaï findet ſich
nur in I. Chronik 18, 12, ſcheint aber in II. Sam. 8, 13 ausgefallen zu ſein
und in dem Vers ergänzt werden zu müſſen: ויעש דוד שם בשבו מחכותו
את ארם [וישלח את אבישי . . . . על אדום ויך אתם] בגיא מלח. Daß die
Idumäer den Ammonitern Hilfe geleiſtet haben, folgt aus der ſyriſchen
Verſion zu I. Chron. 19, 6—7: ושדר חנון למאגרי באלף ככרין דכספא מן
ארם נהרין חרן ומן נציבין ומן אדום ואגרו להון . . . ומלכא דחרן ומלכא
דאדום ומלכא דארם נהרין. Hier kann אדום nicht verſchrieben ſein für ארם,
da Aram beſonders aufgezählt wird. Der ſyriſche Vertent las alſo noch im
Texte אדום, dadurch iſt der idumäiſche Krieg erklärlich. [Ganz anders
Kloſtermann z. St.]

der Stadt, die Wasserstadt, durch anhaltendes Stürmen zu erobern; diesen Sieg meldete er David eilig und suchte ihn zu bestimmen, zur Erstürmung der anderen Stadtteile im Lager einzutreffen, damit die Ehre der Eroberung ihm allein zuteil werde. Als David mit neuen Truppen vor Rabba ankam, gelang es ihm, auch die ganze Stadt zu erobern und reiche Beute zu machen. Die goldene mit Edelsteinen besetzte Krone des ammonitischen Götzen M a l k o m (Milkom) setzte David aufs eigne Haupt. Es scheint, daß er die Stadt Rabba nicht, wie es in seiner Absicht lag, zerstört hat, er hat nur die männliche Bevölkerung oder nur die Gefangenen zu harter Sklavenarbeit verurteilt, Steine zu glätten, mit eisernen Walzen zu dreschen, mit Äxten Holz zu fällen[1]) und Ziegelsteine zu verfertigen. Und ebenso verfuhr er mit den Gefangenen der übrigen Städte. Der König Chanun, der Urheber des Krieges, der David so schwer beschimpft hatte, wurde entweder getötet oder hat die Flucht ergriffen. An seiner Stelle scheint David dessen Bruder S ch o b i zum König eingesetzt zu haben.

Während der Zeit hatte Abisaï gegen die Idumäer Krieg geführt und sie im Salztale, wahrscheinlich in der Nähe des Steinsalzberges am toten Meere, bis zur Vernichtung geschlagen. Achtzehntausend Idumäer sollen damals gefallen sein. Die übrigen haben sich wohl unterworfen; darum begnügte sich David damit, daß er Steuervögte (Nezibim) über sie setzte, wie über Damaskus und die andern aramäischen Länder[2]). Die Steuervögte oder Landpfleger wurden wohl von einer israelitischen Besatzung unterstützt, um die Einwohner in Botmäßigkeit zu erhalten. In-

---

[1]) II. Sam. 12, 26—31. Hier ist nicht angegeben, daß Rabbat-Ammon damals zerstört wurde, nur in der Parallst. I. Chron. 20, 1: ויהרסה; dieses kann sich indes auf die Mauern beziehen. Da II. Sam. 17, 27 angegeben ist, daß שובי, Nachaschs Sohn, mit David befreundet war, so folgt daraus, daß David die Hauptstadt Rabba stehen gelassen und wahrscheinlich einen Bruder des ihm feindlichen Chanun an dessen Statt zum Könige über Ammon eingesetzt hat. Daher war dieser ihm dankbar. Daraus folgt auch, daß David gegen die Ammoniter unmöglich so grausame Strenge habe walten lassen, wie die Ausleger aus dem Vers 31: וישם במגרה ובחריצי הברזל ובמגזרות הברזל והעביר אותם במלבן herauslesen. Ihre Erklärung in malam partem stimmt ohnehin nicht mit dem Texte, denn מלבן bedeutet nicht einen „glühenden Ziegelofen", in den etwa die Ammoniter geworfen worden wären, sondern „Ziegelsteine". Folglich kann והעביר (l.) והעביד אותם במלבן nur bedeuten, er hat sie durch Anfertigung von Ziegelsteinen geknechtet. וישם במגרה . . . bedeutet nun: er setzte sie an S t e i n h o b e l (nach I. Könige 7, 9), nämlich S t e i n e zu glätten, מגזרות sind gleich גרזן, „Ä x t e", nicht Schneidemühlen. וישר in I. Chr. 20, 3 steht für וישם in II. Sam. 12, 31.

[2]) II. Samuel 8, 14.

deſſen ſcheinen die Jdumäer ſpäter einen Aufſtand gegen die israelitiſche
Beſatzung und die israelitiſchen Steuervögte gemacht und ſie nieder-
gemetzelt zu haben. Denn Joab begab ſich nach Jdumäa, ließ die erſchlagenen Israeliten begraben[1]), und ſämtliche idumäiſche Männer und
Knaben hinrichten. Ein halbes Jahr brachte er mit dieſem Vernichtungskriege zu, ſo daß nur wenige männlichen Geſchlechtes ſich durch die Flucht
retten konnten, darunter ein Sohn oder Enkel Hadads, des
idumäiſchen Königs[2]).

Durch dieſe großen Siege Davids im Weſten über die Philiſter, im
Süden über die Jdumäer, im Oſten jenſeits des Jordans über die
Moabiter und Ammoniter und im Norden über die Aramäer wurde die
Macht des Landes Israel auf eine ungeahnte Höhe erhoben. Wenn
früher, als er zuerſt als König über ganz Israel anerkannt wurde, die
Grenzen des Landes zwiſchen Dan und Beerſeba eingeſchloſſen
waren, ſo beherrſchte er jetzt das weit ausgedehnte Gebiet vom Strome
Aghptens (Rhinokolura, El-Ariſch) bis zum Euphrat oder von
Gaza bis Thapſakus (am Euphrat). Die unterworfenen Völker
mußten alljährlich Huldigungsgeſchenke ſenden, Tribut zahlen und
vielleicht auch Leibeigene zu Bauten und ſchweren Arbeiten ſtellen.

Die großen Kriege und Siege haben mehr als ſein früher dem
Zwang unterliegendes Leben Davids große Seele in edelſtem Glanze
erſtrahlen laſſen. Feſt und ſtark im Unternehmen, wo es galt, die Ehre
und Sicherheit ſeines Volkes zu wahren, blieb er nach den errungenen
Erfolgen beſcheiden und demütig, ohne eine Spur von Überhebung. Er
ſetzte ſich kein Denkmal zur Erinnerung an ſeine Siege, wie Saul (v. S.
169); er war vielmehr, wie ſein großer Feldherr Joab, von dem Ge-

---

[1]) Wie oben S. 230, Anm. 3 nachgewieſen, hat Abiſak die Jdumäer
bekämpft. Wenn es aber I. Könige 11, 15—16 heißt, Joab habe die Jdumäer
vertilgt, ſo muß dieſer Relation ein ſpäteres Faktum zugrunde liegen.
Ohnehin muß man dieſe beiden Relationen auseinanderhalten, da in der
einen erzählt wird, David habe נצרבים in Jdumäa eingeſetzt, und in der
anderen, Joab habe ſämtliche Männer und Knaben umbringen laſſen. Wenn
es keine Männer, alſo kein Volk gegeben hat, waren die Steuervögte über-
flüſſig. In der zweiten Relation iſt ferner angegeben, Joab ſei nach Jdumäa
gezogen, die Leichen (חללים) zu begraben. Das kann ſich doch nur auf
Israeliten beziehen. Daraus folgt, daß es zwei verſchiedene Relationen ſind,
die von zwei verſchiedenen Fakten handeln. Zuerſt hat Abiſak die
Jdumäer bekriegt, unterworfen und נצרבים in ihr Land geſetzt. Dann zog
Joab hinauf, die israelitiſchen Erſchlagenen (חללים), welche durch einen
Aufſtand umgekommen waren, zu begraben und während eines halben Jahres
das ganze männliche Geſchlecht der Jdumäer zu vertilgen.

[2]) I. Könige 11, 17.

danken erfüllt, daß Gott allein ihm den Sieg verliehen habe. Das Gottvertrauen, das David in den Mund gelegt wird, als er sich anschickte, den
Kampf mit dem Rephaiten Goliath aufzunehmen: „Gottes ist der Krieg,
und nicht durch Schwert und Speer allein läßt Gott siegen"[1], das hat
er in den großen Kämpfen bewährt. Diesen Grundgedanken hat David
in einem Psalm niedergelegt, den er wohl nach Beendigung der Kriege
vor der Bundeslade gesungen, und in dem er einen Rückblick auf seine
ganze Vergangenheit geworfen hat.

> „Er (Gott) gewöhnte meine Hand zum Kriege
> „Und ließ meinen Arm den ehernen Bogen spannen.
> „Du gabst mir deinen Siegesschild,
> „Und deine Rechte unterstützte mich.

> „So verfolgte ich meine Feinde,
> „Rieb sie auf,
> „Und kehrte nicht um,
> „Bis ich sie vernichtet habe.

> „Du gürtetest mich mit Kraft zum Kriege,
> „Ließest meine Feinde niederknieen
> „Und wandtest den Nacken meiner Widersacher.
> „Du errettetest mich von Völkern der Feindseligkeit,
> „Bewahrtest mich zum Haupte über Nationen,
> „Stämme, die ich nicht kannte, sind mir untertan.

> „Die Söhne der Fremde fallen
> „Und zittern in ihren Burgen.
> „Darum preise ich dich, o Herr! unter Völkern
> „Und lobsinge deinem Namen.

Dieser Psalm, welcher Gemeingut des ganzen israelitischen Volkes geworden ist, ist ganz aus Davids Seele gesprochen[2].

---

[1] I. Samuel 17, 47.

[2] Den ganzen Psalm 18, den die Überschrift und II. Sam. c 22 David
beilegen, ihm zu vindizieren, dagegen sprechen die Breite und Zerflossenheit
mancher Verse und auch manche andere Momente. Vers 7 setzt den Bestand
des Tempels voraus. Dagegen ist es unverkennbar, daß der Gedankengang
mancher Verse nur auf Davids Situation paßt. Hupfelds und Olshausens
Annahme, daß der ganze Psalm von einem späteren Davididen gedichtet und
dem Ahnen in den Mund gelegt worden sei, hat keine Analogie für sich. Es
scheint vielmehr, daß der Kern des Psalms echt davidisch ist, daß dieser
aber im Laufe der Zeiten erweitert und überarbeitet wurde. Daher die
Varianten in den beiden Texten. [Keßler in Strack-Zöcklers kurzgef. Kom.
möchte mit guten Gründen den ganzen Psalm (außer Vers 51) für davidisch
halten.]

Zwei ineinander greifende Überzeugungen haben sich infolge der großen Siege so fest in das Bewußtsein des Volkes eingeprägt, daß sie für dessen ganze Zukunft bestimmend wirkten. Die eine lautet in den mannigfachsten Wendungen:

„Der König kann nicht durch große Heere gerettet werden,
„Und nicht der Held durch Riesenkraft,
„Eitel ist das Roß zum Siege[1]).

Gott allein leite den Krieg, führe ihn zu Ende, verleihe Sieg oder Niederlage, und ihm sei es ein Leichtes zu helfen mit viel oder wenig. Die andere damit zusammenhängende Überzeugung lautet, daß Gott die Heere Israels, wenn sie für seine Sache ausziehen, zur Verherrlichung seines Namens oder zur Rettung seines Volkes, stets zum Siege führe. Der Gott Israels wurde infolgedessen seit den Davidischen Siegen durch einen eigenen Namen bezeichnet, welcher diesen Gedanken zum vollsten Ausdruck bringt; er wurde Gott der Heerscharen (Jhwh Zebaot) genannt (eigentlich Gott der Heerscharen Israels), der ihnen im Kampfe Sieg verleiht[2]). Vor jedem Kriege wurde fortan der König Zebaot angerufen, und die israelitischen Scharen gingen mit der Zuversicht in den Kampf, daß sie nimmer unterliegen könnten. Diese Zuversicht hat denn auch im Verlaufe der Zeit Wunder bewirkt.

So streng David gegen die Götzen der Völker, die er besiegte, war, weil er sie von seiner Anschauung aus als verführerisch betrachtete[3]), so milde verfuhr er gegen die besiegten Götzendiener. Nur die Moabiter wurden grausam gezüchtigt und die Ammoniter zu Leibeignen gemacht, während er den übrigen unterjochten Völkern lediglich Tribut auflegte.

---

[1]) Pf. 33, 16 f. und viele andere Stellen.

[2]) Die vulgäre Erklärung, daß אלהי צבאות, „Gott der Himmelsscharen" bedeute, setzt voraus, daß die Israeliten in alter Zeit dem Astralkultus zugetan gewesen wären, was aber erst bewiesen werden müßte. Im Gegenteil, aus dem Umstande, daß die Hauptseite des Tempels dem Westen zugekehrt, also der aufgehenden Sonne abgewendet war, folgt, daß gegen den Sonnenkultus reagiert wurde. Erst die späteren Könige Judas haben diesen Kultus eingeführt (II. Könige 21, 5; Ezechiel 8, 16). In Deuteron. wird gegen ihn eifrig polemisiert 4, 19 f. Übrigens wird die „Himmelsschar", die Sterne, nie durch צבאות השמים im Pl., sondern konsequent im Sing. צבא השמים bezeichnet. Folglich kann ח' אלהי צבאות nur bedeuten „Heere Israels", als Ellipse für צבאות ישראל.

[3]) Er setzte sich die „Krone des Götzen Milkhom oder Malkhom auf (so die richtige Erklärung) und verbrannte die Bilder der Philister. Statt וישאם II. Sam. 5, 21, richtiger in I. Chr. 14, 12: וישרפו באש. [So auch Klostermann z. St.]

Jene müssen sich daher gegen ihn sehr verschuldet und eine ungewöhnliche Züchtigung verdient haben. Die im Lande ansässigen fremden Völkerschaften blieben unbelästigt; so die Jebusiter in Jerusalem, so die Kanaaniter oder Chittiter in anderen Landesteilen. Daher reihten sich unter seine Heldenschar manche Ausländer und Eingeborene ein, die nicht von israelitischer Abkunft waren oder führten ihm eigene Scharen zu[1]). Der Chittiter Urija, einer der dreißig Tapferen Davids, der in Davids Lebensgang verwickelt werden sollte, zeigte eine innige Anhänglichkeit an das israelitische Volkstum[2]).

Die Freude über die großen Errungenschaften blieb indessen nur kurze Zeit ungetrübt. Staatenglück, wie Menschenglück ist selten von langer Dauer, oder es müssen auf Sonnentage wieder trübe Tage folgen, um die Kräfte nicht einschlummern zu lassen, um den Charakter durch Kampf gegen Ungemach zu stählen und solchergestalt das verborgene innere Wesen ans Licht zu bringen. Ein einziger Fehltritt Davids brachte ihn nicht bloß um seine innere Freudigkeit und Ruhe, sondern rüttelte auch am Grundbau des Staates, den er mit so vieler Kraftanstrengung gelegt hatte. Als er von den aramäischen Siegen heimgekehrt war und von den Mühsalen des Krieges ausruhte, während Joab mit den Truppen und der Heldenschar im Lande Ammon den unterbrochenen Kampf wieder aufnahm (v. S. 230), erblickte David vom Dache seines hochgelegenen Palastes aus, wo er in den Abendstunden Kühlung suchte, ein schönes Weib im Bade. Es war die Ehefrau eines seiner treuesten Helden, des Chittiters Urija, namens Bathseba (Bathscheba). Die Häuser seiner Helden waren auf Zion in der Nähe von Davids Palast erbaut (v. S. 214), und so traf sein Blick die schöne Bathseba. Von plötzlich aufwallender Leidenschaft ergriffen, zügelte er sein Gelüste nicht, sondern sandte Boten an sie mit dem Befehle, daß sie sich zu ihm begebe. Sie leistete Folge; vielleicht glaubte sie einem Könige nichts versagen zu dürfen, nicht einmal ihre Keuschheit und die Treue gegen ihren Gatten. Als David nach einiger Zeit von Bathseba erfuhr, daß der Ehebruch nicht ohne Folgen geblieben sei, war er darauf bedacht, seine Ehre zu retten, und verstrickte sich immer tiefer in Sündhaftigkeit. Er ließ ihren Gatten Urija aus dem Feldlager von Rabba nach Jerusalem kommen, nahm ihn freundlich auf und erteilte ihm die Freiheit, sich in sein Haus zu begeben, sich behaglich auszuruhen und seines Weibes zu genießen. Urija aber, dem das Lagerleben und die Beteiligung an den Kämpfen für Israels Wohl höher galten als be-

[1]) Vgl. Note 9.
[2]) II. Samuel 11, 11.

hagliche Ruhe und Ehefreuden, machte von der Erlaubnis keinen Gebrauch, ſondern ſchlief im Eingange des Palaſtes mit den Trabanten,
welche des Königs Perſon bewachten. Das war David unangenehm.
Er verſuchte daher, ihn durch Trunkenheit von ſeiner Strenge abzubringen. Er lud Urija zur Tafel und ließ ihn berauſchen in der Vorausſetzung, daß er im Rauſche den Weg zu ſeinem Hauſe und ſeinem Weibe
ſuchen würde. Allein der rauhe Krieger blieb auch in der darauffolgenden Nacht an der Pforte des Palaſtes. David ſann daher auf einen
Ausweg, und dieſer führte ihn zu einem Verbrechen. Da er ſeine Ehre
nicht retten konnte, ſo ſollte der Mann nicht am Leben bleiben, der bei
der Kunde von ſeines Weibes Untreue und bei ſeiner Todesverachtung
vielleicht Davids Leben bedrohen oder gar ſeine Genoſſen, die Helden,
zum gemeinſchaftlichen Aufſtande gegen den ehrvergeſſenen König auf-
ſtacheln konnte. Der König ſandte daher Urija zu Joab ins Lager mit
einem Schreiben des Inhalts, daß dieſer den Überbringer bei den Ausfällen
der Ammoniter auf den gefährlichſten Platz ſtellen möge, wo ihn der Tod
ſicher treffen ſollte. Das Erwünſchte traf ein — Urija ſank, von einem
ammonitiſchen Pfeile durchbohrt, tot nieder. David vernahm dieſe Poſt
freudig und tröſtete ſich dadurch über den anderweitigen Verluſt, den
ſein Heer an demſelben Tage vor der ammonitiſchen Hauptſtadt erlitten
hatte. Bathſeba betrauerte ihren gefallenen Gatten der Sitte gemäß,
und nach der Trauerzeit nahm ſie David als Ehefrau in ſeinen Palaſt,
und ſie gebar ihm einen Sohn.

In jedem andern Staate würden ſolche Launen des Königs im
Hofkreiſe nur leiſe flüſternd beſprochen, kaum getadelt und jedenfalls
vergeſſen worden ſein. Bis zum Volke würde höchſtens ein ſchwankendes
Gerücht davon gedrungen ſein. Was war denn geſchehen? Urija iſt im
Kriege gefallen. Wer wußte, auf weſſen Veranlaſſung? Joab ganz
allein. Die Witwe Bathſeba kam in Davids Frauenhaus, — wie konnte
man daran Anſtoß nehmen? Sie gebar einen Sohn, vielleicht um einige
Monate zu früh. Wer konnte oder wollte die Zahl der Monate nach-
rechnen? Das Kind konnte als Urijas Waiſe gelten. Aber im iſraelitiſchen Staate gab es ein Auge, welches das künſtliche Dunkel zu durch-
dringen vermochte, und ein Gewiſſen, welches mit lauter Stimme die
Sünde dem Sünder, und ſei er auch ein König, vorhielt. Das Prophetentum war das durchſchauende Auge und das unerbittliche, wache
Gewiſſen. Seine ſchönſte Aufgabe beſtand darin, das Verbrechen nicht
durch Vertuſchung und Beſchönigung zur Gewohnheit aufwachſen zu
laſſen, es vielmehr in ſeiner grellen Geſtalt zu zeigen und zu brandmarken. David mochte glauben, daß nur Bathſeba Mitwiſſerin des Ehe-

bruchs und nur Joab Mitwisser des erwünschten Todes Urijas sei. Aus diesem Wahn wurde er plötzlich zu seinem Schrecken gerissen.

Eines Tages erschien der Prophet N a t h a n vor David und erbat sich die Erlaubnis, eine Klage vor ihm aussprechen zu dürfen. Er erzählte ruhig eine Parabel. In einer Stadt lebte ein Reicher, der viel Groß- und Kleinvieh besaß, und neben ihm ein Armer, welcher nur ein kleines Lämmchen besaß, das er sich groß gezogen und an sich so gewöhnt hatte, daß es von seinem Bissen aß, aus seinem Becher trank und in seinem Schoße schlief, das er überhaupt wie ein Kind liebte. Als nun eines Tages ein Gast zum Reichen gekommen war, war dieser zu geizig, von seinen eigenen Herden ein Mahl für den Gast zu bereiten, sondern raubte das Lamm des Armen und bewirtete damit seinen Freund. Beim Anhören dieser Klage empörte sich Davids Rechtsgefühl, und er bemerkte mit Entrüstung, der herzlose Reiche verdiene den Tod, mindestens solle er dem Armen das geraubte Lamm vielfach ersetzen. Darauf entgegnete ihm der Prophet: „Du selbst bist's! Du hast dich nicht mit den vielen Frauen Deines Harems begnügt, sondern dem armen Urija sein einziges Weib geraubt, hast ihn umbringen lassen im Kriege gegen die Ammoniter, als er für die Verteidigung der Ehre des Landes sein Leben einsetzte — und zuletzt noch, als wenn nichts geschehen wäre, hast du sein Weib in dein Frauenhaus aufgenommen. So wisse denn, daß das Schwert in deinem Hause wüten und daß in Sünde erzeugte Kind nicht am Leben bleiben wird."

Jeder andere König würde über den Sittenrichter, der sich erfrecht hätte, dem gekrönten Haupte, dem Abbilde Gottes auf Erden, die Wahrheit zu sagen, die verdiente Züchtigung verhängt haben. David, der Zögling des Propheten Samuel, sprach, als ihm das Bild seiner Missetaten vorgehalten wurde, von Reue gebeugt: „Ja, ich habe gesündigt." Gewiß hat er es nicht an inbrünstigen Gebeten, an demütiger Zerknirschung[1]) und an Sühnopfern fehlen lassen, um von Gott Vergebung zu erflehen. Nach einiger Zeit verkündete ihm Nathan im Namen Gottes, daß ihm verziehen sei, daß er nicht durch das Schwert im eignen Hause umkommen werde, daß aber das Kind der Sünde sterben werde[2]).

[1]) Die Psalmenüberschrift bezieht den Reuepsalm 51 auf David und seine Sünde mit Bathseba. Die Kritik setzt indessen die Abfassung desselben in eine spätere Zeit. Einige Ausleger beziehen aber den Bußpsalm 32 auf dieses Faktum; allein er paßt so wenig darauf, daß nicht einmal der Psalmensammler, welcher die Überschriften an die Spitze gestellt hat, ihn darauf bezieht. Er gehört entschieden der Zeit der חסידים und בנוים an.

[2]) II. Sam. 11, 2—18; 12, 1—14. In 12, 13 ist eine Lücke angedeutet: מכפר באבאך מכפר. Es fehlt wahrscheinlich die Erzählung, daß David sich

Es starb auch gleich darauf, obwohl sich David in Gebet und Fasten ab-
gehärmt hatte, sein Leben von Gott zu erflehen. Bathseba gebar ihm
darauf einen zweiten Sohn, der Jedidja und Salomo genannt
wurde (um 1033). Er wurde der Liebling des Vaters.

Allein wenn auch Gott dem König die schweren Sünden vergeben
hatte, von den Menschen wurden sie ihm nicht verziehen, und sie wirkten
unheilvoll für Davids Ruhe. Bathseba, das Weib Urijas, war die
Tochter Eliams, eines von Davids Helden, und Enkelin seines Ratgebers Achitophel[1]). Vater und Großvater hielten ihre Ehre durch
Davids Verführung ihrer Tochter verletzt und verziehen es ihm nimmer.
Sie schwiegen zwar und hielten ihren Haß an sich; Achitophel besonders
nährte ihn im Stillen und wartete nur auf eine Gelegenheit, ihn dem
König empfinden zu lassen. David tat zwar alles, um sie zu beschwichtigen. Er erhob die geschändete Bathseba zur ersten Königin, sagte ihr
im Geheimen zu, daß der von ihr geborene Sohn sein Nachfolger werden
sollte, und beschwor seine Zusage feierlich[2]). Alles, um Achitophel, dessen
Rat er nicht missen mochte, dadurch zu versöhnen, daß sein Enkel einst
den Thron Israels besteigen werde. Achitophel blieb aber unerbittlich.
Um den Knäuel noch mehr zu verwickeln, fiel eine häßliche Begebenheit
in Davids Hause vor, die ihm die Ruhe seiner letzten Jahre vollends
raubte.

Sein ältester Sohn Amnon, welcher der Thronfolge gewiß zu sein
und sich alles erlauben zu dürfen glaubte, liebte leidenschaftlich seine
Stiefschwester Thamar, Tochter der Gesuriterin Maacha und
Schwester Absaloms[3]), aber in sträflicher Liebe. Leicht wäre es ihm

vor Gott kasteit hat. Denn erst infolge der Zerknirschung sprach Nathan zu
ihm die Worte in Vers 13b ff.
[1]) Die neueren Historiker haben diesen Umstand außer acht gelassen, daß
Achitophels Feindseligkeit gegen David und daher Parteinahme für Absalom
dadurch motiviert sind, daß Bathseba seine Enkelin war. II. Sam. 11, 3
wird Bathseba בת אליעם, Tochter Eliams, genannt. I. Chronik 3, 5
verändert: בת שוע בת עמיאל für אליעם. Eliam, einer der dreißig Helden
Davids, war Achitophels Sohn (s. [II. Sam. 23, 34] u. Note 9): אליעם
בן אחיתפל הגלני. Kimchi zitiert ältere Erklärer, welche Achitophels Haß
gegen David auf diese Tatsache, auf die Schändung seiner Enkelin, zurückgeführt haben (zu II. Sam. 17, 1): ואמרו כי השנאה הגדולה הזאת שהיה
שונא אחיתפל את דוד שלץ׳ן הריגתו . . . מפני המעשה שעשה בבת שבע
שאמרו כי בת שבע חיתה בת בנו של אחיתפל. Erst durch dieses Motiv sind
die Vorgänge in der Geschichte Davids und Absaloms verständlich.
[2]) I. Könige 1, 13. 17. 30.
[3]) II. Sam. 13, 1—4 ist deutlich genug angegeben, daß Amnon und
Thamar gar nicht blutsverwandt waren. Thamar war Maachas Tochter aus
einer früheren Ehe.

geweſen, um ihre Hand anzuhalten; allein das war nicht ſeine Abſicht.
Auf den böſen Rat ſeines Vetters und Freundes Jonadab lockte er
ſie, Krankheit vorſchützend, in ſein Zimmer, ſchändete ſie und ließ ſie,
ſeiner Schamloſigkeit noch Hohn hinzufügend, aus ſeinem Zimmer
werfen, als hätte ſie ihn, einen keuſchen Joſeph, verführen wollen.
Händeringend, weinend, mit zerriſſenen Gewändern ſchritt Thamar
ihren Gemächern zu. In dieſem aufgeregten Zuſtande traf ſie ihr
Bruder Abſalom. Bei dieſem Anblick ſeiner Schweſter zuckte ihm ein
Plan durch die Seele. Er beruhigte ſie, legte ihr Schweigen auf und
verſprach ihr vollſtändige Rache. David erfuhr von dem frechen Buben-
ſtück, und es ſchmerzte ihn tief; aber er war zu milde gegen ſeine Kinder
und ließ ihnen Torheiten und Vergehungen hingehen[1]). Abſalom
wußte den Haß gegen ſeinen ältern Bruder, den Schänder ſeiner
Schweſter, und ſeinen Plan zu deſſen Verderben zwei Jahre in ſeinem
Herzen zu verbergen. Er ſprach kein freundliches, aber auch kein feindliches Wort zu ihm, um ihn, wie ſeinen Vater in Sicherheit einzuwiegen
und glauben zu machen, daß er die Schändung ſeiner Schweſter vergeſſen
habe. Er war eben ſo gewandt in Verſchloſſenheit wie Achitophel.
Dieſer war vielleicht mit ihm im Bündnis und hat ihm ſein Verhalten
vorgezeichnet.

Jeder der erwachſenen königlichen Söhne — David hatte deren zu
den ſechs, die ihm in Hebron geboren waren, noch elf in Jeruſalem ge-
zeugt — hatte ein eignes Haus, einen Hausſtand und Ländereien.
Abſalom hatte ſeine Güter und Herden in Baal-Chazor (im Tale
Rephaïm)[2]), unweit der Hauptſtadt. Dorthin lud er zum Feſte der

---

[1]) II. Sam. 13, 21 verglichen mit I. Könige 1, 6.

[2]) Die Lokalbeſtimmung in II. Sam. 13, 23 בַּעַל חָצוֹר אֲשֶׁר עִם אֶפְרָיִם
iſt durchaus unverſtändlich. Eine Stadt Ephraim gab es durchaus nicht, und
wenn es eine ſolche auch gegeben hätte, ſo kann man im Hebräiſchen nicht
die Präpoſition עם gebrauchen, um die Nähe zu bezeichnen. Sehr weit von
Jeruſalem kann Baal-Chazor nicht geweſen ſein, da das Gerücht von dem,
was dort vorgegangen war, David ſchnell zu Ohren kam (V. 30). Nach 14, 30
grenzten Abſaloms Felder an die Joabs, und dieſe können doch nur bei
Bethlehem gelegen haben, von wo Joab ſtammte. Von Jeruſalem
nach Bethlehem zu und noch weiter läuft ſüdweſtlich ein Tal, welches das
Tal Rephaïm עֵמֶק רְפָאִים genannt wird. Lieſt man ſtatt עִם אֶפְרָיִם, wie
es ſich von ſelbſt aufdrängt, בְּעֵמֶק רְפָאִים, ſo iſt die Lokalität genau bezeichnet. Baal-Chazor lag im Tale Rephaïm. Über Transpoſition von
אֶפְרָיִם in רְפָאִים vgl. Note 12. Der Späher ſah von der Warte in Jeruſalem
aus die Königsſöhne eilig zurückkehren (13, 34), מִצַּד הָהָר, wozu LXX den
Zuſatz haben: ἐν καταβάσει, d. h. בְּמוֹרָד. Er ſah ſie alſo von der Höhe
zwiſchen Bethlehem und Jeruſalem an der Berglehne herabſteigen. [S. jedoch
Buhl a. a. O. S. 177.]

Schafschur, bei welchem Gelage stattzufinden pflegten, sämtliche Königssöhne ein, und zum Scheine auch den Vater mit allen seinen Dienern.
David schlug ihm die Bitte ab, das hatte Absalom vorausgesehen; aber
er drang in ihn, daß sämtliche Königssöhne und auch Amnon seinem
Schafschurfeste beiwohnen möchten.   David gewährte diese Bitte.
Während nun die Königssöhne und die Gäste sich beim Mahle gütlich
taten und dem Weine zusprachen, fielen Absaloms Diener auf sein
Geheiß über Amnon her und gaben ihm den Todesstoß.   Absalom hatte
mit diesem Morde einen doppelten Zweck im Auge.   Er rächte die
Schändung seiner Schwester und hoffte durch die Beseitigung des ältesten
Bruders sich die Nachfolge zu sichern.   Der Sohn Abigaïls, als der zweite
in der Nachfolge, war bereits gestorben; so schien sie ihm, als dem dritten
Sohne, gewiß.   Beim Anblick des vergossenen Bruderblutes verließen
die Königssöhne in Schrecken die Tafel.   Aus Furcht, Absaloms Bosheit
ebenfalls zum Opfer zu fallen, bestiegen sie eilig ihre Maultiere und entflohen der Hauptstadt zu.   Das geflügelte Gerücht eilte ihnen voraus
und verbreitete in Jerusalem die Schreckensnachricht, Absalom habe
sämtliche Prinzen umbringen lassen.   So schlecht muß David von seinem
Sohne gedacht haben, daß er selbst dem Gerüchte Glauben schenkte und
in der ersten Aufwallung seine Kleider zerriß.   Die Ankunft der entronnenen Königssöhne berichtigte zwar die falsche Nachricht, erleichterte
aber Davids beklommenes Herz nicht.   Sein Sohn ein Brudermörder!
Mußte diese blutige Tat nicht noch andere trübe Folgen nach sich ziehen?
Nur sein festes Gottvertrauen schützte David davor, daß er gleich
Saul dem Wahnsinn verfiel.   Allerdings war das harte Geschick, das ihn
betroffen hatte, tatsächlicher Natur und nicht eine Wirkung argwöhnischer
Einbildung.

Davids erster Gedanke war, seinen brudermörderischen Sohn, der
zu seinem Großvater, dem König T a l m a ï von Geschur — im Südwesten der Grenze Judäas — entflohen war, aufzusuchen und über ihn
die verdiente Züchtigung zu verhängen, selbst wenn er dabei Waffengewalt hätte anwenden müssen[1]).   Aber dagegen machten sich andere
Einflüsse geltend, wie denn überhaupt seit dem Vorfall mit Bathseba
das Intrigenspiel an Davids Hofe begann.   Joab war gegen die Nachfolge des jüngst geborenen Salomo[2]) und selbstverständlich für die des
ältesten, also für Absalom, entweder weil er von einer Änderung der
Erbfolge Verwirrung und Spaltung im Lande befürchtete, oder weil er

---

[1]) Vgl. Note 17.
[2]) Folgt aus I. Könige 2, 28, wo die griechische und syrische Version
die L.-A. haben: ‏ואחרי שלמה לא נטה (ריאב)‏.

mehr Anstoß an der nicht ganz lauteren Geburt des jüngsten Königs-
sohnes als am Brudermord nahm. Auch Achitophel, Davids unfehlbarer
Ratgeber, wünschte die Erhaltung Absaloms, weil er ihn als Werkzeug
gegen den Vater zu gebrauchen gedachte. Dagegen war Davids vierter
Sohn A d o n i j a für die strenge Bestrafung seines Halbbruders, weil
es ihm leichter schien, den spätgeborenen Salomo zu beseitigen als den
vor nichts zurückschreckenden Absalom. Traf diesen die Strafe des
Brudermordes, so mußte ihm die Nachfolge zufallen. Adonija und seine
Mutter C h a g g i t mögen daher gegen Absalom gehetzt haben; aber
Joab und Achitophel waren klüger und hatten es in den Händen, einen
Kriegszug gegen den Flüchtling oder gegen den ihn beschützenden
Großvater zu vereiteln. Freilich offen durften sie nicht Partei nehmen,
denn dann hätte David ihre Absichten durchschaut. Sie intrigierten
daher nur verstohlen.

Als dann David endlich doch beschlossen hatte, seinen blutbefleckten
Sohn aufzusuchen oder dessen Auslieferung zu verlangen, obwohl er
schon drei Jahre abwesend war, wandte Joab eine List an, um ihn von
diesem Entschlusse abzubringen. Er ließ eine Frau aus der nahen Stadt
T h e k o a zu sich kommen, die im Rufe stand, eine gewandte und sinnreiche Rede führen zu können, und verabredete mit ihr den Plan, dem
König das Grauenhafte der Sache lebendig vorzuführen, daß ein Vater
seinen eigenen Sohn wegen des nicht ganz ungerechtfertigten Mordes
an seinem Bruder umbringen wollte. Die kluge Thekoerin begab sich
infolgedessen im Traueranzug zum König; als wenn sie ihn um Gerechtigkeit anflehen wollte, rief sie in klagendem Tone, sich tief verbeugend:
„Hilf, o König, hilf!"[1] Als David sich nach ihrem Begehr erkundigte,
erzählte sie ihm eine Fabel. Sie sei eine Witwe und habe zwei Söhne,
von denen der eine den andern bei einem Streite erschlagen habe. Und
nun verlangten sämtliche Glieder der Familie ihres verstorbenen Gatten
aus Blutrache das Leben des Brudermörders und wollten den Erben
vernichten und ihrem Gatten keinen Nachfolger lassen. David, welcher
anfangs nicht merkte, daß er eine Fabel hörte, die sich auf ihn selbst bezog,
beruhigte die klagende Thekoerin und versprach ihr oder ihrem Sohne
Schutz. Darauf sprach sie weiter und bat den König um mehr Sicherheit
für den brudermörderischen Sohn, bis sie den König dahin brachte, ihr
bei Gott zu schwören[2]), daß dem angeschuldigten Sohne von Seiten der

---

[1] II. Sam. 14, 4: wo die griechische Version sachgemäß zweimal das
Wort: σῶσον hat.

[2] Schon Kimchi erklärt richtig das Wort זכר, das. V. 11, als „schwören",
gleich הזכיר in der Hiphilform.

Bluträcher kein Haar gekrümmt werden sollte. Dann erbat sie sich vom
König die Erlaubnis, noch eine Bemerkung zu machen, um ihm anzudeuten, wo sie eigentlich hinaus wolle. Sie sprach sehr geschickt mit feiner
Wendung, ohne der Würde des Königs zu nahe zu treten, und verstand
dabei doch, ihm die Sache nahe zu legen. „Wie magst du so etwas vom
Volke Gottes denken! Und da der König dieses Wort (Urteil) einmal
gesprochen hat, so ist er gewissermaßen schuldig, daß der König seinen
Verstoßenen nicht zurückruft. Denn sterben müßten wir und wie Wasser
zur Erde gegossen (verrinnen), wenn Gott nicht die Lebensseele erhöbe[1])
und Veranstaltungen getroffen hätte, daß der Verirrte nicht (für immer)
von ihm verstoßen bleibe." Dann wieder einlenkend und auf ihre Fabel
zurückkommend, sprach die Thekoerin, sie sei zum König gekommen,
weil die Leute ihr Angst gemacht, und sie wünsche vom König Schutz
gegen den Mann, der ihren Sohn vom Erbe Gottes zu vertilgen gedächte.
Das Wort des Königs genüge ihr indessen zur Beruhigung. — Trotz dieser
nachträglichen Ablenkung verstand der König doch die Anspielung auf
seine eigenen Verhältnisse und verlangte von ihr eine aufrichtige Antwort,
ob Joab nicht bei ihrer Vermummung und Fabelei die Hand im Spiele
habe. Als ihm die Thekoerin die Wahrheit gestand, ließ der König Joab
rufen, versicherte ihn, daß er nunmehr nichts Böses gegen Absalom
sänne, und trug ihm auf, ihn nach Jerusalem kommen zu lassen. Die
feine, gewandte Rede des Weibes aus Thekoa hatte es ihm nahegelegt,
daß die Blutrache gegen seinen eigenen Sohn ein Widerspruch wäre.

Joab selbst holte Absalom von Geschur ab und führte ihn nach
Jerusalem; aber hier durfte er nicht vor seinem Vater erscheinen, sondern
mußte wie ein Gebannter in seinem Hause bleiben. Joab hat damit,
ohne es zu ahnen, die Zwietracht in Davids Haus gebracht. Denn
Absalom brütete Tag und Nacht in der Vereinsamung der Ungnade über
dem verruchten Plan, seinen Vater zu stürzen. Dabei wandte er Ver-
stellungskünste an, um ihn recht sicher zu machen. Dazu war vor allem

[1]) Der ganze Passus das. V. 13—14 ist von den Auslegern mißverstanden
worden. ולמה חשבת כזאת על עם אלהים bedeutet: „wie dürfte der König
so schlecht vom Volke Gottes denken, daß eine Familie aus Blutrache den
letzten Zweig eines blutsverwandten Hauses wird vertilgen wollen!" Folglich
wenn der König zum Volke Gottes gehört, so darf er Absalom nicht vertilgen
wollen. כי מות נמות ist ein hypothetischer Satz: „wir müßten sterben,
oder sterben müßten wir usw. ולא steht für לולא „wenn Gott nicht die Seele
erheben wollte" und sogar Vorlehrungen getroffen hat, daß der נדח, der
Verirrte, nicht verirrt bliebe. Und so wie Gott den Verirrten aufnimmt,
müßten auch die Menschen einem Sünder verzeihen. Es ist eine tiefsittliche
Anschauung, welche die Thekoerin entwickelt.

nötig, daß äußerlich wenigſtens eine Verſöhnung ſtattfände. Joab
ſollte ſie herbeiführen helfen; aber er mied Abſalom gefliſſentlich.
Dieſer mußte zu einem ſonderbaren Mittel greifen, um Joab zu einer
Unterredung zu zwingen. Er ließ deſſen Gerſtenfeld, das an ſeinen
Acker grenzte, durch ſeine Sklaven niederbrennen. Darauf eilte Joab
zum Prinzen, um ſich zu beklagen, und damit hatte Abſalom ſeinen
Zweck erreicht. Er benützte deſſen Anweſenheit, um ihm ans Herz zu
legen, dem König, ſeinem Vater, zu ſchildern, wie ihn deſſen Ungnade
ſo unglücklich mache, daß er den Tod vorziehen würde. Joab, dem es ſelbſt
mit der Ausſöhnung des Sohnes mit dem Vater ernſt war, muß den
beredten Anwalt für ihn gemacht haben. Denn David entſchloß ſich,
nachdem er dieſen Sohn zwei Jahre aus ſeiner Gegenwart verbannt
hatte, ihn zu ſich kommen zu laſſen. Bei der Zuſammenkunft ſpielte
Abſalom meiſterhaft den reumütigen, unterwürfigen Sohn. Darauf gab
ihm David wieder den Vaterkuß, und die Verſöhnung war vollzogen.
Seit dem Tode Amnons waren bereits ſieben Jahre verſtrichen.

Nun nahmen die Intrigen ihren Lauf. Abſalom muß öfter heimliche Zuſammenkünfte mit Achitophel gehalten und nach deſſen Rat-
ſchlägen gehandelt haben. Er trat von nun an als künftiger Thron-
folger auf. Er ließ ſich aus Ägypten Roſſe und Wagen kommen, ſchaffte
ſich fünfzig Trabanten an und machte überhaupt königlichen Aufwand.
Dann ſtand er jeden Morgen zeitig auf, um die Perſonen zu ſprechen,
die mit ihrer Streitſache zum Könige kamen. Er fragte ſie aus, ließ ſich
ihre Streitigkeiten erzählen, fand jedermanns Sache gerecht, bedauerte
aber, daß der König nicht alles anhöre und nicht jedem Recht widerfahren laſſe, warf nebenbei hin, wenn er erſt Richter wäre, ſo würde ſich
niemand über Rechtsverkümmerung zu beklagen haben. Außerdem war
er gegen jedermann herablaſſend und leutſelig. Wollte ſich jemand ihm
zu Füßen werfen, ſo verhinderte er es und küßte ihn mit erheuchelter
Gleichheitsmiene. So trieb es Abſalom faſt vier Jahre[1]) hintereinander
ſeit der Ausſöhnung mit ſeinem Vater. Abſalom war der ſchönſte Mann
ſeiner Zeit und ſtand damals in den dreißiger Jahren, in der vollen
Manneskraft. Vom Scheitel bis zur Sohle war kein Fehler an ihm zu
bemerken. Sein reiches, ſchönes Kopfhaar wallte ihm auf Nacken und
Schulter wie eine Löwenmähne. Kurz, er bezauberte alle diejenigen,
welche in ſeine Nähe kamen, mit ſeiner Liebenswürdigkeit und Leut-
ſeligkeit. Und David war zu verblendet, um zu bemerken, wie ſein
tückiſcher Sohn ihm die Herzen raubte. Abſalom wartete nur auf eine

---

[1]) II. Sam. 15, 7 hat Peſchito ארבע שנין ſtatt ארבעים.

günſtige Gelegenheit, offen gegen ſeinen Vater aufzutreten, ihn zu
ſtürzen, vielleicht gar zu töten und ſich der Herrſchaft zu bemächtigen.
Dieſe Gelegenheit bot ſich bald dar.

David beſchäftigte ſich in dem letzten Jahrzehnt ſeiner Regierung mit
einem umfaſſenden Plan, wie es ſcheint, mit einem großen Kriege, der
zahlreiche Mannſchaft erfordern ſollte. Welchem Lande der Krieg gelten
ſollte, läßt ſich nur vermuten, wahrſcheinlich Ägypten. Vor Davids Zeit
war Ägypten unter drei Herrſcherfamilien geteilt[1]); eine derſelben hatte
ihren Sitz in T a n i s (Zoan). Um ihre Macht zu vergrößern, richtete
einer der letzten Könige der tanitiſchen Dynaſtie, Pſuſennes, ſein Augenmerk auf das benachbarte Land, zunächſt auf den Küſtenſtrich, wo die
Philiſter wohnten[2]). Es war zu befürchten, daß er auch das Land
Israel mit Krieg überziehen würde. Um dem zuvor zu kommen, rüſtete
David. Schon hatte er neue Soldtruppen angeworben: ſechshundert
Chittiter und ihr Führer J t t a ï , der aus ganz beſonderer Bewunderung
unwandelbare Anhänglichkeit an David bekundete, waren aus Gath bei
ihm eingetroffen[3]). Der König wollte auch die Zahl der waffenfähigen
Männer von zwanzig Jahren und darüber in ſämtlichen israelitiſchen

---

[1]) Brugſch, histoire d'Égypte, p. 213.

[2]) I. Könige 9, 16 iſt erzählt, daß Pharao die Stadt Geſer (Gazer)
erobert und verbrannt und ſie ſeiner Tochter, Salomos Frau, zum Brautgeſchenk gemacht habe. Um Geſer zu erobern, das im Binnenlande lag (v. 80),
mußte Pharao ganz oder doch einen Teil von Philiſtäa durchzogen und es
unterworfen haben, wahrſcheinlich noch e h e er ſeine Tochter Salomo gegeben
hatte, noch zu Davids Zeit. Dieſer Pharao war Pſuſennes (vgl. weiter
Kapitel 9); er hat noch mehrere Jahre vor Salomo den Thron beſtiegen, da
ſein Nachfolger Scheſchenk (Schiſchak) noch zu Salomos Zeit den Thron
beſtieg (vgl. weiter Kap. 10 gegen Ende) und 35 Jahre regierte.

[3]) II. Sam. 15, 18—21. Jttai und die 600 waren kurz vor Abſaloms
Empörung zu David gekommen; es folgt aus dem Ausdrucke: תמול באך.
Wozu? Es iſt nur denkbar, wenn David Kriegsrüſtungen vorgehabt hat.
Auch die Volkszählung hängt mit den Rüſtungen zuſammen. Aus II. Sam.
24, 8 und Parall. I. Chronik c. 21 geht mit Entſchiedenheit hervor, daß nur
Kriegsfähige gezählt wurden: איש שלף חרב. David wollte alſo durch
eine Zählung erfahren, über wie viel Waffenfähige er disponieren könnte.
Die Volkszählung und Jttais Ankunft in Jeruſalem mit den 600 ſtehen demnach im Zuſammenhange; beides war Vorbereitung zu einem Kriege und
zwar zu einem Kriege in größeren Dimenſionen. Da nun der Nachbarvölker
dies- und jenſeits bis zum Euphrat tributpflichtig waren, ſo kann die Rüſtung
nur gegen Ägypten gerichtet geweſen ſein. Andererſeits folgt daraus auch,
daß die Volkszählung kurz vor Abſaloms Empörung vorgenommen
wurde, weil eben Jttai kurz vor dieſer eingetroffen war. Daher iſt die
Unzufriedenheit des Volkes mit David und der Abfall von ihm erklärlich,
die Volkszählung hat eben die Unzufriedenheit erzeugt. Vgl. I. Chronik 26, 31.

Stämmen wissen, um zu bemessen, ob er mit ihnen einen voraussichtlich schwierigen und langwierigen Krieg unternehmen könnte. Die Zählung des waffenfähigen Volkes übertrug der König seinem Oberfeldherrn Joab und andern Heerführern. Sie begannen die Zählung im jenseitigen Lande in A r o ë r am Ufer des Flusses Arnon, von da begaben sie sich nach J a ë s e r und nach Gilead bis an den Fuß des Hermon, besuchten D a n und J j o n , durchzogen dann die Städte der Nordstämme und durchstreiften das Land bis Beërseba[1]). Wahrscheinlich ist in den Vororten der Stämme die Zählung vorgenommen worden. Sie dauerte wegen des langen Aufenthaltes neun Monate und zwanzig Tage. Aus den überlieferten Zahlen — wenn sie genau sind[2]) — würde sich ergeben, daß das ganze Land 1 300 000 kriegsfähige Jünglinge und Männer stellen konnte und eine Bevölkerung von 4 000 000 hatte.

Diese Volkszählung erwies sich aber als ein Mißgriff, den David schwer büßen mußte. Sie erregte auf außerordentliche Weise die Unzufriedenheit des Volkes. An sich selbst war sie mißliebig, weil sie eine Aushebung zu einem langwierigen Kriege in Aussicht stellte. Dazu kam, nach der Anschauung der damaligen Zeiten, noch die Angst, daß eine

---

[1]) Die Lokalitäten, welche Joab und seine Genossen zum Zwecke der Volkszählung berührt haben (II. Sam. 24, 5—7), sind sehr dunkel gehalten; es liegt am Texte. Da Aroër zuerst genannt ist, so ist der Anfang der Zählung mit den jenseitigen Stämmen gemacht worden. Denn Aroër lag am Ufer des Arnon, ein Teil der Stadt lag aber innerhalb des Tales; sie bildete die Grenze zwischen Moab und den Israeliten, speziell den Rëubeniten. Es wird öfter darauf hingewiesen, daß die Stadt im Tale auch zu Israel gehörte (Josua 12, 2; 13, 9): מערוער אשר על שפת נחל ארנון והעיר אשר בתוך הנחל. Folglich muß man an unserer Stelle statt העיר ימין lesen ימין, vgl. Deuter. 2, 36. Das darauffolgende הגד hängt mit diesem Passus nicht zusammen, sondern setzt eine Kürzung voraus ויבאו אל ערי הגדר oder ויעברו ערי הגדר. Das darauffolgende יעזר scheint noch im Gaditischen Gebiete gelegen zu haben (Numeri 21, 32; 32, 3). Unter הגלעדה ist das Gebiet des jenseitigen Manasse zu verstehen. ואל ארץ תחתים חדשי ist schon von andern richtig in ארץ תחת הר חרמון aufgelöst worden, d. h. die Volkszähler kamen in das nördlich-danitische Gebiet am Abhange des Hermon, nämlich גד בעל und Dan; דנה ist eben Dan. Das folgende יען ist wohl עיון (I. Könige 15, 20; II, 15, 29). סביב אל צידון ist dunkel, da Sidon nicht zum israelitischen Gebiete gehörte. מבצר־צר kann aus demselben Grunde nicht Tyrus sein, sondern eine Stadt dieses Namens im Gebiete Aschers (Josua 19, 29): עד עיר מבצר־צר: LXX geben es richtig wieder durch Μαψάρ. Unter ערי החוי והכנעני ist das naphtalitische Gebiet zu verstehen. Es fehlen aber in diesem Verzeichnisse die Städte in der Ebene Jesreël, dann die von Manasse, Ephraim und Benjamin. Zu נגב ויצאו אל נגב עד באר שבע יהודה muß ergänzt werden באר שבע.

[2]) Die Zahlen differieren in Samuel und Chronik.

Zählung verderbliche Folgen nach sich ziehen müsse[1]). Als nun gleich darauf eine entsetzliche Seuche eine große Menschenmenge hinraffte, stand bei allen die Überzeugung fest, daß die Volkszählung sie herauf= beschworen habe. Es starben nämlich an einer wütenden Pest in drei Tagen siebzigtausend Menschen. Erzählt wird der Vorgang folgender= maßen. Joab selbst, welcher die Volkszählung leiten sollte, habe dringend davon abgeraten und sei nur widerwillig, um dem Befehle des Königs nicht ungehorsam zu sein, an das Geschäft gegangen. Und als er dem König das Ergebnis der Zählung überbrachte, fühlte dieser Gewissens= bisse darüber und hatte in derselben Nacht einen beängstigenden Traum[2]), der ihm seine Unbesonnenheit zum Bewußtsein brachte. Als er am andern Morgen mit betrübtem Gemüte aufstand, kam der Prophet Gad zu ihm und legte ihm eine traurige Wahl unter drei Übeln vor, welche als Strafe für seine Unbesonnenheit verhängt werden sollten, entweder drei[3]) Jahre Hungersnot im Lande oder ein drei Monate lang dauernder unglücklicher Krieg oder drei Tage Pest. David wählte das letztere mit dem Bemerken: „Wir wollen lieber in Gottes Hand fallen, dessen Er= barmen groß ist, und nicht in die Hand der Menschen." Die Hauptstadt hatte selbstverständlich, wegen der größeren Menschenansammlung, am meisten von der Seuche gelitten. Beim Anblick der Leichenhaufen oder in der Bildersprache der Zeit, „des Engels der Verderbnis", welcher das Volk hinraffte, flehte David: „Ich habe gesündigt und gefehlt, was hat die arme Herde getan? Möge deine Hand mich und mein väterliches Haus treffen." Die Pest hatte aber gerade den Hügel Morija verschont, worauf die geduldeten Jebusiten sich angesiedelt hatten. Eilends ver= kündete der Prophet Gad dem Könige, auf diesem Hügel solle er einen Altar bauen und Opfer bringen, dann werde die Seuche in Jerusalem erlöschen. Ohne zu zögern, begab sich David mit seiner ganzen Diener= schaft dahin. Als ihn das Oberhaupt der Jebusiter A r n a (Arnan, Arawna) von ferne kommen sah, eilte er ihm entgegen, begrüßte ihn untertänig und fragte nach seinem Begehr. David gab ihm darauf zu

---

[1]) Exodus 30, 12.

[2]) II. Sam. 24, 10 deutet die Masora eine Lücke vor ויאמר דוד durch פסקא באמצע פסוק an. Die Lücke gab wohl den Traum an, den David hatte, und in diesem Traume sprach David חטאתי מאד; vgl. o. S. 237 Anmerk. 2. Dadurch ist Vers 11 erklärlich ויקם דוד בבקר. Aber auch innerhalb dieses Verses deutet die Masora eine Lücke an, wahrscheinlich den Inhalt von Davids Gebet vor der Bundeslade.

[3]) II. Samuel 24, 13 ff. I. Chronik 21, 12 hat drei Jahre Hungers= not statt sieben.

erkennen, daß er den Hügel käuflich an sich bringen wolle, um darauf einen Altar zu bauen. Zuvorkommend wollte Arna ihm den Platz und alles, was dabei war, zum Geschenk machen, David lehnte es aber ab. Sobald ein Altar in Eile errichtet und ein Opfer gebracht war, hörte die Pest in Jerusalem auf. Der Hügel Morija galt seitdem als gefeiter Ort, dem das Verderben nicht nahe kommen könne, und auf dem auch Abraham seinen Sohn Isaak zum Opfer habe bringen wollen[1]).

Wenn Joab von der Volkszählung so dringend abgeraten hat, so muß ein anderer aus Davids Umgebung ihm nachdrücklich dazu geraten haben, einer, dessen Wort im Rate wie ein Gottesausspruch den Ausschlag zu geben pflegte. Achitophel, dessen Haß gegen den Schänder seiner Enkelin Bathseba mit den Jahren immer mehr zugenommen zu haben scheint, muß diesen verderblichen Rat erteilt haben, weil er voraussah, daß dadurch im ganzen Volke große Unzufriedenheit erregt und sein Plan, den König zu verderben, gefördert werden würde. Infolge der Pest zeigte sich allerdings eine Abneigung des Volkes gegen David, mehr noch, als der böse Ratgeber beabsichtigt hatte. Es bürdete ihm die Schuld am Tode der vielen Tausende auf, welche der „Engel der Verderbnis" so rasch hingerafft hatte. Diese Abneigung nutzte Achitophel aus, um Rache an David zu nehmen und gebrauchte Absalom dazu als Werkzeug. Er verabredete mit ihm einen Plan der Verschwörung, der kaum fehl gehen konnte[2]).

Heimlich schickte Absalom Boten überallhin, um den Anhängern, die ihm bereits zugetan waren, ein Zeichen zu geben. Sobald sie den Schall des Hornes vernehmen würden, werde er in Hebron als König anerkannt und ausgerufen sein. In Hebron, dem Vororte des Stammes Juda, sollte die Verschwörung und die Empörung gegen David beginnen. Hier waren die Ältesten bereits für Absalom gewonnen. Um den König, seinen Vater, über seine Reise nach Hebron zu täuschen, spiegelte Absalom ihm vor, er habe während seines Aufenthaltes in Geschur das Gelübde getan in Hebron zu opfern, wenn er nach Jerusalem in Frieden zurückgekehrt sein werde. David ließ ihn ohne Arg dahin ziehen.

Von seinen Freunden und Trabanten und von zweihundert angesehenen Jerusalemern begleitet, die Absalom unter irgendeinem Vorwande eingeladen hatte, und die von einem Verschwörungsplane keine Ahnung hatten, traf er in Hebron ein. Diese zweihundert trugen

---

[1]) II. Chronik 3, 1. Genesis 22, 2. 14.
[2]) Vgl. oben S. 244, Anmerk. 3, daß Absaloms Empörung mit Ittais Ankunft in Jerusalem und der Volkszählung chronologisch koinzidiert.

in ihrer Harmlosigkeit zum Gelingen des Planes bei. Denn als man in Hebron sah, daß auch angesehene Männer der Hauptstadt zu Abſalom übergegangen waren, hielten die in Hebron Versammelten Davids Sache für verloren. Achitophel, der sich unter einem Vorwande vom Hofe entfernt und nach seiner Heimat begeben hatte, traf ebenfalls ein[1]), erklärte sich offen für Abſalom und gab damit seiner Sache ein außerordentliches Gewicht; denn er war als die rechte Hand Davids bekannt. Die Hebroniten scheinen ganz besonders gegen David eingenommen geweſen zu sein, entweder weil er durch die Gründung Jerusalems ihre Stadt, als ehemaligen Vorort, um alle Bedeutung gebracht hatte, oder — was auf dasselbe hinausläuft — weil die angesehensten Familien dieser Stadt, die Khalebiten, gegen die ehemals unbedeutende Familie Iſaïs von Bethlehem sich zurückgesetzt fühlten. Der verräteriſche Plan gelang vollständig. Die Hebroniten und die übrigen Anwesenden riefen, während Opfer dargebracht wurden[2]), Abſalom zum König aus und sagten sich von David los. Auch Glieder der Familie Davids schloſſen sich aus Ehrgeiz Abſalom an, namentlich A m a ſ a , sein Vetter, der sich einen großen Feldherrn dünkte und sich gegen Joab zurückgesetzt glaubte. Alsbald wurden durch Eilboten den Städten die verabredeten Zeichen mit dem Horne gegeben, und die für Abſalom gewonnenen Verschwörer rotteten sich zusammen und riefen ebenfalls: „Es lebe der König Abſalom!" Sie rissen alle diejenigen mit, die noch wegen Davids Volkszählung aufgebracht waren, und alle diejenigen, die überhaupt von Veränderung und Umsturz Vorteile zu erhaschen hofften. Die Benjaminiten, die ihren Vorrang unter Saul durch David eingebüßt hatten, die Ephraimiten, die ewig Unzufriedenen, mochten sich ganz besonders über Davids Sturz freuen und huldigten um so lieber dem Thronräuber, weil sie hoffen mochten, durch Davids Entthronung wieder zu ihrem alten Ansehen oder ihrer alten Freiheit zu gelangen. Mit dem eitlen Abſalom, dessen Volksgunst sich nicht lange erhalten werde, hofften sie leichter fertig zu werden, als mit David. Von vielen Städten aus allen Stämmen kamen Abgeordnete nach Hebron, um dem neuen Könige zu huldigen, und mit jedem Tage wuchs dessen Anhang.

Anfangs wurde selbstverständlich die Verschwörung von den Führern geheim gehalten; es durfte niemand von Hebron nach Jerusalem reisen,

---

[1]) II. Samuel 15, 12. Hinter וישלח אבשלום muß ergänzt werden ויקרא vor את אחיתפל; so hat es die ſyriſche Verſion. [Vgl. auch Klostermann z. St.]

[2]) In demselben Verse muß hinter בזבחו את הזבחים ergänzt werden: ויאמרו כל העם יחי המלך אבשלום.

um nicht die Kunde davon zu verbreiten. David erfuhr daher ſeine Entthronung durch ſeinen Sohn erſt durch die Nachricht, daß die Stämme des
Hauſes Juda und des Hauſes Israel von ihm abgefallen waren. Es
war ein ſchmerzlicher Augenblick für ihn. Sein eigener Sohn ſann auf
ſeinen Sturz! Sein Entſchluß war indeſſen ſchnell gefaßt. Er wollte
es nicht auf einen Bürgerkrieg ankommen laſſen, wozu ihm die Söhne
Zerujas und andere treue Anhänger geraten haben mögen. Von allen
Stämmen verlaſſen, hätte er ſich in die Hauptſtadt einſchließen müſſen.
Dieſe würde dem Andringen ſo vielen Volkes nicht haben widerſtehen
können, und — er konnte ſich darüber nicht täuſchen — der ruchloſe
Abſalom würde nicht Scheu getragen haben, ein Blutbad in Jeruſalem
anzurichten. Am meiſten fühlte ſich David von der Verbindung Achitophels[1]) mit ſeinem thronräuberiſchen Sohn gekränkt und wurde
dadurch entmutigt. Er mochte zu ſpät erkennen, daß die Verſchwörung
von langer Hand angelegt war. Es wurde ihm daher klar, daß der Plan
reiflich durchdacht war, und daß ein Widerſtand nur zu ſeinem Unheil
ausſchlagen werde. So verkündete er denn ſeinen Leuten, daß er
eilends Jeruſalem verlaſſen wolle, ehe Abſalom mit ſeinem großen
Anhange von Hebron heranzöge.

Bei der Flucht erwies es ſich, daß David auch treue Freunde hatte,
die ihm bis in den Tod ergeben waren. Er konnte nur verfügen, daß
ſeine Frauen, Kinder und Dienſtboten ihn auf der Flucht begleiten
ſollten — nur ſeine zehn Kebsfrauen hatte er zurückgelaſſen, ſeinen
Palaſt zu hüten. Denen, die er groß gemacht, konnte er keinen Befehl
erteilen; er konnte nicht wiſſen, ob ſeine Stimme noch Gehör bei ihnen
finden würde. Als er von ſeinem Palaſte aus auf dem Platze der Salbenhändler[2]), am ſüdöſtlichen Ende der Stadt, angekommen war, bemerkte
er zu ſeiner Freude, daß ein großes Gefolge ihm nachzog. Nicht nur
ſein Feldherr Joab und deſſen Bruder Abiſaï mit ihren Leuten, nicht
nur ein großer Teil der Heldenſchar (Gibborim)[3]), die Soldtruppe Krethi
und Plethi mit Benajahu, ihrem Anführer, ſondern auch Ittaï, der
Chittite, mit ſeinen ſechshundert Mann, welche David kurz vorher angeworben hatte. Von Ittaï mochte David das Opfer nicht annehmen,
ihm in die Verbannung zu folgen. Allein dieſer wollte nicht umkehren

---

1) II. Sam. 15, 31.

2) Über בית המרחק daſ. Vers 17 vgl. Note 13.

3) Daß die גברים David nicht verlaſſen haben, folgt aus II. Sam. 16, 6.
In 15, 18 fehlt der Paſſus וכל הגברים vor הגתים. וכל הגתים Die LXX haben
ihn noch erhalten: πάντες οἱ ἁδροί. Übrigens enthält der Text der LXX hier
eine dreifache Überſetzung, welche aus Gloſſemen zuſammengefloſſen iſt.

und schwur, an der Seite des Königs zu bleiben, „sei es zum Tode, sei
es zum Leben." Die ganze Bevölkerung der Stadt weinte laut, während
David durch das Tal Kidron zog, und alle seine Hauptleute voran zogen,
um über den Ölberg in die öde Gegend des Jordans[1]) zu fliehen. In
einer Stadt Zuflucht zu nehmen wagte er nicht, aus Furcht vor Verrätern. Eilig kamen später die beiden ersten Priester Zadok und
Ebjathar und sämtliche Leviten aus Jerusalem nach und brachten
die Bundeslade, stellten sie nieder, und Ebjathar blieb bei ihr stehen, bis
alle, welche David nachfolgten, vorbeigezogen waren, um die Nach-
zügler durch sie zu schützen[2]). David bedeutete aber die beiden Priester,
die Bundeslade nach Zion zurückzubringen, und bemerkte in weichem
Tone: „Wenn ich wieder bei Gott Gnade finden sollte, daß er mich nach
Jerusalem zurückführen wird, dann werde ich die Bundeslade und das
Zelt wieder sehen, wo nicht, wenn Gott mich verwirft, so bin ich bereit
zu ertragen, was ihm gutdünkt." Zugleich schien es ihm, daß die beiden
Priester in Jerusalem ihm mehr Dienste leisten könnten, als in der Verbannung. Sie konnten sich zum Scheine Absalom unterwerfen, so als
Priester von allen Vorgängen Kunde erhalten, und durch ihre Söhne
ihm heimlich Nachricht zukommen lassen. Er gab ihnen daher den Weg
an, den er einzuschlagen gesonnen war, um die Verbindung mit ihnen
aufrecht erhalten zu können[3]). Während die Priester und Leviten die

---

[1]) Die Richtung, die David auf der Flucht verfolgte, ist nicht zweifelhaft.
II. Sam. 15, 28 ist angegeben, David wollte weilen: בְּעַבְרוֹת הַמִּדְבָּר, wo das
Keri richtig hat בְּעַרְבוֹת, d. h. in der Araba des Jordans, ebenso 17, 16,
wo gleich darauf der Jordan genannt wird. An anderen Stellen heißt es
בַּמִּדְבָּר, was dieselbe Bedeutung hat.

[2]) LXX haben das. 15, 24 einen sonderbaren Zusatz: καὶ πάντες οἱ Λευεῖται
. . . αἴροντες τὴν κιβωτὸν ἀπὸ Βαιθάρ. Eine Lokalität Baithar, wo die
Bundeslade gewesen, gab es nicht. Vorschnell macht Ewald daraus בְּבֵית הָהָר
und bezieht es auf den Berg Zion! Das Wort ist allerdings korrumpiert,
deutet aber einen richtigen Text an. Im Verlaufe der Erzählung 15, 24—29
ist wiederholentlich angegeben, daß Zadok nicht allein mit der Bundeslade
nachgefolgt war, sondern auch Ebjathar war dabei. [Vgl. auch Klostermann z. St.] Vers 24 ist er erwähnt: וַיַּעַל אֶבְיָתָר, ohne daß vorher seine
Ankunft erzählt wurde. Die Korruptel der LXX ἀπὸ Βαιθάρ deutet aber
אֶבְיָתָר an; der Vertent hat gelesen מֵאֶבְיָתָר, verstand es aber nicht. Vers 24
muß also lauten: . . . וַיְהִי גַם צָדוֹק . . . נֹשְׂאִים אֶת אֲרוֹן בְּרִית
אֶבְיָתָר. Im zweiten Halbvers muß übrigens gelesen werden: וַיַּעֲמֹד אֶבְיָתָר
statt וַיַּעַל, wie Josua 3, 17. Er blieb mit der Bundeslade stehen, bis
das ganze Volk vorüber gezogen war.

[3]) II. Sam. 15, 27 ist das Wort הֲרוֹאֶה אַתָּה unverständlich; dafür הֲרוֹאֶה
zu lesen, als wenn der Priester zugleich Seher, Prophet, gewesen wäre,
ist Widersinn. Man muß dafür כהרה צִתָּה lesen, wie Jeremia 27, 16. David

Bundeslade eilig nach Jerusalem zurückbrachten, stieg David den Ölberg hinan, barfüßig, verhüllten Hauptes und in Tränen gebadet; seine ganze Begleitung brach in Schluchzen aus, daß der König, der so viel für das Volk getan, der mächtige Völker besiegt hatte, in diesem Aufzug vor seinem eignen Sohn fliehen mußte[1]). Aber als seine Traurigkeit und Verzweiflung einen hohen Grad erreichte, kam von der entgegengesetzten Seite auf dem höchsten Punkte des Ölberges ein Freund auf ihn zu, der ihm Hilfe bringen sollte.

Chuschaï aus der Stadt Erech im Stamme Ephraim war ein Vertrauter Davids und ein nicht minder kluger Ratgeber als Achitophel. Er kam im Traueraufzug mit zerrissenen Kleidern und Erde auf seinem Haupte und wollte die Flucht teilen. David wehrte es aber ab, weil er als Greis ihm nur zur Last sein werde. In der Nähe Absaloms könne er ihm aber größere Dienste leisten, Achitophels Ratschläge zu vereiteln und ihm heimlich Winke zu geben. Daraufhin begab sich Chuschaï nach Jerusalem. Wie die Treue so klammerte sich auch der Eigennutz an David, um sich bei ihm einzuschmeicheln. Als David vom Ölberg ostwärts hinabstieg, eilte ihm der Obersklave des Hauses Saul entgegen, jener Ziba (o. S. 225), welchen David dem Sohne seines Freundes Jonathan zur Verwaltung der Güter bestellt hatte. Er brachte auf Eseln geladen Brote, Früchte und Wein zur Labung und Erquickung für die Reise in der Wüste. Als David nach dessen Herrn Mephiboschet fragte, antwortete der schlaue Knecht, der weile in Jerusalem und erwarte, daß ihm das Haus Israel die Königswürde, die ihm von seinem Großvater vererbt sei, zurückerstatten werde. Mephiboschet saß indessen trauernd über das Geschick seines Wohltäters und wartete auf seinen Sklaven, daß er ihm einen gesattelten Esel zuführen solle, der ihn zu Davids Begleitung bringen könne. Der Sklave aber betrog und verleumdete ihn zugleich[2]). David ließ sich aber von der glatten Sprache des verräterischen Ziba betören und schenkte ihm sämtliche Güter Mephiboschets.

Die erste Stadt, durch welche David auf seiner Flucht zog, war das benjaminitische Bachurim. Anstatt freundlichen Empfangs fand er hier nur Beleidigung und Schmähung. Ein Benjaminite Schimi aus

gab Zadok an, eilig, bald nach Jerusalem zurückzukehren, ehe Absalom eintraf, um sich nicht zu verraten. [S. jedoch Klostermann z. St.]

[1]) Psalm 3, den die Überschrift von David bei Gelegenheit seiner Flucht vor Absalom gedichtet sein läßt, stammt nicht von ihm. Vers 5 setzt den Bestand des Tempels voraus [vgl. hierzu die treffenden Bemerkungen Keßlers z. St.].

[2]) II. Samuel 16, 1—4: 19, 25—28.

der Familie G e r a [1]) fluchte und ſchmähte David: „Du Blutmenſch
und Verworfener, Gott vergilt dir, was du dem Hauſe Sauls zugefügt,
deſſen Krone du geraubt haſt.“ Eine lange Strecke begleitete er Davids
Zug, warf von der Anhöhe mit Steinen und Staub nach ihm, ſo daß die
Helden den König ſchützen mußten. Abiſaï wollte den Frechen züchtigen.
„Warum ſoll dieſer tote Hund dem König fluchen?“ Aber David hielt
ihn zurück: „Mag er ſchmähen; wenn Gott es ſo wünſcht, wer kanns
abwenden? Wenn mein eigner Sohn mir nach dem Leben trachtet,
ſo mag der Benjaminite fluchen.“ Indeſſen hatte David auch Freunde
in Bachurim[2]). Gedemütigt und erſchöpft kam David durch die Wüſte
mit ſeinem Gefolge in der Gegend von J e r i c h o an[3]). Hier weilte
der unglückliche König mit ſeinem Gefolge in Zelten, die aufgeſchlagen
wurden, und ruhte von der körperlichen und geiſtigen Abſpannung aus,
der Kunde gewärtig, die ihm von Jeruſalem durch ſeine treuen Anhänger zukommen würde.

Während David auf der Flucht die Nähe des Jordans erreichte,
kam Abſalom mit den Verſchworenen und Verrätern in Jeruſalem an,
und der böſe Ratgeber Achitophel ihm zur Seite[4]). Er trieb den Thronräuber an, noch mehr Verworfenheiten zu begehen, damit er vollends
mit dem Vater bräche und eine Ausſöhnung unmöglich mache. Achitophel riet ihm das Frauenhaus ſeines Vaters in Beſchlag zu nehmen
und die dort zurückgelaſſenen zehn Kebsweiber zu ſchänden. Durch die
Wahrnehmung des völligen Bruches würde das Volk ihn kräftiger unter-
ſtützen und die geheime Furcht fahren laſſen, Vater und Sohn könnten
ſich wieder verſöhnen und es allein den Abfall büßen laſſen. Was lag
Achitophel daran, daß Abſalom durch dieſe neue Schändlichkeit ſich etwa
beim Volke verhaßt machte? Er wollte nur Rache an David nehmen und
ihn ſtürzen. Abſalom war ihm nichts, war nur ein Werkzeug in ſeinen

---

[1]) II. Sam. 16, 5; בן גרא iſt übrigens benjaminitiſcher Familienname, vgl.
o. S. 109 Anmerkung 2. Nach der Überſchrift zu Pſalm 7 ſoll ihn David
beim Anhören der Schmähungen von Schimi und zum Proteſt dagegen gedichtet haben. Denn unter כוש בן ימיני iſt wohl Schimi zu verſtehen.
Allein der Pſ. iſt nicht davidiſch [ſ. jedoch Delitzſch u. Keßler].

[2]) Daſ. 17, 18.

[3]) Daſ. 16, 13 iſt maſoretiſch durch פסוק באמצע פסקא eine Lücke angedeutet, darin muß die Lokalität angegeben geweſen ſein, wo David Halt
machte. Es iſt auch daſ. Vers 14 durch וינפש שם angedeutet. Es kann nur
Jericho geweſen ſein. Denn David ſetzte ſpäter von dem Ruhepunkte aus
über den Jordan.

[4]) Daſ. 15, 37; 16, 15. Durch den Zuſatz ואחיתפל אתו iſt angedeutet,
daß Achitophel die Seele der Verſchwörung war.

Händen. Der ſchwachköpfige Frevler, der ſich König nennen ließ, aber ohne Beirat unfähig zu jeder Unternehmung war, ließ ſich zu dieſer Schändlichkeit verleiten und hielt vor den Augen der Sonne und der Hauptſtadt ſein Beilager mit den Kebſen ſeines Vaters[1]).

Aber während Abſalom in ſeinen Freveltaten ſchwelgte, war der Mann in ſeiner Nähe, welcher ſeine ruchloſen Pläne vereiteln ſollte. Chuſchaï hatte zum Schein dem neuen König gehuldigt und ihm ver-ſichert, daß er ihm ebenſo treu wie ſeinem Vater dienen werde. Mit dem Falſchen hatte er falſch geſpielt, und Abſalom ſchenkte ihm Ver-trauen. Darauf ließ dieſer Rat pflegen, was zu beginnen ſei, um ſeinen Vater zu beſiegen und zu verderben. Die Älteſten der Stämme, die anweſend waren, wurden zugezogen. Achitophel riet Ꞌteufliſch, unge-ſäumt noch in derſelben Nacht mit einem ſtarken Heere David aufzu-ſuchen, durch Überraſchung und Übermacht der Mannſchaft deſſen Gefolge zu zerſtreuen und ihn ſelbſt erſchöpft und gebeugt, wie er ihn ſich dachte, zum Gefangenen zu machen und zu töten. Nach ſeinem Ende würde das ganze Volk ohne Gewiſſensbiſſe und aufrichtig dem neuen König an-hänglich ſein[2]). Dieſem Plane ſtimmten die Älteſten bei, und auch Abſalom zollte ihm Beifall. Je eher er ſeinen Vater aus dem Leben ſchaffte, deſto lieber war es ihm; auch nicht eine ſchwache Regung kind-lichen Gefühls ſprach in ſeinem Herzen.

Die Folgen ſeiner Liebloſigkeit und des Übermaßes ſeiner Schlechtig-keit ſollten ihn indeſſen bald treffen; er ſelbſt führte ſeine Strafe herbei. Er zog auch Chuſchaï zu Rate über den Feldzugsplan gegen ſeinen Vater, und dieſer verwarf Achitophels Rat als vollſtändig ausſichtslos. Chuſchaï machte ſo überzeugende Scheingründe geltend, daß Abſalom ſich davon fangen ließ. Er bemerkte, es ſei unrichtig, mit Achitophel vorauszuſetzen, daß David ſich überraſchen laſſen werde; als geübter Kriegsmann werde er im Gegenteil Vorſicht gebrauchen und ſich, wie zur Zeit ſeiner Verfolgung durch Saul, in Schlupfwinkeln verbergen, die erſt aufgeſucht werden müßten, und das würde viel Zeit erfordern. Und ſelbſt wenn dieſe entdeckt würden, würde David mit ſeiner Helden-ſchar und den Chittitern ſich nicht ohne weiteres fangen laſſen, ſondern mutig kämpfen und es mit einer Schar von 12 000 aufnehmen, die doch auch eine Niederlage erleiden könnte. Aber ſelbſt im beſten Falle, wenn keine ſofortige Niederlage erfolgen ſollte, könne der Feldzug mit ſo geringer Mannſchaft doch mißlingen. Denn es könne nicht fehlen, daß im

---

1) II. Sam. 16, 22 ff.; vgl. daſ. 12, 11 ff.
2) Daſ. 17, 1—3. Der Satz בשוב הכל iſt höchſt dunkel und noch nicht enträtſelt.

ersten Anlauf gegen Helden wie David und seine Krieger die Absalomiten Verluste erleiden würden, und der Schrecken, der vor David einhergeht, würde den, wenn auch geringen Unfall übertreiben; es würde heißen, das ganze absalomitische Heer sei geschlagen, und dann würde auch dem Tapfersten der Mut sinken, den Kampf gegen David und seine Helden, welche so viele Siege errungen, wieder aufzunehmen. Chuschaï erteilte demgemäß den Rat, nicht mit einem kleinen Heere gegen David zu ziehen, sondern den ganzen Heerbann von Dan bis Beërseba aufzubieten und ihn so mit der Überzahl zu erdrücken. Der Krieger müßten so viel sein, daß das Lager auf dem freien Felde sich wie eine Taulage ausnehmen müßte, und wenn David sich in eine feste Stadt werfen sollte, müßte die Überzahl der Krieger so imstande sein, die Mauer an Seilen in das Tal zu schleifen, daß nicht eine Scholle davon bliebe. Chuschaïs Rat gefiel noch besser als der Achitophels und wurde ins Werk gesetzt. Die sofortige Verfolgung unterblieb, und der Feldzug wurde hinausgeschoben bis zahlreiche Mannschaft versammelt sein werde. Chuschaï gab selbstverständlich sofort durch Jonathan und Achimaaz, die Söhne der beiden Hauptpriester, Nachricht von dem Ergebnis der Beratung. Diese hielten sich nämlich zur Botschaft bereit an der Quelle Rogel im Tale Kidron, und eine treue Sklavin überbrachte ihnen heimlich Chuschaïs Weisung an David, daß er sofort den Jordan überschreiten möge. Die beiden eifrigen Jünglinge wären beinahe verraten worden, denn ein Diener Absaloms hatte durch ihren Verkehr mit der Sklavin Verdacht geschöpft und es seinem Herrn mitgeteilt. Nur mit knapper Not konnten sie nach der Stadt Bachurim gelangen; denn Verfolger waren ihnen auf den Fersen. Indessen verbarg sie ein David ergebenes Paar in dieser Stadt in einer Zisterne und gab den Verfolgern eine falsche Richtung an[1]. Erst als die Gefahr vorüber war, stiegen Jonathan und Achimaaz aus dem Versteck und eilten zu David, um ihm Kundschaft zu bringen, und dieser setzte mit den Seinen noch vor Tagesanbruch über den Jordan.

Die erste günstige Wendung für David war, daß Achitophel sich aus Jerusalem entfernte und sich in seiner Vaterstadt Gilo erhenkte, aus Verdruß, daß Absalom seinen Rat verworfen oder aus Einsicht, daß, wenn David Zeit gewänne, Absaloms Sache verloren wäre und ihn selbst dann die gerechte Strafe ereilen würde. Dieser Selbstmord Achitophels war ein schwerer Schlag für den Thronräuber; denn er hatte unter

---

[1] II. Sam. 17, 20, muß בירבל המים, das sich appellativ nicht erklären läßt, Name eines Dorfes sein.

seinen Getreuen keinen fähigen Mann, und er selbst war weder kriegerisch
noch voraussehend. Sein Feldherr Amasa zeigte wenig Kriegstüchtigkeit. Der Heerbann wurde zwar aufgeboten, aber ehe er sich sammelte,
hatte David einen bedeutenden Vorsprung. Er begab sich nach M a c h a -
n a ï m , und die Einwohner dieser Stadt nahmen ihn ebenso zuvorkommend auf, wie ehemals den flüchtigen Sohn Sauls (o. S. 206).

Sämtliche Israeliten jenseits des Jordans stellten sich ihm zur Verfügung, um den ruchlosen Sohn bekämpfen zu helfen. Zwei Männer
aus Gilead überboten sich an Aufmerksamkeit für den unglücklichen König
und Vater und versahen ihn und die Seinigen mit allem Erforderlichen.
Es waren der Greis B a r s i l l a ï aus Roglim und M a c h i r aus
Lo-debar, Sohn Ammiels, welcher auch dem Sohne Jonathans Schutz
gewährt hatte (o. S. 212). Auch der König von Ammon, S c h o b i ,
Sohn Nachaschs, welcher wahrscheinlich an Chanuns Stelle von David
auf den Thron gesetzt war, erwies ihm Aufmerksamkeit.

Als endlich Absalom oder Amasa eine große Truppenzahl zusammengebracht hatte, setzte diese durch eine Furt über den Jordan und näherte
sich Machanaïm. Diese Stadt lag in der Nähe eines dichten Waldes,
welcher W a l d d e r R e p h a ï m genannt wurde[1]), weil dort früher
ein Riesengeschlecht gehaust hatte. In dieser Waldgegend lagerten die
Absalomiten, wie es scheint, ohne rechten Plan und ohne rechte Ordnung.
David dagegen hatte seine Schar in drei Abteilungen geordnet, von
denen die eine unter J o a b , die andere unter A b i s a ï und die dritte
unter J t t a ï stand, alle drei bewährte Krieger und Führer. Jede Abteilung war in Gruppen von je tausend und wieder in je hundert geteilt
mit je einem Hauptmann an der Spitze. So zogen sie gegen Absalom
aus. David selbst ließen seine Feldherrn nicht mitziehen, weil sie seine
Schwäche für seine, wenn auch verworfenen, Söhne kannten. Er legte
ihnen aber ans Herz, Absalom zu schonen[2]) und sprach die Ermahnung
laut aus, so daß das ganze Volk die Äußerung hören konnte. Der Kampf
begann und kostete viele Menschenleben. Obwohl die Absalomiten an
Zahl bedeutend überlegen waren, unterlagen sie doch, weil sie nicht recht
geordnet kämpften und sich im Walde nicht zurecht finden konnten, Davids
Truppen dagegen wie ein Mann standen. Mehr noch als das Schwert
richtete der Wald Verderben unter ihnen an. Zwanzigtausend Krieger
sollen darin geblieben sein. Auch für Absalom ward der Wald Rephaïm
verderblich. Mit seinem langen Haar, auf das er so eitel war, blieb er

---

[1]) S. Note 12.
[2]) II. Samuel 18, 12 nach LXX, Peschito und Targum übereinstimmend
באבשלום . . . שמרו לי statt מי . Dagegen ist das Wort אם Vers 5 dunkel.

am Ast einer großen Eiche hängen, und das Maultier, das er ritt, trabte
davon. Während er krampfhaft arbeitete, sich los zu machen, traf ihn
ein Krieger von Davids Heer, wagte aber nicht selbst Hand an ihn zu
legen, weil der König seine Schonung anbefohlen hatte; er meldete es
aber Joab. Dieser eilte mit zehn Waffenträgern auf den Baum zu, wo
Absalom zwischen Himmel und Erde schwebte, und stach ihm drei Speere
in die Brust. Es war eine eigene Fügung, daß Joab selbst dem den
Todesstoß versetzen sollte, den er früher begünstigt und dessen Empörungs-
plan er dadurch unwillkürlich gefördert hatte. Joab ließ sofort mit
dem Horne das Zeichen für das Davidsche Heer geben, dem Kampf einzustellen, und die Absalomiten, welche den Untergang ihres Königs erfuhren, lösten sich in wilder Flucht auf und setzten über den Jordan.

Der zweite Bürgerkrieg während Davids Regierung, der um so
unnatürlicher war, als auf der einen Seite ein Vater und auf der andern
Seite ein Sohn stand, war damit zu Ende.

Seine Nachwehen waren ebenfalls traurig. Zunächst galt es,
David die Siegesbotschaft zukommen zu lassen, und das war ein pein-
liches Geschäft, denn jedermann wußte, daß David schmerzlich vom Tode
seines, wenn auch entarteten, Sohnes berührt sein werde. Joab sandte
daher einen Äthyopier, der zu Davids Dienerschaft gehörte, ihm die
Meldung zu hinterbringen. Von einem solchen erwartete niemand die
Schonung des Gefühls. David erschrak bei der Botschaft, weinte und
schluchzte und rief einmal über das andere: „Mein Sohn, mein Sohn
Absalom, ich wollte ich wäre an Deiner Statt gefallen!" Die Tiefe
eines Vaterherzens ist unergründlich. Er betrachtete Absalom vielleicht
mehr als Verführten, den Achitophel umgarnt und zur Empörung getrieben hatte.

Die Krieger wagten nicht, als Sieger in Machanaïm einzuziehen,
sondern schlichen hinein, als schämten sie sich wie nach einer Niederlage.
David mochte niemanden sehen und sprechen, sondern jammerte unaufhörlich um den Tod seines Sohnes. Da faßte sich endlich Joab ein
Herz und hielt ihm mit scharfen Worten die Undankbarkeit vor, die er
durch seine Trauer gegen seine Krieger beging: „Du beschämst heute
deine Diener, die dich und die deinigen gerettet haben, indem du deine
Feinde liebest und deine Freunde hassest. Du verrätst damit, daß dir
an deinen Führern und Dienern nichts liegt, daß es dir vielmehr lieber
gewesen wäre, wenn Absalom noch lebte und wir alle als Leichen da-
lägen."

Joab fügte noch eine Drohung hinzu, um den König aus seinem
Schmerze zu reißen, wenn er sich nicht sofort den Kriegern zeigte und

sie nicht mit freundlichen Worten anredete, würden seine Getreuen sämtlich ihn noch in derselben Nacht verlassen, und er würde hilflos zurück-
bleiben. Diese scharfen Worte des rauhen, aber treuen Joab bewogen
David, sich zu ermannen und sich dem Volke zu zeigen.

Von Absalom blieb nur eine Spur zurück. Sein Leichnam wurde in
dem Walde Rephaïm in eine Grube geworfen, und ein großer Steinhaufen darüber gedeckt. Er hinterließ keinen Sohn, sondern nur eine
schöne Tochter; drei Söhne, die ihm geboren worden waren, hatte der
Tod noch vor seiner Empörung hinweggerafft[1]), als sollte dem kein Sohn
bleiben, der seinem Vater nach dem Leben trachtete. Er hatte sich aber
während seiner kurzen Regierung bei Jerusalem im K ö n i g s t a l e
ein prachtvolles Grabmal errichtet „das D e n k m a l A b s a l o m s"[2])
genannt, das seinen Namen verewigen sollte; er hat nur seine Schande
verewigt. Aber seine Untaten ließen mehr Spuren in der Geschichte
zurück. Nach Beendigung des Krieges gedachte David nach Jerusalem
zurückzukehren; allein aufzwingen wollte er sich den Stämmen nicht,
sondern abwarten, bis sie reuig wieder zu ihm zurückkehren und ihm
huldigen würden. Auffallenderweise war gerade unter den Nordstämmen zuerst eine günstige Umstimmung eingetreten. Die Sicherheit
und Unabhängigkeit, die sie David zu verdanken hatten, kam ihnen nach
der Empörung lebhaft zum Bewußtsein, und sie fühlten sich beschämt,
einen solchen König Absaloms wegen aufgegeben zu haben, und waren
mit sich selbst unzufrieden[3]). Das Volk rief gewissermaßen den Ältesten
zu: „Der König, der uns von unsern Feinden gerettet und besonders
von den Philistern befreit hat, mußte vor Absalom aus dem Lande
fliehen; dieser ist tot, warum habt ihr keine Eile den König wieder zurückzuführen? Kommt, lasset uns ihn heimführen"[4])! Darauf luden die

[1]) II. Samuel 14, 27; 18, 18.
[2]) Man zeigt noch gegenwärtig im Tale Kidron gegenüber der Moschee
el-Haram ein Denkmal Absaloms. Sepp behauptet, dieses Pyramidion zeige
uralte Bauart (Jerusalem I, S. 223 f.). Josephus gibt indes an, Absaloms
Denkmal sei eine marmorne Stele gewesen, und habe 2 Stadien (1200 Fuß)
von Jerusalem entfernt gestanden (Altert. VII, 10, 3), gibt aber weder die
Richtung an, noch ob es noch zu seiner Zeit vorhanden gewesen. Jedenfalls
folgt daraus, daß das עמק המלך, Königstal, das mit עמק שוה identifiziert
wird (Genesis 14, 17), wo das Denkmal errichtet war, bei Jerusalem zu
suchen ist, und nicht irgendwo im Norden am Jordan.
[3]) II. Samuel 19, 10. „Das Verbum נרון steht hier vereinzelt. Eine
griechische Version hat dafür γογγύζων „murrend, unzufrieden sein";
das wäre hebr. נרגן. [Klostermann z. St. möchte nach II. M. 15, 24 גלון
vorschlagen.]
[4]) II. Samuel 19, 11. Die syrische Version hat hier einen passenden
Zusatz: תו נחפכיווהי לביתיה.

Stammesälteſten David ein, in ſeine Hauptſtadt und ſein Haus zurückzukehren[1]) und erkannten dadurch ihn zum zweitenmale als König an.
Dagegen blieb unerwarteterweiſe der Stamm Jehuda und ſelbſtverſtändlich der Stamm Benjamin zurückhaltend, ohne dem König mit einem
Schritt entgegenzukommen. Fühlten ſich die Judäer durch die von
ihnen zuerſt ausgegangene Empörung in Hebron ſo tief beſchämt, daß
ſie nicht wagten David um Verzeihung zu bitten? Oder wirkte die
Unzufriedenheit, welche ſie zum Abfall bewogen hatte, noch weiter fort?
Oder hat ſie Abſaloms Feldherr Amaſa, der auf Vergebung nicht rechnen
durfte, von der Ausſöhnung zurückgehalten? Es ſcheint, daß Amaſa, der
nach der Niederlage im gileaditiſchen Walde nach Jeruſalem entflohen
war, einen großen Einfluß auf die Judäer ausübte. Als nun David
ſah, daß der Stamm Juda noch immer ſchmollte, beauftragte er die
beiden in Jeruſalem zurückgebliebenen Prieſter Z a d o k und A b j a -
t h a r , den Älteſten Judas ans Herz zu legen, daß es ihre Pflicht ſei,
den König zur Rückkehr einzuladen. „Ihr ſeid Davids Gebein und
Fleiſch, und warum wollt ihr die letzten ſein, den König zurückzurufen,
während die übrigen Stämme ſich bereits unterworfen haben?" Amaſa
ließ er durch dieſelben Prieſter Vergebung zuſichern und ihm anbieten,
ihn zum Feldherrn zu ernennen. Erſt durch dieſe Ausſicht zeigte ſich
Amaſa geneigt, zu David überzugehen und redete den Älteſten Judas
zu, David entgegenzukommen[2]). Daraufhin ſchickten auch die Judäer
eine Einladung an David, und eine Geſandtſchaft zog dem König nach
Gilgal zum Empfang entgegen.

Der Stamm Benjamin geriet dadurch in Verlegenheit. Was
ſollte er nun beginnen? Benjaminiten hatten David bei ſeiner Flucht
aus Jeruſalem durch ihr Gebiet ihren feindſeligen Sinn offenkundig
gezeigt. Sie hatten es nicht für möglich gehalten, daß er je wieder zurückkehren und den Thron einnehmen werde. Nun war eine Wendung eingetreten, und nicht nur die Nordſtämme, ſondern auch Juda war nahe
daran, ihm wieder zu huldigen. Ein Herz hatten die Benjaminiten
nicht für David; ſollten ſie aber in ihrer Vereinzlung in Feindſeligkeit
verharren? Dann würde ſie des Königs Zorn am empfindlichſten
treffen. S c h i m i , jener Benjaminite, der dem König auf ſeiner Flucht

---

[1]) II. Samuel 19, 12. Nur muß das Verbum לְהָשִׁיב ergänzt werden
zu אֶל בֵּיתוֹ auch im zweiten Halbvers. Eine Geſandtſchaft haben die Stämme
nicht an ihn beordert, das folgt aus Vers 12, ſondern ein Wort an ihn gerichtet. דְּבַר כָּל יִשְׂרָאֵל בָּא, d. h. durch einen Boten ihren Willen kund
gegeben.

[2]) Daſ. 19, 14—15: zu וַיֵּט iſt Amaſa als Subjekt hinzudenken.

durch Schmähungen so viel Herzeleid zugefügt hatte und am meisten
zu fürchten hatte, erteilte den Rat, so recht auffällig einen großen Eifer
für David an den Tag zu legen, einen noch größern, als die übrigen
Stämme, ihn durch Zuvorkommenheit milde zu stimmen, und gewissermaßen seinen Edelmut zu ihrem Fürsprecher zu machen. Infolgedessen
erklärten sich tausend Benjaminiten bereit, David zum Empfang ent-
gegenzueilen, schlossen sich der judäischen Gesandtschaft an und, am
Jordan angelangt, schlugen sie eine Brücke über denselben, um dem
König den Übergang zu erleichtern[1].

Während dessen hatte der König Machanaïm verlassen und sich dem
Jordan genähert, begleitet von seinem Hause, seinen Dienern und den
Treuen, die er jenseits des Landes gefunden hatte. Schimi eilte allen
voraus zum König, als er eben über den Fluß setzen wollte, warf sich
ihm zu Füßen, bekannte sein Vergehen, daß er den König so sehr geschmäht hatte, und bat um Verzeihung. Er hob hervor, daß er vor
dem Stamme Joseph und ganz Israel zuerst dem Könige entgegen-
geeilt sei[2]. Auch diesmal war der rasche Abisaï dafür, den Lästerer
dem Tode zu weihen, dafür, daß er den Gesalbten Gottes geschmäht hatte.
David fuhr ihn aber an und sprach: „An diesem Tage soll niemand
getötet werden, denn an diesem Tage habe ich erfahren, daß ich noch
König in Israel bin."

Mit größerm Gefolge als David nach seiner Flucht über den Jordan
gesetzt war, kehrte er zurück, begleitet von der judäischen Gesandtschaft,
den tausend Benjaminiten und den treuen Freunden vom jenseitigen
Lande, die ihm das Ehrengeleite gaben. Die nächste Stadt nach dem
Übergang über den Jordan war Gilgal. Hier fanden sich die Abge-
ordneten der diesseitigen israelitischen Stämme ein, um ihm von neuem

---

[1] II. Samuel 19, 18 וצלחו הירדן, das ohne Analogie ist, gibt die syrische
Version sinngemäß wieder, וגשרו, „sie machten eine Brücke über den
Jordan oder überbrückten ihn." Dann muß הֽעֲבָרָה Vers 19 die Brücke
bedeuten. An „Schiff" oder „Fähre" ist nicht zu denken, denn ein Schiff
kann unmöglich auf dem Jordan fahren. Ist der Fluß voll, so reißt es die
Strömung fort, und ist er seicht, so hindern die Felsstücke die Fahrt. — Das
Subjekt zu לעביר את בית המלך וגו׳ ... וצלחו את הירדן sind die Benjaminiten und Schimi. Sie haben die Brücke geschlagen, sie dem König
zur Verfügung gestellt; sie waren die ersten, die über den Jordan gingen,
den König zu begrüßen. So erhält die Relation einen prägnanten Sinn.

[2] Das. Vers 21 ראשון לכל בית יוסף hat keinen Sinn. Benjamin vertrat nicht das Haus Joseph und noch weniger Schimi, der die Worte sprach.
Die syrische und griechische Version haben richtiger מִכָּל statt לכל, jene
קדמי מן כלהון דבית יוסף, und diese mit einem Zusatz: πρότερος παντὸς
Ἰσραὴλ καὶ οἴκου Ἰωσήφ.

zu huldigen und waren erstaunt und zugleich verletzt, daß die Judäer
einen Vorsprung vor ihnen hatten und dem König schon zum Jordan
entgegengezogen waren. Sie hatten erwartet, daß die Judäer mit
ihnen gemeinschaftlich David entgegenziehen würden, und erblickten in
diesem Eifer, den sie für nicht ganz aufrichtig hielten, die Absicht, daß
das Haus Juda zum Nachteil des Hauses Israel sich in die Gunst des
Königs habe setzen wollen.

Die israelitischen Ältesten machten aus ihrer Verstimmung kein
Hehl und äußerten sie in Davids Gegenwart. Die Judäer blieben die
Antwort nicht schuldig. „Uns ist der König näher; haben wir von ihm
etwa gegessen oder gab er uns Geschenke[1])?" Die israelitischen Ältesten
entgegneten darauf: „Wir haben zehn Anteile am König und haben
mehr Anhänglichkeit an David als ihr. Auch haben wir zuerst an den
König das Wort gerichtet, ihn zurückzuführen[2])." Diese Rangfrage
artete in einen heftigen Streit aus, die Judäer gaben herbe Antworten
und kränkten die Nordstämme noch mehr. Es entstand eine Erbitterung
der streitenden Parteien. David scheint sich auf die Seite der Judäer
geneigt zu haben. Ein Benjaminite Scheba aus der Familie Bichri[3])
benutzte darauf die Verwirrung, stieß ins Horn und rief: „Wir haben
keinen Anteil an David und kein Los an Isais Sohn, ein jeder von
Israel eile in sein Zelt!" Diesem Aufrufe folgend, entfernten sich die
Ältesten der Nordstämme und zogen dem Bichriten Scheba nach. Nur
die Judäer blieben David treu und geleiteten ihn nach Jerusalem.
Die Freude der Rückkehr war mit Betrübnis gemischt. Eine neue
Spaltung war ausgebrochen, und ein neuer Bürgerkrieg stand vor der
Tür. In dieser traurigen Lage tat David einen Schritt, der, je nachdem,
als Klugheit oder Unbesonnenheit ausgelegt weren kann. Joab war
bei ihm, seitdem er erfahren, daß Absalom von ihm getötet worden
war, in Ungnade gefallen; er mochte ihm nicht mehr das Feldherrnamt

---

[1]) II. Samuel 19, 43. Statt נשאת muß man wohl משאת lesen, „Geschenk", die griechische Version hat dafür δόμα und der Syrer מוהבתא מרחבתא.

[2]) Das. Vers 44. Dunkel ist der Passus וגם בדוד אני ממך. Eine
griechische Version las dafür בכור: καὶ πρωτότοκος ἐγὼ ἢ σύ. Allein בכור
ist in diesem Sinne ohne Analogie, und inwiefern konnten sich sämtliche
Zehnstämme eines höheren Alters als Juda oder der Erstgeburt rühmen?
Vor בדוד scheint vielmehr ein Verbum zu fehlen, ולא היה דברי דברי ראשון לי
bezieht sich auf Vers 12, wonach die Zehnstämme zuerst dies Wort an
David gerichtet, nur muß ולא, wie öfter, fragend genommen werden, gleich הלא.

[3]) Das. 20, 1 f. בן בכרי ist nicht Vatername, sondern benjaminitischer
Familienname von בכר (Genesis 46, 21; fehlt in Numeri 26, 38 ff. und
scheinbar auch I. Chronik 8, 1 ff.) בן בכרי ist gleich בן גרא o. S. 100, 252.

laſſen. Außerdem wollte er dem Amaſa das ihm gegebene Wort, ihn
zum Feldherrn zu ernennen, halten. Da er jetzt auf den Stamm Juda
allein angewieſen war, fühlte er noch mehr die Notwendigkeit, Amaſa,
der auf die Judäer einen überwiegenden Einfluß hatte,[1]) in guter
Stimmung zu erhalten.

Hinter Joabs Rücken forderte David daher Amaſa auf, den Heerbann des Stammes Juda innerhalb dreier Tage zu ſammeln, um gegen
den Empörer zu ziehen. Die Friſt war aber bereits verſtrichen und Amaſa
fehlte. David war unruhig. Sollte Amaſa ihn getäuſcht und mit den
Empörern gemeinſchaftliche Sache gemacht haben? Eile war erforderlich, um Schebas Anhang nicht anwachſen und ihm nicht Zeit zu laſſen,
ſich in feſte Städte zu werfen[2]). Es blieb David alſo nichts übrig, als
ſich doch an die Söhne Zerujas zu wenden, deren unwandelbare Treue
trotz der oft erfahrenen Zurücksetzung felsenfeſt, und deren Kriegs-
fähigkeit erprobt war. Indes mochte David Joab doch nicht den Ober-
befehl übergeben, ſondern betraute damit deſſen Bruder A b i ſ a ï.
Dieſer zog zunächſt mit den Krethi und Plethi und der Heldenſchar,
als Kern der Mannſchaft, die er unterwegs zu ſammeln hoffte, aus.
Joab vergaß die erfahrene Kränkung von Seiten Davids und ſchloß ſich
dem Zuge an oder vielmehr war der Anführer[3]). Er ſcheint einen Aufruf erlaſſen zu haben, daß ſich das Volk um ihn ſammeln ſolle.

Als die Brüder in G i b e o n anlangten, kam ihnen Amaſa entgegen. Sofort ſtand bei Joab der Entſchluß feſt, dieſen aus dem Wege
zu räumen. Er näherte ſich ihm freundlich, fragte ihn nach ſeinem Befinden, ſorgte aber dafür, daß ſein Schwert wie zufällig der Scheide
entfiel, faßte es in die Hand und ſtieß es ihm in die Rippe. Der eine
Stoß genügte, Amaſa den Tod zu geben. Ohne ſich aufzuhalten, eilten
Joab und Abiſaï zu Schebas Verfolgung, ließen aber einen Getreuen
zurück, der den vorüberziehenden Ausgehobenen zurief: „Wer für
David iſt, möge Joab nachziehen!" Da viele Krieger bei dem im Blute
ſchwimmenden Leichnam Amaſas ſtehen blieben, ſchleifte Joabs Mann
dieſen auf ein Feld und deckte ihn mit einer Hülle zu. So zogen die

---

[1]) Vgl. o. S. 258.

[2]) II. Samuel 20, 6. Statt des unverſtändlichen והציל עיננו hat das
Targum richtig ואציק לנא b. h. והצר לנו.

[3]) Daſ. 20, 7 ויצאו אחריו אנשי יואב gibt keinen Sinn. Was
ſollen denn „Joabs Leute" bedeuten? Etwa Freiwillige? LXX haben hier
zweierlei Überſetzung, einmal καὶ ἐξῆλθεν . . . Ἀβεσσαΐ und einmal οἱ ἄνδρες
Ἰωάβ. Die erſte iſt richtiger: ויצאו אחריו אבישר ויואב. Das Wort אחריו
bezieht ſich auf den zu verfolgenden Scheba: ſie zogen ihm kriegeriſch
nach.

Judäer, die Amasa aufgeboten hatte, den Söhnen Zerujas nach. Diese
zogen durch die Nordstämme und fanden in allen Städten, die sie berührten, Anhänger und Parteigänger für David[1]). Scheba hatte wenig
Anhang gefunden; die Nordstämme schienen es doch gescheut zu haben,
sich wegen eines Mannes, wie Scheba, der ohne Bedeutung war, in
einen Bürgerkrieg zu stürzen. Mit der geringen Mannschaft, die ihm
gefolgt war, hatte er sich in die feste Stadt A b e l geworfen, die zum
Unterschiede von andern desselben Namens noch B e t = M a a c h a
hieß, und ein anderer Teil seines Gefolges besetzte das eine Stunde
östlich davon entfernte D a n am Fuße des Hermons und unweit der
Jordanquelle. Joab ließ rasch einen Wall um die Stadt Abel ziehen
und, ohne die Einwohner zur Unterwerfung aufzufordern, Minen
graben, um die Mauern zu Falle zu bringen. Die Einwohner gerieten
dadurch in Angst[2]). Da rief eine kluge Frau von der Mauer den Minen-
gräbern zu, Joab herbeizurufen. Als dieser sich der Mauer näherte,
sprach sie mit beredten Worten vorwurfsvoll: „Man hätte doch erst
sprechen sollen, d. h. man hätte doch in Abel und Dan anfragen sollen,
ob alle friedlich Gesinnten und Treuen in Israel verschwunden sind!
Warum willst Du Kinder und Mütter in Israel vernichten? Warum
willst Du das Erbe Israels zerstören[3])?"

[1]) II. Samuel 20, 14 beziehen die Ausleger irrtümlich auf Scheba; das
Subjekt ist aber Joab. Die syrische Version hat dafür nämlich Plural Joab
und Abisa I: ובכל קרין ואזל בתרה . . . ובכל קרין שבטיא דאסראיל . Das
dunkele וכל הברים gibt dieselbe durch קרין „Städte" wieder, d. h. וכל
החרים נקהלו ויבאו אף אחריו , die Städte zogen Joab nach, nahmen
Partei für ihn oder David gegen Scheba. אבלה steht für כד אבל .

[2]) Das. Vers 16. ותעמד בחל (V. 15) hat nur die syrische Version richtig
wiedergegeben: ותעמד (העיר) בחיל , וקמת באולצנא , d. h. , die Stadt blieb
in Schreck.

[3]) Das. Vers 18—19 sind sehr dunkel. LXX haben zwei verschiedene
Versionen zusammengeworfen, wovon die eine den ersten Teil richtiger wiedergibt: Ἠρωτημένος ἠρωτήθη (ἐρωτῶντες ἐπερωτήσουσιν) ἐν τῇ Ἀβὲλ καὶ ἐν
Δὰν εἰ ἐξέλιπον . . . d. h. . . . . שאל ישאלו באבל ודן התמו . Daraus folgt,
daß beide Nachbarstädte, Abel und Dan, von Joab belagert wurden. Das
Verbum התמו in der Frageform setzt voraus, daß der Passus noch nicht
zu Ende ist, sondern daß der nächste Vers noch dazu gehört, und daß daher
für אנכי ein anderes Wort stehen muß (die erste Version hat auch nicht אנכי
gehabt). Man könnte dafür אנשי lesen, also: חתמו אנשי שלום אבוני ישראל
כי אתה מבקש וגו' . Das vorangehende לאמר ist explikativ, wie öfter:
„das will sagen." — עיר ואם Vers 19 kann unmöglich μητρόπολις bedeuten. Denn Abel hatte nie die Bedeutung einer Mutterstadt, eher noch
Dan. Die syrische Version hat dafür טליא ואמה , „Kind und Mutter,"
also etwa עול statt עיר , sprichwörtlich, wie אם על בנים . [S. auch Klostermann z. St.]

Joab erwiderte darauf, daß es ihm nicht darum zu tun sei, das Erbe Israels zu vernichten, sondern nur sich des Mannes zu bemächtigen, der gewagt habe, die Hand gegen den König zu erheben. Sobald ihm der Benjaminite ausgeliefert werde, werde er sofort abziehen. Die kluge Frau versprach ihm, daß binnen kurzem das Haupt des Empörers ihm von der Mauer zugeworfen werden werde. Sie hielt Wort. Sie wußte ihre Mitbürger heimlich zu überreden, ihn von seinen wenigen Anhängern zu trennen und ihn zu töten. Schebas blutiges Haupt wurde dann über die Mauer geworfen, und Joab hob darauf die Belagerung auf, entließ die Mannschaft und kehrte nach Jerusalem mit der Siegesbotschaft zurück. Widerwillig mußte ihn David in dem Feldherrnamt belassen[1]).

Geläutert war David in seine Hauptstadt zurückgekehrt. Für seine Sünden hatte er zwiefach gelitten und gebüßt. Er hatte das Weib eines seiner treuesten Diener heimlich geschändet, sein eigener Sohn hatte seine Weiber geschändet. Er hatte Urias Blut vergießen lassen, Blutströme flossen in seinem eigenen Hause und hätten ihn beinahe verschlungen. Er hatte trübe Erfahrungen gemacht, wie wenig selbst ein milder König auf des Volkes Liebe bauen könne. Seine umfassenden Pläne, einen großen Krieg zu unternehmen, waren gescheitert. Er beschränkte sich daher im beginnenden Alter, in den letzten Jahren seiner Regierung, auf die Tätigkeit im Innern. Einen Gedanken, der lange in seiner Seele gelebt haben mag, wollte er vor seinem Tode noch verwirklichen. Dem Gotte Israels, welcher ihn aus so vielen Nöten gerettet hatte, gedachte er einen herrlichen Tempel zu erbauen[2]).

---

1) Nicht zufällig ist das Beamtenverzeichnis Davids II. Samuel 20, 23 ff. wiederholt; es will offenbar angeben, daß Joab geblieben ist, was er früher war: על הצבא I. Könige 1, 25 wird er noch mit seiner Würde Feldhauptmann aufgeführt. David hat ihn in seinem Amte belassen oder belassen müssen.

2) An das Projekt des Tempelbaues konnte David nicht eher denken, als nachdem eine Stätte dafür gefunden, gewissermaßen prädestiniert war, nämlich Morija, und diese Stätte wurde ihm erst infolge der Pest zugewiesen. Diese brach bei der Volkszählung und kurz vor Absaloms Empörung aus (o. S. 246). So ist auch in II. Sam. 7, 1 angegeben, daß erst als David Ruhe von allen seinen Feinden rings umher hatte, er das Projekt realisieren wollte; הניח לו מסביב מכל איביו, d. h. erst nachdem er auch von Absaloms Empörung und dem darauffolgenden Bürgerkriege durch Scheba Ruhe gewonnen hatte. Der Verfasser von II. Samuel hat aber an die Geschichte von der Übersiedlung der Bundeslade nach Jerusalem die Geschichte des projektierten Tempelbaues angereiht, vgl. Note 8; chronologisch aber gehören sie nicht zusammen.

David gedachte zunächst mit dem Bau eines festen Tempels seine
Dankbarkeit gegen Gott zu bekunden. Zugleich konnte ein solcher zur
Befestigung im Innern beitragen. Jerusalem hatte als Hauptstadt
noch nicht feste Wurzeln im Gemüte des Volkes gefaßt. Als politischer
Vorort machte ihm noch Sichem den Rang streitig, und selbst im Stamme
Juda behauptete Hebron noch immer, wenn nicht den Vorrang, so doch
die Ebenbürtigkeit. Als religiöser Mittelpunkt war ihm Gibeon überlegen, wo Saul einen großen Altar errichtet hatte. Dieses hatte das
Ansehen von Schilo geerbt. Ein großartig angelegter Tempel würde
alle diese rivalisierenden Städte in den Schatten stellen, das Volk dahin
bringen, zu Festeszeiten nach Jerusalem zu wallen und diese Stadt als
einzigen Mittelpunkt anzusehen. Ehe indessen David an die Ausführung seines Planes ging, besprach er ihn mit dem Propheten Nathan;
der Prophet stand damals über dem Priester. „Ich wohne in einem
Zedernhause, und die Bundeslade Gottes weilt noch immer in einem
beweglichen Zelte. Ich will einen Zederntempel für sie erbauen."
Nathan billigte diesen Plan: „Alles, was in deinem Herzen ist, führe
aus; denn Gott ist mit dir!" In derselben Nacht hatte aber David
einen bedeutungsvollen Traum[1]). Und des andern Tages begab sich
der Prophet Nathan zu ihm, um ihm im Namen Gottes zu eröffnen,
daß er nicht berufen sei, einen Tempel zu erbauen, weil er viel Blut
vergossen habe, daß diese Aufgabe vielmehr seinem Sohne vorbehalten

---

[1]) II. Sam. 7, 4 ist masoretisch eine Lücke angedeutet wie in 24, 10
(vgl. o. S. 246 Anm. 2). In der Lücke muß erzählt gewesen sein, daß David
einen Traum hatte, und auch was der Inhalt desselben war. Denn das darauf
mitgeteilte Gebet Davids (18—29) bezieht sich nur zum Teil auf Nathans
Verkündigung (5—16). In dieser ist nur vorübergehend von der langen
Dauer der davidischen Dynastie die Rede, während in Davids Gebet diese
Aussicht (V. 19: ותדבר גם אל בית עבדך למרחוק) den Mittelpunkt bildet.
In diesem Traume muß ein Gesicht angedeutet gewesen sein, welches in
I. Chronik 17, 17 deutlicher als in Samuel ausgedrückt ist וראיתני כתור
האדם המעלה. So dunkel auch der Passus ist, so ist doch so viel gewiß,
daß וזאת תורת האדם nicht das Richtige sein, und תור oder תורה nicht
„Reihe der Menschen" oder etwa Reihenfolge der Geschlechter bedeuten kann.
Das wäre eine unhebräische Ausdrucksweise. Das Verbum ראיתני führt
darauf, daß הראיתני das Ursprüngliche war; dann kann aber eher כתור das
Wort כתר oder כותרת sein, „Krone". David könnte im Traumgesichte
eine Krone gesehen haben. Dann ist der Sinn des Passus verständlich:
והראיתני כתר האדם מלמעלה, „Du hast mich die Krone eines Menschen
von oben sehen lassen." — In diesem Traume kann er auch die Worte vernommen haben, welche I. Chron. 22, 7 anführt, daß David den Tempelbau
unterlassen möge, weil er in Kriegen viel Blut vergossen habe. Darauf weist
ja auch der Zusammenhang von שלמה und שלום hin.

bleibe. Zugleich wurde David verkündet, daß sein Thron für lange Dauer errichtet sei, daß eine lange Reihe von Königen aus seinen Nachkommen über das Volk Gottes herrschen werde, wenn sie in Gottes Wegen wandeln würden. So sehr es auch für David eine Herzenssache geworden war, einen stattlichen Tempel in Jerusalem aufzurichten, so unterwarf er sich doch in Demut dem von Nathan ihm verkündeten Gottesspruche und gab den Plan auf. In einem inbrünstigen Gebete vor der Bundeslade sprach er indes gegen Gott Dankesworte aus für die Gnade, deren er ihn gewürdigt hatte, daß er ihn aus dem Staube erhoben, ihn über sein Volk herrschen zu lassen, das er aus Ägypten befreit und für ewig auserkoren. Ganz besonders dankerfüllt war sein Herz wegen der Vorausverkündigung, daß sein Königshaus und sein Thron für lange, lange Zeiten errichtet seien. Dieselben Empfindungen legte David in einem Psalm[1]) nieder, der aber nicht den Schwung seiner frühern Dichtungen erreicht; es war vielleicht sein Schwanenlied.

[1]) Der Ps. II. Sam. 23, 1 f. kann nur von David selbst stammen, und zwar, wie die Überschrift angibt, ואלה דברי דוד האחרנים, aus der Zeit seines Alters, als ihm die Kunde ward, daß sein Haus für lange Zeit errichtet sei. Der Ausdruck בריתי עם אל und ברית עולם שם לי Vers 5 entspricht dem Ausdruck in Davids Gebet, 7, 26 ובית עבדך דוד יהיה נכון לפניך. Es ist ganz undenkbar, daß dieser Ps. in Davids Geiste von einem andern gedichtet sei, wie einige Ausleger annehmen. Wenn der Verfasser sich selbst נעים זמרות ישראל nennt oder richtiger מנעים זמרות, so ist das keine Prahlerei, da er gleich hinzufügt, daß Gottes Geist ihm die Lieder eingegeben. — נאם ist nicht gerade ein Gottesspruch, sondern ein bedeutsamer, inhaltsreicher Spruch, wie Spr. 30, 1 נאם הגבר. — Die Dunkelheiten des Psalms rühren von der Lückenhaftigkeit her, in der er uns überliefert ist. So fehlt vor Vers 5 כי לא כן ביתי עם אל die vorangegangene antithetische Aussage von den Frevlern, den בליעל, auf welche der Schlußvers hinweist. Von diesen בליעל spricht auch der Schluß von Vers 5 כי לא יצליח. Der Psalm war antithetisch angelegt. David und das ihm von Gott zugesicherte Bündnis auf der einen und der Ausgang der בליעל auf der andern Seite. Diese Antithese ist trotz der Lückenhaftigkeit noch erkennbar. — Eine Lücke ist auch hinter dem Versgliede כי כל ישעי וכל חפץ bemerkbar. — Auch sonst muß manches emendiert werden. Vers 1 הקם על ist nicht hebräisch; man muß dazu ergänzen הקם על ישראל על עם ה' oder. — Vers 3 מושל kann nur Imperativ sein: משל, und יראת אלהים ist die modale Ergänzung dazu. Vers 5 ערוכה בכל ist unhebräisch; LXX ἐν παντὶ καιρῷ = בכל עת. Vers 6 כלהם ist eine unmögliche Form. Ich halte es für ein Perfekt von כלה mit gedehntem Suffix verbal. כלָּם oder כלָהֶם, wie אפאיהם, poetische Form. — Dunkel sind מנגה ממטר Vers 4. Zu מארץ muß wohl das Verbum צמח ergänzt werden. Auch בשבת Vers 7 ist rätselhaft.

Spruch Davids, Sohn Iſais,
Spruch des Mannes, der über (Israel) geſtellt,
Des Geſalbten des Gottes Jakobs,
Deſſen, der liebliche Weiſen für Israel ſang.
Gottes Geiſt ſprach in mir,
Sein Wort war auf meiner Zunge.

Es ſprach der Gott Israels,
Zu mir ſprach Israels Hort:
„Herrſche über die Menſchen gerecht,
„Herrſche in der Furcht Gottes.
„Dann wird, wie beim Aufgehen des Morgens
„Die Sonne ſcheint,
„Des Morgens ohne Wolken,
„Wenn vom Strahle, vom Regen
„Grünes der Erde (entſprießt)" . . .

Denn nicht ſo iſt mein Haus bei Gott.
Denn ein ewiges Bündnis hat er mir errichtet,
Geordnet für alle (Zeit) und bewährt.
Denn all mein Heil
Und all mein Wunſch . . .
. . . . . . Denn er läßt nicht blühen.
Und die Verworfenen[1]) hat er
Wie verächtliche Dornen vernichtet,
Die nicht mit der Hand angegriffen werden:
Wollte ſie einer berühren,
So müßte er ſich mit Eiſen verſehen,
Und mit dem Griff des Speeres,
Und mit Feuer werden ſie verbrannt.

Wenn David auch den Tempelbau nicht in Angriff genommen hat,
ſo hat er doch Vorbereitungen dazu getroffen. Von der Beute, die er
den beſiegten Völkern abgenommen hatte, weihte er einen Teil für
das Heiligtum[2]). Auch die Ordnung des Gottesdienſtes hat er ohne
Zweifel feſtgeſtellt und zwar im Sinne Samuels, daß im neuen Tempel
neben den Opfern auch Levitenchöre mit Saitenſpiel und Pſalmen
wirken ſollten. Er galt als Erfinder vieler muſikaliſcher Inſtrumente,
die ſpäter beim Gottesdienſt eingeführt wurden[3]).

Indeſſen nahmen Davids Lebenskräfte ab, noch ehe er das ſiebzigſte
Jahr erreicht hatte. Die Mühſale in ſeiner Jugendzeit und in den

---

[1]) בליעל, Abſtraktum für בני בליעל, darunter können die Götzendiener,
oder Davids Feinde verſtanden ſein. Scheba wird daſ. 20, 1 איש בליעל
genannt.

[2]) II. Sam. 8, 11 ausführlicher und übertrieben in I. Chronik c. 18.

[3]) Amos 6, 6.

Kriegen, die aufreibenden Ereignisse in seinem Hause, Amnons Schandtat, Absaloms Empörung machten ihn früh altern. Die Wärme schwand
aus seinem Körper; er fror im heißen Klima Jerusalems; wärmende
Hüllen, die er anlegte, erfetzten nicht die mangelnde körperliche Wärme.
Seine Umgebung riet ihm zu einem eigenartigen Mittel. Sie führte
ihm ein junges schönes Mädchen A b i s ch a g aus Sunem als Frau
zu in der Hoffnung, daß ihre jugendliche Wärme den Greis neu beleben werde.

Die Abnahme der Kräfte Davids benutzte sein vierter, ihm von
Chaggit in Hebron geborener Sohn A d o n i j a , um die Nachfolge an
sich zu bringen. Er war nach dem Tode Amnons und Absaloms der
nächste Thronerbe, fürchtete aber, daß die Erbfolge ihm entgehen würde,
wenn er bis zum Tode des Vaters warten sollte; er mochte wohl von
der geheimen Verabredung Kunde haben, die Bathsebas Sohn, einen
seiner jüngsten Brüder, zum Nachfolger bestimmte. Adonija wollte sich
nicht wie Absalom gegen den Vater auflehnen, sondern seine Erbfolge
als vollendete Tatsache hinstellen und sich von den Würdenträgern des
Reichs anerkennen lassen. Er pflog daher mit den Dienern Davids
Rat, welche gegen Salomos Nachfolge eingenommen waren, zunächst
mit J o a b , der ihn — zu seinem eignen Verderben — ebenso unterstützte, wie er Absalom unterstützt hatte. Der zweite Vertraute Adonijas
war A b j a t h a r , einer der beiden Hohenpriester. Abjathar scheint
von David hintangesetzt worden zu sein, obwohl er ihm zugesichert
hatte, als er vom Blutbade der Seinigen zu ihm Zuflucht genommen
hatte (v. S. 191), er werde ihn wie ein teures Pfand behüten. David
nahm gerade auf seine ergebensten Anhänger weniger Rücksicht als
auf diejenigen, die aus einer gegnerischen Partei zu ihm übergegangen
waren. Z a d o k , dessen Familie ehemals von Saul in Gibeon zum
Hohenpriester eingesetzt worden war (v. S. 191), hatte sich David zugewendet und, um ihn festzuhalten, scheint ihm David den Vorrang
beim Heiligtum eingeräumt zu haben. Abjathar mag sich über diese
Zurücksetzung gekränkt gefühlt haben, und, um nicht bei Davids Nachfolger derselben Unterordnung ausgesetzt zu sein, hielt er sich an Adonija.
Auch sämtliche übrigen Königssöhne wünschten die Nachfolge Adonijas
gesichert zu sehen, um nicht dem ihnen an Alter nachstehenden Salomo
aus einer zweideutigen Ehe untergeordnet zu sein.

Das Intrigenspiel am Hofe begann von neuem. Adonija war
fast ebenso schön[1]) wie Absalom und gewann ebenso die Herzen, war,

[1]) I. Könige 1, 6.

wie es scheint, ebenso unbesonnen und unfähig zum Regieren wie dieser.
Er begann wie dieser die Augen der Menge durch königlichen Aufwand
auf sich zu ziehen, versah sich mit Wagen und Reiterei und hielt sich
fünfzig Trabanten, die ihm bei seinem Ritt oder seiner Ausfahrt voran-
liefen. David war gegen ihn ebenso schwach, wie er es gegen Absalom
gewesen war, ließ ihn gewähren und erkannte ihn damit stillschweigend
als Nachfolger an[1]). Eines Tages lud Adonija seine Vertrauten Joab,
Abjathar, sämtliche Königssöhne, mit alleiniger Ausnahme von Salomo,
noch andere Diener Davids und mehrere Einwohner Jerusalems zu
einem Feste an der Quelle Rogel ein. Bei einem Felsen wurden Opfer
dargebracht, und während des Mahls riefen die Eingeweihten ihn zum
König aus: „Es lebe der König Adonija!" Das Gerücht von der
Huldigung drang in die Stadt bis in den Palast; nur David erfuhr
nichts davon; er lebte mit seinem frierenden Körper abgeschlossen in
seinem Gemache und brachte seine Tage auf dem Lager zu.

Der erste, der Anstoß an Adonijas Nachfolge nahm, war der Prophet
N a t h a n . Er wußte um das Geheimnis, daß David seiner Frau
Bathseba zugeschworen hatte, ihr Sohn Salomo werde den Thron
erben. Auch hatte er David verkündet, daß Salomo von Gott zu seinem
Nachfolger berufen sei. Er scheint mehr Vertrauen zu Salomos
Charakter gehabt und Besseres von ihm erwartet zu haben, als von
Adonija. Nathan suchte darum Bathseba auf, teilte ihr das Vorge-
fallene mit und verabredete mit ihr einen Plan, Adonijas Nachfolge
zu vereiteln. Darauf begab sich Bathseba zum König, erinnerte ihn an
seinen Schwur und machte ihn aufmerksam, daß im Falle Adonija den
Thron besteigen sollte, sie und ihr Sohn zum Opfer fallen und seine Ehe
mit ihr als eine schandbare gebrandmarkt werden würde[2]). Kaum hatte
sie unter Schluchzen das traurige Schicksal geschildert, das ihrer durch
Salomos Zurücksetzung wartete, als sich der Prophet Nathan meldete.
Er wiederholte dem König die Vorgänge und zählte ihm diejenigen auf,
welche Adonija von der Einladung ausgeschlossen hatte, weil alle diese
gegen ihn und für Salomo eingenommen seien. Adonija hatte den
Hohenpriester Zadok, Benajahu, den Führer der Soldtruppen, Schimi,
des Königs Bruder, Jra des Königs vertrauten Freund[3]), die Helden-

---

[1]) I. Könige 1, 5 f.

[2]) Das ist wohl der Sinn von das. Vers 21 אני ובני שלמה חטאים.

[3]) Das. 1, 8. שמעי ist wohl identisch mit שמעה, Davids Bruder
(II. Samuel 13, 3) auch שמה geschrieben (I. Sam. 16, 9; 17, 13). רעי ist
wohl identisch mit עירא היאירי (II. Samuel 20, 26), wo für כהן wohl רעה
stehen sollte, wie die Ausleger geahnt haben.

schar und ganz besonders ihn, den Propheten, von dem Feste ausgeschlossen, obwohl ihm eine gewichtige Stimme bei der Verfügung über
die Nachfolge zukäme.

Davids Entschluß war rasch gefaßt und noch an demselben Tage
ausgeführt. Es lag ihm alles daran, seinem Schwur getreu, Salomo
das Zepter zu übergeben. Er ließ die nicht mit Adonija verbundenen
Würdenträger Zadok, Benajahu und die Helden rufen und verkündete
ihnen seinen Willen, Salomo noch bei seinen Lebzeiten zum König salben
zu lassen. Sie alle gelobten feierlich, Salomo als König anzuerkennen.
Darauf ließ David die Krethi und Plethi zusammenkommen, um
Salomo zu geleiten. Dieser ritt auf einem königlichen Maultiere von
Zion nach dem Tale G i h o n, an der Westseite der Stadt. Eine große
Volksmenge schloß sich dem Zuge an, und als der Hohepriester Zadok und
Nathan aus dem Ölgefäße, das im Zelttempel aufbewahrt war[1]),
Salomo gesalbt und die Krieger in das Horn gestoßen hatten, rief das
ganze Volk: „Es lebe der König Salomo!" Große Aufregung herrschte
in Jerusalem an diesem Tage. Die östlichen Berge hallten von dem
Ruf wider: „Es lebe der König Adonija!" und die westlichen Berge
tönten das Echo wider: „Es lebe der König Salomo." Wären beide
Königssöhne und ihr beiderseitiger Anhang fest geblieben, so wäre es
abermals zum Bürgerkriege gekommen. Allein Adonija war nicht
gleich Absalom; er mochte es nicht bis zur Empörung treiben. Auch
hätten ihn seine angesehensten Anhänger Joab und Abjathar nicht darin
unterstützt. Sobald Adonija erfuhr, daß Salomo auf des Vaters Geheiß
zum König gesalbt worden war, und dieser ihn neben sich auf den Thron
setzen ließ, schwand ihm der Mut. Er eilte zum Altar der Bundeslade
auf Zion, um im Heiligtum Schutz zu suchen. Salomo, der sofort die
Zügel der Regierung ergriffen hatte, ließ ihm melden, er möge den
Altar verlassen, es werde ihm kein Haar gekrümmt werden, so lange er
ein wackerer Mann bleiben und sich nichts zuschulden kommen lassen
werde. Darauf begab sich Adonija zum jungen König, huldigte ihm
und wurde gnädig entlassen. Damit hatte der Thronstreit ein Ende.
Davids Schwäche nahm immer mehr zu, und er entschlief nach einer
bewegten Regierung von vierzig Jahren und sechs Monaten (um 1015).
Er eröffnete die Reihe der Königsgräber in einer Felsengruft, die er
auf dem Berge Zion (am südlichen Abhange) angelegt hatte[2]).

Gewiß wurde Davids Tod aufrichtig betrauert, denn er hatte das
Volk selbständig, groß und glücklich gemacht. Der Tod verklärte ihn.

---

[1]) I. Könige 1, 39.
[2]) Folgt aus Nehemia 3, 16.

Nachdem seine Seele die Hülle verlassen hatte, kam erst das Volk zum
Bewußtsein dessen, was er ihm in Wahrheit gewesen war, und was er
geleistet hatte. Im Innern hatte er die Stämme, welche in Sonder-
interessen auseinandergegangen waren, geeinigt und sie als ein eng-
geschlossenes Volk zusammengehalten. Die Empörung Absaloms und
Schebas bewies, wie kräftig der Kitt war, der die Glieder zusammenhielt.
Das Haus Israel benützte die Gelegenheit seines Todes nicht, um sich
vom Hause Jakobs zu trennen, und wie groß auch die Eifersucht eines
auf das andere war, so hielten sie doch zusammen. Auch sonst hat David
jede Veranlassung zur Entzweiung aus dem Wege geräumt und mit
mildem Sinne gewirkt. Das Prophetentum und Priestertum ging
während seiner Regierung Hand in Hand. Salomo ließ er zugleich durch
den Hohenpriester Zadok und den Propheten Nathan salben[1]). Die
beiden priesterlichen Häuser Eleasar und Ithamar, vertreten durch Zadok
und Abjathar, hielt er in Eintracht. Über Bedrückung hatte sich keiner
aus dem Volke zu beklagen; so weit seine Einsicht und seine Kraft reichte,
verschaffte er jedem sein Recht. Eine Ungerechtigkeit empörte ihn tief[2]).
Indem er die Macht der Philister brach, welche die Nachbarstämme solange unterjocht hatten, und die Völker rings umher bis zum Euphrat
in Abhängigkeit brachte, hatte er nicht nur Wohlstand im Innern erzeugt,
sondern auch ein großes Reich gegründet, welches sich an Macht mit
Ägypten messen konnte und die Reiche am Euphrat und Tigris, das
chaldäische und assyrische, verdunkelte[3]). Dadurch hatte er im Volke
ein stolzes Bewußtsein geweckt. Es fühlte sich als mächtiges Gottesvolk,
als Träger einer Gotteslehre, über das Wesen der Nachbarvölker erhaben.
Davids Fehltritte wurden allmählich vergessen; hatte er sie doch schwer

[1]) I. Könige 1, 34. 45; Nathan fehlt in Vers 39.

[2]) Wie das Beispiel lehrt beim Anhören der fingierten Erzählung von
Nathan und der Thekoerin.

[3]) Die Bedeutung des Reichs Israel unter David und Salomo als Großmacht haben neuere englische Geschichtschreiber mit Recht hervorgehoben.
Vgl. George Rawlinson, the five great monarchies of the eastern ancient
world II. p. 333 Note: „The true character of the Jewish kingdom of
David and Salomon as one of the great oriental Empires, on a par with
Chaldaea and Assyria, and only less celebrated than the others from the
occident of its being short-lived, has rarely been sized by historians . .
to recognise the real greatness of the Hebrew kingdom. It remained for
Dean Stanley, with his greater power of realising the past, to see that
David, upon the completion of his conquests „became a king on the
scale of the great oriental sovereigns of Egypt and Persia", foun-
ding an imperial dominion and placing himself on a level with the
great potentates of the world, as, for instance Rameses or Cyrus.

und vielfach gebüßt. Die Nachwelt urteilte versöhnlicher über ihn als
die Mitwelt. In der Erinnerung an seine großen Taten und sein
mildes, vor Gott demütiges Wesen nahm David die Züge eines idealen
Königs an, der allen späteren Regenten als Vorbild vorschwebte, der
stets in den Wegen Gottes gewandelt und nie davon abgewichen ist.
Er wurde der Maßstab, an dem die spätern Könige aus seinem Hause
gemessen wurden, ob sie ihm ähnlich waren oder nicht. Davids Regierungszeit erglänzte in der Zeitenferne als die vollkommenste, in
welcher Recht und Gerechtigkeit, Gottesfurcht und Eintracht geherrscht
haben, Macht und Demut mit einander gepaart waren. Mit jedem
Jahrhundert steigerte sich Davids Verklärung mehr und mehr und nahm
eine lautere, ideale Gestalt an, als Musterbild eines tugendhaften Königs
und heiligen Sängers.

Neuntes Kapitel.

Salomo.

Salomos Charakterzüge, seine Weisheit und Dichtungsart. Das Maschal. Überschätzung des Königtums. Hinrichtung Adonijas und Joabs. Abjathars Zurücksetzung und Zadoks Erhebung zum Hohenpriester. Ausdehnung des israelitischen Reiches. Salomos Harem und Ehe mit Psusennes' Tochter. Salomos prachtvolle Hofhaltung. Unterjochung der kanaanitischen Bevölkerung, Frohnarbeit, Vorbereitung zum Bau des Tempels und des Palastes. Salomos Amtleute und Aufhebung der Stammverbände. Gestaltung des Tempels auf Morija und Einweihung. Befestigung Jerusalems und andere Bauten. Salomos Thron. Quellen des Reichtums in Salomos Zeit. Gesellschaft für Ein- und Ausfuhr von Roß und Wagen. Schifffahrt nach Ophir. Verkehrsstraßen. Salomos Beamte.

(um 1015 bis 975.)

David hatte das Gemeinwesen Israels so vortrefflich geordnet hinterlassen, daß sein Nachfolger, wenn er nicht ein Schwachkopf oder ein Frevler oder von verderblichen Ratgebern geleitet war, wenig Mühe hatte, die Regierung fortzuführen. Salomo aber tat mehr, er erhob das Land Israel zu einem so hohen, kaum geahnten Glanze, daß die spätesten Geschlechter sich noch in den von der Salomonischen Regierung ausgegangenen Strahlen sonnten. Gewiß, wenn ein König die Macht und das Ansehen eines Staates, wenn auch nicht begründet, so doch erhält, befestigt und vermehrt, wenn er dabei sein Volk die Segnungen des Friedens genießen läßt, wenn er ein Füllhorn von Reichtum über das Land ausstreut, daß dadurch aus der niedrigsten Hütte die Dürftigkeit verscheucht wird, wenn er seinem Volke neue Bahnen zur Entfaltung seiner Kräfte eröffnet und sie mit großen Mitteln fördert, und wenn er endlich noch dazu Einsicht besitzt, auch geistigem Streben Aufschwung zu geben, und auch den Schönheitssinn weckt und fördert, und wenn er durch alle diese materiellen und geistigen Schöpfungen das Land seiner Regierung zu einem Musterstaate erhebt, wie es vor ihm noch niemals und nach ihm nur selten vorkam, so verdient ein solcher König allerdings das volltönende Lob, das ihm die Nachwelt gespendet hat. Von der Größe seiner Leistungen bestochen, drückte sie sogar das

Auge vor den Schwächen zu und betrachtete sie als notwendige Folgen menschlicher Unvollkommenheiten. Alle diese großen Züge sind in Salomo nicht zu verkennen. Er hat vor allem seinem Lande den Frieden erhalten, obwohl es ihm mit den Mitteln, die ihm sein Vater hinterlassen hatte, nicht schwer hätte fallen können, neue Eroberungen zu machen. Davon hat er auch seinen Namen — der „F r i e d e n s = k ö n i g" (Schelomo, Schilo) erhalten. Er hat für sein Volk Wohlstand und Lebensbehaglichkeit geschaffen und es dadurch der Gedrücktheit und Eingeengtheit entrissen. Er hat es mit Weisheit und Gerechtigkeit regiert und Streitigkeiten zwischen einzelnen und Stämmen mit Unparteilichkeit geschlichtet. Er hat das Land mit Städten gefüllt und für die Sicherheit der Straßen und der Karawanenzüge Sorge getragen. Er hat die Stadt Jerusalem mit Pracht erfüllt und einen herrlichen Tempel zum Ruhme des Gottes Israels erbaut. Er hat Künste und besonders die Dichtkunst selbst gepflegt und damit dem Leben seines Volkes einen daseinswürdigen Reiz verliehen. Er hat endlich dem Volke große Ziele gesteckt und seinen Blick über die Enge der Zeit hinaus geöffnet. Dafür wird er mit Recht als der weise König gepriesen.

Indessen darf sich die strenge Richterin von den glänzenden Tugenden und Verdiensten nicht blenden lassen, um die Flecken zu übersehen, die seiner Regierung anhafteten. Sie darf nicht verschweigen, daß er, wie jeder Weibgeborene, nicht von Fehlern frei war. Wie will sie sonst den unheilvollen Bruch erklären, der an seinem noch frischen Grabe eingetreten ist? Der Anfang von Salomos Regierung war nicht ohne Blutflecken, und der Ausgang nicht ohne Wolkenzüge, welche ihren Glanz verdunkelten. Seine Prachtliebe hat die Sittlichkeit geschädigt, den Despotismus geschaffen und dem Volke ein Joch aufgelegt, das es zwar lange ertrug, aber bei günstiger Gelegenheit abschüttelte. Salomo hat das Königtum in ein strenges Herrentum verwandelt, unter dem der Wille aller sich dem seinigen beugen mußte. Aber alle diese Flecken werden wieder überstrahlt von der Größe der Schöpfungen unter seiner Regierung. Wie viel Salomos Persönlichkeit Anteil an diesen Fehlern hatte, und wie viel auf Rechnung seiner allzu eifrigen Diener und der zwingenden Notwendigkeit zu setzen ist, welche die Höchstgestellten nicht minder als die Niedrigen in den Strudel anstürmender Mächte hineinreißt, läßt sich nicht mehr unterscheiden. Das ist eben der Fluch, der auf dem Königtume lastet, daß es auch die würdigsten Träger der Krone zur Behauptung ihrer Würde zu Schritten veranlaßt, die ihr Gewissen bei ruhiger Prüfung verdammen würde, und daß die Untaten ihrer Diener auch ihnen zur Last gelegt werden.

Salomo war jung, als er zur Regierung gelangte, vielleicht kaum zwanzig Jahre. Er besaß eine große Seele, die ihr Denken auf das Ziel richtete, Israel angesehen zu machen, sein Wohl zu begründen, ihm Glanz zu verleihen und es zu einem der größten Völker zu erheben. Als er nach seiner Thronbesteigung den großen Altar in Gibeon besuchte, erschien es ihm im Traumgesicht, — so wird erzählt — als wenn Gott ihm nahe gelegt, den innigsten Wunsch seines Herzens zu äußern, der sich ihm unfehlbar erfüllen solle. Er habe nicht langes Leben, nicht Reichtum und Ehre und nicht den Tod seiner Feinde, sondern einen weisen Sinn verlangt, sein Volk mit Gerechtigkeit zu richten. Diese Weisheit, dieses Vermögen in den Seelenzustand und die Stimmungen der vor ihm erschienenen, streitenden Parteien einzudringen, das richtige Sachverhältnis und die Wahrheit aus der Verdunkelung der Rede und Gegenrede sofort zu erkennen, nicht nach dem Augenschein zu richten und nach Wortgeklingel zu entscheiden, besaß der junge König in hohem Grade. Das salomonische Urteil ist bekannt. Durch eine Entscheidung, wodurch das wahre Muttergefühl sich kund geben mußte, erkannte er in einem Streit zwischen zwei Weibern um den Besitz eines Kindes, auf welcher Seite die Wahrheit, und auf welcher die Verstellung war. „Zerschneidet das streitige Kind," urteilte er, „und gebet davon jeder von ihnen die Hälfte, so wie auch die Hälfte des zu Tode erdrückten Kindes." Eine echte Mutter konnte eine solche Entscheidung nicht annehmen und leistete lieber auf den Besitz des Kindes Verzicht. Überhaupt lag Salomo Recht und Gerechtigkeit am Herzen[1]). In seinem Reiche sollte niemand durch Ungerechtigkeit leiden. Wenn der Spruch „durch Gerechtigkeit wird der Thron befestigt"[2]), auch nicht von ihm stammen sollte, so ist er in seinem Sinne ausgesprochen.

Salomos Weisheit wird auch nach einer andern Seite hin gerühmt, nach seiner Beschäftigung mit der Dichtkunst. Diese bestand zunächst in der F a b e l d i c h t u n g (Maschal). Er führte die hohen Zedern des Libanon und niedrige Mauerpflanzen, als Bilder des Höchsten und Niedrigsten, die Vierfüßler, hochfliegende Vögel und schleichende Kriechtiere, selbst stumme Fische — redend ein. Jede Fabel hat wohl mit einem zur Lehre dienenden Kernspruche geschlossen. Übertreibend wird erzählt, er habe solcher Fabeln dreitausend gedichtet und noch dazu fünftausend Lieder[3]) oder Lehrsprüche. Salomo war keineswegs der Erfinder der

---

[1]) I. Könige 10, 9.
[2]) Sprüche 16, 12.
[3]) I. Könige 5, 12—13. LXX haben wohl richtiger: πεντακισχίλιαι = חמשה אלף statt חמשה ואלף. Daß weder die Sprüche Salomos (משלי),

Fabeldichtung, denn diese ist auch unter den Israeliten schon lange vor
ihm gepflegt worden. Jotham, der Sohn des Richters Gideon, hat
eine sinnreiche Fabel vom Berge Gerisim zur Warnung des verblendeten
Volkes von Sichem hinuntergerufen (o. S. 115). Der Prophet Nathan
hat seine Strafrede an David wegen dessen Sünde mit Bathseba in eine
Parabel gekleidet (o. S. 237). Allein, wenn Salomo auch nicht Erfinder
dieser Dichtungsart war, so gereicht es doch seinem hohen Sinne zum
Ruhme, daß er die Muße, welche seine Regierungssorgen ihm ließen,
zu ihrer Weiterbildung benutzt hat. Noch nach einer andern Seite äußerte
sich Salomos Geistesbegabung. Sie bestand darin, von Personen und
Dingen höherer Beziehung nur verhüllt zu sprechen, sie durch Merkmale
nur halb anzudeuten und sie erraten zu lassen. Solche R ä t s e l, in
eine poetische Form gegossen, machten als Spiel des Witzes für den
Augenblick einen angenehmen Eindruck. Es war damals Sitte, bei
Gelagen und Festen das Mahl durch Aufgeben und Lösen witziger
Rätsel zu würzen[1]). Auch Könige verschmähten es nicht, sich mit solchen
Witzesspielen zu unterhalten. Salomo besaß demnach einen außer-
gewöhnlichen Geist.

Nichtsdestoweniger hat er manche Fehltritte begangen. Die meisten
davon entsprangen aus seiner Überschätzung der Königswürde. Von
den Königen der Nachbarstaaten, dem von Thyrus und von Ägypten,
mit denen er in regem Verkehr stand, eignete er sich den für einen
Sterblichen vermessenen Hochmut an, daß der König Seele, Mittelpunkt und Inbegriff des Staates sei, daß von ihm allein alles ausgehen
müsse, daß das Volk wenig oder gar nichts bedeute, daß jede Unternehmung und Handlung nur Wert habe, wenn sie vom Kronenträger
gut geheißen sei. Die Person des Königs, der Träger der Majestät,
müsse in allem den Ausschlag geben, und sein Wille sei Gesetz. An

noch das Hohelied (שיר השירים), noch endlich der Prediger (קהלת) von
Salomo gedichtet sind, gilt gegenwärtig als ausgemacht [doch nicht so ganz,
vgl. z. B. N o a c k, Einl. in das A. T., 6. Aufl. (1906), S. 173f.], sie reflektieren
alle drei andere Zeiten und andere Situationen. — Was das וידבר על
העצים betrifft, so hat schon Sirach darunter Fabeln verstanden (47, 17):
ἐν ᾠδαῖς καὶ παροιμίαις καὶ παραβολαῖς καὶ ἑρμηνείαις ἀπεθαύμασάν σε
χῶραι (Σαλωμών). So verstand es auch Josephus (Altert. VIII. 2, 5): καθ᾽
ἕκαστον γὰρ εἶδος δένδρον παραβολὴν εἶπεν (Σ). Nichtsdestoweniger macht
noch Ewald daraus naturwissenschaftliche Kenntnisse, die er Salomon
beilegt.

[1]) I. Könige c. 10: vgl. Richter 14, 12ff. Josephus erzählt (Altert. VIII,
5, 3), daß nach Schriften von M e n a n d e r und D i o s Salomo sich mit Hiram
in Rätselfragen unterhalten, und daß ein junger Mann, A b d e m o n, die
Rätsel gelöst und Salomo besiegt habe.

diesem Steine des Anstoßes strauchelte Salomos Weisheit. Des
Propheten Samuel Warnung bei der Wahl eines Königs erfüllte sich
mehr noch durch den weisen König als durch dessen Vorgänger.

Unglücklicherweise war Salomo ein jüngerer Sohn, dem die Thronfolge wider das Gewohnheitsgesetz zugefallen war, während sein
Bruder Adonija, den eine Partei bereits zum König ausgerufen
hatte (v. S. 268), in den Augen der Menge als rechtmäßiger Erbe galt.
Solange dieser lebte, war Salomos Regierung nicht fest oder fühlte
er sich nicht sicher auf dem Throne. Adonija mußte daher beseitigt
werden. Der Anführer der Leibwache Benajahu drang in dessen Haus
und tötete ihn. Zur Entschuldigung der blutigen Tat wurde erzählt,
Adonija habe um die Hand der jungen Witwe Davids, der schönen
Sunamiterin Abischag, angehalten und dadurch seine verräterischen
Gedanken zu erkennen gegeben, seinem Bruder den Thron streitig zu
machen. Sobald er gefallen war, ahnte Joab, daß ihm, als ehemaligem
Parteigänger Adonijas, ein gleiches Geschick bevorstände. Der hoch-
verdiente Feldherr, der so viel zur Machtvergrößerung des Volkes
Israel und zum Glanze des Hauses Davids geleistet hatte, eilte hilfe-
flehend, wie ein Verbrecher, zum Altar auf dem Berge Zion und
klammerte sich daran fest, um dem Tode zu entgehen. Benajahu vergoß
auch dessen Blut am Altare. Um diese Blutschuld zu beschönigen, wurde
verbreitet, David selbst habe auf seinem Totenbette seinem Thron-
folger eingeschärft, Joabs greises Haupt nicht in Frieden ins Grab
sinken zu lassen, weil er den zwei verdienten Feldherren Abner und
Amasa mitten im Frieden sein Schwert in die Brust gestoßen hätte.
Benajahu, man weiß nicht, Salomos willenloses Werkzeug oder teuf-
lischer Ratgeber, nahm Joabs Feldherrnamt ein. Joabs Tod erregte
Freude unter den Feinden Israels und flößte ihnen den Mut ein, auf
Abfall zu sinnen[1]). Den priesterlichen Parteigänger Adonijas,
Abjathar, wagte Salomo doch nicht aus dem Wege zu räumen;
er wurde nur seiner Hohenpriesterwürde entkleidet und aus Jerusalem
nach Anatot, etwa eine Stunde nordöstlich von der Hauptstadt, verbannt. Zadok ward seitdem alleiniger Hoherpriester, während unter
David deren zwei fungierten. Seine Nachkommen behielten das hohepriesterliche Amt länger als ein Jahrtausend, während Abjathars Nachkommen zurückgesetzt wurden. Es gab indessen noch einen Mann,
dessen Wühlereien Salomo fürchtete, den Benjaminiten Schimi,
welcher David auf der Flucht aus Jerusalem mit Schmähungen über-

[1]) I. Könige 11, 21.

häuft und später von ihm Verzeihung und Vergessenheit des Ge-
schehenen erhalten hatte. Er hätte möglicherweise eine Empörung an-
zetteln können, um Salomo zu stürzen und einen der Nachkommen
Sauls auf den Thron zu erheben. Salomo befahl ihm daher, damit
er leichter überwacht werden könne, seinen beständigen Wohnsitz in
Jerusalem zu nehmen und drohte ihm, daß, sobald er das Kidrontal
überschreite, um in das Gebiet der Benjaminiten zu gehen, sein Blut
auf sein eigenes Haupt kommen werde. Schimi gehorchte und wohnte
seitdem in der Hauptstadt. Drei Jahre blieb er unangefochten. Als ihm
aber einer seiner Sklaven nach Gath entflohen war, und er sich dahin begeben hatte, um ihn zurückzufordern, rechnete es ihm Salomo als
Wortbruch an — obwohl Schimi nicht das Tal Kidron überschritten
hatte — und gab Benajahu den Auftrag, auch ihm das Leben zu nehmen.
Erst dadurch schien Salomos Regierung sicher und fest zu stehen[1]).
Die Sicherheit wurde durch eine dreifache Bluttat erkauft.

Zugleich war Salomo darauf bedacht, seinen Hof mit außer-
ordentlichem Glanze zu umgeben, wie es einem großen König gezieme,
dessen Herrscherwort von der Grenze Ägyptens bis zum Euphrat,
von Gaza bis Thapsakus (Thipsach) geachtet wurde. Zum Glanze eines
Königs in damaliger Zeit gehörte ein zahlreicher Frauenschwarm.
David hatte etwa sechzehn Frauen. Was bedeutete das gegen den
Harem der Könige Ägyptens und Phöniziens, deren Hofleben sich
Salomo zum Muster genommen hatte? Salomo legte sich deshalb ebenfalls ein stark bevölkertes Frauenhaus an; übertrieben ist angegeben,
er habe tausend Frauen — siebenhundert Fürstinnen und dreihundert
Kebsen — besessen. Jedenfalls muß er deren in großer Menge gehabt
haben, nicht um einer maßlosen Liebe zu genügen, sondern weil es die
Sitte oder Unsitte der Könige jener Zeit so mit sich brachte. Seine erste
Frau war N a a m a (die Schöne), eine ammonitische Königstochter,
die ihm vielleicht schon David zugeführt hat[2]). Auch von moabitischen
und aramäischen Höfen führte er Frauen heim, selbst Chittiterinnen oder
Kanaaniterinnen heiratete er, von den Völkern, deren Ehe nicht dem
Gesetze gemäß war[3]). Es schmeichelte seiner Eigenliebe, daß die Könige

[1]) I. Kön. 2, 46.

[2]) Folgt daraus, daß sein Sohn Rehabeam von Naama (I. Könige 14, 31)
beim Tode des Vaters 41 Jahr alt war (das. Vers 21), und Salomo nur
40 Jahre regierte. Die Angabe in dem Zusatz des Vaticanus, daß Rehabeam
beim Regierungsantritt erst 16 Jahre alt gewesen sei, stammt aus einem
apologetischen Apokryphon, wie das ganze Stück, als Zusatz zu I. (III.) Könige 12, 24.

[3]) I. Könige 11, 1 vgl. über אדומיות Note 7.

rings umher ſich mit ihm verſchwägerten; zugleich hatte er an dieſen
Frauen ein Unterpfand des Friedens. Am meiſten ſchmeichelte es
ſeinem Stolze, daß ein ägyptiſcher König ihm ſeine Tochter zur Frau
gab. Aegypten war damals allerdings durch innere Zwietracht von ſeiner
Höhe geſunken. Eine neue Königsfamilie (die XXI. Königsdynaſtie) war
zur Regierung gelangt, die ihren Sitz in Unterägypten in der Stadt
Tanis (Zoan) nahm, alſo dem Gebiete Israels näher war und ihm Auf-
merkſamkeit ſchenkte. Der letzte König dieſer ägyptiſchen Königsfamilie
Pſuſennes, der einen Kriegszug gegen die Philiſter geführt und
das Gebiet von Gaſer erobert hatte (o. S. 244), zog es vor, mit dem
jungen König von Israel in ein Bundesverhältnis zu treten, gab ihm
ſeine Tochter zur Frau und ſchenkte ihr dieſe philiſtäiſche Stadt als Mit-
gift. Salomo glaubte einen geſchickten Zug getan zu haben, da durch
die Verſchwägerung mit Pſuſennes[1]) die Macht ſeines Landes und das
Anſehen ſeines Hauſes nur noch mehr gewinnen werde. Es erfolgte
aber gerade das Gegenteil; ſo verblendet ſind ſelbſt weiſe Könige.
Pſuſennes' Tochter wurde ſelbſtverſtändlich mit der größten Aufmerk-
ſamkeit in die israelitiſche Hauptſtadt eingeführt; ſie wurde die erſte
Königin in Salomos Frauenhauſe. Beſchämend ſchien es ihm, daß er
dieſer Königin nicht einen Prachtpalaſt zur Verfügung ſtellen konnte.
Was bedeutete der von David erbaute Zedernpalaſt auf dem Berge
Zion im Vergleich mit den Rieſenbauten und Labyrinthpaläſten der
ägyptiſchen Könige? Salomo war alſo darauf bedacht, für die Tochter
Pharaos einen ihrer würdigen Palaſt zu erbauen. Durch die Verbindung mit dem ägyptiſchen Königshauſe fanden Neuerungen von
großer Tragweite in Israel Eingang. Roſſe und Wagen gehörten auch
dazu. Mit Hiram, dem Könige von Thyrus, mit dem ſchon David in
freundnachbarlichem Verhältniſſe ſtand, unterhielt Salomo innige
Freundſchaft. Er ſcheint auch aus deſſen Hauſe eine Tochter heimge-

---

[1]) Salomos Schwiegervater kann nur Pſuſennes (oder nach einer
Variante Suſennes) geweſen ſein, der letzte König der XXI., tanitiſchen
Dynaſtie, wenn auf Manethos Dynaſtienfolge überhaupt etwas zu geben iſt.
Pſuſennes regierte nach Euſebius 35 Jahre, nach Afrikanus zwar nur 14;
aber die erſte Zahl wird von den meiſten Aegyptologen angenommen. Pſuſennes' Nachfolger war der erſte Begründer der XXII. Dynaſtie, Scheſchenk,
(שׁישׁק, Σεσόγχωσις), welcher Krieg mit Salomos Nachfolger Rehabeam führte
und auch ſchon in Salomos letzten Jahren regierte. Pſuſennes regierte von
etwa 1015 bis 980 der vorchriſtlichen Zeit, alſo während Salomos Regierungszeit; er hat aber wohl einige Jahre vor ihm den Thron beſtiegen. [Vgl.
Kleinert bei Riehm-Bäthgen S. 1354a.]

führt zu haben[1]). Die enge Verbindung zwischen Salomo und Hiram führte zu weitreichenden Unternehmungen.

Der Besitz eines großen Frauenhauses erforderte eine überaus zahlreiche Dienerschaft. Salomo unterhielt darum eine glänzende Hofhaltung. Den Gesandten der zinsbaren und befreundeten Könige, die nach Jerusalem zu kommen pflegten, um dem König Huldigung und Tribut darzubringen, mußte ein glänzender Empfang zuteil werden. Salomo legte den größten Wert darauf, zu jeder Zeit Pracht zu entfalten. Seine Hofhaltung erforderte daher große Summen. Täglich wurden für seine Tafel und die seiner Hofhaltung gebraucht: zehn Maststiere, zwanzig Weidestiere, hundert Schafe, dreißig Khor (ungefähr 118½ Hektoliter) feinsten Weizenmehls und noch einmal so viel gewöhnliches für die Dienerschaft. Außerdem auch Hirsche, Rehe, anderes Wild und gemästete Vögel[2]). Woher bestritt er diese übermäßigen Ausgaben? Eigene ausgedehnte Ländereien besaß das Königshaus nicht. Daher mußte das Volk die großen Kosten tragen. Das ganze Land wurde in zwölf Teile oder Kreise eingeteilt und über jeden der zwölf Kreise ein Amtmann oder Nezib gesetzt, der den Auftrag und die Pflicht hatte, von den Einwohnern des Bezirks für je einen Monat Naturalienlieferung, Vieh und Weizen für die Tafel und sogar Gerste und Stroh für die Rosse einzutreiben. Diese zwölf Kreise waren nicht nach dem alten engbegrenzten Gebiet der zwölf Stämme geteilt. Die Stammesgebiete wurden vielmehr zerstückelt. Es scheint Absicht in dieser Einteilung gelegen zu haben. Die alte Stammesverfassung und die Gesondertheit sollten aufhören. Das Gebiet Benjamin war zwar zu klein, um noch zerstückelt werden zu können. Vom Gebiete Ephraim dagegen wurden Gebietsteile am Jordan und in der Ebene am Meere losgetrennt. Diese losgetrennten Teile wurden zu einem neuen Kreise zusammengezogen. Noch mehr wurde das Stammgebiet des diesseitigen Manasse zerstückelt; es wurden daraus drei Kreise mit drei Amtleuten oder Steuervögten gebildet. Die Nordstämme blieben ebensowenig in ihren alten Gebietsgrenzen, und die drei jenseitigen Stämme wurden,

---

[1]) I. Könige 11, 1 ist angegeben, daß Salomo Sidonierinnen geheiratet hat; das. Vers 5 und a. a. St., daß er diesen zu Liebe einen Astartenkultus geduldet hat. Es ist nicht anzunehmen, daß Salomo etwa bürgerliche Sidonierinnen geheiratet hätte; seine Hauptfrauen waren vielmehr Fürstentöchter. Es bestätigt sich demnach, was Tatian bei phönizischen Historikern gefunden haben will, (oratio contra Graecos, p. 171), daß Salomo Hirams Tochter geheiratet habe.

[2]) Das. 5, 2—3. LXX haben noch einige Zusätze von Wein- und Öl-bedarf für Salomos Hof.

wie es scheint, in zwei Kreise zusammengezogen. Nur der Stamm Juda,
als der bevorzugte und königliche, behielt ungeschmälert sein Gebiet.
Über sämtliche zwölf Amtleute war ein Oberbeamter gesetzt, der sie zu
überwachen und für die regelmäßige Steuerlieferung zu sorgen hatte[1].

Einen erhöhten Glanz entfaltete Salomo durch seine Bauten.
Zunächst war er darauf bedacht, dem Gotte Israels in der Hauptstadt
des Landes einen prachtvollen Tempel zu errichten. Sein Vater, der
sich mit dem Plane eines solchen beschäftigt hatte, war infolge der Kriege
und Aufstände während seiner Regierung am Bau verhindert. Salomo
nahm ihn dann auf und führte ihn zur Bewunderung der Zeitgenossen
und der Nachwelt aus. Es konnte ihm nicht gleichgültig sein, daß in
den Nachbarländern, mit deren Herrschern er befreundet war, in Ägypten
und Phönizien, für die Götter riesige Tempelbauten bestanden, während
in seinem Lande das Heiligtum noch immer in einem Zelte war. Salomo
ging demgemäß gleich nach seiner Thronbesteigung daran, Vorbe-

---

[1] Das Register der Salomonischen Amtleute, I. Könige 4, 7—19, die
wahrscheinlich in den letzten Regierungsjahren Salomos fungierten, da zwei
von ihnen mit bereits erwachsenen Töchtern Salomos verheiratet waren,
enthält manche Dunkelheit. Auffallend ist besonders, daß über Juda kein
Nezib gesetzt zu sein scheint. Es müßte denn sein, daß man mit LXX
Vers 19 (17) liest: καὶ Νασεφ εἰς ἐν γῇ Ἰούδα, d. h. das Wort יהודה von
Vers 20 zu Vers 19 hinüberzieht: ונציב אחד אשר בארץ יהודה oder vielmehr annimmt, daß das Wort יהודה einmal fehlt: יהודה, אשר בארץ יהודה
וישראל רבים וגו'. Allein wenn dem so wäre, daß für Juda ebenfalls ein
Amtmann bestimmt war, so müßte es 13 Amtleute gegeben haben, und die
Zahl 12 ist doch (V. 7) ausdrücklich angegeben. LXX haben ganz dieselben
Namen und dieselbe Einteilung, wenn auch in zum Teil abweichender Reihenfolge. Josephus dagegen scheint ein anderes Register vor sich gehabt zu
haben. Bei ihm fehlt nämlich der Amtmann, welcher seinen Sitz in Machanaïm gehabt haben soll. Anstatt אחינדב בן עדא מחנימה (V. 14) hat er
(Altert. VIII. 2, 3): Ἀχινάδαβος δὲ τῆς Γαλιλαίας ὅλης ἄχρι Σιδῶνος
ἐπετρόπευε. Was im hebräischen Texte von אחימעץ ausgesagt wird, legt Josephus
Achinadab bei. Man kann sich zwar auf seine Angaben nicht allzusehr verlassen; allein ein Landpfleger für Machanaïm scheint in der Tat überflüssig
zu sein, da ein solcher in Ramot-Gilead weilte, welches sehr nahe bei
Machanaïm lag (s. Note 12). Streicht man den Amtmann für Machanaïm
und setzt dafür einen für Juda, so hat man wieder die Zahl 12. — Einige
Städtenamen in diesem Register sind unverständlich. So מקץ (Vers 9) und
בית חנן wohl בית הרן (Vers 10). ארבות kommt sonst nicht vor, vielleicht
gleich ארומה oder תרמה (Richter 9, 31. 41), und רומה, der Stadt, woher
die Frau des Königs Josia, die Mutter Jojakims, stammte (II. Könige 23, 36):
Aruma ist nach van de Velde identisch mit dem jetzigen el-Orma, südlich
von Sichem, — שבה das. ist wohl סכות, das diesseitige Sukkoth. In Vers 16
ist בעלות oder עלות auch nicht ganz richtig. [Vgl. Klostermann z. St.]

reitungen zum Bau zu treffen. Der Platz war bereits ausgewählt, der Hügel Morija im Nordosten der Stadt, gegenüber dem Stadtteil Millo, wo David beim Aufhören der Pest einen Altar errichtet hatte. Auch Silber und Gold war dazu vorbereitet; aber Baustoffe, Steine und Zedernholz mußten herbeigeschafft werden. Steine gab es allerdings in Hülle und Fülle in der Nähe der Hauptstadt. Aber solche, die zum Bau gebraucht werden konnten, regelmäßige Quadern und Blöcke, mußten erst aus den Felsen unter der Erde ausgehauen werden. Noch heutigen Tages bemerkt man im Norden von Jerusalem ausgedehnte Steinbrüche unter der Erde, die etwa 700 Fuß lang und stellenweise eben so breit sind. Es ist ein Labyrinth von ausgehauenen Kammern; Steinsäulen sind noch stehen geblieben, um die Decke zu tragen[1]). Aus diesen Steinbrüchen wurden große, regelmäßige Blöcke ausgehauen, um sie teils für den Grundbau des Tempels, teils für die Mauern zu verwenden. Die Quadern für die Wände wurden an den Rändern derart mit Fugen versehen, daß sie ineinander greifen und sich anschließen konnten. Aber woher kamen die vielen Arbeiter für das mühsame Aushauen, Zubereiten und Befördern der Steine? Salomo hatte von seinem Schwiegervater Pharao Pfusennes das Mittel gelernt, sich Arbeiter ohne große Kosten zu verschaffen. Im Lande Israel wohnten

---

1) Der Eingang zu den Steinbrüchen dicht bei Jerusalem, die von den Arabern Kotton-Meghara, Baumwollenhöhle, genannt werden, liegt am Damaskustor dicht an der Mauer. Er ist erst 1854 durch Einsturz eines Teils der Nordmauer entdeckt worden, ein Hund hat die Öffnung erweitert. Diese beträgt nur 2 Fuß Breite, und man kann nur mühsam mit den Füßen zuerst hineinkriechen. Beim Eintritt senkt sich der Boden immer tiefer. Die künstlichen Höhlen scheinen sich weit auszudehnen, wahrscheinlich durch einen Teil der Stadt und auch unterhalb der Tempel-(Moschee-) Area. Das Ende ist noch nicht entdeckt worden, weil die Untersuchung nur mit Fackellicht angestellt werden kann, und tiefe Gruben das Vordringen hindern. (Vgl. über die Ausdehnung und Beschaffenheit der Höhlen in den Steinbrüchen Sepp, Jerusalem und das heilige Land I. 287 f.; Tristram, Land of Israel, p. 190 f.) Auf die unterirdischen Gänge bezieht sich wohl, was Tacitus berichtet (historia V, 12): cavati sub terra montes. Der Talmud spricht von einer großen Zedekiahöhle in Jerusalem, durch welche es diesem König gelungen sei, unbemerkt von den Chaldäern aus der Stadt zu entkommen und bis Jericho zu entfliehen (Erubin fol. 61b). Der Reisende Petachja (im 12. Säkul.) identifiziert die Höhle beim Damaskustore mit der Zedekiahöhle, meint, sie erstrecke sich bis Jericho, und tradiert, daß viele Bewohner Jerusalems ihm versichert hätten, sie selbst hätten sie eine miglia weit durchschritten: באב אלצמוד וסמוך לו המערה של צדקיה שהולך עד יריחו. הרבה יהודים ספרו לי שהלכו בה מיל. Babel-Amud nennen die Araber das von den Christen Damaskustor genannte Tor.

noch Überreſte der kanaanitiſchen Bevölkerung, welche weder Joſua zu
unterwerfen vermochte, noch die nachfolgenden Führer ausrotten
konnten. Saul hatte wohl begonnen ſie zu vermindern; aber wegen
ſeiner Fehden mit David konnte er nicht mit Nachdruck gegen ſie verfahren. David hatte ſie in Ruhe gelaſſen, weil ſie friedlich mit den
Israeliten lebten und verkehrten und ihm im Kriege gegen die Philiſter
und andere Feinde dienten. Je mächtiger die Israeliten wurden, deſto
weniger konnte dieſe eingeborene Bevölkerung ihnen ſchädlich werden.
Salomo dagegen erklärte mit einem Male die Überreſte der Emoriter,
Chittiter, Pheriſiter und Chiwwiter, welche um Betſchean, in der Ebene
Jesreël, im Norden unter den Stämmen Zebulon, Aſcher und Naphtali
und im Weſten im Gebiete von Dan wohnten, auch die Jebuſiter, denen
David erlaubt hatte, außerhalb Jeruſalems zu wohnen (o. S. 214), alle
dieſe erklärte er zu Halbſklaven und zwang ſie zu Frohnarbeit. Sie
zählten noch 150,000 Jünglinge und arbeitskräftige Männer. Sie
bildeten die Arbeiterbevölkerung. N o a h , der Stammvater der nach-
ſintflutlichen Geſchlechter, hat die Kanaaniter verflucht und zur Sklaverei
verurteilt, weil ihr Vater H a m ſich unehrerbietig gegen ſeinen eigenen
Vater benommen hat[1]); darauf mochte ſich Salomo berufen haben.
Mehr als dreitauſend israelitiſche Aufſeher hielten dieſe zur Sklaverei
erniedrigten Urbewohner zur Arbeit an. Ein Oberaufſeher A d o n i r a m
überwachte die Aufſeher und Arbeiter. Achtzigtauſend dieſer Unglücklichen wurden in den Steinbrüchen beſchäftigt, bei Lampenlicht Tag und
Nacht nach Anleitung von Sachverſtändigen aus Byblos (Giblim)
ſchwere Quadern[2]) aus den Felſen zu hauen, ſie auf beiden Seiten zu
glätten und an den Rändern regelrechte Fugen anzubringen. Noch
jetzt bemerkt man die Spuren des Lampenlichtes in den Brüchen an
dem geſchwärzten, angerauchten Geſtein in Niſchen. Siebzigtauſend
Sklaven[3]) hoben die ſchweren Steine aus der Öffnung und ſchafften

[1]) Geneſis 9, 25.

[2]) I. Könige 5, 31—32; 7, 9—11.

[3]) Daſ. 9, 20—23. Die Zahl der kanaanitiſchen Arbeiter in den Steinbrüchen iſt angegeben, daſ. 5, 29—30 und II. Chronik 2, 16—17. Die Zahl
der israelitiſchen Aufſeher über die Frohnarbeiter ſchwankt an dieſen beiden
Stellen. Der Chroniſt, dem bereits die Zahlvariante vorlag, gleicht ſie dahin
aus, daß 3000 oder 3600 aus der nichtisraelitiſchen Bevölkerung zu Auf-
ſehern ausgewählt worden (מנצחים), dagegen 550 israelitiſche Oberaufſeher (נצבים) über dieſelben geſetzt geweſen wären. Allein der Text im
Buche der Könige verträgt dieſe Ausgleichung nicht. — Daß übrigens Salomo
zuerſt die Urbewohner zu Frohnarbeit (מס) gezwungen hat, iſt in Könige
daſ. 9, 20—21 zu deutlich angegeben, als daß man daran mäkeln dürfte.

sie zum Bauplatz. Es waren halbweiche Kalkquadern, welche die Eigen-
schaft besaßen, an der Luft zu festem Gestein zu verhärten[1]).

Zedern- und Zypressenholz zum Tempelbau lieferte der tyrische
König H i r a m , Salomos Freund. Auf dem Libanon wurden die
Stämme gefällt. Hiram stellte auch für Salomo sachverständige
Zimmerleute zur Verfügung, besonders Sidonier, die kundig waren,
welche Stämme sich zum Bau eigneten, und wie sie gefällt werden
mußten. Diese Stämme wurden vom Libanon nach Tyrus oder einem
anderen Hafenplatz befördert, dort zu Flößen zusammengefügt, bis
nach der Hafenstadt J a p h o (Joppe) gerudert, und von hier wurden
sie mühsam über Höhen und Täler mindestens zehn Stunden weit nach
Jerusalem geschafft. Welche Arbeiter wurden zum Fällen der Zedern-
und Zypressenstämme und zur Beförderung derselben an Ort und Stelle
verwendet? Die kanaanitischen Leibeigenen reichten dazu nicht aus,
oder es schien bedenklich, sie in die Ferne zu senden. Darum verwendete
Salomo Israeliten dazu. Dreißigtausend wurden zu dieser Arbeit ausgehoben. Je 10,000 wurden für je einen Monat in die Wälder gesendet,
dort das Fällen der Bäume und deren Beförderung zu besorgen. Nach
Ablauf des Monats wurden diese Arbeiter durch andere 10,000 ab-
gelöst. Sie kehrten in ihre Heimat zurück, um nach zwei Monaten
wieder an die schwere Arbeit zu gehen. Diese dreißigtausend Israeliten
wurden zwar nicht zu Halbsklaven gemacht, sie blieben Freie und be-
kamen vielleicht auch Tagelohn, aber der Arbeit entziehen durften sie
sich nicht[2]).

Er hat auch zuerst einen höchsten Beamten über die Frohnarbeiter eingesetzt
und zwar A b o r a m oder A d o n i r a m, das. 4, 6: אדנירם על המס . Wenn
II. Samuel 20, 24 angegeben ist, daß dieser Adoniram bereits unter David
dieses Amt inne gehabt habe, so ist es aus einer Reminiszenz in diese
Relation hineingekommen, gerade so wie I. Könige 4, 4 der Passus צדוק
ואביתר כהנים , da Abjathar bei Salomo in Ungnade war und selbst Zabok
unter ihm nicht Hoherpriester war, sondern sein Sohn Asaria (das. 4, 2).
Wäre Adoniram schon unter David Frohnaufseher gewesen, so hätte er nicht
noch Rehabeams Regierungsantritt erleben können. (I. Könige 12, 18.) —
Die Unterjochung der Kanaaniter zu Sklaven ist auch angegeben Richter 1, 18 ff.:
ויהי כי חזק ישראל וישם את הכנעני למס והורש לא הורישו . Diese und
noch andere Verse nach LXX beziehen sich eben auf die S a l o m o n i s c h e Zeit.

[1]) Tristram, Land of Israel, p. 191.
[2]) I. Könige 5, 27—28 harmoniert mit das. 9, 22. Die Israeliten
wurden ebenfalls zu מס, Arbeit, verwendet, nur nicht wie die Kanaaniter
zu מס עבד , zu lebenslänglichen Frohnarbeiten degradiert. Das ist der Sinn
von Vers 9, 22 Dadurch wird die auch gegen sie gebrauchte Härte gemildert dargestellt.

Es war nicht zu verlangen, daß Hiram umſonſt ſeine Zedern= und
Zypreſſenwälder lichten und ſeine Zimmerleute und Bauverſtändigen
zur Verfügung ſtellen ſollte. Salomo lieferte ihm daher als Entgelt
dafür jahraus, jahrein, ſo lange ſeine Bauten nicht vollendet waren,
20,000[1]) Khor Weizen (etwa 80,000 Hektoliter) und viel Wein und Öl.
Aus ſeinen eigenen Ländereien hat Salomo ſchwerlich dieſes alles be=
ſtreiten können, denn die Könige von Juda beſaßen nur Ziklag als
Privateigentum[2]), und dieſes konnte nicht den geringſten Teil davon
erzeugen. Auch für die Getreide=, Wein= und Öllieferungen wurde ohne
Zweifel die Ernte und Mühe des Volkes in Anſpruch genommen. Aber
auch Gold mußte Hiram zur Verzierung des Innern des Tempels vor=
ſchießen[3]). Noch hatte Salomos Flotte dieſes edle Metall nicht aus
Ophir eingeführt. Für die Goldlieferung mußte ihm Salomo zwanzig
Städte an der Grenze von Phönizien und dem Gebiete Israels im
Stamme Aſcher abtreten. Sie waren nicht bedeutend und gefielen
Hiram nicht; aber es war doch immer israelitiſches Gebiet, welches
den Phöniziern übergeben wurde. Hiram ließ verſchiedene Völker=
ſchaften darin anſiedeln, und davon erhielt das Gebiet den Namen
„Kreis der Völkerſchaften" (Gelil ha-Gojim) und ſpäter
Galiläa[4]).

[1]) I. Könige 5, 24—25. Die Zahlen ſind nicht ganz geſichert; vgl. dazu
II. Chronik 2, 9 und die griechiſche Überſetzung zu Könige daſ.

[2]) I. Samuel 27, 6.

[3]) I. Könige 9, 11. 14.

[4]) Unter dem Namen גליל הגוים wird dieſe Gegend Jeſaia 8, 23 be=
zeichnet und ähnlich Joſua 12, 23 מלך גוים לגלגל, gleich לגליל; ſo LXX
Γαλιλαίας. Mit Auslaſſung des Wortes גוים wird ſie kurz הגליל ארץ ge=
nannt, I. Könige 9, 11. Aus der Stelle bei Jeſaia geht hervor, daß Galil
verſchieden war vom Lande Naphtali, d. h. von der nordisraelitiſchen Gebirgs=
gegend, oder wie man ſpäter es bezeichnete, von Obergaliläa. Dagegen
umfaßte der Name ſpäter ein viel größeres Gebiet, wozu auch das hoch=
gelegene Kadeſch gehörte, alſo ſchon ſo ziemlich identiſch mit dem Gebiete
Naphtalis oder Obergaliläa war (Joſua 20, 7; 21, 32; II. Könige 15, 29).
Unter חרשת הגוים (Richter 4, 2f.) iſt wohl auch als Verkürzung חרשת
גליל הגוים zu verſtehen. — Was die Benennung כבול [I. Kön. 9, 14] für
dieſe Gegend betrifft, ſo iſt ihre Etymologie noch nicht befriedigend gelöſt;
die dafür vorgeſchlagenen Hypotheſen ſind ſämtlich abenteuerlich, vgl. Geſenius,
Theſaurus ſ. v. Käme nicht die Stadt Khabul im Verzeichnis der Städte
bei Joſua vor, erwähnte Joſephus nicht eine Stadt Chabulon oder Chabolo
unweit Ptolemais (Akko), und erzählten die talmudiſchen Quellen nicht, daß
es noch nach der zweiten Tempelzerſtörung in Galiläa eine Stadt כבול gegeben
habe, ſo könnte man geneigt ſein, in der Stelle Buch der Könige zu leſen:
ויקרא להם ארץ גליל ſtatt כבול. [So auch Kloſtermann z. St., I. daſ.]

Sobald die Steine und das Bauholz an Ort und Stelle geschafft
waren, wo der Tempel errichtet werden sollte, wozu drei Jahre nötig
waren, begann der Bau unter der Leitung phönizischer Baukünstler und
in phönizischem Stile. Der Tempel war aus Quadersteinen aufgeführt
und die Wände inwendig mit Zedernbohlen belegt. In denselben waren
Figuren von Palmen, offnen Blumenkelchen und Cherubim, geflügelten
Wesen mit Menschengesichtern, angebracht, und diese Figuren waren
mit Gold belegt. Der Umfang des Tempels betrug sechzig Ellen in
der Länge, zwanzig in der Breite und dreißig in der Höhe. Er zerfiel
in das **Allerheiligste** (Debir, Hintergemach) viereckig von
20 Ellen im Geviert, und in das **Heiligtum** (Hechal), das vierzig
Ellen lang war. Im Allerheiligsten, das höher als das Heiligtum gelegen zu haben scheint, standen zwei Cherubim aus vergoldetem Olivenholz von je zehn Ellen Höhe, deren Flügel je fünf Ellen weit sich ausbreiteten. Im Eingang zum Heiligtum war eine offne **Vorhalle**
(Ulam), gemäß der Breite des Heiligtums und von zehn Ellen Länge,
und vor dieser Halle standen zwei Säulen aus Erz gegossen, die als ein
staunenswertes Kunstwerk galten. Ein halbisraelitischer Künstler
Hirom, dessen Vater ein Thrier und dessen Mutter eine Naphtalitin
war, hatte sie angefertigt. Der Schaft der Säulen betrug 18 Ellen an
Höhe und zwölf Ellen an Umfang. Auf denselben war je ein verzierter
Knauf in Lilienform, um welchen zwei Schnüre von je 100 Granat-
äpfeln aus Erz schwebten. Von diesen beiden Säulen hieß die linke
Boas, die rechte **Jachin**, die Bedeutung dieser Namen ist unbekannt[1]). An den drei übrigen Seiten waren bis über die Hälfte
Seitengebäude angebracht (Jazia), welche **drei Stockwerke**
mit Zimmern von je fünf Ellen Höhe enthielten. Die Zimmer oder
Hallen der Seitengebäude dienten wohl zum Aufenthalt der Priester
und Leviten und auch als Schatzkammern. An den beiden Längs-
seiten waren oberhalb der Stockwerke Fensteröffnungen, mit Gitterwerk
versehen, angebracht. Die Hinterseite dagegen hatte keine Fenster.
Sie war nach Westen gerichtet, der aufgehenden Sonne entgegengesetzt,
und der Eingang, nicht wie sonst bei Tempeln, im Osten; das israelitische

Denn daß nicht Hiram die Gegend so genannt hat, wie allgemein irrtümlich
angenommen wird, um seine Geringschätzung derselben auszudrücken, geht
daraus hervor, daß man mit der syrischen Version notwendig[?] lesen muß
ויקרא להם, d. h. man nannte die Gegend so, nicht Hiram nannte sie.
[1]) Abgeschmackt ist die Etymologie, welcher Albert Reville oder Tiele
noch das Wort reden: Jakin, „il fonde" — Boaz, „en lui la force,"
also etwa בו־עז! (Revue de deux mondes, Jahrg. 1873 p. 387.) [S. jedoch Klostermann zur Stelle bei Riehm-Bäthgen, S. 666.]

Volk ſollte nicht wie manche andere Völker das glänzende Tagesgeſtirn als befruchtenden Gott anbeten. Nur ſpärlich drangen Sonnenſtrahlen in das Innere des Tempels; es ſollte im Halbdunkel bleiben. Das Dach des Tempels war mit Schildern und Felderdecken aus Zedernholz gedeckt. Die Tür zum Allerheiligſten war aus Olivenholz mit vergoldeten Cherubim, Palmen und offnen Blumenkelchen verziert, die Flügeltüren zum Heiligtum aus Zypreſſenholz ebenſo verziert und der Fußboden aus Zypreſſenholz mit Gold ausgelegt. Im Allerheiligſten, das zur Aufnahme der Bundeslade mit den Geſetztafeln beſtimmt war, waren nur die Cherubim ſichtbar. Im Heiligtum ſtanden nur ein Altar aus Zedernholz, auf allen Seiten vergoldet[1]), dann fünf vergoldete Leuchter rechts und ebenſo viel links und endlich ein vergoldeter Tiſch für zwölf Brote.

Der Tempel war von einem großen Hofe umgeben, der niedriger als das Heiligtum lag; er beſtand aus drei Reihen Steinquadern und einer Reihe gezimmerter und geſchnitzter Zedernplanken. Innerhalb des Vorhofes ſtanden ein großer Altar aus Erz[2]) und ein umfangreicher Waſſerbehälter, das „eherne Meer" genannt, ringsum mit einem Kelchrande und mit Lilienblüten oberhalb des Randes und mit Koloquinten unterhalb desſelben verziert. Dieſer Waſſerbehälter ſtand nicht auf dem Fußboden, ſondern wurde von zwölf aus Erz gegoſſenen Rindern getragen, von denen je drei einer andern Seite zugewendet waren. Dieſes eherne Meer galt neben den beiden Säulen als ein wundervolles Kunſtwerk, das ebenfalls von Hirom ausgeführt war. Das Waſſer in demſelben zum Waſchen der Hände und Füße für die Opferprieſter, ſo oft ſie das Heiligtum betreten wollten, iſt wahrſcheinlich vermittelſt drehbarer Hähne ausgefloſſen[3]). Zehn kleine Waſſerbehälter, kunſtvoll gearbeitet, ſtanden auf Rädern im Vorhofe und dienten dazu, hin und her gefahren zu werden. Tempelgeräte, Opferund Weihrauchſchalen ließ Salomo in großer Menge anfertigen, teils aus Gold, teils aus funkelndem Erze. Reichtum und Glanz war über das Innere und Äußere des Tempels ausgegoſſen.

---

[1]) I. Könige 6, 20 muß nach LXX folgendermaßen emendiert werden: ולפני הדביר [מזבח: והדביר] בשרים אמה ארך וכ' אמה רחב וגו' ויצף [את] המזבח זהב. Dadurch ſind alle Schwierigkeiten, die man in dieſem Verſe fand, gehoben. [Vgl. jedoch Kloſtermann z. St.]

[2]) Der Altar des Vorhofes fehlt in der Beſchreibung in Könige, der Vers iſt aber ausgefallen zwiſchen 7, 22 und 23, entſprechend II. Chronik 4, 1.

[3]) Auf dieſe Art wird noch heute das Waſſer aus den großen, zuweilen koloſſalen Waſſerbehältern in den Vorhöfen der Moſcheen zum Waſchen benutzt; es fließt durch die Öffnung der Hähne aus.

Es wurde auch darauf Bedacht genommen, daß neben den Opfern ein erhebender Gottesdienst mit Gesang und Saitenspiel begangen wurde. Zu diesem Zwecke ließ Salomo Harfen und Lauten aus Sandelholz anfertigen[1]).

Feierlich war die Einweihung des Tempels nach Vollendung des Baues in sieben Jahren (um 1005). Der Monat, in dem die Feldarbeit und die Weinlese beendet waren, wurde dazu erwählt. Die Häupter sämtlicher Stämme und die Ältesten der Familien wurden dazu eingeladen, und aus der Nähe und Ferne strömte viel Volks herbei, den Glanz des Gotteshauses anzustaunen und dem seltenen Schauspiele beizuwohnen. Die Feierlichkeit begann mit der Übersiedlung der Bundeslade vom Berge Zion, der Davidsstadt, nach dem Hügel Morija. Die Leviten trugen sie auf ihren Schultern bis zum Eingang des Tempels, und die Ahroniden stellten sie in das Allerheiligste unter die ausgebreiteten Flügel der Cherubim. An der Bundeslade befanden sich noch die Tragestangen aus der Zeit der Wüstenwanderung; sie waren so angebracht, daß sämtliche Anwesende das heilige Überbleibsel des Altertums, die zwei steinernen Tafeln der Zehnworte, schauen konnten. Bei der Übertragung der Bundeslade und während der Einweihung wurden viele tausend Opfer gebracht; aber gewiß wurden auch Psalmen gesungen. Wahrscheinlich bilden einen Überrest derselben folgende Verse:

> Hebet, ihr Tore, eure Häupter,
> Erhebet euch, ihr ewigen Pforten,
> Daß einziehe der König der Ehre!
> „Wer ist der König der Ehre?"
> Jhwh stark und mächtig,
> Jhwh mächtig im Kriege.
> Hebet, ihr Tore eure Häupter
> Und erhebet euch, ihr ewigen Pforten,
> Daß einziehe der König der Ehre!
> „Wer ist der König der Ehre?"
> Der Herr Zebaoth,
> Er ist der König der Ehre[2]).

[1]) I. Könige 10, 12.

[2]) Pf. 24, Vers 7 f. Die meisten Ausleger beziehen diesen Pf. ganz auf die Einweihung unter Salomo. Indes der erste Teil Vers 1—6 hängt mit dem zweiten nicht zusammen und verrät sich durch die Termini דרשי ה׳ und מבקשי פני ה׳ als ein späterer Psalm. Daß Gott in der ältern Partie als siegreich dargestellt wird, ist auf den Umstand zurückzuführen, daß die Bundeslade in den Krieg geführt und ihr die Vernichtung der Feinde zugeschrieben wurde. Vgl. Numeri 10, 35 und o. S. 96. Aber eben wegen der Anspielung auf die Bundeslade passen diese Verse für ihre Übersiedlung und

Sobald die Bundeslade in das Allerheiligste gebracht war, verhüllte eine dichte Wolke den ganzen Tempelraum, so daß die Ahroniden verhindert waren, den Dienst zu verrichten. Diese Erscheinung galt als ein Gnadenzeichen Gottes, daß die Weihe des Hauses in seinem Sinne geschehen sei, daß er den Tempel als sein Haus anerkenne, darin verehrt sein wolle und darin seine Gegenwart durch Offenbarung kund geben werde. Die Stimmung der anwesenden Menge bei der Einweihung war daher freudig, gehoben und andachtsvoll. Der in Ebenmaß ausgeführte Bau und die Pracht des Tempels machte einen erhebenden Eindruck und das sichtbare Gnadenzeichen erhöhte ihn. Der König gab den Empfindungen der Anwesenden mit kurzen Worten einen angemessenen Ausdruck: „Gott hat verheißen in einer Wolke zu weilen, gebaut hab' ich einen festen Wohnsitz dir, o Gott! eine Stätte für dein Bleiben für immer[1]." Der Morijaberg erschien dadurch wie der Berg Sinaï, auf dem sich Gottes Stimme aus einer dichten Wolke offenbart hatte. Mit ehrfurchtsvollen Blicken betrachtete das Volk seitdem den Tempel, als sichtbaren Sitz Gottes, der auch Himmel und Erde fülle. Von hier aus erwartete es zuverlässige Verkündigungen für den Weg, den es zu wandeln haben werde. Von den beiden Cherubim aus, welche die Bundeslade mit den Gesetzestafeln schützend beschatteten, werde Gott zu seinen Dienern sprechen, wie er zu Mose vom Sinaï gesprochen. Ein Prophet, der anwesend war (vielleicht A ch i j a aus Schilo), verkündete dem König Salomo im Namen Gottes: „Wenn du in meinen Gesetzen wandeln, meine Vorschriften tun und meine Gebote befolgen wirst, so werde ich meine Verheißung erfüllen, die ich David, deinem Vater, gegeben. Ich werde in der Mitte der Söhne Israels weilen und mein Volk nicht verlassen[2]."

Freudig beging damals das Volk das Herbstfest, welches mit der Einweihungsfeier zusammenfiel. Der Eindruck dieses Tempels, der

für die Einweihung. [Vgl. jedoch die Kommentare von Delitzsch, Hupfeld und Keßler.] — Daß Ps. 30 nicht ein Einweihungspsalm unter Salomo sein kann, ist selbstverständlich. Er ist eine Überarbeitung des Hiskiaschen Gebetes. [Andere wollen das hiskijanische Gebet für eine Überarbeitung dieses Psalmes halten.] — Die Überschrift von Ps. 127 bezieht diesen ebenfalls auf Salomos Tempelbau; es ist aber nur erraten.

[1] I. Könige 8, 12—13. Die Stelle steht im Zusammenhange mit Leviticus 16, 2.

[2] Das. 6, 12—13. Nur diese beiden Partien (nämlich diese Verse und 8, 12—13), welche, von den Partien der Gebete getrennt, kurz gehalten sind und wie versprengt aussehen, sind unzweifelhaft echt aus dem Salomoschen Einweihungsakt. Ein späterer Psalmist aus dem davidischen Hause beruft sich auf diese Verheißung Ps. 132, 11 f. Zu I. Könige 8, 13 vgl. Exodus 15, 17.

glänzend von Gold und Erz, einfach im Bau und erhaben ohne Bildnis
einer Gottheit, aber von ihr unsichtbar umschwebt, dastand, war tief und
dauernd. „Das Haus Gottes" — es liegt ein Widerspruch in der Gedankenverbindung dieser beiden Begriffe, der auch später erkannt
wurde, — „das Haus Gottes" gab der Phantasie, die sich das Geistige
nicht ohne eine sinnlich faßbare Hülle vorstellen kann, einen festen Stützpunkt. Das Haus Gottes, wo Jhwh inmitten seines Volkes weilt und
sich kundgibt, oder auf das sein Name genannt wurde, wurde im Verlaufe
der Zeit das köstlichste Kleinod des Volkes. Nicht mehr wurde die Bundeslade in den Krieg mitgeführt, um Siege zu erwirken. Aber bei Kriegen
wie bei jeder Plage, die das Land traf, wandten sich die Gemüter zum
Tempel auf Morija, um die dort verehrte unsichtbare Gottheit um Abwendung des Unglücks anzuflehen[1]). Der Tempel wurde der „S t o l z
und die M a c h t I s r a e l s, die L u s t s e i n e r A u g e n" genannt[2]).

Mit der Einweihung des Tempels begann auch eine geistliche
Ordnung, wie sie vorher weder in den beschränkten Verhältnissen der
Stiftshütte in Schilo, noch in der Übergangszeit im Zelte auf Zion sich
festsetzen konnte. Das Priestertum bestand allerdings schon früher und
gehörte ausschließlich den Nachkommen Ahrons an. Aber die Rang-
ordnung war noch nicht abgestuft, die Höheren von den Niedern noch
nicht unterschieden. Erst unter Salomo wurde ein Hoherpriester an die
Spitze der übrigen gestellt und ein Rangunterschied eingeführt. Mit
der Hohenpriesterwürde war damals A s a r j a, Sohn Zadoks[3]) bekleidet, nachdem sein Vater gestorben war. Ihm zur Seite standen die
niedrigen Priester. Für die Leviten, welche den Ahroniden untergeordnet wurden, ist eine neue Ordnung geschaffen worden. Ein Teil von
ihnen leistete beim Opfern Dienste, ein anderer Teil hielt an vier Seiten
des Tempels Wache und hatte die Aufsicht über die Tempelgefäße und
Zubereitungen[4]), endlich standen einige Familien dem Gesang und
Saitenspiele vor. Denn so sehr auch unter Salomo das Opferwesen
den Mittelpunkt des Gottesdienstes einnahm, so war doch auch dem das
Gemüt anziehenden und erhebenden dichterischen und musikalischen
Kultus Spielraum gewährt. Diesem Kultus standen drei Meister vor,
H e m a n, ein Enkel des Propheten Samuel, mit seinen Söhnen, den

---

[1]) Folgt aus I. Könige 8, 31—53.

[2]) Ezechiel 24, 21; 7, 24, באון עזם statt עזים 'ג; Pf. 47, 5. Amos 8, 7
verglichen mit 4, 2 und Pf. 89, 36, wohl auch Amos 6, 8.

[3]) I. Könige 4, 2 vgl. o. S. 283. Anmerk. Auffallend ist die Geschlechts-
folge angegeben in I. Chronik 5, 34—36, und zum Teil auch 6, 38.

[4]) I. Chronik 9, 23 ff.

Korachiden, Aſſaf und ſeine Söhne und endlich Jedu-
thun[1]). Wie es ſcheint, gruppierten ſich ſeit der Zeit die Leviten in
drei abgeſchloſſene Klaſſen, in die Kehatiten als Sängerklaſſe (Meschorerim), die Gerſoniden als Opfergehilfen
(Mescharetim) und die Merariden als Pförtnerklaſſe
(Schoarim). Die Einordnung der Sängerklaſſe in den Gottesdienſt
wurde auf die Propheten Samuel, Nathan und Gad und auf den kunſt-
liebenden König David zurückgeführt[2]). Von dieſem und Aſſaf ſtammten
wohl die Pſalmen, die, wenn auch nicht täglich, ſo doch an den Sabbaten
und Feſttagen zum Lobe Gottes aus dem Tempel heraus erklangen[3]).

Erſt durch den Tempel und die eingeführte Ordnung wurde
Jeruſalem in Wirklichkeit die Hauptſtadt des Landes. Zu den Feſten
im Herbſt kamen Wallfahrer aus allen Stämmen, um dem feierlichen
Gottesdienſte beizuwohnen, wie ihn die Stammesaltäre nicht bieten
konnten. Da Jeruſalem auch allmählich eine bedeutende Handelsſtadt
wurde, in welcher ausländiſche Waren und Seltenheiten auf den Markt
kamen und Fremdenverkehr ſtattfand, ſo zog es noch mehr Beſucher aus
allen Stämmen an. Jeruſalem, die jüngſte von allen Städten des
Landes Iſrael, überflügelte und überſtrahlte die älteren ſämtlich.

Salomo ließ das von ihm zu einer Stadt erſten Ranges erhobene
Jeruſalem von allen Seiten befeſtigen, und auch der Tempelberg wurde
in den Umkreis der Befeſtigung hineingezogen[4]). An drei Seiten
bildeten die Hügel ſelbſt natürliche Mauern, und die Kunſt brauchte nur
nachzuhelfen und die Unebenheiten auszufüllen. An der Nordſeite
dagegen, wo die Hügelanſchwellung abfällt, und noch mehr an der Tiefe,

[1]) I. Chronik 6, 18 ff., 25, 1 ff.

[2]) Daſ. 29, 25. Amos 6, 6.

[3]) Daß in der vorexiliſchen Zeit Pſalmen und Lieder im Tempel eingeführt waren, iſt unzweifelhaft. דברי שיר und שירי ציון Pſ. 137, 3 weiſen
entſchieden daraufhin, ebenſo Amos 5, 23: הסר מעלי המון שיריך וזמרת
נבליך לא אשמע. Es iſt dabei vom Tempelkultus die Rede. Pſ. 22, 4, der
ſpäteſtens aus der jeremianiſchen Zeit ſtammt, heißt es: ואתה קדוש יושב
תהלות ישראל. Dieſer Vers iſt zu kurz; es muß nach I. Samuel 4, 4,
II, 6, 2; II. Könige 19, 15; Pſ. 80, 2; 99, 1, יושב הכרובים und nach
Exodus 15, 11 נורא תהלות dazu ergänzt werden: ואתה קדוש יושב תהלות
נורא תהלות ישראל, d. h.: „verehrt durch Lobgeſänge Iſraels. Aus
Jeſaia 30, 29: השיר יהיה לכם כליל התקדש חג, geht hervor, daß
mindeſtens am Herbſtfeſte im Tempel Lieder, d. h. Pſalmen, geſungen wurden.
Aus II. Chronik 29, 30 בדברי דוד ואסף החזה geht hervor, daß man die
Pſalmen auf David und Aſſaf zurückführte. Vgl. daſ. I, 16, 7.

[4]) Folgt aus I. Könige 3, 1: ואת חומת ירושלם סביב, rings umher,
alſo auch mit Einſchluß des Tempels.

welche das Kidrontal bildet, zwischen der Stadt und dem Morija oder Tempelhügel, mußte eine starke und zugleich hohe Mauer aufgeführt werden. Da von früher her schon unter David eine Mauer um den Hügel Zion diesen Stadtteil schützte, so bestand an der Nordostseite eine Doppelmauer, welche besonders dazu diente, das Tal vom Norden unzugänglich zu machen[1]).

Der Bau des königlichen Palastes erforderte einen Zeitraum von dreizehn Jahren. Aber es war auch eine ganze Reihe von Gebäuden, die einen großen Umfang auf dem nördlichen Hügel in dem Stadtteil Millo[2]) einnahmen. Dem Eingang zunächst war das Haus des Libanonwaldes, das seinen Namen von den vielen Zedernsäulen hatte, die reihenweise zu je fünfzehn standen. Dieses Haus diente als Waffenplatz zum Schutze des Königs; hier hielten dreihundert Trabanten Wache, mit goldenen Speeren und Schildern versehen, Begleiter des Königs, so oft er in den Tempel ging[3]). Große Sorgfalt verwendete Salomo auf die Einrichtung der Gerichts- oder Thronhalle. Sie war vom Fußboden an mit Zedernplanken belegt und mit vergoldetem Schnitzwerk verziert[4]). In dieser Halle stand Salomos Thron, welcher als ein seltenes Wunderwerk gepriesen wurde. Er war durchweg aus Elfenbein gearbeitet und mit Gold belegt. Sechs Stufen führten hinauf, und auf jeder Stufe kauerten zwei künstlich gearbeitete Löwen, als Symbol der Kraft und der königlichen Würde. Auch auf dem Thronsitze, welcher zu beiden Seiten Armlehnen hatte, prangten zwei Löwen[5]). In dieser offenen Gerichtshalle hörte Salomo die streitigen Parteien an und sprach Recht. Er betrachtete das Richteramt als eine der wichtigsten und heiligsten Pflichten des Königtums. Hier empfing er auch die Gesandten vieler Länder, die zu seiner Huldigung oder zur Anknüpfung von Bündnissen an seinen Hof kamen. Ein eigner Palast war für den König, seine Dienerschaft und seine Frauen erbaut. Die ägyptische Königstochter, seine Hauptgemahlin, bewohnte indessen ein eignes Haus, gesondert von den übrigen Weibern und Kebsen Salomos. Ihre Übersiedlung von der Davidsstadt, wo sie bis zur

---

[1]) Von einer Doppelmauer in Jerusalem sprechen Jesaia 22, 11; II. Könige 25, 4; und Parallelst. Jeremia 39, 4.

[2]) S. Note 13.

[3]) I. Könige 7, 2 ff.; 10, 17; Jesaia 22, 8: בית היער zu ergänzen לבנון; I. Könige 14, 26—28.

[4]) Das. 7, 7. Die Schilderung der verschiedenen Paläste und Hallen Salomos das. ist außerordentlich dunkel gehalten, und es läßt sich keine rechte Vorstellung daraus gewinnen.

[5]) Das. 10, 18 ff.

Vollendung des Baues gewohnt hatte, in ihre eignen Gemächer, scheint mit großer Feierlichkeit begangen worden zu sein[1]). Eine Steinmauer, innerhalb welcher ein Garten angepflanzt war,[2]) umgab den ganzen Umfang der königlichen Gebäude. Wahrscheinlich hat Salomo auch eine Wasserleitung nach Jerusalem gelegt, um Stadt und Tempel mit Wasser zu versehen, und zwar aus den reichen Quellen von Ain-Etham (zwei Stunden südlich von Jerusalem[3]).

Doch nicht allein Salomo, sondern auch die Großen des Landes, die sich in Jerusalem dauernd aufhielten, die Prinzen, die hohen Beamten und Günstlinge führten Prachtbauten aus Zedernholz auf. Durch den Reichtum, der durch drei Hauptkanäle ins Land strömte, konnte der Hang nach Glanz, der sich vom König den höhern Klassen mitteilte, befriedigt werden. Wenn auch einige Übertreibung darin liegt, so gibt die Schilderung doch ein richtiges Bild von dem Glanze, der unter Salomo entfaltet wurde: Das Silber galt in Jerusalem wie Stein, und Zedern wie sonst Sykomoren[4]). Die Paläste der Großen wurden ebenfalls auf dem Hügel Millo erbaut, weil die Davidsstadt weniger Raum dafür bot. Dieser Stadtteil der z w e i t e (Mischneh) genannt[5]), überstrahlte den Zion, und der Zion blieb nur noch ehrwürdig durch die Erinnerung an David und durch die Gräber der Könige, welche an seinem Südabhange beigesetzt wurden[6]). Seit Salomo hatte Jerusalem vier Stadtteile, die A l t s t a d t oder Z i o n , die z w e i t e S t a d t nördlich gegenüber und durch ein Tal davon getrennt, ferner der M o r i j a oder Tempelberg, der Wohnsitz der Ahroniden und Leviten, und endlich den O p h e l (Ophla), die südliche Fortsetzung des Tempelberges, wo die Tempelsklaven, die Gibeoniten, später N e t h i n i m genannt, die Holzhauer und Wasserschöpfer für den Tempeldienst, wohnten. Im Stadtteil Ophel wohnte auch die verachtete Klasse der Salbenhändler, die wahrscheinlich Phönizier waren[7]). Auch angesehene

---

[1]) Die Übersiedlung wird wie ein wichtiges Faktum mehreremal erwähnt, I. Kön. 3, 1; 7, 8; 9, 24.

[2]) Jeremia 39, 4: hier ist die Lage des königlichen Gartens passender angegeben, als das. 52, 7 und in der Parallelst. II. Könige 25, 7. Da Zedekia für seine Flucht eine nördliche Richtung einschlagen mußte, so kann der Garten nur auf dem Millo oder der Unterstadt gelegen haben. Nehemia 3, 15 ist zu unbestimmt gehalten. Vgl. zur Stelle die syrische Version.

[3]) Josephus, Altert. VIII, 7, 3; Talmud Joma fol. 31a; Sebachim fol. 54b.

[4]) I. Könige 10, 27.

[5]) Vgl. Note 13.

[6]) Nehemia 3, 16.

[7]) Vgl. Note 13.

phönizische Kaufleute, die Geschäfte im großen betrieben, Geldwechsler und Geldmänner, die auf Zins ausliehen, ließen sich in Jerusalem nieder. Sie bildeten eine eigene Körperschaft oder Innung, standen unter dem Schutze des Bundesvertrages zwischen Salomo und Hiram und durften nach ihren eigenen Gesetzen, Sitten und Gewohnheiten leben. Sogar ihre gottesdienstlichen, oder vielmehr götzendienerischen, Bräuche durften sie beibehalten[1]).

Die drei Quellen des Reichtums, welche über die Hauptstadt einen Goldregen ergossen, waren die **Machtverhältnisse**, die **ägyptische Verbindung** und der **indische Handel**. Sämtliche Völkerschaften, die David seinem Zepter unterworfen hatte, vom Strom Ägyptens bis zum Euphrat, verharrten unter seinem Sohn in diesem Untertanenverhältnis und vermochten nicht, sich davon loszumachen. Die Fürsten, die ein Friedensbündnis mit David geschlossen hatten, hielten es auch unter seinem Nachfolger aufrecht, und noch andere suchten seine Freundschaft. Alle diese Fürsten und Völker sandten, wie es Brauch war, an seinen Hof teils Tribut teils Huldigungsgeschenke in reichem Maße, goldene und silberne Gefäße, wertvolle Gewänder, Spezereien, Rosse und Maulesel[2]). Mehr Erträgnisse noch brachte die Verbindung mit Ägypten. Dieses Land, welchem seine Ebenen bedeutende Pferdezucht ermöglichen, konnte Kriegsrosse an die pferdearmen Gebirgsländer liefern. Auch Kriegswagen wurden in Ägypten verfertigt und waren auswärts beliebt. Die Fürsten von Aram und den Ländern am Euphrat bezogen früher ihren Bedarf an Rossen und Wagen unmittelbar aus Ägypten und führten sie durch die philistäische Ebene am Mittelmeer. Diese freie Durchfuhr gestattete Salomo nicht mehr, sondern zwang die Völkerschaften, welche nördlich von Palästina wohnten, Rosse und Wagen von seinen Kaufleuten zu beziehen, und er traf mit dem ihm befreundeten ägyptischen Hof ein Abkommen, daß der von ihm begünstigten Handelsgesellschaft allein das Verkaufsrecht für diese Länder zustehen sollte. Diese machte infolge dieses Abkommens außerordentliche Geschäfte und brachte viel Geld ins Land[3]).

---

[1]) Movers, das phönizische Altertum II, 3, S. 115 f.

[2]) I. Könige 10, 14—15; 24—25. Das Wort בשם kann, wie von andern mit Recht bemerkt wurde, im Zusammenhange nicht „Waffen" bedeuten; es scheint der wohlriechende Moschus zu sein, der auch im Arabischen בשם genannt wird, neben משך, im Talmudischen מושקא.

[3]) Nur so ist die Stelle Könige das. 10, 28—29 zu verstehen. Das Wort מקיה, Parallelst. II. Chronik 1, 16 מקוא ist dunkel, umsomehr als es in

Selbſtverſtändlich hat Salomo für ſein eignes Land aus Ägypten
Reiterei und Kriegswagen mit Roſſen eingeführt. Er legte eigene
Reiter- und Roßſtädte an und zwar in der Ebene unweit des Meeres.
Dieſe erhielten davon ihren Namen „Haus der Kriegswagen"
(Bet-ha-Merkabot) und „Roßhof" (Chazar-Susah)[1]). Zwölftauſend
Reitroſſe und vierzehnhundert Kriegswagen, mit je zwei Roſſen be-
ſpannt, ſoll er unterhalten haben, wozu geräumige Gebäude mit vier-
tauſend Ställen aufgebaut wurden[2]). In Jeruſalem ſelbſt war ein
eigenes Stadtviertel für das Unterbringen der Wagen und Pferde
erbaut, wozu eine eigene Pforte in die öſtliche Mauer unweit des
Tempels gebrochen war[3]).

demſelben Vers zweimal vorkommt. Das zweitemal iſt es gewiß eine Dittographie. LXX zu Könige geben es gar als einen Eigennamen wieder: ἐκ
Θεκονέ (?). In den aſſyriſchen Inſchriften ſoll öfter ein Land Kuṱu genannt werden (Schrader, Keilinſchriften und das alte Teſtament, S. 76
[vgl. jetzt Jeremias, das A. T. im Lichte des alten Orients, S. 153]). Iſt
es vielleicht identiſch mit dem Lande קוה, alſo מ־קוה?

[1]) Joſua 19, 5. I. Chronik 4, 31. Dafür ſtehen in Joſua 15, 31 zwei
andere Städtenamen. Eine Vergleichung dieſer Stellen gibt die richtige L.-A.

I. Chronik 4, 31.	Joſua 19, 5.
ובתול וחרמה ובחרמה ובצקלג ובבית מרכבות ובחצר סוסים ובבית בראי ובשערים.	ובתואל וחרמה וצקלג ובית הכרכבות וחצר סוסה ובית לבאות ושרוחן.

Joſua 15, 31.
וכסיל וחרבה וצקלג ומדינה וסנסנה ולבאות
ושלחים.

Das Richtige iſt alſo חצר סוסה und בית מרכבות (oder כוסים). Dieſe
haben ſicherlich ihren Namen von dem Aufenthalt der Wagen und Roſſe
in denſelben. Sie gehörten alſo entſchieden zu den Wagen- und Roß-
ſtädten Salomos: צרי הרכב וצרי הפרשים, I. Könige 9, 19; 10, 26. Da
Roſſe und Wagen aus Ägypten importiert wurden, und der Transport derſelben über Berge beſchwerlich und nachteilig iſt, ſo lagen dieſe Städte höchſt-
wahrſcheinlich in der Schephela. Das gibt einen Anhaltspunkt für die
Lage von Ziklag (o. S. 195, Anm. 3), welches mit den beiden Städten in
Verbindung genannt wird. Ziklag ſelbſt mag auch zu den Wagen- und Reiter-
ſtädten gehört haben.

[2]) I. Könige 5, 6; 10, 26; II. Chronik 1, 14; 9, 25. Die Zahlen ſind
konſtant bis auf ארות סוסים: 4000 und 40000; die kleinere Zahl iſt wohl
die richtigere. ארות kann unmöglich „Pferde" oder „Pferdepaare" bedeuten,
ſondern „Ställe" und zwar wie es in Könige (5, 6) heißt לברכבו, Ställe
für Wagen mit Geſpann. Auch in Chronik muß man leſen: למרכבתו.

[3]) Jeremia 31, 39: שער הסוסים מזרחה. Dieſes Tor wird noch genannt, Nehemia 3, 28; II. Chronik 23, 15 und auch II. Könige 11, 16, wo
שער fehlt. In der mit dieſer Stelle im Zuſammenhange ſtehenden Erzählung
von Joaſch und Athalia muß man wohl in II. Könige (11, 6) ſtatt שער סור
und II. Chronik (23, 5) ſtatt שער היסוד leſen: שער הסוס.

Die reichſten Einnahmen bezog Salomo indeſſen vom Seehandel, deſſen Wege er zuerſt für ſein Land eröffnet hat. Die Babylonier mögen zu allererſt Handelsverbindungen mit Indien angeknüpft haben, das von ihrem Küſtenlande aus erreichbarer war. Die Phönizier, angezogen von den ſtrotzenden Reichtümern dieſes Wunderlandes, mögen auch verſucht haben, ihnen nachzufahren. Allein für ſie war die Reiſe nach dem ſo weit abliegenden Lande mit vielen Schwierigkeiten verbunden, ſo lange die Gegend des roten Meeres wegen der dort hauſenden wilden und räuberiſchen Völkerſchaften nicht ſicher war. Die Fahrten hätten ſie nur vom perſiſchen Meerbuſen aus antreten können, hätten an dem Nordgeſtade desſelben Hafenplätze anlegen und die Aus= und Einfuhr ihrer Waren nur auf weiten und unſicheren Wegen befördern müſſen. Durch die Verbindung des tyriſchen Königs Hiram mit Salomo bot ſich ein näherer und ſicherer Weg zur Fahrt nach Indien. Der Strich Landes von der Südgrenze Judas bis zum idumäiſchen Gebirge und von da bis zum öſtlichen Meerbuſen des roten Meeres, der Spitze von Ailat und Eziongeber, war durch den Vernichtungskrieg, den David gegen die Amalekiter und Idumäer geführt hatte, frei geworden. Sicher konnten ſeitdem die Karawanen mit beladenen Kamelen von Jeruſalem und vom Meere aus bis zur Nordſpitze des roten Meeres ziehen. Auf Hirams Rat ließ Salomo auf der Reede von Eziongeber eine Flotte feſter und geräumiger Schiffe (Tarſchiſch=Schiffe) bauen und ausrüſten. Hiram ſandte ſeine fähigſten Seeleute, welche des See= weges kundig waren, zur Bemannung der Flotte. Iſraeliten aus den Stämmen Dan und Zebulon, die an der Küſte wohnten und mit den Launen des Meeres vertraut waren, wurden ihnen beigegeben[1]). Dieſe

---

[1]) I. Könige 9, 26 f. iſt unzweideutig angegeben, daß Salomo in Ezion= geber Schiffe bauen ließ, und daß nur die von ihm ausgerüſteten Schiffe nach Ophir ſegelten. Dagegen ſcheint Vers 10, 22 anzudeuten, daß auch Hiram von da aus ſeine Schiffe auslaufen ließ. Aber wie ſollten die phöniziſchen Schiffe nach dem Golf von Ailat gekommen ſein? Es iſt nicht denkbar, daß Salomo den Phöniziern erlaubt haben ſollte, auf dieſer Reede Schiffe zu bauen. Daher empfiehlt ſich die L.=A. II. Chronik 9, 10: עבדי אני חירם für אני חירם oder vollſtändiger עבדי אני חירם. In I. Könige 10, 11 muß man auch leſen וגם אנשי אני חירם (wie 9, 27) und Chronik daſ. 8, 18: אנשי אניות. Vollſtändig erhalten iſt der Vers in II. Chronik 9, 10: וגם עבדי חירם ועבדי שלמה אשר הביאו זהב מאופיר וגי׳. Unhaltbar iſt daher die Auslegung, als wenn die Schiffe „Hiramſchiffe" genannt worden wären. Das Verhältnis iſt vielmehr ſo zu denken, daß Salomo allein die Flotte ausrüſten ließ, allerdings mit Hilfe von phöniziſchen Schiffsbau= leuten, und daß phöniziſche Seeleute die Flotte begleitet haben. Es befanden ſich alſo darauf „Diener Salomos mit Dienern Hirams; die Schiffe waren iſraelitiſch, die Mannſchaft gemiſcht.

Schiffe sollten den langen Seeweg bis an die Mündung des Indus machen. Die Waren, welche die Schiffe in entfernte Erdteile zum Austausch tragen sollten, waren allerdings phönizische Erzeugnisse, Purpur, Glaswaren oder Erzeugnisse des Abendlandes, welche die Phönizier für ihre Waren eingetauscht hatten. Diese Schiffsladung mochte Salomo oder eine Handelsgesellschaft den Tyriern abgekauft haben, um sie in fernen Gegenden gegen andere Werte umzusetzen. Das Land Israel hatte wenig Erzeugnisse, welche in den Augen des Auslandes Wert hatten, aber doch eines, welches Gold aufwog, den B a l s a m v o n G i l e a d [1]), welcher im Altertum als Heil= und Linderungsmittel ganz besonders geschätzt wurde.

Als die israelitische Flotte segelfertig war, lief sie vom Hafen Eziongeber aus, steuerte in das rote Meer, welches Arabien von den gegenüberliegenden Ländern Ägypten, Nubien und Äthiopien trennt, und fuhr längs der Küste bis zu der Meerenge, welche das südarabische Gestade bespült, und bis zur Mündung des Indus zum Lande O p h i r (A b h i r a [2]), dem jetzigen S i n d). Auf allen Hafenplätzen, wo die Schiffe Halt machten, und wo zugleich ein Marktplatz war, setzten die israelitischen Kaufleute ihre mitgebrachten Waren ab. Doch der reichste Marktplatz für verschiedene Völkerschaften von Nord= und Ostindien war im Lande Ophir; hier (vielleicht in der Handelsstadt Minna Gura) strömten die Reichtümer verschiedener Länder zusammen, um gegeneinander ausgetauscht zu werden. Für die Erzeugnisse, welche die israelitischen Seefahrer mitgebracht hatten, erhielten sie Goldklumpen, welche aus dem Stromgebiete des obern Indusflusses nach Ophir gebracht wurden.

Nach einem Zeitraume von drei Jahren kehrte die Salomonische Flotte von ihrer ersten Fahrt reichbeladen zurück. Lange Züge von Kamelen trugen die mitgebrachten Schätze nach der Hauptstadt Jerusalem zum großen Staunen der ganzen Bevölkerung. Mehr als vierhundert Talente (Kikhar) Goldes, Silber in großer Menge, Elfenbein, Ebenholz, häßliche Affen und schöngefiederte Pfauen, Sandelholz und wohlriechende Pflanzen wurden eingeführt. Aus dem Elfenbein ließ Salomo seinen Gerichtsthron anfertigen, und das Sandelholz wurde zu Verzierungen für die Harfen und Lauten der Saitenspieler für den Tempel verwendet. Auch ein Geländer für die Brücke, welche vom Palaste zum Tempel führte, wurde aus dieser seltenen und teuern

[2]) Vgl. Note 18.
[3]) Vgl. dieselbe Note.

Holzart verfertigt[1]). Diese Ophir- oder Indienfahrt ließ Salomo
mehreremal wiederholen, und jede derselben brachte neue Reichtümer
und Sehenswürdigkeiten ins Land. Ailat, die Stadt am Hafen des
Meerbusens, erlangte dadurch eine große Bedeutung; Judäer setzten
sich darin fest[2]), und das Land Israel erlangte dadurch eine weitere
Ausdehnung von der Spitze des roten Meeres bis nach Aram und bis
zum Euphrat[3]).

Um Rosse und Wagen nach den aramäischen Ländern und der
Euphratgegend und die Waren aus Phönizien bis zum Hafen zu befördern, mußten gangbare Straßen angelegt und für die Sicherheit
der Karawanen gesorgt werden. Auch dafür traf Salomo Vorkehrungen.
In einem gebirgigen Lande ist es nicht leicht für Lasttiere und noch
weniger für Rosse und Wagen, weite Strecken zurückzulegen, weil bald
eine steile Höhe, bald ein jäher Abhang und bald Steingerölle Hindernisse in den Weg legen. Salomo ließ daher eine Straße ebenen, welche
von Jerusalem nach Nord und Süd führte; es war die Königs-
straße[4]).

Wahrscheinlich hat er die zu Leibeignen erniedrigten kanaanitischen
Urbewohner, sobald sie mit den schweren Arbeiten für die Bauten fertig

---

[1]) I. Könige 10, 12: s. Note 18.
[2]) Folgt aus II. Könige 16, 6.
[3]) Exodus 23, 31.
[4]) Josephus erzählt (Altert. VIII, 7, 4), Salomo habe Straßen nach
Jerusalem angelegt und fügt hinzu, sie seien mit schwarzem Gestein (Basalt?)
gepflastert worden: λίθῳ κατέστρωσε μέλανι. Er braucht dieses Faktum nicht
aus einem verschollenen Apokryphon entnommen zu haben. Es ergibt sich
von selbst, wenn in einem Gebirgsland Wagen vorhanden waren, so müssen
dafür Straßen geebnet worden sein. Gegenwärtig gibt es in ganz Palästina
keinen Wagen, weil es keine geebnete Fahrwege gibt. In der biblischen Zeit
dagegen muß es solche gegeben haben. דרך המלך kommt Numeri 20, 17
vor; es bedeutet eine auf des Königs Geheiß erbaute Straße, wie אבן המלך
II. Samuel 14, 26. Stehende Ausdrücke sind ישר ארחות, und סלל ארח
oder דרך, "Straßen ebenen," פנה דרך "Straßen räumen", d. h.
Steine und Gerölle, die Hindernisse für die Fahrt, beseitigen. Breitere
und bequeme Straßen wurden genannt נתיבות, מסלות, auch חוצות; das
Wort מעגל Pl. מעגלים und מעגלות kann ursprünglich nur "Wagenstraßen"
bedeuten, von עגלה, solche Wege nämlich, worauf Wagen ungehindert fahren
können. Das setzt voraus, daß Höhen abgetragen, Schluchten ausgefüllt und
Steine beseitigt wurden. Wenn nicht Salomo, so wüßte man nicht, welcher
der folgenden Könige nach der Reichsspaltung solche Straßen angelegt hätte.
Allerdings findet sich gegenwärtig in Palästina keine Spur von diesem
Straßenbau; allein wir wissen durch historische Zeugnisse, daß die Römer
eine bequeme via militaris von Nord nach Süd angelegt haben, und doch
bemerkt man von ihr jetzt nur geringe Spuren.

waren, für den Straßenbau verwendet. Höhen wurden abgetragen, Tiefen ausgefüllt, Steine weggeräumt und loſes Geröll befeſtigt. Auf dieſen Straßen konnten die Wagen ungehindert von Süd nach Nord und vom Jordan zum Meere fahren und Karawanen ohne Schwierigkeit ziehen. Eine Reihe von Feſtungen ſicherte die Straßen und diente als Ruhepunkt. Im Norden von Jeruſalem ließ Salomo **O b e r -** und **U n t e r - B e t h o r o n** befeſtigen und weſtlich in gleicher Linie damit **G a ſ e r**[1]), die ehemals philiſtäiſche Stadt, welche Pharao als Brautgeſchenk ſeiner Tochter an Salomo gegeben hatte; ferner weiter nördlich **B a a l o t** im Stamme Benjamin, **M e g i d d o** in der Ebene Jesreël, weiter nördlich die ehemalige nordkanaanitiſche Hauptſtadt **C h a z o r** und ſo immer weiter bis zur Nordgrenze des Landes Israel. Auch im Lande Aram ließ er für die Karawanenzüge **S t a t i o n s - ſ t ä d t e** befeſtigen, unter denen die berühmteſte **T h a d m o r** (ſpäter Palmyra) in einer fruchtbaren Oaſe war, mit Quellen und Palmenhainen geſegnet, zwiſchen Damaskus und dem Euphrat[2]). Thadmor wurde ein Marktplatz, wohin Kaufleute von Phönizien, Aram, den Euphratländern und Babylonien zuſammenſtrömten. Die tributpflichtigen Fürſten mußten widerwillig Salomo geſtatten, Verkehrsſtraßen mit ſichern Plätzen in ihrem Gebiete anzulegen[3]). Außer den Stationsſtädten, Reiter- und Wagenſtädten legte Salomo noch **V o r - r a t s ſ t ä d t e** an[4]), welche dazu dienten, Getreidevorräte für unfruchtbare Jahre aufzunehmen.

So hatte Salomo nach allen Seiten hin das israelitiſche Staatsweſen geordnet und auch für die Zukunft geſorgt. Er hatte dabei keinen ſcharfſichtigen Ratgeber wie etwa David an Achitophel, der ihm bei der Ordnung beigeſtanden hätte. Seine Weisheit allein ſtand ihm bei. Aber er hat ſich zuverläſſige Beamte auszuwählen gewußt, die ſeinen Anordnungen Nachdruck gaben und ſie nach den von ihm entworfenen Plänen vollzogen. Für die große Ausdehnung des Staates und ſeines Hauſes mußte er nämlich neue Ämter ſchaffen. Für die umfangreiche Hofhaltung bei dem häufigen Fremdenverkehr an ſeinem Hofe mußte ein Palaſtaufſeher (al ha-Bajit) angeſtellt werden. **A c h i ſ c h u r** ver-

---

[1]) Vgl. o S. 80.

[2]) In dem Verzeichnis der Städte, welche Salomo bauen, d. h. befeſtigen ließ, I. Könige 9, 15ff. fehlen gewiß mehrere, namentlich in Vers 18 zwiſchen בצרה, das im Benjaminitiſchen, und Thadmor, das ganz in Norden lag. Es fehlen auch Feſtungen, die Salomo ohne Zweifel im Süden von Jeruſalem bis zum Hafen von Ailat anlegen ließ.

[3]) Folgt aus I. Könige 20, 34.

[4]) Daſ. 9, 19.

waltete dieses Amt; es wurde auch von Salomos Nachfolgern beibehalten und erlangte später eine große Wichtigkeit. Über die zwölf
Amtleute, welche die Bedürfnisse der Hofhaltung zu besorgen hatten,
wurde ein Oberbeamter ernannt (al ha-Nezibim); er hieß A s a r j a
b e n N a t h a n. Über die Aufseher, welche die vielen Tausend Frohnarbeiter bei dem Bau des Tempels, des Palastes, der Straßen und
Festungen zu überwachen hatten (al ha-Masz), war ebenfalls ein hoher
Beamter gesetzt: A b o n i r a m, Sohn Abbas[1]). Das waren die drei
wichtigen Ämter, welche Salomo neu geschaffen hatte. Für die drei
Ämter, die schon früher bestanden, das des F e l d h a u p t m a n n e s,
des R o l l e n f ü h r e r s ü b e r d e n H e e r b a n n (Sopher)[2]) und
des K a n z l e r s (Maskhir), blieben dieselben Personen, die sie unter
David verwaltet hatten, oder sie gingen auf ihre Söhne über.

Das Land Israel war durch die innere Ordnung, die äußere Ausdehnung und die Reichtümer, welche Salomo in Fülle gehäuft hatte,
eine festbegründete Großmacht geworden, die mit den größten Staaten
der alten Welt wetteifern konnte. Fürsten und Völker, die in Streit
miteinander lebten, suchten den Herrscher dieser Macht auf und riefen
ihn, dessen Weisheit weit und breit berühmt war, zum Schiedsrichter
auf[3]). Der größte Segen der Salomonischen Regierung war indessen
der Friede und die ungestörte Sicherheit des Landes. Von Dan bis
Beerseba konnten die Israeliten ihr Daheim ruhig genießen, „jeder
unter seinem Weinstock und jeder unter seinem Feigenbaume[4])".

[1]) I. Könige 4, 6 ff.
[2]) Vgl. Note 16.
[3]) I. Könige 10, 24.
[4]) Daf. 4, 20; 5, 5.

Zehntes Kapitel.

Zustände und Wandlungen, Gesetz und Sitte, Kunst und Literatur.

Anbau und Fruchtbarkeit des Landes. Handelsstraßen. Münzwesen. Zeiteinteilung. Bevölkerungsklassen: die Eingebornen, die Halbsklaven und die Fremdlinge. Die Königin von Saba. Das israelitische Recht der Gleichheit, die Asylstädte, die Gerichtsbarkeit. Gesetze der Milde und der Keuschheit. Die Ehe. Stellung der Frauen. Entwicklung der Musik und der Dichtkunst. Rätselpoesie, nationale Poesie. Entwicklung der Prosa. Die beiden Flugschriften. Salomos letzte Jahre. Jerobeams Empörung. Salomos Tod.

Nicht alles ist unter dem Monde dem Wechsel unterworfen, nur die Lebewesen; die träge Masse dagegen, der Felsen, der mit dem Erdenleib innig verwachsen ist, die starren Eisflächen und Eisberge, welche die Polarsäume der Erde bilden, verharren, wenn sie nicht durch einen Stoß von außen erschüttert werden, in der Ewigkeit der Jahrtausende in denselben Zuständen. Aber auch unter den Lebewesen verwandeln sich nur die höherbegabten am meisten und verwandeln sich derart, daß für den oberflächlichen Blick die Züge des Ursprungs in dem ausgebildeten Gepräge des Ausgewachsenen nicht mehr erkennbar sind, so bei einzelnen Menschen, so bei menschlichen Gemeinwesen und Völkern. Dieses Gesetz der Veränderung gestattet daher einen Rückschluß. Wo sich eine durchgreifende Wandlung und Entwicklung bei Völkern zeigt, müssen diese auch höher begabt und reicher ausgestattet gewesen sein, als die, welche ihren uralten ursprünglichen Zustand nur wenig verändert und nach Jahrhunderten und Jahrtausenden, wenn sie es überhaupt so weit gebracht, dieselben Züge wie in ihren Anfängen gezeigt haben. Wenn Veränderung und Formwechsel den Bestand und das Leben eines Volkes unangetastet lassen, so bekunden sie nur noch mehr dessen Kernhaftigkeit und Gediegenheit.

Die Urangesessenen des Landes Israel haben sich in dem fast halben Jahrtausend, seitdem die Israeliten Hauptbesitzer des Landes geworden waren, wenig verändert; die Kanaaniter, Moabiter, Ammoniter,

Idumäer und selbst Philister und Phönizier sind stets in demselben Einerlei geblieben. Oder hätten sie sich dennoch gewandelt, ohne daß auf die Nachwelt Kunde davon gekommen wäre? Dieses Stillschweigen wäre dann ein noch schlimmeres Zeugnis für ihre Kraftbegabung. Sie hätten demnach nicht einmal vermocht, ihr eigenstes Wesen und ihre Wandlung in Denkmäler für die künftigen Geschlechter zu prägen. Oder haben sie dennoch Denkmäler hinterlassen und die Zerstörerin Zeit hat sie vernichtet? Dann bekunden sie um so mehr ihre Armut, als die späteren Geschlechter so wenig Wert auf ihre Erhaltung gelegt haben, daß ihr Andenken aus der Erinnerung völlig schwinden konnte.

Nicht so die Israeliten. In demselben Zeitraume eines fast halben Jahrtausends seit ihrem Einzuge bis zu der salomonischen Zeit haben sie sich außerordentlich verändert und haben von ihrem jedesmaligen Wandel ein Zeitbild hinterlassen, woran noch die gegenwärtigen und späteren Geschlechter ihn erkennen können. Dieser Wechsel zeigt sich in allen Äußerungen des Volkslebens. Das wandelbare Zelt und die schwanke Hütte waren größtenteils — bis auf die zurückgebliebene Triftengegend — verschwunden und haben dem festen Hause aus Zypressenstämmen Platz gemacht. Die Bergspitzen waren von befestigten Städten belebt, Weideplätze mit grasenden Herden und patriarchalischen Hirten waren seltener geworden; in den Tälern und an den sanft ansteigenden Berghöhen waren Getreidefelder ausgebreitet, die, wenn der Regen nicht mangelte, reichen Segen spendeten. Der Boden brachte nicht bloß Weizen und Spelt hervor, sondern trug auch schattige Bäume mit saftigen Früchten. Der Weinstock rankte sich an den Berglehnen empor und sog aus dem sorgfältig gepflegten Erdreich den Saft und von der glühenden Sonne das Feuer. „Man band an den Weinstock den Esel und das Füllen an die Edelrebe, man wusch in Wein das Gewand und tauchte das Kleid in Traubenblut, rot war das Gesicht von Wein und weiß die Zähne von Milch[1]“. Ackerbau, Gartenzucht und Weinbau bildeten in der salomonischen Zeit die Hauptbeschäftigung der Israeliten. Geebnete Straßen durchschnitten das Land und waren von langen Zügen beladener Kamele oder rasch trabender Rosse belebt. Der König ging nicht mehr hinter dem Pfluge her, sondern fuhr in einem Prachtwagen. Zur Zeit der Richterin Deborah galt es noch als bevorzugte Stellung der Vornehmen, auf weißen Eseln zu reiten. David ritt schon ein Maultier und ließ seinen Sohn zum feierlichen Salbungs- und Krönungszuge auf einem solchen

[1] Genesis 49, 11—12.

reiten. Salomo dagegen machte Ausflüge zur Erholung auf stolzen ägyptischen Rossen nach der paradiesischen Gegend von E t h a m und war in ein glänzend weißes Gewand gehüllt[1]. Und wie der König und die Hofleute, so machten auch die Wohlhabenden des Volkes in Kleidung, Gerätschaften und Tafel augenfälligen Aufwand, die Grundlage und Bedingung einer höhern Kultur. Gold war in solcher Fülle im Lande verbreitet, daß das Silber seinen frühern Wert verloren hatte. Wie das Land unter David und Salomo einen weit gebietenden Großstaat bildete, so war das Volk nahe daran, im Wetteifer mit den Sidoniern und Thyriern ein Handel und Schiffahrt treibendes Volk zu werden; zu einem Handelsstaate hatte es besonders bereits einen Ansatz gemacht.

Das Münzwesen erhielt infolge des zunehmenden Handels und der geschäftlichen Verbindung mit dem Auslande eine feste Ordnung und eine zuverlässige Gangbarkeit. Während man in der ältesten Zeit die Werte der Waren nur nach Kleinvieh (Kesitâ) berechnete oder nur ungefähr bestimmte, eigentlich nur Tauschgeschäfte machte, und später kleine walzenförmige Silberstücke (Gerah) in Verkehr kamen, hat es Salomo für nötig erachtet, den Wert der edlern Metalle, welche den Handel vermitteln sollten, nach feststehendem Gewichte zu regeln, nach babylonisch-phönizischem Muster. Ein Steinchen von einem angenommenen bestimmten Gewichte (Schekel, Sekel) galt als Einheit und hieß der k ö n i g l i c h e S t e i n (Eben ha-Melech), wie die gebahnten Straßen königliche Wege genannt wurden (v. S. 297). Der große Sekel führte den Namen das heilige Gewicht (Schekel ha-Kodesch). Da für den Handel im großen indessen das mühsame Abwägen und Zählen von kleineren Münzen zu zeitraubend befunden wurde, so wurden große Klumpen von Silber und Gold von scheibenförmig- runder Gestalt gegossen, welche das Gewicht von 3000 Sekel enthielten (Klikhar)[2]. Die verläßliche Bestimmung des Gewichtes der Münzen erforderte die Anfertigung von genauen W a g e n mit zwei ohrenförmigen Schalen. So wie das Gewicht, so hat wohl auch das Längen- und Hohlmaßsystem unter Salomo die Ausbildung erhalten.

---

[1] Josephus, Altertümer VIII, 7, 3 aus einer unbekannten, aber gewiß historischen Quelle, vielleicht aus Eupolemos' Schrift περὶ τῶν ἐν Ἰουδαίᾳ βασιλέων.

[1] Die Mine, מנה, μρᾶ, kommt in der althebräischen Literatur nicht vor, das einzigemal, wo sie genannt wird, I. Könige 10, 17 muß dafür nach der Parall. II. Chronik 9, 16 מאות gelesen werden. Man hat sonst keinen Anhaltspunkt dafür, daß die Mine aus 100 Sekel bestanden haben soll, vgl. Böckh, metrologische Untersuchungen, S. 62 f.

Wie stand es mit dem Zeitmaße? War auch der flüchtige, un-
merklich verrinnende Abstand zwischen einer Erscheinung und der andern,
zwischen einer Handlung und der andern über die von der Natur gegebene Abgrenzung hinaus in kleinere und größere Abschnitte eingeteilt? Die Urkunden lassen uns darüber in Stich. Doch läßt sich wohl
mit Wahrscheinlichkeit annehmen, daß die Israeliten ebensowenig, wie
alle alten Völker, die Einteilung des Tages in Stunden gekannt haben.
Der Tag wurde nur in drei Teile zerlegt, Morgen, Mittag und Abend-
zeit (bên ha-Arbajim), und die Nacht, wie es im Kriege die Not erforderte,
für Ablösung der Wachtposten in drei Nachtwachen eingeteilt (Aschmora).
Der Tagesanfang scheint mit dem Morgen begonnen zu haben[1]. Die
Woche zählte man nicht wie bei den Ägyptern nach dem Sonnenkalender
zehntägig, sondern nach dem vierfachen Mondwechsel s i e b e n t ä g i g,
wie denn überhaupt die Umlaufszeit des Mondes den Kalender bestimmte. Jeder Neumondstag war zugleich ein Festtag. Wie ist aber
der Überschuß von beinahe zwei Tagen des Monats mit der Zählung
von vier Wochen ausgeglichen worden? Dafür fehlt uns jeder Anhalt
und ebenso für eine andere Zeitbestimmung. Das Ende der Ernte galt
als ein bedeutsamer Zeitabschnitt, so daß das Jahr mit dem Herbste
begann[2]. Auf der andern Seite sollte zur Erinnerung an die Befreiung von Ägypten von dem ersten Frühlingsmonat gezählt werden,
so daß der Jahresanfang mit dem Frühling begann und das Herbstfest
in den siebenten Monat fiel[3]. Wie wurden diese zwei verschiedenen
Jahresformen ausgeglichen? Hatte die eine etwa bürgerliche und die
andre religiöse Geltung? Wer regelte den Monats-, Jahres- und Fest-
kalender? Gab es eine Behörde dafür? Lag das Kalenderwesen in der
Hand der Ahroniden?

Größere Zeitabschnitte von sieben (Erlaßjahr) und von siebenmal
sieben (Jobeljahr) Jahren sind wohl bis zur salomonischen Zeit nicht
ins Leben der Israeliten gedrungen, wenigstens zeigt sich in dem bisherigen Geschichtsverlauf keine Spur davon. Auch die Zählungsweise
nach dem Auszug aus Ägypten war schwerlich im bürgerlichen Leben
im Gebrauche. Nur die Ahroniden und Leviten, welche die Erinnerung
an die Vergangenheit treuer bewahrten, mögen diese Zeitrechnung angewendet haben. Im öffentlichen Leben dagegen wurde es seit Salomo

[1] Vgl. Samuel ben Meïr (Raschbam) Kommentar zu Genesis 1, 3.
Delitzsch, Komment. zu Gen. das.
[2] Exodus 23, 16; 34, 22.
[3] Numeri 29, 1.

stehende Sitte, nach den Regierungsjahren der Könige zu zählen[1]), in Nachahmung der ägyptischen Königsverehrung, damit das Königtum als Mittelpunkt aller Lebensäußerungen gelte. Diese auf den israelitischen Boden verpflanzte Sitte, wie überhaupt die durch Salomo eingeführten fremden Elemente haben das Gefüge der älteren Ordnung zerstört und sie in Vergessenheit gebracht.

Unter Salomos Regierung ist auch eine neue Klasseneinteilung der Bevölkerung entstanden. Die von ihm zur Frohnarbeit gezwungenen kanaanitischen Urbewohner, eine nicht unbeträchtliche Zahl (o. S. 282), bildeten eine eigene Klasse. Sie waren nicht Hörige der einzelnen oder der Familien, sondern Staatssklaven; sie waren dem die Gesamtheit vertretenden König leibeigen. Eine Gruppe dieser leibeigenen Urbewohner, die Gibeoniten, wurde dem Tempel beigegeben, als Holzhauer und Wasserschöpfer für den Altar (o. S. 292). Andere, die in der Nähe der Hauptstadt angesiedelt waren, wurden wahrscheinlich für den niedrigen Dienst des Palastes und überhaupt für öffentliche Arbeiten verwendet. Diese Klasse, welche Hintersassen (Toschabim) genannt wurden, war zwar dem einzelnen gegenüber frei, aber doch insofern unfrei, als sie zu Dienstleistungen gezwungen waren. Von diesen Hintersassen hatten wohl nur wenige Bodenbesitz und lebten nur von ihre Hände Arbeit. In der von öffentlicher Arbeit freien Zeit pflegten sich die besitzlosen Hintersassen zu Feldarbeit und sonstiger Tätigkeit zu vermieten. Sie wurden daher auch Mietlinge genannt (Sechirim). Eine solche unterdrückte Volksklasse ist dem Staatswesen immer nachteilig, über kurz oder lang zernagt sie seinen Fugenbau.

Neben diesen Hintersassen sammelte sich unter David und noch mehr unter Salomo eine Klasse von Ausländern, Eingewanderten, Fremdlingen (Gerim), die sich dauernd im Lande Israel ansiedelten. Die Handelsverbindungen, der Wohlstand des Landes, die Sicherheit des Daseins durch den langen Frieden unter Salomos Regierung zogen nahe und entfernte Nachbarfamilien, Moabiter, Ammoniter, Idumäer, auch Ägypter[2]) ins Land. Wahrscheinlich hat auch die eigentümliche, dem Götzentum überlegene Gottesverehrung der Israeliten, welche im Tempel zu Jerusalem eine glänzende Stätte gefunden hatte, geistesgeweckte Ausländer angezogen, daran teilzunehmen, sich unter den „Flügeln des Gottes Israel" zu bergen. Das Land, das Volk und der Gott Israels waren unter Salomo weit

---

[1]) Vgl. Note 19 Chronologie.
[2]) Vgl. Deuteronom. 23, 4 ff.

und breit bekannt. Die israelitischen Seefahrer, die so viele Hafenplätze, Küstenländer und Märkte berührten, und die israelitischen Kaufleute, welche mit dem Auslande in Verkehr traten, brachten den entfernten Völkern und Zungen Kunde von ihrer Heimat. Der Ruhm des
weisen, mächtigen und glanzvollen Königs Salomo war zu seiner Zeit
weit verbreitet. Er hob in den Augen der damaligen Welt den Ruhm
des Gottes, den er verehrte, und zu dessen Ehre er einen so prachtvollen
Tempel erbaut hatte. Die israelitischen Seefahrer und Kaufleute waren
unbewußt die ersten Sendboten und Verkünder des Gottes Israels an
die götzendienerischen Völkerschaften. Eines Tages wurde Jerusalem
von einem merkwürdigen Besuche überrascht. Eine weise Königin aus
dem gewürzreichen Lande S a b ä a (Saba, Schebâ), welches an der
arabischen Küste des roten Meeres lag und von den israelitischen See-
fahrern besucht wurde, kam einst mit einem großen Gefolge nach Jerusalem, weil sie von dem Ruhme Salomos und dem Namen des Gottes
Israels so Außerordentliches vernommen hatte. Sie wollte sich mit
eignen Augen von der Wahrheit oder Unwahrheit der in ihr Ohr ge-
drungenen Gerüchte überzeugen. Mit Aufmerksamkeit von Salomo
empfangen, hatte die Königin von Saba (die Sage nennt sie B e l k i s)[1]
vielfache Unterredungen mit ihm und bewunderte seine Weisheit, den
Tempel Gottes, den er erbaut hatte, und die Ordnung und den Glanz
seines Hofes. Seine Weisheit soll sie durch Rätselfragen erprobt haben,
die sie ihm aufgegeben, und die er zu ihrer Bewunderung beantwortet
habe. Sie konnte nicht umhin dem König zu gestehen, daß ihre Erwartungen übertroffen worden seien, und pries den König wegen seiner
Weisheit und Gerechtigkeit und den Gott Israels, der ihn auf den Thron
eines so großen Volkes gesetzt habe[2].

Wie die Königin von Saba, so sind ohne Zweifel auch andere Ausländer nach Jerusalem gekommen, um dem König Salomo ihre Huldigung darzubringen und haben sich in dem Lande, wo sie eine reine
Gottesverehrung ohne sichtbares Bild und ohne unzüchtige Zeremonie

---

[1] Koran, Sura 47.
[2] I. Könige 10, 1 ff. ומלכת שבא שמעת את שמע שלמה לשם ה׳ hat
keinen verständlichen Sinn. Die griechische Version hat dafür τὸ ὄνομα Σ.
καὶ τὸ ὄνομα κυρίου, ebenso der Syrer ושמא דמריא. Die Königin von
Saba hatte ebenso vom Namen Gottes, wie vom Ruhme Salomos vernommen. Daher ist es erklärlich, daß Vers 9 das. sie den Preis Gottes aussprechen läßt. Aus diesem Vorgang hat sich bei Propheten und Psalmisten
der Zug ausgeprägt, daß Könige und Fürsten nach Jerusalem kommen
werden, um dem Gotte Israels zu huldigen, wobei die Könige von Saba
öfter mitgenannt werden.

vorfanden, dauernd niedergelassen. Diese Ausländer oder Eingewanderten konnten aber keinen Bodenbesitz erwerben, weil der Acker
den eingeborenen Israeliten gehörte und nicht veräußert wurde. Sie
mußten sich daher den israelitischen Familien anschließen, um ein An-
siedlungsrecht zu erwerben. Es gab demgemäß im israelitischen Lande
d r e i oder v i e r Menschenklassen, eingeborene Israeliten (Esrach),
e i n g e b o r e n e K a n a a n i t e r, die Halbhörige waren, Beisassen
oder Hintersassen (Toschab), die zum Teil noch ihren Bodenbesitz behalten hatten, ferner eingewanderte F r e m d l i n g e, welche Schütz-
linge einzelner Familien waren, und endlich S k l a v e n, teils Kriegsgefangene teils Kanaaniter, die sich als Sklaven verkauften[1]). Bei allen
Völkern des Altertums waren die unterjochten Stämme und die Fremden völlig rechtlos, sie durften gekränkt und mißhandelt werden, ohne
daß ihre Klagen bei den Vertretern des Rechtes Gehör fanden; der
Richterstand hatte nicht die Befugnis, für sie einzutreten. Das israelitische Gesetz dagegen, auch das alleräteste, hat die Fremden ganz besonders in Schutz genommen und bestimmt, daß der Fremde nicht gekränkt, noch bedrückt werden dürfe, weil die Israeliten stets eingedenk
bleiben sollen, daß sie einst selbst Fremdlinge in Ägypten waren und dort
durch Ungerechtigkeiten Unsägliches zu leiden hatten[2]).

Das israelitische Recht enthielt überhaupt von Anfang an einen
idealen Zug vollständiger Gleichheit. Den empörenden Unterschied,
daß es auch bei Mord·und Totschlag auf die Menschenklasse ankäme,
und daß der Frevel, wenn an einem Gliede des herrschenden Volkes
begangen, strenger geahndet werden sollte, als wenn er an einem bloß
geduldeten menschlichen Wesen verübt wurde — ein Unterschied, der
sich bis in das christliche Mittelalter hineinzog — kannte das israelitische
Gesetz niemals. Wer einen Menschen tötete, gleichviel aus welcher
Klasse, sollte mit dem Tode bestraft werden; denn „jeder Mensch ist
im Ebenbild Gottes geschaffen." Auch der Mord an einem Sklaven
sollte dieselbe Strafe nach sich ziehen, selbst wenn der eigene Herr dem
Sklaven das Leben raubte. Durch die Mißhandlung eines Sklaven,
die eine körperliche Verletzung nach sich zog, verwirkte der Eigentümer
sein Besitzrecht und mußte dem Sklaven die Freiheit geben. Die Blutrache war allerdings auch bei den Israeliten in Gebrauch. Der heiß-
blütige Südländer hat nicht die Geduld und Besonnenheit, das Ver-

---

[1]) Diese werden מֶסֶף מִקְנַת genannt, für Geld erworbene Sklaven; vgl.
Levitic. 25, 44 ff. Vgl. über die Toschabim und Gerim, Frankel-Graetz,
Monatsschr. Jahrg. 1871, S. 239 ff.

[2]) Exodus 22, 20 und andere St.

fahren und den Spruch des Richters gegen den Mörder abzuwarten, oder er traut seiner Unparteilichkeit nicht so viel zu, daß er den Mörder zur Rechenschaft ziehen und ihn verurteilen werde. Der Verwandte des Ermordeten sucht daher den Mörder oder Totschläger auf, um an ihm Blut mit Blut zu vergelten. Allmählich wurde es Ehrensache der Familie, den Mörder durch die Hand der Blutsverwandten fallen zu lassen. Das Gesetz hatte indessen das Bestreben, die Blutrache auf- hören zu machen oder mindestens einzuschränken. Es bestimmte, daß A s y l s t ä d t e für unabsichtliche Mörder ausgewählt werden sollten, welche ihnen gegen Verfolgung Schutz zu gewähren hatten. Wenn je dieses Gesetz zur Ausführung gekommen ist, so ist es wohl unter Salomo geschehen, der für Recht und Gerechtigkeit sorgte. Sechs feste Städte wurden als Asyle bestimmt, drei für die diesseitigen und ebenso viel für die jenseitigen Stämme. Hier H e b r o n im Süden, S i c h e m in der Mitte und K a d e s c h im Norden, dort B é z e r, R a m o t h - G i l e a d (oder Mizpeh) und G o l a n[1]). Hatte der Mörder in einer dieser Städte Zuflucht gefunden, und war die Unabsichtlichkeit des Mordes erwiesen, so durfte er nicht an den Bluträcher ausgeliefert werden. Diese Zufluchtsstädte schützten nicht bloß Israeliten, sondern in gleicher Weise auch die kanaanitischen Beisassen und die Fremdlinge[2]).

Die Gerichtsverhandlung und das Strafurteil für Verbrechen und Vergehen standen ursprünglich der Gemeinde (Edáh) in jeder Stadt zu; die Ältesten vertraten die Gemeinde[3]), wie sie überhaupt die gemein- samen Angelegenheiten zu leiten und zu Ratsversammlungen (Sod) zusammenberufen zu werden pflegten. Sie hießen die B e r u f e n e n d e r G e m e i n d e (Kerûê ha-Edáh)[4]). Als das Königtum entstand und alle Machtbefugnisse, auch die richterlichen, an sich zog, scheint die Ernennung der Ältesten zu Richtern vom König ausgegangen oder ihre

[1]) Aus der Parabel der Thekoerin geht hervor, daß zu Davids Zeit die Asylstädte noch nicht ihrer Bestimmung gemäß in Funktion waren. Faktisch bestanden haben sie aber entschieden, da sie öfter als solche aufgeführt werden, auch die Bezeichnung als ערי המקלט nach einem so selten vorkommenden Verbum קלט spricht für ihren faktischen Bestand. Dann können sie aber nur unter Salomo designiert worden sein; denn nach der Reichsspaltung war der politische Zustand sehr verändert und blieb es bis zum Ende des Reiches.

[2]) Numeri 35, 15.

[3]) Das. 35, 12 ff.; Josua 20, 6; Ps. 82, 1 u. a. St.

[4]) I. Könige 21, 11; Deuteronom. 21, 6, 19 ff.; 22, 17. Numeri 1, 16; 16, 2; 26, 9. Davon hat die Bezeichnung: קרא מועד die Bedeutung er- halten, die Volksgemeinde zu Gericht und Strafurteil zusammen- berufen, und strafen überhaupt, Klagelieder 1, 15; Ps. 75, 3 לקח מועד,

Beſtätigung von ihm vollzogen worden zu ſein.[1]) Unter dem Königtume entſtand daher eine geteilte Gerichtsbarkeit, neben der bürgerlichen die königliche, und ſie ſcheint in der Art geordnet worden zu ſein, daß nur wichtige und verwickelte Straffälle und Rechtsſtreitigkeiten vor das Tribunal des Königs gebracht wurden[2]). Die Gerichtsverhandlung war öffentlich vor dem Stadttore, auf einem geräumigen Platze; in der Stadt ſelbſt war in den engen Gäßchen kein Raum dafür, überhaupt fand die Zuſammenkunft der Stadtleute zum Kauf und Verkauf vor dem Tore ſtatt[3]). Die Richter ſaßen hoch in M i t t e der Verſammlung, und das Volk ſtand je nach Abkunft und Rang in Kreiſen um die Richterſitze[4]).

Als Quelle des Rechts und Beſchützer der Gerechtigkeit wurde Gott ſelbſt angeſehen; „ihm, dem Richter der ganzen Erde, iſt Ungerechtigkeit ein Gräuel." Das Gerichtsweſen wurde daher als unter Gottes Auge ſtehend betrachtet, daß Gott ſelbſt in der richtenden Gemeinde gewiſſermaßen anweſend ſei und ſie beaufſichtige[5]). Da das Gericht Gottes ſei, ſo ſollen die Richter ſich vor ungerechtem Urteilsſpruch hüten, kein Anſehen der Perſon kennen, den Geringen wie den Vornehmen in unparteiiſcher Weiſe anhören, dem Fremdling wie dem Stammgenoſſen Recht verſchaffen und ganz beſonders ſich vor Beſtechung hüten[6]). Als Beweis der Schuld eines Angeklagten wurde nur die Ausſage von mindeſtens z w e i Zeugen angenommen[7]). Salomo, welcher auf die Ausübung der Gerechtigkeit großes Gewicht legte, hat ohne Zweifel für die ſtrenge Handhabung des Gerichtsweſens Sorge getragen und ſie überwacht. Der A m t s ſ c h r e i b e r (Schotêr) war zugleich der

eine Tagſatzung zum Richten beſtimmen. Da das Wort צום (urſprünglich „Enthaltung von Eſſen und Trinken") im Verlaufe die Bedeutung „Volksverſammlung" angenommen hat, ſo wurde auch קרא צום für קרא מוׄעד geſagt, die Verſammlung zuſammenberufen, um eine Anklage anzuhören und ein Strafurteil zu fällen, I. Könige 21, 9, 12 ff.

[1]) II. Chronik 19, 5 ff.; vgl. Exodus 18, 25 das Beiſpiel Moſes.

[2]) Deuteronom. 1, 17; vgl. Exodus 18, 22 ff.

[3]) Amos 5, 15; Deuteron. 22, 15; 25, 7; Klagel. 5, 14; שער erhielt dadurch geradezu die Bedeutung von עיר „Stadt"; בשעריך bedeutet „in deinen Städten".

[4]) Exodus 18, 14; darauf beruhen die Ausdrücke תוך oder בתוך, die Mitte, d. h. vornehm und מקצה am Ende, d. h. gering

[5]) Deuteronom. 1, 17; Pſ. 82, 1; II. Chron. 19, 6 ff.

[6]) Die Belegſtellen ſind zahlreich. Die Sprache hat ein beſonderes Wort für Unparteilichkeit ausgeprägt: מישרים, auch einmal dichteriſch מישור Jeſ. 11, 4.

[7]) I. Könige 21, 10 ff.; Deuteron. 19, 15 u. a. St.

Vollstrecker des Urteils[1]). Indessen hatte das Recht noch nicht das grausame Herkommen zu überwinden vermocht. Wurde ein Familienvater zum Tode verurteilt, so wurden auch dessen Kinder dem Tode überliefert. Um der Väter willen mußten die Kinder ihr Leben einbüßen[2]). Die Gibeoniten hatten deswegen verlangt, daß die Grausamkeit Sauls an ihnen an seinen Nachkommen bestraft werden sollte, und David hatte es gewährt (o. S. 224).

Und doch hat das altisraelitische Gesetz, der Ausfluß der sinaitischen Gesetzgebung, neben der Pflege des strengen Rechtes auch die Milde gegen Notleidende, Enterbte und Schwache eingeschärft und dem Herzen empfohlen. Aus dem Grundsatz vollständiger Gleichheit der Volksgenossen untereinander sollte auch der Unterschied von Reichtum und Armut, der Quell so vieler Laster und Kämpfe, aufgehoben werden. Wenn es auch dem Wohlhabenden unverwehrt blieb, immer reicher zu werden, so sollte es dennoch im israelitischen Staatsumfange keinen Armen geben[3]). Und nach dem Grundsatz der Menschenliebe — „du sollst deinen Bruder wie dich selbst lieben" — sollte dem heruntergekommenen Verarmten unter die Arme gegriffen werden, daß er nicht tiefer sinke. Zunächst ist den Familiengliedern die Pflicht auferlegt worden, einem verarmten Gliede durch kräftige Unterstützung die eingebüßte Selbständigkeit wieder zu verschaffen[4]). Indessen hatten in Salomos Zeit die bedeutungsvollen Gesetze, daß, wenn ein Israelit in Schulden geraten war, das siebente Jahr die Schuld aufheben, oder wenn er sein Erbgut veräußert und die Verwandten es nicht für ihn eingelöst hatten, es im Jubeljahr ihm unentgeltlich zurückerstattet werden, oder wenn ein Freier aus Not sich selbst als Sklaven verkauft hatte, das siebente Jahr ihm die Freiheit bringen sollte, noch keine Anwendung. Alle diese Gesetze, welche die fortschreitende Verarmung und den stillen Krieg zwischen Armen und Reichen verhüten sollten, hatten in dem allgemein verbreiteten Wohlstand der salomonischen Regierung keinen Boden. Allein es gab dennoch eine ganze Klasse Besitzloser, die auf die Milde der Besitzenden angewiesen war, den Stamm Levi, dem bei der Besitznahme des Landes kein Ackerfeld zugewiesen war, dem der Segen der Erde und des Taues nicht zu statten kam. Die Leviten

---

[1]) Daher hat das Wort שטר die Bedeutung von Schreiben, und שטר heißt Vollstrecker. Auch bei den Ägyptern war der Schreiber zugleich Büttel.

[2]) Folgt aus II. Könige 14, 6 ff., und Josua 7, 24—25.

[3]) Deuteron. 15, 4.

[4]) Leviticus 25, 25.

waren von Haus aus arm und konnten bei der Unveräußerlichkeit der
Erbgüter niemals zu festem Besitze und daher niemals zu Wohlstand
gelangen. Sie sollten allerdings nach der ganzen Ordnung des Staatswesens weder an Besitz gebunden sein, noch in der Scholle aufgehen.
Aber es mußte doch für ihre Lebensexistenz gesorgt werden, damit sie
nicht in Dürftigkeit umkämen. Für den Teil der Leviten, dem das
Opferwesen im Tempel oblag, für die Ahroniden, war allerdings
einigermaßen gesorgt; sie bezogen Lebensmittel von den Opfergaben
und Weihegeschenken. Aber die Leviten, die anderweitige Funktionen
hatten, die **Türhüter am Tempel**, die **Handlanger beim
Opfern** und die **Sänger und Psalmisten**, hatten keinen
Anteil an den Opfergaben. Diese waren so recht die Dürftigen und
Enterbten, und sie hätten in ihrer Besitzlosigkeit verkommen müssen,
wenn nicht anderweitig für sie gesorgt worden wäre. Höchstwahr-
scheinlich hat Salomo für sie Sorge getragen und das Zehntengesetz
streng durchführen lassen. Jeder Ackerbauer und Viehzüchter war verpflichtet, den zehnten Teil seiner Ernte und seines jungen Viehzuwachses
für die Leviten herzugeben. Das Gesetz hatte zwar keine Zwangs-
mittel für die Hartherzigen bestimmt, die sich der Pflicht entziehen
wollten; allein der König hatte wohl die Macht, dem Gesetze Nachdruck
zu geben, und es nicht zum toten Buchstaben werden zu lassen, und
Salomo hat wohl von dieser Macht Gebrauch gemacht[1]). Diejenigen
Leviten, die nicht beim Tempel beschäftigt waren, wurden wohl unter
den Stämmen in Städten untergebracht. Hier mögen sie des Lehr-
amtes gepflogen haben. Für diese geborenen Armen, denen nicht
einmal die Hoffnung auf Reichtum lächelte, war in Salomos Regierungszeit gewiß einigermaßen gesorgt.

Ebenso wie für das Recht und die Milde gegen die Notleidenden
hat das Gesetz mit besonderer Aufmerksamkeit für die Keuschheit gesorgt.
Durch diese Sorgfalt war bereits zu Davids Zeit die Züchtigkeit so fest
in den Gemütern eingewurzelt, daß die Sitte ihre Wächterin geworden
war. Eine Jungfrau schänden galt als eine empörende Handlung, die
in Israel nicht vorkommen durfte[2]). Diejenigen, welche die Bestimmung hatten, Familienmütter zu werden, sollten rein und keusch
in das Haus des Gatten eintreten. Brüder überwachten die Keuschheit

---

[1]) Zwar wird erst von Chiskija erwähnt, daß er das Zehntengesetz in
Kraft gesetzt habe (II. Chron. 31, 4 ff.). Allein es läßt sich denken, daß
Salomo, der die Leviten bereits für den Tempel verwendet hat, auch für sie
durch Ausführung des Gesetzes gesorgt haben werde.
[2]) II. Samuel, 13, 12.

ihrer Schwestern und rächten den Angriff darauf an dem Frevler:[1]
„Soll unsere Schwester wie eine Buhlerin behandelt werden?!" —
Für die Unersättlichkeit der Lüstlinge scheinen indes Buhldirnen geduldet worden zu sein, Ausländerinnen, die sich für Geld (Nedân)
preisgaben[2]. Die Reinheit der Ehe wurde mit besonders peinlicher
Gewissenhaftigkeit bewahrt. Ehebruch galt als ein schweres Verbrechen, welches das Gesetz mit der Todesstrafe belegte und die Sitte
mit Schmach verdammte. Die Ungelegenheiten, die David über sich
brachte, waren eine Folge des Ehebruchs, und dieses Verbrechen wurde
ihm von Menschen nie verziehen. Das Familienhaupt verheiratete
seine Tochter, allerdings ohne ihre Zustimmung, so wie er für seinen
Sohn eine Frau auswählte. Der Bräutigam übergab dafür dem Vater
eine Morgengabe (Mohâr), wohl ein Überbleibsel der alten Sitte, als
der Vater noch seine Tochter verkaufte. Das Recht des Vaters, seine
Tochter zu verkaufen, war bereits nach dem Gesetze beschränkt. Der
Werber selbst mußte sie ehelichen oder durfte sie allenfalls seinem Sohne
zur Frau geben, aber er durfte sie nicht weiter an eine andere Familie
übergeben[3]. Er durfte sie überhaupt nicht als Sklavin behandeln und
mußte alle Pflichten gegen sie, wie gegen eine in bester Form geehelichte
Frau erfüllen. — Die Hochzeitszeremonie war einfach. Die jung-
fräuliche Braut trug an diesem Tage einen Hochzeitskranz, wohl aus
Blumen, und hatte davon ihren Namen „die Bekränzte" (Kallah).
In diesem Schmuck wurde sie aus dem elterlichen Hause ins Haus des
Schwiegervaters eingeführt, aber zuerst in einem eigens geschmückten
Gemache (Chuppa) mit dem Bräutigam vereinigt.

In der Regel hatte jeder Ehemann nur eine einzige Frau, und nur
im Notfalle, wenn die Ehe kinderlos blieb, führte er eine zweite ins
Haus[4]. Nur die Könige hatten aus Nachahmungssucht und nach dem

---

[1] Folgt aus der Geschichte von Amnon und Thamar v. S. 240. Vgl.
Genesis 34, 31; 49, 5.

[2] Folgt daraus, daß זונה öfter זרה und נכריה genannt wird.

[3] Exodus 21, 8 bedeutet לעם נכרי, „einer fremden Familie".

[4] Die faktische Monogamie der Israeliten folgt besonders aus der Erzählung von der Schandtat in Gibea, Richter 21, 22: כי לא לקחנו איש אשתו
במלחמה: es steht nicht נשיו. Die Bigamie aus Not ist angedeutet in der
Geschichte Abrahams, Jakobs und Elkanas, weil deren erste Frauen kinderlos waren. Isaak dagegen hatte nur eine einzige Frau. Die Monogamie,
als Theorie, ist in der Schöpfungsgeschichte empfohlen (Genesis 2, 24):
ודבק באשתו. Das Gesetz von zwei Frauen im Deuteronom. 21, 15 ff. bezieht sich auf einen König. Auch unter den alten Germanen war bei den
Herzögen die Polygamie Sitte, wie Tacitus in der Germania (c. 18), diesem

Beispiele der benachbarten Höfe viele Weiber in ihren Frauenge-
mächern, wie es auch nur die Könige waren, die mit der Ehe ein Spiel
trieben. Saul entriß seine Tochter dem David, als er ihn zu hassen
begann, und übergab sie einem andern Manne, und David hatte kein
Bedenken, sie diesem zweiten Gatten wieder zu entreißen. Die Stellung
der israelitischen Frauen war durchaus nicht niedrig und sklavenähnlich
wie bei vielen Völkern des Altertums und bei einigen jüngern der gegenwärtigen Zeit. Es gab keine Frauengemächer[1]) in den Häusern, worin
die Frauen, eingekerkert wie bei den Griechen, hätten weilen müssen.
Sie durften sich vielmehr auch außer dem Hause frei bewegen. Jungfrauen führten zur Zeit der Weinlese öffentlich Tänze auf (o. S. 97).
A b i g a i l , die schöne Frau des Karmeliten Nabal, ritt David entgegen,
um seinen Zorn zu beschwichtigen (o. S. 194). Bei der Heimkehr Sauls
und Davids von ihren Siegen zogen ihnen Frauenchöre entgegen und
sangen Loblieder. Infolge der freien Stellung der Frauen konnten
einzelne Hervorragende unter ihnen an dem Geschicke ihres Volkes
teilnehmen. Zu der prophetisch-dichterischen Deborah kamen die
Ältesten des Volkes und baten sie, daß sie sie mit ihrem Geiste erleuchte.
Die kluge Thekoerin trug dem König David eine Parabel vor, um ihn
zur Aussöhnung mit seinem Sohne geneigt zu machen. Eine Frau in
der Stadt Thebez und eine andere in der Stadt Abel machten dem
Bürgerkriege ein Ende, und die von Abel sprach zu den Männern von
der Mauer herab verständige Worte. Als Musterbilder schwebten den
Israeliten die Erzmütter vor, die mit ihren Gatten auf dem Fuße der
Gleichheit standen und von ihnen mit besonderer Achtung behandelt
wurden. Das Gesetz stellte Mann und Frau ganz gleich und ermahnte
die Söhne, die Mutter ebenso zu ehren wie den Vater. Allerdings

idealisierten Sittenspiegel, den er den verderbten Römern vorhielt, schildert:
Nam prope soli barbarorum (Germani) singulis uxoribus contenti sunt,
exceptis admodum paucis, qui non libidine, sed ob nobilitatem plurimis
nuptiis ambiuntur. Die Monogamie war also bei den Israeliten, wie bei
den Germanen noch vor der Entstehung des Christentums stehende Regel.
Man ist also nicht berechtigt, die Israeliten bezüglich der Stellung der Frauen
mit den Orientalen zusammenzuwerfen. Über die untergeordnete Stellung
der Frauen bei Griechen und Römern und auch noch bei den Deutschen bis
tief in das Mittelalter hinein, vgl. Prof. Maquardsen, das Recht der
Frauen, Augsburg, allg. Zeit., Beil. Nr. 253, 254. [Vgl. Jwan Müllers
Handbuch der klassischen Altertumswissenschaft III.]

[1]) Wenn בית הנשים in Esther vorkommt, so gehört diese Sitte den
persischen Königen an. Nur einmal ist [vielleicht!] ein Frauengemach angedeutet, Ps. 128, 3 אשתך בירכתי ביתך, und dieser Psalm ist jung und reflektiert nachexilische Zustände.

verließ es gegen die Sitte, wenn Frauen sich unter den Männern auf
Straßen und Plätzen allzuoft blicken ließen; ihr Kreis war das Zelt oder
das Haus. Da pflegten sie täglich Brot zu backen, zu spinnen und zu
weben. Erschienen sie in der Öffentlichkeit, so pflegten die Ehefrauen
einen Teil ihres Gesichtes mit einem durchsichtigen Halbschleier (Zeīf),
der die Augen frei ließ, zu bedecken. Dieser Halbschleier war an einem
runden Nasenstäbchen (Nesem) befestigt, welches von der Stirn bis zur
Mitte der Nase reichte[1]). Selbstverständlich machten die Frauen mit
der Zunahme des Wohlstandes unter Salomo und mit der Häufigkeit
des Goldes und der Edelsteine einen größeren Aufwand als in früheren
Zeiten. Die Nasenstäbchen für den Halbschleier, früher aus Erz, wurden
aus Gold verfertigt. Arme und Hals wurden mit Schmuck geziert; an
den Fingern prangten Ringe. Glänzenden Purpur und schneeweißes
Linnen konnten sie ohne Mühe haben, da Phönizien und Ägypten dem
Lande näher gerückt waren, und Händler durch das Land zogen und
Schmuckwaren so wie duftende Salben feilboten.

Indessen nicht bloß die Verschönerung des Daseins und die Sittlichkeit hatten seit der Entstehung des Königtums einen Aufschwung
genommen und die Roheit des ursprünglich barbarischen Zustandes gebannt, sondern auch die Kunst. Vor allem hatten die Dichtkunst und
die damit verbundene Musik eine größere Pflege gefunden. Früher
begleiteten die Frauen den Gesang lediglich mit Handpauken (Toph-
Tuppim); seit Samuel und David waren neue musikalische Instrumente

---

[1]) Es ist ein unvertilgbarer Irrtum der Archäologen, die israelitischen
Frauen bis auf die jüngste Zeit der Bibel herab, Nasenringe, etwa im
durchbohrten Nasenknorpel gleich den amerikanischen Wilden, tragen zu lassen.
So wird nämlich נֶזֶם erklärt. Allerdings bedeutet es auch einen Schmuck
für die Ohren, ob dieser aber ringförmig war, ist nicht erwiesen. Der
Schmuck נֶזֶם, welcher mit der Nase in Verbindung genannt wird, war ganz
entschieden nicht ein Ring, sondern ein länglich rundes Stäbchen zur
Befestigung des Halbschleiers. Theodotion und Symmachos übersetzen נֶזֶם
richtig ἐπιρρίνιον, ein Schmuck auf der Nase, nicht in der Nase. Das
griechische Wort muß wohl in der Gegend, wo diese Übersetzer lebten, für
diese Sache eingebürgert gewesen sein. Hieronymus bemerkt zu Ezech. 10, 12:
Verbum Nezem, quod circulus in similitudinem factus inaurium eodem
vocabulo nuncupetur et .. usque hodie inter cetera ornamenta mulierum
solent aurei circuli in os ex fronte pendere et imminere naribus.
So wie zur Zeit Hieronymus' tragen noch heutigen Tages die Frauen in
Palästina und Ägypten, soweit sie verschleiert ausgehen, ein rundes Stäbchen von Messing oder Gold an der Stirn bis zur Mitte der Nase, woran
der Halbschleier befestigt ist. נֶזֶם kann nur ein solches Stäbchen gewesen
sein. [S. jedoch Kamphausen bei Riehm-Bäthgen, S. 1073.]

(Khle-Schir) eingeführt worden, die **Harfe** (Khinnor), die **Laute** (Nebel), ein Saiteninstrument, öfter mit zehn Saiten bespannt (Nebel-Assor), und die Flöte (Chalil). Von welcher Art die Melodien und der Gesang waren, hat die Erinnerung nicht überliefert. Form und Inhalt der Poesie aus der salomonischen Zeit haben sich zwar ebenso wenig erhalten, aber doch sind Andeutungen darüber vorhanden, wie sie geartet waren. Auch die Namen einiger Dichter sind in Erinnerung geblieben. Neben dem König Salomo und neben den Leviten gab es noch andere zeitgenössische Dichter und zwar aus dem Stamme Juda, **Ethan** aus der Familie **Zerach** und drei Brüder oder Verwandte, **Heman**, **Khalkhol** und **Darda** aus der Familie **Perez**, Söhne Machols (oder Chamuls)[1]. Die Poesie, die aus dem tiefen Born des Volkstums entspringt und dessen innerstes Wesen und Weben offenbart, war im israelitischen Kreise nicht eine bloße Spielerei, um müßige Stunden zu verkürzen, mythologische Wahngebilde in anziehen-

---

[1] I. Könige 5, 11 ist angegeben, Salomo habe an Weisheit übertroffen אֵיתָן הָאֶזְרָחִי וְהֵימָן וְכַלְכֹּל וְדַרְדַּע בְּנֵי מָחוֹל. Mit Recht nimmt man an, daß diese vier Salomos Zeitgenossen und zwar Dichter waren, weil gleich darauf Salomos Weisheit als Dichtkunst erwähnt wird. Die Abstammung dieser vier läßt sich aus I. Chronik 2, 4—8 deduzieren. Sie gibt hier die Genealogie der jehudäischen Familie von Perez und Serach. Zuerst בְּנֵי פֶרֶץ חֶצְרוֹן וְחָמוּל; sie zählt dann später die Chezroniden auf (Vers 9). Nun sollte man doch auch die Aufzählung der בְּנֵי חָמוּל erwarten, da es neben חֶצְרוֹנִי auch eine Familie חֲמוּלִי gegeben hat (Numeri 26, 21). Die Chronik überspringt sie aber und zählt die Serachiden (Vers 6) auf: בְּנֵי זֶרַח. בְּנֵי כַרְמִי עָכָר עוֹכֵר יִשְׂרָאֵל. Dann זִמְרִי וְאֵיתָן וְהֵימָן וְכַלְכֹּל וְדָרַע (וְדַרְדַּע). Hier fehlt entschieden ein Glied, denn כַרְמִי ist noch nicht genannt. זִמְרִי war aber gleich זַבְדִּי, ein Serachide (Josua 7, 1; 18), dessen Sohn כַרְמִי und Enkel Achan oder Achor war. Es muß also in der Chronik heißen: וּבְנֵי זִמְרִי (זַבְדִּי) כַרְמִי, וּבְנֵי כַרְמִי עָכָר וְגוֹ׳. Es ist eine Verwirrung in dieser Genealogie wahrzunehmen. Diese besteht auch darin, daß Heman und seine Brüder als Söhne Serachs aufgeführt werden, während sie Söhne Perez' von חָמוּל waren. Es muß also heißen: וּבְנֵי חָמוּל: הֵימָן וְכַלְכֹּל וְדַרְדַּע וּבְנֵי זֶרַח: זִמְרִי וְאֵיתָן. Offenbar ist חָמוּל und מָחוֹל eine und dieselbe Person, bloß durch durch Konsonantenversetzung verschieden, wie שׂוֹחָם [IV M. 26, 42] und חוּשִׁים [I. M. 46, 23], ferner כְּבִיאֵל [I. Chr. 3, 5] und אֱלִיעָם [II. Sam. 11, 3] und andere Personennamen. Diese drei waren also Nachkommen von Perez oder Chamul בְּנֵי חָמוּל oder בְּנֵי מָחוֹל. Dagegen gehörte אֵיתָן zur Familie Serach; denn er wird auch in I. Könige das. אֵיתָן הָאֶזְרָחִי, d. h. von der Familie זֶרַח genannt und ebenso Ps. 89, 1. Wenn es in Ps. 88, 1 lautet: הֵימָן הָאֶזְרָחִי, so muß[?] man auch hier lesen אֵיתָן הָאֶזְרָחִי. Es folgt also aus dieser Stelle, daß Pereziden und Serachiden sich mit Poesie beschäftigt haben, und zwar wahrscheinlich zur Zeit Salomos.

der Form zu verknüpfen, oder der gierigen Phantasie immer neue Stoffe zuzuführen. Sie war ernst, auch wenn sie scherzte. Unbewußt war das Ziel der hebräischen Poesie von ihrer Jugend an dahin gerichtet, die Seele zu erheben und nicht zu verweichlichen oder in Schlummer zu wiegen, den Flug der Gedanken anzutreiben und nicht einzulullen, die sinnlichen Regungen und die Verirrungen des Herzens zu hemmen und nicht zu fördern. Sie bewahrte diesen Zug, auch ohne stets einen religiösen Charakter zu zeigen. Es gab vielmehr neben der religiösen Poesie auch eine Gattung, die man die weltliche nennen könnte; neben Psalmen und Lobliedern auf die Gottheit entstanden Fabeln, Parabeln und Rätselsprüche, und der König Salomo wird als Muster dieser Gattung der Poesie gerühmt. Aber auch diese weltliche Poesie hatte ihr Augenmerk auf höhere Ziele gerichtet, auf das Reich der Sittlichkeit und der fördersamen Lebenstätigkeit.

Ein Frage- und Antwortspiel in Rätselform hat sich in der hebräischen Literatur erhalten, das zwar nicht gerade als echtes Erzeugnis der salomonischen Zeit beurkundet ist, aber das Gepräge und den Geist der Dichtungsgattung an sich trägt, die Salomo beigelegt wird. Es sind Lebenserfahrungen darin niedergelegt mit Nutzanwendung auf sittliche oder gesellschaftliche Verhältnisse:

Frage: „Drei Dinge gibt es die nicht gesättigt werden
Und ein viertes, das nie „genug" sagt?"

Antwort: „Das Grab und des Schoßes Pforte,
Die Erde, die nicht satt des Wassers,
Und das Feuer sagt nie „genug""[1]).

Frage: „Drei Dinge sind mir wunderbar
Und ein viertes verstehe ich nicht?"

Antwort: „Der Weg des Adlers in Himmelshöhen,
Der Weg der Schlange auf dem Felsen,
Der Weg des Schiffs auf des Meeres Fläche
Und der Weg des Mannes bei der Sklavin."

---

[1]) Sprüche 30, 15—31 sind fünf analoge an die Zahl 3 und 4 geknüpfte Sentenzen enthalten, die man nur verstehen kann, wenn man den Eingang als Rätselfrage betrachtet, wie bereits einige Ausleger sie erklärt haben. Der Vers 15 von der Alukah (Blutsaugerin) gehört nicht zum Eingang der ersten Sentenz, sondern scheint Fragment einer anderen, ausgefallenen Sentenz zu sein. Auch die fünfte Sentenz, die dunkelste von allen, scheint defekt zu sein, wenn man die griechische Version mit dem Original vergleicht und den unregelmäßigen Bau des Parallelismus betrachtet. — Vers 19 עלמה ist nicht Jungfrau, sondern Sklavin (wie נערה Amos 2, 7), mit welcher der Herr und Besitzer Unzucht treiben kann, ohne daß es kund wird. Merk-

Frage: „Unter dreien erzittert die Erde,
               Unter einem vierten kann sie es nicht ertragen?"

Antwort: „Unter einem Sklaven, wenn er zur Macht gelangt,
               Unter einem Gemeinen, wenn er satt wird des Brotes,
               Unter einer Häßlichen, wenn sie geehelicht wird,
               Und unter einer Sklavin, wenn sie ihre Gebieterin beerbt."

Frage: „Vier sind die Kleinen auf Erden,
               Und sind doch gescheit und gewitzigt?"

Antwort: „Die Ameisen, ein ohnmächtiges Völkchen,
               Bereiten in der Ernte ihre Nahrung vor.
               Bergkaninchen, ein schwaches Völkchen,
               Errichten auf Felsen ihr Haus.
               Die Heuschrecken haben keinen König
               Und ziehen in Scharen aus.
               Die Eidechse kannst du mit den Händen fangen,
               Und sie wohnt in Königs Palästen."

würdig ist es, daß in der indischen Fabelsammlung Hitopadesa eine mit der ersten in den Sprüchen analoge Sentenz vorkommt (Buch II, Fabel 9). Dort ist sie in eine Erzählung eingeflochten von einer ehebrecherischen Frau, welche zugleich mit dem Vater und dem Sohne Unzucht trieb. Darauf wird ein Übergang gemacht, nach Max Müllers Übersetzung (S. 90): „es ist bekannt", nach Wilkins' und Lanceraus Übersetzung: according to these sayings, oder on a dit, jedenfalls mit Berufung auf einen be- kannten Spruch. Die Sentenz selbst lautet nach M. Müllers Übersetzung:

      „Das Feuer hat nie genug Holz,
        Das Meer nie genug Wasser,
        Der Tod nie genug Geschöpfe,
        Eine Schönäugige nie genug Männer."

Ganz gleich sind die beiden Sentenzen keineswegs, die indische betont am stärksten die Brunst der Frau, während die hebräische dieses Glied nur durch zwei Wörter andeutet: רחם ויצר. Das Hitopadesa spricht von der Unersättlichkeit des Meeres, und Mischlé heben die Unersättlichkeit des Erdbodens hervor: ארץ לא שבעה מים. Die Frage über die Entlehnung kann nicht zweifelhaft sein, da das Hitopadesa ein mindestens um tausend Jahre jüngeres Produkt ist. Denn es ist viel jünger als die Fabelsamm- lung Pantscha-Tantra; es hat die in dieser enthaltenen Fabeln benutzt und Sentenzen daran angeknüpft, wie M. Müller bemerkt (das. Einleitung). Pantscha-Tantra ist erst im fünften Jahrh. nachchristlicher Zeit entstanden, wie Lancerau in der Einleitung angibt: Pantscha-Tantra, recueil plus ancien, lequel a dû recevoir sa forme actuelle vers la fin du V. Siècle de l'ère chrétienne, et a été traduit du Sanscrit en Pehlvi dans la première moitié du VI. S. Folglich ist das Hitopadesa, welches die ältere Sammlung benutzt hat, noch jünger. Mischlé dagegen, selbst die jüngsten Bestandteile, sind nicht jünger als das babylonische Exil, also als das sechste vorchristl. Jahrh. Der hebräische Dichter kann also keineswegs die Sentenz einem indischen Dichter entlehnt haben. Weit eher ist es denkbar, daß der Spruch

So viel Wert ist auf die Poesie gelegt worden, daß frühzeitig eine Sammlung älterer Lieder angelegt wurde. Das Triumphlied über den Sieg Josuas über die Kanaaniter, das Klagelied Davids auf den Tod Sauls und Jonathans, wahrscheinlich auch das Deborahlied und noch andere wurden darin aufgenommen. Diese poetische Blumenlese wurde die „Rolle der Lieder" genannt[1]).

Fruchtbarer und eindringlicher war die nationale Poesie, welche die Bedeutung des israelitischen Volkstums zum Inhalt hat. Es sprach sich darin ein frohes Selbstbewußtsein und ein festes Vertrauen auf die Zukunft aus, daß dieses von Gott geleitete Volk einer höhern Bestimmung vorbehalten sei, und daß es nie dem Untergang verfallen werde. Die großen Errungenschaften in den Kriegen unter David und die Erfolge der Machtvergrößerung im Frieden unter Salomo haben dieses Selbstbewußtsein erhöht. Indessen verstieg es sich nicht zum Hochmut und zur Selbstüberschätzung. Es verweist vielmehr auf Gott, welcher diese Erfolge verliehen hat, es erwartete alles von ihm allein, von der eigenen Kraft des Volkes und seinen Führern nichts. Die Fülle des Segens, welcher Israel zuteil wurde, stellte die Poesie als eine Folge seines sittlichen Lebens und seines heiligen Wandels dar. Prophetisch wird von dem Volke verkündet:

„Man schaut nicht Gewalttätigkeit in Jakob
Und nicht Frevel in Israel,
Jhwh, sein Gott ist mit ihm
Und das Wohlwollen[2]) des Königs in seiner Mitte."

durch Araber oder gar Juden den Indern bekannt geworden ist, und in Indien eine Modifikation erfahren hat. Einer einzigen Quelle entstammen jedenfalls beide, denn die große Ähnlichkeit schließt ein zufälliges Zusammentreffen aus.

[1]) Zweimal wird das ספר הישר genannt, Josua 10, 13; II. Samuel 1, 18 und von den daselbst angeführten Liedern wird angegeben: הנה היא כתובה (oder הלא). Es war also eine Liedersammlung. Da David das eine Lied auswendig lernen ließ (o. S. 225), so ist es wohl zu seiner Zeit schriftlich aufbewahrt worden. Die Bedeutung von ס' הישר hat wohl Herder (Geist der hebr. Poesie) am richtigsten erklärt als Buchstabenversetzung für ספר השיר, zumal die syrische Version das Wort הישר zu Samuel zwar durch ספר אשיר, aber zu Josua durch ספרא דתושבחתא, „Rolle des Liedes" wiedergibt. Vgl. Gesenius' Thesaurus II, p. 642.

[2]) Numeri 23, 21—24, תרועת מלך bedeutet wie Hiob 33, 26: וירא פניו בתרועה Freundschaft, Freundlichkeit, Wohlwollen (vielleicht von רעה gleich רצה?). — Vers 23 יאמר ל' bedeutet hier, wie öfter „genannt werden", und מה פעל אל ist der Name, der Israel einst beigelegt werden wird, wie Hosea 2, 1 יאמר. להם בני אל חי, Jeremia 33, 16 וזה אשר יקרא לה ה' צדקנו. So ist dieser dunkle Vers verständlich.

„Der Gott, der es aus Ägypten geführt,
Hat ihm des Rieſentieres Höhe (gewährt).
Denn nicht Zauberſpruch vermag gegen Jakob
Und nicht Orakelſpruch gegen Jsrael.“

„Bald wird Jakob genannt werden und Jsrael,
(ſehet): „„Was Gott getan hat““.
„Sieh! ein Volk, das wie eine Löwin aufſteht,
Und wie ein Löwe ſich erhebt.
Er legt ſich nicht nieder,
Bis er die Beute verzehrt
Und der Gefallenen Blut getrunken.“

„Wie ſchön ſind Deine Zelte, o Jakob!
Deine Wohnungen, Jsrael!
Wie Täler, die bepflanzt ſind,
Wie Gärten am Fluſſe,
Wie Aloe, die der Herr eingepflanzt,
Wie Zedern am Waſſer“[1]).

Indes ſo lange ein Volk lediglich die Dichtkunſt hegt, hat es noch nicht die niedrige Stufe der Bildung überſchritten. Denn die Dichtkunſt iſt erſt die erſte Stufe der ringenden Volksſeele, die innigſten Gefühle äußerlich darzuſtellen. Erſt wenn es der Volksgeiſt dahin bringt, die Vorgänge ſeines öffentlichen Lebens, ſeine Erfahrungen, Prüfungen und Gedanken ohne Bilder und Gleichniſſe in ungebundener Rede ruhig und leidenſchaftslos darzuſtellen, bekundet er ſeine Reife. Und auch dieſe Stufe hat das isrаelitiſche Volk in der davidiſchen und ſalomoniſchen Zeit erſtiegen. Die wunderbare Geſchichte des Volkstums wurde bereits in ſchlichter Proſa, aber doch mit dichteriſchem Anflug und mit dramatiſcher Lebendigkeit ſchriftlich dargeſtellt. Die Schreibkunſt war ſelbſtverſtändlich bereits entwickelt. David gab dem Urias den Unglücksbrief an Joab mit[2]). Der Oberbeamte für die Zählung der zum Heerbann Berufenen pflegte die Namen der ſtreitbaren Mannſchaft in eine Rolle einzuſchreiben, und der Kanzler hatte die Namen der beim König beliebten oder mißliebigen Perſonen ſamt ihren Taten aufzuzeichnen[3].) Es läßt ſich zwar nicht abgrenzen, welche Stücke der israеlitiſchen Geſchichtsbücher in dieſer Zeit aufgezeichnet wurden. Aber eine geſchichtliche Darſtellung der Vorzeit hat ſicherlich damals bereits begonnen. Iſt doch unzweifelhaft in dieſer Zeit eine Art von F l u g ſ c h r i f t e n in Geſtalt von geſchichtlicher Erzählung in die Öffentlichkeit gebracht worden,

[1]) Numeri 24, 5, 10.
[2]) II. Samuel 11, 14.
[3]) S. Note 16.

um den Vorzug des ordnenden und einigenden Königtums gegen die
Zerfahrenheit, Unordnung und frevelhafte Willkür der Richterepoche
ins rechte Licht zu setzen und hervortreten zu lassen.

Um diejenigen, welche noch bedauern mochten, daß das Königtum
die ehemalige Freiheit unterdrückt habe, so recht davon zu überzeugen,
wie viel schlechter die Richterzeit gewesen sei, sind in der salomonischen
Zeit zwei Schriften entstanden, welche die Ungebundenheit und Unsittlichkeit jener mit Unrecht bedauerten Zeit zu brandmarken suchen.
Beide Schriften haben die Absicht, geschichtlich zu vergegenwärtigen,
daß, so lange kein König in Israel war, und jedermann das, was ihm
gut dünkte, tun durfte, grauenhafte Frevel und Missetaten vorgekommen
seien, nicht bloß Götzendienst, sondern auch offene Gewalt und Raub,
öffentliche Schändung von Frauen, Ungastlichkeit gegen Fremde, Auflehnung und wütender Bürgerkrieg. Die republikanische Freiheit oder
die lockere Stammesverfassung sei die Urheberin solcher Missetaten gewesen, das wollten die beiden Schriften zu verstehen geben und zugleich
nahelegen, daß solche Gräuel und solche Verworfenheit (Nebalah) unter
dem Königtum nicht möglich sei. Nebenher hatten diese scheinbar harmlosen Erzählungen, angeblich aus der Richterzeit, noch eine andere Absicht
im Auge. Das von David begründete Königtum hatte heimliche
Feinde im Stamme Benjamin, der nicht vergessen konnte, daß er unter
Saul die Herrschaft ausgeübt hatte, und daß diese ihm von dem Stamme
Juda entrissen worden war. In der ehemaligen Residenz Sauls, in
G i b e a , hat es ohne Zweifel Unzufriedene gegeben, die auf den Augen-
blick lauerten, am Hause Davids den Kronenraub zu rächen und die
Herrschaft wieder an Benjamin zu bringen. Gibea, eine Zeitlang
Mittelpunkt des Landes, war nämlich durch die Erhebung Jerusalems
zu einem gewöhnlichen Landstädtchen herabgedrückt worden. Wie
Scheba aus der benjaminitischen Familie Bichri die Verwirrung unter
David benutzte, um die Fahne der Empörung aufzupflanzen und zu
rufen: „Wir haben keinen Anteil an David" (o. S. 260), so mochten
unter Salomo manche davon träumen, bei günstiger Gelegenheit dem
Hause Davids die angemaßte Herrschaft wieder zu entreißen. Eine der
beiden Flugschriften legte es daher darauf an, die Stadt Gibea zu brandmarken, ihre ehemaligen Freveltaten in Erinnerung zu bringen und sie
in starken Farben aufzutragen, um die Unwürdigkeit dieser Stadt
offenkundig zu machen.

Die Einwohner Gibeas haben, nach der Darstellung dieser Flug-
schrift, in alter Zeit Frevel auf Frevel begangen, einem würdigen Mann
die Nachtherberge versagt, dessen Frau geschändet und sich gegen ganz

Israel gewaffnet, um die in ihrer Mitte weilenden Missetäter zu schützen, und diese Stadt sollte je wieder Mittelpunkt werden und ganz Israel beherrschen! — Nächst Gibea wird auch die gileaditische Stadt Jabesch gegeißelt, sie, welche so treu zu Saul gehalten hat. Ganz Israel hatte sich versammelt, um die Schandtat von Gibea zu züchtigen, nur die Einwohner von Jabesch hatten sich nicht dazu eingefunden; sie hatten also die Schandtat gebilligt und wurden daher auch mit Recht in die Strafe, die Gibea traf, hineingezogen. Das sollte ein Wink für die treuen Anhänger Sauls sein.

Als Scheba das Volk zur Empörung gegen David aufrief, fand er lediglich unter den nördlichen Daniten Aufnahme und Schutz (o. S. 262). Diese Daniten hatten also ebenfalls Anhänglichkeit an Sauls Haus und Abneigung gegen David gezeigt. Sie geißelt daher die andere Schrift und weist den wenig rühmenswerten Ursprung der Stadt Dan nach. Bei der Gründung ihrer Kolonie in der Richterzeit hat Dan offne Gewalttätigkeit und Raub sich zuschulden kommen lassen und noch dazu Götzendienst getrieben. Einen Götzen haben die Daniten verehrt bis zum Ende der Richterzeit, und ein Levite hat bei ihnen gegen Gesetz und Herkommen das Priesteramt versehen. Das ist der andeutende Hintergrund dieser beiden Schriften; es sind höchst künstlerisch angelegte Erzählungen, um in dem harmlosesten Tone mißliebige Stämme und Städte und die ganze Wildheit der Richterzeit zu brandmarken und leise anzudeuten, um wie viel segensreicher und sittlicher das Königtum die öffentlichen Zustände gestaltet hat[1]).

---

[1]) Daß die Erzählung von der Schandtat Gibeas (Richter 19—21) eine Tendenzschrift sei, um die Zuchtlosigkeit der Richterzeit zu geißeln, haben bereits einige Ausleger erkannt und diese Tendenz in der, im Anfang und am Ende hervorgehobenen, Bemerkung בימים ההם אין מלך בישראל איש gefunden. Güdemann hat aber mit Recht nachgewiesen, daß noch eine andere Tendenz darin vorwaltet, die Stadt Gibea, die Benjaminiten, die Anhänger Sauls und die Stadt Jabesch-Gilead der Verachtung preiszugeben (Frankel-Graetz, Monatsschr. Jahrg. 1869, S. 377 ff.). Daß aber die vorangehende Erzählung (Richter 17—18) von Michas Götzentum und der Gewalttätigkeit der Daniten ebenfalls eine Tendenzschrift sei, hat bisher niemand erkannt. Und doch hat diese mit der anderen auffallende Analogie. Auch diese erwähnt zweimal בימים ההם אין בלך בישראל איש כל הישר וגו׳ (17, 6; 18, 1). In beiden ist das Gebirge Ephraim ohne genaue Angabe der Lokalität erwähnt. In beiden wird Bethlehem, Davids Geburtsort, mit einem rühmenden Zug erwähnt (17, 8 ff.; 19, 1, 18). Juda hat die Führerschaft im Kriege gegen Gibea (20, 18); dieser Stamm wird also im Gegensatz zu Benjamin hingestellt. Da nun beide Nachträge zum Buche der Richter bilden, so ist die Charakter-gleichheit beider erwiesen. Der Verfasser oder Redakteur des Buches der

Die erste Schrift erzählt, wie ein gewisser Micha auf dem Gebirge
Ephraim sich ein Götzenbild gemacht und zuerst seinen Sohn und dann
einen Leviten, Jonathan, einen Enkel Moses, zum Priester dabei
angestellt habe, und wie auswandernde Daniten das Götzenbild samt
dem Priester eigenmächtig und taub gegen die Widersprüche des Eigen-
tümers entführt haben. Die Nebenumstände zeugen ebenfalls von
häßlicher Gesinnung. Das Silber, woraus das Götzenbild verfertigt
wurde, hatte Micha seiner Mutter gestohlen. Dann aber, als die
Mutter einen Fluch über den Dieb ausgesprochen hatte, sah sich der Sohn
veranlaßt, es ihr wieder zu erstatten, worauf es die Mutter zu einem
Götzen widmete. Dieses durch einen Diebstahl entstandene Götzenbild
wurde in Dan aufgestellt und von den Daniten die ganze Richterzeit
hindurch angebetet, die Nachkommen des Leviten Jonathan fungierten
dabei als Priester[1]).

Wie die erste Erzählung den plumpen Götzendienst brandmarkt,
so die zweite die noch größere Schandtat der Einwohner von Gibea, der

Richter hat beide Schriften vorgefunden und sie als Anhängsel dem Buche
einverleibt. Sie müssen also als gleiche Schriften angesehen werden. Daß
die zweite erst in späterer Zeit verfaßt wurde, folgt daraus, daß, obwohl die
Geschichte noch zu Pinehas' Zeiten spielen soll (20, 28), als die Daniten noch
nicht die Stadt Dan im Norden kolonisiert hatten, dennoch angegeben wird,
die Stämme vereinigten sich gegen Gibea von Dan bis Verseba (20, 1).
Als Sammelpunkt wird Mizpah angegeben, das erst unter Samuel Bedeutung erhielt. Die Schrift kann entschieden erst zu Salomos Zeit verfaßt
sein, da Scheba erst zu Ende der davidischen Regierungszeit eine Empörung
veranlaßte (o. S. 260) und da Schimi, der Benjaminite noch gefürchtet war
(I. Könige 2, 36). In der nachsalomonischen Zeit, als Benjamin eng mit
Juda verbunden war, lag keine Veranlassung vor, die häßliche Vergangenheit jenes Stammes zu brandmarken. Die erste Schrift kann aber ebenfalls
nur in der salomonischen Zeit verfaßt sein, da auch sie die Beteiligung der
danitischen Städte an Schebas Aufstand (o. S. 262) geißelt, und dieser erst,
wie schon erwähnt, in Davids Alter vorfiel. Indessen, so sehr sich auch in
der Unbestimmtheit der Lokalitäten, in der Übertriebenheit der Zahlen und
auch in der unhistorischen Einmütigkeit der Stämme der fiktive Charakter
beider Erzählungen zeigt, so muß doch beiden ein historischer Kern zugrunde liegen. Auf die Schandtat in Gibea spielt der Prophet Hosea (9, 9,
10, 9) öfter an. Die Auswanderung der Daniten ist historisch, auch ihr
Götzenkultus muß faktisch gewesen sein. Nur die näheren Umstände sind in
der Erzählung tendenziös geschildert.

[1]) Richter 17, 2 kann לקח nur „stehlen" bedeuten. Vers 4 את . . . וישב
הכסף לאמו ist eine Dittographie von Vers 3; ועתה אשיבנו לך kann nur
bedeuten, wie die syrische Version den Sinn wiedergibt: והשא פנרתי לי,
d. h. ועתה השיבנו לי. Daraus folgt ebenfalls, daß Micha das Silber seiner
Mutter gestohlen hatte.

Residenz Sauls. Ein Levite, der seine ihm entlaufene Frau aus
Bethlehem zurückbrachte, suchte für die Nacht ein Unterkommen in
Gibea, aber niemand mochte ihm gastfreundliche Herberge gewähren.
Nur ein Fremder, der in Gibea wohnte, erbarmte sich seiner und der
Frau. Aber in der Nacht versammelten sich sämtliche Einwohner von
Gibea, um den zugewanderten Leviten zu töten. Als ihnen dessen
Weib zur Beschwichtigung ihrer Aufregung überliefert wurde, be-
friedigten sie ihre Lust so unmenschlich an ihr, daß sie leblos niederfiel.
Der Levite machte diese Untat sämtlichen Stämmen bekannt; diese
versammelten sich und forderten die Benjaminiten auf, die Frevler von
Gibea zur Bestrafung auszuliefern. Aber diese machten mit ihnen gemeinsame Sache und zogen sogar in den Krieg gegen die übrigen
Stämme. Von beiden Seiten fielen dabei viele Tausende, bis es endlich den Verbündeten gelang, durch eine List die Benjaminiten zu besiegen und völlig aufzureiben, bis auf 600, die sich auf einen Felsen
geflüchtet hatten. Dann bekriegten sie auch die Bewohner von Jabesch-
Gilead, welche dem Aufrufe zum Kriege gegen die Frevler nicht Folge
geleistet und stillschweigend für Gibea Partei ergriffen hatten. Sämtliche Stämme schwuren damals, den Benjaminiten keine ihrer Töchter
zur Frau zu geben. Um aber den Stamm Benjamin nicht ganz eingehen zu lassen, besannen sie sich eines Bessern und gaben ihnen vierhundert Jungfrauen, die in Jabesch-Gilead zu Gefangenen gemacht
worden waren, und den übrigen zweihundert gestatteten sie beim
Tanze zur Zeit der Weinlese in Schilo, wo die Familienväter ihre
Töchter mitzubringen pflegten, sich Jungfrauen zu rauben. Von
diesen sechshundert Benjaminiten und den geraubten Jungfrauen
entstand der Stamm Benjamin wieder.

Der Stil dieser beiden Erzählungen ist glatt, anschaulich, dramatisch
und lebendig. Er läßt erkennen, daß die Geschichtsdarstellung in
fließender Prosa damals nicht mehr in den Anfängen, sondern bereits
ausgebildet war. Es muß schon eine geschichtliche Literatur bestanden
haben, aus welcher die jetzigen Bücher der Richter und Samuel stammen.
Wie die hebräische Poesie an Alter die sämtlichen Völkerpoesien übertrifft, so auch die hebräische Geschichtsprosa; sie ist um vier Jahrhunderte
älter als die allerälteste, die griechische. Sie hat allerdings nicht die
künstlerische Vollendung der griechischen erreicht, sie hat aber im spätern
Verlauf den Vorzug der Schlichtheit, der Anschaulichkeit, der ein-
schmeichelnden Innigkeit und Herzlichkeit vor ihr voraus. Sie hat noch
von ihrer Mutter, der Poesie, manche Eigenschaften beibehalten.

Auch die Beredsamkeit, die bereits einen schönen Anfang gemacht

hatte, schmückte sich mit dem Zierrat der Poesie. Die feine, zart an-
spielende Rede der Thekoerin vor dem König David (o. S. 241) ist von
poetischen Blumen durchflochten. Die Beredsamkeit der Propheten
dieser Zeit hatte, wenn auch noch nicht in gebundener Rede gehalten,
einen dichterischen Anflug. Die hebräische Sprache hatte bereits ihre
vollendete Ausbildung erhalten und feste Formen angenommen. Die
mundartliche Verschiedenheit war durch die Annäherung aller Stämme
unter David und Salomo fast verwischt, die Form und selbst die Schreibweise waren für alle gemeinsam, während die Phönizier noch lange
schwankten, wie sie die Sprachformen für das Wenige, was sie schriftlich erhalten wissen wollten, ausprägen und durch welche Buchstaben
sie die Laute bezeichnen sollten. Die ereignisreiche Geschichte seit der
Entstehung des Königtums hat die hebräische Sprache bereichert und
ihr Schmiegsamkeit und Gelenkigkeit verliehen, die öffentlichen Vorgänge treffend zu bezeichnen. Sprüchwörter, welche ihre Entstehung
den geschichtlichen Ereignissen verdanken, flogen von Mund zu Mund.
„Ist auch Saul unter den Propheten?" — „Blinde und Lahme — man
kann nicht ins Haus gehen;" — „Wer kann vor den Söhnen Enaks bestehen?" — „Von Frevlern mag Frevel ausgehen." Auf andere Künste
als Poesie und geschichtliche Darstellung hat sich der Geist des hebräischen
Volks auch zur salomonischen Zeit nicht verlegt. Wohl haben Israeliten
den Phöniziern manche Fertigkeiten abgelernt, Waffen schmieden
(charásch), Häuser bauen, Festungen anlegen (Masger), edle Metalle
schmelzen und Zierraten daraus verfertigen, und die Sprache hat Bezeichnungen für **Künstler** und **feine künstlerische Arbeit**
ausgeprägt[1]); aber zur Vollendung haben es die Israeliten in keiner
bildenden Kunst gebracht.

Aber auch in dem, was die Seele dieses Volkstums bilden sollte,
in der Läuterung und Reinerhaltung der Gotteserkenntnis und der
religiösen Vorstellung, ist es in dieser Zeit im großen und ganzen nicht
über die erste Stufe hinausgekommen. Wohl hatte der rohe Götzendienst seit Samuel größtenteils abgenommen, aber ganz verschwunden
war er noch nicht, und die Erkenntnis von einem einzigen, geistigen Gotte
war im Volke noch nicht so fest gewurzelt und gekräftigt, daß Rückfälle
in die wüsten Vorstellungen ausgeschlossen wären. Der religiöse Sinn
war allerdings zum Teil veredelt und geläutert; die Geistesgehobenen

---

[1]) Für Kunstarbeit wurde מְלֶאכֶת מַחֲשֶׁבֶת ausgebildet, חֹשֵׁב Künstler,
חשב als Verbum bedeutet zugleich „künstlerisch anfertigen, berechnen,
ausdenken, erdenken".

im Volke, die Leviten und die Propheten, hatten eine reine Vorstellung von der Erhabenheit Gottes und der würdigen Art seiner Verehrung, Einfalt des Wandels (Tom derech) ohne Erwartung einer Belohnung sei das Erstrebenswerte und Gottgefällige; Gerechte, Einfache (Temimim) seien die Lieblinge Gottes. Aber die Masse konnte den Begriff der Körperlichkeit von Gott nicht trennen, weil sie sich zur Klarheit des Gedankens von einem reinen Geiste nicht aufschwingen konnte. Jhwh, der Gott Israels, der Gott ihrer Väter, der soviel Wunder für das Volk getan, dessen Heere er zum Siege geführt und es groß gemacht, war ihr wohl der höchste Gott; aber neben und unter ihm dachte sich die Masse noch andere Götter, denen sie mehr als eine Scheinexistenz beilegte. In der Gottheit selbst verehrte das Volk bis zur Zeit Davids und Salomos mehr die Allgewalt, womit sie die Frevler und Feinde des von ihr auserwählten Volkes zerschmettert, als die Allliebe welche sich der Schwachen und Leidenden annimmt. Wohl brach schon die Anschauung durch, daß Gott den Sünder nicht ganz verstoße, sondern ihm den Weg zur Rückkehr geöffnet habe[1]); aber im allgemeinen wurde Jhwh als Gott des Eifers gedacht, der die einmal begangene Sünde nicht verzeihe. Sein Eifer wurde indes von seiner Gerechtigkeitsliebe abgeleitet, weil er als Richter der ganzen Erde betrachtet wurde, der Gerechtigkeit übe, das Böse und die Gewalt hasse. Andernseits war indessen die Heiligkeit Gottes und die Erkenntnis, daß ihm das Niedrige, Gemeine, die tierische Unzucht und Ausschweifung ein Gräuel sei, bereits ins Bewußtsein gedrungen.

Überhaupt war die alte, aus der Zeit des Götzentums stammende Vorstellung mit der neuen sinaitischen Lehre in steter Gärung und im Kampfe. Der Eid wurde selbstverständlich bei dem Namen Jhwh geleistet, weil das Schwören und alles Anrufen Gottes, als Zeugen der Wahrheit oder des Vertrags, als eine feierliche und heilige Handlung galt, die nur bei dem ureignen göttlichen Wesen geschehen müsse. Nichtsdestoweniger wurde dabei das Symbol der Siebenzahl vor Augen gelegt, und „schwören" selbst (hischtabea) erinnerte an diese Zahl, weil nach altheidnischer Vorstellung jede Beteuerung bei den sieben Mächtigen (Kabiren v. S. 85) zu geschehen pflegte[2]). Überhaupt galt, von

---

[1]) Vgl. o. S. 242, Anmerk. 1 die Äußerung der Thelocrin.

[2]) Das Symbol der Zahl sieben kommt oft bei Eiden in der hebräischen Literatur vor, vgl. auch Herodot III, 8 — הִשָּׁבַע, „sich siebnen" für schwören, stammt eher von den Kabiren, welche den sieben Wochentagen vorstehen, als von den sieben Planeten. Der Planetarismus kann nicht das Ursprüngliche bei Hirtenvölkern gewesen sein.

dieser heidnischen Vorstellung abgeleitet, die Siebenzahl als eine heilige. Von der Vorstellung, daß die Gottheit durch Opfer zur Abwendung ihres Zorns, zur Umstimmung und zum Wohlwollen gebracht werden könne, konnte das Volk nicht loskommen. Der salomonische Tempel hat diese Vorstellung noch mehr genährt, weil in ihm viele Opfer dargebracht wurden. Der von Samuel geltend gemachte Gedanke, daß Gott kein Wohlgefallen an Opfern und Gaben habe, wurde wieder verdunkelt und trat zurück. Nur durch die Einrichtung, daß neben dem Opferwesen im Tempel ein geistiger Gottesdienst mit Psalmen, Gesang und Saitenspiel bestehen sollte, war die Klärung dieser so tief eingreifenden Anschauung angebahnt.

In dem neuen großen Tempel hatte das Priestertum eine geachtetere offiziellere Stellung erlangt; es war unter Salomo vertreten durch den Hohenpriester A s a r j a , Sohn Zadoks (o. S. 289). Es war nun allerdings nicht, wie bei den Phöniziern, dem Königtum gleichgestellt, sondern ihm untergeordnet, mußte sich nach ihm richten[1]) und hatte keinerlei Macht über das Volk. Das Hohepriestertum war erblich im Hause Zadok, nachdem die Nachkommen Abjathars durch Salomo zurückgesetzt worden waren. Überhaupt waren die Zadokiden geehrt, während die Abkömmlinge des Hauses Eli so heruntergekommen waren, daß sie um eine kleine Münze oder um ein Laib Brot betteln mußten[2]). Der Hohepriester wurde ebenfalls wie der König gesalbt. Bei seinem Dienste trug er Prachtgewänder zur Ehre und Zierde, ein langes Feierkleid ganz aus blauem Purpur, das bis zu den Füßen reichte, und an dessen Saum ringsumher Granatquasten und goldene Schellen angebracht waren. Ein buntgesticktuer Gürtel hielt das Gewand zusammen. Auf seinem Haupte war ein Kopfbund aus weißem Byssus. An der Stirn trug er ein Diadem aus Gold mit der eingegrabenen Inschrift: „H e i l i g d e m J h w h." Über die Schultern und die Brust war eine Art Achseltuch (Ephod) gelegt, aus verschiedenartigen Purpur-, Gold- und Byssusfäden gewebt. Daran war mit goldenen Kettchen und Ringen auf der Brust eine Art spannenlangen Schildes befestigt. In diesem Brustschild (Choschen) waren in vier Reihen verschiedenfarbige Edelsteine angebracht, in welche die Namen der zwölf Stämme eingestochen waren und ebenso war auf den Schulterblättern je ein Edelstein mit je sechs Namen der Stämme eingegraben. Die funkelnden Steine auf der Brust hatten ohne Zweifel eine sinnbildliche Bedeutung, die den Kundigen verständlich war; sie veranschaulichten G l a n z und

[1]) Vgl. I. Samuel 2, 35.
[2]) I. Samuel 2, 36.

Erleuchtung, Echtheit und Wahrheit (Urim w' Tummim) [1]
Vermöge ihrer ſollte der ſie tragende Hoheprieſter die Geſamtheit der
Stämme vor Gott vertreten und zugleich in zweifelhaften Lagen für
das Volk und den es vertretenden König Auskunft erteilen. Das von
ihm feierlich erteilte Wort galt als ein Gottesſpruch. Der Hoheprieſter wurde unter Salomo, wenn nicht über die Propheten, ſo doch
ihnen gleichgeſtellt. Bei großen Feſtverſammlungen pflegte er zum
Schluſſe das Volk zu ſegnen. Der von ihm gebrauchte Segensſpruch
beſtand nicht, wie bei den götzendieneriſchen Völkern, aus dunkeln,
myſtiſchen, Zauberſprüchen ähnlich klingenden Formeln, ſondern drückte
einen klaren, jedermann verſtändlichen Gedanken aus. Gott möge das
Volk ſegnen und beſchützen, ihm ſein Antlitz gnädig leuchten laſſen, ihm
freundlich und gewogen ſein und ihm Frieden gewähren [2]. Die
übrigen Prieſter aus dem Hauſe Zadok trugen kurze Röcke aus Byſſus,
hohe weiße Kopfbedeckung und Gürtel. Im Gegenſatz zu den Prieſtern
der Nachbarvölker, die ihr Haupt- und Barthaar vollſtändig abzuſcheren
pflegten, behielten die Ahroniden ihren natürlichen Haarſchmuck. Mit
den Leichnamen und dem Tode hatten ſie nichts zu ſchaffen, ſie ſollten
ſich vielmehr nach dem Geſetze von jeder Verunreinigung durch Berührung von Leichen fernhalten. Der Tempel zu Jeruſalem brauchte
nicht von den Wehklagen um einen geſtorbenen Gott widerzuhallen.
Das Volk aber konnte ſich von den Trauergebräuchen der Phönizier
und Kanaaniter nicht losreißen und fuhr wohl noch lange fort, bei
Verluſt eines Familiengliedes ſich eine Glatze zu machen und ſich den
Körper mit Meſſern zu verwunden oder Einſchnitte zu machen [3].

Das religiöſe Leben konzentrierte ſich bei den Iſraeliten wie bei
allen Völkern in den großen Volksfeſten, die mit den Abſchnitten des
Ackerbaus zuſammenfielen, im Feſt der ungeſäuerten Brote zur Zeit
der Gerſtenernte im Frühling, im Schnittfeſt zur Zeit der Weizenernte
fünfzig Tage ſpäter, und endlich im Sammelfeſt zur Zeit der Früchte-
und der Weinleſe im Beginn des Herbſtes. An dieſen Feſten wallfahrteten die Familien zur nächſten angeſehenen Kultusſtätte, und davon
hatten ſie den Namen Wanderfeſte (Regalim) [4]. Der neue

---

[1] Exodus Kap. 25. Über die אורים ותמים vgl. Note 20.
[2] Numeri 6, 23 ff. Daß dieſer Segensſpruch alt iſt, ergibt ſich aus
Pſ. 67, in welchem bereits dieſelbe Formel vorkommt; vgl. auch Pſ. 134.
[3] Folgt daraus, daß in der Sprache des gewöhnlichen Lebens und im
Stil der Propheten הקרח und קרחה, ſowie התגודד gleichbedeutend iſt mit
„trauern, Trauer" überhaupt.
[4] Exodus 23, 14.

Tempel unter Salomo zog zum Sammelfeste eine große Menge Be=
sucher aus allen Stämmen nach Jerusalem, weil im Herbst Feld und
Garten nicht mehr ihre Besitzer beschäftigten und diesen Muße zur
Festfeier und zum Tempelbesuch ließen.   Die freudige Erinnerung an
die Einweihung des Tempels trug dazu bei, eine größere Beteiligung
an diesem Feste zu veranlassen.   Es wurde deswegen ganz besonders
das W a l l f e ſ t (Chag)[1] genannt.   Die Auswärtigen, welche nach
Jerusalem gekommen waren und keine Gaſtfreunde hatten, die sie in
das Haus aufnahmen, bauten sich Hütten, um darin die acht Tage des
Festes zu verweilen.   Das Frühlings= und das Herbſtfeſt erhielten in=
dessen Beziehungen zu den geschichtlichen Erinnerungen.   Das Feſt der
ungesäuerten Brote diente zum Andenken an den Auszug aus Ägypten
und das Herbſtfest zur Erinnerung an das Zeltleben in der Wüſte.   Die
sieben Festtage wurden mit Opfern, Freuden und geselligen Mahlen
begangen.   Der letzte Tag der Frühlings= und der Herbſtfeier scheint
einer besondern Weihe und dem Ernſte gedient zu haben.   An ihnen
hielten sich die Besucher im Tempelraum auf und enthielten sich der
Speisen; er wurde der T a g d e r E n t h a l t ſ a m k e i t genannt[2].
Da Jerusalem nicht in der Mitte des Landes lag, so konnten nur die in
der Nähe Wohnenden zu den übrigen Feſten den Tempel besuchen.
Selbst am Paſſahfeſte, welches am Vorabend des Frühlingsfeſtes ge=
feiert wurde, fand eine zahlreiche Beteiligung nicht ſtatt[3].   Da die
geheiligten Anhöhen auch nach der Erbauung des allgemeinen Tempels
noch fortbestanden, so suchte jeder Familienvater mit seinem Paſſah=
lamme die ihm zunächſt liegende Stätte auf.

---

[1] Nicht bloß zur Zeit des zweiten Tempels und später, sondern auch
schon zur Zeit des ersten wurde חג הסכות oder חג האסיף *κατ᾽ ἐξοχήν* חג
genannt, I. Könige 8, 2, 65; 12, 32 ff.; Ezech. 45, 25; Jesaia 30, 29. כליל
חג התקדש ist demnach vom Hüttenfeſt zu verstehen, und ebenso Psalm 81, 4
בכסה ליום חגנו (das Wort כסה oder כסא bedeutet in der syrischen Sprache
„Zeit des Vollmonds"). Weil an diesem Feste ein massenhafter Besuch
des Tempels stattfand, darum verkündete Zacharias, daß dereinst auch alle
Völker an ihm nach Jerusalem wallfahrten würden (14, 16 ff.).

[2] Das folgt daraus, daß עצרה oder עצרה synonym mit צום gebraucht
wird. Joël 1, 14; 2, 15 f. [Nach den meisten Auslegern bedeuten die Worte
gerade verschiedene Kategorien von Feiern].   Jesaia 1, 13 און ועצרה haben
LXX *νηστείαν καὶ ἀργίαν* d. h. צום ועצרה.   Dabei wird stets das Verbum
קדש gebraucht „weihen", „große Reinigung und Weihen" vornehmen.
Die Bezeichnung kann vom Verbum עצר oder העצר „sich enthalten" oder sich
„einschließen" hergenommen sein.

[3] II. Könige 23, 22.

Ungeachtet des den Mittelpunkt bildenden Tempels, der von Salomo versuchten Auflösung der Stämmeverbände und der erstrebten straffen Einheit war es noch immer nicht gelungen, eine innige Verschmelzung der Stämme zu einem Volke durchzusetzen. Nur der Stamm Benjamin war fester an den Stamm Juda gekittet, weil Jerusalem und der Tempel auf benjaminitischem Gebiet erbaut waren und vornehme benjaminitische Familien sich wahrscheinlich in der neuen Hauptstadt angesiedelt hatten und auch die auswärtigen Mitglieder dieses Stammes es nahe hatten, den Tempel zu besuchen, näher noch als die an der äußersten Südgrenze wohnenden Jehudäer. Salomo mag auch sonst die Benjaminiten gleich seinem Geburtsstamm vor den übrigen Stämmen bevorzugt haben. Dagegen hatte die gegenseitige Abneigung des Hauses Israel und des Hauses Jakob oder der Nord- und Südstämme gegeneinander nicht aufgehört. In den Nordstämmen gärte eine tiefe Unzufriedenheit mit Salomo trotz des Wohlstandes, den er auch ihnen gebracht hatte; sie fühlten nur den Druck des Joches, das ihnen durch die regelmäßige Lieferung von Naturalien für den Hof und durch die Zwangsleistungen für die Bauten aufgelegt war[1]). Die Unzufriedenen verhielten sich zwar ruhig, aber es bedurfte für sie nur einer Gelegenheit, um zur Auflehnung überzugehen. So weise auch Salomo war, so war er doch nicht zukunftsdurchdringend genug, um einzusehen, daß er selbst durch Fehler den festen Bau des Staates lockerte.

Unter den Beamten Salomos, die er zur Beaufsichtigung seiner Bauten verwendete, befand sich ein Ephraimite von gewecktem Kopf, großem Mut und noch größerem Ehrgeiz. Es war J e r o b e a m , S o h n N e b a t s , aus einem Städtchen Z a r e d a oder Z a r t h a n unweit des Jordans. Er war der Sohn einer Witwe. Frühe der väterlichen Zucht ledig, konnte er sein eigenes Wesen ohne Gegendruck ausbilden. Jerobeam hatte die Befestigung der Mauern um Jerusalem mit vieler Geschicklichkeit und mit großer Festigkeit gegen die Frohnarbeiter geleitet, und Salomo war so zufrieden mit ihm, daß er ihm ein höheres Amt über das Gebiet Ephraim und Manasse anvertraute. Hier hatte Jerobeam Gelegenheit, die unzufriedenen Äußerungen des Volkes über die von Salomo auferlegten Lasten zu vernehmen, Äußerungen, die unter den stets unbefriedigten Ephraimiten stärker als anderswo gelautet haben mögen. Diese Unzufriedenheit war seinen geheimen, ehrgeizigen Plänen erwünscht, er war entschlossen, sie zu

---

[1]) Folgt aus I. Könige 12, 4.

benutzen und wartete nur eine günstige Gelegenheit dazu ab. Eine solche fand sich bald. Salomo beging die Torheit, Opferstätten für götzendienerische Kulte zu dulden. Sei es, daß seine ausländischen Weiber ihm im Alter dieses Zugeständnis ablockten, oder daß die Ausländer, Phönizier und Genossen anderer Völkerschaften, die sich in Jerusalem aufhielten, von ihm die Freiheit erhielten, ihre Götter auf ihre Weise im Lande Israel zu verehren, genug, es entstanden auf dem Ölberg und zwar auf dessen hoher Nordspitze götzendienerische Kultusstätten für die Astarte der Sidonier, für den Milkhom der Ammoniter für den Kemosch der Moabiter und noch für andere Götzen[1]). Noch war der Sinn des Volkes nicht so erstarkt, daß es durch dieses Beispiel der religiösen Verkehrtheit nicht wieder hätte in Götzendienst zurückfallen können. Ein Prophet, vielleicht Achija aus Schilo, hatte den Mut, dem König diese Lauheit vorzuhalten und ihm zu drohen, daß er zur Strafe dafür der Herrschaft über Israel verlustig gehen könne[2]). Salomo scheint aber die Warnung wenig beachtet zu haben. Entrüstet über diese Gleichgültigkeit, suchte der Prophet A ch i j a aus S ch i l o Jerobeam auf, um ihn als Werkzeug zur Züchtigung Salomos zu gebrauchen; er hat wohl dessen ehrgeizige Pläne durchschaut. Als Jerobeam einst Jerusalem verließ, näherte sich ihm der Prophet, faßte dessen Obergewand, zerriß es in zwölf Stücke und händigte ihm zehn davon ein mit den Worten: „Nimm diese zehn Stücke, sie bedeuten die zehn Stämme, die sich vom Hause Davids losreißen werden, und deren König du werden sollst." Was brauchte Jerobeam mehr für seine ehrgeizigen Pläne? Ein Prophet hatte sie gutgeheißen und im Namen Gottes die Empörung gegen den gesalbten König gebilligt! Rasch eilte er in das Gebiet Ephraims und rief die Ephraimiten zur Lostrennung vom Hause Davids auf. Indessen hatte Salomo Kunde davon erhalten, und sandte, ehe noch der Aufstand um sich griff, seine Trabanten, um den Aufwiegler zu töten. Auf Umwegen, wahrscheinlich durch das Land jenseits des Jordans, gelangte dieser nach Ägypten[3]).

In diesem Lande, das sich, wie später das byzantinische Reich, mehr durch Schwere als durch Kraftentwicklung behauptete, war damals eine neue Königsfamilie auf den Thron gelangt (die XII. Dynastie), die ihren Sitz in der Stadt Bubastis nahm. S ch e s ch e n k, (S ch i s ch a k, Sesonchosis, regierte um 980—959), der erste König aus derselben, hat

---

[1]) I. Könige 11, 4 ff. 33; II, 23, 13; f. Frankel-Graetz, Monatsschrift, Jahrgang 1873, S. 97 ff.

[2]) I. Könige 11, 11 ff.

[3]) Daf. 11, 26 ff.

entweder mit der Tochter des letzten Pharaonen der tanitischen Re-
gentenfamilie, die Krone ererbt[1]) oder sich des Thrones gewaltsam
bemächtigt. Unter diesem neuen König löste sich das Bündnis, das bis
dahin zwischen Israel und Ägypten durch Salomos Ehe mit der ägyptischen Königstochter bestanden hatte. Scheschenk hegte vielmehr feindselige Absichten gegen das israelitische Reich, das ihm zu mächtig geworden war. Er nahm daher den Empörer Jerobeam, der sich zu ihm
geflüchtet hatte, freundlich auf, um ihn als Werkzeug gegen Salomo
zu gebrauchen[2]). Noch einem anderen Feinde Israels gewährte
Scheschenk freundliche Aufnahme und Schutz, einem idumäischen
Fürstensohn, der heftige Rachegefühle gegen das israelitische Volk
hegte. H a d a d (oder Abad), ein Sproß des idumäischen Königs, den
David besiegt hatte, war als junger Knabe dem Blutbade entkommen,
das Joab infolge einer Empörung in diesem Lande angerichtet hatte
(o. S. 232). Freunde des idumäischen Königshauses hatten den jungen
Hadad nach einer Oase der Wüste Sinaï (Midjan) in Sicherheit gebracht, wo er heranwuchs und weilte, so lange der Schwiegervater
Salomos auf dem ägyptischen Throne saß. Sobald aber Scheschenk
den Thron bestieg, eilte der idumäische Königssohn nach Ägypten und
wurde von diesem wohlwollend aufgenommen. Scheschenk gab ihm
die Schwester der Königin zur Frau, und sein erstgeborener Sohn
(G e n u b a t)[3]) wuchs unter den ägyptischen Königssöhnen auf.
Hadad erhielt auch Land in Ägypten und wurde überhaupt mit Auszeichnung behandelt. Nichtsdestoweniger sehnte sich Hadad, nach Edom
zurückzukehren, um das ihm entrissene Land wieder an sich zu bringen.
In der Tat führte er seinen Plan, wohl von Scheschenk unterstützt, aus,
da er wußte, daß der kriegerische Geist, der unter David und Joab
geherrscht hatte, unter Salomos friedlicher Regierung abgenommen
hatte, und daß ein Krieg im kleinen im Gebirgslande ihm mit wenig
Gefahr viel Nutzen bringen würde. Als Hadad mit der Schar, die er
zusammengebracht hatte, auf idumäischem Boden angelangt war,
fügte er den Karawanen Salomos, welche die Waren vom Meerbusen
von Ailat nach den israelitischen Grenzen hin und zurückführten, viel
Schaden zu, und Salomos Krieger waren nicht imstande, ihn daran

---

[1]) Brugsch, histoire d'Egypte, p. 219 ff.
[2]) I. Könige 11, 40. Daraus folgt, daß Jerobeams Empörungsversuch
in Salomos letzten Regierungsjahren stattgefunden hat, als Salomos Schwiegervater bereits gestorben war und Schischak an seiner Stelle regierte.
[3]) Genubat soll ein ägyptisches Wort sein, Brugsch a. a. O., S. 225.

zu hindern[1]). Es fehlte eben jene Schar der Tapferen Davids, welche den größten Gefahren mutig entgegenging. Alles das waren kleine Vorzeichen, daß die Stärke des israelitischen Staates im Abnehmen begriffen war.

Noch eine andere kleine Wolke, die Salomo nicht beachtete, und die sich später Verderben bringend über Israel ergießen sollte, zog sich im Norden zusammen. Einer der Diener des Königs Hadadeser von Zoba, den David besiegt hatte (o. S. 229), namens Reson, hatte sich nach der Niederlage auf die Flucht begeben, eine Raubschar um sich gesammelt und Streifzüge in der Gegend zwischen dem Euphrat und den nördlichen Ausläufern des Libanon gemacht. Durch glückliche Unternehmungen wuchs Resons Schar immermehr an und damit sein Mut und seine Macht. Zuletzt durfte er es wagen, gegen die alte Stadt Damaskus zu ziehen, und es gelang ihm, diese einzunehmen und sich hier zum König aufzuwerfen. Auch Reson übte Feindseligkeiten gegen die Israeliten und ihre Verbündeten im Norden aus, ohne von Salomo

---

[1]) I. Könige 11, 17 ff. Josephus setzt mit Recht die Rückkehr Hadads nach Idumäa in Salomos Alter, und zwar sei sie mit Zustimmung des Königs von Ägypten (Altert. VIII, 7, 6) erfolgt: ... συγχωρήσαντος Φαραῶνος ὁ Ἄδερος ἧκεν εἰς τὴν Ἰδουμαίαν. Dieser zustimmende König kann eben nur Schischak gewesen sein, der auch den Flüchtling Jerobeam freundlich aufgenommen hatte. Es läßt sich in der Tat nicht denken, daß Salomos Schwiegervater Psusennes den Feind seines Schwiegersohnes gehegt und gefördert haben sollte. Hadad ist auch nicht sogleich als Knabe nach Ägypten entflohen. B. 17 לבוא מצרים scheint nach dem folgenden Vers in לבוא מדין emendiert werden zu müssen. Er entfloh also zuerst in die Sinaïwüste nach Midian (Exodus 2, 15). Von hier brach er mit seinen Leuten auf und kam nach Paran, d. h. in die Gegend von Kadesch (S. Note 4). Von hier begaben sie sich erst später nach Ägypten. In der Erzählung ist die geraume Zeit der Kürze wegen zusammengedrängt, und das Plusquamperfektum durch Aoriste ausgedrückt. Wenn in Vers 21 angegeben ist, daß Hadad infolge der Nachricht von Davids und Joabs Tode dem Pharao seinen Entschluß kundgegeben hat, nach Idumäa zurückzukehren, so darf man diesen Punkt nicht allzusehr betonen, sondern den Sinn hineinlegen, Hadad habe wahrgenommen, daß der kriegerische Geist Davids und Joabs aus Israel gewichen war. Es geht auch aus Vers 25 hervor, wo es heißt, daß Rezon von Damaskus die ganze Regierungszeit Salomos für Israel ein Hindernis gewesen sei ויהי שטן לישראל כל ימי שלמה. Diese Zeitdauer fehlt aber bei Hadad; daraus ergibt sich, daß seine Feindseligkeit nicht so lange dauerte, sondern erst in Salomos Alter begann. Es herrscht übrigens in der griechischen Version eine auffallende Abweichung vom Original in der Reihenfolge der Verse. In Vers 25 las sie statt הרד הרעה אשר ואת: αὔτη ἡ κακία ἢν ἐποίησεν Ἄδερ d. h. הרד משה אשר הרעה זאת. Statt ארם hat sie אדום vgl. Note 7 [und Klostermann z. St.].

daran verhindert zu werden. Entweder hatte der alternde König eine Scheu vor dem Kriege oder er hatte keine kriegerische Mannschaft, um zugleich Fehden im Norden und Süden zu bestehen. So entwickelten sich hier und da gegen das glückliche Israel aus kleinen Anfängen feindselige Mächte, die leicht im Keime hätten erstickt werden können. Dazu sollte noch ein Riß im Innern kommen. Es war Israel nicht beschieden, ein mächtiger Staat zu bleiben. Jedoch sollte Salomo das sich vollziehende Verhängnis und die Schwächung seines Reiches nicht mehr erleben; er starb im Frieden etwa sechzig Jahr alt (zwischen 977 und 975). Sein Leichnam wurde in der Felsengruft der Könige, die David im Süden des Berges Zion angelegt hatte, wahrscheinlich mit großem Pomp beigesetzt. Man erzählte sich später, daß sowohl Salomo als auch sein Vater im Innern dieser Grabesgrotte unermeßliche Schätze und Kostbarkeiten von Gold in Zellen aufbewahrt hätten, die von jüdischen Königen viele Jahrhunderte später gehoben worden seien[1]). Obwohl Salomo zahlreiche Frauen hatte, so hinterließ er doch, wie es scheint, nur wenige Nachkommen. Genannt werden nur ein Sohn R e h a b e a m und zwei Töchter, T a p a t und B a s m a t, welche an zwei königliche Amtsleute verheiratet waren[2]). Auf Rehabeam ging die Regierung über, und ihm war es vorbehalten, den Riß mit eigener Hand zu vollziehen. Die Nachwelt, welche Salomos Geisteskraft und Weisheit über das Maß des Menschlichen hinaus in gedankenloser Bewunderung übertrieben hat, legte ihm auch Gewalt über geheimnisvolle Geister und Dämonen bei, die, seinem Wink gehorsam, sich sammelten oder zerstreuten. Selbst ein Ring, worin sein Namen eingegraben war, habe stets mit mächtigem Zauber auf die Dämonen[3]) gewirkt und sie gebändigt.

Das von Salomo zur Größe erhobene israelitische Reich glich einer von geschäftigen Geistern aufgebauten Zauberwelt. Der Zauber wich mit seinem Tode — er hat seinen Zauberring nicht auf seinen Sohn vererbt.

---

[1]) Josephus, jüdischer Krieg I, 2, 5; Altert. VII, 15, 3; XVI, 7, 1. Die dritte Stelle steht übrigens mit der zweiten im Widerspruch. In dieser heißt es, daß Herodes in der Davidsgruft viel Gold, in jener aber, daß er kein Gold, sondern nur Schmuck gefunden hätte.

[2]) I. Könige 4, 11. 15.

[3]) Josephus, Altert. VIII, 2, 5. Talmud Traktat Gittin, p. 88 a b und andere Stellen.

Noten.

1.

Spuren ägyptischer Sprachelemente im Hebräischen.

Bei sorgfältiger Beobachtung des hebräischen Sprachgutes und kritischer Scheidung des Ureigenen vom Fremden stellt sich die Tatsache heraus, daß auch ägyptische Sprachelemente und selbst Ägyptisch-Mythologisches in das Leben des hebräisch-israelitischen Volkes eingedrungen ist, und zwar so tief, daß das Entlehnte wie Eigenes behandelt wurde. Freilich kann man bei der Parallelisierung nicht vorsichtig genug sein, weil einerseits auf dem schlüpfrigen Boden der Etymologie und der Sprachvergleichung Fehltritte unvermeidlich sind, und weil anderseits das ägyptische Sprachmaterial selbst lexikalisch noch nicht fixiert ist. Nur wenn das ägyptische Wort sich lautlich und im Gebrauche vollständig mit dem gleichklingenden hebräischen Worte deckt, und dieses sich nicht aus dem Semitischen erklären läßt, gewährt die Vergleichung mit dem Ägyptischen einige Gewißheit.

Bekannt ist, daß manche Benennungen für Maße aus dem Ägyptischen entlehnt sind; daher geben sie die griechischen Vertenten unübersetzt wieder. So לג Äg. Lok; איפה Koptisch: Epi, οἰφι oder οἴφι; wahrscheinlich auch הין εἴν, ὶν, und בת βάτος, βαῖνος. [Nach anderen seien die Maße von den Babyloniern entlehnt. Vgl. Riehm-Bäthgen, Handwörterbuch, Art. Maße.] יאור ist ein echt ägyptisches Wort Jaro, Jor, Jerô, das zugleich Graben, Kanal und Fluß bedeutet und besonders gebraucht wird, um den Nil zu bezeichnen, also im Ägyptischen ebensowie im Hebräischen. אחו, Papyrus-schilf ist anerkannt ägyptisch = Achi, aber auch גמא, Schilf im allgemeinen, ist ebenfalls daraus entlehnt, demotisch-ägyptisch Kham [Nach anderen hängt das Wort mit dem hebräischen Worte גמא zusammen]. סוס Pferd lautet ägyptisch Ses, und da es im Arabischen nicht vorkommt, ist es wohl ägyptisch. — ארון und תבה, beide ursprünglich für Mumiensarg gebraucht und dann auf Kasten und Arche übertragen, sind ägyptisch Aron, Tebe, Tbee, Taibi. Dagegen ist der Monatsname אביב nicht ägyptisch, und Lepsius' Vermutung, daß er dem ägyptischen Monat Epeip, Epep, Epiphi entsprochen habe (Chronolog. d. Ägypter, S. 141), ist unhaltbar. Wenn die Araber auch den Epiphi mit אביב wiedergeben, so rührt es von dem Mangel ihrer Sprache an dem harten P-Laut her, wodurch sie gezwungen sind, P mit B wiederzugeben. — Wenn das nur bei Ezechiel vorkommende Wort חשמל dem ägyptischen Metalle Aschm entsprechen soll, das an Farbe dem Golde und dem

Bernſtein ähnlich war und daher bei den Griechen ὁ ἤλεχτρος hieß, verſchieden von τὸ ἤλεχτρον, Bernſtein (vgl. Abhandlungen der Berliner Akademie der Wiſſenſchaften, Jahrg. 1871, S. 122), ſo beweiſt es noch nichts für den ägyptiſchen Urſprung des Wortes; es kann einem anderen Volke, wo dieſes Metall heimiſch war, entlehnt ſein. Einige hebräiſche Namen für Edelſteine, die bei der Anfertigung des Bruſtſchildes aufgeführt werden, mögen wohl ägyptiſch ſein; es iſt aber noch nicht verſucht worden, ſie auf dieſem Wege zu etymologiſieren.

Wichtiger als die bisher konſtatierten Entlehnungen ſind die Berührungspunkte des Hebräiſchen mit der ägyptiſchen Mythologie.

Zunächſt ſtößt uns das Wort אַבִּיר auf (auch zuweilen אֲבִיר). Es hat im Hebräiſchen drei Bedeutungen, die auf einen Begriff zurückgehen. Es bedeutet Ochſe, Rind: אבירי בשן (Pſ. 22, 13): פרים עם אבירים (Jeſ. 34, 7), לחם אבירים (Pſ. 50, 13). Es bedeutet auch Himmliſche (Pſ. 78, 25), vom Manna gebraucht. Es bedeutet aber auch der Starke, Mächtige, überhaupt Gott, und wird auch vom Gotte Israels gebraucht: אביר ישראל אביר יעקב. Man iſt daher um ſo mehr berechtigt, in dem Worte den ägyptiſchen Apis wieder zu erkennen, als es in Jeremia (46, 15) geradezu für Apis gebraucht wird. Es heißt da von Ägypten: מדוע נסחף אבירך, „warum wird dein Apis geſchleift" (die richtige L.-A. iſt Sing. ſtatt אביריך Plur.). Auch in dem Jeſaianiſchen V. (10, 13): ואוריד כאביר יושבים haben die Ausleger „den Gott" erkannt, gleich בָּאַבִּיר. Es iſt alſo ſo gut wie gewiß, daß אביר urſprünglich Apis bedeutete. Die Israeliten haben lange dem Ochſen Verehrung gezollt, haben „Gottes Ehre" mit einem grasfreſſenden Tiere vertauſcht, kurz haben den Apis verehrt. Daher die Begriffsaſſoziation von „Ochs, mächtig, Gott". Da nun der Name אבר im Arabiſchen in dieſer Bedeutung nicht vorkommt, ſo iſt der ägyptiſche Urſprung des Wortes geſichert. Falſch iſt die Ableitung deſſelben von אברה „Flügel", האביר „ſich aufſchwingen". Es hat mit אביר nichts gemein. An אבר = Apis haben wir ein ſicheres Argument von dem Eindringen ägyptiſcher Vorſtellungen in hebräiſche Kreiſe.

Noch mehr bezeugt es das Wort און. An oder On bedeutet im Ägyptiſchen die Sonne: Ὢν δὲ ἐστι κατ᾽ αὐτοὺς (Αἰγυπτίους) ὁ ἤλιος (Cyrill zu Hoſea). In der Stadt On oder Heliopolis war der Urſprung des Oſiris-kultus. Oſiris wird der Uralte zu An genannt. Bekannt iſt die Oſiris- und Iſisſage vom Tode des erſteren durch den wilden Typhon (Set), und von der Klage der letztern um den Tod ihres Freundes und Gatten wegen des Verluſtes des Phallus (Diodor von Sizilien Bibliotheca I., 25 und Plutarch de Osiride et Iside). Die Trauer um Oſiris (Ὀσίριδος πένθος) oder die Klage um On, die im Winter entſchwundene Sonne, wurde in Ägypten jedes Jahr erneuert. Herodot erzählt, wie die Klagen am Feſte der Iſis begangen wurden (II. 61). Nachdem die Opfer für die Göttin dargebracht waren, begannen die Männer und Frauen, zu Zehntauſenden verſammelt, ſich auf die Bruſt zu ſchlagen. Von On-Oſiris und der Totenklage um ihn ſtammt unſtreitig das hebräiſche Wort און ab, welches eben „Klage um einen Toten" bedeutet. (Deuteronom. 26, 14, Hoſea 9, 4, Geneſis 35, 18). Davon deriviert das Verbum התאונן, urſprünglich „um einen Verſtorbenen klagen" (Numeri 11, 1) und dann in weiterer Bedeutung klagen überhaupt (Klagel. Jeremiä 3, 39). און für Klage hat im Semitiſchen keine Analogie, es kann also nur aus dem Ägyptischen stammen, und zwar aus dem Mythen-kreis von Osiris und Isis und dem Isisfeste. Möglich, daß auch das Verbum אבה klagen eine Neubildung von אוי אין ist.

Auch Wort und Begriff שדים scheinen aus dem Ägyptischen zu stammen [Vgl. jedoch Schrader, Keilinschriften des Alten Testamentes, 2. Aufl., S. 160.] Set oder Typhon (Plutarch daf. 49) galt als der Gott der Zerstörung. Ihm wurden Opfer gebracht, um seinen Zorn abzuwenden. Die Ab-schwächung von Set in Sched hat Analogien für sich. Dadurch ist verständ-lich Deuteronom. 32, 17: יזבחו לשדים לא אלה und Pf. 106, 37: ויזבחו את בניהם ואת בנותיהם לשדים. Möglich, daß das Verbum שוד davon ab-geleitet ist, in Pf. 91, 6: מקטב ישוד צהרים, von der Seuche, die am Mittag „wütet" und „zerstört"; denn vom Verbum שדד kann es nicht her-kommen. Unhaltbar ist dagegen die Konjektur, daß der Gottesname שדי mit Set zusammenhänge.

2.

Die Bewährung und Erfüllung der Weissagungen der israelitischen Propheten.

Die Prophetie ist ein wichtiger Faktor in der altisraelitischen Geschichte, ohne welche diese durchweg unverständlich bleibt. In der Zeit nach Elia und Elisa kommt eine ganze Reihe von Propheten vor, die ihre prophetischen Reden aufgezeichnet haben.

Ihre prophetischen Verkündigungen betreffen meistens die Zukunft und es läßt sich nicht ableugnen, daß wenn auch nicht alle, doch viele davon sich später faktisch erfüllt haben. Es stellt sich beim aufmerksamen Lesen sonnen-klar heraus, daß sie durchaus nicht vaticinia ex eventu sein können, da die geschichtlichen Ereignisse, von denen die Propheten gesprochen haben, erst viel später und lange, lange nach ihrem Ableben sich vollzogen haben. Die Prophezeiungen sind durchaus nicht dunkel und zweideutig gehalten und schließen jeden Vergleich mit den Orakelsprüchen aus, von welchen Herodot in der ionischen und griechischen Geschichte so oft Mitteilungen macht. Die Propheten waren so sicher, daß ihre Verkündigungen für die Zukunft un-fehlbar eintreffen würden, daß Jeremia sich auf die Tatsache berief gegenüber einem anderen Propheten, den er als einen falschen brandmarkte (28, 8—9): הנביאים אשר היו לפני ולפניך מן העולם וינבאו אל ארצות רבות ועל ממלכות גדלות למלחמה ולרעה ולדבר[1] הנביא אשר ינבא לשלום בבא דבר הנביא יודע הנביא אשר שלחו ה' באמת. Das will also sagen: Straf-androhende Verkündigungen brauchen sich nicht zu erfüllen (weil Gott sich erbarmen und das Unglück zurückhalten könne), aber Glück verheißende Prophezeiungen müßten sich bewähren. Hier wird in schlichter Prosa von der Erfüllung der Prophezeiungen wie von einer allbekannten Tatsache ge-sprochen. In der Tat läßt es sich streng geschichtlich nachweisen, daß viele Aussprüche der Propheten sich buchstäblich erfüllt haben. Die Annalen der

---

[1] Hier muß wohl, um das Folgende zu verstehen, או לשלום ergänzt werden.

israelitischen Geschichte liegen uns gegenwärtig in deutlicher Übersichtlichkeit
vor, die erzählten Tatsachen, auf welche die Prophezeiungen sich beziehen,
sind kritisch nach allen Seiten hin beleuchtet und fixiert. Und diesen gegenüber liegen uns auch die Aussprüche der Propheten vor, die diese Ereignisse
vorausgeschaut haben; wir können das Zeitalter, in dem sie gesprochen haben,
sicher fixieren und den Abstand der Zeit der Vorausverkündigung von der
des Eintritts der Ereignisse bemessen. Öfter betrafen die Prophezeiungen
allgemein geschichtliche Fakta. Dadurch läßt sich das Faktum nicht anzweifeln,
daß Prophezeiungen der israelitischen Propheten sich erfüllt haben. Nicht
in religiösem oder supranaturalistischem, sondern in rein historischem oder
psychologischem Interesse wollen wir dieses Thema hier kritisch behandeln.
Es soll ohne Phrasenmacherei auseinander gesetzt werden. Die Tatsachen
sollen sprechen.

Fangen wir mit dem ältesten Propheten, den wir kennen, mit Amos,
an. Er lebte und trat auf um 800 der vorchristlichen Zeit, wie allgemein
zugegeben wird. In der Überschrift zu seinem prophetischen Buche ist angegeben, daß er zur Zeit der Könige Usia von Juda und Jerobeam II. von
Israel prophezeit habe, und zwar zwei Jahre vor dem Erdbeben:
שנתים לפני הרעש. Es ist damit angedeutet, daß er ein Erdbeben vorausverkündet habe. Ein Erdbeben hat in der Tat zur Zeit des Königs Usia
stattgefunden, das zwar die Geschichtsbücher nicht erwähnen, auf welches sich
aber ein später lebender Prophet beruft (Zacharia 14, 5): ונסתם כאשר נסתם
מפני הרעש בימי עזיה מלך יהודה, „ihr werdet fliehen, wie ihr geflohen
seid vor dem Erdbeben zur Zeit Usias". Das Faktum des Erdbebens steht
fest, aber auch seine Vorschau. In Kapitel 1 und 2 spricht Amos von einer
plötzlichen Umwälzung, die infolge der Sündhaftigkeit eintreten werde. Das
Wort „Erdbeben" (רעש) ist zwar dabei nicht genannt, aber es ist aus jedem
Worte der Androhung zu erkennen (2, 13—16): „Sieh' ich werde es unter
euch knarren machen[1]), wie der Wagen knarrt, der voll von Garben ist, es
wird Zuflucht für die Leichten schwinden . . . und der Held wird sich nicht
retten, . . und der Beherzteste unter den Helden wird nackt an jenem Tage
fliehen;" ferner (3, 12—15): „So wie ein Hirt aus dem Rachen eines Löwen
zwei Kniestücke oder einen Ohrlappen rettet, so werden die Israeliten, die in
Samaria wohnen, nur sich retten mit der Ecke eines Bettes und mit dem
Damastzeug eines Lagers . . . Ich werde die Altäre Bethels heimsuchen,
die Hörner des Altars werden umgehauen werden und zur Erde fallen; Ich
werde das Winterhaus sowie das Sommerhaus treffen, schwinden werden die
Häuser von Elfenbein, und untergehen werden große Häuser; das ist der
Spruch Gottes." Es ist nicht zu verkennen, daß hier von einer Vorschau die
Rede ist. Im folgenden Kapitel spricht derselbe Prophet von den Wirkungen
des Erdbebens, wie von einem bereits eingetroffenen Ereignis (4, 11):
„Ich habe in eurer Mitte zerstört, wie die Zerstörung von Sodom und
Gomorrha, ihr waret wie ein Holzscheit aus dem Brande gerettet, und ihr
seid doch nicht zu mir zurückgekehrt"[2]). In den ersten Kapiteln spricht der

---

[1]) Über die Bedeutung des Wortes בריק vgl. Rahmer in Frankel-Grätz,
Monatsschr., Jahrg. 1870, S. 296, Note.

[2]) Auch der Prophet Joël spricht von diesem Erdbeben, wie von einem
Faktum, das bereits der Vergangenheit angehört (2, 10—11).

Prophet dagegen von dem Erdbeben, wie von einem Ereignis, das erst eintreffen soll und das dann auch wirklich eingetroffen ist.

Amos verkündete auch deutlich den Untergang des Zehnstämmereichs in der Zeit, als es unter Jerobeam II. wieder auf der Höhe der Macht stand und sich vom Hermon im Norden bis zum toten Meere erstreckte (Könige II, 14, 25; Amos 6, 14). „Durchs Schwert wird Jerobeam umkommen, und Israel wird auswandern von seinem Boden" (7, 11, 17). „Ich werde euch vertreiben weit über Damaskus hinaus" (5, 27). „Ich werde unter alle Völker das Haus Israel zerstreuen" (9, 9), und endlich (6, 14): „Ich werde gegen euch, Haus Israel, spricht Gott, ein Volk auftreten lassen, das euch bedrängen wird, von den Chamat bis zum Flusse des Araba" (des toten Meeres), d. h. im ganzen Lande. Amos nennt das Volk nicht, welches die Transportation vollziehen soll, er kennt es nicht einmal, aber er weiß, daß das Faktum gewiß eintreffen wird. Nun ist das Zehnstämmereich erst ein Jahrhundert später (um 720) durch die Assyrer vollständig vernichtet worden. Amos hat also ein Ereignis ein Jahrhundert vorher verkündet und die Verkündigung ist eingetroffen. Man könnte zwar erwidern, das sei eine politische Kombination gewesen; die Assyrer mögen damals schon eroberungssüchtige Pläne gezeigt haben, Ägypten anzugreifen, auf dem Wege nach Ägypten mußten sie Palästina berühren und es unterwerfen, oder bei großem Widerstande brechen. Allein wäre es bloße Kombination gewesen, dann hätte auch das Reich Juda hineingezogen werden müssen, und dieses um so mehr, als es damals viel schwächer als das Zehnstämmereich war. Nichtsdestoweniger hat Amos den Fortbestand der Zweistämmereichs ausdrücklich betont (9, 8, 11): „Ich werde das Haus Jakob (Juda-Benjamin) nicht vertilgen, an jenem Tage werde ich die einfallende Hütte Davids aufrichten." In der Tat hat sich das Haus Jakobs 134 Jahre länger als das Haus Israel gehalten; es hat sich erst fast zweihundert Jahre nach Amos aufgelöst. Hier haben wir beurkundete Vorschau und Bewährung.

Die merkwürdig zuversichtliche Verkündigung: „Von Zion wird Belehrung ausgehen und das Wort Gottes von Jerusalem für viele Völker," die bei Jesaia (2, 2—4) und bei Micha (4, 1—3) gleichlautend vorkommt, gehört wahrscheinlich einem ältern Propheten an, Joël oder Hosea I. Doch gleichviel wer sie zuerst ausgesprochen hat, sie hat sich erfüllt. Das Eingreifen der israelitischen Lehre in den Zivilisationsprozeß der europäischen und eines Teils der asiatischen, afrikanischen und amerikanischen Völker ist eine weltgeschichtliche Tatsache, die nicht bewiesen zu werden braucht. Jesus, mehr noch Paulus mit seinen Gehilfen und Mohammed mit seiner Ansar haben die Erfüllung dieser Vorschau angebahnt und der weltgeschichtliche Prozeß hat sie weitergeführt.

Es soll nicht betont werden, daß Jesaia und sein Zeitgenosse Hosea II. ausdrücklich und deutlich den Untergang des Reiches Israel vorausverkündet haben. Dieses kann allenfalls als Kombination oder als Wiederholung der Aussprüche älterer Propheten ausgelegt werden. Aber das Faktum muß betont werden, daß Jesaia nach der Zerstörung dieses Reiches durch die Assyrer wiederholt von dem Einfall Sanheribs in Judäa mit großen Heerscharen, von der wunderbaren Errettung des Reiches Juda und endlich vom plötzlichen Untergang des assyrischen Heeres prophezeit hat (10, 5—34; 37, 6—7, 22—35). Auch Kap. 18 ist eine Prophezeiung auf dieses Faktum, aber, wie es scheint, von einem andern Propheten. Die Bewährung dieser Prophezeiung, der Untergang des Sanheribschen Heeres, ist nicht bloß durch die israelitischen Annalen, sondern auch durch Herodot (II, 141) beurkundet.

Micha war ein jüngerer Zeitgenosse Jesaias und prophezeite zur Zeit des Königs Hiskija (zwischen 711 und 695), vom Untergang Jerusalems ein Jahrhundert vor dem Ereignis (Micha 3, 9—12; Jerem. 26, 18). Aber noch mehr. Micha verkündete mit unzweideutigen Worten, daß das Exilsland der Judäer Babylonien sein werde (4, 10): „Kreiße, Tochter Zions, wie eine Gebärerin, denn bald wirst du hinausziehen aus der Stadt, wirst weilen auf dem Felde, wirst bis Babel kommen (ובאת עד בבל), dort wirst du gerettet werden, dort wird der Herr dich aus der Hand deiner Feinde erlösen." Das babylonische Exil erfolgte erst ein Jahrhundert später (586). Als Micha prophezeite, war Babel noch ein unbedeutendes Nebenland, das sich eben erst von Assyrien — und auch nur auf kurze Zeit — freigemacht hatte. An weitgehende Eroberungen der Babylonier konnte nach menschlicher Kombination damals niemand denken, ebensowenig, als man etwa zur Zeit, als Kurfürst Friedrich von Brandenburg sich zum König in Preußen erheben ließ, hätte kombinieren können, daß sein Nachkomme 170 Jahre später Frankreich besiegen und deutscher Kaiser werden würde. Auch Jesaia verkündete dem König Hiskija 124 Jahre vorher, daß seine Nachkommen nach Babylonien transportiert werden und Eunuchen im Palaste des Königs von Babel sein würden (39, 5—7). Bei Micha kommt noch der erstaunliche Umstand hinzu, daß er nicht bloß die Transportation nach Babylonien, sondern auch die Rückkehr aus diesem Lande vorausverkündet hat. Also auch hier das Faktum von einer in Erfüllung gegangenen Vorschau.

Die Transportation nach Babylonien mit den ihr vorangegangenen herzzerreißenden Leiden ist mit ergreifender Anschaulichkeit in Deuteronom. (28, 49—68) geschildert. Das erobernde Volk ist nicht genannt, es wird bloß angedeutet: „Der Herr wird über dich ein Volk von ferne, vom Ende der Erde bringen, so schnell wie der Adler fliegt, ein Volk, dessen Sprache du nicht verstehen wirst, welches den Greis nicht berücksichtigen und den Knaben nicht verschonen wird." Mag das Deuteronomium, wie die Kritik annimmt, erst zur Zeit Josias verfaßt worden sein, um 620, so ist der Erfolg doch erst ein ganzes Menschenalter später eingetroffen — 34 Jahre — und hier ist es mit einer Zuversichtlichkeit verkündet, wie man heute regelmäßige Witterungsveränderungen voraussagt. Damals war Nebukadnezar, der Zerstörer Jerusalems, noch jung; sein Vater Nabo-Polassar trieb nicht Eroberungspolitik, er wurde vielmehr von Pharao Necho angegriffen. Hätte dieser gesiegt, so wäre die ganze Konstellation ganz anders ausgefallen. Es ist also auch dieses entschieden als eine später eingetroffene prophetische Vorschau anzusehen.

Dasselbe gilt von Jeremia. Denn er hat um dieselbe Zeit, vielleicht noch einige Jahre früher, und zwar noch als Jüngling, verkündet, in einem Alter, in welchem es ein größeres Wunder wäre, richtige politische Kombinationen zu machen, als zu prophezeien. Jeremia mochte etwa fünfzehn Jahre alt gewesen sein, als er verkündete: „Von Norden wird das Unglück über alle Bewohner der Erde eröffnet werden, und die Könige des Nordens werden ihre Throne am Eingange der Tore Jerusalems aufstellen lassen (1, 13—15)." Das bezog sich auf die Chaldäer, als Nebukadnezar, wie gesagt, noch jung war; der größte Teil der prophetischen Reden des Jeremia bezieht sich auf diese Katastrophe des Unterganges, die er von Etappe zu Etappe vorausschaute. Sogar als ein Hilfsheer von Ägypten eintraf und dem belagerten Jerusalem Entsatz brachte, beharrte Jeremia auf seiner Prophezeiung, daß Jerusalem untergehen, der König und das Volk in die Gefangenschaft geführt werden würden (37, 9—10). „Betört euch nicht selbst, zu behaupten, die Chaldäer werden von uns vollständig abziehen. Denn selbst wenn ihr das ganze Heer aufreiben solltet, und nur noch Verwundete von ihm zurückblieben, so würden diese die Stadt verbrennen." Die Verhältnisse lagen nicht so, daß ein politischer Kopf die kommenden Dinge vorhersehen konnte. Es gab zur selben Zeit Propheten, die im entgegengesetzten Sinne sprachen, wie Chananja, Sohn Asurs (daf. 28, 1 ff.). Zu beachten ist, daß Jeremia nicht bloß den Untergang Jerusalems, sondern auch die Rückkehr der Judäer und den Wiederaufbau Jerusalems verkündet hat. Schon in seiner ersten Schau, als Jüngling, verkündete er, er sei berufen worden, Zerstörung und Verheerung, aber auch Aufbau und Neupflanzung zu verkünden (1, 10 vergl. 31, 27). Seine Trostreden von der Heimkehr und Wiederverjüngung des Volkes sprach er gerade während der hoffnungslosen Zeit der Belagerung Jerusalems. Er selbst war verwundert darüber, als ihm die prophetische Kunde zuging, das Feld seines Verwandten zu kaufen, einen Kaufschein darüber auszustellen und ihn wohl aufzubewahren: „Die Schanzen rücken schon gegen die Stadt, sie einzunehmen, und sie wird den sie belagernden Chaldäern in die Hände fallen, und du sagst mir: Kaufe dir das Feld und bestelle Zeugen?" (32, 24 ff.). Darauf prophezeite er: „Noch wird man wieder Felder um Silber kaufen, Kaufscheine ausstellen im Lande Benjamin, in den Städten Judas, in den Bergstädten, in der Schephela und in den Städten des Südens (daf. V. 43—44). Auch diese Jeremianische Prophezeiung hat sich erfüllt.

Dasselbe gilt vom Propheten Ezechiel. Auch er hat den Untergang Jerusalems und das Exil, aber auch die Rückkehr und Verjüngung des Volkes verkündet. Mit unzweideutigen Worten hat er vorausverkündet, daß die Exulanten in Babel den Grundstock zu einem neuen Volke und zu einer neuen edleren historischen Entwicklung bilden werden und zwar schon im Anfang seiner prophetischen Laufbahn (11, 16—20). Wie schön ist seine Prophezeiung von den vertrockneten, zerstreuten Gebeinen, die plötzlich wieder lebendig werden! (Kap. 37). Und dieses prophetische Bild hat sich buchstäblich verwirklicht.

Es folgten daraus die exilischen Propheten, der babylonische Jesaia, oder Deutero-Jesaia (Jes. 40—66); der Prophet des Stückes K. 13—14 und des Stückes K. 24—27, der deutero-jeremianische Prophet (Jerem. 50—51). Sie verkündeten sämtlich zuversichtlich die Rückkehr aus dem Exile und ein fürchterliches Strafgericht über Babylonien. Wenn das eine, das Schicksal des babylonischen Reiches, vermöge politischer Kombination vorausverkündet werden konnte, da Chrus sich bereits als glücklicher Sieger bewährt und die kleinasiatischen Staaten unterworfen hatte, und zu erwarten war, daß er Babylonien nicht an der Grenze seines Reiches werde bestehen lassen, so waren doch zwei Umstände nicht vorauszusehen, daß Babylonien so hart gezüchtigt werde, und daß Chrus die Exulanten werde heimkehren lassen. Der babylonische König Naboned brauchte sich nur zu unterwerfen und Chrus' Vasall zu werden, wie es mehrere Herrscher damals getan haben, oder dem

22*

Sieger zu huldigen, so wäre die Zerstörung Babyloniens unterblieben. Am allerwenigsten war es zu erwarten, daß Cyrus sein Augenmerk auf das Häuflein der Judäer richten würde, welches in dem Gewimmel der von Cyrus unterworfenen Völkerschaften wie ein Tropfen im Meere verschwand. Diese Verkündigung von der Rückkehr der Exulanten, während sie noch in Babylonien von dem letzten König mit besonderer Härte behandelt wurden, ist entschieden als Vorschau anzusehen, und sie hat sich verwirklicht.

Auch die Prophezeiungen der letzten, der nachexilischen Propheten haben sich erfüllt. Den Trauernden, welche über die Winzigkeit und Ärmlichkeit des neuerbauten Tempels während Darius' Regierung seufzten, verkündete Chaggaï: „Größer wird die Ehre dieses (kleinen) Tempels als des ersten sein" (2, 6—9). Dasselbe verkündete auch sein Zeitgenosse Zacharia: „Entfernte werden kommen und werden an dem Tempel Gottes teilnehmen" (6, 15). Buchstäblich hat sich diese Prophezeiung erfüllt. Die Ehre des zweiten Tempels war wirklich groß, Heiden in Menge aus Syrien, den Euphratländern, Kleinasien, Griechenland und selbst aus Rom bekannten sich zum Judentume, wallfahrteten nach Jerusalem oder sandten Weihgeschenke zum Tempel. Das ist eine historische Tatsache. Lange vor Paulus' Bekehrungseifer war die „Fülle der Heiden" in das Haus Jakobs eingelehrt, ja, diese Wahrnehmung hat erst den Apostel aus Tarsus darauf gebracht, die Heiden zu bekehren und zur Kindschaft Abrahams zu berufen. Das letzte Wort des nachexilischen Zacharia war: „Es werden noch Völker und Bewohner großer Städte kommen und einander auffordern, Gott den Herrn in Jerusalem aufzusuchen. Zehn Männer von allen Zungen der Völker werden den Zipfel eines judäischen Mannes erfassen, sprechend: Wir wollen mit euch gehen, denn wir haben Gott mit euch gehört" (8, 20—23). Diese Verkündigung ist um so merkwürdiger, als die damalige Gegenwart sie Lügen strafte, indem die heimkehrenden Judäer bei den Nachbarvölkern nur Verachtung und Haß fanden.

In dieser Reihenfolge von prophetischen Verkündigungen von Amos bis Zacharia (800—516) hat es sich als Thatsache herausgestellt, daß sie in Wirklichkeit aus einer Vorschau der zukünftigen Ereignisse hervorgegangen sind und daß die Annahme von vaticinia ex eventu und von logischen Kombinationen durchaus ausgeschlossen ist. Die Ereignisse sind ganz unzweifelhaft eine längere oder kürzere Zeit vorher angekündigt worden, und die Situation der Zeit war stets der Art, daß sie nach logischer Schlußfolgerung nicht hätten erwartet werden können.

Geflissentlich sind hier diejenigen Prophezeiungen und ihre Erfüllung von der Untersuchung ausgeschlossen worden, welche in den Geschichtsbüchern erzählt werden, weil beide angezweifelt werden können, indem ihre Authentizität nur auf einer und derselben Quelle beruht. Samuels Prophezeiung von dem unglücklichen Verlauf und verderblichen Einfluß des Königtums in Israel, Achijas aus Schilô Verkündigung von der Lostrennung der Zehnstämme vom Hause David, Elias Prophezeiung vom unglücklichen Ende des Hauses Omri, Elisas vielfache Verkündigungen, Nahums Prophezeiung vom Untergang Ninives, Habakuks von der Invasion der Chaldäer und die anderer Propheten würden allein die Tatsächlichkeit der prophetischen Bewährung nicht beweisen; aber wenn diese Vorschau anderweitig gewissermaßen urkundlich erwiesen ist, dann können auch diese Verkündigungen eine faktische Grundlage haben.

Allerdings sind manche Prophezeiungen unerfüllt geblieben. Die Jeremianischen und Ezechielschen Vorausverkündigungen, daß Nebukadnezar dem ägyptischen Reiche ein Ende machen werde, haben sich nicht erfüllt. Mehrere Propheten, Hosea I., Jesaia, Jeremia, Ezechiel haben die brüderliche Vereinigung der Zehnstämme mit Juda unter einem davidischen König in bestimmte Aussicht gestellt. Jesaia prophezeite, daß Ägypten und Assyrien friedlich zusammengehen und mit Israel einen Dreibund bilden würden, den Gott Israels anzuerkennen (19, 23—25). Ein anonymer Prophet verkündete, daß alle Völker, welche Israel angefeindet haben, nach Jerusalem wallfahrten und Gott anerkennen und das Sukkotfest feiern würden (Zach. 14, 16—21). Indessen erschüttert diese Ausnahme keineswegs die Tatsache der Prophetie. Die Propheten selbst haben es wiederholt ausgesprochen, daß Verkündigungen von Unglück nicht immer einzutreffen brauchen, weil Gott langmütig und barmherzig ist und das angedrohte Unglück nicht so bald zur Ausführung kommen lasse. Ist Ägypten nicht durch Nebukadnezar, so ist es zwei Menschenalter später durch Cyrus' Sohn unterjocht worden. Was die günstigen Prophezeiungen betrifft, die sich scheinbar nicht bewährt haben, so hängen sie mit der idealen Perspektive zusammen, welche die Propheten von einer Zukunft der allgemeinen Gotteserkenntnis und Friedfertigkeit aufgerollt haben. Die Zeit des Eintreffens haben sie selbst nur dunkel geschaut und einen unbestimmten Termin dafür gesetzt: באחרית הימים „am Ende der Tage". Die Vereinigung der Zehnstämme mit Juda ist wohl nicht ganz ohne Erfüllung geblieben. Zur Zeit des Untergangs des Reiches Ephraim und zur Zeit des babylonischen Exils scheinen Familien aus den übrigen Stämmen sich mit Juda vereinigt zu haben, allerdings nicht in großer Zahl und nur die von geläuterter Gesinnung. Ist ja auch von Juda nur ein Rest übrig geblieben, wie Jesaia prophezeit und wonach er seinen Sohn benannt hat: שאר ישוב, ein Rest wird sich zu Gott wenden und gerettet werden.

Wohl zu beachten ist, daß das prophetische Moment bei den Propheten nicht das vorherrschende war, sondern das Sittliche und Geläutert-Religiöse. Diesem Momente war die Vorausverkündigung untergeordnet. Sie haben eigentlich nur prophezeit, um zu konstatieren, daß das Unsittliche und die religiöse Verkehrtheit trotz des Anscheines von Macht nicht bestehen, dagegen das Ethische ungeachtet der Schwäche seiner Vertretung sich behaupten und den Sieg davon tragen werde.

3.

Der Durchzug durch das rote Meer.

Über das Thema des Durchzuges ist schon so viel und von den bedeutendsten und ernstesten Forschern geschrieben worden, daß es Überwindung kostet, wieder darauf zurückzukommen. Indessen fordert die seit der Eröffnung des Suezkanals erweiterte Kenntnis des Terrains zu neuer Untersuchung auf. Früher war man auf die Mitteilungen beschränkt, welche die klassischen Schriftsteller und wenige Touristen über das rote Meer und seine Umgebung hinterlassen hatten. Seit Lesseps' großartiger Unternehmung ist jeder Flecken auf dem Gebiete des alten Gosen, das gegenwärtig von Eisenbahnen durchflogen und von Kanälen durchschnitten wird, so bekannt wie kaum manches europäische Land, das nicht auf dem Wege von Touristen liegt. Diese bessere Bekanntschaft mit dem Boden bietet der Erforschung neue Seiten dar.

Die Tatsache des Durchganges durch das rote Meer steht historisch fest, ebenso fest wie der Aufenthalt der Israeliten in Ägypten. Die Zweifel daran von Seiten der Hyperkritiker, wie Spinoza und Reimarus (in den sogenannten Wolfenbüttler Fragmenten), wird heutigen Tages, da man mehr Respekt vor historischen Überlieferungen hat, kein ernster Forscher teilen. Tausendfach erklingt der Widerhall dieser Begebenheit aus der hebräischen Literatur wieder. Das Lied vom roten Meer hat den wunderbaren Durchgang zum Hauptthema. Mag dieses Lied nicht gleichzeitig gedichtet sein, wie die Bibelkritik behauptet, so stammt es jedenfalls aus der Zeit Salomos, nach dem Tempelbau, d. h. kaum 500 Jahre seit dem Auszug aus Ägypten, und lange kann sich die Überlieferung an ein so überwältigendes Faktum treu erhalten. Und selbst die Kritik ist zu der Konzession gezwungen, daß der Eingang zum Liede: אשירה לה' כי גאה גאה סוס ורכבו רמה בים, wirklich von Mose und den Männerchören gesungen und von Mirjam und den Frauenchören wiederholt worden sein muß (vgl. E. Meier, Geschichte der National-Lit. der Hebr. S. 48 [und jetzt Ed. König, Einleitung in das Alte Testament (Bonn 1899) S. 186—201 und den Exodus-Kommentar von Dillmann]). Hosea, einer der ältesten schriftstellerischen Propheten, spielt auf die Tatsache an, daß Israel beim Auszuge aus Ägypten einen Gesang angestimmt habe (2, 17): וענתה שמה כימי נעוריה וכיום עלותה מארץ מצרים. Also die Tatsache steht fest; zu untersuchen ist nur die Modalität und Lokalität des Durchzuges.

Die Annahme, daß die Ebbe den Durchgang erleichtert habe, sollte gegenwärtig, als unmöglich, nicht mehr wiederholt werden; denn es hat sich erwiesen, daß die Ebbe das Wasser im roten Meer nur um wenige Fuß [S. jedoch den Artikel „Meer, rotes" in Riehm-Bäthgens Handwörterbuch, 2. Aufl., S. 987] vermindert. Jedenfalls bleibt so viel Schlamm zurück, daß er in Verbindung mit dem felsigen Grunde den Durchgang außerordentlich erschwert. Einzelne haben es versucht, das rote Meer bei Suez an seiner schmalen Nordspitze zu überschreiten und wären beinahe ertrunken. Fürer von Heimendorf erzählt, daß er auf seiner Reise 1556 nicht ohne Gefahr zur Ebbezeit das rote Meer passiert hat. Bekannt ist, daß Napoleon I. während seines ägyptischen Krieges nur mit Not zur Ebbezeit die jenseitige Küste erreichen konnte. Auch Russegger versuchte 1838 bei Suez den Durchgang und bemerkte, daß das zurückgebliebene Wasser den Kamelen über die Kniegelenke reichte und ihren Gang ungemein erschwerte (Reisen in Unterägypten III, S. 25). Wunderlich ist es, wie Ebers sich noch bei der Hypothese der Ebbe beruhigen konnte (Durch Gosen zum Sinai, S. 101), da er selbst bemerkt, er würde es nicht gewagt haben, das Meer auch an der schmalsten Spitze zu passieren. Nein, mit der Annahme der Ebbe ist das Faktum nicht erklärt. Das Allerschwierigste dabei ist, daß Pharao und seine Scharen den Israeliten durchs Meer nachgeeilt sein sollen, ohne zu bedenken, daß die Ebbezeit vorüber war, und die Flut um so gewaltiger das Bette bedecken würde. Etwas Wunderbares muß beim Durchzuge vorgekommen sein, jedoch ohne die Schranken der Naturgesetze zu durchbrechen.

Robinson hat wohl das Richtige getroffen, daß die Schrift selbst das Mittel angibt, wodurch der Boden für den Durchzug trocken wurde, nämlich

durch den Ostwind (Exodus 14, 20) „Der Herr ließ durch einen starken
Ostwind das Wasser abfließen die ganze Nacht und machte das Meer trocken,
und das Wasser teilte sich." Auch das Lied vom roten Meere betont den
Wind als Faktor für das Austrocknen einerseits und das plötzliche Zurückströmen anderseits (das. 15, 8—10). Nun lehrt ein einfacher
Blick auf eine gute Karte des Meerbusens von Suez, daß ein starker Nordostwind, der hier auf die Ebbe wirkt, das Wasser aus dem kleinen Meeresarm,
der sich bei Suez vorbei hinaufzieht, sowie von dem Ende des Meerbusens
selbst hinausdrängt.

Soweit Robinson (Palästina I, S. 91 ff.). Diese Lösung befriedigt aber
nicht ganz. Robinson selbst muß zum Winde noch die Ebbe zu Hilfe nehmen,
weil ohne diese der jetzt noch mindestens 700 Doppelschritt breite Wasser-
streifen am Nordende des Golfes durch den heftigen Sturm allein nicht hätte
trocken gelegt werden können. Dann ist aber nichts gewonnen. Der tiefe
Meeresschlamm kann wohl schwerlich durch den Sturm weggefegt, auch die
andern Hindernisse zum Passieren können dadurch nicht beseitigt worden sein.
Dabei bleibt die unlösliche Frage bestehen, inwiefern hat Mose die Ebbezeit
besser berechnen können als Pharao und seine weisen Räte? Man muß sich
durchaus dazu entschließen, das Faktum des Durchzuges ohne Zuhilfenahme
der Ebbe zu erklären, ganz allein durch den von Nordost wehenden Sturm.
Freilich auf den Meerbusen von Suez konnte der Sturm nicht diese Wirkung
haben. Aber was nötigt denn anzunehmen, daß der Durchzug bei Suez
stattgefunden haben muß? Ist denn die Lokalität so bestimmt bezeichnet?
Südlich von Suez allerdings nicht, weil da der Golf immer breiter wird.
Aber könnte er nicht noch weiter im Norden erfolgt sein? Du Bois-Aimé
stellte die beachtenswerte Ansicht auf, der Durchgang sei nicht bei Suez,
sondern weiter nördlich an der Stelle wo jetzt (d. h. damals) sich eine Sandbank befindet (südlich von Agrud) vor sich gegangen. Diese Sandbank sei
erst durch eine Untiefe entstanden (Description de l'Égypte VIII, p. 114 ff.).
In der Tat kann der Durchzug nur auf einem Boden erfolgt sein, wo nach
der Abströmung des Wassers durch den Sturm nicht Schlamm, sondern Sand
zurückgeblieben war, wodurch die Passage erleichtert wurde. Es kommt also
darauf an, die Lokalität genau zu ermitteln, wo der Durchzug stattgefunden
haben kann. Wir müssen uns zu dem Zwecke mit dem Terrain bekannt machen.

Die von Lesseps durchgeführte Ausgrabung des etwa 22 geographische
Meilen (86 1/2 Seemeilen) langen Suezkanals war durch bereits vorgefundene
Terraineinsenkungen erleichtert. Zunächst zieht sich der Kanal, etwa zwei
Meilen von der Golfspitze entfernt, durch den Talweg der sogenannten
Bitterseen, welcher fast 6 Meilen lang ist. Etwa 2 Meilen nördlich von
den Bitterseen ist der Krokodilsee (Bahr el Timsah genannt); dieser
See ist etwa 1 1/4 Meile lang, an der breitesten Stelle kaum 1 1/4 geographi-
sche Meile breit und an einigen Stellen noch schmäler als die Spitze des
Golfes von Suez. Der Kanal geht durch noch zwei Seen, aber diese inter-
essieren uns hier nicht.

Die Bitterseen waren schon in alter Zeit vorhanden, sie werden von
Strabo λιμναι πικραι und von Plinius (hist. nat. VI, 33), fontes amari
genannt. War der Krokodilsee auch schon im Altertume vorhanden? Oder
haben sich die Bitterseen früher weiter nach Norden erstreckt? Diese Frage
bedarf einer eingehenden Untersuchung.

Ein Kanal hat schon in sehr alter Zeit den Nil, d. h. den östlichen Nil-
arm mit dem Meerbusen von Suez und dem roten Meere verbunden. Schon
der König Sethos I. soll diesen Kanal angelegt haben. (Brugsch, L'histoire
d'Égypte, S. 135). D'abord il est très probable, que le pharaon Séthos I.
est ce roi qui, le premier, fit creuser le fameux canal destiné plus tard
à joindre le Nil avec le mer rouge. Ce canal sortait du Nil tout près
de la ville de Bubastis, en suivant le cours Est jusqu'au point où il en-
trait aux lacs amères. Die Nachrichten der griechischen Schriftsteller, welche
über Ägypten geschrieben haben, lauten indes darüber nicht bestimmt genug.

Herodot tradiert, daß Necho oder Neko der erste gewesen sei, welcher
einen Kanal zum roten Meere zu ziehen versuchte (II, 158). Aristoteles
spricht von einem on dit, daß Sesostris diesen Versuch gemacht habe
(Meteorologica A 14) ταύτην (ἐρυθρὰν θάλατταν) γὰρ τῶν βασιλέων τις ἐπι-
ράθη διορύττειν ... λέγεται δε πρῶτος Σέσωστρις ἐπιχειρῆσαι τῶν παλαιῶν)
Aus dem Nachfolgenden geht hervor, daß Aristoteles die Kunde zugekommen
war, daß es beim bloßen Versuch geblieben sei, denn er fügt hinzu, daß
Sesostris sowohl wie später Darius die Durchgrabung aufgegeben hätten,
weil sie eine Überschwemmung des Bodens gefürchtet hätten. Ähnliches be-
richtet Strabo, daß einige erzählten, Sesostris, andere Psammetichs Sohn
(Necho) hätte den Durchstich begonnen, aber wieder eingestellt (17, 25, p. 804).
Indessen muß die Tradition, daß schon in uralten Zeiten der Durchstich unternommen und weiter geführt wurde, auf Tatsachen beruhen. Denn Strabo
berichtet weiter, auch Darius habe die Durchgrabung wegen aufgestoßener
Bedenklichkeiten aufgegeben, ebenso wie Sesostris oder Necho, und erst die
Ptolemäer hätten den Kanal gebaut. Aber Herodot berichtet als Augenzeuge
(das.), daß der Kanal zu seiner Zeit bestanden hat und befahren wurde. Er
kann also nur zu Darius' Zeit entstanden sein. Aristoteles und Strabo waren
also in diesem Punkte schlecht unterrichtet (vergl. Lepsius, Chronol., S. 349 ff.).
Wie die Ägyptologen versichern, sei in der aufgefundenen Inschrift von Cheluf
in Hieroglyphen und in Keilschriften die Rede von der Wiederherstellung
des alten Kanals. In dem Wadh-Tumilat, mit dem der Lessepssche Süß-
wasserkanal größtenteils parallel läuft, und besonders bei dem Dorfe Mes-
chuta oder Abu-Chescheb, einige Stunden westlich von dem Krokodilsee hat
man Spuren des alten Kanals gefunden (S. Ebers, a. a. O., S. 473 u. 501).
Wir werden später sehen, daß auch im Exodus das Vorhandensein eines
Kanals angedeutet oder vorausgesetzt wird.

Dieser alte Kanal, gleichviel ob von Sethos oder seinem Sohne Ramses II.
Sesostris durchstochen, lief, wie schon angegeben, parallel mit dem Wadh-
Tumilat. Herodot gibt Anfang und Ende seines Laufes ganz genau an. Da
Lepsius, Ebers und andere (das. S. 496) die herodotische Notiz nicht richtig
aufgefaßt haben, so sei sie hier in extenso mitgeteilt. Die richtige L.-A. ist
nämlich von dem Philologen Wesseling aufgestellt und wird von zwei Kodizes
unterstützt (II. 158): ἧκται δὲ ἀπὸ τοῦ Νείλου τὸ ὕδωρ ἐς αὐτὴν (τὴν
διώρυχα); ἧκται δὲ κατύπερθε ὀλίγον Βουβάστιος πόλιος, παρὰ Πάτουμον
τὴν Ἀραβίην πόλιν ἐσέχει (δὲ) ἐς τὴν ἐρυθρὴν θάλασσαν[1]. Also

---

[1] Das Verbum ἐσέχει bezieht sich also auf Patumos, nicht wie der
Vulgatatext es unsinnig genug mit Bubastis verbindet. Vgl. dazu Larchers
Anmerkung zu histoire de Herodote II., S. 516, Note 541. Herodot sagt

der Kanal lief ein wenig oberhalb Bubastis und mündete bei Patumos in das rote Meer. Herodot spricht allerdings nur von dem Laufe des Kanals zu seiner Zeit, d. h. wie er von Darius angelegt war. Allein da voraussichtlich Darius nur den alten verschütteten Kanal wieder hergestellt hat, und da die Stadt Patumos identisch mit der von den Israeliten erbauten Stadt Pithom ist, wie allgemein angenommen wird, so hatte der uralte Kanal des Sethos oder Sesostris ohne Zweifel denselben Lauf. Es ist auch der kürzeste Weg, um den Nil mit dem roten Meere zu verbinden, und Trajan hat später auf demselben Wege zur Verbindung der Wasseradern vollziehen lassen (vgl. Lepsius, Chronologie der Ägypter, S. 349 ff.). [Die Lage von Pithom steht durch die Ausgrabungen von Navilles im Jahre 1883 entgültig fest (vgl. Riehm-Bäthgen a. a. O. S. 1229)].

Lepsius und mit ihm andere, von der falschen L.-A. verleitet, setzen Patumos oder Pithom bei dem Tell Abu-Solaiman, d. h. ungefähr in die Mitte der geraden Linie von Bubastis zum Krokodilsee. Herodot berichtet aber, wenn man die richtige L.-A. beachtet, daß bei Patumos das Ende des Kanals war und der Anfang desselben bei Bubastis. Die Angabe des Itinerarium Antonini von der Lage einer Stadt Thoum ist viel zu wenig orientierend, als daß man viel darauf bauen könnte. Außerdem sollen die ägyptischen Inschriften eine Stadt Pa-tum oder Pi-tum als im Osten gelegen bezeichnen; darunter kann man nur die Grenze verstehen, welche das rote Meer mit einer Linie verband, die von seinem Endpunkte nach Norden lief. Wenn irgend etwas in der Topographie des alten Ägypten sicher ist, so ist es wohl die Lage von Patumos, wie sie Herodot angibt, nämlich an dem Punkte, wo der Kanal in das rote Meer mündete.

Aus Herodots Beschreibung folgt auch, daß man zu seiner Zeit das bewässerte Terrain, welches Strabo mit Bitterseen bezeichnet, ebenfalls als rotes Meer bezeichnete. Denn sie lautet, daß der Kanal bei Patumos ins rote Meer einmündete. Es ist aber unmöglich anzunehmen, daß Patumos so weit im Süden bei Suez gelegen haben soll. Seine Lage ist vielmehr in ungefähr gerader Richtung von Bubastis ausgehend, am Ostende zu denken. Es lag also entweder an der Nordspitze der Bitterseen oder am Timsahsee. Zu Herodots Zeit haben also entweder die Bitterseen noch nicht existiert, der Suezmeerbusen hat sich vielmehr viele Meilen nördlicher erstreckt, dann müßte man annehmen, daß diese Seen sich erst später gebildet haben, als Versandungen eingetreten waren, welche die Meeresteile trennten — oder man hat die Bitterseen auch unter die Benennung ἐρυθρὰ θάλασσα einbegriffen, was wahrscheinlicher ist, da durch die Vereinigung derselben mit dem Golfe das Laienauge keinen Unterschied bemerken konnte.

Auch aus der Angabe des Exodus folgt, daß zur Zeit des Aufenthaltes der Israeliten in Ägypten eine Wasserstraße vorhanden war, vom Ende des jetzigen Suezgolfes nördlich bis zum Nordende der Bitterseen, und von hier, vom Ostpunkte westlich gewendet, bis zum nächsten Nilarme. Es heißt von den Israeliten, sie bauten Vorratsstädte für Pharao, Pithom und

also damit: Das Wasser vom Nil kommt in einem Kanal ein wenig oberhalb Bubastis; bei der arabischen Stadt Patumos ergießt es sich ins rote Meer. Zwischen dem Worte πόλιος und der Präposition παρά muß ein Kolon gesetzt werden.

Ramſes (ויבן ערי מסכנות לפרעה את פיתם ואת רעמסס). Was die
Ägyptologen auch vorbringen mögen, um das Wort מסכנות ägyptiſch zu
machen, der nüchterne Forſcher kann ſich davon nicht trennen, daß es ein
regelrecht gebautes, hebräiſches Wort, aus einem echten hebräiſchen Stamm
gebildet, iſt. מסכנות bedeutet nichts anderes als „Vorratshäuſer", in
welchen Getreide und Lebensmittel aufgeſpeichert wurden. Vgl. Chronik II.
32, 28 ומסכנות לתבואת דגן ותירוש ויצהר, Vorräte für den Ertrag des
Getreides, des Weins und des Öls. In Deuteronom. 8, 9 heißt es von
Paläſtina: „Ein Land, in welchem du nicht aus Vorratshäuſern wirſt
Brot zu eſſen brauchen (wie in Ägypten): אשר לא במסכנת תאכל בה לחם
(daß בְמִסְכֵּנָת ebenſoviel iſt wie בְמִסְכֵּנֹת wird wohl nicht ſtreitig gemacht
werden). Alſo Pithom und Ramſes waren Städte, worin Getreidevorräte
aufgehäuft lagen. Wir dürfen wohl fragen, wozu hat Pharao gerade Städte
im Lande Goſen, ſozuſagen in der Wüſte, entfernt vom Herzen Ägyptens,
Getreideſpeicher bauen laſſen? Warum hat er ſie nicht in der Nähe von
Memphis, Heliopolis oder Tanis anlegen laſſen? Durch die Ermittlung der
topographiſchen Lage von Pithom-Patumos iſt die Frage erledigt. Pithom
bildete einen Knotenpunkt der Waſſerſtraße, welcher vom Meerbuſen
(oder den Bitterſeen) zum Nil lief. An dieſer Waſſerſtraße lag auch
Ramſes. Übereinſtimmend nehmen die Forſcher an, daß Ramſes bei Abu-
Keſcheb (Cheſcheb) jetzt Meſchuta lag. [Jetzt ſcheint es feſt zu ſtehen,
daß die Trümmerſtätten von Tell el-Maſchuta vielmehr zu Pithom gehören.
Ramſes wird dagegen mit Zoan-Tanis identifiziert. Vgl. W. Flinders Patrie,
Tanis Bd. I u. II. Riehm-Bäthgen a. a. O. S. 1287, 1871. Mibetta a. a.
O. S. 36ff.] Man hat dort einen Granitblock entdeckt, worin der Name
Ramſes ſechsmal wiederholt iſt. Dann hat Lepſius unter Trümmern rieſige
Ziegel gefunden, welche einſt die Umfaſſungsmauern einer Stadt gebildet
haben müſſen. Ramſes lag alſo nach der Annahme der Forſcher an der
Waſſerſtraße, freilich nicht öſtlich von Pithom-Patumos, ſondern — wie
wir kennen gelernt haben — weſtlich davon entfernt. In dieſen am
Kanal gelegenen zwei Städten wurde Getreide aufgeſpeichert, es waren
Vorratsſtädte. Die geknechteten Israeliten mußten auch die Felder für
Pharao beſtellen, alſo Getreide anbauen (Exodus 1, 14). Wenn die Ägypter
für Pharao den fünften Teil ihrer Getreideerträge liefern mußten (Geneſis 47,
24—26), ſo haben wohl die Israeliten noch viel mehr abliefern müſſen, oder
vielleicht alles bis auf die Quantität, die ſie zum Leben brauchten. Was
hat Pharao mit dieſer Getreidemenge angefangen? Er ließ zunächſt Vorratsſtädte an einem Kanal anlegen, welcher das rote Meer mit dem Nil verband.
Von dieſen Städten aus konnte der Überfluß an Getreide überallhin befördert,
überallhin verkauft werden, einerſeits nach dem Delta für die kanaanitiſchen
Länder, anderſeits auf dem roten Meere nach Arabien. In Zeiten der
Mißernte wendeten ſich alle Völker in der Nähe Ägyptens nach dieſem Lande,
um hier Getreide zu kaufen. Von den älteſten Zeiten an bis zur Zeit der
Römer war Ägypten die Kornkammer. Die Anlage von Pithom und
Ramſes als Vorratsſtädte ſetzt die Verbindung des roten Meeres
mit dem Nile voraus. Dieſe Verbindung bedingt aber die Verlängerung
des roten Meeres um mehrere geographiſche Meilen nördlich vom Suezgolf. Dieſe
Verlängerung reichte jedenfalls bis zur Nordſpitze der Einſenkung der Bitterſeen, möglicherweiſe noch weiter bis zur Vertiefung des Krokodilſees.

Kommen wir nach dieser Digression auf den Ausgangspunkt und unser Thema zurück: An welchem Punkte haben wohl die Israeliten den Durchgang durch das Meer genommen? Die Frage kann nach dem Vorausgeschickten leichter beantwortet werden. Wenn zur Zeit des Auszuges die Wasserstraße, die Sethos oder einer der Ramessiden angelegt, noch bestanden hat, so konnten die Israeliten gar nicht bis zum schmalen Streifen des Suezgolfes gelangen, denn er war nicht vorhanden, er war mit dem Wasser in den Bitterseen zu einer Wassermasse vereinigt. Bestand diese Vermischung nicht mehr, was auch möglich ist — denn in den zwei Menschenaltern, welche mindestens von der Erbauung der Kanalstädte Pithom und Ramses bis zum Auszuge liegen, kann bei Vernachlässigung der Aufsicht leicht Versandung der seichtern Stellen in den Bitterseen eingetreten sein — so brauchten die Israeliten nicht bis zur Suezspitze vorzudringen, sie hatten auf dem Wege dahin ein oder zwei Seen, die sie ebensogut passieren konnten. Denn bei einer Versandung der Verbindungsstraße vom Golf bis zu den Bitterseen, wie der Zustand bis zur Lessepsschen Unternehmung eine geraume Zeit war, war eben in den Einsenkungen der Seen und denen der Timsahvertiefung Wasser zurückgeblieben, welches ihnen die Gestalt von Binnenmeeren gab. Die Araber nannten auch beide „Bahr" d. h. Meer. So oder so konnten die Israeliten mehrere Meilen nördlich von Suez einen dieser Seen auf wunderbare Weise passiert haben.

Bei genauer Betrachtung der Exodusverse ergibt sich auch, daß sie nicht soweit südlich vorgedrungen sind, sondern an einem Punkte im Norden, nicht gar zu entfernt von ihren Wohnsitzen, das Wasser überschritten haben. In Ramses am Kanal hatten sie sich zum Auszuge gesammelt (Exodus 12, 37, Numeri 33, 5). Die erste Station war Sukkot. Mag diese Lokalität identisch sein mit einem Orte Sechet (das Gefilde), nach Lauth (Moses der Hebräer, S. 11) und mit einem Orte Thaubastum oder nicht, es lag jedenfalls, wie auf den Karten angegeben ist, zwischen dem Timsahsee und dem nördlich davon gelegenen Ballahsee. [Nach den neueren Ergebnissen war Thekut (= Sukkot) der profane Name für Pithom]. Die zweite Station war Etham im Anfange der Wüste, und zwar der Wüste Schur (nach Exodus 15, 22, verglichen mit Numeri 33, 8), d. h. der Wüste, welche sich im Norden der Sinaihalbinsel bis zur Grenze Palästinas erstreckt. Sie hatten also eine nordöstliche Richtung eingeschlagen, um auf dem betretenen Karawanenwege nach Palästina zu gelangen. Dann erhielten sie die Weisung umzukehren, d. h. denselben Weg wieder zurückzulegen. Sie kamen also wieder dem Timsahsee nahe. Dann sollten sie lagern vor Pi-Hachirot. Vom Timsahsee bis zur Suezspitze ist mindestens 10 Meilen. Sollten sie 10 Meilen längs der Bitterseen westlich gezogen sein, und zwar bis zur Südspitze? Wozu? Je weiter südlich sie auf diesem Wege vordrangen, desto gefährlicher war ihr Zug; es hätte geheißen, sich geradezu in des Löwen Rachen stürzen. Die Schrift nötigt keineswegs zu der Annahme, daß der Zug so weit südlich gegangen ist bis zur Spitze des Golfes, der wahrscheinlich durch den Fortbestand des Kanals nicht einmal vorhanden war. Wir müssen also פי החירות im Norden aufsuchen.

Das Finden wird uns bedeutend erleichtert werden durch Beseitigung eines Irrtums, der alle Erforscher dieses Themas, soviel mir bekannt ist, das Ziel verfehlen ließ. Indem diese in בעל צפון die Typhonstadt suchten, verloren sie die Spur von Pi-Hachirot. Aber Baal-Zephon kann ja nicht ein

Stadtname ſein. Der Exodusvers ſagt uns: „Sie ſollen vor Pi-Hachirot
lagern zwiſchen Migdal und dem Meer, vor Baal-Zephon, ihm gegenüber ſollt ihr lagern am Meere." Wenn ſie vor einer Stadt lagern ſollen,
ſo können ſie doch nicht vor einer andern lagern? Es müßte denn ſein, daß
beide nahe beieinander gelegen haben; aber dann wäre die Präpoſition לפני
übel angebracht; בין „zwiſchen" hätte gebraucht ſein müſſen. Und was ſoll
die Wiederholuug נכחו: „gerade gegenüber ſollet ihr lagern?" Alle dieſe
exegetiſchen Inkonvenienzen hätten darauf führen ſollen, daß Baal-Zephon
Name eines Götzenbildes ſein muß. Dieſes Götzenbild wird bei Pi-Hachirot
vorausgeſetzt. Die Israeliten wurden alſo angewieſen, vor dieſer Stadt und
zwar vor dem Götzenbilde und zwar ihm gerade gegenüber zu lagern,
damit Pharao in den Wahn verfallen ſolle, der Götze Baal-Zephon habe den
Israeliten den Eingang zur Wüſte verſchloſſen: סגר עליהם המדבר. (Das
Prädikat סגר hat zum Subjekte בעל צפון.) Das ſogenannte Targum Jonathan
erklärt richtig Baal-Zephon als Götzen (טעות) und bezieht darauf das Prädikat „er hat verſchloſſen" (טרד עליהון טעות צפון נגריר דמדברא). Das Wort
Baal ſoll hier eben nur Götze bedeuten, weil das Wort אלהי vermieden
werden ſollte. Wir haben es hier alſo nur mit צפון zu tun, einem Götzenbilde, das bei der Stadt Pi-Hachirot aufgeſtellt war. Wenn Ebers (a. a. O.,
S. 510) ſagt: „Bis jetzt iſt kein in der Nähe des roten Meeres gelegener
Ort nachweisbar geweſen, der ſich mit Baal-Zephon zuſammenbringen ließe",
ſo liegt es daran, daß es einen ſolchen Ort in Ägypten nirgends gegeben
hat, und wenn Ebers ihn dennoch ins Attakahgebirge verlegt, ſo beweiſt das
nur die Unzuverläſſigkeit ſeiner Kombinationen bezüglich bibliſch-ägyptiſcher
Lokalitäten.

Daß צפון Τυφών iſt, liegt ſo ſehr auf der Hand, daß die meiſten Forſcher
dieſe Identität ohne weiteres akzeptiert haben. Das Wort Typhon iſt nicht
griechiſchen Urſprungs, und da es von den alten Schriftſtellern mit dem ägyptiſchen Gotte Set identifiziert wird, ſo muß es ägyptiſch ſein. Dümichen
vermutet, Typhon habe ägyptiſch Tep gelautet, und ſei durch das Nilpferd
bezeichnet worden, der Gott der Zerſtörung, Set, trug auch die Geſtalt des
Nilpferdes. Bei Pi-Hachirot ſtand alſo ein Bild des Typhon
= Set, und vor dieſem Bilde ſollten die Israeliten lagern, damit Pharao
in ſeiner Verblendung beſtärkt werden ſollte. Durch dieſe richtige Annahme
werden wir auch auf die Spur von Pi-Hachirot kommen. Plutarch (de
Iside et Osiride 50) teilt mit: In Hermopolis zeigen ſie das Bild des
Typhon, ein Nilpferd, auf welchem ein Sperber ſtand, der mit einer
Schlange kämpfte. „Durch das Nilpferd wird Typhon angedeutet uſw."
Ἐν Ἑρμουπόλει δὲ Τυφῶνος ἄγαλμα δεικνύουσιν ἵππον ποτάμιον· ἐφ᾽ οὗ βέβηκεν
ἱέραξ, ὄφει μαχόμενος· τῷ μὲν ἵππῳ τὸν Τυφῶνα δεικνύντες . . . . κτλ.
Hermopolis iſt ſicherlich ein Fehler für Heroopolis, wie es auch Bunſen
angeſehen haben muß; da er ſchreibt (Ägypten I, S. 497): „In Hero-
opolis ſah man, nach Plutarch, ein Bild des Typhon, ein Nilpferd uſw.
Typhon gehört zur Wüſte, er bedeutet die verzehrende Kraft der Trockenheit."
Aus dieſem Grunde gehört Typhons Bild nicht nach Hermopolis — beide
Städte dieſes Namens lagen in einer fruchtbaren Gegend — ſondern nach
Heroopolis, das jedenfalls am Rande der Sandwüſte lag. Der Exodus-
vers erhält durch dieſen Hintergrund einen außerordentlich prägnänten Sinn.
Die Israeliten ſollen lagern vor Pi-Hachirot und vor dem Bilde des Typhon und

zwar gerade diesem gegenüber, damit Pharao wähnen soll, sie seien in der Irre im Lande, Typhon — der Gott der Wüste — habe ihnen sein Reich verschlossen.

Förster (epistolae ad J. D. Michaelem) hat Ähnliches geahnt, daß Baal-Zephon Heropolis sei. Diese Annahme muß indes dahin modifiziert werden: Baal-Zephon oder das Bild des Typhon stand bei Heroopolis.

Es stand aber auch bei Pi-Hachirot, folglich muß פי החירות identisch mit der Stadt des Hero, mit Heroopolis oder Heroonpolis sein. Es ist doch wohl zuverlässig, was die Ägyptologen einstimmig erklären, daß das Wort Pi oder Pe oder Pa im Ägyptischen Stätte, Ort oder Stadt bedeutet: Pe-Ptah, die Stätte oder die Stadt des Gottes Ptah; Pe-Amon, Stadt des Gottes Amon; Pe-Ra, Stadt des Ra oder der Sonne (Heliopolis); Pe-Ramessu, die Stadt des Ramses (Brugsch, Histoire d'Égypte, S. 154). Die Stadt Bubastis erklären die Ägyptologen für Pe-Bast, die Stadt der Göttin Bast; hebräisch lautet sie פי-בסת = Pi-Beset. Folglich haben die Israeliten פי-החירות die Stadt des החירות hebraisiert, d. h. die Stadt des Gottes Her oder Hero, wie die Griechen sie Ἡρωώπολις „die Heldenstadt" hellenisiert haben[1]). Die scheinbare hebräische Pluralendung ות darf nicht auffallen, ebensowenig wie im Worte בהמות, das ägyptisch Pe-he-mut lautet und das Nilpferd bedeutet. Stickes und Ebers Identifizierung von Pi-Hachirot mit Ag'rud beruht auf einer zu gekünstelten Etymologie, und eine solche entbehrt stets der Gewißheit. Dagegen hat die Identifikation von Pi-Chirot mit Pi-Her, Heroopolis, das Moment für sich, daß diese Stadt unstreitig typhonisch war. Wir werden weiterhin noch eine Stütze dafür finden. Auf die Stadt Abaris oder Avaris, die ebenfalls mit Heroopolis in Verbindung gebracht wird, gehen wir nicht ein, weil die Existenz derselben nur auf Manethos Relation beruht, und diese, soweit sie die Hyksos betrifft, unzuverlässig ist.

Über die Lage von Heroopolis sind die Forscher nicht einig, weil die Angaben der alten Schriftsteller darüber unbestimmt lauten. Lepsius identifiziert sie mit dem heutigen Mugfar, setzt sie demnach zwischen den Timsahsee und Abu-Kescheb oder Maschuta d. h. Ramses [Vgl. oben zu S. 346] und zwar östlich davon entfernt (vergl. a. a. O., S. 345 ff.). Ausgehend von der Übersetzung der Septuaginta Ἡρωώπολις εἰς τὴν Ῥαμεσσῆ für לחורות (Gen. 46, 28), beweist Lepsius, daß Heroopolis im Norden auf dem Wege von Palästina nach Ramses gelegen haben muß. Was Ebers dagegen geltend macht, um die Identifizierung von Pi-ha-Chirot mit Ag'rud festhalten zu können (das. S. 491), ist ohne Belang und ist durch Lepsius' Beleuchtung der Angaben bei Strabo widerlegt. Daß Heroopolis eine junge Stadt sei, deren Alter nicht bis zum Exodus hinaufreiche, ist nicht erwiesen. Aus dem Mißgriff des griechischen Übersetzers חורות durch die Stadt des Hero zu übersetzen, ergibt sich, daß auch החירות Hero und פי-החירות Heroopolis bedeuten kann. [Über die Lage von Etham oder Pi-Hachirot vergl. die betr. Artikel bei Riehm-Bäthgen.]

---

[1]) Wilkinson hat schon die Identifikation von Pi-Hachirot mit Heroopolis (Modern Egypt and Thebes I, p. 315). Was Lepsius dagegen geltend macht (Chronologie, S. 346, Note 2) ist unerheblich. Es beruht darauf, daß die Griechen in diesem Falle das Wort anders hätten entstellen müssen. Gibt es eine Norm dafür — wie ein Wort korrumpiert werden müsse?

Ist Pi-ha-Chirot identisch mit Heroopolis — bei dem ein Bild des Typhon = Set stand — und lag dieses unweit von Pithom-Patumos, so ist der Durchzug durch das rote Meer einfach ohne die unhaltbare Hypothese von Ebbe und Flut zu erklären. Pi-ha-Chirot mit dem Götzenbilde Baal-Zephon lag entweder nahe bei dem Timsahsee oder an der Nordspitze der Bitterseen. Solche verhältnismäßig kleine Wasseransammlungen werden im Hebräischen auch ‏ים‎ "Meer" genannt, wie nicht nur das tote Meer, sondern auch der Tiberiassee und ein Teich jenseits des Jordans bei Jaeser ‏ים יעזר‎ genannt wird (Jeremia 48, 32 verglichen mit Jes. 16, 8). Im Wasserboden dieser Seen befinden sich nicht Schlamm und Klippen, sondern Sand. Sobald Stellen in ihnen trocken gelegt sind, können sie auch leicht passiert werden, sie bieten keine Hindernisse. Der Timsahsee ist an einer Stelle nur einige hundert Fuß breit, und die Bitterseen sind an der Nordspitze noch schmäler. Der Durchgang kann also nur durch einen dieser Seen in der Nähe von Heroopolis erfolgt und durch den heftigen Nordostwind erleichtert worden sein, worin die Schrift einzig und allein das Wunder setzt (o. S. 343). Der Wind hat das Wasser südlich getrieben und eine hochgelegene Sandbank trocken gelegt, während in den tiefern Stellen das Wasser geblieben ist. Auf dieser Sandbank passierten die Israeliten dieses "Meer", das keine steilen Ufer hat, wie das rote Meer, weshalb das Hinab- und Heraufsteigen keine Schwierigkeiten machte. Wer weiß, ob nicht ‏ים סוף‎, das "Schilfmeer", die ursprüngliche Benennung für diese Binnenseen war, denn ‏סוף‎ ist doch wohl nichts anderes als das Rohrgewächs Sari, und dieses wächst nicht im roten Meere selbst, sondern nur im Nil und wohl auch in den Seen, die durch die Kanäle Süßwasser aus dem Nil erhalten hatten. [S. jedoch Riehm-Bäthgen, S. 986].

Alles stimmt viel besser, wenn man den Durchgang durch einen der Seen im Norden annimmt. Die nähere Bestimmung "zwischen ‏מגדל‎ und dem Meere" ist nach dieser Annahme nicht mehr störend, als nach der Hypothese, welche die Spitze des Golfes als Durchgangspunkt aufstellt. Denn das Migdol der Bibel, das Magdalon bei Herodot und das Magdalum im Itinerarium Antonini lag ganz im Norden, und eine andere berühmte Stadt dieses Namens ist nicht nachgewiesen. Ein Maktl, das die Hieroglypheninschriften nennen sollen, ist unbestimmt situiert und war jedenfalls nicht berühmt, und die Identifikation von Migdol mit zwei koptisch und arabisch Maschtul genannten Städten wird von vielen Forschern mit Recht verworfen. Möglich, daß die nähere Bezeichnung "zwischen Migdol und dem Meere" nur die Richtung angeben will, wo das Wunder bei Pi-Hachirot vor sich gegangen ist, nämlich an der Ostgrenze von Ägypten, daß man die Lokalität nicht etwa in Westägypten, im Süden oder im Norden zu suchen habe; denn Migdol galt als der äußerste Nordost Ägyptens. Denn es läßt sich nicht denken, daß bei Pi-Hachirot, mag es welche Stadt auch immer bedeuten, noch eine Stadt gelegen hat. Damit stimmt allerdings nicht ganz das Stations- und Routenverzeichnis in Numeri 33; allein dieses hat überhaupt einige Eigentümlichkeiten, die enträtselt werden müssen.

Durchaus ungeschichtlich ist Ebers' Erklärung des Exodus durch die Annahme, daß die ägyptischen Könige der XIX. Dynastie, Sethos I., Ramses II. und sein Sohn Menephta eine lange Fortifikationslinie mit Festungen im Osten von Pelusium bis zum roten Meere angelegt hätten, nicht nur um semitische Stämme von Ägypten abzuhalten, sondern auch um die bereits angesiedelten Fremden zurückzuhalten und sie nicht außer Landes ziehen zu lassen; das Gebiet, welches die Israeliten bewohnten, sei ein Zwing-Gosen und Etham sei eine der Bastionen gewesen. Garnisonen hätten in den Festungen gelegen, welche die Flüchtlinge nicht durchließen. Mose habe beim Auszuge gewußt, daß es ihm schwer werden würde, die Fortifikationslinie zu durchbrechen; darum habe er die Israeliten nach Ägypten zurückgeführt, um im Süden die Festungen zu umgehen (Ebers, Ägypten in der Bibel I, S. 78 ff., Durch Gosen zum Sinaï, S. 81, 95 ff.). Aber an welchem Punkte hätte Mose die Festungen vermeiden wollen? Waren doch nach Ebers zwischen den Bitterseen und dem Golfe ebenfalls Festungen (S. 98) und, wie sich denken läßt, mit Garnisonen besetzt! Wäre es nicht eine Torheit von Mose gewesen, um den Garnisonen auszuweichen, wieder nach Ägypten zurückzukehren, und zwar so weit ab nach Süden zu ziehen, um die Lage noch zu verschlimmern, nicht nur Festungen, sondern auch das Meer zwischen sich und der Freiheit zu haben? Ebers gibt zu, daß die Israeliten mit Erlaubnis Pharaos, — man sagt Menephtas (der, nach einer Inschrift auf dem Koloß Usortosen I. im Berliner Museum, seinen Sohn, ebenfalls Menephta genannt, verloren haben soll) — Ägypten verlassen haben; sie haben sich nicht mit Anwendung von Gewalt befreit, wie andere meinen. Aber dann hat doch wohl Pharao-Menephta den Israeliten Reisepässe ausgestellt, daß man sie frei abziehen lassen sollte! Oder war Mose so auf den Kopf gefallen, sich zur Fortifikationslinie ohne Passierschein zu wenden? Alles das ist Hirngespinst. Weder die Schrift, noch die alten Schriftsteller wissen etwas davon, daß Festungen in Ägypten gegen den Auszug von Fremden angelegt gewesen wären. Diodor von Sizilien, welcher selbst authentische Nachrichten über die alte Geschichte dieses Landes gesammelt hat, erzählt etwas ganz anderes. Sesoosis oder Sesostris (Ramses II.) habe das flache Ägypten gegen Invasion durch Gräben geschützt. An der Ostseite habe er vermittelst einer Mauer von Pelusium bis Heliopolis durch die Wüste Einfälle von Syrien und Arabien aus, 1500 Stadien lang, zu verhindern gesucht (I, 57). Ἐτείχισε (Σέσοσις) δὲ καὶ πρὸς ἀνατολὰς νεύουσαν πλευρὰν τῆς Αἰγύπτου πρὸς τὰς ἀπὸ τῆς Συρίας καὶ τῆς Ἀραβίας ἐμβολὰς ἀπὸ Πηλουσίου μέχρις Ἡλιουπόλεως, διὰ τῆς ἐρήμου κτλ. Nur zur Verteidigung gegen die benachbarten Wüstenvölker hat Sesostris oder einer der Pharaonen eine Mauer errichten lassen, und zwar einfach eine Mauer ohne Festungen, welche Garnisonen enthalten hätten, und zwar eine Mauer nicht von Pelusium bis zum roten Meere, sondern nur bis Heliopolis. Nur das eigentliche Ägypten sollte geschützt werden; das nordöstlich vom Delta gelegene Gebiet, das Land Gosen, wurde nie als eigentlich ägyptisches Land angesehen; es war stets ein Tummelplatz für Amalekiter, Idumäer, Philister, Halbaraber, es war stets νομὸς Ἀραβία. Es bestand also überhaupt keine Fortifikationslinie mit Besatzung und noch weniger zwischen dem Lande Ramses und der Wüste Schur (Tih). Sobald Pharao die Erlaubnis zum Abzug gegeben hatte, konnten die Israeliten ohne Hindernis in die Wüste ziehen.

Was Ebers ferner betont, daß ein Vertrag zwischen den Pharaonen und dem Könige der Chitäer, d. h. der im Süden Palästinas wohnenden Kanaaniter, bestanden habe, vermöge dessen die letzteren Flüchtlinge aus Ägypten auszuliefern verpflichtet gewesen wären, und daß infolgedessen Mose gewagt habe, die direkte Straße nach dem Lande Kanaan einzuschlagen, so ist der Beleg dafür mehr als zweifelhaft. Er soll in dem Friedensvertrage zwischen Ramses II. (Sesostris) und dem Fürsten Cheta-Sar der Heta enthalten gewesen sein, der auf einem Mauersteine im Bezirke Karnak gefunden wurde. Ein Passus darin soll lauten: „Wenn Bewohner des Landes des Ramses Miamun zum Fürsten von Cheta übertreten, so wird sie der Fürst von Cheta nicht aufnehmen; der Fürst von Cheta wird sie zu Ramses Miamun zurückbringen lassen." Von Flüchtlingen ist zwar darin keine Rede, aber da 200 Zeilen vorher von Flüchtlingen die Rede ist, so schließt Ebers (a. a. O., S. 86), daraus, daß der Vertrag die Stipulation enthalten habe, flüchtige Untertanen des Ramses auszuliefern. Allein so bestimmt lautet der Passus keineswegs, selbst wenn er in einer leserlichen Sprache und nicht in rätselhaften Hieroglyphen geschrieben wäre. Brugsch, welcher den Vertrag zuerst übersetzt hat (recueil des monuments égypt., S. 43, Histoire d'Égypte, S. 148), übersetzt den Passus ganz anders: Qu'ils (les serviteurs?) arrivent chez le grand roi des Cheta, que le grand roi des Cheta les fasse retourner chez Ra-ouser-maa (Ramses) . . . . qu'ils arrivent en Égypte pour se faire serviteurs d'autrui, que Ra-ouser-maa . . . . ne les accueille pas, mais qu'il les fasse retourner chez le grand roi de Cheta. Si (fehlt). Nach dieser Übersetzung scheint eher von Dienern der beiden Könige, d. h. von Beamten die Rede zu sein. Auch ist es noch sehr problematisch, ob die Cheta oder Chita mit Chitäern oder Chittiten der Bibel, den חת בני, identisch sind, wie die Ägyptologen annehmen. In den biblischen Erzählungen spielt der Stamm der חת keine bedeutende Rolle, nur die חרי und אמרי werden neben den כנעני als bedeutende Stämme genannt. Die Chet werden lediglich als die Bewohner von Hebron bezeichnet. Die Bibel hat wohl doch die Bedeutung der Völkerschaften, mit denen die Israeliten zu kämpfen hatten, aus dem Leben wiedergegeben. Dagegen spielen die Amara, welche den אמרי entsprechen sollen, in den ägyptischen Inschriften eine sehr untergeordnete Rolle. Gesetzt auch, daß die Cheta ein asiatisches Volk waren, mit dessen König Ramses einen Friedensvertrag abgeschlossen hat, und mit dem auch seine Vorgänger Krieg geführt haben, müssen dann die Cheta gerade den חת בני entsprechen? [Die Identität mit den Cheta der Ägypter und den Chatti der Keilinschriften wird heute allgemein angenommen. Vgl. Meyer, Geschichte des Altertums I, 213 ff. Jeremias, Das A. T. im Lichte des alten Orients, S. 203 f.] Es hat noch ein anderes Volk oder andere Völkerschaften gegeben, welche denselben Namensklang hatten.

In der Bibel werden öfter חתים genannt, welche nicht mit der kanaanitischen Völkerschaft der חת identisch sind. Es ist ein wichtiger Punkt für das Verständnis mancher Bibelstellen aber von den Auslegern nicht beachtet worden. In Könige II, 7, 6 wird erzählt, die Samaria belagernden Aramäer hätten in einem plötzlich vernommenen Geräusch gefürchtet, der König von Israel hätte Könige der Chittim (החתים מלכי) und die Könige Ägyptens gegen sie gemietet. Unmöglich können die kanaanitischen Chet darunter verstanden werden; denn diese existierten im neunten Jahrhundert unter den Jehuiden lange nicht mehr als Volk, nachdem sie Salomo zu Sklaven oder Frohnarbeitern gemacht hatte (Könige I, 9, 20 ff.), sie können also keine Könige mehr gehabt haben. Das. 10, 29 heißt es: Die Rosse, welche Salomo aus Ägypten kommen ließ, sind durch königliche Kaufleute an die Könige der Chittim und an die Könige von Aram verkauft worden. Auch hier können es nicht die kanaanitischen Chet gewesen sein. Überhaupt unterscheidet die

Bibel beide Völkerschaften genau. Die kanaanitischen Chet werden niemals im Plural התתים genannt, sondern החתי oder חת בני חת. Daher kann das Land ארץ החתים (Richter 1, 26), wohin der Mann, welcher Lus-Bethel an die Josephiden verraten hat, ausgewandert war, und wo er eine Stadt gleichen Namens erbaut hat, nicht gleich ארץ הכנעני oder ארץ האמורי sein. Die Angabe wäre auch sinnlos, er ging von Lus, einer chitittischen Stadt, nach dem chitittischen Lande! Mit Recht setzt Eusebius ein anderes Land dafür (onom. s. v. Χεττιειμ ed. Lagarde p. 302): γῆ Χεττιειμ ἤ Κύπρος, ἔνθα πόλιν ἔκτισε Λούσζα. Hieronymus fügt hinzu: nam et urbs hodieque Cypri Cittium nuncupatur. Richtig ist die Identifikation von התתים und בתרים zwar nicht. Denn wenn auch Gesenius nachgewiesen hat, daß der Name Kittov, Kittiov für Cypern ebensowohl mit ת wie mit ם auf Inschriften vorkommt (Thesaurus 726, Movers, Phönizier II, 2, S. 211 ff.): מלך לכתין und מלך רב חתי, so ist bei ארץ החתים und מלכי החתים doch nicht an die Insel Cypern zu denken. Aus Josua (1, 4.) geht hervor, daß es ein Festland war. Daselbst wird die Grenze Palästinas im Norden weitläufig bestimmt. כהמדבר והלבנון הזה ועד הנהר הגדול נהר פרת כל ארץ החתים ועד הים הגדול, also von der Wüste und dem Libanon bis zum großen Strome Euphrat, dem ganzen Lande der Chittim, und bis zum großen Meere. Das winzige Völkchen kann nicht einem großen Landstrich den Namen gegeben haben. Offenbar ist hier die Grenzausdehnung Palästinas bezeichnet, wie sie unter Salomo bestand, von Tipsach-Thapsakus bis Gaza (I. Könige 5, 4). „Das ganze Land der Chittiter bis zum großen Meer", darunter ist also zu verstehen, vom Euphrat bis zum Meerbusen von Issus, nördlich von Aram und Phönizien, nämlich das Syrien genannte Land unter den Seleuziden, dessen Mittelpunkt Antiochien war. Da dieses Land nördlich von Aram lag, so fürchteten die Aramäer bei der Belagerung Samarias, daß ihre Grenzfeinde gegen sie heranzögen. Da diese Landschaft ziemlich eben ist, so konnte dessen König mit Rossen Krieg führen und kaufte daher von Salomos Kaufleuten die aus Ägypten importierten Rosse und Wagen. ארץ החתים ist also gleich ארץ כתים (Jes. 23, 1): „Klaget, ihr Tarschisch-Schiffe, denn es (Tyrus) ist zu Hause ausgeplündert worden, so daß sie nicht heimkehren können; vom Lande der Chittim ist es ihnen eröffnet worden." Dasselbe ist vielleicht איי כתיים (Jerem. 2, 10), die Meeresgegend der Chitittеn. In den assyrischen Keilinschriften soll öfter ein Volk unter dem Namen Chatti (Katti) vorkommen und wird mit den Aremi (Aramäer) identisch oder benachbart gewesen sein. Die Chatti sollen am oberen Euphrat in der Gegend von Circesium (Kharkhemisch) vorausgesetzt sein, so daß diese Stadt ihre Metropolis gewesen sei; George Rawlinson, the five monarchies, II. p. 314 ff. Schrader, Keilinschriften und altes Testament S. 27, 11.

Genug, so viel ist erwiesen, daß es ein großes Volk im Norden von Phönizien und Aram gegeben hat, das Cheta, Chata, Chatti oder Kita genannt wurde. Mit diesem können die ägyptischen Könige der XVIII. und XIX. Dynastie Krieg geführt und Ramses II. kann mit dessen großem König Chetasar einen Friedenstraktat abgeschlossen haben, nicht mit den winzigen בני חת oder חתי in einem Winkel Palästinas. Kurz die russische Grenzsperre zwischen Ägypten und Palästina mit einem förmlichen Kartellvertrage zur Auslieferung der Flüchtlinge ist auf Flugsand gebaut.

4.

Die Stationen der Wüstenwanderung der Israeliten.

In den letzten Jahren hat die geographische und topographische Kenntnis der Sinaihalbinsel, des Schauplatzes vieljähriger Wanderungen der Israeliten nach ihrem Auszug aus Ägypten, eine bedeutende Bereicherung erfahren. Die „große und furchtbare Wüste", welche früher nur strichweise bekannt war, beginnt ihren Charakter als terra incognita zu verlieren. Sie muß es sich gefallen lassen, daß ihre Geheimnisse nach und nach verraten werden. Interessant ist es, daß gerade die Bibelforschung die Erweiterung der geographischen Kenntnisse dieser Halbinsel angeregt hat. Im Jahre 1868—1869 hat eine englische Gesellschaft, die Sinai survey expedition, eine Forschungsreise durch die Halbinsel bis zu den nördlichen Ausläufern des Sinaigebirgstockes unternommen, einzig und allein zu dem Zwecke, die Stationen der Wüstenwanderung zu konstatieren. Es waren die Ingenieurkapitäne Wilson und E. H. Palmer, der Geistliche F. W. Holland, der Naturforscher Wyatt und noch vier Offiziere. In den Jahren 1869—1870 unternahm dann Palmer in Begleitung von Thyrwhitt Drake eine zweite Reise von den nördlichen Ausläufern des Sinai durch die ganze Wüste et-Tih bis Jerusalem, dann wieder zurück und südlich und östlich durch das peträische Gebirge bis zur Ostseite des toten Meeres; es geschah auf Anregung der Palestine Exploration Fund. Das Resultat dieser beiden Forschungsreisen ist das Buch „The desert of Exodus . . . . in the wilderness of the forty years Wanderings" von Palmer (Cambridge 1871). Gerade die pessimistische Bibelkritik, die in England durch Bischof Colenso soviel Staub aufgewirbelt hat, hat die neuesten Forschungen angeregt, um die Authentizität der pentateuchischen Relationen über den Aufenthalt der Israeliten in der Wüste, ihre Wanderungen, Stationen und längere Pausen, aber ihre Subsistenzmittel für Kinder und Herden zu retten. — Der Ägyptologe Prof. Georg Ebers unternahm anfangs 1871 eine Reise durch die Landschaft Gosen und einen Teil der Sinaihalbinsel, nämlich bis zum G'ebel Musa und G'ebel Katherin, dem Mittelpunkte des Gebirgsstockes des Sinai, um einige im Exodus genannte Lokalitäten durch den Augenschein kennen zu lernen und zu verifizieren. Das Resultat seiner Forschung hat Ebers in seinem Buch „Durch Gosen zum Sinai" niedergelegt (Leipzig 1872). Durch diese beiden Schriften ist der Schauplatz der Wanderungen der Israeliten mehr bekannt und mancher dunkle Punkt erhellt worden. Indessen ist die Expedition Palmers bei weitem ergiebiger, weil sie einen weiten Landstrich, der auf den Karten ein leerer Flecken war, mit Bergen, Wadys, Quellen, Ruinen gefüllt hat, während Ebers eine bereits durch Vorgänger bekannte Route besichtigt hat. Beide stellen indessen Behauptungen als sicher auf, welche die Kritik noch nicht als zuverlässig akzeptieren kann. Hier soll untersucht werden, welche Resultate der neueren Forschungen sicher und welche noch zweifelhaft sind. Im ganzen ist die Ausbeute nicht sehr reich.

Wir beginnen mit den Stationen östlich vom roten Meere, da der Punkt des Durchganges bereits in der vorangegangenen Note behandelt worden ist.

Die erste Station, welche im Kataloge der Routen in Exodus und Numeri genannt wird, ist Marah nach dreitägiger Wanderung in der Wüste Schur oder Etham. Man hat seit Burkhardt damit die salzigbitteren Quellen bei Bir-Hawwara verglichen. Dasselbe nehmen auch Palmer und Ebers an. Neues fügt der erstere hinzu, daß die Araber es Hawwaraw (nicht Hawara oder Hamara, Haata) nennen, daß dieses die Bedeutung eines versickerten Wasserpfuhls habe (S. 40), und daß die Bitterkeit des Wassers von dem natronhaltigen Boden herstamme (273). Übrigens wenn diese Touristen und ihre Vorgänger die Identität von Marah und Hawwara dadurch gesichert glauben, weil die Entfernung von Ajun- (Ojun-) Musa [Furrer bei Riehm-Bäthgen S. 967 hält Ajun Musa für Marah] an dem nordöstlichen Gestade des roten Meeres, eine Stunde südlich von dem Parallelpunkte Suez, wo die Israeliten durchgegangen sein sollen, bis H. 15¹/₂—16¹/₂ Kamelstunden oder drei Tagereisen beträgt, so ist der Beweis nicht strenge geführt. Im Exodus ist lediglich angegeben, daß sie in der Wüste nach dem Durchzuge **drei Tage ohne Wasser** zugebracht haben, die Reise kann mithin länger gedauert haben. Sie können von dem Punkte des Durchzuges bis Marah mehr als drei Tage gebraucht haben. Was den Wasserbedarf für die Wüstenreise betrifft, so ist die Bemerkung Hollands (Palmer S. 272) nicht unwichtig, daß die Karawanen sich damit in Schläuchen aus Quellen für die weitere Reise versehen. Das mitgeführte Wasser kann auf einige Tage vorhalten; nur wenn dieses ausgegangen ist, und sich keine neue Quelle zur Füllung bietet, entsteht Wassermangel. Auch die Israeliten mögen es so gehalten haben; daher kommt in der Erzählung die Klage über Wassermangel seltener vor als man voraussetzen sollte.

Die Identifizierung von Elim, wo Quellen und Palmen waren, mit der Oase Gharandel (Ghurundel), wo noch gegenwärtig eine Quelle, Palmen und Tamarisken vorhanden sind, wird fast allgemein angenommen. Von da an beginnt der Zweifel, welchen die beiden jüngsten Touristen nicht zu heben vermochten. Nach Numeri war die nächste Station das Schilfmeer, d. h. die Israeliten näherten sich dem Gestade des roten Meeres; der Punkt ist aber nicht genau zu bestimmen. Ob es Ras Abu Zenimeh am Meere war? Das Vergleichungsmoment fehlt. Die Identifizierung der Station Dophkah (דפקה) mit Maskat im Wady Maghara, wo Türkise gefunden werden und ehemals auch Erz gegraben wurde (Ebers S. 135 ff.), ist eine etymologische Spielerei. [Nach Seetzen a. a. O. S. 325 findet sich der Name id at-Tabbaccha im Wadi Gné wieder.] Ebensowenig Gewißheit bietet die Identifizierung von Rephidim mit dem fruchtbaren Wadh Feiran.

Die Sinai-Serbal-Frage ist durch die jüngsten Forscher nur wenig ihrer Lösung entgegengeführt. Das Dafür und Dawider bleibt unverrückt. Ebers spricht sich für den Serbal und Palmer mit seinen Reisegefährten für den G'ebel Musa aus. Doch sind die Argumente der letzteren beachtenswerter als die von Ebers vorgebrachten. Da die englische Expedition sämtliche Höhen des Sinaistockes genau und lange untersucht hat, so sind ihre Ausstellungen gegen den Serbal von Gewicht. Sie lassen sich dahin zusammenfassen, daß dieser Berg fast unzugänglich ist und an seinem Fuße keinen bequemen Raum für Aufschlagen von Zelten und Lagerplätzen bietet. Palmer bemerkt (S. 169 ff.): „An der Südseite senkt er (der Serbal) sich gegen die Ebene El-G'a'ah in steilen und fast unzugänglichen Böschungen. Von den äußersten Enden seiner Nordfront laufen zwei rauhe und steinige Täler zum Wadh Feiran hinunter, östlich Aleyat und westlich Ajeleh (עגלה). Der

Raum zwiſchen beiden iſt eine zerworfene und chaotiſche Maſſe von Bergen, die ſich zur höchſten Spitze Abu Schiah bis zur Höhe von 2500 Fuß über Feiran erheben. Es gibt da keine Ebene an ſeiner Baſis und durchaus keinen Platz, um Raum für den Standort einer Menge von Perſonen zu gewähren, nicht einmal innerhalb des Geſichtskreiſes dieſes Berges. Weder der Wady Aleyat, noch der Raum zwiſchen dieſem und dem anderen Wady ſind für Lagerſtätten geeignet. Der erſtere iſt ſo voll von großen Steinwellen, und ſo zerriſſen und durchbrochen von den Strömen, welche von Zeit zu Zeit hindurchgeſtürzt ſind, daß es ſchwer iſt, den Weg hindurch zu nehmen, und im ganzen Tale ſind nur wenige Stellen, wo auch nur wenige Zelte aufge- ſchlagen werden können. Der Zwiſchenraum zwiſchen beiden Tälern eignet ſich noch weniger zum Lagerplatz." Palmer fügt noch hinzu, daß man den Serbal von keinem Punkte aus ganz überſehen könne, man hat nur einen einſeitigen Anblick davon, man kann alſo nicht von ihm ſagen, daß „das Volk vor dem ganzen Berge ſtand", während der Ġebel Muſa einen Rundblick gewährt. Palmer widerlegt noch (S. 179) mit Recht die Etymo- logie des Namens Serbal, die Rödiger verſucht hat, nämlich Ser-Bâl „Palme des Baal", arabiſch שרב בעל und auch die andere iſt dadurch wider- legt, welche שר-בעל „Herr Baal" daraus macht. Wäre die Ableitung richtig, meint P., ſo müßte das ע (Ain) im Worte deutlich erkennbar ſein, da die Araber es in der Ausſprache nie verwiſchen. Man kann noch hinzufügen, daß Serb, Sirb שרבה nicht Palme, ſondern eine Menge von Palmen und ebenſo eine Menge oder Reihe von Weinſtöcken bedeutet, eigentlich copia, **agmen.** Nun, viele Palmen gibt es am Serbal keineswegs. Lächerlich findet Palmer auch Hitzigs Hypotheſe, daß der Serbal mit dem indiſchen Gott Schiwa, Qiva ſachlich und ſprachlich in Verbindung ſtehe. In der Schrift, Urgeſchichte und Mythologie der Philiſter, 1845, hat nämlich Hitzig ſo viel auf den Serbal aufgetürmt, daß er ihn zu einem Götterberg erhoben hat. P. leitet die Benennung von dem arabiſchen Worte שרבאל ab, welches ur- ſprünglich ein „Hemd" bedeutet und übertragen wird auf eine Menge Waſſer, welches über ſanft gerundete Flächen fließt, wie ſie die Spitze des Serbal zeigt.

Nach der negativen Seite iſt Palmers Argument von Serbal ein Gewinn, daß dieſer Berg nicht der Sinai oder Horeb ſein kann. Nach der poſitiven Seite dagegen war er nicht imſtande, die Schwierigkeit zu widerlegen, die ſich der Annahme entgegenſtellt, daß der Ġebel Muſa der einzelne Berg Sinai ſein ſoll. Denn in Numeri iſt deutlich angegeben und in Exodus (19, 1—3) iſt es angedeutet, daß die Iſraeliten nur eine Station von Rephidim bis zum „Berge" gemacht haben. Rephidim lag jedenfalls im Wady Feiran, was auch Palmer zugibt, aber die Entfernung auch vom Endpunkte des Feiran bis Ġebel Muſa kann in einem Tage nicht zurückgelegt werden, wohl aber zum Serbal. Was Palmer zur Hebung der Schwierigkeiten vorbringt (S. 160 f.) iſt nicht befriedigend. Es wird überhaupt unmöglich ſein, zu ermitteln, welche Kuppe des höhenreichen Sinaigebirges der Gottesberg oder Berg der Geſetz- gebung war. Palmer gibt eine genaue Höhenmeſſung der Kuppen, welche die Geſellſchaft aufgenommen hat (S. 10): Das Katharinenkloſter 5020 engl. F.; das Kloſter El-Arbain 5624; Serbal 6734; höchſte Spitze des Ġebel Muſa 7359; Ġebel Katharina 8826 F. Nur um einige Fuß niedriger iſt die ſüdlich von Katharinenberg liegende Umm-Schomer. Es gibt aber noch viele Kuppen, die niedriger liegen und leicht zugänglich sind. Warum mußte denn gerade die höchste Bergspitze der auserwählte Berg gewesen sein? Auf Josephus' Angabe, daß es die höchste Spitze gewesen sei, kann man doch nicht so viel Gewicht legen, nicht mehr als auf die Legenden der Mönche, welche teils den G'ebel Musa und teils den Serbal heilig gesprochen haben. Palmer und seine Reisegefährten waren von dem Anblick der Kuppe Es-Sened und ihrer Umgebung betroffen, und sie schien ihnen viel geeigneter für die Situation der Sinaïszenerie (S. 255). Es-Sened liegt um einige Meilen nördlicher als G'ebel Musa. Allein die Abwesenheit jedweder Tradition (der Mönche) „verbot ihnen, dem Traume nachzuhängen".

Für die Wanderungen vom Sinaïgebirge nordwärts, um sich den Grenzen Kanaans zu nähern, hat Palmer glücklichere Entdeckungen gemacht. Bisher war nur eine einzige Station identifiziert worden, nämlich Ain el-Chadhra mit Chazerot (zum ersten Male von Burkhardt). Hier stimmt nicht bloß die Benennung הצרה arabisch, חצרות hebräisch, sondern auch die Beschaffenheit der Gegend, eine perennierende Quelle und ein Palmenhain. Palmer und sein Gefährte haben aber nicht bloß diesen Platz genau besichtigt (Robinson war nur in der Nähe), sondern auch eine Station vorher entdeckt, die Station „Gräber der Lust" קברות התאוה (S. 257 f.). Eine Tagereise südlicher als Ain el-Chadhra ist eine Erhöhung einige Meilen weit bedeckt mit Steineinhegungen, welche Spuren eines ehemaligen Lagerplatzes und Zeichen von Feuerstellen und Holzkohlen zeigen. Außerhalb des Lagerplatzes befindet sich eine Zahl von Steinhügeln, welche nach Gestalt und Lage nichts anders als Gräber sein können. Diesen Platz nennen die Araber Erweis el-Erbeig. Diese weite Lagerstätte mit Grabsteinhaufen hält Palmer für die Station Kibrot ha Taawah, und es hat auch Wahrscheinlichkeit für sich. Die arabische Legende von dieser Lokalität, die Palmer auch als Hilfsargument anführt, hat indes keine Spur von Beweiskraft. Die Steineinhegungen seien Überreste einer großen Pilgerkarawane (Hagg), welche vor sehr alter Zeit auf ihrem Wege nach Ain el-Chadhrah hier ihre Zelte aufgeschlagen und sich nachher in der Wüste et-Tih verloren habe, ohne daß man je etwas von ihr gehört hätte. So erzählen die Araber. Palmer bezieht diese Sage auf den Hagg der Israeliten von Sinaï nach Kanaan. Darauf ist nun allerdings wenig zu geben. Allein wenn die Israeliten von dem Gebirgskamme durch die Wadys Es-Scheikh, Abu-Suweirah und Sa'al in die Ebene zu den niedrigen Hügelzügen nach Ain el-Chadhrah hinabgestiegen sind, so können sie eine Station auf dem Gräberplatz Erweis el-Erbeig gemacht haben. Vom Sinaï bis zu den Gräbern der Lust brauchten die Israeliten drei Tage (Numeri 10, 33; 11, 4—34). Aus dieser Relation scheint hervorzugehen, daß dieselbe Station auch Tabera (הבערה) genannt wurde; in Deuteronom. 9, 22 dagegen werden diese als zwei verschiedene aufgeführt. Die Station Ain el-Chadhrah-Hazerot, wo sie mindestens sieben Tage verweilten — eben weil sie hier Wasser hatten — ist von Palmer anschaulicher geschildert, als von seinen Vorgängern (S. 261 f.). Über eine Sandebene, untermischt mit ausgetretenen Sandsteinklippen, führt der Weg nach Ain el-Chadhrah. Es liegt in einer Tiefe, umgeben von phantastisch geformten Sandsteinwällen, die in verschiedenen Farben schimmern, in verwittertem Rot, mattem Rot oder Violett, dann wieder in glänzendem Gelb und Scharlach, untermischt mit reichen, dunklen Purpurtinten. Auch Grünstein und Rosengranit kommt in demselben vor. In der Mitte unter einer hohen Klippe liegt ein dunkelgrüner

Palmenhain. In einem Felſen hinter dieſem entſpringt eine Quelle; dieſe
wird durch eine aus Granit gehauene Waſſerleitung in ein Reſervoir geführt,
aus welchem das Waſſer durch eine rohe Schleuſe hindurchgelaſſen wird, um
Gärten zu bewäſſern, welche die Araber bebauen. Mauerreſte zeugen für
einen ehemaligen Wohnplatz, und es ſind noch Spuren vorhanden, daß eine
chriſtliche Bevölkerung da gewohnt hat. Hier in dieſer von Felswänden ein-
geſchloſſenen Oaſe iſt Mirjam vom Ausſatz befallen worden, und das Volk
zog nicht weiter, als bis ſie geheilt war. Ain el-Chadhra liegt 28° 51′ nördlicher Breite und 34° 25′ Länge Greenwich. Von Ain el-Chadhra bis zur
Nordſpitze des Meerbuſens von Aila (Akabah) beträgt die Entfernung etwa
30 Wegſtunden.

Haben die Iſraeliten dieſe nordöſtliche Richtung eingeſchlagen oder haben
ſie ſich nordweſtlich zur Wüſte et-Tih gewendet? Dieſe Frage iſt ſchwer, wo
nicht unmöglich zu beantworten. In Numeri 12, 16 ſind die Zwiſchen-
ſtationen, welche daſ. 33, 18 ff. in dem Katalog verzeichnet ſind, überſprungen
von Chazerot bis Paran d. h. Kadeſch. Aber auch in dem Katalog fehlt die
Station אֵילָת und צֶצְיוֹן גֶּבֶר. Freilich, wäre es ſicher daß die Station Riſſa
(רִסָּה) identiſch iſt mit Raſa auf der Peutingerſchen Tafel, wie Palmer geneigt
iſt anzunehmen (S. 508), dann hätten die Iſraeliten den Norden des ailanitiſchen Golfes berührt; denn nach der Tafel ſind von Hailah (Aila) nach Diana
16 römiſche Meilen und von hier nach Raſa ebenſoviel = 32 Meilen = 5⅖
geographiſche Meilen oder etwa zehn Wegſtunden. Die Iſraeliten hätten dann
die Pilgerſtraße (Dharb-el-Hagg) eingeſchlagen von Aila-Akabah nach Ägypten
zu. Man müßte dann annehmen, daß im Katalog der Stationen Aila fehlt,
oder daß dieſe Station durch einen anderen Namen bezeichnet iſt, wozu man
auch ſonſt genötigt iſt. Es ſpricht auch dafür, daß die Iſraeliten am Aila-
Golf waren, die Stelle Numeri 14, 25, wo es heißt, daß ſie nach der
Auflehnung bei Kadeſch im zweiten Jahre bedeutet wurden, den Weg zum
Schilfmeere, d. h. zum öſtlichen Meerbuſen des roten Meeres, zu wandern
(vgl. Deuteron. 2, 1). Allein das alles gibt keine Gewißheit. Die Identifizierung Palmers der Station תַּחַת mit dem Wâdy Elthi und der Station
חֲרָדָה mit G'ebel Aradah עֲרָדָה S. 514 f.) iſt durchaus unannehmbar.

Einige Gewißheit gibt erſt Palmers Forſchungsreiſe für die Lage von
Kadeſch oder Kadeſch-Barnea. Mit Recht betrachtet er dieſen Punkt als
den Schlüſſel zum Verſtändnis wichtiger hiſtoriſcher und topographiſcher Verhältniſſe der Bibel. Bisher hat man an der Lage herumgeraten. Robinſon
wollte es einige Stunden ſüdlich vom toten Meere in einer waſſerreichen
Oaſe bei Ain el-Waibeh gefunden haben. John Rowland glaubte Kadeſch
etwa 15 Meilen öſtlich davon entdeckt zu haben und ſchrieb triumphierend an
ſeinen Freund: εὕρηϰα! Im SSO des G'ebel Meilahi (Muwilch) entſpringe
aus einer iſolierten Felsmaſſe ein Strom, den die Beduinen ihm Kudes
nannten. Sie wußten nämlich, daß er Jagd auf eine Lokalität Kadeſch
machte, und taten ihm den Gefallen, irgendeine Quelle mit dieſem Namen
zu belegen. Rowland konnte ſich in dieſer Gegend nicht zurechtfinden. Dazu
kam noch die Sucht, bibliſche Namen mit entfernt ähnlichen Klängen aus
dem Munde der Araber zu identifizieren; ſo Mailahi mit Lachai-Roi בְּאֵר לַחַי
רֹאִי! Am meiſten verfallen Engländer in ſolche Irrtümer, weil ſie die hebräiſchen Namen radebrechen. Palmer war glücklicher, er fand in der Gegend,
die er wiſſenſchaftlich durchforſchte und trigonometriſch aufnahm, ein Tal, das

noch jetzt Wady Gadisch heißt, und auf der Höhe desselben entspringt eine
Quelle, Ain Gadisch genannt. Er identifiziert sie mit Recht mit Kadesch.
Die Gegend liegt 6—7 Meilen in der Luftlinie südlich von Khulasa (Cha-
lasa), dem alten Elusa. Ain Gadisch besteht aus drei Quellen oder seichten
Teichen (welche die Araber Themail = חֵמִיל nennen); einer derselben steigt
in der Regensaison über und erzeugt einen Wasserstrom (Palmer S. 349 f.).
Ain Gadisch liegt ungefähr in der Mitte zwischen der vom toten Meere südlich
laufenden Arabah und dem Strom Ägyptens (Wady el-Arisch). So ist auch
in Numeri und Josua die Grenze Judäas angegeben: südlich vom toten Meere
die Ostgrenze, der Fluß Ägyptens und das Mittelmeer die Westgrenze und
in der Mitte Kadesch. Ähnlich in Ezechiel (47, 19) von Thamar (Zoar, der
Palmenstadt) im Südost des toten Meeres bis Kadesch, hin zum Nachal
(dem langgestreckten נַחַל מִצְרַיִם) und zum Mittelmeere [vgl. jetzt Riehm-
Bäthgen a. a. O. S. 818 ff.]. Wichtiger noch als die Entdeckung von Kadesch
ist die Orientierung in der Gegend, welche bis jetzt eine terra incognita oder
nur dunkel bekannt war, deren genaue Kenntnis durch Palmer angebahnt ist.
Man hat die große Strecke, welche von dem Rundwinkel des Sinaigebirges
durch mehrere Pässe (Nagb) nördlich abfällt, mit dem allgemeinen Namen
Badiet et-Tih „Wüste der Wanderungen" genannt, ohne die südliche von
der nördlichen, welche bis an die Grenze Palästinas reicht, zu unterscheiden.
Die nördliche Gegend hat aber einen ganz anderen Charakter. Sie beginnt
mit 30° 15' nördlicher Breite, während der Winkel der Badiet et-Tih um
fast 1° 20' südlicher liegt. Diese ist meistens flach, hat nur hier und da
einige isolierte Höhen, es findet sich in ihr keine Ruine, kein Zeichen früherer
Wohnungen oder Fruchtbarkeit. Dagegen erhebt sich im Norden derselben
in der Zone 30° 15' eine Hochebene etwa 18 Meilen von Süd nach Nord,
bis zu den Wadys, welche die Höhe von Bir-Saba (בְּאֵר שֶׁבַע) von diesem
Plateau scharf abscheiden. Die Hochebene ist 12—13 Meilen breit. Sie führt
den Namen G'ebel Magrah. Sie beginnt mit einem Berge, welcher ungefähr 2000 m hoch ist, dem G'ebel Araif (עֲרִיף), und fällt terrassenförmig
ab bis zur Gegend von Bir-Saba. Das angesammelte Wasser fließt durch
Wadys westlich in den El-Arisch und östlich in die Arabah. Der Zentralstrich
dieses Plateaus wird Gebirge der Azazimeh genannt. Diese ganze nördliche Gegend von Wady Gadisch = Kadesch, welche im Unterschiede von der
südlichen Oasen hat und Ruinen aufweist, umfaßte nach Palmer (S. 292) in
der Sprache der Hebräer der Name Negeb (נגב). Hier findet man noch
Spuren alter Zivilisation, deren Namen sich erhalten haben. In Wady
Luṣṣan sind noch römische Ruinen zu sehen, und Palmer identifiziert den
Platz mit Lysa auf der Peutingertafel (S. 347). 4½ Meilen in der Luftlinie nördlich davon entfernt liegt Ain Gadisch = Kadesch. Von Ain Gadisch
weiter nach Norden sind die Wadybette eingedeicht, Felder angelegt und
Dämme sind darüber geworfen, um die Kraft des Wassers zu brechen und
es zu benutzen. Die Berglehnen sind mit Fußpfaden und Terrassen bedeckt
(S. 358). Selbst Spuren von ehemaligem Weinbau an den Hügelabhängen
fand Palmer. Nördlich von Ain Gadisch ist ein Platz El-Birein, welcher
Trümmer alter Wohnungen zeigt. Einige Stunden östlich davon liegt Abdeh,
das alte Eboda, das Ptolemäus und die Peutingertafel als eine Ortschaft,
an einer Römerstraße liegend, nennen (nicht El-Auǧah, wie Robinson fälschlich
angenommen hat), und wo noch Bautrümmer gut erhalten angetroffen werden

(S. 410 f.). Im Norden liegt Khulasa (Kalasa Elusa) gerade in der Entfernung, wie die Peutingertafel angibt, 48 römische Meilen, etwa 10 Meilen nördlich von Eboda, und von da führt der Weg nach Bir-Saba. Das Plateau von G'ebel Magráh ist der Schauplatz der Völkerschaften, welche in der Bibel genannt werden, ohne daß man wüßte, wo man sie placieren soll, die Amalekiter, Kenisiter, Geschuriter, Keniter (vgl. Note 10). Auch Spuren des alten Zephat fand Palmer, für welches die Lage von Kadesch den Schlüssel bietet. [Vgl. hierzu Riehm-Bäthgen S. 901.]

Daß Kadesch in der Wüste oder richtiger in der Trift, der Weidegegend von Paran, gelegen hat, geht aus vielen biblischen Stellen hervor. Poetisch wird daher diese Wüste auch מדבר קדש genannt (Pf. 29, 8). Folglich ist das Gebirge, zu welchem Kadesch gehörte, der Berg Paran (Deuteron. 33, 2, wo noch die Parallele genannt wird קדש מרבבת ואתה מהר הופיע פארן gleich מריבת קָדֵש, auch Habakuk 3, 3). Man braucht also nicht mit Palmer (S. 510) die Wüste Paran vom Berge zu unterscheiden, als ob jene die ganze Tih umfaßte. Sie sind vielmehr identisch. Im Gebirge Paran, in der Gegend von Kadesch, hielt sich der idumäische Königssohn Habad auf, ehe er nach Ägypten entfloh (v. S. 330). Denn obwohl Kedesch oder Kadesch im Verzeichnis der Städte Judas aufgezählt wird (Josua 15, 23), so gehörte es doch faktisch niemals dazu, da die äußerste Grenze im Süden stets Beer-Seba genannt wird. [Vgl. jedoch den Artikel „Kades" bei Riehm-Bäthgen S. 837.] Andererseits wird Kadesch auch als in der Wüste Zin gelegen angegeben. Um diesen scheinbaren Widerspruch zu heben, nimmt Palmer an (S. 509), daß Zin der südöstliche Winkel der Tih sei zwischen Akabah und dem Kalkhügel von Contellet-Garaieh, noch südlicher als G'ebel Araif (o. S. 359). Das ist aber falsch; denn Zin wird, wie gesagt, mit Kadesch zusammen genannt, nicht bloß in der Relation von den ausgesandten Kundschaftern, wo es heißt (Num. 13, 3), Mose habe sie von Paran, und (V. 21), er habe sie von Zin ausgesendet, und (V. 26), sie seien nach Paran und Kadesch zurückgekehrt, sondern auch an anderen Stellen. Numeri 27, 14: 20, 1 ;(וירחנו במדבר צין הוא קדש 33, 36 ;הם מי מריבת קדש מדבר צין במי מריבת Deuteron. 32, 51 ;(ויבאו . . . מדבר צן וישב העם בקדש קדש מדבר צן. Aus allen diesen Stellen geht hervor, daß Kadesch in der Wüste Zin gelegen war, aber auch in der Wüste Paran. An zwei Stellen ist angegeben, daß die Wüste Zin bei oder neben oder an der Seite von Edom gelegen hat. (Numeri 34, 3: מדבר צין על ידי אדום; Josua 15, 1: אל גבול אדום מדבר צין.) Folglich hieß die ganze Gegend westlich von der Arabah, welche zu Edom gehörte, die Wüste Zin, d. h. die östliche Seite des Magráhgebirges. Da nun auch Kadesch in der Wüste Zin lag, so umfaßte diese auch das westliche Gebirge. Folglich ist die Wüste oder Trift Zin identisch mit dem Magráhplateau. Paran dagegen war ein engeres Gebiet, Berg und Trift nahe bei Kadesch. Die Wüste Paran gehörte zur Wüste Zin und bildete nur einen Teil der letzteren[2]. [Vgl. auch die Artikel „Paran" und „Zin" bei Riehm-Bäthgen S. 1154 f. u. 1867 f.]

---

[1] Die griechische Version wollte den scheinbaren Widerspruch in diesem Verse heben und unterscheidet zwischen Paran und Zin: καὶ παρενέβαλον ἐν τῇ ἐρήμῳ Σὶν καὶ ἀπῆραν ἐκ . . . Σὶν καὶ παρενέβαλον εἰς τὴν ἔρημον Φαράν.

[2] Genesis 14, 6 איל פארן אשר על המדבר ist dunkel.

Dadurch ist der Widerspruch ausgeglichen, und wir sind berechtigt, diesen Ausgleich als Ausgangspunkt zu nehmen, daß Paran ein engbegrenztes Gebiet in der Nähe von Kadesch bezeichnete. Wenn es heißt (Genesis 21, 21), daß Ismael in der Wüste Paran wohnte, so können wir daraus schließen, daß die Ismaeliten in der Gegend von Ain Gadisch (Kadesch) ihren Aufenthalt hatten. War die Gegend von Kadesch ganz unbewohnt, als die Israeliten dort eine Zeitlang weilten? Schwerlich. Die Ismaeliten hausten daselbst, ließen aber die Israeliten friedlich weiden. Es wird auch nirgends in der Bibel ein Konflikt zwischen ihnen und den Söhnen Ismaels angeführt. Nördlich von Kadesch oder Paran wohnten die Amalekiter (Numeri 13, 29; 14, 43—45). Genau läßt sich die Gegend nicht bestimmen, da in I. Samuel 15, 15 die עיר עמלק nicht näher bezeichnet ist. In Genesis 14, 7 וישבו ויבאו אל עין משפט הוא קדש ויכו את כל שדה העמלקי ist offenbar der Rückzug der vier Könige von Süd nach Nord angegeben, während in den vorangegangenen Versen der Zug von Nord nach Süd geschildert wird. Auf der Umkehr kamen sie zuerst nach Ain-Mischpat oder Kadesch, schlugen dann die in der Nähe hausenden Amalekiter, noch mehr nördlich bei En-Gedi die Emoriter und die Könige aus dem Tale Siddim. Daraus folgt auch, daß die Amalekiter in der Nähe von Kadesch ihren Sitz hatten. Zu untersuchen wäre noch die Lage von Chawilah (חוילה), wo sowohl Ismaeliten als auch Amalekiter gewohnt haben.

Lag Kadesch, wie angegeben, zwischen der Arabah und dem Wady el-Arisch, so mußten die Israeliten es oft berühren, sobald sie von Negeb aus zur Grenze Palästinas vordringen wollten. Daher wird mit Recht nach Numeri Kap. 12 und Kap. 20 angenommen, daß sie mindestens zweimal in Kadesch waren, im ersten und im letzten Jahre der Wanderung. Wer diese Tatsache ableugnet, hat keine rechte Vorstellung von den Terrainverhältnissen. Zwar fehlt im Stationenkatalog Numeri der Aufenthalt in Kadesch. Allein da daselbst zum Schlusse V. 35 die Station Ezion-Geber angegeben ist und diese am ailanitischen Meerbusen lag, so müssen in diesem Katalog notwendigerweise die Stationen hin und zurück verzeichnet sein. Von den Stationen von Chazerot unweit des Sinai bis Ezion-Geber gehört die Hälfte zur Reise von Chazerot bis zur Grenze und die andere Hälfte zur Rückreise von der Grenze bis Ezion-Geber. Das ist übersehen worden. Wenn also Kadesch in der Mitte fehlt, so ist es entweder ausgefallen oder es ist durch einen anderen Namen bezeichnet, z. B. durch מקהלות (V. 25, 26). Denn beim Haderwasser von Kadesch heißt es (Num. 20, 2): את . . . ויקהילו . . . ויקהלו על משה הקהל. Von diesem Zusammenrotten mag Kadesch Makhelot genannt worden sein. Auf dem zweiten Zug von Ezion-Geber zur Grenze bis Kadesch sind die Stationen nicht genannt, nur summarisch ist angegeben: ויסעו מעצירן גבר ויחנו במדבר צן הוא קדש. Dazu gehörten beinahe elf Tagereisen. Wir müssen also zwei Hin- und Rückzüge annehmen.

Daß ein Teil der Stationen im Kataloge dem Rückzuge von Kadesch zum Golfe angehört, folgt auch aus der Vergleichung derselben mit Deuteron. 10, 6—7. Ahron starb auf dem zweiten Rückzuge am Berge Hor (Numeri 20, 22—28; 33, 37—39). Im Deuteron. ist angegeben, Ahron starb in Moßera, d. h. also beim Berge Hor. Folglich lagen die zwei daselbst genannten Stationen weiter südlich von Moßera auf dem Rückzuge nach Ezion-Geber. משם (ממוסרה) נסעו הגדגדה ומן הגדגדה יטבתה ארץ נחלי.

מרם. Dieſelben werden auch im Kataloge in derſelben Reihenfolge verzeichnet: ויסעו ממוסרות . . . ויחנו בהר הגדגד . . . ויחנו ביטבתה. Dadurch iſt auch der ſcheinbare Widerſpruch in der Reihenfolge von מוסרות und בני יעקן gelöſt; die Ordnung im Kataloge iſt die vom erſten Rückzuge, die im Deuteron. die vom zweiten Rückzuge. Vermittelſt dieſer Annahme, daß im Stationenkataloge ein Teil dem Zuge von Chazerot nach Kadeſch und der andere Teil dem erſten Rückzuge angehört, und der Annahme, daß darin einige Stationen ausgelaſſen ſind, die in dem kürzeren Kataloge (Numeri 21) genannt ſind, und hier wieder andere fehlen, welche in dem längeren aufgezählt werden, ſind ſämtliche Schwierigkeiten beſeitigt. In beiden Verzeichniſſen fehlen jedenfalls einige Stationen, die im Deuteron. 1, 1 aufgeführt ſind, תפל und די זהב (ſ. o. S. 47, Anm. 3).

5.

Die Vororte der zwölf Stämme.

Es iſt eine hiſtoriſche Tatſache, daß während der mehrhundertjährigen Richterperiode und noch darüber hinaus bis zur Gründung Jeruſalems durch David keine Hauptſtadt vorhanden war. Der Charakter dieſer Periode war auseinandergehende Zerſplitterung durch die Stammeseigentümlichkeiten. Jeder Stamm verharrte in ſeiner Abgeſondertheit, einer kümmerte ſich um den anderen wenig, und nur eine gemeinſame Gefahr vereinigte die betroffenen Stämme zur Gegenwehr. Daher preiſt es das Deborahlied als eine Großtat, daß ſich ausnahmsweiſe mehrere Stämme um Barak und Deborah geſchart haben. Bei dieſer Sachlage iſt vorauszuſetzen, daß jeder Stamm wenigſtens ein in ſich geſchloſſenes Ganze bildete, daß deſſen Glieder, durch das verwandtſchaftliche Band geeinigt, zuſammenhielten und gemeinſam handelten. Es gab Älteſte, welche gemeinſam Beratungen hielten, und es gab wohl auch Stammesfürſten (נשיא בית אב), welche die Einheit repräſentierten. Jeder Stamm muß demnach einen Vorort gehabt haben, in dem die Älteſten und zur Beratung Berechtigten (קרואי מועד) zuſammenzukommen pflegten, wenn es galt, wichtige Beſchlüſſe zu faſſen. Ohne einen ſolchen Vorort iſt eine Stammesorganiſation undenkbar. Die angeſehenſte Familie, welcher der Stammeshäuptling angehörte, muß ihren Wohnſitz in dem Vororte gehabt haben. Von einigen Stämmen kennen wir die Vororte. Sichem war Vereinigungspunkt des Stammes Ephraim und Hebron der Vorort des Stammes Juda: in dieſem wohnte die vornehmſte Familie, die Kalebiten. Von den übrigen Stämmen ſind indes die Vororte nicht bekannt. Sie laſſen ſich aber noch ermitteln, und dadurch läßt ſich die Lage mancher Stämme und die Veränderungen innerhalb derſelben ſicherer beſtimmen. In der Ebene Jesreël ſtießen drei Stämme zuſammen, Manaſſe, Zebulon und Jſachar. Der Vorort eines jeden beſtimmt deſſen Schwerpunkt.

Das Verzeichnis der Levitenſtädte gibt die Ermittlung der Vororte an die Hand, die ſich aus dem Regiſter oder Verzeichnis der Städte eines jeden Stammes im Buche Joſua durchaus nicht gewinnen läßt. Hier werden nur die Grenzen der Stämme angegeben und die Städte nur zufällig genannt, oder wenn ſie aufgezählt werden, iſt nicht daraus zu erkennen, welche von ihnen den Vorrang eingenommen hat. So wird im Losverzeichnis des Stammes Ephraim (Kap. 16) der sicher einflußreiche Vorort Sichem gar nicht genannt. Der Vorort Hebron kommt im Verzeichnis des Stammes Juda (Kap. 15) erst gegen Ende vor, zusammen genannt mit ganz unbedeutenden Ortschaften. Dagegen ist im Verzeichnis der Levitenstädte der wichtigste Ort des Stammes jedesmal zuerst genannt. Ob die aufgeführten 48 Städte je den Leviten eingeräumt worden sind, ist mehr als zweifelhaft. Zur Richterzeit sicherlich nicht, und nach der Reichsspaltung, als im Zehnstämmereich fremde Kulte eingeführt waren, sind wohl die Leviten in demselben noch weniger berücksichtigt worden. Die Chronik führt es als Tatsache an, daß infolge der Reichsspaltung die Ahroniden und Leviten die Städte des Zehnstämmereichs verlassen hätten und nach Juda ausgewandert wären (II, 11, 13—14). Höchstens mögen unter David und Salomo den Leviten Wohnsitze eingeräumt worden sein. Im Buche Josua ist auch nur angegeben, daß Josua die 48 Städte als Levitenstädte designiert habe, aber nicht, daß sie ihrer Bestimmung gemäß realisiert worden sind. Mag indes das Verzeichnis derselben von Josua stammen oder später kombiniert worden sein, jedenfalls ist daraus zu erkennen, welche Städte in jedem Stamme Wichtigkeit gehabt und welche als Vororte der übrigen gegolten haben.

Von diesem wichtigen Verzeichnis der Levitenstädte besitzen wir zwei Urkunden in Josua 21, 13—37 und in der Chronik I, 6, 42—66. Beide Urkunden stimmen in den meisten Punkten überein, in einigen weichen sie aber voneinander ab, und es ist Sache der Textkritik, die richtige Lesart herzustellen. Die griechische Version hat in den Namen der Städte viele Korruptelen, besser erhalten ist der Text in der syrischen Version.

Text
der Levitenstädte in der Chronik.

ממטה יהודה ושמעון

1 חברון 2 לבנה 3 יתיר 4 אשתבע
5 חילן 6 דביר 7 עשן 9 בית שמש.

ממטה בנימין

1 . . . 2 . . . 3 עלמת 4 ענתות.

ממטה אפרים

1 שכם 2 גזר 3 יקמעם 4 בית חורון.

. . . . . .

1 . . . 2 . . . 3 אילון 4 גת-רמון.

ממחצית מטה מנשה
1 ענר 2 בלעם.
ממשפחת חצי מנשה
1 גולן 2 עשתרות.

Text
der Levitenstädte in Josua.

I. ממטה יהודה ושמעון

1 חברון 2 לבנה יתיר 4 אשתמוע
5 חלן 6 דביר 7 ערן 8 יטה 9 בית
שמש ערים תשע מאת שני השבטים
האלה.

II. ממטה בנימין

1 גבעון 2 גבע 3 ענתות 4 עלמון
ערים ארבע.

III. ממטה אפרים

1 שכם 2 גזר 3 קבצים 4 בית חרון
. . . ערים ארבע.

IV. ממטה דן

1 אלתקא 2 גבתון 3 אילון 4 גת-
רמון . . . ערים ארבע.

V. ממחצית מטה מנשה

1 תענך 2 גת-רמון . . . ערים שתים.

VI. כממחצית מטה מנשה

1 גולן בבשן 2 בעשתרה. ערים
שתים.

Text
der Levitenstädte in der Chronik.

ממטה יששכר
1 קדש 2 דברת 3 ראמות 4 ענם.

ממטה אשר
1 משל 2 עבדון 3 חוקוק 4 רחוב.

מטה נפתלי
1 קדש בגליל 2 חמון 3 קריתים.

ממטה זבולן
...... 3 רמונו 4 תבור.

ממטה ראובן
1 בצר 2 יהצה 3 קדמות 4 מיפעת.

ממטה גד
1 ראמות בגלעד 2 מחנים
3 חשבון 4 יעזיר.

Text
der Levitenstädte in Josua.

VII. שמטה יששכר
1 קשיון 2 דברת 3 ירמות 4 עין־
גנים ערים ארבע.

VIII. וממטה אשר
1 משאל 2 עבדון 3 חלקת 4 רחוב.
ערים ארבע.

IX. וממטה נפתלי
1 קדש בגליל 2 חמת דאר 3 קרתן
ערים שלש.

X. וממטה זבולן
1 יקנעם 2 קרתה 3 דמנה 4 נהלל.
ערים ארבע.

XI. ......

XII. וממטה גד
1 רמת בגלעד 2 מחנים 3 חשבון
4 יעזר. ערים ארבע.

Die beiden Urkunden ergänzen einander. In Josua fehlen die vier Städte vom Stamme Rëuben, die aber noch in der griechischen Version korrumpiert erhalten sind: ἐκ τῆς φυλῆς Ῥουβὴρ ... Βόσορ ... Μεισὼ (Ἰαζὴρ) ... Δεκμὼν ... Μαφά ... πόλεις τέσσαρες. In der Chronik fehlt zunächst im Stamme Benjamin die erste Stadt גבעון, dann die Überschrift für die Städte des Stammes Dan samt den beiden ersten אלתקא, גבתון; die zwei letzten scheinen zum Stamme Ephraim gezählt zu sein. Beim Stamme Zebulon fehlen die beiden ersten Städte קרתה, יקנעם. Überhaupt läßt sich bei einzelnen Städten durch Vergleichung der Texte das Richtige wieder herstellen.

Als Vororte sind auch anderweitig bekannt die drei jenseitigen Städte, Golan für Halbmanasse, Ramot in Gilead für Gad und Bezer für Rëuben, ferner Hebron für Juda, Sichem für Ephraim und Kadesch für Naphtali. Nicht bekannt sind die Vororte für die übrigen sechs Stämme, und diese lassen sich nur aus diesem Verzeichnis eruieren.

1. Für den Stamm Benjamin figuriert als Vorort Gibeon, die ehemals chiwwitische Stadt der Gibeoniten, welche sich gleich beim Einzuge unterworfen hat. An die Behauptung dieses Vorortes knüpft sich eine ganze Geschichte, die uns aber nur im Halbdunkel erscheint. Saul wütete gegen die gibeonitischen Urbewohner und scheint sie für seine Familie in Besitz genommen zu haben (vgl. Text S. 172). Dann ist in 1. Chronik 8, 1—6 eine Gewalttätigkeit angedeutet, die sich halb und halb entziffern läßt. So sehr auch der Text über die Familie der Benjaminiten verdorben ist — die syrische Version hat eine ganz andere Reihenfolge, besonders wenn man sie mit Genesis 46, 21 und Numeri 26, 38—40 vergleicht —, so geht doch sicher daraus hervor, daß die Familie בלע oder בלעי die erste benjaminitische war. Sie wohnte also wahrscheinlich in dem Vorort Gibeon. Nach Chronik daselbst hatte Bela' neun Söhne: ויהיו בנים לבלע אדר וגרא ואביהוד וגו'. In V. 6 sollen die Söhne des dritten Sohnes, des Abihud, aufgezählt werden: ואלה בני אחוד (die syrische Version hat richtig והלין בניא דאביהוד), sie fehlen

aber. Darauf fährt der Text fort: אלה הם ראשי אבות ליושבי גבע, nämlich die Nachkommen Abihuds, also von der ältesten Sippe Bali, waren die ersten Familien von Geba'. Anstatt גבע muß man wohl lesen גבעון, nach der Voraussetzung, daß die älteste oder erste Familie im Vorort gewohnt hat. Das Folgende gibt aber an, daß sie von hier ausgewiesen wurden, und zwar von anderen jüngeren benjaminitischen Familien:

ויגלום אל מנחת ונעמן ואחיה וגרא הוא הגלם. — Manachat oder, wie die griechische Version las, *Μαχαρείδα* ist Name einer Stadt, vielleicht identisch mit Richter 20, 43 מנוחה, das auch die griechische Version als Eigennamen ansieht. Vgl. Chron. das. 2, 52. 54.

2. Der Stamm Dan schwebte eigentlich in der Luft, er hatte kein scharf umgrenztes Gebiet. Die Emoriter ließen ihn nicht in der Ebene ansiedeln (Richter 1, 34—35); die Städte Zarea und Eschtaol, welche als echt danitische bezeichnet werden (Josua 19, 41, Richter 13, 25), haben ihm Judäer entrissen (Josua 15, 33, I. Chronik 2, 53). Welche Stadt war der Stützpunkt für Dan? Aus diesem Verzeichnis erfahren wir es; es war אלתקה, Elthke. Diese Stadt kommt auch im Verzeichnis der danitischen Städte (Josua 19, 44), und zwar wie hier neben Gibthon, vor. Der fremdartig klingende Name dieser Stadt wird von den Versionen verschieden wiedergegeben. Der griechische alexandrinische Text hat an beiden Stellen 'Ελθεκω, dagegen hat der vatikanische Text einmal 'Αλκαθά und das andere Mal 'Ελκωθαίμ. Die syrische Version hat das eine Mal אלקת und das andere Mal (wohl verschrieben) אתלקא. Die Lage dieser danitischen Stadt läßt sich schwer ermitteln. Eusebius in Onomastikon, von dem ein Wink darüber zu erwarten wäre, konfundiert diese Stadt mit Thekoa. Unter Buchstaben *E* spricht er von ihr, obwohl der Anfang fehlt, der sich aus Hieronymus' Übersetzung ergänzen läßt. Dieser hat nämlich an der betreffenden Stelle Elthece in tribu Juda. Im griechischen Texte (ed. Lagarde p. 254, No. 119, 9) muß es also heißen: ['Ελθεκέ] *φυλῆς 'Ιούδα*. Das ist jedenfalls ein Fehler, es muß heißen *φυλῆς Δάν*. Der Irrtum kam daher, daß das Onomastikon es mit Thekoa im Stamm Juda verwechselte; daher gibt es die Distanz desselben von Jerusalem, und zwar im Osten, auf 12 römische Meilen an. Es fügt hinzu, daß der Prophet Amos aus dieser Stadt, also aus Eltheke stammte. Unter dem Buchstaben Θεκω (Lagarde p. 261, Nr. 156, 28) bemerkt es, Theko sei früher eine Zuflucht-stadt gewesen, *πόλις τὸ πρὶν οὖσα φυγαδευτήριον*, und der Prophet Amos stammte daher. Dies ist wiederum falsch, denn Thekoa gehörte nicht zu den Levitenstädten. Es ist eine Verwechslung von Eltheke und Thekoa. Hieronymus hat daher diesen Zusatz weggelassen. Beachtenswert ist die Angabe Eusebius' bezüglich des Propheten Amos. Es ist wohl möglich, daß er aus der danitischen Stadt Eltheke stammt. Denn aus dem judäischen Thekoa war er entschieden nicht, da er im Zehnstämmereich prophezeite, und außerdem folgt aus der Anrede des Priesters von Bethel an ihn (7, 12), daß er in Juda fremd gewesen sein muß. War er aus Eltheke, so gehörte er zum Zehnstämmereich. Man darf sich an der verschiedenen Schreibweise nicht stoßen, daß Amos als aus תקוע stammend angegeben wird. אלתקא kann ursprünglich ebenfalls אלתקע gelautet haben, das gutturale ע wird öfter abgestoßen, wie אשתמוע = אשתמה [Jos. 21, 14, vgl. 15, 50]. Daß die Silbe אל abgeworfen wird, zeigt sich auch bei der Stadt אלתולד und תולד [Jos. 19, 4, vgl. I. Chron. 4, 29]. Dans Vorort hieß also Elthke oder El-

thekoa, Thekoa. Möglich, daß auch die rätselhafte Stadt Elkosch, Wohnort des Propheten Nahum, ursprünglich אלתקא gelautet hat, und daraus mag אלקשר entstanden sein. [Eusebius las genau wie Codex Alexandrinus in Jos. 19, 44 und 21, 23 Ἐλθεκώ und in Jos. 15, 59 Ἐλθεκέν; dementsprechend unterscheidet er richtig Ἐλθεκώ (ed. Klostermann 88, 1) als danitische und Ἐλθεκέ (das. 86, 13 ff.) als judäische Stadt.]

3. Als Vorort der diesseitigen Manassiten wird in Josua die alte Stadt Taanach genannt. Man hat sie im Südwestwinkel der Ebene Jesreël, in dem Tell Taanuku, nördlich von Legun (Legio-Megiddo) entdeckt. In der Chronik steht dafür ענר; eine Stadt dieses Namens wird aber sonst nicht erwähnt, während Taanach neben Megiddo (Josua 17, 11) zu Halbmanasse gezählt wird. Da auch Betschean im Osten zu Manasse gerechnet wird, so nahm dieser Stamm den ganzen Süden der Ebene oder den spitzen Winkel derselben ein und wohl auch den Berg Gilboa bis Betschean. Jibleam gehörte auch dazu und bildete seine zweitgrößte Stadt. Diese lag nach II. Könige 9, 27 zwischen Jesreël und Megiddo. Die Stadt Jesreël selbst gehörte aber schon zu Isachar.

4. Bei Ascher wird die erste Stadt משאל und zusammengezogen משל genannt. Sie kommt auch unter dem Losteile Aschers in Josua vor (19, 26). Aus Eusebius' Onomastikon erfahren wir die Lage und Bedeutung dieser Stadt. Es gibt nämlich an (ed. Lagarde p. 281, No. 139, 21 [ed. Klostermann 130, 18 f.]): Μασάν (l. Μασάλ), κλήρου Ἀσήρ, συνάπτει τῷ Καρμήλῳ κατὰ θάλασσαν, πόλις Λευίταις ἀφωρισμένη. Es ist möglich, daß Eusebius nur den Versteil Josua 19, 26 wiedergegeben hat: ומשאל ופגע בכרמל הימה, daß Mischal an den Karmel beim Meere stößt; aber dann hat er das Richtige getroffen. Die einzige Stadt, die zugleich am Karmelberg und am Meere lag, ist die jetzt Khaifa, Chaifa genannte. An einer anderen Stelle (das. S. 267, Nr. 133, 32 [ed. Klostermann 102, 31]) nennt Eusebius es Ἠφὰ, verwechselt es aber mit Sykaminos, das eine halbe Stunde davon entfernt ist, westlich von Karmel, während Chaifa an der östlichen Küste liegt. [S. jedoch Buhl S. 214.] Aus der talmudischen Zeit wird Chaifa öfter unter dem Namen חיפה genannt. Den Namen hat es gewiß von חוף „Hafen"; denn es bildet noch heute einen ziemlich guten Hafenplatz und hat dem nahe liegenden Akko den Rang abgelaufen. Auf diese Hafenstadt des Stammes Ascher bezieht sich wohl der Vers im Deborahliede (5, 17): אשר ישב לחוף ימים ועל מפרציו ישכון. Dadurch ist das Auffallende erklärt, daß ein so wichtiger Platz wie Chaifa, am Meere und unweit der Mündung des Kischonflusses gelegen, in der Bibel gar nicht vorkommen sollte. Er wird also doch, und zwar unter dem Namen משאל, genannt. Der Stützpunkt Aschers war also am Meere; hier, d. h. in Chaifa, war auch eine Fischerei für Purpurschnecken (Tal. Sabbat p. 26a). Die Fischerei der Purpurschnecke reichte von der tyrischen Leiter bis Chaifa. Daher wurde Chaifa auch Porphyria genannt (bei Wilhelm Thyrus und anderen): Chaypha quae alio nomine dicitur Porphyria.

5. Als Vorort für Isachar wird Kischjon genannt, in der Chronik verändert קדש. Dieser Stadtname kommt auch im Verzeichnis des Losteils dieses Stammes vor (19, 20). Sonst ist nichts von dieser Stadt bekannt, nur spricht der Laut ihres Namens dafür, daß sie am Kischonfluß gelegen war. Da, wie angegeben ist, die Stadt Jesreël auch zu Isachar gezählt wird, so

muß die Lage Kischjons westlich oder nordwestlich von dieser Stadt am Kischon gewesen sein, so daß dieser Fluß die Grenze zwischen Isachar und Halbmanasse gebildet hat. Aus dem Umstand, daß die Stadt Jesreël nicht als Vorort bezeichnet wird, folgt jedenfalls, daß das Verzeichnis der Levitenstädte in Josua alt sein muß und nicht erst zur Zeit des Deuteronomikers entstanden ist; sonst hätte es viel näher gelegen, das unter den Omriden und Jehuiden berühmte Jesreël als Vorort aufzuführen.

6. Schwieriger ist, den Vorort des Stammes Zebulon zu bestimmen. Denn יקנעם in der einen Quelle fehlt in der anderen. Außerdem geben die Versionen den Namen in ganz anderer Form wieder, nicht bloß die griechische (vatikanischer Text), die in Eigennamen nicht zuverlässig ist, sondern auch die syrische. Die erstere hat nämlich dafür *Máav* und die letztere נכח, während diese sonst יקנעם durch נקבעם wiedergibt. Auch sachlich macht die Placierung des zebulonitischen Vorortes Schwierigkeit. In Josua 12, 23 wird Jakneam am Karmel bestimmt יקנעם לכרמל. Spuren davon hat van de Velde entdeckt in den Ruinen dicht am Karmel, deren Stätte die Araber heute Kaimun nennen (Reise durch Syrien und Palästina I, S. 249 [Buhl S. 210]). Aber wenn dem so ist, so kann Zebulon hier nicht angesiedelt gewesen sein. Denn dieser Strich gehörte entweder zu Manasse oder zu Ascher. In Josua 17, 10 ist ausdrücklich angegeben, daß Manasse im Norden an Ascher und im Osten an Isachar grenzte (ובאשר מצפון וביששכר במזרח); folglich hat Manasse, dessen Gebiet auch zum Teil in der Ebene Jesreël lag (s. o. S. 366), nicht an Zebulon angegrenzt. Folglich kann der Ostabhang des Karmel nicht zu Zebulon gehört haben. Indessen ist man doch genötigt, Jakneam als Vorort Zebulons gelten zu lassen, da dieser Ortsname auch im Verzeichnisse des zebulonschen Losteils aufgeführt ist (19, 11) ופגע אל הנחל אשר על פני יקנעם. Nur kann dieses Nachal (Wady) nicht der Kischon sein, wie van de Velde vermutet (das. 216), teils aus dem angegebenen Grunde, weil Zebulon in der Mitte der Ebene Jesreël keinen Anteil gehabt haben kann, teils weil der Kischon sich so sehr vor den übrigen Wadys (נחלים) auszeichnet, daß der Name נחל קישון dabei hätte genannt sein müssen. Wir müssen also notgedrungen zwei verschiedene Jakneam annehmen. Darauf führt auch die nähere Bezeichnung in Josua: יקנעם לכרמל: daraus folgt nämlich, daß es noch eine andere Stadt dieses Namens gegeben hat. Da mehrere bekannte zebulonsche Städte westlich und nördlich von Thabor gelegen waren, wie Bethlehem westlich, Jephta-El, Katat (קטת) = Kana und Rimona im Norden, so müssen wir auch dieses Jakneam, somit auch den נחל nördlich von diesem Berge suchen. Unter dem נחל ist wohl das jetzt Bedawi oder Bedawijeh genannte Wady zu verstehen, welches von Südost nach Nordost um das Gebiet von Sefurijeh (Sepphoris) streift und westlich als Wady el-Melek sich mit dem Kischontale eine Stunde vor dessen Mündung vereinigt. An diesem Winterfluß muß das zebulonsche Jakneam gelegen haben, d. h. WNW vom Thabor. Daß diese Lagebestimmung wahrscheinlich ist, folgt auch aus den übrigen drei Levitenstädten Zebulons, die der Vollständigkeit wegen hier erörtert werden mögen. Die beiden Urkunden weichen gerade bei diesen Städten voneinander ab. In der Chronik fehlen zwei Städte; dafür hat sie die bekannte Bergstadt Thabor, und diese fehlt in Josua. Indessen haben beide einen Stadtnamen, der sich rektifizieren läßt, nämlich דבנה in Josua und רמונו in Chron. Da unter den Städten dieses

Stammes (Joſua 19, 13) רמון oder richtiger רמונה (das ה von dem folgenden Worte abſorbiert) genannt wird, ſo iſt dieſe Lesart richtiger als דמנה. Dieſes erkennt man wieder an dem Dorf Rumaneh in der ſog. Ebene Zebulon (el-Buttauf).   Da נהלל noch in demſelben Verzeichnis vorkommt (Joſ. 19, 15), ſo iſt die Urkunde in Joſua wohl richtig, und man iſt berechtigt anzunehmen, daß ſie in der Chronik ausgefallen iſt.   Dagegen findet ſich in dieſem Verzeichnis eine Stadt קרתה durchaus nicht, wohl aber חבור; ſo iſt die Lesart in der Chronik wohl richtig.   Die vier Levitenſtädte Zebulons (denn die Zahl vier iſt notwendig, um die 48 zu haben; in LXX falſch drei) waren demnach: יקנעם חבור רמונה נהלל. Sie lagen ſämtlich um den Thabor.   Folglich gab es ein zweites Jakneam in der Gegend dieſes Berges, verſchieden von Jakneam am Karmel. [Vgl. Riehm-Bäthgen S. 763, wo wohl mit Recht Jokneam und Jokmeam auseinandergehalten werden.] — Wir haben alſo die bedeutendſten Städte und Vororte der Stämme kennen gelernt, und dieſe können uns zum Anhaltspunkte für hiſtoriſche und topographiſche Unterſuchungen dienen.

Die kritiſche Vergleichung der beiden Urkunden gibt auch einen Anhalt zu manchen Emendationen, die Movers, Zur Chronik S. 72 f., und von Lengerke, Kanaan S. 684, verſucht haben. So iſt Juda 7. עשן ſtatt עין (Beleg Joſua 15, 42). — Im dieſſeitigen Manaſſe 2. בלעם oder richtiger יבלעם ſtatt גת רמון, das von der voraufgehenden Zeile herrührt. — In Jſachar 4. ענם ſtatt ערן גנים, und zwar iſt ענם transponiert für נעים, nämlich die in dem Evangelium und in der agadiſchen Literatur genannte Stadt Nair, Nain, jetzt Nein, am Nordweſtfuße des Ed-Duhy, des ſog. kleinen Hermon, unweit Endor. — Über die Lage von Ramoth-Gilead und Machanaim ſiehe Note 12.

6.

Abſtammung der Philiſter.

In der Altertumsforſchung muß man darauf gefaßt ſein, ſonnenklare Dinge angefochten zu ſehen, und in die Notwendigkeit geſetzt zu werden, ſie immer wieder beweiſen zu müſſen.   Die Abſtammung der Philiſter von der Inſel Kreta iſt unzweifelhaft. [So auch Riehm-Bäthgen S. 258 ff., 1214 ff.] Sie werden in der Bibel גוי כרתים genannt (Zephania 2, 5, Ezech. 25, 16). Indeſſen auf Namenähnlichkeit kann man nicht allzuviel bauen.   Es muß daher noch ein anderes Argument beigebracht werden.   An einer bibliſchen Stelle wird die Abſtammung der Philiſter von Kaphtor oder von der Inſel Kaphtor angegeben oder vorausgeſetzt (Amos 9, 7): ופלשתיים (הצליתי) מכפתור; ואת כפתרים; (Geneſis 10, 14)[1] כפתרים היוצאים מכפתר (Deuteron. 2, 23); אשר יצאו משם פלשתים (Jeremia 47, 4); כי שדד ה' את פלשתים שארית אי מכפתר.   Schon Calmet hat Kaphtor mit Kreta identifiziert; aber ſeine und ſeiner Nachfolger Beweiſe ſind ungenügend befunden worden.   Daher kommen einige wieder auf die Hypotheſe zurück, unter Kaphtor ſei Kappadozien zu verſtehen (ſ. Geſenius' Theſaurus s. v. כפתר und כרתי).   Ein

---

[1] Das allernatürlichſte iſt, daß in dieſem Verſe eine Inverſion anzunehmen iſt, die nicht ſelten in dem hebräiſchen Satzgefüge vorkommt.

schlagendes Argument für die Identität von Kaphtor und Kreta bietet der Talmud. In Tr. Mechanot, p. 28b, heißt es von der Verzierung כפתור an dem Tempelleuchter, sie sei kretischen Äpfeln ähnlich gewesen: כפתורים למה הן דומין כמין תפוחי הכרתיים. Kretische Äpfel sind Quitten; sie heißen griechisch Κυδώνια oder μῆλα κυδώνια, und der Baum heißt κυδωνία von der kretischen Stadt Kydonia, welche im Norden der Insel am Eingange zum Vorgebirge Kyamon lag. Dort war der Ursprung der Quitten, und darum nannten die Hebräer Quitten כפתורים, Kaphtor- oder Kretaäpfel, und die Griechen Kydonia, eben davon Kydonia- oder Kretaäpfel. Das Wort ist also nicht eine Komposition von כפר und כתר, sondern ein Eigenname. Von der Ähnlichkeit des Säulenknaufes mit einer Quitte wird auch dieser כפתור genannt (Amos 9, 1). Damit ist die Abstammung der Philister von Kreta oder Kaphtor unwiderleglich erwiesen. Sie sind zunächst aus Kydonia eingewandert; daher ist Ewalds Annahme unhaltbar, daß sie ihren Namen von der Stadt Phalasarna erhalten hätten. Übrigens müssen noch zur Zeit, als die Philister bereits durch lange Ansiedlung und durch Vermischung mit den eingeborenen Rephaïm und Anakim ein eigenes, von den ursprünglichen Kolonisten oder kretischen Seeräubern verschiedenes Volk bildeten, neue Zuzügler aus Kreta nach dem Küstenlande eingewandert sein. Diese müssen ihren ursprünglichen Namen Kreter behalten, sich nicht Philister genannt und einen eigenen Landstrich im Süden von Gaza bewohnt haben. Denn es wird ein נגב הכרתי, das südliche Territorium der Kreter, angeführt (I. Samuel 30, 14), das von Philistäa verschieden war. Von dieser Völkerschaft mietete David die Soldtruppe der Krethi = כרתי, nicht direkt von den Philistern. Das damit stets verbundene Plethi = פלתי kann daher unmöglich Philister mit ausgestoßenem Sch-Laute sein, wie Ewald behauptet. Denn Philister hat David schwerlich in Sold genommen. Itai aus Gath mit seinen 600 Mann hat sich von selbst David angeschlossen und sich dem israelitischen Volk einverleibt, wie aus II. Sam. 15, 18—19 hervorgeht.

7.

Die sogenannten Richter, ihre Bedeutung und ihre Zahl.

Man hat die israelitischen Schofetim mit den karthagischen Sufeten verglichen, und man tut es noch immer, obwohl bei tieferer Betrachtung sie weiter nichts als den Namen miteinander gemein haben. Die Sufeten, soweit wir sie aus der Schilderung ihrer Gegner, der Römer, kennen, waren die höchsten Würdenträger des punischen Staates gleich den Konsuln in Rom: Sufetes, quod velut consulare imperium apud eos (Poenos) erat, und Sufetes, qui summus Poenis est magistratus. Sie fungierten lebenslänglich, hatten Nachfolger, die einander ablösten, hatten obrigkeitliche Gewalt über das ganze Gemeinwesen und jeden einzelnen. Ganz anders die Schofetim. Sie hatten keine offizielle Macht oder eine solche nur insoweit, als das Volk sie ihnen übertrug, herrschten höchstens über einen Bruchteil des Volkes, namentlich des Stammes, aus dessen Mitte sie hervorgegangen waren, und hatten keine kontinuierende Nachfolge; denn sobald ein Schofet gestorben war, trat gewissermaßen eine Vakanz ein, bis zufällig nach einigen, manchmal erst

40 oder 80 Jahren wieder ein Schofet auftauchte. Allenfalls hat Jephtahs Stellung einige Ähnlichkeit mit der eines Sufeten. Denn er hatte sich als Lohn seiner Hilfeleistungen die Oberhoheit bedungen. Aber auch dabei springt die Unähnlichkeit in die Augen. Er verlangte keineswegs von seinen Mitbürgern als lebenslänglicher Schofet anerkannt zu werden, sondern als Oberhaupt und Herrscher (Richter 11, 8—11) אהרה לכם לראש לכל ישבי גלעד und dann וישימו העם אותו עליהם לראש ולקצין. Das Wort שפט ist dabei gar nicht angewendet, weil es keinerlei magiſtratliche Bedeutung involviert. Das Verhältnis iſt folgendermaßen zu denken. Jeder Stamm wurde von „Älteſten" (זקנים) geleitet, und da bei der Vielköpfigkeit einer den Ausſchlag geben mußte, so ſtand der vornehmſte Saken an der Spitze: er war ראש und קצין, Oberhaupt und Herrſcher, die übrigen Sekenim hatten nur beratende Stimmen. Jephtah ſtellte daher an die Gileaditen die Forderung, daß er als erſter Saken anerkannt werde, und in der Not haben ihm die vornehmen Familienhäupter dieſes Vorrecht eingeräumt. Man beachte wohl den Umſtand, daß ihm dieſe Gewalt erſt übertragen werden mußte und daß er nur über die Gileaditen herrſchte. Den übrigen Stämmen gegenüber war ſeine Stellung bedeutungslos. Ein ähnliches Beiſpiel gibt die Geſchichte des Hauſes Gideon an die Hand. Es wird vorausgeſetzt, daß nach dem Tode ihres Vaters ſeine 70 Söhne herrſchen werden (daſ. 9, 2), d. h. daß ſie die Gewalt an ſich reißen werden infolge der eingeräumten Macht, welche das Volk Gideon aus Dankbarkeit übertragen hatte und welche ſo weit ging, daß es ihn gar zum König wählen wollte. Darauf wählten die Sichemiten Abimelech zum Könige (וימליכו את אבימלך למלך, V. 6), nicht zum שפט, weil dieſer Titel nichtsſagend war. Auch Gideon herrſchte lediglich über den Stamm Manaſſe, und Abimelech allenfalls auch noch über den Stamm Ephraim.

Die Schofetim waren alſo keineswegs summus magistratus consularis imperii über ganz Israel und kaum über ihre eigenen Stämme. Aber auch Richter oder Oberrichter waren ſie nicht. Man denke ſich nur Simſon mit ſeinen Abenteuern und Schwänken als geſetzten, ernſten Richter! Man hat ſich von dem Worte שפט dazu verleiten laſſen, den Schofetim richterliche Funktionen zu vindizieren. Wenn ſie richterliche Entſcheidungen getroffen haben ſollten — denn einen entſcheidenden Beleg hat man nicht dafür —, ſo war es eine zufällige Funktion, nie eine Machtbefugnis, welche je ein Stamm dem aus ſeiner Mitte aufgetauchten Schofet freiwillig eingeräumt hätte. Dem Verbum שפט inhäriert die Urbedeutung, ganz ſo wie dem Verbum דין, „ſich eines Bedrückten, Beſchädigten annehmen, ihm beiſpringen, ihn gegen die Unterdrücker zu verteidigen". Man denke nur an שפטו דל ויתום (Pſ. 82, 3), לשפט יתום ודך (daſ. 10, 18), ישפט ענוי עם (daſ. 72, 4) und viele andere Beiſpiele. Nur weil der Richter ſich der beleidigten Partei annimmt oder annehmen ſoll, wird er שֹׁפֵט genannt, und ſeine Tätigkeit iſt שפט. Davon hat das Verbum neben der Bedeutung „richten" auch die „ſtreng verfahren, ſtrafen, züchtigen" erhalten.

Die ganze Bedeutung der ſog. Richter lag in dem Umſtande, daß ſie ihrer Umgebung, ihrem Stamme zur Zeit der Not beiſprangen, ihn von den Feinden retteten, ihm Hilfe brachten. Daher werden ſie auch מושיעים „Helfer, Retter" genannt. Von Othniel heißt es (Richter 3, 9): ויקם ה'

את בתניאל ... מושיע לבני ישראל, ebenso von Ehud (3, 15). Nicht das Volk wählte die Schofetim, sondern Gott stellte sie auf, erweckte und ermutigte sie, daß sie den gefährdeten Stämmen beispringen konnten (daß. 2, 16): ויקם ה' שפטים ויושיעום מיד שוסיהם; (daß. V. 18) וכי ... הקים ה' להם שפטים. Von Simson heißt es (daß. 13, 5): והוא יחל להושיע את ישראל מיד פלשתים. Man verkennt den Sinn der stehenden Redensart, welche von den Schofetim gebraucht wird, וישפט את ישראל, wenn man ihn wiedergibt: „er richtete Israel so und so lange". Es bedeutet gleich וירצל oder וישע „er rettete, stand bei, wehrte die Feinde Israels ab so und so lange", solange er lebte (I. Sam. 12, 11). Die sogenannten Richter haben weder überhaupt gerichtet, noch ganz Israel gerichtet, sondern einen Teil desselben gerettet. Das gilt nicht bloß von den kriegerischen Richtern, Othniel, Ehud, Schamgar, Barak, Gideon, Jephtah und Simson, sondern auch von den scheinbar friedlichen, d. h. von denen, deren Kriegstaten nicht erzählt werden, wie Thola, Jair, Ibzan, Elon, Abdon, und selbst von Eli und Samuel. Von dem letzteren, bei dem es heißt (I. Sam. 7, 15) וישפט את ישראל כל ימי חייו, wird ausdrücklich erzählt, daß er die Israeliten in den Krieg geführt hat (daß. 9—12). Von Jair, dem gileaditischen Richter, von dem im Richterbuche weiter nichts weiter erzählt wird, als daß er 22 Jahre gerichtet hat, und nebenher, daß ihm die חות יאיר gehört haben, wissen wir anderweitig, daß er diese Städte mit dem Schwerte erobert hat (vgl. weiter unten). Nur weil dem Sammler und Bearbeiter der Richtergeschichten die Kriegstaten mancher Richter nicht speziell bekannt waren oder für seinen Zweck nicht bedeutend erschienen, hat er bloß ihre Namen angeführt. Die vollständige Gleichbedeutung von שפט und מושיע ist noch kenntlich in einem Ausspruche des Propheten Obadja (1, 21) ועלו מושיעים בהר ציון לשפט את הר עשו „es werden Retter (Richter) aufbrechen zum Berge Zion (wie in alter Zeit), um (das Volk) des Berges Esau zu züchtigen", d. h. Israel an den Idumäern zu rächen. Der Vergleich der Schofetim mit den Sufeten hinkt also vollständig, und man sollte ihn aufgeben. Die Richter waren durchweg mit geringen Ausnahmen kriegerische Helden, welche einen oder mehrere Stämme von der Unterjochung befreiten. Wenn sie infolge ihrer Kriegstaten auch obrigkeitliche Gewalt hatten oder erhielten, entweder als ausdrückliche Bedingung wie bei Jephtah oder stillschweigend, so war diese Seite nur eine zufällige Sache. Vom Richteramte zeigt sich bei den Schofetim keine Spur.

Wenn es nun von Deborah heißt (4, 4) והיא שפטה את ישראל בעת ההיא, so kann es unmöglich bedeuten: „sie richtete Israel zu dieser Zeit". Es wäre auch komisch, daß eine Frau das Richteramt ausgeübt, Streitsachen angehört und Entscheidungen getroffen hätte! Im folgenden Vers heißt es: ויעלו אליה בני ישראל למשפט, die Israeliten zogen hinauf zu ihr — doch nicht etwa zu Gericht? Denn es wird gleich darauf erzählt, daß sie Barak ermutigt hat, gegen Sisera zu ziehen und daß er ohne sie nicht ziehen mochte. למשפט muß vielmehr bedeuten „wegen Rettung". Die Israeliten haben sie angefleht, durch ihre prophetische oder dichterische Begabung die Rettung herbeizuführen, und sie ging darauf ein und berief Barak. Sie zog auch mit in den Krieg und hat, wenn auch nicht mit dem Schwerte, so doch mit ihrer begeisternden Rede zur Rettung beigetragen. Insofern konnte von ihr ausgesagt werden: והיא שפטה, sie hat Israels sich angenommen, ihm Hilfe

gebracht. Aus dieſem Beiſpiele erkennen wir, daß auch derjenige, welcher
zur Abwendung der Gefahren und zum Siege durch Eifer und Rede beigetragen hat, Schofet genannt wird. Das kann nun von Eli gelten, von
dem es heißt (I. Sam. 4, 18): והוא שפט את ישראל ארבעים שנה. Es braucht
durchaus nicht zu bedeuten, er habe das Richteramt ſolange ausgeübt, ſondern
er hat durch Rat und Wort zur Gegenwehr gegen die Philiſter, welche zu
ſeiner Zeit Israel unterjocht hatten, ermutigt. Dasſelbe gilt gewiß von
Samuel, der zur Zeit eines neuen Überfalles der Philiſter die Männer in
Mizpeh verſammelt und durch ſein Gebet den Sieg herbeigeführt hat.

Indeſſen kommen in der Erzählung von Samuel einige Ausdrücke vor,
die auf ein Richteramt ſchließen laſſen. Es wird angegeben, daß er Bethel,
Gilgal und Mizpeh jedes Jahr bereiſte und dort Israel richtete[1]). Dann
wieder, er kehrte jedesmal nach Rama zurück, „denn dort war ſein Haus und
dort richtete er Israel und baute einen Altar für den Herrn" (V. 17). An
eine Vorbereitung zu einem Kriegszuge iſt dabei nicht zu denken. Indeſſen
iſt das Richteramt Samuels dadurch noch nicht erwieſen. Im 12. Kapitel
wird erzählt, Samuel habe wieder das Volk zuſammenberufen und es zuerſt
zum Ablegen des Zeugniſſes für ſeine Uneigennützigkeit aufgefordert und dann
es angeredet: התיצבו ואשפטה אתכם לפני ה' את כל צדקות ה' (V. 7).
Es kann unmöglich ausſagen: „Ich will euch richten," denn es lag keine
Streitſache zur Entſcheidung vor. Im Verlaufe der Rede ergibt ſich, daß
Samuel dem Volke ſeine Sündhaftigkeit vorgehalten und es zur Beſſerung
ermahnt hat. ואשפטה kann alſo hier nur bedeuten „richten" im Sinne
von „zur Rede ſtellen, tadeln und ermahnen" (wie Ezech. 20, 4; 22, 2;
23, 36). Das Hauptbeſtreben Samuels ging dahin, das Volk vom Götzentum
abzubringen und es ſtets an die Gnadenwaltung des Gottes Israels für ſein
Volk zu erinnern (I. Sam. 7, 3—4; 12, 20—21). In demſelben Sinne iſt
auch das שפט der Rundreiſe zu erklären. Er bereiſte die drei Städte, berief
die Nahewohnenden zuſammen und tadelte und ermahnte ſie, vom Götzentum
zu laſſen. Dauernd tat er dasſelbe in Rama, wo er einen Altar erbaut hatte
und wohin von Zeit zu Zeit Opferer zu kommen pflegten, wie früher in
Schilo.

Nur aus der einzigen Relation, daß Samuel im Alter ſeine Söhne zu
Richtern eingeſetzt und daß ſie der Beſtechung zugänglich waren (8, 1—3), iſt
zu entnehmen, daß Samuel auch das Richteramt ausgeübt hat. Aber daraus
kann durchaus nicht gefolgert werden, daß ſämtliche Richter dieſe Funktion
hatten, oder daß ſie ein integrierender Teil ihrer Stellung geweſen iſt. Samuel
genoß ein hohes, faſt königliches Anſehen im Volke wie keiner ſeiner Vorgänger, und zwar mehr wegen ſeiner prophetiſchen Tätigkeit. Er nahm
eine Ausnahmeſtellung ein; er allein war wohl auch Richter und hatte wohl
die Berechtigung, Richter einzuſetzen. Kurz, die Benennung „Richter" für
die patriotiſchen und heldenhaften Männer, welche mehrere Jahrhunderte
hindurch das Volkstum und ſelbſt das Daſein der Israeliten gerettet haben,
iſt durchaus unrichtig und hat zum Irrtum geführt. Der griechiſche Vertent
war der Urheber des Irrtums.

---

[1]) I. Sam. 7, 16, ושפט את ישראל את כל המקומות האלה iſt nicht
ganz verſtändlich, da את nicht in bedeuten kann. Es muß ergänzt werden:
בסבבו את כל המקומות האלה, indem er dieſe Städte bereiſte.

Über Namen der einzelnen sogenannten Richter haben wir außer der Grundquelle, dem Richterbuche, noch anderweitige Quellen, deren Angaben beachtet werden müssen. Dadurch wird nicht bloß das Faktum bestätigt, sondern auch die Bedeutung der einzelnen markiert. Von den Richtern im allgemeinen spricht die Rede Nathans an David bezüglich des intendierten Tempelbaues im Namen Gottes (II. Sam. 7, 7): הדבר דברתי את אחד . Die Parallelstelle (I. Chron. 17, 6) שבטי ישראל אשר צויתי לרעות את עמי' hat dafür אחד שפטי ישראל , was einen besseren Sinn gibt. Ist dem so, so ist auch im Segen Jakobs (Genesis 49, 16): דן ידין עמו כאחד שבטי ישראל das Wort zu verstehen gleich שפט, und der Sinn ist: „Dan wird sich seines Volkes annehmen wie einer der übrigen Richter Israels," d. h. Dan wird den übrigen Stämmen nicht nachstehen, auch er wird sein Volk erretten. In den folgenden Versen ist angegeben, auf welche Weise Dan Hilfe bringen wird: er wird den Feind wie eine Schlange am Wege und wie ein Basilisk auf der Straße plötzlich anfallen. Die Anspielung auf Simson ist handgreiflich und ist auch von allen Auslegern als solche verstanden worden. Offenbar wird in diesem Passus die hinterlistige Art, womit Dan oder Simson die Feinde bekämpfte, getadelt. Es ist überhaupt nicht zu verkennen, daß der Segen Jakobs einige Stämme tadelt: Reuben, Simeon, Levi, Isachar, vielleicht auch Ascher und Benjamin. Wenn es nun beim Passus von Dan zum Schlusse heißt: „Auf deine Hilfe hoffe ich, Gott," so bedeutet es: nicht auf List und Tücke. So hat der ganze Passus Zusammenhang, und man braucht nicht aus Verkennung des Sinnes zu späteren Einschiebseln Zuflucht zu nehmen. Die Geschichtlichkeit für Simson und sein Treiben ist also dokumentiert, und die angebliche Analogie mit Herakles ist dadurch widerlegt.

Daß die Richter zur Zeit der Demütigung des Volkes aufgetreten sind, ist ebenfalls in Nathans Anrede angegeben (II. Sam. das. 10—11): לא יוסיפו בני עולה לענותו כאשר בראשונה ולמן היום אשר צויתי שפטים על ישראל. Gott hat David als König groß gemacht, damit die Söhne des Frevels, die Heiden, es nicht mehr quälen sollen wie früher zur Zeit, als Gott Richter entboten hat. Damit ist die sichere Basis für die Richter, ihre Tätigkeit und die Situation ihrer Zeit in kurzen Zügen gegeben und die Treue der Erzählung im Richterbuche verbürgt.

Im Deboraliede werden zwei Richter namhaft gemacht, zugleich mit der tadelnden Nebenbemerkung, daß ihr heldenhaftes Auftreten nicht viel genützt hat (Richter 5, 6): בימי שמגר בן ענת בימי יעל חדלו ארחות והלכי נתיבות ילכו ארחות עקלקלות , d. h. in den Tagen des Schamgar und Jaël haben Karawanenzüge aufgehört, und die sonst auf betretenen Straßen zu ziehen pflegten, mußten gewundene Wege gehen. Es herrschte keine Sicherheit im Lande — „bis du aufstandest, Debora, bis du aufstandest als Mutter in Israel"[1]). Die Geschichtlichkeit und der Hintergrund von zwei Richtern ist damit gegeben. Denn daß unter יעל hier nicht das Weib des Keniters Cheber gemeint sein kann, welche Sisera auf seiner Flucht getötet und also nicht viel zum Siege beigetragen hat, leuchtet ein. Sollte unter יעל etwa irgendein Richter verstanden sein, den das Richterbuch aufzuzählen vergessen hätte, wie man behauptet hat? Es ist nicht recht denkbar. Eher

---

[1]) Vgl. o. S. 105, Anm. 1.

dürfte anſtatt יעל zu leſen ſein בתניאל. Beide, Schamgar und Othniel,
haben nicht gar zu viel geleiſtet und die ſchlimmen Zuſtände nicht verbeſſert.
Es iſt daher nicht auffallend, daß das Deborahlied nicht von Ehud ſpricht,
welcher doch der Zeit vorangegangen iſt, weil dieſer Richter nicht getadelt
werden ſollte, indem er viel mehr als die beiden genannten geleiſtet und das
Joch Moabs zerbrochen hat.

Vier Richter nennt Samuel in einer Rede (I. Sam. 12, 11): 'וישלח ה
את ירבעל ואת בדן ואת יפתח ואת שמואל. Daß Samuel, der hier
redend aufgeführt wird, nicht von ſich ſprechen durfte, iſt einleuchtend. Die
ſyriſche Überſetzung hat hier eine befriedigende Lesart: ושדר מריא לדבורא
ולברק ולגדעון וליפתח ולשמשון. Alſo ſtatt שמואל die Lesart
שמשון und ſtatt בדן die Lesart ברק. Ebenſo haben LXX καὶ τὸν Βαράκ ſtatt בדן.
Die chronologiſche Reihenfolge iſt auch hier nicht beachtet, und darum braucht
es auch nicht aufzufallen, wenn im Deborahliede Othniel nach Schamgar
genannt wird. Dieſe vier genannten Richter, Gideon oder Jerubaal,
Barak, Jephtah und Simſon, galten als die bedeutendſten, darum ſind
ſie hier beſonders hervorgehoben. Simſon, den die unbeſonnene Kritik gerne
in der Sage ſich verflüchtigen laſſen möchte, ſchon von zwei Seiten als Faktum
erhärtet. Abimelech und ſein Tod ſind ebenfalls beurkundet durch II. Sam.
11, 21. Aber auch Ehuds Kampf iſt anderweitig bezeugt.

Zur Beurkundung der im Richterbuche erzählten Vorgänge iſt es nötig,
die Feinde kennen zu lernen, gegen welche die Richter zu kämpfen hatten.
In I. Samuel 12, 9 werden deren Feinde namhaft gemacht, nämlich der
König Jabin von Chazor, die Philiſter und Moab. In Richter (10, 11
bis 12) werden, gelegentlich der Wehklagen der Israeliten wegen Bedrückung
von ſeiten der Philiſter und Ammoniter, die Völker aufgezählt, welche früher
Israel bedrängt haben: הלא ממצרים ומן האמרי כן בני עמון ומן פלשתים
וצידונים. ועמלק ומעון (אשר) לחצו אתכם ואושיעה אתכם מידם. Emori iſt
hier nicht an der Stelle. Die ſyriſche Verſion hat dafür מואבריא, alſo מואב,
und für מעון haben LXX Μαδιάμ = מדין. Das waren alſo die Völkerſchaften, mit denen die Richter zu kämpfen hatten: 1. Moab, zweimal bezeugt, wodurch auch Ehud bezeugt iſt; 2. Philiſter, alſo Schamgar;
3. Amalek und Midjan, d. h. Gideon; 4. Sidonier, wahrſcheinlich identiſch mit Jabin von Chazor, alſo Barak; 5. Ammoniter, vielleicht im Bündnis
mit den Moabitern. Denn ſelbſtändig bekriegten dieſe erſt zu Jephtahs Zeit
die jenſeitigen Stämme. Tatſachen und Perſonen ſind alſo auch von anderen
Seiten bezeugt. Selbſt die Zahlen der Lebensdauer der Richter und der
Pauſen zwiſchen einem und dem anderen und der Zeit der Bedrückung dürften
nicht gar ſo abenteuerlich ſein, wenn man die 40 und 80 als runde Zahlen
für einen längeren Zeitraum anſieht — wie bei Davids Lebensdauer 40 ſtatt
$40^{1}/_{2}$ — und die Gleichzeitigkeit einiger Richter für verſchiedene Stämme
berückſichtigt wird. So fallen Jephtah und Simſon ſo ziemlich in eine und
dieſelbe Zeit, d. h. die Bedrückung ſeitens der Ammoniter gegen die jenſeitigen Stämme und ſeitens der Philiſter zunächſt gegen Dan und Juda.
Dieſe Gleichzeitigkeit iſt im Richterbuche ſelbſt angedeutet (10, 7):
וימכרם
ביד פלשתים וביד בני עמון. Beide Völkerſchaften haben ihre Feindſeligkeiten
noch ſpäter fortgeſetzt, die Philiſter nach Simſons Tod unter Eli und Samuel;
erſt Saul hat ſie zu Paaren getrieben, und die Ammoniter wurden ebenfalls
erſt unter dieſem König gedemütigt.

Beachtet man die Feinde, mit denen die Richter zu kämpfen hatten, so gewinnt man ein kritisches Resultat.

Unter den feindlichen Völkern, welche in den anderweitigen Quellen namhaft gemacht werden, figuriert ארם durchaus nicht. Die Aramäer greifen erst zur Zeit Davids und dann nach der Reichsspaltung in die israelitische Geschichte ein. Um so weniger ist von vornherein anzunehmen, daß die Stämme unter den Richtern von den Aramäern der Euphratgegend aus bedrückt worden wären. Und doch soll ein König von Mesopotamien die Israeliten 18 Jahre bedrückt haben (Richter 3, 8—11)! Das kann unmöglich mit rechten Dingen zugehen. Der Richter Othniel, welcher diesen Feind besiegt hat, ist auch anderweitig als jüngerer Bruder Kalebs bekannt; er war also ein Judäer. Der mächtige Eroberer von Mesopotamien müßte also bis Judäa vorgedrungen sein und ein zweiter Kedarlaomer ganz Palästina, das heidnische Gebiet ebensogut wie das israelitische, unterworfen haben. Denn er wird doch nicht bloß der Israeliten wegen einen so weiten Kriegszug unternommen haben! Er müßte sogar die Eroberung Ägyptens im Auge gehabt haben. Denn sämtliche große transeuphratensische Eroberer zogen stets nur gegen Ägypten, und Palästina galt ihnen nur als Etappenstraße. Eine solche Eroberung müßte aber einen sehr bedeutenden Klang haben. Davon ist aber in der ersten Zeit nach dem Einzug der Israeliten in den Erinnerungen der Völker keine Spur. Und hätte gar Othniel mit der geringen Schar der Judäer — denn von dem Zuzug der übrigen Stämme ist in der Relation keine Rede — einen so mächtigen Eroberer mit einem voraussichtlich zahlreichen Heere besiegen können? Es ist ganz undenkbar. Wir sind daher genötigt, die Unterjochung und den Sieg auf ein enges Gebiet zu lokalisieren. Khuschan Rischataim kann nur den Stamm Juda unterjocht haben. Er wird also nicht ein König von Mesopotamien, sondern lediglich von Edom gewesen sein. Sein Land wird nur zweimal genannt, einmal 3, 10 als מלך ארם — wie oft ist ארם und אדם verwechselt[1]) — und einmal in V. 8 מלך

---

[1]) Statt ארם ist zu lesen אדם: II. Sam. 15, 8, בגשור בארם, wo die syrische Version בארם hat (vgl. Note 17). I. Könige 11, 25: ואת הרעה אשר, wo nicht bloß die syrische Version אדם hat, sondern auch die griechische (LXX 11, 22), welche zugleich den Vers richtiger wiedergibt; αὕτη ἡ κακία ἣν ἐποίησεν Ἄδερ ... καὶ ἐβασίλευσεν ἐν τῇ Ἐδώμ: הדד וימלך בישראל וימלך על ארם ... וימלך על אדם: Das. II. 16, 6 emendiert die Masora selbst in אדומים (Keri) (auffallend hat hier die syrische Version ארמיא). Jeremia 35, 11: מפני חיל כשדים ומפני חיל ארם; hier ist zwingend אדם zu lesen, weil auch anderweitig bezeugt ist, daß die Idumäer den Chaldäern bei der Eroberung Jerusalems beigestanden haben, dagegen Aram nicht mehr existierte. Aus demselben Grunde ist auch Ezech. 16, 57 חרפת בנות ארם in Edom zu emendieren. Zweifelhaft ist Richter 10, 6 אלהי ארם, obwohl Edom besser passen würde, und Ezech. 27, 16 in der tyrischen Völkerhandelsschilderung, wo zwar der Syrer ארם und die griechische Version ἀνθρώπους = אדם haben, wo aber אדם ebenso passen würde. In I. Könige 11, 1 werden zu den fremdländischen Weibern, die Salomo heimgeführt, auch ארמיות, Idumäerinnen, gezählt. Nun hatten David und Joab die Idumäer nicht bloß unterjocht, sondern fast ausgerieben. Woher sollen idumäische Prinzessinnen für Salomo gekommen sein? Hier ist wohl ארמיות, „Syrerinnen", zu lesen. Die griechischen Versionen schwanken bei Wiedergabe dieses Namens. Der alexandrinische Text hat Ἰδουμαίας Συρίας, der

אֲרָם נַהֲרַיִם. Leſen wir auch hier מֶלֶךְ אֲרָם, ſo haben wir nur נַהֲרַיִם zu erklären. Es kann recht gut aus חֲרִים oder וְהַחֲרִים entſtanden ſein. Khuſchan kann zugleich König der Jdumäer und der benachbarten Völkerſchaft oder des autochthonen Volkes der Choriter geweſen ſein. Von חֹרִי kommt auch der Plural vor (Deuteronom. 2, 12): וּבְשֵׂעִיר יָשְׁבוּ הַחֹרִים לְפָנִים. Doch mag dieſe Emendation richtig oder unrichtig ſein, ſo kann Khuſchan nur König von Edom geweſen ſein. Die Jdumäer hatten bereits lange vor der Einführung des Königtums in Jsrael Könige, wie beſonders in der Geneſis hervorgehoben wird. Ein König von Edom hat den Jsraeliten den Durchzug durch ſein Land nicht geſtatten wollen. Es liegt daher auf der Hand, daß Edom eine feindſelige Haltung gegen den in ſeiner Nachbarſchaft angeſiedelten Stamm Juda angenommen hat. Er griff ihn daher an und unterjochte ihn 18 Jahre. Dagegen trat Othniel auf und beſiegte Edom. Der Vorgang ſpielte in einem entfernten Winkel, die übrigen Stämme hatten keine oder nur eine geringe Kunde davon, wenn im Deborahliede unter dem Richter יַעַל Othniel zu verſtehen iſt (o. S. 374). — Auch aus einem anderen Umſtande läßt ſich folgern, daß Othniels Sieg keine große Tragweite gehabt haben kann. Der Stamm Juda figuriert gar nicht im Buche der Richter, manchmal ſcheint es, als wenn er gar nicht exiſtierte. Das Deborahlied nennt ihn gar nicht, nicht einmal tadelnd. Nur erſt gegen die Neige der Richterzeit, in der Geſchichte Jephtahs und Simſons kommt ſein Name vor. Es kommt entſchieden daher, daß die Jebuſi, welche vom Berge Zion aus die Gegend beherrſchten, eine Scheidewand zwiſchen dieſem Stamm und den nördlich davon wohnenden Stämmen gebildet haben. Die Geſchichte der Richterperiode, und ſelbſt Davids und der nachfolgenden Zeit, iſt nur dadurch zu verſtehen, daß Juda oder das Haus Jakob von den übrigen Stämmen mehrere Jahrhunderte ſtreng getrennt waren. Hätte der einzige judäiſche Richter Othniel einen ſo glänzenden Sieg über einen mächtigen Feind Khuſchan errungen, ſo hätte er die Schranke der Jebuſi durchbrochen und wie ſpäter David ſämtliche Stämme geeinigt, und der Verlauf der Begebenheiten wäre ganz anders ausgefallen.

Was Bunſen geltend macht, daß Semiramis, das Mädchen von Gaza oder Askalon, von einem ſyriſchen Statthalter Dannes zur Frau genommen, bei ihren Eroberungszügen in „Lybien und Äthiopien" einen Statthalter Khuſchan über Paläſtina geſetzt und nicht früher und nicht ſpäter als 1257 einen Druck auf ſämtliche Stämme ausgeübt habe (Ägyptens Stellung in der Weltgeſchichte IV, S. 346 f., 365 f.), wird kaum mehr denn als eine kühne Hypotheſe angeſehen werden. Semiramis gehört der Sage an, von ihren Eroberungen in Paläſtina und Ägypten läßt ſich nichts Faktiſches nachweiſen, und noch viel weniger läßt ſich dieſe in einen chronologiſchen Rahmen einfaſſen. Vgl. Röſch in Herzogs Real-Enzykl. XVIII, S. 448. Das Hauptargument dagegen iſt, daß Aram nicht unter die Feinde Jsraels gezählt wird. Und wäre Khuſchan auch nur der Delegierte einer ſo großen Macht geweſen,

---

vatikaniſche Σύρας καὶ Ἰδουμαίας. Das Richtige iſt wohl אֲרָמִיּוֹת, da Salomo über einige aramäiſche Könige herrſchte und andere ihm befreundet waren. Von dieſen hat er wohl Töchter heimgeführt. — Jeſaia 9, 11: אֲרָם מִקֶּדֶם, Aram von Oſten paßt nicht, es kann nur vom Norden her bedrängt haben; der Syrer hat auch hier לֶאֱדוֹם.

so wäre es dem Richter des Stammes Juda nicht gelungen, ihn zu besiegen. Denn die Tatsache steht fest, daß hinter keinem Richter die ganze Nation stand, sondern höchstens einige Stämme, und man hat keinen Anhaltspunkt dafür, daß es unter Othniel anders gewesen wäre.

Aus der richtigen Vorstellung von dem Wesen der Richter, daß sie eigentlich Retter waren, folgt als selbstverständlich, daß sie sämtlich kriegerisch auftraten, mit Ausnahme von Eli und Samuel. Der Geschichtschreiber des Richterbuches hat es entweder nicht zweckdienlich gefunden, die Kriegstaten der fünf Richter, Thola, Jaïr, Jbzan, Elon und Abdon, ausführlich zu erzählen, oder die Vorgänge waren ihm dunkel geblieben; daher berichtet er nur summarisch über sie. Wenn es noch eines Beweises bedürfte, daß auch diese Richter kriegerisch gewirkt haben, so würde ihn Jaïr liefern. Denn es kann nicht zweifelhaft sein, daß Jaïr der Gileadite, d. h. der Manassite (Richter 10, 4), mit dem in Numeri (32, 41) und in Deuteronom. (3, 14) genannten identisch ist. Und aus diesen Stellen folgt, daß Jaïr Baschan oder das Territorium Argob, die חות יאיר, erobert hat. Baschan ist das Gebirge und die Gegend, welche sich östlich vom Gebirge Gilead abzweigt und bis zum Hauran reicht, vgl. Note 12. — In der Richterstelle wird die Zahl der חות יאיר auf 30 angegeben, dagegen im Deuteronom. (3, 4) auf 60 und ebenso in I. Könige (4, 13). Man müßte also auch in Richter lesen: ושׁשׁים עירים להם יקראו חות יאיר. Die Zahlenveränderung entstand aus dem vorangehenden שׁלשׁים. Die Chronik, welche bereits beide Zahlenvarianten kannte, sucht sie auszugleichen (I. 2, 22—23). Sie hat überhaupt das Faktum anders dargestellt. Sie verwechselt ארץ הבשן mit ארץ הגלעד, läßt auch קנת, d. h. נבח, von Jaïr erobern, im Widerspruch mit Numeri (32, 42), und läßt die חות יאיר den Geschuri und Maachathi (ארם בית מעכה) entreißen, im Widerspruch mit Deuteronom. (3, 14), wo angegeben ist, daß das Gebiet Argob bis zu den Geschuri und Maachathi reichte. Jedenfalls geht aus diesen Stellen hervor, daß Jaïr der Gileadite ein kriegerischer Richter war.

8.

Davids Berufung an Sauls Hof und sein Verhältnis zu Samuel.

Ewald hat die Manier eingeführt, in fast sämtlichen Relationen der israelitischen Geschichte von der Genesis an bis zum Ende der Königsbücher mindestens zwei Quellen zu erblicken, eine ältere und eine jüngere, welche die Fakta von einem verschiedenen Gesichtspunkte aus dargestellt und überliefert hätten. Diese Manier hat sich selbst aber dadurch gerichtet, daß sie zum Notbehelf öfter genötigt ist, in der jüngeren Relation Überbleibsel der älteren anzunehmen. Es lohnt sich nicht, diese Methode der Quellenkritik zu widerlegen. Einigemal bieten indes die Relationen wirklich den Schein, als wenn sie aus zwei verschiedenen Nachrichten subsumiert worden wären. So ganz besonders die Erzählung von Sauls erster Bekanntschaft mit David (I. Sam. Kap. 16—18). Sie erscheint voller Widersprüche. Zuerst wird erzählt, David sei an Sauls Hof berufen worden und habe da Sauls Schwermut durch Saitenspiel geheilt, und später, in der Geschichte von Davids Sieg über Goliath, wird erzählt, Saul habe David früher gar nicht gekannt. Dieser

Widerspruch schien dem griechischen Übersetzer so grell, daß er die letztere Erzählung (17, 55—58 und 18, 1—5) ganz wegließ (und ebenso 17, 12—31). Erst ein späterer Interpret hat die Stücke nachgetragen. Die Exegeten helfen sich mit der Annahme von späteren Interpolationen von verschiedenen Quellen durch. (Vgl. darüber Winer, Bibl. Reallexikon s. v. David.) Der Widerspruch ist aber nur Schein. Man muß die Eigentümlichkeit der biblischen Geschichtserzählung beachten, ohne welche ihre Art stets verkannt werden muß. Sie erzählt nicht in streng geschlossener Geschichtsmanier, um die Tatsachen, ihre Ursachen und ihre Folgen gewissermaßen zu dramatisieren, sondern sie erzählt nur, um zu belehren. Ihr Hauptaugenmerk ist auf den didaktischen Zweck gerichtet. Die chronologische Aufeinanderfolge der Begebenheiten ist ihr ein untergeordnetes Moment. Sie hat Ähnlichkeit mit Herodots historischer Darstellungsweise, die ebenfalls durch die Gruppierung der Tatsachen gewisse didaktische Wahrheiten einprägen will.

Die verschiedenen israelitischen Historiker (wahrscheinlich aus dem Kreis der Prophetenjünger hervorgegangen, die aus Liedern und Überlieferungen die Begebenheiten erzählten) haben nur das in den Vordergrund gestellt, was ihnen als das Wichtigste erschien. In der Jugendgeschichte Davids erschien ihnen ganz besonders wichtig, daß der Geist Gottes, רוח ה׳, infolge der Salbung auf ihn gekommen war und welche Wirkung dieser Geist auf ihn hervorgebracht hat. Als Gegensatz wird die Tatsache gegenübergestellt, daß Gottes Geist von Saul gewichen sei und der böse Geist ihn erschreckt habe (16, 14—15). Dadurch ist schon im Anfang der späteren Erzählung vorgegriffen oder die chronologische Reihenfolge ist unterbrochen. Die Wirkungen des göttlichen Geistes auf David werden V. 18 erzählt: ראיתי בן לישי . . . ידע נגן וגבור חיל ואיש מלחמה ונבון דבר . . . וה׳ עמו.

Schon aus dieser Schilderung erkennt man, daß der Erzähler hier vorgreift; denn er hat doch schwerlich David als mutigen Krieger schildern wollen, ehe er ihn noch gegen Goliath auftreten läßt! Aber dem Erzähler liegt daran, hervorzuheben, daß der göttliche Geist David zum Saitenspiel und zum verwegenen Mute geweckt hat; zum Vorschein ist er aber erst später gekommen. Also die Berufung Davids an Sauls Hof ist nicht etwa vor dem Kampfe mit Goliath erfolgt, weil sie früher erzählt wird. Sie ist vielmehr erst später, nach dem Kriege bei Ephes-Damim, erfolgt. Vor dem Zweikampfe wußte Saul von David gar nichts, er ließ sich ihn erst nach dessen Sieg vorstellen (17, 55—58). Bei dieser Gelegenheit wird auch der Ursprung der Freundschaft zwischen Jonathan und David mitgeteilt (18, 1). Der folgende Vers, daß Saul David nicht mehr ins Vaterhaus zurückkehren ließ, knüpft wieder an 16, 23 an und fährt dann fort, wie der göttliche Geist ihn nicht bloß zum Sänger und Dichter, sondern auch zum Krieger gemacht habe. David war in allen Kriegen, wohin ihn Saul sandte, glücklich, so daß ihn Saul zum Hauptmann seiner Leibwache (שר [סר] כל משמחתו) gemacht hat (18, 5), während er früher nur sein Waffenträger war (16, 21). Daran knüpft der Erzähler Beginn[1]) und Verlauf des Konfliktes zwischen Saul und David.

---

[1]) Der Beginn des Konfliktes zwischen Saul und David wird von allen schief aufgefaßt. Aus I. Sam. 18,6: ויהי בבואם בשוב דוד מהכות את הפלשתי ותצאנה הנשים . . . ותענינה . . . הכה שאול באלפיו ודוד ברבבתיו

Freilich, ein objektiver Historiker hätte den Verlauf anders erzählt. Er hätte mit dem Krieg und der Herausforderung zum Zweikampfe begonnen, dann David eingeführt, seinen Sieg über den Riesen erzählt, dann Sauls flüchtige Bekanntschaft mit David angereiht, hätte ferner erzählt, wie David ihm als Saitenspieler empfohlen wurde, jener ihn von Zeit zu Zeit an seinen Hof kommen ließ, ihn dann dauernd behalten, ihn zu seinem Waffenträger gemacht, ihn zu Fehden gegen die Philister gesandt, bis Davids wiederholte Siege so gepriesen wurden, daß Sauls Neid erregt wurde. Das wäre allerdings eine pragmatische, aber keine didaktische Geschichtserzählung. Diese, welche es für nötig hält, das ihr Zweckdienliche voranzustellen, gibt geflissentlich den epischen Effekt preis, durchbricht die chronologische Aufeinanderfolge und ist daher darauf angewiesen, Nachträge zu machen.

Auf dieselbe Erzählungsmethode ist auch die Darstellung von Davids Kriegen mit Aram (II. Sam. Kap. 8 und Kap. 10, 15—19) zurückzuführen. Einige Forscher haben sich auch darin nicht zurechtgefunden und auch darin eine Verwirrung gefunden, und Ewald war gleich mit seinem Zwei-Quellen-system bei der Hand. Ermittelt man aber das didaktische Ziel des Darstellers, so wird man den Leitfaden der Erzählung nicht vermissen. Der Geschichtsschreiber erzählt zuerst mit allen Nebenumständen (Kap. 6), wie David die Bundeslade nach Jerusalem gebracht. Das war ihm die Hauptsache, weil Jerusalem dadurch erst den Charakter der Zentralstadt und der heiligen Stadt erhalten hat. Er erzählt dann weiter, daß David die Absicht gehabt habe, einen schönen Tempel aus Zedernholz in Jerusalem zu erbauen (Kap. 7), obwohl er dieses Projekt chronologisch erst viel später, kurz vor seinem Tode äußerte (vgl. S. 263, Anm. 2). Um einen großen und reichen Tempel zu erbauen, dazu bedurfte David reicher Geldmittel. Der Geschichtsschreiber gibt daher an, daß David viele Schätze zum Tempelbau geweiht habe. Woher hat er sie gewonnen? Durch große Siege. Der Historiker mußte also die Kriege und Siege voranschicken; das tut er in Kap. 8 und zwar summarisch. Als Gegensatz wird nebenher die Verkommenheit des Hauses Saul geschildert (Kap. 9). Im weiteren Verlaufe will der Erzähler Salomos Thronfolge als berechtigt auseinandersetzen, obwohl er ein jüngerer Sohn und halb und halb in Sünde erzeugt war. Aber Gott habe durch den Propheten Nathan Davids Sünde verziehen, ihn durch den Tod des Erstgeborenen von der Bathseba gezüchtigt und den Zweitgeborenen von derselben Frau besonders bevorzugt. Es waren zwar viele ältere Söhne vorhanden, aber diese sind nach und nach beseitigt worden. Der Geschichts-

ויחר לשאול, hat man herausgelesen, daß der Konflikt bald nach Davids Sieg über Goliath begonnen habe, indem Saul eifersüchtig darüber geworden sei. Allein das paßt nicht zum vorhergehenden Vers, der erzählt, Saul habe David über die Kriegsleute gesetzt „und dieser sei überall glücklich gewesen". Darauf bezieht sich ויהי בבואם, als sie, die Krieger, die David besiegte, heimkehrten und die Frauen bei seiner Rückkehr aus mehreren glücklichen Treffen ihm zuriefen: „David schlug Zehntausende", da erst wurde Saul eifersüchtig auf ihn. הפלשתי bedeutet nicht der Philister, nämlich Goliath, sondern die Philister, wie האמורי, הכנעני und viele andere Volksnamen im Singular. Sauls Eifersucht wurde erst durch Davids häufige Siege und die Huldigung, die ihm die Frauen aus allen Städten Israels zuriefen, erregt.

erzähler mußte also ab ovo anfangen, wollte aber Davids Vergehen nicht
vertuschen — denn auch dieses ist lehrreich wegen der Reue, die der König
aufrichtig gezeigt hat. Da dieses Vergehen mit dem ammonitischen Kriege
zusammenhängt, so erzählt er diesen Krieg mit den Nebenumständen über
die Hilfstruppen, welche der Ammoniterkönig gewonnen hatte und die sämtlich
von David aufgerieben wurden. Das ist der Zusammenhang von Kap. 10.
Die Siege über die Aramäer werden als Nachtrag hier vervollständigt (V. 15
bis 19), weil sie früher (8, 3—10) nur um eines anderen Zweckes willen erwähnt waren. — Dieselbe scheinbare Ordnungslosigkeit herrscht auch in der
Geschichte Salomos, weil der Darsteller nicht sowohl den Zusammenhang der
Begebenheiten, als vielmehr ihren belehrenden Inhalt hervorheben wollte.
Auch die Reihenfolge der Kriege Sauls ist aus didaktischem Grunde in un-
chronologischer Ordnung erzählt (o. S. 156, Anm. 2).

Kommen wir wieder auf die Erzählung von Davids erster Bekanntschaft
mit Saul zurück. Sie ist aus einem Gusse, wenn auch nicht pragmatisch
und chronologisch referiert. Ein Widerspruch findet sich keineswegs darin,
und auch die scheinbare Wiederholung ist gerechtfertigt. Zwei Punkte müssen
noch beleuchtet werden, an denen die Kritiker Anstoß genommen haben. 1. In
Kap. 17, 12—14 werden Davids Vater und Brüder dem Leser so vorgeführt,
als wenn von ihnen noch nicht die Rede gewesen wäre, während schon früher
(16, 5—10) von ihnen gesprochen war. Diese Partie ließ die griechische
Version als widersprechend weg. Ewald begründet damit seine Zwei-Quellen-
theorie. Allein auch dabei hat er die Methode des prophetischen Erzählers
verkannt. Früher war von Isai und seinen Söhnen nur gelegentlich die
Rede, daß der Vater sie nach und nach Samuel vorgeführt, dieser aber an
den älteren keinen Gefallen gefunden habe. Da aber David eine der wichtigsten Persönlichkeiten in der israelitischen Geschichte ist, so hielt es der Erzähler der Biographie Davids für nötig, Davids Abstammung nicht bloß gelegentlich, sondern gründlich zu erzählen. Daher führt er die Genealogie
noch einmal ab ovo auf (17, 12 f.); er will hier noch hinzufügen, daß der
Stammvater Isai aus einer vornehmen Familie stammte (אפרתי), daß
er zwar an dem Kriege nicht teilgenommen habe, aber nur deswegen, weil
er schon alt war (בא בשנים), daß er aber seine drei ältesten Söhne zum
Kriege gesandt habe. Eine solche Wiederholung der Abstammung bedeutender
Persönlichkeiten, auch wenn sie schon anderweitig bekannt ist, kommt auch in
der Relation über Mose vor. Exodus Kap. 2 ist Moses Abstammung angegeben, im Verlauf ist erzählt, daß er einen Bruder Ahron hatte. Nichtsdestoweniger wird da, wo Moses und Ahrons Wirksamkeit ins rechte Licht
gesetzt werden soll, ihre Genealogie wiederholt und ausführlich gegeben (6, 20
bis 26); um ihretwillen wird auch die Genealogie der Familie Levis auseinandergesetzt (das. 16—19). An der Wiederholung der Abstammung Davids
braucht man also keinen Anstoß zu nehmen, und man ist nicht berechtigt,
Folgerungen daraus zu ziehen. Nur der Schlußhalbvers in 17, 14 scheint
überflüssig, da dasselbe schon Vers 13 (auch in der syrischen Übersetzung)
gesagt ist.

2. Mehr Schwierigkeit macht Vers 17, 15. Hier wird geradezu erzählt,
ehe der Goliathzweikampf angeführt wird, daß David ab und zu von
Saul in sein Vaterhaus zurückgekehrt sei, um die Herden seines
Vaters zu weiden. Folglich war David schon vorher mit Saul bekannt,

folglich sind die Relationen darüber verschieden. Allein man muß sich doch fragen, wozu wird dieser Umstand überhaupt hervorgehoben? An sich ist es doch ein gleichgültiges Moment, daß David öfter von Sauls Hof in sein Vaterhaus zurückgekehrt sei. Liest man dafür ודוד הלך ושב מעל שמואל, so ist auch dieser Punkt in Ordnung. Die Verwechslung von שמואל und שאול ist leicht möglich. Die griechische Version hat in 15, 12 zweimal diese Verwechslung, und ein Kennicotscher Kodex hat daf. Vers 13 statt שמואל ויבא שאול אל die umgekehrte Lesart ויבא שאול אל שמואל. Sachlich ist es doch wohl notwendig, daß die Beziehung Davids zum Propheten Samuel nach der Salbung irgendwie angegeben sein muß. Sollte sich Samuel um den Jüngling, den er zum künftigen König auserkoren, gar nicht gekümmert haben? Und David sollte nicht das Verlangen getragen haben, mit dem Propheten zu verkehren? In diesem Verse ist dieses Verhältnis angedeutet. David kam öfter zu Samuel nach Rama, kehrte aber stets wieder nach Beth- lehem zurück, um die Herden seines Vaters zu weiden. Die Erzählung von Davids Jugendleben in Verbindung mit dem philistäischen Kriege in Ephes- Damim und seinem Verhältnis zu Saul hat demnach einen einheitlichen Charakter, es besteht kein Widerspruch. Die Erzählungsart des ganzen Buches Samuel hat zwar keinen klassischen oder pragmatischen Charakter, reflektiert aber die Weise prophetischer Geschichtsdarstellung. Sie ist tendenziös, indem sie das Religiös-Sittliche in den Vordergrund stellt und diesem den tatsächlichen Verlauf unterordnet. Aber sie hat die Tatsachen weder erfunden noch entstellt, sondern sie hat sie nur ihrem Zwecke gemäß gruppiert, un- bekümmert um die chronologische Aufeinanderfolge.

9.

Zahl, Namen und Bedeutung der Heldenstreiter Davids.

Im Nachtrag zum zweiten Buche Samuels (23, 8—39) ist ein Register oder Verzeichnis der Tapferen (גבורים) Davids enthalten, welches ein durch- aus altes und originales Gepräge hat. Für die Geschichte Davids ist es von großer Bedeutung. Allein es enthält so viele Dunkelheiten, daß es bisher nicht nach Gebühr gewürdigt werden konnte und überhaupt kein Kritik brauchbares historisches Material liefert. Eine kritische Behandlung dieses uralten Stückes ist aber um so leichter, als zwei Parallelen dazu vorliegen. Dasselbe Register ist nämlich in der Chronik kopiert (I. 11, 10—40), und zum Teil kommen die an den beiden Stellen aufgezählten Namen auch in einer anderweitigen Stelle der Chronik (I. 27, 2—15) vor. Hier werden nämlich Kriegsoberste über je 24000 Mann namhaft gemacht, und unter diesen stimmen 12 Namen mit 12 im Register aufgezählten Heldenstreitern Davids überein. Eine kritische Vergleichung dieser drei Parallelstellen gibt das genaue Ver- hältnis der Zahl, Namen und Bedeutung der Gibborim an die Hand.

Was die Zahl betrifft, so ist sie in der Hauptquelle (Samuel Text I) genau angegeben, daß ihrer siebenunddreißig (V. 39) waren: כל הגבורים שלשים ושבעה, und diese Angabe muß den Ausgangspunkt der Untersuchung bilden, es dürfen weder mehr noch weniger herauskommen. Allein bei der Aufzählung kommen im Verzeichnis der ersten Quelle (Text I) nur 36 Namen

und in dem der anderen Quelle (Chronik Text II) nur 35 vor. Hier muß
die Kritik einsetzen, um die Zahl zu komplettieren. Sie kann nicht fehlgehen,
wenn sie auf ein Moment Rücksicht nimmt. Bei den allermeisten Heldenstreitern ist nämlich angegeben, aus welcher Stadt sie stammten oder welchem
Volksstamme sie angehörten, entweder מן בית לחם, מן קבצאל oder adjek-
tivisch הצמוני, היתרי, החתי, התקעי, הכרמלי, הפרעתני oder als Gentilicium.
Da, wo diese Angabe fehlt, muß der Text schadhaft sein und wieder ergänzt
werden. Auch der Vatername der Heldenstreiter wird zuweilen hinzugefügt.
Die anderweitigen Divergenzen in den beiden Hauptterten können durch gegenseitige Vergleichung beseitigt werden. So heißt es von Benajahu ben Jojada ganz richtig (V. 23): מן השלשים נכבד ואל השלשה לא בא, er war
von den Dreißig oder mehr als die Dreißig geehrt, hielt aber keinen
Vergleich mit den Drei aus. Dagegen lautet der Text von dem Heldenstreiter Abischaï (in Text I, V. 19): בן השלשה הכי נכבד ויהי להם לשר
und (in Text II, V. 21): בן השלשה בשנים נכבד ויהי
להם לשר ועד השלשה לא בא. Hier muß offenbar ebenso gelesen werden:
מן השלשים statt מן השלשה. [So auch Klostermann p. 87.) Noch
einigemal kommt im Text diese Divergenz von שלשים und שלשה vor,
woraus dann שלשי geworden ist. Diese Konfusion hat zu Mißverständnissen
Anlaß gegeben. Bei richtiger kritischer Behandlung bleibt kein Mißverständnis
übrig.

Zunächst ist das Verhältnis der Zahl drei und der Zahl dreißig zu
ermitteln, welche in dem Register öfter wiederkehrt. Denn eine oberflächliche
Betrachtung derselben würde darauf führen, daß es nur 33 Gibborim gegeben habe. Aber mit dieser Zahl steht nicht bloß die deutlich angegebene
Summe von 37, sondern auch die spezielle Aufzählung von 36 oder 35 im
Widerspruch. Allerdings hat es unter der Zahl der davidischen Heldenstreiter
drei gegeben, welche als die Tapfersten der Tapferen galten. Sie werden
an die Spitze des Verzeichnisses genannt, und ihre Heldentaten werden ausführlich geschildert; diese werden schlechtweg השלשה „die Drei" genannt.
Dann gab es dreißig, von denen bloß Namen und Herkunft angegeben sind:
sie heißen השלשים, „die Dreißig". Zwischen diesen Drei und den Dreißig
werden noch genannt die auch anderweitig bekannten Benajahu ben Jojada
und Abischaï. Das gäbe also die Summe von 35. Aber man weiß nicht,
wohin diese beiden gehören, ob zu den Drei oder zu den Dreißig. Hier liegt
die Hauptkonfusion. Zu den Dreien können sie selbstverständlich nicht gehört
haben, aber auch nicht zu den Dreißig, denn im Verzeichnis (V. 24) ist genau
angegeben, daß diese Dreißig mit Asah-El, Abischaïs und Joabs Bruder,
begonnen haben, oder daß dieser in der Reihenfolge der erste derselben gewesen: עשה אל אחי יואב בשלשים. Die Quelle III (Chronik 27, 2) gibt
deutlich von Benajahu an, daß er nicht zu den Dreißig gehört hat, sondern
über ihnen stand: הוא בניהו גבור השלשים ועל השלשים[1]. Wohin gehörten
also die beiden, Benajahu und Abischaï?

Machen wir uns die Schwierigkeit klar. Es sollen im ganzen 37 Tapfere

---

[1]) Auf die Angabe der Chronik allein kann man zwar nicht zuviel bauen,
denn sie nennt auch einen, der gar nicht zu den Gibborim gezählt wird:
ישמעיה הגבעוני גבור בשלשים ועל השלשים (I. 12, 4). Allein, bei Benajahu ist dasselbe auch anderweitig konstatiert.

Davids sein. Aber diese werden eingeteilt in eine Klasse von drei und in eine andere von dreißig. Außerdem werden zwei Tapfere genannt, die weder zur einen noch zur anderen gehören. Zählt man diese mit, so gibt die Summe 35 und es sollen doch 37 sein, und zudem werden speziell nur 36 Namen aufgezählt!

Zur Lösung dieser Schwierigkeiten bietet der Text der Chronik den Schlüssel. Er hat zur Detailaufzählung zwei Introduktionen. Während es in Samuel (V. 8) lautet): אלה שמות הגבורים אשר לדוד, heißt es in Chronik (V. 10): ואלה ראשי הגבורים אשר לדוד המתחזקים עמו במלכותו ... und weiter (V. 11): מספר הגבורים אשר לדוד. Dieser Text gibt also ein anderes Verhältnis an: Es hat zwei Klassen von Heldenstreitern gegeben: 1. Dreißig Tapfere und 2. Häupter über die Tapferen, nämlich solche, welche die dreißig angeführt und befehligt haben. Zu diesen Häuptern gehörten zunächst die drei Tapfersten der Tapferen, welche im Verzeichnis zuerst genannt werden (die Namen sollen später rektifiziert werden). Von diesen drei heißt es (V. 13): וירדו שלשה מן השלשים ראש, die drei Häupter der Dreißig. ראש steht hier im Singular für ראשים. Aber nicht bloß diese drei, sondern auch Benajahu befehligte die Dreißig, wie aus der Stelle in Chronik (I. 27, 6) folgt: כל השלשים und auch aus dem Haupttext (V. 23): מן השלשים נכבד. Und auch Abischaï war Haupt der Dreißig. Es heißt zwar von ihm in Chronik (V. 20): הוא ראש השלשה; aber im Samuel (V. 18) lautet der Passus: הוא ראש השלשי. Diese ungewöhnliche Form hat die Masoreten veranlaßt, השלשה daraus zu machen. Allein es muß offenbar lauten: השלשים, wie die syrische Version vor sich hatte: הוא רישא דתלתין. Wir haben aber gefunden, daß auch bei Abischaï so wie bei Benajahu angegeben ist: מן השלשים הכי (הנו) נכבד ויהי להם לשר ועד השלשה לא בא, er war zwar Haupt und Anführer der Dreißig, gehörte aber nicht zu den Dreien.

Der Text der Chronik und implicite auch der Samuels gibt also eine zweifache Klassifikation der Heldenstreiter Davids an. Häupter der Tapferen und Tapfere. Diese zählten dreißig, jene müssen also sieben gezählt haben. Diese sieben wurden wiederum klassifiziert in drei Tapferste der Tapferen und in vier minder Tapfere, die zwar auch die Dreißig befehligt haben, aber mit den Drei keinen Vergleich aushielten: ועד השלשה לא בא. Allein anstatt sieben werden speziell nur fünf aufgezählt: die drei Tapfersten, ferner Abischaï und Benajahu. Es fehlen also im Texte zwei. Diese müssen wir aufsuchen. Indessen ehe wir ihre Spur verfolgen, müssen wir die Rechnungsprobe machen, ob es tatsächlich nur 30 untergeordnete Gibborim gegeben hat, da beide Quellen davon speziell 31 zählen von Aßah-El, dem ersten, bis zu Urija, dem letzten. Daher stehen sie in Widerspruch mit der Angabe der Gesamtsumme 37, da sie nur 36 Namen aufzählen, nämlich 31 einfache Tapfere und 5 Höhere (in der Chronik fehlt noch ein Name).

Die kritische Vergleichung beider Texte ergibt indes, daß einer von diesen 31 Namen eliminiert werden muß, und daß überhaupt manche Namen rektifiziert werden müssen. Es ist bereits angegeben, daß das Verzeichnis der einfachen Gibborim die Reihe mit Aßah-El eröffnet. Auffallenderweise stimmen beide Texte nur bezüglich zweier auf Aßah-El folgenden Namen überein, divergieren aber bei dem dritten, harmonieren indes wieder bei

dem vierten, fünften uſw. Oder anders ausgedeutet: im Chronikterte fehlt
ein Name, der im Samuelterte aufgezählt wird, und, was noch auffallender
iſt, die griechiſche Verſion zu Samuel hat dieſen Namen auch nicht. Ein
überblick über die Texte veranſchaulicht dieſe Divergenz und beſtätigt auch
die Annahme, daß dieſe Reihe eine beſondere Klaſſe bildete.

Text der Chronik.	Text in Samuel.	Text der LXX zu Samuel.
1. וגבורי החילים:	1. ישבאל אחר יואב	Καὶ ταῦτα τὰ ὀνόματα
2. ישבאל אחר יואב	בשלשים. 2. אלהנן	τῶν δυνατῶν Δαυΐδ τοῦ
אלהנן בן דודו מבית	בן דודו מ|בית לחם.	βασιλέως 1. Ἰσμαὴλ ἀδελ-
לחם 3. שמות החרורי	4. שמה החרדי.	φὸς Ἰωάβ, οὗτος ἐν τοῖς
5. חלץ הפלוני	5. אליקא החרדי.	τριάκοντα. 2. Ἐλεανὰν
שרא בן קש	חלץ הפלטי. 6. שרא	υἱὸς Δουδεὶ πατραδέλφου
התקועי.	בן קש התקעי.	αὐτοῦ . . . 3. Σαμμὰ ὁ
		Ῥουδαῖος. 4. Σελλὴς
		ὁ Κελωθεί. 5. Εἴρας
		υἱὸς Εἰσχὰ ὁ Θεκω-
		είτης.

Aus dem Verzeichnis muß demnach der Name אליקא החרדי eliminiert
werden, da er in zwei Terten fehlt. Die Entſtehung desſelben läßt ſich noch
erklären. החרדי iſt dittographiert, und אליקא iſt Vatername des שמה. Urſprünglich mag es alſo gelautet haben שמה בן אליקא החרדי, daraus iſt
nun entſtanden שמה החרדי und אליקא החרדי. Merken wir uns noch die
Variante von החרורי und החרדי.

Fällt ein Name aus dem Regiſter aus, ſo bleiben richtig dreißig Namen
im Samueltert; es ſind die 30 einfachen Heldenſtreiter. Wir müſſen aber
die kritiſche Operation auch auf den Chroniktert anwenden. Denn dieſer hat
auch 31 Namen, obwohl אליקא fehlt. Auch hier muß ein Name eliminiert
werden. Bei genauer Betrachtung fällt er von ſelbſt weg. Von dem 17.
Namen an herrſcht nämlich eine auffallende Divergenz bezüglich derſelben in
beiden Terten, während ſie bei den vorangehenden und nachfolgenden ſo
ziemlich konvergieren.

Text der Chronik.	Text in Samuel.
15. זמות הבחרומי. 16. אליחבא	זמות הבחרמי. אליחבא השעלבני.
השעלבני. 17. בני השם הגזוני.	בני ישן יהונתן. שמה ההררי.
18. רונתן בן שגה ההררי. 19.	אחיאם בן שרר האררי.
אחיאם בן שכר ההררי. 20. אליפל	אליפלט בן אחסבי בן המעכתי.
בן אורי. 21. חפר המכרתי. 22.	אליעם בן אחיתפל הגלני. חצרו
אחיה הפלני. 23. חצרו הכרמלי.	הכרמלי.

Um die richtige Lesart wiederherzuſtellen, muß man davon ausgehen,
daß Nr. 17 nicht in Ordnung ſein kann. Denn ein Eigenname kann nicht
בני gelautet haben. Ferner kann יהונתן nicht Beiname, ſondern muß ein
ſelbſtändiger Eigenname ſein, wie Chronik Nr. 18 auch hat. Endlich kann
שמה ההררי auch nicht richtig ſein, da dieſer Name bereits in Nr. 3 vorkommt und שמה ההררי ganz gleich iſt שמה ההררי. Dieſe drei Betrachtungen führen darauf, daß בני in Nr. 17 eine Dittographie iſt von dem vor-

angehenden Attributiv nach dem Stadtnamen, von שעלבני. Der 17. Name lautete demnach entweder ישן oder השם. Dazu gehört noch ein Stadtname, der im Chroniktext erhalten ist הגזוני, also Nr. 17 (הגזוני)[1] (השם) ישן. Der 18. Name lautete יהונתן (יונתן), und dazu der Vatername בן שגה (Chronik) oder בן שמה (Sam.); הררי oder הארר ist wieder Stadtname. Nr. 18 muß also vollständig heißen: יהונתן בן שגה (שמה) הררי. Aus dem Verzeichnis in Samuel muß also שמה הררי wieder eliminiert und dafür יהונתן gesetzt werden. Bei Nr. 19 kommt nur eine geringe Variante vor, und zwar der Vatername שרר neben שבר und der Stadtname הארר neben הררי. Dagegen herrscht bei Nr. 20 wieder Konfusion. Zwar ist אליפל als eine Abkürzung von אליפלט anzusehen. Der Eigenname des 20. Gibbor wäre demnach gesichert. Aber wie weiter? Sehen wir, worin beide Texte übereinstimmen. Beide haben hinter dem Namen noch ein בן, folglich muß der Vatername dabei genannt gewesen sein. Beide haben ferner den ziemlich gleichlautenden Stadtnamen המכרתי neben המעכתי. Folglich ist das, was zwischen בן und dem Beinamen steht, als Vatername anzusehen, und das zweite בן in Samuel ist als Dittographie zu eliminieren. Derselbe Fall wiederholt sich in Jeremia. Dort wird der Genosse des Jochanan ben Kareach genannt יזניהו בן המעכתי (40, 8). Aber Maachati kann nur Familienname sein. Aus das. 42, 1 erfahren wir den Namen des Vaters, nämlich יזניה בן הושעיה; folglich war sein vollständiger Name יזניהו בן הושעיה המעכתי. Ebenso lautete der Name des Tapfern אליפלט בן אחסבי, dafür in Chr. (אליפל[ט]) בן אור חפר המברתי. Die Laute אחסבי und אור חפר müssen einander decken. In der Chronik sind aus einem einzigen Namen zwei entstanden. Zieht man einen davon ab, so bleiben auch in diesem Verzeichnis nur 30 Namen übrig. Bei den noch übrigen Namen herrschen keine tiefgreifenden Varianten. Nur beim 21. muß der Text der Chronik wegen eines wichtigen historischen Moments berichtigt werden. In Samuel wird der Sohn des berühmten oder berüchtigten Achitophel, des unfehlbaren Ratgebers Davids, als Gibbor angeführt: אליעם בן אחיתפל הגלני. Diese Lesart ist unanfechtbar, da wir auch anderweitig wissen, daß Achitophel aus Gilo stammte und הגלני genannt wurde. In der Chronik steht aber dafür אחירי הפלני. Es fehlt hier offenbar von אליעם: אחיתפל ist noch ein Rest geblieben (אחיה), אחי, und הפלני steht für הגלני. Achitophels Sohn und Bathsebas Vater gehörte demnach zu der Schar der Heldenstreiter Davids.

Es hat sich also ergeben, daß tatsächlich nur dreißig Namen der einfachen Gibborim im Register speziell aufgezählt werden, indem in der Chronik bei zwei verschiedenen Namen aus einem Vaternamen ein Name zuviel aufgeführt ist. Überblicken wir die Namen der 30 Heldenstreiter mit Angabe der Varianten (I. Sam.; II. Chron. Kap. 11; III. Chron. Kap. 27), weil uns die Städte interessieren dürften, woher sie stammten:

1. ישבעל אחי יואב.
2. אלחנן בן דודו מבית לחם.

---

[1] גזון oder גזן kommt nicht als Stadtname vor. Man muß wohl dafür lesen גבזו (II. Chronik 28, 18). Gimso ist identisch mit der später durch die griechische Aussprache entstandenen Form Emmaus. Vgl. Frankel-Graetz, Monatsschr., Jahrg. 1870, S. 527 f.

3. I. שמה ההררי II. שמות ההררי III. שמחות היזרח.
4. I. חלק הפלני מן בני אפרים II. חלק הפלני III. חלק הפלטי.
5. עירא בן עקש התקעי.
6. אביעזר הענתתי.
7. I. סבכי החשתי II. מבני החשתי.
8. I. צלמון האחחי II. עילי האחוחי.
9. מהרי הנטפתי.
10. I. II. III. חלב בן בענה הנטפתי.
11. אתי בן ריבי מגבעת בני בנימין.
12. בניהו הפרעתני.
13. I. הדו מנחל געש II. חורי מנחלי גיש.
14. I. אבי עלבון הצרבתי II. אביאל הערבתי.
15. I. עזמות הברחמי II. עזמות הבחרמי.
16. אליחבא השעלבני.
17. I. ... ישן II. חשם הגזני (הגמזני).
18. ... בן שגה II. יהונתן בן שמה ההררי.
19. I. אחיאם בן שרר האררי II. ... בן שכר ההררי.
20. I. אליפלט בן אחסבי המעכתי II. אליפל בן אור חפר המברתי.
21. I. אליעם בן אחיתפל הגלני II. אחיה הפלני.
22. I. הצרו (הצרי) הכרמלי II. ...
23. I. פערי הארכי II. נערי בן אזבי.
24. I. יגאל בן נתן מצבה II. יואל אחי נתן מבחר.
25. I. בני הגרי II. ... בן הגרי.
26. צלק העמוני.
27. I. נחרי הבארתי נשא כלי יואב II. הברתי ...
28. עירא היתרי.
29. גרב היתרי.
30. אוריה החתי.

Es gibt also nicht mehr und nicht weniger als dreißig einfache Helden-streiter Davids. Die noch weiter in Chronik daſ. V. 41b—47 aufgezählten 16 Namen müssen einem anderen Kreise angehört haben, da der Text der Chronik nicht so sehr von Samuel differieren kann, daß er mehr als 30 reſp. 37 Tapfere enthalten haben sollte. Die Überschrift zu diesen 16 Namen in der Chronik scheint ausgefallen zu sein.

Haben wir die 30 einfachen Gibborim ermittelt, so müssen wir auch die sieben Gibborim finden, welche zugleich Anführer über die Dreißig waren. Unter diesen waren, wie wir gesehen haben, drei der Tapfersten, welche schlechtweg die Drei (השלשה) genannt werden. Von ihnen werden auch Heldentaten referiert. Über den Namen des ersten differieren die Texte:

I. Text in Samuel.	II. Text in Chronik 11.	III. Text in Chronik 27.
ישב בשבת תחכמני	ישבעם בן חכמוני	ישבעם בן זבדיאל
ראש השלשי הוא עדינו	ראש השלשים הוא עורר	
העצני על שמנה מאות	את חניתו על שלש מאות	
חלל בפעם אחד.	חלל בפעם אחת.	

Die Lesart ישבעם ist durch zwei Texte gesichert. Da תחכמני oder חכמוני auf einen Ortsnamen hinweist, so gehört בן nicht dazu, sondern setzt

einen fehlenden Vaternamen voraus. Dieser ist in III. erhalten: זבדיאל.
Der Name des Ortes, woher er stammte, muß כמון gelautet haben, vielleicht
identisch mit כבון[1]); man muß also lesen הכמוני. Die Lesart השלשים
empfiehlt sich mehr, weil auch השלשי darauf hinweist. Achthundert ist
wohl richtiger als 300, da auch von Abischai, der weniger geleistet hat und
nicht denselben Rang einnahm, erzählt wird, er habe 300 erschlagen. Der
emendierte Text muß also lauten: ישבעם בן זבדיאל הכמוני ראש השלשים
הוא עורר את חניתו על שמנה מאות חלל. Jaschabeam war der aller-
tapferste und erste, weil er es mit 800 Feinden auf einmal aufgenommen
hat. [Anders Klostermann z. St. Doch nimmt auch er 800 als richtige
Ziffer an.]

Bezüglich des Namens des zweiten harmonieren die Texte, differieren
aber scheinbar bezüglich des Details seiner Kriegstat:

I. Text.	II. Text.
ואחריו אלעזר בן דדו בן אחחי בשלשה הגברים עם דוד בחרפם בפלשתים נאספו שם למלחמה ויעלו איש ישראל הוא קם ויך בפלשתים עד כי יגעה ידיד וג׳.	ואחריו אלעזר בן דודו האחוחי הוא בשלשה הגברים הוא היה בפס דמים והפלשתים נאספו שם למלחמה ותחי חלקת השדה וג׳.

Aus der Vergleichung ergibt sich, daß in I. das בן vor אחחי dittographiert ist und daß es האחחי heißen muß. Statt בחרפם muß gelesen
werden בפס דמים, Schlachtplatz = אפס דמים. In II. gehört ותחלקת
השדה und das Folgende dem dritten Helden an. Von Eleasar, Sohn
Dodo aus Achoch, wird demnach erzählt, daß er mit David in Ephes-Damim
war, als sich die Philister zum Kampfe stellten, und er die ganze Schar
schlug, bis seine Hand ermüdete. In Chronik 27, 4 ist der Hauptname ausgefallen und davon nur geblieben דודי האחוחי.

Vom dritten Hauptstreiter fehlt im Text der Chronik der Name und der
Anfang der Relation von seinem Bravourstück, nämlich das Folgende: ואחריו
ותחי שם חלקת bis אגא הררי וראספו פלשתים לחיה (.) למלחמה)
השדה. Weil dieser Name in Chronik ausgefallen ist, enthält ihr Register
nur 35 Namen (o. S. 384). Schamma ben Aga hat ganz allein ein Linsen-
feld gerettet, das eine philistäische Schar plündern wollte. Dann wird in
beiden Quellen gleichmäßig erzählt, was diese drei Haupthelden Davids
gemeinschaftlich ausgeführt haben. Vgl. Note 14. Mit diesen Dreien
konnte sich niemand messen, auch nicht Abischai und Benajahu, deren
Heldentaten ebenfalls referiert werden, obwohl auch sie Häupter über die
Dreißig oder geachteter als die Dreißig waren (מן השלשים oder ראש השלשים
נכבד). Diese zwei und die drei Tapfersten waren sämtlich Häupter der
Gibborim (ראשי הגבורים). Es müssen aber im ganzen sieben gewesen sein.
Es fehlen also offenbar zwei zur Gesamtzahl 37. Sind diese ganz unbekannt?

In einem andern Nachtrage (II. Samuel 21, 15—22 = I. Chronik 20, 4
bis 8) werden die Zweikämpfe erzählt, welche unter David vor Gath mit
dortigen Riesenstreitern stattgefunden haben, vgl. Note 15. Als solche treten
israelitischerseits auf Abischai, Sibchai, Elchanan und Jonathan, Sohn

---

[1]) Josua 15, 40 wird eine Stadt כבון genannt; indessen hat die syrische
Übersetzung dafür כבשון; der griechische Text ist verstümmelt.

Schimas, Davids Neffe. Dieser Jonathan erschlug einen herausfordernden rephaimitischen Riesen, der 12 Finger und 12 Zehen hatte. Warum kommt dieser Name nicht im Verzeichnis der Gibborim vor? Er gehörte höchstwahrscheinlich unter die Häupter der Gibborim wegen seiner Tapferkeit und seiner Verwandtschaft mit David. Der Name ist offenbar im Register ausgefallen, ebenso wie der Name des dritten der Drei in der Chronik. Das wäre also der sechste. Der siebente kann nur Amasa gewesen sein, Davids Vetter, der später zu Absalom übertrat und dessen Feldherr geworden ist. Auch er wird I. Chr. 12, 19 ראש השלושים, Haupt der Dreißig, genannt, geradeso wie Abischai und Benajahu. Sein Name mag wegen seines verräterischen Abfalls von David zu Absalom geflissentlich im Register weggelassen worden sein. Wir haben also die zwei fehlenden Hauptstreiter und damit die Vollständigkeit der Zahl 7 und der Zahl 37. Von diesen sieben waren drei die Tapfersten der Tapferen (השלשה): Jaschabeam Sohn Zabdiels aus Chamon, Eleasar Sohn Dodo האחוחי und Schama Sohn Aga ההררי. Geringer als diese, aber höher als die Dreißig und deren Anführer (מן השלשה נכבד ועד השלשים לא בא) waren vier: Abischai, Benajahu ben Jojada, ferner Jonathan, Davids Neffe, und Amasa, Davids Vetter. Diese vier und die drei waren ראשי הגבורים. Auf diese bezieht sich die erste Introduktion in der Chronik: ואלה ראשי הגבורים אשר לדוד המתחזקים עמו במלכותו עם כל ישראל להמליכו. Unter diesen sieben standen die Dreißig (השלשים), sie waren nicht ראשי הגבורים, sondern einfach הגבורים, die Heldenstreiter. Auf diese bezieht sich die zweite Introduktion ואלה מספר הגבורים. Sie gehört eigentlich in der Chronik zu Vers 26, da sie aber im Anfang gesetzt wurde, so wird daselbst noch einmal vor der Aufzählung der Dreißig wiederholt וגבורי החילים עשה אל וכי. Das Register, das vielleicht noch Davids Kanzler angelegt hat, ist also vollständig und korrekt.

Diese Gibborim hatten nichts mit dem Heere zu tun: es war eine selbständige Schar, welche David zu gefahrvollen Unternehmungen begleitete. Sie hatte auch nichts mit den Krethi und Plethi gemein, welche bloß eine dienende Leibwache von Trabanten waren. Daher werden sie nebeneinander aufgeführt: הצבא, der Heerbann, הכרתי והפלתי und וכל הגבורים (II. Sam. 20, 7 u. a. St.). Es waren Tapfere, die sich freiwillig David angeschlossen haben, von seinem Heldenmute angezogen und angefeuert. Treffend schildert sie die Chronik (aus einer alten Quelle), wie sie David unterstützt haben, sich auf den Königsthron zu schwingen. Sie haben ihn vor Sauls Verfolgung geschützt, ihm gegen die Philister beigestanden und überhaupt seine Siege erringen geholfen. Ohne diese ist die Geschichte Davids unerklärlich. Diese Gibborim bewohnten neben Davids Palast auf Zion ein eigenes Quartier, welches בית הגבורים genannt wurde.

Diese uralte Relation von den Gibborim ist außerordentlich mißverstanden worden und am meisten von Ewald, der aus der Konfusion von שלשה und שלשים gar nicht herauskommen konnte und gar daraus שלשים „Wagenkämpfer" machte. Jedes Wort, das er über diese Relation aussprach, ist ein Irrtum. Setzt er doch Abischai über die ersten Drei! „Das ganze Heer der Gibborim bestand also, die Vorgesetzten eingerechnet, aus 634 Mann, wozu gewiß noch viele Knappen gehörten." Ewald entnimmt aus der Zahl der Gibborim die israelitische Heeresorganisation, ohne sich um die Zahl 37 zu kümmern, die doch um so mehr berücksichtigt werden muß, als sie nicht zyklisch

ist. Doch um Ewalds zahlreiche Irrtümer zu berichtigen, die er sich durch
Mißverständnis einigermaßen schwieriger Verse hat zuschulden kommen lassen,
müßte man ein Buch schreiben.

Diese Gibborim, welche sich David angeschlossen haben, waren von Hause
aus Abenteurer, kampflustige Männer, ähnlich wie Jephtah (I. Sam. 22, 2).
Die Angabe in der Chronik (I. Kap. 12), daß bei gewissen Gelegenheiten eine
Schar von Tapferen aus einigen Stämmen zu David gestoßen sei, ist zwar,
weil zu sehr tendenziös gefärbt, wenig historisch, wie der Ausdruck verrät
(V. 23): כִּי לְעֶת יוֹם בְּיוֹם יָבֹאוּ אֶל דָּוִד לְעָזְרוֹ עַד לְמַחֲנֶה גָדוֹל כְּמַחֲנֵה אֱלֹהִים.
aber die Tatsache im allgemeinen ist wohl richtig, daß sich verzweifelte und
kühne Männer zu David nach und nach gesellt haben, unter denen sich 37
besonders ausgezeichnet und daher eine eigene Schar zuverlässiger Kämpfer
gebildet haben. Solche Gibborim hat es nur unter David gegeben; später
kommen sie nicht vor, weil die Gelegenheit fehlte. Die 60 Gibborim um
Salomo im Hohenliede (3, 7) sind eine poetische Fiktion. — Besonders ausgezeichnet durch irgendeine kühne Tat haben sich sämtliche Gibborim, nicht
bloß die sieben Häupter. Denn von einem derselben, Sibchai aus Chuscha
(Nr. 7), wird erzählt, er habe einen der Rephaïm סַף oder סִפַּי im Zweikampfe erlegt (II. Sam. 21, 18). Von Elchanan aus Bethlehem, dem zweiten
der Dreißig, der gleich auf Asah-El folgte, wird ebenfalls ein kühner Zweikampf geschildert (das. V. 19 und Parallelstelle I. Chron. 20, 5). Man hat
sogar diesem Elchanan den Sieg über Goliath beigelegt und ihn David ab-
gesprochen. Ein armer Schulmann ist um die Mitte des 19. Jhrdts. gemaß-
regelt worden, weil er diese Absurdität Ewald nachgesprochen hat. Denn eine
Absurdität ist es, anzunehmen, David sei nicht Sieger über Goliath gewesen,
sondern Elchanan, und nur eine spätere Sage habe sie jenem beigelegt. Die
ganze Stellung Davids bei Saul beruht auf diesem Siege. Nicht bloß in der
Hauptrelation, sondern auch in einer anderweitigen, gelegentlichen Erzählung
wird dieser Sieg als Tatsache angenommen. I. Sam. 19, 5 bemerkt Jonathan
zu Saul bezüglich Davids: „Er hat sein Leben gewagt, den Philister geschlagen,
und der Herr hat einen großen Sieg (durch ihn) verliehen; du hast es gesehen und dich gefreut." Endlich, wie gedankenlos müßte der Redakteur der
Bücher Samuels gewesen sein, wenn er zuerst Davids Kampf mit Goliath
als Ausgangspunkt seiner Größe darstellt und hinterher eine Erzählung aufnimmt, welche der ersteren geradezu widerspräche, daß nämlich Elchanan mit
Goliath gekämpft habe!

Der Schein entstand durch eine ungenaue Lesart. Die richtige gibt die
Chronik, deren Text durch die syrische Übersetzung noch deutlicher wird. Nach
dieser hat nicht Elchanan den Goliath, sondern dessen Bruder Lachmi er-
schlagen, der auch ein Riese war. וַיַּךְ אֶלְחָנָן בֶּן יָעִיר אֶת לַחְמִי אֲחִי גָלְיָת הַגִּתִּי.
Die Peschita hat noch den Zusatz בְּנֵי אָרַף . . . לְלַחְמִי דְּמִן
וּקְטַל אֶלְחָנָן, ד. ה. אֶת לַחְמִי מִבְּנֵי הָרָפָה דְגַדְפָא מֵחַסְדְּרִינָא. Lachmi war ebenso einer
von den Rephaïm wie die anderen daselbst genannten Zweikämpfer. Elchanan
stammte aus Bethlehem (s. o. S. 385, Nr. 2). Er wird also auch als בֵּית
הַלַּחְמִי bezeichnet. Dieses Wort ist in der Chronik ausgefallen, ist aber im
Samueltexte geblieben, aber dafür ist hier wegen des Gleichklanges von לַחְמִי
und בֵּית הַלַּחְמִי der Name des besiegten Riesen ausgefallen, und aus אֶת
ist אֵת entstanden. Daher hier die irreführende Lesart וַיַּךְ אֶלְחָנָן בֶּן יָעִיר
לַחְמִי in der Chronik nur בֵּית הַלַּחְמִי אֶת גָלְיָת הַגִּתִּי (אֲרָגִים). Wäre der Name

ein Überrest von בית הלחמי, so hätte das Wort הלחמי lauten müssen. So
aber erweist sich das Wort als Eigenname. Die vollständige Lesart ist
demnach ויך אלחנן ... בית הלחמי את לחמי אחי גלית הגתי מבני הרפה.
Elchanan aus Bethlehem war mit Aßah-El verwandt; daher wird er im Verzeichnis nach jenem als בן דדו, Sohn seines Oheims, angeführt; sein
Vatername lautete dagegen יעיר, verändert in יעירי; das dabeistehende ארגים
ist längst als Dittographie erklärt worden. Also Elchanan hat sich ebenfalls
ausgezeichnet, aber nicht durch den Sieg über Goliath, sondern durch den
über dessen Bruder Lachmi.

Es kann kein Zweifel darüber herrschen, daß sich, wenn auch nicht alle,
so doch ein Teil der Tapferen David angeschlossen hat, als er von Saul verfolgt wurde. Sie gehörten zu den 400, welche zu ihm in Adullam stießen.
Es ist daher nicht gleichgültig, zu konstatieren, aus welchen Stämmen sie
waren. Einige stammten aus Bethlehem; so Abischaï, Aßah-El und Elchanan; sie waren Davids Verwandte. Andere gehörten dem Stamme
Juda an; so Benajahu aus Kabziel, Ira (Nr. 5) aus Thekoa, Eliam,
Achitophels Sohn, aus Gilon, Chezraï (Nr. 22) aus Karmel, zwei aus
der Stadt Netopha bei Bethlehem (Nr. 9, 10) und einer aus der Stadt
Arãb (ארב) (Josua 15, 52), nämlich הארבי (Nr. 23). Interessant ist zu
konstatieren, daß mehrere Benjaminiten sich David angeschlossen haben, ob-
wohl Saul ihn feindlich behandelte. Sie haben also Partei gegen den König
aus ihrem Stamme ergriffen. Benjaminiten waren Abiëser aus Anatot
(Nr. 6), Ittaï aus Geba-Benjamin (Nr. 11), Asmawet aus Bachurim
(Nr. 15), vielleicht auch Abi-Elbon aus Araba (Nr. 14), Daniten und
Ephraimiten waren Chelez aus Pelet (Nr. 4), Benajahu aus Pirathon
(Nr. 12), Eliachba aus Schaalbon (Nr. 16)[1]. — Interessanter ist noch
die Tatsache, daß sich auch Nichtisraeliten zu den Gibborim geschart haben,
Urija der Chittiter. Auch ein anderer Chittiter, Achimelech, scheint
David gedient zu haben (I. Sam. 26, 6); ferner Zelek, ein Ammoniter
(Nr. 26), zwei Jithriten (Nr. 28, 29), d. h. Keniter oder Midianiter.
Wenn die Lesart יגאל ... מצבה (Nr. 24) richtig ist, dann hätte sich auch
einer aus dem aramäischen Zobah zu David gehalten.

10.

Der Schauplatz von Davids Wanderungen auf der Flucht, be-
sonders in der Gegend westlich vom toten Meere und einem
Teile der Wüste Juda; die Territorien des Negeb.

Die Erforschung der topographischen Punkte Palästinas, welche in er-
freulicher Weise um die Mitte des 19. Jhrdts. an Ort und Stelle angestellt

---

[1] Mehrere Städtenamen, aus denen einige Gibborim stammten, lassen
sich nicht ermitteln, so הבארתי, החושתי, האחוחי, wohl schwerlich aus
Beeroth, מנחל געש und המכברי oder המכרתי. Mehrere werden als ההררי
bezeichnet, so der Anführer Schamma, ferner Nr. 3, 18, 19. Die syrische
Version gibt den Namen durch דמן טור מלכא wieder, d. h. vom Gebirge
Ephraim, das später הר הבעל oder טור מלכא genannt wurde, und האחוחי
gibt sie durch טור זיהא, Ölberg, wieder.

worden ist, ermöglicht es, die Angaben in den historischen Quellen zu prüfen und endgültig festzustellen; nur müssen diese Angaben recht verstanden werden. Namentlich können dadurch die Lokalitäten der Wanderungen Davids auf seiner Flucht vor Saul an der Westseite des toten Meeres genau fixiert werden. Denn merkwürdigerweise haben sich die alten Namen im Munde der Araber für einige topographische Punkte südlich von Hebron treu erhalten. Kaum zwei Stunden südlich von Hebron heißt eine Anhöhe Tell-Sif: eine Stunde südwestlich davon entfernt liegt ein Dorf Jutta; weiter südlich nach Osten zu liegt in einer fruchtbaren Oase das Dorf Kurmul, wieder eine Stunde südlich ist eine Anhöhe Tell-Main. Alle diese Namen erinnern an den Schauplatz von Davids Wanderungen. Indessen, Namen können täuschen und haben auch schon Forscher getäuscht, historische Schauplätze dahin zu verlegen, wo sie unmöglich gewesen sein können. Es ist hier nicht der Ort, solche Irrtümer aufzudecken. Aber bei den genannten Lokalitäten stimmt die heutige Benennung vollständig mit den anderweitigen Angaben von זיף, כרמל und מעון.

Bestimmen wir zunächst die Lage von Ziph und Karmel, weil diese den Ausgangspunkt bilden. Die Ziphäer verrieten Saul Davids Aufenthalt, und jener suchte ihn in Ziph auf und hätte ihn erreicht, wenn David nicht indessen einen anderen Schlupfwinkel aufgesucht hätte. Eusebius hat zwei Berichte im Onomastikon für die Lage von Ziph, die er nebeneinander stellt[1]). 1. [Ζίφ] . . . πλησίον Χεβρὼν ἀπὸ σημείων η' πρὸς ἀνατολάς, ἔνθα ἐκρύπτετο Δαυίδ. 2. Ζείβ. ὄρος αὐχμῶδες . . . τῆς Ζείβ, ἐν ᾧ ἐκαθέσθη Δαυίδ. ᾧ παράκειται Χερμαλά . . . εἰς ἔτι νῦν κώμη Ἰουδαίων, ἔνθα Νάβαλ ὁ Καρμήλιος. Die letzte Stelle gewinnt an Deutlichkeit durch Hieronymus' Übersetzung: Zif, mons squalidus vel caligans sive nebulosus juxta Zif, in quo sedit David propter Chermelam . . . vicus hodie Judaeorum etc. Das Wort αὐχμῶδες, das Hieronymus in Ungewißheit dreifach übersetzt, ist die griechische Übersetzung für das hebräische Wort חרשה, das öfter mit Ziph zusammen genannt wird. Die Entfernung von Hebron nach Ziph ist nicht allzu hoch angegeben, 8 römische Meilen = 1³/₅ geographische, wenn Ziph etwas südlicher als Tell-Sif gelegen hat. Unter dem ὄρος αὐχμῶδες, auf dem David weilte, ist entschieden der 100—150 Fuß hohe Hügel Tell-Sif zu verstehen. Damit haben wir einen festen Ausgangspunkt gewonnen. Dieser Punkt ist in der Erzählung von Davids Schlupfwinkelleben zweimal bezeichnet, und durch eine Vergleichung beider Stellen wird die Beschreibung deutlicher.

---

[1]) Robinson, Palästina II, 418, behauptet, Eusebius erwähne diesen Ort nicht. Das ist nicht richtig. In der Ausgabe von Lagarde, p. 288, finden sich zwei Artikel darüber und ebenso in Hieronymus' Übersetzung, daf. p. 159. [S. ed. Klostermann S. 92, 15. 19.] Irrtümlich ist auch seine Angabe, daß Ziph zu Eusebius' Zeit von Juden bewohnt gewesen sei. Das κώμη Ἰουδαίων oder vicus Judaeorum bezieht sich auf Karmel, wie auch unter dem Artikel angegeben ist (ed. p. 272 [od. Kl. 118, 5]): Κάρμηλος, ἔνθα ἦν Νάβαλ . . . Κώμη ἐστιν εἰς ἔτι νῦν Χερμαλά . . . ἀπὸ δεκάτου σημείου Χεβρὼν πρὸς ἀνατολάς, ἔνθα φρουρίον ἐγκάθηται. Eben weil Karmel eine römische Besatzung hatte, muß es ein wichtiger Platz gewesen sein, und darum wohnten Juden auch noch in späterer Zeit daselbst. Auch ist die Umgebung von Karmel außerordentlich fruchtbar und darum zum Bewohnen geeignet.

I. Sam. 26, 1 ff.

ויבאו הזפים אל שאול הגבעתה לאמר
הלא דוד מסתתר בגבעת החכילה על
פני הישימון. ויקם שאול וירד אל
מדבר זיף ... ויחן שאול בגבעת
החכילה אשר על פני הישימון ...
ודוד ישב במדבר. וירא כי בא שאול
אחריו המדברה ... ויקם דוד ...

I. Sam. 23, 19 ff.

ויעלו זפים אל שאול הגבעתה לאמר
הלא דוד מסתתר עמנו במצדות בחרשה
בגבעת החכילה אשר מימין הישימון
... ויקומו וילכו זיפה לפני שאול
ודוד ואנשיו במדבר מעון בערבה אל
ימין הישימון וילך שאול ... לבקש
ויגידו לדוד וירד הסלע (מהסלע)
וישב במדבר מעון. וישמע שאול וירדף
אחרי דוד מדבר מעון. וילך שאול
מצד ההר מזה ודוד ... מצד ההר
מזה ... על כן קראו למקום ההוא
סלע המחלקות.

Aus dieser Parallelisierung ergibt sich: 1. Der Hügel Chakhila ist identisch mit חרשה oder חרש „der Wald, der Hügel," dessen Spitze jetzt abgeflacht ist; er war wohl in alter Zeit mit Waldbäumen bewachsen. 2. Die nähere Bezeichnung „rechts von der Wüste" und „gegenüber der Wüste" bedeutet ein und dasselbe. Unter „Wüste" (הישימון) ist hier die öde westliche Bergwand zu verstehen, welche das tote Meer einschließt. Von Tell-Sif aus erscheint sie sehr nahe; sie kann etwa nur drei Stunden davon entfernt. Dieselbe Bezeichnung kommt auch vor Numeri 21, 20; 23, 28. Die Orientierungspräposition ימין oder מימין ist nicht absolut, sondern relativ vom Standorte des Erzählers. 3. Daraus folgt, daß der Hügel Tell-Sif identisch ist mit dem Hügel Chakhila. Es ist derselbe Waldhügel, der I. Sam. 23, 14—18 als Aufenthaltsort Davids angegeben ist: ישב דוד במצדות וישב בהר במדבר זיף ... ויקם יהונתן ... וילך ודוד במדבר זיף בחרשה ... אל דוד אל חרשה. Der הר, „Berg" in der Trift Ziph, und der „Hügel" Chakhila bei Ziph ist eine und dieselbe Anhöhe, nämlich Tell-Sif. [Vgl. Buhl S. 97 und Riehm-Bäthgen S. 564, 808, 1518.]

Mit diesem gewonnenen Ergebnis können wir uns weiter orientieren. Von Tell-Sif bis Tell-Main sind kaum drei Stunden. Dieser ist um mehr als 100 Fuß höher als jener, von Ruinen umgeben. Die Aussicht reicht von hier noch weiter, selbstverständlich erblickt man von hier aus die Einfassungsbergwand des toten Meeres. Dahin entfloh David, als Saul sich Ziph näherte, nämlich in die Trift Maon. Der Tell-Main muß also identisch sein mit dem „Berge", den Saul umzog, um David zu ertappen, während dieser auf der anderen Seite war (23, 26). Er ist auch identisch mit dem „Felsen" הסלע (V. 25), von welchem David herabstieg, als sich Saul näherte. Da man im Hebräischen unmöglich sagen kann וירד הסלע, er stieg hinab zum Felsen, so muß man dafür lesen וירד מהסלע, er stieg vom Felsen oder vom „Berge" herab, und zwar von Tell-Main. Dieser Felsen wird zum Schluß genannt סלע המחלקות, Fels der „Teilung" oder der „Steilheit". Beides paßt auf Tell-Main. Wir haben also die alten Benennungen für die zwei Tells gewonnen, für Tell-Sif גבעת החכילה und für Tell-Main סלע המחלקות. V. 24 muß ein wenig danach rektifiziert werden: ודוד ואנשיו במדבר מעון בערבה אל ימין הישימון. Das Wort בערבה hat hier keinen rechten Sinn; ערבה oder ערבות wird speziell von der Gegend des Jordans und des toten Meeres gebraucht; hier paßt es also nicht. Es klingt auch tautologisch במדבר und בצרבה. Da wir wissen, daß David vom Felsen heruntersteig, so muß er früher hinaufgestiegen sein. Man muß also dafür lesen entweder במדבר מעין בסלע oder בנגבה. [Anders Klostermann z. St.] Über die Bedeutung von מצודה oder מצדות vgl. Note 14.

Wir sind also imstande, Davids Aufenthaltsorte genau zu bestimmen. Nach seiner Flucht aus Keïla im Westen zog er nach der entgegengesetzten Seite, hielt sich anfangs auf dem Hügel Chakhila oder Tell-Sif auf. Von den Ziphäern verraten, wurde er von Saul aufgesucht, zog sich südlich auf den Hügel oder Fels Machlekôt oder Tell-Main zurück und wäre beinahe in Gefangenschaft geraten, da Saul den Hügel umstellen ließ, wenn dieser wegen der Invasion der Philister nicht zum Abzug genötigt worden wäre. Nachdem Saul die Philister verjagt hatte, suchte er wieder David in der Gegend von Ziph-Maon auf. Die griechische Version hat zu 26,4 כי בא שאול אל זבון noch den Zusatz ἐκ Κεϊλά, als wenn Saul sofort nach errungenem Siege bei Keïla zur Verfolgung Davids geeilt wäre. Saul scheint also durch das Gebiet des Stammes Juda im Süden den kürzesten Weg eingeschlagen zu haben. Darum floh David nach der Wildnis En-Gedi. Dort erfolgte die Aussöhnung. David verblieb noch einige Zeit bei En-Gedi (24, 23), dann begab er sich nach Maon (25, 1); für מדבר פארן haben LXX Μαών. Hier blieb er einige Zeit und zog hin und her zwischen Maon und Karmel (25, 7. 16). Auch in dem judäischen Jesreël muß er gewesen sein, da er von da eine Frau nahm (25, 43). Ob Saul ihn noch zweitenmal bis Ziph verfolgt hat, ist zweifelhaft. Denn die Erzählung in Kap. 26 hat viel Ähnlichkeit teils mit der ersten Erzählung von Ziph und teils mit der Szene in En-Gedi. In beiden Relationen werden Saul 3000 Mann beigegeben (24, 3 und 26, 2). Es haben vermutlich zweierlei Überlieferungen über Davids Überraschung durch Saul kursiert; die eine verlegte die Szene nach En-Gedi und die andere nach Ziph. Der spätere Historiker hat beide aufgenommen; aber da der Schauplatz in der zweiten Relation unbestimmt gehalten ist, so scheint die erstere treuer zu sein.

Aus der gewonnenen Orientierung bezüglich der Lokalitäten in Davids Geschichte läßt sich noch ein anderer Punkt aufklären. Von Nabal, dem Karmeliter, heißt es: והוא כלבי (כלבו) (25, 3). Daß es ein Gentilnamen ist und nicht κυνικός, hat man längst erkannt. Aber man hat den Namen auf die Familie Kaleb zurückgeführt. Das ist aber entschieden unrichtig. Denn es ist unstreitig, daß die Kalebiten in Hebron gewohnt haben (schon angedeutet in Numeri 13, 22; 14, 24; Richter 1, 20; Josua 14, 13—14 und andere Stellen). Diese haben wohl schwerlich ihre erbgesessene Stadt verlassen, um sich südlich bei Maon anzusiedeln. Wenn wir auch nur dürftige Nachrichten über die Stammsitze haben, so kann doch als sicher gelten, daß jede Familie stationär in ihrem Ursitze blieb und nicht vagabundierend andere Wohnsitze aufsuchte. Noch heutigentags behaupten die arabischen Familien ihre einmal eingenommenen Striche und gehen nicht darüber hinaus, weil sie von den Nachbarn daran gehindert werden und etwaige Übergriffe stets zu ewigen Fehden führen. Zur Bestätigung dessen dient noch eine Notiz. Es hat einen Strich in dem an die Wüste streifenden Stammgebiete Judas gegeben, welcher die Wüste Kaleb genannt wurde (I. Sam. 30, 14): נגב כלב. Das Wort Negeb bedeutet in der hebräisch-geographischen Sprache den von Hebron südlich sich ausdehnenden Wüsten- und Triftenstrich,

welcher nur für Viehzucht und Nomaden geeignet ist. Dieser Strich נגב
erstreckte sich östlich bis zum toten Meere und westlich bis an die philistäische
Ebene. Er wird im allgemeinen נגב יהודה genannt: innerhalb dieses Gebietes hatten einzelne kleinere Territorien noch besondere Namen. Ich erinnere nur an נגב הכרתי und נגב באר שבע.

Negeb-Kaleb kann also nicht von den Kalebiten aus Hebron bewohnt
gewesen sein. Es muß also von einer anderen Familie den Namen erhalten
haben. Nun unterscheidet die Chronik zwei Personen Kaleb, einen Sohn
Jephunes (I. 4, 15) und einen anderen, Sohn Chezrons, dessen Bruder
Jerachmaël war (2, 42). An einer anderen Stelle ובני כלב אחי ירחמאל
nennt sie ihn כלובי (daf. 2, 9): ואת ... את ירחמאל ובני חצרון
כלובי. In derselben Partie gibt die Chronik die Deszendenz der Nachkommen des Jerachmaël, ferner die des zweiten Bruders רם und endlich die
des dritten Bruders Kaleb oder Kelubaï, durchaus verschieden von der
Familie des berühmten Kaleb. Von den Nachkommen des wenig berühmten Kaleb nennt sie (2, 42) ובני כלב אחי ירחמאל מישע בכורו הוא
אבי זיף. Nach der Manier der Chronik bedeutet es, daß die Kalebiten
oder Kelubiten in, bei oder um Ziph wohnten. Diese Gegend hieß also
נגב כלב, die Südtrift Kaleb. Nábal aus Karmel stammte von dieser
Familie Kelub, und darum wird er Kelubi (כלובי) genannt. Die Schreibweise des Namens scheint geflissentlich gewählt, um ihn von den Kalebiten
in Hebron zu unterscheiden. Wir kennen demnach das Territorium des Negeb-
Kaleb; es war nicht Hebron; denn dieser fruchtbare Strich kann nicht als
Negeb bezeichnet werden, sondern die Gegend von Ziph, Karmel, Maon,
Jutta, südlich von Hebron. [Vgl. Riehm-Bäthgen S. 254.]

So wie es ein נגב כלב, von der kalebitischen oder kelubitischen Familie
benannt, gegeben hat, ebenso gab es ein נגב הירחמאלי, nach den Jerach-
maeliten genannt. Jerachmaël war ein Bruder des Kelub, d. h. beide
Familien waren nahe verwandt. Negeb Jerachmaëli muß also nahe bei
Negeb-Kaleb gelegen haben. Es scheint, daß es südlicher lag. Denn zweimal wird es mit נגב הקני zusammen genannt (I. Sam. 27, 10): אל נגב
הירחמאלי ואל (ועל) נגב הקני, und daf. 30, 29: David sandte von der Beute
Geschenke an die Bewohner der Städte לאשר בערי הירחמאלי ולאשר בערי
הקיני. Liest man in demselben Verse statt בכרמל mit LXX ἐν Καρμήλῳ,
d. h. בכרמל, so scheint in dieser Stelle die Richtung von Nord nach Süd
eingehalten. Er sandte Geschenke nach Karmel, d. h. in das Gebiet des Negeb-
Kaleb, dann südlicher in die Städte des Negeb-Jerachmaëli und endlich
noch südlicher in das Gebiet des Negeb Keni. Es paßt dann darauf im
darauffolgenden Verse לאשר בחרמה, da Harma entschieden äußerst südlich
gelegen war. Nebenher sei noch bemerkt, daß in II. Chr. 20, 16 statt מדבר
ירואל vielleicht zu lesen sein dürfte מדבר ירחמאלי, nämlich identisch mit
נגב הירחמאלי.

Indessen wird es stets schwer halten, die verschiedenen Territorien des
Negeb genau abzugrenzen, man muß sich schon mit relativen Ermittlungen
begnügen. Um die relative Lage wenigstens zu sichern, muß man von נגב
הקיני ausgehen. Die Keni oder Jitri waren mit den Ismaeliten befreundet
und wohnten unter ihnen, und zwar unter den Jehudäern. Zwei Schrift-
stellen deuten die Lage ihres Territoriums an, die eine (Numeri 24, 21), daß
es in einer hohen Gebirgsgegend gelegen war, ... וירא את הקיני

קנד בסלע ושים מושבך איתן ויאמר, und die andere, daß sie Nachbarn
der Amalekiter waren (I. Sam. 15, 6): רדו סרו ... הקיני אל שאול ויאמר
צמלק מתוך קיני ויסר ... צמלקי מתוך. Auch der Ausdruck רדו „steigt
hinab" spricht dafür, daß sie auf Höhen wohnten. Dieses Hochland der
Keniter kann nicht an den Bergwänden des toten Meeres gewesen sein, weil
diese unfruchtbar und unbewohnbar sind, und weil die Amalekiter mehr westlich in der Gegend des Berges Paran, in der Nähe von Kadesch-Barnea
gehaust haben (v. S. 361). Die Amalekiter grenzten an das westliche Tih
oder an שור מדבר, nahe an Wadh el-'Arisch (מצרים נחל). Folglich müssen
die Keniter im Hochlande des Magrah, vielleicht im Gebirge des Azazimeh ihr Territorium gehabt haben. Abdah, das Aboda auf der Peu-
tingerschen Tafel, mag ihr Hauptort gewesen sein. Diese Gegend liegt sehr
hoch, 300—400 Fuß über den nahen Tälern.

Zur näheren Orientierung gehört noch die Ermittlung der ungefähren
Lage von צפת und חרמה. Palmer glaubt Spuren derselben gefunden zu
haben. Er fand nämlich Ruinen einer Stadt Sebaita auf einer Höhe,
welche Magrah es-Sebaita genannt wird, zwischen der Stadt el-Augeh
westlich und Abdeh östlich. Er beschreibt sie (Desert of Exodus 13, 374 f.)
folgendermaßen: „Die Ruinen bestehen aus einer Stadt von 200 Yards lang
und beinahe ebenso breit. Die Gegend ringsumher ist fruchtbar und zeigt
Spuren von Obst- und Weingärten. Auch die Ruine eines hohen Turmes ist
zu sehen, aus mächtigen Steinblöcken erbaut, sowie Überbleibsel von Kirchen."
Palmers Buch veranschaulicht die Ruinen durch Abbildungen. Er identifiziert
Sebaita mit צפת. Für die Bedeutung dieser Stadt zitiert er ein arabisches
Sprichwort: „Es gibt nichts Größeres als el-Augeh und el-Abdeh, aber
Esbaita ist größer als beide." Um die Identität zu erhärten, zieht Palmer
noch die hohe Festung el-Meschrifeh unweit Sebaita heran, welche die
ganze Gegend beherrscht; diese Festung sei eigentlich צפת gewesen, welches,
gleich מצפה, a watch-tower, einen Wachtturm bedeute; el-Meschrifeh ent-
spreche diesem in Lage und Wortbedeutung. [So auch Buhl a. a. O. S. 184.]
Überzeugend ist zwar dies alles keineswegs. Aber es spricht dafür, wenn die
Identität von Kadesch-Barnea mit Ain-Gadisch richtig ist (v. S. 359), daß die
Israeliten, von Kadesch weiter nördlich hinaufziehend, von den Amalekitern
und Kanaanitern bei Harma, d. h. Zephat, geschlagen wurden (Numeri
14, 45). Nun beträgt die Strecke von Ain-Gadisch bis Sebaita in gerader
Linie etwa zehn Stunden Wegs. Folglich kann Zephat-Harma mit Sebaita
identisch sein. Aus einer Stelle in Richter, die weiter beleuchtet werden soll,
ergibt sich, daß sich die Keniter unter den Jehudäern nicht weit von Zephat
angesiedelt haben. Daraus würde folgen, daß ihr Territorium etwa in der
Mitte des Hochlandes Magráh lag. Das war also הקיני נגב: folglich lag
הררחכאלר nördlich davon und noch nördlicher um Ziph, Karmel und Maon
כלב נגב. Palmers Abgrenzung der Territorien des Negeb (das. p. 425 f.) ist
unrichtig, weil er von falscher Voraussetzung ausgeht. Er bringt das Gebiet
der Kelubiten mit Hebron und Kaleb in Verbindung und sucht nicht als
Mittelglied die Lage der Keniter zu bestimmen. Er zitiert dazu einen
Schriftvers falsch und zieht daraus eine Folgerung, die selbstverständlich falsch
ist. "Again, Maon, Carmel, Ziph and Jutta, are mentioned among
the uttermost cities of the tribe of ... Judah ... in the Negeb" (Josua
15, 55). Das ist ein Versehen, diese Städte werden im Gegenteil zu den

Gebirgsstädten gezählt, die 29 Städte des Negeb dagegen werden das. VV. 21—32 aufgezählt. Den Eingang dieser Schriftstelle wollen wir jetzt in Betracht ziehen; er wird uns nicht bloß Aufschluß über das Territorium נגב ערד, sondern auch über ein dunkles Faktum geben, das sich daran knüpft. Die von Palmer aufgestellte Einteilung des Landstriches Negeb (p. 426) ist zum Teil ganz unrichtig und zum Teil zweifelhaft:

1. In the low country north and west of Beersheba we can recognise the Negeb of the Cherethites (נגב כרתי). 2. In the hill-country south of Hebron the outposts of the hills of Judah we can identify the Negeb of Judah, and the ruined sites of Tell Sif, Main and Kurmul indicate exactly the locality of the Negeb of Caleb. 3. Tell Arad and its adjacent plains form the Negeb of the Kenites, which extended, probably, to the southwestern end of the dead Sea. 4. The next portion of the plateau, that bounded on the north by Wady Rakhmeh and on the south by Wadies el'Abyadh, Marreh and Madérah, represents the Negeb of Jerahmeel. Auf die letzte Identifikation kam Palmer einzig und allein durch die Lautähnlichkeit des Tales Rakmeh mit ירחמאל. Aber solche Schallanklänge täuschen gar zu sehr.

Robinson ließ sich auch von einer solchen Klangähnlichkeit verleiten, Tell-Arad mit ערד zu identifizieren; aber das kann nicht richtig sein. Er berief sich dabei (Palästina III, S. 12, Anm.) auf das Zeugnis von Eusebius' Onomastikon, welches angeblich Arad auf 20 römische Meilen von Hebron entfernt ansetzt, und so weit (= 8 Kamelstunden) ist von Tell-Arad nach Hebron. Aber das ist falsch. Eusebius setzt diese Entfernung nicht für Arad, sondern, wie es scheint, für חרמה. Die Angabe lautet nämlich (ed. Lagarde p. 214, 55: 'Αράδ, πόλις 'Αμορραίων, παρακειμένη τῇ ἐρήμῳ καλουμένῃ Κάδης κτλ. Es muß wohl dafür 'Αραμά = חרמה gelesen werden. Denn wie käme Eusebius darauf, Arad mit der Wüste Kadesch in Verbindung zu bringen? In Hieronymus' Übersetzung lautet zwar das Stichwort Arath [in der ed. Klostermann 25, 1 steht Arad im Texte]; aber das ist immer noch nicht richtig, scheint auch hier verschrieben zu sein.

Nach genauer Erwägung der Schriftverse ergibt sich nämlich, daß Arad nicht mit Tell-Arad identisch und nicht vier Meilen oder acht Stunden südlich von Hebron gelegen haben kann. In Josua (Kap. 15), wo die Städte des Stammes Juda aufgezählt werden, werden sie in vier Gruppen eingeteilt: 1. בנגב, 2. בשפלה (V. 33), 3. בהר (V. 48) und 4. במדבר (V. 61 ff.). Zur ersten Gruppe gehören 29 Städte, und es wird dabei bemerkt (15, 21), daß sie an der Grenze von Edom gelegen haben: ויהיו הערים מקצה למטה בני יהודה אל גבול אדום בנגבה קבצאל ועדר וגו'. Statt ערד hat die griechische Version (Vaticanus) 'Αρά; dieses ist unstreitig verstümmelt für 'Αράδ = ערד. Arad war also an der Grenze von Edom gelegen. Mag diese auch noch so weit ausgedehnt gedacht werden, unmöglich kann sie bis ganz nahe zu Hebron gereicht haben. Allerdings ist dieser Beweis nicht entscheidend. Aber es gibt noch entscheidendere. Zweimal ist in Numeri angegeben, daß der König von Arad, der in Negeb wohnte, den Israeliten entgegenzog und sie besiegte, und daß dann Israel später Rache an ihm nahm und einen Ort Harma = חרמה nannte. Dieser Zug der Israeliten zum Eindringen ins Land Kanaan kann nur von Kadesch aus erfolgt sein, von dessen Aufenthalt vorher die Rede ist. Wäre Arad unweit Hebron gelegen, d. h. von Kadesch beinahe drei Tagereisen entfernt, so wäre es ganz undenkbar, daß der König dieses Ortes sogleich Nachricht von dem Eindringen der Israeliten erhalten hätte und ihnen so weit entgegengezogen wäre.

Gehen wir näher ein auf diese Erzählung von der anfänglichen Niederlage und dem späteren Siege der Israeliten über den König von Arad, so wird sich daraus noch entschiedener herausstellen, daß der Ort an der Grenze gelegen haben muß und nicht so tief im Binnenlande des Stammes Juda. Die in dieser Erzählung tradierte Begebenheit muß ein wichtiges Faktum gewesen sein, da sie zweimal erzählt wird. Sie ist entschieden einerlei mit dem in Richter erzählten Faktum von dem Siege des Stammes Juda im Verein mit Simeon über den König von Arad (1, 16—17), wie schon einige Kritiker bemerkt haben: ובני קיני ... עלו מעיר התמרים את בני יהודה מדבר יהודה אשר בנגב ערד וילך וישב את העם וילך יהודה את שמעון אחיו ויכו את הכנעני יושב צפת ויחרימו אותה ויקרא שם העיר חרמה. Ganz ebenso lautet der Schluß in Numeri (21, 3): ויתן את הכנעני (בידם) ויחרם אתהם ואת עריהם ויקרא שם המקום חרמה. Was in der letzten Stelle im allgemeinen von den בני ישראל erzählt wird, wird in der ersteren auf die Stämme Juda und Simeon reduziert. Allerdings scheint in Richter das Faktum nach dem Einzug ins Land angesetzt zu sein, während es in Numeri im letzten Jahre der Wüstenwanderung angesetzt wird. Allein es besteht kein Widerspruch zwischen beiden Relationen; auch in Richter kann sie nur von der Zeit der Wüstenwanderung vor dem Einzug handeln.

Die Keniter sind hier mit hineingezogen, daß auch sie mit dem Stamm Juda hinaufgezogen sind und mit diesem Negeb-Arad besetzt haben. Wohl ist zu beachten, woher sie ausgezogen sind: von der Palmenstadt (מעיר התמרים); das kann unmöglich Jericho bedeuten; denn die Keniter haben zu keiner Zeit da gewohnt. Es kann nur Zoar, die Palmenstadt (צער עיר התמרים), bedeuten (vgl. Frankel-Graetz Monatsschrift, Jahrg. 1872, S. 337 f.). Zoar lag unstreitig in der Oase im Südwesten des toten Meeres, in Ghor es-Safieh. Also die Keniter zogen zusammen mit Juda und Simeon von dem Südostrand des toten Meeres in das Gebiet von Arad. Soll dieser Zug nach der Einnahme des Landes stattgefunden haben? Aber dann sind ja die Stämme Juda und Simeon bereits im Besitze des Landes gewesen. Wären die Keniter nicht dabei genannt, so könnte man annehmen, daß die beiden Stämme vom Norden aus, von Hebron, nach Arad und Zephat-Harma gezogen wären, und zwar um auch dieses Territorium zu erobern; allein zusammen mit den Keniten und von Zoar, von Süden aus, können sie ja unmöglich nach dem Einzug eingedrungen sein. Das Faktum ist durchaus historisch, da es an drei verschiedenen Stellen erzählt wird, nur in Richter umständlicher und individueller. Es ist also nur denkbar, wenn die zwei Stämme im Vereine mit den Keniten von Süden aus, teils vom Südende des toten Meeres und teils von Kadesch aus, in das Land Kanaan eingedrungen sind, zuerst Negeb-Arad besetzt und dann, weiter vordringend, auch Zephat-Harma eingenommen haben. Dieser Zug muß also vor dem Übergang über den Jordan und der Einnahme des Landes Kanaan stattgefunden haben, und zwar, wie in Numeri angegeben ist, im 40. Jahre der Wüstenwanderung. Die Relation in Richter ist als Plusquamperfektum aufzufassen. Die Keniter waren mit Juda (und Simeon) aus der Palmenstadt Zoar nach Arad gezogen. Juda und Simeon hatten die kanaanitischen

Bewohner von Zephat geschlagen, die Stadt Harma genannt und so das Land in Besitz genommen.

Durch diese Ermittlung der Zeit dieses Ereignisses stellt sich eine neue Tatsache heraus, daß nämlich ein Teil der Israeliten, speziell der Stamm Juda und Simeon — oder ein Teil derselben —, in Verbindung mit den Keniten im 40. Jahre der Wüstenwanderung in den Süden des Landes Kanaan eingedrungen sind. Verbinden wir nämlich beide Relationen von Numeri und Richter — und dazu sind wir berechtigt —, so scheint der Vorgang folgendermaßen gewesen zu sein. Nachdem Edom den Gesamtisraeliten den Durchzug durch sein Land aus Kadesch verweigert hatte, wendeten sie sich im 40. Jahre von dieser Stadt aus südlich und gelangten zum Berge Hor (bei Petra), nach Numeri 20, 14—22, um die ganze Araba südlich zu durchziehen und von Ezion-Geber aus die östliche Straße einzuschlagen. Ein Teil des Stammes Juda und mit ihm Simeon — der Wanderungen müde — wollten von Kadesch aus den Durchzug in dem Süden von Kanaan erzwingen, gerade wie es ein Teil der Israeliten im zweiten Wanderjahre versucht hat (Numeri 14, 40 ff). Sie trennten sich also von den übrigen Stämmen. Während diese südwärts zogen, zogen sie. Sie hatten sich mit den Keniten von Zoar verbunden. Diese drei Stämme zogen den Weg der Karawanen, דרך האתרים [1]), der noch heute von Petra nach Hebron führt. Der König von Arad zog ihnen aber entgegen und schlug sie. Sie waren aber nicht entmutigt wie im zweiten Jahre, sondern sammelten sich wieder und drangen abermals vor, eroberten Arad, setzten sich darin fest, stießen dann auf die Stadt Zephat, nahmen sie ebenfalls ein, zerstörten sie und vertilgten die Bewohner, und die Keniten siedelten sich unter ihnen an in Negeb-Arad. So ergänzen beide Relationen einander. Sie sprechen beide von demselben Faktum und von derselben Zeit, nämlich vom letzten Jahre der Wüstenwanderung.

Es folgt also daraus, daß sich der Stamm Juda oder ein Teil desselben mit Simeon von den übrigen Stämmen getrennt und einen eigenen Einzug ins Land von Süden aus unter schweren Kämpfen gehalten hat; daher ist die Tatsache erklärlich, daß der Stamm Juda — immer zugleich mit Simeon — eine Sonderexistenz geführt, gewissermaßen einen Sonderbund gebildet hat. Daher ist in der Richterzeit wenig von ihm die Rede (vgl. o. S. 376). Er stand in näherer Beziehung zu den Keniten als zu den übrigen Stämmen.

Da die Keniten mit den Judäern im Territorium von Arad gewohnt haben und anderseits auch Nachbarn der Amalekiter waren (o. S. 394 f.), so kann נגב ערד nicht einige Stunden südlich von Hebron gesucht werden,

---

[1]) Numeri 21, 1 kann דרך האתרים nur bedeuten „Weg der Karawanen", d. h. der von den Karawanen in der Regel eingeschlagen wird. אתרים gleich תרים sind eben Karawanen; vgl. I. Könige 10, 15 אנשי התרים, Männer der Karawanenzüge, welche große Strecken zurücklegen, im Gegensatz zu מסחר הרכלים (das.), Kleinhändler, die von Ort zu Ort ziehen. תרים ist dasselbe, was im Arabischen שירה, im Neuhebräischen שיירה ist, nämlich Karawane. Im Neuhebräischen hat sich noch תריר erhalten, der Karawanenführer. Ja, das Verbum תור, und zwar in Verbindung mit את הארץ, hat zur Grundbedeutung, das Land durchziehen; diese Bedeutung liegt auch dem Arabischen תור, תאר zugrunde, umherstreifen. — In Numeri 33, 40 ist dieselbe Erzählung eingeleitet, und der Schluß fehlt.

sondern vielmehr südlich), noch südlicher als Beerseba, und zwar an der Grenze von Edom (o. S. 397). Man darf nicht unbeachtet lassen, daß Beerseba die letzte Stadt des Stammes Juda genannt wird, d. h. daß Judäer nur bis dahin ausschließlich und dicht gewohnt haben, weiter südlich aber waren sie mit anderen Stämmen untermischt. Wenn auch Harma (Zephat), Kadesch und auch Arad als Städte des Losgebietes Juda aufgezählt werden, so folgt daraus noch nicht, daß sie wirklich im Besitz der Judäer waren; diese und andere waren bloß Anspruchsstädte.

Das Territorium von Negeb Jehuda umfaßte also mehrere Parzellen. Es begann südlich von Hebron und reichte fast bis zum Saum der Wüste et-Tih. 1. Negeb Kaleb im nördlichsten Winkel (Ziph, Karmel, Maon, Jutta). 2. Negeb Jerachmeëli südlich davon. 3. Negeb Keni noch südlicher. 4. Die Wüste Kadesch ganz an der südlichsten Grenze (Numeri 13, 22; Pf. 29, 8). 5. Die Wüste Beerseba nach Westen zu. 6. Negeb Khreti, noch westlicher, fast bis ans Mittelmeer, südlich von Gaza. 7. Die Wüste Zin, östlich bis an das Seïrgebirge. Die Wüste Paran ist identisch mit der Wüste Kadesch (o. S. 360).

11.

Sauls Niederlage am Gilboa und der Anfang der Eroberungen der Philister nach dieser Niederlage.

Als Schauplatz der entscheidenden Schlacht, welche Saul das Leben gekostet hat, wird an einigen Stellen der Berg Gilboa genannt (I. Sam. 28, 4; 31, 1. 8; II. 21, 12; und auch im Trauerliede Davids um Sauls Tod, II. 1, 21: הרי בגלבע). An anderen Stellen wird dafür Jesreël angegeben (nicht bloß I. 29, 1 und 11, sondern auch II. 4, 4). Zwei verschiedene Relationen können es unmöglich sein, da in der zuletzt zitierten Stelle, die jedermann als ursprünglich anerkennt, es auch heißt, die Nachricht von Saul und Jonathan kam von Jesreël. Beide Ortsangaben lassen sich indes vereinigen. Von den Philistern ist angegeben, sie hätten ihr Lager in Sunem aufgestellt (I. 28, 4). Die Identität mit dem jetzigen, in einer fruchtbaren Gegend liegenden Dorfe Sulam am Südwestfuße des Bergrückens Ed-Duhy ist nicht ganz gesichert. [Vgl. Buhl a. a. O. S. 217, 274.] Denn Eusebius identifiziert es mit einem zu seiner Zeit noch vorhandenen Dorfe Sulam, 5 römische Meilen = 1 Meile südlich vom Thabor (Onomastic. ed. Lg. p. 294 [ed. Klostermann 158, 11]). Vom jetzigen Dorfe Sulam bis zum Thabor sind aber mehr als 1½ geographische Meilen. Demgemäß muß Sunem nördlicher gelegen haben. Es heißt aber wieder, die Philister hätten in Aphek gelagert (daf. 29, 1). Die Lage von Aphek ist zwar nicht bekannt, aber es muß in der Ebene Jesreël gelegen haben (I. Könige 20, 23; 26). Folglich ist bei der Angabe, daß die Schlacht in Jesreël stattgefunden, die Ebene Jesreël (עמק יזרעאל) zu verstehen, auch schlechtweg העמק, die Ebene, genannt (I. Sam. 31, 7). Von dem Lagerplatz Israels heißt es einmal, er wäre in Gilboa gewesen, und das andere Mal (29, 1) בעין אשר ביזרעאל. Diese Angabe ist undeutlich, denn bei der Stadt Jesreël (Zerin) gibt es mehrere Quellen. Die griechische Übersetzung hat aber dafür die plausible Lesart

Ἀενδώρ = בעין דור in Jesreël. Sie ist deswegen plausibel, weil Saul in einer Nacht die Zauberin von Endor aufgesucht und in derselben Nacht wieder ins Lager zurückgekehrt ist (28, 7—8. 25). Wäre sein Lager an einer Quelle bei Jesreël geweſen, ſo hätte er in einer Nacht nicht ohne Anſtrengung die Hin- und Rückreise machen können. War das Lager aber bei Endor, ſo war es leicht, ſich nach der Stadt zu begeben und zurückzukehren. In betreff der Lage von Endor widerſpricht ſich Euſebius zum Teil. Einmal gibt er an, es ſei vier römiſche Meilen ſüdlich vom Thabor entfernt und ſei zu ſeiner Zeit ein großes Dorf geweſen (Onom. p. 226 [ed. Kl. 34, 8]), und das andere Mal, es liege bei Skythopolis (daſ. p. 259 [ed. Kl. 94, 22]). Das erstere ist wohl richtig, denn noch jetzt ist etwas über eine Stunde von Thabor ein Dorf Endur. Es war also nur 1/5 Meile von Sunem entfernt. Alle dieſe Städte, Sunem, Endor, Aphek, gehörten zur Ebene Jesreël. In dieſer Ebene hat alſo die Schlacht stattgefunden, und zwar weſtlich vom Bergrücken Eḏ-Duhḥy (oder Moreh). Der Widerspruch, daß die Israeliten bei Gilboa gefallen ſind, iſt daher ſo auszugleichen: Entweder wurde der 1/2 Stunde vom Gilboaberg nördlich liegende Rücken Eḏ-Duhḥy noch unter Gilboa inbegriffen — und daher die Bezeichnung הרי בגלבע (im Trauer-liede) Berge bei Gilboa — oder die Israeliten ſind auf der Flucht von dem Schlachtfeld bei Aphek in Gilboa niedergemacht worden. Dafür ſcheint die Beſchreibung (31, 1) zu ſprechen: וינכו אנשי ישראל ויפלו חללים בהר הגלבע, d. h. zuerst entflohen die Israeliten und dann fielen ſie auf dem Gilboa. Der Widerspruch in den Angaben ist alſo nur Schein.

Wichtiger ist, zu konstatieren, welche Ausdehnung die Eroberung der Philiſter nach ihrem Siege genommen hat. In 31, 7 ist angegeben, daß die Israeliten בעבר העמק und בעבר הירדן infolge der Niederlage die Städte verlaſſen und daß die Philister ſie beſetzt haben. Das erstere bedeutet: in der Gegend der Jesreëlebene, und das zweite: in der dieſſeitigen Gegend des Jordans. Zur letzteren gehört Bet-Schean, deſſen Einnahme beſonders erwähnt ist mit der Bemerkung, daß die Philiſter die Gebeine Sauls und Jonathans an den Mauern dieſer Stadt aufgehängt haben[1]).

Ob die Philister ihre Besetzung des Landes noch weiter ausgedehnt haben, als auf die Ebene Jesreël und die bewohnbare Gegend der Jordanebene, ist nicht angegeben. Aber aus der Erzählung (II. Sam. 4, 4), daß die Amme des Mephi-Boschet mit dem fünfjährigen Knaben entfloh, als die Nachricht von dem Unglück bei Gilboa einlief, folgt, daß die Philister auch weiter

---

[1]) Die Körper Sauls und Jonathans wurden aufgehängt und „nicht hoch an die Mauer gesteckt". Der Ausgangspunkt ist II. Sam. 21, 12: את
 עצמות שאול ואת עצמות יהונתן בנו . . . . אשר גנבו אתם מרחוב בית‑שן אשר
 תלום שם פלשתים. An der Hauptstelle I. Sam. 31, 10: ואת גויתו תקעו
 בחומת בית שן muß statt תקעו gelesen werden הוקיעו [ſo auch Wellhausen z. St.], was auch „aufhängen" bedeutet, wie es an der ersten Stelle V. 13 heißt. עצמות המוקרים. Statt ברחוב muß man lesen בחומה, ſo har- moniert alles. Schon aus dem Umstande, daß David dieſe Gebeine ſpäter beiſetzen ließ, folgt, daß die Jabeſchiten ſie nicht verbrannt hatten. Es muß alſo I. Sam. 31, 12 statt וישרפו lauten, wie I. Chronik 10, 12. Auch II. Sam. 2, 4 heißt es אשר קברו את שאול. [Anders, aber weniger emp- fehlenswert, Klostermann z. St.] Vom Verbrennen der Leichen fehlt im hebräiſchen Altertum jede Spur.

südlich vordrangen. Mephi-Boschet und seine Amme waren wohl schwerlich auf dem Kampfplatz, sondern waren ohne Zweifel in Gibea zurückgeblieben. Von Gilboa oder Bet-Schean bis Gibea ist auch bei Eilmärschen eine Strecke von zwei Tagereisen. Die Philister müssen sich also Gibea genähert haben, so daß die Amme sich veranlaßt sah, so eilig zu entfliehen, daß sie das Kind fallen ließ. Es folgt auch daraus, daß Abner die Mannschaft nicht im benjaminitischen Gebiete, sondern jenseits des Jordans sammelte. Jenes muß also von den Philistern besetzt gewesen sein. In II. Sam. 2, 9 ist die allmähliche Zurückeroberung des Landes durch Abner geschildert: וימליכהו אל הגלעד ואל האשורי ואל יזרעאל ועל אפרים ועל בנימין ועל ישראל כלה. Zuerst machte Abner seinen Schützling Isch-Boschet zum König über Gilead, d. h. über den Stamm Gad, zu dessen Gebiet Machanaïm, der Sammelpunkt des Hauses Saul, gehört hat (vgl. folgende Note). Aus אשורי zu machen נשורי, ist Widersinn, da keines der beiden Geschur zu Israel gehört hat (vgl. Note 17). Man muß dafür lesen האשרי, welches mehreremal für חצר שבט המנשי gebraucht wird (Deuteron. 4, 43). [Köhler schlägt ungleich besser הָאָשֵׁרִי (vgl. Richter 1, 32) vor.] Also auch die jenseitigen Manassiten haben Isch-Boschet anerkannt. יזרעאל ist auch hier gebraucht für die ganze Ebene Jesreël, d. h. für die darin wohnenden Stämme, das diesseitige Manasse und Isachar. Dann Ephraim und Benjamin und ganz Israel, d. h. Dan, Zebulon, Ascher und Naphtali. Diese Zurückeroberung muß 4½ Jahre gedauert haben, denn von der Zeit der Niederlage bei Gilboa bis zu Davids Herrschaft über Gesamtisrael, nach Isch-Boschets Tod, vergingen 6½ Jahre, und von diesem heißt es, er habe nur zwei Jahre über Gesamtisrael regiert (das. 2, 10), folglich dauerte der Kampf um den Wiederbesitz des Landes 4½ Jahre.

12.

Die Lage von Machanaïm und Ramoth-Gilead.

Zweimal bildete Machanaïm jenseits des Jordans auf kurze Zeit die Hauptstadt des Landes, unter Isch-Boschet und unter David nach seiner Flucht vor Absalom. Die Lage desselben ist aber noch nicht ermittelt. Von einigen ist sie gar falsch angesetzt. Seetzen war wohl der erste, welcher Machanaïm mit einem Dorfe Mahneh oder Maneh, fünf Meilen nordöstlich von dem Flusse Jabbok (jetzt ez-Zerka אל זרקה) entfernt, identifizierte (Seetzen, Reise I, 385). Robinson hat, ohne die Gegend besucht zu haben, diese Identifikation adoptiert (Physische Geographie des heiligen Landes, S. 84). H. B. Tristram, der mehr mit naturhistorischen Kenntnissen als mit Kritik ausgerüstete englische Tourist, welcher 1863—1864 das Land dies- und jenseits besucht und in der Gegend des Jabbok sich umgesehen hat, zweifelte ein wenig an der Identität von Maneh und Machanaïm, befreundete sich aber zuletzt doch damit (The Land of Israel, p. 487). Er bemerkt, daß er in Maneh keinerlei Trümmer gefunden habe, welche aus alter Zeit stammen könnten, nicht nur keine altisraelitischen, sondern nicht einmal römische. Der Platz muß also von jeher unbedeutend gewesen sein. Er fährt dann fort: Still . . . should not feel any doubt about the identity of this spot (Maneh) with Machanaim, where it not that it is so far north of the Jabbok, the boundary of Gad within whose limits Machanaim lay, and that from the history of Jacobs journey Machanaim appears to have been between Mount Gilead and the Jabbok. Nichtsdeſtoweniger ſchließt Triſtram, es ſei die Wahrſcheinlichkeit vorhanden, daß Machanaim ſich in Maneh erhalten habe. Allein es läßt ſich ſtreng beweiſen, daß Machanaim dicht am Jabbok und am Jordan gelegen hat. Um uns zu orientieren, iſt es notwendig, die Bodenbeſchaffenheit des jenſeitigen Jordanlandes zu markieren, weil dieſes wegen der Unſicherheit der Reiſen nur von wenigen Touriſten und nicht durchgängig erforſcht wurde.

Die öſtliche Bergwand des toten Meeres läuft für das Auge in einiger Entfernung nördlich fort bis zum Jabbok, d. h. es nimmt ſich wie ein langgeſtreckter Bergrücken aus. Sein höchſter Punkt wird G'ebel Oeſcha genannt, der etwa 3630 Fuß das Meeresniveau überragt. Er liegt ungefähr dem Kurn-Surtabeh (סרטבא im Talmud) diesſeits gegenüber. Dieſer Gebirgszug, welcher ungefähr 11 Meilen lang und 1½—2 Meilen breit iſt, wird in der Bibel Berg Gilead (הר הגלעד) genannt. Aber auch noch die nördliche Fortſetzung desſelben, etwa noch 8 Meilen bis zum ehemaligen Gadara (jetzt Umkreis) wird als Berg Gilead bezeichnet. Zwiſchen dieſem Bergrücken und dem Jordanbette flacht ſich eine Ebene ab, die ſich, bald ſich verengend, bald ſich erweiternd, bis zum Tiberiasmeer ausdehnt. Die Ebene wird in der Schrift die Tiefebene (העמק) genannt (Joſua 13, 27). In derſelben werden die Städte angeführt בית הרם, ferner בית נמרה, ferner סכות und צפון (vgl. Rosenmüller, Scholia ad Josua, p. 256, Raumer, Paläſtina, S. 252, welche das Richtige angegeben haben). Öſtlich vom Gebirgszuge dehnt ſich ebenfalls eine Ebene aus, welche ſich in Wüſtenland verliert. Dieſe wird ganz beſonders המישור, auch ארץ המישור genannt. Südlich vom Jabbok bildet Peräa alſo drei Längenzonen, Tiefebene, Gebirge und Flachebene. Nördlich vom Jabbok dagegen erſtreckt ſich das Hochland weiter öſtlich, ſteigt ſogar zu hohen Kuppen auf und wird gegenwärtig G'ebel Aglun genannt, weil die Stadt Aglun der Hauptort desſelben iſt. Vom Jabbok nordwärts ſind die Höhen mit Eichen bewachſen, die an gewiſſen Stellen dichte Wälder bilden. Das Hochgebirge erſtreckt ſich mit Tälern abwechſelnd noch weiter bis Edreï (Darat). Ganz im Süden reichte das den Israeliten zugewieſene jenſeitige Land bis zum Arnon (jetzt el-Mogeb oder Mogib).

Das Land vom Arnon, öſtlich vom toten Meere, bis zum Jabbok fiel Rüben und Gad zu (Deuteron. 3, 16). ולראובני ולגדי נתתי מן הגלעד ועד נחל ארנון (1 תוך הנחל וגבל ועד יבק הנחל גבול בני עמון. So weit reichte nämlich das ehemalige Gebiet der Ammoniter, das nun den beiden Stämmen zugeteilt wurde. Das Land nördlich vom Jabbok aber wurde Halbmanaſſe zugeteilt; es beſtand aus dem Gebirge längs des Jordans, alſo

---

1) Der Vers iſt invertiert. Unter תוך הנחל iſt Aroër zu verſtehen, welches im Tale Arnon lag; es bildete die Grenze zwiſchen Israel und Moab, in dem Gebiet, welches früher zu Ammon gehörte. Der Sinn iſt alſo: מן הנחל ארנון תוך הנחל וער יבק הנחל וגבול בני עמון. Als Parallele dazu Joſua 12, 2: משל מערוער אשר על שפת נחל ארנון . . . חשבון הגלעד. ותוך הנחל וחצי הנחל וער יבק הנחל גבול בני עמון. Alſo das Gebiet, welches früher zu Ammon gehörte und dann von Sichem erobert wurde. Vgl. o. S. 49.

einem Teil des Gebirges Gilead und dem östlichen Gebirge Baschan
samt den Tälern und Ebenen.   Manasse beherrschte demnach ein größeres
Gebiet.   Gad dagegen war nur auf einen schmalen Streifen des Gebirges,
die Ebene am Jordan und eine andere schmale Ebene (Mischor) im Osten
angewiesen.   Kurz und deutlich ist das Grenzgebiet der Stämme Gad und
Rëuben, d. h. das ehemalige ammonitische, in Richter 11, 22 angegeben:
מארנון ועד היבוק ומן המדבר ועד הירדן, d. h. von Süd nach Nord bestimmt, vom Arnon bis zum Jabbok und von Ost nach West, von der
Wüste (Ebene) im Osten bis zum Jordan im Westen.   Ebenso das. 13:
מארנון ועד היבוק (ומן המדבר) ועד הירדן.   Der Jabbok wird überall als
Grenzfluß bezeichnet. 1. Ehemals bildete er die Nordgrenze von Ammon.
2. Dann war er Grenzfluß zwischen dem Gebiet von Sichon, das den
Emoritern, und dem von Baschan, das Og gehört hat. 3. Bildete er
die Grenze zwischen Gad und Halbmanasse. Auch in Deuteron. 2, 37 ist angedeutet, daß die Israeliten das von den Ammonitern innegehabte Gebiet
nicht ganz erobert haben, sondern nur insoweit, als Sichon es diesen entrissen hatte, und zwar כל יד נחל יבק, das ganze Uferland des Flusses
Jabbok. — Da dieser Fluß eine tiefe Kluft zwischen dem nördlichen und
südlichen Gebirgszuge bildet und davon seinen Namen hat (יבק von בקק,
Höhlung, die hohle Schlucht), so teilt er gewissermaßen das Gebirge in
zwei Hälften. Die südliche Hälfte des Gebirges gehörte zu Gad und Rëuben
und die nördliche Hälfte zu Halbmanasse. Deutlich ist diese Grenzbestimmung
angegeben in Deuteron. 3, 12—13: וחצר הר הגלעד ועריו נתתי לראובני
ולגדי. Wenn es weiter heißt: ויתר הגלעד . . . לחצי שבט המנשה, so ist
darunter der nördliche Bergrücken und die Gegend von Gadara bis zum
Jarmuch (Hieromax) zu verstehen. Ebenso Josua 13, 31: וחצר הגלעד. Überhaupt, wo von Gilead in der Bibel die Rede ist, ist es von der Gebirgsgegend parallel dem Jordan zu verstehen, nicht von der östlichen Fortsetzung.

Wenn solchergestalt einerseits der Jabbok als scharfe Grenzscheide zwischen
Gad und Manasse angegeben ist, so wird andrerseits Machanaïm als Grenz-
punkt bezeichnet. Josua 13, 26: וממחנים עד גבול[1] לדביר, woraus hervorgeht, daß die Stadt Machanaïm zu Gad gehört hat. Das. V. 30 heißt
es von Manasse: ויהי גבולם ממחנים כל הבשן וגי׳. Demnach müßte man
annehmen, daß Machanaïm an der Grenze zwischen Gad und Manasse, in
der Kluft des Jabbok gelegen hat, was aber eine Unmöglichkeit ist. Denn
in dieser Tiefe könnte keine Stadt erbaut sein. Hier stehen wir vor einem
topographischen Rätsel, und daher kommt es, daß die Lage von Machanaïm
schief aufgefaßt wurde. Diese Schwierigkeit wird durch die Angabe der Ört-
lichkeit in Genesis von Jakobs Zuge noch vermehrt. Von Norden kommend,
war Jakob zuerst in Machanaïm (32, 3), und dann zog er erst durch den
Paß des Jabbok (מעבר יבק, V. 23—24). So muß doch Machanaïm

---

[1]) Eine Stadt Debir gab es nicht jenseits. Die griechische Version hat
dafür ἕως τῶν ὁρίων Δαιβών, das soll heißen עד גבול דיבון; allein Dibbon
lag viel südlicher als Hesbon und kann daher nicht als berechtigtes Stammgebiet Gads gezählt werden, wenn es auch faktisch dazu gehört hat (vgl.
S. 73). Soll man vielleicht statt לדביר lesen לוֹ־דבר oder לא־דבר, das zweimal [dreimal: II. Sam. 9, 4. 5, 17, 27] als jenseitige Stadt genannt wird?
[Vgl. Buhl S. 164.]

im Norden des Jabbok gelegen haben. Wie ist dieser Widerspruch auszugleichen?

Indessen gibt gerade diese Erzählung an die Hand, wohin Machanaïm zu setzen ist. Jakob übernachtete in dieser Stadt: von hier sandte er Sklaven mit Tieren als Geschenk für Esau voraus, und von hier aus zog er noch in derselben Nacht über den Jabbok. Wenn es noch nicht deutlich genug aus B. 14 hervorginge, „er weilte dort in dieser Nacht", so wird es deutlicher aus B. 22: והוא לן בלילה ההוא במחנה. Dieses במחנה bezieht sich auf מחנים, von dem früher der Ursprung der Benennung angegeben ist = מחנה אלהים, und weiter B. 8: שני מחנות, Doppellager. Von Machanaïm ausziehend, setzte Jakob noch in derselben Nacht Frauen und Kinder über den Jabbok, und nachdem dieses geschehen war und er mit dem Engel gerungen bei Penuel, südlich vom Jabbok, ging der Morgen auf. Es wird also nur eine geringe Distanz von Machanaïm zum Jabbok vorausgesetzt. Es wird auch dabei vorausgesetzt, daß der Jordan dem Schauplatze sehr nahe war. Denn im Gebet spricht Jakob von diesem Jordan (B. 11: עברתי את הירדן הזה); er muß ihn also im Auge gehabt haben. In der Tat konnte ein Frauen und Kinder mit sich führender Familienvater es unmöglich unternehmen, den Jabbok da, wo er im Gebirge eine tiefe Schlucht bildet, zu passieren. Erst 1½ Stunde vor der Mündung des Jabbok in den Jordan tritt er aus dem Gebirge heraus, d. h. werden seine Ufer niedriger. Also in diesem Winkel der Jordanebene (עמק), zwischen Jordan und Jabbok im Norden an dem Fuße des Gebirges Gilead haben wir Machanaïm zu suchen. Hier war es leichter, Frauen und Kinder über den Jabbok oder den Paß (מעבר יבק) zu setzen. Wir werden später ein noch entscheidenderes Argument kennen lernen, daß Machanaïm in der Nähe des Jordans lag. Vor allem müssen wir das Auffallende beseitigen, daß Machanaïm nördlich vom Jabbok und doch zum Stamm Gad gehört haben soll, dessen Gebiet doch nur bis zum Jabbok reichte!

Eine Stelle in dem Grenzverzeichnis des Buches Josua gibt Aufschluß darüber. Allerdings ging Gads Gebiet auf dem Gebirge Gilead, also das halbe Gebirge Gilead nur bis zum Jabbok. Aber in der Ebene zwischen dem Gebirge und dem Jordan reichte sein Gebiet weiter, bis zum Tiberiassee, d. h. die ganze Strecke längs des Jordans (Josua 13, 27): ובעמק ... עד קצה ים כנרת עבר הירדן מזרחה בית הרם ... . Die Lokalität ist hier ganz bestimmt und unzweideutig beschrieben. Das. 12, 2—3 ist ebenfalls angegeben, daß das Gebiet Sichons, dessen nördlicher Teil Gad zugefallen war, in der Araba, d. h. dem Jordan-Ghor, war und bis zum Kineretsee reichte. סיחון ... מושל ... והערבה עד ים כנרות (עבר הירדן) מזרחה. Da nun Machanaïm nicht weit vom Jabbok in der Jordanebene gelegen haben muß, so gehörte es noch zu Gad. Aber ein wenig nordöstlich von Machanaïm, vom Fuße des Gebirges an, begann schon das Gebiet von Halbmanasse; daher ist in dem Verzeichnis angegeben, daß dessen Grenze von Machanaïm östlich bis Basan ging (o. S. 403).

Aus der Erzählung von Davids Aufenthalt in Machanaïm während seiner Flucht vor Absalom und von dem Kriege gegen seinen rebellischen Sohn geht ebenfalls mit Bestimmtheit hervor, daß diese Stadt nicht weit vom Jordan gelegen haben muß. Der Krieg war in einem Walde nicht weit von Machanaïm (II. Sam. 18, 8). Dieser Wald wird יער אפרים genannt (das. B. 6).

Das hat keinen Sinn, denn Ephraim hatte jenseits des Jordans keine Besitzung. [Vgl. jedoch Buhl S. 121.] Man muß dafür lesen יַעַר רְפָאִים, Wald der Rephaïm, so genannt, weil früher die Rephaïm dort gewohnt hatten, wie mehrere topographische Punkte nach diesem Volke benannt werden (vgl. Deuteron. 2, 20). Ein Wald in Palästina dies- und jenseits des Jordans setzt ein Gebirge voraus; denn nur auf Höhen gedeihen dort Waldbäume, die hohe Temperatur der Ebene neun Monate hindurch ist ihnen schädlich. Deuteron. 3, 13 wird angegeben, daß der ganze Kreis Argob, der zu Baschan gehörte, das Land der Rephaïm genannt wurde: כָּל חֶבֶל הָאַרְגֹּב לְכֹל הַבָּשָׁן הַהוּא יִקָּרֵא אֶרֶץ רְפָאִים. Im folgenden Vers ist angegeben, daß Jaïr, der Manassite, den Kreis Argob erobert hatte. I. Könige 4, 13 ist angegeben, daß Argob in Baschan lag חֶבֶל אַרְגֹּב אֲשֶׁר בַּבָּשָׁן. Nun ist die Lage von Argob bekannt, wie schon Ritter (Erdkunde, Sinaïhalbinsel, Palästina II, S. 1041) aus verschiedenen Notizen nachgewiesen hat. Die bestimmteste Angabe über die Lage hat Eusebius' Onomastikon. Er sagt, noch zu seiner Zeit habe es ein Dorf Erga gegeben, in der Gegend von Gerasa, 15 römische Meilen = 3 geographische Meilen von da nach Westen, nach dem Jordan zu (ed. Lagarde p. 216 [ed. Klostermann S. 16, 19]): Ἀργώβ . . . κεῖται δὲ εἰς ἔτι νῦν κώμη περὶξ Γέρασαν πόλιν τῆς Ἀραβίας ὡς ἀπὸ σημείων ιε' πρὸς δυσμάς, καλεῖται δὲ νῦν Ἐργά. Bei Josephus heißt die Stadt Ragaba. Der Namen hat sich bis auf den heutigen Tag erhalten, Ragib, ein Städtchen, 1¼ Stunden in gerader Richtung nördlich vom Jabbok, und ein Flüßchen Wadi Ragib, das nördlich vom Jabbok in den Jordan mündet. [Vgl. hierzu Buhl S. 118 f.]

Wir haben damit festen Boden gewonnen; der Krieg zwischen Davids und Absaloms Scharen fand im Walde Rephaïm statt. Unweit des Jabbok war die Stadt Argob, von welcher die Gegend den Namen חֶבֶל אַרְגֹּב erhalten hat. Es wird auch das Land Rephaïm genannt. Folglich war dies Treffen auf dem Waldgebiete bei Argob nördlich vom Jabbok und unweit von Machanaïm. Damit stimmt das Folgende vorzüglich. Nach dem Tode Absaloms und der Flucht seiner Schar sandte Joab einen Äthiopier, um David davon Kunde zu geben. Achimaaz drängte sich ebenfalls als Bote auf, nach Machanaïm zu eilen, und er lief auf dem Wege des Khikhar (II. Sam. 18, 23): וַיָּרָץ אֲחִימַעַץ דֶּרֶךְ הַכִּכָּר. Das Wort הַכִּכָּר ist eine Ellipse für כִּכַּר הַיַּרְדֵּן (Genesis 13, 12: 19, 17—25 28—29; Deuteron. 34, 3), nämlich das Jordan-Ghor[1]. Anstatt vom Waldgebirge Rephaïm oder von Argob über Berge und Täler zu laufen, was seinen Lauf verzögert hätte, stieg Achimaaz zur Jordanebene hinab, lief auf ebenem Wege nach Machanaïm und überholte so den Äthiopier, der zwar einen kürzeren, aber mühsameren Weg eingeschlagen hatte. Die Stadt Machanaïm muß also unweit des Jabbok und des Jordan-Ghor gelegen haben. Daher konnten die Träger Abners Leichnam in einer Nacht und einem Teil des folgenden Tages von Gibeon nach Machanaïm bringen. Sie gingen zuerst an der westlichen Seite des Jordans die ganze Nacht, durchwateten eine Furt des Jordans, gingen dann an der östlichen Seite des Flusses (welche בִּתְרוֹן genannt wird) und kamen, über den Jabbok setzend, nach Machanaïm (II. Sam. 2, 29). Der Weg beträgt kaum acht Meilen, und die Nacht hat zwölf Stunden.

[1] Abgeschmackt ist Ewalds Erklärung von דֶּרֶךְ הַכִּכָּר: nach Art der Läufer.

Genau die Lage von Machanaïm, unweit des Jordans und des Jabbok und unweit Ragib zu bestimmen, ist allerdings aus Mangel an weiteren Hilfsmitteln unmöglich. Raumer hatte eine Vermutung, daß Machanaïm in der Jordanaue gesucht werden müsse (Palästina S. 244). In Berghaus' Karte dagegen ist Machanaïm dicht am Jabbok auf der Gebirgshöhe eingetragen; das ist jedenfalls unrichtig (vgl. Ritter a. a. O. S. 1039); denn es muß in der Ebene gelegen haben, etwa südlicher und westlicher von dem Dorf und Wadh Abu-Obeideh (Abeida) zum Andenken an den mohammedanischen Feldherrn Abu-Abeida, der hier 635 n. Chr. den Tod fand (Ritter, das. S. 1032). Die Grenze an der Nordseite des Jabbok (ez-Zerka) ist voller Trümmer, auch in der Ebene; da ließe sich vielleicht die Lage von Machanaïm ermitteln. Keineswegs kann es mit Maneh identisch sein, das weit nordöstlich vom Jabbok in einer Gegend liegt, die schon zu Baschan gehört hat, während Machanaïm noch zu Gilead gehörte. [S. auch Buhl S. 257, vgl. S. 121.]

Durch diese Auseinandersetzung läßt sich auch die Lage einer anderen viel gesuchten Stadt jenseits des Jordans ermitteln. Ehe Jakob nach Machanaïm kam, hatte er an einem Punkte eine ernste Unterredung mit seinem ihm nachsetzenden Schwiegervater Laban. Es war am Berge Gilead, wo ihn Laban eingeholt hatte (Genesis 31, 22—23). Der Platz war also im Norden von Machanaïm, aber nicht zu weit davon entfernt; denn es heißt: nachdem beide (Laban und Jakob) friedlich nebeneinander am Berge übernachtet hatten, sei der letztere am darauffolgenden Tage in Machanaïm eingetroffen (das. 31, 54; 32, 1—3). Vor der Versöhnung hatte jeder von ihnen an einem anderen Platze die Zelte aufgeschlagen (das. 31, 25). ויעקב תקע ... בהר הגלעד‎ Diese Bezeichnung: את אהלו בהר ולבן תקע את אהלו‎. Jakob hatte sein Zelt am Berge und Laban am Berge Gilead, ist unverständlich. Gab es denn da neben dem Gebirge Gilead noch ein anderes Gebirge in der Nähe? Offenbar setzt die Bezeichnung בהר‎ schlechthin einen bestimmten, bekannten Berg voraus. Nun wird dieser Berg in V. 48 bis 49 genannt: על כן קרא שמו גלעד והמצפה אשר אמר יצף ה'‎. Es wird damit der Ursprung der Benennung von Gilead und Mizpeh erklärt. Das eine bedeute Steinhaufen, גלעד‎ (oder aramäisch: רגר שהדותא‎), weil Laban und seine Leute einen Steinhaufen zum Zeugnis zusammengetragen haben, und das andere bedeute Schauen, weil Gott auf das Bündnis schauen und den Übertreter bestrafen möge. Es ist schon von anderen darauf aufmerksam gemacht worden, daß auch die Steinsäule מצבה‎, welche Jakob zum Zeichen des Bündnisses aufgerichtet hatte (V. 45), auf מצפה‎ anspielt, wegen der Klangähnlichkeit. Darum wird V. 52 wiederholt: עד הגל הזה ועד המצבה‎. Daraus geht mit Bestimmtheit hervor, daß in dieser Erzählung Gilead (Galed) und auch Mizpeh eine Rolle spielten. Laban wird mit Galed (Gilead) und Jakob mit Mazebah, Mizpeh, in Verbindung gebracht. Wenn es also heißt: Laban hatte sein Zelt am Berge Gilead und Jakob am Berge aufgeschlagen, so ist unter dem letzteren Mizpeh zu verstehen, als wenn da stünde בהר המצפה‎. Die Szene zwischen Jakob und Laban spielte also bei Mizpeh in Gilead, oder kurz מצפה גלעד‎. Dieser Ort lag also nördlich vom Jabbok und Machanaïm.

Sämtliche topographische Punkte, welche hebräisch מצה‎ oder מצפה‎ heißen, zeichnen sich dadurch aus, daß sie auf einer Höhe liegen und nach

allen Seiten hin eine freie Aussicht gewähren. Es waren hohe
Warten, von denen man den anrückenden Feind, von welcher Seite er
auch kommen mochte, von ferne erblicken konnte, so Mizpeh oder Mizpah
= Nebi-Samwil nördlich von Jerusalem, wo Samuel Versammlung hielt
und Saul gesalbt wurde, so am Hermon der hohe Punkt תחת חרמון בארץ
המצפה (Jos. 11, 3); es ist die Bergwand am Fuße des Hermon, in der
Tiefe Paneas, welche das. 8 בקעת מצפה כזרחה genannt wird. Um also
die Lage von Mizpeh-Gilead zu finden, müssen wir nördlich vom Jabbok
eine freie Berghöhe suchen. Vorausgeschickt muß werden, daß Jakob auf
seiner Reise sich soviel als möglich in der Ebene gehalten hat; denn mit
Kindern und Vieh ist das Reisen über das Gebirge außerordentlich beschwerlich.
Sobald er das Jordan-Ghor erreicht hatte, hat er sich wohl in demselben gehalten, so daß ihm das Gebirge Gilead östlich, der Jordan westlich war.
Nun gibt es in der Nähe des Jordans und nördlich vom Jabbok nur einen
einzigen Punkt, der verdiente, hohe Warte מצפה genannt zu werden;
das ist das gegenwärtig bekannte Kastell Kalát Rubud oder er-Rubud
(קלעה אל רבד), etwa zwei Stunden nordöstlich vom Jordan. [So auch
Merill. East of the Jordan (1881), S. 365 ff.: vgl. Buhl S. 263.] Der
Felsen bildet einen Pik des Gebirges Aglun, nicht weit von Wadhy Aglun.
Man sieht diese Felsenspitze weit und breit, selbst wenige Stunden von Jerusalem 6—8 Meilen weit. Die Festung er-Rubud gleicht einer hohen Ritter-
burg. Von diesem hohen Punkte aus konnte Buckingham 15 Winkel-
messungen vom Karmel im Norden bis zum toten Meere im Süden vornehmen (Ritter a. a. O. II, 1116). Wir dürfen also Mizpeh-Gilead ohne
weiteres mit Kalát-er-Rubud identifizieren. Die Festung liegt vom Jabbok
oder der mutmaßlichen Lage Machanaïms etwa zwei Stunden in gerader
Richtung. Jakob brauchte also mit Kindern und Herden von hier aus bis zu
Machanaïm und dem Jabbok beinahe einen Tag. Nachdem er Laban verlassen hatte, reiste er von Mizpeh bis Machanaïm und übernachtete hier, um
in der Nacht an einer seichten Stelle über den Jabbok zu setzen. Es ist kein
Zweifel, daß der Erzähler dieses Stückes in Genesis Jakob und Laban in der
Nähe dieses hohen Punktes מצפה zusammenkommen läßt.

Da dieses מצפה oder die hohe Warte von Kalát er-Rubud nördlich vom
Jabbok liegt, so gehörte es zu Halbmanasse. Hier war der Aufenthalt
des manassitischen Richters Jephtah (Richter 11, 34), ויבא יפתח המצפה אל
ביתו. Von hier aus durchzog er zuerst Gilead im Süden, d. h. das Gebiet
des Stammes Gad, dann Manasse im Norden und Osten, um Scharen zum
Kriege gegen die Ammoniter zu werben, kehrte dann nach seiner Vaterstadt
zurück, wo die Scharen sich sammelten, und zog von hier aus gegen den
Feind im Süden (das. V. 29). מצפה גלעד ist also identisch mit Kalát-er-
Rubud. Es wird auch רמת המצפה genannt (Josua 13, 26), wo die Grenze
des Gebietes von Gad angegeben ist: von Hesbon im Süden bis zu Ramath
Mizpeh im Norden. Es führte auch den Namen רמת גלעד oder die hohe
Feste Gileads (I. Könige 4, 13). Der Landpfleger für Baschan, d. h. für
Halbmanasse, wohnte in Ramoth-Gilead. [S. jedoch Buhl a. a. O. S. 261 ff.]
Es kann daher unmöglich mit es-Salt identisch sein, mit dem es Burkhardt
zuerst identifiziert hat — wodurch diese Identifikation auf die Karten übergegangen ist. Winer (Art. Ramoth) hat diese Parallelisierung mit Recht an-
gezweifelt. Jehu zog in kurzer Zeit in einem Ritt von Ramoth-Gilead

nach Jesreël (II. Könige 9, 14—16). Wäre es es-Salt, so hätte er eine
längere Zeit dazu gebraucht. Dieses liegt nämlich acht Stunden südlich von
er-Rubub in gerader Richtung. Eben weil die Feste er-Rubub oder רמות
גלעד‎, מצפה גלעד‎, ראמת בגלעד‎ eine außerordentliche Wichtigkeit hatte und
das Land beherrschte, so war sie ein Zankapfel zwischen den Königen von
Israel und den Aramäern. Die Forscher sind an der Orientierung über
Ramoth-Gilead irre geworden, weil es als gaditische Levitenstadt bezeichnet
wird, also zu Gad gehört haben müsse. Allein im Buch der Könige wird es
ausdrücklich als zu Manasse gehörig angegeben. Was folgt daraus? Nichts
weiter, als daß Ramoth-Gilead als Grenzfeste bald zu Gad, bald zu Halbmanasse gehört hat, wie auch einige rëubenische Städte zu Gad gezählt werden
(vgl. o. S. 73). Das Besitzgebiet der Nachbarstämme unterlag Fluktuationen.
Man könnte zwar gegen die Bestimmung der nahen Lage von Machanaïm
und Ramoth-Gilead (er-Rubub) den Umstand geltend machen, daß dann zwei
Amtsleute Salomos dicht beieinander ihr Gebiet gehabt hätten (I. Könige
4, 13—14), was unannehmbar wäre. Allein es ist sogar noch ein dritter
Amtmann für Gilead genannt (B. 19). Es könnte also sein, daß der Amtmann von Machanaïm das Gebiet der östlichen Jordanebene vom Tiberiassee
bis zum toten Meere, ein anderer die Städte des Gebirges und der östlichen
Ebene und ein dritter die Landschaft Baschan verwaltet hatte; allein das Verzeichnis der Amtsleute ist nicht intakt auf uns gekommen; Josephus kennt
Machanaïm gar nicht als Sitz eines Amtmanns (vgl. o. S. 280, Anm. 1). Die
Unrichtigkeit der Identifizierung von Ramoth-Gilead mit es-Salt folgt übrigens
auch daraus, daß es als nördliche Grenzstadt Gads angegeben ist (Josua
13, 26), es-Salt aber in der Mitte des Gebietes Gad liegt [1]).

Was Baschan betrifft, so begann es gleich nördlich vom Jabbok, und zwar
von dem Gileadrücken nach Osten zu. Man muß sich nicht von der späteren
Benennung Batanäa verleiten lassen, es in den Norden von Scheriat-
Mandhur oder Hieromax zu verlegen. Der Name בשן‎, בתניּרא‎, auch מתנן‎,
Batavaia wurde wie der von Galiläa zuerst auf einen engen Bezirk beschränkt
und dann auf ein weiter ausgedehntes Gebiet erweitert. Der Kreis Argob
(Ragaba) im Anfang des G'ebel Aġlun wird auch schon Baschan genannt,
חבל ארגב אשר בבשן‎. Dichte Eichenwälder finden sich heute noch zwischen
Aġlun und Suf. Hier waren die אלוני בשן‎, hier hausten die Rinder von
Baschan im Waldgebirge. Als Jaïr, der Gileadite, weitere Eroberungen machte
und 60 feste Städte (חות יאיר‎) in der Basalt- und Lavagegend einnahm bis
zum Süden des Hauran (קנת = נבח‎, Kanwat, s. S. 415), wurde auch diese
Strecke Basan genannt. Die Hauptstadt von Basan, soweit es im Besitze
der Manassiten war, war nicht Edreï (Darat) im Norden und nicht Asch-
tarot (Bostra) im Nordost, sondern Golan, und wegen ihrer Wichtigkeit
wurde die ganze Gegend Gaulanitis genannt. Ursprünglich waren also

---

[1]) Das zweimal in Hosea als Stadt genannte גלעד‎ (6, 8; 12, 12) ist
ohne Zweifel identisch mit מצפה‎ (das. 5, 1) oder מצפה גלעד‎. Auf den Höhen
Mizpeh und Thabor lauerten die Anwohner den Reisenden auf und legten
ihnen Schlingen. Da man ohnehin Richter 12, 7 von Jephtah statt ויקבר
בערי גלעד‎ nach LXX ἐν πόλει αὐτοῦ lesen muß בעירו גלעד‎, so ergibt sich
daraus die Identität der Stadt Gilead mit der Stadt Mizpeh; denn
Jephtahs Wohnort war eben dieses. Eine und dieselbe Stadt führte demnach mehrere Namen.

Batanäa, d. h. Basan, und Gaulanitis identisch. Dem Namen גולן scheint mir die jetzige arabische Benennung Aglun zu entsprechen. Man leitet dieselbe in der Regel von עגלון ab; aber es läßt sich nicht nachweisen, daß es jenseits eine Stadt Eglon gegeben hat. Wohl aber kann es von Golan abstammen, mit angefügtem Guttural. Es ist nicht selten, daß die Araber den ־Laut an Städtenamen affigieren. Aschkalon sprechen sie עשקלון aus, Jatir = יתיר lautet jetzt עתיר. Den Namen der Stadt עגלון im diesseitigen Palästina sprechen die Araber Aglan aus, nicht Aglun. Neben Aglun hat sich auch der Name Gelon für die Landschaft erhalten. Mit einem Worte, die ganze Gegend vom Jabbok nordostwärts bis zum Haurangebirge wurde erst allmählich Basan genannt. [Vgl. hierzu Buhl S. 83 f.]

13.

Die Eroberung der Burg Zion, das ursprüngliche Terrain Jerusalems und die Bedeutung des Millo.

Die Einnahme der Burg Zion ist in so dunklen Worten erzählt, daß sie zu Mißverständnissen Anlaß gegeben hat. Glücklicherweise besitzen wir zwei Quellen darüber, im Buche Samuel (II. 5, 6—10) und in der Chronik (I. 11, 4—8). Durch Vergleichung beider kann das Rätselhafte gelöst werden. Im Grunde ist es nur eine einzige Quelle, nur hat die Chronik manches von dem ursprünglichen Texte treuer erhalten, was in Samuel vermißt wird. In der Chronik fehlt indes manches, was aus Samuel ergänzt werden kann. Die Parallelisierung beider Relationen veranschaulicht das Richtige und läßt die Lücken erkennen.

Chronik.	Samuel.
V. 4. וילך דוד . . . ירושלם היא יבוס ושם היבוסי ישבי הארץ.	V. 6. וילך המלך ואנשיו ירושלם אל היבוסי יושב הארץ ויאמר
V. 5. ויאמרו יושבי יבוס לדוד . . . לא תבא הנה.	לדוד . . . לא תבא הנה כי אם הסירך העורים והפסחים לאמר
וילכד דוד את מצדת ציון היא עיר דוד.	לא יבוא דוד הנה.
V. 6. ויאמר דוד . . . כל מכה יבוסי	V. 7. וילכד דוד את מצדת ציון היא עיר דוד.
בראשונה יהיה לראש ולשר.	V. 8. ויאמר דוד ביום ההיא כל מכה יבסי ויגע בצנור ואת הפסחים
. . . . .	ואת העורים שנאו נפש דוד על כן יאמרו עור ופסח לא יבא אל
ויעל בראשונה ריאב בן צרויה ויהי לראש.	הבית.
V. 7. וישב דוד במצד על כן קראו לו עיר דוד. ויבן דוד העיר מן המלוא ועד הסביב ויואב יחיה את שאר העיר.	V. 9. וישב דוד במצדה ויקרא לה עיר דוד. ויבן דוד סביב מן המלא וביתה.

Aus dieser Gegenüberstellung geht hervor, daß David zuerst friedlich mit den Jebusitern unterhandelt und ihnen zugemutet hat, ihm die Burg Zion einzuräumen. Darauf haben diese ihm — wahrscheinlich auf seine Drohung — die spöttische Antwort gegeben (ויאמרו)[1], er werde nicht eindringen können, es sei denn, daß er die Blinden und Lahmen beseitigt haben werde, d. h. auch diese allein würden imstande sein, ihm die Eroberung streitig zu machen. (Vor הסירך muß עד ergänzt werden und das Wort לאמר gibt die Erklärung: Das will sagen [vgl. o. S. 262, Anm. 3]). Im folgenden Vers wird erzählt, daß David die Burg trotzdem eingenommen habe, und Vers 8 (Chronik 6) gibt nachträglich an, auf welche Weise die schwer zugängliche Felsenfeste genommen wurde. David habe nämlich den Wetteifer seiner Helden herausgefordert (בנרא = צנור, בור = צור, abgekürzt בור = צור bedeutet ursprünglich Fels, hier also Felsspitze): Wer die Jebusiter schlagen, die Felsspitze zuerst erreichen und die Blinden und Lahmen entfernen werde . . . solle Anführer oder Feldherr werden. (Hinter הצורים muß יסיר ergänzt werden; שנאו נפש דוד ist, auch als ironische Wendung, noch ein wenig dunkel.) Zur faktischen Bestätigung des Nebenzuges von den Blinden und Lahmen wird das kursierende Sprichwort angeführt, wie öfter geschieht (I. Sam. 19, 24 = 10, 12). Joab erstieg zuerst den Felsen (und wurde infolgedessen Feldherr). Bis hierher ist alles bis auf eine Kleinigkeit verständlich. — Ewalds „Sturz vom tarpejischen Felsen" ist ein exegetischer Mißgriff.

Wichtiger ist der folgende Passus von dem ursprünglichen Anbau Jerusalems. David bewohnte die Burgfeste Zion, und davon hat sie den Namen Davidstadt erhalten. Er hatte hier einen Palast für sich erbaut aus Zedernholz, das ihm Hiram geliefert (II. Sam. 5, 11). Daß auch die Wohnungen für seine Gibborim auf dem Zion erbaut wurden, folgt aus der Erzählung von Bathseba und ihrem Gatten Urija, einem der Gibborim. Denn da David sie von seinem Palast aus im Bade gesehen hat (II. Sam. 11, 2), muß Urijas Haus seinem Palast nahe gewesen sein. Der Platz hieß in der Tat auch später noch בית הגבורים (Nehemia 3, 16). Da aber Jerusalem Hauptstadt werden sollte oder wurde und eine zahlreiche Bevölkerung von Judäern und Benjaminiten sich hier niederließ, so reichte der Zionberg nicht dafür aus. Es mußte ein neuer Stadtteil erbaut werden.

Doch ehe die Lage dieses Stadtteils erörtert wird, muß der Versteil I. Chron. 11, 8 verstanden werden ויבן דוד יחיה את שאר העיר, der in der griechischen Version fehlt, weil der Vertent ihn nicht verstanden hat. Daß Joab den übrigen Teil der Stadt erbaut und gar „an Leute vermietet" hat (Ewald), sagt der Wortlaut nicht. Denn יחיה ist nicht רבנה. Und warum sollte gerade Joab zum Bauunternehmer gemacht worden sein? Die syrische Version hat dafür die auffallende Übersetzung: ויהב דוד רמינא לשרכא דבני אנשא דאית בקוריא, „David gab seine Rechte dem Rest der Leute, welche in den Städten waren", d. h. er machte Frieden mit ihnen, rottete sie nicht aus, ließ sie am Leben (יחיה hat auch diese Bedeutung: „am Leben lassen", Exodus 1, 17. 18). Ohne näher darauf einzugehen, ob der Vertent hier eine andere Lesart vor sich hatte oder den Versteil aus richtigem Takt wiedergegeben hat, und ohne zu untersuchen, ob er יואב statt דוד gelesen hat, kann doch daraus konstatiert werden, daß die Bewohner von יבוס von David oder Joab nicht vertilgt wurden. Das folgt auch aus dem Faktum, daß Arawna, der Jebusiter, tatsächlich auf dem Hügel Morija gewohnt hat. Von ihm kaufte David den Hügel, worauf später der Tempel erbaut wurde.

---

[1] LXX haben in II. Samuel 5, 6 ἐρρέθη, d. h. ויאמר statt ויֹּאמֶר.

Arawna war wohl nicht der einzige Jebusiter, der verschont worden war. David muß ihnen also wohl Heimatsrechte gewährt haben. Und das kann in dem Verse liegen: David oder Joab ließ den Rest der Stadt, d. h. der Einwohner am Leben.

Über die ursprüngliche und mit der Zeit veränderte Gestaltung des Terrains von Jerusalem ist eine kaum zu bewältigende Literaturmasse vorhanden, die aber aus Mangel an bestimmten Anhaltspunkten keine Gewißheit gewährt. [S. jetzt die Literaturangaben bei Buhl, S. 132 ff., und zu den Artikeln „Jerusalem" bei Riehm-Bäthgen und bei Herzog-Hauck.] Die drei jüngst erschienenen englischen Schriften über Jerusalem tragen auch nicht viel zur Aufhellung des Dunkels bei. Die eine ist betitelt The recovery of Jerusalem, a narrative of exploration and discovery of the holy city and the holy land, by Capitain Wilson and Capitain Warren 1871. Die andere Jerusalem, the city of Herod and Saladin, by Walter and E. H. Palmer 1871, und die dritte Our work in Palestine, being an account of the different expeditions sent out to the holy Land by the Comittee of Palestine-Exploration-Fund since 1865, London 1873.

Der Streitpunkt zwischen Katholiken und Protestanten über die Lage der Grabeskirche in Jerusalem trägt noch mehr zur Verdunklung bei. Steht die Grabeskirche wirklich über Jesu Grab, so muß dieser Stadtteil, der jetzt im Westen, fast in der Mitte der Stadt liegt, früher außerhalb der Mauern gelegen haben. Dann könnte der Haramsplatz nicht identisch mit dem Morija sein. Der Moscheeplatz ist also streitig und kann nicht als Ausgangspunkt genommen werden. Auch sonst läßt das gegenwärtige Jerusalem wenig von dem ursprünglichen Plane erkennen. Es ist alles verbaut, die Höhen sind abgetragen, die Täler ausgefüllt. Wenn man nicht von sicheren Punkten ausgeht, kann sich der Streit bis in die Ewigkeit hinziehen. Sicher ist nur die Lage des Ölbergs im Osten, des Kidrontals zwischen diesem und der Stadt und endlich die Lage des Berges Zion, der noch jetzt die Stadt überragt, im Südwesten. Sonst ist alles zweifelhaft, wenn man nicht die ursprüngliche Lage einiger Stadtteile aus sicheren Ausgangspunkten ermitteln kann.

Sicher ist nächst dem Zionshügel die Quelle Siloa (שילח) im Südostwinkel des Kidrontales. Sicher ist ferner das, was aus Josephus' Beschreibung von der Lage Jerusalems zu seiner Zeit für die Lage der ältesten Zeit folgt. Denn wenn seine Angaben sonst auch nicht ganz zuverlässig sind, so kann doch die Richtigkeit seiner Beschreibung Jerusalems, worin er geboren und erzogen war und lange gelebt hat, nicht angezweifelt werden. Freilich müssen seine Benennungen geprüft und mit anderweitig bekannten Notizen verglichen werden. Seine Beschreibung (Jüd. Krieg V. 4, 1) lautet: Jerusalem ist erbaut auf zwei einander zugekehrten Hügeln ($\lambda \acute{o}\varphi o\iota$), welche durch eine Schlucht oder ein Tal voneinander getrennt sind. An dieses Tal ($\varphi \acute{a}\varrho\alpha\gamma\xi$) grenzen die Häuser einander gegenüber (auf beiden Seiten). Der eine dieser Hügel umfaßt die Oberstadt ($\dot{\eta}$ $\check{a}\nu\omega$ $\pi\acute{o}\lambda\iota\varsigma$), die um vieles höher und langgestreckter als der andere Hügel ist. Unter David hieß er die Burg ($\dot{\eta}$ $\varphi\varrho o\acute{v}\varrho\iota o\nu$), von uns wird er der obere Markt genannt ($\dot{\eta}$ $\check{a}\nu\omega$ $\dot{a}\gamma o\varrho\acute{a}$). Der andere, Akra genannt, bildet die Unterstadt ($\dot{\eta}$ $\varkappa\acute{a}\tau\omega$ $\pi\acute{o}\lambda\iota\varsigma$), ist halbmondförmig oder auf beiden Seiten abschüssig ($\dot{a}\mu\varphi\acute{\iota}\varkappa\nu\varrho\tau o\varsigma$). Diesem zweiten gegenüber ($\dot{a}\nu\tau\iota\varkappa\varrho\acute{v}$) war ein dritter Hügel, von Natur niedriger als die Akra und früher durch eine tiefe Schlucht getrennt. Die Hasmonäer haben aber, da sie die Stadt mit dem Tempel verbinden wollten, die Schlucht zugeschüttet und die Höhe der Akra niedriger gemacht, damit der Tempel darüber hinweg sichtbar werde. Dieses sogenannte Käsemachertal oder die Schlucht (τυρο-ποιῶν φάραγξ), welche die Oberstadt von der Unterstadt trennt, reicht bis Siloa. Im folgenden Kapitel spricht Josephus noch von einem Platz (χῶρος), Ophla genannt, welcher im Süden an den Tempel stieß. Dieselbe Beschaffenheit wie zu Josephus' Zeit muß Jerusalem auch zu Davids Zeit gehabt haben, nämlich drei Hügel und die Fortsetzung des dritten, die Ophla.

Über den obern Markt herrscht kein Zweifel, das war der Zion. Er wird auch in der Mischnah so genannt שוק העליון (Tr. Schekalim VIII, 1). Welche Bewandtnis hat es aber mit der Unterstadt, und warum wurde sie Akra genannt? Unter ἄκρα versteht man einen hohen dominierenden Hügel: Josephus aber gibt selbst an, die Akra sei niedriger als der die Oberstadt bildende Hügel gewesen. Zur Vermehrung der Dunkelheit identifiziert noch das erste Makkabäerbuch die Davidstadt mit der Akra. Hier liegt der Knäuel, um dessen Entwirrung so viele Forscher sich vergeblich abgemüht haben. Mir scheint, daß man zur Lösung der Frage von folgender Betrachtung ausgehen muß: Wie kam Josephus dazu, die Unterstadt oder den niedrigeren Hügel Akra zu nennen oder ihn als die von den Einwohnern so genannte Akra zu bezeichnen (ὁ καλούμενος Ἄκρα)? Akra ist ein griechisches Wort, und die Jerusalemer haben Hebräisch oder Aramäisch gesprochen. Offenbar hat er — da er sich überhaupt bei seiner Darstellung für Griechen der griechischen Version bedient hat — hebräische Benennungen gräzisiert. Nun gibt der griechische Vertent (II. Sam. 5, 9) מן המלוא durch ἀπὸ τῆς ἄκρας wieder und ebenso (I. Könige 11, 27) ᾠκοδόμησε τὴν ἄκραν[1]). Die Unterstadt wurde hebräisch Millo (המלוא) genannt; das übersetzte Josephus für griechische Leser laut der griechischen Version mit Akra. Der Ursprung der Verirrungen und Verwirrung bezüglich der Akra liegt also in Josephus' Unbeholfenheit.

Damit ist der Knäuel entwirrt; der nördlich vom Zion gelegene, durch ein Tal von ihm getrennte Hügel hieß Millo. Der Ursprung des Namens ist leicht zu ermitteln. Da er niedrig und leicht zugänglich war, so wurde er durch eine Einfassungsmauer befestigt. מלּיא oder מלוא, Pl. מלואים, bedeutet im Hebräischen „Einfassung", z. B. von Edelsteinen, poetisch מִלֵּאת „Einfassung" der Augen (Hohes Lied 5, 12). Den Namen hat dieser Hügel oder dieser Stadtteil erst erhalten, als Salomo eine Mauer ringsherum ziehen ließ. Zu Davids Zeit hatte er wahrscheinlich noch keinen Namen, aber der später lebende Erzähler berichtet, David baute oder fing an zu bauen den Stadtteil Millo nach innen מן המלוא וביתה, d. h. denjenigen Teil, welcher dem Zion zugewendet ist. Erst unter Salomo wurde der Hügel von allen Seiten bebaut und mit einer Mauer umgeben. Dadurch sind sämtliche Stellen, in denen המלוא vorkommt, erklärt, nur II. Chronik 32, 5: ויחזק את

---

[1]) In I. Könige 9, 15 ist im Alexandriner Text ואת המלוא wiedergegeben durch σὺν τὴν Μελὼ καὶ τὴν ἄκραν. Das erste gehört Aquila an, kenntlich an seiner Methode, את mit σὺν zu übersetzen, und das zweite einem anderen Vertenten. Ebenso stammt V. 24 σὺν τὴν Μελὼ von Aquila.

המלוא עיר דוד המלוא עיר דוד noch nicht. Da man aber überhaupt nicht עיר דוד המלוא
in den Status constr. setzen kann, so muß man dafür lesen המלוא ואת
עיר דוד. Chiskija ließ beide Hügel oder beide Stadtteile befestigen,
Millo und die Davidstadt. In II. Könige 12, 21 ist, da בית מלא und nicht
המלוא steht, nicht von diesem Stadtteil, sondern von einem Personennamen die Rede, wie LXX das Wort wiedergeben: Μαλλώ, Μααλώ. Sämtliche Hypothesen über dieses Wort sind damit widerlegt.

Jerusalem erhielt also dadurch, daß der dem Zion gegenüberliegende
Hügel sich mit Häusern bedeckte, unter David und Salomo einen zweiten
Stadtteil. Dieser erhielt auch den Namen משנה, zweite Stadt (bei der
Erzählung von der Prophetin Hulda angeführt in II. Könige 22, 14, II. Chronik
34, 22 und Zephania 1, 10). Wo hat nun Salomo seinen großen Palast erbaut? Wo anders als in der zweiten Stadt, d. h. in Millo. Das folgt
zunächst schon daraus, daß es keinen andern Stadtteil gegeben hat, und noch
dazu aus I. Könige 9, 24, wo es heißt, daß er seine Frau, Pharaos Tochter,
ihren Palast beziehen ließ, als er Millo erbaut hatte. אך בת פרעה
עלתה מעיר דוד אל ביתה אשר בנה לה (שלמה) אז בנה את המלוא. Man
versteht erst dadurch, wozu der Bau des Millo hier erwähnt ist, eben weil
der Palast für die Ägypterin darin erbaut war. Daß ihr Palast neben dem
Salomos stand, ist vorauszusetzen, folgt aber auch aus Könige das. 7, 8. Es
folgt auch aus dem Umstande, daß der Gatte der Prophetin Hulda, die in
Mischneh wohnte, königlicher Kleiderbenäher war, (אשר על המלתחה), also
in der Nähe des Palastes wohnte.

Die drei Hügel Jerusalems, von welchen Josephus in der nachexilischen
Zeit spricht, finden sich also, wie vorauszusetzen ist, auch in der vorexilischen
Zeit, nämlich Zion, Millo und Morija. Da der letzte in der nachsalomonischen Zeit stets הר בית ה' oder הר הקדש, der Tempelberg, genannt
wird, so kann sich (Jesaia 10, 32) ינפף ידו הר בת ציון גבעת ירושלם nur
auf den Zion und den zweiten Hügel Millo beziehen. Solange der Tempel
nicht erbaut war, wohnten die aus Zion verdrängten Jebusiter auf Morija,
es war ein entfernter liegender Punkt. Sobald aber Salomo den Tempelbau unternahm, mußten sie von da weichen: es wird sich zeigen, wohin sie
verwiesen wurden. Da zwischen Morija und Millo (Unterstadt) eine Schlucht
oder ein Tal war, so mußte, als der Tempel erbaut wurde, eine Brücke
darüber geschlagen werden, welche von dem königlichen Palaste nach Osten
zum Tempel führte. Diese Brücke und die vorauszusetzende Tiefe darunter
wird ebenfalls erwähnt. Salomo machte einen Steg aus Sandelholz
zum Palast und Tempel (II. Chronik 9, 11): ויעש המלך את עצי אלגומים
מסלות לבית ה' ולבית המלך. In der Parallelstelle I. Könige 10, 12 steht
מסעד für מסלות, was gar keinen Sinn gibt. Das war der prachtvolle
Stufengang (מלה) oder (מליה)[1], den die Königin von Saba bei ihrer Anwesenheit bewunderte.

Nur wer über Jerusalems Lage aus Plänen und Büchern schreibt, ohne
es gesehen zu haben, kann die Behauptung aufstellen, Salomos Palast sei auf
Ophla erbaut, und von diesem Platze aus sei ein Stufengang zum Tempel

---

[1] Schon die älteren jüdischen Kommentatoren wie Raschi erklären מלתו
אשר יעלה בית ה' I. Könige 10, 5, II. Chronik 9, 4 (עליתו) als Stufengang, wie es auch nicht anders verstanden werden kann.

angelegt geweſen. Die Ophla war, wie Joſephus zweimal angibt (a. a. O. und V. 6, 1), ſüdlich vom Tempelberge gelegen, bildete nur die allmähliche ſüdliche Abflachung des Morija, iſt noch jetzt nicht bebaut, liegt daher außerhalb der Einfaſſungsmauer und iſt in der Mitte kaum 300 Fuß breit, noch ſchmäler im Süden, wo ſie zur Siloaquelle abfällt. Zwiſchen der Ophla und der ehemaligen Tempelarea — mag dieſe mit dem Platz des Haram ſich decken oder mehr nördlich oder mehr ſüdlich davon gelegen haben — iſt keine Vertiefung zu bemerken, ſo daß ein Steg darüber hätte angelegt werden müſſen. Mit Recht bemerkt Robinſon (Paläſtina II, S. 742): „Weder jetzt noch ehemals war der ſchmale Rücken von Ophel ſüdlich von der großen Moſchee von Morija durch ein Tal getrennt." Die Ophla war vielmehr das gemeine Quartier, wo die Tempelſklaven, die Rethinim, wohnten (Nehemia 3, 26: 11, 21)[1]. Auf der Ophla wohnten auch die Salbenhändler (daſ. V. 31: עד בית הנתינים והרכלים), eine zu jener Zeit wenig geachtete Menſchenklaſſe. Als David vor Abſalom fliehen mußte und von Zion aus oſtwärts zog, machte er an einem Punkte halt, um ſein Gefolge an ſich vorüberziehen zu laſſen, noch ehe er das Tal Kidron erreichte. Dieſer Punkt wird durch ein unverſtändliches Wort bezeichnet: ויעמדו בית המרחק (II. Sam. 15, 17). Es kann nur dann einen Sinn geben, wenn man dafür lieſt: בית המרקח oder בית הרקחים, Platz der Salbenhändler, wie בית הרכלים. Wenn David zwiſchen Zion und Kidron haltmachte, kann es nur auf der Ophla geſchehen ſein. Zu Davids Zeit haben alſo bereits Salbenhändler ſich in Jeruſalem eingefunden und ſich auf dem Rücken der Ophla angeſiedelt. Später, als der Tempel erbaut war, wies Salomo den Gibeoniten daſelbſt Wohnplätze an, wahrſcheinlich auch den Jebuſitern, welche früher auf Morija wohnten und dieſen Hügel wegen des Tempelbaues räumen mußten.

Die Benennung Käſemachertal (τυροποιῶν φάραγξ), die nur bei Joſephus vorkommt und wofür es weiter keinen Beleg gibt, iſt ſehr auffallend. Sie muß auf einem Schnitzer beruhen, wie Akra für מלוא und wie Neuſtadt (בית חדתא) für Βεζεθά = בירצתא. Gegenwärtig bemerkt man nur noch außerhalb der Einfaſſungsmauer zwiſchen dem Zionsberg und der Fortſetzung der Haramarea, alſo der Ophla, allenfalls noch innerhalb der Mauer im Südweſten des Judenquartieres, eine Vertiefung, die bis zur Siloaquelle geht. Wie Joſephus angibt, trennte dieſe Vertiefung nicht nur die Oberſtadt (Zion) von der Ophla, ſondern auch jene von der Akra, d. h. von dem Millo, dem zweiten Stadtteil. Dieſe Vertiefung muß ſich alſo zuerſt von Weſt nach Oſt und dann von Nord nach Süd geſchlängelt haben. Sollte in der bibliſchen Literatur gar nichts davon erwähnt ſein? In Zephanja 1, 10 werden mehrere Stadtteile Jeruſalems genannt, über welche Wehe gerufen wird: 1. Zuerſt שער הדגים, das war der weite Platz nordweſtlich vom Zion, wo die von der Meeresgegend importierten Fiſche feilgeboten wurden (Nehemia 13, 16); der

---

[1] Die Worte המגדל היוצא (daſ. V. 26), mit Chronik verglichen, haben den Schein erweckt, als wenn der obere Königspalaſt auf dem Terrain der Rethinim geſtanden hätte. Es läßt vielmehr eine Lücke vermuten, wie weit dieſe gebaut haben. Dieſer hohe Turm, welcher vom oberen Königspalaſte ausging, erinnert an Joſephus' Angabe, daß im Oſten des Hügels Akra ein hoher Punkt war, welcher den Anblick des Tempels verdeckte, weshalb die Hasmonäer ihn haben abtragen laſſen.

Platz entspricht dem Eingange zu Jerusalem beim Jaffator. 2. המשנה [1]),
das war, wie wir gesehen haben, der zweite Stadtteil, das Millo;
3. הגבעות kann sich nur auf Zion beziehen. 4. מכתש. Daß dieses Wort
einen Punkt in Jerusalem bedeuten muß, haben die alten Kommentatoren
geahnt. Raschi erklärt מקום עמוק בירושלם, das Targum nimmt eine Anspielung auf den Kidron an. Allein dieser ist nicht mörser- oder kesselförmig.
Vergegenwärtigt man sich, daß an einem gemeinsamen Punkte, wo der Zion
von Nordost, der Akrahügel im Süden und der Morija im Nordwest zu-
sammentreffend sich abgestuft und das sogenannte Käsemachertal von drei
Seiten umgeben haben, so muß diese Tiefe sich wie ein Mörser ausge-
nommen haben. Es scheint der Punkt gewesen zu sein, wo in der nachexilischen Zeit eine Brücke die Abendseite des äußersten Tempels mit der Oberstadt (Zion) verband, und wo der Xystus, ein bedeckter Säulengang, erbaut
war (Josephus, Jüd. Krieg I, 7, 2; II, 16, 3; VI, 6, 2; VI, 8, 1; Altert.
XII, 4, 2). Hier, an dem Vereinigungspunkte der drei Stadtteile, des Zion,
des Millo und des ein besonderes Quartier bildenden Tempels, war wahrscheinlich ein Basar, wo Phönizier oder Kaufleute ihre Waren feilboten.
Dann ist der Ausspruch des Propheten vollständig verständlich. „Klaget,
ihr Bewohner des Mörsers, denn vernichtet wird das Krämer-
volk (עם כנען), vernichtet alle Silberbarren."

Durch dieses aus sicheren Prämissen gewonnene Resultat, daß nämlich,
was sich eigentlich von selbst versteht, aus den drei Hügeln in der vorexilischen wie in der nachexilischen Zeit sich drei Stadtteile gebildet haben, daß
der Ophel eine Fortsetzung des Morija und das Quartier des gemeinen Volkes
war und daß der Salomonische Palast auf dem Millo oder der Unterstadt
(= Akra) erbaut war, lassen sich manche Dunkelheiten in der Topographie
des alten Jerusalems aufhellen. Die Lage der verschiedenen Tore und der
Teiche, namentlich des sogenannten Hiskijateiches, kann dadurch leicht ermittelt
werden. Doch würde die Untersuchung hier zu weit führen. Daß übrigens
David schon begonnen hat, Jerusalem zu befestigen, folgt aus einigen Andeutungen: I. Könige 11, 27 heißt es von Salomo סגר את פרץ עיר דוד.
Das Wort פרץ „Bresche" setzt voraus, daß eine Mauer vorhanden war,
welche einen Durchbruch erlitten hatte. Diesen Schaden, der vielleicht durch
einen schwachen Unterbau entstanden war, hat Salomo ausbessern lassen.
Dann heißt es II. Samuel 5, 11, Hiram habe David zugeschickt nebst Zimmer-
leuten auch חרשי אבן קיר. Das kann nur Festungsbauleute bedeuten.
Denn da Davids Palast nur aus Zedern erbaut war (das. 7, 2), so brauchte
er keine Steinmetzen oder Maurer dazu. Diese Maurer, welche Hiram David
zugeschickt hat, müssen also die Befestigung Jerusalems zu Davids Zeit ausgeführt haben.

---

[1] Das sogenannte Targum Jonathan erklärt das Wort durch כפלא,
was aber falsch ist.

14.

Die Schlacht bei Baal-Perazim.

Unter den Heldentaten, welche im Nachtrage zu Samuel erzählt werden, wird als Wagnis der drei ersten Gibborim, Jaschobeam, Eleasar und Schamma (vgl. o. S. 387) hervorgehoben, daß sie inmitten des Lagers der Philister bei Bethlehem auf Davids Wunsch Wasser aus der dortigen Zisterne geschöpft und es ihm zur Höhle Adullam gebracht haben. Man weiß nicht recht, in welche Zeit man dieses Heldenstück setzen soll. Die Erwähnung der Höhle Adullam erinnert an Davids Aufenthalt daselbst nach der Flucht aus dem Philisterlande (I. Sam. 22, 1—2). Aber damals sammelte sich erst eine Schar um ihn, die Gibborim existierten noch nicht, sie sollten sich erst erproben. Auch hatte David damals keineswegs einen Kampf gegen die Philister zu bestehen. Die Erwähnung des Tales Rephaïm, wo die Philister lagerten, erinnert aber an Davids erste Fehde gegen dieselben, als er bereits Jerusalem erobert hatte (das. II. 5, 17—18). Darauf führen auch die Einzelheiten. Vergleichen wir beide Erzählungen miteinander, so läßt sich daraus der Umfang der ersten Fehde gegen die Philister, seitdem David König geworden war, genau ermessen.

Die letzte Stelle lautet: Als nun die Philister hörten, daß David zum Könige gesalbt war, zogen sie hinauf, David zu suchen, und David ging hinab. Wohin? Hier ist eine unbestimmte Lokalität angegeben. ... וירד אל המצודה. Dann heißt es, die Philister breiteten sich aus im Tal Rephaïm, וינטשו בעמק רפאים. Das Tal Rephaïm dehnt sich vom Südwesten Jerusalems bis in die Nähe von Bethlehem aus. Ganz dasselbe kommt in der zweiten Relation vor (II. Sam. 23, 13—14), ומחנה [1] פלשתים חנה בעמק רפאים ודוד אז במצודה ומצב פלשתים אז בית לחם. Also die Philister lagerten im Tal Rephaïm, ein Posten derselben war in Bethlehem, David aber war in מצודה. Was dieses bedeutet, erfahren wir aus der ersten Hälfte, das. 23, 13: וירדו שלשה בן השלשים ראש ויבאו אל קציר אל דוד אל מערת עדלם. In der Chronik (I. 11, 15) lautet die Fassung: וירדו שלשה בן השלשים ראש על הצר אל דוד אל מערה. Die Lesart: עדלם "ירד על הצר "auf den Felsen hinuntergehen", hat ebensowenig Sinn wie ויבאו אל קציר "zur Ernte zu David kommen". Da im folgenden Verse von מצודה die Rede ist, so bietet sich von selbst als Korrektur dar: ויבאו (וירדו) אל המצד (מצודה) אל דוד "Sie kamen (oder) zu David zur Mezuda, d. h. zur Höhle Adullam. מצד oder מצודה bedeutet einen Zufluchtsort, gleichviel ob auf einem Felsen oder in einer Höhle. Wenn es in der ersten Erzählung heißt, David ging bei der Nachricht von dem Anrücken der Feinde gegen Jerusalem zur מצודה, so ist dieses in der zweiten Relation näher bestimmt, nämlich אל המצודה = אל מערת עדלם, "zum Zufluchtsort der Höhle Adullam". Er hatte das eben eroberte, noch nicht befestigte Jebus aufgegeben und zog sich mit seiner Mannschaft nach der Höhle Adullam zurück, die Philister breiteten sich im Tal Rephaïm aus und hatten ihren Posten in Bethlehem. Beide Relationen stimmen daher aufs genaueste in den Lokalitäten miteinander überein. Der Anhang will nur den

---

[1] מחנה ist die richtige Lesart in der Chronik (I. 11, 15) statt יחית in Samuel (II. 23, 13).

Zwiſchenfall von der Heldentat der drei Gibborim, die zuſammenhängende Relation dagegen den Ausgang des Sieges erzählen. Dieſe Heldentat der drei Gibborim hat alſo nicht im Beginn von Davids Laufbahn, ſondern ſpäter, nach der Eroberung von Jebus, ſtattgefunden.

Aus jener Nachricht geht hervor, daß der Sieg nicht leicht war, indem die Philiſter einige Zeit nicht nur die neue Hauptſtadt blockiert hielten, ſondern ſich bis Bethlehem ausbreiteten. David war genötigt, Jeruſalem aufzugeben und den Rückzug bis Adullam anzutreten. Die Lage Adullams iſt noch nicht genau ermittelt. Van der Velde identifiziert damit das Dorf Deïr-Dubban, weil ſich dabei ein Labyrinth von gewölbten Grottenkammern in Felſen findet (10—60 Fuß Höhe und 20—80 Fuß Durchmeſſer), und weil dieſes in der „Niederung" liegt, was von Adullam in Joſua angegeben iſt (vgl. van der Velde, Reiſen durch Syrien und Paläſtina II, 162 f.). Allein es ſtimmt nicht mit der Angabe des Euſebius, daß noch zu ſeiner Zeit ein großes Dorf Adullam 10 römiſche Meilen = 2 Meilen öſtlich von Eleutheropolis (Beit-G'ibrin) lag, während Deïr-Dubban nur eine Meile nördlich von Beit-G'ibrin liegt. Große Höhlen finden ſich auch in Summil, ſüdweſtlich, und in Dhikkerin, ſüdlich von Deïr-Dubban. Vogel, der nur aus Büchern Hypotheſen aufſtellt, verlegt Adullam gar nach Oſten (Delitzſch und Guerike, Zeitſchrift für lutheriſche Theol., 1873, S. 1 f.: Von Gilgal bis Aſela und Makeda), was gewiß falſch iſt. [Vgl. Buhl S. 97 und 193.]

Von Adullam aus, wo ſich nach und nach viel Mannſchaft vom Stamme Juda und Benjamin bei David eingefunden haben mag, rückte er gegen die Philiſter vor und beſiegte ſie bei Baal-Perazim, das noch weniger bekannt iſt. Auf dieſe Schlacht ſpielt Jeſaia כהר פרצים (28, 21) an.

15.

Die Eroberung der philiſtäiſchen Hauptſtadt Gath durch David.

Nachdem David mindeſtens zwei Verteidigungskriege gegen die Philiſter geführt hatte, ging er zum Angriff über und nahm Gath ein. Dieſe Tatſache iſt ausdrücklich bezeugt (I. Chronik 18, 1): ויהי אחרי כן ויך דוד את פלשתים ויקח את גת ובנותיה מיד פלשתים. In Samuel (II. 8, 1) kommt dieſelbe Relation vor, und ſie iſt für den Verfaſſer der Chronik Quelle geweſen. Hier heißt es zwar dafür ויקח ... את מתג האמה, aber es drängt ſich von ſelbſt auf, daß man dafür גת ובנותיה ſubſtituieren muß. Daß vor Gath viele Fehden zwiſchen Davids Helden und den Rephaiten ſtattgefunden haben, geht aus dem echt hiſtoriſchen Nachtrag (II. Sam. 21, 15—22) hervor. Hier werden vier Zweikämpfe während des Krieges mit den Philiſtern geſchildert, ותהי עוד מלחמה לפלשתים את ישראל. Dieſe vier Zweikämpfe fanden ſämtlich vor Gath ſtatt, denn bei dem letzten heißt es ausdrücklich (V. 20) ותהי עוד מלחמה בגת; daraus folgt, daß auch die erſteren vor derſelben Stadt ſtattgefunden haben. Wenn daſelbſt einmal (V. 16) בנב und zweimal בגב (V. 18—19) ſteht, ſo muß man ſelbſtverſtändlich dafür leſen בגת. In V. 18 hat der griechiſche Vertext ausdrücklich Γεθ und ebenſo der ſyriſche בגת. In der Parallelſtelle der Chronik, wo dasſelbe erzählt wird, fehlt der erſte Zweikampf, und beim zweiten (I. 20, 4) ſteht בגזר, beim Syrer

בעאזא; auch dafür muß בגת substituiert werden. Kurz, die Einnahme von
Gath ist eine beurkundete Tatsache. Aus einer Erzählung (I. Könige 2, 39 ff.)
geht zwar hervor, daß Gath noch unter Salomo Residenz des philistäischen
Königs war. Aber das spricht nicht gegen die Tatsache. Das Philisterland
blieb bis zum Untergang des judäischen Reiches ein eigenes Land und ist in
der vorexilischen Zeit nicht ein einziges Mal in Judäa einverleibt worden.
Als ein eigenes Land mußte es auch eine Hauptstadt haben; David muß also
Gath, nachdem er es erobert hatte, wieder abgetreten haben, wie er die
Hauptstadt der Ammoniter nach deren Einnahme wieder ihrem Könige über-
ließ. Die Lage von Gath ist auch noch nicht ermittelt.

16.

Die Bedeutung der Ämter Sopher und Maskkhir.

Die Methode, gleichklingende hebräische Wörter von grundverschiedener
Bedeutung unter einen Hut zu bringen, eine gleichklingende arabische oder
aramäische Wurzel per fas et nefas zur Vergleichung heranzuziehen und
daraus die Grundbedeutung abzuleiten, hat zu vielen Irrtümern geführt. Es
ist hier der Ort nicht, nachzuweisen, wie ein Teil der etymologischen Ope-
rationen in der hebräischen Lexikographie auf Verkennung beruht, und daß die
Entfaltung der Bedeutung der Wörter nicht genetisch verfolgt wurde. Hier
soll nur die Ableitung und Bedeutung von סֹפֵר und מַזְכִּיר entwickelt werden,
mit welchen an dem israelitischen Hofe von David an Beamte benannt werden.

Bei סֹפֵר wird in den Etymologicis vorausgeschickt, daß der Name ספר
im Aramäischen, Neuhebräischen und allenfalls auch im Arabischen abschaben
und scheren bedeutet, daß ספר ein „Scherer" und מספרים „Schere", ferner bedeutet ספר Meeresküste und Grenze. Aber damit ist nichts anzufangen,
und es reicht nicht aus, das hebräische Verbum סָפַר „zählen" und סִפֵּר „erzählen" zu erklären. Da wird eine unbegründete Urbedeutung „eingraben,
einschneiden" aufgestellt und die arabische Analogie herbeigezogen, daß aus-
nahmsweise ספר auch „ein Buch schreiben" bedeute. Damit ist der etymologische Ausbau fertig. Übersehen wird, daß die Wurzel ספר im Arabischen
sehr viele und die allerverschiedensten Bedeutungen involviert, und daß es
meistens „eine Reise machen" und „dem Kamel einen Maulkorb anlegen" bedeutet. Da im Arabischen ספר auch ein großes Buch bedeutet,
und zwar ganz besonders den Pentateuch, so hätten die Etymologen daran
erkennen sollen, daß diese seltenere Bedeutung des Substantivums (und auch
des Verbums ספר „ein Buch schreiben") erst durch judäischen Einfluß in
das Arabische eingedrungen sein kann.

Geht man davon aus, daß ספר im Hebräischen ursprünglich „Schreiber"
und als Hofamt „Kanzler" bedeute, so wird damit ein kulturhistorisches Moment
vorausgesetzt, das erst nachgewiesen werden muß, nämlich, daß an den israelitischen Höfen von David an die Tagesbegebenheiten aufgeschrieben und aufgezeichnet worden seien. Sieht man aber von den schillernden Analogien ab
und sucht die Bedeutung auf, welche das Wort im Hebräischen vorherrschend
hat, so kommt man zu einem anderen Resultat. Zugegeben wird wohl werden,
daß die Partizipialform סֹפֵר jüngeren Ursprungs ist als die Verbalformen.

Nun bedeutet, wie schon gesagt, ספר im Hebräischen nichts anderes als „zählen" und im Piel „erzählen", d. h. die Vorgänge der Reihe nach „aufzählen", z. B. ויספרו לו את כל המצאות אותם (Josua 2, 23); ספרה נא לי את כל הגדלות אשר עשה אלישע (II. Könige 8, 4). Es involviert auch die Bedeutung: „eine wohlgesetzte Erzählung von dem Werte einer Person geben", gewissermaßen das Epos eines Lebenden auseinandersetzen, daher loben, rühmen, preisen; davon ספר כבוד, ferner ספר תהלות, auch מעשים und נפלאות. In ספר kann also nur die Bedeutung „Zähler" liegen, einer, welcher zählt. Gezählt wurde die Mannschaft, welche zum Kriege ausgehoben wurde, 1000 aus einem Stamm oder 1000 aus einer größeren und 100 aus einer kleineren Stadt (Amos 5, 3). ספר hat ungefähr die Bedeutung wie das griechische καταλέγειν στρατιώτας, Soldaten ausheben, weil die ausgehobenen Krieger in eine Liste eingetragen wurden. Derjenige, welcher dieses Geschäft verrichtete, hieß ספר, gleich καταλογεύς, der eine Liste anlegt. So wie der καταλογεύς eine Liste der Gezählten, κατάλογος, anfertigte, ebenso der ספר ein ספר, eine „Liste". — ספר[1]) ist also ursprünglich nichts anderes als eine Zählungsliste, eine lange Rolle Papyrus, worin die Ausgehobenen eingezeichnet waren. Der ספר hatte also nur ein militärisches Amt, was auch deutlich hervorgeht aus Jeremia 52, 25; II. Könige 25, 19, הספר שר הצבא המצבא את עם הארץ. Er führte einen Stab zur Züchtigung bei sich משכים בשבט ספר (Richter 5, 14). Der ספר המלך oder למלך war also nur ein militärischer Beamter. Erst später wurde ספר der Schreiber überhaupt genannt, weil das Amt desselben es mit sich brachte, zu schreiben, und ספר erhielt die Bedeutung „Rolle". ספר und ספר כריתות vgl. auch Numeri 5, 23. Als ספר die Bedeutung eines größeren Volumens erhielt, gebrauchte man für eine kleine Rolle den Ausdruck מגלת ספר, und erst als ספר noch dazu die Bedeutung „Buch", und zwar ספר התורה „Gesetzbuch", erhalten hat, war der ספר, der Buchkundige, identisch mit מבין. Man muß also namentlich bei der Bedeutung des Wortes ספר die vorexilische und die nachexilische Zeit auseinanderhalten. David war der erste, welcher das Sopheramt eingeführt hat, da er infolge der häufigen Kriege die Übersicht über die Disponibilität der Truppen haben mußte. Der erste, der dieses Amt bekleidete, war שריה oder שישא (שוא). Seine Söhne erbten dieses Amt unter Salomo (I. Könige 4, 3). Unter Jojakim gab es sogar zwei Zählmeister (Jeremia 36, 10—12). Der letzte dieses Amtes wird wohl Jonathan unter Zedekia gewesen sein (das. 37, 15 f.).

Ebensowenig richtig ist es, den Hofbeamten מזכיר ohne weiteres zum

---

[1]) Sonderbar ist es, daß sämtliche Orientalisten und Archäologen die Stadt Debir in Südjudäa, weil sie auch קרית ספר hieß, als Buchstadt erklären und daraus Schlüsse über den Stand der Kultur ziehen. Es ist ganz unmöglich, daß diese Stadt vom Buche ihren Namen erhalten haben soll. In so alter Zeit gab es keine Bücher, und wenn auch einige Phönizier in Sidon, Thrus, Byblus schreiben konnten, so verstanden es noch nicht die Kanaaniter im Süden. [Nach den neuen Ergebnissen der Ausgrabungen ist unsere Anschauung eine ganz andere geworden.] Wer will die Etymologien so alter Städtenamen erklären, und wer kann behaupten, daß die Lesart richtig ist, da einmal (Jos. 15, 49. vgl. 15, 15) dafür קרית סנה steht? Aber selbst wenn ספר die korrekte Lesart ist, so hat ספר auch andere Bedeutungen, und man ist nicht berechtigt, Debir die Buchstadt zu nennen.

Hofhiſtoriographen, Reichsannaliſten zu machen, cujus erat res gestas regis
et historiam imperii conscribere. Wenn auch bei den Perſern ein Beamter
mit einer ſolchen Funktion betraut geweſen iſt, ſo kam es doch bei den älteren
Ägyptern nicht vor, regelmäßige Jahrbücher zu ſchreiben. Daher iſt die ägyptiſche Geſchichte bei der Maſſe von Denkmälern und pompöſen Inſchriften ſo
arm an echt geſchichtlichen Aufzeichnungen. Um den Maskhhir zu erklären,
müſſen wir von hebräiſchen Analogien ausgehen. Es hat ein ספר זכרון, eine
„Rolle der Erinnerungen" gegeben, worin die Würdigen und Verdienſt-
vollen aufgezeichnet wurden (Maleachi 3, 16). Anderſeits iſt angedeutet, daß
die Namen der Feinde ebenfalls in eine Rolle zur Erinnerung eingetragen
wurden. Alſo Verdienſte und Vergehungen wurden aufgezeichnet (vgl. Jeſaia
4, 3: כל הכתוב לחיים, Pſ. 139, 16: ועל ספרך כלם יכתבו). Hatte ſich ein
Würdiger, deſſen Name bereits eingetragen war, vergangen, ſo wurde er
aus dem Buche oder der Rolle ausgelöſcht. Daher der Ausdruck מחה מספר
(Exodus 32, 32 f., Pſ. 69, 29), jemanden ausſtreichen aus dem Buche oder
ſeine Verdienſte ausſtreichen: מחה חסדיו (Nehemia 13, 14). Auch Vergehungen wurden ausgelöſcht, wenn dem Frevler Amneſtie erteilt wurde;
daher der Ausdruck פשע, חטא, מחה עון. Am wichtigſten war es ſelbſtverſtändlich, die Namen derer aufzuzeichnen zu laſſen, welche ſich irgend etwas
gegen die Könige hatten zuſchulden kommen laſſen; ihre Vergehungen waren
genau verzeichnet, um gelegentlich in Erinnerung gebracht zu werden. Eine
ſtehende Bezeichnung dafür war הזכיר עון, „die Schuld in Erinnerung zu
bringen" (I. Könige 17, 18; Ezech. 29, 16) und noch bezeichnender הזכיר עון
להתפש, „das Vergehen in Erinnerung zu bringen, um feſtgehalten,
beſtraft zu werden (daſ. 21, 28). Dazu war nun der מזכיר beſtellt. Sein
Geſchäft war, über die Freunde und Feinde des Königs Buch zu führen,
einerſeits die Verdienſte um den König und anderſeits die Majeſtätsbeleidi-
gungen, die nicht ſofort beſtraft werden konnten, aufzuzeichnen und die Namen
gelegentlich (עת פקודה) in Erinnerung zu bringen. Das Amt hing mit dem
Königtum oder mit dem perſönlichen Regiment zuſammen. Das Verzeichnis
der Helden Davids (v. S. 381 ff.) hat wahrſcheinlich der מזכיר aufgezeichnet
und ebenſo die Nachricht von den Zweikämpfen, welche als Nachtrag zu
II. Sam. 21, 15 ff. erhalten iſt. Ebenſo war wohl das Verzeichnis von Salomos
Amtsleuten (I. Könige 4, 8 ff.) von dem „Erinnerer" aufgezeichnet. Aus
ſolchen Verhältniſſen mag dann ein Teil der Tagebücher דברי הימים entſtanden ſein, die doch wohl exiſtiert haben müſſen, obwohl es auffallend bleibt,
daß ſolche erſt von Rehabeam an erwähnt werden und nicht ſchon aus der
Zeit Salomos.

17.

Die Lage von Geſchur.

Bei dem Worte Geſchur findet man in den hebräiſchen Lexika und in
den bibliſchen Realwörterbüchern angegeben, daß es dreierlei Lokalitäten
oder Diſtrikte dieſes Namens gegeben habe. Das eine Geſchur habe in der
Gegend von Baſan gelegen, das andere in Aram und allenfalls noch ein
drittes in Paläſtina in der Nachbarſchaft des Philiſterlandes. Der Name גשור
wird dann vom Stamme גשר abgeleitet, welches „Brücke" bedeutet, weil

das Land an der Jordanbrücke im Oberlauf des Flusses gelegen haben soll. Demzufolge wird angenommen, daß Maacha, die Tochter Talmaïs, Königs von Geschur, die David geheiratet hat, aus dem aramäischen Geschur stammte, und selbstverständlich, daß Absalom, der Sohn dieser Maacha, sich nach der Ermordung Amnons aus Furcht vor dem Zorn seines Vaters zu seinem Großvater in dieselbe Gegend geflüchtet habe. Aber gegen diese Annahme sprechen die Tatsachen laut und entschieden.

Bei welchem Zusammentreffen sollte David Bekanntschaft mit dem König des im äußersten Norden oder Nordosten von Palästina gelegenen Geschur gemacht haben, daß dieser ihm seine Tochter zur Frau gegeben hätte? David hat Maacha geheiratet, als er nur König von Juda war und noch in Hebron weilte. In dieser Zeit hat er sich nur im Süden Palästinas bewegt und war noch nicht so angesehen, daß ihm ein König aus weiter Ferne seine Tochter zur Frau zugeschickt haben sollte. Ferner ist es nicht denkbar, daß Absalom so weit nach Norden geflohen sein sollte, um Schutz bei seinem Großvater mütterlicherseits zu suchen. Aber auch dieses zugegeben, wie konnte Joab ihn persönlich aufsuchen und mit ihm verhandeln, an den Hof seines Vaters zurückzukehren? Es heißt nämlich (II. Sam. 14, 23): „Joab machte sich auf, ging nach Geschur und brachte Absalom nach Jerusalem." Von Jerusalem bis nach der Gegend des östlichen Hermongebirges oder Arams ist eine weite Reise von mehreren Tagen. Die Hauptschwierigkeit liegt aber in folgendem: Aus der Relation von Absaloms Untat geht mit Entschiedenheit hervor, daß David im Sinn hatte, gegen seinen Sohn, als er noch in Geschur weilte, kriegerisch vorzugehen. Die Verse ותכל דוד המלך לצאת אל אבשלום ... כי לב המלך על אבשלום (II. Sam. 13, 39; 14, 1) sagen es geradezu aus, daß David einen Kriegszug gegen Absalom plante. Zu ותכל muß man ergänzen נפש und vokalisieren וַתֵּכֶל, „es sehnte sich David, gegen Absalom zu ziehen", was eben כלה נפש bedeutet. So hat es auch das Targum verstanden, וחמידת נפשא דדוד למיפק על אבשלום. Das Targum hat noch dazu korrekter die Präposition על אבשלום „gegen Absalom" statt אל. Diejenigen, welche zu ותכל ergänzen חמת „Davids Zorn habe aufgehört", verstehen nur oberflächlich Hebräisch und haben Vers 14, 1 nicht ins Auge gefaßt, der doch ausdrücklich hinzufügt, Joab habe erfahren, daß der Sinn des Königs gegen Absalom eingenommen sei. Hatte nun David die Absicht, gegen Absalom zu Felde zu ziehen (לצאת), und zwar nach Geschur, so muß dieses Land in seiner Nähe gelegen haben. Denn einen Zug nach Aram hätte David nicht so leicht planen können; dazu gehörte eine größere Vorbereitung und eine längere Zeit. Alles spricht also dafür, daß das Geschur, wohin sich Absalom flüchtete, also das Land seines Großvaters Talmaï, in der Nähe gelegen haben muß.

Verleitet wurden die Forscher, das Geschur des Königs Talmaï nach Syrien oder Aram zu verlegen, weil (das. 15, 8) Absalom aussagt: „Ich habe ein Gelübde getan, als ich in Geschur in Aram saß." בשבתי בגשור בארם. Sie hätten aber bedenken sollen, wie oft in der Bibel für das Ketib ארם das Keri אדום und umgekehrt substituiert wird. Die syrische Version hat in der Tat hier die Lesart כדיריח הות בגשור ובאדום (vgl. o. S. 375, Anm.).

Hier in diesem südlichen Geschur, das zwischen dem Philisterland und Idumäa gelegen war, machte David Streifzüge von Ziklag aus bis zur Wüste Schur (I. Sam. 27, 8), והצמלקי ... ויפשטו אל הגשורי ... ויעל דוד. Hier im Süden konnte David Bekanntſchaft mit dem König Talmai und mit deſſen Tochter Maacha gemacht und dieſe dann als Frau heimgeführt haben. Maacha war vielleicht eine Kriegsgefangene. Abſalom hatte es alſo nicht weit, um nach dieſem ſüdlichen Geſchur zu fliehen, und Joab nicht weit, um ihn von da wieder abzuholen. Dieſe Annahme liegt ſo ſehr auf der Hand, daß es wunderlich iſt, daß die Forſcher nicht darauf gekommen ſind. Von dieſem ſüdlichen Geſchur handelt Joſua (13, 2): Dieſes iſt das Land, welches noch (zu erobern) übrig geblieben iſt, alle Kreiſe der Philiſter und ganz Geſchur, כל גלילות הפלשתים וכל הגשורי. Daraus kann auch die ungefähre Lage des Ländchens ermittelt werden.

Neben dieſem Geſchur hat es nur noch eins im Norden Peräas gegeben, deſſen Völkerſchaft גשורי mit מעכתי zuſammen genannt wird (vgl. o. S. 377). Die Grenze deſſelben läßt ſich nicht beſtimmen, nur ſoviel iſt gewiß, daß es an der Grenze des jenſeitigen Manaſſe war (Joſua 13, 11—13). Das ſüd liche Geſchur kann unmöglich ſeinen Namen von גשר „Brücke" entlehnt haben, weil es da keinen Fluß gibt, der überbrückt zu werden brauchte; ſo iſt auf die Etymologie für dieſen Eigennamen des nördlichen Landes auch nicht viel zu geben. Können nicht ſüdliche Geſchuriten ſich nordwärts an geſiedelt haben, oder umgekehrt? Keniter, die in Negeb wohnten, haben ſich auch bei Kedeſch im Norden angeſiedelt.

18.

Die Schiffahrt nach Ophir und die ausgeführten Handels- artikel, der Balſam.

Das Land Ophir iſt Gegenſtand weitläufiger hiſtoriſch-geographiſcher Unterſuchung geweſen. Um Bekanntes nicht zu wiederholen, verweiſe ich auf Ritters lichtvolle Abhandlung (Sinaïhalbinſel I, S. 351 f.): Die Ophir fahrt, und auf den Artikel „Ophir" in Herzog, Bibl. Realenzyklopädie [und dazu jetzt den gleichen Artikel bei Riehm-Bäthgen] (vgl. auch Käuffer, Ge ſchichte von Oſtaſien, S. 325 f.). Das Einleuchtendſte iſt wohl die von Laſſen nachgewieſene Identität von אופיר und dem Lande Abhira an der öſtlichen Seite des Indus im Mündungslandſtrich des Fluſſes (Laſſen, Indiſche Alter tümer, S. 539 f.). Das Land der Abhira war auch den Griechen unter dem Namen Ἀβηρία bekannt. Mehr noch als die Ähnlichkeit der Namen ſprechen dafür die Produkte, welche nach Angabe des Buches der Könige (I. 10, 11 ff. 22) die israelitiſchen Ophirfahrer mitgebracht haben. Nicht bloß Gold und Silber, ſondern auch שנהבים וקופים ותכיים und עצי אלמגים oder nach der Chronik עצי אלגמים. Die Namen der importierten Tiere und Pflanzen ſind indiſch und beweiſen dadurch, daß ſie aus Indien eingeführt wurden. 1. קוף „Affe" heißt im Sanskrit Kapi; der Name hat ſich auch im Griechiſchen erhalten: κῆπος, κεῖπος, κῆβος; die Griechen haben den Namen mit dem Tiere durch die Phönizier überkommen. 2. תכיים, Singular תכי, „Pfau" heißt im Malabariſchen Tagai, im Sanskrit Cikki (der T-Laut geht in dieſer Sprache in C über). 3. אלגמים, Singular אלגום, „Sandelholz" iſt in Indien heimiſch und heißt im Sanskrit Valga. Gold iſt in Indien auch häufig, und der Name dafür iſt in der hebräiſchen Literatur geblieben, זהב

אוֹפִיר oder nach einer anderen Aussprache אוֹפִז, auch kurzweg אוֹפִיר oder gefürzt פ. Das Produkt שְׁהַבִּים oder, wie Rödiger richtig abteilt שֵׁן וְהַבִּים (Gesenius. Thesaurus, s. v.), „Elfenbein" braucht nicht aus Indien eingeführt zu sein, da es auch in Afrika Elefanten gibt. Dagegen ist 4. הָבְּנִים oder הוֹבְנִים (Ezechiel 27, 15), Singular הוֹבֶן, „Ebenholz" entschieden ein indisches Produkt, das auch im Griechischen denselben Namen behalten hat, Ἔβενος.

Außerdem kommen im Hebräischen noch einige Namen für Pflanzen vor, die nur in Indien heimisch sind und indische Namen haben, die also ebenfalls beweisen, daß die Verbindung mit Indien schon in alter Zeit stattgefunden hat. 5. קִנָּמוֹן „Zimt", in Indien heimisch, heißt im Malaiischen **Kaimanis**. Herodot bemerkt ausdrücklich, daß Produkt und Name den Griechen durch die Phönizier bekannt geworden seien (III, 111), ἡμεῖς ἀπὸ Φοινίκων μαθόντες κιττάμωμον καλέομεν. 6. קְצִיעָה, eine andere Aussprache קִדָּה, „Kassiazimt, Kassiarinde" ist ebenfalls ein indisches Produkt, griechisch κιττώ. 7. נֵרְדְּ „Narde" ist ebenfalls eine indische Pflanze, indisch **Narda**. Alle diese und noch andere Produkte sind also aus Indien eingeführt worden. Durch welches Volk zuerst? Bekannt sind sie den Griechen und dem Abendlande überhaupt allerdings durch die Phönizier geworden. Aber da diese nicht mit den Häfen in Verbindung standen, die direkt durch das rote Meer nach Indien führen, nämlich mit dem Meerbusen von Ailat und Enzion-Geber, dieser vielmehr seit Davids Eroberung von Idumäa den Israeliten gehörte, und da ausdrücklich erzählt wird, daß Salomo in Verbindung mit Phönizien Schiffe von Ailat aus ins Meer segeln ließ, so ist kein Zweifel daran, daß diese Schiffe zuerst die genannten Produkte aus Indien oder Ophir eingeführt haben.

Welche Produkte die israelitischen Ophirfahrer mitgebracht haben, ist in der Schrift angegeben; hervorgehoben sind nur dabei die kostbarsten und frappantesten, nämlich Gold, Affen, Pfauen und Sandelholz. Die minder beachteten Produkte, Zimt, Kassia, Narde, sind dabei übergangen. Es fragt sich nun, welche heimischen Artikel haben die israelitischen Ophirfahrer exportiert? Denn für das Gold und die anderen Artikel, welche die Schiffe importiert haben, mußten doch für Ophir und die Länder, welche die Schiffe berührt haben, Waren geliefert worden sein, und zwar solche, welche diese Länder nicht besessen haben. Die auslaufenden Schiffe nach Ophir müssen doch Fracht mitgenommen haben. Worin aber diese bestand, ist in der Schrift nicht einmal angedeutet. Vorausgesetzt kann allerdings werden, daß der König von Thyrus, welcher Salomo zu dieser Ophirfahrt angeregt hat, zunächst das Interesse seines Handels im Auge gehabt und seine Artikel zum Absatz auf die Schiffe geladen hat, also zunächst Purpur und dann wohl die aus andern Ländern eingetauschten Handelsartikel, welche in Ophir-Indien nicht vorhanden waren. Sollte aber Salomo seine Flotte lediglich gebaut haben, damit sie als Frachtschiffe für die Phönizier diene, und sollte er nicht auch Produkte seines Landes exportiert haben? Es läßt sich nicht denken, denn sonst hätten die Schiffe nicht soviel Gold und andere seltene Waren importieren können. Aber welche seltenen Produkte konnte das israelitische Land exportieren, die in den Ländern, welche die Ophirflotte berührt hat, nicht zu haben waren und daher gern eingetauscht oder gekauft wurden? Aus Ezechiel erfahren wir, welche Produkte das israelitische Land in Fülle besaß und daher an das Ausland abgeben konnte, und daß diese durch die Vermittlung der Phönizier exportiert worden sind. In dem großartigen Bilde, welches der Prophet Ezechiel von dem Thyrushandel entwirft, kommt auch vor, daß Tyrus folgende Produkte aus Israel und Juda ausgeführt hat (27, 17): יהודה

וארץ ישראל המה רוכלין בחטי מנית ופנג ודבש ושמן וצרי נתנו מערבך.
Diese Länder konnten also abgeben Weizen, Honig (Dattelhonig), Öl und Balsam; was das Wort פנג bedeutet, weiß man nicht. Indessen Weizen, Honig und Öl hat Salomo schwerlich auf der Ophirflotte exportieren lassen, da diese Artikel in Indien in reichem Maße vorhanden sind. So bleibt also nur צרי, Balsam, als Exportartikel übrig, und dieser scheint schon zu Salomos Zeit ein von Palästina aus gesuchtes Medikament gewesen zu sein.

Die griechischen und römischen Schriftsteller vindizieren die Erzeugung des echten Balsams Palästina ganz allein (Diodor von Sizilien II, 48, XIX, 95): γίνεται δὲ περὶ τοὺς τόπους τούτους (nämlich am toten Meere) ἐν αὐλῶνί τινι τὸ καλούμενον βάλσαμον, ἐξ οὗ πρόσοδον λαμπρὰν λαμβάνουσιν, οὐδαμοῦ μὲν τῆς ἄλλης οἰκουμένης εὑρισκομένου τοῦ φυτοῦ τούτου. Strabo (16, 40, p. 763): τίμιον οὖν ἐστι (βάλσαμον) καὶ διότι ἐνταῦθα μόνον γεννᾶται. Der Zeitgenosse dieser beiden, Trogus Pompejus, im Auszug bei Justinus (36, 3) referiert: Opes genti (Judaeorum) ex vectigalibus opobalsami crevere, quod in his tantum regionibus gignitur. Est namque vallis, quae continuis montibus, velut muro quodam, adnistae castrorum clauditur ... In ea silva est et ubertate et amoenitate insignis: si quidem palmeto et opobalsamo distinguitur. Plinius 26, 54. Sed omnibus odoribus praefertur balsamum, uni terrarum Judaeae concessum.

Diese Ausschließlichkeit ist allerdings übertrieben, denn Diodor selbst berichtet, daß die Balsamstaude auch in Arabien, im Lande Sabäa, am Meeresstrande gefunden wurde. Die Urheimat der Burseracäen oder Balsambäume ist wahrscheinlich Arabien: der Myrrhenbaum, der arabische Weihrauchsbaum, der Mekkabalsamstrauch, der in Arabien wild wächst (Balsamodendron Gileadense oder Amyris Gileadensis). Diese letzte Staude ist eben dieselbe Spezies, welche auch Palästina produziert. Es ist möglich, daß die arabische Amyris erst von Arabien nach Palästina gewandert ist. Unrichtig ist aber Josephus' Angabe, daß die Königin von Saba bei ihrem Besuch in Jerusalem dem König Salomo die Wurzel der Balsamstaude als Geschenk mitgebracht habe (Altert. VIII, 6, 6). Es kann bloß eine von Josephus gemachte Kombination sein. Denn wäre dem so, so müßte man annehmen, Salomo habe sie zuerst in Palästina anpflanzen lassen. Hätte er das getan, so hätte er sie doch wohl zunächst in seiner Nähe, etwa nahe bei Jerusalem oder doch mindestens diesseits des Jordans anpflanzen lassen. Allein in der biblischen Zeit fand sich kein Balsam diesseits, nicht einmal in Jericho, sondern lediglich in Gilead (wie nicht bloß aus den zwei Stellen in Jeremia hervorgeht, 8, 22; 46, 11, sondern auch aus Genesis 37, 25: בארם מגלעד ... וצרי (וגמליהם נשאים). In Wahrheit konnte die Balsamstaude nicht überall angepflanzt werden, weil sie nicht bloß günstige Bodenverhältnisse, sondern auch einen sehr hohen Temperaturgrad erfordert, und diese Bedingungen fanden sich nur in den Oasen um das tote Meer vereinigt. Der Balsam wurde nur gewonnen in Engedi, Zoar und in Betharamta. Der von Engeddi oder Engabi galt zur Zeit Galens als der beste, und man nannte ihn schlechthin den Engadenischen (de Antidotis I, p. 427): διὰ δὲ τὸν τόπον, ἐν ᾧ γεννᾶται πλεῖστον καὶ κάλλιστον (τὸ βάλσαμον), ἕτερον ὄνομα δεύτερον ἔσχον τὸ Ἐγγαδηνόν· γὰρ ὀνομάζεται κρεῖττον ὂν τῶν ἐν ἄλλοις χωρίοις τῆς Παλαιστίνης γενομένων. Die Oase von Engedi war also am günstigsten für das Gedeihen des Balsams. Sollte Salomo oder einer seiner Zeitgenossen gewußt haben, daß die Gegend des toten Meeres günstig für das Wachstum der Balsamstaude oder für die Gewinnung der Balsamtropfen ist? Dann hätte er ihn in Engedi anpflanzen lassen sollen, und doch fand sich, wie schon angegeben, zur biblischen Zeit Balsam weder in Engedi noch in Jericho, sondern lediglich in Gilead. Aber in welchem Teile von Gilead? Diesen Punkt haben sich die Archäologen nicht klar gemacht.

Auf den Spitzen oder an den Lehnen des Gileadgebirges kann die Staude nicht gewachsen sein, weil dort die normale Temperatur nicht hoch genug ist. Es kann also nur Betharamta gewesen sein, wo der Balsam tatsächlich vorgekommen ist. Der Talmud hat eine wichtige Notiz erhalten (Babyl. Sabbat. fol. 26a): תנו ר' יוסף . . . אלו מלקטי אפרסמון מעין גדי ועד רמתא (בית רמתא). „Das sind die Sammler des Balsams von Engedi bis Ramtha (oder Betharamta)." Dieser Ort ist identisch mit dem biblischen בית הרם oder בית הרן und wurde in der nachexilischen Zeit von Herodes Antipas zu Ehren von Augustus' Frau Livias genannt (Eusebius, Onomasticon ed. Lagarde, p. 234 [Klostermann 48, 14 ff.]). . . . τοῦ Βηθαραμφθὰ παρὰ Ἀσύροις. αὕτη δέ ἐστιν ἡ νῦν καλουμένη Λιβιάς. Was im Eusebianischen Text fehlt, läßt sich aus Hieronymus' Übersetzung der Stelle ergänzen (ibid. p. 103 [p. 49]): Betharam, civitas tribus Gad juxta Jordanem, quae a Syris dicitur Bethramtha et ab Herode in honorem Augusti Libias cognominata est. Dieser Ort hatte also verschiedene Namen: Betharam, Betharan, aramäisch Betharamta, später Livias und auch Julias; unter diesem Namen kommt er bei Josephus vor. Die Ruinen dieser Lokalität hat man aufgefunden; sie werden von den Eingeborenen er-Rameh genannt und liegen etwa eine Stunde östlich vom Jordan, nördlich vom toten Meer und südlich vom Dorfe Keferein. Betharam oder Betharamta gehörte also zu Gilead.

Warum hat Herodes Antipas das ihm zugefallene Betharamta befestigt und ihm überhaupt Wichtigkeit gegeben? Aus keinem anderen Grunde, als weil der Balsam hier gesammelt wurde und ein einträgliches Produkt abgab. Betharamta oder Livias war auch noch zur Zeit der Konzilien ein Bischofssitz, und zwar nur aus dem Grunde, weil es besondere Bedeutung hatte, und diese Bedeutung kann ihm nur das Balsamprodukt gegeben haben. Der Balsam von Gilead war also der von Betharamta oder Betharam. Es ist ein Irrtum, wenn die Archäologen bei Balsam zunächst an Jericho denken. Daß hier die Balsamstaude gewachsen ist, wissen wir nur aus Josephus und Strabo. Dagegen geht aus den oben zitierten Worten des Justinus oder Trogus Pompejus hervor, daß er einen anderen Fundort des Balsams im Auge gehabt hat, nämlich einen Ort, der von Bergen wie von einer Mauer umgeben ist; darunter kann er nur Engedi verstanden haben. Diodor spricht ebenfalls an den beiden Stellen vom Balsam im Zusammenhang mit dem toten Meere, und wenn er sagt ἐν αὐλῶνί τινι, so meint er damit ebenfalls eine Gegend um das tote Meer, und zwar nicht Jericho (wie die Ausleger annehmen), sondern wohl eher Zoar, weil er dabei auch den Palmenreichtum hervorhebt. Wann die Balſamſtaude in Zoar und Engedi angepflanzt wurde, dafür gibt es keinen Anhaltspunkt. In Jericho wurde ſie wahrſcheinlich erſt zur Zeit des zweiten Tempels angebaut, und zwar von Betharamta aus. Jericho liegt ebenſo weit im Weſten vom toten Meere entfernt wie Betharamta im Oſten, ſie haben beide dasſelbe ſubtropiſche Klima. Einzelne Stauden ſind auch ſpäter nach Gaza und auch nach Tiberias verpflanzt worden, wie Ari-cana und Burkhardt überlieferten. Nach einer Nachricht habe Kleopatra ſie von Judäa aus in Ägypten anpflanzen laſſen. Dadurch iſt der Zweifel an der Identität von צרי und Balſam beſeitigt, welchen Bochard, Celſius, Roſen-müller und Movers geltend gemacht haben, indem dieſes nur nach Gilead benannt, jenes aber nur nach Jericho verlegt wird. Allein die Bezeichnung nach den verſchiedenen Lokalitäten gehört verſchiedenen Zeiten an. In der vorexiliſchen Zeit wuchs die Balſamſtaude lediglich in Betharamta oder Betharam. Dort kann ſie Salomo unmöglich haben anpflanzen laſſen; denn die jenſeitige Gegend war ihm nicht ſo ſicher wie die diesſeitige. Wenn alſo die Amyris Gileadensis erſt von Arabien aus nach Gilead eingewandert wäre, ſo müßte dieſe Transplantation in der vorhiſtoriſchen Zeit vor ſich ge-gangen ſein. Zu Salomos Zeit dagegen muß ſchon Balſam in Gilead oder Betharamta vorhanden geweſen ſein. Von hier aus war er ſchon in früher Zeit ein geſuchter Artikel, da, wie in der Geneſis angegeben iſt, die Jsmae-liten ihn aus Gilead nach Ägypten exportiert, und, wie aus Ezechiel zu er-ſehen iſt, die Thrier ihn ebenfalls von da eingetauſcht haben. Es iſt ſehr zu bezweifeln, ob im ſüdlichen Arabien oder in Sabäa die Gewinnung der Balſamtropfen (Opobalſamum) aus der Staude geſchäftlich betrieben wurde und ein Handelsartikel war. Die Araber hatten nämlich kein beſon-deres Wort für Balſam, ſie nennen ihn entweder אבושם, den „Vater des Riechens", oder בלסמין. Der letzte Name iſt offenbar erſt aus βάλσαμον gebildet, wie das neuhebräiſche אפרסמין aus Opobaʼsamon. Woher kommt aber das Wort Balſamon? Offenbar iſt das Wort aus בשם, „Wohl-geruch", entſtanden mit eingefügtem L-Laut, moro aramaico. alſo בלשם, und dieſes ſo gebildete Wort iſt erſt durch das Medium der Griechen oder Römer den Arabern zugekommen. Dagegen hat die hebräiſche Sprache dafür ein Urwort בשם. Auch das Wort צרי oder צְרִי ſpricht für das hebräiſche Ureigentum des Balſams. Es ſtammt, wie die Etymologen annehmen, wahr-ſcheinlich aus der alten ſemitiſchen Wurzel צרר, d. h. „Blutfluß machen, verwunden". Übertragen auf den Balſam, bedeutet es, die Balſamtropfen durch Einſchnitte in den Stamm zum Abfluß zu bringen. Dieſe Übertragung findet ſich bei den Arabern nicht. Folglich kannten ſie dieſes Geſchäft nicht, wohl aber kannten es die Hebräer in uralter Zeit, da ſie für die Balſam-tropfen einen eigenen Namen haben. Das „edle Öl", welches Hiskija den Geſandten des babyloniſchen Königs gezeigt (II. Könige 20, 13), war ohne Zweifel das Balſamöl. Es kann alſo als eine Tatſache angenommen werden, daß die Balſamſtaude in der vorhiſtoriſchen Zeit in der ſubtropiſchen Gegend des toten Meeres jenſeits des Jordans in Betharamta oder בית הרם oder Gilead gewachſen iſt, daß die dortigen Bewohner durch Einſchnitte Balſam-tropfen gewonnen und daß zuerſt die Jsmaeliten und dann die Thrier dieſe Tropfen gekauft und exportiert haben. Salomo hat alſo dieſes beliebte Medi-kament ſelbſt exportieren laſſen; das war alſo wohl das Produkt ſeines Landes, das er der Ophirflotte mitgegeben und wofür dieſe Gold eingetauſcht hat.

Wie sehr der palästinensische Balsam in der historischen Zeit geschätzt wurde, geht aus den Nachrichten des Plinius hervor. Alexander der Große ließ zu seinem Gebrauche eine Nußschale voll davon sammeln. Pompejus brachte Bäume zum Staunen der Römer zum Triumphe mit. Zur Zeit des Krieges gegen Rom wurde um den Besitz der Balsamgärten zwischen Römern und Juden heftig gekämpft. Die letzteren wollten sie zerstören, die ersteren sie erhalten (vgl. Ritter, Erdkunde [1818] II, S. 348 f.; Movers, Phönizier II, 3, 27 f.). Nach der Besiegung Judäas ließ der römische Staat die Staude als Regale pflanzen und ausbeuten. Seritque nunc eum fiscus, nec unquam fuit numerosior aut procerior, wie Plinius bemerkt.

19.

Die Chronologie.

Mit der chronologischen Ordnung der israelitischen Geschichte von der Zeit an, wo die Data aufhören, runde Zahlen zu sein, steht es doch noch nicht so verzweifelt, wie die Ägyptologen und Assyriologen glauben machen wollen. Die Störungen, welche diese infolge ihrer eigenen chronologischen Berechnung hineingebracht haben, sind nicht so überwältigend, daß man dadurch genötigt wäre, die judäische Chronologie für die Zeit der Könige einer anderen unterzuordnen und die bisher aufgestellten Data zu verwerfen. Die ägyptische Chronologie nach den manethonischen Dynastien hat ihre schwachen Seiten, die sie nicht verdecken kann, und daher darf sie sich nicht zur Richterin aufwerfen. Dafür nimmt aber die assyrische Chronologie seit einigen Jahren einen immer stolzeren Ton an. Allein sie ist ebenfalls noch viel zu weit von mathematischer Gewißheit entfernt, um als Norm und Kontrolle zu dienen. Die von ihr aufgestellten festen Punkte sind noch lange nicht zuverlässig. [Nach den neuen Untersuchungen liegt jetzt eine von ca. 900 bis zum Untergang des assyrischen Reiches fest gefügte Chronologie vor, deren fester Stützpunkt die in den Inschriften erwähnte Sonnenfinsternis vom 15. Juni 763 ist. Vgl. fol. 7², S. 91, und den Artikel „Assyrien" bei Riehm-Bäthgen, S. 134 ff.] Um daher einen sicheren Ausgangspunkt zu gewinnen, muß ein anderer synchronistischer Kanon herangezogen werden, der anderweitig feststeht. Von diesem Kanon aus können dann die chronologischen Data der israelitischen Königsgeschichte vorwärts bis zur Zerstörung Jerusalems und rückwärts bis zur Reichsspaltung und noch darüber hinaus bis Saul normiert werden, vorausgesetzt, daß die Richtigkeit der Zahlen konstatiert ist. Dafür besitzen wir allerdings zwei Korrektivmittel. Das eine Korrektiv ist die Vergleichung der beiden Quellen, der Bücher der Könige und der Chronik, für die Regierungsdauer der judäischen Könige der nachsalomonischen Zeit bis auf den letzten König und den Untergang Jerusalems, und das andere ist der Synchronismus der judäischen und israelitischen Könige, deren Regierungsanfang in den Büchern der Könige stets aufeinander reduziert wird. Dieser Synchronismus kann deshalb als Korrektiv dienen, weil innerhalb der langen Zeitreihe der Könige beider Reiche zwei oder drei gemeinsame Anfangs- und Endpunkte zusammentreffen.

1. Von der Reichsſpaltung oder dem Regierungsantritt Rehabeams bis zum Tode des Königs Achasja von Juda müſſen ebenſo viele Jahre abgelaufen ſein wie vom Regierungsantritt Jerobeams I. bis zum Untergang des letzten Omriden.

2. Die Summe der Regierungsjahre vom Regierungsantritt der Königin Athalja bis zum Tode des Königs Uſia muß faſt ebenſoviel betragen wie die Summe der fünf jehuidiſchen Könige und ihrer Nachfolger bis zum Tode des Menahemiden Pekachja.

Endlich 3. muß die Summe der Regierungsjahre der nachuſianiſchen judäiſchen Könige bis zum ſechſten Jahre Chiskijas ebenſoviel betragen wie die Summe der Regierungsjahre der letzten Könige von Israel bis zum Untergange Samarias. Das zweite Korrektiv, die beiderſeitige Reduktion, würde die israelitiſche Chronologie in der Königsepoche während des Beſtandes beider Reiche unanfechtbar machen, wenn die parallelen Zeitreihen miteinander völlig übereinſtimmten. Sie ſtimmen aber auf den erſten Blick nicht überall überein. Hier muß die Kritik eintreten, um die Differenzen auszugleichen, und dieſe Ausgleichung iſt auch vielfach verſucht worden, hat aber bisher kein günſtiges Reſultat geliefert. Zwei Hypotheſen ſind zur Ausgleichung aufgeſtellt worden; die Annahme von Mitregentſchaften oder Interregnen. Oppert hat noch dazu einen neuen König von Israel, einen Menahem II., eingeſchoben[1]. Man darf es ſich aber nicht verdrießen laſſen, die Harmoniſtik immer von neuem zu verſuchen; vielleicht gelingt es, den verwickelten Knoten zu löſen. Hier ſoll nun ein neuer Verſuch gemacht werden. Die Schwierigkeiten und Dunkelheiten ſind den Fachmännern bekannt, ſie brauchen nicht gezeigt zu werden; es gilt lediglich, ſie zu beſeitigen. Um dieſes zu ermöglichen, müſſen wir uns den Überblick vergegenwärtigen.

Juda.	Israel.
1. Von Rehabeam bis Achasja (einſchl.)	= von Jerobeam I. bis Jehoram (einſchl.)
2. „ Athalja bis Uſia	= „ Jehu bis Pekachja (einſchl.)
3. „ Jotham bis zum 6. Jahre Chiskijas	= „ Pekach und Hoſea bis zum Untergang Samarias (einſchl.).

Die Abgrenzung der Parallele der erſten Reihe iſt längſt gemacht worden. Die zweite parallele Zeitreihe ergibt ſich aus der deutlichen Angabe, daß Uſia 52 Jahre regiert hat und daß Pekachja in deſſen 52. Regierungsjahre getötet wurde. Die 52 Jahre Uſias ſind unanfechtbar, weil der Regierungsantritt mehrerer israelitiſcher Könige darauf reduziert wird: im 38. Jahre Uſias (II. Könige 15, 8), im 39. Jahre Uſias (daſ. 15, 13 und 17), im 50. Jahre Uſias (daſ. 15, 23) und im 52. Jahre Uſias (daſ. 15, 27). — Die dritte Parallele ergibt ſich von ſelbſt, indem die letzte Zeit des Zehnſtämmereiches bis zum Untergang Samarias ſolange gedauert haben muß, wie Jotham-Achas' Regierungszeit und noch bis zum 6. Jahre Chiskijas, da angegeben

---

[1] Opperts darauf bezügliche Schriften ſind: Les inscriptions Assyriennes des Sargonides 1862; La chronologie biblique fixée par les éclipses des inscriptions cunéiformes 1868; außerdem Abhandlungen in der Zeitſchr. d. D. M. G.

ist, daß der Untergang Samarias im 6. Jahre Chiskijas erfolgte (II. Könige 18, 10).

Diese drei synchronistischen Parallelen scheinen zuweilen gestört, indem auf den ersten Blick, wie schon angegeben, die Reduzierung der Regierungsjahre des einen Königs auf die des anderen nicht zu stimmen scheint oder Widersprüche ergibt. Eine sachgemäße, besonnene Kritik vermag aber die Inkorrektheiten zu korrigieren.

Nichts ist leichter, als Zahlen zu emendieren, aber eine solche Emendation ist auch bedenklich und unzuverlässig. Sie darf daher nur da vorgenommen werden, wo offenbare Widersprüche sie gebieterisch fordern und wenn das dafür Substituierte diese aufhebt. Es wird von sämtlichen chronologischen Forschern zugegeben, daß die Zahlen in den israelitischen Geschichtsbüchern öfter durch Zahlzeichen ausgedrückt wurden, und zwar selbst in der Zeit, in der bereits die sogenannte assyrische Schriftart eingeführt war. Sämtliche alte Völker bedienten sich beim Kopieren kurzer Zahlzeichen statt langer Zahlwörter, und warum nicht auch die Hebräer? Im Verlaufe der Untersuchung wird sich die Richtigkeit dieser Annahme herausstellen. Dieses zugegeben, muß auch zugegeben werden, daß ein Verschreiben von Zahlzeichen, die miteinander Ähnlichkeit haben, wie ו und ז, ferner כ und ב, dann מ und ס u. dgl., möglich sind. Indessen muß es eine normierende Kontrolle geben, wenn nicht solche mögliche Substitutionen in Willkür ausarten sollen. Diese Kontrolle besitzen wir an der parallelen Königsreihe. Da nicht bloß angegeben ist, wie lange ein König von Juda oder Israel regiert hat, sondern auch, in welchem Jahre des synchronistischen Königs er zur Regierung gelangt ist, so müssen beide Zahlen, die der Regierungsdauer und die des synchronistischen Regierungsantrittes miteinander stimmen. Stimmen sie nicht, so muß irgendwo ein Fehler stecken. Es wird sich im Verlauf herausstellen, daß die Zahlen des synchronistischen Regierungsantrittes oder die Reduzierungen unverfälscht sind, auch da, wo auf den ersten Blick ein Widerspruch zu walten scheint. Da, wo sie wirklich korrumpiert sind, hat ein anderer Text, die griechische oder syrische Version, eine richtige Lesart erhalten. Auch das Seder Olam Rabba, das aus dem zweiten Jahrhundert stammt und sich mit der biblischen Chronologie beschäftigt, bietet hin und wieder eine bessere, d. h. zur Ausgleichung der Widersprüche geeignete Lesart. Die Reduzierung des Regierungsantrittes eines Königs auf die Zahl der bereits zurückgelegten Regierungsjahre des synchronistischen Königs ist ein sicheres Mittel, die Widersprüche in den Zahlenangaben aufzuheben, und bietet zugleich die Kontrolle. Doch reicht dieses Mittel allein nicht aus, um sämtliche chronologische Unebenheiten zu glätten; man muß noch ein anderes zu Hilfe nehmen. Es stellt sich nämlich dabei heraus, daß für die Zahl der Regierungsdauer öfter ein unvollständiges Jahr, ja auch nur einige Monate der Regierung als ein volles Jahr gerechnet wurden. Der Jehuide Zacharias regierte nur sechs Monate, und nichtsdestoweniger wird seine Regierungszeit als ein komplettes Jahr in Rechnung gebracht (II. Könige 15, 8. 13)[1]. Da es jedenfalls einen bestimmten Jahresanfang ge-

[1] Dagegen wird die ephemere Regierung von wenigen Tagen nicht als ein ganzes Jahr gezählt, wie bei Schalum, der bloß einen Monat regiert hat (das. 15, 13. 17).

geben haben muß, nach welchem die Zeitrechnung normiert worden iſt, ſo kann es vorgekommen ſein, daß ein und dasſelbe Jahr dem verſtorbenen Könige und zugleich ſeinem Nachfolger als ein volles Jahr angerechnet und daß alſo ein einziges Jahr als zwei gezählt wurde. Von dieſem Verfahren bei der Zählungsweiſe nach den Regierungsjahren von Königen hat die talmudiſche Literatur eine Art Tradition erhalten (Toſifta Roſch ha-Schana I., babyl. Traktat Roſch ha-Sch. fol. 1b): בת (מלך) באדר ועמד שנה לזה ושנה לזה .אחר תחתיו באדר מוניין שנה לזה לזה „Iſt ein König im Adar geſtorben, und ſein Nachfolger hat in demſelben Monat zu regieren begonnen, ſo zählte man das eine Jahr dem einen und dem andern zu." Man muß alſo bei der parallelen Zeitreihe der Könige auch die Plusdatierung annehmen. Nicht Ante- oder Poſtdatierungen kommen in dieſer Chronologie in Betracht, ſondern Plusdatierungen. M. v. Niebuhrs Unterſuchung über dieſen Punkt (Geſchichte Aſſurs und Babels, S. 51 f.) hat nicht das Richtige getroffen. Mit der Annahme von Plusdatierungen wird die gegenſeitige Reduzierung des Regierungsantrittes ſicherer. Man muß öfter von der angegebenen Regierungsdauer einen Abzug machen. Dieſe beiden Hilfsmittel, die Reduzierung und die Abſtraktion von den Plusdatierungen, ergänzen einander und beſeitigen die meiſten Anſtöße, die man in der Chronologie der Könige gefunden hat. Durch die Kontrolle der Reduzierung läßt ſich beſonders die Abſtraktion regulieren. Denn, wie ſich denken läßt, wurde die Regierungsdauer mancher Könige auch nach vollen Jahren gezählt: ſo bei Jehoram[1]) von Israel, bei Jehu, bei Joaſch von Juda und Jehoaſch von Israel und bei Menahem. Bei Aſa ſtellt ſich infolge der reduzierenden Einreihung ein Plus heraus, als wenn er etwas länger als die bei ihm angegebene Regierungsdauer regiert hätte. Bei anderen Königen wiederum müſſen von der überlieferten Zahl zwei Jahre abgezogen werden. Die durchweg intakt erhaltene Reduzierung dient alſo zur ſicheren Kontrolle der Regierungsdauer und bringt die Verſchiedenheit derſelben an den Tag. Im ganzen wird die Geſamtſumme der Jahre der Königsreihen dadurch um einige Jahre gekürzt.

Treten wir jetzt mit dieſen kritiſchen Hilfsmitteln an die drei ſynchroniſtiſchen Parallelen.

I. Sogleich in der erſten Parallele kommt ein Widerſpruch und eine ſtörende Angabe vor.

Sobald wir imſtande ſind, dieſe ſtörenden Data zu eliminieren, iſt alles in Ordnung.

1. II. Könige 1, 17 iſt angegeben, daß nach dem Tode Achasjas von Israel ſein Nachfolger Jehoram im zweiten Jahre des Joram von Juda zur Regierung gelangte, und daß 3, 1 iſt angegeben, daß derſelbe Jehoram von Israel im 18. Jahre des Joſaphat zur Regierung gelangte.

Stellen wir die beiden einander widerſprechenden Angaben einander gegenüber, um ihre Unverträglichkeit augenſcheinlich zu machen.

---

[1]) Da es in beiden Reichen einen König Joram und Joaſch gegeben hat, ſo iſt hier, der Unterſcheidung wegen, der von Israel Jehoram und Jehoaſch geſchrieben.

Angabe I (II. Könige 1, 17).   Angabe II (II. Könige 3, 1).

ויהורם בן אחאב מלך על ישראל   וימלך יהורם תחתיו בשנת שתים
בשנת שמנה עשרה ליהושפט מלך   ליהורם בן יהושפט מלך יהודה.
יהודה.

Eine der beiden Angaben ist falsch! Aber welche? Gewiß die Angabe I, da anderweitig öfter erzählt wird, Josaphat habe noch mit Jehoram von Israel zusammen regiert und habe mit ihm gemeinschaftlich eine Expedition unternommen. Folglich muß dieser Jehoram noch in Josaphats Zeit zur Regierung gelangt sein. An einer anderen Stelle ist angegeben, daß Jehorams Bruder Achasja noch vor ihm in Josaphats 17. Jahre zur Regierung gelangte. Zudem hat die griechische Version die Lesart I ganz adäquat mit Lesart II (zu Könige 1, 12): καὶ Ἰωρὰμ υἱὸς Ἀχαὰβ βασιλεύει ἐπὶ Ἰσραὴλ ἐν Σαμαρείᾳ ἔτη δεκαδύο ἐν ἔτει ὀκτωκαιδεκάτῳ Ἰωσαφάτ. Es ist möglich, daß diese Übersetzung nur eine harmonistische Ausgleichung ist, aber sie ist eine berechtigte. Die Zahl שתים ist demnach unhaltbar und wohl aus einem Zahlzeichen entstanden. Was „ויהורם בן יהושפט" betrifft, so ist das ein Lapsus, statt „יהושפט בן", wie es deren bei Eigennamen mehrere gibt; z. B. מרכל statt מרב und יעקב statt אהרון (Jer. 33, 26 — worauf schon eine talmudische Autorität des zweiten Jahrhunderts aufmerksam gemacht hat), ferner אחימלך בן אביתר statt אביתר בן אחימלך (II. Sam. 8, 17); צדקיהו statt יהויקים (Jeremia 27, 1, vgl. mit das. V. 12), vielleicht auch יהויקים בן יאשיהו statt יהויכין בן יהויקים (das. 22, 18, vgl. mit V. 24). Darauf ist auch zurückzuführen II. Könige 15, 30 בשנת עשרים ... בשנת und die offenbar korrumpierte Lesart, II. Könige 8, 16, ובשנת חמש ליורם בן אחאב ... ויהושפט מלך יהודה. Es bleibt also dabei, daß Jehoram von Israel unter Josaphat die Regierung antrat und daß Josaphat im vierten Jahre Achabs zu regieren anfing[1]. Dieses stimmt auch mit der Reduktion, daß Achasja von Israel in Josaphats 17. Jahre die Regierung antrat. Nur bei der Reduktion der Jahre seines Bruders Jehoram auf Josaphats Regierungszeit muß eine geringe Berichtigung vorgenommen werden, die eine Stütze für sich hat. Im Texte lautet nämlich diese Reduktion: Jehoram im 18. Jahre Jerobeams. Das stimmt nicht, wie die Tafel augenscheinlich macht, da sein Vorgänger zwei Jahre regiert hat.

Merkwürdigerweise hat hier das Seder Olam (a. a. O.) das 19. Jahr statt 18. Jahr: והלא בשנת י״ט ליהושפט מלך יורם בן אחאב? Dieser Zahl liegt nicht etwa ein nachlässiger Text zugrunde; der Verfasser des Jalkut (zu II. Könige 17) und auch Raschi zur Stelle zitieren diesen Passus aus Seder Olam. Mit dieser Zahl 19 statt 18 sind sämtliche Reduktionen in bester Ordnung, wie sich erweisen wird.

2. Eine Inkorrektheit scheint noch darin zu liegen, daß Omri vom 31. Jahre Aßas an noch 12 Jahre regiert habe. Diese Angabe hat einige Forscher zur Annahme verleitet, daß die Zeit des Bürgerkrieges und Omris Regierung

---

[1] Im Widerspruche damit hat der vatikanisch-griechische Text sonderbare Data: Im 11. Jahre Omris regierte Josaphat und im zweiten Jahre Josaphats regierte Achab (zu II. Könige 16, 28—29). Woher hatte der Vertent diese Zahlen? Im Original haben sie sich gewiß nicht vorgefunden. Es mag ein Ausgleichungsversuch sein, der vom Rande in den Text gekommen ist.

zusammen 16 Jahre gedauert hätten, aber dadurch geraten sämtliche Reduktionen abwärts in arge Konfusion. Wo der Text zweimal deutlich spricht, einmal, daß Omri im ganzen 12 Jahre regiert hat, und noch dazu die Zeit begrenzt: vom 27. bis zum 38. Jahre Aßas, darf man keine Änderung vornehmen, oder man erschüttert die ganze Basis. Diese Schwierigkeit in I. Könige 16, 23 hat das Seder Olam Rabba glücklich gelöst, daß nämlich die Reduktion sich auf das Ende des Bürgerkrieges zwischen Omri und Thibni bezieht, so daß dieser fünf Jahre gedauert hat. Die Worte lauten (Kap. 17): במה הרחה מחלוקת זו? חמש שנים. בשנת ל"א לאסא מלך עמרי מלכות שלמה. "Wie lange dauerte der Bürgerkrieg? Fünf Jahre. Vom 31. Jahre Aßas an regierte Omri unangefochten und allein." Ohne diese Ausgleichung einer älteren Autorität zu kennen, sind auch Usher und andere darauf gekommen, ein Beweis für deren Richtigkeit. Man muß demnach das Datum von V. 23 mit V. 22 verbinden: וימת תבני וימלך עמרי בשנת שלשים ואחת שנה לאסא מלך יהודה, und dann einen neuen Satz beginnen lassen, der mit dem Aor. וימלך statt des Perf. מלך eingeleitet werden muß: וימלך עמרי על ישראל שתים עשרה שנה. בתרצה מלך שש שנה. Diese chronologische Angabe ist gleich der von Achab, das. 16, 29. Durch diese Annahme sind sämtliche Data der ersten Reihe in bester Ordnung[1]).

Die Summe dieser Parallelreihe beträgt scheinbar 95 Jahre (resp. 98), in Wirklichkeit aber nur 93 Jahre, wie sich aus der Tafel I ergeben wird.

II. Die zweite synchronistische Parallele bietet eine größere Schwierigkeit dar, besonders beim Regierungsantritt der beiden Nachfolger Jehus und der Reduktion auf das Regierungsjahr des Joasch von Juda und am meisten bei Usia. Was die erste Schwierigkeit betrifft, welche die Kommentare nicht zu lösen vermochten, so kann sie sehr leicht gehoben werden, wenn man Jehoachas 16 Jahre statt 17 (ז"י statt י"ז) gibt. Noch besser würde die Reduktion stimmen, wenn man Jehoasch von Israel statt 16 volle Jahre 17 gibt, vgl. Tafel II. — Bei Usia dagegen zeigt sich ein Hiatus von 12 oder mindestens 11 Jahren. Um ihn zu beseitigen, haben nach dem Ausdruck des Vignoles "die einen Chronologen ihren eigenen Geist, die andern die Schrift auf die Folter gespannt". Einmal ist angegeben, daß Amazja nach dem Tode des Jehoasch von Israel noch 15 Jahre regiert habe (II. Könige 14, 17), d. h. daß er im 15. Jahre Jerobeams II. gestorben sei, was also scheinbar so viel sagen will, daß Amazjas Nachfolger (Usia) im 15. Jahre Jerobeams zur Regierung gelangte, und das andere Mal (das. 15, 1) heißt es, Amazjas Nachfolger, Usia, sei im 27. Jahre Jerobeams II. zur Regierung gelangt. Man hat diesen Hiatus auf eine leichte Weise ausgefüllt, die Zahl 27 als einen Fehler erklärt. Aus dem Zahlzeichen ט"ז sei das Zahlzeichen ז"כ entstanden, und das Zahlzeichen ט"ז (das bekanntlich aus einer späteren strupulösen Schreibweise entstanden, um nicht den Gottesnamen ט"ו zu schreiben) sei eine uralte Schreibweise.

Allein eine Inkorrektheit in den Reduktionen der Regierungsjahre Usias und Jerobeams II. aufeinander zeigt sich auch bei einem anderen Datum. Der letztere soll nach 41jähriger Regierung im 38. Regierungsjahre Usias gestorben sein. Diese Zahl ist jedenfalls zu hoch, sei es, daß Jerobeam mit

---

[1]) Dadurch ist auch die von Schlottmann für unüberwindlich gehaltene Schwierigkeit, Theol. Studien und Kritiken, Jahrg. 1871, S. 628 f., erledigt.

Usia gemeinschaftlich 26 Jahre (41 — 15 = 26) oder nur 14 Jahre (41 — 27 = 14) regiert hat. Nach der einen Zahl fehlen an den 38 Jahren 12, nach der andern 24 Jahre, wenn die Reduktion richtig sein soll. Man hat daher, um dieses Defizit auszugleichen, Jerobeam II. 10 Jahre zugelegt, ihn statt 41 Jahre 51 Jahre regieren lassen, d. h. מ"א verbessert in נ"א. Man muß also jedenfalls zu einer Emendation Zuflucht nehmen. Ist man aber einmal dazu genötigt, so mache man doch einen ausgiebigen Gebrauch davon, um der Reduzierung von 15 und 27 zugleich gerecht zu werden. Die einzige Kontrolle bieten, wie schon gesagt, die Reduktionen; sind diese an einer Stelle unrichtig, so ist dem ganzen Synchronismus und der ganzen Chronologie der Boden entzogen. Muß die besonnene Kritik zunächst soweit wie möglich darauf achten, die erhaltene Lesart zu respektieren, so ist diese Pflicht bezüglich chronologischer Zahlen noch gebieterischer.

In unserem Texte muß um so dringlicher die Zahl 27 neben der Zahl 15 festgehalten werden, als ja gar nicht angegeben ist, Usia habe im 15. Jahre Jerobeams II. die Regierung angetreten. Der Text lautet vielmehr hier durchaus abweichend von allen andern Datumsangaben und Reduktionen (II. Könige 14, 17): Amazja regierte nach dem Tode Jehoaschs von Israel noch 15 Jahre. Daraus folgt lediglich, daß Amazja im 15. Jahre Jerobeams gestorben oder umgebracht worden sei. Die weitere Folgerung, daß Amazjas Sohn Usia im 15. Jahre Jerobeams II. König wurde, ist eine voreilige. Der Text selbst gibt es nicht an, sagt vielmehr, Usias Regierungsantritt habe erst im 27. Jahre Jerobeams stattgefunden. Zwischen der Ermordung Amazjas und dem Regierungsantritt seines Sohnes muß daher einige Zeit verstrichen sein. Dieses scheint auch die abweichende Angabe bei Amazja zu bedeuten. Schon ältere Chronologen haben hier ein Intervall oder ein Interregnum angenommen. So mißlich dieses Ausgleichsmittel auch ist, so ist es doch hier begründet, nicht wegen des Widerspruchs der Data, sondern aus historischen Andeutungen. V. 22 das. lautet nämlich sonderbar: הוא (עזריה) בנה את אילת וישיבה ליהודה אחרי שכב המלך עם אבתיו. „Usia hat die Hafenstadt Ailat (am roten Meere) erbaut oder befestigt und sie wieder an Judäa gebracht, nachdem sein Vater gestorben war." Dieser Zusatz ist jedenfalls überflüssig. Selbstverständlich hatte der beim Leben des Vaters noch im Knabenalter stehende Usia Ailat nicht zurückerobern können, mithin muß es erst nach dem Tode des Vaters geschehen sein. Was bedeutet also der Zusatz? Bedenkt man noch, daß die Wiedereroberung von Ailat die Herrschaft über Jdumäa voraussetzt, so muß man annehmen, daß Usia erst bei seinem Regierungsantritt Jdumäa wiedererobert hat. Allein sein Vater hatte es doch bereits unterjocht und die Felsenstadt Sela (Petra) erobert? Hier stoßen wir auf ein historisches Rätsel. Verlassen wir einen Augenblick das chronologische Gebiet und orientieren wir uns auf dem der Geschichte. Ausdrückliche Zeugnisse sagen uns, daß Jdumäa in Usias Tagen unabhängig war, daß es einen Rachezug gegen Juda und Jerusalem ausgeführt hat und daß infolgedessen dieses Reich in einen hohen Grad politischer Ohnmacht geraten war. Niemand zweifelt daran, daß der Prophet Amos zur Zeit Usias gesprochen hat, und dieser bedroht Edom, weil es seinen Stammverwandten Juda mit dem Schwert verfolgt und seine Verwandtenanhänglichkeit unterdrückt hat. Am. 1, 11 f.: על שלשה פשעי אדום ... על רדפו בחרב אחיו ושחת רחמיו ויטרף לעד

אפו וגו׳. Dieses grausame Verfahren Edoms gegen Juda datiert nicht von früherer Zeit her, sondern muß in den Tagen des Propheten vorgefallen sein, denn er kommt zuletzt noch einmal darauf zurück und verkündet, daß Juda Edom bald wiedererobern werde. Daf. 9, 12: למען יירשו את שארית אדום. Er nennt den judäischen Staat „die eingefallene Hütte Davids" (daf. 9, 11), סכת דוד הנפלת, und spricht von Rissen und Trümmern in Juda (ebendaf.). Daraus ergibt sich das Faktum, daß Idumäer zur Zeit Usias Juda mit einem schweren Krieg überzogen und Trümmer darin zurückgelassen haben. Folglich sagt die kurze historische Nachricht von Usias Einnahme von Ailat zweierlei: daß er dieses wiedererobert hat, וישיבה ליהודה, und daß er nicht bloß diese Hafenstadt, sondern ganz Idumäa wieder unterworfen hat. Es war eine Repressalie gegen die von Idumäa ausgeübte Grausamkeit gegen Juda. Daß Usia kriegerisch und erobernd verfuhr und Judäa wieder groß und mächtig machte, berichtet zwar bloß die Chronik, allein die Tatsache ist durch Jesaia bestätigt (2, 12 f.).

Zu welcher Zeit erfolgte nun die Zurückeroberung Ailats und Idumäas? Der Text gibt es an: אחרי שכב המלך עם אבותיו, aber er muß verstanden werden. Sollte Usia unmittelbar nach dem Tode seines Vaters die Wiedereroberung Idumäas durchgesetzt haben? Das ist undenkbar. Denn es muß eine Zeit dazwischen angenommen werden, in welcher die Idumäer Rache an Juda genommen haben. In die letzte Zeit Amazjas kann die Invasion der Idumäer noch weniger gesetzt werden, da doch Amos noch in Usias Zeit Juda eine eingefallene Hütte nennt; das vergossene Blut war zurzeit noch nicht gerächt. Folglich kann Usia die Wiedereroberung Idumäas bis Ailat nicht unmittelbar nach Amazjas Tod durchgeführt haben. Der Passus אחרי שכב המלך עם אבתיו muß demnach eine andere Bedeutung haben; er will offenbar eine chronologische Andeutung geben, nämlich nachdem Amazja in dem Erbbegräbnis der Könige Judas beigesetzt war. Betrachten wir die Vorgänge näher!

Amazja wurde in Lachisch infolge einer Verschwörung umgebracht. Von wem? Gewiß von seinen Hofleuten, den Fürsten Judas, wie sein Vater Joasch (II. Könige 12, 21 ff.) und wie sein späterer Enkel Amon (daf. 21, 23). Dann heißt es: Sie brachten Amazjas Leichnam auf Rossen nach Jerusalem und setzten ihn in der Davidstadt bei. Doch wohl nicht seine Mörder, sondern andere, und doch nicht unmittelbar nach seiner Ermordung, sondern einige Zeit später. Damit hängt der Vers zusammen: Und das ganze Volk Juda setzte Usia zum Könige ein, d. h. auch nicht unmittelbar nach Amazjas Ermordung, sondern später. Man muß auch auf den Ausdruck וימליכו אותו . . . ויקחו כל עם יהודה את עזריה Gewicht legen. Es klingt geradeso wie die Relation vom Tode Amons (daf. 21, 24): Das Volk tötete zuerst die Verschwörer gegen Amons Leben und setzte es dessen Sohn zum König ein. Ganz ebenso scheint bei Amazjas Tod eine Revolution und eine Konterrevolution ausgebrochen zu sein. Die Aristokraten hatten sich gegen ihn verschworen, ihn bis Lachisch verfolgt und dort getötet, das ganze Volk dagegen setzte Usia zum Könige ein. Erst infolge dieser Konterrevolution ist Amazjas Leiche nach Jerusalem gebracht und in der Davidstadt bestattet worden. Die Angabe אחרי שכב המלך עם אבתיו bedeutet also soviel wie אחרי הקבר המלך עם אבתיו בעיר דוד. Nachdem Amazjas Leiche beigesetzt war, hat Usia Ailat und folglich ganz Idumäa wiedererobert. Es ist also durchaus ein Intervall zwischen Amazjas Tod und der Wiedereroberung Idumäas anzunehmen. In dieser Zwischenzeit war Juda „eine eingefallene Hütte", in dieser Zwischenzeit „haben die Idumäer unschuldiges Blut in Juda vergossen". Wer regierte damals? Kein König, sondern die Aristokraten, welche Amazja getötet hatten. Und wie lange dauerte dies Interregnum? Die scheinbar einander widersprechenden Data deuten die Dauer an: vom 15. Jahre Jerobeams, in welchem Amazja getötet wurde, bis zum 27. Jahre desselben, in dem Usia vom Volke zum König eingesetzt wurde, d. h. 12 oder genauer 11 Jahre. Der chronologische Text ist also in vollständiger Ordnung; beide Data sind richtig und auch die darauf bezüglichen Reduktionen. Von Amazjas Tod bis zu Usias Tod verliefen nicht 52, sondern 63 Jahre. Während dieser Zeit regierten in Israel: Jerobeam von seinem 15. Jahre an 26 Jahre (wenn er 41 Jahre regiert hat), dann die ephemeren Könige Zacharja und Schallum und endlich Menahem und sein Sohn Pekachja. Diese letzteren regierten zusammen nur 13 Jahre (also 13 + 26 = 39); es fehlen also zu 63 noch 24 Jahre, die durchaus in Jerobeams II. Regierung fehlen müssen, sonst geraten wir von der Szylla in die Charybdis und stören vier Data, welche auf Usias Regierungsjahre reduziert sind (o. S. 432). Jerobeam muß demnach länger als 41, auch noch länger als 51 Jahre regiert haben. Man ist also genötigt, mit Bunsen (Ägypten IV, 384) א"מ in ס"א zu emendieren. Diese 61 Jahre reichen zwar noch nicht vollständig aus; zur gegenseitigen synchronistischen Ausgleichung fehlen noch zwei Jahre. Allein diese Differenz kann auf eine andere Weise erklärt werden, wie weiter unten gezeigt werden wird. Sehen wir von dieser geringen Differenz ab, so stimmen die beiden Zeitreihen der zweiten synchronistischen Parallele; sie betragen zusammen 137 Jahre.

'III. Die dritte Parallele ist die kürzeste, aber auch die chronologisch anstößigste. Denn sie beträgt judäischerseits 38 Regierungsjahre, israelitischerseits dagegen nur 29, nämlich für Pekach 20 und für Hosea 9; es fehlen also noch 9 Jahre. Außerdem stimmen die Reduktionen nicht. Die erste Reduktion, daß Pekach im 20. Jahre des Jotham von Hosea getötet wurde (II. Könige 15, 30): ויהרגהו (הושע את פקח) בשנת עשרים ליותם בן עזיה וימלך תחתיו, ist durchaus unrichtig; indes dafür kann man Achas setzen. Allein die Zahl 20 kann auch nicht richtig sein, da weder Jotham noch Achas solange regiert haben. Die syrische Version hat für die Zahl 20 בשתא תרתין, d. h. im zweiten Jahre des Achas. Die Zahl stimmt besser, wenn auch nicht ganz genau, da (II. Könige 16, 1) angegeben ist, daß Achas im 17. Jahre Pekachs die Regierung antrat, also mit ihm zusammen 3 Jahre regierte. Aber wie lange hat der letzte israelitische König regiert? Aus der ersten Stelle scheint hervorzugehen, daß er unmittelbar auf Pekach folgte; aber dann müßte er mindestens 18 Jahre regiert haben. Dagegen geben fünf Stellen ausdrücklich an, daß er nur 9 Jahre regiert hat (II. Könige 17, 1; 18, 1. 9. 10). Es ist bedenklich anzunehmen, daß an vier dieser Stellen die Zehnzahl ausgefallen und daß sie an der ersten Stelle zuviel gesetzt sei. Aber ebenso unannehmbar ist es, mit Ewald die Differenz dadurch auszugleichen, daß Pekach 30 oder 29 Jahre regiert habe. Seine Regierungsdauer von 20 Jahren steht durch die ausdrückliche Angabe und die Reduktionen unerschütterlich fest. So bleibt auch hier nur die von mehreren Chronologen vorgeschlagene Ausgleichung übrig, daß zwischen Pekach und Hosea ein Interregnum anzunehmen sei. Die

Ausdrucksweise וימלך תחתיו ſpricht nicht dagegen, eher noch dafür. Der Vers 15, 30 will offenbar angeben, in welchem Jahre des zeitgenöſſiſchen Königs von Juda Hoſea zur Regierung gelangte. Dieſer ſhnchroniſtiſche König war nicht Jotham, ſondern Achas. Alſo Hoſea begann zu regieren im xten Jahre des Achas. Wieviel betrug dieſes x? Aus 17, 1 wiſſen wir, daß es 12 Jahre betrug. Folglich muß es auch in 15, 30 gelautet haben: וימלך תחתיו וימלך תחתיו בשנת שתים עשרה לאחז. Die Zahl 12 wurde durch das Zahl- zeichen י"ב ausgedrückt. Fiel das winzige י aus, ſo blieb 'ב[1]) übrig, und daraus kann עשרים — כ' geworden ſein. Der Vers will alſo nicht beſtimmen, in welchem Jahre Hoſea ſeinen Vorgänger Pekach getötet hat, ſondern in welchem Jahre er nach ihm — ſpäter zur Regierung gelangte, geradeſo wie bei Omri (o. S. 432). Zwiſchen Pekachs Tod und Hoſeas Regierungsanfang muß demnach ein Intervall angenommen werden. Ohne einen Anhaltspunkt wäre freilich die Hypotheſe von einem Interregnum vage und als Notbehelf wenig überzeugend. Es ſind aber auch dafür wie aus der Zeit vor Uſia Andeutungen vorhanden, daß in der letzten Zeit des Zehnſtämmereiches gar kein König geherrſcht hat, daß alſo ein ἀβασίλευτον war.

Es iſt hier nicht der Ort, nachzuweiſen, daß der Verfaſſer der Kapitel 4 bis 14 im Prophetenbuche Hoſea nicht identiſch mit dem der erſten drei Ka- pitel ſein kann, daß jener um mindeſtens ein halbes Jahrhundert ſpäter pro- phezeit haben muß als dieſer. Indeſſen auch ohne Beweis erkennt jeder eingeleſene Hebraiſt die Verſchiedenheit der Verfaſſer und der Zeit an der durchgängigen Verſchiedenheit des Inhaltes und der Form beider Partien[2]). Aus einigen Stellen dieſes Propheten Hoſea (nennen wir ihn Hoſea II.) geht hervor, daß im Zehnſtämmereich zu ſeiner Zeit kein König regierte. Hoſ. 10, 2 ff. heißt es: „Geteilt iſt ihr Herz, jetzt werden ſie vernichtet werden . . . denn jetzt ſprechen ſie: ‚Wir haben keinen König‘" — כי עתה יאמרו אין מלך לנו. Daſ. V. 15: „Am Morgen iſt vernichtet worden der König von Israel", בשחר נדמה נדמה מלך ישראל. Daſ. 13, 10: „Wo iſt dein König, daß er dir helfen ſoll in allen deinen Städten? . . . da du ſprachſt: ‚Gib mir einen König und Fürſten.‘ Ich gab dir einen König in meinem Zorn und nahm ihn hinweg in meinem Grimm", אתן לך מלך באפי ואקח בעברתי. Auch ſonſt kommen in dieſem Teile Andeu- tungen von Königsloſigkeit und Anarchie vor. Ein ſolches ἀβασίλευτον iſt nur in der letzten Zeit des Zehnſtämmereichs anzunehmen. Denn ſeit Uſias Tagen folgte in Israel König auf König. Das Interregnum oder richtiger die Anarchie kann alſo nur zwiſchen Pekach und Hoſea ſtattgefunden haben. So ſtimmen auch in der letzten Parallele die Zeitreihe und die Redaktionen. Wir haben auch in Israel wie in Juda die Geſamtſumme von 38 Jahren, nämlich Pekach 20 + Anarchie 9 + Hoſea 9 = 38 oder mit der notwendigen Verringerung wegen der Plusdatierung 36 Jahre (ſ. Tafel).

Die ganze Dauer der Zeitreihe von der Reichsſpaltung bis zum Unter-

---

[1]) Hier haben wir einen Beweis, daß in den Kodizes die Zahlwörter durch Zahlzeichen ausgedrückt waren. Es hat in einem ſolchen geſtanden בשנת ב' ſtatt י"ב, und daraus hat der Syrer ſein תרהין; in einem andern Kodex iſt aus ב' geworden כ' und daraus entſtand עשרים.

[2]) [Die Einheit des Buches Hoſea hat inzwiſchen Kuenen, Hiſt.-krit. Einl. in die B. B. d. AT., deutſch von C. Th. Müller, II, 323 ff., mit guten Gründen nachgewieſen.]

gang Samarias oder des Zehnstämmereichs beträgt nach dieser Berechnung
266 Jahre.

a) Von Jerobeam bis zum Tode des letzten Omriden .
 oder von Rehabeam bis Achasja von Juda . . . . } 93 Jahre

b) Von Jehu bis zum Tode des Pekachjas . . . .
 oder von Athalia bis zum 52. Jahre Usias . . . } 137 Jahre

c) Von Pekach bis zum Untergange . . . .
 oder vom 52. Jahre Usias bis zum 6. Jahre Hiskijas } 36 Jahre

266 Jahre.

Die klaffenden Differenzen sind bei der hier angewendeten Berechnung
ohne Gewaltsamkeit ausgeglichen, die chronologische Szylla und Charybdis
glücklich umschifft und die Hauptschwierigkeiten gehoben. Geringfügige Differenzen, die noch bleiben, sind auf andere Umstände zurückzuführen. Im Zehn-
stämmereiche war nämlich das Herbstfest um einen Monat später als in Juda,
und da mit diesem Feste der Jahresanfang zusammenfiel (תקופת השנה), so
zählte man chronologisch in beiden Ländern nach den verschiedenen Jahres-
anfängen verschieden (vgl. über diese Zählungsweise bei Menahem und seinem
Sohne II. Könige 15, 17. 23). Die Reduktion der Regierungsjahre beider
Königsreihen aufeinander war dadurch kompliziert, und es konnte ein geringer Rechnungsfehler mit unterlaufen. Dazu kam noch ein anderer stören-
der Umstand.

In Juda war aller Wahrscheinlichkeit nach das freie oder reine
Mondjahr im Gebrauche, das Jahr zu 6 Monaten von 29 und zu 6 von
30 Tagen = 354 Tagen. Dafür spricht besonders der Psalmvers (104, 19):
עשה ירח למעדים, „Gott hat den Mond zur Bestimmung der Festeszeiten gemacht", d. h. die Feste sind nach dem Monde bestimmt. Jeder
Monatsanfang war ein Festtag. Auf die Sonne ist keinerlei Rücksicht genommen. Wenn man dagegen geltend gemacht hat, daß das pentateuchische
Gesetz die Gerstenreife oder den Halmmonat (חדש האביב) für die Feier
des Passahfestes vorgeschrieben hat, die Gerstenreife von dem Stand der
Sonne abhängig ist und nicht in allen Jahren gleich sein kann, daß mithin
eine Ausgleichung des Mondjahres mit dem Sonnenjahre notwendig gewesen
sei und daß also auch in Juda eine gebundene Mondjahresform eingeführt
gewesen sein müsse, so hat man dabei das faktische Verhältnis übersehen.
Es ist historisch beurkundet, daß bis zur Hiskijanischen Zeit das Passahfest niemals vom ganzen Volke gemeinsam gefeiert wurde, vgl. II. Könige 23, 22:
כי לא נעשה כפסח הזה מימי השפטים אשר שפטו את ישראל וכל ימי מלכי
ישראל ומלכי יהודה; vgl. II. Chron. 30, 26. Also auch zur Zeit Davids
und Salomos ist das Passahfest nicht so gefeiert worden. Das „So" muß
verstanden werden. Bis Hiskija bestanden trotz des zentralen Kultus in Jerusalem die Bamoth, wie wiederholentlich in den Büchern der Könige hervorgehoben wird. Diese Bamoth waren Kultusstätten für Familien oder Stamm-
gruppen. Auch das Passahlamm wurde von verschiedenen Gruppen auf verschiedenen Bamothstätten geopfert; es gab keine Gemeinsamkeit der Feier.
Auch die Gemeinsamkeit der Zeit für die Feier fehlte. Die Passah-
lämmer wurden allerdings im Frühlingsmonate geopfert. Aber wer hat diesen
Monat kalendarisch fixiert? Selbst wenn es eine Behörde dafür gegeben hätte
— wofür es aber an jedem faktischen Beleg fehlt —, so wurde ihre Autorität

von der Bevölkerung nicht respektiert. Das Gesetz von der Feier dieses Festes zur Zeit der Gerstenreife ist also lange ein toter Buchstabe geblieben. Mit Hiskijas Reform änderte sich das Sachverhältnis mit einem Male. Er verbot auf das strengste das Opfern auf den Bamoth, kassierte mithin die Privat-kultusstätten. Wer opfern wollte, mußte sich fortan nach Jerusalem begeben. Unter Hiskija wurde daher zum ersten Male das Passah gemeinsam in Jerusalem gefeiert. Dazu mußte ein bestimmter Tag anberaumt werden. Wie in der Chronik (aus einer andern Quelle) erzählt wird, hat Hiskija Tag und Monat für diese erste gemeinsame Feier bestimmt, und zwar den 14. des zweiten Monats (Chronik daf. 30, 15): וישחטו הפסח בארבעה עשר לחדש השני. Genau genommen will das sagen: Hiskija hat einen Schalt-monat eingeführt, wie es auch der Talmud sachgemäß aufgefaßt hat: חזקיה עבר ניסן בניסן, „er hat Nissan zum Schaltmonat gemacht". Wenn der Chronist dafür ein Motiv angibt, daß das Volk oder die Priester am ersten Monat nicht levitisch rein gewesen wären, darum habe die Feier ver-schoben werden müssen, so ist das auf Rechnung seines prononcierten Leviti-tismus zu setzen. Genau genommen will also die Geschichte von der Passah-feier unter Hiskija sagen, daß damals zum ersten Male dabei der Stand der Sonne oder des Gerstenwuchses berücksichtigt wurde. Da die Gerstenreife noch im Rückstande und also der Halmmonat noch nicht eingetreten war, hat Hiskija die Feier um einen Monat später verschoben, d. h. er hat das Mond-jahr mit dem Sonnenjahr kombiniert, kurz, er hat das Einschaltungssystem (עבור שנה) eingeführt. Wir werden später auf dieses Resultat zurück-kommen. Hier wollen wir nur konstatieren, daß bis dahin, d. h. die ganze Zeit der Richter und der Könige, die kombinierte Jahresform nicht im Ge-brauche war. Die religiöse Zersplitterung infolge des Fortbestandes der Bamoth ließ es nicht dazu kommen. Das Gesetz von der Feier des Passah innerhalb des Halmmonates ist bis zu Hiskijas Zeit nicht zur Ausführung ge-kommen. Das Jahr war ein reines Mondjahr von 354 Tagen. [Vgl. hierzu jedoch die sehr besonnenen Ausführungen bei Riehm-Bäthgen, S. 670 f.]

Ganz anders scheint das Kalenderwesen im Zehnstämmereich gewesen zu sein. Hier herrschte im Kultus ägyptische Sitte; denn der Stierkultus, den Jerobeam I. eingeführt hat, war unstreitig ägyptisch. Dieser Kultus stand mit Osiris und der Sonne in symbolischer Beziehung. Höchstwahr-scheinlich war also hier das ägyptische freie Sonnenjahr eingeführt; dadurch ist auch der Jahresanfang geändert worden. Der judäische Kalender war demnach von dem israelitischen verschieden; das Jahr dauerte im Zehnstämme-reich um 11 Tage länger, und die Regierungszeit der Könige von Israel schien gegen die der judäischen Könige kürzer zu sein. Diese Differenz scheint besonders auf die Angabe der Regierungszeit des Königs Jerobeam II. in-fluiert zu haben. Denn der kalendarische Unterschied macht sich erst nach 33 Jahren bemerkbar, indem 33 Mondjahre nur 32 Sonnenjahre (minus 2 Tage) zählen. Außer Jerobeam hat kein König von Israel solange regiert. Dieser aber regierte nach dem Texte 41 Jahre; diese Zahl mußte aber aus kritischen Gründen in 61 Jahre emendiert werden (nach Bunsen, f. o. S. 435). Trotzdem stimmt die Reduktion der beiderseitigen Zeitreihen nicht, es fehlen israelitischerseits zwei Jahre (vgl. Tafel). Diese zwei Jahre können aber durch die kalendarische Differenz ergänzt werden. Jerobeam regierte 61 Jahre, nach längeren Sonnenjahren berechnet. Die Regierungsjahre der synchronistischen Könige von Juda waren aber nach Mondjahren berechnet. Daher Ungleichheit. Da nun 61 Sonnenjahre beinahe 63 Mondjahre ausmachten, so stimmten die Parallelzeitreihen, die zwei fehlenden Jahre sind dadurch ergänzt. Jerobeam II. regierte demnach 61 Sonnenjahre, aber 63 Mondjahre. Dadurch sind sämtliche Differenzen in den Zeitreihen ausgeglichen.

Diese hier auseinandergesetzten Ausgleichungsmittel für die Chronologie der Könige sind größtenteils von verschiedenen Forschern in Vorschlag gebracht worden. Nur hat der eine mit dem einen, ein anderer mit dem andern Mittel operiert, keiner derselben sie sämtlich in Anwendung gebracht. Dadurch sind immer Differenzen geblieben. Nur wenn sie sämtlich in Anwendung kommen, können sämtliche Schwierigkeiten gehoben werden. Diese Mittel sind folgende: 1. Offenbar korrumpierte Zahlen und Namen von Königen müssen kritisch emendiert oder eliminiert werden. 2. Die Regierungsdauer mancher Könige muß wegen offenbarer Plusdatierung verkürzt werden. 3. Zwischen Amazias Tode und Usias Thronbesteigung muß eine Anarchie von 11—12 Jahren angenommen werden. Diese Anarchie ist nicht bloß chronologisch, sondern auch historisch belegt. 4. Ebenso ist eine Anarchie von 9 Jahren zwischen Pekachs Tod und Hoseas Thronbesteigung anzunehmen und ebenso chronologisch und historisch belegt. 5. Jerobeams Regierungsdauer muß um 20 Sonnenjahre oder um 22 Mondjahre verlängert werden. 6. Eine Differenz der Jahresform bezüglich des Anfangs und der Dauer muß zwischen beiden Reichen vorausgesetzt werden. Durch diese kritischen Mittel ergibt sich, daß die Dauer des Zehnstämmereichs oder die Zeit von Rehabeam bis Hiskias sechstem Jahre 266 Mondjahre beträgt; diese, auf Julianische Jahre reduziert, geben 258 Jahre. Bei Einreihung der judäischen Chronologie in die allgemeine darf diese Reduzierung nicht vernachlässigt werden, was von den Chronologen nicht beachtet wurde und weswegen sie damit nicht ins reine kommen konnten. — Das Ergebnis, daß die Dauer des Zehnstämmereichs nur 266 Mondjahre betrug, kann nicht durch den Hinweis erschüttert werden, daß nach Ezechiel die Dauer desselben auf 390 Jahre angenommen worden sei, indem (4, 5) die Sünde des Hauses Israel auf 390 Tage berechnet werde und jeder Tag ein Jahr bedeute. Diesen Hinweis haben manche Chronologen mit in Rechnung gezogen und dadurch die Konfusion nur noch vermehrt. Die Ezechielsche Zahl 390 hat eine ganz andere Bedeutung und hat mit der Chronologie nichts zu tun.

Mit dem Untergang des samaritanischen Reiches hört die Kontrolle für die Chronologie der folgenden Zeit auf, weil sie allein auf den Zahlen der Regierungsdauer der sechs letzten judäischen Könige beruht[1]). Sind diese Zahlen richtig? Hier tritt nun eine zweite Kontrolle ein, welche noch mehr Verläßlichkeit bietet. Die judäische Chronologie tritt in dieser Zeit mit der allgemeinen, welche durch Ptolemäus' Regentenkanon chronologisch fest fixiert ist, in Kontakt und wird durch sie bestätigt. Anfang und Ende der Epoche von der Zeit des Unterganges des Zehnstämmereichs oder vom 6. Jahre Hiskijas bis zum Untergang Jerusalems oder dem 11. Jahre des letzten Königs von Juda (Zedekia) sind durch diese Kontrolle chronologisch gesichert, nämlich durch die Zeitgenossenschaft Hiskijas mit Mardokempados und

---

[1]) Zwei derselben, welche nur 1/4 Jahr regiert haben, Joachas und Jojachin, kommen hierbei nicht in Betracht.

durch das Datum der Tempelzerstörung im 19. Jahre Nebukadnezars.

Hiskija empfing eine Gesandtschaft des Königs Merodach-Baladan,
des Sohnes Baladans, als er von seiner Krankheit genesen war. Dieser Merodach-Baladan wird allgemein mit dem in Ptolemäus' Regentenkanon aufgeführten Mardokempados identifiziert. (Vgl. Bunsen, Ägypten III,
Anfang, S. 113: M. von Niebuhr, Geschichte Assurs und Babels, S. 40,
75; Winer, Bibl. Realwörterb., Art. Merodach-B. [und jetzt Schrader bei
Riehm-Bäthgen]). Mardokempad regierte von 26 bis 37 der Ära des Nebonassar, welche bekanntlich mit dem Jahre 747 vorchristlicher Zeit begann;
er regierte also von 724—710 der vorchristlichen Zeit. Innerhalb dieser Zeit
fällt also Hiskijas Regierungszeit. Man kann diese Zeit noch mehr ein-
schränken. Merodachs oder Mardokempads Gesandtschaft kam zum judäischen
König, um ihm zur Genesung von der Krankheit zu gratulieren. Diese Krankheit fiel in die Zeit während der Belagerung Jerusalems durch Sancherib.
Diese Tatsache wird nicht bloß historisch angedeutet, Jesaia 38, 5. 6, verglichen
mit 37, 35, auch in der Parall. II. Könige, Kap. 19. 20, sondern folgt auch
aus Hiskijas Dankpsalm Jesaia 38, 16, dessen Echtheit nicht angezweifelt
wird. Sancheribs Belagerung Jerusalems fiel in Hiskijas 14. Jahr, folglich
gehören seine Krankheit und Genesung demselben Jahre an. Da sich nicht
denken läßt, daß Merodach-Baladan lange mit der Gratulation zur Genesung
gewartet hat, so hat er wohl seine Gesandtschaft an Hiskija beordert, sobald
Jerusalem frei und offen war, d. h. sobald Sancheribs Heer untergegangen
und der assyrische Eroberer in sein Land entflohen war. Mardokempads Gesandtschaft traf also in Jerusalem ein entweder im 14. Jahre Hiskijas oder
im darauf folgenden (s. v. Niebuhr, das. S. 75. [Anders und wohl richtig
Schrader a. a. O., dem auch Delitzsch, Komm. zu Jes., 4. Aufl. (1889), folgt.]).
Es ist nicht zu verkennen, daß diese Gesandtschaft des babylonischen Königs
einen diplomatischen Zweck hatte, er wollte sich mit dem König von Juda
gegen den gemeinsamen Feind, gegen Assyrien, verbinden. Das 14. oder
15. Jahr Hiskijas kann also nicht später als das Jahr 37 der Ära Nebonassar
oder als das Jahr 710 vorchristlicher Zeit oder als das letzte Jahr Mardokempados' fallen. Das ist die eine chronologische Kontrolle für den Anfang
dieser Zeitreihe von Hiskijas 14.—15. Jahr bis zur Tempelzerstörung. Die
andere Kontrolle des Endpunktes ist noch bestimmter. Die Tempelzerstörung
oder das 11. Jahr Zedekijas ist gleich dem 19. Nebukadnezars, gleich 586 vorchristlicher Zeit oder, was dasselbe ist, das 4. Jahr Jojakims ist gleich dem
1. Nebukadnezars, gleich 604 der vorchristlichen Zeit. Diese Data stehen durch
den Ptolemäischen Regentenkanon fest. An diesen beiden Punkten haben
wir einen zuverlässigen Maßstab, daran die Dauer der Zeit von Hiskijas 14.
bis 15. Jahr bis Zedekijas 11. Jahr zu messen und die Richtigkeit der Zahlen
zu prüfen. Nach der Angabe im Buche der Könige beträgt diese Zeitreihe
125 Jahre, nämlich Hiskija (von 29 Regierungsjahren 14 abgezogen) 15 +
Manasse 55 + Amon 2 + Josia 31 + Jojakim 11 + Zedekija 11 = 125.
Zählen wir zu diesen 125 Jahren 586 als das Schlußjahr Zedekijas hinzu, so
fällt das 14.—15. Jahr Hiskijas ins vorchristliche Jahr 711—710, d. h. in das
letzte oder vorletzte Regierungsjahr Mardokempads oder Merodach-
Baladans. Die Summe der Zeitreihe dieser Könige darf also nicht weniger
als 125 Jahre betragen, weil sonst Hiskija nicht synchronistisch mit Mardo-

tempab zusammentreffen würde. Größer dürfte diese Summe sein, bis etwa 135, bis zum ersten Regierungsjahre Mardokempads, aber nicht kleiner. Daraus ergibt sich die Richtigkeit der Zahlen der Regierungsjahre der letzten sechs judäischen Könige. Ohnehin sind die meisten derselben auch anderweitig bestätigt. Die 29 Jahre Hiskias sind auch angegeben Jes. 36, 1; 38, 5; die 31 Jahre Josias Jeremia 25, 1—3; die 11 Jahre Jojakims und Zedekias öfter in Jeremia; von den zwei Jahren Amons ist nicht viel zu kürzen. Nur die 55 Jahre Manasses sind anderweitig nicht belegt. Movers und andere Forscher haben sie zu hoch gefunden. Mit Unrecht. Denn wie sich herausgestellt hat, ist diese hohe Zahl notwendig, damit Hiskias Regierung mit der Mardokempads synchronistisch sei. Ein Gegenüberstellen der Zeitreihe der babylonischen Könige nach Ptolemäus und der judäischen nach dem Buche der Könige veranschaulicht die Richtigkeit der letzteren. Es hat sich ergeben, daß Hiskias 14.—15. Jahr mit Mardokempads 12. Jahr und Zedekias 11. Jahr mit Nebukadnezars 19. Jahr zusammenfallen:

Mardokempad	1	Jahr	Hiskija	15	Jahre
Arkeanos	5	„	Manasse	55	„
Ἀβασιλευτον πρῶτον	2	„	Amon	2	„
Belibos	3	„	Josia	31	„
Aparanadios	6	„	Jojakim	11	„
Regebelos	1	„	Zedekija	11	„
Mesesimordakos	4	„		125	Jahre
Ἀβασιλευτον δεύτερον	8	„			
Asaradinos	13	„			
Saosduchinos	20	„			
Kineladanos	22	„			
Nabopolassaros	21	„			
Nabokolassaros (Nebukadnezar)	19	„			
	125	Jahre			

Die 55 Regierungsjahre Manasses sind demnach zu dieser Zeitreihe notwendig, diese Zahl steht ebenso fest wie die Zahlen der auch sonst bestätigten Regierungsjahre der übrigen fünf Könige. Es ergibt sich also daraus, daß Merodachs Gesandtschaft gerade in seinem letzten Regierungsjahre oder im 14.—15. Jahre Hiskias 710 vorchristlicher Zeit in Jerusalem angekommen ist[1]).

Es folgt aber auch aus dieser chronologischen Zusammenstellung ein anderes Faktum. Die 125 Jahre von Hiskijas 14.—15. bis Zedekijas 11. Jahre müssen von derselben Dauer gewesen sein wie die entsprechenden 125 Jahre von Mardokempads 1. bis Nabokolassaros' (Nebukadnezars) 19. Jahr, d. h. sie müssen gebundene Mondjahre gewesen sein. Denn wenn die Zeitreihe der letzten judäischen Könige nach reinen Mondjahren von 354 Tagen gezählt wäre, während die der babylonischen durchaus nach kombinierter Form von 365 Tagen berechnet war, so würden die 125 Jahre der Zeitreihe judäischerseits gegen die babylonischerseits um mindestens drei Jahre weniger betragen, d. h. die 125 Mondjahre wären bloß 122 kombinierte oder julianische

---

[1]) Auch Plusdatierungen sind von der Regierungsdauer der letzten sechs judäischen Könige ausgeschlossen.

Jahre. Dann würde Hiskijas 14.—15. Jahr das letzte Jahr Mardokempads nicht erreichen, dieser König wäre vielmehr zur Zeit von Sancheribs Belagerung und von Hiskijas Krankheit bereits zwei oder drei Jahre tot geweſen. Es folgt also daraus, daß von Hiskijas Zeit an die judäiſche Jahresform der babyloniſchen gleich geweſen ſein muß oder, was dasſelbe iſt, daß in Judäa zu dieſer Zeit nicht mehr nach reinen Mondjahren von 354 Tagen gezählt wurde, ſondern daß von Zeit zu Zeit die Mondjahre nach den Sonnenjahren ausgeglichen worden ſein müſſen. Von Hiskijas Zeit an müſſen alſo in Judäa Schaltjahre eingeführt worden ſein. Das ſtimmt mit der hiſtoriſch erhaltenen Nachricht, daß Hiskija das Paſſahfeſt um einen Monat ſpäter begehen ließ, d. h. daß er einen **Schaltmonat eingeführt hat** (vgl. o. S. 438 [und die bereits erwähnten anderweitigen Ausführungen bei Riehm-Bäthgen]). In Babylonien war nämlich das gebundene Mondjahr im Gebrauche. Denn nur dadurch ſind die babyloniſchen Zyklen von Saren, Soſſen und Neren erklärlich (vgl. M. von Niebuhr a. a. D. S. 238 f.). Der babyloniſche Kalender war zu Hiskijas Zeit in Judäa ſchon bekannt. Denn ſchon zur Zeit Achas' wurde der in Babylonien erfundene Gnomon in Jeruſalem eingeführt; er erhielt den Namen מעלות אחז, „die Sonnen- oder Schattenuhr des Achas". Als Hiskija zum erſten Male ein gemeinſames Paſſahfeſt begehen wollte, hat er es vom Monat Niſſan auf den folgenden Monat verſchoben. Warum? Weil er gefunden haben muß, daß der Monat Niſſan damals nicht dem Frühlings- oder Halmmonate (חדש האביב), welcher nach dem Geſetze dazu erforderlich iſt, entſprochen hat; die Gerſtenreife war noch zurück. Er muß alſo das Einſchaltungsſyſtem eingeführt haben. War einmal das gebundene Mondjahr nach dem babyloniſchen und aſſyriſchen Kalender eingeführt, ſo hielt man ohne Zweifel daran feſt, weil ein reines Mondjahr ſtets mit einem Defizit behaftet iſt. Aus hiſtoriſchen und chronologiſchen Gründen ergibt ſich alſo, daß von Hiskijas Zeit an das עבור שנה oder die Einſchaltung von einem Monate nach Verlauf von zwei oder drei unvollkommenen Jahren in Gebrauch gekommen iſt.

Bis zu Hiskijas Zeit dagegen waren in Judäa kurze Mondjahre im Gebrauche. Die 266 Jahre von der Reichsſpaltung bis zum Untergang Samarias ſind daher als Mondjahre anzuſehen. Bei der Reduzierung derſelben auf julianiſche Jahre oder die vorchriſtliche Zeit muß man daher, wie ſchon angegeben, acht Jahre von der Summe abziehen, d. h. 266 Mondjahre geben 258 julianiſche Jahre. Zählt man dieſe 258 Jahre zu Hiskijas 5.—6. Jahr, welches das Jahr des Untergangs Samarias oder das vorchriſtliche Jahr 719 war, hinzu, 719 + 258 = 977, ſo fällt das Jahr der Reichsſpaltung in das Jahr 977 vorchriſtlicher Zeit[1]).

Dieſe Annahme ſtimmt alſo bis auf zwei Jahre mit dem von den angeſehenſten Chronologen, Petavius, Uſher, Winer und Keil, adoptierten Jahre 975. Diejenigen, welche darüber hinaus bis zum Jahre 985 gehen,

---

[1]) [Auf weſentlich anderem Wege gelangt Kloſtermann in ſeiner „Chronologie der Königsbücher" (Anh. zu ſ. Kommentar) zum Jahre 978 als dem Jahre der Reichsſpaltung, während Riehm in dem Artikel „Zeitrechnung" bei Riehm-Bäthgen die Reichsſpaltung 40 Jahre ſpäter, in das Jahr 938, ſetzen zu müſſen glaubt. Weitere Literatur ſ. daſ. S. 1854. Vgl. auch D. A. Fotheringham, The chronology of the O. T. (Cambridge 1906), oder deſſen intereſſante Zahlenzuſammenſtellungen S. 138 f.]

haben die notwendige Reduktion der Mondjahre auf julianische Jahre nicht beachtet, und diejenigen, welche diese Zahl bis auf 960 oder mit Seyffart auf 950, mit Reinisch noch weiter hinabgedrückt haben, sind meistens Ägyptologen, welche nach ihrer Berechnung die judäische Chronologie um eine so bedeutende Zahl von Jahren verkürzen. In jüngster Zeit setzte Brandes auf Grund der assyrischen Chronologie die Reichsspaltung gar erst 929 an.

Movers chronologischer Kalkul (Phön. II, 1, S. 151 f.), wonach der Tempelbau um 969 und Salomos Tod um 933 angesetzt wird, beruht auf unerwiesenen Prämissen, nämlich auf Josephus' vager Angabe, daß der Tempelbau in Hirams 12. Jahre begonnen habe, und auf Berosus' babylonischem Regentenkanon, der von Ptolemäus' Kanon wesentlich abweicht. Die phönizische Chronologie kann nicht zum Ausgangspunkte genommen werden, sie bedarf selbst der Stütze.

Auf die ägyptische Chronologie braucht die judäische ebensowenig Rücksicht zu nehmen, da diese immer noch sicherer ist als jene. Bei dieser beträgt die Schwankung im schlimmsten Falle 20 Jahre, bei jener dagegen Tausende von Jahren. Wuttke bemerkt in seiner Schrift „Geschichte der Schrift und des Schrifttums" (I, S. 488, Anm.): „Es setzen Menes' Anfang an: Henne ins Jahr 6467, Champollion-Figeac — 5867, Lesueur — 5778, Boeckh — 5702, Hekekyan-Bey — 5652 (was, wie Gutschmidt sagt: ‚Auf ein paar Jahrhunderte ab oder zu richtig sein wird'), Unger — 5613, Henry — 5303, Lenormant — 4915, Barucchi — 4890, Brugsch — 4455, Pickering — 4400, Lauth — 4175, Hincks — 3895, Lepsius — 3892, Bunsen — 3623, F. J. C. Mayer — 3187, Gumpach — 2785, Uhlemann — 2782, Seyffarth — 2781, Poole — 2717, Glidbon — ca. 2700, Prichard — ca. 2400, Knötel — 2387, Wilkinson — 2330, Palmer — 2224, Hofmann — 2182, also haben wir 26 verschiedene Bestimmungen . . ., die sämtlich auf Untersuchungen fußen und in ihren äußersten Gegensätzen um nicht weniger als 4285 Jahre auseinandergehen! . . . Ich selbst habe die Zeiten der Ägypterkönige zu berechnen unternommen, habe es aber nicht zustande gebracht. Willkürliche Aufstellungen scheue ich, und zuletzt gelangte ich zu dem Ergebnisse, welches schon Plath ausgesprochen hat, daß bei den jetzt vorhandenen Hilfsmitteln alle Ansätze ungewiß bleiben." [Vgl. jetzt Wiedemann, Ägyptische Geschichte II, 730 ff., der die wichtigsten chronologischen Systeme und die für deren Berechnung maßgebenden Grundsätze zusammenstellt.] Von Menes, dem ersten Könige der I. Dynastie hängt aber die ganze ägyptische Chronologie ab, weil nach den Manethonischen Angaben Dynastie auf Dynastie, Könige auf Könige und Regierungsjahre auf Regierungsjahre ununterbrochen folgen. Ist der Anfang unbestimmt, so kann die ganze folgende Zeitreihe nicht auf Gewißheit pochen. Von Menephtas Regierungszeit oder von der XIX. Dynastie an glauben die Ägyptologen zwar einen festen, sogar astronomischen Ausgangspunkt zu haben, weil in dessen Regierungszeit die historische Sothisperiode fiel, ins Jahr 1322 oder 1323 (s. o. S. 27, Anm.). Nichtsdestoweniger unterliegt die ägyptische Chronologie auch von da abwärts noch vielen Schwankungen. So z. B. schwanken die Regierungsjahre der ägyptischen Könige, auf welche es auch in der Bestimmung der judäischen Chronologie ankäme, um 50—60 Jahre. Psusennes regierte nach Brugsch 1015—980, nach Reinisch dagegen 949—935. Sein Nachfolger Scheschenk 980—959 nach Brugsch, 935—914 nach Reinisch. Ist nun die ägyptische Chronologie so ungewiß, wie kann sie als Norm angewendet werden? Sie muß vielmehr froh sein, wenn sie von der Zeit Salomos an bis auf die Zeit Josias und weiter hinab Hilfsmittel zu ihrer eigenen Berichtigung von der judäischen Chronologie entlehnen kann.

Dagegen tritt seit einigen Jahren die assyrische Chronologie mit dem Anspruch auf Unfehlbarkeit auf. Namentlich hat Schrader in seiner neuesten Schrift „Die Keilinschriften und das alte Testament" (1872) der judäischen Chronologie den Krieg erklärt und sie auf Grund der assyrischen dementiert. (S. 292 f. in einem besonderen chronologischen Exkurs.) Oppert dagegen bemerkt mit jenem richtigen Taktgefühl, ohne welches historische Forschungen, die auf einer Anhäufung von Zitaten und Folgerungen basieren, einem auf schwankem Untergrunde gebauten hohen Turm gleichen, folgendes: „Wenn ein auf assyrische Keilschrift basiertes System zu solchen, die biblische Zeitrechnung vernichtenden Resultaten gelangt, so hat es sicher Unrecht. Es ist uns nicht erlaubt, eine so durchaus historische Chronologie nach mißverstandenen Texten stürzen zu wollen." (Zeitschrift der D. M. G., Jahrg. 1869, S. 136, Anm.) Schrader aber ließ sich davor nicht warnen, sondern legte es darauf an, bekannte Größen durch unbekannte umzuwandeln. Prof. Hein. Brandes versuchte die Chronologie auf Grund der assyrischen Funde zu rekonstruieren in einem Separatabdruck (1873): „Die Königsreihen von Juda und Israel nach den biblischen Berichten und den Keilinschriften." Es gilt also die Basis zu prüfen, auf welcher diese neue Berechnung beruht. Was Schrader aus den biblischen Angaben selbst gegen die Richtigkeit der judäischen Chronologie einwendet, ist unerheblich. Er beruft sich auf die darin vorkommenden Widersprüche, allein diese beruhen auf entstellten Lesarten und sind oben berichtigt. Gewichtig erscheint auf den ersten Blick das Dementi von den assyrischen Schrifturkunden aus. Prüfen wir die Haltbarkeit ihres Grundes.

Man hat in Assyrien lange Listen von Namen in Keilschriftzeichen, über 200 Namen, gefunden. Von Zeit zu Zeit sind diese Namen durch einen dicken Strich voneinander getrennt. Die Assyriologen nennen diese Listen, von denen vier Exemplare aufgefunden wurden, den assyrischen Kanon. Die Exemplare zeigen indes mancherlei Abweichungen. Bei einer solchen Liste ist ein Name vorausgesetzt, welchen sie als Königsnamen betrachten. Bei einem anderen steht noch ein Zeichen dabei, das die Assyriologen als sarru (König) anerkannt wissen wollen. Beim vierten Kanon soll sich bei dem Namen noch sar Assur, König von Assur, finden. Die fortlaufenden Namen in den Listen betrachten die Assyriologen als Archonten oder Regenten und meinen, daß jeder derselben ein Jahr fungiert habe und chronologisch ein Jahr bedeute, so daß diese, wie in Athen die Archonten, die dem Jahre einen Namen gegeben hatten, eponyme Archonten gewesen wären. Davon nennen sie die Listen Regenten- oder Eponymenkanon. Nach der Anzahl von Namen, welche innerhalb zweier Striche stehen, glauben sie die Zahl der Regierungsjahre je eines Königs mit Sicherheit erkannt zu haben. Dieser Regentenkanon soll seine Ergänzung in einer anderen aufgefundenen Beamtenliste haben, worin noch besonders Geschichtliches angegeben sein soll. (Abgedruckt bei Schrader das.; Zeitschrift d. D. M. G., Jahrg. 1869, und Theol. Stud. und Krit., Jahrg. 1871). Diese Beamtenliste enthalte, wie sie angeben, die Namen der Verwalter oder Könige, dann noch

die von ihnen nach verschiedenen Ländern angetretenen Reisen, z. B. nach
dem Chaldäerland (ana mat Khaldi)[1], nach Babylon, nach dem Strom-
lande (öfter)[2], nach Armenien, nach dem Zedernlande(?), nach Damaskus,
nach dem Lande Hadrach (Hadrika) und Razape (Rezeph)[3] und anderen
Ländern unbekannten Namens und Klanges. In den Verwaltungslisten sei
auch angegeben, daß der König Tiglat-Pileser sich auf den Thron gesetzt
(Tiglat-habal-asar ina Kussu ittusib); daß in dem Monate Siwan die Sonne
eine Verfinsterung erlitten, und sogar, daß Ruhe im Lande gewesen. Kurz,
die Verwaltungslisten sollen sich als respektable Annalen dokumentieren, und
da die Regenten- oder Eponymenlisten jenen ähnlich sind, so stehen die Assyriologen nicht an, auch diese als Annalen zu behandeln, die zugleich die
Dauer der Regierungsjahre der Könige bezeichnen sollen; soviel Namen
innerhalb zweier Striche, soviel Jahre usw. Infolgedessen fixieren sie nicht
bloß die assyrische Chronologie mit astronomischer Genauigkeit, sondern wollen
auch den Synchronismus der israelitischen Königsgeschichte danach meistern.
Nach Schraders Berechnung betrage die chronologische Differenz zwischen den
Angaben der Bibel und den Ergebnissen nach dem assyrischen Regentenkanon
für die Könige Achab und Jehu 40—50 Jahre. Folglich seien jene falsch
(a. a. O. S. 299 f.).

Freilich muß man dabei den Assyriologen viel, sehr viel zugeben, was
noch durch und durch von Ungewißheit beherrscht ist, und wogegen sich der
kritische Takt sträubt. Man muß ihnen zunächst zugeben, daß sie die Keilinschriften richtig entziffert haben, was sie selbst einander absprechen. Man
vergleiche nur, wie Oppert, eine der assyriologischen Autoritäten, über
zwei andere und ältere Koryphäen urteilt; über Hinks und Henri Rawlinson, daß keiner von beiden jemals auch nur die kleinste assyrische Inschrift
richtig interpretiert habe (Studien und Kritiken, S. 715 f.). Andere erkennen
wiederum Opperts Interpretation nicht an. Denn die Keilschrift soll mehrere
ideographische Zeichen, gewissermaßen Sigel, enthalten, und diese können,
nach der Aussage der Entzifferer selbst, die verschiedensten Laute bezeichnen.
Eine solche Gruppe könne z. B. ausdrücken: ab, be, ne, ku, da, bil oder
bi, bat, mik, mit, chuv. „Gewiß keine Förderung richtigen Lesens",
wie Wuttke dazu bemerkt (a. a. O. S. 627). Daher sind die Assyriologen
nicht imstande, das Mißtrauen gegen die Resultate ihrer Entzifferung zu
bannen, wie zuversichtlich sie auch tun. Man bedenke nur, wie schwer es
zuweilen geübten Semiten wird, phönizische, punische oder nabatäische Inschriften zu entziffern, selbst wenn eine griechische Inschrift sich daneben befindet und Hilfsmittel bietet, und wie sehr sie bei der Interpretation solcher
Inschriften voneinander differieren! Wie erst bei den Keilinschriften, deren
Schlüssel ein Passepartout ist! [In den letzten drei Jahrzehnten ist jedoch
unter den Gelehrten eine derartige Übereinstimmung erzielt, daß die In-

---

[1] Es fragt sich aber, ob der Name Khaldi und nicht der Name Kardi
der ursprüngliche ist, da die Chaldäer nur eine mundartliche Entstellung aus
„Kurden" sind!

[2] Assur war ja selbst das Stromland oder doch ein Teil desselben?

[3] Glücklicherweise kommt nämlich חדרך und רצפ einmal in der Bibel
vor, und nur möglicherweise ist das erstere ein Ländername, möglicherweise
gar korrumpiert aus ארץ בן־הדר oder חדר, woraus חדרך geworden sein kann.

schriften mit nahezu derselben Sicherheit wie phönizische, moabitische und
aramäische gelesen werden können.]

Eine andere Unsicherheit entsteht aus der Sprache. Welchem Idiome
gehören die Texte der Inschriften an? Die Assyriologen betrachten es meistens
als semitisch und haschen nach hebräischen, arabischen, aramäischen und sogar
talmudischen Wortwurzeln, um den Inhalt zu deuten. Einige Forscher wollen
in der neuesten Zeit den semitischen Ursprung der Assyrier bestreiten. Oppert
will endlich das Joch abschütteln und das Assyrische durch das Assyrische selbst
erklären (Journal Asiatique, Jahrg. 1863, II, p. 477). Diesen häuslichen
Streit mögen sie untereinander ausmachen; aber sie dürfen nicht verlangen,
daß die Nichteingeweihten jetzt schon die philologische Ebenbürtigkeit der assyrischen Sprache neben der griechischen, lateinischen, hebräischen und anderen
Idiomen anerkennen sollen, welche Organe für historische Urkunden geworden
sind. [Jetzt steht auch fest, daß die Sprache der ninivitischen und babylonischen Inschriften eine dem Hebräischen besonders nahe verwandte ist.] — In
der Sache selbst müßte man ihnen noch dazu etwas Bedenkliches zugeben,
daß, wie etwa die Römer nach Konsuln, die Assyrier die Jahre nach Beamten
gezählt hätten, etwas Wunderliches in einem despotisch regierten Staate, in
welchem der König alles ist und Volk und Beamte gar nichts bedeuteten.
Dazu kommt noch, daß, wie Oppert selbst zugibt, in Babylonien, dem Mutter-
und Musterstaat für Assyrien, sich von dergleichen Eponymen keine Spur
zeige (Zeitschr. d. D. M. G., Jahrg. 1869, S. 134). Dazu noch eine andere
Unwahrscheinlichkeit. Die Namen der regierenden Könige sollen ebenfalls
als Jahreseponymen figurieren, aber sie eröffnen nicht die Reihe nach ihrem
Regierungsantritt, sondern ihre Namen werden erst hinter anderen als solche
aufgeführt. War das Immat (למאנ) oder Jahresarchontat eine Ehre,
so müßten die Könige, sollte man meinen, zuerst an die Reihe kommen und
nicht den Beamten den Vortritt lassen! Differenzen in der Reihenfolge von
Namen zwischen dem einen Exemplar des Regentenkanons und dem anderen,
zwischen dieser Liste und der Verwaltungsliste können die Assyriologen selbst
nicht abstreiten und müssen daher zu Auslegungskünsten ihre Zuflucht nehmen
(s. Studien und Krit., das. S. 683, 685). Bildet die Aufeinanderfolge der
Namen eine ununterbrochene Reihe oder fehlen vielleicht Namen in den
Listen? Die englischen Assyriologen und Schrader behaupten das eine, Oppert
das andere. Dieser nimmt in der Liste eine Unterbrechung von 47 Jahren
an (s. Revue Archéolog. 1868 Nov., Schrader, Keilinschrift und Altes Testament, S. 305, Note). Den in den biblischen Urkunden genannten assyrischen
König Phul finden die Assyriologen weder in den Listen noch in den Inschriften und identifizieren ihn bald mit Tiglat-Pileser, bald mit einem babylonischen König Por bei Ptolemäus oder mit einem anderen Namen. Sal-
manassar, welcher Samaria belagerte, finden sie auch nicht oder nur mit
knapper Not. [Jetzt herrscht auch hierüber Einigkeit. Vgl. Jeremias a. a. O.
S. 299 ff.] Und trotz aller dieser Unsicherheiten soll die assyrische Chronologie infallibel und Meisterin über die judäische sein![1]

---

[1] Wie die englischen Assyriologen Geschichte fabrizieren, wird treffend
von Oppert charakterisiert (Lepsius, Zeitschr. f. ägypt. Sprache 1869, S. 64,
Note): „Niemand wird es genügend finden, daß der Leser immer durch Bemerkungen wie: 'I found, I discovered, I have reasons to suppose, I

Aber woher nehmen die Assyriologen den sicheren Ausgangspunkt, die assyrische Chronologie nach den Listen auf die vorchristliche Ära vom Jahre 893—665 so genau zu reduzieren? Es sind Berge, die an einem Haare hängen. Sie haben in den Listen und Inschriften einen König Sargon, Sargina oder Sarukin entdeckt und wissen viel von seinen Taten und Bauten zu erzählen. Dieser assyrische König soll auch in der Reihenfolge der babylonischen Könige in Ptolemäus' Kanon unter dem Namen Ἀϱ-κέανος — als der sechste seit Nabonassar — vorkommen. Arkeanos regierte 38—42 der Ära Nabonassars, d. h. vom Jahre 709—705 vorchristlicher Zeit. Das ist ein Hauptanhaltspunkt für die Assyriologen. Sargon oder Sarukin soll sein erstes Jahr als König von Babylon nach dem Immat oder der Eponymie eines Beamten bezeichnen, der, nach Strichen gerechnet, dem Jahre 709 entspräche. Folglich könne man von diesem Datum aus aufwärts und abwärts chronologisch operieren, Sargons Regierungsanfang 722 (oder 721) und die seines Sohnes Sancherib 705 (704) ansetzen. Auf dieselbe überzeugende Weise identifizieren sie noch einige Namen im Ptolemäischen Kanon mit solchen aus der sog. Regentenliste, z. B. Ἀπαρανάδιος mit Asur-nadin-sum, Ἀσαϱίδινος mit Asur-ahi-iddin, unbekümmert darum, daß die anderen assyrischen Könige, obwohl sie ebenfalls über Babylon herrschten, nicht in Ptolemäus' Kanon aufgeführt werden. Dabei müssen sie wieder künstliche Ausgleichungen anwenden; denn nach dem Ptolemäischen Kanon regierte Arkeanos nach Mardokempados (Merodach-Baladan). Das stimmt aber nicht mit ihrer Berechnung, nach welcher Sargon vor Merodach regiert habe. Sie fügen deswegen einen unerwiesenen Merodach II. ein; lauter Notbehelfe. [S. jetzt Jeremias a. a. O. S. 14. 304 f.] — Doch Schrader und sein englischer Vorgänger F. Smith stützen die assyrische Chronologie noch auf ein anderes Datum als „auf einen festen Ausgangspunkt" (Keilinschriften und A. T., S. 302), nämlich auf eine Sonnenfinsternis, welche bei dem Namen eines Beamten in der Liste angemerkt sei, und diese soll nach astronomischer Berechnung nur im Jahre 763 stattgefunden haben. Man muß sich die mühsame Entzifferung ansehen, mit welcher dieses Faktum von der Sonnenfinsternis zusammenbuchstabiert wird (Athenäum, Jahrg. 1867, p. 660 f., Theol. Stud. und Krit., Jahrg. 1871, S. 682, Note). Da kommt aber Oppert, bestreitet die Richtigkeit dieses Jahres und setzt diese Sonnenfinsternis in das Jahr 809 (D. M. G., Jahrg. 1869, S. 135) — ein Strich durch die Rechnung! [Vgl. Jeremias S. 292.] Nichtsdestoweniger will Schrader nach diesen zweifelhaften Konjekturen die biblische Chronologie meistern.

Gehen wir jetzt an die Beweise, welche dafür vorgebracht werden, daß die israelitischen Könige in den assyrischen Inschriften genannt werden, wodurch Schrader sich zu der Behauptung veranlaßt fühlt, daß „der Löwenanteil der neuen assyrischen Entdeckungen dem alten Testament zufällt." In den Büchern der Könige ist von den Assyrern zu allererst in der Regierungszeit Menachems und Usias die Rede. Daher galt es lange als Norm, daß die Propheten, welche Assyrien nicht erwähnen, vor dieser Zeit gesprochen haben. Die Assyriologen wollen aber entdeckt haben, daß schon zu Achabs Zeit die Assyrer in das Geschick des Zehnstämmereichs eingegriffen hätten.

suspect' befriedigt werde, namentlich da in vielen Fällen Tatsachen vorliegen, das Gegenteil zu beweisen.

Unter einem Salmanaſſar ſoll Achab, König von Israel, 2000 Wagen und 10000 Mann mit noch vielen anderen Fürſten zum Kriege gegen dieſen aſſyriſchen König geſtellt haben. Iſt die Lesart auch · geſichert? 1864 las G. Rawlinſon noch auf der Inſchrift: Ainab of Samhala (The five monarchies II., p. 362); erſt ein Jahr ſpäter entdeckte er, daß es laute: Ahab of Jezreel (daſ. IV, p. 576). Schrader lieſt A-cha-abbu Sir'-la-ai; das letzte Wort ſoll Israel, nicht Jeʒreël bedeuten (daſ. S. 58, 94). [S. Jeremias a. a. O.] Allzuviel Gewißheit bietet alſo dieſer Paſſus keineswegs, zumal, wie die Aſſyriologen eingeſtehen, der Name „Land Israel" auf den bisher entdeckten Inſchriften ſich ſonſt nicht findet; darum ſind die engliſchen Aſſyriologen für Jeʒreël. Aber ſoll ein König nach ſeinem Winteraufenthalt näher bezeichnet werden? — Denn die Hauptſtadt blieb doch immer Samaria. Es kommt aber noch beſſer. — Jehu ſoll zweimal auf den Inſchriften Salmanaſſars II. vorkommen, einmal Maadatu sa Jahua habal Chuumrii, Tribut Jehus, Sohnes des Omri (Schrader, daſ. 66, 107, G. Rawlinſon II, p. 364 f. [Jeremias S. 297, vgl. 296]). Aber wieſo kann denn עמרי geſchrieben ſein חומרי? Und wie kommt Jehu, der Vertilger des Hauſes Omri, dazu, ein Sohn desſelben genannt zu werden? Und auf dieſe Seifenblaſen bezieht G. Rawlinſon ohne weiteres ein Bild auf einem der aſſyriſchen Monumente auf Israeliten "bringing tribute to Salmaneser II."! Wenn man ſo vage Hypotheſen als Geſchichte ausgeben darf, dann iſt man auch berechtigt, Bit-Chuumri als die Stadt Samaria oder als Land des Zehnſtämmereichs ohne Skrupel zu erklären (Rawlinſon, daſ., Schrader, daſ. S. 58, 145). Noch dazu ſoll bei Chuumri ſich das Adjektivum ruk finden, und ſoll das Ferne (etwa רחוק) bedeuten, als wenn Gaza und Ägypten nicht noch entlegener wären als Samaria. — Menachem, der König, welcher nach der bibliſchen Quelle zuerſt dem aſſyriſchen König Phul Tribut gezahlt hat, darf natürlich in den aſſyriſchen Inſchriften nicht fehlen, obwohl Phul ſelbſt ſchwer zu finden iſt. Er ſoll die Minihimmi Usimurunaai oder S'amirinaoi genannt ſein (Schrader S. 93, 119, 120, · 143 [Jeremias S. 299]). Aber noch ein anderer Menachem drängt ſich gar ungelegen auf. Nachdem das Zehnſtämmereich von Salmanaſſar oder Sargon zerſtört und die Stadt Samaria zertrümmert und das Königtum von Israel verſchwunden war, erſcheint noch einmal als Revenant ein Minichimmi Simurunaai, bringt mit anderen Fürſten dem König Sancherib Tribut und küßt ihm die Füße (Schrader, daſ. 174, vgl. daſ. S. 121). Soll man das alles als geſchichtliche Tatſachen hinnehmen? Hätte nicht eine ſolche hiſtoriſche Unmöglichkeit die Aſſyriologen ſtutzig machen ſollen? Kein Samaria und kein israelitiſcher König mehr unter Sancherib und doch ſoll ein Menachem von Samaria dieſem Sancherib Geſchenke gebracht und ihm die Füße geküßt haben! Ebenſo gewiß kommt Uſia auf den Monumenten vor unter dem Namen Azriyaahu mat Jahuda-ai oder Asriyaahu (d. h. עצריהו, Schrader, daſ. S. 115 f.). Nur ſchade, daß Oppert in dieſem Namen einen ganz anderen König erblickt, nämlich den Sohn Tabels, der als Gegenkönig gegen Achas aufgeſtellt werden ſollte (Lepſius' ägyptiſche Zeitſchr. 1869, S. 68). — Auf welcher Gewißheit beruht nun die Behauptung der Aſſyriologen, daß Samaria im erſten Jahre des Sargon, d. h. 721 oder 722 vorchriſtlicher Zeit (nach dem ſupponierten Regentenkanon) von demſelben eingenommen worden iſt? Schrader bemerkt ſelbſt darüber (S. 159): „Ausführlicher hatte Sargon sich in seinen ‚Annalen‘ über das Ereignis verbreitet; aus ihnen erfahren wir, daß es in sein erstes Regierungsjahr fällt. Leider ist, wie überall der Text der Annalen, so auch dieser betreffende Abschnitt arg verstümmelt. Von diesem sind bloß erhalten die Worte: Ina ris ...... rinai.“ Und aus der Ergänzung dieser Lücken soll nun folgen, daß Sargon im Anfang seiner Regierung die Stadt Samaria erobert habe! [Jeremias S. 303, 340.] Wahrlich, nicht in griechischen, lateinischen oder hebräischen Texten dürfte man sich solche Ergänzungen erlauben, geschweige denn in solchen, wo das Lesen so mühsam und unsicher ist; noch weniger dürfte man daraus chronologische Data kombinieren und dadurch etwa entgegenstehende Data dementieren! — Die judäische Chronologie braucht also keinerlei Rücksicht auf die assyrische zu nehmen und muß es dieser überlassen, sich erst überzeugender zu dokumentieren!

Einer anderen Einwendung gegen die Richtigkeit der chronologischen Data in den Büchern der Könige von seiten der sogenannten Mesainschrift muß noch begegnet werden. Im Jahre 1869 hat Clermont-Ganneau eine Stelle oder einen Block mit Inschriften in alten Schriftzügen jenseits des Jordans aufgefunden, welche zwar die Erzählung des Kriegszuges Jorams von Israel in Verbindung mit Josaphat und dem König von Edom gegen Mesa, König von Moab, bestätigen und ergänzen, aber ihrer chronologischen Angabe zu widersprechen scheinen. Über diese Mesa- oder moabitische Inschrift ist in Zeitschriften und Broschüren viel geschrieben worden. Der Block ist nämlich von Beduinen zertrümmert worden, und Clermont-Ganneau konnte nur einen Abklatsch davon veröffentlichen, welcher viel Lücken enthält. Diese Lücken haben zwar Clermont-Ganneau und andere später durch aufgefundene Trümmersplitter ergänzt, nichtsdestoweniger sind viele Zeilen ganz oder teilweise lückenhaft und unverständlich. Aus einer solchen lückenhaften Zeile wird ein Widerspruch mit der israelitischen Chronologie herausgelesen. Nach II. Könige 3, 4 hat Jehoram von Israel den Feldzug gegen Mesa unternommen, und zwar im ersten Jahre seiner Regierung, da Moab bei der Nachricht vom Tode Achabs abgefallen war. Von welchem israelitischen König Moab unterworfen wurde, ist nicht angegeben. Die Mesainschrift nennt aber Omri als Eroberer einer moabitischen Stadt (Medaba). Die darauf folgende Zeile ist aber lückenhaft. Zeile 7 Ende und Zeile 8 lauten nämlich nach Clermont-Ganneaus Ergänzung:

וירש עמרי את ...

... צ מה דבא וישב בה ...... ימי בנה ארבען שת

Hier ist nun für Konjekturen ein weiter Spielraum gelassen. Liest man mit Schlottmann:

וישב בה [ישראל בימיו וב] ימי בנה ארבען שת,

so folgt natürlich daraus, daß Israel in den Tagen Omris und Achabs darin 40 Jahre gewohnt habe, und es entsteht ein Widerspruch mit der Angabe, daß Omri und Achab zusammen nur etwa 30, mit knapper Not 34 Jahre regiert haben. Nöldeke ergänzt daher בימי בנה וביומי בן בנה und zieht noch Jorams Regierungszeit hinzu. Andere lesen statt בנה, „sein Sohn“, בָּנָה, „er hat gebaut“, und שת als Wortfragment; denn שת für Jahr ist eine abstruse Form. Auch die Schreibweise מהדבא für מירבא ist auffallend. Kurz, die Zeile 8 in der Mesainschrift gibt keine Gewißheit, weder über die Zeit, noch über das Faktum. Es steht demnach gar nichts entgegen, die Reichsspaltung 977 und den Untergang des Zehnstämmereichs 266 Mondjahre, d. h. 258 julianische Jahre, später, um 719 vorchristlicher Zeit, anzusetzen.

Von Rehabeam oder der Reichsspaltung die Chronologie aufwärts zu führen, dazu fehlt allerdings jede Kontrolle. Salomos Regierungsdauer von 40 Jahren wird noch dazu wegen der runden Zahl verdächtigt. Dadurch ist die erste Stufe zum Hinaufsteigen abgebrochen. Allein diese 40jährige Regierungsdauer muß aus zweifachen Gründen für genau angenommen werden. Selbst die am meisten pessimistische Kritik muß zugeben, daß die Zahl der Regierungsjahre sämtlicher nachsalomonischer Könige nicht als runde Zahlen anzusehen sind. Es wird niemandem einfallen, Joachs 40 Jahre als eine runde Zahl zu verdächtigen, eben weil die seiner Vorgänger und Nachfolger genau angegeben sind. [Dennoch ist dieses Wellhausen (Prolegomena zur Geschichte Israels, S. 284 ff.) nichtsdestoweniger eingefallen. Vgl. gegen ihn die schlagenden Einwendungen Schalls (Die Staatsverfassung der Juden auf Grund des A. T., S. 54)]. Dieses setzt voraus, daß die israelitischen Annalisten von Rehabeam und Jerobeam I. an angefangen haben, die Regierungsdauer der Könige, soweit sie Kunde davon hatten, genau anzumerken oder vielleicht gar aufzuzeichnen. Sollte diese chronologische Genauigkeit erst mit Rehabeam begonnen haben und nicht schon mit der Glanzregierung seines Vaters? Wenn es Annalisten oder Aufzeichner der Tagesbegebenheiten (דברי הימים) für die späteren Könige gegeben hat, so sollte man denken, daß sie in Salomos Zeit nicht gefehlt haben. Ist doch selbst in Davids Regierung genau angegeben, daß er 40 Jahre und 6 Monate regiert hat, und zwar 7 Jahre 6 Monate in Hebron und 33 Jahre in Jerusalem. In der widerwärtigen Geschichte Absaloms sind mehrere Data genau notiert (s. o. S. 226, Anm. 1). Auch für die Regierungsdauer Sauls ist eine genaue Zahl angegeben, wie weiter erwiesen werden soll. Innerhalb Salomos Regierung sind ebenfalls mehrere Daten genau angemerkt. Im vierten Regierungsjahre im zweiten Monat begann er den Tempelbau; der Bau dauerte sieben Jahre. Seinen Palast baute er in 13 Jahren. Sehr genau ist noch einmal angegeben, daß der Bau des Tempels und Palastes zusammen 20 Jahre gedauert hat. Diese Zahlen hat doch nicht der Redakteur der Bücher der Könige erfunden, sondern er muß sie doch vorgefunden haben. Es hat also eine oder mehrere Personen interessiert, sich diese Zahlen zu merken und sie zu notieren. Und dieser oder diese Personen sollten nicht auch das Interesse gehabt haben, Salomos Regierungsdauer genau zu überliefern? Das ist nicht denkbar. Es gibt also einen triftigen Grund, der für die Genauigkeit der Zahl 40 von Salomos Regierungsdauer spricht. Ein anderer ergänzt ihn. Salomo hat eine Pharaonentochter heimgeführt; er stand also mit dem ägyptischen Hofe im Verkehr und kannte die dortigen Lebensgewohnheiten; er hat sie auch nur zu sehr kopiert und alles, wie in Ägypten, in der Person des Königs konzentriert. In Ägypten war es nun Sitte, daß alles, was geschah, nach Regierungsjahren der Könige datiert wurde. Treffend bemerkt Bunsen (Ägypten IV, S. 112): „Sie, die Ägypter, tun nichts, sie lernen nichts, sie werden nicht geboren und sie sterben nicht, ohne daß das Königsjahr angegeben ist." Diesem ägyptischen Einfluß ist es ohne Zweifel zuzuschreiben, daß seit Salomo die Regierungsjahre der Könige zum chronologischen Kanon genommen wurden. Wahrscheinlich haben, wie in Ägypten die Priester, so in Salomos Regierungszeit die Ahroniden oder Leviten die Zuvorkommenheit oder den Auftrag gehabt, die öffentlichen Vorgänge nach der Sonnenuhr der königlichen Majestät zu bezeichnen.

Nach dieser Betrachtung ist man genötigt, die 40 Regierungsjahre Salomos als eine genaue Zahl gelten zu lassen. Ein Stein des Anstoßes für die ältere israelitische Chronologie ist damit beseitigt. Genauigkeit bietet, wie schon angegeben, auch Davids Regierungszeit, 40½ Jahre. Wir können aber die relativ exakte Chronologie noch weiter hinauf führen, wenn wir den zweiten Stein des Anstoßes beseitigen. In Sauls Geschichte ist nämlich angegeben (I. Sam. 13, 1): בן שנה שאול במלכו ושתי שנים מלך על ישראל. Diese rätselhafte Angabe hat zu den abgeschmacktesten Lösungen geführt, die man zusammengestellt findet in Gustav Röschs Artikel Biblische Zeitrechnung (Herzog, Realenzyklopädie, 1. Aufl., XVIII, S. 453). Am richtigsten ist die von Scaliger gegebene Erklärung, daß eine Lücke in der Zahlenangabe anzunehmen ist. Aber die Ergänzung dieser Lücke ist noch nicht befriedigend gefunden worden. Die Ausfüllung der Lücke des Alters, in welchem Saul stand, als er König wurde, ist für die Chronologie gleichgültig. Ein griechisches Scholion hat dafür 30 Jahre: υἱὸς τριάκοντα ἐτῶν Σαοὺλ ἐν τῷ βασιλεύειν αὐτόν. Diese Zahl ist aber zu gering angenommen, wie schon Bunsen richtig bemerkt hat (Ägypten I, 3, S. 231; IV, S. 372). Saul muß nämlich viel älter bei seiner Salbung gewesen sein, da er schon einen erwachsenen Sohn Jonathan hatte. Wahrscheinlich stand ursprünglich die runde Zahl בן ארבעים שנה שאול במלכו. Doch, wie gesagt, das ist für die Bestimmung der Chronologie gleichgültig. Wichtiger ist es, wie die zweite Lücke, die Zahl der Regierungsjahre, ergänzt werden soll.

Bunsen schlägt vor, 22 Jahre zu ergänzen. Er meint, es habe ursprünglich gelautet ...; במלכו ועשרים ושתי שנים מלך; aus der vollen Zahl 20 sei später der Zahlenbuchstabe כ' geworden. Dieser sei durch das vorhergehende כו im Worte במלכו absorbiert worden, aus dem ursprünglichen במלכו כ ושתי שנים sei als scheinbare Dittographie כ weggelassen worden und nur die Einzahl ושתי stehen geblieben (a. a. O. S. 373). Diese Ausgleichung ist entschieden falsch. Sind die Zahlen durch Zahlenbuchstaben ersetzt gewesen, so hätte nicht bloß die 20 durch כ, sondern auch die 2 durch ב angegeben sein müssen. Woher kommt nun das Wort וּשְׁתֵּי? Aber die Ausgleichung verstößt auch gegen die hebräische Grammatik. Bei Zahlen von 20 aufwärts steht nämlich niemals שָׁנִים, Plural, sondern regelmäßig שָׁנָה, Singular. Dann werden die Einheiten nie im Status constructus וּשְׁתֵּי, sondern absolut ausgedrückt, entweder שְׁתַּיִם שָׁנָה oder עֶשְׂרִים וְשָׁנָה. Beide in dem lückenhaften Texte stehengebliebenen Wörter ושתי und שנים legen daher die Ergänzung sehr nahe, daß nicht eine Zahl von 20 oder 30, sondern eine Zehnzahl ausgefallen sein muß. Bei der Zahl 12 kommt zwar auch meistens שנה vor, aber man kann auch שנים setzen (vgl. Nehemia 5, 14: שָׁנִים שְׁתֵּים עֶשְׂרֵה). Das Datum für Sauls Regierungsdauer hat also notwendigerweise ursprünglich gelautet: בן ... שנה שאול במלכו וּשְׁתֵּי עֶשְׂרֵה שנים מלך על ישראל. Saul hat also 12 Jahre regiert. Sämtliche Vorgänge in seiner Regierungszeit lassen sich in den Rahmen von 12 Jahren hineinbringen. Diese Zahl läßt sich auch von einer anderen Seite her rechtfertigen. David war beim Tode Sauls 30 Jahre alt, da er im ganzen

70 Jahre alt wurde und 40 Jahre regierte. Er war also bei dem Regierungsantritt Sauls, wenn dieser 12 Jahre regiert hat, 18 Jahre alt, d. h. ungefähr
gleichaltrig mit seinem Freunde Jonathan. Hätte Saul auch nur
22 Jahre regiert, so wäre David bei dessen Regierungsantritt erst 8 Jahre
alt gewesen, dann hätte wegen des abstechend ungleichen Alters keine innige
Freundschaft zwischen dem Königssohn und dem Besieger des Riesen Goliath
entstehen und bestehen können. Hat doch David Sauls Oberkleid anlegen und
dessen Helm aufsetzen können, als er zum Zweikampf gegen Goliath auszog;
er kann also damals kein Knabe gewesen sein. Der Ausdruck נער, welcher von
David bei seiner Salbung gebraucht wird, verschlägt nichts dagegen. נער wurde
jeder Sohn genannt, der noch in des Vaters Gewalt stand. Auch die viel
älteren Brüder Davids werden נערים genannt (I. Sam. 16, 11). Wir haben
also eine relativ gesicherte Chronologie bis zum Regierungsanfang Sauls oder
bis zum Anfang des Königtums oder bis zum Ende der Richterzeit. Von
Saul an hat die chronologische Angabe nach runden Zahlen aufgehört. Wir
haben oben Rehabeams Regierungsanfang 977 (oder 975) der vorchristlichen
Zeit angesetzt. Rechnen wir dazu

Salomo . . . 40   Jahre
David . . . . 40½   „
Saul 12   „
Summa 92 + 977 = 1069 der vorchr. Zeitr.

Allenfalls muß man auch hier die zwei Jahre Differenz des freien Mondjahres gegen das gebundene in 92 Jahren abziehen. Bis zum Beginn des
Königtums ist also die Chronologie so sicher, wie sie überhaupt bei der Berechnung nach Regierungsjahren nur sein kann.

Vollständig unsicher wird sie erst höher hinauf in der Richterperiode, weil
hier bei den Zahlenangaben der Zeiten der Abhängigkeit und der, nennen
wir es Regierungsjahre der einzelnen Richter, genaue mit runden Zahlen
abwechseln. Außerdem scheinen manche Richter gleichzeitig aufgetreten zu
sein, so ganz gewiß Jephtah mit Simson. Wenn aber die Ägyptologen diese
chronologische Unbestimmtheit benutzen und ihrer ägyptischen Chronologie zu-
liebe die Richterperiode oder die Zeit vom Einzug in das Land Kanaan bis
zum Anfang des Königtums bis auf 200 Jahre reduzieren — Frl. Corbau,
welche den Auszug um 1291 berechnete, sogar noch weniger! —, so muß man
ihnen immer und immer wieder die von Jephtah bestimmt ausgesprochene
Zahl vorhalten, daß seit dem letzten Jahre der Wüstenwanderung bis zu seiner
Zeit 300 Jahre abgelaufen waren (Richter 11, 26): שלש מאות שנה. Mag
die Zahl auch rund sein und mag sie ihm ein späterer Bearbeiter in den
Mund gelegt haben, so muß der eine oder der andere doch noch Kunde davon gehabt haben, daß vom letzten Jahre der Wüstenwanderung bis zu Jephtah
mehr als 200 Jahre verstrichen waren.

Allerdings hat die Zahl 480 vom Auszug aus Ägypten bis zum Tempelbau den Charakter der Ungenauigkeit. Aber mehr als 400 Jahre müssen entschieden bis Salomo abgelaufen sein, wenn man auch nur die 40 Wanderjahre, die ungefähre Zahl 300 Jahre bis Jephtah und die 52 Jahre Sauls
und Davids berücksichtigt = 395 und noch dazu Elis und Samuels Zeit hin-
zuzieht. Nach den zwei Genealogien des prophetischen Richters Samuel
(I. Chron 6, 7—12. 18—23) liegen zwischen Korach, Moses Zeitgenossen,

und Samuel mindestens 14 Geschlechter, die, noch so niedrig angesetzt, mehr als 400 Jahre ergeben. Der Auszug aus Ägypten hat also jedenfalls vor dem Jahre 1400 vorchristlicher Zeit stattgefunden. Über die Berechnung der Ägyptologen s. o. S. 26 [und die Bemerkungen dazu].

Die hier aufgestellte Chronologie weicht von der von Petavius und Usher angenommenen Zahl für die Reichsspaltung nur um zwei Jahre ab. Die Reichsspaltung oder Rehabeams Regierungsanfang beginnt demnach 977, und es dauert

Sauls Regierung 1069—1057 der vorchr. Zeitr.
Davids   „   1057—1017   „   „   „
Salomos   „   1017— 977   „   „   „

Da man aber die 92 Jahre der ersten drei Könige nur als Mondjahre ansehen muß (o. S. 452), so muß man sie, wenn man sie auf julianische Jahre reduzieren will, um mindestens zwei Jahre verkürzen. Sauls Regierungszeit fiel demnach um 1067—1055.

Die beigegebenen synchronistischen Zeittafeln veranschaulichen das kritische Verfahren, wie die Widersprüche ausgeglichen werden können. Sie zeigen das Ineinandergreifen der gegenseitigen Zeitreihen und wo die Regierungsjahre der Könige nach vollen oder nach unvollständigen Jahren gezählt sind. Die Doppelzahlen bei den Jahren: 1—2, 2—3, bedeuten, daß nur ein Teil des Jahres mit dem entsprechenden der Parallele sich deckt. 0—1 bedeutet, daß das Regierungsjahr als unvollständig anzusehen ist. Bei der Reduzierung der Regierungsjahre auf die allgemeine Chronologie der vorchristlichen Zeit sind dieselben bis Hiskija als Mondjahre mit den tropischen oder julianischen Jahren derart ausgeglichen, daß je 33 der ersteren in 32 der letzteren verkürzt sind. Die fetten Zahlen veranschaulichen diese Umwandlung oder Verkürzung. Die dritte Tafel enthält die Regierungsjahre der Könige von Hiskija bis zum Untergang des judäischen Reiches und die Synchronistik der babylonischen Könige nach Ptolemäus' Regentenkanon. Sie veranschaulicht, daß die Regierungsjahre der letzten sechs judäischen Könige nach gebundenen Mondjahren, also beinahe nach julianischen Jahren gezählt sind, indem das 14. Jahr Hiskijas dem 12. des Mardokempados, das 4. Jahr Jojakims dem 1. Nabokolassars und das 11. Jahr Zedekias dem 19. desselben Königs entspricht. Dadurch ergibt sich, daß Hiskija 723—724 der vorchristlichen Zeitrechnung zur Regierung gelangt ist, und wird zugleich veranschaulicht, daß die vorangegangenen Zeitreihen der Könige richtig sind und welchem vorchristlichen Jahre sie annähernd synchronistisch entsprechen. Die Parallelisierung mit der vorchristlichen Chronologie kann nur annähernd angenommen werden, weil es nicht bekannt ist, in welchem Jahre Hiskija die kalendarische Umwandlung eingeführt hat, d. h. in welchem Jahre die Zählung nach reinen Mondjahren aufgehört hat. Hypothetisch ist dafür das 7. Jahr Hiskijas oder das Jahr nach dem Untergang des Zehnstämmereichs angenommen worden.

20.

Die Urim und Tummim.

Über Beschaffenheit, Sinn und Bedeutung der Urim und Tummim sind die verschiedensten Ansichten aufgestellt worden; manche darunter sind recht lächerlich, und keine einzige gewährt Befriedigung. (Vgl. darüber den ausführlichen Artikel in Herzogs Realenzyklopädie XVI, S. 742 f. von Diestel [und jetzt den Artikel „Licht und Recht" bei Riehm-Bäthgen S. 929 ff.]) Einen Ausgangspunkt aber haben die Forscher übersehen, nämlich die Tatsache, daß schon ein Psalmvers auf die Bedeutung der Urim-Tummim anspielt (Pf. 43, 3): שלח־אורך ואמתך המה ינחוני יביאוני אל־הר־קדשך ואל־משכנותיך. Hier steht unstreitig אור und אמת im Singular für אורים und תמים im Plural, wenn man davon ausgeht, daß das Wort תָּמִים (vgl. Amos 5, 10; Josua 24, 14) geradeso wie אמת auch die Bedeutung von Wahrheit hat. Der Sinn des Halbverses kann demnach nur der sein: Der Psalmist fleht Gott an, er möge sein Licht und seine Wahrheit oder die Urim und Tummim oder seinen untrüglichen Gottesspruch senden, um ihn, den Flehenden, zu leiten. In diesem Sinne ist auch הבה תָמִים (I. Sam. 14, 41) zu nehmen. Hier steht nun entschieden תָּמִים gleich תְּמִים. Der griechische Vertent hat daher das letztere mit Takt durch ἀλήθεια wiedergegeben. Da nun משפט auch die Bedeutung eines „unabänderlichen Spruches" hat (Spr. 29, 26: מה׳ משפט־איש), so ist der Sinn von משפט האורים und חשן המשפט (Numeri 27, 21) nicht zweifelhaft. Es bedeutet das Brustschild, vermöge dessen ein Gottesspruch verkündet wurde, oder den Spruch durch die Urim. Dunkel ist bloß das Wort אורים. Es ist jedenfalls der Plural von אור und ist nur des Gleichklangs mit תמים wegen so vokalisiert für אוּרִים (wie שאלה für שָׁאֵלָה wegen des folgenden לְמַעְלָה, Jesaia 7, 11 und andere Beispiele). אור hat im Hebräischen auch die Bedeutung „Glanz". (Ich erinnere nur an אור עינים und פָּנִים.) Folglich bedeutet אורים im Plural „vielfacher Glanz". Dieses kann sich recht gut auf den Glanz beziehen, welcher von den zwölf Edelsteinen ausstrahlte. Die Steine können demnach die Urim gebildet und der Zusatz תָּמִים den Begriff verstärkt haben, daß der Spruch vermöge der Gemmen wahr und untrüglich sei. Nach Numeri a. a. O. kann vorausgesetzt werden, daß der Hohepriester auf Befragen einen Gottesspruch zu erteilen hatte. Dieser Spruch, insofern er durch die Steine geschieht und untrüglich ist, würde vollständig lauten משפט אורים ותמים. Elliptisch steht aber אורים ותמים oder auch אורים allein. Daß übrigens unter אורים und תמים die zwölf Edelsteine verstanden werden, geht aus der klassischen Stelle von der Anfertigung des Choschen hervor. Wie soll man denn sonst die Stelle verstehen (Exodus 28, 30): ונתת אל חשן המשפט את האורים ואת התמים? Was soll denn hinein oder darauf gegeben werden? Hätte es noch einen Gegenstand gegeben, welcher zum Choschen gehörte oder vielmehr Hauptbestandteil desselben bildete, so hätte notwendigerweise angegeben sein müssen, wie dieser angefertigt werden sollte. Davon ist aber keine Rede. Es leuchtet also ein, daß die Gemmen selbst die Urim-Tummim ausgemacht haben. Daher wird Leviticus 8, 8 nur erzählt: ויתן אל החשן את האורים ואת התמים, aber es wird nicht bemerkt, daß die Steine daran befestigt worden wären; denn der Choschen an sich bedeutet noch nicht die

Gemmen. Exodus 28, 17 heißt es: וּמִלֵּאתָ בוֹ (בַחֹשֶׁן) מִלֻּאַת אֶבֶן, in den Choschen sollen die Steine eingesetzt werden; der Choschen ist also nur das Behältnis, folglich durfte bei der Investitur Ahrons nicht fehlen, daß auch die Gemmen eingesetzt wurden. Und dieses ist angegeben, wenn die Gemmen mit den Urim identisch sind. Wie die zwei Onyxsteine auf dem Schulterstücke des Ephod אַבְנֵי זִכָּרוֹן „Steine der Erinnerung" genannt werden, ebenso können die zwölf Gemmen durch אַבְנֵי אוּרִים וְתֻמִים bezeichnet werden, und וְנָתַתָּ אֶת הָאוּרִים ist nur als Ellipse anzusehen. Zweierlei ist demnach in der zitierten Exodusstelle bei der Anfertigung des Choschens bemerkt: die Zwölfzahl soll die zwölf Stämme versinnbildlichen und die Gemmen sollen den Richterspruch für Israel vermitteln. Von dem ersten Moment heißt es (V. 29): וְנָשָׂא אַהֲרֹן אֶת שְׁמוֹת בְּנֵי יִשְׂרָאֵל עַל לִבּוֹ und von dem andern (V. 30): וְנָשָׂא אַהֲרֹן אֶת מִשְׁפַּט בְּנֵי יִשְׂרָאֵל עַל לִבּוֹ. Diesen Spruch für Israel hatte Ahron auf seinem Herzen, indem er die Urim und Tummim trug (das.: וְהָיוּ (הָאוּרִים) עַל לִבּוֹ, und das waren eben die Steine.

Noch überzeugender wird die Annahme, daß die Urim in Wirklichkeit aus den Gemmen bestanden, wenn man die ägyptische Parallele, die Hugo Grotius zuerst dafür herangezogen hat (De veritate christianae religionis I, 16, Note 113, und Kommentar zu Exodus z. St.) genau erwägt. Claud. Älianus berichtet, der ägyptische Hohepriester, der zugleich Recht gesprochen, habe um den Hals oder an demselben ein Bild aus einem Saphirstein getragen, und dieses Bild habe man „Wahrheit" genannt. Variae historiae XIV, 34: εἶχε δὲ ὁ ἄρχων ὁ πρεσβύτατος τῶν ἱερῶν παρὰ τοῖς Αἰγυπτίοις) (ὃς καὶ ἐδίκαζεν) καὶ ἄγαλμα περὶ τὸν αὐχένα ἐκ σαπφείρου λίθου. ἐκαλεῖτο τὸ ἄγαλμα ἀλήθεια. Ähnliches berichtet Diodor von Sizilien (Bibliotheca I, 48, p. 58): In dem Wandgemälde eines ägyptischen Tempels war unter den 30 Richtern in der Mitte der Oberrichter dargestellt, dem die Wahrheit vom Halse herunterhing: Κατὰ δὲ μέσον τὸν ἀρχιδικαστὴν (ἐγγεγλυφθέντα), ἔχοντα τὴν ἀλήθειαν ἐξηρτημένην ἐκ τοῦ τραχήλου. An einer andern Stelle referiert er, der ägyptische Oberrichter habe um den Hals an einer goldenen Kette ein Bild aus kostbaren Steinen getragen, welche sie „Wahrheit" nannten (das. 75, p. 87): ἐφόρει δὲ οὗτος (ὁ ἀρχιδικαστὴς) περὶ τὸν τράχηλον ἐκ χρυσῆς ἁλύσεως ἠρτημένον ζώδιον τῶν πολυτελῶν λίθων, ὃ προσηγόρευον ἀλήθειαν. Der Oberrichter war zugleich Oberpriester, in diesem Punkte stimmen beide Notizen überein. Eine Divergenz zeigt sich in einem anderen Punkte. Nach Älian war das Bild der Wahrheit in einer einzigen Gemme enthalten, nach Diodor dagegen in mehreren. Das Bild stellte wahrscheinlich die Tme, die Göttin der Wahrheit, bei den Ägyptern dar. Die Bedeutung des Bildes und der Gemme kann doch nur gewesen sein, daß der Richterspruch des Oberrichters oder des Oberpriesters untrüglich und wahr sei. Den Priestern legten die alten Völker eine magische Kraft bei, dadurch erschien ihnen ihr Tun, also ihre Opferhandlungen und auch ihr Wort untrüglich.

Zu verkennen ist es allerdings nicht, daß der hohepriesterliche Schmuck des Choschen ägyptischen Ursprung hat, nicht, wie Hugo Grotius annimmt, daß die Ägypter den Choschen nachgeahmt hätten. Dafür sprechen zu entschieden mehrere Ähnlichkeiten, die Gemme oder die Gemmen, die Kettchen, woran diese hing, die Bezeichnung „Wahrheit" תֻמִּים, welche damit verbunden war; selbst der Ausdruck מִשְׁפָּט, Urteil des Richters, der bei den Choschen vorkommt, erinnert an diesen Ursprung. Aber es war doch

nicht eine sklavische Nachahmung, sondern es wurde eine Modifikation des
Originals vorgenommen. Zunächst wurden die Edelsteine auf zwölf gebracht,
um an die Zwölfzahl der Stämme zu erinnern. Dann wurde der Choschen
nicht am Halse, sondern auf dem Herzen getragen, und endlich sollte nicht
jeder Richterspruch dadurch entschieden werden, sondern lediglich ein **höherer
Spruch in zweifelhaften Lagen.** Das Bild oder die Wahrheit fiel
natürlich weg; die Israeliten kannten keine Göttin der Wahrheit, keine Tme.
Knobels Etymologie, daß in dem Worte תמים das ägyptische Tme erkennbar
sei (zu Exodus, S. 288), ist nämlich entschieden unrichtig, das Wort ist eine
echthebräische Abstraktumbildung im Plural wie אורים. Ebenso unrichtig ist die
Hypothese, die Urim und Tummim seien zwei mit Edelsteinen besetzte Figuren
gewesen, die am Choschen angehängt oder sonstwo angebracht gewesen wären.
Wären es solche gewesen, so läge in ihnen der Schwerpunkt dieses Orna-
ments und es hätte angegeben sein müssen, wo sie angebracht sein sollten;
sie gehörten doch wohl ebenso zum Herzen des Hohenpriesters wie die Gemmen.
Vielmehr empfiehlt es sich, daß die Urim und Tummim mit den zwölf Steinen
zusammenfallen. Figuren konnten die Israeliten nicht gebrauchen, weil das
allgemeine Verständnis dafür fehlte, selbst wenn der bilderfeindliche Sinn sich
nicht dagegen gesträubt hätte. Vielmehr leuchtet es ein, daß der richterliche
Schmuck des ägyptischen Oberpriesters für den israelitischen Hohenpriester
beibehalten, aber modifiziert worden ist. Bei jenem bestand die Hauptsache
in dem ἄγαλμα oder ζώδιον aus Edelsteinen, bei diesem dagegen waren die
zwölf Gemmen Hauptbestandteil. Von ihrem Glanze erhielten die Steine
den Namen אורים, und von der Wirkung, die von ihnen erwartet wurde,
hatten sie den Namen תמים, „Wahrheit" oder „Untrüglichkeit".

Synchronistische Tafeln der Könige Judas und des Zehnstämmereichs.

I.
Von der Reichsspaltung bis zum Tode Achasjas und dem Untergang des letzten Omriden.

Vorchristliche Zeit	Könige von Juda		Fortlaufende Jahresreihe	Könige von Israel
977	**Rehabeam** (17 Jahre) .	1	1	**Jerobeam I.** (22 Jahre)
975	. . . .	2	2	2
		3	3	3
		4	4	4
		5	5	5
		6	6	6
		7	7	7
		8	8	8
		9	9	9
		10	10	10
		11	11	11
		12	12	12
		13	13	13
		14	14	14
		15	15	15
		16	16	16
		17	17	17
960	**Abijam** (3 Jahre) [1] . .	1	18	18
		2	19	19
		3		
957	**Aßa** (41 Jahre) [2] . .	0—1	} 20	20
		1—2	21	21
955	. . . . 2—3		22	22
				0—1 **Nadab** (2 Jahre) [3]
				1—2
954	. . . . 3—4		23	0—1 **Baesa** (24 Jahre) [4]
		4—5	24	1—2
		5—6	25	2—3

[1] Im 18. Jahre Jerobeams, I. Könige 15, 1.
[2] Im 20. Jahre Jerobeams, I. Könige 15, 9.
[3] Im 2. Jahre Aßas, I. Könige 15, 25.
[4] Im 3. Jahre Aßas, I. Könige 15, 28. 33.

Vor-christliche Zeit	Könige von Juda	Fort-laufende Jahres-reihe	Könige von Israel
	Aßa . . . . 6— 7	26	3— 4 Bascha
	7— 8	27	4— 5
	8— 9	28	5— 6
	9—10	29	6— 7
	10—11	30	7— 8
	11—12	31	8— 9
	12—13	32	9—10
	13—14	33	10—11
	14—15	34	11—12
	15—16	35	12—13
943	. . . . 16—17	36	13—14
	17—18	37	14—15
	18—19	38	15—16
	19—20	39	16—17
	20—21	40	17—18
	21—22	41	18—19
	22—23	42	19—20
	23—24	43	20—21
	24—25	44	21—22
	25—26	45	22—23
933	. . . . 26—27	46	23—24
			0— 1 Ela (2 Jahre)[1]
			1— 2
932	. . . . 27—28	47	0— 1 Omri — Thibni
			(12 Jahre)[2] (4 Jahre)
932 / 931	. . . . 28—29	48	1— 2 Omri Thibni
	29—30	49	2— 3
	30—31	50	3— 4
929 / 928	. . . . 31—32	51	4— 5 Omris Alleinregie-rung[3]
	32—33	52	5— 6
	33—34	53	6— 7
	34—35	54	7— 8
	35—36	55	8— 9
	36—37	56	9—10
	37—38	57	10—11
922	. . . . 38—39	58	11—12
			0— 1 Achab (22 Jahre)[4]
	39—40	59	1— 2
	40—41	60	2— 3
	41	61	3— 4

[1]) Im 26. Jahre Aßas, I. Könige 16, 8.
[2]) Im 27. Jahre Aßas, I. Könige 16, 15—16. Simris Regierung von sieben Tagen und die der anderen Könige, welche nicht ein Jahr regiert haben, sind nicht mitgezählt, da sie nur die Übersicht stören.
[3]) I. Könige 16, 22—23 s. o. S. 432.
[4]) Im 38. Jahre Aßas, I. Könige 16, 29.

Vorchristliche Zeit	Könige von Juda	Fortlaufende Jahresreihe	Könige von Israel
918	**Josaphat** (25 Jahre)¹) 0— 1	62	4— 5 **Achab**
	1— 2	63	5— 6
	2— 3	64	6— 7
	3— 4	65	7— 8
	4— 5	66	8— 9
	5— 6	67	9—10
	6— 7	68	10—11
911	. . . . 7— 8	69	11—12
	8— 9	70	12—13
	9—10	71	13—14
	10—11	72	14—15
	11—12	73	15—16
	12—13	74	16—17
	13—14	75	17—18
	14—15	76	18—19
	15—16	77	19—20
	16—17	78	20—21
901	. . . . . . 17—18	79 {	21—22 0— 1 **Achasja** (2 Jahre)²)
	18—19	80	1— 2
899	. . . . . . 19—20	81	0— 1 **Jehoram** (12 Jahre)³)
	20—21	82	1— 2
	21—22	83	2— 3
	22—23	84	3— 4
	23—24	85	4— 5
	24—25 {	86	5— 6
894	**Joram** (8 Jahre)⁴) . 0— 1		
	1— 2	87	6— 7
	2— 3	88	7— 8
	3— 4	89	8— 9
	4— 5	90	9—10
	5— 6	91	10—11
	6— 7	92	11—12
	7— 8 {	93	12
888 / 887	**Achasja** (1 Jahr)⁵) . 0— 1		

¹) Im 4. Jahre Ahabs, I. Könige 22, 42.
²) Im 17. Jahre Josaphats, I. Könige 22, 52.
³) Im 18. Jahre Josaphats, II. Könige 3, 1; nach der Lesart des Seder Clam im. 19., f. o. S. 431.
⁴) Im 5. Jahre Jehorams, II. Könige 8, 16—17, f. o. S. 431.
⁵) Im 12. Jahre Jehorams, II. Könige 8, 25 (vgl. 9, 29).

Vom Regierungsantritt Athaljas und Jehus bis zur Zerstörung von Samaria und zum Untergang des Zehnstämmereichs.

Vor-christ-liche Zeit	Könige von Juda	Fort-laufende Jahres-reihe	Könige von Israel	Gesamt-zeitreihe
887 / 886	**Athalja** (6—7 Jahre) 1	1	1 **Jehu** (28 Jahre)	94
	2	2	2	95
	3	3	3	96
	4	4	4	97
	5	5	5	98
	6	6	6	99
881	**Joasch** (40 Jahre)[1] 6— 7 } 0— 1 }	7	7	100
879	. . . . 1— 2	8	8	101
	2— 3	9	9	102
	3— 4	10	10	103
	4— 5	11	11	104
	5— 6	12	12	105
	6— 7	13	13	106
	7— 8	14	14	107
	8— 9	15	15	108
	9—10	16	16	109
	10—11	17	17	110
	11—12	18	18	111
	12—13	19	19	112
	13—14	20	20	113
	14—15	21	21	114
	15—16	22	22	115
	16—17	23	23	116
	17—18	24	24	117
	18—19	25	25	118
	19—20	26	26	119
	20—21	27	27	120
	21—22	28	28	121
860	. . . . 22—23	29	1 **Joachas** (16 Jahre, Text 17 Jahre)[2]	122
	23—24	30	2	123
	24—25	31	3	124
	25—26	32	4	125
	26—27	33	5	126
	27—28	34	6	127
	28—29	35	7	128
	29—30	36	8	129

[1] Im 7. Jahre Jehus, II. Könige 12, 2.
[2] Im 23. Jahre Joaschs, II. Könige 13, 1; vgl. o. S. 432 II.

Vorchristliche Zeit	Könige von Juda		Fortlaufende Jahresreihe	Könige von Israel		Gesamtzeitreihe
	Joasch . . .	30—31	37	9	**Joachas**	130
		31—32	38	10		131
		32—33	39	11		132
		33—34	40	12		133
		34—35	41	13		134
847	. . . . .	35—36	42	14		135
		36—37	43	15		136
		37—38	44	16 / 0— 1	**Jehoasch** (16 Jahre)[1]	
						137
844	. . . .	38—39	45	1— 2		138
		39—40	46	2— 3		139
843	**Amazja** (29 Jahre)[2]	0— 1		2— 3		139
		1— 2	47	3— 4		140
		2— 3	48	4— 5		141
		3— 4	49	5— 6		142
		4— 5	50	6— 7		143
		5— 6	51	7— 8		144
		6— 7	52	8— 9		145
		7— 8	53	9—10		146
		8— 9	54	10—11		147
		9—10	55	11—12		148
		10—11	56	12—13		149
		11—12	57	13—14		150
		12—13	58	14—15		151
		13—14	59	15—16		152
830	. . . .	14—15	60	16 / 0— 1	**Jerobeam II.** (Text 41 Jahre, 61 Jahre)[3]	153
		15—16	61	1— 2		154
		16—17	62	2— 3		155
		17—18	63	3— 4		156
		18—19	64	4— 5		157
		19—20	65	5— 6		158
		20—21	66	6— 7		159
		21—22	67	7— 8		160
		22—23	68	8— 9		161
821	. . . .	23—24	69	9—10		162
		24—25	70	10—11		163
		25—26	71	11—12		164
		26—27	72	12—13		165
		27—28	73	13—14		166
		28—29	74	14—15		167

[1]) Im 37. Jahre Joaschs, II. Könige 13, 10.
[2]) Im 2. Jahre Jehoaschs, II. Könige 14, 1.
[3]) Im 15. Jahre Amazjas, II. Könige 14, 23. Über die Dauer seiner Regierung f. o. S. 432 und 433.

Vorchristliche Zeit	Könige von Juda	Fortlaufende Jahresreihe	Könige von Israel	Gesamtzeitreihe
815	**Anarchie**[1]) 1	75	15—16 **Jerobeam II.**	168
	2	76	16—17	169
	3	77	17—18	170
	4	78	18—19	171
	5	79	19—20	172
	6	80	20—21	173
	7	81	21—22	174
	8	82	22—23	175
	9	83	23—24	176
	10	84	24—25	177
	11	85	25—26	178
	12	86	26—27	179
805	**Usia** (52 Jahre)[2]) 0— 1			
	1— 2	87	27—28	180
	2— 3	88	28—29	181
	3— 4	89	29—30	182
	4— 5	90	30—31	183
	5— 6	91	31—32	184
	6— 7	92	32—33	185
	7— 8	93	33—34	186
	8— 9	94	34—35	187
	9—10	95	35—36	188
	10—11	96	36—37	189
	11—12	97	37—38	190
	12—13	98	38—39	191
	13—14	99	39—40	192
	14—15	100	40—41	193
	15—16	101	41—42	194
789	. . . . . . 16—17	102	42—43	195
	17—18	103	43—44	196
	18—19	104	44—45	197
	19—20	105	45—46	198
	20—21	106	46—47	199
	21—22	107	47—48	200
783	. . . . . . 22—23	108	48—49	201
	23—24	109	49—50	202
	24—25	110	50—51	203
	25—26	111	51—52	204
	26—27	112	52—53	205
	27—28	113	53—54	206
	28—29	114	54—55	207
	29—30	115	55—56	208
	30—31	116	56—57	209
	31—32	117	57—58	210
	32—33	118	58—59	211
	33—34	119	59—60	212
	34—35	120	60—61	213

[1]) S. o. S. 433 f.
[2]) Im 27. Jahre Jerobeams II., II. Könige 15, 1.

Vorchristliche Zeit	Könige von Juda	Fortlaufende Jahresreihe	Könige von Israel	Gesamtzeitreihe
	Usia . . . . 35—36	121	61—[62] **Jerobeam II.**[1]	214
	36—37	122	[62—63]	215
769	. . . . . . 37—38	123 {	[63]	216
			0— 1 **Zacharia**[2]	
768	. . . . . . 38—39	124	0— 1 **Menachem** (10	
			Jahre)[3]	217
	39—40	125	1— 2	218
	40—41	126	2— 3	219
	41—42	127	3— 4	220
	42—43	128	4— 5	221
	43—44	129	5— 6	222
	44—45	130	6— 7	223
	45—46	131	7— 8	224
	46—47	132	8— 9	225
	47—48	133	9—10	226
	48—49	134	10	227
757	49—50	135	1 **Pekachja** (2 Jahre)[4]	228
	50—51	136	2	229
755	51—52	137	1 **Pekach** (20 Jahre)[5]	230
754	**Jotham** (16 Jahre)[6] 1	138	2	231
	2	139	3	232
	3	140	4	233
751	 4	141	5	234
	5	142	6	235
	6	143	7	236
	7	144	8	237
747	 8	145	9 [**Beginn der Ära des Nabonassar**]	
				238
	9	146	10	239
	10	147	11	240
	11	148	12	241
	12	149	13	242
	13	150	14	243
	14	151	15	244
	15	152	16	245
	15—16 }	153	17	246
739	**Achas** (16 Jahre)[7] 0— 1			
	1— 2	154	18	247
	2— 3	155	19	248
736	. . . . . . 3— 4	156 {	20	249
			0— 1 **Anarchie**[8]	

1) S. v. S. 432 und 435.
2) Im 38. Jahre Usias, II. Könige 15, 8.
3) Schallums Regierung ist ohne Einfluß. Menachem im 39. Jahre Usias, II. Könige 15, 17.
4) Im 50. Jahre Usias, II. Könige 15, 23.
5) Im 52. Jahre Usias, das. 15, 27.
6) Im 2. Jahre Pekachs, II. Könige 15, 32; über das. V. 30 s. v. S. 436.
7) Im 17. Jahre Pekachs, II. Könige 16, 1.   8) S. v. S. 435 f.

Vor- christ- liche Zeit	Könige von Juda	Fort- laufende Jahres- reihe	Könige von Israel	Gesamt- zeitreihe
	Achas . . . . . 4— 5	157	1— 2 **Anarchie**	250
	5— 6	158	2— 3	251
	6— 7	159	3— 4	252
	7— 8	160	4— 5	253
	8— 9	161	5— 6	254
	9—10	162	6— 7	255
	10—11	163	7— 8	256
	11—12	164	8— 9	257
727	. . . . 12—13	165 {	9—10	258
			0— 1 **Hosea** (9 Jahre)[1]	
	13—14	166	1— 2	259
	14—15	167	2— 3	260
725	15—16 }	168	3— 4	261
724	**Chiskija**[2] . . . 0— 1 }			
	1— 2	169	4— 5	262
	2— 3	170	5— 6	263
	3— 4	171	6— 7	264
720	. . . . . . 4— 5	172	7— 8	265
719	. . . . . . 5— 6	173	8— 9[3]	266

[1] Im 12. Jahre Achas', II. Könige 17, 1.   Über das. V. 15, 30 f. o. S. 455.

[2] Im 3. Jahre Hoseas, II. Könige 18, 1.

[3] Im 6. Jahre Chiskijas, II. Könige 18, 10.

Von Chiskija bis zur Zerstörung Jerusalems.

Vor- christ- liche Zeit	Jüdische Könige		Aera Nabonassari
724	**Chiskija** (29 Jahre) . . .	1	3 **Ilulaios**
723	. . . .	2	4
722	. . . .	3	5
721	. . . .	4	1 **Mardokempados (Merodach-** **Baladan)**
		5	2
		6	3
		7	4
		8	5
		9	6
715	. . . .	10	7
		11	8
		12	9
		13	10
		14	11
710	. . . .	15	12
709	. . . .	16	1 **Arkeanos**
		17	2
		18	3
		19	4
705	. . . .	20	5
704	. . . .	21	1 **Anarchie I.**
		22	2
702	. . . .	23	1 **Belibos**
		24	2
700	. . . .	25	3
699	. . . .	26	1 **Aparanadios**
		27	2
		28	3
		29	4
695	**Manasse** (55 Jahre) . . .	1	5
		2	6
693	. . . .	3	1 **Regebelos**
692	. . . .	4	1 **Mesesimordakos**
		5	2
690	. . . .	6	3
		7	4
688	. . . .	8	1 **Anarchie II.**
		9	2
		10	3
685	. . . .	11	4
		12	5
		13	6
		14	7

Vor- christ- liche Zeit	Jüdische Könige		Aera Nabonassari
	Manasse	15	8 **Anarchie II.**
680	. . . .	16	1 **Asaridinos**
		17	2
		18	3
		19	4
		20	5
675	. . . .	21	6
		22	7
		23	8
		24	9
		25	10
670	. . . .	26	11
		27	12
		28	13
667	. . . .	29	1 **Saosduchinos**
		30	2
665	. . . .	31	3
		32	4
		33	5
		34	6
		35	7
660	. . . .	36	8
		37	9
		38	10
		39	11
		40	12
655	. . . .	41	13
		42	14
		43	15
		44	16
		45	17
650	. . . .	46	18
		47	19
		48	20
647	. . . .	49	1 **Kineladanos**
		50	2
645	. . . .	51	3
		52	4
		53	5
		54	6
		55	7
640	**Amon** (2 Jahre)	1	8
		2	9
638	**Josia** (31 Jahre) . . .	1	10
		2	11
		3	12
635	. . . .	4	13
		5	14
		6	15
		7	16

Vorchristliche Zeit	Jüdische Könige		Aera Nabonassari
	Josia	8	17 **Kineladanos**
630	. . . .	9	18
		10	19
		11	20
		12	21
626	. . . .	13	22
625	. . . .	14	1 **Nabopolassaros**
		15	2
		16	3
		17	4
		18	5
620	. . . .	19	6
		20	7
		21	8
		22	9
		23	10
615	. . . .	24	11
		25	12
		26	13
		27	14
		28	15
610	. . . .	29	16
		30	17
		31	18
607	**Jojakim** (11 Jahre)[1] . .	1	19
		2	20
605		3	21
604	. . . .	4	1 **Nabokolassaros** (Nebukadnezar)
		5	2
		6	3
		7	4
600	. . . .	8	5
		9	6
		10	7
		11	8
596	**Zidkija** (11 Jahre)[2] . .	1	9
595	. . . .	2	10
		3	11
		4	12
		5	13
		6	14
590	. . . .	7	15
		8	16
		9	17
		10	18
586	. . . .	11	19

[1] Nach Josia regierte Joachas 3 Monate. Jojachin 3 Monate.

[2] Nach Jojakim regierte

Register.

A.

Weisheit Salomos 274.
Worte, geflügelte 323.
Wüstenwanderung 43, 45.

3.

Zadok 191, 220, 251, 258, 267, 269, 276.
Zähler s. Listenführer.
Zalmon, Berg 118.
Zalmuna 112.
Zaphon 122.
Zarea 208.
Zebaoth 234.
Zebul s. Sebul.
Zebulon (Stamm) 11, 60, 81, 102.
Zebuloniten s. Zebulon (Stamm).

Zehngebote s. Zehnwort.
Zehnten 310.
Zehnwort 35 s.
Zeitrechnung 303.
Zela 225.
Zelek, der Ammoniter 196.
Zephat 47.
Ziba 225, 251.
Zidon s. Sidon.
Ziklag s. Siklag.
Zion 71, 213, 214, 269, 292.
Ziph s. Siph.
Zipporah 19.
Zoan s. Tanis.
Zoar 67, 79.
Zor s. Tyrus.
Zweikampf 175 s., 208. .

Druck von Oskar Leiner in Leipzig. 17921